Findbuch zum Bestand Dortmund-Hörder Hüttenunion AG
und Vorläuferunternehmen, Band I

Findbuch zum Bestand Dortmund-Hörder Hüttenunion AG und Vorläuferunternehmen (1841–1966)

Band I

Bearbeitet von Dietmar Bleidick

Herausgegeben von Manfred Rasch und Andreas Zilt

Aschendorff Verlag

Umschlagabbildung:
Hoerder Hochofenwerk und Eliasbahn, um 1895.
Diese und alle weiteren Abbildungen: thyssenkrupp Konzernarchiv, Hoesch-Archiv, Duisburg.

Die Veröffentlichung dieses Buches unterstützten freundlicherweise:
Stiftung zur Industriegeschichte Thyssen, Duisburg
TKS-Förderverein für Kultur und Soziales e. V., Duisburg

Veröffentlichungen aus dem Archiv der thyssenkrupp AG, 7

Umschlag: Aschendorff Verlag
Layout und Satz: Lena Kohnen, thyssenkrupp Steel Europe AG, Digital-/Printmedien
Druck: thyssenkrupp Steel Europe AG, Digital-/Printmedien

Verlag: Aschendorff Verlag GmbH & Co. KG, Münster
www.aschendorff-buchverlag.de

Printed in Germany

ISBN 978-3-402-24657-3

Inhalt

Band II

VII. Deutsch-Luxemburgische Bergwerks- und Hütten-AG Abteilung Dortmunder Union (1910–1926)

D Anhang

Vorwort der Herausgeber

Stahl in Dortmund ist mehr als nur Hoesch! Dies zeigt der Bestand „Dortmund-Hörder Hüttenunion AG" (DHHU) und Vorläuferunternehmen im thyssenkrupp Konzernarchiv in Duisburg. Hier wird das Hoesch-Archiv seit 2005 mit seinen verschiedenen Beständen mitbetreut und seit 2009 auch beherbergt.

Schon die Gliederung des Findbuchs dokumentiert, welche montangeschichtlichen Schätze in diesem Bestand zu heben sind, die bisher noch unzureichend von der historischen Forschung berücksichtigt wurden. Zu erwähnen sind Unterlagen über die montanindustriellen Aktivitäten der Familie von Born, von Bethel Henry Strousberg sowie von Hermann Diedrich Piepenstock, der die Hermannshütte des späteren Hoerder Bergwerks- und Hütten-Vereins Anfang der 1840er-Jahre gründete.

Auch Akten der Phoenix AG für Bergbau und Hüttenbetrieb und der Deutsch-Luxemburgischen Bergwerks- und Hütte-AG, den großen vertikalen Montankonzernen des Ruhrgebiets zu Beginn des 20. Jahrhunderts, sind hier überliefert. Es findet sich aber auch Archivgut zum Hochofenwerk Neuschottland bei Essen, zur Hohenzollernhütte, einem bereits vor dem Ersten Weltkrieg geplanten Küstenhüttenwerk in Emden, sowie zum Differdinger Hüttenwerk in Luxemburg. Die interessanten Unterlagen stammen nicht nur aus der Wilhelminischen Zeit, sondern auch aus der NS-Zeit, dem Zweiten Weltkrieg und der Nachkriegszeit, als es den Alliierten um die Neuordnung der rheinisch-westfälischen Montanindustrie ging. Hierzu liefert das Büro von Friedrich Harders grundlegende Schriftwechsel, u. a. zu seiner Mitwirkung in der Stahltreuhändervereinigung. Der Bestand DHHU enthält nicht nur Unterlagen der Leitungsebenen, sondern auch der Produktion, des Verkaufs und der Personalabteilung zu Themen wie der Rennanlage Salzgitter-Ruhr GmbH, zur Aufbereitung Fe-armer Erze, zur Delkredere-Stelle Eisen und Stahl, zum Verband der Betriebskrankenkassen in Dortmund und Umgebung, zum Stahlexport, aber auch zum Thomasschlacken-Vertrieb. Die Überlieferung zum Erwerb der Thomas-Patente für Deutschland und Österreich-Ungarn ist ungewöhnlich dicht, zum Teil sogar mit handschriftlichen Originalen von Gilchrist Thomas, die zwar schon ausgewertet wurden, aber deren zahlreiche Facetten noch weiter ausgeleuchtet werden können. Trotz Lücken in der Überlieferung technischer Aspekte finden sich im Bestand viele Unterlagen zu technikhistorischen Fragestellungen.

Das hier vorgelegte, ungewöhnlich umfangreiche Findbuch soll Wirtschafts-, Sozial-, Unternehmens- und Technikhistoriker/innen auf einen einmaligen Quellenfundus hinweisen und entsprechende Forschungen initiieren. Nicht nur die Interpretation schon erschienener Publikationen führt zu neuen Erkenntnissen, sondern auch die Auswertung archivischer Quellen, insbesondere dieser, die die Forschung bisher erst wenig genutzt hat, obwohl sie schon zu einem großen Teil seit über fünf Jahrzehnten im Archiv bereitliegen. Möge diese Publikation zu intensiveren quellenbasierten Studien beitragen.

Ohne die Unterstützung vieler wären die Erstellung des Findbuchs und die Drucklegung nicht möglich gewesen. Dietmar Bleidick danken wir zuallererst für seine im Rahmen einer befristeten Anstellung im Konzernarchiv (damalige Leitung Manfred Rasch) schon in den Jahren 2005/06 geleistete Verzeichnungsarbeit. Mit seinen kenntnisreichen einleitenden Beiträgen liefert er zusätzlich eine Einordnung und Bewertung des umfangreichen Archivguts.

Dem TKS-Förderverein für Kultur und Soziales e. V. ist für den großzügigen Druckkostenzuschuss zu danken. Ohne die Unterstützung des Fördervereins gäbe es dieses gedruckte Findbuch nicht, in dem sich Quellenbeschreibungen zur langjährigen Dortmunder Stahlgeschichte wiederfinden. An die thyssenkrupp Steel Europe AG, Digital-/Printmedien geht unser Dank für ihr Engagement bei Layout und Drucklegung dieses voluminösen Werks. Wir danken dem Aschendorff Verlag, dass er das Findbuch in sein Verlagsprogramm aufgenommen hat und auch als E-Book-Version vertreibt.

Britta Korten besorgte die mühevolle Endredaktion dieser Publikation. Jutta Mainz, die im Konzernarchiv für das ehemalige Hoesch-Archiv zuständig ist, übernahm Nachrecherchen zu Personen- und Sachzusammenhängen. Im Bereich der Sammlungen fanden wir Unterstützung bei dem früheren Werkstudenten Tim Domagalski (Karten) und bei Dierk Hobein (Fotoalben). Ihnen allen sprechen wir unseren Dank aus.

Die vorliegende Publikation setzt unter neuem Namen die 1996 begonnene Reihe „Veröffentlichungen aus dem Archiv der Thyssen AG“ fort. Allen, die am Zustandekommen dieses Findbuchs beteiligt waren, sei für ihr Engagement nochmals herzlich gedankt.

Im November 2019

Manfred Rasch
Stiftung zur Industriegeschichte Thyssen

Andreas Zilt
thyssenkrupp Konzernarchiv

A

Zur Geschichte der Dortmund-Hörder Hüttenunion

DIETMAR BLEIDICK

Vom Hoerder Verein zur Dortmund-Hörder Hüttenunion

1. Hoerder Bergwerks- und Hütten-Verein (1852-1906)
   Die „großartigste Gewerbsanstalt der Provinz Westphalen"

1.1 Gründung und Expansion 1852-1873
1.2 Die permanente Krise 1873-1893
1.3 Zwischen Konsolidierung und Fusion 1893-1906

2. Union AG für Bergbau, Eisen- und Stahl-Industrie (1872-1910)
   Das „Danaidenfass" oder Kapitalvernichtung ohne Beispiel
3. Jahrzehnte der Unselbstständigkeit (1906/10-1947/51)
   Die Werke Dortmund und Hörde als Konzernbetriebsabteilungen

3.1 Deutsch-Lux Abteilung Dortmunder Union (1910-1926)
3.2 Phoenix AG Abteilung Hoerder Verein (1906-1926)
3.3 Vereinigte Stahlwerke AG Dortmunder Union-Hoerder Verein und Dortmund-Hoerder Hüttenverein AG (1926-1951)

4. Dortmund-Hörder Hüttenunion AG (1951-1966/70)
5. Fazit

Die Dortmund-Hörder Hüttenunion AG (DHHU) bestand als zweites großes Unternehmen der Dortmunder Stahlindustrie neben dem Hoesch-Konzern zwischen 1951 und 1966. Das Unternehmen umfasste mit den Werken in Dortmund und Hörde zwei Werksbereiche, die bereits in den 1840er- bzw. 1850er-Jahren als Gesellschaften entstanden waren, aber beide bereits vor dem Ersten Weltkrieg ihre Eigenständigkeit verloren hatten. Bis zur Gründung der DHHU bildeten sie unselbstständige Betriebsabteilungen größerer Konzerne. Der Hoerder Bergwerks- und Hütten-Verein (Hoerder Verein) gehörte nach der Fusion 1906 zunächst zur Phoenix AG für Bergbau und Hüttenbetrieb (Phoenix AG), die daraufhin bis 1922 ihren Sitz in Hörde hatte, die Union AG für Bergbau, Eisen- und Stahl-Industrie (Union AG) ab 1910 zur Deutsch-Luxemburgischen Bergwerks- und Hütten-AG (Deutsch-Lux), bis beide 1926 in der Vereinigte Stahlwerke AG (VSt) aufgingen. Im Rahmen von Entflechtung und Neuordnung der Branche 1951 entstand auf Grundlage der Abteilungen schließlich die DHHU.

Der Beitrag bietet einen Überblick über diese Entwicklung. Der stark differierende Umfang der einzelnen Abschnitte resultiert dabei nicht aus einer Wertung der historischen Zusammenhänge, sondern in erster Linie aus der Quellenlage, die sich insbesondere im Bestand DHHU des thyssenkrupp Konzernarchivs spiegelt. Während sich beispielsweise zahlreiche Unterlagen des Hoerder Vereins erhalten haben, ist die Überlieferung der Union AG ebenso rudimentär wie die aus der Phase der Betriebsabteilungen der übergeordneten Konzerne. Für diese Zeiträume ist zudem zu berücksichtigen, dass die Betriebsabläufe in Dortmund und Hörde Teil einer Gesamtunternehmensstrategie waren, deren Darstellung einerseits zum Verständnis unabdingbar wäre, andererseits aber den Rahmen dieser Einführung sprengen würde. Die vorangestellte Aufstellung zeigt die unternehmensrechtliche Entwicklung beider Standorte.

Werksbereich Hörde

Selbstständige Unternehmen:
Hermannshütte (1841-1846)
Piepenstock & Comp. (1847-1852)
Hoerder Bergwerks- und Hütten-Verein (1852-1906)
Hüttenwerk Hörde AG (1947-1951)
Betriebsabteilungen:
Phoenix AG für Bergbau und Hüttenbetrieb Abteilung Hoerder Verein (1906-1926)
Vereinigte Stahlwerke AG Hoerder Verein (1926-1933)
Dortmund-Hoerder Hüttenverein AG Werk Hörde (1933-1947)
Dortmund-Hörder Hüttenunion AG Werk Hörde (1951-1966)

Werksbereich Dortmund

Selbstständige Unternehmen:
Dortmunder Bergbau- und Hütten-Gesellschaft (1856-1859)
Commanditgesellschaft Gustav Arndt & Co. bzw. Gustav Arndt & Co. (1862-1869)
Dr. Strousberg's Dortmunder Hütte (1869-1872)
Union AG für Bergbau, Eisen- und Stahl-Industrie (1872-1910)
Dortmund-Hoerder Hüttenverein AG (1947-1951)
Hüttenwerk Union AG (1947-1951, ohne Geschäftstätigkeit)
Betriebsabteilungen:
Deutsch-Luxemburgische Bergwerks- und Hütten-AG Abteilung Dortmunder Union (1910-1926)
Vereinigte Stahlwerke AG Dortmunder Union (1926-1933)
Dortmund-Hoerder Hüttenverein AG Werk Dortmund (1933-1947)
Dortmund-Hörder Hüttenunion AG Werk Dortmund (1951-1966)

1. Hoerder Bergwerks- und Hütten-Verein (1852-1906) Die „großartigste Gewerbsanstalt der Provinz Westphalen"[1]

1.1 Gründung und Expansion 1852-1873

Als 1852 der Hoerder Verein als erste Hüttenaktiengesellschaft moderner Konzeption im Ruhrgebiet mit integrierter vertikaler Unternehmensstruktur gegründet wurde, war das Stammwerk, die Hermannshütte in Hörde, bereits fast zehn Jahre in Betrieb und mit rund 2.000 Arbeitern zu einem der größten Stahl erzeugenden und

1 Zitiert nach Berg- und Hüttenmännische Zeitung 10 (NF 5) (1851), Sp. 210. Als gängige Bezeichnung findet sich der Begriff „großartig" während der 1850er-Jahre in der Berg- und Hüttenmännischen Zeitung sowie im „Berggeist".

verarbeitenden Betriebe Deutschlands herangewachsen.[2] Die Hermannshütte war Anfang der 1840er-Jahre von Hermann Diedrich Piepenstock aufgebaut worden, der seit 1829 in Neu-Oege bei Hohenlimburg ein Feinblechwalzwerk mit Verzinnung, Drahtstraße und Gießerei betrieb und mit Ferdinand Remy, Eberhard Hoesch und Friedrich Harkort zu den frühen Hüttenunternehmern im Westen Preußens zählte.[3] Da Piepenstock bei der Weißblechfertigung sowohl auf englisches Roheisen angewiesen als auch stark von den Preisen der dortigen Konkurrenz abhängig war, verfolgte er das Ziel, sich mit einem eigenen Hochofen-, Puddel- und Walzwerk eine Produktionsbasis zu schaffen und sein Geschäftsfeld zu erweitern. Nachdem sich das Vorhaben, einen Hochofen in der Nähe seines Werks zu errichten, u. a. mangels eines geeigneten Geländes zerschlagen hatte, sah sich Piepenstock nach Alternativen um. Fündig wurde er in Hörde, wo durch nahe gelegene Zechen die Steinkohlenversorgung als auch über die Emscher die Wasserversorgung gewährleistet waren. Im Herbst 1840 erwarb er die Hörder Burg mit einem Grundbesitz von 5,5 ha von Johanna Elisabeth Spemann, die ihm den Kaufpreis von 11.500 Talern zunächst stundete.[4] Piepenstock hegte gewaltige Pläne. In seinem Antrag auf Baugenehmigung an die zuständigen Behörden vom April 1841 war zwar vom Bau eines Hochofens nicht mehr die Rede, doch sollten bis zu 600 Arbeiter täglich 50 t Fertigprodukte erzeugen. Die Betriebsgenehmigung des Oberbergamts Dortmund und der Königlichen Regierung zu Arnsberg für ein Puddel- und Walzwerk folgte nach Fertigstellung der ersten Hallen und Dampfmaschinen im November 1841. Damit ist dieses Jahr als Gründungsdatum der Hermannshütte anzusehen.[5]

Nach Piepenstocks Tod im September 1843 übernahm sein Schwager und Mitarbeiter Carl Dietzsch die Leitung des Unternehmens. Die Produktion war kurz zuvor aufgenommen worden, der regelmäßige Betrieb begann 1844.[6] Da trotz eines Kredits der Preußischen Staatsbank in Höhe von 60.000 Talern der Kapitalbedarf für die Erweiterung der Betriebsanlagen nicht gedeckt werden konnte, wurde die Hermannshütte im Oktober 1846 von den übrigen Familienunternehmen getrennt und zum 1. Januar 1847 in die neu gegründete Kommanditgesellschaft Piepenstock & Comp. umgewandelt.[7] Zu den Gesellschaftern gehörten neben Dietzsch und der Witwe Sophie Piepenstock Rittergutbesitzer Carl Overweg und Johann Friedrich Wiesehahn, ein früherer Mitarbeiter des Bankhauses Deichmann & Co. in Köln. Außerdem beteiligt waren der A. Schaaffhausen'sche

2 Gründungsprospekt mit Satzung, in: thyssenkrupp Konzernarchiv Hoesch-Archiv (im Folgenden tkA Hoesch-Archiv) DHHU/953. Zur Unternehmensentwicklung siehe: Ellerbrock, Karl-Peter: Hördes Eintritt ins Industriezeitalter. Von Piepenstock zum Phoenix-Konzern, in: Högl, Günther; Schilp, Thomas (Hg): Beiträge zur Stadtgeschichte. 650 Jahre Stadtrechte Hörde (1340–1990), Dortmund 1990, S. 98–111; ders.: Von Piepenstock zum „Phoenix". Geschichte der Hermannshütte 1841–1906, Dortmund 1990; ders.: Die Geschichte des „Phoenix" in Hörde, Münster 2006. Zur Branche im Gründungsjahr siehe: Oechelhäuser, Wilhelm: Vergleichende Statistik der Eisen-Industrie aller Länder und Erörterung ihrer ökonomischen Lage im Zollverein, Berlin 1852.

3 Reininghaus, Wilfried: Hermann Diedrich Piepenstock, seine Familie und Unternehmen, in: Dascher, Ottfried; Kleinschmidt, Christian (Hg.): Die Eisen- und Stahlindustrie im Dortmunder Raum. Wirtschaftliche Entwicklung, soziale Strukturen und technologischer Wandel im 19. und 20. Jahrhundert, Dortmund 1992, S. 27–46; Schulte, Wilhelm: Hermann Diedrich Piepenstock, in: RWWB 2 (1937), S. 1–16. Zu Piepenstock siehe auch: tkA Hoesch-Archiv DHHU/2665.

4 Kaufvertrag vom 23.10.1840, in: tkA Hoesch-Archiv DHHU/148 und DHHU/2612. Zur Burg siehe: Dossmann, Ernst: Die Hörder Burg, ein Kristallisationspunkt für die Entwicklung der märkisch-westfälischen Eisenindustrie, in: Jahresschrift des Förderkreises Iserlohner Museen e. V. 4 (1983), S. 52–67; Förderverein Hörder Burg e. V.; Stadtmarketing Hörde (Hg.): Die Burg Hörde. Eine Brücke zwischen gestern und heute, Münster 2003; Garth, Willi: Der Kampf um die Burg Hörde. Hartnäckigkeit und Ausdauer wurden mit sensationellen archäologischen Funden und Befunden belohnt, in: Jahrbuch Westfalen NF 68 2014 (2013), S. 69–74.

5 Genehmigung vom 17./23.11.1841, in: tkA Hoesch-Archiv DHHU/978. Die in der Literatur ebenfalls vereinzelt auftauchenden Gründungsdaten 1837, 1839 und 1840 entbehren jeder Grundlage.

6 Zu den Werksanlagen in dieser Zeit siehe: Amtlicher Bericht über die allgemeine Deutsche Gewerbe-Ausstellung zu Berlin im Jahre 1844, Berlin 1846, S. 33; Vollmerhaus, Hans: Handwerk und Industrie des märkischen Wirtschaftsraumes auf der Allgemeinen Deutschen Gewerbe-Ausstellung zu Berlin im Jahre 1844, in: Der Märker 21 (1972), S. 43–51, hier S. 47; Wagenblass, Horst: Der Eisenbahnbau und das Wachstum der deutschen Eisen- und Maschinenbauindustrie 1835 bis 1860. Ein Beitrag zur Geschichte der Industrialisierung Deutschlands, Stuttgart 1973, S. 61 f., 72 f.

7 Zum Kredit siehe tkA Hoesch-Archiv DHHU/83.

Bankverein, vertreten durch Gustav Mevissen,[8] und Carl Joest & Söhne als bedeutendste Kölner Zuckerhandelsgesellschaft.[9] Vor dem Hintergrund einer gesicherten Kapital- und Kreditbasis erfolgte in den kommenden Jahren ein umfangreicher Ausbau des Werks, sodass die Hermannshütte bei Gründung des Hoerder Vereins neben einem Puddelwerk mit 46 Puddelöfen über ein Stabwalzwerk, ein Schienenwalzwerk, ein Blechwalzwerk, ein Bandagen- und Achsenwalzwerk und eine Gießerei sowie mehrere Mechanische Werkstätten und Schmiedebetriebe verfügte.[10] In dieser Zeit begründete sich auch die starke Abhängigkeit des Unternehmens vom Eisenbahnbedarf, die bis in die 1870er-Jahre unvermindert anhalten sollte und mitunter bis zu 80 % der Produktion ausmachte.[11] 1851 wurden knapp 18.000 t Fertigprodukte abgesetzt, was einer Roheisenmenge von etwa 24.000 t entsprach, die weiterhin zugekauft werden musste. Der Aufbau einer eigenen Roheisenversorgung war damit die konsequente Fortsetzung der bisherigen Expansionsbestrebungen.[12]

Gefördert wurde diese Entwicklung durch die Fortschritte im Steinkohlentiefbau, der in den 1840er-Jahren – gestützt durch betriebssichere und leistungsstarke Dampfmaschinen im Bereich der Wasserhaltung – die Hellwegzone erreicht hatte und eine ausreichende Sicherheit im Bereich der Energieversorgung bot.[13] Der ursprüngliche Gedanke, Hochöfen auf Holzkohlenbasis zu errichten, wurde daher bereits im Gründungsprospekt des Hoerder Vereins nicht mehr erwähnt.[14] Ausschlaggebend dürfte jedoch die Entdeckung großer Mengen Kohleneisensteins, des sogenannten Blackbands, in den flözführenden Schichten des Steinkohlengebirges im Hörder Raum gewesen sein, die sich nach Vorbild der britischen Konkurrenz verhütten ließ.[15] Die Anteilseigner von Piepenstock & Comp. hatten seit Ende der 1840er-Jahre zahlreiche Eisenerzfelder gemutet, ohne diese jedoch in das Unternehmen einzubringen. Am 10. Februar 1850 bildeten Mevissen, Wiesehahn, Overweg, Dietzsch und Carl Joest & Söhne eine Interessengemeinschaft zur Ausbeutung der Felder und Mutung von Steinkohlen mit dem Ziel, sobald als möglich eine Aktiengesellschaft zu gründen.[16] Als Anfang 1851 Verhüttungsversuche mit Eisensteinen der Zeche Argus auf der Sayner Hütte bei Koblenz und die anschließende Weiterverarbeitung auf der Hermannshütte erfolgreich verlaufen waren und sich mit dem Miteigentümergesetz die Liberalisierung des preußischen Bergbaus abzeichnete, begannen die Planungen zum Bau eines leistungsstarken Hochofenwerks und die Vorbereitungen zur Schaffung einer entsprechenden unternehmensrechtlichen Basis.[17]

8 Hansen, Joseph: Gustav von Mevissen. Ein rheinisches Lebensbild 1815–1899, 2 Bde., Berlin 1906.

9 Rheinisch-Westfälisches Wirtschaftsarchiv zu Köln e. V. (Hg.): Kölner Unternehmer und die Frühindustrialisierung im Rheinland und in Westfalen (1835–1871). Ausstellung des Rheinisch-Westfälischen Wirtschaftsarchivs zu Köln e. V. in enger Zusammenarbeit mit dem Historischen Archiv der Stadt Köln in den Räumen des Historischen Archivs, 17. September 1984 bis 30. November 1984, Köln 1984, S. 63, 73 f.; Feldenkirchen, Wilfried: Kölner Banken und die Entwicklung des Ruhrgebietes, in: Zeitschrift für Unternehmensgeschichte 27 (1982), S. 81–106.

10 Gründungsprospekt mit Satzung, S. 10–12, in: tkA Hoesch-Archiv DHHU/953; Wagenblass: Eisenbahnbau, S. 149 f.

11 Umfassend: Fremdling, Rainer: Eisenbahnen und Wirtschaftswachstum 1840–1879, 2. Aufl., Dortmund 1986.

12 Zur Branche in dieser Zeit siehe: Fremdling, Rainer: Modernisierung und Wachstum der Schwerindustrie in Deutschland 1830–1860, in: Geschichte und Gesellschaft 5 (1979), S. 201–227; ders.: Standorte und Entwicklung der Eisenindustrie, in: Teuteberg, Hans-Jürgen (Hg.): Westfalens Wirtschaft am Beginn des „Maschinenzeitalters", Dortmund 1988, S. 297–316.

13 Hoerder Bergwerks- und Hüttenverein (Hg.): Hoerder Bergwerks- und Hüttenverein, Hoerde in Westfalen. 50 Jahre seines Bestehens als Actien-Gesellschaft 1. März 1852/1902, o. O. 1902, S. 14–18.

14 Rasch, Manfred: Frühe Hochöfen im späteren Ruhrgebiet. Eine erste Annäherung an ein technik- und wirtschaftsgeschichtliches Thema, in: ders. (Hg.): Der Kokshochofen. Entstehung, Entwicklung und Erfolg von 1709 bis in die Gegenwart, Essen 2015, S. 153–196, hier S. 166–171. Dennoch wurde noch 1854 der Bau von Holzkohlenhochöfen erwogen. Auszug aus der Niederschrift der Verwaltungsratssitzung am 02.02.1854, in: tkA Hoesch-Archiv DHHU/1828.

15 Kukuk, Paul: Geologie des niederrheinisch-westfälischen Steinkohlengebietes, Berlin 1938, S. 521–523; Slotta, Rainer: Standortbedingungen der Eisen- und Stahlindustrie. Der Eisensteinbergbau im Dortmunder Raum, in: Dascher; Kleinschmidt: Stahlindustrie, S. 13–26; Peters, Richard: Über den Spatheisenstein der westphälischen Steinkohlenformation, in: Zeitschrift des Vereins Deutscher Ingenieure 2 (1857), S. 90–100.

16 Hoerder Bergwerks- und Hüttenverein: 50 Jahre, S. 8–10; Wirtschaftsarchiv: Kölner Unternehmer, S. 74. Ein Teil der Gründer wird berücksichtigt bei: Pierenkemper, Toni, Die westfälischen Schwerindustriellen 1852–1913. Soziale Struktur und unternehmerischer Erfolg, Göttingen 1979.

17 Siehe tkA Hoesch-Archiv DHHU/560.

Hermannshütte, um 1852.

Am 10. April 1851 schlossen die Mitglieder der Interessengemeinschaft sowie Victor Wendelstadt und Wilhelm Ludwig Deichmann einen Vertrag über die Gründung des Hoerder Vereins. Kurz darauf wurden die Satzung und eine Denkschrift Deichmanns der Königlichen Regierung zu Arnsberg zur Genehmigung vorgelegt.[18] Behindert durch die bei der Konzessionierung von Aktiengesellschaften restriktive Haltung der preußischen Genehmigungsbehörden, die zahlreiche Satzungsänderungen forderten, dauerte es bis zur Gründung des Hoerder Vereins jedoch noch fast ein Jahr. Am 8. Januar 1852 wurde die neue Satzung des Hoerder Vereins von den Beteiligten verabschiedet und nach Genehmigung des preußischen Ministeriums für Handel und Gewerbe am 16. Februar in Verbindung mit einem Emissionsprospekt im März 1852 publiziert.[19] Die Ausführungen des Prospekts konzentrierten sich zu Recht auf die hervorragenden Perspektiven des neuen Unternehmens, wenn sich auch das Versprechen, dass die Eisensteinvorkommen die Hochöfen über Jahrhunderte versorgen könnten, schon bald als Trugschluss erweisen sollte. Verlockend erschienen vor allem die prognostizierten Produktionskosten von 48 Talern pro Tonne Roheisen, was etwa 50 % des Marktpreises entsprach. Auf der konstituierenden Generalversammlung des Hoerder Vereins am 5. Juni 1852 wurde schließlich der Verwaltungsrat ermächtigt, einen Vertrag über die Übernahme des vollständigen Eigentums der Firma Piepenstock & Comp. durch den Hoerder Verein mit Wirkung vom 1. Juli abzuschließen.[20] Die Altgesellschaft löste sich darauf am 24. Juni auf.[21] Den Verwaltungsrat des Hoerder Vereins bildeten deren Kommanditisten, neben Wiesehahn, der als Spezialdirektor zugleich den Betrieb leitete, Dietzsch, Overweg, Deichmann und Mevissen als Vorsitzender. Das Grundkapital des Hoerder Vereins betrug 2 Mio. Taler und damit nur die Hälfte des beantragten Volumens, denn das Ministerium für Handel und Gewerbe unter August von der Heydt sah trotz der umfangreichen Investitionsplanungen zunächst keine Veranlassung zur Genehmigung einer höheren Summe und verfolgte ein langwieriges Nachweisverfahren zum tatsächlichen Mittelbedarf. Erst nach zahlreichen Eingaben und zähen Verhandlungen mit der Königlichen Regierung zu Arnsberg, dem Königlichen Oberbergamt Dortmund und dem

18 Ebd.

19 Amtsblatt der Königlichen Regierung zu Arnsberg vom 06.03.1852, in: tkA Hoesch-Archiv DHHU/2613.

20 Auszug aus der Niederschrift der Generalversammlung am 05.06.1852 und Einbringungsvertrag, in: tkA Hoesch-Archiv DHHU/56 und DHHU/1019.

21 Auflösungsvertrag, in: tkA Hoesch-Archiv DHHU/87.

Landrat des Landkreises Dortmund erhielt der Hoerder Verein am 21. Juni 1856 die Genehmigung zur Kapitalerhöhung auf 4 Mio. Taler, ohne jedoch davon vollständig Gebrauch zu machen.[22] Die Erstaktionäre, darunter zahlreiche Persönlichkeiten aus Handel, Gewerbe und Industrie sowie Henrich Graf zu Stollberg-Wernigerode, der spätere Begründer der Henrichshütte, stammten vor allem aus dem Rheinland und aus Westfalen, aber auch aus Braunschweig, Magdeburg und Erfurt.[23]

Beim Hoerder Verein herrschte von Beginn an eine besondere Verbindung von Unternehmensleitung und Unternehmenseigentum, die zu einer einzigartigen personellen Kontinuität bei den Leitungsgremien, möglicherweise aber auch zu gewissen Fehlentwicklungen führte. Die meisten Gründer blieben bis 1873/74, als der erste Abschnitt der Entwicklung durch eine tiefe personelle Zäsur einen Abschluss fand, in ihren Positionen. Alle besaßen bzw. vertraten in den Generalversammlungen größere Aktienpakete.[24] Allein durch ihr Eigentum an zahlreichen Erzgruben und -feldern verfügten sie zudem über eine starke Position im Unternehmen. Dietzsch, Overweg und Wiesehahn hatten diese z. T. nicht in den Hoerder Verein eingebracht, sondern nur Abbaugenehmigungen erteilt und dafür jährlich ein Drittel des 5 % des Grundkapitals übersteigenden Reingewinns als Sonderzahlung erhalten. Hatte diese Summe im Gründungsjahr noch 30.000 Taler betragen, wuchs sie vor dem Hintergrund der guten Geschäftsergebnisse der folgenden Jahre bis 1856 auf 80.000 Taler.[25] Während dem Unternehmen an einer Übernahme der Gruben gelegen sein musste, beharrten die Eigentümer auf der für sie lukrativen Pachtvariante. Zwischen 1853 und 1855 versuchte eine interne Kommission vergebens zwischen den anscheinend unvereinbaren Positionen zu vermitteln. 1856 gingen die Gruben schließlich an den Hoerder Verein, die Gewinnbeteiligung wurde durch die Abgabe von Obligationen in Höhe von 600.000 Talern an die Inhaber abgelöst und bis 1867 mit jährlich 50.000 Talern aus dem Reingewinn getilgt. Als Sicherheit musste der Hoerder Verein die Hermannshütte mit allen Anlagen zugunsten der ehemaligen Eigentümer verpfänden.[26] Dass sich diese Investition letztlich nicht auszahlen sollte, zeigte sich in den 1860er-Jahren, da bis dahin der größte Teil der Felder aufgrund mangelnder Ergiebigkeit und der vorherrschenden Magerkohle nicht erschlossen worden war und auch später nicht erschlossen wurde.

Nachdem bereits 1852 mit den Vorbereitungen zum Bau eines Hochofenwerks begonnen worden war, dauerte es aufgrund der schwierigen Grunderwerbsverhandlungen und der Einsprüche der Zeche Felicitas und des einflussreichen Hörder Landwirts Friedrich Wilhelm Hympendahl bis zum 5. Mai 1853, bis Handelsminister von der Heydt die Konzessionsurkunde unterzeichnete.[27] Da im Bereich der östlich von Hörde liegenden Hermannshütte keine ausreichenden Flächen zur Verfügung standen bzw. nur unter nicht vertretbarem Aufwand hätten erworben werden können, wurde das Hoerder Eisenwerk westlich der Stadt in einer Entfernung von etwa 1,8 km errichtet, was später bedeutende Investitionen in den Aufbau einer Werksbahnverbindung und hohe Betriebskosten nach sich zog.[28] Der Hoerder Verein hatte die Genehmigung zum Bau von insgesamt acht Hochöfen erhalten, errichtete bis Mitte der 1860er-Jahre jedoch nur sechs. Der zunächst beabsichtigte Bau von zwei Öfen in Sprockhövel bzw. zwischen Dahlhausen und Steele wurde nicht realisiert.[29] Der erste Hochofen

22 Siehe dazu umfassend tkA Hoesch-Archiv DHHU/560, DHHU/562 und DHHU/563.

23 Niederschrift der Generalversammlung am 05.06.1852, in: tkA Hoesch-Archiv DHHU/1019.

24 Siehe z. B. Niederschrift der Generalversammlung am 22.09.1855, in: tkA Hoesch-Archiv DHHU/1069.

25 Errechnet aus den Bilanzen der Geschäftsberichte 1852/53–1855/56. Zur Gewinnverwendung siehe auch: Lindenlaub, Jürgen: Die Finanzierung des Aufstiegs von Krupp. Die Personengesellschaft Krupp im Vergleich zu den Kapitalgesellschaften Bochumer Verein, Hoerder Verein und Phoenix 1850–1880, Essen 2006, S. 298.

26 Niederschrift der Generalversammlung am 22.09.1855, in: tkA Hoesch-Archiv DHHU/1497. Zur Anleihe und Ablösung siehe DHHU/3150 sowie DHHU/86, DHHU/1834, DHHU/1880, DHHU/1922.

27 Urkunde, in: tkA Hoesch-Archiv DHHU/1341. Zur Konzessionierung des Hoerder Eisenwerks siehe auch Geheimes Staatsarchiv Preußischer Kulturbesitz I. HA Rep. 121, Nr. 6444.

28 Zum Thema siehe: Jacobs, Franz-Josef; Schmitt, Alfons (Bearb.): Standortsprobleme der Eisen schaffenden Industrie im Raume Dortmund unter besonderer Berücksichtigung des Hüttenwerkes Hörde. Eine Standortuntersuchung des Instituts für Verkehrswissenschaft an der Universität Münster (Westf.), Münster 1952, S. 22–28.

29 Bericht Mevissen auf der Generalversammlung am 30.09.1853, in: tkA Hoesch-Archiv DHHU/1019.

Hochofenanlage in Hörde mit fünf Hochöfen, 1860.

ging im Februar 1854 in Betrieb, der zweite folgte im Juni, der dritte im September und der vierte im Juli 1855, womit der durch den belgischen Generalunternehmer Joseph Gobiet konzeptionierte Ausbau vorerst beendet war.[30] Die Roheisenproduktion erreichte 1855 knapp 23.000 t und stieg bis 1860 auf 28.000 t.[31] Erst im Juli 1862 folgte die Inbetriebnahme des bereits 1859 fertiggestellten Hochofens V und im November 1864 von Hochofen VI, sodass der Hoerder Verein nun über sechs in Reihe stehende Öfen verfügte, die mit einer Gichtbrücke und einer Gießhalle miteinander verbunden waren.[32] Die Roheisenproduktion stieg damit auf knapp 60.000 t Ende der 1860er-Jahre, was rund 23 % der Ruhrgebietserzeugung entsprach.[33]

Parallel zur Errichtung des Hoerder Eisenwerks wurde zur Sicherung der Energieversorgung der Aufbau des Hoerder Kohlenwerks betrieben.[34] Zwischen 1854 und 1856 erwarb der Hoerder Verein mehrere Grubenfelder bei den Dörfern Aplerbeck, Asseln und Brackel östlich von Dortmund, wenige Kilometer von der Hermannshütte entfernt.[35] Die Probebohrungen in den unverritzten Feldern versprachen mächtige Vorkommen in geringer Teufe und damit die Gewähr für eine rentable Förderung bei vergleichsweise geringen Investitionen. Die Kosten für einen Tiefbauschacht wurden mit etwa 250.000 Talern veranschlagt, und 1856 begannen die Teufarbeiten für zwei Schächte, die 1859/61 in Betrieb gingen und den Namen Schleswig erhielten.[36] Von Beginn an zeigte sich, dass das Hoerder Kohlenwerk die hochgesteckten Erwartungen nicht erfüllen konnte

30 Zu Gobiet siehe Rasch: Hochöfen, S. 180–186.

31 Siehe die jeweiligen Geschäftsberichte.

32 Zur Konstruktion der Hochöfen und der maschinentechnischen Ausstattung siehe Schönfelder: Die baulichen Anlagen auf den Berg-, Hütten- und Salinenwerken in Preußen. 1. Jg., 1. Lieferung: Die Hohofenanlage des Hörder [!] Bergwerks- und Hüttenvereins bei Hörde, Berlin 1861, mit zahlreichen Querschnitt- und Konstruktionszeichnungen.

33 Marchand, Hans: Säkularstatistik der deutschen Eisenindustrie, Essen 1939, S. 75.

34 Unverferth, Gabriele: Kohle für die Hermannshütte. Zur Geschichte des Hoerder Bergwerks- und Hütten-Vereins, seiner Zechen und Siedlungen, in: dies. (Hg.): Leben im Schatten des Förderturms. Die Kolonie Holstein in Dortmund-Asseln, Werne 2005, S. 11–50.

35 Zum frühen Bergbau in Hörde siehe: Horstmann, Theo: Früher Bergbau im Raum Dortmund zwischen 1766 und 1865, in: Beiträge zur Geschichte Dortmunds und der Grafschaft Mark 83/84 (1992/93), S. 109–140; Frese-Strathoff, Marie-Luise; Pfläging, Kurt; Huske, Joachim: Der Steinkohlenbergbau im Bergrevier Hörde zur Zeit des Freiherrn vom Stein. Der Kohlenbergbau im ehemaligen Bergrevier Hörde bei Dortmund und die Befahrungen der Zechen durch den Oberbergrat Friedrich Wilhelm Graf von Reden und den Bergdirektor Heinrich Friedrich Karl Reichsfreiherr vom und zum Stein, Werne 2007.

36 Zu Planung, Bau und Betrieb des Kohlenwerks siehe tkA Hoesch-Archiv DHHU/1879.

und in den folgenden Jahrzehnten das Sorgenkind des Hoerder Vereins bleiben würde. Geringe Wasserzuflüsse hatten die Teufarbeiten trotz der harten Mergelschicht anfangs beschleunigt und Hoffnungen auf eine Verkürzung des bis zur Inbetriebnahme auf drei Jahre prognostizierten Zeitraums sowie eine Unterschreitung der Kostenvoranschläge genährt. Nach Förderbeginn und fortschreitenden Aus- und Vorrichtungsarbeiten wichen diese Hoffnungen einer umfassenden Ernüchterung, denn zahlreiche massive Gebirgsstörungen erschwerten und verteuerten die Arbeiten. Weitaus gravierender war jedoch nach umfangreichen Versuchen die Feststellung, dass die Kohle sich zwar in den verarbeitenden Betrieben der Hermannshütte verfeuern ließ, aufgrund ihres hohen Aschegehalts und mangelnder Backfähigkeit für die Kokserzeugung auf dem Hoerder Eisenwerk aber nur sehr eingeschränkt verwendet werden konnte. Ob unter diesen Voraussetzungen die Förderung den Bedarf beider Werke je hätte decken können, sei dahingestellt, doch bedeutete diese Entwicklung einen herben Rückschlag, denn der Hoerder Verein blieb bei der Kokskohlenversorgung weiterhin vom Markt abhängig. Drei Standorte im Raum Hörde und insbesondere die Trennung von Hermannshütte und Eisenwerk bedeuteten zudem auch innerbetrieblich einen erheblichen Transportaufwand.

Nachdem Wiesehahn den Aktionären auf der Generalversammlung 1860 noch eine „gute Entwicklung" versprochen hatte,[37] gab Mevissen im folgenden Jahr einen ersten Ausblick auf den Ernst der Lage. Unter Verweis auf ähnliche Erfahrungen der Konkurrenz konstatierte er, dass die Kostenvoranschläge auf dem „Standpunkt der damaligen Erfahrungen anscheinend sehr reichlich bemessen" gewesen, durch höhere Löhne und Materialkosten und Probleme beim Grubenausbau die Voranschläge allerdings reichlich überschritten worden seien und die Kosten zur Errichtung der Schachtanlagen statt 500.000 fast 800.000 Taler betragen hatten.[38] Das komplette Ausmaß der Probleme und der daraus resultierende zusätzliche Investitionsbedarf wurde 1862 deutlich. „Man kann sich der Befürchtung nicht mehr verschließen, dass in der Erstreckung der nördlichen Mulde nach Osten eine bedeutende Gebirgsstörung ansteht, die zu durchfahren und auszurichten schwerlich in der nächsten Zeit gelingen wird." Neue Flözaufschlüsse seien nicht zu erwarten und ein Abbau daher zurzeit nur im südlichen Feldesteil möglich. Als Ausweg aus dem Dilemma blieb nur der Ankauf weiterer Grubenfelder und Mutungen, u. a. der benachbarten Zeche Asseln von der Massener Gesellschaft für Kohlenbergbau, deren Gründung 1853 ebenfalls von Mevissen initiiert worden war, und der Brackeler Bohr-Gesellschaft.[39]

Die Basis der Erzversorgung sollten zunächst die von den Verwaltungsratsmitgliedern eingebrachten Erzgruben bilden, die jedoch größtenteils noch erschlossen werden mussten. Daneben hatte der Hoerder Verein zahlreiche weitere Felder im näheren Umkreis erworben.[40] 1855 verfügte der Hoerder Verein über einen Einzelbesitz bzw. Anteile an insgesamt 135 Gruben und 75 Mutungen, beutete jedoch nur 22 Felder an 14 Förderpunkten aus.[41] Ein Großteil der Erze wurde von den Zechen Freie Vogel und Unverhofft sowie der 1852 eröffneten unternehmenseigenen Grube Argus geliefert. Da sich später zahlreiche Berechtsame als nicht abbauwürdig erwiesen, konzentrierte sich die Förderung ab Ende der 1850er-Jahre auf fünf Gebiete: Die Gruben Argus, Friedrich und Kirchhörde, die durch den gemeinsamen Schacht Reinbach bei Kirchhörde erschlossen waren, Joests Erbstollen bei Kirchhörde, Zeche Adele in Hörde, Zeche Josefine bei Schwerte und Zeche Union I, die mehrere konsolidierte Felder erschloss. Da die Qualität der Erze ebenfalls nicht den Anforderungen entsprach, mussten Erze aus westfälischen und hannoverschen Gruben hinzugekauft bzw. Gruben dort angepachtet oder erworben werden, und mit der Eröffnung der Ruhr-Sieg-Bahn 1861 stieg auch der Verbrauch an Siegerländer Eisenstein.[42]

37 Bericht Wiesehahn auf der Generalversammlung am 29.09.1860, in: tkA Hoesch-Archiv DHHU/1030.
38 Bericht Mevissen auf der Generalversammlung am 07.09.1861, in: tkA Hoesch-Archiv DHHU/1032.
39 Bericht Wiesehahn auf der Generalversammlung am 27.09.1862 sowie Vertrag zwischen den Gesellschaften über eine Kaufoption, in: tkA Hoesch-Archiv DHHU/1033. Siehe auch DHHU/1270.
40 Siehe u. a. tkA Hoesch-Archiv DHHU/1832 und DHHU/1264.
41 Entwurf zum Bericht Wiesehahn für die Generalversammlung am 22.09.1855, in: tkA Hoesch-Archiv DHHU/1069.
42 Siehe beispielhaft tkA Hoesch-Archiv DHHU/1250, DHHU/1283, DHHU/1289, DHHU/1271.

Die ersten Geschäftsjahre des Hoerder Vereins verliefen dennoch hervorragend. Schon 1852/53 wurde mit einem Reingewinn von 190.000 Talern ein Ergebnis erzielt, das „selbst kühnste Erwartungen übersteigen dürfte".[43] Während des folgenden Gründerbooms konnte das Unternehmen Produktion und Gewinn von Jahr zu Jahr verbessern. Trotz hoher Investitionen und Abschreibungen erreichte die Dividende bis zu 13 %. Alle Betriebe arbeiteten an der Kapazitätsgrenze. 1856 waren die Auftragsbücher derartig gut gefüllt, dass Liefertermine bis ins Jahr 1858 verschoben werden mussten.[44] 1857 wurde das Walzwerk erweitert, eine neue Gießerei und eine neue Radwerkstatt errichtet. Gebremst wurden der weitere Ausbau der Hermannshütte und die rasante Expansion des Unternehmens durch verzögerte Material- und Maschinenlieferungen, insbesondere aber durch den Mangel an Arbeitskräften im Hörder Raum, der auch während der 1860er- und Anfang der 1870er-Jahre immer wieder zu beklagen war. Eine vorläufige Krönung erfuhr die Erfolgsgeschichte durch den Besuch von König Friedrich Wilhelm IV. beim Hoerder Verein am 6. Oktober 1855 und die Verleihung der Großen Goldenen Ehrenmedaille bei der Pariser Weltausstellung im selben Jahr.[45] Angesichts dieser hervorragenden Entwicklung überstand der Hoerder Verein die Wirtschaftskrise 1857/59 anders als zahlreiche Konkurrenzunternehmen im Ruhrgebiet und vor allem im Dortmunder Raum, die Konkurs anmelden mussten, weitgehend unbeschadet. Nachdem 1857 ein erneutes Rekordergebnis erzielt worden war, blieb die Hermannshütte auch 1858 weiterhin fast voll ausgelastet. Erst 1859 sorgten der Preisverfall für alle Produkte und die ausbleibenden Bestellungen aus dem eminent wichtigen Eisenbahnsektor für eine spürbare Abkühlung des Geschäfts, die bis 1861 anhalten sollte, ohne dass das Unternehmen seine Dividendenzahlungen gänzlich hätte einstellen müssen.[46]

Das vergleichsweise problemlose Überstehen der Krise resultierte nicht nur aus den hohen Gewinnen des Hoerder Vereins, die entsprechende Rücklagen ermöglichten, sondern gerade aus der Kreditpolitik der beteiligten Banken, die die Unternehmenspolitik maßgeblich beeinflussten.[47] Mevissen rühmte auf der Generalversammlung 1860 die nicht zuletzt mit seiner Person verbundene enge Verflechtung mit den Kreditinstituten, die dafür gesorgt habe, dass das Unternehmen niemals Probleme gehabt habe, die „zum Betriebe erforderlichen Credite in beliebiger und bis jetzt stets unbeschränkter Höhe zu finden".[48] Schon 1853 hatte er selbstbewusst als oberstes Ziel des Hoerder Vereins die „Hebung der vaterländischen Eisen-Production und die Befreiung des Zollvereins von seinem Bedarf an Roheisen aus dem Auslande" propagiert und den Vorbildcharakter der Gründung herausgestellt: „Der Vorgang unserer Gesellschaft hat im Rheinlande und in Westfalen zahlreiche Nachfolge, unser Streben zahlreiche Mitstrebende gefunden." Die Gesellschaft sei die „erste gewesen, welche die Eisen-Production im großartigen Maßstabe sich zum Vorwurfe genommen hat", und daher habe man den Anspruch, „an der Spitze der deutschen Eisen-Industrie" zu bleiben.[49] Dass als probates Mittel zur Umsetzung einer solchen Vorgabe vor dem Hintergrund der günstigen finanziellen Situation und der allgemeinen Gründungsaktivitäten der Eisen- und Stahlindustrie schon Mitte der 1850er-Jahre eine Unternehmensübernahme in Erwägung gezogen wurde, zeigen die Verhandlungen zum Ankauf der Beckeroder Eisenhütte bei Hagen in der Nähe von Osnabrück im Königreich Hannover, also im Ausland.

43 Bericht Mevissen auf der Generalversammlung am 30.09.1853, in: tkA Hoesch-Archiv DHHU/562.
44 Bericht Mevissen auf der Generalversammlung am 30.09.1856, in: tkA Hoesch-Archiv DHHU/1024.
45 Ebd.; Beckmann, Uwe: Dortmunder Unternehmen auf nationalen und internationalen Ausstellungen des 19. Jahrhunderts, in: Dascher; Kleinschmidt: Stahlindustrie, S. 321–338, hier S. 326–328.
46 Berichte Mevissen auf den Generalversammlungen 1858–1861, in: tkA Hoesch-Archiv DHHU/1028, DHHU/1029, DHHU/1030 und DHHU/1032.
47 Zur Unternehmensfinanzierung bis 1880 siehe Lindenlaub: Finanzierung, S. 234–296 und 585–619.
48 Bericht Mevissen auf der Generalversammlung am 29.09.1860, in: tkA Hoesch-Archiv DHHU/1030.
49 Bericht Mevissen auf der Generalversammlung am 30.09.1853, in: tkA Hoesch-Archiv DHHU/562. Dies hinderte Mevissen nicht, selbst für Konkurrenz zu sorgen. Die von ihm und Julius Joest maßgeblich begleitete Umbildung der Firma Mayer & Kühne zum Bochumer Verein für Bergbau und Gussstahlfabrikation 1854 erfolgte bis hin zur Satzung nach dem Vorbild des Hoerder Vereins. Wirtschaftsarchiv: Kölner Unternehmer, S. 72 f.

Auf der Generalversammlung im September 1855 ließ sich der Verwaltungsrat des Hoerder Vereins den Ankauf der Hütte und einiger Erzkonzessionen vom Eigentümer Julius Meyer sowie eines Kohlenfelds von der Königlichen Regierung zu Hannover zum Preis von 315.000 Talern genehmigen.[50] Der Ankauf scheiterte, „da die Hannoversche Regierung im letzten Stadium der Verhandlungen unserem Verein das Corporations-Recht in Hannover nicht ertheilt, sondern die Bildung einer selbständigen Gesellschaft für das genannte Werk von uns verlangt hat".[51] Dies lehnte der Hoerder Verein strikt ab und versuchte, König Georg V. von Hannover Anfang 1856 in einem Schreiben nochmals von seinem Standpunkt zu überzeugen.[52] Letztlich unterband die Hannoversche Regierung das Geschäft erfolgreich durch die Forderung, die gewonnenen Erze im Inland weiterzuverarbeiten, sodass die Hütte als Rohstofflieferant für den Hoerder Verein nicht mehr in Frage kam – und allein darum war es gegangen. Diese konträre Interessenlage war den Leitungsgremien des Hoerder Vereins von Beginn an bewusst gewesen, denn sie hatten versucht, ihre Identität vor den Genehmigungsbehörden möglichst lange zu verschleiern. Im Januar 1855 hatten Meyer sowie Carl Ruëtz und Carl Rhodius – wahrscheinlich schon als Strohmänner des Hoerder Vereins – einen Antrag auf Gründung einer Aktiengesellschaft zur Anlage von Hochöfen, Schienenwalzwerken und Steinkohlenzechen unter dem Namen „Osnabrücker Bergwerks- und Hütten-Verein" eingereicht, der neben der üblichen Gründungsrhetorik auch einige Andeutungen zu den wirklichen Zielen des Unternehmens enthielt. Es wurde darauf verwiesen, dass man auch Grubenbesitz im „benachbarten preußischen Westfalen" besitzen werde und die daraus „gewonnenen Rohprodukte in Hütten der Gesellschaft und in noch zu erwerbenden anderen Etablissements" weiterverarbeiten wolle. Die marode Beckeroder Hütte, die nicht einmal über einen Hochofen verfügte, konnte damit kaum gemeint sein. Rhodius, der eine Kaufoption aus dem Jahr 1854 besaß, verhandelte offiziell mit einem Konsortium aus A. Schaaffhausen'schem Bankverein, Carl Joest & Söhne, Leopold Hoesch und Julius Schimmelbusch, Leiter des von Erstgenannten maßgeblich finanzierten Hüttenwerks Eintracht in Hochdahl, über eine Beteiligung an der Emission. Im Mai vereinbarte er mit Wiesehahn, Dietzsch und Overweg deren Eintritt in den Optionsvertrag für den Fall des Scheiterns der Verhandlungen. Zuvor hatte aber der gesamte Verwaltungsrat des Hoerder Vereins untereinander einen Vertrag zum gemeinsamen Ankauf der Hütte abgeschlossen. Wiesehahn, Dietzsch und Overweg beantragten die Verleihung der Steinkohlenfelder und schlossen im August mit Meyer schließlich den Kaufvertrag, vorbehaltlich der königlichen Genehmigung, um ihn erst Ende Dezember offiziell auf den Hoerder Verein zu übertragen. Im April 1856 verkaufte Meyer die Beckeroder Hütte schließlich an ein inländisches Konsortium, das auf dieser Basis kurz darauf den Georgs-Marien-Bergwerks- und Hütten-Verein gründete.[53]

Schon früh zeichnete sich der Hoerder Verein durch eine besondere Innovativität aus und gehörte bis in die 1890er-Jahre zu den Unternehmen der Branche, die entweder maßgeblich technische Entwicklungen im Bereich der Eisen- und Stahlerzeugung und -verarbeitung selbst vorantrieben oder aber als Pionier für eine frühe Einführung von Neuerungen sorgten. Von Beginn an verfügte das Unternehmen über herausragende Techniker und Ingenieure und ließ sich zudem bei Bedarf von Experten aus in der Eisenhüttentechnik weiter fortgeschrittenen Staaten beraten. Schon beim Aufbau der Hermannshütte hatte ein englischer Ingenieur mitgewirkt, beim Bau des Eisenwerks setzte man Unterstützung aus Belgien, von wo neben dem Hochofenfachmann Joseph Gobiet zudem Arbeiter angeworben wurden.[54] Auch die beiden technischen Leiter, der seit 1847 für die Hermannshütte zuständige Reiner Daelen und der 1852 zum Bau des Hoerder Eisenwerks angestellte

50 Niederschrift der Generalversammlung am 22.09.1855, in: tkA Hoesch-Archiv DHHU/1497. Zum geplanten Erwerb siehe umfassend DHHU/1833 sowie ergänzend Meyer, Susanne: Schwerindustrielle Insel und ländliche Lebenswelt. Georgsmarienhütte 1856–1933, Münster 1991, S. 22–24, verfasst in Unkenntnis genannter Akte.

51 Bericht Mevissen auf der Generalversammlung am 30.09.1856, in: tkA Hoesch-Archiv DHHU/1024.

52 Schreiben des Hoerder Vereins vom 27.02.1856, in: ebd.

53 Zur Gründung und Entwicklung siehe umfassend Müller, H[ermann]: Der Georgs-Marien-Bergwerks- und Hütten-Verein, Bd. 1, Osnabrück 1896.

54 Beck, Ludwig: Die Geschichte des Eisens in technischer und kulturgeschichtlicher Beziehung. 4. Abteilung: Das 19. Jahrhundert von 1801–1860, Braunschweig 1899, S. 703; Zu Belgien siehe tkA Hoesch-Archiv DHHU/1087, DHHU/1872, DHHU/1826.

Heinrich von Hoff, besaßen nicht nur eine fundierte Ausbildung, sondern hatten dort gearbeitet.[55] Daelen entwickelte 1848 in Hörde das kaliberlose Universalwalzwerk, das sich rasch in der Branche durchsetzte, und von Hoff bei Errichtung von Hochofen V in den 1860er-Jahren einen neuartigen Hochofengichtverschluss, der die Ableitung und Verwertung der Gichtgase ermöglichte.[56] Ob diese Geschäftspolitik dem Unternehmen letztlich in der Gesamtbetrachtung der 54 Geschäftsjahre bis zur Übernahme durch die Phoenix AG für Bergbau und Hüttenbetrieb (Phoenix AG) eher Vorteile gebracht hat oder der Drang zur Vorreiterrolle sich nachteilig auf das Ergebnis auswirkte, ist kaum zu beurteilen. Dem Hoerder Verein eilte jedenfalls bis zuletzt ein entsprechender Ruf voraus, der abhängig vom Projekt und dem Geschäftserfolg zwischen Bewunderung, Neid und Häme schwankte und Anfang des 20. Jahrhunderts in Unkenntnis der tatsächlichen Hintergründe (s. u.) auch als Grund für den Niedergang des Unternehmens seit den 1870er-Jahren genannt wurde. Ein wichtiges Motiv für die Innovativität des Unternehmens könnte in dem Versuch gelegen haben, seine Standortnachteile durch technische Entwicklung zu kompensieren.

Während der goldenen ersten beiden Jahrzehnte seines Bestehens nutzte der Hoerder Verein seine Innovationspolitik zur öffentlichkeitswirksamen Festigung seiner Position als Technologieführer. Möglicherweise sahen die einflussreichen Gründer und Banken in der damit verbundenen hohen Investitionstätigkeit und der von ihnen implementierten spezifischen Form der Unternehmensfinanzierung auch finanzielle Interessen, denn hohen zinsträchtigen Krediten stand nur eine zögerliche Erweiterung des Grundkapitals gegenüber. Die Unternehmensleitung folgte anscheinend der Prämisse: geringes Grundkapital – hohe Abschreibungen – hoher Reingewinn – hohe Dividende. Das Grundkapital war 1856 auf 2,5 Mio. Taler erhöht worden, stieg 1862 auf 2,54 Mio. Taler, überschritt 1867 die Grenze von 3 Mio. Talern und erreichte erst 1872 auf dem Höhepunkt des Gründerbooms die schon bei Gründung des Unternehmens vorgesehene Höhe von 4 Mio. Talern. „Der Verwaltungsrat glaubt an dem System bedeutender Abschreibungen umso mehr festhalten zu müssen, als gerade in der Branche, die wir betreiben, stets neue Verbesserungen im Betrieb sich Bahn brechen und neue Anlagen erfordern, welche aus dem Überschusse der Betriebe gedeckt werden müssen, wenn nicht eine der Produktionskraft entsprechende Vermehrung des Aktienkapitals stattfinden soll."[57] Zum Zeitpunkt der Wirtschaftskrise der ausgehenden 1850er-Jahre war diese Aussage verständlich, da eine Aktienemission am Markt wohl kaum zu platzieren gewesen wäre, doch bedeutete die übermäßige Entwertung der Anlagen einen bilanztechnisch erzeugten Substanzverlust, der einem hohen Fremdmittelanteil gegenüberstand, für den wiederum Anlagen und auch Aktien verpfändet wurden. Das Hoerder Kohlenwerk besaß nach zahlreichen Sonderabschreibungen 1866 noch einen Buchwert von 400.000 Talern, was etwa dem Kaufpreis der Grubenfelder entsprach, die noch 1862 arrondiert worden waren.[58] Andererseits bestand im Verlauf der 1860er-Jahre keine Veranlassung, von diesen Prinzipien abzugehen, denn der Hoerder Verein florierte und konnte Umsatz und Ergebnis nahezu jedes Jahr steigern. Die weitgehend problemlos überstandene Krise und die günstige Konjunkturentwicklung hatte ein Gefühl der Sicherheit erzeugt, sodass Vorsorgemaßnahmen für die Zukunft weitgehend unterblieben. So erreichten die Rücklagen trotz der anwachsenden Bilanzsummen selbst nominell nicht einmal annähernd das durchschnittliche Niveau der 1850er-Jahre.[59]

55 Scholl, Lars Ulrich: Ingenieure in der Frühindustrialisierung. Staatliche und private Techniker im Königreich Hannover und an der Ruhr (1815–1873), Göttingen 1978, S. 367–378.

56 Troitzsch, Ulrich: Reiner Daelen (1813–1887) und die Entwicklung der Walzwerktechnik. Ein Pionier der westdeutschen Eisenindustrie im 19. Jahrhundert, in: Ferrum. Nachrichten aus der Eisenbibliothek 79 (2007), S. 26–45; ders.: Innovation, Organisation und Wissenschaft beim Aufbau von Hüttenwerken im Ruhrgebiet 1850–1870, Dortmund 1977; Hoff, Heinrich von: Über die Ableitung der Hohofen-Gichtgase und die hierzu geeigneten Apparate, in: Zeitschrift des Vereins Deutscher Ingenieure 7 (1863), Sp. 433–446; Mlodoch, Stephan: Neue Technologien und wirtschaftliche Rentabilität am Beispiel des Hörder Bergwerks- und Hüttenvereins 1852–1906, in: Dascher; Kleinschmidt: Stahlindustrie, S. 339–354. Zu Daelen siehe auch tkA Hoesch-Archiv DHHU/5998.

57 Bericht Mevissen auf der Generalversammlung am 07.09.1858, in: tkA Hoesch-Archiv DHHU/1028.

58 Bilanz 1865/66, in: tkA Hoesch-Archiv DHHU/1082.

59 Siehe Bilanzen des Hoerder Vereins der 1850er- und 1860er-Jahre sowie Lindenlaub: Finanzierung, S. 591-592.

1863/64 untermauerte der Hoerder Verein mit der Einführung des Bessemer-Verfahrens als zweites deutsches Unternehmen nach der Firma Fried. Krupp seine führende Rolle im Bereich des Technologietransfers.[60] Das von Henry Bessemer 1855 entwickelte Frischen von Roheisen im Konverter mittels durchgeblasener Luft zu Rohstahl war als erstes Massenstahlverfahren erheblich produktiver als das zeitraubende und arbeitsintensive Puddeln und verdrängte nach und nach diese Herstellungstechnik.[61] Damit revolutionierte es die Stahlerzeugung, denn der gewonnene Flussstahl konnte in Formen gegossen und die Blöcke ohne weitere Behandlung zu Schienen, Form- oder Stabstahl ausgewalzt werden. Die deutsche Stahlindustrie stand jedoch vor dem Problem, nicht über die für das Bessemer-Verfahren notwendige einheimische Erzbasis zu verfügen. Die deutschen Erze besaßen einen relativ hohen Phosphorgehalt, der aufgrund der sauren Ausfütterung der Konverter nicht verbrannte, sondern im Rohstahl verblieb und das Produkt qualitativ und verarbeitungstechnisch massiv beeinträchtigte. Die deutschen Stahlerzeuger waren folglich verstärkt auf Erzimporte angewiesen.[62] Diese Entwicklung hatte im Ruhrgebiet schon in den 1860er-Jahren eingesetzt, da sich die Blackbandlagerstätten als qualitativ und quantitativ unzureichend erwiesen und der Erzbezug etwa aus dem Siegerland den Bedarf nicht decken konnte. Vor allem Unternehmen im Westen der Region setzten zudem auf den günstigen Wassertransport. Beim Hoerder Verein, der von allen Montanunternehmen am längsten auf einen eigenen Erzbergbau setzte und große Summen in diesen Bereich investiert hatte, entwertete die Einführung des Verfahrens dagegen den umfangreichen Feldbesitz und damit auch einen Hauptstandortfaktor, der noch zehn Jahre zuvor als zentrales Gründungskriterium gegolten hatte. Dazu kamen die hohen Transportkosten für die verkehrstechnisch weiterhin schlecht erschlossenen Werke. Ein weiterer Nachteil war sicherlich die umfangreiche Entwicklungsarbeit, die mit dem in Deutschland weithin unbekannten Verfahren verbunden war. Ob die erheblich zeit- und kostengünstigere Produktion des Bessemer-Stahls im Vergleich zum Puddelstahl diese Nachteile zu kompensieren vermochte, ist ebenso anzuzweifeln wie die Konkurrenzfähigkeit des Hoerder Vereins, der nach der schlechten Kohlenqualität des Kohlenwerks nun schon ein zweites Rohstoffversorgungsproblem mit sich trug. Diese Aspekte waren in Zeiten allgemein guter Geschäfte vielleicht nicht ausschlaggebend, können aber die Dauerkrise des Unternehmens nach 1873 mitverursacht haben. Über die Motive für die frühe Einführung des Bessemer-Verfahrens geben die Akten keinen hinreichenden Aufschluss.[63] Anfang 1864 begannen die Bauarbeiten an der neuen Bessemer-Anlage, die im Juni mit drei 3-t-Konvertern in Betrieb ging. Als Berater hatte die Firma Bessemer & Longsdon den Ingenieur Richard Pink geschickt, der bald die Leitung des Werks übernahm und diese Position bis 1881 bekleidete.[64] Zwischen 1868 und 1870 wurde ein neues Bessemer-Stahlwerk mit drei Konvertern zu jeweils 6 t Fassungsvermögen errichtet.

Insgesamt war die zweite Hälfte der 1860er-Jahre von einer umfassenden Investitionstätigkeit geprägt. Der Expansionsdrang des Hoerder Vereins erzeugte dabei ein stetiges Ungleichgewicht der verschiedenen Produktionsbereiche, das mithilfe von Folgeinvestitionen ausgeglichen werden musste. So wurde der ursprünglich als Reserve vorgesehene Hochofen VI 1864 zur Deckung des wachsenden Roheisenbedarfs, u. a. der Bessemeranlage, regulär in Betrieb genommen, wodurch zur Koksversorgung eine neue Ofenbatterie mit 40 Öfen notwendig wurde. Zugleich entstand ein neues Grob-, Mittel- und Feinwalzwerk. Weitere Mittel

60 Troitzsch, Ulrich: Die Einführung des Bessemerverfahrens in Preußen – Ein Innovationsprozeß aus den 60er Jahren des 19. Jahrhunderts, in: Pfetsch, Frank R. (Hg.): Innovationsforschung als multidisziplinäre Aufgabe. Beiträge zur Theorie und Wirklichkeit von Innovationen im 19. Jahrhundert, Göttingen 1975, S. 209–240; Wengenroth, Ulrich: Unternehmensstrategien und technischer Fortschritt. Die deutsche und die britische Stahlindustrie 1865–1895, Göttingen; Zürich 1986, S. 30–35.

61 Siehe umfassend: Paulinyi, Akos: Das Puddeln. Ein Kapitel aus der Geschichte des Eisens in der Industriellen Revolution, München 1987.

62 Feldenkirchen, Wilfried: Kapitalbeschaffung in der Eisen- und Stahlindustrie des Ruhrgebiets (1879–1914), in: Zeitschrift für Unternehmensgeschichte 24 (1979), S. 39–79, hier S. 58–60.

63 tkA Hoesch-Archiv DHHU/1881

64 Betriebsgenehmigungen des Ministeriums für Handel, Gewerbe und öffentliche Arbeiten, in: tkA Hoesch-Archiv DHHU/4169. Zu Pink siehe: tkA Hoesch-Archiv DHHU/2674.

flossen in die Erweiterung der Räder- und Achsenfabrik und des Puddelwerks auf schließlich 60 Öfen sowie in den strukturellen Umbau mehrerer Anlagen. Ein ebenfalls geplantes Walzwerk zur Herstellung von Schiffbaumaterial wurde schließlich nicht realisiert.[65] Vor dem Hintergrund der erhöhten Kapazitäten von Stahl- und Walzwerken, die im Verlauf der positiven konjunkturellen Entwicklung der ausgehenden 1860er-Jahre weitgehend ausgelastet waren, machten sich bald ein spürbarer Roheisenengpass und zunehmend auch das Alter vieler Werksanlagen bemerkbar. Sowohl die vier älteren Hochöfen, die nach vergleichsweise langen Ofenreisen von bis zu 14 Jahren zwischen 1868 und 1870 ausgeblasen und neu zugestellt werden mussten, als auch Teile der Werksanlagen entsprachen in Größe, Grundkonzeption und Bauart nicht mehr den technischen Anforderungen.[66] Mevissen skizzierte die umfangreichen Aufgaben auf der Generalversammlung 1870: Die Hermannshütte sei „in ihrer Entstehung noch den vierziger Jahren angehörig" und „bedarf in wesentlichen Theilen eines successiven Umbaus und einer fortschreitenden Vervollständigung, um mit den Fortschritten der modernen Technik Schritt zu halten".[67] Investitionsbedarf bestand damit weiterhin in allen Bereichen des Unternehmens. Die Planungen betrafen neben den Walzwerken das Puddelwerk und die Räderfabrik, die Kokerei des Eisenwerks sowie die Fördermaschine und die Wäsche des Kohlenwerks. Ein neues Puddelwerk mit 15 Öfen ergänzte bzw. ersetzte die älteren Anlagen, wo die „Öfen viel zu nah beinander liegen, sodass Arbeiter an heißen Tagen dort kaum arbeiten können"[68] – und dies obwohl der Bessemerstahl die Puddelerzeugnisse im Bereich der Schienenproduktion nach und nach verdrängte und diese Entwicklung vom Hoerder Verein als Grund für den Neubau des Bessemer-Stahlwerks genannt wurde.[69] Der Bau erfolgte, da Bessemerstahl für Produkte mit höheren Qualitätsanforderungen wie Kesselbleche nicht den Anforderungen entsprach. Um dem angesichts stetig steigender Preise die Produktion verteuernden Zukauf von Roheisen, Steinkohle und Eisenerz zu entgehen und die immer schlechteren Betriebsergebnisse der eigenen Eisenerzgruben zu kompensieren, wurde 1871 zudem der Bau von zwei neuen Hochöfen, der Ankauf von Erzgruben im Harz und die Abteufung eines dritten Schachts für das Hoerder Kohlenwerk sowie die Errichtung einer Kokerei bei der Schachtanlage Schleswig beschlossen. Außerdem sollte eine neue zweite Schachtanlage entstehen.

Das größte Defizit besaß das Unternehmen im Transportbereich. Seit 1860 war zwar das Kohlenwerk über eine anfangs als Pferdebahn geplante Schmalspurbahn mit der Hermannshütte verbunden,[70] doch erfolgte der Transport des Roheisens zwischen Eisenwerk und Hermannshütte ebenso wie der der Erze aus den Sprockhöveler Gruben weiterhin mittels Fuhrwerken auf der Straße. Die Hermannshütte besaß keinen Anschluss an den Hörder Bahnhof, sodass auch der Versand aller Fertigprodukte auf diesem umständlichen Weg erfolgte. Mit der Eröffnung der Verbindung zwischen Eisenwerk und Hermannshütte 1871 wurde zwar der wichtigste Engpass beseitigt, allerdings mussten die Kohlenzüge des Kohlenwerks wegen der unterschiedlichen Spurweiten beider Bahnen noch umgeladen werden.[71] Der Umbau der Schmalspurbahn auf Normalspur wurde nun ebenfalls begonnen, musste aber wegen der 1873 einsetzenden Wirtschaftskrise zunächst eingestellt werden. Der Bahnbau machte außerdem umfangreiche Bauarbeiten bei den Werksgleisen notwendig.

Die Finanzierung erfolgte auf dem üblichen Wege über Gewinne, Sonderabschreibungen aus dem Reservefonds, Kredite und die Erhöhung des Grundkapitals, das bis 1873 auf knapp 5 Mio. Taler stieg. Neben diesen Expansionszwängen hatte der Hoerder Verein weitere Probleme zu bewältigen, die das Geschäft belasteten. Der anhaltende Boom im Bergbau und in der Stahlindustrie hatte zu einem deutlich spürbaren Mangel an qua-

65 Bericht Wiesehahn auf der Generalversammlung am 30.09.1868, in: tkA Hoesch-Archiv DHHU/1498.
66 Zu den Anlagen siehe zeitgenössisch Hocker, Nicolaus: Die Großindustrie Rheinlands und Westfalens, Leipzig 1867 (Reprint Hildesheim 1967), S. 342–346. Zu den 1850er-Jahren siehe: Jacobi, Ludwig Hermann Wilhelm: Das Berg-, Hütten- und Gewerbe-Wesen des Regierungsbezirks Arnsberg in statistischer Darstellung, Iserlohn 1857, S. 391–399.
67 Bericht Mevissen auf der Generalversammlung am 30.09.1870, in: tkA Hoesch-Archiv DHHU/1052.
68 Bericht Wiesehahn auf der Generalversammlung am 09. 09.1869, tkA Hoesch-Archiv DHHU/1499.
69 Bericht Wiesehahn auf der Generalversammlung am 30. 09.1868, in: tkA Hoesch-Archiv DHHU/1498.
70 Zum Bau und Betrieb siehe u. a. tkA Hoesch-Archiv DHHU/1879 und DHHU/4164.
71 Zum Bau und Betrieb siehe u. a. tkA Hoesch-Archiv DHHU/4154/1, DHHU/4154/2 und DHHU/4156.

lifizierten Arbeitern geführt, und selbst ungelernte Kräfte waren kaum zu bekommen. Die Anzahl der Mitarbeiter, die Anfang der 1860er-Jahre gerade 2.700 betragen hatte, stieg 1869 kurzfristig auf über 5.000 und blieb mit durchschnittlich über 4.500 bis Mitte der 1870er-Jahre auf einem hohen Niveau, ohne dass der Bedarf an Arbeitskräften damit gedeckt gewesen wäre.[72] Die wenigen Arbeitersiedlungen und die für die Branche vergleichsweise guten Sozialeinrichtungen mit Krankenkasse und eigenem Krankenhaus reichten hier kaum aus, um eine größere Bindungskraft zu den Arbeitern zu erzeugen – dies sollte sich erst nach der Jahrhundertwende ändern, als der Hoerder Verein und die Phoenix AG den Werkswohnungsbestand stark erweiterten.[73]

Demgegenüber stand ein Anstieg der Roheisenproduktion von 22.500 t im Geschäftsjahr 1861/62 auf knapp 60.000 t im Geschäftsjahr 1869/70, einen Wert, der erst Ende der 1870er-Jahre wieder erreicht werden konnte.[74] Negativ wirkte sich nun auch die in der Wirtschaftskrise der ausgehenden 1850er-Jahre geborene Praxis langfristiger Lieferverträge aus. Der rasante Preisanstieg bei den Rohstoffen konnte nicht über eine entsprechende Anhebung der Verkaufspreise kompensiert werden, sodass der Hoerder Verein einen Großteil der Produktion unter dem Preisniveau des Markts verkaufen und eine Schmälerung des Gewinns hinnehmen musste.[75] Für entsprechende Verträge im Bereich der Rohstoffversorgung war dagegen nicht gesorgt worden. Mevissen resümierte auf der Generalversammlung 1873: „Das speculative Treiben, welches seit 1870 unser Volk ergriffen und in allen Zweigen der Production großartige neue Schöpfungen ins Leben gerufen hat, hat die in den gegebenen Verhältnissen liegenden unübersteiglichen Schranken der Production unbeachtet gelassen. Die Treibhaushitze der Production hat die Löhne zu einer enormen dauernd schwer haltbaren Höhe hinauf geschwindelt [...] Die älteren Unternehmen der Eisenindustrie wie der Hoerder Verein haben sich der Einwirkung der das Maaß der gegebenen Verhältnisse unbeachtet lassenden speculativen Gründungen nicht entziehen können."[76] Dies war mehr als untertrieben, denn der Hoerder Verein hatte wie alle anderen Unternehmen der Branche den Boom durch sein Geschäftsgebahren massiv gefördert.

1.2 Die permanente Krise 1873–1893

Nachdem sich bereits 1873 eine Abkühlung der Konjunktur deutlich abgezeichnet hatte, traf die 1874 hereinbrechende Krise den Hoerder Verein mit großer Härte. Der reduzierten Nachfrage an Produkten der Eisen- und Stahlindustrie stand nicht nur die in den vergangenen Jahren deutlich vergrößerte Produktionskapazität der

72 Zur Arbeit beim Hoerder Verein siehe: Huyssen: Beiträge zur Kenntnis der Lage der Berg- und Hüttenleute, besonders in Bezug auf die Knappschaftsvereine, Teil 2: Lage der Arbeiter auf den Eisenhütten des Hörder Bergwerks- und Hüttenvereins, in: Zeitschrift für das Berg-, Hütten- und Salinenwesen in dem Preussischen Staate 8 (1860), S. 205–225; Lauschke, Karl: Vom Herr-im-Haus-Standpunkt zur Mitbestimmung im Hörder Hüttenwerk, in: Hofmann, Fritz (Hg.): Stahlzeit in Hörde, Dortmund-Hörde 2004, S. 75–89; Zumdick, Ulrich: Im Schatten der Schlote. Arbeit und Alltag beim Hörder Verein, in: Högl; Schilp: Beiträge zur Stadtgeschichte, S. 112–123.

73 Budde, Hans: Soziale Leistungen des Hörder Bergwerks- und Hüttenvereins – die Gründerjahre 1852–1863 im Spiegel von Quellen, in: Feldenkirchen, Wilfried; Hilger, Susanne; Rennert, Kornelia (Hg.): Geschichte – Unternehmen – Archive. Festschrift für Horst A. Wessel zum 65. Geburtstag, Essen 2008, S. 201–225; Unverferth: Siedlungen; Beschreibung der Kolonien, in: Ministerium für Handel, Gewerbe und Industrie (Hg.): Die Einrichtungen für die Wohlfahrt der Arbeiter der grösseren gewerblichen Anlagen im Preussischen Staate, Bd. 1, Berlin 1876, S. 21 f. Zur Wohnungssituation in Hörde vor dem Ersten Weltkrieg siehe umfassend: Ellerbrock, Karl-Peter: „Wohnungsnoth" und „Selbsthülfe". Aus den Anfängen des genossenschaftlichen Wohnungsbaus in Westfalen vor dem Ersten Weltkrieg. Das Beispiel des Hörder Spar- und Bauvereins von 1897, in: Westfälische Forschungen 50 (2000), S. 183–217, zu den Aktivitäten des Unternehmens insbesondere S. 211–213.

74 Geschäftsberichte des Hoerder Vereins 1860/61–1869/70.

75 Berichte Mevissen und Wiesehahn auf den Generalversammlungen am 28.09.1872 und 06.12.1873, in: tkA Hoesch-Archiv DHHU/1054 und DHHU/1056.

76 Ebd.

Branche, sondern auch eine infolge des Gründerbooms erweiterte Anzahl an Mitbewerbern gegenüber.[77] Die von einem massiven Preisverfall begleitete Überproduktionskrise wurde noch verschärft durch die Ermäßigung der Eisenzölle, der die Wettbewerbsfähigkeit ausländischer Angebote verbesserte, während den deutschen Erzeugern aufgrund des weiterhin hohen Niveaus von Rohstoffpreisen und Löhnen eine Erleichterung über den Export zunächst verwehrt blieb.[78] Der Wechsel der Konjunktur, „wie er rascher kaum gedacht werden konnte"[79], traf das Unternehmen zu einem denkbar ungünstigen Zeitpunkt, denn ein Großteil der in den vergangenen Jahren begonnenen Erweiterungen der Betriebsanlagen stand unmittelbar vor der Inbetriebnahme. Im Sommer 1873 waren die beiden neuen Hochöfen, die nach den ursprünglichen Planungen noch vor Jahresende in Produktion gehen sollten, mit einer deutlichen Überschreitung der Kostenvoranschläge fertiggestellt worden. Während Hochofen VII schließlich 1874 angeblasen wurde, lag Hochofen VIII bis 1878 still. Die Eliasbahn zwischen Hermannshütte und Eisenwerk hatte den umständlichen Straßentransport des Roheisens überflüssig gemacht und die Arbeiten an Schacht III der Schachtanlage Schleswig des Hoerder Kohlenwerks waren weit fortgeschritten. Außerdem hatten die Arbeiten an der neuen Schachtanlage, die 1877 unter dem Namen Holstein in Förderung ging, begonnen. Die erst 1873 eröffnete neue Kokerei bei Schacht Schleswig wurde schon 1874 wieder stillgelegt und bis zum Abbruch 1886 nur periodisch betrieben.[80] Gleichzeitig musste der Hoerder Verein einen umfassenden Wechsel innerhalb der Leitungsgremien verkraften. Zwischen 1874 und 1877 trat die gesamte Gründergeneration, die das Unternehmen über 20 Jahre geführt hatte, teils aus Altersgründen, wohl aber auch durch die wirtschaftliche Lage bedingt, von ihren Funktionen zurück. Mevissen gab 1874 den Vorsitz im Verwaltungsrat an seinen Schwager Franz Wilhelm Koenigs ab, um sich 1877 endgültig zu verabschieden. Wiesehahn zog sich ebenfalls 1874 von allen Aufgaben zurück und übergab die Unternehmensleitung an Joseph Massenez, der nach dem plötzlichen Tod des 1873 zum Direktor berufenen Hermann Beitter Anfang 1875 zum alleinigen Generaldirektor aufstieg.[81]

In der zweiten Jahreshälfte 1874 hatte die Krise den Hoerder Verein schließlich voll erfasst. Die vorliegenden Aufträge waren abgearbeitet und neue kamen kaum hinzu. Der Einbruch betraf insbesondere die Bahnprodukte als mit Abstand wichtigsten Produktionszweig des Hoerder Vereins. Massenez stellte ernüchtert fest: „Die Preise für Schienen, Stabeisen und Bleche sind auf einen Stand gesunken, wie er gleich niedrig in den letzten zwei Jahrzehnten vergebens gesucht wird. [...] Das Zustandekommen von Eisenbahngesellschaften wurde durch eine über das Ziel hinauswirkende scharfe Kritik des Eisenbahn-Concessionswesens unmöglich gemacht und jede productive Thätigkeit auf diesem so wichtigen Gebiete der rationalen Thätigkeit auf Jahre hinaus lahm gelegt."[82] Nachdem die Aktionäre in den Geschäftsjahren seit 1852/53 eine Durchschnittsdividende von knapp 7,5 % erhalten hatten, wurde 1874/75 erstmals seit Unternehmensgründung keine Ausschüttung vorgenommen.[83] Der Hoerder Verein reagierte auf die Situation mit der vollständigen bzw. teilweisen Stilllegung zahlreicher Produktionsanlagen, wodurch sich die Belegschaft auf 2.700 fast halbierte, und konzentrierte die Investitionstätigkeit auf die Fertigstellung der im Bau befindlichen Anlagen. Angesichts der „notorisch exceptionellen Verhältnisse" war es 1875 sogar „zweifelhaft, ob der Hochofen-Betrieb selbst in dem jetzigen beschränkten Umfange aufrecht erhalten werden kann".[84] Doch selbst diese einschneidenden Maßnahmen brachten keine Abhilfe, denn zwischen Anfang 1873 und Sommer 1876 fielen die Preise aller

77 Wengenroth: Unternehmensstrategien, S. 59–63; Wehler, Hans-Ulrich: Deutsche Gesellschaftsgeschichte, Bd. 3: Von der „Deutschen Doppelrevolution" bis zum Beginn des Ersten Weltkriegs 1849–1914, München 1995, S. 100–105.

78 Sering, Max: Geschichte der preussisch-deutschen Eisenzölle von 1818 bis zur Gegenwart, Leipzig 1882, S. 143–149, 154–156.

79 Bericht Wiesehahn auf der Generalversammlung am 06.12.1873, in: tkA Hoesch-Archiv DHHU/1056.

80 Geschäftsberichte 1872/73–1877/78.

81 Zu Massenez siehe: tkA Hoesch-Archiv DHHU/2602.

82 Bericht Massenez auf der Generalversammlung am 25.11.1874, in: tkA Hoesch-Archiv DHHU/1057.

83 Errechnet nach: Lindenlaub: Finanzierung, Tabellen 39/1 und 39/2, S. 585 f.

84 Bericht Koenigs auf der Generalversammlung am 22.11.1875, in: tkA Hoesch-Archiv DHHU/1058.

Fertigprodukte auf ein Drittel des Höchstwerts, der von Schienen auf ein Viertel und lagen damit unterhalb der Produktionskosten. Erst in den 1880er-Jahren wurden wieder Preissteigerungen verzeichnet. Die Folge waren ein massiver Umsatzeinbruch von annähernd 50 % und durchgängig hohe Verluste, die 1878 schließlich eine Sanierung des Unternehmens durch eine Kapitalherabsetzung um ebenfalls 50 % auf knapp 7,5 Mio. M notwendig machten.[85] Als Ursachen für die ausbleibende Besserung der konjunkturellen Situation und die Schwierigkeiten der Eisen- und Stahlindustrie bei der Überwindung der Krise machte Massenez ein Bündel von Faktoren verantwortlich. Neben der generellen Verringerung der Nachfrage nannte er auf der Generalversammlung 1878 die Umwälzung der Produktion durch die Verbreitung des Bessemer-Stahls, die Konkurrenz der Eisenindustrie Deutsch-Lothringens, der ihr angestammter französischer Absatzmarkt nach der Angliederung des Landes an das Deutsche Reich weggebrochen war, die Aufhebung der Eisenzölle 1877, die Erhöhung der Bahnfrachttarife sowie eine „Reihe von socialen Einrichtungen, die störend auf die Entwicklung der Concurrenzfähigkeit der deutschen Industrie einwirken".[86]

1879 wurde für den Hoerder Verein schließlich ein Jahr des Durchbruchs im doppelten Sinne. Die Wirtschaftslage besserte sich nach und nach, auch wenn das Preisniveau weiterhin gering blieb. Mit der Wiedereinführung der Schutzzölle für Eisen- und Stahl gewannen die deutschen Erzeuger an Konkurrenzfähigkeit, und mit der Verstaatlichung der preußischen Eisenbahnen verband sich die Hoffnung auf eine Senkung der Frachttarife.[87] Neben diesen günstigen wirtschaftspolitischen Entwicklungen resultierten die positiven Zukunftsaussichten des Unternehmens jedoch vor allem aus der mit der bevorstehenden Einführung des Thomas-Verfahrens verbundenen erneuten technischen Umwälzung im Bereich der Stahlerzeugung, die dem Hoerder Verein als Mitinhaber der Patentrechte für Deutschland und Luxemburg sowie als Alleininhaber der Rechte für Österreich-Ungarn bedeutende Einnahmen bescheren sollte.[88] Massenez, der maßgeblich an der Überwindung der technischen Probleme bei der Umsetzung des Verfahrens im großindustriellen Maßstab beteiligt war, gab auf der Generalversammlung im Dezember 1879 bereits einen Ausblick auf den revolutionierenden Wandel, der der Branche bevorstand, denn die Einführung des Thomas-Verfahrens erlaubte der deutschen Stahlindustrie endlich die Verwertung der phosphorreichen lothringischen Erze und reduzierte damit ihre starke Abhängigkeit von Erz- und Roheisenimporten. Es „darf andererseits nicht verhehlt werden, dass in nicht langer Zeit gerade unter Anwendung dieses Verfahrens eine erhebliche Verminderung der Verkaufspreise von Eisen und Stahl eintreten muß, so daß die Vortheile, welches jenes Verfahren bringt, zwischen der Industrie und dem consumirenden Publikum sich angemessen vertheilen werden. [...] Unter dem Schutze, welchen unsere Eisenindustrie gegen die Überlegenheit der günstiger situirten Cleveländer und Waleser Eisenindustrie genießt, wird es uns, falls wir hinreichend billige Frachtsätze für den Export unserer Werke nach den Seehäfen erhalten, gelingen, auch auf dem Weltmarkt in der Zukunft erfolgreich mit England zu concurriren."[89] Wie richtig Massenez' Prognose war, zeigte sich in den beiden folgenden Jahrzehnten. Mit der Einführung des Thomas-Verfahrens war eine enorme Steigerung der Stahlproduktion des Deutschen Reichs verbunden, das Mitte der 1890er-Jahre Großbritannien als größten europäischen Stahlerzeuger ablöste.

Ende April 1879 erwarben der Hoerder Verein und die Rheinischen Stahlwerke gemeinsam von Sidney Gilchrist Thomas zunächst eine Generallizenz für alle von Thomas im Deutschen Reich und in Luxemburg angemeldeten Verfahren zur Erzeugung von Stahl im basischen Bessemer-Konverter. Knapp ein Jahr später folgte

85 Siehe tkA Hoesch-Archiv DHHU/1955/1 und DHHU/1955/2.

86 Bericht Massenez auf der Generalversammlung am 19.12.1877, in: tkA Hoesch-Archiv DHHU/1057. Zur Sicht des Hoerder Vereins siehe auch die Aussagen von Massenez im Rahmen der Eisen-Enquête am 18. und 19.11.1878, in: Eisen-Enquête-Kommission (Hg.): Protokolle über die Vernehmung der Sachverständigen durch die Eisen-Enquête-Kommission, Berlin 1879, S. 385–412. Philippson, F. C.: Die Eisenindustrie und die Eisen-Enquête, Berlin 1879.

87 Zur Zollfrage siehe: Kestner, Fritz: Die deutschen Eisenzölle 1879–1900, Leipzig 1902.

88 Siehe umfassend: Bleidick, Dietmar: Zur Einführung des Thomas-Verfahrens in Deutschland, in: Rasch, Manfred; Maas, Jacques (Hg.): Das Thomasverfahren in Europa. Entstehung – Entwicklung – Ende, Essen 2009, S. 50–112.

89 Bericht Massenez auf der Generalversammlung am 20.12.1879, in: tkA Hoesch-Archiv DHHU/1062.

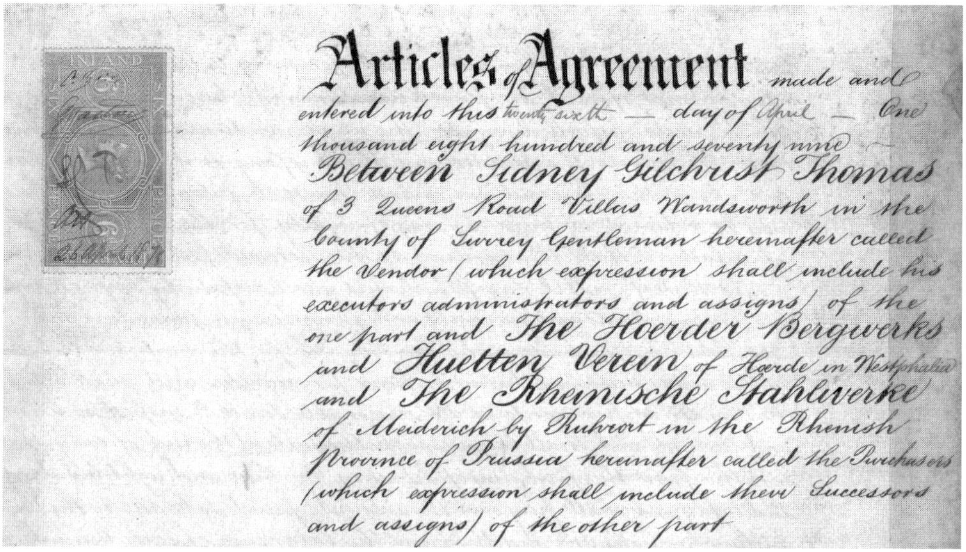
Articles of Agreement made and
entered into this twenty sixth — day of April — One
thousand eight hundred and seventy nine —
Between Sidney Gilchrist Thomas
of 3 Queens Road Villas Wandsworth in the
County of Surrey Gentleman hereinafter called
the Vendor (which expression shall include his
executors administrators and assigns) of the
one part and The Hoerder Bergwerks
and Huetten Verein of Hoerde in Westphalia
and The Rheinische Stahlwerke
of Meiderich by Ruhrort in the Rhenish
Province of Prussia hereinafter called the Purchasers
(which expression shall include their Successors
and assigns) of the other part

Lizenzvertrag zwischen Sydney Gilchrist Thomas und dem Hoerder Bergwerks- und Hütten-Verein, 1879, Ausschnitt der ersten Seite.

der vollständige Ankauf der insgesamt drei Patente bzw. Patentanmeldungen für das Deutsche Reich und Luxemburg durch beide Unternehmen für insgesamt rund 600.000 M. Die Kooperation erfolgte auf Wunsch von Thomas, denn den Hoerder Verein und die Rheinischen Stahlwerke verband eine gewisse Abneigung. Angesichts der hohen Kosten dürfte die Kooperation jedoch allein aus finanziellen Gründen für beide von Vorteil gewesen sein. Die herausragenden ökonomischen Perspektiven führten bei den Konkurrenzunternehmen zu unterschiedlichen Reaktionen. Während sich einige Unternehmen bereits im Sommer 1879 zum Erwerb einer Produktionslizenz unter günstigen Bedingungen entschlossen, versuchte eine größere Gruppe von Produzenten insbesondere aus dem Ruhrgebiet, die Patentierung des aus drei Einzelpatenten bzw. -anmeldungen bestehenden Verfahrens durch das Kaiserliche Patentamt zu verhindern. Ihre zahlreichen und untereinander abgestimmten Einsprüche bestritten dessen Patentfähigkeit u. a. mit der Argumentation, dass das Verfahren schon vor der Patentanmeldung von anderen gekannt, beschrieben oder angewandt worden und die vermeintliche Erfindung bereits vor der Anmeldung von Thomas öffentlich dargestellt und in Druckschriften beschrieben worden sei. Aus diesen Gründen sei das Verfahren nicht schützenswert, sondern besitze den Charakter einer allgemein zugänglichen Innovation. Im Herbst 1879 und Frühjahr 1880 entbrannte eine intensive Auseinandersetzung um die Verwertungsmöglichkeiten. Der Hoerder Verein und die Rheinischen Stahlwerke reagierten auf die Einsprüche mit der Einreichung von Absicherungspatenten, auch um den zahlreichen konkurrierenden Anmeldungen von Trittbrettfahrern, die die unklare patentrechtliche Situation für sich nutzen wollten, zu begegnen. Noch 1879 entschied das Patentamt im Sinne der beiden Antragsteller und sandte ihnen den Erteilungsbescheid sowie die Begründungsschrift über die Zurückweisung aller Einsprüche zu. Die Verfahrensgegner antworteten darauf erneut mit Einsprüchen, doch brach ihre Phalanx bald auseinander, als nach und nach einzelne Unternehmen die Zwecklosigkeit ihrer Versuche erkannten und sich für den Ankauf einer Lizenz entschieden. Im Dezember 1880 folgte die endgültige Erteilung der Patente durch das Patentamt, und im Februar 1881 wies das Reichsgericht die letzte anhängige Klage ab, sodass der Hoerder Verein und die Rheinischen Stahlwerke nun endlich Rechtssicherheit besaßen.

Thomas-Stahlwerk des Hoerder Bergwerks- und Hütten-Vereins, vor 1902.

Nachdem beiden Unternehmen bereits am 22. September 1879 gleichzeitig die Herstellung der ersten Charge Thomas-Stahls gelungen war, galt es, die vielfältigen Schwierigkeiten bei der Herstellung haltbarer Konverterauskleidungen zu lösen. Beim Hoerder Verein liefen umfangreiche Versuchsreihen, die die Produktion des zu diesem Zweck verwendeten Bessemer-Werks beeinträchtigten und das Betriebsergebnis des Hoerder Vereins stark belasteten. Die Lösung der Probleme im Frühjahr 1880 erlaubte die Aufnahme eines regelmäßigen Betriebs und beschleunigte damit die Entscheidung der Konkurrenz, ihren Widerstand aufzugeben, um bei der Einführung des Verfahrens nicht ins Hintertreffen zu geraten. Förderlich wirkte dabei auch die moderate Preispolitik des Hoerder Vereins und der Rheinischen Stahlwerke, die die anfänglichen Befürchtungen um eine starke Belastung der Produktionskosten durch Lizenzgebühren gegenstandslos machten. Hatten die ersten Verträge vom Sommer 1879 neben einer Erwerbspauschale bei durchschnittlichen Stahlpreisen von 15 M pro Tonne noch die regelmäßige Abgabe einer an die Produktionshöhe gekoppelten Gebühr von 2,50 M beinhaltet, entschlossen sich die Patentinhaber Anfang 1880, allen Interessenten ein nachvollziehbares und von den Produktionskapazitäten abhängiges Vertragswerk anzubieten, dessen zentraler Bestandteil die Möglichkeit zur Ablösung der Gebühr durch eine Einmalzahlung war. Die Erwerbspauschale belief sich auf 1,5 M pro Tonne angenommener bzw. vereinbarter Produktionskapazität, die Ablösezahlung auf das Fünffache der Erwerbspauschale. Das Verfahren besaß zunächst für beide Seiten Vorteile. Die Lizenzgeber konnten einerseits relativ schnell hohe Zahlungen verbuchen, was für die finanzielle Situation beider Unternehmen – auch die Rheinischen Stahlwerke hatten sich 1878 erst durch eine Kapitalreduzierung konsolidieren können[90] – von großer Bedeutung war, verzichteten andererseits aber rückblickend betrachtet auf große Summen. Angesichts des rasanten Ausbaus von Thomas-Stahlwerken und der stetig steigenden Produktion erhielten sie unter An-

90 Baumann, Carl-Friedrich: Von der Stahlhüte zum Verarbeitungskonzern. Thyssen Industrie 1870–1995, Essen 1995, S. 11–13.

nahme einer gleichen Entwicklung bei Beibehaltung der Gebühren hochgerechnet auf diesem Weg letztlich mit rund 7 Mio. M nur knapp ein Viertel der möglichen 30 Mio. M.

Diese Summe verdeutlicht auch die Motivation fast aller Lizenznehmer, sich bereits bei Vertragsunterzeichnung für die Zahlung der Ablösesumme zu entscheiden, denn durch sie wurden ihre Kosten transparent, überschaubar und kalkulierbar. Neben seinem Anteil von 3,5 Mio. M aus den deutschen Patenten – nach Luxemburg waren keine Lizenzen vergeben worden – nahm der Hörder Verein noch 1,3 Mio. M aus seinen Geschäften mit Unternehmen aus Österreich-Ungarn ein. Diesen insgesamt knapp 5 Mio. M standen die anteiligen Erwerbskosten von etwa 316.000 M und die nicht eindeutig zu ermittelnden Kosten für die Versuchsreihen und die Implementierung des Thomas-Verfahrens gegenüber. Insgesamt erzielte der Hoerder Verein damit eine hervorragende Kapitalrendite, die zwar weder ausreichte, um die Verluste der vergangenen Jahre zu kompensieren, noch die wirtschaftliche Basis nachhaltig zu stärken, dem Unternehmen jedoch zunächst einen etwas größeren finanziellen Spielraum verschaffte. Daher ist zu konstatieren, dass es dem Hoerder Verein ohne die Thomas-Patente wohl kaum gelungen wäre, die dringend notwendige Modernisierung der Betriebsanlagen zu finanzieren und damit zumindest die technische Grundlage für den Fortbestand des Unternehmens zu schaffen.[91] Ohne die Patente wäre das Unternehmen wahrscheinlich schon im Verlauf der 1880er-Jahre in Schwierigkeiten geraten, die seinen Fortbestand gravierend bedroht hätten. Ob die Hausbanken A. Schaaffhausen'scher Bankverein, Deichmann & Co. und J. H. Stein dann zu der schließlich gezeigten großzügigen Kredit- und Finanzierungspolitik bereit gewesen wären, ist zweifelhaft, zumal der Hoerder Verein seinerseits für den Erwerb der Thomas-Lizenzen bedeutende Summen hätte aufbringen müssen.

Diese Bankhilfe war dringend notwendig, denn der Hoerder Verein hatte weiterhin in nahezu allen Werksbereichen einen großen Investitionsbedarf. Waren schon vor der Wirtschaftskrise Teile der Werksanlagen veraltet, erweiterungs- oder überholungsbedürftig gewesen, hatte die weitgehende Beschränkung der Bautätigkeit im Verlauf der Wirtschaftskrise die Problematik noch verschärft. Die Hermannshütte entsprach damit im Zuschnitt vieler Bereiche immer noch den Konzepten der 1840er- und 1850er-Jahre. Die Hallen waren zu klein und lagen zu eng beieinander, und die Lage vieler Betriebe zueinander war ungünstig, sodass umständliche Transportwege in Kauf genommen werden mussten. Unübersehbar zeigten sich die Probleme eines über einen Zeitraum von mehreren Jahrzehnten gewachsenen Werks, das nicht auf dem Reißbrett geplant, sondern immer wieder erweitert und umgebaut worden war. Eine Erweiterung bestehender Anlagen kam vor diesem Hintergrund nicht mehr in Frage.[92] Es bedurfte einer grundlegenden Neustrukturierung unter Integration der zukünftigen zentralen Stahlerzeugungsanlage, des Thomas-Stahlwerks, das im März 1882 mit drei 10-t-Konvertern in Betrieb ging. Die Jahre 1880 bis 1884 waren von umfangreichen Bauarbeiten geprägt, die einerseits hohe Investitionen von insgesamt 7,3 Mio. M erforderten, andererseits aber die Einnahmenseite trotz günstiger wirtschaftlicher Rahmenbedingungen durch die unumgänglichen Betriebseinschränkungen und -störungen negativ beeinflussten.[93] Finanziert wurden die Maßnahmen durch die Patenteinnahmen, Kredite, Buchgewinne aus der Kapitalreduktion und durch eine 1881 aufgenommene Anleihe über 4 Mio. M.[94] Es entstanden zur Erzeugung von Qualitätsstahl für Schienen ein erstes Siemens-Martin-Stahlwerk mit drei Öfen von jeweils 10 t Fassungsvermögen, ein Walzwerk für Schienen, Schwellen und Halbzeuge sowie im Eisenwerk zwei neue Hochöfen. Dazu wurden zahlreiche Walzstraßen umgelegt, die Gießerei erweitert, das Werksbahnnetz angepasst, die Energieerzeugung für verschiedene Werksanlagen zentralisiert, neue Koksöfen errichtet und diverse Arbeiten am Kohlenwerk vorgenommen. Angesichts des erweiterten Aufgabenspektrums wurde

91 Zur Kapitalbeschaffung siehe zusammenfassend: Feldenkirchen: Kapitalbeschaffung.
92 Zur Anlagenausstattung 1879 siehe die detaillierte Aufstellung in tkA Hoesch-Archiv DHHU/1061.
93 Zu den Investitionen siehe die Berichte Massenez auf den Generalversammlungen am 23.09.1880 und 06.12.1882, in: tkA Hoesch-Archiv DHHU/1063 und DHHU/1064.
94 Siehe tkA Hoesch-Archiv DHHU/1137 und DHHU/1189.

1880 mit Daniel Hilgenstock[95] zudem ein zweites Direktoriumsmitglied berufen und im folgenden Jahr die Satzung dahingehend geändert, dass beide Direktoren allein zeichnungsberechtigt waren. Mit Julius van der Zypen, der den verstorbenen Franz Wilhelm Koenigs ersetzte, stand 1881 zudem erstmals seit Gründung des Hoerder Vereins kein direkter Vertreter des A. Schaaffhausen'schen Bankvereins an der Spitze des Verwaltungsrats. Allerdings saß van der Zypen als Mitinhaber der Firma „Gebrüder van der Zypen in Deutz" in dessen Verwaltungsrat, sodass der Hoerder Verein von einem Konkurrenten der Kölner Eisen- und Stahlindustrie kontrolliert wurde.[96]

Der enorme Aufwand schlug sich deutlich in den Bilanzen des Hoerder Vereins nieder. Im Geschäftsjahr 1880/81 konnte erstmals seit 1873/74 wieder ein Gewinn ausgewiesen werden, der u. a. zu einer Dividendenzahlung von 4 % verwendet wurde – wohl auch, um die Zeichnung der Anleihe zu fördern, denn leisten konnte sich das Unternehmen diese Ausschüttung eigentlich nicht. Die folgenden Jahre bestätigten dies. Bereits 1883 musste van der Zypen zugeben, dass das Betriebsergebnis weit hinter den Erwartungen zurückgeblieben war, weil die Um- und Neubauten nicht früh genug fertig geworden waren, um „die Conjunctur vollständig auszunutzen und ausreichende Aufträge für die wesentliche vergrößerte Productionsfähigkeit beschaffen zu können".[97] Der Hoerder Verein stand hier vor einem Problem, das auch die in Dortmund ansässige Union AG für Bergbau, Eisen- und Stahl-Industrie durchgängig beschäftigte. Die neuen Anlagen waren in einer Phase guter Konjunktur errichtet worden, um mit deren Abkühlung 1883 vollständig in Betrieb zu gehen. Das Unternehmen betrieb ab 1884 nur noch vier Hochöfen, hatte die Roheisen- und Stahlproduktion bedeutend erhöhen können und zugleich die Produktionskosten in diesen Bereichen um 25 % reduziert. Noch bessere Werte erzielten die Walzwerke, wo in einigen Sektoren einer Verdoppelung der Kapazität Kostensenkungen von 40 % gegenüberstanden. Mit dem weiteren Abflauen der Wirtschaftslage zeigte sich allerdings ein anderes Dilemma: das Unternehmen war trotz aller Maßnahmen nicht konkurrenzfähig.

Die Grundlagen existierten nun, doch fehlten die Zeit und wohl auch die Bereitschaft, vielleicht sogar die Fähigkeiten zur Umsetzung der neuen Möglichkeiten. Es hat den Anschein, als ob die Unternehmensleitung nicht mit letzter Konsequenz versuchte, die Auslastung der Kapazitäten zu verbessern, weil noch zu wenig Betriebserfahrungen vorlagen. Dazu waren die Mittel erneut erschöpft und auch der Kreditrahmen ausgeschöpft. Van der Zypen begründete 1884 vor den Aktionären das zögerliche Verhalten: „Mit Rücksicht auf die früheren außerordentlich hohen Fabrikationskosten und auf die Finanzlage konnte die Verwaltung nur mit der ängstlichsten Beschränkung daran gehen, das Arbeitsbedürfnis durch grössere Ordres vom ausländischen Markte zu decken, die immer nur zu ausserordentlich gedrückten Preisen zu erlangen gewesen wären." In Deutschland seien die Dispositionsmöglichkeiten aus den gleichen Gründen sehr beschränkt. „Die besser situierten Concurrenzwerke waren in der Lage, grosse Aufträge auf lange, theilweise auf Jahre hinausgehende Lieferfristen zu contrahiren."[98] Ereignisse wie das teilweise Absaufen der Schachtanlage Schleswig nach Zusammenbruch des Wasserhaltungsschachts Ende 1882, dessen Reparatur mehrere Hunderttausend Mark erforderte, belasteten das Unternehmen zusätzlich. Um die Liquidität zu sichern, genehmigten die Hausbanken dem Hoerder Verein eine weitere Kreditaufnahme von bis zu 1 Mio. M, verlangten aber für die Absicherung dieser und der Anleihe die Verpfändung von großen Teilen der Liegenschaften und der Einnahmen aus nahezu allen Patenten.[99] Betroffen waren insbesondere die letzten, von den Lizenzneh-

95 Hilgenstock war bereits in den 1850er-Jahren Obersteiger beim Hoerder Kohlenwerk gewesen, dort zum „Bergingenieur" aufgestiegen und 1872 zur Deutschen Actiengesellschaft für Bergbau, Eisen- und Stahlindustrie gewechselt, siehe Bauhoff, Günter: Hilgenstock, Gustav, in: NDB 9 (1972), S. 141.

96 Zu van der Zypen siehe Soénius, Ulrich S.; Wilhelm, Jürgen (Hg.): Kölner Personen-Lexikon, Köln 2007, S. 598–599.

97 Bericht van der Zypen auf der Generalversammlung am 31.12.1883, in: tkA Hoesch-Archiv DHHU/1065.

98 Bericht van der Zypen auf der Generalversammlung am 29.11.1884, in: tkA Hoesch-Archiv DHHU/1066.

99 Vertrag des Hoerder Vereins mit dem A. Schaaffhausen'schen Bankverein, zugleich handelnd als Treuhänder für die Bankhäuser Deichmann & Co. und J. H. Stein vom 20.08.1887 über die Auflösung des Vertrags vom 16.02.1884, in: tkA, Hoesch-Archiv DHHU/63. Siehe auch tkA, Hoesch-Archiv DHHU/1188 und DHHU/1193.

Zeichnung der Hermannshütte von Jakob Weeser-Krell, 1885.

mern noch nicht durch Pauschalzahlungen abgelösten Thomas-Patente, darunter der Georgsmarienhütte und der Ilseder Hütte.[100]

Als sich 1885 trotz Erzielung von Produktionsrekorden in allen Bereichen aufgrund des allgemein geringen Preisniveaus keine Besserung einstellte und der Hoerder Verein zudem verstärkt in die Produktion von Schiffbaustahl eingestiegen war, blieb nur noch die Umschuldung. Die hohen Verbindlichkeiten ließen „es dringend notwendig erscheinen, diese Schuld, sobald es die Geschäftslage gestattet, in geeigneter Weise zu consolidiren."[101] Zur Gewinnung neuer Mittel verdoppelte der Hoerder Verein 1886 und 1887 sein Grundkapital von 7.368.900 M auf 14.868.900 M durch Emission von auf den Inhaber lautenden Vorzugsaktien.[102] Er versprach den Zeichnern eine Garantiedividende von 5 % aus dem Reingewinn, vom Rest des Gewinns sollten 25 % in einen Spezialreservefonds eingezahlt werden zur Deckung der Dividende in Jahren, in denen der Gewinn nicht zur Zahlung der Garantie ausreichte. Vorgesehen war, den Fonds auf bis zu 15 % des Kapitalvolumens der ausgegebenen Prioritätsaktien aufzufüllen. Falls in einem Jahr der Reingewinn und die Fondseinlage nicht zur Deckung der Garantie ausreichten, sollte zur Deckung zunächst der Gewinn der folgenden Jahre verwendet werden. Aus dem nach Bedienung der Dividende, des Reservefonds und der Tantiemen verbleibenden Rest des Gewinns sollten gleichermaßen Stamm- und Vorzugsaktien bedient werden. Diese vollständig zulasten der Altaktionäre gehende Regelung war wahrscheinlich nötig, um die zunächst von den Hausbanken übernommenen Aktien zum Pari-Kurs an den Börsen platzieren zu können. Zugleich wurde 1887 erstmals seit 1881/82 eine Dividende von insgesamt etwa 4 % (1 % für Stammaktien und 6 % für Vorzugsaktien) ausgeschüttet. 1889 folgte eine weitere Kapitalerhöhung auf 22.369.000 M durch Emission von 7.500.000 M Vorzugsaktien zu denselben Konditionen wie zwei Jahre zuvor.[103] Auch diese Emission wurde zunächst von den Hausbanken übernommen, die mit Delbrück, Leo & Co. und S. Bleichröder noch zwei weitere Bankhäuser in das Konsortium aufnahmen. In dieser Zeit zeigte sich endgültig, dass der Hoerder Verein nicht in der Lage war, profitabel zu arbeiten. Trotz der hohen Mittelzuflüsse, günstiger wirtschaftlicher Rahmenbedingungen, steigender Produktionsmengen und Umsätze gelang es nicht, das Unternehmen finanziell zu stabilisieren. Das Vorhaben, in die Produktion von Panzerplatten einzusteigen, endete mit massiven Verlusten.[104] Anfang der 1890er-Jahre wurde die Situation derart kritisch, dass sogar ein Bankrott befürchtet werden musste. Die Garantiedividenden und ein von einem Preisverfall begleiteter erneuter Einbruch der Nachfrage nach Eisen- und Stahlprodukten ließen

100 Bleidick: Thomas-Verfahren, S. 111 f.
101 Bericht van der Zypen auf der Generalversammlung am 30.11.1885, in: tkA Hoesch-Archiv DHHU/1036.
102 Siehe tkA Hoesch-Archiv DHHU/1138.
103 Siehe tkA Hoesch-Archiv DHHU/2257.
104 Siehe tkA Hoesch-Archiv DHHU/1742.

den Kreditbedarf stark ansteigen. Hatte sich das Kreditvolumen im Geschäftsjahr 1889/90 bereits um über 4 Mio. M auf fast 5 Mio. M erhöht, stieg es in den beiden folgenden Jahren auf über 10 Mio. M.[105]

1891 offenbarten sich schließlich die tatsächlichen Gründe für die schlechten Ergebnisse des Hoerder Vereins. Das Unternehmen wurde von einem Untreueskandal erschüttert, der mit dem Ausscheiden der beiden Direktoren Joseph Massenez und Daniel Hilgenstock und einer erneuten Umschuldung endete. Bereits auf der Hauptversammlung im Dezember 1890 war es zu einem ersten Eklat gekommen, als mehrere Aktionäre Aufklärung über den Verbleib der Mittel aus den Kapitalerhöhungen verlangten und die Bilanzierungsmethoden kritisierten bzw. sogar eine Verletzung der Richtlinien des Handelsgesetzbuchs vermuteten. Außerdem wurde die Rechtmäßigkeit der Versammlung bezweifelt, da die satzungsgemäßen Einladungsmodalitäten nicht eingehalten worden seien.[106] Der Antrag auf Vertagung wurde zwar abgelehnt und auch der Vorstand entlastet, doch ist die Auseinandersetzung als Beleg dafür zu werten, dass der Verwaltungsrat seiner Kontrollpflicht nicht ausreichend nachgekommen war. Die Dominanz der wahrscheinlich weiterhin größtenteils bei den Banken liegenden Vorzugsaktien hatte schon die Generalversammlungen der ausgehenden 1880er-Jahre zur Farce werden lassen, da ungeachtet der Höhe des angemeldeten Kapitals regelmäßig nur zwölf Teilnehmer anwesend waren, die größtenteils dem Vorstand und dem Verwaltungsrat angehörten. Unter weiterer Berücksichtigung des Depotstimmrechts der Finanzhäuser war die Funktion des obersten Aufsichtsgremiums des Hoerder Vereins quasi aufgehoben. Bei einer Anwesenheit von nun 22 Personen reichte eine kleine Gruppe kritischer Aktionäre, um das Unternehmen in seinen Grundfesten zu erschüttern. Noch im Verlauf der Sitzung übergab van der Zypen den Versammlungsvorsitz an das Verwaltungsratsmitglied Theodor Schulze-Dellwig und erklärte außerdem seinen Austritt aus dem Verwaltungsrat. Ihm schloss sich Valentin Pfeiffer an. Den kommissarischen Vorsitz des Gremiums übernahm ab Januar 1891 Matthias Tull.[107]

Aufgeschreckt durch diese Erfahrung, besann sich der Verwaltungsrat auf seine Aufgaben. Auf der ersten Sitzung nach der Generalversammlung wurde Tull ermächtigt, alle Akten des Unternehmens einzusehen und sich einen Überblick über den „Betrieb der Werke" zu verschaffen. Noch erstaunlicher als die Tatsache, dass der Verwaltungsrat anscheinend wirklich kaum über Informationen aus diesem Bereich verfügte bzw. sich vorher nicht dafür interessiert hatte, war die Anweisung an die beiden Direktoren, die nun verpflichtet wurden, „umfassend mitzuhelfen" und „Rathschläge thunlichst zu berücksichtigen". Außerdem wurde Massenez und Hilgenstock Stillschweigen gegenüber Presse und Öffentlichkeit zu den Vorgängen auferlegt. Eine vollständige Dienstanweisung für das Direktorium folgte erst im Februar.[108] Noch lagen zwar keine konkreten Hinweise auf Bilanzfälschung oder andere Verfehlungen von Massenez und Hilgenstock vor, aber der von den Aktionären geäußerte Anfangsverdacht hatte eine hektische Betriebsamkeit entfacht. Warum die Hausbanken trotz ihres enormen finanziellen Engagements eine solche Entwicklung zugelassen hatten, ist angesichts der Quellenlage nicht zu beantworten. Anfang März 1891 beschloss eine außerordentliche Generalversammlung unter Beteiligung von 88 Aktionären – einer seit den 1860er-Jahren nicht mehr erreichten Anzahl – die Bildung einer Bilanzprüfungskommission aus vier Mitgliedern des Verwaltungsrats und sechs Aktionären, die zudem ein Konsolidierungskonzept erarbeiten sollte. Außerdem erhielt das Unternehmen die Genehmigung zur Auflage einer weiteren hypothekarisch abgesicherten Anleihe in Höhe von bis zu 7 Mio. M.[109]

Bereits kurz nach Beginn der Prüfungsarbeiten kristallisierte sich heraus, dass Massenez und Hilgenstock in der zweiten Hälfte der 1880er-Jahre den Hoerder Verein wahrscheinlich um hohe Millionenbeträge geschädigt hatten. Über die tatsächliche Summe liegen zwar ebenso wenig konkrete Informationen vor wie über die Hintergründe und Entwicklung des gigantischen Schadens, doch geben die Anschuldigungen genügend

105 Bilanzen 1889/90 und 1890/91, in: tkA Hoesch-Archiv DHHU/1117 und DHHU/1118.
106 Niederschrift der Generalversammlung am 22.11.1890, in: tkA Hoesch-Archiv DHHU/1036.
107 Siehe Ellerbrock, Karl-Peter: Tull, Matthias, in: NDB 26 (2016), S. 501 f.
108 Niederschrift der Verwaltungsratssitzung am 20.01.1891, in: tkA Hoesch-Archiv DHHU/3135.
109 Protokoll der außerordentlichen Generalversammlung am 10.03.1891, in: tkA Hoesch-Archiv DHHU/1037.

Anhaltspunkte für eine solche Annahme.[110] Ausgangspunkt war die Verwertung der Thomas-Schlacke, die seit Anfang des Jahrzehnts mit Aufnahme des Verfahrens bei den Stahlwerken in immer größeren Mengen anfiel und zunächst als Abfallprodukt aufgehaldet wurde, da anfangs noch Unklarheit über die Verwendungsmöglichkeiten herrschte. Den Einsatz in der Landwirtschaft hielt man aufgrund des hohen Eisen- und Schwefelgehalts für nicht möglich.[111] 1883 wurde die Fertilitas AG mit einem Grundkapital von 2 Mio. M gegründet. Zweck des Unternehmens war die industrielle Verwertung der Schlacken durch ein vom Chemiker Carl Scheibler neu entwickeltes Verfahren zur Extraktion des Phosphors und Herstellung von phosphorsaurem Kalk als Düngemittel. Massenez kannte Scheibler aus dessen Zeit beim Kaiserlichen Patentamt. Ein Großteil der deutschen Thomas-Stahl-Produzenten schloss mit dem Unternehmen Lieferverträge zu sehr günstigen Preisen von 10 bis 12 M pro Doppelwaggon (ca. 10 t) Schlacke ab, darunter auch der Hoerder Verein. Wahrscheinlich war Massenez wie Scheibler bereits bei Gründung an der Fertilitas AG beteiligt. Aufgrund der hohen Erzeugungskosten konnte sich das Produkt jedoch nicht am Markt durchsetzen, sodass die Fertilitas AG ihre Fertigung – u. a. in Schalke – einstellte und zahlreiche Lieferverträge gegen Entschädigungsleistungen ablösen musste. Der Vertrag des Hoerder Vereins wurde von Massenez jedoch nicht gekündigt, sondern lief weiter, als Mitte der 1880er-Jahre Versuche erfolgreich waren, die Schlacke zu mahlen und direkt zu verwenden. Auch die Fertilitas AG errichtete 1885 eine Mahlanlage – möglicherweise sogar in Hörde –, die mehrfach erweitert wurde. 1887 entstand zudem eine Thomasschlackenmühle in Stolberg bei Aachen, wo Schlacken des Aachener Hütten-Aktien-Vereins Rothe Erde verarbeitet wurden. Zwischen 1887 und 1889 „stießen die meisten Aktionäre von Fertilitas angesichts der vielversprechenden, aber nur Verluste bringenden Bilanzen (ganz à la Hörde abgefaßt) ihre Aktien zu Spottpreisen ab. [...] Unkenntnis des neuen Mahlverfahrens wird dabei im Spiel gewesen sein."[112] Als Aufkäufer fungierten wahrscheinlich vor allem Massenez und Hilgenstock sowie H. W. Junius, ein ehemaliger Beamter des Hoerder Vereins, der als Generalbevollmächtigter der Fertilitas AG fungierte.[113] Folgt man dieser Ansicht Eugen Langens, des stellvertretenden Verwaltungsratsvorsitzenden des Hoerder Vereins, dürfte auch hier eine Manipulation der Bilanzen vorgelegen haben.

In der zweiten Hälfte der 1880er-Jahre stiegen die Preise für Thomasmehl rasant an. Ausschlaggebend für den Preis war der Anteil an Phosphor. Lagen sie im Jahresschnitt 1886 bei rund 200 M pro Tonne für ein Produkt mit einem Gehalt von 18 %, stiegen sie im Verlauf des Jahres 1887 auf 250 M. Für Erzeugnisse mit einem Gehalt von bis zu 28 % wurden nun 370 M bezahlt, 1890 sogar über 500 M, und dies bei Mahlkosten von 80 bis 100 M. Im November 1888 gründeten die Thomasmehlerzeuger des Ruhrgebiets mit der Rheinisch-Westfälische Thomas-Phosphat-Mühlen Actien-Gesellschaft ein Verkaufs-Kontor in Dortmund, das den zentralen Vertrieb übernehmen sollte. Das Kartell bedrohte die Geschäfte von Massenez und Hilgenstock mit den Schlacken des Hoerder Vereins, sodass eine rasche Lösung gefunden werden musste. Noch am Gründungstag ließ Junius sich in Funktion eines Strohmanns der beiden Direktoren als Fabrikant und Händler von Düngemitteln ins Handelsregister der Stadt Hörde eintragen und gab Anfang 1889 dem Kartell bekannt, dass er mit dem Hoerder Vereins einen Vertrag über den Schlackenvertrieb abgeschlossen habe. Die Begründung für das Ausscheiden aus dem Kartell scheint eine glatte Lüge gewesen zu sein, da keine Hinweise auf einen solchen Vertrag existierten. Für eine Konstruktion zur Verschleierung des Sachverhalts spricht auch, dass nicht

110 Der Bericht der Prüfungskommission liegt im Bestand nicht vor. Zum Folgenden siehe die Niederschriften der Verwaltungsratssitzungen 1891, in: tkA Hoesch-Archiv DHHU/3135, die Schreiben von Adolf Brüninghaus, Mitglied der Bilanzprüfungskommission, an Eugen Langen, stellvertretender Verwaltungsratsvorsitzender des Hoerder Vereins, vom 29.04.1891 und von Massenez (o. D.) sowie Berichtsentwurf von Langen, in: tkA Hoesch-Archiv DHHU/734. Siehe auch den Entwurf zu einer Stellungnahme des Hoerder Vereins zur Kritik von Massenez und Hilgenstock am Geschäftsbericht 1891/92 vom November 1892, in: tkA Hoesch-Archiv DHHU/1389.

111 Wedding, Hermann: Die Darstellung des schmiedbaren Eisens in praktischer und theoretischer Beziehung. Erster Ergänzungsband: Der basische Bessemer- oder Thomas-Process, Braunschweig 1884, S. 177–180.

112 Berichtsentwurf von Langen, in: tkA Hoesch-Archiv DHHU/734.

113 Ebd.

Junius, sondern die Fertilitas AG 1889 auf dem Gelände der Hermannshütte – angeblich auf eigene Rechnung – eine neue Schlackenmahlanlage errichtete, die wahrscheinlich weitgehend die über Junius bezogene Produktion des Hoerder Vereins verarbeitete. Welche Rolle der Chemieunternehmer Carl Scheibler, Namensvetter des oben erwähnten Carl Scheibler, spielte, der seit 1885 mit der Firma C. Scheibler & Co. einen eigenen Düngerhandel leitete, ist nicht nachvollziehbar.[114] 1890 scheint Massenez und Hilgenstock diese Variante zu unsicher oder auch zu unverschämt geworden zu sein, denn sie schlossen im November einen neuen Vertrag ab, der dem Hoerder Verein die Kosten für das Mahlen sowie pro Waggon mit 100 M vergütete. Mit Auslaufen des Vertrags 1893 sollte die Anlage in das Eigentum des Unternehmens übergehen. Bei Verkaufspreisen von über 500 M pro Doppelwaggon wären selbst bei dieser Variante mehr als die Hälfte der Einnahmen nicht in die Kasse des Hoerder Vereins, sondern in die Taschen von Junius, Massenez und Hilgenstock geflossen. Auch wenn es der Bilanzkommission nicht gelang, den Schaden eindeutig zu beziffern, verdeutlichen doch die vor dem Hintergrund der Thomas-Stahl-Produktion des Hoerder Vereins vorgenommenen Schätzungen die Dimension des Schadens. Außerdem war festgestellt worden, dass auf der Hörder Mühle auch noch Schlacken anderer Stahlerzeuger verarbeitet worden waren. Allein für das Jahr 1889 wurde von einem Gewinn in Höhe von 800.000 M aus der Thomasmehlerzeugung ausgegangen, die nicht dem Hoerder Verein zugeflossen waren.[115]

Massenez' lapidare Anmerkung zu den Vorwürfen wirft ein deutliches Bild auf die Unternehmensführung beim Hoerder Verein: „Als ich die Thomaspatente für Nichts, das ganze Risiko betrug M 20.000, erwarb und dieselben dem Hoerder Verein übergab, habe ich weder einen Actionär, noch den Verwaltungsrath gefragt, ebenso wenig als ich die Lizenzverträge mit den einzelnen Hütten abschloß, welche dem Hoerder Verein Millionen eingebracht haben.[116] Das Risico des hoffnungsvollen, aber riscanten Geschäftes der Schlackenverwertung habe ich dem Hoerder Verein nicht zugemutet und dies ist für den Hoerder Verein nur von Vorteil gewesen. Unserem Verwaltungsrat habe ich selbstverständlich meine Beteiligung an dem Unternehmen mitgeteilt und derselbe hatte nichts dagegen einzuwenden."[117] Auch Langens Resümee zu den Vorgängen war ernüchternd: „Obige Daten sind, wenn auch jede mehr oder weniger vereinzelt, nicht im Zusammenhang Stadt oder Land bekannt – anscheinend nur nicht dem alten Aufsichtsrat von Hörde oder einem Theil desselben."[118]

Neben der gravierenden Untreue brachten die Untersuchungen noch weitere Erklärungen für die schlechten Betriebsergebnisse des Hoerder Vereins. Anscheinend hatten Massenez und Hilgenstock systematisch versucht, den Schlackenanfall und die Schlackenqualität künstlich zu erhöhen und dafür eine geringere Stahlproduktion und einen massiven Verschleiß der Anlagen hingenommen. So seien die Mitarbeiter des Thomas-Stahlwerks angewiesen worden, durch technische Änderungen am Produktionsverfahren einen möglichst hohen Phosphoranteil in der Schlacke zu erzielen, wodurch sich der Eisen-Abbrand von üblicherweise ca. 15 % auf bis zu 18 % erhöht habe. Diese Vorgehensweise habe nicht nur zu schlechteren Stahlqualitäten, sondern auch zu einer Überhitzung mit entsprechenden Schäden an den Konvertern geführt, wodurch sich die Anzahl der pro Schicht geblasenen Chargen um bis zu ein Drittel verringert habe. Zur Vertuschung der Vorgänge seien langjährige Arbeiter und Meister durch unerfahrene, junge Leute ersetzt worden.[119] Neben dem Thomas-Stahlwerk waren auch zahlreiche andere Werksanlagen betroffen. Aufgrund unzureichender Investitionen und Reparaturen sei u. a. das Siemens-Martin-Stahlwerk derart baufällig gewesen, dass Aufträge unter Hinnahme erhöhter Produktionskosten im Tiegelstahlwerk abgearbeitet werden mussten. Im Hoerder

114 Zu den beiden Carl Scheibler siehe die Beiträge von Michael Engel und Ulrich S. Soénius, in: NDB 22 (2005), S. 627 f. und 628 f.

115 Berichtsentwurf von Langen, in: tkA Hoesch-Archiv DHHU/734.

116 Inwieweit diese Aussage der Realität entspricht, ist anhand der Akten nicht nachweisbar. Die Kosten für den Erwerb der Thomas-Patente beliefen sich beim Hoerder Verein allerdings nicht auf 20.000 M, sondern auf rund 300.000 M.

117 Schreiben von Massenez (o. D.), in: tkA Hoesch-Archiv DHHU/734.

118 Berichtsentwurf von Langen, in: ebd.

119 Schreiben von Brüninghaus an Langen vom 29.04.1891, in: ebd.

Kohlenwerk, wo in den 1880er-Jahren ein Solbad und Parkanlagen errichtet worden waren, wurden Sicherheitsmängel im Untertagebetrieb festgestellt. Die Auswirkungen auf die Produktions- und Betriebskosten sind zwar in den Akten nicht abschließend zu ermitteln, doch summierten sich qualitätsbedingte Reklamationen und Konventionalstrafen allein im Geschäftsjahr 1890/91 auf über 1 Mio. M, ganz zu schweigen von dem Ansehensverlust, den der Hoerder Verein bei seinen Kunden erlitt.[120] Auch dieses Problem war nicht neu. Schon in den 1870er-Jahren hatte der Hoerder Verein regelmäßig hohe Garantieleistungen für Schienen zahlen müssen, die sich auf jährlich über 100.000 M beliefen und das Geschäftsergebnis auch in den 1880er-Jahren belasteten. Bei der nachträglichen Überprüfung der Bilanzen seit 1886 konkretisierte sich zudem endgültig der Verdacht der Bilanzfälschung. So waren von Hilgenstock Inventarbücher nachträglich geändert oder komplett neu angelegt und die Wertansätze von Anlage- und Umlaufvermögen willkürlich erhöht worden. Unzureichende oder sogar vollkommen fehlende Abschreibungen auf Immobilien betrafen alle Anlagen, insbesondere aber das Kohlenwerk mit dem für Zechen üblichen hohen Substanzverlust und die weitgehend wertlosen Eisenerzkonzessionen. Das Volumen dieser künstlichen Erhöhung der Aktiva und der Gewinnausweisung in der Gewinn- und Verlustrechnung wurde bis 1889 auf „mehrere Millionen M" beziffert.[121] Daneben verblasste die Feststellung, dass Hilgenstock jährlich pauschal 5.000 M für seine „Equipage" bezogen hatte, während die tatsächlichen Kosten sich nur auf 3.000 M beliefen, sodass ihm in den elf Jahren seit 1880 auch hier durch Unterschlagung 22.000 M verblieben seien.

Angesichts des ungeheuren Ausmaßes von Untreue und Bilanzfälschung verwundert es wenig, dass sowohl der Hoerder Verein als auch Massenez und Hilgenstock die wahren Hintergründe der Angelegenheit nicht publik werden lassen wollten. Nach der Hauptversammlung 1890 hatte der Verwaltungsrat zunächst keine besonderen Maßnahmen ergriffen, sondern in einer ersten Reaktion nur beschlossen, das Direktorium um ein drittes Mitglied zu erweitern, denn noch war die Entwicklung nicht absehbar.[122] Ob schon ein Verdacht gegen die Direktoren vorlag und eine weitere Kontrollinstanz geschaffen werden sollte, ist anhand der Quellenlage nicht zu ermessen. Allerdings verliefen die Verwaltungsratssitzungen im ersten Quartal nach üblichem Muster mit den Vorträgen von Massenez. Erst nach Vorlage des Berichts von Langen begannen Anfang Mai die Überlegungen zur weiteren Vorgehensweise, ohne dass zunächst Klarheit über die Ziele bestand. So wurde zunächst der Vertrag mit der Fertilitas AG nachträglich genehmigt, um die Genehmigung zehn Tage später wieder zurückzuziehen.[123] Gutachten sollten die rechtliche Tragweite der Vorgänge klären. Mit der Fertigstellung des Berichts der Bilanzprüfungskommission Ende Mai änderte sich die Situation. Am 11. Juni 1890 war die Zeit des Zögerns endgültig vorbei. Massenez referierte vor dem Verwaltungsrat und Mitgliedern der Kommission seine Sicht der Dinge und reichte zugleich sein Entlassungsgesuch zum 31. August ein, dem umgehend stattgegeben wurde. In der anschließenden vertraulichen Sitzung des Verwaltungsrats wurde beschlossen, den Prüfungsbericht zu veröffentlichen. Tull beantragte die Einstellung eines Generaldirektors und eines kaufmännischen Direktors, nachdem im Mai mit Rudolf Klostermann der neue Leiter der Hermannshütte seine Arbeit aufgenommen hatte, „mit der Maßgabe, dass Herr Schulze-Dellwig es übernimmt, Herrn Hilgenstock privatim und in freundschaftlicher Weise den Rath zu ertheilen, ebenso wie Herr Massenez zu demissionieren".[124] Inwieweit dies auch den Leiter des Thomas-Stahlwerks betraf, der jedenfalls in die Aktivitäten der beiden eingeweiht gewesen sein muss, geht aus den Akten nicht hervor.

120 Stellungnahme des Hoerder Vereins vom November 1892, in: tkA Hoesch-Archiv DHHU/1389.
121 Ebd.
122 Niederschrift der Verwaltungsratssitzung am 20.01.1891, in: tkA Hoesch-Archiv DHHU/3135.
123 Niederschriften der Verwaltungsratssitzungen am 12. und 21.05.1891, in: ebd.
124 Niederschrift der Verwaltungsratssitzung am 11.06.1891, in: ebd. Wilhelm Schulze-Dellwig war Mitglied des Verwaltungsrats.

Obwohl die im Juli eingegangenen Rechtsgutachten Massenez und Hilgenstock schwer belasteten, konnte sich der Verwaltungsrat des Hoerder Vereins nicht dazu entschließen, eine Schadensersatzklage einzureichen. Ein entsprechender Antrag der Aktionärsvertreter in der Bilanzprüfungskommission wurde zurückgewiesen.[125] Wahrscheinlich wollte man einen langwierigen publizitätsträchtigen Prozess vermeiden – was auch die Frage aufwirft, ob der Kommissionsbericht überhaupt veröffentlicht wurde, da er möglicherweise geeignet war, Ansprüche von Aktionären zu provozieren. Massenez und Hilgenstock waren sich dieser Zwangslage, die ihre Position stärkte, bewusst. Während Hilgenstock das geforderte Rücktrittsgesuch nicht einreichte und versuchte, die Angelegenheit auszusitzen, wusste Massenez die Situation in einen weiteren finanziellen Vorteil umzumünzen. Streitpunkt waren die Verwertungsrechte von Patenten, die unter seiner Leitung beim Hoerder Verein erteilt worden waren. 1889 hatte Gustav Hilgenstock, Leiter des Eisenwerks und Bruder von Daniel Hilgenstock, ein Verfahren zur Entschwefelung von Roheisen entwickelt, auf das im November 1890 durch das Kaiserliche Patentamt ein Patent erteilt wurde.[126] Die damit verbundene Erfindung des Roheisenmischers wurde dagegen nicht anerkannt, da ein halbes Jahr zuvor dem US-amerikanischen Erfinder William Richard Jones ein vergleichbares „Verfahren und Apparat zum Ausgleichen der chemischen Zusammensetzung von Roheisen" patentiert worden war.[127] Einsprüche des Hoerder Vereins gegen dieses Patent blieben zwar erfolglos, doch war eine Vermarktung des Entschwefelungsverfahrens und des Roheisenmischers, der einen zeitlichen Puffer zwischen Hochofen und Stahlwerk bildete, damit die bis dahin enge zeitliche Abhängigkeit

Hörder Roheisenmischer, um 1890/1900.

125 Niederschrift der Verwaltungsratssitzung am 16.07.1891, in: ebd.
126 Siehe tkA Hoesch-Archiv DHHU/1166.
127 Siehe tkA Hoesch-Archiv DHHU/1167.

von Roheisen- und Rohstahlproduktion aufhob und außerdem zu einer Qualitätsverbesserung des Produkts führte, nur gemeinsam möglich. Massenez hatte dies früh erkannt und das Patent auf das Entschwefelungsverfahren auf seinen eigenen Namen eintragen lassen, obwohl sein Vertrag mit dem Hoerder Verein eine Klausel enthielt, dass sämtliche Erfindungen in den Besitz des Unternehmens übergingen.[128] Schon im Februar 1891 hatte er sich dann – wohl im Wissen um das bevorstehende Ende seiner Arbeit für den Hoerder Verein und zur Vorbereitung seiner freiberuflichen Tätigkeit als Beratender Ingenieur – die Generalvertretung des Roheisenmischers gesichert.[129] Mit derselben Intention gestand er im Juli dem Verwaltungsrat des Hoerder Vereins, dem diese Vereinbarung bis dahin wahrscheinlich nicht bekannt war, zu, „dass er für den Fall, dass er irgendwelche erheblichen Erfindungen im Gebiet der Eisenindustrie machen sollte, dem Hoerder Verein in erster Reihe die Exploitation seiner Erfindung antragen wolle, womit der Vorstand sich einverstanden erklärte". Zugleich beantragte er, ihm sowie Gustav und Daniel Hilgenstock „20 % des Nettogewinns, der aus dem Entschwefelungspatent kommt", abzutreten.[130] Das Unternehmen befand sich nun in der unangenehmen Zwangslage, auf Massenez beim Vertrieb des Entschwefelungsverfahrens angewiesen zu sein, und schloss im Oktober und Dezember nach langwierigen Verhandlungen mit ihm Verträge über die Generalvertretung, die Massenez allein 25 % der Einnahmen einbrachten.[131] Gustav und Daniel Hilgenstock, der schließlich im November entlassen wurde, profitierten dagegen nicht. Gustav Hilgenstock wechselte 1893 in die Geschäftsleitung des Kokereianlagenbauers Dr. C. Otto & Comp, Bochum.

Im Herbst 1891 hatte sich die finanzielle Lage des Hoerder Vereins erneut dramatisch verschlechtert. Wilhelm Laue, der neue kaufmännische Direktor, kalkulierte in Hochrechnung der Ausgaben im Oktober für das Geschäftsjahr mit Betriebskosten von 18 Mio. M bei einem erwarteten Umsatz von 12 Mio. M.[132] Ohne ein einschneidendes Kostensenkungsprogramm und die Zuführung weiterer Mittel hätte das Unternehmen die Krise nicht überstanden. Als Sofortmaßnahmen wurden alle Maschinenbestellungen storniert, Investitionsvorhaben eingestellt und die Anzahl der Mitarbeiter reduziert. Verlustbringende Bereiche wie die Panzerplattenproduktion und aufgrund ihres schlechten technischen Zustands nicht rentabel arbeitende Anlagen wie das Blockwalzwerk wurden zwischenzeitlich stillgelegt. Der A. Schaaffhausen'sche Bankverein, der nun mit Direktor Heinrich Schröder wieder den Vorsitz im Verwaltungsrat übernahm, erweiterte den Kreditrahmen, und es wurde eine neue Anleihe über 7.000.000 M geplant, die an die Bank verpfändet werden musste.[133] Der Bankverein stundete ebenso wie zahlreiche Verwaltungsratsmitglieder, die dem Hoerder Verein privat Mittel geliehen hatten, ihre Forderungen. Außerdem wurde Matthias Tull vom Verwaltungsrat als Generaldirektor delegiert, da Eduard Meier, der bereits zwischen 1875 und 1880 Direktionsmitglied beim Hoerder Verein gewesen war und seither die Oberschlesische Eisenbahn-Bedarfs-AG geleitet hatte, die ihm angebotene Position nach mehrmonatiger beratender Tätigkeit nicht angenommen hatte.[134] Uneinigkeit herrschte weiterhin über die Frage, ob Massenez und Hilgenstock auf Schadensersatz verklagt werden sollten. Vor der Generalversammlung 1892 war noch beschlossen worden, auf solche Anfragen von Aktionären zu erklären, „dass ein Gutachten erstattet sei, dasselbe aber kein genügendes Material zur Erhebung einer Schadensersatzklage biete, dagegen aber völlig ausreichend sei, um einen etwaigen Anspruch des Herrn Hilgenstock zurückzuweisen".[135] Hintergrund war die Forderung Hilgenstocks, ihm sein Gehalt aus dem im Juli 1889 verlängerten Arbeitsvertrag weiterzuzahlen.[136]

128 Niederschrift der Verwaltungsratssitzung am 03.09.1891, in: tkA Hoesch-Archiv DHHU/3135.
129 Mitteilung des europäischen Generalvertreters Evan D. Evans an Massenez zur Übertragung der Vertretung vom 27.02.1891, in: tkA Hoesch-Archiv DHHU/1660.
130 Niederschrift der Verwaltungsratssitzung am 09.07.1891, in: tkA Hoesch-Archiv DHHU/3135.
131 Verträge vom 27./29.10.1891 und 03.12.1891, in: tkA Hoesch-Archiv DHHU/1660.
132 Niederschrift der Verwaltungsratssitzung am 03.09.1891, in: tkA Hoesch-Archiv DHHU/3135.
133 Zur Emission siehe tkA Hoesch-Archiv DHHU/1190.
134 Niederschriften der Verwaltungsratssitzungen am 01.10., 14.10. und 19.11.1891, in: tkA Hoesch-Archiv DHHU/3135.
135 Niederschrift der Verwaltungsratssitzung am 01.10.1892, in: ebd.
136 Niederschrift der Verwaltungsratssitzung am 11.06.1892, in: ebd.

Diese Haltung änderte sich jedoch kurz darauf, denn Massenez und Hilgenstock hatten an den Verwaltungsrat geschrieben und Kritik am Geschäftsbericht geübt sowie sich beschwert, dass das neue Direktorium sich bei der Abfassung des Berichts sowie in Zeitungsartikeln negativ über ihre Vorgänger geäußert habe. Der Verwaltungsrat antwortete, dass niemand „den früheren Vorstandsmitgliedern zu nahe treten" wolle und irgendwelche „mißliebige Mittheilung" gemacht habe, drohte aber zugleich mit der Veröffentlichung der Beschwerde und des Antwortschreibens, für den Fall weiterer Kritik.[137] Im April 1893 entschloss man sich dann dazu, von Massenez und Hilgenstock 800.000 M im Rahmen einer „gütlichen Regelung" zurückzufordern, ohne dass die beiden bis Oktober auf entsprechende Schreiben reagierten. „Es wurde für richtig erachtet, vorläufig die weitere Entwicklung einer gegen die früheren Directoren anhängigen Strafuntersuchung abzuwarten, jedoch über die Verjährungsfrage ein Rechtsgutachten einzuholen."[138] Ob dieses Verfahren auf Antrag des Hoerder Vereins eröffnet wurde oder einen anderen Hintergrund besaß, ist nicht zu ermitteln. Der Verwaltungsrat entschloss sich im Oktober 1893 zur Einreichung einer Zivilklage, um eine Verjährung zu vermeiden, zog die Klage allerdings im Oktober 1894 zurück, da „in Anbetracht des Ergebnisses der Strafprocedur gegen Massenez und des Inhalts der bezüglichen Verhandlungen von einer Weiterverfolgung der Schadensansprüche kein Erfolg zu erhoffen sei".[139] Das Strafverfahren gegen Massenez endete mit einem Freispruch.[140]

1.3 Zwischen Konsolidierung und Fusion 1893–1906

Zur Überwindung der Krise war neben der Aufnahme von Anleihen ein erneuter Kapitalschnitt notwendig, der nur gegen den erbitterten Widerstand der freien Aktionäre durchgesetzt werden konnte. Der Unmut war verständlich, denn insgesamt hatte der Hoerder Verein in den 20 Jahren zwischen 1874 und 1894 eine Durchschnittsdividende von gerade 0,93 % gezahlt – ohne die auch nicht immer im vollen Umfang gewährte Garantiedividende wären es nur 0,325 % gewesen – und war damit das in diesem Zeitraum mit Abstand ertragsschwächste Unternehmen der Stahlindustrie des Ruhrgebiets.[141] Ähnlich unprofitabel war nur noch die Union AG für Bergbau, Eisen- und Stahl-Industrie. Auf der Generalversammlung 1893 beantragte der Verwaltungsrat, neue Mittel durch die Ausgabe von Prioritätsaktien A im Volumen des bisherigen Grundkapitals von 22.368.000 M (davon 15 Mio. M Prioritätsaktien und 7.368.900 M Stammaktien) zu beschaffen, die mit Vorrechten bei der Dividendenzahlung, „welche allen Vorrechten der jetzt bestehenden Aktien vorgehen" versehen werden sollten. Das Bezugsrecht der bisherigen Stamm- und Prioritätsaktionäre war mit einer Zuzahlung verbunden. Vorgesehen wurde zudem eine Kapitalreduktion um diejenigen Stamm- und Prioritätsaktien, auf die keine Zuzahlung geleistet wurde.[142] Die Aktionäre wurden letztlich vor die Entscheidung gestellt, den Antrag zu unterstützen oder einen Totalverlust ihrer Einlage zu erleiden. Eigentümer der alten Prioritätsaktien à 1.000 M sollten gegen Zuzahlung von 400 M pro Aktie eine neue Prioritätsaktie, Eigentümer von zehn Stammaktien à 300 M gegen eine Zuzahlung von 2.100 M drei Prioritätsaktien erhalten. Alte Prioritätsaktien, auf die keine Einzahlung erfolgte, wären auf ein Drittel ihres Nennwerts reduziert worden, Stammaktien auf ein Neuntel. Alle Stamm- und Prioritätsaktien, die weder zugezahlt noch zum Umtausch angemeldet wurden,

137 Entwurf des Antwortschreibens, in: tkA Hoesch-Archiv DHHU/1389.

138 Niederschriften der Verwaltungsratssitzungen 1893, in: tkA Hoesch-Archiv DHHU/3135.

139 Niederschriften der Verwaltungsratssitzungen am 10.10.1893, 20.10.1894 und 29.10.1894, in: ebd.

140 Siehe die Stellungnahme des Vereins deutscher Eisenhüttenleute zum „Hörder Schlackenprocess", in: Stahl und Eisen 14 (1894), S. 937–939.

141 Errechnet nach Phoenix AG für Bergbau und Hüttenbetrieb (Hg.): Geschichtliche Entwicklung und gegenwärtiger Stand des Phoenix Aktien-Gesellschaft für Bergbau und Hüttenbetrieb in Hörde. Denkschrift zum 60jährigen Bestehen des Unternehmens im Jahre 1912, Hörde 1912, Tafel 9. Siehe auch Feldenkirchen: Kapitalbeschaffung, Tabellen 109a, 110a, 111a, 112a, 113a und 114a.

142 Niederschrift der Generalversammlung am 30.10.1893, in: tkA Hoesch-Archiv DHHU/1037.

„verlieren ihre statuarischen Rechte und gelten nur noch als Legitimationspapiere für den Umtausch, bis dieser beendet ist". Der Antrag scheiterte nach langwieriger hitziger Diskussion ebenso wie das abgeschwächte Angebot des Verwaltungsrats auf der außerordentlichen Generalversammlung sechs Wochen später, die Zuzahlung auf 300 M bzw. 1.500 M und das Umtauschverhältnis auf 3:1 bzw. 8:1 zu begrenzen. Erst eine weitere Reduzierung der Zuzahlung der Prioritätsaktien auf 250 M ermöglichte die notwendige Mehrheit von drei Vierteln der Stimmen.[143] Der Umtausch brachte dem Hoerder Verein über 9,6 Mio. M ein, wovon 2,4 Mio. M zur Deckung der Verluste und 6,2 Mio. M für außerordentliche Abschreibungen verwendet wurden. Das Grundkapital belief sich nun auf 17.508.000 M, davon 16.980.000 in neuen Prioritätsaktien à 1.000 M und 528.000 M in Stammaktien à 1.200 M.

Trotz flauer Konjunktur in der ersten Hälfte der 1890er-Jahre zeigten die Maßnahmen des neuen Vorstands schnell Wirkung. Die Roheisenerzeugung stieg zwischen 1890 und 1895 um ein Drittel auf 180.000 t, die Stahlerzeugung von 100.000 t auf 250.000 t und der Absatz an Walzprodukten von 81.000 t auf 190.000 t. Der Boom in der zweiten Hälfte des Jahrzehnts ließ den Hoerder Verein schließlich wieder gesunden. Umsatz und Gewinn wuchsen rasant und führten 1898 und 1899 zu Rekorddividenden von 14 %. Bereits 1895 wurde das Grundkapital durch die Ausgabe von 5.020.000 M Aktien auf 22.528.000 M erhöht und damit der dringend notwendige Bau eines neuen Blockwalzwerks sowie eines neuen Hochofens als Ersatz für den veralteten Ofen III finanziert.[144] Nachdem seit Mitte der 1880er-Jahre auf dem Hoerder Kohlenwerk verstärkt Eisenerze gefördert worden waren, entschied man sich 1896, gemeinsam mit der Eisen- und Stahlwerk Hoesch AG Eisenerzberechtsame in Lothringen zu erwerben und die Gewerkschaft Reichsland zu gründen.[145] Insgesamt blieb das Engagement in diesem Bereich jedoch vergleichsweise gering. Bis 1898 folgten weitere Kapitalerhöhungen auf 27.028.000 M[146] und eine umfassende Modernisierung bzw. ein weiterer Ausbau der Werksanlagen mit einem Aufwand von fast 4,5 Mio. M.[147] Es entstanden mehrere neue Walzstraßen und eine Gießerei, die z. T. bis in die 1950er-Jahre betrieben wurden, sowie zwei weitere Hochöfen, sodass in Hörde nach Stilllegung älterer Anlagen nun wieder fünf Hochöfen produzierten.

Durch die stetig steigende Roheisenerzeugung verfügte der Hoerder Verein wie alle anderen Unternehmen der Branche über einen wachsenden Gichtgasüberschuss, für den zunächst keine Verwendungsmöglichkeiten bestanden. Anders als in vielen Werken der Konkurrenz konnten die Gichtgase durch die räumliche Trennung von Eisenwerk und Hermannshütte dort noch nicht einmal zu Heizzwecken genutzt werden. Erst 1904 eröffnete der Bau einer Gichtgasleitung zwischen beiden Werksbereichen diese Möglichkeit. Wenig verwunderlich ist daher die Vorreiterrolle des Hoerder Vereins bei der Nutzung der Gichtgase zur Erzeugung von Elektrizität in Großgasmaschinen, die vor allem im Bereich der Maschinenantriebe rasch die bis dahin vorherrschende Dampfkraft verdrängte.[148] Mitte der 1890er-Jahre waren Gasmotoren zwar weit verbreitet, doch besaßen sie konstruktiv bedingt eine noch vergleichsweise geringe Leistung und verbrauchten hochkalorisches Steinkohlengas. Auch der Gedanke an einen Einsatz der Maschinen in der Stahlindustrie unter Verwendung von Gichtgasen stammte bereits aus den 1880er-Jahren, doch hatte angesichts der technischen Beschränkungen bisher die Umsetzung gefehlt. Möglicherweise angeregt von Eugen Langen, Mitbegründer der Gasmotorenfabrik Deutz AG und stellvertretender Verwaltungsratsvorsitzender des Hoerder Vereins, begannen 1895, fast 35 Jahre nach der ersten Verwendung von Gichtgasen zur Dampferzeugung und Winderhitzung, beim Hoerder

143 Niederschrift der außerordentlichen Generalversammlung am 11.12.1893, in: ebd. Siehe auch tkA Hoesch-Archiv DHHU/1388 und DHHU/2081.

144 Geschäftsberichte des Hoerder Vereins. Zur Kapitalerhöhung siehe tkA Hoesch-Archiv DHHU/2248.

145 Siehe tkA Hoesch-Archiv DHHU/2090. Nievelstein, Markus: Der Zug nach der Minette. Deutsche Unternehmen in Lothringen 1871–1918, Bochum 1993, S. 172, erwähnt das Engagement nur am Rande.

146 Siehe tkA Hoesch-Archiv DHHU/2030.

147 Zum Investitionsprogramm siehe Niederschrift der Verwaltungsratssitzung am 12.01.1897, in: tkA Hoesch-Archiv DHHU/3135.

148 Zum Thema siehe Kleinschmidt, Christian: „...ein unmögliches Ungeheuer...". Großgasmaschinen, Kraft und Energie für die Henrichshütte, Dortmund 1993, S. 6–32.

Verein unter Leitung Willem van Vlotens die ersten Versuche mit kleineren Motoren.[149] Van Vloten hatte 1893 Gustav Hilgenstock als Leiter des Eisenwerks abgelöst und wurde 1897 in den Vorstand berufen.[150] 1898 nahmen im Eisenwerk die weltweit ersten Großgasmaschinen in der Stahlindustrie ihren Dauerbetrieb auf – ein Beispiel, dem zahlreiche Unternehmen der Branche rasch folgten.

Da die Roheisenerzeugung trotz des Baus moderner Hochöfen nicht ausreichte, um den Bedarf zu decken, übernahm der Hoerder Verein im Herbst 1898 für 1,5 Mio. M die Hütten-Actiengesellschaft vorm. Carl von Born, deren Werksanlagen in Dortmund am Leierweg lagen. Das zwei Öfen umfassende reine Hochofenwerk war 1864 von Carl von Born, einem Bruder des Bankiers Wilhelm von Born, gegründet worden und gehörte zu den letzten Unternehmen der Branche ohne weiterverarbeitende Bereiche. Damit verfügte der Hoerder Verein über einen dritten Produktionsstandort, der nur über die Gleise der Staatsbahn erreichbar war und zudem einen hohen Modernisierungsbedarf aufwies. Das Hörder Eisenwerk firmierte von nun an unter dem Namen Hochofenwerk Hörde, während die von Born'sche Anlage Hochofenwerk Dortmund hieß. Mit der Eröffnung des Dortmund-Ems-Kanals und des Dortmunder Hafens verbesserte sich 1899 die Verkehrsinfrastruktur der Stadt nachhaltig.[151] Während die Union AG von ihrer unmittelbaren Nachbarschaft zu den Hafenanlagen profitierte, musste der Hoerder Verein seinen Standortnachteil durch den kostenträchtigen Bau einer Hafenanschlussbahn gemeinsam mit anderen Interessenten kompensieren.[152] Außerdem beteiligte er sich an der neu gegründeten Westfälischen Transport-Actien-Gesellschaft.[153]

Hörder Eisenwerk: Die erste Großgasmaschine mit Stromerzeuger, 1898.

149 Niederschrift der Verwaltungsratssitzung am 30.11.1895, in: tkA Hoesch-Archiv DHHU/3135.

150 Zu van Vloten siehe: tkA Hoesch-Archiv DHHU/2667.

151 Ellerbrock, Karl-Peter: Zur Bedeutung des Dortmund-Ems-Kanals für den Stahlstandort Dortmund vor dem Ersten Weltkrieg, in: Dascher; Kleinschmidt: Stahlindustrie, S. 81–96.

152 Siehe tkA Hoesch-Archiv DHHU/4209; Dortmunder Eisenbahn GmbH (Hg.): 100 Jahre Dortmunder Eisenbahn. 1899–1999, o. O. 1999.

153 Siehe tkA Hoesch-Archiv DHHU/2194; Ellerbrock, Karl-Peter: Die Westfälische Transport-Aktien-Gesellschaft und ihre Geschichte. Ein unveröffentlichtes Manuskript aus der Nachkriegszeit, in: ders. (Hg.): Dortmunds Tor zur Welt. Einhundert Jahre Dortmunder Hafen, Essen 1999, S. 139–158.

Nachdem in Kooperation mit mehreren anderen Unternehmen der Stahlindustrie Verträge über den langfristigen Bezug schwedischer Eisenerze abgeschlossen worden waren, fehlte dem Unternehmen weiterhin eine ausreichende Steinkohlenversorgung. Die hohen Kohlenpreise und die Lieferengpässe Ende der 1890er-Jahre belasteten das Betriebsergebnis und führten sogar zu Betriebsstörungen, sodass die Unternehmensleitung 1900 versuchte, die soeben in Betrieb gegangene Zeche Minister Achenbach bei Lünen zu erwerben, sich aber wegen vermeintlich überzogener Preisforderungen schließlich aus dem Bieterwettbewerb zurückzog.[154] Angesichts hoher Dividendenzahlungen und der Konzentration auf den weiteren Ausbau der Hermannshütte und der beiden Hochofenwerke – 1900 war noch ein weiteres Investitionsprogramm mit einem Volumen von 3,9 Mio. M aufgelegt worden – fehlten die Mittel und vielleicht auch die letzte Entschlossenheit, dieses seit den 1860er-Jahren virulente Problem endlich durch einen mutigen Schritt zu lösen. Damit war die letzte Gelegenheit verspielt worden, überhaupt in den Besitz einer leistungsstarken Fettkohlenzeche zu gelangen, denn mit dem Auftritt von Kaufinteressenten wie dem preußischen Staat und einigen Unternehmen aus dem Saargebiet erhielt die horizontale Konzentrationsdynamik im Ruhrgebiet trotz der Anfang des 20. Jahrhunderts hereinbrechenden Wirtschaftskrise weiteren Schwung. Einen nochmaligen Preisschub verursachten auch die konzentrationsfördernden Regelungen des 1903 abgeschlossenen neuen Vertrags des Rheinisch-Westfälischen Kohlen-Syndikats (RWKS) und die missbräuchliche Verwendung des Mutungsrechts durch Bohrgesellschaften.[155]

Stattdessen begann man 1903 mit dem Abteufen eines neuen Schachts für die Schachtanlage Holstein, der 1908 in Betrieb ging, und entschloss sich 1905 zum Erwerb der z. T. stillliegenden Steinkohlenbergwerke Crone, Ver. Felicitas, Glückaufsegen, Franz und Marianne in Brünninghausen, Hörde und Hacheney sowie des Grubenfelds Clarenberg.[156] Die Gründe für die Unterzeichnung von Vorverträgen durch den seit 1903 als Generaldirektor fungierenden Wilhelm Beukenberg sind kaum nachvollziehbar und fast schon als Verzweiflungsakt zu interpretieren, da weder die vorhandenen Vorräte noch die Kohlenqualität der Zechen dazu geeignet waren, die Versorgungslage des Hoerder Vereins zu verbessern. „Die Höhe des geforderten Preises wurde zwar bemängelt, das Zustandekommen des Geschäfts aber doch als so sehr im Interesse des Vereins liegend befunden, daß – bei der feststehenden Unmöglichkeit zu einem geringeren Preis zu kommen – einstimmig beschlossen wurde, den Ankauf, vorbehaltlich der Bewilligung der Generalversammlung, gutzuheißen."[157] Neben dem positiven Einfluss auf Betriebsverhältnisse des angrenzenden Hoerder Kohlenwerks versprach sich der Hoerder Verein vom Ankauf der Zechen eine Aufwertung der eigenen Position im RWKS, das für den Fall der Übernahme bereits „befriedigende Erklärungen abgegeben" habe. Da eine vom Unternehmen eingesetzte Prüfungskommission die rechtlichen Verhältnisse der Gruben, deren Schulden und die Schuldverhältnisse des Verkäufers Steingröver jedoch nicht eindeutig zu klären vermochte, wurde im Februar 1906 zunächst Abstand von einem Vertragsabschluss genommen und das Projekt schließlich nicht weiterverfolgt.[158] 1908 gingen die Zechen zwecks Zwangsversteigerung in geordneten Konkurs, da sich kein anderer Käufer gefunden hatte. Nach der damit verbundenen Entschuldung nahm im Herbst 1908 die neu gegründete Bergwerksgesellschaft Glückaufsegen mbH den Betrieb auf.

Zur Finanzierung der Ankäufe plante der Hoerder Verein eine Kapitalerhöhung um 7 Mio. M auf 34.028.000 M unter Ausschluss des gesetzlichen Bezugsrechts der Aktionäre. Die Aktien sollten von einem Bankenkonsortium unter Führung der Hausbanken zu einem Kurs von 160 % übernommen werden, was dem Unternehmen 11,2 Mio. M eingebracht hätte. Die Banken hatten sich verpflichtet, den Altaktionären für je-

154 Niederschriften der Verwaltungsratssitzungen am 31.01.1900 und 07.04.1900, in: tkA Hoesch-Archiv DHHU/3134.

155 Bleidick, Dietmar: Die Hibernia-Affäre. Der Streit um den preußischen Staatsbergbau im Ruhrgebiet zu Beginn des 20. Jahrhunderts, Bochum 1999, S. 98–125, 288–293.

156 Niederschrift der Verwaltungsratssitzung am 23.11.1905, in: tkA Hoesch-Archiv DHHU/3134.

157 Ebd.

158 Niederschrift der Verwaltungsratssitzung am 16.02.1906, in: ebd.

weils vier Prioritätsaktien eine neue Aktie und für jeweils zehn Stammaktien eine neue Aktie zuzuteilen. Das Vorhaben scheiterte jedoch auf der Generalversammlung am 21. Dezember 1905 an einem statuarischen Mangel.[159] Obwohl mit Ausnahme einzelner Abweichler die überwältigende Mehrheit der Inhaber von Prioritätsaktien für die Kapitalerhöhung stimmten, konnte diese aufgrund des Widerstandes eines einzelnen Stammaktionärs mit 41 Aktien im Nennwertwert von 49.200 M nicht durchgeführt werden, da die Satzung des Hoerder Vereins beiden Aktionärsgruppen trotz des eklatant unterschiedlichen Anteils am Grundkapital dieselben Rechte zugestand. So musste bei beiden getrennt abstimmenden Gruppen eine Zustimmung von jeweils drei Vierteln zuzüglich einer Aktie erreicht werden. Es entbehrte dabei nicht eines gewissen Maßes an Ironie, dass mit Adolph Overweg der stellvertretende Verwaltungsratsvorsitzende des Hoerder Vereins als Vertreter der Essener Creditanstalt im Auftrag der Berliner Firma Oscar Heymann & Co. gegen die Kapitalerhöhung stimmen musste. Die Möglichkeit der Majorisierung der Generalversammlung durch eine Minderheit stammte aus der Zeit der erstmaligen Emission von Prioritätsaktien und war – vielleicht versehentlich, vielleicht aber auch aufgrund des damaligen Widerstands der Stammaktionäre – bei der letzten Revision der Satzung 1891 im Rahmen der finanziellen Konsolidierung des Unternehmens nicht gestrichen worden.

Die Frustration über das Scheitern saß tief bei den Leitungsgremien des Hoerder Vereins. Zusammen mit dem A. Schaaffhausen'schen Bankverein wurde Anfang 1906 überlegt, eine neue gesellschaftsrechtliche Konstruktion zu schaffen, um das Unternehmen unabhängig vom Votum der Stammaktionäre zu machen und die benötigten Investitionsmittel für den Ankauf der Zechen zu beschaffen.[160] Es sollte durch die Banken eine „Finanzgesellschaft" mit einem Grundkapital von 7 Mio. M gegründet werden, die dem Hoerder Verein „den ihr aus der Übernahme der Aktien [...] zufließenden Betrag und zwar sowohl den Nominalbetrag als auch das in den Reservefonds der Finanzgesellschaft fließende Agio zur Verfügung" gestellt hätte. Als Gegenleistung hätte der Hoerder Verein der Gesellschaft jährlich einen Betrag in anteiliger Höhe der auf die Prioritätsaktien ausgeschütteten Dividende zahlen müssen. Rechtliche Bedenken, aber auch die zu erwartenden Akzeptanzprobleme bei Anlegern und Banken führten jedoch schon bald zur Aufgabe des Vorhabens. Die beteiligten Banken und Börsenexperten gingen davon aus, dass die Aktien der Finanzgesellschaft, obwohl sie exakt denselben Wert wie die Prioritätsaktien des Hörder Vereins gehabt hätten, nicht zum selben Kurs notiert worden wären und das Finanzkonsortium die Aktien auch nicht zu dem Kurs hätte übernehmen können wie vergleichbare Prioritätsaktien. Es wurde daher beschlossen, die für den dann bereits wenige Wochen später auf Eis gelegten Ankauf notwendigen 6,2 Mio. M ratenweise aus Abschreibungen, Krediten und disponiblen Mitteln abzuzahlen.[161] Mit dieser Variante wäre außerdem Zeit gewonnen worden, die Stammaktien in Prioritätsaktien umzuwandeln. Nachdem ein Rechtsgutachten die Erfolglosigkeit einer Klage gegen den streitbaren Aktionär festgestellt hatte, übernahm der A. Schaaffhausen'sche Bankverein schließlich im Juni 1906 die Stammaktien der Firma Oscar Heymann, die ihren Widerstand wahrscheinlich nach einem großzügigen Angebot aufgegeben hatte. Umgehend erfolgte die Vereinheitlichung des Grundkapitals durch Umtausch der Stamm- in Prioritätsaktien, wodurch sich das Grundkapital des Hoerder Vereins um 88.000 M auf 26.940.000 M reduzierte.[162]

Im Geschäftsjahr 1905/06 erzielte der Hoerder Verein das wohl beste Geschäftsergebnis seiner Geschichte. Die Wirtschaftskrise der Jahrhundertwende hatte die Entwicklung nur wenig beeinträchtigen können, und seit 1902 waren die Produktion in allen Bereichen sowie die Umsätze derartig angewachsen, dass nun bei einer Bruttokapitalrendite von rund 30 % eine Dividende von 15 % ausgeschüttet werden konnte. Das profitable Unternehmen verfügte infolge der hohen Investitionen der ausgehenden 1890er-Jahre über eine moderne Maschinen- und Anlagenausstattung, war nach der Fried. Krupp AG und der Gewerkschaft Deutscher Kaiser

159 Zur Generalversammlung am 21.12.1905 siehe tkA Hoesch-Archiv DHHU/1041 und DHHU/2247.
160 Niederschrift der Verwaltungsratssitzung am 08.01.1906, in: tkA Hoesch-Archiv DHHU/3134.
161 Ebd.
162 Niederschrift der außerordentlichen Generalversammlung am 08.06.1906, in: tkA Hoesch-Archiv DHHU/1042.

drittgrößter Rohstahlproduzent des Ruhrgebiets und gehörte nach diesen und der Phoenix AG für Bergbau und Hüttenbetrieb (Phoenix AG) auch im Bereich der Walzfabrikate zur Spitzengruppe der Erzeuger.[163] Die Produktion konzentrierte sich auf schwere Walz- und Schmiedestücke – verfeinerte Erzeugnisse wurden dagegen nur in vergleichsweise geringem Umfang hergestellt. Die Schwächen des Hoerder Vereins lagen in der mangelnden Kohlenbasis, in der räumlichen Trennung von Roheisenerzeugung und weiterverarbeitenden Bereichen sowie in den hohen Transportkosten auch für Kohle und Erze. Angesichts der sich seit 1904 abzeichnenden neuen Konzentrationswelle in der Montanindustrie des Ruhrgebiets – die Gelsenkirchener Bergwerks-AG fusionierte mit dem Aachener Hütten-Aktien-Verein Rothe Erde und dem Schalker Gruben- und Hüttenverein, die Deutsch-Luxemburgische Bergwerks- und Hütten-AG mit der Friedrich Wilhelms-Hütte und mehreren Zechen – schien es nur eine Frage der Zeit, bis auch der Hoerder Verein sich mit dieser Entwicklung auseinandersetzen musste.[164] Ein horizontaler Zusammenschluss mit einem entsprechend strukturierten Konkurrenten, sei es durch Übernahme oder durch Integration, bot die Möglichkeit zur Abschwächung oder sogar Beseitigung der Schwächen. Die Fusion auf die Phoenix AG für Bergbau und Hüttenbetrieb mit Sitz in Ruhrort erfolgte im Oktober 1906 rückwirkend zum 1. Juni.[165]

In der Hochkonjunktur der zweiten Hälfte der 1890er-Jahre begann die Phoenix AG mit dem Ausbau einer vertikalen Konzernstruktur, der erst 1910 beendet sein sollte.[166] Die Angliederung von Bergbaugesellschaften und weiterverarbeitenden Betrieben führte dabei von Beginn an zu einem Ungleichgewicht zwischen den einzelnen Produktionsstufen, das nur durch eine Anpassung der Produktionskapazitäten durch den Ausbau der betroffenen Werke oder aber durch den Zukauf weiterer Unternehmen mit entsprechender Erzeugungsstruktur zu kompensieren war. Im Dezember 1897 erwarb die Phoenix AG die Meidericher Steinkohlenbergwerke AG mit der Zeche Westende, deren Förderanlagen in unmittelbarer Nähe zu den Ruhrorter Werken lagen, und sorgte damit wieder für eine sichere und preisgünstige Steinkohlenversorgung, nachdem die Eigenversorgung 1884 aufgegeben worden war. Die bereits 1871 zusammen mit der Gutehoffnungshütte AG in Lothringen erworbenen Minettefelder sowie der 1894 ebenfalls gemeinsam vollzogene Ankauf der Grube Steinberg bei Rümelingen in Luxemburg deckten den Erzbedarf Anfang des 20. Jahrhunderts dagegen nur zu etwa 10 %.[167] Dem Ausbau der Roheisen- und Steinkohlenproduktion standen jedoch keine gleichwertigen verarbeitenden Betriebe gegenüber, sodass ein Teil der Rohblöcke und Halbzeuge verkauft werden musste. Im Februar 1898 wurde daher die Westfälische Union AG für Bergbau, Eisen- und Drahtindustrie in Hamm übernommen, die mit ihren Werken in Hamm, Nachrodt, Lippstadt und Belecke ohne eigene Rohstahlproduktion immer stärker in Abhängigkeit von Lieferanten geraten war. Die Gründung des Halbzeugverbands 1897 ließ zudem ein dauerhaft hohes Preisniveau für Zulieferungen erwarten. Die Phoenix AG versprach sich von der Fusion dagegen eine gewisse Sicherheit gegenüber Produktionseinschränkungen, Lieferpolitik und eventuellen Preiseinschränkungen des Verbands sowie eine größere Flexibilität durch Erweiterung der Produktpalette.

Für beide Seiten erwies sich der Zusammenschluss als vorteilhaft. In der überkochenden Konjunktur des ausgehenden Jahrhunderts stieg der Absatz an Fertigprodukten in allen Werken, sodass die Phoenix AG ihren Bedarf nicht mehr selbst decken konnte und am Markt als Nachfrager von Halbzeugen auftreten musste. Nach Überwindung der Wirtschaftskrise 1900/02 stieg die Nachfrage nach Drahtwaren so erheblich, dass die Drahterzeugung in Hamm, Lippstadt und Belecke ausgebaut werden musste, um den Marktanteil des

163 Geschäftsberichte 1900/01–1905/06; Feldenkirchen: Kapitalbeschaffung, Tabellen 52b und 56b.

164 Zur Situation: Heymann, Hans Gideon: Die gemischten Werke im deutschen Großeisengewerbe. Ein Beitrag zur Frage der Konzentration der Industrie, Stuttgart; Berlin 1904.

165 Zur entsprechenden Generalversammlung siehe: tkA Hoesch-Archiv DHHU/1043 und DHHU/2239. Van de Kerkhof berücksichtigt den Phoenix leider nicht. Kerkhof, Stefanie van de: Von der Friedens- zur Kriegswirtschaft. Unternehmensstrategien der deutschen Eisen- und Stahlindustrie vom Kaiserreich bis zum Ende des Ersten Weltkriegs, Essen 2006.

166 Phoenix: Festschrift, S. 46–54.

167 Kunze, Walther: Der Aufbau des Phoenix-Konzerns, Diss. Darmstadt 1926, S. 46–56.

Unternehmens halten zu können. Da Investitionen in die Rohstahl- und Halbzeugerzeugung unterblieben, vergrößerte sich das Ungleichgewicht der einzelnen Produktionsbereiche weiter. 1903 begannen in der deutschen Stahlindustrie Verhandlungen zur Bildung eines möglichst umfassenden Verbands für alle Halb- und Fertigerzeugnisse, der einen Großteil der 44 in diesem Jahr bestehenden Kartelle und Syndikate der Branche überflüssig machen sollte.[168] Der im Februar 1904 gegründete Stahlwerks-Verband ähnelte in Rechtsform und Struktur dem 1903 erneuerten RWKS und übernahm als Verkaufssyndikat gegen eine Umlage den gesamten Vertrieb der kontingentierten sogenannten A-Produkte wie Halbzeug, Formeisen und Eisenbahnoberbaumaterial, während die Verbandsmitglieder bei den ebenfalls kontingentierten B-Produkten Draht, Blech, Röhren und Schmiedestücke nachträglich nur eine Abgabe für über der Beteiligungsziffer liegende Verkäufe zahlten, den Vertrieb aber weiter in eigener Regie führten.[169] Wie auch beim RWKS für den Steinkohlenbergbau förderte die Umlagefreiheit des Selbstverbrauchs der Verbandsmitglieder den Konzentrationsprozess in der Stahlindustrie, denn die weiterverarbeitenden Abteilungen der gemischten Konzerne konnten ihren Bedarf an genannten Produkten dadurch günstiger beziehen als etwa die reinen Walzwerke. Dem Stahlwerks-Verband trat ein Großteil der bedeutenden deutschen Produzenten bei – mit Ausnahme der Phoenix AG, da ihrem Vorstand die avisierten Beteiligungsziffern nicht ausreichten, sie keine überschüssigen Halbzeuge besaß und den Verkauf von Fertigprodukten weiter selbst organisieren wollte.[170]

Der Stahlwerks-Verband sperrte dem Unternehmen darauf den Bezug von Halbzeug, und der A. Schaaffhausen'sche Bankverein setzte als Mehrheitsaktionär in einer außerordentlichen Generalversammlung im April 1904 den Beitritt gegen die Haltung des Vorstands durch.[171] „Diese Entscheidung wurde von seiten des Phoenix zur Zeit als Vergewaltigung angesehen und eine ungerechtfertigte Beeinträchtigung des Geschäfts als unausweichlich bezeichnet."[172] Die Selbstverbrauchsbestimmungen und vom Stahlwerks-Verband niedrig gehaltene Halbzeugpreise bei gleichzeitig steigenden Marktpreisen für Fertigprodukte führten zu einer Welle von Angliederungen reiner Walzwerke an Stahlwerke.[173] Durch diese Entwicklung und die gute Konjunktur 1905 verfügte der Stahlwerks-Verband über immer geringere Halbzeugmengen und konnte seine Lieferverpflichtungen gegenüber der Phoenix AG als seinem mit Abstand größten Zukäufer nicht mehr erfüllen. Nach den Satzungen war die Deckung des Bedarfs entweder durch die Errichtung weiterer Produktionsanlagen oder aber durch den Erwerb eines Unternehmens mit Halbzeugüberschuss zu erreichen. Die Phoenix AG wählte den zweiten Weg und gliederte sich den Hoerder Verein an, da der Bau eines neuen Stahlwerks vergleichsweise teuer und vor allem zeitraubend gewesen wäre, das Unternehmen über einen bedeutenden Halbzeugüberschuss von 122.000 t verfügte und die Belieferung der Betriebe der Abteilung Westfälische Union von Hörde aus erheblich kostengünstiger war als von Ruhrort. Außerdem ergänzten sich die Produktionsprogramme beider Unternehmen. Der Hoerder Verein produzierte Roheisensorten, Träger, Stahlguss- und Schmiedestücke,

168 Jutzi, Wilhelm: Die deutsche Montanindustrie auf dem Weg zum Trust, Jena 1905, S. 24 f.; Kontradiktorische Verhandlungen über deutsche Kartelle. Die vom Reichsamt des Innern angestellten Erhebungen über das inländische Kartellwesen in Protokollen und stenographischen Berichten, Bd. 3: Eisen und Stahl, Teil 1, Berlin 1904, S. 2.

169 Zur Organisation siehe Kollmann, Julius: Der deutsche Stahlwerksverband, Berlin 1905; Stahlwerks-Verband (Hg.): 25 Jahre Stahlwerks-Verband 1904–1929, Düsseldorf 1929, S. 3 f.; Uebbing, Helmut: Stahl schreibt Geschichte. 125 Jahre Wirtschaftsvereinigung Stahl, Düsseldorf 1999, S. 51–56.

170 Phoenix AG (Hg.): Festschrift, S. 52.

171 Ebd.; Troß, Arnold: Der Aufbau der Eisen- und eisenverarbeitenden Industrie-Konzerne Deutschlands. Ursachen, Formen und Wirkungen des Zusammenschlusses unter besonderer Berücksichtigung der Maschinenindustrie, Berlin 1923, S. 151; Jeidels, Otto: Das Verhältnis der deutschen Großbanken zur Industrie mit besonderer Berücksichtigung der Eisenindustrie, Leipzig 1905, S. 111.

172 Phoenix: Festschrift, S. 52.

173 Jutzi: Trust, S. 25–28; Zur Preispolitik und Rolle der Walzwerke siehe Simmersbach, Oscar: Der deutsche Stahlwerks-Verband und seine Bedeutung für unser Wirtschaftsleben, Berlin 1905, S. 14–30, sowie Oemler, Hermann: Stahlwerksverband und Stahltrust. Ihre Organisation unter Berücksichtigung ihres Einflusses auf die Arbeitsverhältnisse und einer Betrachtung über das Problem der Arbeitszeit in der Schwerindustrie, Köln 1913, S. 32–38.

Ausschnitt aus dem Titelblatt des Verkaufskatalogs für Rillenschienen-Straßenbahnen und Patent-Achsen des Hoerder Bergwerks- und Hütten-Vereins, Ausgabe 1892.

die die Phoenix AG bisher zugekauft oder nicht hergestellt hatte, die Phoenix AG verfeinerte Erzeugnisse wie Drahtwaren, Feinbleche, Weißbleche und Bandeisen, die der Hoerder Verein nicht anbot. Überschneidungen gab es dagegen bei Radsätzen, Schienen, Grobblechen und Stabeisen.[174]

Durch die Zusammenfassung der verschiedenen Fertigungs- und Vertriebsbereiche auf jeweils nur einen Standort ergaben sich bedeutende Einspareffekte. So übernahmen die Werke in Hörde etwa die Gesamtproduktion an Eisenbahnschienen, Grob- und Mittelblechen und Radsätzen, während Rillen- und Grubenbahnschienen ausschließlich in den Ruhrorter Anlagen hergestellt wurden. Einen bedeutenden Einfluss auf die Fusionsbestrebungen dürften die Banken besessen haben, da die Kapitaltransaktionen im Rahmen des Zusammenschlusses ihnen große Gewinne bescherten und die Synergien im Produktionsbereich eine verbesserte Rentabilität und damit Kreditsicherheit versprachen. Der A. Schaaffhausen'sche Bankverein dürfte hier als langjährige Hausbank des Hoerder Vereins eine besondere Rolle gespielt haben. Am 10. Oktober 1906 geneh-

174 Berichte über die außerordentliche Generalversammlung des Hoerder Vereins am 10.10.1906 zur Fusion in der Dortmunder Zeitung und der Rheinisch-Westfälischen Zeitung vom 11.10.1906, in: tkA Hoesch-Archiv DHHU/2239; Phoenix: Festschrift, S. 90; Kunze: Phoenix, S. 73.

migten die Generalversammlungen der beiden Unternehmen den Fusionsvertrag, der eine Übertragung des Vermögens des Hoerder Vereins unter Ausschluss der Liquidation auf die Phoenix AG zum 1. Juli 1906 vorsah. Das Grundkapital der Phoenix AG wurde um 37 Mio. M auf 72 Mio. M erhöht. Davon entfielen 26.940.000 M auf die Aktien des Hoerder Vereins, die jeweils gegen eine neue Phoenix-Aktie umgetauscht wurden. Für die weiteren Aktien erhielten die Aktionäre beider Unternehmen ein vergünstigtes Bezugsrecht.[175]

Ungelöst blieb bei der Fusion die Frage der Steinkohlenversorgung. Beide Unternehmen waren in diesem Bereich traditionell unzureichend aufgestellt und mussten große Teile ihres Bedarfs durch Zukäufe decken, denn die Zeche Westende und das Hoerder Kohlenwerk besaßen weder ausreichende Förderkapazitäten noch lieferten sie die begehrte Kokskohle. Da das RWKS 1905/06 seine Lieferverpflichtungen nicht erfüllen konnte und zudem im Herbst 1906 für das Frühjahr 1907 eine starke Preiserhöhung für Kokskohlen angekündigt hatte, war die Angliederung einer leistungsstarken Zechengesellschaft unumgänglich. Diese erfolgte im Februar 1907 durch die Fusion mit der AG Steinkohlenbergwerk Nordstern, deren Zechen, darunter neben Nordstern in Gelsenkirchen u. a. Westende in Duisburg, Holland in Gelsenkirchen bzw. Wattenscheid und Graf Moltke in Glabeck, über eine Syndikatsbeteiligung von über 3 Mio. t Steinkohle und Koks verfügten.[176] Damit war die Expansion des Phoenix-Konzerns weitgehend abgeschlossen. Die Hörder Werke fungierten nun als Betriebsabteilung, doch wurde der Standort durch die Verlegung des Firmensitzes von Ruhrort nach Hörde Anfang 1908 aufgewertet.[177]

2. Union AG für Bergbau, Eisen- und Stahl-Industrie (1872–1910)
Das „Danaidenfass"178 oder Kapitalvernichtung ohne Beispiel

Mit der am 2. Januar 1872 gegründeten Union AG für Bergbau, Eisen- und Stahl-Industrie erhielt die Unternehmenslandschaft des Ruhrgebiets ein neues Gesicht. Es handelte sich um den ersten großen Unternehmenszusammenschluss der Montanindustrie. Auf Initiative der Berliner Disconto-Gesellschaft unter Adolph Hansemann als Eigentümerin bzw. Anteilseignerin mehrerer Unternehmen der Montanindustrie und Friedrich Grillos entstand ein vertikal strukturierter Konzern, der mit Erzgruben und Steinkohlenzechen, Hochofenanlagen und Walzwerken sowie verschiedenen weiterverarbeitenden Betrieben die gesamte Wertschöpfungskette der Branche umfasste. Dieses Ziel hatten zwar auch andere Unternehmen wie der Hoerder Verein bereits bedeutend früher verfolgt und erreicht – neu waren jedoch die finanzielle Dimension der Gründung und die Tatsache, dass die Betriebe vergleichsweise weit voneinander entfernt lagen und sich in ihren Produktionsprogrammen nicht nur ergänzten, sondern weitgehend überschnitten. Es sollte ein Riesenunternehmen geschaffen werden, das „an Größe des Ziels fast ohne Beispiel" war, wie der Gründungsprospekt vollmundig verkündete.[179] Gemessen am wirtschaftlichen Erfolg scheiterte dieses Unterfangen jedoch auf ganzer Linie. Die Union AG erzielte in den fast 40 Jahren bis zur Übernahme durch die Deutsch-Luxemburgische Bergwerks- und Hütten-AG im Jahre 1910 im Vergleich mit den anderen Konzernen der Eisen- und Stahlindustrie die mit Abstand geringste Durchschnittsdividende und verzeichnete zugleich die geringsten Wachstumsquoten.[180] Die Gründe für diese schwache Entwicklung lagen zunächst in der Grundkonzeption des Unternehmens, das

175 Auszug aus der Niederschrift der außerordentlichen Generalversammlung des Hoerder Vereins am 10.10.1906 zur Fusion, in: tkA Hoesch-Archiv DHHU/1043.

176 Phoenix AG: Festschrift, S. 74–83.

177 Zum Unternehmen in dieser Zeit siehe auch: Phoenix AG für Bergbau und Hüttenbetrieb (Hg.): „Phoenix" Aktien-Gesellschaft für Bergbau und Hüttenbetrieb zu Hörde i. W. Gegründet 1852, Aachen 1908.

178 Titel des Abschnitts über das Engagement der Disconto-Gesellschaft bei der Union AG bei: Lindenberg, Otto: 50 Jahre Geschichte einer Spekulationsbank. Ein Beitrag zur Geschichte des deutschen Bankwesens, Berlin 1903, S. 11–41.

179 Zitiert nach Stillich, Oskar: Die Eisen- und Stahlindustrie, Berlin 1904, S. 109.

180 Feldenkirchen: Kapitalbeschaffung, Tabellenanhang.

bereits im zweiten Jahr seines Bestehens von der Gründerkrise getroffen wurde, aber auch in Mängeln der Verwaltungsorganisation, in organisatorischen Problemen, in verfehlter Geschäfts- und Akquisitionspolitik, insbesondere aber in der letztlich dauerhaft unzureichenden Kapitalausstattung. Ausschlaggebend war aber der Gründungszeitpunkt. Die exorbitant hohen Aktienkurse der Gründerzeit und volle Auftragsbücher sorgten für eine entsprechende Bewertung der einzubringenden Unternehmen, sodass zugleich der Buchwert der Anlagen mit über 18 Mio. Talern viel zu hoch angesetzt wurde.[181] Das Grundkapital von zunächst 11 Mio. Talern wurde noch im Gründungsjahr im Rahmen weiterer Akquisitionen auf 13,2 Mio. Taler erhöht, doch war von Beginn an deutlich, dass eine weitere Anpassung unumgänglich war, denn diese Summe entsprach gerade dem Ankaufspreis der einzelnen Unternehmensteile.[182]

Die Union AG umfasste anderthalb Jahre nach ihrer Gründung:

1) die Dortmunder Hütte mit drei Hochöfen, Kokerei, Puddel- und Bessemer-Stahlwerk, Walzwerk, Räderfabrik und Brückenbauanstalt.[183]

Der Ankaufspreis bzw. die Erstattung an die Gläubiger betrug 3 Mio. Taler. Die Dortmunder Hütte war 1856/57 durch die am 11. Oktober 1854 von Dortmunder Kaufleuten und Gewerken mit einem Grundkapital von 1 Mio. Taler gegründeten und am 26. März 1856 landesherrlich konzessionierten Dortmunder Bergbau- und Hütten-Gesellschaft errichtet worden.[184] Zweck des Unternehmens war laut Gründungsprospekt, „erworbene Kohlenfelder und Eisensteinberechtsame auszubeuten, Roheisen zu erzeugen, dasselbe durch Anlagen von Puddlings- und Walzwerken weiterzuverarbeiten und gleichzeitig mittels eines erworbenen Etablissements Gussstahl zu fabricieren". Gemeint war die Paulinenhütte in Dortmund, deren Kauf sich jedoch ebenso wie der Erwerb von Eisensteinfeldern nach Streitigkeiten der Gesellschafter und wohl aufgrund der nicht ausreichenden Kapitalbasis zerschlug. Dagegen gehörten der Gesellschaft die Grubenfelder der Zeche Hansa, deren erste beiden Schächte ab 1856 abgeteuft wurden. Gleichzeitig begann die Gesellschaft mit der Errichtung der Werksanlagen, ohne jedoch die Roheisenerzeugung im Hochofen aufzunehmen. Die einbrechende Konjunktur der ausgehenden 1850er-Jahre und technische Schwierigkeiten beim Schachtbau der Zeche Hansa, der nach Wassereinbrüchen mehrfach unterbrochen werden musste, führten zu massiven finanziellen Problemen, die zunächst durch einen Kredit der Lübecker Commerzbank überwunden werden konnten. Dennoch war der Konkurs unvermeidbar. Am 19. Oktober 1859 wurde das Verfahren mit dem Ziel eines Vergleichs der Gläubiger eröffnet, ohne dass in den nächsten Jahren eine Einigung hätte erzielt werden können. Erst 1862 kam es zu einer Lösung, als die Gläubiger den Beschluss fassten, eine Kommanditgesellschaft zum Fortbetrieb des Werks zu gründen und unter Ausschluss der Lübecker Commerzbank die Berliner Handelsgesellschaft mit der Verwertung sämtlicher Forderungen beauftragten. Im August 1862 entstand die Commanditgesellschaft Gustav Arndt & Co. durch die Übernahme der Werksanlagen und den Eintritt der Gläubiger mit ihren Forderungen. Gustav Arndt fungierte als Komplementär. Während die Eisen- und Stahlverarbeitung noch 1862 in kleinem Maßstab wieder aufgenommen wurde, fehlten die Mittel zur Inbetriebnahme der Zeche Hansa, die 1865 an die Preußische Bergwerks- und Hütten-AG veräußert wurde. Der von den Kommanditisten ebenfalls befürwortete Übergang des gesamten Unternehmens scheiterte aus nicht bekannten Gründen.

181 Däbritz, Walther: Gründung und Anfänge der Disconto-Gesellschaft Berlin. Ein Beitrag zur Bank- und Wirtschaftsgeschichte Deutschlands in den Jahren 1850–1870, München; Leipzig 1931, S. 224–229; Stillich: Stahlindustrie, S. 92 f.

182 Geschäftsbericht der Union AG für die Geschäftsperiode vom 01.01.1872 bis 30.06.1873, S. 23.

183 Dascher, Ottfried: Die Eisen- und Stahlindustrie des Dortmunder Raumes (1847–1873), in: ders.: Kleinschmidt: Stahlindustrie, S. 65–80, hier, S. 69–71, 74–76. Zur Situation der Dortmunder Eisen- und Stahlindustrie siehe auch: Mertes, Paul Hermann: Das Werden der Dortmunder Wirtschaft, 2. Aufl., Dortmund 1942, S. 107–131.

184 Zur Geschichte siehe tkA Hoesch-Archiv DHHU/2614; Dascher: Eisen- und Stahlindustrie, hier S. 69 f.

Wie die meisten Unternehmen der Eisen- und Stahlindustrie bestritt die Commanditgesellschaft Gustav Arndt & Co. einen großen Teil des Umsatzes mit der Produktion von Schienen und geriet so ins Blickfeld von Bethel Henry Strousberg. Strousberg plante Ende der 1860er-Jahre den Aufbau eines vertikal strukturierten Konzerns, um sich durch die eigene Herstellung der für seine Eisenbahnprojekte benötigten Industriegüter von der Schiene bis hin zur Lokomotive von Lieferanten unabhängig zu machen. Im April 1868 beteiligte er sich an der Commanditgesellschaft, die zu diesem Zeitpunkt fast 1.000 Arbeiter beschäftigte und damit zu den größeren Unternehmen der Branche gehörte.[185] Am 13. Mai 1869 wurde das Unternehmen in eine offene Handelsgesellschaft umgegründet und firmierte nach der Übernahme aller Gesellschaftsanteile durch Strousberg ab dem 12. Oktober als Dr. Strousberg's Dortmunder Hütte. Umgehend begann die umfassende Erweiterung der Werksanlagen durch die Errichtung von Hochöfen, Kokerei, Bessemer-Stahlwerk, Räderfabriken und der Brückenbauanstalt. Dazu erwarb Strousberg das Hochofenwerk in Othfresen in der Nähe von Goslar mit vier Hochöfen und Erzgruben sowie von Freiherr Giesbert von Romberg die in der Nähe des Dortmunder Werks gelegene leistungsstarke Steinkohlenzeche Glückauf Tiefbau, die beim Übergang an die Union AG mit 1 bzw. 2 Mio. Talern bewertet wurden.[186] Finanzielle Schwierigkeiten beim Eisenbahnbau in Rumänien, die schließlich zum Konkurs Strousbergs führten, zwangen ihn 1871, das Werk mit den noch nicht vollständig fertiggestellten Anlagen und der Werkssiedlung „Union-Vorstadt" zu verkaufen. Die junge Union AG erhielt damit als Basis ein modernes Eisen- und Stahlwerk, das technisch den aktuellen Standards entsprach. Der Bau des Hochofenwerks in Othfresen mit vier Öfen erfolgte ab 1869 dagegen auf Basis der Erzvorkommen des Harzes, die jedoch aufgrund ihres hohen Phosphorgehalts für den Bessemerprozess ungeeignet waren. Nachdem 1870 die ersten Gruben in Förderung gegangen waren, erfolgte der erste Abstich des Hochofenwerks erst 1872 durch die Union AG, die es jedoch angesichts des konjunkturellen Abschwungs bereits 1874 außer Betrieb setzte, um es nach und nach abzuschreiben. 1880 wurden die letzten verbliebenen Maschinen und Kessel in andere Werksbereiche überführt, 1883 die letzten Grundstücke und Werksanlagen verkauft.[187]

2) die Henrichshütte bei Hattingen mit vier Hochöfen, Puddel- und Bessemer-Stahlwerk, Walzwerk, der Zeche Carl Friedrichs Erbstolln und diversen Erzgruben.

Der Ankaufspreis betrug 2,5 Mio. Taler. Die umfangreichen Eisenerzfunde im Dortmunder Raum und der expandierende Steinkohlenbergbau hatten Anfang der 1850er-Jahre das Interesse von Henrich Graf zu Stolberg-Wernigerode geweckt, der die Rohstoffversorgung seiner im Harz gelegenen montanindustriellen Werke langfristig sichern wollte.[188] Nach Prüfung verschiedener Investitionsmöglichkeiten im Ruhrgebiet – Stolberg-Wernigerode gehörte zu den ersten Aktionären des Hoerder Vereins und könnte diesen als Vorbild seines Engagements genutzt haben[189] – entschied er sich 1853 für den Ankauf eines Geländes bei Hattingen und den Bau eines eigenen Hochofenwerks,[190] das durch seine Lage an der Ruhr und in der Nähe zahlreicher Erzgruben und Steinkohlenzechen beste Voraussetzungen versprach. Nach einer ungewöhnlich kurzen Bearbeitungszeit von nur einem halben Jahr erhielt das Hüttenwerk am 13. Oktober 1854 die beantragte staatliche Konzession zum Bau und Betrieb von acht Hochöfen, von denen letztlich jedoch nur vier gebaut wurden. Nachdem

185 Zum Einstieg von Strousberg siehe tkA Hoesch-Archiv DHHU/906; Borchart, Joachim: Der europäische Eisenbahnkönig Bethel Henry Strousberg, München 1991, S. 73–78.

186 Reininghaus, Wilfried: Das wirtschaftliche Handeln der Familie von Romberg im 17. bis 20. Jahrhundert, in: Rasch, Manfred; Pierenkemper, Toni; Reimann, Norbert (Hg.): Adel als Unternehmer im bürgerlichen Zeitalter. Vorträge des wissenschaftlichen Kolloquiums der Vereinigten Westfälischen Adelsarchive e. V. vom 28. bis 30. Juli 2004 in Bad Driburg, Münster 2006, S. 65–78, hier S. 71.

187 Geschäftsberichte der Union AG 1879/80, S. 11 und 1883/84, S. 9.

188 Zur Geschichte der Henrichshütte siehe Rasch, Manfred: Zur Geschichte der Ruhrstahl-Gruppe und ihrer Werke, in: ders. (Hg.): Findbuch zu den Beständen der Ruhrstahl-Gruppe, Duisburg 1998, S. 3–72, hier S. 44–61; Ruhrstahl AG (Hg.): Ein Jahrhundert Henrichshütte Hattingen 1854–1954, Darmstadt 1954; Eversberg, Heinz, Die Entstehung der Schwerindustrie um Hattingen 1847–1857. Ein Beitrag zur Grundlegung der schwerindustriellen Landschaft an der Ruhr, Münster 1955.

189 Niederschrift der Generalversammlung des Hoerder Vereins am 05.06.1852, in: tkA Hoesch-Archiv DHHU/1019.

190 Rasch: Hochöfen, S. 183–186.

die beiden ersten Öfen 1855 und 1856 angeblasen worden waren, die Baukosten die veranschlagte Höhe überschritten hatten und weitere Investitionen absehbar wurden, entschloss sich die Gräflich Stolbergsche Berg- und Hüttenadministration wohl auch angesichts des Interregnums nach Graf Henrichs Tod 1854 zum Verkauf des Werks. Im Februar 1857 übernahm die Disconto-Gesellschaft die Henrichshütte wahrscheinlich mit dem Ziel eines gewinnbringenden Weiterverkaufs, wurde jedoch durch die Wirtschaftskrise zum Weiterbetrieb des Unternehmens gezwungen, das nun – einmalig für die damalige Bankenlandschaft – als Zweigstelle unter dem Namen Administration der Henrichshütte – geführt wurde. Für die Bank sollte sich der Einstieg in die Montanindustrie als schwere Hypothek erweisen.[191] Noch 1857 wurden 500.000 Taler in den notwendigen Ausbau der Anlagen investiert und in den folgenden Jahren zwei weitere Hochöfen, eine Gießerei und ein Walzwerk errichtet. Die Henrichshütte band fast 25 % des Kommanditkapitals der Disconto-Gesellschaft bei einer jährlichen Durchschnittsrendite von gerade 2 %, sodass David und Adolph Hansemann als Geschäftsinhaber 1863 entschieden, die Henrichshütte als Kommanditgesellschaft zu verselbstständigen und sich selbst an dem Unternehmen zu beteiligen. 1869 wurde das Unternehmen in eine Aktiengesellschaft mit einem Kapital von 2,25 Mio. Talern umgewandelt und schließlich im Zuge der Liquidation der Strousberg'schen Unternehmen durch die Disconto-Gesellschaft und das Bankhaus S. Bleichröder in die Union AG eingebracht.[192]

3) Die Anlagen des ehemaligen Neu-Schottland Berg- und Hütten-Actien-Vereins mit jeweils zwei Hochöfen in [Essen-]Horst und [Sprockhövel-]Haßlinghausen, Puddelstahlwerk, Walzwerk und Erzgruben.

Der Ankaufspreis betrug 2,5 Mio. Taler. Neu-Schottland wurde am 14. April 1856 von Bankiers und Kaufleuten des westfälischen Raums mit einem Grundkapital von 3 Mio. Talern gegründet, von dem zunächst 2 Mio. Taler eingezahlt wurden.[193] Sitz der Gesellschaft war Dortmund, ab 1864 Horst bei Essen. Maßgeblich beteiligt waren Gustav Lehrkind und mehrere Mitglieder der Familie von Born. Lehrkind gehörte wie Johann Kaspar und Christian Harkort zu den Anteilseignern der in [Hagen-]Haspe gelegenen Markana-Hütte, wo ab 1853 Erze aus den Haßlinghauser Gruben der Familie Harkort verhüttet wurden. Bereits seit 1852 hatten Lehrkind und Christian Harkort geplant, die Gruben auszubauen und die Förderung in unmittelbarer Nähe in einer neuen Hochofenanlage zu verarbeiten. Am 10. Februar 1854 wurde zu diesem Zweck die Gewerkschaft von Born, Lehrkind & Comp. durch mehrere bereits bei der Eisenhütte Westphalia engagierte Mitglieder der Familie von Born, Lehrkind und einige weitere Beteiligte gegründet.[194] 1855 erwarb die Gesellschaft zahlreiche Eisenerzfelder von Luise Elisabeth Harkort, die den Besitz ihres mittlerweile nach England emigrierten Bruders Christian veräußerte, und begann mit dem Bau des ersten Hochofens, der im Juni 1856 in Betrieb ging. Bis 1858 übernahm das junge Unternehmen den gesamten Besitz der Gewerkschaft von Born, Lehrkind & Comp., die daraufhin aufgelöst wurde.[195] Außerdem wurde noch 1856 mit dem Bau des zweiten Hochofens begonnen, dessen neuartige Konstruktionsweise mit Eisenmantel nach schottischem Vorbild wegweisend für weitere Ofenbauten im Ruhrgebiet war.[196] Die Verarbeitung des Roheisens erfolgte dagegen nicht in Haßlinghausen, sondern in Horst, wo das Unternehmen gleichzeitig ein Puddel- und Walzwerk sowie eine Gießerei errichtete. Im Verlauf der Wirtschaftskrise hatte der Neu-Schottland Berg- und Hütten-Actien-Verein zahlreiche Schwierigkeiten zu bewältigen, die auf die Standortwahl zurückzuführen waren. Zunächst machten sich die Nachteile der räumlichen Trennung rasch bemerkbar, denn aufgrund der schlechten Verkehrsverbindungen zwischen

191 Däbritz: Disconto-Gesellschaft, S. 103–105, 112 f.

192 Ebd.

193 Zur Geschichte siehe Mews, Karl: Haßlinghauser Hütte – Neuschottland – Dortmunder Union – Eisenwerk Steele. Ein Jahrhundert Werksgeschichte 1856–1956, in: Beiträge zur Geschichte von Stadt und Stift Essen 71 (1956), S. 5–59; Boetticher, Karl Wilhelm: 100 Jahre Neuschottland – Eisenwerk Steele 1856–1956. Wechsel und Wandel, Essen 1956.

194 Gründungsvertrag, in: tkA Hoesch-Archiv DHHU/258 und DHHU/333.

195 Siehe tkA Hoesch-Archiv DHHU/331, DHHU/332 und DHHU/259.

196 Rasch: Hochöfen, S. 168.

den beiden Werksteilen – ein durchgehender Bahntransport war erst 1869 möglich – verteuerten die Transportkosten die Produktion derart, dass die Konkurrenzfähigkeit bei fallenden Preisen nicht mehr gewährleistet war. Eine weitere Belastung lag in den hohen Abgaben an Luise Elisabeth Harkort, die sich ihre Bereitschaft zur Einbringung von Erzgruben u. a. mit einer an die Fördermenge gekoppelten Rente hatte bezahlen lassen. Drittens besaß Neu-Schottland keine eigene Steinkohlenförderung und war damit bei den Hochöfen abhängig von den Lieferungen der benachbarten Zeche Stock & Scherenberg, die bald versuchte, ihre Position zur Durchsetzung von über die vertraglichen Vereinbarungen hinausgehenden Preisen zu nutzen und die Versorgung zwischenzeitlich einstellte. Mit ähnlichen Schwierigkeiten, die erst durch Prozesse beseitigt werden konnten, hatte die Union AG noch in den 1870er-Jahren zu kämpfen. Betriebseinstellungen sowohl im Hochofenwerk als auch im Erzgrubenbetrieb verursachte zwischenzeitlich zudem der sommerliche Wassermangel im Haßlinghauser Raum.

Anfang der 1860er-Jahre besserte sich die Lage von Neu-Schottland. 1862 wurde in Horst der dritte Hochofen des Unternehmens angeblasen, 1866 folgte der vierte. Der Erzbezug erfolgte u. a. aus dem Siegerland und nur in geringerem Ausmaß von den Haßlinghauser Gruben. Außerdem wurden die Horster Weiterverarbeitungsanlagen ergänzt und 1868 das Aplerbecker Walzwerk der Firma C. Ruëtz & Co. bei Dortmund angepachtet, sodass nun auch in diesem Bereich zwei Standorte existierten. 1865 war mit Friedrich Grillo, Schwiegersohn Theodor von Borns, eine Persönlichkeit in den Verwaltungsrat eingetreten, die bei Gründung der Union AG eine maßgebliche Rolle spielen sollte und möglicherweise bereits ab 1870 mit Wilhelm von Born und Adolph Hansemann die Bildung eines solchen Montankonzerns plante. Am 28. Mai 1872 wurde Neuschottland auf das neue Unternehmen fusioniert.[197]

4) die Theodorshütte bei Bredelar mit mehreren Erzgruben und zwei Holzkohlenhochöfen. Die Hütte wurde im September 1872 für 1,52 Mio. Taler erworben, wovon der Großteil auf die Erzgruben entfiel.[198]

5) das Svabensverk in Schweden mit Erzvorkommen und einem Holzkohlenhochofen. Die Anlage wurde im Juni 1872 für 250.000 Taler erworben.[199] Außerdem war das Puddel- und Walzwerk der Aplerbecker Hütte angepachtet worden.[200]

Während die Union AG bei ihrer Gründung mit der Henrichshütte und der Dortmunder Hütte zwei Werksbereiche umfasste, erhöhte sich deren Anzahl durch die Akquisitionen noch im ersten Rumpfgeschäftsjahr 1872 auf fünf. Mit nun 18 Hochöfen an sieben Standorten, weiterverarbeitenden Betrieben an drei Standorten, Erzgruben in sechs Regionen, aber nur zwei Steinkohlenzechen besaß das Unternehmen auf den ersten Blick eine im europäischen Vergleich einzigartige Größe und Struktur. Auf der anderen Seite war von Beginn an deutlich, dass die erfolgreiche Einführung einer adäquaten Unternehmensorganisation und die Berufung einer auf die spezifischen Bedingungen ausgerichteten Unternehmensleitung die Voraussetzung für einen funktionierenden und rentablen Betrieb sein würde. Dabei mussten die Befindlichkeiten der Anteilseigner ebenso berücksichtigt werden wie die Frage nach den Zuständigkeiten von Vorstand und Direktorium. Die Union AG erhielt anfangs einen Zentralvorstand mit fünf Mitgliedern. Zur Leitung der einzelnen Abteilungen wurden zehn untergeordnete Betriebsdirektionen und bei der Dortmunder Hütte sechs Ressortchefs für die

197 Siehe u. a. tkA Hoesch-Archiv DHHU/311, DHHU/579 und DHHU/927.

198 Kaufvertrag, in: tkA Hoesch-Archiv DHHU/1224. Strohmann, Dirk: Vom Kloster zum Industriebetrieb. Bauliche Veränderungen von 1804 bis heute, in: Förderverein Kloster Bredelar (Hg.): Kloster Bredelar/Theodorshütte. Vom barocken Kloster zur Eisenhütte. Vergangenheit und Zukunft, Marsberg 2005, S. 14–25; Walter, Hans-Hubert: Das ehemalige Kloster. Standort von Bergbau und Metallgewerbe im 19. Jahrhundert, in: ebd., S. 26–33.

199 Zum Svabensverk siehe tkA Hoesch-Archiv DHHU/1342.

200 Geschäftsbericht der Union AG für die Geschäftsperiode vom 01.01.1872 bis 30.06.1873.

Werksbereiche eingesetzt. Der Verwaltungsrat bestand aus zwei als „Komitees" bezeichneten Gruppen. Während das Westfälische Komitee hauptsächlich für die technischen Belange zuständig war, übernahmen die im Berliner Komitee dominierenden Vertreter der Banken die kaufmännische Aufsicht.[201] Strousberg kritisierte diese Konstruktion in seinen 1876 erschienenen Memoiren scharf und machte die vermeintliche Unfähigkeit verschiedener Direktoren, vor allem aber das Verhalten Grillos für die schlechten Betriebsergebnisse und Probleme der Union AG verantwortlich, die bereits im zweiten Geschäftsjahr 1873/74 einen Verlust von 1,5 Mio. Taler hinnehmen musste.[202]

Die vergleichsweise Kompetenzlosigkeit der zweiten Leitungsebene und die starke Zentralisierung der Verwaltung auf den Vorstand führten zu dessen Überlastung und möglicherweise auch zu Fehlentscheidungen bei der Betriebsführung und -planung. Bereits 1875 wurde daher die gesamte Verwaltung neu organisiert. Es entstanden mit den Dortmunder Eisen- und Stahlwerken, der Henrichshütte und den Horster Eisen- und Stahlwerken sowie den Bereichen Kohlenbergbau und Eisensteinbergbau fünf Abteilungen, die jeweils einem Direktor unterstellt waren, der eigenverantwortlich dem Verwaltungsrat berichtete. Daneben arbeitete in Dortmund am Sitz des Unternehmens eine zunächst mehrköpfige Zentraldirektion, deren Aufgaben später der Generaldirektor übernahm. Alle Mitglieder der Direktion bildeten gemeinsam den Vorstand. Auch die Zweiteilung des Verwaltungsrats wurde wieder aufgehoben. Dennoch scheint die Leitung der Union AG eine besondere Herausforderung gewesen zu sein. Das Unternehmen verschliss zwischen 1872 und 1885 drei Generaldirektoren und zahlreiche Direktoren, von denen einige bereits nach einem halben Jahr ihre Position wieder zur Verfügung stellten oder entlassen wurden, sodass Strousbergs Kritik in diesem Bereich nicht ganz unbegründet war.

Erst mit Hermann Brauns, Generaldirektor zwischen 1885 und 1903, verstetigte sich die Unternehmensleitung. Eine ähnlich hohe Fluktuation verzeichnete auch der Verwaltungsrat, dessen langjähriger Vorsitzender, Adolph (von) Hansemann, regelmäßig bei den Generalversammlungen wegen „Verhinderung" nicht anwesend war.[203] Die Union AG war bei Gründung und in den ersten beiden Geschäftsjahren vollständig auf die Nachfrage und das Preisniveau während des Gründerbooms ausgerichtet gewesen. Dies gilt sowohl für die integrierten Unternehmen als auch für den Ausbau bzw. die Ergänzung von Werksanlagen insbesondere der Henrichshütte und der Horster Werke, für die in dieser Zeit über 3 Mio. Taler aufgewendet wurden. Umso härter wurde das Unternehmen durch die folgende Krise betroffen. Die starke Abhängigkeit von der Schienenproduktion führte zwar wie beim Hoerder Verein zu einem massiven Umsatzeinbruch, doch erforderte die Unternehmensstruktur hier weitaus schärfere Einschnitte, ohne dass sich bestimmte Maßnahmen als besonders erfolgversprechend angeboten hätten. Der Fehler lag im System und war durch Einzelmaßnahmen nicht zu beseitigen.Die Verantwortlichen der Union AG mussten von Beginn an ständig damit leben, dass sich Änderungen in einem Bereich auf andere auswirkten und dort erneute Handlungszwänge provozierten. Offen zugegeben wurde dies jedoch erst anlässlich der Wirtschaftskrise 1900/02 als sich die bekannten Probleme erneut unmissverständlich offenbarten. „Die Hüttenbetriebe der Union wurden besonders ungünstig beeinflusst, einesteils weil sie auf den Ankauf des überwiegend größten Teils der verbrauchten Rohstoffe angewiesen waren, und andererseits, weil es ausgesprochen schwierig war, die weit verzweigten Betriebe den so plötzlich veränderten Verhältnissen anzupassen. [...] Obwohl große Summen aufgewandt wurden, um die Einrichtung der Werke den veränderten Verhältnissen anzupassen, blieb doch der Übelstand bestehen, dass die Entwicklung der Werke durch die gegenseitig notwendige Rücksichtnahme auf das ihnen zugewiesene Produktionsprogramm gehemmt wurde."[204]

201 Ebd. und Geschäftsbericht 1873/74.

202 Strousberg, Bethel Henry: Dr. Strousberg und sein Wirken, von ihm selbst geschildert, Berlin 1876, S. 436–440.

203 Geschäftsberichte und Niederschriften der Generalversammlungen 1875–1900, in: tkA Hoesch-Archiv.

204 Antrag von Vorstand und Aufsichtsrat an die außerordentliche Generalversammlung der Union AG am 09.06.1902 zur Kapitalherabsetzung, in: tkA Hoesch-Archiv DHHU/1382.

Aktie 200 Thaler Union AG für Bergbau, Eisen- und Stahl-Industrie, 1872.

Die Konzentration einzelner Produktionszweige auf einen Standort führte zwar zur Reduzierung der immensen Transportkosten, denen vor allem nach Erhöhung der Frachttarife im Bahnverkehr eine wachsende Bedeutung zukam, doch beeinträchtigte sie die verbliebenen Anlagen. So wurden 1874 die Schienenwalzwerke in Dortmund und Hattingen stillgelegt und die Gesamterzeugung nach Horst verlagert.[205] Die Henrichshütte war besonders betroffen, denn auch der Betrieb ihres Bessemerwerks wurde eingestellt und die Auftragsbearbeitung von den Dortmunder Werken übernommen, wohin die Konverter 1881 endgültig überführt wurden.[206] Damit verfügte die Henrichshütte über kein Stahlwerk mehr, sondern lieferte Roheisen zur Weiterverarbeitung nach Dortmund, um den teilweise zurücktransportierten Rohstahl auszuwalzen. Selbst Anfang des 20. Jahrhunderts arbeitete zudem noch ein Puddelbetrieb. Insgesamt betrachtet litt die Henrichshütte aufgrund mangelnder Investitionen an ihrer unzureichenden technischen Ausstattung, veralteten Anlagen und einem mehrfach wechselnden Produktionsprogramm, das in den 1890er-Jahren vor allem Röhren umfasste.[207] 1904 wurde die Henrichshütte an die Firma Henschel & Sohn verkauft.[208] Begründet wurde der Verkauf mit einer späten Erkenntnis: „Die Vereinigung des Dortmunder Werkes mit den Werken Henrichshütte und Horst nebst den dazugehörigen Bergwerken zu einem Ganzen, so wohl erwogen sie seinerzeit gewesen ist, hat sich unter den im Laufe der Zeit veränderten Verhältnissen nicht bewährt."[209]

Die sukzessive und systematische Schwächung der Zweigabteilungen zugunsten der Dortmunder Werke betraf auch die Abteilung Horst. Ebenfalls zunächst weitgehend auf die Schienenproduktion ausgelegt, schien

205 Geschäftsbericht der Union AG 1874/75, S. 6.
206 Geschäftsbericht der Union AG 1880/81, S. 9.
207 Geschäftsbericht der Union AG 1892/93, S. 11 f.
208 Siehe tkA Hoesch-Archiv DHHU/1385.
209 Antrag von Vorstand und Aufsichtsrat an die außerordentliche Generalversammlung der Union AG am 09.06.1902 zur Kapitalherabsetzung, in: tkA Hoesch-Archiv DHHU/1382.

sie zunächst von den Planungen zu profitieren, um 1875 den Großteil der im Vorjahr u. a. von der Henrichshütte übernommenen Schienenproduktion doch nach Dortmund abgeben zu müssen.[210] Von nun an wurden die jetzt verstärkt nachgefragten Stahlschienen ausschließlich hier hergestellt, während Horst nur noch die Aufträge zu Eisenschienen abarbeitete und in den folgenden Jahren auf die Erzeugung von Façoneisen, Baueisen und Draht ausgerichtet wurde. Nach anfänglich guten Geschäften in diesem Bereich brachen die Absätze von Baustahl, auch bedingt durch die Einführung des Thomas-Stahls bzw. die Verdrängung des Schweiß- durch das Flusseisen, in den 1880er-Jahren nach und nach ein, sodass regelmäßig ein Hochofen stilllag. Zudem fehlten weiterhin Anlagen zur Rohstahlerzeugung. Anstatt in ein neues Thomas- oder Siemens-Martin-Stahlwerk zu investieren, wurde auch hier das Thomas-Roheisen trotz der mit dieser Entscheidung verbundenen hohen Transport- und Energiekosten zur Weiterverarbeitung nach Dortmund und der Rohstahl wieder zurück nach Horst geschickt, wo auch der Puddelbetrieb 1895 eingestellt wurde. Neben Baustahl produzierte die Abteilung Horst jetzt vor allem Nieten und Schrauben.[211] Dennoch wurden 1888 und 1895 zwei neue Hochöfen als Ersatz für die alten errichtet. Im Verlauf der Wirtschaftskrise Anfang des 20. Jahrhunderts verblieb schließlich nur noch die Schraubenproduktion in Horst.[212]

Die Dortmunder Eisen- und Stahlwerke profitierten immens vom Niedergang der Schwesterstandorte. Die Werksanlagen wurden systematisch erweitert und zu einem integrierten Hüttenwerk mit zahlreichen Weiterverarbeitungsstufen ausgebaut. Ende des 19. Jahrhunderts umfasste es fünf Hochöfen, Kokerei, Thomas- und Siemens-Martin-Stahlwerk sowie Puddelbetriebe, mehrere Walzwerke, eine Gießerei, eine Brückenbauanstalt sowie Weichen-, Achsen-, Räder- und Waggonfabriken. Daneben wurde Schiffbaumaterial produziert.[213] Alle anderen Standorte waren zuvor schon im Verlauf der Gründerkrise aufgegeben worden. In Othfresen, verblieb – wie beschrieben – nur der Erzbergbau. Dies gilt auch für die Theodorshütte, deren Hochöfen und Gießerei 1876 endgültig stillgelegt wurden, um 1885 zusammen mit dem Gut Bredelar weit unter dem Buchwert abgestoßen zu werden. Ebenfalls 1876 wurde der Betrieb der Hochöfen und Erzgruben des Svabensverks eingestellt und der gesamte Besitz schließlich 1880 mit Verlust verkauft und komplett abgeschrieben.[214] Angesichts der großen Entfernung und des umständlichen und kostenintensiven Transports blieb der ambitionierte Plan, schwedisches Roheisen bzw. Erze im Ruhrgebiet zu verhütten, eine Episode der Unternehmensgeschichte. Die Produktion in Aplerbeck endete 1895, als der Pachtvertrag für die veraltete und nicht für die Flusseisenverarbeitung geeignete Anlage auslief.[215]

Neben den Problemen bei den produzierenden und weiterverarbeitenden Standorten hatte die Union AG von Beginn an dauerhaft mit massiven Defiziten bei der Rohstoffversorgung zu kämpfen. Trotz der zahlreichen Erzgruben und Berechtsame reichte die eigene Förderung bereits im ersten Geschäftsjahr nicht aus,[216] um den Bedarf zu decken, obwohl vor Einführung des Thomas-Verfahrens 1880 die phosphorhaltigen deutschen Erze keine besondere Rolle spielten und bedeutende Mengen an Erzen und Roheisen aus dem Ausland bezogen werden mussten. Nun begann die Union AG mit dem Ausbau der vorhandenen und der Aus- und Vorrichtung neuer Gruben, sodass die Produktion bis Mitte der 1880er-Jahre stark anstieg. In den folgenden Jahren zeigte sich jedoch in allen Revieren eine Erschöpfung der Vorräte, wodurch das Unternehmen zur Stilllegung zahlreicher Gruben unter Hinnahme entsprechender Verluste gezwungen wurde. Als Ersatz erwarb die Union AG 1886/88 die auch erzfördernde Steinkohlenzeche Brockhauser Tiefbau bei Bochum sowie die Erzgruben Wohlverwahrt und Victoria bei Bückeburg, ohne hier über einen längeren Zeitraum positive Betriebsergebnis-

210 Geschäftsbericht der Union AG 1875/76, S. 9.
211 Geschäftsbericht der Union AG 1895/96, S. 15.
212 Mews: Haßlinghauser Hütte, S. 43; Geschäftsbericht der Union AG 1892/93, S. 11.
213 Stillich: Stahlindustrie, S. 110 f.
214 Geschäftsberichte der Union AG.
215 Geschäftsbericht der Union AG 1894/95, S. 7.
216 Geschäftsbericht der Union AG für die Geschäftsperiode vom 01.01.1872 bis 30.06.1873, S. 16.

se erzielen zu können.[217] Dies lag auch an dem vergleichsweise geringen Eisengehalt der Erze. 1897 wurden daraufhin 80 % des Buchwerts des Erzbergbaus im Rahmen einer Sonderabschreibung getilgt.[218] Die in den 1890er-Jahren hinzugekommenen Beteiligungen an lothringischen Minettefeldern wurden dagegen entweder verkauft oder wie beim Grubenfeld ver. Empel wegen günstigerer anderer Bezugsmöglichkeiten nicht genutzt. Anfang des 20. Jahrhunderts betrug der Anteil der eigenen Förderung am Gesamterzverbrauch gerade noch 4 %.[219] Die Union AG war damit erheblich abhängiger von Zukäufen als andere rheinisch-westfälische Montangesellschaften.

Ein ähnliches Bild zeigte die Steinkohlenversorgung. Mit ca. 600.000 t/a produzierte die Union AG 1903 etwa dieselbe Menge wie 30 Jahre zuvor, wobei die Förderung der beiden Zechen Glückauf Tiefbau und Carl Friedrich's Erbstolln zwischen 1875 und 1898 für ein Montanunternehmen dieser Dimension auf einem niedrigen Wert von 200.000 bis 300.000 t/a stagnierte.[220] Zu keiner Zeit reichten diese Mengen zur Versorgung der Betriebe aus, zumal ähnlich wie beim Hoerder Verein ein Großteil aus unverkokbarer Magerkohle bestand und keine besondere Qualität aufwies. Beide Zechen litten an gestörten Gebirgsverhältnissen, starken Wasserzuflüssen und gehörten mit ihrer Lage im Süden des Ruhrgebiets und ihren veralteten Anlagen zur ersten Generation der Ruhrzechen.[221] Anstatt in eine perspektivreiche und produktive Zeche im Norden zu investieren, erwarb die Union AG 1898 die drei Grubenfelder Storksbank, Wilhelmine und Venus im Dortmunder Raum und die Kuxenmehrheit an der Zeche Adolf von Hansemann bei [Dortmund-]Mengede, die hohe Zubußen erforderte, welche schließlich von der Disconto-Gesellschaft übernommen wurden.[222] 1901 soff die Zeche, die schon zuvor mehrmals starke Wasserhaltungsprobleme zu bewältigen hatte, vollständig ab und trug so starke Schäden an den Grubenbauen davon, dass sogar ein Verkauf erwogen wurde. Schließlich wurde zur Finanzierung der Wiederinstandsetzung eine Zuzahlung auf die Vorzugsaktien erhoben.[223] Der Kauf dieser Zechen erfolgte zu einem Zeitpunkt, als die anziehende Konjunktur des ausgehenden Jahrhunderts die Preise von Kohlen und Bergwerkseigentum bereits enorm verteuert hatte.

Die Geschäftspolitik der Union AG im 19. Jahrhundert war von finanziellen Zwängen, aber auch von zahlreichen Fehlern der Unternehmensleitung geprägt, die aus dem ständigen Versuch resultierten, die bereits bei Gründung des Unternehmens angelegten Schwächen zu kompensieren. Eine systematische und konstruktive Planung ist kaum erkennbar, war aber wahrscheinlich angesichts der Umstände auch kaum möglich. Aktivitäten erfolgten daher als Reaktion auf externe Einflüsse. Auf die Krisenphasen 1873/79, 1883/87, 1890/94 und 1900/02 reagierte die Union AG mit den üblichen Maßnahmen: Betriebsstilllegungen, Produktionseinschränkung und Entlassung von Arbeitskräften – so halbierte sich die Anzahl der Arbeiter von fast 12.500 in 1873 auf 6.300 Ende der 1870er-Jahre –, Verkauf von Rohstoffen, Export zu Niedrigpreisen und Beteiligung an Kartellen. Auffällig ist jedoch, dass grundlegende Änderungen der Produktionspalette und Anlagenerweiterungen regelmäßig auf oder nach dem Höhepunkt konjunktureller Blütephasen erfolgten, daher mit sehr hohen Preisen bezahlt werden mussten und schließlich nach Abkühlung der Wirtschaftslage in Betrieb gingen und so die Problemspirale weiter in Gang hielten.

Vor dem Hintergrund der beschriebenen Entwicklung lastete auf der Union AG schon früh das Verdikt einer Kapitalvernichtungsmaschinerie. Der Nationalökonom Oskar Stillich urteilte: „Die industrielle Geschichte

217 Geschäftsbericht der Union AG 1886/87, S. 6–8; Bleidick, Dietmar: 200 Jahre Bergbau in Bochum-Stiepel. Die Geschichte der Zeche Brockhauser Tiefbau, Bochum 2015, S. 45 f.

218 Geschäftsbericht der Union AG 1896/97, S. 7.

219 Geschäftsbericht der Union AG 1901/02, S. 10.

220 Huske, Joachim: Die Steinkohlenzechen im Ruhrrevier. Daten und Fakten von den Anfängen bis 2005, 3. Aufl., Bochum 2006, S. 165 f., 387 f.

221 Geschäftsbericht der Union AG 1888/89, S. 11 f.

222 Lindenberg: Spekulationsbank, S. 36–38.

223 Antrag von Vorstand und Aufsichtsrat an die außerordentliche Generalversammlung der Union AG am 09.06.1902 zur Kapitalherabsetzung, in: tkA Hoesch-Archiv DHHU/1382.

Werkansicht der Dortmunder Union, 1898.

Deutschlands kennt kein großkapitalistisches Unternehmen, das in so gewaltigen Dimensionen dauerhaft so unfruchtbar gewesen ist wie dieses."[224] Nachdem im Oktober 1873 das Grundkapital auf 13,2 Mio. Taler erhöht worden war, beschloss die Generalversammlung Anfang November, kurz nach dem Berliner Börsenkrach, die Emission einer 6-prozentigen Anleihe in Höhe von 6 Mio. Talern unter Verpfändung des Immobilienvermögens.[225] Die Anleihe war zur Finanzierung des Anlagenbaus unumgänglich und wurde zu 80 % von einem Konsortium unter Führung der Disconto-Gesellschaft übernommen. Da diese Mittel für die Bauarbeiten nicht ausreichten und zum Ende des Geschäftsjahres 1873/74 ein Verlust von knapp 1,5 Mio. Taler verkraftet werden musste, wurde Anfang 1875 im Rahmen der Neuorganisation des Unternehmens auch eine Änderung der Kapitalstruktur beschlossen. Die Altaktionäre hatten eine Reduzierung des bis dahin aus Stammaktien bestehenden Grundkapitals um ein Drittel auf 26,4 Mio. M hinzunehmen, während zugleich nominell 15 Mio. M Vorzugsaktien mit einer Garantiedividende von 6 % emittiert wurden, sodass das Grundkapital nun 41,6 Mio. M betrug.[226] Angesichts des Börsenkurses der Union AG von 170 % Ende 1872, 83 % Ende 1873, 30 % Ende 1874 und eines absoluten Tiefpunkts von 4 %[227] hatten die freien Aktionäre kein Interesse an einer Ausnutzung ihres Bezugsrechts, und die Banken übernahmen alle Aktien zum Parikurs. Der hohe Buchgewinn und die Zuführung neuer Mittel reichten jedoch nicht aus, die in den folgenden Jahren auch durch Forderungsausfall und Zinszahlungen auflaufenden Verluste zu decken, sodass 1878 ein erneuter Kapitalschnitt von 25 % oder 10,35 Mio. M auf alle Aktien beschlossen wurde. Im Umlauf waren nun 11,25 Mio. M Vorzugsaktien und 19,8 Mio. M Stammaktien. Die Stammaktionäre der ersten Stunde hatten damit bereits die Halbierung des ursprünglichen Nominalwerts ihrer Aktien hinzunehmen.

Gleichzeitig wurde die Emission von bis zu 18,75 Mio. M Vorzugsaktien mit Dividendengarantie genehmigt, wovon zunächst 10,25 Mio. M platziert werden sollten, sodass das Grundkapital unverändert blieb.[228] Das Ziel der Maßnahme lag in der weiteren Zurückdrängung der Stammaktionäre, die bereits seit 1875 keinerlei Hoffnung auf Dividendenzahlungen mehr besaßen, durch diesen Schritt auch nicht mehr die Kapitalmehrheit vertraten und im Folgenden quasi enteignet werden sollten. Ihnen wurde angeboten, ihre Papiere

224 Stillich: Stahlindustrie, S. 91.

225 Niederschrift der Generalversammlung am 03.11.1873, in: tkA Hoesch-Archiv DHHU/1360. Siehe auch ebd. DHHU/636.

226 Niederschrift der Generalversammlung am 15.02.1875, in: tkA Hoesch-Archiv DHHU/948. Zu den Kapitalveränderungen siehe auch ebd. DHHU/391 und DHHU/989.

227 Däbritz: Disconto-Gesellschaft, S. 227; Stillich: Stahlindustrie, S. 129. Es fehlen Angaben zur Datierung des absoluten Tiefstands.

228 Niederschrift der außerordentlichen Generalversammlung am 14.03.1878, in: tkA Hoesch-Archiv DHHU/207; Geschäftsbericht der Union AG 1877/78, S 2 f.

im Verhältnis 3:1 in neue Vorzugsaktien einzutauschen. Aktionären, die dieses Angebot annahmen, blieben noch 16 2/3 % ihres ursprünglichen Kapitals – und es wurde zu etwa 70 % angenommen, war es doch im Hinblick auf die Garantiedividende das kleinere Übel. Ende des Geschäftsjahres 1878/79 betrug das Volumen an Stammaktien noch rund 5,8 Mio. M, das Gesamtkapital umfasste rund 27,4 Mio. M.[229] Damit war die Konsolidierung der Union AG zunächst abgeschlossen. Bis Ende der 1880er-Jahre, als nahezu alle alten Stammaktien umgetauscht waren, hatte das Unternehmen durch diese Reduktion nochmals 23,55 Mio. M oder jetzt insgesamt 47,1 Mio. M an Buchgewinnen realisiert. Dennoch waren die Kapitalreduktionen angesichts der Überkapitalisierung der Gründerzeit nicht ausreichend. Eine Anpassung der Werte sollte über entsprechende Abschreibungen erzielt werden, doch blieben auch diese zu gering, sodass die Problematik bis zum Übergang der Union AG auf die Deutsch-Luxemburgische Bergwerks- und Hütten-AG 1910 bestehen blieb.[230]

Gewinner dieser Form der Unternehmensfinanzierung waren eindeutig die beteiligten Banken, die trotz ihres umfassenden Engagements und der desolaten Strukturen der Union AG bis Beginn des 20. Jahrhunderts über die dauerhaft hohen Kredite, die Emissionsgebühren und die Emissionsgewinne ihre Verluste begrenzen oder sogar Gewinne erzielen konnten.[231] Wenngleich die Maßnahmen zur Konkursvermeidung regelmäßig unumgänglich waren, dürfte insbesondere die Disconto-Gesellschaft von der Vorgehensweise profitiert haben, da ihre Kredite aus den Neuemissionen und Anleihen refinanziert wurden.[232] Verlierer waren – wie gesehen – die freien Aktionäre, deren Garantiedividende letztlich in keinem Geschäftsjahr ausgezahlt wurde und die bei den Kapitalschnitten massive Verluste hinnehmen mussten. Nachdem die Union AG in den 1880er-Jahren eine gewisse finanzielle Stabilisierung erfahren hatte – das Grundkapital blieb nach zwei Erhöhungen Anfang des Jahrzehnts bis 1895 stabil bei rund 39 Mio. M[233] – brachte die konjunkturelle Abkühlung der frühen 1890er-Jahre das Unternehmen wiederum in eine Überschuldungskrise, die die Banken nach bewährtem Muster lösen wollten.

Erneut sollten die Altaktionäre die Hauptlast der Sanierung tragen. Die Unausweichlichkeit einer weiteren Kapitalreduzierung war allen Beteiligten bewusst, doch gelang es der Leitung der Union AG 1896 auf zwei außerordentlichen Generalversammlungen nicht, die Pläne durchzusetzen.[234] Die erste Versammlung akzeptierte zwar eine Kapitalerhöhung um 13,5 Mio. M auf rund 52,5 Mio. M durch Schaffung einer neuen Kategorie von Vorzugsaktien und akzeptierte auch die diesen gewährte Dividendengarantie von 5 % auf Kosten der alten Vorzugsaktien, lehnte aber die Zusammenlegung des alten Grundkapitals im Faktor 5:2 ab. Insgesamt sollten so laut Antrag 23 Mio. M verfügbar gemacht werden. Für die zweite Versammlung im November galt dieselbe Vorgabe, doch berücksichtigten die Antragsteller nun das gesamte Grundkapital, das im Verhältnis von ca. 5:3 auf rund 29 Mio. M reduziert werden sollte. Angenommen wurde schließlich ein Gegenantrag der Aktionäre, der auf die Aufhebung der unterschiedlichen Aktiengattungen unter Vereinheitlichung aller Dividendenrechte und ein Grundkapital von 33 Mio. M zielte. Dazu wurde der Wert der alten Vorzugsaktien auf ein Gesamtvolumen von 19,5 Mio. M halbiert.[235] Auf eine weitere Kapitalerhöhung 1899 auf 42 Mio. M zur Finanzierung des Ankaufs der Zeche Adolf von Hansemann folgte 1902 eine Reduktion auf 25,2 Mio. M bei gleichzeitiger Emission einer neuen Kategorie dividendenbevorzugter Aktien in Höhe von 10,8 Mio. M.[236] 1906 erreichte das Grundkapital schließlich die beim Übergang der Union AG auf die Deutsch-Lux 1910 noch bestehende Höhe von 42 Mio. M und lag damit kaum höher als knapp 40 Jahre zuvor. Die Union AG hatte im Verlauf ihres

229 Geschäftsbericht der Union AG 1878/79, Generalbilanz, unpaginiert.
230 Feldenkirchen: Kapitalbeschaffung, S. 271–273, 284–286.
231 Zu den Anleihen und zur Kreditvergabe siehe tkA Hoesch-Archiv DHHU/636, DHHU/640, DHHU/1712 und DHHU/1623.
232 Stillich: Stahlindustrie, S. 133. Freundt, Friedrich Arthur: Kapital und Arbeit, Essen 1929, S. 35.
233 Feldenkirchen: Kapitalbeschaffung, Tabelle 79a.
234 Geschäftsbericht der Union AG 1895/96, S. 2 f.
235 Geschäftsbericht der Union AG 1896/97, S. 2 f. Siehe auch tkA Hoesch-Archiv DHHU/916.
236 Geschäftsbericht der Union AG 1898/99, S. 1 f. Siehe auch tkA Hoesch-Archiv DHHU/533 sowie Niederschrift der außerordentlichen Generalversammlung am 09.06.1902, in: ebd. DHHU/1382.

Bestehens allein durch Kapitalreduktion 73,05 Mio. M verbrannt. Aktionären der ersten Stunde verblieben noch rund 5 % des Nominalwerts von 1872. Unter Berücksichtigung des tatsächlichen Erwerbspreises war der Verlust noch größer.[237]

Seit der Jahrhundertwende befand sich die Union AG vollständig unter Kontrolle der Disconto-Gesellschaft. Sie stellte den Aufsichtsratsvorsitzenden und dessen Stellvertreter und vertrat auf den Generalversammlungen regelmäßig mehr als drei Viertel der anwesenden Stimmen.[238] Bereits 1908 hatte Hugo Stinnes, Aufsichtsratsvorsitzender der Deutsch-Lux, in Wiederholung eines älteren Fusionsangebots eingehende, aber ergebnislose Gespräche mit der Bank geführt. 1910 verstärkte er seine Bemühungen mit dem Hinweis auf die bedeutenden Synergieeffekte eines Zusammenschlusses beider Unternehmen und die Vorteile für beide Seiten. Mit der Aufteilung des Produktionsprogramms auf die Standorte Dortmund und Differdingen und Stilllegung unrentabler Bereiche sollte eine bessere Auslastung der Werke und damit eine Kostensenkung erzielt werden. Zugleich bot sich die Möglichkeit, den Steinkohlenbedarf der Union AG durch die Überschussproduktion der Deutsch-Lux-Zechen zu decken. Die Disconto-Gesellschaft minderte mit der Integration des Unternehmens in einen neuen Großkonzern nicht nur ihr Risiko, sondern gewann auch weiteren Einfluss in der Eisen- und Stahlindustrie. Nach zähen Verhandlungen über die Beteiligung der die Finanzierung tragenden verschiedenen Konsortialbanken wurde der Fusionsvertrag am 8. September 1910 von der Generalversammlung der Union AG genehmigt.[239] Damit verlor nach dem Hoerder Verein auch der zweite große Stahlkonzern des Dortmunder Raums seine Eigenständigkeit.

3. Jahrzehnte der Unselbstständigkeit (1906/10–1947/51) Die Werke Dortmund und Hörde als Konzernbetriebsabteilungen

3.1 Deutsch-Lux Abteilung Dortmunder Union (1910–1926)

Wie der Hoerder Verein für die Phoenix AG war die Union AG für Deutsch-Lux Teil einer weitreichenden Konzernbildungsstrategie, hier von Hugo Stinnes, des wohl umstrittensten, aber auch schillerndsten deutschen Unternehmers des Kaiserreichs und der frühen Weimarer Republik. Die 1896 gegründete SA des Hauts Fourneaux de Differdange betrieb im luxemburgischen Differdingen ein Hochofenwerk und Erzgruben in Lothringen. Nach der Fusion mit der Bochumer Zeche Dannenbaum 1899 firmierte das Unternehmen als AG für Eisen- und Kohlenindustrie Differdingen-Dannenbaum, musste aber infolge der Wirtschaftskrise Anfang des 20. Jahrhunderts Konkurs anmelden. Im Rahmen der Sanierung durch die Bank für Handel und Industrie bildete es 1901 die Basis der neu gegründeten Deutsch-Lux, die jedoch aufgrund der schlechten Konjunktur mit gravierenden finanziellen Schwierigkeiten zu kämpfen hatte. Ab 1904 avancierte Stinnes nach umfangreichen Aktienkäufen zum Großaktionär und machte die Deutsch-Lux zum Mittelpunkt seiner geschäftlichen Aktivitäten. Die Expansion begann bereits im selben Jahr mit der Angliederung mehrerer Bochumer Steinkohlenzechen wie Friedlicher Nachbar, Hasenwinkel und Baaker Mulde. 1905 folgte der Ankauf der Mülheimer Friedrich Wilhelms-Hütte, und 1908 übernahm Deutsch-Lux zur Deckung des stark gestiegenen Kohlenbedarfs die in der Nähe der Union AG gelegenen Dortmunder Zechen Tremonia und Kaiser Friedrich.[240] 1910 übertrug Stin-

237 Lindenberg: Spekulationsbank, S. 19 f.

238 Reckendrees, Alfred: Das „Stahltrust"-Projekt. Die Gründung der Vereinigte Stahlwerke AG und ihre Unternehmensentwicklung 1926–1933/34, München 2000, S. 84 f.; Bleidick: Hibernia-Affäre, S. 92.

239 Feldman, Gerald D.: Hugo Stinnes. Biographie eines Industriellen 1870–1924, München 1998, S. 209–212; Niederschrift und Vertrag in tkA Hoesch-Archiv DHHU/960. Zur Fusion siehe auch ebd., DHHU/959 und DHHU/2583.

240 Brinckmeyer, Hermann: Hugo Stinnes, München 1921, S. 29 f.; Klass, Gert von: Hugo Stinnes, Tübingen 1958, S. 85; Raphael, Gaston: Hugo Stinnes, Berlin 1925, S. 80 f.; Wulf, Peter: Hugo Stinnes. Wirtschaft und Politik 1918–1924, Stuttgart 1979, S. 24 f; Feldman: Stinnes, S. 208–210.

nes zudem seinen Anteil an der Saar- und Mosel-Bergwerks-Gesellschaft im lothringischen Karlingen auf die Deutsch-Lux, deren Hüttenbereich ein Jahr später durch eine Interessengemeinschaft mit der AG der Hohöfen [!] und Stahlwerke Rümelingen-St. Ingbert und den Ankauf der Aktienmehrheit der Hohenzollernhütte in Emden abschließend arrondiert wurde.[241] Anders als die Phoenix AG, die eine weitgehend horizontale Unternehmensstruktur beibehielt, entwickelte sich Deutsch-Lux bis zum Ersten Weltkrieg durch die Integration der Emder Nordseewerke, einer Werft mit angegliederter Maschinenbauabteilung, und mehrerer Schifffahrtgesellschaften zum vertikalen Industriekonzern.[242] Auch der Krieg beendete die Expansion von Deutsch-Lux nicht. Der Standort Dortmund wurde durch die Übernahme der in Konkurs befindlichen Eisenwerk Rothe Erde AG[243] und des Maschinenbauers Wagner & Co.[244] in den Jahren 1915 und 1917 gestärkt. Dazu kamen weitere verarbeitende Betriebe und Eisenerzgruben im Siegerland.

Das Kriegsende brachte für Deutsch-Lux einschneidende Veränderungen, denn aufgrund der Bestimmungen des Versailler Vertrags musste das Unternehmen alle im Ausland liegenden Abteilungen entweder durch Enteignung oder Verkauf abgeben und die Interessengemeinschaft mit Rümelingen-St. Ingbert auflösen. Damit verlor Deutsch-Lux neben bedeutenden Erzeugungs- und Verarbeitungskapazitäten vor allem weite Teile der Kohlen- und Erzversorgung. Insgesamt beliefen sich die Verluste auf annähernd 60 % der Produktionsfähigkeit von 1914.[245] Die Verkaufserlöse und Ausgleichszahlungen des Deutschen Reichs investierte Deutsch-Lux in den Ankauf mehrerer stahlverarbeitender Unternehmen, darunter die Kettenfabrik Carl Schlieper in Iserlohn, die in den 1950er-Jahren zur Dortmund-Hörder Hüttenunion AG gehören sollte, und die Eisenhandelsgesellschaft Heinr. Aug. Schulte Eisen-Aktiengesellschaft in Dortmund. Außerdem wurden Interessengemeinschaften mit der Carl Berg AG, der Friedrich Thomée AG und der Stahlwerke Brüninghaus AG abgeschlossen,[246] ohne jedoch durch diese Aktivitäten auch nur annähernd die Kriegsverluste kompensieren zu können. Das größte Problem der Nachkriegszeit lag im betrieblichen Bereich in der unzureichenden Kohlen- und Koksversorgung, da viele Zechen von Deutsch-Lux nur Magerkohlen lieferten und der gesamte Ruhrbergbau aufgrund der uneingeschränkten Prämisse der Fördermaximierung zwischen 1914 und 1918 sowohl die zeit- und kostenträchtigen Aus- und Vorrichtungsarbeiten weitgehend eingestellt als auch Reparaturen auf das Nötigste beschränkt hatte. Dazu kam die Sorge vor einer Umsetzung der auf politischer Ebene von zahlreichen Parteien und Gewerkschaften geforderten Verstaatlichung der deutschen Industrie und insbesondere der Grundstoff- und Montanindustrie. Als beste Möglichkeit zur Abwehr solcher Bestrebungen sahen viele Unternehmensleitungen die Bildung von vertikal strukturierten Großkonzernen.[247] Die logische Konsequenz waren für die Ruhrgebietsunternehmen zunächst Akquisitionen oder Kooperationen im Bereich des Bergbaus und der Stahlindustrie, um in einem zweiten Schritt Verbindungen mit anderen Branchen zu erreichen.[248]

Ein geeigneter Partner fand sich für Deutsch-Lux mit der Gelsenkirchener Bergwerks-AG (GBAG), dem vor 1914 nach der Fried. Krupp AG zweitgrößten deutschen Montankonzern, der ebenfalls seinen ausländischen Hütten- und Grubenbesitz hatte abgeben müssen und nun wieder zu einem überwiegenden Bergbauunternehmen geworden war. Am 18. August 1920 schlossen beide Unternehmen einen Interessengemeinschafts-

241 Zur Interessengemeinschaft siehe u. a. tkA Hoesch-Archiv DHHU/1394, DHHU/2584 und DHHU/2591; Feldman: Stinnes, S. 215–218.

242 Ebd., S. 219–222; Klass: Stinnes, S. 89; Wulf: Stinnes, S. 25 f.

243 Kaufvertrag, in: tkA Hoesch-Archiv DHHU/1359. Zum Erwerb siehe auch ebd. DHHU/309. Zum Unternehmen siehe: Eisenwerk Rothe Erde GmbH (Hg.): Rothe Erde gestern, heute und morgen, Dortmund 1951.

244 Pfisterer, Stephan: Maschinenbau im Ruhrgebiet. Wagner & Co. 1865–1913, Stuttgart 2005, S. 293–299.

245 Geschäftsberichte der Deutsch-Lux 1918/19 und 1919/20; Brinckmeyer: Stinnes, S. 35; Klass: Stinnes, S. 221.

246 Zur Carl Berg AG siehe tkA Hoesch-Archiv DHHU/290, zur Friedrich Thomée AG ebd. DHHU/524.

247 Feldman: Stinnes, S. 634–637.

248 Reckendrees: Stahltrust, S. 86–94.

vertrag ab und gründeten als Holdinggesellschaft die Rheinelbe-Union GmbH.[249] Bereits im Winter 1919/20 hatten Stinnes und Albert Vögler,[250] seit 1916 Vorstandsvorsitzender von Deutsch-Lux, zudem mit Vertretern des Siemens-Konzerns und anderer Unternehmen über die Bildung eines Metall-Elektro-Konzerns verhandelt, ohne jedoch konkrete Ergebnisse zu erzielen. Am 30. Dezember 1920 kam es schließlich nach langwierigen Verhandlungen mit verschiedenen potenziellen Partnern zur Erweiterung der Interessengemeinschaft durch die Integration der Siemens & Halske AG und der Elektrizitäts-AG vorm. Schuckert & Co. und zur Bildung der Siemens-Rheinelbe-Schuckert-Union GmbH als neuer Holding.[251] Ausschlaggebend war für alle Beteiligten die Sicherung der Rohstoffversorgung und verlässlicher Absatzmöglichkeiten. Im Frühjahr 1921 übernahmen Deutsch-Lux und die GBAG als Mitglieder der ehemaligen Rheinelbe Union zudem ohne Wissen von deren Vorstand die Aktienmehrheit am Bochumer Verein für Bergbau und Gussstahlfabrikation, mit dem im Frühjahr 1921 ebenfalls eine Interessengemeinschaft abgeschlossen wurde, und beteiligten sich an der österreichischen Alpine Montangesellschaft.[252] Hauptargument für die Integration des Bochumer Vereins war die Verhinderung der sogenannten Überfremdung, einer Beteiligung oder Übernahme deutscher Unternehmen durch ausländische Investoren. Die Bevorzugung der Interessengemeinschaft anstelle der vor dem Krieg üblichen Fusion berücksichtigte die neuen steuerrechtlichen Bestimmungen, die Zusammenschlüsse zu einem kostenintensiven Verfahren machten. Gleichzeitig deutete die Entwicklung in den ersten Nachkriegsjahren eine Umorientierung der wirtschaftlichen Beziehungen in der Montanindustrie an, da die vor 1914 starke Präferenz zugunsten der Kartelle als marktstabilisierende und konkurrenzmindernde Faktoren sich nun abschwächte. Letztlich entfaltete die Siemens-Rheinelbe-Schuckert-Union keine besondere Wirkung, da auf den vertraglich vorgesehenen Gewinnausgleich verzichtet und im Verlauf von Ruhrbesetzung, Inflation und Stabilisierungskrise die Verfolgung der intendierten Ziele erschwert wurde.[253] Die von Vögler nach dem Tod von Stinnes 1924 vorangetriebenen Planungen zur Bildung eines die gesamte Ruhrmontanindustrie umfassenden Konzerns basierten schließlich auf seinen Vorarbeiten aus den Jahren 1918 bis 1920 und den Erfahrungen aus der Kooperation, stellten aber das Bestehen der Siemens-Rheinelbe-Schuckert-Union in Frage, die de facto mit Gründung der Vereinigte Stahlwerke AG (VSt) 1926 aufgelöst wurde.

Noch im Herbst 1910 legte Deutsch-Lux für ihre neue Abteilung Dortmunder Union ein umfassendes Investitionsprogramm auf, dessen Dimension den desolaten technischen Zustand der Werksanlagen und damit auch den Grund für die regelmäßig schlechten Geschäftszahlen offenbarte. Durch die jahrzehntelange Unterfinanzierung und die unterdurchschnittlichen bzw. ausgebliebenen Gewinne waren der Ausbau und die Modernisierung der Betriebe weitgehend unterlassen worden. Es ist daher anzunehmen, dass sowohl die Produktionskosten als auch die Qualität der Produkte nicht dem Branchendurchschnitt entsprachen. Dafür spricht auch der vergleichsweise günstige Ankaufspreis, denn Deutsch-Lux übernahm das Grundkapital der Union AG in Höhe von 42 Mio. M für 22,2 Mio. M oder gerade 50 %, erhöhte aber zur Finanzierung der Investitionen und zur Tilgung der Anleihen der Union AG ihr Grundkapital im Rahmen der Akquisition um 36,5 Mio. M auf 100 Mio. M. Deutsch-Lux begründete gegenüber ihren Aktionären den Aufwand damit, die „teilweise unhalt-

249 Zur Entwicklung siehe umfassend ebd., S. 96–108; Wixforth, Harald: Banken und Schwerindustrie in der Weimarer Republik, Köln; Berlin; Weimar 1995, S. 434–437; Feldman: Stinnes, S. 659–679.

250 Zu Vögler siehe Rasch, Manfred: Albert Vögler. Manager mit technischem Sachverstand und volkswirtschaftlichem Verständnis. Versuch einer biografischen Skizze, in: Westfälische Lebensbilder 17 (2005), S. 22–59; ders.: Über Albert Vögler und sein Verhältnis zur Politik, in: Mitteilungsblatt des Instituts für Soziale Bewegungen. Forschungen und Forschungsberichte 27 (2003), S. 127–156.

251 Gründungsvertrag in tkA Hoesch-Archiv DHHU/1350. Zum Konzernaufbau siehe Troß: Industrie-Konzerne, S. 20–34; Görlitz, Hellmuth: Die Siemens-Rheinelbe-Schuckert-Union und Hugo Stinnes, Bochum 1921; Kleinschmidt, Walther: Die Siemens-Rheinelbe-Schuckert-Union GmbH, ein Beispiel heutiger Konzentrationsbewegung, Berlin 1927.

252 Feldman: Stinnes, S. 660 f.; Zum Bochumer Verein siehe tkA Hoesch-Archiv DHHU/1552, zur Alpinen Montan ebd., DHHU/697; Wixforth: Banken, S. 439–446.

253 Reckendrees: Stahltrust, S. 107.

Thomas-Stahlwerk der Dortmunder Union, 1920.

baren technischen Zustände, unter denen die Dortmunder Union und die ihr angegliedert gewesenen Zechen früher zu leiden hatten, endgiltig [!] zu beseitigen".[254] Nach der Fusion begannen umgehend die Bauarbeiten. Im Mittelpunkt standen zunächst Anlagen zur Energieerzeugung und -verteilung, die Wärmewirtschaft sowie die Elektrifizierung von Maschinenantrieben. Bis 1912 wurde auf der Fläche des ehemaligen Puddelwerks ein neues Siemens-Martin-Stahlwerk mit Stahlformgießerei errichtet[255] sowie das Thomas-Stahlwerk erweitert.[256] Außerdem entstand bis 1913 ein kleines Elektro-Stahlwerk,[257] das jedoch bereits 1917 endgültig stillgelegt wurde. Umfangreiche Investitionen betrafen auch den Verarbeitungssektor. Parallel zu den Stahlwerken baute das Unternehmen eine Räderfabrik,[258] ein Presswerk, ein Bandagenwalzwerk sowie weitere Werkstätten und Adjustagen. In den Walzwerken wurden mehrere neue Walzstraßen installiert[259] und zwei der sechs Hochöfen modernisiert.[260] Den Kohlentransport von den Zechen Tremonia und Kaiser Friedrich übernahm nun eine Seilbahn.[261]

Nach über drei Jahren waren die Arbeiten Ende 1913 abgeschlossen. Die Umbauten entsprachen dem Ziel einer weitgehenden Arbeitsteilung zwischen den beiden großen Hüttenstandorten der Deutsch-Lux in Dortmund und Differdingen. Während die Abteilung Dortmunder Union weiterhin Eisenbahnbedarf, Oberbaumaterial, Brücken- und Stahlbaukonstruktionen, Halbzeug, verfeinerte Produkte wie Bleche sowie Wasserbaumate-

254 Geschäftsbericht der Deutsch-Lux 1910/11, S. 15.
255 Siehe u. a. tkA Hoesch-Archiv DHHU/4739.
256 Siehe u. a. tkA Hoesch-Archiv DHHU/4577.
257 Geschäftsbericht der Deutsch-Lux 1912/13, S. 15.
258 Siehe u. a. tkA Hoesch-Archiv DHHU/4741.
259 Siehe u. a. tkA Hoesch-Archiv DHHU/4548.
260 Siehe u. a. tkA Hoesch-Archiv DHHU/4737.
261 Geschäftsbericht der Deutsch-Lux 1910/11, S. 15 f.

rial und Spundbohlen nach System Larsen[262] erzeugte, avancierte die Abteilung Differdingen unter Ausnutzung ihrer Grey-Patente zum größten Trägerproduzenten im deutschen Zollgebiet.[263] Während des Ersten Weltkriegs erhielt die Dortmunder Union im Rahmen der Umstellung auf Kriegsproduktion noch eine Geschossfabrik[264] und nahm das Siemens-Martin-Stahlwerk Rothe Erde wieder in Betrieb.[265] 1916 erfolgte die Grundsteinlegung zum neuen Verwaltungsgebäude an der Rheinischen Straße, das 1921 fertiggestellt werden konnte.[266] Der Firmensitz der Deutsch-Lux lag jedoch weiterhin in Bochum. Durch die Angliederung des Bochumer Vereins, der für seine hohen Walzstahlqualitäten bekannt war, änderte sich das Produktionsprogramm der Dortmunder Union erneut. Die Abteilung musste seine Qualitätswalzstahlsparte nach Bochum verlagern und konzentrierte sich fortan auf die Erzeugung von Schienen, Grobblechen und anderen weniger hochwertigen Produkten.[267]

3.2 Phoenix AG Abteilung Hoerder Verein (1906–1926)

Als 1910 die Union AG in Deutsch-Lux integriert wurde und das Unternehmen in den Kreis der vier größten deutschen Montangesellschaften vorstieß, hatte die Phoenix AG diesen Weg schon beendet und ihren Platz neben der Fried. Krupp AG und der GBAG eingenommen. Die Verlegung des Unternehmenssitzes von Ruhrort nach Hörde war 1907 wahrscheinlich auf Betreiben von Wilhelm Beukenberg[268] erfolgt, der seit 1903 Generaldirektor des Hoerder Vereins gewesen und nach dessen Fusion mit der Phoenix AG zum Generaldirektor des Gesamtunternehmens bestellt worden war. Die neue Struktur der Deutsch-Lux veranlasste Beukenberg zu Verhandlungen mit den ebenfalls in Ruhrort beheimateten Rheinischen Stahlwerken über deren Integration in die Phoenix AG.[269] Die Rheinischen Stahlwerke befanden sich aufgrund überhöhter Dividenden und teurer Zechenkäufe in finanziellen Schwierigkeiten, und die Nachbarschaft der Ruhrorter Betriebe beider Unternehmen versprach bedeutende Synergieeffekte. Das Vorhaben scheiterte jedoch an dem von den Rheinischen Stahlwerken geforderten Aktienumtauschkurs, und die Phoenix AG schloss ihren Konzernaufbau durch die Angliederung der Düsseldorfer Röhren- und Eisenwalzwerke-AG ab.[270] Vor dem Ersten Weltkrieg verbesserte das Unternehmen noch die Erz- und Kalkversorgung durch Beteiligungen und Akquisitionen. 1916 wurde zudem das Bandeisenwalzwerk Boecker & Haver GmbH in Oelde übernommen. Dazu kamen verschiedene Beteiligungen an Maschinenfabriken, Werften, Handels- und Transportgesellschaften sowie Elektrounternehmen, sodass die Phoenix AG nun auch einen gewissen vertikalen Integrationsgrad erreichte, der jedoch bei Weitem nicht das Niveau von Deutsch-Lux besaß.[271] Mit Kriegsende stand die Phoenix AG vor grundsätzlich denselben Problemen wie die gesamte Branche, hatte aber anders als Deutsch-Lux aufgrund ihres nur geringen Engagements in Elsass-Lothringen und Luxemburg hier kaum Verluste zu beklagen.

262 Siehe umfassend Ellerbrock, Karl-Peter: Ein Produkt erobert die Welt. 100 Jahre Stahlspundwand aus Dortmund, Münster 2003; Dortmund-Hörder Hüttenunion AG (Hg.): Geschichtlich-technische Beiträge aus Anlass des 100-jährigen Bestehens der Dortmund-Hörder Hüttenunion Aktiengesellschaft, Dortmund, Dortmund 1952, S. 65–76.

263 Zu Grey-Trägern siehe u. a. tkA Hoesch-Archiv DHHU/9, DHHU/298 und DHHU/1434. Produktionsstatistik der Abteilung Dortmunder Union, in: ebd. DHHU/3091 und DHHU/3105.

264 Siehe u. a. tkA Hoesch-Archiv DHHU/4671.

265 tkA Hoesch-Archiv DHHU/225.

266 Schlüter, Brigitte Ingeborg: Verwaltungsbauten der rheinisch-westfälischen Stahlindustrie 1900–1930, Bonn 1991, S. 201–218.

267 Feldman: Stinnes, S. 660 f.

268 Zu Beukenberg siehe Pomiluek, Klaus-Dieter Walter: Heinrich Wilhelm Beukenberg. Ein Montanindustrieller seiner Zeit, Diss. Düsseldorf 2002, siehe http://docserv.uni-duesseldorf.de/servlets/DerivateServlet/Derivate-3646/1646.pdf (Zugriff am 09.05.2018).

269 Reckendrees: Stahltrust, S. 108 f.

270 Kunze: Phoenix, S. 95–103.

271 Ebd., S. 127–142.

Wie der Bochumer Verein geriet die Phoenix AG jetzt ins Blickfeld der verbreiteten Spekulation mit Unternehmensteilen und Aktienpaketen und wurde zwischen 1919 und 1923 durch Veränderungen der Anteilseignerstruktur erschüttert, denen weder der Vorstand noch der Aufsichtsrat etwas entgegenzusetzen vermochten. Initiator der Entwicklung war der Kölner Eisen- und Stahlhändler Otto Wolff, der ab 1918 das Ziel verfolgte, sich an produzierenden Unternehmen der Ruhrmontanindustrie zu beteiligen, um einerseits sichere Großkunden und andererseits eine solide Basis für seine Pläne im Bereich des Eisen- und Stahlexports zu erhalten.[272] Wolff hatte seit Sommer 1918 größere Aktienpakete der Rheinischen Stahlwerke erworben und sich damit eine einflussreiche Stellung in den Verwaltungsgremien des Unternehmens geschaffen. Im Herbst 1919 übernahm er mit Hilfe der Deutschen Bank, die sich einen zweiten Sitz im Aufsichtsrat sichern wollte, Phoenix-Aktien im Nennwert von wahrscheinlich mindestens 36 Mio. M oder gut einem Drittel des 106 Mio. M betragenden Grundkapitals.[273] Kurz darauf gab er 30 Mio. M Aktien an die 1918 gegründete Koninklijke Nederlandsche Hoogovens en Staalfabrieken N.V. (Hoogovens) ab, die der Phoenix AG Großaufträge für den Bau der dortigen Hüttenanlagen übertrug und vor Fertigstellung ihrer Walzwerke zudem ihre Rohstahlproduktion in den Phoenix-Werken verarbeiten ließ.[274] Wolff verfügte zu diesem Zeitpunkt immer noch über Aktien im Wert von rund 20 Mio. M, sodass beide zusammen annähernd die Aktienmehrheit erreichten. Diese ohne Kenntnis von Vorstand und großen Teilen des Aufsichtsrats der Phoenix AG erfolgten Transaktionen leiteten eine nachhaltige Veränderung des Machtgefüges im Aufsichtsrat ein, der zuvor keine Schutzmaßnahmen wie etwa die Ausgabe von Vorzugsaktien ergriffen hatte. Wahrscheinlich hatten dessen Vorsitzende, die Kölner Bankiers S. Alfred Freiherr von Oppenheim und Louis Hagen, erkannt, dass angesichts der Situation kein Widerstand möglich war und fügten sich auch später weitgehend den weiteren Entscheidungen der neuen Einflussgruppen – jedoch mit einer Ausnahme.[275] Wolff versuchte im Frühjahr 1920 zusammen mit der Leitung der Rheinischen Stahlwerke, die Fusion mit der Phoenix AG in einem zweiten Anlauf durchzusetzen, scheiterte mit diesem Vorhaben jedoch am Widerstand Beukenbergs und Oppenheims, die nach schwierigen Verhandlungen erreichten, dass Hoogovens ihre Ziele nicht unmittelbar unterstützte. Auch die Einschaltung mehrerer Banken durch den Vorstand der Rheinischen Stahlwerke, der das Projekt engagiert weiterbetrieb, brachte keine Änderung der Situation, denn sowohl Hoogovens als auch Wolff vertraten Partikularinteressen und gaben sich zunächst mit dem Erreichten zufrieden. Wolff hatte zuvor von der Phoenix AG für sein Handelsunternehmen den gewünschten Generalvertrieb der Weißblechfabrikate sowie aller Produkte im Ausland erhalten.[276]

Der nächste Schritt im Rahmen der Neustrukturierung bestand in der Vergrößerung der Kohlenbasis der Phoenix AG, die zugleich weitere Veränderungen in der Leitungsstruktur verursachte. Am 29. Dezember 1920 wurde ein Interessengemeinschaftsvertrag mit der Gewerkschaft Steinkohlenbergwerk Zollverein abgeschlossen. Die Haniel-Familie erhielt als Eigentümerin für die Anpachtung der Kuxe über einen Zeitraum von 50 Jahren eine Sicherheit in Höhe von 36 Mio. M Phoenix-Aktien und schloss mit Wolff und Hoogovens eine Aktionärsgemeinschaft zur Kontrolle des Unternehmens ab, das nun über ein Grundkapital von 136 Mio. M verfügte.[277] Von Oppenheim musste 1921 vom Aufsichtsrats-Vorsitz zurücktreten und wurde von Werner Carp,

272 Siehe umfassend: Danylow, Peter; Soénius, Ulrich S. (Hg.): Otto Wolff. Ein Unternehmen zwischen Wirtschaft und Politik, München 2005.

273 Ebd., S. 143. Wixforth: Banken, S. 385 nennt einen Wert von 20 Mio. M, Reckendrees: Stahltrust, S. 109 f., geht von einem Besitz in Höhe von 50 Mio. M aus, wobei unklar ist, ob Wolff seinen Besitz später durch weitere Zukäufe erweiterte. Im Folgenden wird von der plausiblen Angabe von Reckendrees ausgegangen.

274 Zu Hoogovens siehe auch Vries, Johan de: Hoogovens Ijmuiden 1918–1968, Amsterdam 1968, S. 233–239; Nieuwenhuys, Willem: Konzern in Bewegung. Fünfundsiebzig Jahre Hoogovens, o. O. 1993; Bouwens, Bram u. a.: Driven by Steel: From Hoogovens to Tata Steel 1918 – 2018, Bossum 2018; Gansäuer, Karl-Friedrich: Lagerung und Verflechtung der eisenschaffenden Industrie der Montanunionsländer in räumlicher Sicht, dargestellt am Beispiel ausgewählter Unternehmensgruppen und Konzerne, Wiesbaden 1964, S. 112–115.

275 Wixforth: Banken, S. 385 f.

276 Reckendrees: Stahltrust, S. 111–113.

277 Kunze: Phoenix, S. 115–121.

einem Mitglied der Familie Haniel, ersetzt. Die Gruppe um Hoogovens erhielt nun sechs, die Haniel-Gruppe fünf Aufsichtsratssitze von insgesamt 34. Das Präsidium des Aufsichtsrats als eigentliches Entscheidungsgremium bestand 1922 aus Wolff, Carp und dem niederländischen Industriellen Frederik Hendrik Fentener van Vlissingen als Vertreter der Hoogovens-Interessen. Beukenberg rückte in den Aufsichtsrat und wurde durch Walter Fahrenhorst als neuem Generaldirektor ersetzt.

Auch für die Stadt Hörde hatten diese Entwicklungen spürbare Auswirkungen. Nachdem Anfang 1922 die bis dahin in der Phoenix-Hauptverwaltung beheimatete Verwaltung des Hoerder Kohlenwerks von der Phoenix-Bergwerksverwaltung in Gelsenkirchen übernommen worden war, wurde zum 1. Juli 1922 auch der Firmensitz nach Düsseldorf verlegt. Wolff begann nach der Majorisierung der Phoenix AG jetzt in Zusammenarbeit mit der Haniel-Familie, die ebenfalls an den Rheinischen Stahlwerken eine größere Beteiligung besaß, auch hier seinen Einfluss geltend zu machen und übernahm den stellvertretenden Aufsichtsratsvorsitz des Unternehmens.[278] Außerdem betrieb er nun eine Fusion der Rheinischen Stahlwerke mit der Vereinigte Stahlwerke van der Zypen und Wissener Eisenhütten-AG, die jedoch über das Stadium einer Interessengemeinschaft nicht hinaus kam. Nach deren Auflösung erwarb stattdessen die Phoenix AG bis 1925 sukzessive rund 80 % der Aktien von van der Zypen.[279] Vom bereits 1922 auf 300 Mio. M erhöhten Grundkapital hielten 1925 die drei Großaktionäre Wolff rund 35 Mio. M, Hoogovens 60 Mio. M und Haniel einen nicht bekannten Anteil. Damit verfügten sie gemeinsam jederzeit über einen maßgeblichen Einfluss auf die Unternehmensentwicklung.

1906 hatten die Hermannshütte und die beiden Hochofenwerke in Hörde und Dortmund infolge des umfangreichen Investitionsprogramms der vergangenen zehn Jahre eine moderne Anlagenausstattung. Nach der Integration des Hoerder Vereins in die Phoenix AG waren daher anders als bei der Abteilung Dortmunder Union der Deutsch-Lux zunächst keine derart weitreichenden Um- und Ausbaumaßnahmen notwendig. Die Arbeiten beschränkten sich auf Ergänzungen im Bereich der Energieversorgung und -verteilung sowie Änderungen an den Nebengewinnungsanlagen der Kokerei des Hochofenwerks Hörde. Hervorzuheben ist auf der verarbeitenden Seite nur der 1907 erfolgte Bau einer neuen Radsatzwerkstatt.[280] Erst nach Abschluss des Konzernausbaus 1910 begann die Phoenix AG, die Hoerder Werksanlagen zu modernisieren und durch neue kapazitätsstarke Betriebe zu erweitern. Im Hochofenwerk Hörde waren vor dem Ersten Weltkrieg in der Regel fünf Hochöfen in Betrieb, die bei einer Tagesproduktion von bis zu 250 t pro Ofen ausschließlich Thomas-Roheisen erzeugten, während der sechste als Ersatz für Reparaturen oder eine Neuzustellung stilllag. Die beiden Hochöfen des Hochofenwerks Dortmund, die ehemaligen von Born'schen Werke, produzierten dagegen andere Roheisenqualitäten. Bis 1912 entstanden in Hörde zwei neue Hochöfen sowie eine Gießhalle.[281] Außerdem erhielt das Werk bis 1914 zwei neue Koksofenbatterien, sodass die Kokerei im Hochofenwerk Dortmund stillgelegt und die gesamte Kokserzeugung auf einen Standort konzentriert werden konnte.[282] Nachdem in Dortmund gegen Kriegsende ein Hochofen durch einen Neubau ersetzt worden war, entstanden in Hörde in den Jahren 1921/22 Hochofen VII und eine weitere Koksofenbatterie.[283] Mit der erweiterten Roheisenkapazität korrespondierten die Aktivitäten im Bereich der Stahlerzeugung und -verarbeitung. Zunächst wurden 1910 die Gießhalle des Siemens-Martin-Stahlwerks erweitert und die Konverter des Thomas-Stahlwerks von 18 auf 25 t Chargengewicht vergrößert.[284]

278 Reckendrees: Stahltrust, S. 114.
279 Ebd., S. 117 f.; Wixforth: Banken, S. 394 f.
280 Siehe tkA Hoesch-Archiv DHHU/3777 und DHHU/3800.
281 Siehe tkA Hoesch-Archiv DHHU/3497 und DHHU/5379.
282 Siehe tkA Hoesch-Archiv DHHU/3520 und DHHU/5377.
283 Siehe tkA Hoesch-Archiv DHHU/3447, DHHU/3583 und DHHU/3608.
284 Siehe tkA Hoesch-Archiv DHHU/3782 und DHHU/3817.

Abguss einer Stahlschmelze im Siemens-Martin-Werk Hörde, um 1920.

Ein Jahr später folgte dann der Bau eines zweiten Siemens-Martin-Stahlwerks mit Roheisenmischern.[285] Die Hermannshütte erhielt zudem eine weitere Blockwalzstraße, ein Rohrwerk und eine Presswerkerweiterung.[286] Zwischen 1914 und 1916 ergänzte ein neues Universalwalzwerk die Anlagen der Hermannshütte,[287] die in dieser Konstellation bis 1926 weitgehend unverändert blieben. Als Sorgenkind erwies sich weiterhin das Hoerder Kohlenwerk. Trotz der Inbetriebnahme des zweiten Schachts der Schachtanlage Holstein 1908 und einer neuen Fördersohle sowie des Aufschlusses weiterer benachbarter Grubenfelder zwischen 1912 und 1914 gelang es weder die Förderung entscheidend zu steigern noch die Kohlenqualität zu verbessern. Im Sommer 1925 wurde die Schachtanlage Holstein stillgelegt und drei Jahre später folgte im Rahmen der Rationalisierungsmaßnahmen der Vereinigte Stahlwerke AG auch die Schachtanlage Schleswig. Die Betriebsgebäude wurden schließlich weitgehend abgebrochen.[288]

3.3 Vereinigte Stahlwerke AG Dortmunder Union-Hoerder Verein und Dortmund-Hoerder Hüttenverein AG (1926–1951)

Mitte der 1920er-Jahre befand sich die Montanindustrie des Ruhrgebiets weiterhin in einer schwierigen Situation, denn die unternehmensorganisatorischen Bemühungen der Nachkriegsjahre hatten zwar die rechtlichen Beziehungen der Konzerne untereinander verändert, nicht aber die Grundprobleme beseitigen können. Wäh-

285 Siehe tkA Hoesch-Archiv DHHU/3843.
286 Siehe tkA Hoesch-Archiv DHHU/3821 und DHHU/3832.
287 Siehe tkA Hoesch-Archiv DHHU/3907.
288 Huske: Steinkohlenzechen, S. 503 f.

rend des Kriegs, der Ruhrbesetzung und der galoppierenden Inflation 1922/23 waren Investitionen weitgehend unterlassen worden, sodass die Produktion verbreitet in überholungsbedürftigen Werksanlagen erfolgte, deren Grundstruktur zudem den Konzepten der Vorkriegszeit entsprach. Trotz der Zuweisung von Produktgruppen und Erzeugnissen an einzelne Standorte konnte die aus der historischen Entwicklung resultierende Dezentralität und Zersplitterung vieler Produktionsbereiche nicht in ausreichendem Maß beseitigt werden. Dies verursachte neben Qualitätsunterschieden vor allem einen hohen Aufwand in den Bereichen Energieversorgung und Transport und führte damit zu einem insgesamt hohen Kostenniveau. Gleichzeitig befanden sich die Unternehmen nach der Währungsreform und infolge der starken internationalen Konkurrenz in einer Stabilisierungskrise, die besonders den Bergbau betraf, dessen Kapazitäten nach den Wiederaufbauarbeiten der ersten Nachkriegsjahre aufgrund der mangelnden Inlandsnachfrage nicht ausgelastet werden konnten. Eine erneute Reorganisation der gesamten Montanindustrie des Ruhrgebiets unter den Prämissen horizontale Konzentration und Rationalisierung schien unumgänglich und erhielt noch weitere Impulse durch den Zusammenbruch des Stinnes-Konzerns nach dem Tod von Hugo Stinnes sowie des Stumm-Konzerns im Jahr 1924. Als probates Mittel erschien die Bildung eines großen, möglichst viele Produzenten umfassenden und über die Interessengemeinschaft hinausgehenden Konzerns im Rahmen einer Fusion. In einer ähnlichen Situation befand sich die chemische Industrie, die mit der Gründung der IG Farbenindustrie AG 1924 denselben Weg schon beschritten hatte.

Im Juli 1925 begannen die Verhandlungen über die Modalitäten eines Zusammenschlusses. Beteiligt waren die Montangruppe der Siemens-Rheinelbe-Schuckert-Union mit Deutsch-Lux, GBAG und Bochumer Verein, die Rheinischen Stahlwerke sowie der Phoenix-, der Thyssen-, der Hoesch- und der Krupp-Konzern. Nachdem Hoesch und Krupp sich aus verschiedenen, auch in der Unternehmenstradition liegenden Gründen von den Gesprächen zurückzogen hatten, gründeten die verbliebenen Unternehmen am 14. Januar 1926 die Vereinigte Stahlwerke AG als Studiengesellschaft und unterzeichneten im Mai die endgültigen Verträge. Insgesamt brachten zwölf bis dahin eigenständige Gesellschaften den Großteil ihrer Werke in den neuen Konzern ein, der mit einem Grundkapital von 800 Mio. RM eine neue Dimension in der deutschen Unternehmenslandschaft erreichte und nach der US Steel Corp. zum weltweit zweitgrößten Unternehmen der Branche avancierte.[289] Damit befanden sich die bis dahin traditionell in Konkurrenz zueinander arbeitenden beiden Werke in Dortmund und Hörde erstmals nicht nur unter einem gemeinsamen Konzerndach, sondern bildeten als VSt Dortmunder Union-Hoerder Verein auch noch eine gemeinsame unselbstständige Betriebsabteilung. Den Aufsichtsrat der VSt besetzten führende Vertreter der einbringenden Unternehmen, der Großbanken sowie einige Großaktionäre wie Fritz Thyssen als größter Einzelaktionär und Vorsitzender, Walter Fahrenhorst von der Phoenix AG als sein Stellvertreter und Otto Wolff. Den Vorstandsvorsitz übernahm Albert Vögler von Deutsch-Lux, der den eigentlich in Düsseldorf sitzenden Konzern teilweise von Dortmund aus leitete und dem Standort damit ein gewisses Gewicht verlieh. Die Leitung der Abteilung Dortmunder Union-Hoerder Verein übernahm Adolf Klinkenberg[290] von Deutsch-Lux.

Noch 1926 begann die Umsetzung der Konzernstruktur, die auf einer Dezentralisierung von Verantwortlichkeiten und Entscheidungsprozessen basierte.[291] Der Steinkohlenbergbau wurde in die vier Gruppen Hamborn,

289 Zur VSt siehe insbesondere Reckendrees: Stahltrust und Stremmel, Ralf: Ein „gesundes Gebilde von gemäßigter Größe"? Notizen zur Geschichte der Vereinigte Stahlwerke AG, in: ders.; Rasch, Manfred (Bearb.): Findbuch zu den Beständen Vereinigte Stahlwerke AG und Bergbau- und Industriewerte GmbH, Duisburg 1996, S. 3–46.

290 Zu Klinkenberg siehe Volz, Robert (Hg.): Reichshandbuch der deutschen Gesellschaft. Das Handbuch der Persönlichkeiten in Wort und Bild, Bd. 1, Berlin 1930, S. 948; Pudor, Fritz: Lebensbilder aus dem rheinisch-westfälischen Industriegebiet. Jahrgang 1955–1957, Düsseldorf 1960, S. 118 f.

291 Umfassend dazu: R. & H. Hoppenstedt Verlagsanstalt (Hg.): Vereinigte Stahlwerke AG Düsseldorf 1927. Aufbau, Werke, Zechen und Rohstoffbetriebe, Konzern- und Gründer-Gesellschaften, Statistik, Finanzen, Berlin 1927.

Gelsenkirchen, Bochum und Dortmund unterteilt.[292] In Dortmund saß auch die Verwaltung der Rohstoffbetriebe der VSt unter der Leitung von Hermann Wenzel[293], die die Erzgruben sowie die Dolomit- und Kalksteinbrüche betreute. Produktionstechnische oder regionale Kriterien bestimmten zudem die Gliederung der Eisen- und Stahlseite. Parallel zur organisatorischen Ebene erfolgten die ersten Maßnahmen im betrieblichen Bereich. Zur Erhöhung der Produktivität wurden zunächst unrentable Anlagen stillgelegt. In einem weiteren Schritt wurde die Produktion mit dem Ziel, gleichartige Güter nur in jeweils maximal zwei Werken für den Inlandsmarkt und Exporte herzustellen, weitgehend an ausgewählten Standorten zusammengefasst und hier entsprechende Investitionen im Hinblick auf eine umfassende Rationalisierung und Automatisierung vorgenommen. Während die in der Nähe des Rheins gelegenen Werke vor allem für den Export und grobere Walzstahlsorten erzeugten, sollten die westfälischen Betriebe den Inlandsabsatz und feinere Sorten übernehmen. Die Zusammenfassung und teilweise Erschließung mehrerer benachbarter Zechen durch neue Großschachtanlagen sowie der Ersatz zahlreicher kleinerer Kokereien durch neue Großkokereien und die damit verbundenen Vorbereitungen zu einem Energieverbund der Konzernwerke ergänzten die Maßnahmen.

Von den Stilllegungen und der Umstellung des Erzeugungsprogramms war auch die Abteilung Dortmunder Union-Hoerder Verein betroffen. 1927 wurde der Betrieb des von der Phoenix AG übernommenen Hochofenwerks Dortmund sowie des Walzwerks Rothe Erde eingestellt. Im Dortmunder Raum wurde außerdem die gesamte Aplerbecker Hütte mit Hochofen, Stahl- und Walzwerk stillgelegt. In beiden Werken kam es aufgrund ihrer neuen Funktion als Vorlieferant der reinen Walzwerke und Gesenkschmieden der VSt zu einer Steigerung der Halbzeugproduktion auf Kosten von Oberbaumaterial, Eisenbahnmaterial und Formeisen.[294] Während die VSt Dortmunder Union bevorzugt die früher zur Deutsch-Lux gehörenden Werke des Sauerlands und Siegerlands mit Halbzeug versorgte, lieferte die VSt Hoerder Verein verstärkt Platinen, besonders zur Weißblechproduktion. Im Gegenzug wurde die Oberbauproduktion weitgehend an die August Thyssen-Hütte (ATH) abgegeben, was gerade die VSt Dortmunder Union betraf, deren Produktionsprogramm traditionell stark auf diesen Bereich ausgerichtet war. Dafür wurde die Form- und Universaleisenproduktion im bevorzugt Thomas-Stahl erzeugenden Werk Dortmund konzentriert und die Spundwandbohlenerzeugung massiv ausgedehnt. Das verstärkt auf die Siemens-Martin-Stahl-Produktion ausgerichtete Hörder Werk übernahm die Grob- und Mittelblecherzeugung, während der gesamte Feinblechbereich an die Schwesterabteilungen im Siegerland abgegeben wurde.[295] Eine umfassende Neuorganisation erfolgte auch im Bereich der Verwaltung. Die Unternehmensleitung, die Rechnungs- und Finanzabteilung, der Vertrieb sowie der größte Teil der Personalabteilung wurden im Verwaltungsgebäude an der Rheinischen Straße gebündelt, sodass in den ehemaligen Gebäuden des Hoerder Vereins, die nach dem Umzug der Phoenix-Hauptverwaltung teilweise leerstanden, u. a. die VSt Rohstoffbetriebe sowie die Neubauabteilung verblieben. Mit Ausnahme eines neuen Walzwerks und der Erweiterung der Kokerei der VSt Dortmunder Union beschränkte sich die Tätigkeit der Abteilung bis 1934 jedoch auf Erweiterungs-, Modernisierungs- und Reparaturarbeiten.

Im Verlauf der Weltwirtschaftskrise ab 1929 war die VSt gezwungen, die Rationalisierungsmaßnahmen nochmals zu forcieren und die Produktion ausschließlich auf die noch rentablen Werke zu beschränken. Von ursprünglich 48 Schachtanlagen verblieben 1933 schließlich noch 25, die Anzahl der Hochofenwerke redu-

292 Knepper, Gustav; Oberste-Brink, Karl: Die Grundlagen des Steinkohlenbergbaus der Vereinigte Stahlwerke AG, Essen 1928; Vereinigte Stahlwerke AG (Hg.): Organisation, Geschäftsgang und Abrechnungs-Wesen in der Abteilung Bergbau der Vereinigte Stahlwerke Aktiengesellschaft, Essen 1926; Gelsenkirchener Bergwerks-AG (Hg.): 10 Jahre Steinkohlenbergbau der Vereinigte Stahlwerke AG, Essen 1936.

293 Zu Wenzel siehe Volz, Robert (Hg.): Reichshandbuch der deutschen Gesellschaft. Das Handbuch der Persönlichkeiten in Wort und Bild, Bd. 2, Berlin 1931, S. 2017.

294 Dortmund-Hörder Hüttenunion AG (Hg.): Festschrift zur Hundertjahrfeier der Dortmund-Hörder Hüttenunion AG 1852–1952, Essen 1952, S. 74 f.

295 Ebd.

Werbebroschüre für Spundwände in Japanisch, um 1930.

zierte sich von 23 auf 9, die der Siemens-Martin-Stahlwerke von 20 auf 8. Die deutsche Rohstahlerzeugung sank von 16 Mio. t 1929 auf 6 Mio. t oder 37,5 % im Jahr 1932. Besonders betroffen von dieser Entwicklung war die VSt Hoerder Verein. Während die Rohstahlproduktion der VSt Dortmunder Union sich von 876.000 t im Geschäftsjahr 1927/28 auf 391.000 t im Geschäftsjahr 1931/32 oder 44 % des Ausgangswerts reduzierte, musste das Schwesterwerk im selben Zeitraum einen Rückgang von 1.027.000 t auf 298.000 t oder nur noch 29 % hinnehmen.[296] Die wiederholt in Erwägung gezogene vollständige Stilllegung der gesamten VSt Dortmunder Union-Hoerder Verein wurde schließlich nicht umgesetzt. Betroffen waren dagegen vor allem einzelne Produktionszweige wie die Hoerder Blockstraße, die zwischen Oktober 1931 und Anfang 1934 stillstand. Trotz aller Maßnahmen befand sich die VSt Anfang der 1930er-Jahre ebenso in massiven finanziellen Schwierigkeiten wie ihr Hauptaktionär Friedrich Flick, dem es über direkte oder indirekte Beteiligungen gelungen war, das Unternehmen, das sich weiterhin zum größten Teil im Besitz der Gründergesellschaften befand, zu majorisieren. Die Aktienmehrheit an der GBAG und eine führende Rolle bei der Phoenix AG hatten Flick zu dieser Position verholfen. Um den drohenden Konkurs, eine Zerschlagung und den befürchteten Verkauf der VSt an ausländische Interessenten zu vermeiden, entschloss sich das Deutsche Reich 1932 zum Erwerb von knapp einem Viertel des Grundkapitals und übernahm dazu Flicks GBAG-Aktien. Aufgrund des überhöhten Kaufpreises und der für die Öffentlichkeit nicht nachvollziehbaren Abläufe wurde die Transaktion schnell als „Gelsenberg-Affäre" bekannt.[297]

Obwohl die einzelnen Unternehmensgruppen dezentral verwaltet wurden, hatte sich die Konzernstruktur der VSt nicht als praktikabel erwiesen, da die aufgrund ihrer Größe unbeweglichen Leitungsgremien, komplizierte bzw. unklare Hierarchien und Verantwortungsbereiche sowie lange Entscheidungswege ein den wirtschaftlichen Rahmenbedingungen angepasstes schnelles und angemessenes Handeln behinderten.[298] 1932/33 begannen daher die Vorbereitungen zu einer Neustrukturierung, die auf einer Umwandlung der bisherigen Betriebsabteilungen in rechtlich eigenständige Betriebsgesellschaften basierte. Deren Vorstände sollten in betrieblichen, produktionstechnischen und lokalpolitischen Fragen weitgehend unabhängig entscheiden und im Gegenzug auch die Verantwortung für ihre Entscheidungen tragen.[299] Die VSt wurde dadurch zur Holding-Gesellschaft und konzentrierte sich auf übergeordnete Bereiche wie das Finanz-, Revisions- und Sozialwesen, Statistik und Marketing und übernahm die Prüfung und Bewilligung der Geschäfte der Konzerngesellschaften. Am 7. Dezember 1933 wurde als eine der ersten Betriebsgesellschaften die Dortmund-Hoerder Hüttenverein AG (DHHV) mit einem Grundkapital von 15 Mio. RM gegründet, die mit Ausnahme der nun ebenfalls selbstständigen Dortmunder Union Brückenbau-AG und der Eisenwerk Rothe Erde GmbH alle Werke der bisherigen VSt Dortmunder Union-Hoerder Verein umfasste.[300] Den Vorstand bildeten Adolf Klinkenberg als Vorsitzender, Gustav Knepper von der GBAG, Max Paul Meier (Enkel des beim Hoerder Verein tätigen Ingenieurs Eduard Meier) und Hermann Wenzel. Das neue Unternehmen verfügte über zwei Hochofenwerke mit zusammen 10 Hochöfen, zwei Thomasstahlwerke, 17 Siemens-Martin- und Elektroöfen, eine Stahlformgießerei, 23 Walzstraßen sowie zwei Press- und Hammerwerke. Da in den vergangenen Krisenjahren Instandhaltungsarbeiten auf das Notwendigste beschränkt worden waren, legte die DHVV umgehend ein Investitionsprogramm auf, das sich angesichts der im Geschäftsjahr 1934/35 stark ansteigenden Nachfrage vor allem auf die Erweiterung bestehender Anlagen und Maßnahmen zur Qualitätsverbesserung erstreckte.[301] Zu erwähnen ist in diesem Kontext die Aufstellung einer 15.000-t-Schmiedepresse im Werk Dortmund. Größere Neubauprojekte unterblieben dagegen zunächst. Erst Ende der 1930er-Jahre entstanden im Werk Hörde

296 tkA Hoesch-Archiv DHHU/3092/5 und DHHU/3092/9.

297 Zum Thema siehe Reckendrees, Alfred; Priemel, Kim: Politik als produktive Kraft? Die „Gelsenberg-Affäre" und die Krise des Flick-Konzerns (1931/32), in: Jahrbuch für Wirtschaftsgeschichte, Heft 2/2006, S. 63–93; Ziegler, Dieter: Kriegswirtschaft, Krisenfolgenbewältigung, Kriegsvorbereitung. Der deutsche Bergbau im dauernden Ausnahmezustand (1914–1945), in: ders. (Hg.): Geschichte des deutschen Bergbaus, Bd. 4: Rohstoffwirtschaft im Strukturwandel. Der deutsche Bergbau im 20. Jahrhundert, Münster 2013, S. 15–182, hier S. 135 f.

298 Stremmel: Vereinigte Stahlwerke, S. 17.

299 Reckendrees, Stahltrust, S. 426–559, insbesondere S. 552–559; Donges, Alexander: Die Vereinigte Stahlwerke AG im Nationalsozialismus. Konzernpolitik zwischen Marktwirtschaft und Staatswirtschaft, Paderborn 2014, S. 42–48.

300 Gründungsurkunde und Satzung, in: tkA Hoesch-Archiv DHHU/2567; Donges: Vereinigte Stahlwerke, S. 82 f., 179–186.

301 Geschäftsbericht der DHHV 1934/35, S. 2, in: tkA Hoesch-Archiv DHHU/1429; Donges: Vereinigte Stahlwerke, S. 195–200.

eine 5-m-Grobblechstraße, eine Kokerei sowie ein neuer Hochofen. Anfang der 1940er-Jahre folgte noch ein neues Elektrostahlwerk.[302]

Mit einer Rohstahlerzeugung von 2,1 Mio. t war die DHHV im Geschäftsjahr 1938/39 zum zweitgrößten deutschen Stahlproduzenten aufgestiegen.[303] Während des Zweiten Weltkriegs reduzierte sich diese Menge zunächst langsam, ab 1943 dann rapide auf noch 330.000 t im Geschäftsjahr 1944/45.[304] Ausschlaggebend dafür waren zunächst vor allem Versorgungsschwierigkeiten mit Roh- und Brennstoffen. Gleichzeitig stieg mit zunehmender Kriegsdauer der Anteil an Kriegsgefangenen und Zwangsarbeitern an der Belegschaft.[305] In der Nähe der Werksanlagen und in umfunktionierten Gaststätten entstanden zahlreiche Lager.[306] Bei der Geschossfabrik des Werks Dortmund befand sich zudem ein Außenlager des Konzentrationslagers Buchenwald, beim Werk Hörde ein Straflager der Gestapo, das als Auffanglager bezeichnet wurde.[307] Beide Werke hatten ihr Fertigungsspektrum nahezu vollständig auf Rüstungsgüter umgestellt. In Hörde wurden u. a. Panzergehäuse in den sogenannten Asphaltieranlagen gefertigt.[308] Dazu übernahm die DHHV 1942 eine „Betriebspatenschaft" für ein Hüttenwerk in der Ukraine.[309] Insgesamt war das Werk Dortmund von Zerstörungen erheblich stärker betroffen als das Werk Hörde. Während in Dortmund zahlreiche Anlagen schon im Verlauf des Kriegs beschädigt wurden und zwischenzeitlich stillgelegt werden mussten, blieb die Hermannshütte weitgehend unversehrt. Erst im Herbst 1944 sank die Produktion spürbar. Der letzte Tagesgroßangriff auf Dortmund am 12. März 1945, bei dem auch das Hörder Hochofenwerk und die Kokerei schwer getroffen wurden, führte schließlich zum Ausfall der Energieversorgung und zur Stilllegung beider Werke. Mit dem Einmarsch US-amerikanischer Truppen endeten einen Monat später der Krieg und das nationalsozialistische Regime in Dortmund.[310]

Direkt nach Kriegsende begannen die Wiederaufbauarbeiten mit der Instandsetzung der Energieversorgung. Bereits am 27. September 1945 konnte im Werk Dortmund das erste Roheisen innerhalb der britischen Zone abgestochen und das Thomas-Stahlwerk in Betrieb genommen werden. Kurz zuvor waren das Fein- und das Blechwalzwerk sowie das Presswerk wieder angelaufen. Aufgrund des Roh- und Brennstoffmangels konnten die funktionierenden Kapazitäten jedoch bei Weitem nicht ausgelastet werden, und im April 1946 musste das Stahlwerk wieder stillgelegt werden, während die Roheisenerzeugung weiterlief.[311] Die zunächst weiterbetriebenen Walzwerke gingen im September 1946 außer Betrieb, sodass die Produktion nun weitgehend auf das Werk Hörde konzentriert wurde. Hier liefen das Presswerk und die Fein- und Blechwalzwerke seit September 1945, einen Monat später folgten das Hochofenwerk und das Siemens-Martin-Stahlwerk und im Januar 1946 das Blockwalzwerk. Insgesamt konnte im ersten Nachkriegsgeschäftsjahr das äußerst niedrige Produktionsniveau des letzten Kriegsjahres wieder erreicht werden.[312]

302 Zur Kokerei siehe tkA Hoesch-Archiv DHHU/3651, zum Hochofen DHHU/3665, zu den Anlagen insgesamt: Dortmund-Hörder Hüttenverein AG (Hg.): Dortmund-Hörder Hüttenverein AG, Dortmund 1937.

303 Dortmund-Hörder Hüttenunion AG (Hg.): Hundertjahrfeier, S. 78.

304 Produktionsstatistiken in tkA Hoesch-Archiv DHHU/215.

305 Siehe u. a. tkA Hoesch-Archiv DHHU/571 und DHHU/1397.

306 Siehe u. a. tkA Hoesch-Archiv DHHU/4915, DHHU/4917, DHHU/4496 und DHHU/4483.

307 Lotfi, Gabriele: KZ der Gestapo. Arbeitserziehungslager im Dritten Reich, Stuttgart; München 2000, S. 240–245, 258–261, 306–309; Högl, Günther: Zwangsarbeiterlager unter verschärften Bedingungen. Die Außenlager des KZ Buchenwald und das „Auffanglager Hüttenwerk" auf dem Gelände des Dortmund-Hörder [!] Hüttenvereins, in: Heimat Dortmund, Heft 3/2002, S. 7–11.

308 Bericht über die Panzerfertigung, in: tkA Hoesch-Archiv DHHU/10. Siehe auch Rasch, Manfred: Granaten, Geschütze und Gefangene. Zur Rüstungsfertigung der Henrichshütte in Hattingen während des Ersten und Zweiten Weltkriegs, Dortmund 2003, S. 28.

309 Donges: Vereinigte Stahlwerke, S. 393 f.; Mollin, Gerhard Th.: Montankonzerne und „Drittes Reich". Der Gegensatz zwischen Montanindustrie und Befehlswirtschaft in der deutschen Rüstung und Expansion 1936–1944, Göttingen 1988, S. 203. Die DHHV wird bei Mollin nur am Rande erwähnt.

310 Henke, Klaus-Dietmar: Die amerikanische Besetzung Deutschlands, München 2009, S. 534.

311 Geschäftsbericht der DHHV 1945/46, S. 2.

312 Ebd. Zu den Permits für das Werk Hörde siehe tkA Hoesch-Archiv DHHU/2648. Zu Dortmund liegen im Bestand keine Unterlagen vor. Diverse Akten zum Thema enthält Bestand 99 im Landesarchiv NRW, Abteilung Rheinland, Duisburg.

Blechwalzwerk des DHHV, Werk Hörde, 1940.

Im Potsdamer Abkommen vom August 1945 hatten die Alliierten die Rahmenbedingungen für die zukünftige Wirtschaftsstruktur Deutschlands festgelegt, die noch von den Grundgedanken des Morgenthau-Plans geprägt waren. Ziel war die vollständige Abrüstung und Entmilitarisierung sowie die „Ausschaltung der gesamten deutschen Industrie, welche für eine Kriegsproduktion genutzt werden kann".[313] Dazu sollten entsprechende Industrieanlagen vollständig demontiert, der Bergbau weitgehend eingestellt und unter der Prämisse der Dezentralisierung Konzerne und Großunternehmen umfassend entflochten werden. Außerdem wurden die Grundzüge der Reparationsplanung festgelegt. Derart weitreichende Maßnahmen standen jedoch schon 1946 nicht mehr zur Debatte, denn es hatte sich bei den Westalliierten die Erkenntnis durchgesetzt, dass Deutschland ein Industriepotenzial belassen werden müsse, das eine Anpassung an den durchschnittlichen europäischen Lebensstandard ermöglichte. Mit Aufkommen des Kalten Kriegs ab 1947 kam es zur weiteren Aufweichung der ursprünglichen Ziele. Die Vorbereitungen zur Entflechtung und Neuordnung der Unternehmensstrukturen begannen 1946. Im August beschlagnahmte die britische Militärregierung im Rahmen des Gesetzes 52 neun Monate nach dem Steinkohlenbergbau auch das Eigentum an der Eisen- und Stahlindustrie.[314] Als Kontrollbehörde entstand die North German Iron and Steel Control (NGISC), die am 15. Oktober als ausführendes und beratendes Organ die z. T. mit deutschen Mitgliedern besetzte Treuhandverwaltung im Auftrage der NGISC ins Leben rief.[315] Nach dem Zusammenschluss der britischen und der US-amerikanischen Zone firmierte sie ab November 1947 als UK/US-Steel Group, nach Integration der französischen Zone ab März 1949 als Combined Steel Group (CSG). Als Nachfolgerin der Treuhandverwaltung fungierte nun die Stahltreuhändervereinigung.

313 Stahltreuhändervereinigung (Hg.): Die Neuordnung der Eisen- und Stahlindustrie im Gebiet der Bundesrepublik Deutschland, München; Berlin 1954, S. 33 f.

314 Zum Gesetz siehe tkA Hoesch-Archiv DHHU/5415.

315 Stahltreuhändervereinigung: Neuordnung, S. 61–63.

Bei der DHHV wurden Ende 1945 zunächst im Zuge der Entnazifizierungsmaßnahmen ein Großteil der Aufsichtsratsmitglieder sowie der während des Kriegs noch um Otto Därmann und Heinrich Leidolf erweiterte komplette Vorstand von seinen Funktionen enthoben. Den neuen Vorstand bildeten ab Januar/Februar 1946 Eduard Herzog[316] als Vorsitzender, Ludwig Todsen und Friedrich Harders.[317] Ebenfalls 1945 begannen in beiden Werken die Demontage von Anlagen zur Rüstungsproduktion und der Abtransport von Rüstungsmaterial, Maschinen und Ausrüstungsgegenständen.[318] Ursprünglich komplett zur Demontage vorgesehen war das Werk Dortmund, doch mit Auflage des neuen Industrieplans im August 1947 beschränkte sich der Abbau auf die Geschossfabrik, den Radsatzbau und das Presswerk mit der 15.000-t-Presse.[319] Im Werk Hörde waren die sogenannten Asphaltieranlagen (Panzerwannenfertigung), das Elektrostahlwerk und die 5-m-Grobblechstraße betroffen.[320] Das seit Kriegsende nicht wieder angelaufene Siemens-Martin-Stahlwerk I, das 1949 als Ausgleich für den Erhalt des Siemens-Martin-Stahlwerks der Ruhrstahl AG Henrichshütte in Hattingen ebenfalls abgebaut werden sollte, blieb dagegen nach massiven Protesten und aufgrund der sich nach Gründung der Bundesrepublik verändernden weltpolitischen Lage bestehen.[321] In diesem Jahr befanden sich schließlich alle vorhandenen Anlagen wieder in Betrieb.

Im Frühjahr 1947 begann die Umsetzung der Entflechtungsplanungen mit der Gründung von Betriebsführungsgesellschaften, die die Leitung der aus den Konzernen ausgegliederten Werke übernahmen, ohne jedoch deren Eigentum zu erhalten. Im Zentrum der Maßnahmen stand die VSt, deren Werke elf der insgesamt 25 Betriebsführungsgesellschaften bildeten.[322] Am 10. Februar 1947 wurde die Hüttenwerk Hörde AG mit einem Grundkapital von 100.000 RM gegründet, die die Hermannshütte und das Hochofenwerk Hörde umfasste und am 1. März ihre Tätigkeit aufnahm.[323] Alle Aktien wurden von der Treuhandverwaltung gehalten. Damit waren die ehemaligen Werksteile des Hoerder Vereins nach fast 41 Jahren wieder eigenständig, und die Verwaltung zog als Zeichen für diese Entwicklung aus dem Gebäude an der Rheinischen Straße zurück nach Hörde. Der Aufsichtsrat setzte sich paritätisch aus Vertretern der Altgesellschaften VSt und DHHV sowie der Gewerkschaften zusammen. Den Vorstand bildeten Friedrich Harders als Technischer Direktor, Wilhelm Jaissle als Kaufmännischer Direktor und Wilhelm Schäfer in der neugeschaffenen Funktion des Arbeitsdirektors. Im Juli 1948 trat Friedrich Elshoff an die Stelle von Jaissle, sodass nun zwei der führenden Persönlichkeiten der späteren DHHU in dem Gremium vertreten waren.

Der Wechsel von Harders zur aus zehn Mitgliedern bestehenden Stahltreuhändervereinigung im Herbst 1949 war von besonderer Bedeutung für das Unternehmen, denn Harders hatte durch seine Funktion nicht nur einen exakten Überblick über den Anlagenbestand und die Produktionsschwerpunkte der Konkurrenzunternehmen, sondern betrieb von Beginn an auch die Wiederzusammenführung der nun getrennten Werke der DHHV unter dem Dach einer Gesellschaft.[324] Der Dortmunder Werksbereich verblieb zunächst bei der DHHV, denn am 2. März 1947 wurde als Betriebsführungsgesellschaft für diesen Bereich zwar die Hüttenwerk Union AG gegründet, doch nahm sie ihre Tätigkeit offiziell erst am 1. April 1948 auf. Als einzige der insgesamt 25 gebildeten Betriebsführungsgesellschaften übernahm sie allerdings nicht die Leitung der Werksanlagen, die

316 Zilt, Andreas: Zwischen Rüstungswirtschaft, „Stunde Null" und Wirtschaftswunder - Eduard Herzog und der Verein Deutscher Eisenhüttenleute, in: Maier, Helmut; ders.; Rasch, Manfred (Hg.): 150 Jahre Stahlinstitut VDEh. 1860–2010, Essen 2010, S. 177–199.

317 Geschäftsbericht der DHHV 1945/46, S. 10 f.

318 Zur Demontage siehe u. a. tkA Hoesch-Archiv DHHU/570 und DHHU/1490; Lauschke, Karl: Der Kampf gegen die Demontage in Hörde, in: Heimat Dortmund. Stadtgeschichte in Bildern und Berichten, Heft 1-2/2016, S. 18–24.

319 Geschäftsberichte der DHHV 1945/46 [!], S. 3 und 1948/49, S. 2. Zur Demontageliste siehe Harmsen, Gustav Wilhelm: Reparationen, Sozialprodukt, Lebensstandard. Versuch einer Wirtschaftsbilanz, Bd. 1, Bremen 1948, S. 99–101.

320 Zur Grobblechstraße siehe tkA Hoesch-Archiv DHHU/573.

321 Siehe tkA Hoesch-Archiv DHHU/572; Zech, Björn: Stahlindustrie. Demontagen contra Marshallplan, in: Kift, Dagmar (Hg.): Aufbau West. Neubeginn zwischen Vertreibung und Wirtschaftswunder, Essen 2005, S. 114–126.

322 Aufstellung der Gesellschaften in Stahltreuhändervereinigung: Neuordnung, S. 65.

323 Zur Gründung siehe tkA Hoesch-Archiv DHHU/2646, DHHU/5520 und DHHU/5897.

324 Siehe tkA Hoesch-Archiv DHHU/5454 und DHHU/5455.

August Thyssen-Hütte AG: Das Werk macht auf die Folgen der Demontage aufmerksam, 1948.

nach dem Entzug des Produktionspermits am 25. März 1947 komplett stilllagen, und blieb damit bedeutungslos.[325] Erst Ende Juli 1948 lief die Siemens-Martin-Stahlproduktion wieder an, und im November wurden die ersten beiden Hochöfen, das Thomasstahlwerk und weitere Walzstraßen wieder in Betrieb gesetzt.

4. Dortmund-Hörder Hüttenunion AG (1951–1966/70)

Nach der Gründung und Arbeitsaufnahme der Betriebsführungsgesellschaften bildeten die Anfang November 1948 nahezu gleichlautenden Gesetze Nr. 75 der amerikanischen und britischen Militärregierung zur „Umgestaltung des deutschen Steinkohlenbergbaus und der deutschen Eisen- und Stahlindustrie" die zweite Stufe der Entflechtungsmaßnahmen. Die neuen rechtlichen Rahmenbedingungen beinhalteten weiterhin die nach Kriegsende formulierten Ziele, verfolgten aber vor dem Hintergrund des anwachsenden Ost-West-Konflikts nun auch die „Gesundung des deutschen Wirtschaftslebens" als Grundlage einer verstärkten Einbindung Deutschlands in die westliche Machtsphäre.[326] Dementsprechend erfolgten die weiteren Neuordnungsplanungen ab 1949 in enger Kooperation von Alliierter Hoher Kommission als höchster Entscheidungsinstanz, Bundes- und Länderregierungen, CSG, Stahltreuhändervereinigung sowie für die Bergbauseite von Combined Coal Control Group und Deutscher Kohlenbergbau-Leitung. Im Mai 1950 löste das Gesetz Nr. 27 der Alliierten Hohen Kommission die Gesetze Nr. 75 formal ab, jedoch ohne gravierende Änderungen zu beinhalten.[327] Die Stahltreuhändervereinigung erarbeitete verschiedene Vorschläge, die in den am 23. November 1950 vorgelegten endgültigen Neuordnungsplan einflossen. Im Vordergrund stand die Bildung von Einheitsgesellschaften, während die Rohstoffseite mit den Bereichen Kohlen-, Erz- und Kalkversorgung zunächst noch nicht berücksichtigt wurde.[328] Die konkrete Umsetzung der Neuordnung wurde schließlich verschiedenen Ausführungsverordnungen vorbehalten. Bis 1954 entstanden auf der Eisen- und Stahlseite insgesamt 23 Einheitsgesellschaften, die z. T. aus den früheren Betriebsführungsgesellschaften umgebildet worden waren.[329]

Die Zusammenfassung von Hüttenwerk Hörde AG und DHHV erschien im Neuordnungsplan als Vorschlag Nr. 14. Die Werksanlagen entsprachen mit Ausnahme der demontierten Bereiche in etwa dem Vorkriegsstand, jedoch hatten sich die Produktionsschwerpunkte verändert. Die Hüttenwerk Hörde AG verfügte über fünf Hochöfen, eine Kokerei, ein Thomas- und ein Siemens-Martin-Stahlwerk, diverse Walzstraßen, ein Press- und Schmiedewerk sowie verschiedene Werkstätten und war auf die Produktion von Rohstahl, Halbzeug, Oberbaumaterialien, Form- und Stabstahl, Grob- und Mittelbleche, Schmiedestücke, Stahlformguss, Press-, Stanz- und Schweißteile ausgerichtet. Die DHHV besaß ebenfalls fünf Hochöfen, jedoch keine Kokerei, ein Thomas- und ein Siemens-Martin-Stahlwerk, diverse Walzstraßen, ein Presswerk sowie verschiedene Werkstätten und eine Brückenbauanstalt. Das Erzeugungsprogramm umfasste Rohstahl, Halbzeug, Oberbaumaterial, Formstahl, Spundwände und Kanaldielen, Stabstahl und Breitflachstahl.[330] Zwischen beiden Werken bestand seit den 1920er-Jahren in verschiedenen Bereichen eine enge Verbundwirtschaft. So versorgte die im Hafen Dortmund gelegene Sinteranlage der DHHV beide Hochofengruppen, und das Dortmunder Hochdruckkraftwerk erzeugte einen Großteil der in Hörde benötigten Elektrizität. Überschneidungen im Bereich der Produktion bestanden vor allem im Walzwerksektor. Der Vorschlag sah daher eine Konzentration der einzelnen Bereiche vor. Während Hörde verstärkt Grob- und Mittelbleche sowie Halbzeuge produzieren sollte, war eine Verlagerung der Profil-

325 Geschäftsberichte der DHHV 1945/46 [!], S. 1 und 1948/49, S. 2 f.
326 Zum Gesetz siehe tkA Hoesch-Archiv DHHU/5415. Texte auch in Stahltreuhändervereinigung: Neuordnung, S. 319–338.
327 Zum Gesetz siehe tkA Hoesch-Archiv DHHU/5414.
328 Abgedruckt in Stahltreuhändervereinigung: Neuordnung, S. 154–186.
329 Aufstellung in Stahltreuhändervereinigung: Neuordnung, S. 261–281. Zum Thema siehe auch Herchenröder, Karl Heinrich u. a.: Die Nachfolger der Ruhrkonzerne, Düsseldorf 1953.
330 Aufstellungen in tkA Hoesch-Archiv DHHU/5454 und DHHU/5455.

und Stabstahlerzeugung bis zum Feineisen sowie der Schmiedeerzeugung nach Dortmund beabsichtigt. Im Hinblick auf den hohen Investitionsbedarf bei beiden Unternehmen schien dieser Weg auch hinsichtlich einer Reduktion der benötigten Mittel als wirtschaftlichste Lösung.

Bereits kurz nach Vorlage des Neuordnungsplans begannen die Detailplanungen zur Bildung der neuen Gesellschaft, für die erneut als Reminiszenz an die Ursprungsgesellschaften, zugleich aber in Abgrenzung zum Vorläuferunternehmen DHHV der Name Dortmund-Hörder Hüttenunion (DHHU) gewählt wurde. Nach fast 100 Jahren wurde damit die Schreibweise des Wortes „Hoerde" modernisiert und an die bereits seit Beginn des 20. Jahrhunderts übliche Diktion des Ortsnamens angepasst. Außerdem verwies der Bindestrich im Namen darauf, dass Hörde 1928 seine Eigenständigkeit verloren hatte und nach Dortmund eingemeindet worden war. Mit dem Ersten Spatenstich zur enthusiastisch gefeierten neuen 3-m-Grobblechstraße am 19. April 1951 liefen die Vorbereitungen zur Beseitigung der Engpässe im Walzsektor und zur zukünftigen Ausrichtung des Standorts an.[331] Aufgrund der zurückhaltenden Investitionspolitik der zwei Vorkriegsjahrzehnte verfügte das Unternehmen nach der Demontage der 5-m-Straße in diesem Bereich über einen stark veralteten Anlagenbestand, der größtenteils noch während des Kaiserreichs gebaut worden war.[332] Zu dieser Zeit gab die Alliierte Hohe Kommission auch ihren Widerstand gegen eine Reintegration von Kohle und Stahl auf, die noch im Vorjahr außer Diskussion gestanden hatte. Mitte August 1951 wurden von der Stahltreuhändervereinigung zunächst in einem formalen Akt die Aktien der Hüttenwerk Union AG auf die Hüttenwerk Hörde AG, die wohl auch auf Betreiben von Harders als aufnehmende Gesellschaft ausgewählt worden war, übertragen.[333] Am 21. August ergingen die ersten CSG-Anordnungen an die DHHV, die Hüttenwerk Hörde AG und die VSt i. L. zur Beschlagnahmung aller im Rahmen des Betriebsnutzungsvertrags bestehenden Rechte und Ansprüche der Altgesellschaften und Übertragung aller Anlagen, Vorräte, Patente und Warenzeichen auf die Hüttenwerk Hörde AG zum 1. September.[334]

Am 28. August 1951 erfolgte schließlich die Gründung der DHHU in der Gaststätte Schroer im Dortmunder Stadtteil Syburg. Dazu vereinbarten die Stahltreuhändervereinigung und die Hüttenwerk Hörde AG zunächst die Einbringung der Vermögenswerte an den beiden Werken in die Hüttenwerk Hörde AG.[335] In einem zweiten Schritt fusionierten die Hüttenwerk Hörde AG und die Hüttenwerk Union AG und verabschiedeten einen neuen Gesellschaftsvertrag unter Umfirmierung des Unternehmens in DHHU.[336] Das noch auf 100.000 DM begrenzte Grundkapital wurde von der Stahltreuhändervereinigung verwaltet. Die endgültige Festsetzung auf 184 Mio. DM und die Freigabe der Aktien erfolgte erst im Rahmen der außerordentlichen Hauptversammlung am 10. September 1953.[337] Den Vorstand bildeten neben Harders und Elshoff Wilhelm Janaschek und Wilhelm Schäfer. Den Aufsichtsratsvorsitz übernahm Hermann Josef Abs von der Deutschen Bank, ab 1957 als deren Sprecher einer der einflussreichsten Bankiers der Bundesrepublik Deutschland.[338]

Bis 1953 wies die CSG der DHHU weitere Beteiligungen zu.[339] Als 100-prozentige Töchter wurden im Verarbeitungssektor die Schwerter Profileisenwalzwerk AG[340] in Schwerte, die Kettenwerke Schlieper GmbH[341] in

331 Dortmund-Hörder Hüttenunion (Hg.): Die deutsche Blecherzeugung und das neue Hörder Grob- und Mittelblech-Walzwerk, Dortmund 1951.

332 Dortmund-Hörder Hüttenunion AG (Hg.): Geschichtlich-technische Beiträge aus Anlaß des 100-jährigen Bestehens der Dortmund-Hörder Hüttenunion AG, Dortmund 1952, S. 25–33.

333 Siehe tkA Hoesch-Archiv DHHU/5330.

334 Siehe tkA Hoesch-Archiv DHHU/2654 und DHHU/5907.

335 Siehe tkA Hoesch-Archiv DHHU/2620.

336 Siehe tkA Hoesch-Archiv DHHU/2621 und DHHU/5904.

337 Siehe tkA Hoesch-Archiv DHHU/5517.

338 Zu Abs siehe Gall, Lothar: Der Bankier Hermann Josef Abs. Eine Biographie, München 2004.

339 Siehe tkA Hoesch-Archiv DHHU/5907.

340 Siehe tkA Hoesch-Archiv DHHU/5847.

341 Siehe tkA Hoesch-Archiv DHHU/5824.

Letmathe-Untergrüne und die Eisenwerk Rothe Erde GmbH[342] in Dortmund angegliedert. Im Bereich der Rohstoffversorgung kamen 25- bis 50-prozentige Beteiligungen an der Barbara Erzbergbau AG in Siegen, der Rheinisch-Westfälische Kalkwerke AG in Dornap, der Dolomitwerke GmbH[343] in Wülfrath, der Vereinigte Ton- und Quarzitbetriebe GmbH in Siegen und der Dortmunder Thomasschlackenmahlwerk GmbH in Dortmund dazu. Die Kohlenbasis sicherte eine 50-prozentige Beteiligung an der Hansa Bergbau AG[344] in Dortmund mit den Schachtanlagen Adolf von Hansemann, Hansa und Westhausen sowie der Kokerei Tremonia. Weitere Anteile hielt die DHHU an den Handelsgesellschaften Thomasmehl-Gesellschaft mbH in Köln und Thomasphosphat-Verteilungsstelle GmbH in Düsseldorf, an den Wohnungsgesellschaften Westdeutsche Wohnhäuser GmbH in Düsseldorf und Westfälische Wohnstätten GmbH in Dortmund sowie an der Westfälische Transport AG in Dortmund.[345]

Gemessen am Grundkapital von 184 Mio. DM war die DHHU auf der Eisen- und Stahlseite die mit Abstand größte Nachfolgegesellschaft der VSt, deren Gesamtkapital auf 1,388 Mrd. DM festgelegt worden war. Zwei Drittel dieses Betrags entfielen auf den Montanbereich, ein Drittel auf den Bergbau. Auf die DHHU folgten nach Umfang des Grundkapitals die Hüttenwerke Phoenix AG und die August Thyssen-Hütte AG mit jeweils 115 Mio. DM.[346] Hauptaktionär der DHHU war Hoogovens, die über die ursprüngliche Phoenix-Beteiligung knapp 5 % des VSt-Grundkapitals gehalten hatte und ihre Beteiligung nun auf das Dortmunder Unternehmen konzentrierte. Dazu gab sie ihre Anteile an den übrigen VSt-Nachfolgegesellschaften an die Rheinstahl- und die Thyssen-Gruppe ab. Mit rund 75 Mio. DM hielt Hoogovens jetzt fast 41 % an der DHHU, und so wurde spekuliert, dass durch weitere Aktienkäufe eine Majorität erreicht werden sollte.[347] Damit war die DHHU der westdeutsche Montankonzern mit dem größten ausländischen Anteilseigner. Nach Aufhebung der alliierten Kontrolle über die DHHU am 15. Juli 1954 erfolgte der Umtausch der VSt-Aktien in DHHU-Aktien im Verhältnis 2,5:1. Die Verabschiedung einer neuen Satzung auf der ersten Hauptversammlung unter Beteiligung der Aktionäre im Juni 1955 beendete die Neuordnung.[348]

Der Wiederaufbau, die Modernisierung und Erweiterung der Werksanlagen erforderte enorme Mittel. Zwischen Währungsreform und Geschäftsjahr 1955/56 investierte die DHHU mit 526 Mio. DM fast das Dreifache ihres Grundkapitals.[349] Die größten Posten betrafen im Werk Hörde die 3-m-Grobblechstraße sowie kurz darauf eine 4-m-Grobblechstraße, eine Brammenblockstraße und eine Tandemstraße mit Adjustagen und Nebenbetrieben für 250 Mio. DM sowie 1955 im Werk Dortmund eine Mitteleisenstraße für 100 Mio. DM.[350] Die Verteilung der Investitionen zeigte einerseits die neue Ausrichtung der DHHU auf die Flachstahlerzeugung und hier auf eine Stärkung des Grobblechsektors, ließ auf der anderen Seite aber schon eine Präferenz zugunsten des Hörder Standorts erkennen. Finanziert wurde der Ausbau durch das seit Anfang der 1950er-Jahre florierende Geschäft, das dem Unternehmen eine weitgehende Auslastung aller Werksbereiche bescherte, sowie durch Abschreibungen, hohe Kredite und Fördermittel. Bereits im Geschäftsjahr 1951/52 konnte mit einer Rohstahlerzeugung von 2,2 Mio. t der bisherige Produktionsrekord aus dem Geschäftsjahr 1938/39 in Höhe von 2,1 Mio. t überschritten werden. Mitte des Jahrzehnts erreichte die Produktion erstmals über 2,5 Mio. t und stieg im Geschäftsjahr 1959/60 auf 2,9 Mio. t, den höchsten jemals erzielten Wert.[351]

342 Siehe tkA Hoesch-Archiv DHHU/5775.
343 Siehe tkA Hoesch-Archiv DHHU/5123.
344 Siehe tkA Hoesch-Archiv DHHU/5152.
345 Siehe tkA Hoesch-Archiv DHHU/5124, DHHU/5125, DHHU/5175, DHHU/5176, DHHU/5177.
346 Herchenröder: Nachfolger, S. 104–106.
347 Ebd., S. 115.
348 Siehe tkA Hoesch-Archiv DHHU/2799.
349 Geschäftsbericht der DHHU 1955/56, S. 14.
350 Zum Werk Dortmund siehe auch: Rüppel, Arno: Die Transport- und Anlagengestaltung der Verkehrseinrichtungen der Dortmund-Hörder Hüttenunion AG, Werk Dortmund für das Presswerk und die Bearbeitungswerkstatt mit Rücksicht auf die zukünftige Entwicklung des Werkes, Dortmund 1953.
351 Geschäftsberichte der DHHU 1951/52 bis 1965/66.

Bei der Fremdmittelbeschaffung stützte sich die DHHU auf verschiedene Quellen. Standen ab 1950 die Fördermittel der Kreditanstalt für Wiederaufbau und des European Recovery Programs (Marshall-Plan) im Vordergrund, rückten ab 1952 Darlehen und Kredite von Banken und Stahlverbrauchern in den Mittelpunkt. Zahlreiche konsortial gebundene Banken räumten hohe Dispositions- und Exportfinanzierungskredite ein, Versicherungen boten Darlehen, und Unternehmen wie die Volkswagenwerk GmbH, die Siemens-Schuckertwerke GmbH und mehrere Schiffbaugesellschaften gewährten Vorauszahlungen von bis zu 20 Mio. DM für Lieferungen oder akzeptierten besondere Zahlungsbedingungen für Anlagenbestellungen.[352] Die Sicherungsübereignung von Schrott und Erzen sowie die Belastung des Anlagevermögens durch hohe Grundschulden sicherten die Kredite ab.[353] Außerdem nahm die DHHU 1954 und 1957 zwei Anleihen in Höhe von jeweils 40 Mio. DM auf. Folglich hatte die DHHU regelmäßig hohe Beträge für den Kapitaldienst aufzuwenden. Im Geschäftsjahr 1955/56 standen einem Gewinn von 11 Mio. DM und einem Anlagevermögen von 535 Mio. DM lang- und kurzfristige Verbindlichkeiten in Höhe von 417 Mio. DM gegenüber.[354] Darin enthalten waren auch die Auslandsschulden der VSt, die anteilig von den Nachfolgegesellschaften übernommen werden mussten.[355]

Vor dem Hintergrund der anhaltend hervorragenden Absatzlage begann die DHHU Mitte der 1950er-Jahre mit dem Einstieg in den Waggonbau ihr Tätigkeitsfeld zu erweitern.[356] Im Juli 1956 gründete sie zusammen mit ihrer Tochtergesellschaft Schwerter Profileisenwalzwerk AG die Waggon-, Geräte- und Eisenbau GmbH in Kassel mit dem Zweck einer Übernahme der in dieser Branche etablierten Firma Waggonfabrik und Fahrzeugbau Gebrüder Credé & Co. KG von der Eigentümerfamilie.[357] Ende September folgte deren Integration in die Waggon-, Geräte- und Eisenbau GmbH und die Umfirmierung in Gebrüder Credé & Co. GmbH, um den eingeführten Namen weiter nutzen zu können.[358] Das Unternehmen produzierte neben Eisenbahnwaggons u. a. Straßenbahnen, Schwerlastpaletten und Stahltüren. Bereits im Geschäftsjahr 1957/58 brach jedoch im Kerngeschäft die Inlandsnachfrage ein, denn die hohen Ersatz- und Erweiterungsinvestitionen der Bahnbetreiber im ersten Nachkriegsjahrzehnt hatten zu einer weitgehenden Marktsättigung geführt. Verstärkte Exporte, Rationalisierungsmaßnahmen bei der Waggonproduktion sowie der Einstieg in die Herstellung von Transportgeräten wie Gabelstapler und Förderanlagen brachten hier zunächst eine Entlastung und in den 1960er-Jahren eine Änderung der Produktionsstruktur.

Weitere Aktivitäten betrafen den Rohstoffsektor. Nachdem die Kohlenversorgung ab 1954 mit nur zwischenzeitlichen Ergänzungsimporten aus den USA nahezu vollständig von der Hansa Bergbau AG gedeckt werden konnte, kam es ab 1956 u. a. durch die Suezkrise zu Lieferschwierigkeiten bei Erzen aus Afrika und Goa. Da in beiden Bereichen zudem Preisanstiege zu verzeichnen waren, beteiligte sich die DHHU in Kooperation mit anderen Montanunternehmen an der Gewerkschaft Exploration zur Erschließung afrikanischer Lagerstätten. Zur Sicherung der Schrottversorgung wurde Anfang 1958 die Celler & Co. GmbH in Dortmund erworben.[359] Kurz zuvor hatte die DHHU zudem die ebenfalls in dieser Branche tätige Hans Kaupmann GmbH mit Sitz in Wanne-Eickel angepachtet, um sie schließlich im Oktober 1960 zu erwerben.[360] Mit allen übernommenen Unternehmen wurden grundsätzlich Organschaftsverträge abgeschlossen.

Während diese Akquisitionen vergleichsweise problemlos abgewickelt werden konnten, verzögerte sich das mit Abstand größte Übernahmeprojekt der DHHU, die Mehrheitsbeteiligung an der Hüttenwerke Sieger-

352 Siehe u. a. tkA Hoesch-Archiv DHHU/5224, DHHU/5226 und DHHU/5230.
353 Siehe u. a. tkA Hoesch-Archiv DHHU/5229.
354 Siehe tkA Hoesch-Archiv DHHU/5215.
355 Siehe u. a. tkA Hoesch-Archiv DHHU/5334.
356 Zu Beteiligungen und Tochtergesellschaften siehe: Gansäuer: Lagerung, S. 115–118.
357 Siehe tkA Hoesch-Archiv DHHU/2707.
358 Siehe tkA Hoesch-Archiv DHHU/2617.
359 Siehe tkA Hoesch-Archiv DHHU/5836, DHHU/5838.
360 Siehe tkA Hoesch-Archiv DHHU/5810, DHHU/5811 und DHHU/5812.

Blechwalzwerk der DHHU, Werk Hörde, nach 1955.

land AG (HWS), aufgrund der langwierigen Genehmigungspraxis der Hohen Behörde der Europäischen Gemeinschaft für Kohle und Stahl (EGKS) und den schwierigen Verhandlungen mit dem Großaktionär ATH über mehrere Jahre. Die DHHU hatte die Transaktion seit 1956 angestrebt und am 1. April 1957 erstmals bei der Hohen Behörde die Genehmigung zur Übernahme einer Mehrheitsbeteiligung an der HWS beantragt.[361] Die Genehmigung zur Ausübung einer der DHHU von der Deutschen Bank eingeräumten Option auf den Erwerb von 52 % des 46 Mio. DM umfassenden Grundkapitals für insgesamt 37 Mio. DM erfolgte jedoch erst im August

361 Antrag in tkA Hoesch-Archiv DHHU/3348. Zum Vorgang siehe auch: Rennert, Kornelia: Wettbewerber in einer reifen Branche. Die Unternehmensstrategien von Thyssen, Hoesch und Mannesmann 1955 bis 1975, Essen 2015, S. 168–170.

1960.[362] Die HWS verfügte mit ihren Werken in Wissen, Attendorn, Niederschelden, Langenei, Eichen und Hüsten sowie der 100-prozentigen Tochtergesellschaften Friedrichshütte AG in Herdorf und Blefa Blechwaren- und Faßfabrik GmbH in Kreuztal über eigene Roheisen- und Rohstahlkapazitäten. Dazu kamen umfangreiche Walzanlagen für Platinen und Feinbleche. Mit einer Produktion von 670.000 t im Geschäftsjahr 1957/58 gehörte das Unternehmen zu den größten deutschen Feinblecherzeugern, konnte den Bedarf an Stahl und Halbzeugen aber nur zu einem geringen Teil selbst decken.[363] Seit Gründung der VSt bestanden in diesem Bereich enge Lieferbeziehungen zwischen dem Siegerländer und dem Hörder Werk, das in dieser Zeit im Gegenzug seine Feinblecherzeugung zu dessen Gunsten aufgegeben hatte. Ende der 1950er-Jahre setzte die DHHU jährlich rund 200.000 t oder knapp 40 % der eigenen Halbzeugproduktion an die HWS ab. Beide Unternehmen versprachen sich von einer weiteren Intensivierung der Kooperation daher zu Recht bedeutende Synergieeffekte durch eine bessere Auslastung der Kapazitäten sowie gesicherte Absatzmöglichkeiten. Mit dem Ziel einer möglichst vollständigen Übernahme der HWS wurde von der ATH zum 1. Oktober 1961 ein weiteres Aktienpaket im Umfang von rund 34 % erworben, sodass die DHHU nun über 86 % des Grundkapitals verfügte.[364]

Die ATH und die DHHU standen bereits seit 1959 in Kaufverhandlungen und hatten im Mai 1960 die Genehmigung der Hohen Behörde der EGKS erhalten.[365] Die ATH musste dieses Paket abgeben, um ihrerseits von der Hohen Behörde die Genehmigung zum Erwerb weiterer Aktien der Stahl- und Walzwerke Rasselstein/Andernach AG und der Handelsunion AG zu erhalten.[366] Die verzögerte Umsetzung resultierte aus der Uneinigkeit beider Unternehmen hinsichtlich der Behandlung von Lieferverträgen der ATH, die seit 1953 die HWS mit Warmband versorgte und die Weiterführung der Lieferungen zur Grundlage ihrer Verhandlungen machte. Weitere Schwierigkeiten erwuchsen aus der Rolle der Handelsunion AG, einer Mehrheitsbeteiligung der ATH, die auch Produkte von DHHU und HWS vertrieb.[367] Die Situation belastete nicht nur die Beziehungen zwischen DHHU und ATH, sondern die der gesamten Dortmunder Stahlindustrie zur Konkurrenz am Rhein, denn selbst Willy Ochel, Vorstandsvorsitzender der Hoesch AG, beschwerte sich 1963 bei Hans-Günther Sohl, in gleicher Position bei der ATH, über deren vermeintlich ungebührlichen Einfluss auf die Stahlindustrie des östlichen Ruhrgebiets.[368] Erst mit der Auflage der Hohen Behörde der EGKS an die ATH, im Rahmen der Übernahme der Aktienmehrheit an der Phoenix-Rheinrohr AG Vereinigte Hütten- und Röhrenwerke im Jahr 1963 die Lieferverträge abzuändern, und der folgenden Verringerung des Vertragszeitraums und der Liefermengen entspannte sich die Situation.[369]

Mit der Erweiterung der Beteiligung schlossen DHHU und HWS einen Organschaftsvertrag mit Ergebnisausschlussvereinbarung ab, der den freien Aktionären eine Garantiedividende von mindestens 10 % bzw. 2 % über der Dividende der DHHU einräumte. Durch weiteren Aktienerwerb an der Börse stieg die Beteiligung in den folgenden Jahren schließlich auf über 90 %. Der ebenfalls seit Mitte der 1950er-Jahre aus Gründen des Absatzes von Schiffbaustahl betriebene Erwerb von 48 % der Aktien der staatseigenen Howaldtswerke AG, über den ein Vertrag mit dem Bundesfinanzministerium abgeschlossen worden war, scheiterte am Widerstand des Bundestags.[370] Das Unternehmen wurde schließlich in den ebenfalls staatseigenen Salzgitter-Konzern integriert. Insgesamt zeigten die Maßnahmen, dass sich die DHHU stark auf die Produktion von Investitionsgütern konzentrierte und als Zulieferer sah, während die Produktion von Fertig- und Konsumgütern unterrepräsentiert blieb.

362 Geschäftsbericht der DHHU 1959/60, S. 29; Treue, Wilhelm; Uebbing, Helmut: Die Feuer verlöschen nie, Bd. 2: August Thyssen-Hütte 1926–1966, Düsseldorf; Wien 1969, S. 215.

363 Geschäftsbericht der DHHU 1957/58, S. 17 f.

364 Vertrag vom 05.09.1961, in: tkA Hoesch-Archiv DHHU/3353.

365 Zu den Verhandlungen siehe tkA Hoesch-Archiv DHHU/5895; Genehmigung vom 25.05.1960 in: ebd. DHHU/3349.

366 Siehe tkA Hoesch-Archiv DHHU/5896.

367 Siehe tkA Hoesch-Archiv DHHU/3044; Treue;Uebbing: Feuer, S. 225 f.

368 Siehe tkA Hoesch-Archiv DHHU/3045.

369 Treue; Uebbing: Feuer, S. 232–234.

370 Geschäftsbericht der DHHU 1956/57, S. 15.

Hochofenanlage der DHHU, Werk Dortmund, in den 1950er-Jahren.

Ab 1961 begann die DHHU, durch den Erwerb entsprechender Unternehmen eine eigene Handelsorganisation aufzubauen. Diese Maßnahme war notwendig geworden, da die Hohe Behörde der EGKS nach den Transaktionen um die HWS gefordert hatte, die Lieferbeziehungen zur Handelsunion AG schrittweise zu reduzieren. Von der zur Flick-Gruppe gehörenden Maximilianshütte AG wurde die Establech Gesellschaft für Eisen-, Stahl- und Blecherzeugnisse mbH mit einem Grundkapital von 1,4 Mio. DM erworben.[371] Dazu gehörten deren Tochtergesellschaft Hansa-Eisen GmbH mit einem Grundkapital von 4 Mio. DM sowie weitere Beteiligungen im Exportsektor. 1962/63 übernahm die DHHU zudem die Dortmunder Eisenhandel GmbH.[372] Im Verlauf der Neuordnung der DHHU-Handelsorganisation während des Geschäftsjahres 1963/64 wurden zunächst das gesamte Stahlhandelsgeschäft in der Hansa-Stahl GmbH konzentriert und dann die von der Establech gehaltenen Gesellschaftsanteile an der Hansa-Stahl GmbH auf die DHHU übertragen. Die Hansa-Stahl GmbH übernahm daraufhin das gesamte Geschäft, und im Frühjahr 1965 wurde die Establech aufgelöst.[373] 1964 gründete die DHHU zur Intensivierung des Außenhandels noch die Unifer S. A. mit Sitz in Brüssel.[374]

Nach den stetigen und hohen Wachstumsquoten der Montanindustrie seit Beginn der 1950er-Jahre rutschte die Branche ab Anfang 1958 im Rahmen einer weltweiten konjunkturellen Abkühlung in eine erste Absatzkrise, die jedoch nichts mit der sich in dieser Zeit im Ruhrgebiet erstmals abzeichnenden Kohlenkrise zu tun hatte. Während sich in einigen Staaten schon Ende 1958 eine Verbesserung der Lage abzeichnete, konnte die

371 Siehe tkA Hoesch-Archiv DHHU/2616 und DHHU/5501.
372 Siehe tkA Hoesch-Archiv DHHU/5843.
373 Siehe tkA Hoesch-Archiv DHHU/5498, DHHU/5827 und DHHU/5831.
374 Siehe tkA Hoesch-Archiv DHHU/5137.

Rezession in Deutschland erst in der zweiten Jahreshälfte 1959 überwunden werden. Die Gründe für diesen verspäteten Aufschwung lagen vor allem in den nach Abwertung des französischen Franc währungspolitisch induzierten Preisverzerrungen innerhalb der EGKS, die zu zunehmenden Importen führten und den Abbau der überaus großen Lagermengen in Deutschland erschwerten.[375] Bei der DHHU zeigten sich die Auswirkungen dieser Entwicklung recht bald. Innerhalb weniger Monate brach die Rohstahl- und Grobblecherzeugung unerwartet stark um bis zu ein Drittel ein, sodass im Winter 1958/59 erstmals Entlassungen vorgenommen wurden. Hatte die Belegschaft einschließlich der Angestellten zu Anfang des Geschäftsjahres 1957/58 mit 22.500 erstmals knapp den Vorkriegshöchststand von 1939 erreicht, begann nun ein schleichender Personalabbauprozess, an dessen vorläufigem Ende 1966 die DHHU noch rund 15.000 Beschäftigte zählte. Die Härte, mit der die Absatzkrise die DHHU traf, war zudem ein erstes Zeichen für die strukturelle Dauerkrise, die den Stahlstandort Dortmund in den kommenden Jahren erfassen sollte und auch durch einschneidende Maßnahmen seitens der Unternehmensleitung nicht grundlegend beseitigt werden konnte. Weltweit wachsende Erzeugungskapazitäten und die zunehmende internationale Konkurrenz verdeutlichten in Verbindung mit ständig sinkenden Frachtkosten beim Seetransport von Kohle, Erzen und Fertigprodukten unmissverständlich die Nachteile der Region gegenüber den günstiger gelegenen Standorten im westlichen Ruhrgebiet.[376] Bei der DHHU bot die Absatzkrise den Anlass zu einer Rationalisierungswelle, die in den folgenden Jahren die Struktur der Erzeugungsbetriebe vollständig änderte und auch vor Stilllegungen keinen Halt machte.

In einem ersten Schritt wurden die Investitionen stark reduziert und auf laufende Projekte und unbedingt notwendige Maßnahmen beschränkt. Ersatzlos gestrichen wurde u. a. der ab 1957 geplante Neubau eines Siemens-Martin-Stahlwerks im Werk Hörde mit einer Kapazität von 300.000 t pro Jahr.[377] Nicht betroffen waren dagegen die Projekte im Bereich der Roheisenerzeugung. Nachdem der im November 1955 explodierte Hochofen I wiederaufgebaut worden war, begann nach dessen Inbetriebnahme und Stilllegung eines weiteren älteren Ofens im Juni 1957 der Bau des neuen Großhochofens VI mit einem Gestelldurchmesser von acht Metern und einer Tageskapazität von 1.500 t, der am 4. April 1961 angeblasen wurde. Von zukunftsweisender Bedeutung sowohl im Hinblick auf die angewandte Technologie als auch den ausgewählten Standort war die 1960 gefasste Entscheidung, in Hörde ein Oxygenstahlwerk nach dem LDAC-Verfahren als Ersatz für das 82 Jahre alte Thomas-Stahlwerk und das 75 Jahre alte Siemens-Martin-Stahlwerk I zu errichten.[378] Anfangs war vorgesehen, dass das neue Stahlwerk entsprechend deren Kapazität 120.000 t monatlich produzieren sollte. Noch im Herbst des Jahres begannen die Vorbereitungen mit dem Abriss der zwei Hammerwerke und der Verlegung verschiedener Betriebe zur Gewinnung eines ausreichenden Bauplatzes sowie dem Bau von Versorgungsleitungen. Nachdem Ende März 1961 der erste Spatenstich erfolgt war, präsentierte Abs den Aktionären und der Öffentlichkeit das Projekt auf der Hauptversammlung der DHHU am 26. April im Rahmen der Bekanntgabe eines Investitionsprogramms im Volumen von rund 500 Mio. DM innerhalb der kommenden fünf Jahre.[379] Im Mittelpunkt der Maßnahmen stand neben der Verbesserung der Rohstahlbasis vor allem eine massive Senkung der Produktionskosten. Mit veranschlagten 210 Mio. DM war das Oxygenstahlwerk der mit Abstand größte Einzelposten des Investitionsplans.

Da die hohe Verschuldung der DHHU die Aufnahme weiterer Kredite ohne entsprechende Sicherheiten erschwerte, wurde die günstige Ertragslage des Geschäftsjahres 1959/60 dazu genutzt, das Grundkapital um 50 % von 184 Mio. DM auf 276 Mio. DM zu erhöhen.[380] Durch ein Agio von 20 % flossen dem Unternehmen

375 Geschäftsbericht der DHHU 1958/59, S. 12–14.

376 Jacobs; Schmitt: Standortsprobleme, S. 26–37; Klag, Kurt: Die Standortbedingungen der Eisen schaffende Industrie im Ruhrgebiet seit 1850, Essen/Kettwig 1948.

377 Geschäftsbericht der DHHU 1956/57, S. 14.

378 Geschäftsbericht der DHHU 1960/61, S. 22 f. Zum Verfahren siehe auch Zilt, Andreas: Historische Innovationsforschung. Zur Einführung des Oxygenstahlverfahrens in Westdeutschland, in: Rasch, Manfred; Bleidick, Dietmar (Hg.): Technikgeschichte im Ruhrgebiet – Technikgeschichte für das Ruhrgebiet, Essen 2004, S. 710–729.

379 Siehe tkA Hoesch-Archiv DHHU/2758 und DHHU/2767.

380 Geschäftsbericht der DHHU 1958/59, S. 25 und S. 38.

rund 110 Mio. DM zu. Weitere Mittel zur Finanzierung des Stahlwerksprojekts erhielt die DHHU über Darlehen und Anleihen. Bereits kurz nach Baubeginn des Oxygenstahlwerks erwiesen sich die Rationalisierungsplanungen der DHHU angesichts der konjunkturellen Entwicklung auf den Stahlmärkten als zu kurz gefasst. Nach einem weiteren Einbruch bei der Rohstahlerzeugung wurde das Hörder Siemens-Martin-Stahlwerk I, dessen Schließung ursprünglich für die Zeit nach Inbetriebnahme des Oxygenstahlwerks vorgesehen war, bereits im Oktober 1961 außer Betrieb genommen. Gleichzeitig wurde die vorgesehene Kapazität des Oxygenstahlwerks auf 150.000 t monatlich und das Chargengewicht auf 150 t erhöht. In zwei Bauabschnitten entstanden bis 1963 zunächst zwei Konverter, die nach Aufnahme der Produktion im Mai 1963 im abwechselnden Betrieb bald rasch steigende Mengen erzeugten.[381] Die Produktion stieg von 940.000 t im Geschäftsjahr 1963/64 auf 1,3 Mio. t im folgenden Jahr und 1,5 Mio. t in 1965/66. Umgehend nach Inbetriebnahme des Werks hatte der Bau des dritten Konverters begonnen, sodass ab Juli 1966 der durchgehende Zweikonverterbetrieb anlaufen konnte.[382] Zur Sicherung der Roheisenversorgung war zunächst ein älterer Hochofen umgebaut worden, der im Oktober 1964 wieder angeblasen werden konnte. Nun wurde außerdem ein weiterer Hochofen mit einem Gestelldurchmesser von 9,5 Metern errichtet, der seine Produktion im Dezember 1965 aufnahm. Nachdem sich die Geschäftslage auch 1962 und 1963 nicht gravierend besserte und die DHHU im Geschäftsjahr 1962/63 nach einem weiteren Umsatz- und Produktionsrückgang um bis zu 15 % einen Verlust von 39 Mio. DM auswies und erstmals seit Gründung keine Dividende zahlen konnte, entschlossen sich die Verantwortlichen im Juli 1963 zur weitgehenden Stilllegung des Werks Dortmund und zur Konzentration des Betriebs in Hörde.

Dass dieser Entscheidung keine langfristige strategische Planung zugrunde lag, sondern sich Vorstand und Aufsichtsrat der DHHU angesichts der wirtschaftlichen Rahmenbedingungen kurzfristig und ohne erkennbare Alternative zu diesem weitreichenden Schritt genötigt sahen, belegt die Tatsache, dass noch in den beiden Vorjahren in die Hochöfen und andere nun von der Schließung betroffene Bereiche im Werk Dortmund investiert worden war. Auch der kurze Zeitraum zwischen Entscheidung und Umsetzung zeigt die fehlenden Handlungsspielräume. Die Gründe für die Entscheidung zulasten des Werks Dortmund resultierten aus der Entwicklung der Nachkriegszeit mit der starken Ausrichtung auf das Werk Hörde. Das Werk Dortmund lag zwar verkehrsgünstig am Dortmunder Hafen, doch wurde es wegen seiner vergleichsweise geringen Fläche nicht für die größeren Bauvorhaben insbesondere des Oxygenstahlwerks vorgesehen.

Schon Anfang November 1963 wurden im Werk Dortmund sämtliche Hochöfen, das Presswerk und das veraltete Thomas-Stahlwerk geschlossen. Bestehen blieben das Siemens-Martin-Stahlwerk, die Sinteranlage und diverse Walzkapazitäten. Nach den Hammerwerken wurde im Werk Hörde in zwei Schritten noch im Juli 1963 und im Oktober 1964 die Kokerei des Hochofenwerks stillgelegt und der Koks ausschließlich von der Kokerei Hansa bezogen. Im Dezember 1963 endete zudem wie geplant die Produktion im traditionsreichen, allerdings auf der anderen Seite des Hörder Ortskerns liegenden Thomas-Stahlwerk. Weitere Einsparungseffekte erzielten die Zusammenlegung der Bahn- und Baubetriebe, der Lager und Magazine, der Reparaturwerkstätten und Wärmestellen als logische Konsequenz der Konzentration.[383] Auf der anderen Seite forderte die neue Werksstruktur weitere Investitionen und zog ein kostenträchtig erhöhtes Transportvolumen nach sich. Die Versorgung des Dortmunder Siemens-Martin-Stahlwerks mit flüssigem Stahleisen und der Walzwerke mit Roh- und Vorblöcken erfolgte ebenso über die Bahn wie die Sinterlieferungen zum Hochofenwerk. Zur Energieversorgung der Anlagen wurde im Oktober 1964 eine Gichtgasleitung von Hörde nach Dortmund verlegt.

Innerhalb von nur fünf Jahren hatte sich das Bild der DHHU vollständig gewandelt. Betrieb das Unternehmen 1960 vor Beginn der Restrukturierung an zwei Standorten zehn Hochöfen, zwei Thomas-Stahlwerke mit insgesamt 17 Konvertern und drei Siemens-Martin-Stahlwerke mit 17 Öfen, waren es Anfang 1965 nur

381 Geschäftsbericht der DHHU 1962/63, S. 21.
382 Geschäftsbericht der DHHU 1965/66, S. 17 f.
383 Geschäftsbericht der DHHU 1963/64, S. 13.

noch fünf Hochöfen, zwei Siemens-Martin-Stahlwerke mit neun Öfen und zwei LDAC-Konverter im Oxygenstahlwerk. Mit Inbetriebnahme des neuen Hochofens im Dezember 1965 wurden nochmals zwei ältere Öfen stillgesetzt, sodass sich die Anzahl der Hochöfen auf drei reduzierte. In allen Bereichen waren Produktionssteigerungen bei verringertem Energieverbrauch zu verzeichnen.[384] Da auch im Bereich der Walzwerke in den vergangenen Jahren umfangreiche Mittel investiert worden waren, verfügte die DHHU über einen äußerst modernen Anlagenbestand. Angesichts der bei stagnierender Nachfrage erneut wachsenden Importe und des daraus resultierenden spürbaren Preisverfalls zeigte sich jedoch bereits 1964, dass die eingeleiteten Maßnahmen nicht ausreichten, um die Konkurrenzfähigkeit der DHHU zu sichern. Vor dem Hintergrund ähnlicher Tendenzen in der gesamten Stahlindustrie des Ruhrgebiets schien als beste Lösung aus der Misere eine Fusion mit der Hoesch AG zu einem großen Dortmunder Stahlkonzern.[385]

Nachdem die ersten Erfahrungen beider Unternehmen mit Kooperationen im Erzsektor bereits in den 1890er-Jahren erfolgt waren, hatte es in der Phase der Konzernzugehörigkeit der Werke Dortmund und Hörde nur vergleichsweise wenige Berührungspunkte gegeben. Auch nach Gründung der DHHU waren die Beziehungen tendenziell eher von Abgrenzungsversuchen als von gemeinsamen Zielsetzungen geprägt. Dies änderte sich jedoch Ende der 1950er-Jahre mit den beschriebenen Einbrüchen in verschiedenen Produktionsbereichen und insbesondere im Feinblechsektor.[386] Um beiden Unternehmen eine bessere Anpassung an Marktschwankungen zu ermöglichen und den Investitionsbedarf zu reduzieren, vereinbarten die Hoesch AG und die DHHU den Austausch freier Kapazitäten: Die DHHU erhielt ab 1961 Sinter aus der neuen Sinteranlage der Westfalenhütte und übernahm Teile von deren Warmbreitbandkapazität, um ihre Tochtergesellschaft HWS mit ausreichenden Mengen Breitband versorgen zu können. Im Gegenzug erhielt die Hoesch AG von der DHHU Kapazitäten der Blockbrammenstraße.[387] In den folgenden Jahren wurde die überbetriebliche Zusammenarbeit zwischen beiden Unternehmen noch ausgebaut. Weitere Rationalisierungserfolge auf diesem Sektor schienen nur durch eine weitere Integration beider Unternehmen möglich.

Mitte 1965 begannen die Verhandlungen zwischen der Hoesch AG und der DHHU zur vollständigen Abstimmung der Investitions- und Produktionsprogramme zur besseren Ausnutzung der Kapazitäten und Kostensenkung. Über die exakte Form der Integration fiel jedoch noch keine Entscheidung, obwohl von Beginn an klar war, dass nur eine Fusion der DHHU auf die Hoesch AG in Frage kam. Im Bereich der Roheisen- und Rohstahlproduktion besaß die DHHU zwar größere und im Bereich der Walzwerkserzeugnisse ähnliche Kapazitäten, doch verfügte die Hoesch AG nicht nur über die mit Abstand bessere finanzielle Basis, sondern war auch im Bereich der Weiterverarbeitung erheblich tiefer diversifiziert.[388] U. a. aus steuerlichen Gründen wurde ein Pachtvertrag favorisiert.[389] Zugleich kam es zur Vereinbarung einer weitgehenden Kooperation beider Unternehmen mit Hoogovens, dem Aktionär der DHHU. Ein Gutachten von drei Wirtschaftsprüfungsgesellschaften veranschlagte das Umtauschverhältnis von Aktien der DHHU in Aktien der Hoesch AG mit 10:7.[390] Am 22. Februar 1966 schlossen die DHHU und die Hoesch AG die Verträge zum Übergang der Geschäfts- und Betriebsführung auf die Hoesch AG zum 1. Oktober 1966, die Verpflichtung der Hoesch AG zum Aktienerwerb im Rahmen

384 Zu den Maßnahmen im Einzelnen siehe Geschäftsberichte der DHHU 1962/63, S. 13–15 und 1965/66, S. 17 f.

385 Kurzüberblick der Entwicklungen im Montansektor bei Hempel, Gustav: Die deutsche Montanindustrie, Essen 1969, S. 181–194. Siehe auch: Baare, Gerd: Ausmaß und Ursachen der Unternehmungskonzentration der deutschen Stahlindustrie im Rahmen der Montanunion, ein internationaler Vergleich, Tübingen 1965; Elkmann, Georg-Heinrich: Möglichkeiten und Grenzen der Konzentration in der Eisen- und Stahlindustrie: Entwicklungslinien, Strukturen und Problematik, dargestellt insbesondere an den Verhältnissen in der Bundesrepublik Deutschland, Düsseldorf 1970.

386 Rennert: Wettbewerber, S. 212–214.

387 Geschäftsbericht der DHHU 1958/59, S. 24.

388 Rennert: Wettbewerber, S. 214–216; Hempel: Montanindustrie, S. 209.

389 Zu den Vorbereitungen siehe insbesondere tkA Hoesch-Archiv DHHU/5891.

390 Geschäftsbericht der DHHU 1964/65, S. 10.

einer Kapitalerhöhung und über die Anpachtung des gesamten Anlagevermögens der DHHU.[391] Die DHHU wurde damit zur reinen Vermögensverwaltungsgesellschaft. Dass es zunächst nicht zu einer Vollfusion zwischen Hoesch und DHHU kam, sondern nur zu dieser Form der Betriebsüberlassung, hatte allein steuerrechtliche Gründe, wären doch im ersten Fall Steuern im Umfang von bis zur 30 Mio. DM fällig gewesen.[392] Genau zwei Monate später unterzeichneten die Hoesch AG und Hoogovens einen Kooperationsrahmenvertrag, nachdem die Hauptversammlung der DHHU die Vereinbarungen genehmigt hatte.[393] Die 42,7-prozentige Beteiligung von Hoogovens an der DHHU wurde in eine 14,5- prozentige Beteiligung an der Hoesch AG umgewandelt.

Die Hohe Behörde der EGKS genehmigte am 13. Juli 1966 beide Verträge.[394] Damit übte die DHHU ab dem 1. Oktober 1966 keine eigene Produktions- oder Verkaufstätigkeit mehr aus. Gegenstand des Unternehmens war satzungsgemäß die Verwaltung und Verwertung des verbliebenen Gesellschaftsvermögens, das vor allem die Beteiligungen umfasste. Am 13. Juli 1967 wurden die drei Hüttenwerke Westfalenhütte, Phoenix und Union unter der neu gebildeten Hoesch AG Hüttenwerke zusammengefasst. Bis Ende 1967 hatten die Altaktionäre rund 95 % der DHHU-Aktien in Hoesch-Aktien umgetauscht.[395] Durch Beschluss der außerordentlichen Hauptversammlung der DHHU am 24. Juni 1970 wurde das Unternehmen auf die Hoesch AG umgewandelt.[396]

5. Fazit

Mit der Fusion von DHHU und Hoesch AG war von den einst zahlreichen selbstständigen Unternehmen der Eisen- und Stahlindustrie im Dortmunder Raum nur noch eines übriggeblieben. Gleichzeitig endete damit vorläufig ein Konzentrationsprozess, der die Branche hier schon früher und nachhaltiger als in anderen Regionen des Ruhrgebiets erfasst hatte. Ausschlaggebend für die vielfach wechsel- und krisenhafte Entwicklung der vorangegangenen rund 125 Jahre war die ausgeprägte Standortschwäche der DHHU und ihrer Vorläufergesellschaften, die sich schon früh als Menetekel erwiesen hatte. Die anfangs optimal erscheinende Lage des Hoerder Vereins direkt auf Kohle und Eisenerz hatte ihre Vorteile bereits nach zwei Jahrzehnten verloren – dann dominierten die Nachteile der räumlich getrennten und zugleich begrenzten Hochofen- und Hüttenanlagen. Die vergleichsweise große Entfernung zum Dortmunder Hafen und dem Hochofenwerk Dortmund als drittem Produktionsstandort konservierte die Situation zur Jahrhundertwende. Die Union AG profitierte zwar von der Nachbarschaft zum Hafen, doch fehlten auch ihr aufgrund der Begrenztheit des Betriebsgeländes die räumlichen Entwicklungsmöglichkeiten. Beide gehörten zu den ersten Großunternehmen der Eisen- und Stahlindustrie, die noch vor dem Ersten Weltkrieg ihre Eigenständigkeit verloren. Während der vier Jahrzehnte gemeinsamer Unternehmenszugehörigkeit ab 1926, zunächst als Betriebsabteilungen der VSt, dann unter dem Dach von DHHV und DHHU, wurden die Grundstrukturen mangels anderer Möglichkeiten unter der Prämisse verstärkter Arbeitsteilung beibehalten.

Mit der stagnierenden deutschen Stahlkonjunktur und der zunehmenden Konkurrenz des Weltmarkts seit Ende der 1950er-Jahre waren einschneidende Maßnahmen schließlich unumgänglich. Die weitgehende Stilllegung des Werks Dortmund leitete in der Retrospektive nicht nur den schleichenden Niedergang der Dortmunder Stahlindustrie ein, sondern war zugleich ein erstes bedeutendes Zeichen für den beginnenden Konsolidierungsprozess der Branche und die sukzessive Verlagerung der Produktion auf die verkehrsgünstig gelegenen Standorte

391 Verträge in tkA Hoesch-Archiv DHHU/5887.

392 Wolter, Hans: Grundsätzliches aus der Sicht der deutschen Eisen- und Stahlindustrie, in: Röper, Burckhardt (Hg.): Rationalisierungseffekte der Walzstahlkontore und der Rationalisierungsgruppen, Berlin 1974, S. 53–67, hier S. 60.

393 Vertrag in tkA Hoesch-Archiv DHHU/5890. Zur Hauptversammlung siehe ebd. DHHU/5525. Vries: Hoogovens, S. 588–591, erwähnt die Entwicklung nur knapp.

394 Genehmigung in tkA Hoesch-Archiv DHHU/5888.

395 Geschäftsbericht der DHHU 1966/67, S. 9.

396 Siehe tkA Hoesch-Archiv DHHU/5005.

am Rhein. Weder die Fusion von DHHU und Hoesch AG noch die zwischen 1972 und 1982 nach dem Zusammenschluss von Hoesch AG und Hoogovens als erster binationaler Stahlkonzern Europas bestehende ESTEL N. V. konnten die Entwicklung bremsen. Mit der Verschmelzung der Hoesch AG auf die Fried. Krupp AG zur Fried. Krupp AG Hoesch-Krupp endete 1992 die Geschichte der selbstständigen Dortmunder Stahlindustrie.

DIETMAR BLEIDICK

Zur Überlieferung des Bestands DHHU

1. Überlieferungsgeschichte

Der Bestand DHHU umfasst sämtliche im thyssenkrupp Konzernarchiv, Hoesch-Archiv vorhandenen und im Verlauf der eigenständigen Geschäftstätigkeit der Dortmund-Hörder Hüttenunion AG (DHHU) bis 1966 abgeschlossenen Akten des Unternehmens und seiner verschiedenen Vorläufergesellschaften. Dazu kommen diverse Unterlagen aus der Phase als Holdinggesellschaft bis 1970. Einige Akten stammen aus der Zeit nach der Auflösung der Gesellschaft und damit aus der Provenienz des Hoesch-Konzerns, wurden aber in den Bestand integriert, da der mit Abstand überwiegende Teil des Inhalts während der Existenzphase der DHHU entstanden ist und sich die Laufzeitverlängerung aus der Beiheftung jüngerer Dokumente ergibt. Die Überlieferung der einzelnen Unternehmen ist sowohl quantitativ als auch qualitativ äußerst heterogen. Vielfach sind nur fragmentarische Reste der angesichts der Größe der Gesellschaften und des Zeitraums ihres Bestehens einstmals umfangreichen Aktenbestände erhalten. Dies hängt einerseits mit dem Stellenwert zusammen, der den Unterlagen von den Zeitgenossen in unternehmenshistorischer Perspektive und in Hinblick auf die zeitgenössische Geschäftstätigkeit beigemessen wurde, andererseits aber auch mit den zahlreichen Fusionen und Wandlungen in den Unternehmensstrukturen, die wahrscheinlich regelmäßig zur Kassation umfangreicher Teilbestände geführt haben. Daneben sind große Kriegsverluste zu vermuten. Auffällig ist das nahezu vollständige Fehlen von Betriebsakten und technischen Unterlagen der Werke. Es dominieren Akten des kaufmännischen Bereichs, der Unternehmensleitung und vor allem aus den Rechts-, Bau- und Grundstücksabteilungen. Einen weiteren Schwerpunkt bilden die Unterlagen der Personalabteilungen.

Zur Überlieferungsgeschichte des Bestands DHHU und zur Registratur- bzw. Archivstruktur der Unternehmen liegen nur sehr wenige Informationen vor, sodass Aussagen zu diesem Sachverhalt weitgehend spekulativ sein müssen. Nur für den Hoerder Bergwerks- und Hütten-Verein (Hoerder Verein) lässt sich die Entwicklung für einen Zeitraum von rund drei Jahrzehnten detailliert nachvollziehen. Da die Ereignisse um die Sicherung dieses schon in zeitgenössischer Perspektive historisch wertvollen Bestands ein besonderes Licht auf die Archivpraxis des frühen 20. Jahrhunderts und insbesondere des 1906 gegründeten „Archivs für Rheinisch-Westfälische Wirtschaftsgeschichte" (ARWW) (heute Stiftung Rheinisch-Westfälisches Wirtschaftsarchiv, RWWA) werfen, das sich aktiv um die Akquisition von Beständen bemühte, werden sie hier detailliert nachvollzogen.[1]

Der Hoerder Verein richtete wahrscheinlich bereits 1897 ein eigenes Archiv ein, jedenfalls wurde dieser Zweck im Bauantrag für ein neues Gebäude an der Burgstraße 13 vermerkt.[2] Es ist anzunehmen, dass neben der laufenden Registratur auch die Altakten hier eingelagert wurden. Anfang 1909 nahm der Leiter des ARWW, Mathieu Schwann,[3] Kontakt zur Phoenix AG für Bergbau und Hüttenbetrieb Abteilung Hoerder Verein (Phoenix AG Hoerder Verein) auf. Wohl in dem Wissen, dass die für die Zeit ungewöhnliche Bitte um Übernahme des Aktenbestands eines bestehenden und vor allem privaten Unternehmens, das dazu noch von Köln weit entfernt seinen Sitz in Westfalen hatte, nicht ohne Weiteres erfüllt werden würde, bat er quasi als Türöffner mit Verweis auf ein Buchprojekt zu den „Maßnahmen der rheinisch-westfälischen Großindustrie auf dem Gebiete der Wohlfahrtspflege" zunächst um die Genehmigung zur Durchsicht der vorhandenen handschriftlichen und

1 Siehe umfassend Soénius, Ulrich S.: Zukunft im Sinn – Vergangenheit in den Akten. 100 Jahre Rheinisch-Westfälisches Wirtschaftsarchiv zu Köln, Köln 2006.

2 Bauunterlagen, in: thyssenkrupp Konzernarchiv Außenstelle Hoesch-Archiv (im Folgenden tkA Hoesch-Archiv) DHHU/3694.

3 Zu Schwann siehe: Soénius, Ulrich S.: Schwann, Mathieu, in: NDB 23 (2007), S. 787 f.

gedruckten Unterlagen zum Thema aus der Zeit vor 1880.[4] Man habe in den bereits im ARWW lagernden Beständen von Gustav von Mevissen und des A. Schaaffhausen'schen Bankvereins Hinweise auf die bedeutenden frühen Aktivitäten des Hoerder Vereins in diesem Bereich gefunden. Daran schloss sich die direkte Anfrage an, ob die Phoenix AG Hoerder Verein nicht bereit sei, „betreffs dauernder Deponierung Ihrer älteren, für den laufenden Geschäftsbetrieb entbehrlichen Akten, in unserem Archiv mit uns in Verhandlung zu treten".

Friedrich Wilhelm Leopold, als Vorstandsmitglied der Phoenix AG zuständig für die Abteilung Hoerder Verein, antwortete, dass kein Aktenmaterial zu den „Wohlfahrtseinrichtungen" mehr vorhanden sei, und schickte dem ARWW mit der Bitte um Rückgabe eine Vermögensaufstellung der Kranken- und Unterstützungskasse bis 1885[5] sowie diverse Satzungen.[6] Auf den Aspekt einer Abgabe von Akten ging er nicht ein. Auch Schwann sprach diese Variante angesichts der damit zu vermutenden ablehnenden Haltung der Phoenix AG Hoerder Verein in seiner Antwort nicht mehr an, sondern verfolgte von nun an eine zurückhaltende, schrittweise Taktik. Das ARWW besitze diverse Geschäftsberichte des Hoerder Vereins und sei an einer Komplettierung seines Bestands interessiert. Zugleich bat er um die regelmäßige Zusendung aktueller Druckschriften.[7] Das ARWW erhielt daraufhin eine Sammlung von Geschäftsberichten und Satzungen sowie die Festschrift des Hoerder Vereins von 1902.[8] Damit brach der Kontakt zunächst ab.

Im Februar 1910 folgte der nächste Versuch Schwanns, die Akten des Hoerder Vereins zu übernehmen. Unter Hinweis auf die Fertigstellung des ersten Bands der archiveigenen Schriftenreihe über die Rheinische Eisenbahn-Gesellschaft[9] und die fortgeschrittenen Arbeiten an weiteren Publikationen, darunter über die Wohlfahrtseinrichtungen,[10] teilte er in Unkenntnis über den Sitz des Unternehmens und den Standort der Hauptverwaltung der Phoenix AG in einem an die „Direktion" in Ruhrort gerichteten Schreiben mit, dass das ARWW sich auf vielfachen Wunsch dazu entschlossen habe, „an die Bearbeitung der Geschichte einer der großen industriellen Unternehmungen heranzugehen".[11] Als eine der ältesten Gründungen sei der Hoerder Verein für dieses Vorhaben besonders geeignet. Mit dem vollmundigen Versprechen, dass das „durchaus wissenschaftliche" Werk mit „der bisher üblichen Darstellung in Festschriften brechen" und ein „Muster der Bearbeitung der Geschichte eines Einzelunternehmens" werden solle, bat er erneut offen um die Überlassung des gesamten vorhandenen Aktenbestands bis 1890 „für einige Zeit". Diese Aussage konterkarierend sagte er allerdings auch zu, dass „nichts veröffentlich wird, was ihren Interessen oder Wünschen widerspräche".

Gleichzeitig aktivierte er Heinrich Schröder, stellvertretender Vorsitzender des Aufsichtsrats der Phoenix AG und zugleich Vorstandsmitglied des ARWW, der sich kurz darauf in einem persönlichen Schreiben an Generaldirektor Wilhelm Beukenberg für das Buchprojekt einsetzte.[12] Leopold antwortete Schwann indessen kühl, dass er alle Materialien, „welche Sie u. E. für den gedachten Zweck benötigen", im Frühjahr 1909 erhalten habe.[13] Er solle mitteilen, was er sonst noch wünsche. Schwann konkretisierte daraufhin seine Vorstellungen und antwortete, dass er die gesamten Unterlagen der Geschäftsleitung wie Niederschriften der Generalversammlungen, Vorstands- und Aufsichtsratssitzungen, Korrespondenz, Geschäfts- und Hauptbücher sowie

4 Schwann an die Phoenix AG Hoerder Verein vom 05.01.1909, in: tkA Hoesch-Archiv DHHU/5024. Das Projekt wurde nicht umgesetzt. Potenzielle Autoren werden in der vorliegenden Korrespondenz nicht genannt.

5 Wahrscheinlich handelt es sich um die Aufstellung in: tkA Hoesch-Archiv DHHU/3344.

6 Leopold an das ARWW vom 16.01.1909, in: tkA Hoesch-Archiv DHHU/5024.

7 Schwann an die Phoenix AG Hoerder Verein vom 19.02.1909, in: ebd.

8 Ludwig Tull, für die Abteilung Hoerder Verein zuständiges Vorstandsmitglied, an das ARWW vom 18.03.1909 sowie Leopold vom 29.04.1909, in: ebd.

9 Kumpmann, Karl: Die Entstehung der Rheinischen Eisenbahn-Gesellschaft 1830–1844. Ein erster Beitrag zur Geschichte der Rheinischen Eisenbahn, Essen 1910.

10 Das Werk ist nie erschienen.

11 Schwann an die Phoenix AG vom 26.02.1910, in: tkA Hoesch-Archiv DHHU/5024.

12 Schröder an Beukenberg vom 01.03.1910, in: ebd.

13 Leopold an Schwann vom 04.03.1910, in: ebd.

Lohnunterlagen benötige, um zu prüfen, ob sie für das Vorhaben ausreichten.[14] Außerdem bot er an, durch einen Mitarbeiter die Akten ordnen und ein Verzeichnis erstellen zu lassen. Beukenberg ordnete daraufhin an, in Frage kommende Akten auszusuchen und einem Vertreter des ARWW zur Auswahl vorzulegen.[15] Gezeigt werden sollten möglicherweise nur die Hauptbücher ab 1852,[16] Generalia zur Einnahmen- und Ausgabenrechnung 1855–1874,[17] „Journale" ab 1875 und Lohnabrechnungsbücher ab 1883.[18] Die älteren Lohnbücher waren zu diesem Zeitpunkt bereits „eingestampft" worden.[19]

Das in diesem Kontext erstellte Aktenverzeichnis enthielt dann jedoch 1.513 Akten über Lieferungen von Eisenbahnoberbaumaterial und rollendem Eisenbahnmaterial an verschiedene Eisenbahngesellschaften und -direktionen durch den Hoerder Verein ab 1850, 692 Akten über die Mitgliedschaft des Unternehmens in Kartellen und Verkaufsvereinigungen wie der Schienen-Gemeinschaft, der Schwellen-Gemeinschaft und dem Walzwerk-Verband seit den 1870er-Jahren sowie 175 Akten aus der kaufmännischen Verwaltung.[20] Unter diesen befand sich mit den Bilanzen und Niederschriften der Generalversammlungen seit 1852, Korrespondenz mit dem Verwaltungsrat, diversen Patentakten sowie verschiedene Unterlagen aus den Bereichen Unternehmensfinanzierung und Liegenschaften nur ein Ausschnitt der tatsächlich vorhandenen Akten. Weitere Unterlagen des Verwaltungsrats lagen wahrscheinlich beim A. Schaaffhausen'schen Bankverein.[21] Insgesamt vermittelt die Auswahl der abgegebenen Akten – in der Annahme, dass die Phoenix AG Hoerder Verein tatsächlich ein Archiv betrieb, und vor dem Hintergrund der heute im Bestand DHHU vorhandenen Akten – den Eindruck einer zufälligen Zusammenstellung.

Am 3. Mai 1910 fuhr Schwann persönlich nach Hörde, um sich die Akten anzuschauen, und erhielt am 24. Mai das erwähnte Aktenverzeichnis mit dem Hinweis, dass aus den Akten benötigte „Auszüge" jederzeit von der Phoenix AG Hoerder Verein angefertigt werden könnten und bei Bedarf auch einzelne Akten an das ARWW ausgeliehen werden würden. „Von Übersendung sämtlicher Akten zum Zwecke der Aufbewahrung möchten wir absehen."[22] Dies widersprach anscheinend der während des Besuchs getroffenen mündlichen Absprache zwischen Schwann und Leopold, denn Schwann wandte sich Anfang Juni in einem Schreiben erneut an Schröder, in dem er die bisherige Entwicklung beschrieb und darauf verwies, dass während und nach seinem Besuch Einigkeit darüber geherrscht habe, ausgewählte Akten als Depositum an das ARWW zu übergeben.[23] Er könne diesen Sinneswandel daher nicht nachvollziehen. Abschließend verwies er auf die Bedeutung des Bestands für das Archiv, das bisher mit Ausnahme der Handelskammer zu Münster keine Akten aus dem westfälischen Raum verwalte. Das ARWW sei kein „Kölner Lokalinstitut". Er verspreche sich von einem solchen Bestand eine gewisse Signalwirkung auf andere Unternehmen und bitte noch einmal um eine entsprechende Einflussnahme auf Beukenberg.

Dieser reagierte unwirsch auf Schwanns Schreiben, das er als „Beschwerde" über das Verhalten der Phoenix AG Hoerder Verein auffasste.[24] Schwann dürfe doch sowohl Akten ausleihen als auch aus noch im Geschäftsbetrieb benötigten Unterlagen Abschriften erhalten. „Meiner Ansicht nach können Sie mit diesem

14 Schwann an den Vorstand der Phoenix AG vom 17.03.1910, in: ebd.
15 Handschriftliche Randnotiz ebd., sowie Tull an das ARWW vom 27.04.1910, in: ebd.
16 Im Bestand DHHU nicht vorhanden.
17 Im Bestand vorhanden.
18 Im Bestand nicht vorhanden.
19 Aktennotiz für Prokurist Schmidt vom 28.04.1910, in: tkA Hoesch-Archiv DHHU/5024.
20 Aktenverzeichnis, in: tkA Hoesch-Archiv DHHU/5376. Alle drei Gruppen sind im Bestand DHHU nicht vorhanden. Bei den Bilanzakten und Niederschriften zu den Generalversammlungen handelte es sich wahrscheinlich um Doppelstücke.
21 Niederschrift der Verwaltungsratssitzung des Hoerder Vereins am 20.01.1891, in: tkA Hoesch-Archiv DHHU/3135. Die Akten des A. Schaaffhausen'schen Bankvereins und des Bankhauses Deichmann & Co. gingen während des Zweiten Weltkriegs im RWWA verloren. Soénius: RWWA, S. 151 und 159.
22 Leopold an das ARWW vom 24.05.1910, in: tkA Hoesch-Archiv DHHU/5024.
23 Schwann an Schröder vom 03.06.1906, in: ebd.
24 Beukenberg an Schwann vom 11.06.1910, in: ebd.

Zugeständnis zufrieden sein, da wir selbstverständlich unsere Akten nicht unbesehen aus der Hand geben wollen, uns vielmehr vor solchem Entschluss eine wiederholte Prüfung vorbehalten müssen." Schwann bat darauf um ein persönliches Gespräch, erhielt einen Termin mit dem Hinweis, dass Beukenberg sich nicht „länger als eine Viertelstunde mit dieser Angelegenheit zu beschäftigen" gedenke, und entschuldigte sich schließlich unter Verweis auf ein „Mißverständnis" für seine Vorgehensweise.[25] Da nun alles geregelt sei, wolle er Beukenbergs „kostbare Zeit nicht weiter in Anspruch" nehmen.

Dennoch verfolgte Schwann sein Ziel weiterhin mit großer Energie. Ende Juli 1910 stellte er unter Erwähnung des Nationalökonomen Kurt Wiedenfeld als Mitglied des Archiv-Arbeitsausschusses nochmals mit blumigen Worten das Buchprojekt vor und schlug schließlich vor, „uns die im Registerteil bezeichneten Akten [die 175 Verwaltungsakten] zur Deponierung im Archiv auf einige Jahre zu übersenden".[26] Wie wenig Interesse die Phoenix AG Hoerder Verein letztlich an den Akten hatte, zeigt die Tatsache, dass das Unternehmen selbst über kein eigenes Aktenverzeichnis verfügte, sondern das einzige Exemplar erst vom ARWW zurückfordern musste, um über die erneute Anfrage zu entscheiden.[27] Nachdem das ARWW zudem verdeutlicht hatte, dass weder an den Akten zum Produktvertrieb noch zu den Verkaufsvereinigungen Interesse bestand, erklärte sich die Phoenix AG Hoerder Verein dazu bereit, 157 der gewünschten 175 Akten unter Vorbehalt des Eigentumsrechts an das Archiv abzugeben.[28] Die Ausnahmen betrafen die Bilanzunterlagen ab 1900 sowie einige Unterlagen zum Bergbau. Am 2. September 1910 trafen die Akten beim ARWW ein.[29] Möglicherweise um die Verlässlichkeit des Archivs zu testen, forderte das Unternehmen am 4. Oktober 1910 die Zusendung aller Generalversammlungsprotokolle, erhielt sie am Tag darauf, um sie am 6. Oktober wieder zurückzuschicken.[30] In den nächsten Jahren wurden die Niederschriften noch mehrfach angefordert. Während des Ersten Weltkriegs und in der Nachkriegszeit bestand dann wahrscheinlich kein Kontakt mehr zwischen Unternehmen und Archiv.

Anfang 1924 wäre die Kooperation schließlich von der Phoenix AG nach dem vorübergehenden Verlust einer Akte beim ARWW fast beendet worden. Karl Harr, Vorstandsmitglied mit Zuständigkeit für die Abteilung Hoerder Verein, hatte während der kurzzeitigen Stilllegung des Hochofenwerks Hörde im Herbst 1923 den Auftrag erteilt, mit dem Ziel einer Werksgeschichte Material zum Standort zu sammeln.[31] Dabei sei man in einer Akte auf die Information gestoßen, dass eine Konzessionsakte unter dem Titel „Alte Konzessionen der Hütte und Eisenwerk" beim ARWW lagere. Der Vorstand der Phoenix AG Hoerder Verein war zu diesem Zeitpunkt also nicht mehr über den Verbleib der Akten informiert und besaß auch nicht das Aktenverzeichnis, wie Harr selbst bemerkte.[32] Er bat nun um Ausleihe der Akte. Der umgehende Besuch von Mitarbeitern der Phoenix-Hauptverwaltung beim ARWW blieb jedoch erfolglos, da die Akte nicht aufzufinden war.[33] Ende Januar 1924 musste das Archiv dann mitteilen, dass sich an der Sachlage nichts geändert habe und die Akte vermutlich „einmal irgend jemand zum Studium überlassen und nicht zurückgegeben worden" sei. Walter Fahrenhorst, Vorstandsvorsitzender der Phoenix AG, schlug Harr vor, „doch zu überlegen, ob es nicht bei dem anscheinenden Mangel an Ordnung und Sorgfalt in demselben [ARWW] vielleicht das beste ist, die

25 Schwann an Beukenberg vom 11. und 15.06.1910 sowie Beukenberg an Schwann vom 14.06.1910, in: ebd.
26 Schwann an die Direktion des „Hoerder Bergwerkvereins" vom 22.07.1910, in: ebd.
27 Phoenix AG Hoerder Verein an das ARWW vom 26.07.1910 sowie ARWW an die Phoenix AG Hoerder Verein vom 02.08.1910, in: ebd.
28 Tull an das ARWW vom 20.08.1910, in: ebd.
29 Speditionsbeleg, in: ebd.
30 Phoenix AG Hoerder Verein an das ARWW vom 04. und 06.10.1910 sowie ARWW an das Unternehmen vom 05.10.1910, in: ebd.
31 Harr an die Hauptverwaltung der Phoenix AG vom 24.12.1923, in: ebd.
32 Handschriftliche Anmerkung Harrs auf dem Antwortschreiben von Walter Fahrenhorst vom 31.01.1924, in: ebd.
33 Ebd.

übrigen beim Wirtschaftsarchiv von Ihnen noch vorhandenen Akten zurückzufordern". Harr sah dies ähnlich und kündigte an, diesen Vorschlag „zur Verhinderung weiterer Verluste" umzusetzen.[34]

Ende Februar forderte er das ARWW zur „baldigsten Rückgabe" auf.[35] Bruno Kuske, Schwanns Nachfolger in der Archivleitung, ging auf diese Forderung nicht ein, sondern schrieb dem Unternehmen, dass es sich um ein Missverständnis handele und verwies unter Hinzufügung einer Abschrift des entsprechenden Schreibens aus dem Jahr 1910 darauf, dass die „in Frage kommenden Akten von Ihnen seiner Zeit nicht abgeliefert worden sind".[36] Ob ihm hier ein Irrtum unterlief oder er sich bewusst zu dieser die Schuldfrage umkehrenden Aussage entschloss, bleibt offen, denn die Akte befand sich tatsächlich beim ARWW. Andererseits kann davon ausgegangen werden, dass die Akte nicht gefunden wurde, da sie, anders als von der Phoenix AG Hoerder Verein angegeben, in der Aufstellung unter dem Titel „Dampfkessel-Konzessionen" vermerkt war.[37] Dies war mittlerweile auch dem Unternehmen aufgefallen, das seine Anfrage nun konkretisierte und die Akte Anfang Februar zugesandt bekam.[38] Die Aufforderung zur Rückgabe des gesamten Bestands wurde von der Phoenix AG Hoerder Verein daraufhin nicht weiterverfolgt.

1941 wurden die Akten vom ARWW schließlich an die Dortmund-Hoerder Hüttenverein AG (DHHV) abgegeben,[39] wo sie wahrscheinlich im Verlauf des Zweiten Weltkriegs verloren gingen. Der Grund für die Rückgabe lag im Aufbau eines eigenständigen Archivsystems durch die Vereinigte Stahlwerke AG (VSt). Auf Initiative von Hedwig Behrens, zunächst Leiterin der Beratungsstelle für Werksarchive der VSt, nach dem Zweiten Weltkrieg dann des Archivs der Eisenwerke Mülheim/Meiderich AG, entstanden in den 1930er-Jahren bei Tochtergesellschaften der VSt hauptamtlich betreute Archive, darunter auch bei der DHHV.[40] Nebenamtlich betreute Archive besaßen im Raum Dortmund u. a. die Dortmunder Union Brückenbau-AG und die Eisenwerk Rothe Erde AG. Über die Tätigkeit dieser Institutionen liegen keine Informationen vor. Ab Frühjahr 1943 wurden historisch wertvolle Unterlagen der VSt und ihrer Tochtergesellschaften, darunter der Phoenix AG und der Deutsch-Luxemburgischen Bergwerks- und Hütten AG (Deutsch-Lux) in die stillgelegte Grube Silberwiese bei Oberlahr im Westerwald ausgelagert.[41]

Im Frühjahr 1949 wurden diese von den Alliierten beschlagnahmten Akten an die VSt bzw. deren Konzerngesellschaften zurückgegeben. Unterlagen aus dem Dortmunder Bereich waren wahrscheinlich nicht darunter. Über die Aktenverwaltung aller anderen Unternehmen, insbesondere der Dortmunder Werke, geben weder Literatur noch die vorhandenen Unterlagen näheren Aufschluss. Die Hüttenwerk Hörde AG ließ wahrscheinlich um 1950 eine Aufstellung der noch vorhandenen Akten vornehmen.[42] Diese Aufstellung enthält nur rund 600 Akten – davon ein Großteil des Hoerder Vereins und jeweils einige der Phoenix AG Hoerder Verein und des Werks Hörde der VSt und der DHHV –, und damit erheblich weniger als im heutigen Bestand DHHU vorhanden sind. Möglicherweise wurden weitere, nicht überlieferte Verzeichnisse angelegt. Ob und wo die DHHU ein Archiv betrieb und auf welchen Wegen die Unterlagen ihrer Vorläufergesellschaften hierhin gelangten, ist ebenfalls nicht bekannt.

34 Harr an die Hauptverwaltung der Phoenix AG vom 04.02.1924, in: ebd.

35 Phoenix AG Hoerder Verein an das ARWW vom 20.02.1924, in: ebd.

36 Kuske an die Phoenix AG Hoerder Verein vom 27.02.1924, in: ebd.

37 Nr. 155 des Aktenverzeichnisses, in: tkA Hoesch-Archiv DHHU/5376.

38 Phoenix AG Hoerder Verein an das ARWW vom 29.02.1924 und Antwort des Archivs vom 03.03.1924, in: tkA Hoesch-Archiv DHHU/5024.

39 Soénius: RWWA, S. 157.

40 Stremmel, Ralf: Zur Schriftgutüberlieferung von Vereinigte Stahlwerke AG und Bergbau- und Industriewerte AG, in: ders.; Rasch, Manfred (Bearb.): Findbuch zu den Beständen Vereinigte Stahlwerke AG und Bergbau- und Industriewerte AG, Duisburg 1997, Bd. 1, S. 47–58, hier S. 50.

41 Ebd., S. 53.

42 Aufstellung, in: tkA Hoesch-Archiv DHHU/3136.

Einige doppelt überlieferte Akten der Deutsch-Lux erhielt die DHHU in den 1950er-Jahren von Hedwig Behrens.[43] Es dürfte bei der DHHU jedenfalls eine Registratur bestanden haben, doch lässt der in weiten Teilen hinsichtlich der Unterlagen der kaufmännischen Verwaltung fragmentarische Charakter des Aktenbestands aus der Zeit bis 1966 vermuten, dass die Registratur entweder nur Teile der Akten aufbewahrte und eine dezentrale, abteilungsgebundene Aktenverwaltung vorlag oder regelmäßig Unterlagen kassiert wurden. Der Stempel „ Sozialwirtschaft Werk Hörde Aktenverwaltung" auf dem genannten Verzeichnis könnte auf eine solche Archivorganisation hindeuten. Möglicherweise erfolgten Kassationen größeren Umfangs aber auch im Verlauf der Fusion auf die Hoesch AG 1966 oder in den folgenden Jahren. Einzelne Kassationen von vermeintlich belanglosen Akten erfolgten durch die Pressestelle der Hoesch AG, die im April 1968 jedenfalls die in der Aufstellung aufgeführten historische Altakten von Hoerder Verein, Phoenix AG Hoerder Verein, VSt Dortmunder Union-Hoerder Verein und DHHV übernahm.[44] Von der Pressestelle oder dem Hoesch-Archiv wurden die Akten schließlich in Form einer reinen Titelaufnahme verzeichnet und nach Sachgruppen klassifiziert. Sie erhielten dabei die Bestandssignatur „DHHU".

Nach der Übernahme der Hoesch AG durch die Fried. Krupp AG 1992 wurde das Hoesch-Archiv zunächst vom Historischen Archiv Krupp mitbetreut. Kurz vor der Gesamtfusion der Konzerne Thyssen AG und Fried. Krupp AG Hoesch-Krupp 1999 gelangte es in die Obhut der Stiftung Westfälisches Wirtschaftsarchiv zu Dortmund, war doch der ehemalige Leiter des Hoesch-Archivs, Karl-Peter Ellerbrock, mittlerweile Direktor dieser Institution. 2004 wurde der Dienstleistungsvertrag nicht verlängert, und das Hoesch-Archiv gelangte in die Zuständigkeit des ThyssenKrupp Konzernarchivs. Die Betreuung der Bestände übernahm im Rahmen einer befristeten Anstellung bis 2006 Dietmar Bleidick. In dieser Zeit verzeichnete er den Bestand nach den Standards des ThyssenKrupp Konzernarchivs. 2009 wurde das Hoesch-Archiv aus konservatorischen Gründen nach Duisburg zu dessen Standort verlagert.[45]

2. Ordnungsprinzip

Einen Überblick über die Provenienzen des mehr als 7.100 Verzeichnungseinheiten umfassenden Bestands bietet folgende alphabetische Aufstellung:

Provenienz	Anzahl
Administration der Henrichshütte Actiengesellschaft für Bergbau und Hüttenbetrieb	21
Betriebskrankenkassen	172
Deutsch-Luxemburgische Bergwerks- und Hütten-AG	15
Deutsch-Luxemburgische Bergwerks- und Hütten-AG Abteilung Dortmunder Union	603
Dortmunder Bergbau- und Hütten-Gesellschaft	4

43 Moos, Michael: Der Bestand FWH und seine archivische Ordnung, in: ders.; Zilt, Andreas (Bearb.): Findbuch zum Bestand Friedrich Wilhelms-Hütte (1811–1969), Duisburg 1997, S. 35–48, hier S. 42.

44 Abteilungsstempel sowie Vermerke innerhalb und auf der letzten beschriebenen Seite der Aufstellung, in: tkA Hoesch-Archiv DHHU/3136.

45 Rasch, Manfred: Aus 50 Jahren Archivgeschichte, in: ThyssenKrupp AG (Hg.): 50 Jahre ThyssenKrupp Konzernarchiv, Duisburg 2012, S. 115–150, hier S. 136 f.

Dortmunder Union Brückenbau-AG	1
Dortmund-Hoerder Hüttenverein AG	324
Dortmund-Hoerder Hüttenverein AG Werk Dortmund	117
Dortmund-Hoerder Hüttenverein AG Werk Hörde	185
Dortmund-Hörder Hüttenunion AG	1623
Dortmund-Hörder Hüttenunion AG Werk Dortmund	3
Dortmund-Hörder Hüttenunion AG Werk Hörde	17
Eisenindustrie zu Menden und Schwerte AG	1
Eisenwerk Rothe Erde AG	2
Eschweiler Bergwerksverein	2
Firma Carl von Born bzw. Hütten-Actiengesellschaft vorm. Carl von Born	28
Gelsenkirchener Bergwerks-AG	29
Gewerkschaft von Born, Lehrkind & Comp. und Neu-Schottland Berg- und Hütten-Actien-Verein	23
Hermannshütte bzw. Piepenstock & Comp.	14
Hoerder Bergwerks- und Hütten-Verein	1256
Hoesch AG, Hoesch AG Hüttenwerke bzw. Hoesch Hüttenwerke AG bzw. Hoesch Werke AG	37
Hüttenwerk Hörde AG	93
Hüttenwerke Siegerland AG	6
Phoenix AG für Bergbau und Hüttenbetrieb Abteilung Hoerder Verein	1203
Regierungspräsidium Arnsberg (Kopien Landesarchiv NRW, Abteilung Westfalen, Münster)	3
Stahltreuhändervereinigung, Sekretariat Friedrich Harders	82
Union AG für Bergbau, Eisen- und Stahl-Industrie	421
Vereinigte Stahlwerke AG Dortmunder Union	55
Vereinigte Stahlwerke AG Dortmunder Union-Hoerder Verein	34
Vereinigte Stahlwerke AG Hoerder Verein	127
Vereinigte Stahlwerke AG Rechtsabteilung Dortmund bzw. Grundstücksabteilung Dortmund	185
Vereinigte Stahlwerke AG Rohstoffbetriebe bzw. Rohstoffbetriebe der Vereinigte Stahlwerke GmbH	4
Zzgl. Sammlungsbestand	487
Gesamt	**7177**

Die Gliederung des Bestands im vorliegenden Findbuch erfolgte grundsätzlich anhand der Provenienzen, ohne dass diesem Ordnungsschema ein kategorischer Stellenwert beigemessen wurde. Abweichungen betreffen in erster Linie die Provenienzen mit nur einzelnen Verzeichnungseinheiten. Diese wurden – wie die Eisenwerk Rothe Erde AG zur Deutsch-Lux Dortmunder Union – entweder zu den Akten der Rechtsnachfolgerin gruppiert oder wie im Fall des Eschweiler Bergwerksvereins, deren Zugehörigkeit nicht eindeutig zu klären war, zur Gelsenkirchener Bergwerks-AG als schlüssigster Folgerung. Um eine inhaltliche Zersplitterung der Gliederung zu vermeiden, wurde zudem ein thematisches bzw. an Pertinenzen orientiertes Prinzip in allen Bereichen angewendet, in denen Akten eindeutiger Herkunft sowohl von Mutter- als auch von Tochtergesellschaften vorhanden sind. So wurde beispielsweise im Abschnitt zur DHHU ungeachtet der verschiedenen aktenbildenden Abteilungen bzw. Unterprovenienzen des Unternehmens als auch der Tochter grundsätzlich die DHHU als oberster Bezugspunkt gewählt. Alle betreffenden Akten wurden dann unter dieser einheitlichen Rubrik zusammengefasst. Ähnliches gilt für Akten der Hauptverwaltungen und Werke. Ein Beispiel für diese Vorgehensweise sind u. a. Serienakten zur Betriebsstatistik, die sich in der Überlieferung verschiedener Abteilungen und Betriebe fanden, aber nur in der Zusammenstellung eine durchgehende Reihe ergeben. Die eindeutige Provenienz ergibt sich jedoch in der Regel entweder aus der Gliederung oder aus der Verzeichnung. Hinweise auf relevante Unterprovenienzen sind gesondert vermerkt.

Angesichts des Überlieferungszeitraums von rund 125 Jahren und der vielfach wechselnden unternehmensrechtlichen Rahmenbedingungen der bestandsbildenden Gesellschaften enthalten zahlreiche Akten Unterlagen zweier oder mehrerer Provenienzen. Insbesondere im Bereich der Liegenschaften, der Personalunterlagen und bei Sammlungen zu Beteiligungen und Verbandsmitgliedschaften wurden Akten meist von den Rechtsnachfolgern weitergeführt. Die Einordnung dieser Akten erfolgte entweder anhand der inhaltlichen Gewichtung oder dem Schwerpunkt des Überlieferungszeitraums entsprechend. Die Anzahl der in der Aufstellung zu den Provenienzen genannten Akten entspricht damit nicht der Anzahl der Akten in den einzelnen Findbuchabschnitten. Zahlreiche Beispiele solcher Akten finden sich im Abschnitt zur Phoenix AG Hoerder Verein. Druckschriften wurden aus dem Bestand entnommen und in die Firmenschriftensammlung überführt. Eine Übersicht findet sich im Bereich C des Findbuchs. Es wurden keine Akten kassiert oder an andere Archive abgegeben.

Obwohl im Findbuch nicht explizit vermerkt, unterliegen zahlreiche Personal- und sonstige personenbezogene Akten, etwa aus dem Ausbildungsbereich und zu den Betriebskrankenkassen, einer Benutzungssperre. Die Sperrfrist endet in der Regel 30 Jahre nach dem Tod bzw. 110 Jahre nach der Geburt einer Person, kann aber in begründeten Fällen auch einen längeren Zeitraum umfassen. Auskunft erteilt die Archivleitung.

3. Überlieferungsschwerpunkte

Die folgende Aufstellung gibt eine Übersicht über Schwerpunkte und Defizite der im Bestand überlieferten Akten. Die Reihenfolge der Unternehmen entspricht der Bestandsgliederung und damit einer thematisch-chronologischen Ordnung.

3.1 Hermannshütte bzw. Piepenstock & Comp.

Obwohl die Hermannshütte und die Firma Piepenstock & Comp. im Zeitraum ihres mehr als 10-jährigen Bestehens vor dem Übergang auf den Hoerder Verein als Großunternehmen mit zuletzt mehr als 1.000 Beschäftigten eine umfassende Geschäftstätigkeit entfaltete, sind aus dieser frühen Phase kaum Unterlagen überliefert. Dies ist angesichts des umfangreichen Teilbestands zu ihrer Rechtsnachfolgerin, der mit der Gründungsphase ab 1852 einsetzt, und dem hohen Stellenwert, den der Hoerder Verein anscheinend seiner Registratur beimaß, kaum erklärlich. Da die leitenden Persönlichkeiten von Piepenstock & Comp. auch beim Hoerder Verein entsprechende Positionen bekleideten und die Geschäfte unter dem neuen rechtlichen Dach unverändert weitergeführt wurden, muss davon ausgegangen werden, dass im Bereich der Verwaltung ebensolche Kontinuitäten vorhanden waren. Im Teilabschnitt zum Hoerder Verein sind jedoch keine Akten aus der Verwaltung der Firma Piepenstock & Comp. vorhanden, die vom Hoerder Verein weitergeführt wurden. Möglicherweise hat es hier eine Zäsur gegeben. Jedenfalls muss es noch im Verlauf des 19. Jahrhunderts den Beschluss zur Vernichtung der Altakten gegeben haben. Auffällig ist das nahezu vollständige Fehlen rechtlich relevanter Akten, etwa aus dem Bereich der Liegenschaften, die zwar immer noch den größten Teil der wohl weitgehend zufälligen Überlieferung ausmachen, aber nur einen kleinen Ausschnitt der Aktivitäten beim Grunderwerb in Hörde darstellen. Positiv hervorzuheben sind hier die Unterlagen zum Kauf der Hörder Burg und zur staatlichen Konzessionierung der Hermannshütte 1841.

3.2 Hoerder Bergwerks- und Hütten-Verein

Die Überlieferung des Hoerder Vereins bildet mit einem Umfang von rund 20 Prozent des Gesamtbestands nicht nur einen der größten Teilabschnitte der Überlieferung, sondern auch den inhaltlich dichtesten und historisch wertvollsten. Zwar ist auch hier das weitgehende Fehlen von Betriebsakten sowie von Unterlagen des Verwaltungsratsrats und des Vorstands auffällig, doch ist angesichts des vor über 100 Jahren endenden über 50-jährigen Überlieferungszeitraums und im Vergleich zu den anderen vom Bestand abgedeckten Unternehmen nicht nur ein quantitativer, sondern auch ein erheblicher qualitativer Unterschied zu konstatieren. So sind mit Ausnahme des Jahres 1853 sämtliche Niederschriften der Generalversammlungen vorhanden, während sich die Tätigkeit des Verwaltungsrats für die Zeit vor 1871 nur anhand von Auszügen aus den Sitzungsprotokollen zu den wichtigsten Beschlüssen sowie für den Zeitraum zwischen 1891 und 1906 anhand der Protokollbücher in groben Zügen nachvollziehen lässt. Die dazwischen liegenden zwei Jahrzehnte, die maßgeblich durch die Tätigkeit von Generaldirektor Joseph Massenez geprägt waren, sind dagegen überhaupt nicht abgebildet. Über dessen Arbeit gibt der Bestand ebenso wenig Aufschluss wie über die seines Vorgängers Johann Friedrich Wiesehahn, dessen Akten aus seiner über 20-jährigen Doppelfunktion als Verwaltungsratsmitglied und Spezialdirektor quasi nicht vorliegen. Da auch die Unterlagen von Massenez' Nachfolgern nicht erhalten sind, fehlen sämtliche Hinweise zu den Hintergründen der Entscheidungen auf dieser Leitungsebene, die sich nur indirekt über andere Akten erschließen lassen. Hervorzuheben sind hier für die äußeren Beziehungen die für den gesamten Zeitraum vorliegenden Korrespondenzakten zwischen dem Hoerder Verein sowie der Stadt Hörde und anderen staatlichen Stellen, Akten des politischen Engagements von leitenden Personen und die sozialhistorisch bedeutsamen Unterlagen zur Spendenpolitik des Unternehmens.

Mit Abstand am besten dokumentiert ist die finanzielle Entwicklung des Hoerder Vereins.[46] Neben Akten zur Emission von Aktien im Rahmen von Kapitalerhöhungen und Anleihen, bieten die anscheinend fast vollständig erhaltenen Unterlagen zur Auszahlung von Dividenden und zum Umtausch von alten in neue Aktien mit ihrem umfangreichen Schriftwechsel mit Aktionären ein hervorragendes Spiegelbild der Anteilseignerstruktur. Die bis zum Jahr 1900 ebenfalls für jedes Geschäftsjahr vorhandenen Bilanzunterlagen enthalten neben den eigentlichen Bilanzen detaillierte Aufstellungen zu Investitionen, Produktions- und Betriebskosten, Inventurergebnissen, Einnahmen- und Ausgabenrechnung sowie der Produktionsmengen und verbrauchten Einsatzstoffe. Während die Unterlagen zum Hoerder Eisenwerk zu jedem Geschäftsjahr vorhanden sind, ist die Überlieferung zur Hermannshütte lückenhaft. Möglicherweise wurden hier noch Einzelakten geführt. Die Bilanzunterlagen ermöglichen damit zugleich einen tiefen Einblick in die Produktionsstatistik des Hoerder

46 Siehe hierzu Lindenlaub, Jürgen: Die Finanzierung des Aufstiegs von Krupp. Die Personengesellschaft Krupp im Vergleich zu den Kapitalgesellschaften Bochumer Verein, Hoerder Verein und Phoenix 1850–1880, Essen 2006, S. 234–296 und 585–619.

Vereins und zusammen mit den bis 1889 vorhandenen Inventarbüchern in die technische Ausstattung des Unternehmens. Haupt-, Kassa- und sonstige Rechnungsbücher sind dagegen mit einer Ausnahme nicht im Bestand enthalten. Auch Steuer- und Zollakten finden sich nur vereinzelt.

Einen kleinen Einblick in die Tätigkeit des Hoerder Vereins bieten Unterlagen zum Produktvertrieb sowie der Rechtsabteilung. Hier setzt die Überlieferung mit wenigen Ausnahmen erst mit den 1890er-Jahren ein. Vorhanden sind Prozessunterlagen aus den Bereichen Steuerveranlagung, Umweltverschmutzung, Lieferverträge und Forderungen und Belegschaft. Werbung und Marketing werden nahezu ausschließlich über einige Akten zur Teilnahme an Messen und Ausstellungen dokumentiert. Hervorzuheben ist hier die Industrie- und Gewerbe-Ausstellung in Düsseldorf 1902, der der Hoerder Verein besondere Aufmerksamkeit widmete. Die Unterlagen zur Versicherung von Mitarbeitern, Transporten und Gebäuden ermöglichen durch die zahlreich vorhandenen Policen, Satzungen von Versicherungsgesellschaften und die Korrespondenz mit Versicherungsagenturen einen Einblick in die Tätigkeit der Branche des ausgehenden 19. und frühen 20. Jahrhunderts.

Von herausragender Bedeutung sind die wahrscheinlich für die rechtliche Ebene fast vollständig erhaltenen Akten zum Thomas-Verfahren, das der Hoerder Verein zusammen mit den Rheinischen Stahlwerken 1879 erwarb und in den folgenden Jahren an zahlreiche Unternehmen in Deutschland und Österreich im Rahmen von Unterlizenzen weitergab.[47] Außer den Unterlagen zur technischen Umsetzung des Verfahrens sind alle Bereiche über den Ankauf, das von zahlreichen Einsprüchen der Konkurrenz begleitete Patentierungsverfahren in Deutschland bis hin zur Lizenzvergabe vorhanden. Der Bestand erlaubt damit einen umfassenden Überblick über den wohl bedeutendsten und finanziell lukrativsten Transfer patentgeschützter Technologie im Verlauf des 19. Jahrhunderts. Einen zweiten Schwerpunkt bilden die Akten zum Roheisenmischer und zum Entschwefelungsverfahren, die der Hoerder Verein maßgeblich mitentwickelt hatte und gemeinsam mit Massenez vertrieb. Weitere Patentakten betreffen den Eisenbahnoberbau und insbesondere die Rillenschienen, zu denen der Hoerder Verein diverse Patente selbst entwickelte oder ankaufte, zu rollendem Eisenbahnmaterial sowie verschiedenen Stahlerzeugungs- und -verarbeitungsverfahren. Dazu kommen Unterlagen zum Patentinformationswesen, das dem Unternehmen ab den 1880er-Jahren durch die von beauftragten Patentanwälten zusammengestellten Übersichten einen detaillierten Einblick in die technischen Entwicklungen der Branche erlaubte.

Wie oben angedeutet, sind nur vergleichsweise wenige Akten aus dem bzw. zum Werksbetrieb erhalten. Neben den vor allem für die ersten Jahrzehnte relevanten ergänzenden Unterlagen aus dem Bereich des Bilanzrechnungswesens liegen zur Hermannshütte nur diverse Produktionsstatistiken für den Zeitraum ab den 1880er-Jahren sowie Unterlagen zum Ankauf von Maschinen und Verbrauchsstoffen vor. Das Hoerder Eisenwerk ist dagegen hinsichtlich der ersten beiden Jahrzehnte erheblich besser dokumentiert. Bau- und Betriebsakten ab 1853 bis Mitte der 1870er-Jahre, größtenteils mit Korrespondenz zwischen Werksleitung und Wiesehahn, sowie die mit Betriebsbeginn einsetzende und bis 1891 reichende Statistik der Roheisenproduktion bieten eine breite Informationsbasis. Zum Bau und Betrieb des Hoerder Kohlenwerks und der Eisenerzgruben des Hoerder Vereins sind diverse Akten der Bergwerksverwaltung vorhanden, die ebenfalls in den 1850er-Jahren beginnen und mit wenigen Ausnahmen aus späterer Zeit bis in die 1880er-Jahre reichen. Auch hier stehen neben den Akten zum Ankauf von Gruben und Grubenfeldern statistische Unterlagen im Vordergrund.

Wie auch in den anderen Teilbereichen des Bestands stammt die umfangreichste Aktengruppe des Hoerder Vereins aus dem Bereich der Liegenschaftsverwaltung und aus der Neubauabteilung. Die Akten der Liegenschaftsabteilung dokumentieren den An- und Verkauf von Häusern und Grundstücken ab 1852 zur Erweiterung des Werksgeländes und Schaffung von Wohnraum sowie deren Verpachtung. Eine breite Überlieferung der Bauakten setzt dagegen erst in den 1890er-Jahren ein. Ältere Akten sind nur vereinzelt vorhanden, was möglicherweise auf die massiven Umbau- und Modernisierungsarbeiten an den Werksanlagen seit den

47 Siehe hierzu Bleidick, Dietmar: Zur Einführung des Thomas-Verfahrens in Deutschland, in: Rasch, Manfred; Maas, Jacques (Hg.): Das Thomasverfahren in Europa. Entstehung – Entwicklung – Ende, Essen 2009, S. 50–112.

1880er-Jahren zurückzuführen ist. Auffällig ist jedoch das Fehlen von Unterlagen zu vor dieser Zeit errichteten und teilweise bis weit in das 20. Jahrhundert hinein betriebenen Anlagen und Einrichtungen. Die vorhandenen Unterlagen betreffen alle Werksbereiche wie Hochöfen, Stahl- und Walzwerke, Gießereien, Press- und Hammerwerke, Mechanische Werkstätten, die Energieversorgung, Verwaltungsgebäude, Neben- und Versorgungsbetriebe, Pausen- und Sanitäreinrichtungen für die Belegschaft sowie den Wohnungsbau für Arbeiter und Beamte. Hinsichtlich des Überlieferungszeitraums bilden die Eisenbahnakten eine Ausnahme. Planung, Bau und Umbauten der Eliasbahn zwischen Hermannshütte und Hoerder Eisenwerk sind von den Anfängen ab 1869 ebenso vorhanden wie zur Bahn zwischen Hermannshütte und Hoerder Kohlenwerk ab 1860. Dazu kommen diverse Unterlagen zum Anschluss der Werksbahn an die verschiedenen Bahnhöfe im Hörder Raum, zu Gleisanschlüssen fremder Unternehmen, zum Umbau von Gleisen, zum Bau der Hafenbahn sowie zum Werksbahnbetrieb, sodass sich ein umfassendes Bild dieses Unternehmensbereichs ergibt. Einzelne Akten zur Dampfkessel- und Lokomotivrevision ergänzen den Teilbestand.

Angesichts der bereits angesprochenen Vernichtung von Unterlagen aus dem betrieblichen Sozialwesen findet sich neben den einzelnen Akten zu den Betriebskrankenkassen und Versorgungseinrichtungen des Hoerder Vereins, die unter Abschnitt 14 des Findbuchs zusammengefasst sind, keine weitere Überlieferung. Dies gilt in weiten Teilen auch für die Belegschaftsakten des Unternehmens. Im Vordergrund stehen die vollständig erhaltenen Arbeiter-Stammrollen der Hermannshütte, die z. T. auch den Zeitraum vor 1852 berücksichtigen, sowie die Stammrollen des Hoerder Eisenwerks und von dessen Kokerei. Zu erwähnen sind zudem die Niederschriften der Generalversammlungen des werkseigenen Konsumvereins zwischen 1864 und 1873 sowie einige weitere Unterlagen aus diesem Bereich. Einzelne Akten betreffen die Werkssiedlungen, die Arbeitssicherheit sowie die Bergarbeiterstreiks 1889 und 1905.

Während der größte Teil der einstmals umfangreichen Kartellunterlagen nicht mehr vorhanden ist – es finden sich im Bestand nur einzelne sehr aufschlussreiche Beispiele für die Aktivitäten des Hoerder Vereins –, sind diverse Akten zu Verbandsmitgliedschaften des Unternehmens erhalten. Zum Centralverband Deutscher Industrieller, zum Verein Deutscher Eisenhüttenleute und dessen Nordwestlicher Gruppe sowie der Handelskammer zu Dortmund liegen Satzungen, Rundschreiben und Niederschriften der Generalversammlungen sowie Publikationen und vereinzelte Korrespondenzen seit den 1880er-Jahren vor. Dazu kommen einzelne Akten u. a. zum Bezirkseisenbahnrat der Königlichen Eisenbahndirektion Köln, zum Verein zur Wahrung der gemeinsamen wirtschaftlichen Interessen in Rheinland und Westfalen sowie zu Vereinen und Organisationen im Bereich des Eisenbahn- und Kanalbaus, der Eisen- und Stahlindustrie sowie des Straßenbahnwesens.

3.3 Firma Carl von Born bzw. Hütten-Actiengesellschaft vorm. Carl von Born

Für die nach Übernahme durch den Hoerder Verein 1898 als Hochofenwerk Dortmund geführten Werksanlagen der Hütten-Actiengesellschaft vorm. Carl von Born und ihrer Vorläuferin liegen im Bestand nur äußerst wenige Akten vor. Neben Unterlagen zu Hauptversammlungen finden sich in diesem Teilbereich ausschließlich einzelne Bauakten mit Genehmigungsgesuchen und Konzessionen. Ob der Hoerder Verein im Rahmen des Erwerbs überhaupt einen Aktenbestand größeren Umfangs erhielt, ist zweifelhaft, da das Werk bis 1896 von Carl von Born bzw. seinen Erben als Einzelfirma geführt wurde und schon bei der Umgründung in eine Aktiengesellschaft möglicherweise der größte Teil der privaten Geschäftsunterlagen nicht übergeben wurde. Jedoch ist auch hier zu konstatieren, dass der Bestand nur einen Bruchteil der beim Hoerder Verein einmal vorhandenen Akten enthält. Da im Teilbestand zur Phoenix AG mit Ausnahme einiger Eisenbahnakten keinerlei Unterlagen zum Hochofenwerk vorhanden sind, ist davon auszugehen, dass die Akten im Zuge der endgültigen Stilllegung des Standorts vernichtet wurden, weil nicht mehr benötigt.

3.4 Phoenix AG für Bergbau und Hüttenbetrieb Abteilung Hoerder Verein

Gemessen an der Anzahl der Verzeichnungseinheiten, bildet die Überlieferung der Phoenix AG Hoerder Verein mit rund 20 Prozent den drittgrößten Teilbestand nach der DHHU und dem Hoerder Verein. Obwohl die Hauptverwaltung der Phoenix AG für rund 15 Jahre in Hörde beheimatet war, stammen die Akten ausschließlich aus dem Bereich der Abteilung, die entweder als Aktenbildner oder in wenigen Ausnahmen als Empfänger von Unterlagen der Mutter fungierte. Deren Akten wurden mit der Verlegung des Firmensitzes 1922 nach Düsseldorf dorthin überführt. Zu den an die Abteilung Hoerder Verein gegangenen Akten gehören die zwischen 1906 und 1924 vorliegenden Niederschriften der Vorstandssitzungen sowie einige Unterlagen zu Ausschüssen, Steuern und Finanzen. Akten der Abteilungsleitung und deren kaufmännischen Sektors sind nur fragmentarisch erhalten. Neben einigen Korrespondenzakten mit anderen Abteilungen der Phoenix AG und Behörden sowie Mitteilungen zur Geschäfts- und Auftragsentwicklung sind vor allem die für den Zeitraum zwischen 1906 und 1925 vollständig vorhandenen Unterlagen zu den Geschäftsberichten der Phoenix AG und die schon für den Hoerder Verein umfangreich erhaltenen Akten zur Spenden- und Kreditvergabe zu erwähnen. Einzelne Unterlagen betreffen zudem die Unternehmensbesteuerung, die Teilnahme der Abteilung Hoerder Verein an Messen und Ausstellungen, den Vertrieb und die Vertriebsorganisation. Auch Akten der Rechtsabteilung zu Prozessen und Patenten sind nur vereinzelt enthalten und betreffen ausschließlich die Abteilung. Aufschlussreich sind dagegen die Unterlagen zur Ruhrbesetzung und Kompensation von Besatzungsschäden. Den ersten größeren Abschnitt bilden schließlich die Unterlagen zum Haus- und Grunderwerb in Hörde und den Nachbargemeinden.

Besonders hervorzuheben sind die für alle Geschäftsjahre vorhandenen Unterlagen zur Produktions- und Betriebskostenstatistik, die aufgrund ihrer detaillierten Aufschlüsselung nach Werken und Produkten trotz des Fehlens entsprechender Akten einen gewissen Einblick in die betriebliche Sphäre erlauben. Die Energie-, Wasser- und Rohstoffwirtschaft lässt sich dagegen nur oberflächlich nachvollziehen. Den mit Abstand größten und weit mehr als die Hälfte des Teilbestands ausmachenden Abschnitt bilden die Akten der Neubauabteilung, die die Bautätigkeit an Hochöfen und Kokereien – auch im Hochofenwerk Dortmund –, Stahl- und Walzwerken, Werkstätten und Adjustagen, Gießereien und Schmieden, in allen Neben- und Versorgungsbetrieben sowie im Bereich der Verwaltungsbauten und der Belegschaftseinrichtungen wahrscheinlich weitgehend vollständig dokumentieren. Ähnliches gilt für die Entwicklung der Werksbahn und deren Betrieb, Anschlüsse an Bahnhöfe, und hier insbesondere des neuen Bahnhofs Dortmunderfeld, Seilbahnen und andere Transporteinrichtungen sowie den Bau von Arbeiter- und Beamtenwohnungen wie der Kolonie Steinkühlerweg. Dazu lassen diverse Akten den Bau von Kriegsgefangenenlagern in beiden Weltkriegen nachvollziehen.

Vergleichsweise gut ist der Bereich der Personalverwaltung dokumentiert. Hier stechen die vollständig erhaltenen Stammrollen und Anlegebücher für die Hermannshütte, das Hochofenwerk Hörde und dessen Kokerei heraus. Daneben sind diverse Unterlagen zur Belegschafts- und Lohnstatistik, zur Verwaltung der Arbeitersiedlungen, zur Arbeitslosen- und Rentenversicherung, zu Jubilaren und zur Beschäftigung von Frauen und Kriegsgefangenen während des Ersten Weltkriegs sowie Arbeitsordnungen vorhanden. Bei den Verbandsakten dominieren die nahezu für den gesamten Zeitraum vorliegenden Branchenverbände wie der Verein deutscher Eisen- und Stahlindustrieller, der Verein Deutscher Eisenhüttenleute und der Arbeitgeberverband für den Bezirk der nordwestlichen Gruppe des Vereins deutscher Eisen- und Stahlindustrieller. Aufschlussreich ist auch die Überlieferung zur Emschergenossenschaft und zur Handelskammer zu Dortmund.

3.5 Vorläufergesellschaften der Union AG für Bergbau, Eisen- und Stahl-Industrie

Zu den verschiedenen Vorläufergesellschaften der Union AG für Bergbau, Eisen- und Stahl-Industrie ist nur eine fragmentarische Überlieferung vorhanden. Dies hängt mit der insgesamt als äußerst dürftig zu bezeichnenden Aktenlage zum Werksstandort Dortmund zusammen. Während sich zur Dortmunder Bergbau- und Hütten-Gesellschaft und zu Dr. Strousberg's Dortmunder Hütte wohl eher zufällig jeweils zwei Akten, allerdings unbedeutenden Inhalts, erhalten haben, lässt sich für die Commanditgesellschaft Gustav Arndt & Co. zumindest deren Übernahme durch Bethel Henry Strousberg nachvollziehen. Ebenso dürftig sind die Informationen zur Administration der Henrichshütte Actiengesellschaft für Bergbau und Hüttenbetrieb. Aufschlussreich für die Frühphase der Montanindustrie des Ruhrgebiets sind dagegen die Unterlagen zur Gründung der Gewerkschaft von Born, Lehrkind & Comp. und des Neu-Schottland Berg- und Hütten-Actien-Vereins, für den zudem einige Akten zum Ankauf von Erzgruben und Grundstücken vorliegen.

3.6. Union AG für Bergbau, Eisen- und Stahl-Industrie

Im Vergleich zum Hoerder Verein ist die Union AG als eines der größten und bedeutendsten Unternehmen der Ruhr-Montanindustrie des 19. Jahrhunderts im Bestand nur unzureichend abgebildet. Im Bereich der Unternehmensleitung sind zwar die Niederschriften der Gründungsversammlung sowie die für die Umstrukturierung des Unternehmens in den ersten Jahren relevanten Generalversammlungsprotokolle bis 1875 vorhanden, doch zeigen sich für den Zeitraum bis 1910 mehrere, z. T. größere Lücken. Niederschriften zu den Aufsichtsratssitzungen liegen nur für die Phase zwischen 1888 und 1902 vor, und Unterlagen zur Arbeit des Vorstands fehlen völlig. Nur in Rudimenten vorhanden sind zudem Akten zur Unternehmensfinanzierung. Neben einigen Bilanzen finden sich einzelne Stücke zur Aufnahme, hypothekarischen Absicherung und Tilgung von Anleihen sowie zur Kapitalentwicklung. Während sich die Gründung der Union AG mit der Integration der Dr. Strousberg's Dortmunder Hütte und der Administration der Henrichshütte nicht nachvollziehen lässt, beinhaltet der Bestand einige Aktenstücke zur Übernahme von Neu-Schottland, der Theodorshütte und des Svabensverks.

Die mit Abstand größte Gruppe innerhalb des Teilbestands bilden 118 Akten zum Produktvertrieb. Sie umfassen die Lieferung von Eisenbahnoberbaumaterial und rollendem Eisenbahnmaterial an verschiedene, auch ausländische Eisenbahngesellschaften und -direktionen, darunter die Gotthard-Bahn, sowie von Grubenbahnmaterial an die Bergwerksdirektion Saarbrücken. Dazu kommen Unterlagen zu Lokomotivdrehscheiben, Brücken und Gebäudekonstruktionen. Jeweils einige Akten aus dem Bereich der Rechtsabteilung betreffen Prozesse des Unternehmens oder gegen das Unternehmen u. a. wegen Berg- und Umweltschäden, Forderungen, Versicherungen und Patenten. Der mit 72 Akten zweitgrößte Abschnitt des Teilbestands betrifft den Grunderwerb der Union AG. Hier finden sich nicht nur Unterlagen zum Raum Dortmund, sondern auch zu den Aktivitäten in den Regionen der einzelnen Werksbereiche wie [Essen-]Horst, [Sprockhövel-]Haßlinghausen, [Hattingen-]Welper sowie Harz und Sauer- und Siegerland, die sich damit ausschließlich hier in Ansätzen nachvollziehen lassen. Einzelakten betreffen die Erz-, Kalk- und Energieversorgung sowie den Transportsektor, das Lohn- und Personalwesen sowie Verbandsmitgliedschaften. Der dritte große Teilbereich umfasst den Bausektor der Union AG, deren Überlieferungszeitraum jedoch mit Ausnahme einiger Akten zu den Werksbahnen und zum Wohnungsbau in der Union-Vorstadt erst gegen Ende des 19. Jahrhunderts einsetzt. Insgesamt vermittelt der Teilbestand den Eindruck einer weitgehend zusammenhangslosen Zufallsüberlieferung.

3.7 Deutsch-Luxemburgische Bergwerks- und Hütten-AG Abteilung Dortmunder Union

Der Teilbestand Deutsch-Lux enthält neben Akten der Abteilung Dortmunder Union auch vereinzelte Unterlagen der Muttergesellschaft. Dies ist wahrscheinlich darauf zurückzuführen, dass Albert Vögler, seit 1917 Vorstandsvorsitzender des Unternehmens, die Geschäfte nicht von der Bochumer Hauptverwaltung aus, sondern mit Fertigstellung des Verwaltungsgebäudes in Dortmund an der Rheinischen Straße 1921 größtenteils von dort aus führte. Zu Deutsch-Lux liegen lückenhaft Niederschriften der Hauptversammlungen, auch aus der Zeit vor der Übernahme der Union AG, vor. Dazu kommen einzelne Unterlagen von Vorstand und Aufsichtsrat. Den größten Teil machen Bilanzen und Akten zur Unternehmensfinanzierung wie zur Aufnahme und Tilgung von Anleihen und hier insbesondere zu den gemeinsamen Aktivitäten von Deutsch-Lux, Bochumer Verein für Bergbau- und Gussstahlfabrikation und Gelsenkirchener Bergwerks-AG Mitte der 1920er-Jahre aus. Einen weiteren Schwerpunkt bilden Unterlagen der Beteiligungsverwaltung. Zur Deutsch-Lux Dortmunder Union Werk Rothe Erde und ihrer Vorläufergesellschaft Eisenwerk Rothe Erde AG finden sich Akten zu deren Konkurs und der Übernahme durch Deutsch-Lux sowie zu den darauf folgenden Bauaktivitäten. Bau- und Grundstücksakten dominieren die Überlieferung der Abteilungen Horst und Nordseewerke, zu deren Finanzierung der Teilbestand ebenfalls Aufschluss gibt. Einzelne Akten betreffen die Abteilung Differdingen, weitere Beteiligungen sowie Verkaufsvereinigungen und Kartelle.

Zur Verwaltung der Abteilung Dortmunder Union enthält der Teilbestand keinerlei Unterlagen, zum Werksbetrieb nur vereinzelte Stücke. Der Schwerpunkt liegt hier zunächst wie bei der Union AG bei Akten zum Produktvertrieb, insbesondere von Eisenbahnoberbaumaterial, rollendem Eisenbahn- und Wasserbaumaterial, wobei die Verkaufsaktivitäten ins Ausland hervorzuheben sind. Einzelne Akten der Rechtsabteilung zu Prozessen und Patenten ergänzen diesen Bereich. Einen vergleichsweise umfangreichen Abschnitt bilden auch hier die Unterlagen zum Haus- und Grunderwerb in Dortmund, der von der Abteilung Dortmunder Union zwischen 1916 und 1922 aktiv betrieben wurde. Vollständig erhalten sind die Produktions- und Betriebskostenstatistik sowie die Lohnstatistik zwischen 1910 und 1926. Energie- und Wasserwirtschaft sowie die Rohstoffversorgung sind dagegen nur fragmentarisch abgebildet. Die mit Abstand größte Anzahl der Akten betrifft den Neubau von Werksanlagen. Die Akten enthalten in der Regel nur Antragsunterlagen wie Bauanträge und -genehmigungen sowie Grund- und Aufrisszeichnungen.

3.8 Gelsenkirchener Bergwerks-AG

In diesem Teilbereich enthält der Bestand 33 Akten mit Auszügen aus den Grund- und Gebäudesteuerrollen für die GBAG-Zechen im Raum Dortmund und Castrop-Rauxel zwischen 1900 und 1925. Hervorzuheben sind die vereinzelten Angaben zu Neubau und Abbruch von Gebäuden.

3.9 Vereinigte Stahlwerke AG Dortmunder Union-Hoerder Verein

Beim Teilbestand VSt Dortmunder Union-Hoerder Verein handelt es sich offensichtlich um eine Zufallsüberlieferung, denn es sind keinerlei Akten der Abteilung, sondern nur eindeutig den beiden Werksbereichen Dortmunder Union und Hoerder Verein zuzuordnende Unterlagen vorhanden. Und auch bei diesen erlaubt die Überlieferung kaum Aufschluss über Verwaltung und Betrieb. Wie bei der Deutsch-Lux liegt bei der VSt Dortmunder Union ein thematischer Schwerpunkt im Bereich des Produktvertriebs, insbesondere von Wasserbaumaterialien und Spundwänden, und bei der Produktions- und Betriebskostenstatistik. Dazu kommen einige Unterlagen der Neubauabteilung und zum Personalwesen. Bei der VSt Hoerder Verein sind die drei letztgenannten Aktengruppen ebenfalls vorhanden sowie in Ergänzung zu den im Teilabschnitt Phoenix AG Hoerder Verein enthaltenen Akten Materialien zum Werksbahnbetrieb.

Den zweiten Abschnitt bilden die Akten der räumlich bei der Verwaltung der VSt Dortmunder Union-Hoerder Verein angesiedelten Rechtsabteilung Dortmund der VSt, die eng mit der Grundstücksabteilung verbunden war. Der Teilbestand enthält hier in Ergänzung zum Bestand VSt des thyssenkrupp Konzernarchivs Unterlagen zur Gründung des Unternehmens, zur Einbringung der Werksanlagen der Gründergesellschaften sowie zur Aufnahme der Amerika-Anleihen. Dazu kommen diverse Akten der Liegenschaftsverwaltung zum Grunderwerb, zur Umschreibung von Grundbüchern im Rahmen der Gründung 1926 und der Umgründung der VSt 1934, zur Grund- und Hauszinssteuerveranlagung. Auch für andere Abteilungen und Tochtergesellschaften liegen Unterlagen zu diesem Themenbereich vor. Weitere Schwerpunkte bilden Prozessunterlagen und Akten der Beteiligungsverwaltung, insbesondere aus den Bereichen Rohstoffversorgung – die Verwaltung der Rohstoffbetriebe der VSt befand sich ebenfalls in Dortmund – und Wohnungswirtschaft.

3.10 Dortmund-Hoerder Hüttenverein AG

Die Überlieferung der DHHV bietet ein ähnliches, wenn auch nicht ganz so lückenhaftes Bild wie die der VSt Dortmunder Union-Hoerder Verein. Mit Ausnahme der Niederschriften der jährlich einmal stattfindenden Aufsichtsratssitzungen, die bis 1942 vorliegen, fehlen Unterlagen der Unternehmensleitung nahezu vollständig. Zur finanziellen Entwicklung sind nur einige Bilanzen sowie Revisionsberichte erhalten. Von der Tätigkeit der Rechtsabteilung der DHHV zeugen vereinzelte Akten zu Prozessen und Patenten. Auch der Zeitraum des nationalsozialistischen Regimes und der Zweite Weltkrieg lassen sich durch den Teilbestand nur bedingt erschließen. Im Vordergrund stehen hier eindeutig die Akten zum Bau und zur Einrichtung von Lagern für Zwangsarbeiter, Zivilarbeiter und Kriegsgefangene, insbesondere in Gaststätten, sowie zu ihrem Einsatz im Unternehmen. Daneben existieren Einzelakten zu Luftangriffen und zum Werksluftschutz, zur Deutschen Arbeitsfront und zur Nationalsozialistischen Betriebszellenorganisation sowie Rundschreiben und Statistiken nationalsozialistischer Verwaltungsstellen wie dem Reichsbeauftragten für Eisen und Stahl und der Wirtschaftsgruppe Eisen schaffende Industrie. Während Unterlagen zur Kriegswirtschaft und zur Rüstungsproduktion der DHHV überhaupt nicht vorhanden sind, sind zumindest einige Akten zur Neuordnung und Demontage erhalten. Wie auch bei den Vorläufergesellschaften und der DHHU liegen jedoch die Produktions- und Betriebskostenstatistik für die Zeit zwischen 1934 und 1951 vollständig vor. Den Bereich der Personalverwaltung dokumentieren neben einigen Akten zur Lohn- und Gehaltsentwicklung vor allem die komplette Kartei zu freiwilligen Leistungen der DHHV für zum Militärdienst einberufene Mitarbeiter sowie Personalakten leitender Angestellter, die jedoch – wie etwa im Fall des Vorstandsmitglieds Max Paul Meier – mitunter anscheinend nicht vollständig sind.

Diesen Bereich ergänzen einige Akten der beiden Werke Dortmund und Hörde. Während sich die Überlieferung des Werks Dortmund auf statistische Unterlagen sowie die wahrscheinlich weitgehend vollständigen Akten der Neubauabteilung beschränkt, liegen für das Werk Hörde neben diesen auch noch Materialien zur Produktionsgenehmigung und -planung nach dem Krieg sowie zum Werksbahnbetrieb vor.

3.11 Hüttenwerk Hörde AG

Die Überlieferung zur Hüttenwerk Hörde AG ist mit Ausnahme der wichtigsten Unterlagen zur Unternehmensleitung nur fragmentarisch. Der Teilbestand enthält einzelne Akten zur Gründung des Unternehmens sowie die Niederschriften aller Hauptversammlungen und Aufsichtsratssitzungen. Unterlagen des Vorstands sind dagegen nicht vorhanden. Ebenso fehlen Bilanzunterlagen. Die finanzielle Entwicklung ist jedoch teilweise anhand von Revisionsberichten nachvollziehbar. Komplett liegen die Produktions- und Betriebs- sowie Lohn- und Belegschaftsstatistiken vor. Einzelne Akten betreffen die Demontage sowie den Wiederaufbau der Werksanlagen.

3.12 Stahltreuhändervereinigung, Sekretariat Friedrich Harders

Friedrich Harders gehörte zu den elf Mitgliedern der am 1. September 1949 ins Leben gerufenen Stahltreuhändervereinigung. Zuvor war er seit Gründung der Hüttenwerk Hörde AG 1947 Mitglied des Vorstands gewesen und wurde bei Gründung der DHHU im August 1951 zum Vorstandsmitglied bestellt. Die 82 Akten aus seiner vorübergehenden Tätigkeit in dieser Funktion wurden trotz ihrer anderen Provenienz im Bestand belassen, da sie offensichtlich aus seinem Vorstandssekretariat stammen.

Auch wenn insgesamt größere Lücken in der Überlieferung festzustellen sind, bietet der Teilbestand einen eingehenden Überblick zur Entflechtung und Neuordnung der Eisen- und Stahlindustrie. Er umfasst die vollständigen Niederschriften der Sitzungen der Stahltreuhändervereinigung sowie der gemeinsamen Sitzungen des Gremiums mit der Combined Steel Group bis zum Ausscheiden aller Treuhänder im August 1952. Nicht vollständig sind dagegen die Tätigkeitsberichte, die Rundschreiben an die Mitglieder sowie Unterlagen der einzelnen Fachausschüsse. Auch Harders' Korrespondenz ist nur fragmentarisch erhalten. Während zur konkreten Neuordnungsplanung nur Unterlagen zu einzelnen Unternehmen – darunter der DHHU – vorliegen, sind die bislang wissenschaftlich nur wenig genutzten Akten zu den Investitionsplanungen und -bewilligungen der Stahltreuhändervereinigung für alle im Rahmen der ersten Entflechtungswelle entstandenen Unternehmen vorhanden. Unterlagen zu Gesetzen, Mitbestimmung, Demontagen, dem Erzmarkt, zu Hüttenzechen sowie zur Kalk- und Feuerfestindustrie ergänzen den Teilbereich.

Zur Vermeidung begrifflicher Verwirrungen wurden im Bereich der Neuordnungsplanung die Unternehmen so bezeichnet, wie sie nach Abschluss der Neuordnung hießen, auch wenn der Name zu diesem Zeitpunkt noch nicht existent bzw. die Unternehmen noch nicht gegründet worden waren.

3.13 Dortmund-Hörder Hüttenunion AG

Die neben dem Hoerder Verein mit Abstand dichteste Überlieferung innerhalb des Bestands bieten die Akten der DHHU. Allerdings sind auch hier kaum Betriebs- oder Korrespondenzakten des Vorstands und des Aufsichtsrats erhalten, sodass sich die Hintergründe der Unternehmensentwicklung und Entscheidungsmechanismen der Unternehmensleitung trotz der vollständig vorhandenen Niederschriften der Sitzungen der Leitungsgremien nur unzureichend nachvollziehen lassen. Dies gilt insbesondere für die Fusion auf die Hoesch AG und das Verhältnis zum einzigen Großaktionär, der Koninklijke Nederlandsche Hoogovens en Staalfabrieken N. V., der in den Unterlagen quasi nicht existent ist. Teilweise extrem lückenhaft sind außerdem die Akten der gesamten kaufmännischen Verwaltung. So wird der Bereich der Unternehmensfinanzierung durch gerade 14 Verzeichnungseinheiten dokumentiert. Über wichtige Entwicklungsschritte wie die Kapitalerhöhung 1960 oder die Maßnahmen zur Überwindung der dauerhaften Finanzkrise in den 1960er-Jahren enthält der Teilbestand keine Informationen. Allein die Vorlagen zur Investitions- und Finanzplanung für die Aufsichtsratssitzungen geben hier einen gewissen Aufschluss. Selbst zur Tilgung des Anteils der DHHU an den Auslandsschulden der VSt ist mehr Material vorhanden. Ähnliches gilt für die Gründung des Unternehmens 1951, zu der mit Ausnahme der Anordnungen der Combined Steel Group und der Versammlungsprotokolle kaum Akten erhalten sind. Auch die Unternehmens- und Verwaltungsorganisation ist unterrepräsentiert.

Mit nur wenigen Ausnahmen in den ersten Jahren sind die Bilanzen und Bilanzunterlagen der DHHU sowie die dazugehörigen Revisionsberichte komplett erhalten. Die Entwicklung der Verwaltungs- und Betriebskosten lässt sich dagegen in entsprechenden Akten nur bis Anfang der 1960er-Jahre nachvollziehen, während detaillierte Unterlagen des Rechnungswesens zur Gewinn- und Verlustrechnung, zu Betriebskennziffern und Ermittlung des Roherfolg nach Produktgruppen erst 1963 einsetzen. Nur in Fragmenten vorhanden sind Akten der Rechtsabteilung, zu Steuern, Versicherungen und Patenten, der Liegenschaftsverwaltung, zur Produktions- und Betriebsplanung, zur Energie- und Rohstoffwirtschaft und zur betrieblichen Forschung. Die Unterlagen der Personalabteilung umfassen die gesamte Bandbreite des Themenspektrums, doch ist auch hier von einer weitgehenden Zufallsüberlieferung auszugehen. Vorhanden sind Akten zur Arbeitszeitentwicklung, aus dem Lohn- und Gehaltswesen, Personalakten leitender Angestellter, zur Arbeitssicherheit und Arbeitssicherheitsschulung, zur betrieblichen Berufsausbildung und Fortbildung von Arbeitern und Meistern, zur Hundertjahrfeier 1952, zum Gesundheitswesen und zu den Sozialbetrieben.

Den umfangreichsten Abschnitt des Teilbestands bilden die Unterlagen der Beteiligungsverwaltung und der Tochtergesellschaften, die größtenteils aus den Vorstandssekretariaten der DHHU stammen. Zwar unterscheidet sich der Umfang der Überlieferung z. T. beträchtlich, doch sind Akten für alle jemals im Besitz der DHHU befindlichen Unternehmen vorhanden. Mit wenigen Ausnahmen dokumentieren sie in der Regel den Erwerb bzw. die Gründung, Haupt- bzw. Gesellschafterversammlungen, Beirats- bzw. Aufsichtsratssitzungen, Bilanzen, Jahresabschlüsse und Revisionsberichte, Unternehmensorganisation und Beteiligungsverhältnis. Die Unterlagen zur Beteiligung bzw. Mitgliedschaft der DHHU in Verbänden, Vereinen und Verkaufsgesellschaften sind dagegen ebenfalls lückenhaft erhalten. Die vergleichsweise wenigen Akten der Werke Dortmund und Hörde betreffen die vollständig vorhandene Produktions- und Betriebskostenstatistik, einige Betriebsbeschreibungen sowie in Ergänzung zu den Unterlagen der Hauptpersonalabteilung verschiedene Arbeitsfelder der bei den Werken angesiedelten Unterabteilungen. Technische Unterlagen und Akten aus den Betrieben sind nicht vorhanden.

3.14 Betriebskrankenkassen

Im Teilabschnitt Betriebskrankenkassen wurden alle im Bestand vorhandenen Akten zu den Kranken- und Unterstützungseinrichtungen zusammengefasst, um angesichts der häufigen Umfirmierung der Institutionen infolge versicherungsrechtlicher oder unternehmensrechtlicher Änderungen und der mitunter geringen thematischen Nähe der Akten eine zu große Zersplitterung zu vermeiden. Darüber hinaus existierten für die Unternehmen bzw. Werksbereiche an den Standorten Hörde und Dortmund durchgängig eigenständige Kassen, sodass sich diese Vorgehensweise als Gliederungsschema anbot. In den Bereich Hörde wurden zudem die Unterlagen des Hüttenhospitals Hörde integriert. Wie bereits erwähnt, sind die Akten der Sozialeinrichtungen des Hoerder Vereins aus den ersten Jahrzehnten schon Anfang des 20. Jahrhunderts größtenteils nicht mehr vorhanden gewesen. Aus dieser Zeit sind nur noch einzelne Satzungen, Niederschriften von Vorstandssitzungen, Spendenunterlagen sowie in etwas größerem Umfang Materialien zu Versicherungsleistungen im Rahmen von Arbeitsunfällen erhalten. Auch der Zeitraum bis zur Gründung der BKK der DHHU Werk Hörde 1951 ist nur fragmentarisch vorhanden. Zu erwähnen sind hier vor allem Akten zur Kassenfinanzierung sowie Geschäftsberichte aus den 1920er-Jahren. Zur BKK der DHHU Werk Hörde liegt zwar ebenfalls eine sehr lückenhafte, aber die insgesamt dichteste Überlieferung vor. Im Vordergrund stehen Unterlagen zum Finanzwesen und Beitragskarten der Versicherungen. Alle anderen Bereiche, wie etwa die Kassenleitung, sind nicht dokumentiert.

Für den Werksbereich Union ergibt sich ein ähnliches Bild, doch repräsentiert die Überlieferung den Zeitraum vor 1945 fast gar nicht. Hervorzuheben sind hier allein verschiedene Satzungen und Mitgliederbücher aus der Zeit der Union AG sowie die weitgehend vollständigen Geschäftsberichte der 1920er-Jahre. Bei der BKK Werk Dortmund der DHHU liegen diverse Unterlagen zum Finanzwesen sowie einige Bilanzen vor. Vollständig vorhanden sind die Leistungsbücher zur „Wochenhilfe", der Unterstützung von Müttern vor und nach der Geburt, zwischen 1951 und 1964 sowie die Mitglieder- und Krankenstatistik zwischen 1951 und 1966. Alle personenbezogenen Akten der Betriebskrankenkassen unterliegen einer Benutzungssperre.

3.15 Unternehmensgeschichte

Seit Anfang des 20. Jahrhunderts wurde mehrfach von Mitarbeitern und externen Autoren die Geschichte der Unternehmen, der Werke in Hörde und Dortmund sowie einzelner Betriebe oder Produkte innerhalb gewisser Zeiträume verfasst. In den 1960er-Jahren entstanden zudem Gesamtübersichten. Der Teilbestand enthält sämtliche Typoskripte seit den 1920er-Jahren sowie einige Sonderdrucke. Unterlagen zur Festschrift des Hoerder Vereins 1902 und der Phoenix AG 1912 fehlen dagegen.[48] Zum Hoerder Verein existieren einige Materialsammlungen.

48 Hoerder Bergwerks- und Hütten-Verein (Hg.): Hoerder Bergwerks- und Hütten-Verein, Hoerde in Westfalen. 50 Jahre seines Bestehens als Actien-Gesellschaft, 1. März 1852–1902, Hörde 1902; Phoenix AG für Bergbau und Hüttenbetrieb (Hg.): Geschichtliche Entwicklung und gegenwärtiger Stand des Phoenix Aktien-Gesellschaft für Bergbau und Hüttenbetrieb in Hörde. Denkschrift zum 60jährigen Bestehen des Unternehmens im Jahre 1912, Hörde 1912.

4. Überlieferungen in anderen Archiven und Beständen

In verschiedenen Archiven befinden sich Ergänzungsüberlieferungen zum Bestand bzw. die Hauptbestände von Unternehmen, die die Dortmunder Werke während der Phase der Unselbstständigkeit als Tochtergesellschaften oder Abteilungen führten.

4.1 Bergbau-Archiv Bochum
Bestand 47: Dortmunder Bergbau AG
Bestand 86: Hydrogrube Hansa
Bestand 108: Schachtanlagen Adolf von Hansemann/Hansa

4.2 Geheimes Staatsarchiv Preußischer Kulturbesitz, Berlin
Bestand I. HA Rep. 121: Ministerium für Handel und Gewerbe, Berg-, Hütten- und Salinenverwaltung[49]

4.3 Historisches Archiv der Deutschen Bank, Frankfurt am Main
Nachlass Hermann Josef Abs[50]

4.4 Historisches Archiv der Stadt Köln
Nachlass Gustav von Mevissen

4.5 Landesarchiv NRW, Abteilung Rheinland, Duisburg
Bestand NW 99: Demontage

4.6 Landesarchiv NRW, Abteilung Westfalen, Münster
Bestand Regierung Arnsberg, Nr. 1.110 (Kopien im Bestand DHHU)

4.7 Salzgitter AG-Konzernarchiv/Mannesmann-Archiv, Mülheim an der Ruhr
Bestand Phoenix

4.8 Stadtarchiv Dortmund
Bestand 15: Stadt und Amt Hörde
Bestand 615: Betriebsrat Hoesch Stahl AG, Dortmunder Union

4.9 Stiftung Rheinisch-Westfälisches Wirtschaftsarchiv, Köln
Nachlass Eugen Langen

4.10 Stiftung Westfälisches Wirtschaftsarchiv, Dortmund
Bestand F 21: Vereinigte Bickefeld Tiefbau
Bestand F 28/1: Eisenwerk „Rothe Erde“ GmbH
Bestand F 28/4 Union AG
Bestand F 28/5: Deutsch-Lux Dortmunder Union
Bestand F 28/27: VSt

49 Der Bestand enthält eine Konzessionsakte zum Hoerder Eisenwerk, 1853.
50 Der Nachlass enthält 29 Akten zur DHHU. Im dortigen Bestand des A. Schaaffhausen'schen Bankvereins liegt keine Überlieferung zum Hoerder Verein vor. Mitteilungen des Historischen Archivs der Deutschen Bank, 2006.

Bestand F 28/38: VSt Abteilung Bergbau Gruppe Dortmund
Bestand F 28/61: Phoenix AG für Bergbau- und Hüttenbetrieb
Bestand F 28/83: Dortmunder Union Brückenbau AG
Bestand F 28/85: Schwerter Profileisenwalzwerk AG
Bestand F 65: Hüttenwerke Siegerland AG
Bestand K 1: Industrie- und Handelskammer zu Dortmund
Bestand N 1: Joseph Massenez
Bestand N 7/9: Hermanns Brauns
Bestand N 26: Daniel Hilgenstock
Bestand S 8/4: Dortmund-Hoerder Hüttenverein

4.11 Stiftung zur Industriegeschichte Thyssen, Duisburg

Bestand Friedrich Wilhelms-Hütte (Deutsch-Lux)[51]
Bestand Vereinigte Stahlwerke AG[52]

4.12 thyssenkrupp Konzernarchiv, Duisburg

Bestand Dortmunder Union Brückenbau-AG/Rheinstahl Union Brückenbau AG

4.13 thyssenkrupp Konzernarchiv, Hoesch-Archiv, Duisburg

Verschiedene Bestände des tkA Hoesch-Archiv enthalten die Gegenüberlieferung zur Fusion der DHHU auf die Hoesch AG sowie weitergeführte Akten mit überwiegend aus dieser Zeit stammenden Unterlagen.

51 Moos; Zilt: Findbuch FWH.
52 Stremmel; Rasch: Findbuch VSt.

Literaturverzeichnis

Baare, Gerd: Ausmaß und Ursachen der Unternehmungskonzentration der deutschen Stahlindustrie im Rahmen der Montanunion, ein internationaler Vergleich, Tübingen 1965

Bauhoff, Günter: Hilgenstock, Gustav, in: NDB 9 (1972), S. 141

Baumann, Carl-Friedrich: Von der Stahlhüte zum Verarbeitungskonzern. Thyssen Industrie 1870-1995, Essen 1995

Beck, Ludwig: Die Geschichte des Eisens in technischer und kulturgeschichtlicher Beziehung. 4. Abteilung: Das 19. Jahrhundert von 1801-1860, Braunschweig 1899

Beckmann, Uwe: Dortmunder Unternehmen auf nationalen und internationalen Ausstellungen des 19. Jahrhunderts, in: Dascher, Ottfried; Kleinschmidt, Christian (Hg.): Die Eisen- und Stahlindustrie im Dortmunder Raum. Wirtschaftliche Entwicklung, soziale Strukturen und technologischer Wandel im 19. und 20. Jahrhundert, Dortmund 1992, S. 321-338

Bleidick, Dietmar: 200 Jahre Bergbau in Bochum-Stiepel. Die Geschichte der Zeche Brockhauser Tiefbau, Bochum 2015

Ders.: Die Hibernia-Affäre. Der Streit um den preußischen Staatsbergbau im Ruhrgebiet zu Beginn des 20. Jahrhunderts, Bochum 1999

Ders.: Produkte - Innovation - Marketing. Zur Ausstellung von Erzeugnissen der Dortmunder Eisen- und Stahlindustrie auf Industriemessen, in: Ellerbrock, Karl Peter; Framke, Gisela; Heese, Alfred (Hg.): Stahlzeit in Dortmund. Begleitbuch zur Dauerausstellung des Hoeschmuseums. Forum zur Geschichte von Eisen und Stahl und zum Strukturwandel in Dortmund, Münster 2005, S. 85-120

Ders.: Zur Einführung des Thomas-Verfahrens in Deutschland, in: Rasch, Manfred; Maas, Jacques (Hg.): Das Thomasverfahren in Europa. Entstehung - Entwicklung - Ende, Essen 2009, S. 50-112

Boetticher, Karl Wilhelm: 100 Jahre Neuschottland - Eisenwerk Steele 1856-1956. Wechsel und Wandel, Essen 1956

Borchart, Joachim: Der europäische Eisenbahnkönig Bethel Henry Strousberg, München 1991

Bouwens, Bram u. a.: Driven by Steel: From Hoogovens to Tata Steel 1918 - 2018, Bossum 2018

Brinckmeyer, Hermann: Hugo Stinnes, München 1921

Budde, Hans: Soziale Leistungen des Hörder Bergwerks- und Hüttenvereins - die Gründerjahre 1852-1863 im Spiegel von Quellen, in: Feldenkirchen, Wilfried; Hilger, Susanne; Rennert, Kornelia (Hg.): Geschichte - Unternehmen - Archive. Festschrift für Horst A. Wessel zum 65. Geburtstag, Essen 2008, S. 201-225

Däbritz, Walther: Gründung und Anfänge der Disconto-Gesellschaft Berlin. Ein Beitrag zur Bank- und Wirtschaftsgeschichte Deutschlands in den Jahren 1850-1870, München; Leipzig 1931

Danylow, Peter; Soénius, Ulrich S. (Hg.): Otto Wolff. Ein Unternehmen zwischen Wirtschaft und Politik, München 2005

Dascher, Ottfried: Die Eisen- und Stahlindustrie des Dortmunder Raumes (1874-1873), in: ders.; Kleinschmidt, Christian (Hg.): Die Eisen- und Stahlindustrie im Dortmunder Raum. Wirtschaftliche Entwicklung, soziale Strukturen und technologischer Wandel im 19. und 20. Jahrhundert, Dortmund 1992, S. 65-80

Ders.: Grundzüge der wirtschaftlichen Entwicklung Dortmunds im 19. Jahrhundert, in: Luntowski, Gustav; Reimann, Norbert (Hg): Dortmund, 1100 Jahre Stadtgeschichte, Dortmund 1982, S. 205-230

Donges, Alexander: Die Vereinigte Stahlwerke AG im Nationalsozialismus. Konzernpolitik zwischen Marktwirtschaft und Staatswirtschaft, Paderborn 2014

Dortmunder Eisenbahn GmbH (Hg.): 100 Jahre Dortmunder Eisenbahn. 1899-1999, o. O. 1999

Dossmann, Ernst: Die Hörder Burg, ein Kristallisationspunkt für die Entwicklung der märkisch-westfälischen Eisenindustrie, in: Jahresschrift des Förderkreises Iserlohner Museen e. V. 4 (1983), S. 52–67

Eisen-Enquête-Kommission (Hg.): Protokolle über die Vernehmung der Sachverständigen durch die Eisen-Enquête-Kommission, Berlin 1879

Eisenwerk Rothe Erde GmbH (Hg.): Rothe Erde gestern, heute und morgen, Dortmund 1951

Elkmann, Georg-Heinrich: Möglichkeiten und Grenzen der Konzentration in der Eisen- und Stahlindustrie: Entwicklungslinien, Strukturen und Problematik, dargestellt insbesondere an den Verhältnissen in der Bundesrepublik Deutschland, Düsseldorf 1970

Ellerbrock, Karl-Peter: Die Geschichte des „Phoenix" in Hörde, Münster 2006

Ders.: Hördes Eintritt ins Industriezeitalter. Von Piepenstock zum Phoenix-Konzern, in: Högl, Günther; Schilp, Thomas (Hg): Beiträge zur Stadtgeschichte. 650 Jahre Stadtrechte Hörde (1340–1990), Dortmund 1990, S. 98–111

Ders.: Ein Produkt erobert die Welt. 100 Jahre Stahlspundwand aus Dortmund, Münster 2003

Ders.: Tull, Matthias, in: NDB 26 (2016), S. 501 f.

Ders.: Von Piepenstock zum „Phoenix". Geschichte der Hermannshütte 1841–1906, Dortmund 1990

Ders.: Die Westfälische Transport-Aktien-Gesellschaft und ihre Geschichte. Ein unveröffentlichtes Manuskript aus der Nachkriegszeit, in: ders. (Hg.): Dortmunds Tor zur Welt. Einhundert Jahre Dortmunder Hafen, Essen 1999, S. 139–158

Ders.: „Wohnungsnoth" und „Selbsthülfe". Aus den Anfängen des genossenschaftlichen Wohnungsbaus in Westfalen vor dem Ersten Weltkrieg. Das Beispiel des Hörder Spar- und Bauvereins von 1897, in: Westfälische Forschungen 50 (2000), S. 183–217

Ders: Zur Bedeutung des Dortmund-Ems-Kanals für den Stahlstandort Dortmund vor dem Ersten Weltkrieg, in: Dascher, Ottfried; Kleinschmidt, Christian (Hg.): Die Eisen- und Stahlindustrie im Dortmunder Raum. Wirtschaftliche Entwicklung, soziale Strukturen und technologischer Wandel im 19. und 20. Jahrhundert, Dortmund 1992, S. 81–96

Eversberg, Heinz, Die Entstehung der Schwerindustrie um Hattingen 1847–1857. Ein Beitrag zur Grundlegung der schwerindustriellen Landschaft an der Ruhr, Münster 1955

Feldenkirchen, Wilfried: Die Eisen- und Stahlindustrie des Ruhrgebiets 1879–1914. Wachstum, Finanzierung und Struktur ihrer Großunternehmen, Wiesbaden 1982

Ders.: Kapitalbeschaffung in der Eisen- und Stahlindustrie des Ruhrgebiets (1879–1914), in: Zeitschrift für Unternehmensgeschichte 24 (1979), S. 39–79

Ders.: Kölner Banken und die Entwicklung des Ruhrgebietes, in: Zeitschrift für Unternehmensgeschichte 27 (1982), S. 81–106

Feldman, Gerald D.: Hugo Stinnes. Biographie eines Industriellen 1870–1924, München 1998

Förderverein Hörder Burg e. V.; Stadtmarketing Hörde (Hg.): Die Burg Hörde. Eine Brücke zwischen gestern und heute, Münster 2003

Fremdling, Rainer: Eisenbahnen und Wirtschaftswachstum 1840–1879, 2. Aufl., Dortmund 1986

Ders.: Modernisierung und Wachstum der Schwerindustrie in Deutschland 1830–1860, in: Geschichte und Gesellschaft 5 (1979), S. 201–227

Ders.: Standorte und Entwicklung der Eisenindustrie, in: Teuteberg, Hans Jürgen (Hg.): Westfalens Wirtschaft am Beginn des „Maschinenzeitalters", Dortmund 1988, S. 297–316

Frese-Strathoff, Marie-Luise; Pfläging, Kurt; Huske, Joachim: Der Steinkohlenbergbau im Bergrevier Hörde zur Zeit des Freiherrn vom Stein. Der Kohlenbergbau im ehemaligen Bergrevier Hörde bei Dortmund und die Befahrungen der Zechen durch den Oberbergrat Friedrich Wilhelm Graf von Reden und den Bergdirektor Heinrich Friedrich Karl Reichsfreiherr vom und zum Stein, Werne 2007

Gall, Lothar: Der Bankier Hermann Josef Abs. Eine Biographie, München 2004

Gansäuer, Karl-Friedrich: Lagerung und Verflechtung der eisenschaffenden Industrie der Montanunionsländer in räumlicher Sicht, dargestellt am Beispiel ausgewählter Unternehmensgruppen und Konzerne, Wiesbaden 1964

Garth, Willi: Der Kampf um die Burg Hörde. Hartnäckigkeit und Ausdauer wurden mit sensationellen archäologischen Funden und Befunden belohnt, in: Jahrbuch Westfalen NF 68 2014 (2013), S. 69–74

Gelsenkirchener Bergwerks-AG (Hg.): 10 Jahre Steinkohlenbergbau der Vereinigte Stahlwerke AG, Essen 1936

Görlitz, Hellmuth: Die Siemens-Rheinelbe-Schuckert-Union und Hugo Stinnes, Bochum 1921

Hansen, Joseph: Gustav von Mevissen. Ein rheinisches Lebensbild 1815–1899, 2 Bde., Berlin 1906

Harkort, Friedrich: Beleuchtung der Eisenzoll-Frage und des gegenwärtigen Standes der einheimischen Eisenindustrie, Iserlohn 1859

Harmsen, Gustav Wilhelm: Reparationen, Sozialprodukt, Lebensstandard. Versuch einer Wirtschaftsbilanz, Bd. 1, Bremen 1948

Hempel, Gustav: Die deutsche Montanindustrie, Essen 1969

Herchenröder, Karl Heinrich u. a.: Die Nachfolger der Ruhrkonzerne, Düsseldorf 1953

Heymann, Hans Gideon: Die gemischten Werke im deutschen Großeisengewerbe. Ein Beitrag zur Frage der Konzentration der Industrie, Stuttgart; Berlin 1904

Hoerder Bergwerks- und Hütten-Verein (Hg.): Hoerder Bergwerks- und Hütten-Verein, Hoerde in Westfalen. 50 Jahre seines Bestehens als Actien-Gesellschaft, 1. März 1852–1902, Hörde 1902

Horstmann, Theo: Früher Bergbau im Raum Dortmund zwischen 1766 und 1865, in: Beiträge zur Geschichte Dortmunds und der Grafschaft Mark 83/84 (1992/93), S. 109–140

Hocker, Nicolaus: Die Großindustrie Rheinlands und Westfalens, Leipzig 1867 (Reprint Hildesheim 1967)

Högl, Günther: Zwangsarbeiterlager unter verschärften Bedingungen. Die Außenlager des KZ Buchenwald und das „Auffanglager Hüttenwerk" auf dem Gelände des Dortmund-Hörder [!] Hüttenvereins, in: Heimat Dortmund, Heft 3/2002, S. 7–11

Hoff, Heinrich von: Über die Ableitung der Hohofen-Gichtgase und die hierzu geeigneten Apparate, in: Zeitschrift des Vereins Deutscher Ingenieure 7 (1863), Sp. 433–446

Huske, Joachim: Die Steinkohlenzechen im Ruhrrevier. Daten und Fakten von den Anfängen bis 2005, 3. Aufl., Bochum 2006

Huyssen: Beiträge zur Kenntnis der Lage der Berg- und Hüttenleute, besonders in Bezug auf die Knappschaftsvereine, Teil 2: Lage der Arbeiter auf den Eisenhütten des Hörder Bergwerks- und Hüttenvereins, in: Zeitschrift für das Berg-, Hütten- und Salinenwesen in dem Preussischen Staate 8 (1860), S. 205–225

Jacobi, Ludwig Hermann Wilhelm: Das Berg-, Hütten- und Gewerbe-Wesen des Regierungsbezirks Arnsberg in statistischer Darstellung, Iserlohn 1857

Jacobs, Franz-Josef; Schmitt, Alfons (Bearb.): Standortsprobleme der Eisen schaffenden Industrie im Raume Dortmund unter besonderer Berücksichtigung des Hüttenwerkes Hörde. Eine Standortuntersuchung des Instituts für Verkehrswissenschaft an der Universität Münster (Westf.), Münster 1952

Jeidels, Otto: Das Verhältnis der deutschen Großbanken zur Industrie mit besonderer Berücksichtigung der Eisenindustrie, Leipzig 1905

Jutzi, Wilhelm: Die deutsche Montanindustrie auf dem Weg zum Trust, Jena 1905

Kerkhof, Stefanie van de: Von der Friedens- zur Kriegswirtschaft. Unternehmensstrategien der deutschen Eisen- und Stahlindustrie vom Kaiserreich bis zum Ende des Ersten Weltkriegs, Essen 2006

Kestner, Fritz: Die deutschen Eisenzölle 1879–1900, Leipzig 1902

Klag, Kurt: Die Standortbedingungen der Eisen schaffende Industrie im Ruhrgebiet seit 1850, Essen/Kettwig 1948

Klass, Gert von: Hugo Stinnes, Tübingen 1958

Kleinschmidt, Christian: „...ein unmögliches Ungeheuer...". Großgasmaschinen, Kraft und Energie für die Henrichshütte, Dortmund 1993

Ders.: Ingenieure und Innovationen. Der Hörder Verein als technologischer Vorreiter der Eisen- und Stahlindustrie (1841-1926), in: Hofmann, Fritz (Hg.): Stahlzeit in Hörde, Dortmund-Hörde 2004, S. 57-74

Kleinschmidt, Walter: Die Siemens-Rheinelbe-Schuckert-Union GmbH., ein Beispiel heutiger Konzentrationsbewegung, Berlin 1927

Kluitmann, Leo: Studien über die Entwickelung des gewerblichen Geld- und Kapitalverkehrs im Ruhrbecken vom Beginn des 19. Jahrhunderts bis zur Gründerära der 1870er Jahre, Köln 1922

Knepper, Gustav; Oberste-Brink, Karl: Die Grundlagen des Steinkohlenbergbaus der Vereinigte Stahlwerke AG, Essen 1928

Kollmann, Julius: Der deutsche Stahlwerksverband, Berlin 1905

Kontradiktorische Verhandlungen über deutsche Kartelle. Die vom Reichsamt des Innern angestellten Erhebungen über das inländische Kartellwesen in Protokollen und stenographischen Berichten, Bd. 3: Eisen und Stahl, Teil 1, Berlin 1904

Kukuk, Paul: Geologie des niederrheinisch-westfälischen Steinkohlengebietes, Berlin 1938

Kumpmann, Karl: Die Entstehung der Rheinischen Eisenbahn-Gesellschaft 1830-1844. Ein erster Beitrag zur Geschichte der Rheinischen Eisenbahn, Essen 1910.

Kunze, Walther: Der Aufbau des Phoenix-Konzerns, Diss. Darmstadt 1926

Lange-Kothe, Irmgard: Die ersten Kokshochöfen in Deutschland, besonders im Rheinland und in Westfalen, in: Stahl und Eisen 85 (1965), S. 1053-1061

Lauschke, Karl: Der Kampf gegen die Demontage in Hörde, in: Heimat Dortmund. Stadtgeschichte in Bildern und Berichten, H. 1-2/2016, S. 18-24

Ders.: Vom Herr-im-Haus-Standpunkt zur Mitbestimmung im Hörder Hüttenwerk, in: Hofmann, Fritz (Hg.): Stahlzeit in Hörde, Dortmund-Hörde 2004, S. 75-89

Lindenberg, Otto: 50 Jahre Geschichte einer Spekulationsbank. Ein Beitrag zur Geschichte des deutschen Bankwesens, Berlin 1903

Lindenlaub, Jürgen: Die Finanzierung des Aufstiegs von Krupp. Die Personengesellschaft Krupp im Vergleich zu den Kapitalgesellschaften Bochumer Verein, Hoerder Verein und Phoenix 1850-1880, Essen 2006

Lotfi, Gabriele: KZ der Gestapo. Arbeitserziehungslager im Dritten Reich, Stuttgart; München 2000

Marchand, Hans: Säkularstatistik der deutschen Eisenindustrie, Essen 1939

Martin, Bernd: Industrialisierung und regionale Entwicklung. Die Zentren der Eisen- und Stahlindustrie im Deutschen Zollgebiet, 1850-1914, Diss. Berlin 1983

Mertes, Paul Hermann: Das Werden der Dortmunder Wirtschaft, 2. Aufl. Dortmund 1942

Mews, Karl: Haßlinghauser Hütte - Neuschottland - Dortmunder Union - Eisenwerk Steele. Ein Jahrhundert Werksgeschichte 1856-1956, in: Beiträge zur Geschichte von Stadt und Stift Essen 71 (1956), S. 5-59

Ministerium für Handel, Gewerbe und Industrie (Hg.): Die Einrichtungen für die Wohlfahrt der Arbeiter der grösseren gewerblichen Anlagen im Preussischen Staate, Bd. 1, Berlin 1876

Mlodoch, Stephan: Neue Technologien und wirtschaftliche Rentabilität am Beispiel des Hörder Bergwerks- und Hüttenvereins 1852-1906, in: Dascher, Ottfried; Kleinschmidt, Christian (Hg.): Die Eisen- und Stahlindustrie im Dortmunder Raum. Wirtschaftliche Entwicklung, soziale Strukturen und technologischer Wandel im 19. und 20. Jahrhundert , Dortmund 1992, S. 339-354

Mollin, Gerhard Th.: Montankonzerne und „Drittes Reich". Der Gegensatz zwischen Montanindustrie und Befehlswirtschaft in der deutschen Rüstung und Expansion 1936-1944, Göttingen 1988

Moos, Michael: Der Bestand FWH und seine archivische Ordnung, in: ders.; Zilt, Andreas (Bearb.): Findbuch zum Bestand Friedrich Wilhelms-Hütte (1811-1969), Duisburg 1997, S. 35-48

Müller, H[ermann]: Der Georgs-Marien-Bergwerks- und Hütten-Verein, Bd. 1, Osnabrück 1896

Nieuwenhuys, Willem: Konzern in Bewegung. Fünfundsiebzig Jahre Hoogovens, o. O. 1993
Nievelstein, Markus: Der Zug nach der Minette. Deutsche Unternehmen in Lothringen 1871–1918, Bochum 1993
N. N.: Amtlicher Bericht über die allgemeine Deutsche Gewerbe-Ausstellung zu Berlin im Jahre 1844, Berlin 1846
N. N.: Die Dortmund-Hörder Hüttenunion AG, in: Continentaler Eisenhandel 16 (1966), S. 59–70
Oechelhäuser, Wilhelm: Die Eisenindustrie des Zollvereins in ihrer neueren Entwickelung, Duisburg 1855
Ders.: Vergleichende Statistik der Eisen-Industrie aller Länder und Erörterung ihrer ökonomischen Lage im Zollverein, Berlin 1852.
Paulinyi, Akos: Das Puddeln. Ein Kapitel aus der Geschichte des Eisens in der Industriellen Revolution, München 1987
Peters, Richard: Über den Spatheisenstein der westphälischen Steinkohlenformation, in: Zeitschrift des Vereins Deutscher Ingenieure 2 (1857), S. 90–100
Philippson, F. C.: Die Eisenindustrie und die Eisen-Enquête, Berlin 1879
Phoenix AG für Bergbau und Hüttenbetrieb (Hg.): Geschichtliche Entwicklung und gegenwärtiger Stand des Phoenix Aktien-Gesellschaft für Bergbau und Hüttenbetrieb in Hörde. Denkschrift zum 60jährigen Bestehen des Unternehmens im Jahre 1912, Hörde 1912
Dies.: „Phoenix" Aktien-Gesellschaft für Bergbau und Hüttenbetrieb zu Hörde i. W., Aachen 1908
Pierenkemper, Toni, Die westfälischen Schwerindustriellen 1852–1913. Soziale Struktur und unternehmerischer Erfolg, Göttingen 1979
Pomiluek, Klaus-Dieter Walter: Heinrich Wilhelm Beukenberg. Ein Montanindustrieller seiner Zeit, Diss. Düsseldorf 2002 (http://docserv.uni-duesseldorf.de/servlets/DerivateServlet/ Derivate-3646/1646.pdf_(Zugriff am 09.05.2018)
Pudor, Fritz: Lebensbilder aus dem rheinisch-westfälischen Industriegebiet. Jahrgang 1955–1957, Düsseldorf 1960
R. & H. Hoppenstedt Verlagsanstalt (Hg.): Vereinigte Stahlwerke AG Düsseldorf 1927. Aufbau, Werke, Zechen und Rohstoffbetriebe, Konzern- und Gründer-Gesellschaften, Statistik, Finanzen, Berlin 1927
Ramjoué, Fritz: Die Bedeutung der Schwerindustrie für die Entwicklung des Ruhrgebiets als Wirtschaftskörper, Gummersbach 1933
Raphael, Gaston: Hugo Stinnes, Berlin 1925
Rasch, Manfred: Albert Vögler. Manager mit technischem Sachverstand und volkswirtschaftlichem Verständnis. Versuch einer biografischen Skizze, in: Westfälische Lebensbilder 17 (2005), S. 22–59
Ders.: Aus 50 Jahren Archivgeschichte, in: ThyssenKrupp AG (Hg.): 50 Jahre ThyssenKrupp Konzernarchiv, Duisburg 2012, S. 115–150
Ders.: Frühe Hochöfen im späteren Ruhrgebiet. Eine erste Annäherung an ein technik- und wirtschaftsgeschichtliches Thema, in: ders. (Hg.): Der Kokshochofen. Entstehung, Entwicklung und Erfolg von 1709 bis in die Gegenwart, Essen 2015, S. 153–196
Ders.: Granaten, Geschütze und Gefangene. Zur Rüstungsfertigung der Henrichshütte in Hattingen während des Ersten und Zweiten Weltkriegs, Dortmund 2003
Ders.: Über Albert Vögler und sein Verhältnis zur Politik, in: Mitteilungsblatt des Instituts für Soziale Bewegungen. Forschungen und Forschungsberichte 27 (2003), S. 127–156
Ders.: Zur Geschichte der Ruhrstahl-Gruppe und ihrer Werke, in: ders. (Hg.): Findbuch zu den Beständen der Ruhrstahl-Gruppe, Duisburg 1998, S. 3–72
Reckendrees, Alfred: Das „Stahltrust"-Projekt. Die Gründung der Vereinigte Stahlwerke AG und ihre Unternehmensentwicklung 1926–1933/34, München 2000

Ders.; Priemel, Kim: Politik als produktive Kraft? Die „Gelsenberg-Affäre" und die Krise des Flick-Konzerns (1931/32), in: Jahrbuch für Wirtschaftsgeschichte, Heft 2/2006, S. 63–93

Reininghaus, Wilfried: Das wirtschaftliche Handeln der Familie von Romberg im 17. bis 20. Jahrhundert, in: Rasch, Manfred; Pierenkemper, Toni; Reimann, Norbert (Hg.): Adel als Unternehmer im bürgerlichen Zeitalter. Vorträge des wissenschaftlichen Kolloquiums der Vereinigten Westfälischen Adelsarchive e. V. vom 28. bis 30. Juli 2004 in Bad Driburg, Münster 2006, S. 65–78

Ders.: Hermann Diedrich Piepenstock, seine Familie und Unternehmen, in: Dascher, Ottfried; Kleinschmidt, Christian (Hg.): Die Eisen- und Stahlindustrie im Dortmunder Raum. Wirtschaftliche Entwicklung, soziale Strukturen und technologischer Wandel im 19. und 20. Jahrhundert, Dortmund 1992, S. 27–46

Rennert, Kornelia: Wettbewerber in einer reifen Branche. Die Unternehmensstrategien von Thyssen, Hoesch und Mannesmann 1955 bis 1975, Essen 2015

Rheinisch-Westfälisches Wirtschaftsarchiv zu Köln e. V. (Hg.): Kölner Unternehmer und die Frühindustrialisierung im Rheinland und in Westfalen (1835–1871). Ausstellung des. Rheinisch-Westfälischen Wirtschaftsarchivs zu Köln e. V. in enger Zusammenarbeit mit dem Historischen Archiv der Stadt Köln in den Räumen des Historischen Archivs, 17. September 1984 bis 30. November 1984, Köln 1984

Rüppel, Arno: Die Transport- und Anlagengestaltung der Verkehrseinrichtungen der Dortmund-Hörder Hüttenunion AG, Werk Dortmund für das Presswerk und die Bearbeitungswerkstatt mit Rücksicht auf die zukünftige Entwicklung des Werkes, Dortmund 1953

Ruhrstahl-AG (Hg.): Ein Jahrhundert Henrichshütte Hattingen 1854–1954, Darmstadt 1954

Schlüter, Brigitte Ingeborg: Verwaltungsbauten der rheinisch-westfälischen Stahlindustrie 1900–1930, Bonn 1991

Scholl, Lars Ulrich: Ingenieure in der Frühindustrialisierung. Staatliche und private Techniker im Königreich Hannover und an der Ruhr (1815–1873), Göttingen 1978

Schönfelder: Die Baulichen Anlagen auf den Berg-, Hütten- und Salinenwerken in Preußen. 1. Jg., 1. Lieferung: Die Hohofenanlage des Hörder [!] Bergwerks- und Hüttenvereins bei Hörde, Berlin 1861

Schulte, Wilhelm: Hermann Diedrich Piepenstock, in: Rheinisch-Westfälische Wirtschaftsbiographien 2 (1937), S. 1–16

Sering, Max: Geschichte der preussisch-deutschen Eisenzölle von 1818 bis zur Gegenwart, Leipzig 1882

Simmersbach, Oscar: Der deutsche Stahlwerks-Verband und seine Bedeutung für unser Wirtschaftsleben, Berlin 1905

Sinzheimer, Ludwig: Der volkswirthschaftliche Charakter der technischen Entwicklung des deutschen Eisenhüttengewerbes 1865-1879, Diss. München 1892.

Slotta, Rainer: Standortbedingungen der Eisen- und Stahlindustrie. Der Eisensteinbergbau im Dortmunder Raum, in: Dascher, Ottfried; Kleinschmidt, Christian (Hg.): Die Eisen- und Stahlindustrie im Dortmunder Raum. Wirtschaftliche Entwicklung, soziale Strukturen und technologischer Wandel im 19. und 20. Jahrhundert, Dortmund 1992, S. 13–26

Soénius, Ulrich S.: Schwann, Mathieu, in: NDB 23 (2007), S. 787 f.

Ders.: Zukunft im Sinn – Vergangenheit in den Akten. 100 Jahre Rheinisch-Westfälisches Wirtschaftsarchiv zu Köln, Köln 2006

Ders.; Wilhelm, Jürgen (Hg.): Kölner Personen-Lexikon, Köln 2007

Stahltreuhändervereinigung (Hg.): Die Neuordnung der Eisen- und Stahlindustrie im Gebiet der Bundesrepublik Deutschland, München; Berlin 1954

Stahlwerks-Verband (Hg.): 25 Jahre Stahlwerks-Verband 1904–1929, Düsseldorf 1929

Stillich, Oskar: Eisen- und Stahlindustrie, Berlin 1904

Stremmel, Ralf: Zur Schriftgutüberlieferung von Vereinigte Stahlwerke AG und Bergbau- und Industriewerte AG, in: ders.; Rasch, Manfred (Bearb.): Findbuch zu den Beständen Vereinigte Stahlwerke AG und Bergbau- und Industriewerte AG, Duisburg 1997, Bd. 1, S. 47–58

Strohmann, Dirk: Vom Kloster zum Industriebetrieb. Bauliche Veränderungen von 1804 bis heute, in: Förderverein Kloster Bredelar (Hg.): Kloster Bredelar/Theodorshütte. Vom barocken Kloster zur Eisenhütte. Vergangenheit und Zukunft, Marsberg 2005, S. 14–25

Strousberg, Bethel Henry: Dr. Strousberg und sein Wirken, von ihm selbst geschildert, Berlin 1876

Treue, Wilhelm; Uebbing, Helmut: Die Feuer verlöschen nie, Bd. 2: August Thyssen-Hütte 1926-1966, Düsseldorf; Wien 1969

Troitzsch, Ulrich: Belgien als Vermittler technischer Neuerungen beim Aufbau der eisenschaffenden Industrie im Ruhrgebiet um 1850, in: Technikgeschichte 39 (1972), S. 142–158

Ders.: Die Einführung des Bessemerverfahrens in Preußen – Ein Innovationsprozeß aus den 60er Jahren des 19. Jahrhunderts, in: Pfetsch, Frank R. (Hg.): Innovationsforschung als multidisziplinäre Aufgabe. Beiträge zur Theorie und Wirklichkeit von Innovationen im 19. Jahrhundert, Göttingen 1975, S. 209–240

Ders.: Innovation, Organisation und Wissenschaft beim Aufbau von Hüttenwerken im Ruhrgebiet 1850–1870, Dortmund 1977

Ders.: Reiner Daelen (1813–1887) und die Entwicklung der Walzwerktechnik. Ein Pionier der westdeutschen Eisenindustrie im 19. Jahrhundert, in: Ferrum. Nachrichten aus der Eisenbibliothek 79 (2007), S. 26–45

Troß, Arnold: Der Aufbau der Eisen- und eisenverarbeitenden Industrie-Konzerne Deutschlands. Ursachen, Formen und Wirkungen des Zusammenschlusses unter besonderer Berücksichtigung der Maschinen-Industrie, Berlin 1923

Uebbing, Helmut: Stahl schreibt Geschichte. 125 Jahre Wirtschaftsvereinigung Stahl, Düsseldorf 1999

Unverferth, Gabriele: Kohle für die Hermannshütte. Zur Geschichte des Hoerder Bergwerks- und Hütten-Vereins, seiner Zechen und Siedlungen, in: dies. (Hg.): Leben im Schatten des Förderturms. Die Kolonie Holstein in Dortmund-Asseln, Werne 2005, S. 11–50

Vereinigte Stahlwerke AG (Hg.): Organisation, Geschäftsgang und Abrechnungs-Wesen in der Abteilung Bergbau der Vereinigte Stahlwerke Aktiengesellschaft, Essen 1926

Vollmerhaus, Hans: Handwerk und Industrie des märkischen Wirtschaftsraumes auf der Allgemeinen Deutschen Gewerbe-Ausstellung zu Berlin im Jahre 1844, in: Der Märker 21 (1972), S. 43–51

Volz, Robert (Hg.): Reichshandbuch der deutschen Gesellschaft. Das Handbuch der Persönlichkeiten in Wort und Bild, 2 Bde., Berlin 1930/31

Vries, Johan de: Hoogovens Ijmuiden 1918–1968, Amsterdam 1968

Wagenblass, Horst: Der Eisenbahnbau und das Wachstum der deutschen Eisen- und Maschinenbauindustrie 1835 bis 1860. Ein Beitrag zur Geschichte der Industrialisierung Deutschlands, Stuttgart 1973

Walter, Hans-Hubert: Das ehemalige Kloster. Standort von Bergbau und Metallgewerbe im 19. Jahrhundert, in: Förderverein Kloster Bredelar (Hg.): Kloster Bredelar/Theodorshütte. Vom barocken Kloster zur Eisenhütte. Vergangenheit und Zukunft, Marsberg 2005, S. 26–33

Weber, Wolfhard: Das Berg- und Hüttenwesen des 18. und 19. Jahrhunderts in der historischen Innovationsforschung, in: Technikgeschichte 43 (1976), S. 47–59

Wengenroth, Ulrich: Unternehmensstrategien und technischer Fortschritt. Die deutsche und die britische Stahlindustrie 1865–1895, Göttingen; Zürich 1986

Wiel, Paul; Wirtschaftsgeschichte des Ruhrgebietes. Tatsachen und Zahlen, Essen 1970

Wixforth, Harald: Banken und Schwerindustrie in der Weimarer Republik, Köln; Berlin; Weimar 1995

Wolter, Hans: Grundsätzliches aus der Sicht der deutschen Eisen- und Stahlindustrie, in: Röper, Burckhardt (Hg.): Rationalisierungseffekte der Walzstahlkontore und der Rationalisierungsgruppen, Berlin 1974, S. 53–67

Wulf, Peter: Hugo Stinnes. Wirtschaft und Politik 1918-1924, Stuttgart 1979

Zech, Björn: Stahlindustrie. Demontagen contra Marshallplan, in: Kift, Dagmar (Hg.): Aufbau West. Neubeginn zwischen Vertreibung und Wirtschaftswunder, Essen 2005, S. 114–126

Ziegler, Dieter: Kriegswirtschaft, Krisenfolgenbewältigung, Kriegsvorbereitung. Der deutsche Bergbau im dauernden Ausnahmezustand (1914–1945), in: ders. (Hg.): Geschichte des deutschen Bergbaus, Bd. 4: Rohstoffwirtschaft im Strukturwandel. Der deutsche Bergbau im 20. Jahrhundert, Münster 2013, S. 15–182

Zilt, Andreas: Historische Innovationsforschung. Zur Einführung des Oxygenstahlverfahrens in Westdeutschland, in: Rasch, Manfred; Bleidick, Dietmar (Hg.): Technikgeschichte im Ruhrgebiet – Technikgeschichte für das Ruhrgebiet, Essen 2004, S. 710–729

Ders.: Zwischen Rüstungswirtschaft, „Stunde Null" und Wirtschaftswunder - Eduard Herzog und der Verein Deutscher Eisenhüttenleute, in: Maier, Helmut; ders.; Rasch, Manfred (Hg.): 150 Jahre Stahlinstitut VDEh. 1860-2010, Essen 2010, S. 177-199

Zumdick, Ulrich: Im Schatten der Schlote. Arbeit und Alltag beim Hörder Verein, in: Högl, Günther; Schilp, Thomas (Hg): Beiträge zur Stadtgeschichte. 650 Jahre Stadtrechte Hörde (1340–1990), Dortmund 1990, S. 112–123

B

Bestandsverzeichnis

Hinweise zur Benutzung des Findbuchs

In den Kopfzeilen des vorliegenden Findbuchs erscheinen links die Bestandssignatur und rechts ein Kurztitel aus dem Inhaltsverzeichnis. Am linken Seitenrand, unterhalb der Bestandsbezeichnung in der Kopfzeile, ist in einer Spalte die Signatur der Archivalie abzulesen. Zitiert werden die Akten jeweils nach dem Muster: Bestandssignatur/Einzelsignatur (z. B. DHHU/134).

Die Verzeichnung selbst folgt dem üblichen Schema: Am Anfang steht der Aktentitel, darunter schließen sich der Reihenfolge nach an: Laufzeit, „Enthält"-Vermerk (inhaltliche Beschreibung der Archivalie), gegebenenfalls „Darin auch"-Vermerk. Deckt die stichwortartige Beschreibung im „Enthält"-Vermerk nur einen Teil des Aktieninhalts ab, wird der Beschreibung das Kürzel „u. a." nachgestellt. Wenn die Akte drei Jahre oder länger keinen Zuwachs hatte, wird dies durch Trennen der Laufzeit kenntlich gemacht: Statt 1950–1960 heißt es in solchen Fällen beispielsweise 1950–1952, 1957–1960. Vom Bearbeiter vermutete Laufzeitangaben stehen in eckigen Klammern. Bei Revisionsberichten gibt die Laufzeit im Unterschied zum üblichen Verfahren jene Zeit an, auf die sich der Bericht bezieht, also den Prüfzeitraum oder den Stichtag der Prüfung, nicht aber den Tag, an dem der Revisionsbericht erstellt wurde.

Um Volltextrecherchen zu verbessern, blieben die Bezeichnungen von Unternehmen, Vereinen, Verbänden usw. bei der Erfassung in der Regel undekliniert. Die Namen aller natürlichen und juristischen Personen sind nach Möglichkeit vollständig angegeben, bei Unternehmen ist der im Handelsregister eingetragene Name verwendet worden. Falls ohne nähere Angaben von „Schriftwechsel", „Aktennotiz" und dgl. die Rede ist, handelt es sich um Papiere des jeweiligen Aktenbildners. Zusammenfassende Berichte über Sitzungen, Versammlungen und Besprechungen werden als „Niederschrift" bezeichnet.

Umfangreichere Druckschriften (Geschäftsberichte, Statuten und dgl.) wurden den Akten entnommen und dem Sammlungsbestand „Fschr." (Firmenschriften) im thyssenkrupp Konzernarchiv zugeordnet.

Grundsätzlich ist zu beachten, dass sich Unterlagen zu demselben Thema unter mehreren Gliederungspunkten finden können. Über das gedruckte Findbuch hinausgehend sind im Datenbankprogramm „FAUST" weitere Informationen, etwa Altsignaturen, abrufbar. „FAUST" bietet auch die Möglichkeit, komplexe Recherchen mit der Kombination mehrerer Suchbegriffe und Laufzeitangaben durchzuführen.

Die Sperrfristen betragen, wie üblich, 30 Jahre nach Schließung der Akte. Längere Sperrfristen gelten für Akten, die schutzwürdige Belange von Personen berühren.

I. Hermannshütte/Piepenstock & Comp. (1841–1852)

1. Konzessionen und Finanzen

978 Konzessionierung der Hermannshütte.
1841–1842
Genehmigung von Königlicher Regierung zu Arnsberg und Königlichem Oberbergamt für die westfälischen Provinzen für Hermann Diedrich Piepenstock zum Bau eines Puddel- und Walzwerks vom 17./23.11.1841 in [Dortmund-]Hörde; Antrag von Piepenstock an den preußischen Finanzminister Ernst von Bodelschwingh auf Errichtung eines Dampfkessels vom 18.12.1842.

5359 Dampfkessel- und Dampfmaschinenbetrieb der Hermannshütte.
1841–1843, 1848
Kesselabnahmebescheinigungen des Landrats Dortmund vom 02.07.1841, 29.10.1842 und 12.02.1848; Beschreibungen von Dampfmaschinen vom 23.10.1842 und 12.02.1848; Genehmigungen von Königlicher Regierung zu Arnsberg und Königlichem Ministerium der Finanzen zu Aufstellung und Betrieb von Dampfmaschinen vom 30.04.1843, 20.05.1843 und 05.05.1848.

83 Unternehmensfinanzierung der Firma Caspar Diedrich Piepenstock.
1843
Notariell beglaubigte Schuldurkunde von Carl Dietzsch im Auftrag von Sophie Piepenstock vom 27.11.1843 über die Aufnahme eines Kredits in Höhe von 60.000 Talern von der „General-Staats-Casse" (Preußische Staatsbank, Seehandlung) für die Firma Caspar Diedrich Piepenstock unter Verpfändung der Hermannshütte; Handlungsvollmacht von Sophie Piepenstock für Carl Dietzsch vom 04.11.1843 (Abschrift); Grundbuchauszug bzw. Hypothekenschein, mit Aufstellung des Grundbesitzes und dessen hypothekarischer Belastung vom 16.12.1843.

818 Betriebskosten des Eisenerz- und Zinkerzbergbaus der Firmen Caspar Diedrich Piepenstock und Piepenstock & Comp.
1850
Aufstellung über die Betriebskosten des Eisenerzbergbaus, 1827–1849, mit Angaben zu Löhnen, Kosten für Holz, Pulver und Kohlen sowie Zahlungen für Grundstücksschäden, 1827–1839 (geschätzt), 1840–1849 (monatlich aufgeschlüsselt), mit Gesamtrechnung, 1850; dsgl. für den Galmeibergbau (Zinkspat), 1841–1843 und 1846–1849 (monatlich aufgeschlüsselt), mit Gesamtrechnung, 1850.

87 Auflösung der Firma Piepenstock & Comp.
24.06.1852
Vertrag zwischen Gustav Mevissen als Direktor des A. Schaaffhausen'schen Bankvereins, Carl Dietzsch als Generalbevollmächtigtem von Sophie Piepenstock, Carl Overweg, Johann Friedrich Wiesehahn sowie Wilhelm Joest als Vertreter des Handlungshauses Carl Joest & Söhne, über die Auflösung des am 10.10.1846 abgeschlossenen Gesellschaftsvertrags vom 24.06.1852.

2. Haus- und Grunderwerb

148 Erwerb der Hörder Burg mit Nebengebäuden und beiliegenden Grundstücken durch Hermann Diedrich Piepenstock.
1840–1841, 1853
Kaufvertrag zwischen Hermann Diederich Piepenstock und Johanne Elisabeth Caroline Spemann, geborene Crone, vom 23.10.1840 (Abschrift); Hypothekenschein vom 11.01.1841; Bestätigung von Spemann für den Hoerder Verein über die vollständige Zahlung des Kaufpreises vom 16.06.1853.

801 Grunderwerb von Sophie Piepenstock in [Dortmund-]Hörde.
1843–1845
Kaufvertrag zwischen Carl Dietzsch als Vertreter von Sophie Piepenstock und Friedrich Kipp, dieser auch als Vertreter von Dorothea von der Boeck und Ludwig Kipp, vom 23.11.1844; Vollmachten, u. a. von Sophie Piepenstock für Carl Dietzsch vom 04.12.1843 (beglaubigte Abschrift); Grundbuchauszüge.

1301 Haus- und Grunderwerb von Sophie Piepenstock in [Dortmund-]Hörde, „auf dem Kley".
1845–1846, 1853
Kaufvertrag zwischen Sophie Piepenstock, vertreten durch Carl Dietzsch, und Gottfried Heiling vom 06.08.1846; Hypothekenbuchauszug; Quittung Heilings zur Zahlung des Kaufpreises vom 23.11.1846; Besitztitelerklärung (Adjudication) des Königlichen Land- und Stadtgerichts zu Dortmund vom 12.11.1845 für Heiling über das im Rahmen einer Zwangsversteigerung erworbene Grundstück; Entscheidung des Gerichts zur Verteilung des Kaufpreises unter den Gläubigern vom 12.03.1846; Kaufvertrag zwischen Franz und Heinrich Kost als Verkäufer und Heiling vom 19.11.1845; Grundbuch- und Hypothekenbuchauszüge; Lageskizze; einzelne Schreiben eines Rechtsanwalts an August Kromeyer, Direktor der Hermannshütte, Firma Piepenstock & Comp. sowie Hoerder Verein zum Ankauf.

796 Grunderwerb der Firma Caspar Diedrich Piepenstock in [Dortmund-]Hörde.
1846–1850
Kaufvertrag zwischen Carl Dietzsch als Vertreter von Sophie Piepenstock und Heinrich Grote, vom 16.08.1846 sowie Änderungsvertrag zwischen Piepenstock & Comp. und Grote vom 15.02.1850 wegen fehlerhafter Grundstücksbezeichnungen; Grundbuchauszüge.

1330 Grund- und Hauserwerb von Sophie Piepenstock in [Dortmund-]Hörde.
20.08.1846
Kaufvertrag zwischen Sophie Piepenstock und Friedrich Kipp vom 20.08.1846; Auszug aus dem Hypothekenbuch Hörde.

122 Grunderwerb und Grundstückstausch der Gesellschafter der Firma Piepenstock & Comp. in [Dortmund-]Hörde.
1847–1849
Vertrag zwischen den Gesellschaftern Sophie Piepenstock, Carl Dietzsch, Wilhelm Ludwig Deichmann, Wilhelmine Joest, Carl Joest, Eduard Joest, Julius Joest, Wilhelm Joest, Carl Overweg und Johann Friedrich Wiesehahn sowie Gottfried Adolph Zimmermann über Grunderwerb

vom 16.05.1849; Vertrag derselben mit Giesbert Freiherr von Romberg über den Tausch von Grundstücken vom 02.06.1849; Vollmachten der Gesellschafter für Wiesehahn zum Abschluss von Kaufverträgen vom 18.10.1847, 16.05.1849 und 02.06.1849; Genehmigung des Vertrags mit Zimmermann und Beitrittserklärung von Overweg vom 14.06.1849; Hypothekenschein.

1302 Grunderwerb der Firma Piepenstock & Comp. in [Dortmund-]Hörde, „in der kleinen Heide".
01.07.1849
Kaufvertrag zwischen Firma Piepenstock & Comp. und Heinrich Gräfinghoff vom 01.07.1849.

1320 Grunderwerb der Firma Piepenstock & Comp. in [Dortmund-]Hörde.
1847–1852
Kaufvertrag zwischen Firma Piepenstock & Comp. und Johanne Elisabeth Caroline Spemann über das Gelände „hinterm Hagen" vom 12.07.1849; Quittung von Spemann zur Zahlung des Kaufpreises vom 05.06.1852; Vertretungsvollmachten der Gesellschafter der Firma Piepenstock & Comp. für Johann Friedrich Wiesehahn vom 13.04.1849 und 14.06.1849; Auszüge aus dem Hypothekenbuch der Stadt Hörde; Vertragsentwurf vom 30.03.1847, mit Unterschrift von Spemann.

1299 Grunderwerb der Firma Piepenstock & Comp. in [Dortmund-]Hörde.
1850, 1854
Kaufvertrag zwischen Firma Piepenstock & Comp. und Wilhelm Rühl vom 24.08.1850; Hypothekenbuchauszug.

794 Grunderwerb der Firma Piepenstock & Comp. in [Dortmund-]Hörde.
19.05.1852
Kaufvertrag zwischen August Kromayer als Vertreter der Firma Piepenstock & Comp., und Gerhard Heinrich Hermann über ein Grundstück am Remberg vom 19.05.1852.

799 Grunderwerb der Firma Piepenstock & Comp. in [Dortmund-]Hörde.
19.05.1852
Kaufvertrag zwischen August Kromayer als Vertreter der Firma Piepenstock & Comp., und Elisabeth Hütter über ein Grundstück am Remberg vom 19.05.1852.

3. Sonstiges

793 Genehmigung zum Bau eines Wegs in [Dortmund-]Benninghofen.
21.04.1846
Vertrag zwischen Carl Dietzsch als Vertreter von Sophie Piepenstock und Heinrich Ebers, über dessen Genehmigung für die Firma Caspar Diedrich Piepenstock zum Bau eines Wegs vom angepachteten Steinbruch zur Straße zwischen [Dortmund-]Benninghofen und Schwerte gegen eine Pachtzahlung vom 21.04.1846.

797 Erwerb von Bruchsteinen bzw. der Ausbeutungsrechte an einem Steinbruch durch die Firma Caspar Diedrich Piepenstock.
21.04.1846

Kauf- und Liefervertrag zwischen Carl Dietzsch als Vertreter von Sophie Piepenstock, sowie Friedrich und Caspar Heinrich Mohr, auch zur Einräumung eines Wegerechts vom 21.04.1846.

800 Erwerb von Bruchsteinen bzw. der Ausbeutungsrechte an einem Steinbruch durch die Firma Caspar Diedrich Piepenstock.
15.07.1846
Kauf- und Liefervertrag zwischen Sophie Piepenstock und Diedrich Saelzer genannt Poth vom 15.07.1846.

II. Hoerder Bergwerks- und Hütten-Verein (1852–1906)

1. Gründung

560 Gründung des Hoerder Vereins.
1850–1852
Bericht des Königlichen Oberbergamts für die westfälischen Provinzen zu Dortmund an die Königliche Regierung zu Arnsberg über Entwicklung und Chancen des Eisenerzbergbaus im südöstlichen Ruhrgebiet und besonders bei Hörde sowie die zu erwartende Weiterentwicklung vom 03.04.1850; Bericht von Cramer [?] an die Königliche Regierung zu Arnsberg über die Analyse von Hörder Eisenerzen im Rahmen von Schmelzversuchen vom 17.01.1851; notariell beglaubigter Gründungsvertrag zwischen Wilhelm Joest, Wilhelm Ludwig Deichmann, Gustav Mevissen, Carl Dietzsch, Carl Overweg, Victor Wendelstadt und Johann Friedrich Wiesehahn, mit Statut des Hoerder Vereins vom 10.04.1851; Denkschrift von Carl Overweg zur Gründung und Antrag an die Königliche Regierung zu Arnsberg auf Genehmigung des Statuts vom 20.04.1851; Schriftwechsel bzw. einzelne Schreiben zwischen Handelsministerium, auch Minister August Freiherr von der Heydt, Oberbergamt Dortmund, Regierung zu Arnsberg, Overweg, Dietzsch und Wiesehahn über für die Genehmigung vorzunehmende Satzungsänderungen, die erfolgte Genehmigung und die Veröffentlichung der Statuten im Amtsblatt der Regierung zu Arnsberg; Auszug aus dem Amtsblatt, o. D. (Paragrafen 1–9 fehlen); Erklärung von Deichmann vom 03.12.1851 über seine Zustimmung zu einer Vollmacht von Wendelstadt im Namen der Gründungsmitglieder für Overweg vom 22.11.1851, alle zur Erreichung der Genehmigung notwendigen Satzungsänderungen eigenständig vorzunehmen; notarielle Urkunde vom 08.04.1852, mit Nachweis des gezeichneten Kapitals und Aufstellung der einzelnen Aktionäre; Antrag des Hoerder Vereins auf Genehmigung einer französischen Übersetzung auf der Rückseite von Aktien und Dividendenscheinen vom 25.05.1852 und Genehmigung des Handelsministeriums vom 11.06.1852 (Kopien).
Kopie der Akte im Landesarchiv NRW, Abteilung Westfalen, Regierung Arnsberg, Nr. 1.110, S. 1–91.

953 Gründung des Hoerder Vereins.
1852
Prospectus zur Errichtung einer Actien-Gesellschaft unter der Benennung „Hörder Bergwerks- und Hütten-Verein" (gedruckt).

3150 Einbringung von Eisenerzkonzessionen und Hermannshütte in den Hoerder Verein.
1852–1855
Niederschrift der Generalversammlung des Hoerder Vereins am 05.06.1852 zur Einbringung von Hermannshütte und Eisensteinkonzessionen in das Unternehmen (Abschrift); Einbringungsvertrag über die Hermannshütte zwischen Hoerder Verein sowie den Teilhabern der Firma Piepenstock & Comp., Carl Dietzsch, Carl Joest, Eduard Joest, Julius Joest, Wilhelm Joest, Wilhelmine Joest, Carl Overweg, Sophie Piepenstock, Johann Friedrich Wiesehahn und A. Schaaffhausen'scher Bankverein, vertreten durch Wilhelm Ludwig Deichmann, vom 05.06.1852, mit Grundstücksverzeichnis (Abschrift); Einbringungsvertrag über die Eisensteinkonzessionen zwischen Hoerder Verein sowie Carl Dietzsch, Carl Overweg und Johann Friedrich Wiesehahn vom 05.06.1852, mit Aufstellung der Konzessionen, Mutungen und Schurfscheine (Abschrift); Prospekt zur Errichtung einer Aktiengesellschaft unter der Benennung Hoerder Verein, mit detaillierter Beschreibung

der Anlagen der Hermannshütte, Satzung und Genehmigungen (gedruckt); Zeitungsannoncen zur Ankündigung der Hauptversammlung 1852 (Abschriften); Vertrag der Eigentümer der Hermannshütte untereinander über die Einbringung vom 05.06.1852; Erklärung von Wilhelm Ludwig Deichmann zur Übertragung seiner Anteile an der Firma Piepenstock & Comp. auf den A. Schaaffhausen'schen Bankverein vom 19.05.1852 (Abschrift); Vertretungsvollmachten der Familie Joest für Wilhelm Joest vom 01.06.1852 sowie von Sophie Piepenstock für Wilhelm Hiltenkamp vom 27.05.1852 (Abschriften); Vollmacht der Mitglieder des Verwaltungsrats des Hoerder Vereins, Wilhelm Joest, Deichmann, Dietzsch, Overweg und Wiesehahn, für Gustav Mevissen zum Abschluss der Einbringungsverträge vom 05.06.1852 (Abschrift); Erklärung von Wilhelm Joest, Victor Wendelstadt und Deichmann, mit Anerkennung von Mevissen, Overweg, Dietzsch und Wiesehahn, vom 03.12.1852 zu einem am selben Tag zwischen den Genannten abgeschlossenen „Gesellschaftsvertrag" [Vertrag fehlt] über die Rechte und Pflichten, die sich durch den Vertrag zwischen Overweg, Dietzsch und Wiesehahn sowie dem Hoerder Verein vom 05.06.1852 über die Einbringung von Eisensteinkonzessionen für die anderen „Gesellschafter" ergeben mit der Bestätigung, dass die in erstgenanntem Vertrag vorgesehene Zweidrittelmehrheit bei Entscheidungen auch für den Fall einer Übertragung der Rechte und Pflichten der „Gesellschaft" an Dritte oder den Hoerder Verein gilt und eine solche Übertragung nur gegen eine Mindestsumme von 2.500.000 Talern erfolgen darf; Vertrag zwischen Overweg und Wiesehahn sowie Mevissen vom 01.07.1853 zur Übertragung von jeweils 25 % der Rechte aus dem Vertrag zwischen Overweg, Dietzsch und Wiesehahn sowie dem Hoerder Verein vom 05.06.1852 auf Mevissen und dessen entsprechender Beteiligung an dem Wiesehahn und Overweg zustehenden Anteil am 5 % des Aktienkapitals des Hoerder Vereins übersteigenden Gewinn; Vertrag zwischen Dietzsch, Wilhelm und Julius Joest, Mevissen, Wiesehahn und Overweg vom 14.04.1855 zur Neufassung des „Gesellschaftsvertrags" vom 03.12.1852 (Abschrift, Ausfertigung der Vertragsakte für Carl Overweg).

56 Einbringung der Hermannshütte und verschiedener Eisensteinfelder der Firma Piepenstock & Comp. in den Hoerder Verein.
1852
Niederschrift der Generalversammlung des Hoerder Vereins am 05.06.1852; Einbringungsvertrag vom 05.06.1852, mit Verzeichnis der Grundstücke und Liegenschaften sowie der Eisensteinfelder; Verträge über die Auszahlung von Teilhabern der Firma Piepenstock & Comp.; Gründungsprospekt des Hoerder Vereins.

2. Satzung

1020 Satzung des Hoerder Vereins.
1852–1856, 1862, 1870–1873, 1880–1890
Inhaltsverzeichnis; Satzungen vom 16.02.1852, 21.05.1856, 09.08.1873 und 16.03.1889 (gedruckt); Satzungsentwurf vom 27.01.1887; Handelsregisterauszüge; notariell beglaubigte Niederschrift der Generalversammlung des Hoerder Vereins am 07.12.1881; Rundschreiben an die Kunden zu Zuständigkeiten und Zeichnungsberechtigungen; Auszüge aus Niederschriften von Generalversammlungen, insbesondere zu Änderungen der Statuten und des Grundkapitals; Schriftwechsel zwischen Hoerder Verein, Handelsministerium, Regierungspräsidium Arnsberg, Amtsgericht Dortmund und weiteren Behörden über Beschlüsse der Generalversammlungen, Satzungsänderungen, Steuerzahlungen und die Entwicklung des Unternehmens.

1334 Änderung der Satzung des Hoerder Vereins.
1873-1874
Handelsregisterauszüge vom 18.08.1873 und 07.02.1874.

2136 Handelsregisterangelegenheiten des Hoerder Vereins.
1890-1899
Satzungen des Hoerder Vereins, 1890 und 1891 (gedruckt); Satzungsentwürfe (z. T. gedruckt); Bekanntmachungen zur Satzungsänderung (gedruckt); Rundschreiben zur Mitteilung von Änderungen im Vorstand und Erteilung von Prokuren (gedruckt); Handelsregisterauszüge; Zeitungsausschnitte; Schriftwechsel zwischen Hoerder Verein und Königlichem Landgericht Dortmund zur Eintragung der Änderungen ins Handelsregister.

3. Unternehmensleitung

3.1 Generalversammlung

1019 Generalversammlung des Hoerder Vereins am 05.06.1852.
1852
Notariell beglaubigte Niederschrift der Generalversammlung, mit Anlage: Auszug aus dem Vertrag zwischen Firma Piepenstock & Comp. und Verwaltungsrat des Hoerder Vereins über die Einbringung der Hermannshütte in das neue Unternehmen.

1021 Generalversammlung des Hoerder Vereins am 28.09.1854.
1853-1854
Notariell beglaubigte Niederschrift (Abschrift); Auszug aus den Verhandlungen (gedruckt), mit Geschäftsbericht 1853/54.

1497 Generalversammlung des Hoerder Vereins am 22.09.1855.
1855
Notariell beglaubigte Niederschrift (Abschrift).

1022 Generalversammlung des Hoerder Vereins am 22.09.1855.
1855, 1859
Notariell beglaubigter Auszug aus der Niederschrift vom 31.10.1859.

1023 Generalversammlung des Hoerder Vereins am 22.09.1855.
1855-1856
Notariell beglaubigte Niederschrift (Abschrift): Abschriften von Zeitungsannoncen und Zeitungsausschnitten; notariell beglaubigte Erklärungen des Verwaltungsrats des Hoerder Vereins zur Änderung verschiedener Paragrafen der Satzung, mit Angabe des neuen Wortlauts vom 08.03.1856 und 12.03.1856; Genehmigung des Handelsministeriums zur Kapitalerhöhung von M 2.000.000 auf M 4.000.000 vom 21.05.1856.

1027 Generalversammlungen des Hoerder Vereins am 22.09.1855 und 26.09.1857.
1855-1857
Notariell beglaubigte Auszüge aus den Niederschriften vom 20.10.1857.

1024 Generalversammlung des Hoerder Vereins am 30.09.1856.
1855-1856
Notariell beglaubigte Niederschrift (Abschrift); Geschäftsbericht und Bilanz 1855/56; Abschriften von Zeitungsannoncen; Schreiben des Verwaltungsrats des Hoerder Vereins an König Georg V. von Hannover und das Königliche Finanzministerium zu Hannover, mit Mitteilung über das gescheiterte Projekt einer Eisenhütte im Fürstentum Osnabrück vom 27.02.1856 (Abschriften); Auszüge aus den Verhandlungen.

1025 Generalversammlung des Hoerder Vereins am 26.09.1857.
1856-1857
Notariell beglaubigte Niederschrift (Abschrift); Geschäftsbericht und Bilanz 1856/57; Abschriften von Zeitungsannoncen; Auszüge aus den Verhandlungen.

1026 Generalversammlung des Hoerder Vereins am 26.09.1857.
1857, 1859
Notariell beglaubigter Auszug aus der Niederschrift vom 31.10.1859.

1028 Generalversammlung des Hoerder Vereins am 07.09.1858.
1857-1858
Notariell beglaubigte Niederschrift (Abschrift); Geschäftsbericht und Bilanz 1857/58; Abschriften von Zeitungsannoncen; Auszüge aus den Verhandlungen.

1029 Generalversammlung des Hoerder Vereins am 30.09.1859.
1858-1859
Notariell beglaubigte Niederschrift (Abschrift); Geschäftsbericht und Bilanz 1858/59; Abschriften von Zeitungsannoncen; Auszüge aus den Verhandlungen.

1030 Generalversammlung des Hoerder Vereins am 30.09.1860.
1859-1860
Notariell beglaubigte Niederschrift (Abschrift); Geschäftsbericht und Bilanz 1859/60; Abschriften von Zeitungsannoncen; Auszüge aus den Verhandlungen.

1032 Generalversammlung des Hoerder Vereins am 07.09.1861.
1860-1861
Notariell beglaubigte Niederschrift (Abschrift); Geschäftsbericht und Bilanz 1860/61; Abschriften von Zeitungsannoncen; Auszüge aus den Verhandlungen.

1033 Generalversammlung des Hoerder Vereins am 27.09.1862.
1861-1862
Notariell beglaubigte Niederschrift (Abschrift); Geschäftsbericht und Bilanz 1861/62; Abschriften von Zeitungsausschnitten; Auszüge aus den Verhandlungen; Vertrag zwischen Hoerder Verein und Emil Ebbinghaus als Vertreter von Massener Gesellschaft für Kohlenbergbau und Brakeler Bohr-Ge-

sellschaft über eine Kaufoption für Teile der Grubenfelder der Zeche Asseln und weiterer Mutungen vom 11.07.1862 zur Erweiterung der Kohlenbasis des Hoerder Kohlenwerks sowie begleitendes Gutachten (Abschriften).

1034 Generalversammlung des Hoerder Vereins am 30.09.1863.
1862-1863
Notariell beglaubigte Niederschrift (Abschrift); Geschäftsbericht und Bilanz 1862/63; Abschriften von Zeitungsausschnitten; Auszüge aus den Verhandlungen.

1035 Generalversammlung des Hoerder Vereins am 30.09.1864.
1863-1864
Notariell beglaubigte Niederschrift (Abschrift); Geschäftsbericht und Bilanz 1863/64; Abschriften von Zeitungsannoncen; Auszüge aus den Verhandlungen.

1031 Generalversammlung des Hoerder Vereins am 09.09.1865.
1864-1865
Notariell beglaubigte Niederschrift (Abschrift); Geschäftsbericht und Bilanz 1864/65.

1524 Generalversammlung des Hoerder Vereins am 28.09.1866.
1865-1866
Notariell beglaubigte Niederschrift; Geschäftsbericht 1865/66.

1525 Generalversammlung des Hoerder Vereins am 28.09.1867.
1866-1867
Notariell beglaubigte Niederschrift; Geschäftsbericht 1866/67.

1498 Generalversammlung des Hoerder Vereins am 30.09.1868.
1867-1868
Notariell beglaubigte Niederschrift; Geschäftsbericht 1867/68.

1499 Generalversammlung des Hoerder Vereins am 09.09.1869.
1868-1869
Notariell beglaubigte Niederschrift; Geschäftsbericht 1868/69.

1052 Generalversammlung des Hoerder Vereins am 30.09.1870.
1869-1870
Notariell beglaubigte Niederschrift; Geschäftsbericht und Bilanz 1869/70; Abschriften von Zeitungsannoncen; Auszüge aus den Verhandlungen.

1053 Generalversammlung des Hoerder Vereins am 28.09.1871.
1870-1871
Notariell beglaubigte Niederschrift; Geschäftsbericht und Bilanz 1870/71; Abschriften von Zeitungsannoncen; Auszüge aus den Verhandlungen.

1054 Generalversammlung des Hoerder Vereins am 28.09.1872.
1871-1872

Notariell beglaubigte Niederschrift; Geschäftsbericht und Bilanz 1871/72; Abschriften von Zeitungsannoncen; Auszüge aus den Verhandlungen.

1055 Außerordentliche Generalversammlung des Hoerder Vereins am 09.08.1873 zur Änderung der Satzung.
1873
Notariell beglaubigte Niederschrift; Satzungsentwurf (gedruckt); notariell beglaubigte Niederschrift der Verwaltungsratssitzung des Hoerder Vereins am 09.08.1873.

1056 Generalversammlung des Hoerder Vereins am 06.12.1873.
1872-1873
Notariell beglaubigte Niederschrift; Geschäftsbericht und Bilanz 1872/73; Auszüge aus den Verhandlungen.

1057 Generalversammlung des Hoerder Vereins am 25.11.1874.
1873-1874
Notariell beglaubigte Niederschrift; Geschäftsbericht und Bilanz 1873/74; Anwesenheitsliste; Auszüge aus den Verhandlungen.

1058 Generalversammlung des Hoerder Vereins am 22.11.1875.
1874-1875
Notariell beglaubigte Niederschrift; Geschäftsbericht und Bilanz 1874/75; Anwesenheitsliste; Auszüge aus den Verhandlungen; Manuskripte der Berichte von Vorstand und Aufsichtsrat.

1059 Generalversammlung des Hoerder Vereins am 28.11.1876.
1875-1876
Notariell beglaubigte Niederschrift; Geschäftsbericht und Bilanz 1875/76; Auszüge aus den Verhandlungen.

1060 Generalversammlung des Hoerder Vereins am 19.12.1877.
1876-1877
Notariell beglaubigte Niederschrift; Geschäftsbericht und Bilanz 1876/77; Auszüge aus den Verhandlungen.

1061 Generalversammlung des Hoerder Vereins am 21.12.1878.
1877-1878
Notariell beglaubigte Niederschrift; Geschäftsbericht und Bilanz 1877/78; Auszüge aus den Verhandlungen; Bericht über den Immobilienbesitz des Hoerder Vereins.

1062 Generalversammlung des Hoerder Vereins am 20.12.1879.
1878-1879
Notariell beglaubigte Niederschrift; Geschäftsbericht und Bilanz 1878/79; Auszüge aus den Verhandlungen.

1063 Generalversammlung des Hoerder Vereins am 23.09.1880.
1879-1880

Notariell beglaubigte Niederschrift; Geschäftsbericht und Bilanz 1879/80; Auszüge aus den Verhandlungen; Manuskripte der Berichte von Vorstand und Aufsichtsrat.

1064 Generalversammlung des Hoerder Vereins am 06.12.1882.
1881-1882
Notariell beglaubigte Niederschrift; Geschäftsbericht und Bilanz für das Geschäftsjahr 1881/82; Auszüge aus den Verhandlungen.

1065 Generalversammlung des Hoerder Vereins am 31.12.1883.
1882-1883
Notariell beglaubigte Niederschrift; Geschäftsbericht und Bilanz 1882/83; Auszüge aus den Verhandlungen.

1066 Generalversammlung des Hoerder Vereins am 29.11.1884.
1883-1884
Notariell beglaubigte Niederschrift; Geschäftsbericht und Bilanz 1883/84 (gedruckt); Auszüge aus den Verhandlungen.

1036 Generalversammlungen des Hoerder Vereins, 1885-1890.
1884-1890
Notariell beglaubigte Niederschriften der Versammlungen am 30.11.1885, 30.11.1886, 03.02.1887, 18.11.1887, 06.11.1888, 16.03.1889 (hier drei Niederschriften der Versammlungen der Stammaktionäre, der Vorzugsaktionäre und der gemeinsamen Sitzung), 16.11.1889 und 22.11.1890; Auszüge aus den Verhandlungen; Geschäftsberichte und Bilanzen für die Geschäftsjahre 1884/85-1889/90.

292 Außerordentliche Generalversammlung des Hoerder Vereins am 10.03.1891 zur Satzungsänderung.
1891
Niederschrift.

2224 Außerordentliche Generalversammlung des Hoerder Vereins am 10.03.1891 zur Satzungsänderung.
1890-1891
Anträge der Bank Quellmalz & Adler, Dresden, im Auftrag mehrerer Aktionäre zur Einberufung einer außerordentlichen Generalversammlung vom 08.12.1890, mit Satzungsentwurf (Abschriften); Aufstellung zum Aktienbesitz der Antragsteller; Aufstellungen und Nummernverzeichnisse der angemeldeten Aktien; Aufstellung der ausgestellten Vertretungsvollmachten; Zeitungsausschnitte; Schriftwechsel zwischen Hoerder Verein, Zeitungen, Aktionären und Banken zur Annoncierung der Versammlung und Anmeldung von Aktien.

1037 Generalversammlungen des Hoerder Vereins, 1891-1893.
1890-1893
Notariell beglaubigte Niederschriften der Versammlungen am 10.03.1891 zur Genehmigung der neuen Satzung, 14.11.1891, 27.10.1892, 30.10.1893 und 11.12.1893 (hier drei Niederschriften der Versammlungen der Stammaktionäre, der Vorzugsaktionäre und der gemeinsamen Sitzung); Aus-

züge aus den Verhandlungen; Geschäftsberichte und Bilanzen für die Geschäftsjahre 1890/91 (gedruckt), 1891/92 und 1892/93; Vertretungsvollmachten; Zeitungsausschnitte; Anwesenheitslisten.

1388 Ordentliche und außerordentliche Generalversammlungen des Hoerder Vereins am 30.10.1893 und 11.12.1893 zur Kapitalreduzierung von M 22.368.000 auf M 17.508.000 und Emission neuer Aktien.
1893
Schriftwechsel zwischen Hoerder Verein, Aktionären und Banken zur Zusendung von Geschäftsberichten, Umschreibung von Aktien auf andere Namen, Anmeldung von Aktien sowie zu Sanierungsvorschlägen und -plänen für das Unternehmen; Aufstellungen und Nummernverzeichnisse der angemeldeten Aktien.

2081 Außerordentliche Generalversammlung des Hoerder Vereins am 11.12.1893 zur Kapitalreduzierung von M 22.368.000 auf M 17.508.000 und Emission neuer Aktien.
1893–1894
Zeitungsausschnitte zur Annoncierung der Generalversammlungen aller Aktionäre, der Inhaber von Stammaktien und der Inhaber von Prioritätsaktien sowie der Ergebnisse der Versammlungen; Anträge an die Generalversammlungen (gedruckt); Anwesenheitsliste; Mitteilungen an die Aktionäre zu den Ergebnissen der Versammlung (gedruckt); Schriftwechsel zwischen Hoerder Verein, Aktionären, Banken und Zeitungen zur Einsendung und Umwandlung von Prioritäts- und Stammaktien, Ausübung von Bezugsrechten für neue Aktien sowie Annoncierung von Versammlung und Versammlungsergebnissen, Dezember 1893 bis Februar 1894.

1038 Generalversammlungen des Hoerder Vereins, 1894–1903.
1893–1903
Notariell beglaubigte Niederschriften der Versammlungen am 29.10.1894, 23.09.1895, 28.10.1895 (hier drei Niederschriften der Versammlungen der Stammaktionäre, der Vorzugsaktionäre und der gemeinsamen Sitzung), 24.10.1896, 15.02.1897 (hier drei Niederschriften der Versammlungen der Stammaktionäre, der Vorzugsaktionäre und der gemeinsamen Sitzung), 27.09.1897, 22.10.1898 (hier drei Niederschriften der Versammlungen der Stammaktionäre, der Vorzugsaktionäre und der gemeinsamen Sitzung), 14.10.1899, 03.11.1900, 09.11.1901, 30.10.1902 und 12.10.1903; Auszüge aus den Verhandlungen; Geschäftsberichte und Bilanzen für die Geschäftsjahre 1893/94–1896/97 und 1898/99–1902/03 (ab 1895/96 gedruckt); Vertretungsvollmachten; Zeitungsausschnitte; Anwesenheitslisten; Satzungsentwurf, 1899 (gedruckt).
Darin auch: Niederschrift der Generalversammlung der Hütten-Actiengesellschaft vorm. Carl von Born am 27.09.1897, mit Geschäftsbericht und Bilanz 1896/97.

2137 Außerordentliche Generalversammlung des Hoerder Vereins am 28.10.1895 zur Erhöhung des Grundkapitals um M 5.020.000 auf M 22.528.000 und Ausgabe einer Anleihe.
1895
Schriftwechsel zwischen Hoerder Verein, Zeitungen, Aktionären und Banken zur Annoncierung der Versammlung und Anmeldung von Aktien; Anträge zur Generalversammlung; Aufstellungen und Nummernverzeichnisse der angemeldeten Aktien; Zeitungsausschnitte.

2230 Außerordentliche Generalversammlung des Hoerder Vereins am 15.02.1897 zur Erhöhung des Grundkapitals um M 3.000.000 auf M 25.528.000.
1897

Schriftwechsel zwischen Hoerder Verein, Zeitungen, Aktionären und Banken zur Annoncierung der Versammlung und Anmeldung von Aktien; Anträge zur Generalversammlung; Aufstellungen und Nummernverzeichnisse der angemeldeten Aktien; Zeitungsausschnitte.

1039 Generalversammlung des Hoerder Vereins am 03.11.1904.
1903-1904
Notariell beglaubigte Niederschrift; Geschäftsbericht und Bilanz 1903/04; Anwesenheitsliste.

1040 Generalversammlung des Hoerder Vereins am 14.10.1905.
1904-1905
Notariell beglaubigte Niederschrift; Geschäftsbericht und Bilanz 1904/05; Anwesenheitsliste.

1041 Außerordentliche Generalversammlung des Hoerder Vereins am 21.12.1905 zur geplanten Erhöhung des Grundkapitals um M 7.000.000 auf M 34.028.000.
1905
Notariell beglaubigte Niederschrift; Anwesenheitsliste; Antrag des Vorstands an die Generalversammlung auf Genehmigung der Kapitalerhöhung zum Erwerb von Grubenfeldern und der Zeche Crone [der Antrag wurde angelehnt].

2247 Außerordentliche Generalversammlung des Hoerder Vereins am 21.12.1905 zur geplanten Erhöhung des Grundkapitals um M 7.000.000 auf M 34.028.000.
1905
Schriftwechsel zwischen Hoerder Verein, Zeitungen, Aktionären und Banken zur Annoncierung der Versammlung und Anmeldung von Aktien; Anträge zur Generalversammlung; Aufstellungen und Nummernverzeichnisse der angemeldeten Aktien; Zeitungsausschnitte, insbesondere zu den gescheiterten Anträgen; Aufruf des Vereins für den Schutz des gewerblichen Eigentums zur Mitgliederwerbung, mit Anlage: Aufgaben zur Förderung des Schutzes gewerblicher Arbeit (Sonderdruck aus der „Zeitschrift für gewerblichen Rechtsschutz", o. D.).

1042 Außerordentliche Generalversammlung des Hoerder Vereins am 08.06.1906 zur Umwandlung von Stamm- in Vorzugsaktien und Kapitalreduzierung um M 88.000 auf M 26.940.000.
1906
Notariell beglaubigte Niederschrift; Anwesenheitsliste; Antrag des Vorstands an die Generalversammlung auf Genehmigung der Kapitalreduzierung.

2246 Außerordentliche Generalversammlung des Hoerder Vereins am 08.06.1906 zur Umwandlung von Stamm- in Vorzugsaktien und Reduzierung des Grundkapitals um M 88.000 auf M 26.940.000.
1906
Schriftwechsel zwischen Hoerder Verein, Zeitungen, Aktionären und Banken zur Annoncierung der Versammlung und Anmeldung von Aktien; Anträge zur Generalversammlung; Aufstellungen und Nummernverzeichnisse der angemeldeten Aktien; Zeitungsausschnitte.

1043 Generalversammlung des Hoerder Vereins am 10.10.1906 zur Genehmigung der Fusion auf die Phoenix AG für Bergbau und Hüttenbetrieb.
1905-1906
Notariell beglaubigte Niederschrift; Geschäftsbericht und Bilanz 1905/06; Anwesenheitsliste.

2239 Generalversammlung des Hoerder Vereins am 10.10.1906 zur Genehmigung der Fusion auf die Phoenix AG für Bergbau und Hüttenbetrieb.
1905–1906
Geschäftsbericht 1905/06; Bilanz zum 30.06.1906; Schriftwechsel zwischen Hoerder Verein, Zeitungen, Aktionären und Banken zur Annoncierung der Versammlung und Anmeldung von Aktien; Anträge zur Generalversammlung; Aufstellungen und Nummernverzeichnisse der angemeldeten Aktien; Zeitungsausschnitte.

3.2 Verwaltungsrat

1046 Verwaltungsrat des Hoerder Vereins.
1852–1859
Auszüge aus den Sitzungsniederschriften des Verwaltungsrats; Richtlinien zu Vertragsabschlüssen und Beschlüssen zur Darlehensvergabe an Beamte des Hoerder Vereins und Aktionäre gegen Verpfändung von Aktien; einzelne Schreiben von Darlehnsnehmern; Quittungen.

98 Vertretungsvollmachten des Hoerder Vereins für Verwaltungsratsmitglieder.
1853
Alleinvertretungsvollmacht des Verwaltungsrats für die Verwaltungsratsmitglieder Carl Dietzsch, Carl Overweg und Johann Friedrich Wiesehahn vom 17.02.1853 (Abschrift); Vollmacht von Johann Friedrich Wiesehahn für Emil Ebbinghaus über die Alleinvertretung des Bergbaus des Unternehmens vom 03.05.1853.

1833 Geplanter Erwerb der Beckeroder Eisenhütte durch den Hoerder Verein.
1843, 1852–1856
Verleihungsurkunde des Amts Osnabrück für Julius Meyer über Eisenerzfelder „am Hüggel, Heidhorn und Rothenberge" bei Beckerode vom 20.07.1852 (Abschrift); Lagepläne der Felder; Optionsvertrag zwischen Julius Meyer sowie Eduard Ladé, Paris, und Carl Rhodius, Köln, über den Verkauf der Beckeroder Eisenhütte einschließlich sämtlicher Mutungen, Konzessionen, Grundstücke, Vorräte und Werksanlagen vom 27.10.1854; Konzessionsgesuch von Meyer, Ruëtz und Rhodius an das Königliche Staatsministerium Hannover auf Gründung einer Aktiengesellschaft zur Anlage von Hochöfen, Schienenwalzwerken und Steinkohlenzechen im Borgloh-Oeseder Gebiet unter dem Namen „Osnabrücker Bergwerks- und Hütten-Verein" vom 31.01.1855 (Abschrift); Optionsvertrag zwischen Rhodius sowie Carl Dietzsch, Carl Overweg und Johann Friedrich Wiesehahn über deren Eintritt in dessen Vertrag mit Meyer vom 09.05.1855 für den Fall des Scheiterns von Rhodius' Verhandlungen mit einem Übernahmekonsortium, u. a. bestehend aus A. Schaaffhausen'schem Bankverein, Handlungshaus Carl Joest & Söhne, Leopold Hoesch und Julius Schimmelbusch; notariell beglaubigte Erklärung von Ladé zum Verkauf vom 12.05.1855; Gesuch von Dietzsch, Overweg und Wiesehahn an das Königlich Hannover'sche Finanzministerium zur Verleihung von Steinkohlenberechtsamen im Falle des Erwerbs der Hütte vom 31.05.1855 (Abschrift); Vertrag zwischen Dietzsch, Overweg und Wiesehahn sowie Wilhelm Joest, Gustav Mevissen und Wilhelm Ludwig Deichmann zum gemeinsamen Ankauf der Beckeroder Eisenhütte vom 05.06.1855; Vorvertrag über den Kauf der Beckeroder Hütte zwischen Meyer sowie Dietzsch, Overweg und Wiesehahn vom 13.08.1855 (Abschrift); Vollmachten; Berichte von Franz Alberts über die Steinkohlengewinnung bei Oesede sowie die Erzlagerstätten, o. D.; Bericht über die

Beckeroder Hütte, September 1855 (französisch); Mitteilungen von Dietzsch, Overweg und Wiesehahn an Meyer zum Rücktritt vom Kaufvertrag vom 28.09.1855 und 23.02.1856; Mitteilung des Königlich Hannover'schen Finanzministeriums zu den Bedingungen einer Verleihung vom 13.09.1855 (Abschrift); Verträge zwischen Dietzsch, Overweg und Wiesehahn sowie Meyer vom 30.09.1855 und 29.01.1856 zur Verlängerung der Optionsfrist aus dem Vertrag vom 13.08.1855; Verleihungsurkunde des Königlich Hannover'schen Finanzministeriums über Grubenfelder an Daniel Wilhelm Meyer vom 13.01.1843, mit Lageplan (Abschrift); Erklärung von Dietzsch, Overweg und Wiesehahn zur Übertragung ihrer Rechte und Pflichten aus den abgeschlossenen Verträgen auf den Hoerder Verein vom 29.12.1855; Konzessionsgesuch des Hoerder Vereins an den König von Hannover zur Gründung eines „Eisenwerks", o. D. (Abschrift); „Punktation" zwischen Dietzsch, Wiesehahn und Joest sowie dem Königlich Hannover'schen Finanzministerium zu den Bedingungen einer Verleihung von Grubenfeldern und des Betriebs einer Eisenhütte vom 02.02.1856 (Abschrift); Auszüge aus den Niederschriften der Sitzungen des Verwaltungsrats des Hoerder Vereins; Schriftwechsel zwischen Overweg, Wiesehahn bzw. Hoerder Verein sowie Meyer, Rhodius und August H. Gernlein, Vertreter des Hoerder Vereins in Hannover, zu Vertragsgestaltung und den Schwierigkeiten der staatlichen Genehmigung.

1044 Beschlüsse des Verwaltungsrats des Hoerder Vereins.
1853–1856, 1862–1866, 1870–1871
Auszüge aus den Sitzungsniederschriften (Jahrgänge unvollständig).

1129 Sammlung von Unterlagen des Verwaltungsrats des Hoerder Vereins.
1852–1857
Auszüge aus den Sitzungsniederschriften des Verwaltungsrats, u. a. zur Feststellung der Inventurergebnisse der Firma Piepenstock & Comp. bzw. der Hermannshütte, Festlegung von Verkaufspreisen und Tilgung der Verbindlichkeiten; Preiskalkulation und Entwürfe zu Preislisten von Johann Friedrich Wiesehahn; Aufstellung zur Produktion der Hermannshütte im vierten Quartal 1852; Aufstellung zur Aufteilung des Vermögens der Firma Piepenstock & Comp. und der Aktien des Hoerder Vereins auf die Aktionäre; Aufstellung der Kreditoren der Firma Piepenstock & Comp., ca. 1852; Preisliste bzw. Produktionsprogramm des Hoerder Vereins vom 15.12.1853, mit Skizzen von Winkeleisen und Blechstärken (gedruckt, mit handschriftlichen Preiseinträgen); Preisliste der Firma Eduard Schmidt, Nachrodt, vom 15.02.1853; Beschreibung der Betriebsanlagen des Hoerder Vereins für die Publikation von Ludwig Hermann Wilhelm Jacobi: Das Berg-, Hütten- und Gewerbe-Wesen des Regierungs-Bezirks Arnsberg in statistischer Darstellung, Iserlohn 1857, sowie einzelne Schreiben zwischen Wiesehahn und Jacobi; Produktions- und Exportstatistik, 1850–1854, sowie Bericht über die Lage des schottischen Eisenmarkts, erstellt von der Firma Robinows Marjoribanks, Glasgow, zum 29.12.1854 (gedruckt, deutsch); Eisenpreisliste der Firma Naylor, Vickers & Co., Liverpool, und Exportstatistik des Hafens Liverpool für Eisenlieferungen in die Vereinigten Staaten von Amerika und nach Kanada für die Jahre 1853 und 1854 vom 20.01.1855; Aufstellung des Materialverbrauchs der Gießerei; Bericht über die Schienen- und Bandagenproduktion, ca. 1856; Bericht über den übermäßigen Schienenverschleiß der Semmeringbahn, Österreich, vom 03.01.1857.

1823 Abrechnung gegenseitiger Forderungen der ehemaligen Miteigentümer der Firma Piepenstock & Comp.

1854
Zwei Schreiben des Hoerder Vereins an Carl Joest, Carl Overweg und Johann Friedrich Wiesehahn.

1045 Verwaltungsrat des Hoerder Vereins.
1856–1859
Auszüge aus den Sitzungsniederschriften des Verwaltungsrats, insbesondere zur Neuwahl von Mitgliedern; einzelne Schreiben der Verwaltungsratsmitglieder zu Sitzungsterminen und Tagesordnungen.

1050 Korrespondenz des Verwaltungsrats des Hoerder Vereins.
1860–1874
Schriftwechsel zwischen Spezialdirektor Johann Friedrich Wiesehahn und dem Vorsitzenden des Verwaltungsrats, Gustav Mevissen.

1048 Beschlüsse des Verwaltungsrats des Hoerder Vereins.
1862–1865
Auszüge aus den Sitzungsniederschriften, Juni 1862 bis Dezember 1865 (Nr. 916–1351).

1047 Beschlüsse des Verwaltungsrats des Hoerder Vereins.
1866–1869
Auszüge aus den Sitzungsniederschriften, Januar 1866 bis März 1869 (Nr. 1352–1634).

1051 Beschlüsse des Verwaltungsrats des Hoerder Vereins.
1869–1870
Auszüge aus den Sitzungsniederschriften, Mai 1869 bis März 1870 (Nr. 1635–1710).

1049 Verwaltungsratssitzung des Hoerder Vereins am 11.10.1887.
1887
Notariell beglaubigte Sitzungsniederschrift zur Kapitalerhöhung auf M 14.868.900 durch Ausgabe von M 7.500.000 Vorzugsaktien laut Generalversammlungsbeschlüssen vom 30.11.1886 und 03.02.1887.

3135 Aufsichtsrat des Hoerder Vereins.
1891–1897
Niederschriften der Aufsichtsratssitzungen des Hoerder Vereins, Januar 1891 bis September 1897 (Protokollbuch).

2071 Schriftwechsel zwischen Vorstand und Aufsichtsrat des Hoerder Vereins.
1891–1898
Schriftwechsel, insbesondere zu den monatlichen Aufstellungen der Betriebsergebnisse, Begleichung von Auslagen der Aufsichtsratsmitglieder und Vorbereitung von Aufsichtsratssitzungen, Hauptversammlungen und Geschäftsberichten, Dezember 1891 bis April 1898.

3134 Aufsichtsrat des Hoerder Vereins.
1897–1906
Niederschriften der Aufsichtsratssitzungen des Hoerder Vereins, Dezember 1897 bis Oktober 1906 (Protokollbuch).

3.3 Vorstand
3.3.1 Mitglieder und Vollmachten

795 Erwerb von Wohnungsmobiliar für Johann Friedrich Wiesehahn durch den Hoerder Verein.
1858, 1873
Vertrag zwischen Verkäufer Wilhelm Freiherr von Hoevel und Wiesehahn über den Erwerb des Mobiliars des von Wiesehahn angemieteten Hauses durch den Hoerder Verein und die weitere Nutzung durch Wiesehahn vom 29.01.1858; Aufstellung des Wiesehahn vom Hoerder Verein übergebenen Mobiliars aus dem Ankauf sowie von Wagen und Stalleinrichtungen vom 09.12.1873.

1294 Geschäftsführung der Bergwerks-Verwaltung des Hoerder Vereins.
17.10.1872
Notariell beglaubigte Vollmacht des Hoerder Vereins für Julius Nonne zur Geschäftsführung vom 17.10.1872.

115 Bestellung von Eduard Meier zum stellvertretenden Direktoriumsmitglied des Hoerder Vereins.
02.03.1875
Notariell beglaubigte Bescheinigung über die Wahl Meiers in der Verwaltungsratssitzung des Hoerder Vereins am 06.02.1875.

123 Generalvollmacht des Hoerder Vereins für Joseph Massenez zur Vertretung des Unternehmens in Russland.
1876
Vollmacht vom 18.05.1876, mit Beglaubigungen.

943 Informationsschreiben des Hoerder Vereins an Joseph Massenez während dessen Dienstreisen.
1879-1880
Einzelne Schreiben und Telegramme über verschiedene betriebliche und geschäftliche Aspekte, auch zum Thomasverfahren; Generalvollmacht des Hoerder Vereins für Massenez zur Vertretung des Unternehmens bei der Vergabe von Lizenzen zum Thomasverfahren vom 17.07.1879 (Entwurf, mit handschriftlichen Änderungen).

116 Bestellung von Daniel Hilgenstock zum zweiten Direktor des Hoerder Vereins neben Joseph Massenez.
24.05.1880
Notariell beglaubigte Urkunde des Verwaltungsrats des Hoerder Vereins zur Bestellung.

2111 Mietangelegenheiten und Umbau des Hauses in Dortmund, Wissstraße 62, für Matthias Tull durch den Hoerder Verein.
1875-1898
Lageplan; Grund- und Aufrisszeichnungen; Rechnungen von Bauunternehmen und Lieferanten; Mietvertrag zwischen Hoerder Verein und Carl Ross vom 21.06.1876; Schriftwechsel zwischen Hoerder Verein und Ross zu Mietverhältnis und Reparaturen sowie mit Bauunternehmen, Architekten und Lieferanten zu Bauplanung und Baufortschritt.

222 Verabschiedung von Generaldirektor Matthias Tull beim Hoerder Verein.
1903, 1913
Unterlagen zur Organisation der Abschiedsfeier durch den Hoerder Verein; Schriftwechsel zwischen Hoerder Verein, einzelnen Betriebsabteilungen und Stadt [Dortmund-]Hörde zur Planung der Feier; innerbetriebliche Bekanntmachungen.
Darin auch: Nachruf in der Zeitschrift „Stahl und Eisen" 33 (1913), S. 304 (Kopie).

1785 Verleihung des Ehrenbürgerbriefs der Stadt [Dortmund-]Hörde an Matthias Tull und Abschiedsfeier beim Hoerder Verein.
1901–1903
Musikprogramm und Speisekarte der Verleihung am 12.01.1901 (Kopie) und der Abschiedsfeier am 24.09.1903 (fotografische Reproduktion).

3.3.2 Korrespondenz mit Betrieben und Rundschreiben

2168 Rundschreiben der Verwaltung an die Betriebsabteilungen des Hoerder Vereins.
1897–1902
Rundschreiben zu Verwaltungs- und Arbeitsorganisation, Bestellung von Vorstandsmitgliedern und leitenden Angestellten, Prokuren, Versicherungsfragen, Transport und Verkehr, Materialwirtschaft, Rechnungswesen und Bestellwesen.

2114 Rundschreiben der Verwaltung an die Betriebsabteilungen von Hoerder Verein bzw. Phoenix AG Hoerder Verein.
1897–1910
Rundschreiben zu Verwaltungs- und Arbeitsorganisation, Bestellung von Vorstandsmitgliedern und leitenden Angestellten, Prokuren, Versicherungsfragen, Transport und Verkehr, Materialwirtschaft, Rechnungswesen und Bestellwesen.

2263 Rundschreiben der Verwaltung an die Betriebsabteilungen von Hoerder Verein bzw. Phoenix AG Hoerder Verein.
1902–1908
Rundschreiben zu Verwaltungs- und Arbeitsorganisation, Versicherungsfragen, Transport und Verkehr, Materialwirtschaft, Rechnungswesen und Bestellwesen.

3.3.3 Korrespondenz mit Behörden

1852 Korrespondenz zwischen Hoerder Verein und Königlich-Preußischem Märkischen Bergamt Bochum.
1847, 1854–1861
Aufstellungen zu Roheisen- und Koksproduktion, Anzahl der Arbeiter und Betriebsanlagen des Hoerder Vereins, 1854–1859; Aufstellung der Arbeiter unter 16 Jahren, Juli 1856; Aufstellungen zu den in den Monaten März, Mai, Juni und Juli 1847 von den Zechen Wilhelmine und Storksbank an die Firma Piepenstock Comp. gelieferten Steinkohlen; Konstruktionszeichnung eines Absperrventils zwischen Dampfkessel und Rohrleitung; Schriftwechsel zwischen Hoerder Verein und

Bergamt Bochum über Dampfkesselsicherheit, Aufstellung von Dampfkesseln im Puddelwerk, Eisenbahnbau, Personalfragen und Betriebseinrichtungen.

1860 Korrespondenz des Hoerder Vereins mit Kommunen und Behörden.
1859–1863
Aufstellungen zu den Betriebsanlagen, Produktionsmengen und Belegschaftszahlen von Hermannshütte und Hoerder Eisenwerk, 1860–1862; Aufstellung zu den auf der Hermannshütte betriebenen Dampfkesseln, mit Konzessionsdatum, 1862; Gewerbesteuerbescheide, 1860 und 1861; Auszüge aus den Niederschriften der Sitzungen des Verwaltungsrats des Hoerder Vereins; Schriftwechsel zwischen Hoerder Verein, Amt [Dortmund-]Aplerbeck, Landkreis Dortmund, Stadt [Dortmund-]Hörde und Dortmunder Kreisbaumeistern, u. a. R. Genzmer, zu Abnahme von Dampfkesseln, Veranlagung zu Kommunalsteuern, Beerdigungskosten mittelloser Arbeiter, Finanzierung des Hörder Schulwesens, Beschäftigung und Schulversäumnissen jugendlicher Arbeiter, Gaslieferungen an die Stadt, Deponierung und Verzinsung von Geldern des Gaswerks Hörde sowie Beschwerden von Freiherr Giesbert von Romberg wegen Wasserentnahme aus der Emscher, Dezember 1858 bis Juni 1863.

1885 Korrespondenz des Hoerder Vereins mit Kommunen und Behörden.
1863–1867
Aufstellungen zu den Betriebsanlagen, Produktionsmengen und Belegschaftszahlen von Hermannshütte und Hoerder Eisenwerk, 1863–1866; Bilanzauszüge zur finanziellen Situation des Unternehmens als Grundlage der Besteuerung; Schriftwechsel zwischen Hoerder Verein, Landkreis Dortmund, Stadt [Dortmund-]Hörde, Königlicher Eisenbahndirektion Elberfeld und Königlicher Regierung zu Arnsberg, u. a. zu Abnahme von Dampfkesseln, Veranlagung zu Kommunalsteuern und Gewerbesteuern, Grundstücks- und Enteignungsangelegenheiten, Finanzierung des Hörder Schulwesens, Wahlen zur Stadtverordnetenversammlung und Verzollung von Waren.

1867 Anfrage des Königlichen Oberbergamts Dortmund zu Bauxitvorkommen.
1864
Anfrage vom 17.07.1864 und Antwortschreiben des Hoerder Vereins.

1902 Korrespondenz des Hoerder Vereins mit Kommunen und Behörden.
1867–1870
Aufstellungen zu den Betriebsanlagen, Produktionsmengen und Belegschaftszahlen von Hermannshütte und Hoerder Eisenwerk, 1867–1869; Bilanzauszüge zur finanziellen Situation des Unternehmens als Grundlage der Besteuerung; Schriftwechsel zwischen Hoerder Verein und u. a. Landkreis Dortmund, Stadt [Dortmund-]Hörde und Königlicher Regierung zu Arnsberg, u. a. zu Abnahme von Dampfkesseln, Veranlagung zu Kommunalsteuern, Stempelsteuern und Gewerbesteuern, Grundstücks- und Enteignungsangelegenheiten, Finanzierung des Hörder Schulwesens und Verzollung von Waren, Dezember 1867 bis Juli 1870.

1919 Korrespondenz des Hoerder Vereins mit Kommunen und Behörden.
1870–1872
Urteil des Königlichen Landgerichts Köln zu einem Prozess der Köln-Mindener Eisenbahn-Gesellschaft gegen den Hoerder Verein und andere Unternehmen wegen Höhe der Stempelsteuer in Transportverträgen vom 12.07.1871 (Abschrift); Aufstellung der Stempelsteuerdefekte für das Jahr

1871; Verzeichnis der Betriebsbeamten des Hoerder Eisenwerks vom 02.05.1872; Aufstellungen zu den Betriebsanlagen, Produktionsmengen und Belegschaftszahlen von Hermannshütte und Hoerder Eisenwerk, 1870; Bilanzauszüge zur finanziellen Situation des Unternehmens als Grundlage der Besteuerung; Schriftwechsel zwischen Hoerder Verein und u. a. Landkreis Dortmund, Stadt [Dortmund-]Hörde und Königlicher Regierung zu Arnsberg, u. a. wegen Abnahme von Dampfkesseln, Veranlagung zu Kommunalsteuern, Stempelsteuern und Gewerbesteuern, Grundstücks- und Enteignungsangelegenheiten, Finanzierung des Hörder Schulwesens und Verzollung von Waren, Juli 1870 bis Oktober 1872.

1950 Korrespondenz des Hoerder Vereins mit Behörden.
1874–1877
Schriftwechsel zwischen Hoerder Verein und u. a. Handelsministerium, Königlichem Eisenbahn-Commissariat Koblenz und Königlichem Regierungspräsidium Arnsberg Bezirksausschuss, u. a. zu Eisenbahnfragen, Abnahme von Dampfkesseln, Steuern, Arbeiterfrage und Verzollung von Waren, Oktober 1874 bis März 1877; G. M. Kletke (Hg.): Gesetze über die Klassensteuer und klassifizierte Einkommen-Steuer, Brandenburg 1874.

1956 Korrespondenz des Hoerder Vereins mit Behörden.
1877–1878
Schriftwechsel zwischen Hoerder Verein und u. a. Handelsministerium, Königlichem Eisenbahn-Commissariat Koblenz und Königlichem Regierungspräsidium Arnsberg Bezirksausschuss, u. a. zu Eisenbahnfragen, Abnahme von Dampfkesseln, Veranlagung zu Steuern, Arbeiterfrage und Verzollung von Waren, April 1877 bis Juni 1878.

1961 Rundschreiben des Königlichen Eisenbahn-Commissariat Koblenz.
1878–1880
Rundschreiben zur Mitteilung von Erlassen und Anordnungen des Ministeriums für Handel, Gewerbe und öffentliche Arbeiten.

1970 Diverse Korrespondenz des Hoerder Vereins.
1881–1882
Aufstellung der Zeitschrift „Der Aktionär" zu Grundkapital und Dividende von Unternehmen des Bergbaus und der Eisen- und Stahlindustrie, o. D. (gedruckt); Werbeanhang der Zeitung „Cyclop" mit ständigen Inseraten; Verlagswerbung; Schriftwechsel des Hoerder Vereins u. a. zu Spendengesuchen, Vorwürfen zur Auszahlung von Löhnen in Form von Guthaben des Konsumvereins, Zusendung und Publikation von Geschäftsberichten, Anfragen zum Geschäftsergebnis, Angeboten zum Erwerb von Grundstücken, Zeitschriften- und Periodikaabonnements, Glückwünschen zum Jahreswechsel, Vorschlägen zur staatlichen Krankenversicherung, Anfragen nach Beschäftigung und Publikation von Werbung in Zeitschriften, Dezember 1881 bis Oktober 1882.

1975 Korrespondenz des Hoerder Vereins mit Behörden.
1881–1883
Schriftwechsel zwischen Hoerder Verein und u. a. Handelsministerium, Königlichem Eisenbahn-Commissariat Koblenz, Stadt [Dortmund-]Hörde, Landkreis Dortmund und Königlichem Regierungspräsidium Arnsberg Bezirksausschuss, u. a. zu Betriebsergebnissen, Eisenbahnbetrieb,

Abnahme von Dampfkesseln, Veranlagung zu Steuern und Verzollung von Waren, August 1881 bis Oktober 1883.

1993 Korrespondenz des Hoerder Vereins mit Behörden.
1883–1886
Schriftwechsel zwischen Hoerder Verein und u. a. Handelsministerium, Stadt [Dortmund-]Hörde. Landkreis Dortmund und Regierungspräsidium Arnsberg Bezirksausschuss, u. a. zu Betriebsergebnissen, Arbeiterangelegenheiten, Eisenbahnbetrieb, Abnahme von Dampfkesseln, Veranlagung zu Steuern und Verzollung von Waren, Oktober 1883 bis Juni 1886.

2037 Korrespondenz zwischen Hoerder Verein und Stadt [Dortmund-]Hörde, insbesondere zu Lohnangelegenheiten.
1886–1890
Schriftwechsel zwischen Hoerder Verein und Stadt Hörde zu Beschäftigungsdauer und Verdienst von Arbeitern und Tagelöhnern, Strafsachen und Steuerveranlagung von Arbeitern sowie verschiedenen allgemeinen Ortsangelegenheiten, Juli 1886 bis März 1890; Berichte des Hoerder Vereins an die Stadt Hörde, mit Angaben zu Produktion, Export und Lohnzahlungen; Genehmigung der Stadt Hörde zu Anlage und Betrieb eines Schießstands an der Schlackenhalde der Hermannshütte vom 02.09.1886, mit Lageplan.

2032 Rückerstattung außerordentlicher Kohlentransportkosten infolge des Bergarbeiterstreiks 1889.
1881–1882, 1889–1890
Stenografischer Bericht der 71. Sitzung des Preußischen Hauses der Abgeordneten am 10.06.1890 sowie dritter Bericht der Kommission für Petitionen zu Anträgen von Firma Fried. Krupp und Hoerder Verein auf Rückerstattung der Eisenbahnfrachtgebühren (beide gedruckt); Petition des Hoerder Vereins an das Haus der Abgeordneten zur Rückerstattung gezahlter Eisenbahnfrachten durch die Königlich Preußische Staatseisenbahnverwaltung sowie einzelne Schreiben an das Ministerium der öffentlichen Arbeiten (gedruckt und Manuskripte); Aufstellung zur Anzahl der Arbeiter von Hermannshütte und Hoerder Eisenwerk sowie ihrer Frauen und Kinder für Juni 1889; Petition von Friedrich Alfred Krupp an das Haus der Abgeordneten zur Rückerstattung gezahlter Eisenbahnfrachten durch die Königlich Preußische Staatseisenbahnverwaltung (Abschrift); Aufstellung der vom Hoerder Verein im Mai und Juni 1889 aus Schlesien, Belgien und [Duisburg-]Ruhrort bezogenen Steinkohlen; Schriftwechsel zwischen Hoerder Verein, Firma Fried. Krupp, Handelskammer zu Bielefeld, Ministerium der öffentlichen Arbeiten und Königlicher Eisenbahndirektion Elberfeld zur Rückerstattungsfrage.
Darin auch: Aufstellung zu den Neubauinvestitionen für den Zeitraum 01.07.1881–30.04.1882, u. a. für das neue Siemens-Martin-Stahlwerk; Aufstellung zu den Baukosten des Hoerder Kohlenwerks für das Geschäftsjahr 1889/90.

2050 Korrespondenz des Hoerder Vereins mit Behörden.
1867, 1873, 1880, 1888–1892
Verwaltungsbericht der Stadt [Dortmund-]Hörde für den Zeitraum 01.04.1888–31.03.1889 (gedruckt); Berichte des Handelsministerium, u. a. zu deutschen Exporten nach Oberitalien und der dortigen Metallindustrie sowie Messing-, Kupfer- und Nickelimporten aus Bulgarien und Rumänien; Schriftwechsel zwischen Hoerder Verein und u. a. Handelsministerium, Stadt [Dortmund-]Hörde, Landkreis Dortmund und Königlichem Regierungspräsidium Arnsberg Bezirksausschuss,

u. a. zu Betriebsergebnissen, Produktionsmengen und Arbeiterangelegenheiten, Eisenbahnbetrieb, Abnahme von Dampfkesseln, Veranlagung zu Steuern und Verzollung von Waren, April 1890 bis März 1892.
Darin auch: Satzung der Werksfeuerwehr der Baumwoll-Spinnerei und Weberei Kuchen, 1867, sowie einer Firma in Worms, 1873, und Bericht über einen Brand in Hörde vom 20.11.1880 (Abschriften).

2103 Korrespondenz des Hoerder Vereins mit Behörden zu Arbeiterangelegenheiten, insbesondere Lohnfragen.
1892–1894
Schriftwechsel zwischen Hoerder Verein, Stadt [Dortmund-]Hörde und anderen Behörden, u. a. zu Beschäftigungsdauer und Verdienst von Arbeitern und Tagelöhnern, Strafsachen und Steuerveranlagung von Arbeitern sowie verschiedenen allgemeinen Ortsangelegenheiten, April 1892 bis August 1894.

2066 Korrespondenz des Hoerder Vereins mit Behörden zu Arbeiterangelegenheiten, insbesondere Lohnfragen.
1894–1897
Schriftwechsel zwischen Hoerder Verein, Stadt [Dortmund-]Hörde und anderen Behörden, u. a. zu Beschäftigungsdauer und Verdienst von Arbeitern und Tagelöhnern, Strafsachen und Steuerveranlagung von Arbeitern sowie verschiedenen allgemeinen Ortsangelegenheiten, September 1894 bis März 1897.

2100 Korrespondenz des Hoerder Vereins mit Behörden zu Arbeiterangelegenheiten, insbesondere Lohnfragen.
1897–1899
Schriftwechsel zwischen Hoerder Verein, Stadt [Dortmund-]Hörde und anderen Behörden, u. a. zu Beschäftigungsdauer und Verdienst von Arbeitern und Tagelöhnern, Strafsachen und Steuerveranlagung von Arbeitern sowie verschiedenen allgemeinen Ortsangelegenheiten und Eisenbahnwesen, April 1897 bis Dezember 1899.

2162 Publikation von Geschäftsergebnissen und Betriebsstatistiken des Hoerder Vereins.
1899–1902
Berichte zu Geschäftslage, Produktion, Werksanlagen, Beschäftigung und Löhnen des Hoerder Vereins; Schriftwechsel zwischen Hoerder Verein, Reichsbank Hauptstelle Dortmund, Stadt [Dortmund-]Hörde sowie verschiedenen Verbänden, Zeitungen und Behörden zur Bereitstellung und Publikation von Unternehmensdaten.

2155 Korrespondenz des Hoerder Vereins mit Behörden zu Arbeiterangelegenheiten, insbesondere Lohnfragen.
1900–1902
Schriftwechsel zwischen Hoerder Verein, Stadt [Dortmund-]Hörde und anderen Behörden, u. a. zu Beschäftigungsdauer und Verdienst von Arbeitern und Tagelöhnern, Strafsachen und Steuerveranlagung von Arbeitern sowie verschiedenen allgemeinen Ortsangelegenheiten, Januar 1900 bis Juni 1902.

2253 Korrespondenz von Hoerder Verein bzw. Phoenix AG Hoerder Verein mit Behörden, insbesondere zu Arbeiterangelegenheiten.
1902–1908
Schriftwechsel zwischen Hoerder Verein bzw. Phoenix AG Hoerder Verein, Stadt [Dortmund-]Hörde und anderen Behörden, u. a. zu Strafsachen, Militärdienst, Einkommen und Steuerveranlagung von Arbeitern sowie verschiedenen allgemeinen Ortsangelegenheiten, Juli 1902 bis Juli 1908; einzelne Schreiben von Konsulaten verschiedener Nationen zur Erteilung von Ausfuhrgenehmigungen; Rundschreiben des Ministerium des Innern zu den kontradiktorischen Verhandlungen über Kartelle und Syndikate, mit Fragebogen und Aufstellung zu angeschriebenen Personen vom 31.01.1903; Werbeaushang der Königlichen Vereinigten Maschinenbauschulen Elberfeld-Barmen; Königliches Regierungspräsidium Arnsberg: Polizei-Verordnung betr. das Kost- und Quartiergängerwesen und die Unterbringung der in gewerblichen oder landwirtschaftlichen Betrieben, beim Bergbau oder bei Bauten beschäftigten Arbeiter, 1907 (gedruckt); Die Maschinisten-(Deckoffizier-)Laufbahn der Kaiserlichen Marine, Wilhelmshaven 1907 (Broschüre).

3.3.4 Spendengesuche und Kreditvergabe

1892 Darlehns- und Kreditvergabe des Hoerder Vereins an Mitarbeiter, Unternehmen und Privatpersonen.
1856–1869
Auszüge aus den Niederschriften des Verwaltungsrats des Hoerder Vereins; Vertrag zwischen Hoerder Verein und Massener Gesellschaft für Kohlenbergbau über ein Darlehen von 20.000 Talern vom 08.12.1862; Schriftwechsel des Hoerder Vereins mit Antragstellern bzw. Kreditnehmern zur Kreditvergabe und Tilgung.
Darin auch: Einzelne Schreiben zwischen Hoerder Verein und Hoerder Verein Bergwerks-Verwaltung über Reparaturen und Steinkohlenlieferungen.

1904 Kaufoption der Massener Gesellschaft für Kohlenbergbau für den Hoerder Verein über zwei Grubenfelder als Sicherheit für eine Bürgschaft.
1869–1870
Gutachten von Daniel Hilgenstock zu den Grubenfeldern vom 14.12.1869; Auszüge aus den Niederschriften der Sitzungen des Verwaltungsrats des Hoerder Vereins; Schreiben der Massener Gesellschaft für Kohlenbergbau an den Hoerder Verein zur Bestätigung des Bürgschafts-Abkommens vom 18.12.1869; einzelne Schreiben zwischen den Vertragspartnern zur Änderung von Zahlungsterminen und Lieferung von Steinkohlen.

2352 Errichtung eines Kaiser-Wilhelm-Denkmals auf der Hohensyburg sowie eines Kaiser-Wilhelm-Hains in Dortmund.
1888–1891, 1896–1902, 1912
Rundschreiben des Komitees für Errichtung eines Kaiser-Wilhelm-Denkmals der Provinz Westfalen auf Hohensyburg; Niederschriften von Sitzungen des geschäftsführenden Ausschusses des Komitees; „Das Kaiser-Wilhelm-Denkmal und die Porta-Westfalica", Minden 1888; „Wo soll das Kaiser-Wilhelm-Denkmal für die Provinz Westfalen errichtet werden", o. D. (Broschüre); Niederschrift der Sitzung des Provinzial-Comites für die Errichtung eines Kaiser-Wilhelm-Denkmales in Westfalen am 17.12.1888 (gedruckt); Komitee für Errichtung eines Kaiser-Wilhelm-Denkmals der

Provinz Westfalen auf Hohensyburg (Hg.): „Das Kaiser-Wilhelm-Denkmal der Provinz Westfalen auf der Hohensyburg", Dortmund 1889; Spendenaufruf des Vereins zur Errichtung eines Kaiser-Wilhelm-Hains, Dortmund, vom 16.11.1889; Werbeblatt des Komitees für Errichtung eines Kaiser-Wilhelm-Denkmals der Provinz Westfalen auf Hohensyburg, mit Mitgliederverzeichnis (gedruckt); Urkunde des Vereins zur Errichtung eines Kaiser-Wilhelm-Hains zur Spende des Hoerder Vereins über M 1.000; einzelne Schreiben zwischen Hoerder Verein, Komitee und Verein zu Spenden, Bau und Einweihung des Denkmals.

2142 Spendengesuche an den Hoerder Verein.
1894–1900
Spendenanträge und Mitgliedsaufrufe von Vereinen, Verbänden, Kirchen, gemeinnützigen und karitativen Organisationen; Unterschriftenliste der Bezieher von Ehrensold als Veteranen der Kriege 1864, 1866 und 1870/71 zur Quittierung des Empfangs, 1895; Jahres-, Rechenschafts- und Geschäftsberichte von Evangelisches Diakonissenhaus für die Grafschaft Mark und das Siegerland, 1895/96–1899/1900, Kaufmännischer Hülfsverein Essen a. d. Ruhr, 1895, Komitee der deutschen Armenschulen in Paris, 1894–1896, Evangelische Armen- und Waisenschule zu Moskau, 1896/97 und 1897/98, Vaterländischer Frauen-Verein für den Kreis Hörde, 1893/94 und 1895/98 [!], Hilfsverein deutscher Reichsangehöriger zu Prag, 1899, Anstalt für Epileptische „Bethel", 1898/99, Verbandsanstalt evangelischer Arbeiter-Vereine für Rheinland und Westfalen, 1897/98 (gedruckt); Satzung des Thüringer Weber-Vereins, o. D. (gedruckt); „Die Thätigkeit des Seemannshauses für Unteroffiziere und Mannschaften in Kiel in den Jahren 1895–1897" (Broschüre, 51 S.); „Erstes Verzeichnis der Geber für die Seemannshäuser in Tsingtau und Wilhelmshaven", Kiel 1900 (Broschüre, 26 S.); einzelne Hefte der Zeitschrift „Der Samariter" des Evangelisches Diakonissenhauses für die Grafschaft Mark und das Siegerland sowie des „Boten von Bethel"; Rheinisches Diakonissenhaus zu Sobernheim-Kreuznach (Hg.): „Entdeckungsfahrten in eine vergessene Provinz menschlichen Jammers", Köln 1897 (Broschüre, 36 S.); Mitgliedskarten des Vaterländischen Frauen-Vereins für den Kreis Hörde und Niederrheinischen Vereins für öffentliche Gesundheitspflege für den Hoerder Verein; Aufnahmebedingungen der Verbandsanstalt evangelischer Arbeiter-Vereine für Rheinland und Westfalen in Volmarstein, o. D. (Broschüre, 7 S.); Schriftwechsel des Hoerder Vereins mit den Antragstellern.

2217 Stiftung der deutschen Industrie aus Veranlassung der hundertjährigen Jubelfeier der Königlichen Technischen Hochschule zu Berlin.
1899–1906
Aufrufe zur Teilnahme und Rundschreiben der Stiftung an die Mitglieder, mit Mitgliederverzeichnissen, u. a. zum 19.06.1899 und 15.07.1899, und Aufstellungen zum Zeichnungsvolumen der Mitglieder, u. a. zum 01.09.1899 und 29.09.1899; Jahresberichte über die Tätigkeit des Kuratoriums und des Vorstands der Stiftung, 1902, 1904 und 1905; einzelne Schreiben zwischen Hoerder Verein und Stiftung zur Zeichnung eines Anteils und verschiedenen Unternehmen über die Höhe der zu zahlenden Summe.

2167 Spendengesuche an den Hoerder Verein.
1901–1902
Spendenanträge und Mitgliedsaufrufe von Vereinen, Verbänden, Kirchen, gemeinnützigen und karitativen Organisationen; „Zweites Verzeichnis der Geber für die Seemannshäuser in Tsingtau und Wilhelmshaven", Kiel 1901 (Broschüre); einzelne Hefte der Zeitschrift „Bote von Bethel";

Werbeblätter von Deutscher Burenhilfsbund, Deutscher Schulverein in Brüssel zum Neubau der Schule, mit Abreißblöcken zum Erwerb von „Bausteinen", Deutsches Hilfscomité für Ostasien sowie zur Herausgabe eines Trachtenbuches für die Provinz Westfalen, das Fürstentum Schaumburg-Lippe und den Regierungsbezirk Osnabrück; Mitgliedskarten des Niederrheinischen Vereins für öffentliche Gesundheitspflege für den Hoerder Verein; Schriftwechsel zwischen Hoerder Verein und Antragstellern.

2221 Spendengesuche an den Hoerder Verein.
1902–1904
Spendenanträge und Mitgliedsaufrufe von Vereinen, Verbänden, Kirchen, gemeinnützigen und karitativen Organisationen; Aufruf zur Errichtung eines Friedrich-List-Denkmals in Kufstein; Prospekt der Deutschen Schule zu Rotterdam; Programm zum Konzert des Männer-Gesang-Vereins der Firma Arthur Koppel, Bochum, am 19.03.1904 im Stadttheater (gedruckt); Jahresberichte von Evangelisches Diakonissenhaus für die Grafschaft Mark und das Siegerland, 1901/02, 1902/03 und 1903/04, Magdalenen-Verein zu Dortmund, 1902, und Hilfsverein deutscher Reichsangehöriger zu Prag, 1902; einzelne Hefte der Zeitschriften „Bote von Bethel" und „Der Samariter" des Evangelischen Diakonissenhauses für die Grafschaft Mark und das Siegerland; Aufstellungen zu Kohlengeschenken von Ruhrgebietszechen an die Anstalten Bethel, Sarepta, Nazareth und Wilhelmsdorf; Ziegenzucht-Verband Dortmund-Hörde (Hg.): „Denkschrift über den Stand der Ziegenzucht in den Kreisen Dortmund und Hörde", Dortmund 1903; Schriftwechsel des Hoerder Vereins mit den Antragstellern.

2232 Spendengesuche an den Hoerder Verein.
1904–1906
Spendenanträge und Mitgliedsaufrufe von Vereinen, Verbänden, Kirchen, gemeinnützigen und karitativen Organisationen; Rundschreiben und Aufrufe, u. a. von Hilfsausschuß für die notleidenden Deutschen Russlands, „Mara" Heimstätte für Alkoholkranke Frauen, Deutscher Verein für Knabenhandarbeit mit Broschüre „Allgemein unterrichtende Mitteilungen über den Knabenhandarbeitsunterricht", Reichsverband gegen die Sozialdemokratie, Japanische Rote Kreuz-Gesellschaft für Betroffene des Rußisch-Japanischen Krieges sowie Evangelisches Diakonissenhaus für die Grafschaft Mark und das Siegerland; Jahresberichte von verschiedenen kirchlichen Einrichtungen in Volmarstein; einzelne Hefte der Zeitschrift „Der Samariter" des Evangelisches Diakonissenhauses; Aufstellung der vom Hoerder Verein zu Weihnachten 1904 gespendeten Beträge; Robert Leonhardt: „Preußische Krieger- und Grabdenkmäler aus den Jahren 1757, 1813 und 1866 in der Nähe der königlichen Hauptstadt Prag", Prag 1905 (Broschüre, 25 S.); Satzungen von Wohltätigkeits-Verein „Königin Wilhelmina" zu Dortmund, o. D. (gedruckt, deutsch und niederländisch), Reichsverband gegen die Sozialdemokratie, o. D. (gedruckt) und Volksbibliotheken des Landkreises Dortmund vom 08.04.1904; Schriftwechsel des Hoerder Vereins mit den Antragstellern.

2241 Spendengesuche an Hoerder Verein bzw. Phoenix AG Hoerder Verein.
1904–1907
Spendenanträge und Mitgliedsaufrufe von Vereinen, Verbänden, Kirchen, gemeinnützigen und karitativen Organisationen; Rundschreiben und Aufrufe, u. a. von Evangelisches Diakonissenhaus für die Grafschaft Mark und das Siegerland, Historischer Verein für Dortmund und die Grafschaft Mark, Kaiser Wilhelm-Privat-Beamten-Waisenstiftung, Ausschuß zur Förderung der Deutschen Kulturarbeit in China, Werkmeister-Bezirksverein Dortmund, Guttempler-Loge „So

fast as Dürpem" und Bund vaterländischer Arbeitervereine; Jahresberichte des Evangelisches Diakonissenhauses, 1905/06 und 1906/07, der Anstalten Bethel, Sarepta und Nazareth, 1904/05, von verschiedenen kirchlichen Einrichtungen in Volmarstein und Ziegenzucht-Verband Dortmund-Hörde, 1906/07; einzelne Hefte der Zeitschrift „Der Samariter" des Evangelisches Diakonissenhauses; Aufstellungen zu Kohlengeschenken von Ruhrgebietszechen an die Anstalten Bethel, Sarepta, Nazareth und Wilhelmsdorf; Aufstellung der im Jahr 1905 zu Weihnachten gespendeten Beträge; „Die Gesellschaft Seemannshaus für Unteroffiziere und Mannschaften der Kaiserlichen Marine [eGmbH] und ihre Tätigkeit im ersten Jahrzehnt ihres Bestehens 1895–1905", Berlin 1905; Schriftwechsel von Hoerder Verein bzw. Phoenix AG Hoerder Verein mit den Antragstellern; einzelne Schreiben zwischen Phoenix AG Hoerder Verein, Union AG und Gutehoffnungshütte Aktienverein für Bergbau und Hüttenbetrieb zur Unterstützung des Ausschusses zur Förderung der Deutschen Kulturarbeit in China.

3.3.5 Politisches Engagement

2354 Ermäßigung der Eisenbahnfrachttarife für Schiffbaumaterialien.
1886–1889, 1893–1899
Niederschrift einer Sitzung zwischen Amt der Stettiner Kaufmannsschaft, Stettiner Maschinenbau Actien-Gesellschaft „Vulcan", Stettiner Maschinenbau-Anstalt und Schiffbauwerft Actien-Gesellschaft vorm. Möller & Hollberg, Eisengießerei, Maschinenbauanstalt und Schiffwerft in Firma Aron & Gollnow, Königlicher Eisenbahndirektion Breslau und Königlicher Eisenbahndirektion Berlin über Frachtermäßigungen für Eisen und Stahl zum Schiffbau am 05.05.1886; Bericht von Daniel Hilgenstock zu Schießversuchen auf Panzerplatten beim Hoerder Verein vom 14.10.1887; Antrag des Hoerder Vereins an das Ministerium der öffentlichen Arbeiten auf Frachtermäßigung für Lieferungen nach Stettin vom 13.11.1887; Schriftwechsel zwischen Hoerder Verein, Königlicher Eisenbahndirektion Elberfeld, Königlicher Eisenbahndirektion Altona, Ministerium der öffentlichen Arbeiten und verschiedenen Unternehmen der Eisen- und Stahlindustrie, u. a. A. Borsig und Oberschlesische Eisenbahn-Bedarfs-AG, zur Eingabe um Frachtermäßigung mit Bitte um Unterstützung sowie zu weiteren Verhandlungen; Vorlage des Hoerder Vereins für das Haus der Abgeordneten über Frachtermäßigungen für Eisen und Stahl zum Schiffbau von rheinisch-westfälischen und oberschlesischen Stationen nach den Ostseehäfen vom 09.03.1889 (gedruckt); Aufstellung zu den Frachtsätzen für Eisen, Stahl und Steinkohlen an Nord- und Ostseehäfen, 1889; Berichte des Hamburger Unternehmensvertreters Arnold von Bippen, des Berliner Unternehmensvertreters Richard Quitmann und des Bremer Unternehmensvertreters Adolf Demelius; Niederschrift einer Sitzung von Vertretern des Vereins Deutscher Eisen- und Stahlindustrieller zur Frage der Frachttarife am 16.11.1895 (gedruckt); Fragebogen der Königlichen Eisenbahndirektion Essen an Produzenten von Schiffbaumaterialien zu den Anträgen auf Frachtermäßigung vom 19.04.1896 und 02.05.1896; Niederschriften von Sitzungen von Vertretern von Eisen- und Stahlindustrie, Schiffswerften und Königlichen Eisenbahndirektionen am 10.07.1896 und 02.12.1897 in Altona (gedruckt).
Schreiben z. T. unleserlich verblasst.

2187 Politisches Engagement und Wahlangelegenheiten des Hoerder Vereins.
1895–1902
Vollmachten des Hoerder Vereins zur Gemeinderatswahl in [Dortmund-]Brackel 1897; Wahlwerbeblatt bzw. Wahlaufrufe von Georg Friedrich Alexander Hilbck zur Reichstagswahl 1898; Zeitungs-

ausschnitte; Beitragsrechnungen der Geschäftsstelle der Nationalliberalen Partei für Westfalen für den Hoerder Verein; Extrablätter von Hörder Zeitungen zu den Ergebnissen der Reichstagswahl in [Dortmund-]Hörde; Statistisches Amt der Stadt Dortmund: Zusammenstellung der Ergebnisse der Reichstagswahl vom 16.06.1898 und der erforderlichen Stichwahl vom 24.06.1898 im 6. Arnsberger Wahlkreis, umfassend den Stadtkreis Dortmund, den Landkreis Dortmund und den Kreis Hörde; Schriftwechsel zwischen Hoerder Verein und verschiedenen Unternehmen zur Durchsetzung von Kandidaten bei der Wahl der Beisitzer der Gewerbegerichte, 1898 und 1900, sowie der Arbeitgebervertreter bei den unteren Verwaltungsbehörden für die Versicherungsanstalt Westfalen, 1899; Aufstellung der Mitglieder des Wahlverbandes der Grundbesitzer, Gewerbetreibenden und Bergwerkseigentümer im Kreis Hörde, mit Angaben zur Höhe der Grundsteuer; Wahlordnung für die Versicherungsanstalt Westfalen betreffend die Wahlen der Vertreter der Arbeitgeber und Versicherten bei den unteren Verwaltungsbehörden, der Beisitzer der Rentenstellen und der Mitglieder des Ausschusses vom 11.09.1899, mit Stimmzetteln (gedruckt).

2300 Förderung der „Flottenvorlage" durch Handel und Industrie.
1897–1898
Aufruf des „Comité zur Veranstaltung einer Kundgebung für die Verstärkung der deutschen Kriegsflotte" zur Versammlung aller Interessenten aus Handel und Industrie am 13.01.1898 im Hotel Kaiserhof in Berlin; Eintrittskarte; Antwortschreiben zahlreicher Unternehmen der Eisen- und Stahlindustrie an Matthias Tull, Generaldirektor des Hoerder Vereins, zu dessen Teilnahmeaufforderung; Erklärung von Adolph Woermann zu seiner Aussage auf der Versammlung über die Haltung der Ältesten der Berliner Kaufmannschaft zur „Flottenvorlage" vom 23.01.1898 (gedruckt).

2267 Kontradiktorische Verhandlung des Reichsamts des Innern über die Wirksamkeit von Kartellen.
1903
Rundschreiben des Ministeriums des Innern vom 21.04.1903, mit Einladung zur Verhandlung über das Rheinisch-Westfälische Kohlen-Syndikat am 12.05.1903, dazu Fragebogen und Teilnehmerverzeichnis; Niederschrift der Verhandlungen im Reichsamt des Innern am 26.02.1903 und 27.02.1903 (Beilage zum deutschen Reichsanzeiger und Königlich Preußischen Staatsanzeiger am 25.03.1903).
Darin auch: Gesetzentwurf „betreffend weitere Änderungen des Krankenversicherungsgesetzes" (Reichstagsdrucksache Nr. 870 vom 19.02.1903); Schnell: „Über mechanische Kohlen-Umlade-Einrichtungen und die Bewegung der Kohle in den neuen niederrheinischen Häfen", Ruhrort 1903.

3.3.6 Sonstiges

1389 Stellungnahme des Hoerder Vereins zum Geschäftsbericht 1891/92.
1890–1892
Entwurf einer Stellungnahme des Hoerder Vereins zur Kritik von Joseph Massenez und Gustav Hilgenstock am Geschäftsbericht 1891/92 vom November 1892 (39 S.).
Darin auch: Aufstellungen zu den Betriebskosten von Fein-, Mittel- und Blechwalzwerk, Gasgeneratoren, Stahlwalzwerk und Gussstahlfabrik der Hermannshütte, Dezember 1890 bis Mai 1891.

2359 Eignung von Thomasstahl zur Schienenherstellung.
1894–1895, 1900–1901, 1914
Rundschreiben der Rheinischen Stahlwerke an alle Produzenten von Thomasstahl vom 13.11.1894, dazu Abdruck eines Rundschreibens von August Haarmann an alle Staats- und Privatbahnen über die vermeintliche Minderwertigkeit von Thomasstahl (gedruckt) mit dem Titel: „Der Bessemerstahl und der Thomasstahl in ihrer Bedeutung als Schienenmaterial"; Niederschrift einer Sitzung der Commission behufs Erwiderung der deutschen Schienenwerke auf die Haarmann'sche Broschüre am 12.01.1895; Fragebogen der Kommission zur Schienenproduktion, mit detaillierten Angaben des Hoerder Vereins zu Jahresliefermengen an Staatsbahnen ab 1880, Ersatzlieferungen und Qualitätsfragen; August Servaes für die deutschen Thomasstahlproduzenten (Hg.): „Der Thomasstahl in seiner Bedeutung als Schienenmaterial", Laar Juni 1895 (gedruckter Entwurf nach den Beschlüssen der Kommissionssitzung am 22.05.1895 sowie Broschüre); Zeitschrift „De Ijzer- & Staalkroniek" 7 (1914), Heft 37, mit Übersetzung des Beitrags über „Saures und basisches Flusseisen"; einzelne Schreiben zwischen Hoerder Verein, Servaes und Verein Deutscher Eisenhüttenleute zum publizistischen Vorgehen der Thomasstahlproduzenten gegen die Veröffentlichung Haarmanns und zur Verpflichtung von L. von Tetmajer als Lobbyist der deutschen Eisen- und Stahlindustrie in der Schweiz und in Italien, 1901.

4. Kaufmännische Verwaltung und Finanzen

4.1 Unternehmensfinanzierung

4.1.1 Aktien

Emission von Aktien

562 Geplante Kapitalerhöhung des Hoerder Vereins.
1852–1854
Rundschreiben des Hoerder Vereins vom 30.06./01.07.1852, mit Mitteilung der Auflösung der Firma Piepenstock & Comp. und Übergang der Hermannshütte auf die neue Gesellschaft; Niederschrift der 1. ordentlichen Generalversammlung des Hoerder Vereins am 28.09.1852, mit Beschluss einer Satzungsänderung; Königlich Preußischer Staats-Anzeiger vom 14.09.1852, mit Ankündigung der Generalversammlung; Antrag des Hoerder Vereins an die Königliche Regierung zu Arnsberg vom 31.10.1852 auf Genehmigung der Satzungsänderung, mit umfangreichen Ausführungen zu deren Notwendigkeit und insbesondere zur Kapitalerhöhung auf 4.000.000 Taler; Aktenvermerk der Königlichen Regierung zu Arnsberg [?], mit Berechnung der Betriebs- und Produktionskosten eines Hochofens im märkischen Steinkohlenrevier bei Ankauf der Rohstoffe auf dem freien Markt und Vergleich der Verkaufspreise mit schottischem Roheisen, o. D.; Bericht des Königlichen Oberbergamts für die westfälischen Provinzen zu Dortmund an die Regierung zu Arnsberg vom 08.01.1853 über den voraussichtlichen Kapitalbedarf des Hoerder Vereins zur Anlage von acht Hochöfen samt Betriebsanlagen sowie die bereits durchgeführten und geplanten Maßnahmen zur Sicherung der Kohlen- und Eisenerzversorgung wie Ankäufe von bzw. Beteiligungen an Erzgruben und Abschlüsse von Lieferverträgen; Ablehnung des Antrags auf Satzungsänderung vom 14.01.1853; Königlich Preußischer Staats-Anzeiger vom 14.09.1852, mit Ankündigung der Generalversammlung; Bilanz zum Betriebsjahr 1852/53; Auszug aus den Verhandlungen der 2. ordentlichen Generalversammlung am 30.09.1853 (gedruckt); Auszug aus dem Statut der Kranken- und Unterstützungskasse des Hoerder Vereins vom 04.08.1853, mit Dienstanweisung für die

Hüttenärzte, Verhaltensregeln für die Versicherten in Erkrankungsfällen und Arbeitsordnung vom 01.07.1853 (gedruckt); Aufstellung über Versicherte, Krankheitsfälle, Einnahmen und Ausgaben der Betriebskrankenkasse für die Jahre 1852 und 1853 vom 14.02.1854; erneuter Antrag des Hoerder Vereins vom 17.12.1853 auf Satzungsänderung (Kapitalerhöhung), mit Beschreibung von Betriebsentwicklung und Anlagen, Rohstoffverbrauch und Produktion der Hermannshütte und detaillierter Aufstellung aller Betriebsanlagen, Maschinen, Gebäude und im Bau befindlicher Anlagen; dsgl. für das Hoerder Eisenwerk und die in Betrieb befindlichen Eisenerzgruben; Wochen-Blatt zur Verbreitung gemeinnütziger Kenntnisse für die Grafschaft Mark und Anzeigenblatt für den Kreis Iserlohn vom 02.03.1854 und 09.03.1854, mit Abdruck der Anlagenbeschreibung; Schreiben zwischen Regierung zu Arnsberg, Oberbergamt Dortmund, Landrat des Landkreises Dortmund und Hoerder Verein über Unternehmensentwicklung, Investitionsbedarf und Auflagen zur Genehmigung; Bericht des Hoerder Vereins vom 19.08.1854, mit Bilanzauszügen, vorläufiger Bilanz 1853/54 und Erörterung geplanter Investitionen, z. B. Errichtung von Tiefbauanlagen (später Hoerder Kohlenwerk); Bericht der Regierung zu Arnsberg an das Handelsministerium vom 18.10.1854 über ihre Haltung zur Kapitalerhöhung.
Kopie der Akte im Landesarchiv NRW Abteilung Westfalen, Regierung Arnsberg, Nr. 1.100, S. 92–218.

563 Kapitalerhöhung des Hoerder Vereins um 500.000 Taler auf 2.500.000 Taler, Werkswohnungsbau und Gesundheitswesen.
1854–1861
Auszüge aus den Niederschriften der 3.–9. ordentlichen Generalversammlung des Hoerder Vereins am 28.09.1854, 22.09.1855, 30.09.1856, 26.09.1857, 07.09.1858, 30.09.1859 und 29.09.1860 (gedruckt), z. T. mit handschriftlichen Anmerkungen; Bilanzen der Geschäftsjahre 1853/54–1860/61; Schriftwechsel zwischen Königlicher Regierung zu Arnsberg, Königlichem Handelsministerium und Landrat des Landkreises Dortmund über die Kapitalerhöhungsbeschlüsse der Generalversammlung des Hoerder Vereins am 28.09.1852 und 28.09.1854, Auflagen für die staatliche Genehmigung (u. a. Änderungen der Statuten) und die erfolgte Erhöhung um 2.500.000 Taler; Bericht des Hoerder Vereins an die Regierung zu Arnsberg über die Erfüllung der Auflagen vom 03.11.1855; Auszug aus dem Amtsblatt der Regierung zu Arnsberg vom 21.06.1856, mit Bekanntmachung der Genehmigung zur Kapitalerhöhung auf bis zu 4.000.000 Taler und Satzungsauszügen; Bericht von Regierungsrat Jacobi (Regierung zu Arnsberg) und Medizinalrat von Haxthausen über hygienische und bauliche Missstände in den Arbeiterwohnungen und insbesondere im Arbeiterwohnheim des Hoerder Vereins sowie das Gesundheitswesen, auch im Hinblick auf den zu befürchtenden Ausbruch einer Cholera-Epidemie, vom 27.09.1855 und 03.10.1855; Berichte von Landrat Pilgrim (Landkreis Dortmund) und des Hörder [?] Amtmanns Vahlkamp über den Arbeiterwohnungsbau des Hoerder Vereins, Lage, Zustand und Ausstattung von Wohnungen und Wohnheim, die Wohnungssituation in Hörde sowie über die zur Beseitigung der Missstände eingeleiteten Maßnahmen und den Bau eines Krankenhauses (später Hüttenhospital Hörde); Erlass der Regierung zu Arnsberg an die Landkreise zur systematischen Erfassung des Arbeiterwohnungsbaus und Erstellung von Berichten über die bauliche und hygienische Situation, Einführung einer obligatorischen Prüfung von Bauvorhaben und einer jährlichen Begutachtung der Wohnungen durch die Kreisbehörden vom 17.11.1855; „Geschäftsbericht" der Kranken- und Unterstützungskasse des Hoerder Vereins, 1856; Schriftwechsel zwischen Landkreis Dortmund und Königlicher Regierung zu Arnsberg über den Antrag des Hoerder Vereins auf Ernennung eines Platzmeisters zum Hilfspolizeibeamten der Hermannshütte, Beschwerden örtlicher Wirte über den Betrieb einer Schankwirtschaft auf dem Werksgelände und den Alkoholkonsum der Arbeiter sowie eine Bürgschaft des A. Schaaffhausen'schen Bankvereins für die Kranken- und

Unterstützungskasse des Hoerder Vereins.
Kopie der Akte im Landesarchiv NRW Abteilung Westfalen, Regierung Arnsberg, Nr. 1.100, S. 219–334.

1836 Kapitalerhöhung des Hoerder Vereins um 500.000 Taler auf 2.500.000 Taler.
1856–1857
Schriftwechsel zwischen Hoerder Verein und Aktionären zur Zeichnung neuer Aktien, Dezember 1856 bis Mai 1857.

1838 Kapitalerhöhung des Hoerder Vereins um 500.000 Taler auf 2.500.000 Taler.
1857
Schriftwechsel zwischen Hoerder Verein und Aktionären zur Zeichnung neuer Aktien, Juni bis Dezember 1857.

1132 Grundkapital des Hoerder Vereins.
1864–1865
Auszug aus der Niederschrift der Verwaltungsratssitzung des Hoerder Vereins am 15.09.1864 zum Beschluss einer Kapitalerhöhung in Höhe von bis zu 3.000.000 Talern nominal; Schriftwechsel zwischen Spezialdirektor Johann Friedrich Wiesehahn und Bankhaus Deichmann & Co., Köln, über die geplante Emission von zwei Tranchen Aktien von 200.000 und 120.000 Talern und ein Tauschgeschäft mit der Herzoglich Braunschweig-Lüneburg'schen Eisenbahn- und Postdirektion über Aktien des Hoerder Vereins gegen Obligationen der Köln-Mindener Eisenbahn-Gesellschaft.

2121 Kapitalerhöhung des Hoerder Vereins um bis zu 1.000.000 Taler.
1873–1880, 1884, 1888
Aufstellungen zu den Zeichnern und geleisteten Einzahlungen; Schriftwechsel zwischen Hoerder Verein, Banken, insbesondere A. Schaaffhausen'scher Bankverein, und Aktionären zu Organisationsfragen der Emission von 5.000 Aktien à 200 Taler bzw. M 600, Teileinzahlung von 40 % und Volleinzahlung.

1955/1 Herabsetzung des Grundkapitals des Hoerder Vereins von M 14.745.000 auf M 7.372.500.
1878
Erklärungen von Kunden und Geschäftspartnern des Hoerder Vereins zur Fortsetzung des Geschäftsverkehrs nach Reduktion des Grundkapitals (unterzeichnete Vordrucke).

1955/2 Herabsetzung des Grundkapitals des Hoerder Vereins von M 14.745.000 auf M 7.372.500.
1877–1884
Zeitungsausschnitte zur Annoncierung der Herabsetzung; Schriftwechsel zwischen Hoerder Verein, A. Schaaffhausen'schem Bankverein und Aktionären zur Stempelung der Altaktien mit dem neuen Nennwert und zum unterschiedlichen Handelswert von gestempelten und ungestempelten Aktien an der Berliner Börse.

1138 Kapitalerhöhung des Hoerder Vereins auf M 14.868.900 durch Emission von M 7.500.000 Vorzugsaktien.
1886–1888
Geschäftsbericht des Hoerder Vereins 1885/86 (gedruckt); Beschluss der Generalversammlung 1886 zur Kapitalerhöhung (gedruckt); Beschluss des Königlichen Landgerichts Dortmund zur

Handelsregistereintragung vom 22.12.1886; Schriftwechsel zwischen Hoerder Verein, A. Schaaffhausen'schem Bankverein, Bankhaus Deichmann & Co., Rechtanwälten, Verwaltungsratsmitgliedern und Königlichem Amtsgericht Hörde zu dessen Ablehnung einer Eintragung des Generalversammlungsbeschlusses zur Emission ins Handelsregister und den Emissionsmodalitäten sowie mit Zeichnungsinteressenten und Inhabern von Stammaktien über den Bezug von Aktien, Oktober 1886 bis Juli 1888; Aufstellungen der ausgegebenen Aktien; einzelne Schreiben zwischen Hoerder Verein und Zeitungen zur Annoncierung der Emission; Zeitungsausschnitte.

2257 Kapitalerhöhung des Hoerder Vereins auf M 22.369.000 durch Emission von M 7.500.000 Vorzugsaktien.
1888-1891
Aufstellung der an A. Schaaffhausen'schen Bankverein, Bankhaus Deichmann & Co. und Bankhaus J. H. Stein seit dem 01.07.1878 durch den Hoerder Verein gezahlten Zinsen und Provisionen vom Mai 1888; Memorandum von Daniel Hilgenstock zu einer Kapitalerhöhung vom 30.01.1889; gemeinsame Erklärung von A. Schaaffhausen'schem Bankverein, Deichmann & Co., Delbrück, Leo & Co. und S. Bleichröder zur Übernahme der gesamten Emission durch die Banken und Angebot an die bisherigen Aktionäre zur Zeichnung unter Vorzugskonditionen vom 05.02.1889; Niederschrift der außerordentlichen Generalversammlung des Hoerder Vereins am 16.03.1889 (Abschrift); Schriftwechsel zwischen Hoerder Verein, A. Schaaffhausen'schem Bankverein, Deichmann & Co., weiteren Banken und Inhabern von Aktien zu Modalitäten und Organisation von Emission und Zeichnung; einzelne Schreiben zwischen Hoerder Verein und Zeitungen zur Annoncierung der Emission und Ausgabe von Interimsscheinen; Zeitungsausschnitte.

2248 Kapitalerhöhung des Hoerder Vereins auf M 22.528.000 durch Emission von M 5.020.000 Vorzugsaktien und Kündigung der Anleihen von 1881 in Höhe von M 4.000.000 und von 1893 in Höhe von M 7.000.000 zum 01.07.1896.
1895-1901
Schriftwechsel zwischen Hoerder Verein, A. Schaaffhausen'schem Bankverein, Bankhaus Deichmann & Co. und Inhabern von Anleihen zu Modalitäten und Organisation der Emission sowie Rückzahlung der Anleihe; einzelne Schreiben zwischen Hoerder Verein und Zeitungen zur Annoncierung von Emission und Kündigung; Zeitungsausschnitte.

Umschreibung von Aktien und Dividenden

1835 Umschreibung von Aktien des Hoerder Vereins auf neue Inhaber.
1855-1857
Schriftwechsel zwischen Hoerder Verein, Banken und Aktionären zur Einsendung von Aktien und Besitz- bzw. Übertragungsnachweisen, März 1855 bis Dezember 1857.

1845 Umschreibung von Aktien des Hoerder Vereins auf neue Inhaber.
1858-1859
Schriftwechsel zwischen Hoerder Verein, Banken und Aktionären zur Einsendung von Aktien und Besitz- bzw. Übertragungsnachweisen, Januar 1858 bis April 1859.

1858 Umschreibung von Aktien des Hoerder Vereins auf neue Inhaber und Auszahlung von Dividenden.
1859-1862
Schriftwechsel zwischen Hoerder Verein, Banken und Aktionären zur Einsendung von Aktien, Besitz- bzw. Übertragungsnachweisen sowie Auszahlung von Dividenden, Mai 1859 bis Juni 1862.

1864 Dsgl., Juli 1862 bis Dezember 1863.
1875 Dsgl., Dezember 1864 bis Februar 1866.
1882 Dsgl., März 1866 bis Oktober 1867.
1895 Dsgl., September 1867 bis März 1869.
1903 Dsgl., März 1869 bis Juni 1870.
1913 Dsgl., Juni 1870 bis Juni 1871.
1912 Dsgl., April bis November 1871.
1917 Dsgl., November 1871 bis Juni 1872.
1916 Dsgl., Juni bis August 1872.
1918 Dsgl., August bis Oktober 1872.
1926 Dsgl., Oktober bis Dezember 1872.
1924 Dsgl., Dezember 1872 bis Februar 1873.
1927 Dsgl., März bis Juni 1873.
1954 Dsgl., August 1876 bis Dezember 1878.
1960 Dsgl., Januar 1879 bis Februar 1880.
1968 Dsgl., Februar 1880 bis Februar 1881.
1974 Dsgl., Februar 1881 bis Oktober 1882.
1982 Dsgl., Oktober 1882 bis Juni 1884.
1989 Dsgl., Juli 1884 bis November 1886.
2001 Dsgl., Dezember 1886 bis Dezember 1887.
2022 Dsgl., Dezember 1887 bis September 1889.
2031 Dsgl., Oktober 1889 bis Dezember 1890.
2035 Dsgl., Januar und Februar 1891.
2091 Dsgl., Februar 1891 bis Januar 1894.

2097 Ausgabe neuer Dividendencoupons zu Stammaktien des Hoerder Vereins.
1893-1894
Schriftwechsel zwischen Hoerder Verein, Aktionären und Banken zur Versendung der Coupons, Oktober 1893 bis Mai 1894.

2075 Umwandlung von Prioritäts- und Stammaktien des Hoerder Vereins in neue Aktien im Rahmen von Kapitalzusammenlegung und Kapitalerhöhung.
1894-1898
Schriftwechsel zwischen Hoerder Verein, Aktionären und Banken zur Einsendung von Aktien und Ausübung von Bezugsrechten für neue Aktien, April 1894 bis Juni 1898.

2067 Ausgabe neuer Dividendencoupons zu Stammaktien des Hoerder Vereins.
1894-1897
Schriftwechsel zwischen Hoerder Verein, Aktionären und Banken zur Versendung der Coupons, Mai 1894 bis März 1897.

2191 Ausgabe neuer Dividendencoupons zu Stammaktien des Hoerder Vereins.
1897-1901
Schriftwechsel zwischen Hoerder Verein, Aktionären und Banken zur Versendung der Coupons, März 1897 bis November 1901.

2159 Umschreibung von Aktien des Hoerder Vereins auf neue Inhaber und Auszahlung von Dividenden.
1898-1902
Schriftwechsel zwischen Hoerder Verein, Aktionären und Banken zur Einsendung von Aktien, Besitz- bzw. Übertragungsnachweisen sowie Auszahlung von Dividenden, Januar 1898 bis Juni 1902.

970 Ausgabe neuer Stamm- und Vorzugsaktien des Hoerder Vereins.
1898-1902
Schriftwechsel zwischen Hoerder Verein, A Schaaffhausen'schem Bankverein, Aktionären und Zeitungsverlagen über den Umtausch alter in neue Aktien, laut Beschluss der Generalversammlung des Hoerder Vereins vom 11.12.1893, und die Annoncierung des Umtausches; Zeitungsausschnitte.

2177 Ausgabe neuer Dividendencoupons zu Stamm- und Vorzugsaktien des Hoerder Vereins.
1899, 1903
Nummernverzeichnisse; Prospekt zur Emission von M 300.000 neuer Vorzugsaktien des Hoerder Vereins vom März 1899; Schriftwechsel zwischen Hoerder Verein, Aktionären und Banken zur Versendung der Coupons, Februar bis Oktober 1903.

2286 Umtausch von alten in neue Stammaktien des Hoerder Vereins.
1902-1909
Nummernverzeichnisse; Schriftwechsel zwischen Hoerder Verein bzw. Phoenix AG Hoerder Verein, Aktionären und Banken zum Umtausch sowie einzelne Schreiben zum Umtausch von Aktien des Hoerder Vereins in Aktien der Phoenix AG.

2199 Ausgabe neuer Dividendencoupons zu Vorzugsaktien des Hoerder Vereins.
1903
Nummernverzeichnisse; Schriftwechsel zwischen Hoerder Verein, Aktionären und Banken zur Versendung der Coupons, November bis Dezember 1903.

2225 Ausgabe neuer Dividendencoupons zu Vorzugsaktien des Hoerder Vereins.
1903-1904
Nummernverzeichnisse; Schriftwechsel zwischen Hoerder Verein, Aktionären und Banken zur Versendung der Coupons, Dezember 1903 bis Juni 1904.

2287 Ausgabe neuer Dividendencoupons zu Vorzugsaktien des Hoerder Vereins.
1904-1906
Nummernverzeichnisse; Schriftwechsel zwischen Hoerder Verein, Aktionären und Banken zur Versendung der Coupons, Juli 1904 bis Oktober 1906.

2285 Umwandlung von Stamm- in Vorzugsaktien nach Beschluss der außerordentlichen Generalversammlung des Hoerder Vereins am 08.06.1906 zur Reduzierung des Grundkapitals um M 88.000 auf M 26.940.000.

1906–1907
Aufstellung zu umgewandelten Aktien; Schriftwechsel zwischen Hoerder Verein bzw. Phoenix AG Hoerder Verein, Aktionären und Banken zur Einsendung und Umstempelung von Aktien.

4.1.2 Obligationen
Emission von Obligationen

1834 Kostenermittlung zur hypothekarischen Absicherung einer Emission von 580.000 Talern Schuldverschreibungen durch den Hoerder Verein zur Finanzierung der bei Gründung des Unternehmens von den Gründern eingebrachten Eisenerzberechtsame.
1856–1857
Erklärung der aufgrund der Einbringung von Eisenerzgruben in den Hoerder Verein über Forderungen gegenüber dem Unternehmen Verfügenden, u. a. Carl Dietzsch, Carl Overweg, Johann Friedrich Wiesehahn und Gustav Mevissen, zum Verzicht auf eine hypothekarische Absicherung dieser Forderungen vom 22.10.1856; Gutachten des Rechtsanwalts Ballot zu den Kosten einer Emission von Schuldverschreibungen vom 11.11.1856, mit Nachtrag vom 18.01.1857; einzelne Schreiben zwischen den Beteiligten zur Erstattung der durch den Verzicht auf die hypothekarische Absicherung eingesparten Kosten durch den Hoerder Verein.

86 Ausgabe von Obligationen im Wert von 600.000 Talern durch den Hoerder Verein zur Finanzierung der Übernahme von Eisensteingruben.
05.01.1857
Vertrag zwischen Hoerder Verein, Carl Dietzsch, Carl Overweg, Theodor Movius (A. Schaaffhausen'scher Bankverein), Victor Wendelstadt sowie Wilhelm Joest als Vertreter der Familie Joest und des Handlungshauses Carl Joest & Söhne über die Ausstellungs- und Rückzahlungsmodalitäten vom 05.01.1857.

1189 Emission einer Anleihe des Hoerder Vereins in Höhe von M 4.000.000.
1880–1882, 1893–1897
Notariell beglaubigter Vertrag zwischen Hoerder Verein und A. Schaaffhausen'schem Bankverein vom 11.12.1880 zur Festlegung der Emissionsbedingungen und Bereitstellung hypothekarischer Sicherheiten für die Anleihe, mit Aufstellungen zu Grundstücken und Bergwerkseigentum; Hypothekenbriefe.

1137 Emission und Tilgung der Anleihe des Hoerder Vereins von 1881 in Höhe von M 4.000.000.
1879–1889
Prospekt der Anleihe (gedruckt); Vertrag zwischen Hoerder Verein und A. Schaaffhausen'schem Bankverein vom 11.12.1880 über die Emission der Anleihe (Abschrift); Schriftwechsel zwischen Hoerder Verein, A. Schaaffhausen'schem Bankverein, Deutscher Bank, Duisburg-Ruhrorter Bank, weiteren Banken, Königlichem Amtsgericht Hörde, Königlichem Landgericht Dortmund, Zeichnungsinteressenten und Gläubigern über die Emission, Zeichnungsmodalitäten, Termine der Auslosungen, ausgeloste Nummern und Einlösung von Zinscoupons; Allgemeine Bedingungen für den Kontokorrentverkehr der Duisburg-Ruhrorter Bank, ca. 1881 (gedruckt); Kurszettel der Dresdner Börse vom 14.03.1881.

1188 Aufnahme eines Kredits und Emission einer Anleihe durch den Hoerder Verein von M 4.000.000.
1884-1887
Notariell beglaubigte Erklärung des Hoerder Vereins für die Bankhäuser A. Schaaffhausen'scher Bankverein, Deichmann & Co und J. H. Stein vom 06.02.1884 zur Bereitstellung hypothekarischer Sicherheiten für einen Kredit von bis zu M 1.000.000, mit Aufstellungen zu Grundstücken, einer Beschreibung der Schächte des Hoerder Kohlenwerks sowie der vorhandenen Grubenfelder; dsgl. vom 15.10.1884 zur Sicherung der Anleihe in Höhe von M 4.000.000 mit Hypothekenbriefen.
Vertrag vom 06.02.1884 auch in DHHU/1193.

1190 Emission einer Anleihe in Höhe des Hoerder Vereins von M 7.000.000.
1892-1893
Notariell beglaubigter Vertrag zwischen Hoerder Verein und A. Schaaffhausen'schem Bankverein vom 08.02.1892 zur Festlegung der Emissionsbedingungen und Bereitstellung hypothekarischer Sicherheiten für die Anleihe, mit Aufstellungen zu Grundstücken und Bergwerkseigentum; Hypothekenbriefe.

Auslosung und Tilgung von Obligationen

1880 Rückzahlung der Emission von 580.000 Talern Schuldverschreibungen durch den Hoerder Verein zur Finanzierung der bei Gründung des Unternehmens von den Gründern eingebrachten Eisenerzberechtsame.
1853-1862, 1867
Auszüge aus den Niederschriften der Sitzungen des Verwaltungsrats des Hoerder Vereins; Verteilungsplan der im Geschäftsjahr 1855/56 zurückzuzahlenden Summe an die aufgrund der Einbringung von Eisenerzgruben in den Hoerder Verein über Forderungen gegenüber dem Unternehmen Verfügenden (Wilhelm Ludwig Deichmann, Carl Dietzsch, Wilhelm Joest, Handlungshaus Carl Joest & Söhne, Carl Overweg, Johann Friedrich Wiesehahn und Gustav Mevissen); Amortisationsplan der Gesamtsumme von 600.000 Talern für den Zeitraum 1856-1874; Amortisationsplan für die Schuldverschreibung von 580.000 Talern für den Zeitraum 1857-1874; Niederschrift zur Generalversammlung des Hoerder Vereins am 22.09.1855; einzelne Schreiben zwischen Mevissen und Wiesehahn sowie anderen Beteiligten zur Auslosung.

1922 Rückzahlung der Emission von 580.000 Talern Schuldverschreibungen durch den Hoerder Verein zur Finanzierung der bei Gründung des Unternehmens von den Gründern eingebrachten Eisenerzberechtsame.
1856-1872
Auszüge aus den Niederschriften der Sitzungen des Verwaltungsrats des Hoerder Vereins; Amortisationsplan für die Schuldverschreibung von 580.000 Talern für den Zeitraum 1857-1874; Quittungen von Wilhelm Ludwig Deichmann, Carl Dietzsch, Wilhelm Joest, Handlungshaus Carl Joest & Söhne, Carl Overweg, Johann Friedrich Wiesehahn und Gustav Mevissen zum Erhalt der ersten und zweiten Rückzahlungsrate vom 01.07.1856 und 02.02.1857; Zeitungsausschnitte und Rechnungen zur Annoncierung der Auslosung der auszuzahlenden Teilschuldverschreibungen; Schriftwechsel zwischen Hoerder Verein, Zeitungen, Rechtsanwälten und Inhabern der Schuldverschreibungen; Aufstellung zum Abschluss der Auslosung, 1872.

95 Auslosung von Obligationen des Hoerder Vereins.
23.09.1857
Urkunde des Hoerder Vereins über die Auslosung der 1857 fälligen Obligationsscheine.

97 Auslosung von Obligationen des Hoerder Vereins.
15.09.1858
Urkunde des Hoerder Vereins über die Vernichtung der 1857 fällig gewordenen Obligationsscheine.

94 Auslosung von Obligationen des Hoerder Vereins.
15.09.1858
Urkunde über die Anweisung des vom Hoerder Verein bevollmächtigten Caspar Worms (A. Schaaffhausen'scher Bankverein) zur Vernichtung der 1857 fällig gewordenen und Auslosung der 1858 fälligen Obligationsscheine.

93 Auslosung von Obligationen des Hoerder Vereins.
1859
Urkunde über die Anweisung des vom Hoerder Verein bevollmächtigten Caspar Worms (A. Schaaffhausen'scher Bankverein) zur Vernichtung der 1858 fällig gewordenen und Auslosung der 1859 fälligen Obligationsscheine vom 07.09.1859; Vollmacht von Gustav Mevissen für Worms.

104 Auslosung von Obligationen des Hoerder Vereins.
22.09.1860
Urkunde über die Anweisung des vom Hoerder Verein bevollmächtigten Caspar Worms (A. Schaaffhausen'scher Bankverein) zur Vernichtung der 1859 fällig gewordenen und Auslosung der 1860 fälligen Obligationsscheine.
103 Dsgl., 14.09.1861.
102 Dsgl., 17.09.1862.
100 Dsgl., 30.09.1863.
101 Dsgl., 27.09.1864.
99 Dsgl., 14.09.1865.
108 Dsgl., 15.09.1866.
107 Dsgl., 17.09.1867.
106 Dsgl., 09.09.1868.
105 Dsgl., 24.08.1869.

1340 Vernichtung von eingelösten Obligationsscheinen des Hoerder Vereins.
1873
Urkunde der notariell beaufsichtigten Verbrennung beim A. Schaaffhausen'schen Bankverein vom 26.09.1873.

1136 Tilgung der Anleihe des Hoerder Vereins von 1881 in Höhe von M 4.000.000.
1889-1898
Schriftwechsel zwischen Hoerder Verein, A. Schaaffhausen'schem Bankverein und anderen Banken sowie Gläubigern über Termine der Auslosungen, ausgeloste Nummern und Einlösung von Zinscoupons; Zeitungsausschnitte.

2046 Ausgabe neuer Zins-Coupons zu Anleihen des Hoerder Vereins.
1891
Schriftwechsel zwischen Hoerder Verein, Aktionären und Banken zur Versendung der Coupons, April bis September 1891.

2204 Rückzahlung der Teilschuldverschreibung des Hoerder Vereins von 1895 in Höhe von M 10.000.000.
1901–1903
Notariell beglaubigte Niederschriften zu den Auslosungen am 17.08.1901, 09.08.1902 und 08.08.1903; Schriftwechsel zwischen Hoerder Verein, A. Schaaffhausen'schem Bankverein, weiteren Banken, Inhabern von Teilschuldverschreibungen und Zeitungen über Auslosung und Einlösung der fälligen Zinsscheine sowie Veröffentlichung der Auslosungstermine und -ergebnisse; Zeitungsausschnitte; Nummernverzeichnisse.

4.1.3 Hypotheken

1307 Hypotheken des Hoerder Vereins auf Grundstücke in [Dortmund-]Hörde und Hacheney.
1862
Auszug aus dem Hypothekenbuch des Königlichen Kreisgerichts zu Dortmund zu den Immobilien des Hoerder Vereins vom 14.04.1862.

1297 Hypotheken des Hoerder Vereins auf Grundstücke in Dortmund sowie in [Dortmund-]Hörde, Wambel, Körne, Hacheney und Kirchhörde.
1865
Auszüge aus verschiedenen Hypothekenbüchern zu den Immobilien des Hoerder Vereins vom 01.05.1865.

4.1.4 Kredite

1861 Finanzierung des Werksbahnbaus zwischen Hermannshütte und Hoerder Kohlenwerk.
1860–1863
Auszüge aus den Niederschriften der Sitzungen des Verwaltungsrats des Hoerder Vereins zur Aufnahme eines Kredits von 90.000 Talern für die geplante Pferdebahn; einzelne Schreiben zwischen Hoerder Verein und Bankhaus Deichmann & Co. zur Auszahlung und Tilgung des Kredits.

1193 Kreditaufnahme des Hoerder Vereins.
1884
Notariell beglaubigte Erklärung des Hoerder Vereins für die Bankhäuser A. Schaaffhausen'scher Bankverein, Deichmann & Co. und J. H. Stein vom 06.02.1884 zur Bereitstellung hypothekarischer Sicherheiten für einen Kredit von bis zu M 1.000.000, mit Aufstellungen zu Grundstücken und Beschreibung der Schächte des Hoerder Kohlenwerks sowie der vorhandenen Grubenfelder.
Vertrag auch in DHHU/1188.

113 Umschuldung und Kreditaufnahme des Hoerder Vereins.
14.10.1891, 09.03.1892

Vertrag zwischen A. Schaaffhausen'schem Bankverein, Eugen Langen, Julius van der Zypen, Valentin Pfeiffer, R. Neuhoff, Adolf Overweg, Theodor Schulze-Dellwig sen. und Bankhaus Deichmann & Co. untereinander als Gläubiger sowie dem Hoerder Verein zur Verlängerung von Krediten, Bereitstellung neuer Mittel, Stundung von Zahlungsverpflichtungen, Änderung der Rückzahlungsmodalitäten und Stellung von Sicherheiten vom 14.10.1891, mit Option für den Dortmunder Bankverein, dem Abkommen beizutreten; Vertrag zwischen Dortmunder Bankverein und A. Schaaffhausen'schem Bankverein für sich und als Vertreter von Langen, van der Zypen, Pfeiffer, Neuhoff, Overweg, Schulze-Dellwig sen. und Bankhaus Deichmann & Co. über den Beitritt des Dortmunder Bankvereins zum oben genannten Vertrag unter Vorbehalt der Zustimmung des Verwaltungsrats des Hoerder Vereins vom 09.03.1892 (Abschrift).
Gebührenmarke ist herausgerissen.

1135 Umschuldung des Hoerder Vereins.
1881, 1891–1899
Prospekt zur Anleihe des Hoerder Vereins von 1881 über M 4.000.000 (gedruckt); Vertrag zwischen Hoerder Verein und Dortmunder Bankverein sowie A. Schaaffhausen'schem Bankverein als Bevollmächtigter der Gläubiger des Hoerder Vereins Bankhaus Deichmann & Co., Eugen Langen, Julius van der Zypen, Valentin Pfeiffer, R. Neuhoff, Adolf Overweg und Theodor Schulze-Dellwigsen. über den Beitritt des Dortmunder Bankvereins zu einem Vertrag der Gläubiger mit dem Hoerder Verein vom Oktober 1891 über Verlängerung von Krediten bzw. Erhöhung des Kreditrahmens und Umschuldung des Hoerder Vereins durch die Ausgabe von Obligationen im Wert von M 7.000.000 vom 08./09./21./24./28./30./31.03.1892, mit mehreren Entwürfen; Schriftwechsel zwischen Hoerder Verein, A. Schaaffhausen'schem Bankverein, Bankhaus Deichmann & Co., Dortmunder Bankverein und Sächsischer Bankgesellschaft Quellmalz & Adler über die Modalitäten der Emission der Obligation und Bereitstellung hypothekarischer Sicherheiten; notariell beglaubigte Niederschrift der Auslosung zur Tilgung vom 26.03.1895; Zeitungsausschnitte.
Schrift teilweise unleserlich verblasst.

4.1.5 Investitionen und Betriebsmittel

1139 Etatplanung des Hoerder Vereins.
1873–1878
Ausgabenvoranschläge und Bedarfsanmeldungen von Hoerder Eisenwerk, Hermannshütte und Bergwerks-Verwaltung des Hoerder Vereins an die Direktion zu Löhnen, Roh-, Bau- und Betriebsstoffen, Maschinen- und Bauinvestitionen sowie Frachten.

1140 Etatplanung des Hoerder Vereins.
1879–1886
Ausgabenvoranschläge und Bedarfsanmeldungen von Hoerder Eisenwerk, Hermannshütte und Bergwerks-Verwaltung des Hoerder Vereins (letztere nur 1879–1881) an die Direktion zu Löhnen, Roh-, Bau- und Betriebsstoffen, Maschinen- und Bauinvestitionen sowie Frachten; Aufstellungen zu den tatsächlich verausgabten Summen.

1141 Etatplanung des Hoerder Vereins.
1887-1890
Ausgabenvoranschläge und Bedarfsanmeldungen von Hoerder Eisenwerk, Hermannshütte und Bergwerks-Verwaltung des Hoerder Vereins an die Direktion des Hoerder Vereins zu Löhnen, Roh-, Bau- und Betriebsstoffen, Maschinen- und Bauinvestitionen sowie Frachten und Kassenbedarf; Aufstellungen zu den tatsächlich verausgabten Summen.

1142 Etatplanung des Hoerder Vereins.
1891-1896
Ausgabenvoranschläge und Bedarfsanmeldungen von Hoerder Eisenwerk, Hermannshütte und Bergwerks-Verwaltung des Hoerder Vereins an die Direktion zu Löhnen, Roh-, Bau- und Betriebsstoffen, Maschinen- und Bauinvestitionen sowie Frachten und Kassenbedarf; Aufstellungen zu den wirklich verausgabten Summen. Darin auch: Bilanz der Patentkonten zum 30.06.1891.

4.1.6 Schriftwechsel mit Aktionären

1831 Kapitalerhöhung des Hoerder Vereins um 500.000 Taler auf 2.500.000 Taler.
1856
Schriftwechsel zwischen Hoerder Verein und Aktionären zur Zeichnung neuer Aktien, September und Oktober 1856.

1134 Aktionäre des Hoerder Vereins.
1891-1893
Schriftwechsel zwischen Hoerder Verein und Aktionären, u. a. über Ausschüttung von Dividenden, Zusendung von Geschäftsberichten, Aktienkurse, Stimmrechtsfragen und Termine der Generalversammlungen, Oktober 1891 bis Juli 1893.
2158 Dsgl., Juli 1901 bis Juni 1902.

4.1.7 Sonstiges

1908 Verkauf von Aktien der Thüringischen Eisenbahngesellschaft durch den Hoerder Verein.
1870-1871
Einzelne Schreiben zwischen Hoerder Verein und General-Direction der Seehandlungs-Societät zum Verkauf; Aufstellungen der Seehandlungs-Societät zu den Verkäufen zwischen April 1870 und März 1871.

4.2 Bilanzen und Bilanzunterlagen

1811 Bilanzbuch des Hoerder Vereins.
1852-1860
Bilanzen der Geschäftsjahre 1852/53-1859/60.
1812 Dsgl., Bilanzen der Geschäftsjahre 1860/61-1863/64.
1813 Dsgl., Bilanzen der Geschäftsjahre 1864/65 und 1865/66.

1814 Dsgl., Bilanzen der Geschäftsjahre 1869/70–1874/75.
1815 Dsgl., Bilanzen der Geschäftsjahre 1875/76–1882/83.
1816 Dsgl., Bilanzen der Geschäftsjahre 1883/84–1888/89.

1067 Bilanzunterlagen und Betriebsstatistik des Hoerder Vereins 1852/53.
1852–1853
Aufstellungen zu den Kosten bzw. Investitionen für Neubauten und Eisenerzgewinnung, zur Produktion an Stabeisen, Schienen und Blechen, zum Wert des Auftragsbestands, zur Anzahl der Arbeiter, zu erworbenen Eisenerzgruben und -berechtsamen sowie den Betriebsausgaben; Erklärung der ehemaligen Eigentümer der Firma Piepenstock & Comp. zur Inventur des in den Hoerder Verein eingebrachten Vermögens vom 01.10.1852; Quittungen von Verwaltungsrats und Vorstandsmitgliedern sowie leitenden Angestellten, u. a. Gustav von Mevissen, Carl Dietzsch, Carl Overweg, Johann Friedrich Wiesehahn und Reiner Daelen, über ausgeschüttete Tantiemen und Anteile an den Gewinnen des Eisenerzbergbaus.
Papier teilweise stark gebräunt und brüchig.

1068 Bilanzunterlagen und Betriebsstatistik des Hoerder Vereins 1853/54.
1853–1854
Aufstellungen zu den Investitionen für Neubauten, insbesondere der Hochöfen, sowie zu Produktion und Betriebskosten von Hoerder Eisenwerk und Hermannshütte, mit Angaben zu Räderfabrik, Eisengießerei, Schienen- und Halbzeugproduktion und Eisenerzgewinnung; Aufstellungen zu Anlagevermögen und Inventurergebnissen; Aufstellung der Debitoren und Kreditoren zum 30.06.1854; Auszüge aus den Niederschriften der Verwaltungsratssitzungen; Quittungen von Verwaltungsrats- und Vorstandsmitgliedern sowie leitenden Angestellten, u. a. Gustav von Mevissen, Carl Dietzsch, Carl Overweg, Johann Friedrich Wiesehahn und Reiner Daelen, über ausgeschüttete Tantiemen und Anteile an den Gewinnen des Eisenerzbergbaus; Berichte von Verwaltungsrat und Vorstand zur Generalversammlung 1854, mit Geschäftsbericht 1853/54; Bilanz; Aufstellung zu Einnahmen und Ausgaben der Kranken- und Unterstützungskasse des Hoerder Vereins; einzelne Schreiben zwischen Spezialdirektor Wiesehahn und Verwaltungsrat.

1069 Bilanzunterlagen und Betriebsstatistik des Hoerder Vereins 1854/55.
1854–1855
Aufstellungen zu den Investitionen für Neubauten, insbesondere der Hochöfen, sowie zu Produktion und Betriebskosten von Hoerder Eisenwerk und Hermannshütte, mit Angaben zu Räderfabrik, Eisengießerei, Schienen- und Halbzeugproduktion und Eisenerzgewinnung; Aufstellungen zu Anlagevermögen und Inventurergebnissen; Aufstellung der Debitoren und Kreditoren zum 30.06.1855; Auszüge aus den Niederschriften der Verwaltungsratssitzungen; Quittungen von Verwaltungsrats- und Vorstandsmitgliedern sowie leitenden Angestellten, u. a. Gustav von Mevissen, Carl Dietzsch, Carl Overweg, Johann Friedrich Wiesehahn und Reiner Daelen, über ausgeschüttete Tantiemen und Anteile an den Gewinnen des Eisenerzbergbaus; Bericht von Wiesehahn zur Generalversammlung 1855, mit Geschäftsbericht 1854/55 (Entwurf); Bilanz; Aufstellung zu Einnahmen und Ausgaben der Kranken- und Unterstützungskasse des Hoerder Vereins; Aufstellung der Anzahl der Arbeiter; Verzeichnis der auf der Hauptversammlung 1855 stimmberechtigten Aktionäre; einzelne Schreiben zwischen Spezialdirektor Wiesehahn und Verwaltungsrat.

1071 Bilanzunterlagen und Betriebsstatistik des Hoerder Vereins 1856/57.
1852-1857
Aufstellungen zu den Investitionen für Neubauten, auch für das Geschäftsjahr 1852/53, insbesondere der Hochöfen, sowie zu Produktion und Betriebskosten von Hoerder Eisenwerk und Eisenerzgruben; Aufstellungen zu Anlagevermögen und Inventurergebnissen; Aufstellung der Debitoren und Kreditoren, auch zum 30.06.1853; Auszüge aus den Niederschriften der Verwaltungsratssitzungen; Quittungen von Verwaltungsrats- und Vorstandsmitgliedern sowie leitenden Angestellten, u. a. Gustav von Mevissen, Carl Dietzsch, Carl Overweg, Johann Friedrich Wiesehahn und Reiner Daelen, über ausgeschüttete Tantiemen; einzelne Schreiben zwischen Spezialdirektor Wiesehahn und Verwaltungsrat sowie Mitgliedern der Revisionskommission des Hoerder Vereins.

1072 Bilanzunterlagen und Betriebsstatistik des Hoerder Vereins 1857/58.
1856-1858, 1886
Aufstellungen zu den Investitionen für Neubauten, insbesondere von Hochöfen, Walzwerk und Räderfabrik, sowie zu Produktion und Betriebskosten von Hoerder Eisenwerk und Eisenerzgruben; Aufstellungen zu Anlagevermögen und Inventurergebnissen; Aufstellung der Debitoren und Kreditoren; Auszüge aus den Niederschriften der Verwaltungsratssitzungen; Quittungen von Verwaltungsrats- und Vorstandsmitgliedern sowie leitenden Angestellten, u. a. Gustav Mevissen, Carl Dietzsch, Carl Overweg, Johann Friedrich Wiesehahn und Reiner Daelen, über ausgeschüttete Tantiemen; einzelne Schreiben zwischen Spezialdirektor Wiesehahn und Verwaltungsrat sowie Mitgliedern der Revisionskommission des Hoerder Vereins; Bericht des Vorstands zur Generalversammlung 1858, mit Geschäftsbericht 1857/58; Aufstellung zu Gewicht und Durchschnittspreisen der in den Geschäftsjahren 1856/57 und 1857/58 verkauften Erzeugnisse; Aufstellung zu Einnahmen und Ausgaben der Kranken- und Unterstützungskasse des Hoerder Vereins.
Darin auch: Aufstellungen zu Produktion und Betriebskosten verschiedener Anlagen der Hermannshütte, April bis Juni 1886.

1074 Bilanzunterlagen und Betriebsstatistik des Hoerder Vereins.
1858-1862
Trimesterberichte zu Bauinvestitionen, Betriebsausgaben und -einnahmen sowie Produktionskosten des Hoerder Eisenwerks, November 1858 bis Februar 1862, und der Hermannshütte, Juli 1858 bis Oktober 1859, mit Aufstellungen der Produktionsmengen und verbrauchten Einsatzstoffe; Jahresteilbilanzen; Aufstellungen der Debitoren und Kreditoren; Auszüge aus den Verwaltungsratssitzungen des Hoerder Vereins.

1073 Bilanzunterlagen und Betriebsstatistik des Hoerder Vereins 1858/59.
1858-1859
Aufstellungen zu den Investitionen für Neubauten, insbesondere der Hochöfen, mit Gesamtrechnung für den Zeitraum 1852-1859, sowie zu Produktion und Betriebskosten von Hoerder Eisenwerk und Eisenerzgruben; Aufstellungen zu Anlagevermögen und Inventurergebnissen; Aufstellung der Debitoren und Kreditoren; Einnahmen- und Ausgabenrechnung; Auszüge aus den Niederschriften der Verwaltungsratssitzungen; Quittungen von Verwaltungsrats- und Vorstandsmitgliedern sowie leitenden Angestellten, u. a. Carl Dietzsch, Carl Overweg, Johann Friedrich Wiesehahn und Reiner Daelen, über ausgeschüttete Tantiemen; einzelne Schreiben zwischen Spezialdirektor Wiesehahn und Verwaltungsrat sowie Mitgliedern der Revisionskommission des Hoerder Vereins; Bericht des Vorstands zur Generalversammlung 1859, mit Geschäftsbericht

1858/59; Bilanz; Preisliste bzw. Produktionsprogramm des Hoerder Vereins zum 01.07.1859, mit Skizzen von Winkeleisen, T-Trägern, Grubenbahnschienen und Blechdicken, 1858 (gedruckt, mit handschriftlichen Preiseinträgen).

1075 Bilanzunterlagen und Betriebsstatistik des Hoerder Vereins 1859/60.
1858–1860
Aufstellungen zu den Investitionen für Neubauten sowie zu Produktion und Betriebskosten von Hoerder Eisenwerk und Eisenerzgruben; Aufstellungen zu Anlagevermögen und Inventurergebnissen; Aufstellung der Debitoren und Kreditoren; Einnahmen- und Ausgabenrechnung; Auszüge aus den Niederschriften der Verwaltungsratssitzungen; Quittungen von Vorstands- und Aufsichtsratsmitgliedern sowie leitenden Angestellten, u. a. Johann Friedrich Wiesehahn, Wilhelm Joest und Reiner Daelen, über ausgeschüttete Tantiemen; einzelne Schreiben zwischen Spezialdirektor Wiesehahn und Verwaltungsrat sowie Mitgliedern der Revisionskommission des Hoerder Vereins; Bericht des Vorstands zur Generalversammlung 1860, mit Geschäftsbericht 1859/60; Auszug aus den Verhandlungen der Generalversammlung 1860, mit Bilanz (gedruckt); Preisliste bzw. Produktionsprogramm des Hoerder Vereins zum 30.06.1860, mit Skizzen von Winkeleisen und Blechstärken, 1858 (gedruckt, mit handschriftlichen Preiseinträgen).

1891 Bilanzunterlagen des Hoerder Vereins.
1859–1867
Auszüge aus Kunden-, Lieferanten- und Betriebskonten.

1076 Bilanzunterlagen und Betriebsstatistik des Hoerder Vereins 1860/61.
1860–1861
Aufstellungen zu den Investitionen für Neubauten sowie zu Produktion und Betriebskosten von Hoerder Eisenwerk und Eisenerzgruben; Aufstellungen zu Anlagevermögen und Inventurergebnissen; Aufstellung der Debitoren und Kreditoren; Einnahmen- und Ausgabenrechnung; Auszüge aus den Niederschriften der Verwaltungsratssitzungen; Quittungen von Vorstands- und Aufsichtsratsmitgliedern sowie leitenden Angestellten, u. a. Johann Friedrich Wiesehahn, Wilhelm Joest und Reiner Daelen, über ausgeschüttete Tantiemen; einzelne Schreiben zwischen Spezialdirektor Wiesehahn und Verwaltungsrat sowie Mitgliedern der Revisionskommission des Hoerder Vereins; Bericht des Vorstands zur Generalversammlung 1861, mit Geschäftsbericht 1860/61; Auszug aus den Verhandlungen der Generalversammlung 1861, mit Bilanz (gedruckt); Preisliste bzw. Produktionsprogramm des Hoerder Vereins, o. D. (gedruckt, mit handschriftlichen Preiseinträgen); Rechnungen von Zeitungen zur Publikation der Bilanz; Aufstellung zu Verwaltungsratssitzungen und Anwesenheit der Mitglieder; Aufstellungen der angefertigten Modelle und der für die Bibliothek angeschafften Bücher; Aufstellung der Einnahmen und Ausgaben der Kranken- und Unterstützungskasse des Hoerder Vereins.

1077 Bilanzunterlagen und Betriebsstatistik des Hoerder Vereins.
1862–1864
Trimesterberichte zu Bauinvestitionen, Betriebsausgaben und -einnahmen und Produktionskosten des Hoerder Eisenwerks, Juli 1862 bis Februar 1864, sowie der Hermannshütte, Juli 1862 bis Oktober 1862, mit Aufstellungen der Produktionsmengen und verbrauchten Einsatzstoffe; Jahresteilbilanzen; Aufstellungen der Debitoren und Kreditoren.

1078 Bilanzunterlagen und Betriebsstatistik des Hoerder Vereins 1862/63.
1862–1863
Aufstellungen zu den Investitionen für Neubauten sowie zu Produktion und Betriebskosten von Hoerder Eisenwerk und Eisenerzgruben sowie der Hermannshütte; Aufstellungen zu Anlagevermögen und Inventurergebnissen; Aufstellung der Debitoren und Kreditoren; Einnahmen- und Ausgabenrechnung; Quittungen von Vorstands- und Aufsichtsratsmitgliedern sowie leitenden Angestellten, u. a. Johann Friedrich Wiesehahn, Carl Overweg und Reiner Daelen, über ausgeschüttete Tantiemen; einzelne Schreiben zwischen Spezialdirektor Wiesehahn und Mitgliedern der Revisionskommission des Hoerder Vereins; Bericht des Vorstands zur Generalversammlung am 30.09.1863, mit Geschäftsbericht 1862/63; Auszug aus den Verhandlungen der Generalversammlung, mit Bilanz (gedruckt); Aufstellungen der angefertigten Modelle und der für die Bibliothek angeschafften Bücher.

1079 Bilanzunterlagen und Betriebsstatistik des Hoerder Vereins 1863/64.
1863–1864
Aufstellungen zu den Investitionen für Neubauten sowie zu Produktion und Betriebskosten von Hoerder Eisenwerk und Eisenerzgruben sowie der Hermannshütte; Aufstellungen zu Anlagevermögen und Inventurergebnissen; Aufstellung der Debitoren und Kreditoren; Einnahmen- und Ausgabenrechnung; Quittungen von Vorstands- und Aufsichtsratsmitgliedern sowie leitenden Angestellten, u. a. Johann Friedrich Wiesehahn, Wilhelm Joest und Reiner Daelen, über ausgeschüttete Tantiemen; einzelne Schreiben zwischen Spezialdirektor Wiesehahn und Mitgliedern der Revisionskommission des Hoerder Vereins; Bericht des Vorstands zur Generalversammlung 1864, mit Geschäftsbericht 1863/64; Rechnungen von Zeitungen zur Publikation der Bilanz; Bilanz; Aufstellung der an Kunden aus England verschickten Rechnungen (ohne Angabe der gelieferten Produkte).

1080 Bilanzunterlagen und Betriebsstatistik des Hoerder Vereins.
1864–1866
Trimesterberichte zu Bauinvestitionen, Betriebsausgaben und -einnahmen sowie zu den Produktionskosten des Hoerder Eisenwerks, Juli 1864 bis Februar 1866, und der Hermannshütte, Juli 1864 bis Oktober 1864, mit Aufstellungen der Produktionsmengen und verbrauchten Einsatzstoffe; Jahresteilbilanzen; Aufstellungen der Debitoren und Kreditoren.

1081 Bilanzunterlagen und Betriebsstatistik des Hoerder Vereins 1864/65.
1864–1865
Aufstellungen zu den Investitionen für Neubauten sowie zu Produktion und Betriebskosten von Hoerder Eisenwerk, Eisenerzgruben, Hoerder Kohlenwerk und Hermannshütte; Aufstellungen zu Anlagevermögen und Inventurergebnissen; Aufstellung der Debitoren und Kreditoren; Einnahmen- und Ausgabenrechnung; Quittungen von Vorstands- und Aufsichtsratsmitgliedern sowie leitenden Angestellten, u. a. Johann Friedrich Wiesehahn, Wilhelm Joest und Reiner Daelen, über ausgeschüttete Tantiemen; einzelne Schreiben zwischen Spezialdirektor Wiesehahn und Mitgliedern der Revisionskommission des Hoerder Vereins; Bericht des Vorstands zur Generalversammlung 1865, mit Geschäftsbericht 1864/65; Bilanz; Rechnungen von Zeitungen zur Publikation der Bilanz; Zeitungsausschnitte.

1082 Bilanzunterlagen und Betriebsstatistik des Hoerder Vereins 1865/66.
1865–1866
Aufstellungen zu den Investitionen für Neubauten sowie zu Produktion und Betriebskosten von Hoerder Eisenwerk, Eisenerzgruben, Hoerder Kohlenwerk und Hermannshütte; Aufstellungen zu Anlagevermögen und Inventurergebnissen, einzelne auch zur Hermannshütte; Aufstellung der Debitoren und Kreditoren; Einnahmen- und Ausgabenrechnung; Quittungen von Vorstands- und Aufsichtsratsmitgliedern sowie leitenden Angestellten, u. a. Johann Friedrich Wiesehahn, Wilhelm Joest und Reiner Daelen, über ausgeschüttete Tantiemen; einzelne Schreiben zwischen Spezialdirektor Wiesehahn und Mitgliedern der Revisionskommission des Hoerder Vereins; Bericht des Vorstands zur Generalversammlung 1866, mit Geschäftsbericht 1865/66; Bilanz; Rechnungen von Zeitungen zur Publikation der Bilanz; Zeitungsausschnitte. Aufstellung der Einnahmen und Ausgaben der Kranken- und Unterstützungskasse des Hoerder Vereins; Aufstellung der Eisenbahnfrachtgebühren.

1083 Bilanzunterlagen und Betriebsstatistik des Hoerder Eisenwerks.
1866–1868
Trimesterberichte zu Bauinvestitionen, Betriebsausgaben und -einnahmen sowie zu den Produktionskosten, Juli 1866 bis Februar 1868, mit Aufstellungen der Produktionsmengen und verbrauchten Einsatzstoffe; Jahresteilbilanzen; Aufstellungen der Debitoren und Kreditoren.

1084 Bilanzunterlagen und Betriebsstatistik des Hoerder Vereins 1867/68.
1867–1868
Aufstellungen zu den Investitionen für Neubauten sowie zu Produktion und Betriebskosten von Hoerder Eisenwerk, Eisenerzgruben, Hoerder Kohlenwerk sowie Walzwerk und Räderfabrik der Hermannshütte; Aufstellungen zu Anlagevermögen und Inventurergebnissen; Aufstellung der Debitoren und Kreditoren; Einnahmen- und Ausgabenrechnung; Quittungen von Vorstands- und Aufsichtsratsmitgliedern sowie leitenden Angestellten, u. a. Johann Friedrich Wiesehahn, Carl Overweg und Reiner Daelen, über ausgeschüttete Tantiemen; einzelne Schreiben zwischen Spezialdirektor Wiesehahn und Mitgliedern der Revisionskommission des Hoerder Vereins; Bericht des Vorstands zur Generalversammlung 1868, mit Geschäftsbericht 1867/68; Rechnungen von Zeitungen zur Publikation der Bilanz; Aufstellung der in der Werkstatt vorhandenen Konstruktionszeichnungen; Aufstellung der in der Bibliothek vorhandenen Zeitschriften und Bücher; Preisliste bzw. Produktionsprogramm des Hoerder Vereins zum 01.07.1868 (gedruckt, mit handschriftlichen Einträgen); Bericht von Daniel Hilgenstock über die im Vergleich zum Vorjahr ungünstige wirtschaftliche Entwicklung des Hoerder Kohlenwerks und die Betriebskostensteigerung der Grube Argus vom 28.08.1868.

1085 Bilanzunterlagen und Betriebsstatistik des Hoerder Vereins 1868/69.
1868–1869
Aufstellungen zu den Investitionen für Neubauten, hier besonders der neuen Gussstahlfabrik, sowie zu Produktion und Betriebskosten von Hoerder Eisenwerk, Eisenerzgruben, Hoerder Kohlenwerk und Hermannshütte; Aufstellungen zu Anlagevermögen und Inventurergebnissen; Aufstellung der Debitoren und Kreditoren; Einnahmen- und Ausgabenrechnung; Quittungen von Vorstands- und Aufsichtsratsmitgliedern sowie leitenden Angestellten, u. a. Johann Friedrich Wiesehahn, Carl Overweg und Reiner Daelen, über ausgeschüttete Tantiemen; einzelne Schreiben zwischen Spezialdirektor Wiesehahn und Mitgliedern der Revisionskommission des Hoerder Ver-

eins; Bericht des Vorstands zur Generalversammlung 1869, mit Geschäftsbericht 1868/69; Bilanz; Rechnungen von Zeitungen zur Publikation der Bilanz; Preisliste bzw. Produktionsprogramm des Hoerder Vereins zum 01.07.1869 (gedruckt, mit handschriftlichen Einträgen).

1086 Bilanzunterlagen und Betriebsstatistik des Hoerder Vereins.
1868-1870
Semesterberichte und Trimesterberichte [Umstellung des Rechnungszeitraums Juli 1869] zu Bauinvestitionen, Betriebsausgaben und -einnahmen sowie Produktionskosten von Hoerder Eisenwerk und Hermannshütte, Juli 1868 bis Dezember 1869, mit Aufstellungen der Produktionsmengen und verbrauchten Einsatzstoffe; Jahresteilbilanzen; Aufstellungen der Debitoren und Kreditoren.

1089 Bilanzunterlagen und Betriebsstatistik des Hoerder Vereins 1870/71.
1870-1871
Aufstellungen zu Neubauten, Produktion und Betriebskosten von Hoerder Eisenwerk, Eisenerzgruben und Hoerder Kohlenwerk; Aufstellungen zu Anlagevermögen und Inventurergebnissen, auch der Hermannshütte; Aufstellung der Debitoren und Kreditoren; Einnahmen- und Ausgabenrechnung; Quittungen von Vorstands- und Aufsichtsratsmitgliedern, u. a. Johann Friedrich Wiesehahn und Carl Overweg, über ausgeschüttete Tantiemen; einzelne Schreiben zwischen Spezialdirektor Wiesehahn, Mitgliedern der Revisionskommission des Hoerder Vereins und Aktionären zur Generalversammlung; Bilanz; Rechnungen von Zeitungen zur Publikation von Generalversammlung und Bilanz; Zeitungsausschnitte; Aufstellung der Einnahmen und Ausgaben der Kranken- und Unterstützungskasse des Hoerder Vereins.
Massiver Papierbruch an den Rändern.

1088 Bilanzunterlagen und Betriebsstatistik des Hoerder Eisenwerks.
1870-1872
Semesterberichte zu Bauinvestitionen, Betriebsausgaben und -einnahmen sowie zu den Produktionskosten, Juli bis Dezember 1870, 1871 und 1872, mit Aufstellungen der Produktionsmengen und verbrauchten Einsatzstoffe; Jahresteilbilanzen; Aufstellungen der Debitoren und Kreditoren.

1090 Bilanzunterlagen und Betriebsstatistik des Hoerder Vereins 1871/72.
1871-1873
Aufstellungen zu Neubauten, Produktion und Betriebskosten von Hoerder Eisenwerk, Hermannshütte, Eisenerzgruben und Hoerder Kohlenwerk; Aufstellungen zu Anlagevermögen und Inventurergebnissen; Aufstellung der Debitoren und Kreditoren; Einnahmen- und Ausgabenrechnung; einzelne Schreiben zwischen Spezialdirektor Johann Friedrich Wiesehahn und Mitgliedern der Revisionskommission des Hoerder Vereins; Bericht des Vorstands zur Generalversammlung 1872, mit Geschäftsbericht 1871/72; Bilanz; Rechnungen von Zeitungen zur Publikation von Generalversammlung und Bilanz; Zeitungsausschnitte.
Papierbruch an den Rändern.

1091 Bilanzunterlagen und Betriebsstatistik des Hoerder Vereins 1872/73.
1872-1873
Aufstellungen zu Neubauten, Produktion und Betriebskosten von Hoerder Eisenwerk, Hermannshütte, Eisenerzgruben und Hoerder Kohlenwerk; Aufstellungen zu Anlagevermögen und Inventurer-

gebnissen; Aufstellung der Debitoren und Kreditoren; Einnahmen- und Ausgabenrechnung; einzelne Schreiben zwischen Direktorium und Mitgliedern der Revisionskommission des Hoerder Vereins; Bilanz; Aufstellung zu den Verwaltungsratssitzungen und zur Anwesenheit der Mitglieder; Auszüge aus den Niederschriften der Verwaltungsratssitzungen.
Papierbruch an den Rändern.

1093 Bilanzunterlagen und Betriebsstatistik des Hoerder Vereins 1873/74.
1873–1874
Aufstellungen zu Neubauten, Produktion und Betriebskosten von Hoerder Eisenwerk, Hermannshütte, Eisenerzgruben und Hoerder Kohlenwerk; Aufstellungen zu Anlagevermögen und Inventurergebnissen; Aufstellung der Debitoren und Kreditoren; Einnahmen- und Ausgabenrechnung; einzelne Schreiben zwischen Direktorium und Mitgliedern der Revisionskommission des Hoerder Vereins; Bilanz; Aufstellung zu den Verwaltungsratssitzungen und zur Anwesenheit der Mitglieder; Aufstellung zu den Einnahmen aus der Verpachtung von Gartengrundstücken.

1092 Bilanzunterlagen und Betriebsstatistik des Hoerder Eisenwerks.
1873–1875
Semesterberichte zu Bauinvestitionen, Betriebsausgaben und -einnahmen sowie zu den Produktionskosten, Juli bis Dezember 1873 und 1874, mit Aufstellungen der Produktionsmengen und verbrauchten Einsatzstoffe.

1094 Bilanzunterlagen und Betriebsstatistik des Hoerder Vereins 1874/75.
1874–1875
Aufstellungen zu Produktion und Betriebskosten von Hoerder Eisenwerk, Eisenerzgruben, Hermannshütte und Hoerder Kohlenwerk; Aufstellungen zu Anlagevermögen und Inventurergebnissen; Aufstellung der Debitoren und Kreditoren; Einnahmen- und Ausgabenrechnung; einzelne Schreiben zwischen Direktorium und Mitgliedern der Revisionskommission des Hoerder Vereins; Bilanz.

1096 Zeitungsausschnitte zu Bilanzen verschiedener Unternehmen.
1874–1877
Verschiedene Unternehmen der Eisen- und Stahlindustrie, des Bergbaus sowie Eisenbahngesellschaften, u. a. Actien-Gesellschaft für Eisenindustrie zu Styrum, 1876/77, Actien-Gesellschaft Görlitzer Maschinenbau-Anstalt und Eisengießerei, 1875/76, Lothringer Eisenwerke, 1875/76, Bergisch-Märkische Eisenbahn-Gesellschaft, 1875, Bochumer Verein, 1876/77, Eisenwerk-Gesellschaft Maximilianshütte AG, 1875/76, Gutehoffnungshütte, 1875/76, Harpener Bergbau AG, 1875/76, Märkische Maschinenbau-Anstalt vorm. Kamp & Comp., 1875/76, Union AG, 1875/76, Westfälische Bergbau-Actien-Gesellschaft, 1875/76, Westfälische Union AG für Bergbau, Eisen- und Drahtindustrie, 1875/76, Westfälischer Draht-Industrie-Verein, 1876/77; Aufstellung der Berliner Börsenzeitung zu Gewinnen, Verlusten und Dividendenzahlungen von Unternehmen der Eisen- und Stahlindustrie für die Geschäftsjahre 1874–1876.

1095 Bilanzunterlagen und Betriebsstatistik des Hoerder Vereins 1875/76.
1875–1876
Aufstellungen zu Produktion und Betriebskosten von Hoerder Eisenwerk, Eisenerzgruben, Hermannshütte und Hoerder Kohlenwerk; Aufstellungen zu Anlagevermögen und Inventurergebnissen;

Aufstellung der Debitoren und Kreditoren; Einnahmen- und Ausgabenrechnung; einzelne Schreiben zwischen Direktorium und Mitgliedern der Revisionskommission des Hoerder Vereins; Bilanz; Geschäftsbericht der Direktion zur Generalversammlung 1876 (gedruckt).

1098 Bilanzunterlagen und Betriebsstatistik des Hoerder Eisenwerks.
1876–1877
Semesterbericht zu Bauinvestitionen, Betriebsausgaben und -einnahmen sowie zu den Produktionskosten, Juli bis Dezember 1876, mit Aufstellungen der Produktionsmengen und verbrauchten Einsatzstoffe; Jahresteilbilanz zum 31.12.1876; Aufstellung der Debitoren und Kreditoren zum 31.12.1876 und 31.03.1877.

1099 Bilanzunterlagen und Betriebsstatistik des Hoerder Vereins 1876/77.
1876–1877
Aufstellungen zu Produktion und Betriebskosten von Hoerder Eisenwerk, Eisenerzgruben und Hoerder Kohlenwerk; Aufstellungen zu Anlagevermögen und Inventurergebnissen; Aufstellung der Debitoren und Kreditoren; Einnahmen- und Ausgabenrechnung; einzelne Schreiben zwischen Direktorium und Mitgliedern der Revisionskommission des Hoerder Vereins; Bilanz.

1097 Bilanzunterlagen und Betriebsstatistik des Hoerder Eisenwerks.
1877–1878, 1882
Semesterbericht zu Betriebsausgaben und -einnahmen sowie Produktionskosten, Juli bis Dezember 1877, mit Aufstellungen der Produktionsmengen und verbrauchten Einsatzstoffe; Jahresteilbilanz zum 31.12.1877; Aufstellung der Debitoren und Kreditoren zum 31.12.1877, 31.03.1878 und 31.12.1882.

1100 Bilanzunterlagen und Betriebsstatistik des Hoerder Vereins 1877/78.
1877–1878
Aufstellungen zu Neubauten, Produktion und Betriebskosten von Hoerder Eisenwerk, Eisenerzgruben und Hoerder Kohlenwerk; Aufstellungen zu Anlagevermögen und Inventurergebnissen; Aufstellung der Debitoren und Kreditoren; Einnahmen- und Ausgabenrechnung; Aufstellung zur Möblierung der Hauptverwaltung und der Büros leitender Angestellter; einzelne Schreiben zwischen Direktorium sowie Mitgliedern des Verwaltungsrats und der Revisionskommission des Hoerder Vereins; Bilanz; Auszug aus den Verhandlungen der Generalversammlung am 21.12.1878 (gedruckt); Aufstellung zu den Verwaltungsratssitzungen und zur Anwesenheit der Mitglieder; Aufstellung der angefertigten Modelle; Zeitungsausschnitte.

1101 Bilanzunterlagen und Betriebsstatistik des Hoerder Eisenwerks.
1879–1880
Semesterbericht zu Betriebsausgaben und -einnahmen sowie Produktionskosten, Juli bis Dezember 1879, mit Aufstellung der Produktionsmengen und verbrauchten Einsatzstoffe; Jahresteilbilanz zum 31.12.1879; Aufstellung der Debitoren und Kreditoren zum 31.12.1879 und 30.09.1880.

1102 Bilanzunterlagen und Betriebsstatistik des Hoerder Vereins 1879/80.
1879–1880
Aufstellungen zu Neubauten, Produktion und Betriebskosten von Hoerder Eisenwerk, Eisenerz-

gruben und Hoerder Kohlenwerk; Aufstellungen zu Anlagevermögen und Inventurergebnissen; Aufstellung der Debitoren und Kreditoren; Einnahmen- und Ausgabenrechnung; Aufstellung zur Möblierung der Hauptverwaltung und der Büros leitender Angestellter; einzelne Schreiben zwischen Direktorium sowie Mitgliedern des Verwaltungsrats und der Revisionskommission des Hoerder Vereins; Bilanz; Aufstellung der angefertigten Modelle; Zeitungsausschnitte.

1103 Bilanzunterlagen und Betriebsstatistik des Hoerder Eisenwerks.
1880–1881
Semesterbericht zu Betriebsausgaben und -einnahmen sowie Produktionskosten, Juli bis Dezember 1880, mit Aufstellung der Produktionsmengen und verbrauchten Einsatzstoffe; Jahresteilbilanz zum 31.12.1880; Aufstellung der Debitoren und Kreditoren zum 31.12.1880.

1104 Bilanzunterlagen und Betriebsstatistik des Hoerder Vereins 1880/81.
1880–1881
Aufstellungen zu Neubauten, Produktion und Betriebskosten von Hoerder Eisenwerk, Eisenerzgruben und Hoerder Kohlenwerk; Aufstellungen zu Anlagevermögen und Inventurergebnissen; Aufstellung der Debitoren und Kreditoren; Einnahmen- und Ausgabenrechnung; Aufstellung zur Möblierung der Hauptverwaltung und der Büros leitender Angestellter; einzelne Schreiben zwischen Direktorium sowie Mitgliedern des Verwaltungsrats und der Revisionskommission des Hoerder Vereins; Bilanz; Aufstellung der angefertigten Modelle; Zeitungsausschnitte.

1105 Bilanzunterlagen und Betriebsstatistik des Hoerder Vereins 1881/82.
1881–1882
Aufstellungen zu Neubauten, Produktion und Betriebskosten von Hoerder Eisenwerk, Eisenerzgruben, Hermannshütte und Hoerder Kohlenwerk, mit Angabe der verbrauchten Einsatzstoffe; Aufstellungen zu Anlagevermögen und Inventurergebnissen; Aufstellung der Debitoren und Kreditoren; Einnahmen- und Ausgabenrechnung; Aufstellung zur Möblierung der Hauptverwaltung und der Büros leitender Angestellter; Bilanz; Aufstellung der angefertigten Modelle; Zeitungsausschnitte zur Generalversammlung.

1106 Bilanzunterlagen und Betriebsstatistik des Hoerder Eisenwerks.
1881–1883
Quartals- bzw. Semesterberichte zu Bauinvestitionen, Betriebsausgaben und -einnahmen sowie Produktionskosten, Juli bis September bzw. Juli bis Dezember 1882 sowie Januar bis März 1883, mit Aufstellung der Produktionsmengen und verbrauchten Einsatzstoffe; Aufstellung der Debitoren und Kreditoren zum 30.06.1881.

1107 Bilanzunterlagen und Betriebsstatistik des Hoerder Vereins 1882/83.
1882–1884
Aufstellungen zu Bauinvestitionen, Produktion und Betriebskosten von Hoerder Eisenwerk, Eisenerzgruben und Hoerder Kohlenwerk; Aufstellungen zu Anlagevermögen und Inventurergebnissen; Aufstellung der Debitoren und Kreditoren; Einnahmen- und Ausgabenrechnung; Aufstellung zur Möblierung der Hauptverwaltung und der Büros leitender Angestellter; einzelne Schreiben zwischen Direktorium sowie Mitgliedern des Verwaltungsrats und der Revisionskommission des Hoerder Vereins; Bilanz; Aufstellung der angefertigten Modelle; einzelne Schreiben zwischen Hoerder Verein und Zeitungen zur Annoncierung von Generalversammlung und Bilanz; Zeitungs-

ausschnitte; Ausschnitt aus dem „Berliner Actionair", mit Aufstellung der Dividendenzahlungen deutscher Unternehmen 1882 und Schätzungen für 1883.

1108 Bilanzunterlagen und Betriebsstatistik des Hoerder Eisenwerks.
1883-1884
Quartals- bzw. Semesterberichte zu Bauinvestitionen, Betriebsausgaben und -einnahmen sowie Produktionskosten, Juli bis September bzw. Juli bis Dezember 1883 sowie Januar bis März 1884, mit Aufstellung der Produktionsmengen und verbrauchten Einsatzstoffe; Aufstellung der Debitoren und Kreditoren zum 31.03.1884; Jahresteilbilanzen.

1109 Bilanzunterlagen und Betriebsstatistik des Hoerder Vereins 1883/84.
1883-1884
Aufstellungen zu Bauinvestitionen, Produktion und Betriebskosten von Hoerder Eisenwerk, Eisenerzgruben, Hermannshütte und Hoerder Kohlenwerk; Aufstellungen zu Anlagevermögen und Inventurergebnissen; Aufstellung der Debitoren und Kreditoren; Einnahmen- und Ausgabenrechnung; Aufstellung zur Möblierung der Hauptverwaltung und der Büros leitender Angestellter; einzelne Schreiben zwischen Direktorium sowie Mitgliedern des Verwaltungsrats und der Revisionskommission des Hoerder Vereins; Bericht der Revisionskommission zur Bilanz; Bilanz; Bericht der Direktion zur Generalversammlung 1884, mit Geschäftsbericht 1883/84; Aufstellung der angefertigten Modelle; einzelne Schreiben zwischen Hoerder Verein und Zeitungen zur Annoncierung von Generalversammlung und Bilanz; Zeitungsausschnitte.

1110 Bilanzunterlagen und Betriebsstatistik des Hoerder Vereins 1884/85.
1884-1885
Aufstellungen zu Bauinvestitionen, Produktion und Betriebskosten von Hoerder Eisenwerk, Eisenerzgruben, Hermannshütte und Hoerder Kohlenwerk; Aufstellungen zu Anlagevermögen und Inventurergebnissen; Aufstellung der Debitoren und Kreditoren; Einnahmen- und Ausgabenrechnung; Aufstellung zur Möblierung der Hauptverwaltung und der Büros leitender Angestellter; einzelne Schreiben zwischen Direktorium sowie Mitgliedern des Verwaltungsrats und der Revisionskommission des Hoerder Vereins; Bericht der Revisionskommission zur Bilanz; Bilanz; Aufstellung der angefertigten Modelle; einzelne Schreiben zwischen Hoerder Verein und Zeitungen zur Annoncierung von Generalversammlung und Bilanz; Zeitungsausschnitte.

1111 Bilanzunterlagen und Betriebsstatistik des Hoerder Vereins 1885/86.
1885-1886
Aufstellungen zu Bauinvestitionen, insbesondere zum Umbau der Hochöfen VII und VIII, Produktion und Betriebskosten von Hoerder Eisenwerk, Eisenerzgruben, Hermannshütte und Hoerder Kohlenwerk; Aufstellungen zu Anlagevermögen und Inventurergebnissen; Aufstellung der Debitoren und Kreditoren; Einnahmen- und Ausgabenrechnung; Aufstellung zur Möblierung der Hauptverwaltung und der Büros leitender Angestellter; einzelne Schreiben zwischen Direktorium sowie Mitgliedern des Verwaltungsrats und der Revisionskommission des Hoerder Vereins; Bericht der Revisionskommission zur Bilanz; Bericht der Direktion zur Generalversammlung 1886, mit Geschäftsbericht 1885/86 (gedruckt); Bilanz; Aufstellung der angefertigten Modelle; einzelne Schreiben zwischen Hoerder Verein und Zeitungen zur Annoncierung von Generalversammlung und Bilanz; Zeitungsausschnitte.

1112 Bilanzunterlagen und Betriebsstatistik des Hoerder Eisenwerks.
1886-1888
Quartals- bzw. Semesterberichte zu Bauinvestitionen, Betriebsausgaben und -einnahmen sowie Produktionskosten, Juli 1886 bis März 1888, mit Aufstellung der Produktionsmengen und verbrauchten Einsatzstoffe; Aufstellungen der Debitoren und Kreditoren; Jahresteilbilanzen.
Darin auch: Bilanz des Hoerder Vereins zum 31.12.1887.

1114 Bilanzunterlagen und Betriebsstatistik des Hoerder Vereins 1886/87.
1886-1887
Aufstellungen zu Bauinvestitionen, Produktion und Betriebskosten von Hoerder Eisenwerk, Eisenerzgruben, Hermannshütte und Hoerder Kohlenwerk; Aufstellungen zu Anlagevermögen und Inventurergebnissen; Aufstellung der Debitoren und Kreditoren; Einnahmen- und Ausgabenrechnung; Aufstellung zur Möblierung der Hauptverwaltung und der Büros leitender Angestellter; einzelne Schreiben zwischen Direktorium sowie Mitgliedern des Verwaltungsrats und der Revisionskommission des Hoerder Vereins; Bericht der Revisionskommission zur Bilanz; Bericht der Direktion zur Generalversammlung, mit Geschäftsbericht 1886/87 (gedruckt); Bilanz; Aufstellung der angefertigten Modelle; einzelne Schreiben zwischen Hoerder Verein und Zeitungen zur Annoncierung von Generalversammlung und Bilanz; Zeitungsausschnitte.

1115 Bilanzunterlagen und Betriebsstatistik des Hoerder Vereins 1887/88.
1887-1888
Aufstellungen zu Bauinvestitionen, Produktion und Betriebskosten von Hoerder Eisenwerk, Eisenerzgruben, Hermannshütte und Hoerder Kohlenwerk; Aufstellungen zu Anlagevermögen und Inventurergebnissen; Aufstellung des Wertpapierbestands; Aufstellung der Debitoren und Kreditoren; Einnahmen- und Ausgabenrechnung; Aufstellung zur Möblierung der Hauptverwaltung und der Büros leitender Angestellter; einzelne Schreiben zwischen Direktorium und Mitgliedern der Revisionskommission des Hoerder Vereins; Bericht der Revisionskommission zur Bilanz; Bilanz; Aufstellung der angefertigten Modelle; Zeitungsausschnitte zu Generalversammlung und Bilanz.

1113 Bilanzunterlagen und Betriebsstatistik des Hoerder Eisenwerks.
1887-1891
Quartals- und Semesterberichte zu Bauinvestitionen, Betriebsausgaben und -einnahmen sowie Produktionskosten, Juli 1888 bis Dezember 1890, mit Aufstellung der Produktionsmengen und verbrauchten Einsatzstoffe; Aufstellungen der Debitoren und Kreditoren, September 1888 bis September 1891.
Darin auch: Jahresteilbilanzen des Hoerder Vereins zum Jahresende 1888, 1889 und 1890; Geschäftsbericht 1887/88.

1116 Bilanzunterlagen und Betriebsstatistik des Hoerder Vereins 1888/89.
1888-1889
Aufstellungen zu Bauinvestitionen, Produktion und Betriebskosten von Hoerder Eisenwerk, Eisenerzgruben, Hermannshütte und Hoerder Kohlenwerk; Aufstellungen zu Anlagevermögen und Inventurergebnissen; Aufstellung des Wertpapierbestands; Aufstellung der Debitoren und Kreditoren; Einnahmen- und Ausgabenrechnung; Aufstellung zur Möblierung der Hauptverwaltung und der Büros leitender Angestellter; Bericht der Direktion zur Generalversammlung, mit Geschäftsbericht 1888/89, auch Entwurf; einzelne Schreiben zwischen Direktorium sowie Verwaltungsrat und Mit-

gliedern der Revisionskommission des Hoerder Vereins; Bericht der Revisionskommission zur Bilanz; Bilanz; Aufstellung der angefertigten Modelle; einzelne Schreiben zwischen Hoerder Verein und Zeitungen zur Annoncierung von Generalversammlung und Bilanz; Zeitungsausschnitte.

1117 Bilanzunterlagen und Betriebsstatistik des Hoerder Vereins 1889/90.
1889–1890
Aufstellungen zu Bauinvestitionen, Produktion und Betriebskosten von Hoerder Eisenwerk, Eisenerzgruben, Hermannshütte und Hoerder Kohlenwerk; Aufstellungen zu Anlagevermögen und Inventurergebnissen; Aufstellung des Wertpapierbestands; Aufstellung der Debitoren und Kreditoren; Einnahmen- und Ausgabenrechnung; Aufstellung zur Möblierung der Hauptverwaltung und der Büros leitender Angestellter; Bericht der Direktion zur Generalversammlung, mit Geschäftsbericht 1889/90 (Manuskript und gedruckt); einzelne Schreiben zwischen Direktorium sowie Verwaltungsrat und Mitgliedern der Revisionskommission des Hoerder Vereins; Bericht der Revisionskommission zur Bilanz; Bilanz; Aufstellung der angefertigten Modelle; einzelne Schreiben zwischen Hoerder Verein und Zeitungen zur Annoncierung von Generalversammlung und Bilanz; Zeitungsausschnitte.

1118 Bilanzunterlagen und Betriebsstatistik des Hoerder Vereins 1890/91.
1890–1891
Aufstellungen zu Bauinvestitionen, Produktion und Betriebskosten von Hoerder Eisenwerk, Eisenerzgruben, Hermannshütte und Hoerder Kohlenwerk; Aufstellungen zu Anlagevermögen und Inventurergebnissen; Aufstellung des Wertpapierbestands; Aufstellung der Debitoren und Kreditoren; Einnahmen- und Ausgabenrechnung; Bericht der Direktion zur Generalversammlung, mit Geschäftsbericht 1890/91 (Manuskript und gedruckt); einzelne Schreiben zwischen Direktorium sowie Verwaltungsrat und Mitgliedern der Revisionskommission des Hoerder Vereins; Bilanz; Aufstellung der angefertigten Modelle; Aufstellung der Einnahmen aus der Lizenzierung von Patenten; einzelne Schreiben zwischen Hoerder Verein und Zeitungen zur Annoncierung von Generalversammlung und Bilanz sowie mit Banken über die Anmeldung von Aktien zur Generalversammlung mit Aufstellungen; Zeitungsausschnitte.

1119 Bilanzunterlagen und Generalversammlung des Hoerder Vereins 1897/98.
1897–1898
Einnahmen- und Ausgabenrechnung sowie Aufstellungen zu Inventurergebnissen von Hoerder Eisenwerk, Hermannshütte und Hoerder Kohlenwerk; Aufstellung des Wertpapierbestands; Aufstellung der Debitoren und Kreditoren; Schriftwechsel zwischen Direktorium, Verwaltungsrat, Mitgliedern der Revisionskommission des Hoerder Vereins, Aktionären und Banken über die Anmeldung von Aktien zur Generalversammlung 1898, mit Aufstellungen und Vollmachten; Tagesordnung zur Generalversammlung; einzelne Schreiben zwischen Hoerder Verein und Zeitungen zur Annoncierung von Generalversammlung und Bilanz; Zeitungsausschnitte.

1120 Bilanzunterlagen und Generalversammlung des Hoerder Vereins 1898/99.
1898–1899
Einnahmen- und Ausgabenrechnung sowie Aufstellungen zu Bauinvestitionen und Inventurergebnissen von Hoerder Eisenwerk, Hermannshütte und Hoerder Kohlenwerk; Aufstellung des Wertpapierbestands; Aufstellung der Debitoren und Kreditoren; Bilanz; Schriftwechsel zwischen Direktorium, Verwaltungsrat, Mitgliedern der Revisionskommission des Hoerder Vereins

Aktionären und Banken über die Anmeldung von Aktien zur Generalversammlung 1899, mit Aufstellungen; Geschäftsbericht der Direktion zur Generalversammlung; Tagesordnung zur Generalversammlung; einzelne Schreiben zwischen Hoerder Verein und Zeitungen zur Annoncierung von Generalversammlung und Bilanz; Zeitungsausschnitte.

1121 Bilanzunterlagen und Generalversammlung des Hoerder Vereins 1899/1900.
1899–1900
Einnahmen- und Ausgabenrechnung sowie Aufstellungen zu Bauinvestitionen und Inventurergebnissen von Hochofenwerk Hörde, Hochofenwerk Dortmund, Hermannshütte, Hoerder Kohlenwerk und Grube Martini; Aufstellung des Wertpapierbestands; Aufstellung der Debitoren und Kreditoren; Bilanz; Schriftwechsel zwischen Vorstand, Verwaltungsrat, Mitgliedern der Revisionskommission des Hoerder Vereins, Aktionären und Banken über die Anmeldung von Aktien zur Generalversammlung 1899, mit Aufstellungen; Geschäftsbericht des Vorstands zur Generalversammlung; Tagesordnung zur Generalversammlung; einzelne Schreiben zwischen Hoerder Verein und Zeitungen zur Annoncierung von Generalversammlung und Bilanz; Zeitungsausschnitte.

4.3 Hauptbücher

1821 Hauptbuch des Hoerder Vereins für das Geschäftsjahr 1860/61.
1860–1861

4.4 Inventarbücher

1786 Inventarbuch des Hoerder Vereins.
1853–1855
Detaillierte Aufstellung von Inventar, Betriebsmaterialien und Maschinen von Hermannshütte, Hoerder Eisenwerk und Laboratorium, jeweils Stand 30. Juni.

1787 Dsgl., 1856–1857.
1788 Dsgl., 1858–1859.
1789 Dsgl., 1860–1861.
1790 Dsgl., 1862–1863.
1791 Dsgl., 1864–1865.
1792 Dsgl., 1866–1867.
1793 Dsgl., 1868–1869.
1794 Dsgl., 1873–1875.
1795 Dsgl., 1876–1889 (bis 1878 detaillierte Aufstellung, ab 1879 kumulierte Werterfassung nach gesonderten Inventarlisten).

4.5 Revision

1925 Kassenbestände des Hoerder Vereins.
1867–1873
Monatliche Abrechnungen zu den Beständen der Hauptkasse; Berichte zur Kassenprüfung

durch Johann Friedrich Wiesehahn, auch mit Angaben zu den Beständen der Kranken- und Unterstützungskasse des Hoerder Vereins.

2145 Kassen- und Wechselrevision beim Hoerder Verein.
1891–1900
Niederschriften zur monatlichen Kassenrevision bei Hoerder Verein und Krankenkasse des Hoerder Vereins.

2176 Dsgl., Januar 1901 bis September 1902.

4.6 Steuern

4.6.1 Kommunalsteuern

2015 Kommunaleinkommensteuer- und Gewerbesteuerveranlagung des Hoerder Vereins.
1876–1888
Vertrag zwischen Gemeinde [Dortmund-]Hacheney und Hoerder Verein vom 27.08.1879 über die Festlegung einer Einkommensteuerquote für den auf Gemeindegebiet liegenden Teil des Hoerder Eisenwerks (Abschrift); Gutachten von Emil Ebbinghaus zur Feststellung der Betriebseinnahmen und -ausgaben des Hoerder Kohlenwerks in den Geschäftsjahren 1876/77–1878/79 vom 30.10.1879; Vereinbarung zwischen Hoerder Verein und Gemeinde [Dortmund-]Brackel zur Veranlagung zur Einkommenssteuer vom 04.06.1880 (Abschrift); namentliche Aufstellung der Einwohner der Arbeitersiedlung des Hoerder Kohlenwerks zum 30.06.1880, mit Angaben zur Konfession und Kinderzahl; Aufstellung der vom Hoerder Verein in den Jahren 1865–1879 gezahlten Kommunalsteuern in der Stadt [Dortmund-]Hörde sowie der Staats- und Gewerbesteuer vom 31.08.1880; Petition des Hoerder Vereins an das Haus der Abgeordneten gegen die Veranlagung des Hoerder Kohlenwerks zur Kommunaleinkommensteuer in der Gemeinde Brackel vom 30.06.1876 und 22.01.1879, mit Anlagen (gedruckt und Manuskript); Vertrag zwischen Gemeinde [Dortmund-]Asseln und Hoerder Verein vom 28.12.1880 über die Festlegung einer Einkommensteuerquote für den auf Gemeindegebiet liegenden Teil des Hoerder Kohlenwerks (Abschrift); Steuerbescheide; Schriftwechsel zwischen Hoerder Verein, Landkreis Dortmund, Königlichem Regierungspräsidium Arnsberg Bezirksausschuss, Stadt Hörde und den Gemeinden Brackel und Asseln zur Veranlagung.

114 Kommunale Steuern des Hoerder Vereins in [Dortmund-]Hacheney.
27.08.1879
Vertrag zwischen Hoerder Verein und Gemeinde [Dortmund-]Hacheney über eine pauschale Steuerveranlagung.

913 Grundbuch- und Grundsteuerangelegenheiten des Hoerder Vereins in [Dortmund-]Brackel.
1895–1906
Grundbuchauszüge; Auszüge aus der Grundsteuerrolle; einzelne Schreiben zwischen Hoerder Verein und Amtsgericht Dortmund.

903 Grundbuch- und Grundsteuerangelegenheiten des Hoerder Vereins in [Dortmund-]Aplerbeck.
1896–1906
Grundbuchtabelle des Amts [Dortmund-]Aplerbeck für den Hoerder Verein; Auszüge aus der

Grundsteuerrolle; Grundsteuerbescheid; Zahlscheine für Regulierungskosten, Wegebaukosten und Beiträge zur Landwirtschaftskammer; einzelne Schreiben zwischen Hoerder Verein und verschiedenen Behörden zur Veranlagung.

4.6.2 Stempelsteuern

262 Stempelsteuer für Lieferverträge des Hoerder Vereins mit Eisenbahngesellschaften.
1865–1868, 1874–1879
Revisionsunterlagen von Provinzial-Steuerdirection Münster bzw. Haupt-Steuer-Amt Dortmund über den „Stempelverbrauch", d. h. die zu zahlenden Stempelsteuern, mit detaillierter Auflistung von Verträgen und Vertragsinhalten des Hoerder Vereins und deren (vermeintlich) falscher Berechnung; Stellungnahme des Hoerder Vereins zur Frage der Stempelsteuerpflichtigkeit von Lieferverträgen über Eisenbahnmaterial vom 18.06.1875; Schriftwechsel zwischen Hoerder Verein, Steuerbehörden und Rechtsanwälten zur Steuerfrage sowie den Eisenbahndirektionen Elberfeld, Frankfurt am Main und Wiesbaden, Bergisch-Märkischer Eisenbahn-Gesellschaft, Rheinischer Eisenbahn-Gesellschaft, Ostbahn (Bromberg), Westfälischer Eisenbahn und Köln-Mindener Eisenbahn-Gesellschaft über die Erstattung der von diesen vorgestreckten Stempelsteuern; Schriftwechsel zwischen Hoerder Verein, Gutehoffnungshütte und Union AG über gerichtliches Vorgehen gegen die Steuerbehörden; Abschriften von Gerichtsurteilen beider Unternehmen.

1937 Stempelsteuerangelegenheiten des Hoerder Vereins.
1872–1875
Einzelne Schreiben zwischen Hoerder Verein sowie Königlichem Haupt-Steuer-Amt Dortmund und Königlichem Haupt-Steuer-Amt Breslau zur Veranlagung der Stempelsteuer für Lieferverträge.

1987 Stempelsteuerangelegenheiten des Hoerder Vereins.
1880–1885
Revisionsprotokolle des Königlichen Erbschafts-Steuer-Amts und Stempel-Fiskalats II zu Münster zum Stempelverbrauch des Hoerder Vereins; Schriftwechsel zwischen Hoerder Verein, Königlichem Erbschafts-Steuer-Amt und Stempel-Fiskalat II zu Münster, Provinzial-Steuerdirection Münster und verschiedenen Eisenbahndirektionen, Eisenbahngesellschaften und Bergbehörden zur Stempelpflichtigkeit von Lieferverträgen und Veranlagung zur Stempelsteuer.

1990 Stempelsteuerangelegenheiten des Hoerder Vereins.
1877, 1881–1886
Schriftwechsel zwischen Hoerder Verein, Königlichem Erbschafts-Steuer-Amt und Stempel-Fiskalat II zu Münster, Königlicher Provinzial-Steuerdirection Münster und verschiedenen Unternehmen zu Stempelpflichtigkeit von Verträgen, Veranlagung zur Stempelsteuer sowie Prozessen gegen die Steuerbehörden; Urteil des Königlichen Landgerichts Köln zu einem Rechtsstreit zwischen Köln-Mindener Eisenbahn-Gesellschaft und Königlicher Provinzial-Steuerdirection Köln zur Stempelsteuerpflicht von Lieferverträgen vom 04.12.1877 (Abschrift); Urteile des Königlichen Oberlandesgerichts Hamm zu einem Rechtsstreit des Bochumer Vereins gegen den „Königlichen Stempelfiskus" sowie des Königlichen Landgerichts Hamm zu einem Rechtsstreit der Rheinischen Stahlwerke gegen die Königliche Provinzial-Steuerdirection Münster zur Stempelsteuerpflicht von Lieferverträgen vom 13.06.1881 und 06.03.1883 (Abschriften).

2182 Stempelsteuerangelegenheiten des Hoerder Vereins.
1883–1900
Aufstellungen zu den „Revisionserinnerungen über den Stempelverbrauch" für die Jahre 1883/84, 1887/88, 1890/91, 1893/94 und 1896/97; Bericht zur Revision des Stempelsteuerverbrauchs bei den Verträgen zum Erwerb der Firma Carl von Born durch den Hoerder Verein; Berichte zur Revision des Stempelsteuerverbrauchs des Hoerder Vereins am 14.12.1899 und der Bergbau-Actien-Gesellschaft Mark am 27.02.1900; Schriftwechsel zwischen Hoerder Verein und Königlichem Erbschafts-Steuer-Amt und Stempel-Fiskalat II zu Münster zu Stempelpflichtigkeit von Verträgen, Veranlagung zur Stempelsteuer sowie Einsprüchen gegen die Veranlagung.

4.6.3 Zölle

1914 Zollkredite des Königlichen Haupt-Steuer-Amts Dortmund für den Hoerder Verein.
1857–1860, 1865–1871
„Anerkenntniß"-Scheine des Hoerder Vereins zu nicht beglichenen Zöllen für Lieferungen, insbesondere von Eisenerzen; Schriftwechsel zwischen Hoerder Verein und Königlichem Haupt-Steuer-Amt Dortmund zu Zöllen, Steuern und Gewährung von Zollkrediten gegen Bereitstellung von Sicherheiten; Verträge zur Gewährung von Zollkrediten (Abschriften).

449 Exportzölle für spanisches Eisenerz.
1905
Rundschreiben der Gewerkschaft Deutscher Kaiser an verschiedene Erzimporteure des Ruhrgebiets, mit Vorschlag einer gemeinsamen Eingabe an die Reichsregierung zur Abschaffung der Zölle im Rahmen eines Handelsabkommens; Rundschreiben der Phoenix AG, mit Vorschlag, die Sache an die Nordwestliche Gruppe des Vereins Deutscher Eisen- und Stahlindustrieller zu verweisen; Antwortschreiben des Hoerder Vereins.

4.7 Messen und Ausstellungen

260 Teilnahme an der Deutschen Allgemeinen Ausstellung für Unfallverhütung, Berlin 1889.
1888–1890
Rundschreiben des Ausstellungsvorstands und verschiedener Kommissionen an Berufsgenossenschaften und Unternehmen, mit Einladung zur Teilnahme bzw. Aufforderung, Informationen über Arbeitsschutzmaßnahmen zu liefern, sowie zur Nachbereitung der Ausstellung; Programmhefte; Empfehlungsschreiben des Reichsversicherungsamts; Bestellschein für den offiziellen Ausstellungskatalog (blanko); Rundschreiben der Rheinisch-Westfälischen Hütten- und Walzwerks-Berufsgenossenschaft an die Mitglieder sowie Schriftwechsel mit dem Hoerder Verein über die Bildung einer Kommission zur Vertretung der rheinisch-westfälischen Montanindustrie; Niederschrift der Sitzung des engeren Ausschusses für die Ausstellung zu Berlin am 04.02.1889 beim Bochumer Verein (Abschrift); Ausschnitt aus der Deutschen Fabrikanten-Zeitung vom 16.11.1889; Kostenabrechnung.

2139 Geplante Weltausstellung in Berlin.
1892

Rundschreiben von Verein Deutscher Eisenhüttenleute, Verein Deutscher Eisen- und Stahlindustrieller, dessen Nordwestlicher Gruppe und Bergbau-Verein zur Ermittlung der Teilnahmebereitschaft ihrer Mitglieder und Antwortschreiben des Hoerder Vereins; Adolph Braun: „Panorama der Berliner Weltausstellung, mit erläuterndem Text", Berlin 1892 (Broschüre, mit Lageplan und Gebäudeskizze).

2062 Teilnahme an der Weltausstellung in Chicago, 1893.
1891–1896
Mitteilungen, Rundschreiben und Informationen des Reichs-Kommissars für die Welt-Ausstellung in Chicago 1893 (gedruckt); Anmeldeformular, mit Klassifikation der Ausstellungsgegenstände (gedruckt); Mitteilungen und Informationsbroschüren verschiedener Stellen der World's Columbian Exposition; Informationsmaterialien verschiedener Schifffahrtsgesellschaften; Konstruktionszeichnungen von Weichen und Schienenprofilen; Versandkistenaufkleber der Ausstellung; Entwürfe zu einer Unternehmensbeschreibung für den Ausstellungskatalog, mit Angaben zu Betriebsanlagen und Produkten (deutsch und englisch); Skizze des Ausstellungsstands; Urkunden des Reichs-Kommissars zur Verleihung von Bronzemedaillen vom 08.05.1896; Schriftwechsel zwischen Hoerder Verein, Reichs-Kommissar, Banken und Speditionen zu organisatorischen Fragen, Druck des Ausstellungskatalogs, Ausstellung von Kreditbriefen und Transport von Ausstellungsgegenständen, sowie mit Ludwig Tull und Ludwig Hanisch in Chicago zum Verlauf der Ausstellung.

2184 Teilnahme an verschiedenen Messen und Ausstellungen.
1896–1902
Programme, Werbematerialien und Ausstellungsbedingungen, u. a. von Kraft- und Arbeitsmaschinenausstellung, München 1898, Deutsches Exportmusterlager zu Berlin (Walther Schultze), Fachausstellung des Verein Deutscher Straßenbahn- und Kleinbahn-Verwaltungen, Hamburg 1897, Internationale Ausstellung für Feuerschutz und Feuerrettungswesen, Berlin 1901, Ausstellung für Unfall-Schutz und -Verhütung, Sanitäts- und Rettungswesen, Frankfurt/Main 1901, und Fifth National Industrial Exhibition of Japan, Osaka 1903; Bestimmungen für die vom Reichs-Versicherungsamt auf der Pariser Weltausstellung in der technischen Gruppe der „Arbeiterversicherung des Deutschen Reiches" vorzuführenden Fotografien; einzelne Schreiben zwischen Hoerder Verein und Veranstaltern zur Teilnahme.

2149 Teilnahme an der Industrie- und Gewerbe-Ausstellung für Rheinland, Westfalen und benachbarte Bezirke, verbunden mit einer deutsch-nationalen Kunstausstellung, Düsseldorf 1902.
1899–1901
Niederschriften der Sitzungen und Rundschreiben des vorbereitenden Ausstellungskomitees bzw. des Gesamtvorstands der Ausstellung (gedruckt); Bestimmungen für die Leitung der Industrie- und Gewerbe-Ausstellung (Broschüre); Ausstellungsbestimmungen (gedruckt); Anmeldebogen, ausgefüllt vom Hoerder Verein vom 22.01.1900; Exposé zur Errichtung eines Hotels in Düsseldorf vom April 1900, mit Zeichnungsschein (gedruckt); Lageplan; Kostenvoranschlag des Architekten Ernst Marx, Dortmund, für den Ausstellungspavillon; Schriftwechsel zwischen Hoerder Verein, Marx, verschiedenen Bauunternehmen und Lieferanten zur Planung des Pavillons sowie dem Ausstellungsvorstand zu organisatorischen Fragen.

731 Teilnahme an der Industrie- und Gewerbe-Ausstellung, Düsseldorf 1902.
1900–1901

Zulassungsscheine für Gruppe 2 (Hüttenwesen) vom 12.12.1900 und Gruppe 21 (Gesundheitspflege und Wohlfahrtseinrichtungen) vom 12.08.1901.

2156 Teilnahme an der Industrie- und Gewerbe-Ausstellung, Düsseldorf 1902.
1901
Niederschriften der Sitzungen und Rundschreiben des Gesamtvorstands der Ausstellung (gedruckt); Zeitungsausschnitte; Preisverzeichnis der Rheinischen Cementstein-Fabrik GmbH (gedruckt); Schriftwechsel zwischen Hoerder Verein, Ausstellungsvorstand, Architekt Ernst Marx, Grafikern, Druckereien und Lieferanten zu Planung, Bau und Ausstattung des Ausstellungspavillons, organisatorischen Fragen, Ausstellungskatalogen und Werbung.

2157 Teilnahme an der Industrie- und Gewerbe-Ausstellung, Düsseldorf 1902.
1902
Niederschriften der Sitzungen und Rundschreiben des Gesamtvorstands der Ausstellung (gedruckt); Zeitungsausschnitte; Bestimmungen für das Preisgericht (gedruckt); Schriftwechsel zwischen Hoerder Verein, Ausstellungsvorstand, Grafikern, Druckereien und Lieferanten zu Ausstattung des Ausstellungspavillons, Anlieferung von Ausstellungsobjekten, organisatorischen Fragen, Ausstellungskatalogen und Werbung.

2166 Teilnahme an der Industrie- und Gewerbe-Ausstellung, Düsseldorf 1902.
1902
Rundschreiben des Gesamtvorstands der Ausstellung (gedruckt); Werbebroschüre der Firma Siegfried Bauer, Bonn, zu Feuerlöschgeräten, mit Referenzliste; Schriftwechsel zwischen Hoerder Verein, Ausstellungsvorstand, Druckereien, Handwerkern und Lieferanten zu Ausstattung des Ausstellungspavillons, Anlieferung von Ausstellungsobjekten, organisatorischen Fragen, Ausstellungskatalogen und Werbung.

2210 Teilnahme an der Industrie- und Gewerbe-Ausstellung, Düsseldorf 1902.
1902
Zeitungsausschnitte; Rechnungen; Schriftwechsel zwischen Hoerder Verein, Ausstellungsvorstand, Druckereien, Handwerkern und Lieferanten zu Betrieb des Ausstellungspavillons, organisatorischen Fragen, Ausstellungskatalogen und Werbung sowie mit der Hein, Lehmann & Co. AG zu Verkauf des Ausstellungspavillons und von Ausstellungsstücken sowie den Angeboten von Interessenten.

3743 Geplante Umsetzung des Ausstellungspavillons der Industrie- und Gewerbe-Ausstellung, Düsseldorf 1902, auf das Gelände der Hermannshütte.
1902–1903
Bauantrag des Hoerder Vereins vom 06.10.1902 zu Umsetzung des Pavillons in die Nähe des Burgtores, Überbauung der Emscher und Umbau in Werkstätten und Waschkauen; Baugenehmigung des Regierungspräsidiums Arnsberg Bezirksausschuss vom 23.03.1903; Lageplan; Lageplan und Querschnittplan der Emscher auf dem Werksgelände; Fundamentplan; Schriftwechsel zwischen Hoerder Verein, Königlichen Meliorations-Bauamt Münster und Bezirksausschuss zum Genehmigungsverfahren.

2220 Teilnahme an der Fifth National Industrial Exhibition, Osaka 1903.
1902–1904

Ausstellungsbedingungen (Abschriften); Versandkistenaufkleber; Schriftwechsel zwischen Hoerder Verein und verschiedenen Anbietern, u. a. der Firma Falkenberg & Büsing, Dortmund, zur Vernickelung von Profilen, dem Hamburger Unternehmensvertreter W. Janke, der Antwerpener Generalagentur des Norddeutscher Lloyd von Bary & Co. und Georg Kleinwort als Vertreter der Firma M. Raspe & Co., Kobe, zu Beschickung der Ausstellung, Organisation des Transports und Abrechnung der Kosten.

4.8 Produktvertrieb
4.8.1 Eisenbahnoberbaumaterial

1934 Lieferung von Eisenbahnoberbaumaterial für die Berlin-Dresdener Eisenbahn.
1872–1877
Vertrag zwischen Hoerder Verein, Carl Ruëtz & Co., Aachener Hütten-Actien-Verein, Jacobi, Haniel & Huyssen, Phoenix AG, Union AG Henrichshütte, Falkenroth, Kocher & Co. und Eberhard Hoesch & Söhne als Lieferanten sowie der Actien-Gesellschaft der vereinigten Bau-Unternehmer über die Lieferung von 18.000 Tonnen Schienen und Laschen vom 11.09.1872 (Abschrift); Konstruktionszeichnungen; Lieferscheine bzw. Abnahmebescheinigungen; Schriftwechsel zwischen Hoerder Verein, General-Bau-Bank als Generalunternehmerin und Berlin-Dresdener Eisenbahn-Gesellschaft über Bereitstellung von Bürgschaften, Lieferfristen und -termine, Profile, Qualitäten und Sonderbestellungen.

1965 Lieferung von Eisenbahnoberbaumaterial in die Niederlande.
1878
Ausschreibung des Ministerie van Waterstaat, Handel en Nijverheid zur Lieferung von 4.000 Tonnen Schienen und Kleineisenmaterial vom 16.01.1878 (gedruckt); Schriftwechsel zwischen Hoerder Verein und Firma van Wageningen & Keyser, Dordrecht, zu Lieferangeboten, Bestellungen, Preisen und Terminen.

1967 Lieferung von Eisenbahnoberbaumaterial nach Spanien.
1880–1882
Schriftwechsel zwischen Hoerder Verein und Perrin de Bizy, Barcelona, zu Profilen, Qualitäten, Lieferangeboten, Bestellungen, Zöllen, Preisen, Transportfragen und Terminen (französisch).

2007 Lieferung von Eisenbahnoberbaumaterial nach Italien.
1884–1887
Ausschreibungsunterlagen; Aufstellungen zu Preisangeboten verschiedener Hersteller; Schriftwechsel zwischen Hoerder Verein und Adolfo Pelat, Rom, zu Bestellungen, Preisen und Lieferterminen für verschiedene italienische Eisenbahngesellschaften (französisch).

2240 Registrierung des Hoerder Vereins als Lieferant von rollendem Eisenbahnmaterial und Eisenbahnoberbaumaterial an Eisenbahndirektionen.
1894–1898, 1901
Schriftwechsel zwischen Hoerder Verein und Ministerium der öffentlichen Arbeiten zu Registrierung, Prüfung und Zulassung von Produkten, Reklamationen und Organisation von Ersatzlieferungen sowie mit dem Oberlandesgericht Hamm zur Festlegung eines Gerichtsstands.

4.8.2 Vertriebsorganisation

2039 Vertriebsorganisation und Preise des Hoerder Vereins.
1873–1891
Aufstellungen zu Geboten von Konkurrenzunternehmen auf Ausschreibungen, insbesondere im Bereich von Eisenbahnoberbaumaterial und rollendem Eisenbahnmaterial; Profil- und Preislisten des Hoerder Vereins für Bleche, Flacheisen, Rundeisen, Profileisen, Winkel und Grubenschienen (gedruckt, z. T. mit handschriftlichen Preis- und Datumseinträgen), 1873–1876, 1883, 1885, 1890; Querschwellenprofilkatalog des Hoerder Vereins, mit Sonderdruck aus dem „Organ für Fortschritte des Eisenbahnwesens", Heft I, 1885; Verkaufsbedingungen und Preisliste der Union AG für Profileisen vom 01.11.1886; Rundschreiben verschiedener Unternehmen an Kunden zur Mitteilung von Preisänderungen; Rundschreiben des Hoerder Vereins an seine Handelsvertreter, mit Verkaufsanweisungen, Angaben zum Produktionsprogramm, Preis- und Rabattinformationen, 1880–1891.

117 Produktvertrieb in den Niederlanden.
1875
Vertrag zwischen Hoerder Verein und van Wageningen & Keyser, Dordrecht, Niederlande, über die Bildung einer Verkaufsagentur und Vertretung des Unternehmens in den Niederlanden vom 23./26.07.1875.

4384 Berichte des Berliner Agenten Rudolf Quitmann an den Hoerder Verein.
1887–1989
Berichte zu verschiedenen Geschäfts- und Branchenentwicklungen.

4.8.3 Sonstiges

1883 Lieferungen an Gewehrfabriken.
1866–1870
Einzelne Schreiben zwischen Hoerder Verein sowie Königlicher Direktion der Gewehrfabrik Danzig, Königlicher Direktion der Gewehrfabrik Spandau und Königlicher Direktion der Gewehrfabrik Erfurt zur Lieferung und Verarbeitung von „Gusseisenstäben" zu Gewehrläufen und Qualitätsproblemen. Darin auch: Rechnungsformular des Hoerder Vereins mit Darstellung der Werksanlagen, 1866.

2615 Lieferung von Winkeleisen.
1874
Rechnung des Hoerder Vereins an die Firma Dröge & Schetter, Unna.

2610 Lieferung von Stahlblechen für Förderwagen.
1882–1883
Drei Schreiben des Hoerder Vereins an die Firma Dröge & Schetter, Unna, zur Bestätigung von Bestellungen.

734 Vertrieb von Thomasschlacken.
1886, 1891
Einzelne Schreiben von Adolf Brüninghaus an Matthias Tull und Eugen Langen sowie Berichte

von Joseph Massenez und Langen (?) über die allgemeine Entwicklung des Vertriebs von Thomasschlacken, deren chemische Verarbeitung und Verwendung in der Landwirtschaft, die vertragliche Situation des Hoerder Vereins, die Rolle der Fertilitas AG für Düngerfabrikation im Düngerhandel und die geschäftlichen Verbindungen von Massenez zur Fertilitas AG; Aufstellungen über die Lieferungen der Fertilitas AG für Düngerfabrikation 1886 (Abschriften).

4.9 Transportleistungen für fremde Unternehmen

1899 Anschluss der Zeche Am Schwaben an die Werksbahn des Hoerder Vereins.
1861–1870
Auszüge aus den Niederschriften der Sitzungen des Verwaltungsrats des Hoerder Vereins; Angebotsschreiben des Hoerder Vereins an die Zechenleitung zum Bahnanschluss vom 22.07.1861 und Annahmeerklärung der Zeche, o. D. (Abschrift); einzelne Schreiben zwischen den Vertragspartnern zu Vertragsmodalitäten sowie zur Situation nach Stilllegung der Zeche.

2074 Transport von Waggons der Provinzial-Irren-Anstalt, [Dortmund-]Aplerbeck, über die Werksbahn zwischen Bahnhof Hörde und Hoerder Kohlenwerk.
1892–1898
Aufstellungen zu gelieferten Gütern und beförderten Wagen; Rechnungen des Hoerder Vereins für Transportleistungen und Reparaturen; Vertrag zwischen Königlicher Eisenbahndirektion Essen, Hoerder Verein und Provinzial-Irren-Anstalt zu Bau eines Anschlussgleises und Genehmigung zur Benutzung der Werksbahngleise vom 23.02./04.03./20.09.1897, mit Lageplan des Anschlussgleises; Schriftwechsel zwischen Hoerder Verein, Landeshauptmann von Westfalen und Provinzial-Irren-Anstalt zur Organisation der Lieferungen und Begleichung von Rechnungen.

4.10 Sonstiges

2123 Besuch belgischer Ingenieure beim Hoerder Verein.
1889, 1893
Zeitungsausschnitt; Textentwürfe zu einem Besuchsbericht; einzelne Schreiben zwischen Hoerder Verein, Verein Deutscher Eisenhüttenleute und Tageszeitungen zur Organisation des Besuchs und Publikation des Besuchsberichts.

2093 Diverse Verwaltungsangelegenheiten und Öffentlichkeitsarbeit des Hoerder Vereins.
1892–1894
Angebote und Werbematerialien zur Abonnierung und Subskribierung von Zeitschriften und Büchern sowie Annoncierung in Zeitungen; Annoncen des Hoerder Vereins (Zeitungsausschnitte); Prospekte zu Anleihenemissionen, u. a. von Siemens & Halske und Berliner Elektricitäts-Werke; „Zweiter Jahresbericht des Evangelischen Diakonissenhauses für die Grafschaft Mark und das Siegerland in Witten/Ruhr", 1892/93 (gedruckt); Stellengesuche von Arbeitern; Spendengesuche; Schreiben von Arbeitern an den Vorstand; „Denkschrift zum Bau eines Kanals für die große Schifffahrt von Straßburg nach Speyer", Straßburg 1894; Kalender der Wilhelma in Magdeburg Allgemeine Versicherungs-Actien-Gesellschaft zu Auslosungsterminen für Anleihen im Jahr 1894 und Angaben zu Prämiensätzen für eine Auslosungsversicherung; Lohntüte des Hoerder Vereins, Abteilung Gussstahlschmelze; ein-

zelne Schreiben zwischen Hoerder Verein und Antragstellern sowie mit der Gesellschaft für Stahlindustrie, Bochum, über Austausch bzw. Überlassung von Rillenschienenlieferungen, Oktober 1893 bis Dezember 1894.

2109 Diverse Verwaltungsangelegenheiten und Öffentlichkeitsarbeit des Hoerder Vereins.
1894–1897
Werbeblatt der Firma Aug. Klönne, Dortmund, zu Bergbau- und Aufbereitungsanlagen, mit Aufstellungen zu Grundkapital, Ausbeute und Beteiligungsziffer der Ruhrzechengesellschaften am Rheinisch-Westfälischen Kohlen-Syndikat; Angebote und Werbematerialien zur Abonnierung und Subskribierung von Zeitschriften und Büchern sowie Annoncierung in Zeitungen; Werbematerialien von Vereinen; Prospekte zu Anleihenemissionen, Stellengesuche von Arbeitern; Spendengesuche; Schreiben von Arbeitern an den Vorstand des Hoerder Vereins; Einzelhefte der Zeitschrift „Bote von Bethel"; Lageplan und Prospekt zur Aktienemission der Heidelberg Gold Mines Ltd., Südafrika; Niederschrift der Versammlung des Komitees zum Bau eines Kanals zwischen Straßburg nach Speyer am 15.11.1894 (gedruckt).

5. Recht und Versicherungen

5.1 Gewerbeordnung

2084 Gewerbeordnungsangelegenheiten des Hoerder Vereins.
1894–1899
Schriftwechsel zwischen Hoerder Verein, Königlicher Gewerbe-Inspektion zu Dortmund und Stadt [Dortmund-]Hörde, insbesondere zu Genehmigung und Nachweis von Sonntagsarbeit, Betriebsprüfungen zur Einhaltung und Umsetzung von Maßnahmen zur Arbeitssicherheit, Betriebsunfällen sowie zur Einführung eines Sparzwangs für Arbeiter unter 25 Jahren, April 1895 bis Juni 1899; Sparkarte der Städtischen Sparkasse zu Remscheid (blanko), mit Standardnachtrag zur Fabrik-Ordnung (gedruckt).

2161 Gewerbeordnungsangelegenheiten des Hoerder Vereins.
1899–1902
Schriftwechsel zwischen Hoerder Verein, Königlicher Gewerbe-Inspektion zu Dortmund und Stadt [Dortmund-]Hörde, insbesondere zu Genehmigung und Nachweis von Sonntagsarbeit, Betriebsprüfungen zur Einhaltung und Umsetzung von Maßnahmen zur Arbeitssicherheit sowie Betriebsunfälle.

2170 Baupolizeiangelegenheiten der Werkssiedlungen des Hoerder Vereins.
1899–1902
Mitteilungen der Stadt [Dortmund-]Hörde zu Beanstandungen im Rahmen der allgemeinen Wohnungsrevision; Lageplan zum Bau von zehn Wohnhäusern in der Kolonie von Schacht Holstein des Hoerder Kohlenwerks; Lageplan der Kolonie Felicitas; Schriftwechsel zwischen Hoerder Verein, Stadt Hörde, Amt Wellinghofen und Amt Brackel zu Einhaltung baupolizeilicher Vorschriften und verschiedenen Wohnungsangelegenheiten, u. a. Schlafgängerwesen, Taubenhaltung, Renovierungen, Umbauten und Brandschutz.

2231 Baupolizeiangelegenheiten der Werkssiedlungen des Hoerder Vereins.
1902–1905
Kostenvoranschläge zum Bau von Arbeiterwohnhäusern in der Siedlung Neuer Klarenberg; Schriftwechsel zwischen Hoerder Verein, Stadt [Dortmund-]Hörde, Amt Brackel, Architekten und Kirchengemeinden zu Wohnungsbau, Einhaltung baupolizeilicher Vorschriften und verschiedenen Wohnungsangelegenheiten, u. a. Zahlung von Schul- und Kirchgeld, Taubenhaltung, Renovierungen und Umbauten.

2236 Gewerbeordnungsangelegenheiten von Hoerder Verein bzw. Phoenix AG Hoerder Verein.
1899–1907
Aufstellungen zu mit Lackier- und Anstricharbeiten beschäftigten Belegschaftsmitgliedern des Hoerder Vereins; Arbeitsordnung des Hoerder Vereins für Meister und Arbeiter vom 28.12.1899 (gedruckt); Trzeciok: „Über die Verhütung von Unfällen bei der Komprimierung von Gasen und ihrer Verwendung" (Sonderdruck aus der Zeitschrift „Gewerblich-Technischer Ratgeber", o. D.); Aufstellungen zur Benutzung der Brausebäder in verschiedenen Betriebsabteilungen, 1904; Schriftwechsel zwischen Hoerder Verein bzw. Phoenix AG Hoerder Verein, Königlicher Gewerbe-Inspektion zu Dortmund und Stadt [Dortmund-]Hörde, insbesondere zu Genehmigung und Nachweis von Sonntagsarbeit, Betriebsprüfungen zur Einhaltung und Umsetzung von Maßnahmen zur Arbeitssicherheit, u. a. gegen Bleibelastung, und Betriebsunfällen.

5.2 Prozesse

5.2.1 Steuern

1242 Verwaltungsrechtsstreit gegen die Königliche Provinzial-Steuerdirection Köln wegen Stempelsteuern.
1868–1872
Auszüge aus verschiedenen Verträgen des Hoerder Vereins; notariell beglaubigter Vertrag zwischen Hoerder Verein und Theodor Kamper vom 28.03.1868 über die Ausbeutung der Grubenfelder der Zechen Magdeburg und Leipzig durch das benachbarte Hoerder Kohlenwerk; Schriftsatz des Hoerder Vereins zur Klage wegen Steuerveranlagung zum Vertrag mit Kamper; Urteil des Königlichen Landgerichts Köln vom 01.12.1869; Urteil des Königlichen Obertribunals Berlin vom 26.03.1870; einzelne Schreiben zwischen Hoerder Verein und Rechtsanwälten zum Verfahren.

1346 Verwaltungsrechtsstreit gegen die Stadt Köln wegen Veranlagung zur Gewerbesteuer 1900.
1891, 1894, 1898–1905
Fragebögen der Stadt Köln zu Gewerbebetrieben des Hoerder Vereins in Köln, 1898 und 1900; Verträge des Hoerder Vereins mit Clemens Haass vom 28.12.1891 und 05.11.1894 über die Handelsvertretung in Teilen der Rheinprovinz (Abschriften); Veranlagungsbescheid der Stadt Köln zur Gewerbesteuer, 1900; Aufstellung zu den vom Hoerder Verein für die innerhalb der Gemeindegebiete [Dortmund-]Hörde, Brackel, Asseln, Hacheney und Schüren in den Geschäftsjahren 1896/97–1898/99 sowie in Dortmund seit dem 01.07.1899 gezahlten Löhne, Gehälter und Tantiemen vom 11.06.1901; Einspruch des Hoerder Vereins gegen die Veranlagung vom 25.04.1901; Schriftsätze der Verfahrensgegner zum Verwaltungsrechtsstreit des Hoerder Vereins gegen die Stadt Köln auf Rückziehung des Steuerbescheids; Urteile des Bezirksausschusses zu Köln vom 17.12.1901 und 09.06.1903 sowie des Königlichen Oberverwaltungsgerichts Berlin vom 13.02.1903 und

28.10.1904; Aufstellung der an Haass gezahlten Provisionen, 1896–1903; Aufstellung der in den einzelnen Gemeinden vom Hoerder Verein gezahlten Gewerbesteuern für das Geschäftsjahr 1901/02; Schriftwechsel zwischen Hoerder Verein, Stadt Köln, Stadt Hörde, Rechtsanwälten und Königlichem Regierungspräsidium Arnsberg Bezirksausschuss zum Verfahren.

1772 Einspruch gegen die Veranlagung der Stadt Köln zur Gewerbesteuer 1899.
1901
Steuerbescheid der Stadt Köln; Einspruch des Hoerder Vereins.

1469 Verwaltungsrechtsstreit gegen die Stadt Köln wegen Veranlagung zur Gewerbesteuer für 1898, 1899 und 1901.
1901–1902
Steuerbescheid für das Jahr 1901; einzelne Schreiben zwischen Hoerder Verein und Stadt Köln zu den Einsprüchen.

1128 Verwaltungsrechtsstreit gegen die Gemeinde [Dortmund-]Berghofen wegen Veranlagung zur Gemeindeeinkommenssteuer 1904.
1904–1906
Schriftsätze der Prozessgegner; Urteile des Königlichen Regierungspräsidiums Arnsberg Bezirksausschuss vom 15.09.1904 und 25.09.1906 zur Feststellung des zu versteuernden Einkommens; einzelne Schreiben zwischen Hoerder Verein bzw. Phoenix AG Hoerder Verein und Bezirksausschuss zum Rechtsstreit; Auszüge von Sitzungsniederschriften der Gemeindevertretung Berghofen.

5.2.2 Berg- und Umweltschäden

1843 Rechtsstreit mit Unterliegern wegen Wasserentnahme aus Emscher und Hörder Bach.
1847, 1853–1858
Beschwerdeschreiben mit Schadensersatzforderungen des Müllers Heinrich Wilhelm Friedrich Lenninghaus an den Hoerder Verein wegen Wasserentzugs; Ertragsberechnung der Wassermühle von Lenninghaus zwischen Oktober 1852 und Oktober 1853; Klageanmeldung von Giesbert Freiherr von Romberg gegen den Hoerder Verein wegen Wasserentzugs vom 15.04.1854; Niederschriften von Zeugenaussagen, u. a. von Elisabeth Spemann; Vertrag zwischen Lenninghaus und August Kromeier als Vertreter der Hermannshütte vom 19.08.1847 über die Genehmigung zur Nutzung des Wassers (Abschrift); Klageschrift von von Romberg vom 15.08.1854; Schriftsätze der Prozessgegner: einzelne Schreiben zwischen Lenninghaus und Hoerder Verein zu seinen Forderungen und zum Abschluss eines Vergleichs.

1963 Beschwerde eines Hauseigentümers in [Dortmund-]Aplerbeck wegen Bergschäden.
1880
Einzelne Schreiben zwischen Hoerder Verein, Hoerder Kohlenwerk und Carl Gritze zur Kompensation von Bergschäden an Haus und Brunnen.

2112 Entschädigungsleistungen des Hoerder Vereins.
1881–1899
Schriftwechsel zwischen Hoerder Verein, Hermannshütte, Hoerder Eisenwerk und Hoerder

Kohlenwerk sowie Anwohnern zu Entschädigungszahlungen für beschädigte Wege, Gräben, Grundstücke und Zäune sowie Vegetationsschäden und Ernteausfälle durch Rauchemission und Grubenwasser.

1986 Vegetationsschäden an Wiesengrundstücken des Guts Hympendahl durch Abwässer der Schlackenhalde des Hoerder Eisenwerks.
1883-1885
Gutachten zur Belastungssituation; Laboranalyse zum Schwefelgehalt von vor und hinter der Halde entnommenem Emscherwasser; Lageplan der Halde; einzelne Schreiben zwischen Hoerder Verein und Gut Hympendahl zur Zahlung einer Entschädigung.

1771 Zivilprozess von Ernst Middeldorf gegen den Hoerder Verein und andere Unternehmen auf Schadensersatz wegen Entziehung von Grundwasser.
1894-1898
Schriftsätze der Prozessgegner zur Klage gegen Bergwerks-Actiengesellschaft Courl, GBAG, Harpener Bergbau AG, Hoerder Verein und Gewerkschaft der Mengeder Steinkohlengruben bzw. Union AG als Eigentümer aller Zechen im Ortsgebiet von [Dortmund-]Brackel; Urteil des Königlichen Landgerichts Dortmund zu einer Klage Middeldorfs gegen die Bergwerks-Actiengesellschaft Courl wegen Schadensersatzleistungen für Bergschäden vom 06.02.1894 (Abschrift); einzelne Schreiben zwischen Hoerder Verein und Rechtsanwälten zum Verfahren.

1770 Zivilprozess der Evangelischen Schulgemeinde Brackel gegen den Hoerder Verein und andere Unternehmen auf Schadensersatz wegen Entziehung von Grundwasser.
1897-1902
Schriftsätze der Prozessgegner zur Klage gegen Bergwerks-Actiengesellschaft Courl, GBAG, Harpener Bergbau AG, Hoerder Verein und Gewerkschaft der Mengeder Steinkohlengruben bzw. Union AG als Eigentümer aller Zechen im Ortsgebiet; Niederschriften von Beweisaufnahmeterminen; Schadensgutachten; Urteil des Königlichen Landgerichts Dortmund vom 09.12.1901; einzelne Schreiben zwischen Hoerder Verein und Rechtsanwälten zum Verfahren.

2188 Entschädigungsleistungen des Hoerder Vereins.
1899-1902
Schriftwechsel zwischen Hoerder Verein, Hermannshütte, Hochofenwerk Hörde und Hoerder Kohlenwerk sowie Anwohnern zu Entschädigungszahlungen für beschädigte Wege, Gräben, Grundstücke, Zäune und Tagesbrüche sowie Vegetationsschäden und Ernteausfälle durch Rauchemission und Grubenwasser.

1580 Zivilprozess der Witwe Wilhelm von Hove gegen den Hoerder Verein wegen Beeinträchtigung ihrer Häuser in [Dortmund-]Hörde, Bickefeldstraße, durch Flugascheemission.
1899-1907
Schriftsätze der Prozessgegner; Niederschriften zu Ortsbesichtigungs-, Beweisaufnahme- und Anhörungsterminen; Zeitungsausschnitte und einzelne Schreiben zwischen Hoerder Verein und anderen Unternehmen, u. a. Dortmunder Werkzeugmaschinenfabrik Wagner & Co., zu ähnlichen Beispielen von Umweltbelastung; Aufstellung zu den Betriebsanlagen des Hoerder Vereins, 1875 und 1901, vom 26.10.1901; mehrere Gutachten zur Belastungssituation; Urteile des Königlichen Landgerichts Dortmund vom 10.04.1902 und 21.03.1906 (Abschriften); Urteile des Königlichen

Oberlandesgerichts Hamm vom 12.12.1903 und 05.12.1907 sowie des Reichsgerichts vom 12.10.1904 (Abschriften); Schriftwechsel zwischen Hoerder Verein, Königlicher Gewerbe-Inspektion Dortmund, Stadt [Dortmund-]Hörde und Rechtsanwälten zum Verfahren.

1463 Unterlassungs- und Schadensersatzklage des Landwirts Heinrich Klöwer gegen Hoesch AG und andere Unternehmen wegen Abwassereinleitung in den Körnebach in [Dortmund-]Brackel.
1901–1903
Teilurteil des Königlichen Landgerichts Dortmund vom 30.05.1901 zur Klage gegen Hoesch AG, Gewerkschaft Vereinigte Westphalia und Gewerkschaft Scharnhorst (Abschrift); Schriftsätze und Beweisanträge; Rechtsstreiterklärung der Hoesch AG gegen Hoerder Verein und Harpener Bergbau AG, mit Aufforderung zum Beitritt (Abschrift); einzelne Schreiben zwischen Hoerder Verein und Harpener Bergbau AG zum Verfahren.

1448 Unterlassungs- und Schadensersatzklage des Landwirts Heinrich Klöwer gegen die Hoesch AG wegen Abwassereinleitung in den Körnebach in [Dortmund-]Brackel.
1903–1906
Urteil des Königlichen Landgerichts Dortmund vom 31.10.1903; Gutachten zum Ertragsausfall; Schriftsätze der Prozessgegner zur Rechtsstreiterklärung der Hoesch AG gegen Hoerder Verein und Harpener Bergbau AG mit Aufforderung zum Beitritt (Abschriften); einzelne Schreiben zwischen Hoerder Verein, Hoesch AG und Rechtsanwälten zu Verfahren und Kostenübernahme.

1652 Zivilprozess des Landwirts W. Trappmann gegen den Hoerder Verein auf Schadensersatz nach Beeinträchtigung seiner Ernte durch den Brand der Halde von Schacht Schleswig des Hoerder Kohlenwerks.
1901–1902
Klageschrift vom 17.10.1901; Schriftsätze der Prozessgegner; Schadensgutachten; Niederschriften von Beweisaufnahmeterminen; Urteil des Königlichen Landgerichts Dortmund vom 10.04.1902; einzelne Schreiben zwischen Hoerder Verein und Rechtsanwälten zum Verfahren.

1769 Zivilprozess von Fritz Hoevemann gegen den Hoerder Verein auf Schadensersatz wegen Verschmutzung von Ackerflächen in [Dortmund-]Asseln durch die Werksbahn.
1901–1904
Schriftsätze der Prozessgegner; Niederschriften von Beweisaufnahme- und Ortsbesichtigungsterminen; Schadensgutachten; einzelne Schreiben zwischen Hoerder Verein und Rechtsanwälten zum Verfahren.

1773 Zivilprozess von Clemens Freiherr von Romberg gegen den Hoerder Verein wegen Ableitung von Abwässern der Werkskolonie Felicitas auf Grundstücke des Ritterguts Ermlinghofen.
1901–1904
Schriftsätze der Prozessgegner; Urteil des Königlichen Landgerichts Dortmund vom 10.04.1902 (Abschrift); einzelne Schreiben zwischen Hoerder Verein und Rechtsanwälten zu Verfahren und Revisionsverfahren vor Königlichem Oberlandesgericht Hamm und Reichsgericht.

2227 Entschädigungsleistungen des Hoerder Vereins.
1901–1903
Schriftwechsel zwischen Hoerder Verein, Landwirt Wilhelm Westermann in [Dortmund-]Husen

und einem Rechtsanwalt zu Entschädigungszahlungen für die Beeinträchtigung von Wiesen und Gräben durch Grubenwasser und Beteiligung der Harpener Bergbau AG für die Zeche Courl.

3741 Zivilprozess von Anwohnern der Bickefeldstraße gegen den Hoerder Verein auf Schadensersatz bzw. Unterlassung wegen Verlegung und Vergrößerung des Fallwerks der Probierstation der Hermannshütte.
1902-1903
Urteil des Königlichen Amtsgerichts Dortmund vom 10.04.1902; erneuter Bauantrag des Hoerder Vereins vom 05.05.1902; erneute Baugenehmigung der Stadt [Dortmund-]Hörde vom 14.08.1902, mit Auszug aus der Baupolizeiverordnung; Grund- und Aufrisszeichnungen; Lageplan; Beschwerde der Kläger an das Handelsministerium, o. D. (Abschrift), und Bescheid des Ministeriums vom 07.01.1903; Schriftwechsel zwischen Hoerder Verein, Rechtsanwälten und Stadt Hörde zu Rechtsstreit und Genehmigungsverfahren.

3742 Beschwerdeverfahren von Anwohnern gegen den Bau von zwei Schornsteinen für die Eisengießerei der Hermannshütte.
1901-1903
Bauantrag des Hoerder Vereins vom 16.08.1902; Baugenehmigungen Stadt [Dortmund-]Hörde vom 07.02.1901 und 11.04.1903, mit Auszug aus der Baupolizeiverordnung; Lageplan; Grund- und Aufrisszeichnungen der Firma A. Rübenkamp; Schriftwechsel zwischen Hoerder Verein, Stadt Hörde und Rechtsanwälten über die Aufhebung des ersten Bescheids wegen Fehlens der vorschriftsmäßigen Bekanntmachung und Beschwerden von Anwohnern gegen die Genehmigung; Schreiben der Anwohner und des Hoerder Vereins an das Handelsministerium und Bescheid des Ministeriums vom 26.03.1903; Schriftsätze der Verfahrensgegner.

5.2.3 Lieferverträge

1579 Zivilprozess der Gutehoffnungshütte gegen die anderen Mitglieder der neu gegründeten Agentur deutscher Grobblech-Walzwerke GmbH wegen Auslegung des Quotierungsvertrags.
1901
Schriftsatz der Gutehoffnungshütte vom 31.08.1901; einzelne Schreiben zwischen Hoerder Verein und Agentur deutscher Grobblech-Walzwerke GmbH zur Klage.

1466 Zivilprozess der The Metal & General Agency Weager & Funck, London, gegen den Hoerder Verein wegen nicht eingehaltener Vertragskonditionen für eine Lieferung von Stahlblöcken.
1901-1905
Schriftsätze der Prozessgegner; Vertrag zwischen A. Cartledge und Hoerder Verein über die Generalvertretung des Unternehmens in England, Schottland und Irland vom 15.01.1901 (Abschrift); Zeugenvernehmungsprotokolle; Schriftwechsel zwischen Hoerder Verein, Cartledge und Rechtsanwälten zum Verfahren (z. T. Abschriften).

1596 Zivilprozess von Hoerder Verein bzw. Phoenix AG Hoerder Verein gegen die Firma Glässing & Schollwer, Berlin, wegen unbezahlter Lieferungen.
1896-1899, 1903-1907
Urteile von Königlichem Kammergericht Berlin vom 21.12.1905 und 21.04.1906 sowie Königli-

chem Landgericht Berlin I vom 21.12.1905; Schriftsätze der Prozessgegner; Lieferrechnungen des Hoerder Vereins an die Firma Glässing & Schollwer (Abschriften); Bestätigung der Firma über ein mit dem Hoerder Verein vereinbartes Abkommen zur Übernahme der Handelsvertretung für Bestellungen von Kolonial- und Eisenbahnbehörden vom 01.12.1899 (Abschrift); Bericht der Firma über vermeintlich schlechte Schienenqualitäten des Hoerder Vereins vom 23.07.1903 (Abschrift); einzelne Schreiben zwischen den Vertragspartnern zu Bestellungen (Abschriften); Auszüge aus den Kassabüchern des Hoerder Vereins; Schriftwechsel zwischen Hoerder Verein bzw. Phoenix AG Hoerder Verein und Rechtsanwälten zum Verfahren.

5.2.4 Mitarbeiter

2107 Gewerbestreitverfahren des Hoerder Vereins.
1884-1895
Entscheidungen der Stadt [Dortmund-]Hörde und des Gewerbegerichts zu Hörde zu Arbeitsrechts- und Entschädigungsverfahren von Arbeitern gegen Hoerder Verein und Krankenkasse des Hoerder Vereins; Schriftwechsel zwischen Hoerder Verein, Stadt Hörde und Königlicher Gewerbe-Inspektion zu Dortmund zu den Verfahren.

1470 Zivilprozess von Franz Horn gegen den Hoerder Verein wegen Zahlung einer Invalidenrente nach Arbeitsunfall am Hochofen.
1899-1907
Unfallversicherungsanzeige der Nordstern Unfall- und Alters-Versicherungs-Actien-Gesellschaft vom 16.01.1900; Schriftsätze der Prozessgegner; Aufstellung zum Lohn von Horn, Januar 1899 bis April 1900; Urteil des Königlichen Landgerichts Dortmund vom 31.05.1905; Schriftwechsel zwischen Hoerder Verein bzw. Phoenix AG Hoerder Verein, Rechtsanwälten und Horn bzw. seiner Witwe über Verfahren, Zwangsvollstreckung der Prozesskosten und Auszahlung der Unfallversicherung nach dem Tod Horns.

1767 Zivilprozess eines Arbeiters gegen Hoerder Verein und Königlich Preußischen Eisenbahnfiskus auf Schadensersatz nach einem Arbeitsunfall.
1900-1904
Schriftsätze der Prozessgegner; Urteil des Königlichen Landgerichts Essen vom 16.10.1901; einzelne Schreiben zwischen Hoerder Verein, Nordstern Unfall- und Alters-Versicherungs-Actien-Gesellschaft und Rechtsanwälten zum Verfahren.

1015 Zivilprozess des Hoerder Vereins gegen den Magazinverwalter Louis Wind wegen unberechtigten Gehaltsbezuges während längerer Krankheit.
1896, 1903-1905
Schriftsätze der Prozessgegner; Urteil des Königlichen Landgerichts Dortmund vom 06.10.1904; Schriftwechsel zwischen Hoerder Verein, Rechtsanwälten und Wind zu Beweisaufnahme und Prozessverlauf.

5.2.5 Sonstiges

2218 Zivilprozess des Hoerder Vereins gegen die Firma H. Schlenkhoff, Herne, wegen illegalen Abbaus von Kalkstein im Steinbruch in [Iserlohn-]Letmathe.
1894-1896
Klageschriftsatz des Hoerder Vereins vom 17.07.1895; Urteil des Königlichen Landgerichts Hagen vom 18.07.1895; Schriftwechsel zwischen Hoerder Verein, Rechtsanwälten und Firma H. Schlenkhoff zu Kaufverhandlungen, Prozessverlauf und Einigung.

1613 Strafprozess des Hoerder Vereins gegen Percy Simundt, Berlin, wegen Verletzung des Patentrechts und unlauteren Wettbewerbs beim Vertrieb von Kesselfeuerungssystemen der Firma J. Kudlicz, Prag.
1895-1904
Schriftwechsel zwischen Hoerder Verein, Josef Kudlicz und Kaufinteressenten der Feuerungssysteme über die vom Hoerder Verein erworbene Lizenz, die missbräuchliche Verwendung von Referenzschreiben des Hoerder Vereins und anderer Unternehmen für Kudlicz in Werbebroschüren und Zeitungsannoncen von Simundt, das Strafverfahren und die Erfahrungen des Hoerder Vereins mit dem Feuerungssystem; Werbeprospekt Simundts, mit Referenzliste, o. D.; Urteil des Königlichen Landgerichts Berlin I vom 20.11.1896; einzelne Hefte von „Annalen für Gewerbe und Bauwesen", „Montan-Zeitung für Österreich-Ungarn und den Balkan", „Eisen-Zeitung" und „Allgemeine Schlosser-Zeitung" mit Erklärungen von Hoerder Verein und Kudlicz zum Verfahren; Werbebroschüre der Firma J. Kudlicz, mit Referenzliste.

1677 Strafantrag des Hoerder Vereins gegen den Redakteur Wilhelm Düwel wegen Verleumdung des Vorstands.
1896, 1903-1904
Strafantrag des Hoerder Vereins vom 12.03.1903 wegen Behauptung Düwels, das Unternehmen beute seine Arbeiter durch Teilzahlung des Lohns in Form von Warenhausbons aus; Satzung der Hörder Warenhaus GmbH vom 23.12.1896 (Abschrift); Lohnaufstellungen für zwei Arbeiter, mit Aufschlüsselung der Barbeträge, Abzüge für Sozialversicherungen und Warenhausbons; einzelne Schreiben zwischen Hoerder Verein und Rechtsanwälten zum Verfahren.

1768 Zivilprozess der Firma Friedr. Bernhardt, Wanne, gegen den Hoerder Verein wegen Schadensersatzes für einen vorzeitig gekündigten Vertrag zum Bau eines Wetterschachts für Schacht Schleswig des Hoerder Kohlenwerks.
1901-1903
Vertrag zwischen Hoerder Verein und Firma Friedr. Bernhardt zum Bau eines Querschlags und eines Luftschachts vom 25.09.1901; Schriftsätze der Prozessgegner; einzelne Schreiben zwischen Hoerder Verein und Rechtsanwälten zu Verfahren und Zwangsvollstreckung gegen die Firma zur Begleichung der Prozesskosten.
Schrift teils unleserlich verblasst.

5.3 Forderungen

1240 Ausfallbürgschaft für den Hoerder Verein.
1872
Bürgschaft des Hoerder Kesselherstellers Louis Radoux für den Kesselhersteller W. Willich zu sämtlichen Forderungen des Hoerder Vereins gegenüber Willich aus der Lieferung von Blechen vom 14.06.1872.

1658 Zahlungsunfähigkeit der Gevelsberger Nietenfabrik Weinbrenner & Kummerhoff.
1900–1901
Zahlungsbefehl des Königlichen Amtsgerichts Schwelm vom 31.12.1900; Schriftwechsel zwischen Hoerder Verein, Weinbrenner & Kummerhoff und Rechtsanwälten über die drohende Zahlungsunfähigkeit, Beschlüsse der Gläubigerversammlung, Forderungsreduzierung und Beschaffung von Bürgschaften.

1750 Konkurs der Waggon-Fabrik-Weimar AG.
1900–1905
Einzelne Schreiben zwischen Hoerder Verein und Waggon-Fabrik-Weimar AG zur Stundung von Rechnungen; Bericht des Agenten Ernst Schilling über die Gläubigerversammlung am 28.01.1901; Mitteilungen von Aufsichtsrat, Gläubigerversammlung und Konkursverwalter an die Gläubiger und Aktionäre zu Eröffnung und Verlauf des Konkursverfahrens, Sanierung des Unternehmens und Gründung der Aktiengesellschaft für Eisenbahn- und Militärbedarf (gedruckt); Aufstellung der Forderungen des Hoerder Vereins; Aufstellung der insgesamt angemeldeten Forderungen; Eröffnungsbilanz der Aktiengesellschaft für Eisenbahn- und Militärbedarf.

1447 Wechselforderung des Hoerder Vereins.
1902
Forderungsanmeldung des Hoerder Vereins beim Königlichen Amtsgericht zu Siegen nach Konkurs des Schuldners J. Zimmermann vom 12.06.1902; Gebührenrechnung des Amtsgerichts.

1464 Forderungen des Hoerder Vereins aus dem Konkursverfahren über das Vermögen des Kaufmanns Wilhelm Steffe, [Siegen-]Geisweid.
1902–1903
Auszüge aus den Tabellen der zum Konkursverfahren angemeldeten Forderungen; Mitteilung des Königlichen Amtsgerichts Siegen zur Eröffnung des Verfahrens vom 24.05.1902; einzelne Schreiben zwischen Hoerder Verein und Amtsgericht zur Anmeldung von Forderungen.

1465 Wechselforderungen des Hoerder Vereins aus dem Konkursverfahren gegen die Firma Steffe & Junker, [Siegen-]Geisweid.
1902–1907
Wechsel; Wechselproteste; Rechnungen des Hoerder Vereins (Abschriften); einzelne Schreiben zwischen Hoerder Verein und Königlichem Amtsgericht Siegen zur Anmeldung von Forderungen.

1467 Forderungen des Hoerder Vereins aus dem Konkursverfahren gegen die Compagnie Commerciale d'Exportateurs et d'Importateurs Réunie, Paris/Antwerpen.
1902–1907

Aufstellungen zu den Lieferungen des Hoerder Vereins (Abschriften); Schriftwechsel zwischen Hoerder Verein bzw. Phoenix AG Hoerder Verein, Adr. Koolen als Vertreter des Unternehmens in Amsterdam und Rechtsanwälten zu Anmeldung von Forderungen und Konkursverfahren (deutsch und französisch); Ausschreibungen zur Zwangsversteigerung von Vermögensgegenständen (französisch).

1468 Forderungen des Hoerder Vereins aus Lieferungen an die Firma Jules Joly, St. Ghislain (Frankreich).
1903
Aufstellungen zu den Lieferungen des Hoerder Vereins (Abschriften); einzelne Schreiben zwischen Hoerder Verein, Adr. Koolen als Vertreter des Unternehmens in Amsterdam und Rechtsanwälten zur Begleichung der Rechnungen (deutsch und französisch).

1471 Forderungen des Hoerder Vereins aus dem Konkursverfahren gegen die Schleswig-Holsteinische Kokswerke Actien-Gesellschaft, Rade.
1903–1906
Schreiben zwischen Hoerder Verein, Rechtsanwälten, Schleswig-Holsteinische Kokswerke Actien-Gesellschaft i. L. und Königlichem Amtsgericht Rendsburg zur Anmeldung von Forderungen.

5.4 Versicherungen
5.4.1 Gebäude

1840 Feuerversicherung von Firma Piepenstock & Comp. und Hoerder Verein.
1848, 1852–1858
Versicherungspolicen von Aachener und Münchener Feuer-Versicherungs-Gesellschaft und Colonia Kölnische Feuer-Versicherungs-Gesellschaft, mit detaillierter Aufstellung der versicherten Gebäude, Maschinen und Gegenstände von Hermannshütte und Hoerder Eisenwerk; Lageplan der Hermannshütte, 1854.

1949 Aufstellung der Versicherungswerte des Hoerder Eisenwerks.
1877
Aufstellungen zu den einzelnen Gebäuden und Anlagen, mit Lageplänen.
Lagepläne aufgrund starken Papierbruchs nicht benutzbar.

2034 Versicherungsangelegenheiten des Hoerder Vereins.
1883–1890
Aufstellung der versicherten Gebäude und Gegenstände der Hermannshütte, mit Wertangabe, 1887; Gewinn- und Verlustrechnung der Schlesischen Feuerversicherungs-Gesellschaft für das Geschäftsjahr 1885 (gedruckt); Allgemeine Versicherungsbedingungen der Hamburg-Bremer Feuer-Versicherungs-Gesellschaft (gedruckt); Auszug aus der Niederschrift der Generalversammlung der Deutscher Phoenix Versicherungs-Gesellschaft am 10.04.1888, mit Gewinn- und Verlustrechnung (gedruckt); Geschäftsbericht der Bayerischen Hypotheken- und Wechselbank, 1888; Schriftwechsel zwischen Hoerder Verein sowie Vaterländischer Feuerversicherungs-Actien-Gesellschaft, Kölnischer Feuer-Versicherungs-Gesellschaft „Colonia", Gladbacher Feuerversicherungs-Gesellschaft, Westdeutscher Versicherungs-Aktien-Bank, „Union" Allgemeine Versicherungs-AG, Hamburg-Bremer Feuer-Versicherungs-Gesellschaft, Schlesischer Feuerversicherungs-Gesellschaft,

Versicherungsagenturen u. a. über Veränderungen an den versicherten Werksanlagen und Regulierung von Brandschäden.

2083 Feuerversicherung des Hoerder Vereins, insbesondere Neuversicherung von Schacht Holstein des Hoerder Kohlenwerks.
1890–1893
Auszüge aus den Niederschriften von Generalversammlungen der Deutscher Phoenix Versicherungs-Gesellschaft (gedruckt); Satzung der Feuerversicherungsbank für Deutschland vom 01.01.1890 (gedruckt); Geschäftsbericht des Feuerversicherungs-Verbandes deutscher Fabriken, 1891/92 (gedruckt); Schriftwechsel zwischen Hoerder Verein, Versicherungsagenturen sowie u. a. Vaterländischer Feuerversicherungs-Actien-Gesellschaft, Gladbacher Feuerversicherungs-Gesellschaft, Kölnischer Feuer-Versicherungs-Gesellschaft „Colonia" und „Union" Allgemeine Versicherungs-AG zu Abschluss und Veränderungen von Verträgen für Hermannshütte, Hoerder Eisenwerk und Hoerder Kohlenwerk.

2047 Versicherung der Werksanlagen des Hoerder Vereins.
1892–1897
Aufstellung der versicherten Gebäude, Maschinen und Gegenstände von Hermannshütte, Hoerder Eisenwerk, Hoerder Kohlenwerk sowie der Beamtenwohnhäuser und Arbeitersiedlungen des Hoerder Vereins, mit Wertangabe, für den Zeitraum vom 17.07.1892–17.07.1897; Lagepläne zu den versicherten Objekten.

2106 Feuerversicherung des Hoerder Vereins.
1894–1895
Schriftwechsel zwischen Hoerder Verein, Versicherungsagenturen sowie u. a. Vaterländischer Feuerversicherungs-Actien-Gesellschaft, Gladbacher Feuerversicherungs-Gesellschaft und Kölnischer Feuer-Versicherungs-Gesellschaft „Colonia" zu Abschluss und Veränderungen von Verträgen für Hermannshütte, Hoerder Eisenwerk und Hoerder Kohlenwerk.

2065 Feuerversicherung des Hoerder Vereins.
1896–1897
Aufstellung der versicherten Gebäude, Maschinen und Gegenstände von Hermannshütte, Hoerder Eisenwerk, Hoerder Kohlenwerk sowie der Beamtenwohnhäuser und Arbeitersiedlungen des Hoerder Vereins, mit Wertangabe, für den Zeitraum vom 17.07.1892–17.07.1897 und Angabe der Änderungen zwischen 15.11.1895 und 15.09.1896; Schriftwechsel zwischen Hoerder Verein, Versicherungsagenturen sowie u. a. Vaterländischer Feuerversicherungs-Actien-Gesellschaft, Gladbacher Feuerversicherungs-Gesellschaft, Kölnischer Feuer-Versicherungs-Gesellschaft „Colonia" und North British and Mercantile Insurance Company zu Abschluss und Veränderungen von Verträgen.

2036 Versicherung der Werksanlagen des Hoerder Vereins.
1897–1902
Aufstellung der versicherten Gebäude, Maschinen und Gegenstände von Hermannshütte, Hoerder Eisenwerk, Hoerder Kohlenwerk sowie der Beamtenwohnhäuser und Arbeitersiedlungen des Hoerder Vereins, mit Wertangabe, für den Zeitraum vom 17.10.1897–17.10.1902.

2113 Feuerversicherung des Hoerder Vereins.
1898–1899
Schriftwechsel zwischen Hoerder Verein, Versicherungsagenturen sowie u. a. Vaterländischer Feuerversicherungs-Actien-Gesellschaft, Gladbacher Feuerversicherungs-Gesellschaft, Kölnischer Feuer-Versicherungs-Gesellschaft „Colonia“ und „Union“ Allgemeine Versicherungs-AG zu Abschluss und Veränderungen von Verträgen für Hermannshütte, Hoerder Eisenwerk und Hoerder Kohlenwerk.

2150 Feuerversicherung des Hoerder Vereins.
1899–1901
Schriftwechsel zwischen Hoerder Verein, Versicherungsagenturen sowie u. a. Vaterländischer Feuerversicherungs-Actien-Gesellschaft, Gladbacher Feuerversicherungs-Gesellschaft und Kölnischer Feuer-Versicherungs-Gesellschaft „Colonia“ zu Abschluss und Veränderungen von Verträgen für Hermannshütte, Hoerder Eisenwerk und Hoerder Kohlenwerk; Aufstellungen zu versicherten Objekten.

2196 Feuerversicherung des Hoerder Vereins.
1902–1903
Aufstellungen zu versicherten Anlagen, Gebäuden, Maschinen und Gegenständen von Hermannshütte, Hochofenwerk Hörde, Hochofenwerk Dortmund und Hoerder Kohlenwerk; Schriftwechsel zwischen Hoerder Verein, Versicherungsagenturen sowie u. a. Aachener und Münchner Feuer-Versicherungs-Gesellschaft, Westdeutscher Versicherungs-Aktien-Bank, Gladbacher Feuerversicherungs-Gesellschaft und Kölnischer Feuer-Versicherungs-Gesellschaft „Colonia“ zu Abschluss und Veränderungen von Verträgen sowie Schadensregulierung.

5.4.2 Transport

2057 Transportversicherungen des Hoerder Vereins.
1876–1892
Policen von Allgemeine Versicherungs-Gesellschaft für See-, Fluss- & Landtransport und Düsseldorfer Allgemeine Versicherungs-Gesellschaft für See-, Fluss- & Land-Transport, jeweils mit Versicherungsbedingungen; Aufstellung der Düsseldorfer Allgemeine Versicherungs-Gesellschaft zu Prämien für Transporte auf dem Rhein, 1876 (gedruckt); Werbeblätter der Deutscher Lloyd Transport-Versicherungs-Actien-Gesellschaft; Rechnungsabschlüsse der Düsseldorfer Allgemeine Versicherungs-Gesellschaft, 1881–1884 und 1888, jeweils mit Aufstellungen der Geschäftsergebnisse der Geschäftsjahre ab 1845 (gedruckt); Rechnungsabschluss der Deutscher Lloyd, 1889 (gedruckt); Schriftwechsel zwischen Hoerder Verein und Versicherungsagenturen, insbesondere mit Adalbert Polscher, Dortmund, über den Abschluss von Versicherungen für Lieferungen.

2209 Untergang des Schiffes Engelbertha Aleida im Hafen Duisburg mit einer Blechlieferung des Hoerder Vereins.
1902
Schriftwechsel zwischen Hoerder Verein, Reederei Karl Schroers, Duisburg, Versicherungsagentur Adalbert Pölscher, Dortmund, Düsseldorfer Allgemeine Versicherungs-Gesellschaft für See-, Fluss- & Land-Transport und Transport-Comptoir der Hüttenwerke Phoenix, Hoerde und Hoesch, Rotterdam, zu Unfallhergang und Schadensregulierung.

5.4.3 Mitarbeiter

2186 Sammlung von Satzungen und Versicherungsbedingungen.
1874–1880, 1885, 1897–1901
Satzungen von Verband deutscher Draht-Walzwerke vom 14.12.1901, Gutehoffnungshütte vom 16.11.1901, Bank für Handel und Industrie vom 01.01.1900, Eisern-Siegener Eisenbahn-Gesellschaft, 1885, Aktien-Gesellschaft der Maschinenfabrik, Eisengießerei und Kesselschmiede von „Richard Pohle", 1897 (deutsch und russisch), Deutsche Bank vom 20.08.1897, Unfallversicherungsgenossenschaft zu Chemnitz vom 20.07.1874, Eisen-Industrie zu Menden und Schwerte AG vom 09.12.1885, Warsteiner Gruben- und Hütten-Werke vom 24.09.1885 und Lebensversicherungsverein für die Angehörigen der Firma Fried. Krupp vom 12.11.1877; Allgemeine Versicherungsbedingungen der Schweizerischen Unfallversicherungs-Actiengesellschaft, 1880, und Prospekt zu einer „Collectiv-Versicherung", 1879; Verträge der Firma Fried. Krupp mit den Lebens-Versicherungs-Gesellschaften für den Lebensversicherungsverein für die Angehörigen der Firma Fried. Krupp, o. D. (Broschüre, 30 S.), sowie „Instruction für die Vertrauensmänner", o. D. (Broschüre, 16 S.).

2061 Beamtenunfallversicherung des Hoerder Vereins.
1882–1892
Versicherungsbedingungen von Transport- und Unfall-Versicherungs-Actiengesellschaft „Zürich" und Providentia Frankfurter Versicherungs-Gesellschaft; Prospekt zu Beamtenunfallversicherungen und Versicherungsbedingungen der Rhenania Versicherungs-Actien-Gesellschaft; Werbematerialien; Versicherungsbedingungen und Antragsformulare von Schweizerischer Unfall-Actiengesellschaft, Victoria zu Berlin Allgemeiner Versicherungs-Actien-Gesellschaft, Kölnischer Unfall-Versicherungs-Actien-Gesellschaft sowie „Nordstern" Arbeiter-Versicherungs-Actien-Gesellschaft; Aufstellungen zu den Bürobeamten von Hermannshütte, Hoerder Eisenwerk und Hoerder Kohlenwerk, 1887; Broschüre der Kölnischen Unfall-Versicherungs-Actien-Gesellschaft, mit Aufstellung aller im Geschäftsjahr 1886 und im ersten Halbjahr 1887 regulierten Schäden sowie Beschreibung und Angabe der Schadenshöhe (100 S.); H. Mehler: „Vergleichende Zusammenstellung der Unfallversicherungsgesellschaften mit besonderer Rücksicht auf die Versicherung von Ärzten und ärztlichen Vereinen", o. D. (Broschüre, 16 S. und Tabellenanhang); Aufstellung zu den Prämienzahlungen an die Kölnische Unfall-Versicherungs-Actien-Gesellschaft zwischen April 1891 und April 1892; Schriftwechsel zwischen Hoerder Verein, Kölnischer Unfall-Versicherungs-Actien-Gesellschaft und den Agenturen Ludwig von Born und Th. Lierfeld zu Abschluss und Auflösung von Versicherungen und Schadensmeldungen.

1131 Beamtenunfallversicherung des Hoerder Vereins.
1889–1892
Generalpolice der Kölnischen Unfall-Versicherungs-Actien-Gesellschaft für 182 Personen, mit namentlicher Aufstellung, vom 04.04.1889 und Verlängerung vom 11.04.1890; Einzelpolicen mit Allgemeinen Versicherungsbedingungen; zwei Policen der Kölnischen Unfall-Versicherungs-Actien-Gesellschaft als Mitglied des Europäischen Verbandes zur Versicherung von Besuchern der Weltausstellung in Chicago gegen Transport- und Unfallgefahren für Ludwig Tull und Ludwig Hanisch.

2099 Beamtenunfallversicherung des Hoerder Vereins.
1892–1894

Werbeblätter und Versicherungsbedingungen der Kölnische Unfall-Versicherungs-Actien-Gesellschaft zur Unfall- und Haftpflichtversicherung (gedruckt); Versicherungsbedingungen, Prospekt zur Haftpflichtversicherung und Broschüre mit Beschreibung von Haftpflichtfällen des Allgemeinen Deutschen Versicherungs-Vereins (gedruckt); Prospekte und Werbeblätter von Europäischer Verband zur Versicherung von Besuchern der Weltausstellung in Chicago gegen Transport- und Unfallgefahren (Chicago-Versicherungs-Verband), „Nordstern" Lebens- Versicherungs-Actien-Gesellschaft und Vaterländischer Lebensversicherungs-Actien-Gesellschaft; Schriftwechsel zwischen Hoerder Verein, Kölnischer Unfall-Versicherungs-Actien-Gesellschaft und Versicherungsagentur Th. Lierfeld zu Abschluss und Auflösung von Versicherungen und Schadensmeldungen, April 1892 bis Dezember 1894.

2069 Beamtenunfallversicherung des Hoerder Vereins.
1895–1897
Werbeblatt und Versicherungsbedingungen der Kölnischen Unfall-Versicherungs-Actien-Gesellschaft (gedruckt); Schriftwechsel zwischen Hoerder Verein, Kölnischer Unfall-Versicherung und Versicherungsagentur Th. Lierfeld zu Abschluss und Auflösung von Versicherungen und Schadensmeldungen, Januar 1895 bis März 1897.

2077 Beamtenunfallversicherung des Hoerder Vereins.
1897–1898
Werbeblätter und Versicherungsbedingungen der Kölnischen Unfall-Versicherungs-Actien-Gesellschaft (gedruckt); Aufstellung der am 03.04.1897 versicherten Beamten und gezahlten Prämien sowie Aufstellung zur Versicherungshöhe für verschiedene Berufsgruppen; Geschäftsbericht der Allianz Versicherungs-AG, 1897, sowie Versicherungsbedingungen für die Unfall- und Haftpflichtversicherung (gedruckt); Schriftwechsel zwischen Hoerder Verein, Kölnischer Unfall-Versicherung und Versicherungsagentur Th. Lierfeld zu Abschluss und Auflösung von Versicherungen und Schadensmeldungen, April 1897 bis Dezember 1898.

2222 Beamtenunfallversicherung des Hoerder Vereins.
1898–1900
Versicherungsbedingungen von Kölnischer Unfall-Versicherungs-Actien-Gesellschaft und Friedrich Wilhelm Preußische Lebens- und Garantie-Versicherungs-Actien-Gesellschaft (gedruckt); Versicherungsbedingungen und Probepolicen der „Zürich" Allgemeine Unfall- und Haftpflicht-Versicherungs-Aktiengesellschaft (gedruckt); Versicherungsbedingungen und Vertrag (blanko) der Deutscher Anker Pensions- und Lebensversicherungs-Aktiengesellschaft; vergleichende Übersicht zu den Prämiensätzen verschiedener Versicherungen; Aufstellung der versicherten Beamten des Hoerder Vereins, o. D.; Arzt- und Apothekenrechnungen; Schriftwechsel zwischen Hoerder Verein, Kölnischer Unfall-Versicherung und Versicherungsagentur Th. Lierfeld zu Abschluss und Auflösung von Versicherungen und Schadensmeldungen, Dezember 1898 bis September 1900.

2173 Invalidenversicherung beim Hoerder Verein.
1900–1902
Einzelne Schreiben zwischen Hoerder Verein und Stadt [Dortmund-]Hörde zu Beschäftigungsdauer und Versicherungsnachweis von Arbeitern sowie Umsetzung gesetzlicher Vorschriften.

5.5 Patente

5.5.1 Thomas-Verfahren

5.5.1.1 Erwerb und Korrespondenz mit den Rheinischen Stahlwerken und der Familie Thomas

63 Erwerb der Patente des Thomas-Verfahrens für Deutschland und Luxemburg durch Hoerder Verein und Rheinische Stahlwerke sowie Vergabe von Lizenzen.

1879–1887

Angebot von Sidney Gilchrist Thomas zum Erwerb der Patente mit Option bis zum 15.02.1880, o. D. (englisch); Verträge zwischen Thomas sowie Hoerder Verein und Rheinischen Stahlwerken vom 26.04.1879 zu Patenterwerb und Festlegung von Lizenzgebühren (englische Kopie, deutsche Abschrift) und 10./12.04.1880 zur Ablösung der Lizenzgebühren gegen eine Einmalzahlung (deutsch und englisch); Abkommen zwischen Hoerder Verein und Rheinischen Stahlwerken vom 26.04.1879 über das gemeinsame Vorgehen beim Ankauf der Patente; Niederschrift einer Sitzung von Vertretern beider Firmen zur Beratung des weiteren Vorgehens vom 30.04.1879 (Abschrift); notariell beglaubigte Mitteilung von Thomas an das Kaiserliche Patentamt über den Verkauf vom 12.05.1879; Angebot von Thomas zur Verlängerung der Option zur Ablösung der Patentgebühren durch eine Einmalzahlung vom 19.02.1880 (Abschrift, englisch); Aufstellung und Abschriften der zwischen April 1879 und Januar 1880 von und für Thomas in Deutschland angemeldeten Patente: u. a. Patentschrift Nr. 5.869 des Kaiserlichen Patentamts für Sidney Gilchrist Thomas über ein „Verfahren zur Herstellung von feuerfesten basischen Ziegeln durch Mischen von magnesiahaltigem Kalkstein mit geringen Mengen von Kieselsäure, Thonerde und Eisenoxyd, Formen der Masse zu Ziegeln und Brennen derselben bei Weißglühhitze" vom 28.05.1879, Patentschrift Nr. 6.080 des Kaiserlichen Patentamts für Sidney Gilchrist Thomas über „Benutzung von Wasserglas bei der Herstellung von Ofenfuttern" vom 30.05.1879 (gedruckt); Gutachten von Rudolf Klostermann (Oberbergamt Bonn) vom 13.11.1879 zu Einsprüchen gegen die Patentanmeldung 11.468 (Abschrift); notariell beglaubigte Urkunde von Theodor Movius (A. Schaaffhausen'scher Bankverein) vom 20.10.1887 zur Rückübertragung der vom Hoerder Verein an diesen am 06.02.1884 verpfändeten Forderungen gegenüber 18 Lizenznehmern zur Begleichung von Verbindlichkeiten bei A. Schaaffhausen'schem Bankverein, Bankhaus J. H. Stein und Bankhaus Deichmann & Co.; Lizenzverträge mit Actiengesellschaft Ilseder Hütte und Actien-Gesellschaft Peiner Walzwerk vom 24.01.1881 und 2./5./7.04.1884, Lothringer Eisenwerke vom 21./27.11.1879, mit Nachtrag vom 21./24.08.1880, Bochumer Verein vom 11.03.1880, De Dietrich & Cie. vom 30.07.1879, Hoesch AG vom 20.11.1883, Eisenwerk-Gesellschaft Maximilianshütte vom 06.04.1880, Gebr. Stumm, Actiengesellschaft Dillinger Hüttenwerke und Gebr. Gienanth vom 15.06.1879, Gutehoffnungshütte vom 05.04.1881, H. J. Vygen & Co, Dr C. Otto & Comp. und Stolberger Actien-Gesellschaft für feuerfeste Produkte vom 04.06.1879, Luxemburger Bergwerks- und Saarbrücker Eisenhütten-Actien-Gesellschaft vom 30.01./09.02.1880, Oberschlesische Eisenbahn-Bedarfs-AG vom 20./28.06.1883 und 17./19./20.07.1883, Phoenix AG vom 08.04.1881 sowie Witkowitzer Bergbau- & Eisenhüttengewerkschaft vom 23.07.1879 (Originale).

64 Erwerb der Patente des Thomas-Verfahrens für Österreich-Ungarn durch den Hoerder Verein bzw. für Deutschland und Luxemburg durch Hoerder Verein und Rheinische Stahlwerke.

1879–1880

Vertragsentwurf zwischen Hoerder Verein und Sidney Gilchrist Thomas über den Erwerb der Patente für Österreich-Ungarn und das Recht zur Vergabe von Unterlizenzen, o. D. (deutsch); Vertragsentwurf zwischen Hoerder Verein, Rheinischen Stahlwerken und Thomas über den Erwerb der Patente für Deutschland und Luxemburg vom 26.04.1879 (deutsch, Abschrift); Angebote von Thomas zum Verzicht auf einen Teil der ihm zustehenden Lizenzgebühren gegen eine Einmalzahlung und den Verkauf des Patents von Edward Riley für Deutschland und Luxemburg vom 25.06.1879, mit Option bis zum 15.07.1879 (englisch, Abschriften); einzelne Schreiben zwischen Prager Eisen-Industrie-Gesellschaft und Thomas über die Auslegung ihres Lizenzvertrags mit Thomas und die Rechte des Hoerder Vereins (Originale und Abschriften); Auszüge aus den Patentschriften (Abschriften); Schriftwechsel zwischen Hoerder Verein, vor allem Joseph Massenez, und Sidney Gilchrist Thomas sowie einzelne Schreiben von Thomas an die Rheinischen Stahlwerke (Abschriften) zu Modalitäten und Problemen des Patenterwerbs, Reduzierung und Ablösung der Patentgebühren durch eine Einmalzahlung, auch für Österreich und Ungarn, Anmeldung der Patente in Deutschland und Einsprüche gegen diese, Vergabe von Lizenzen, konkurrierenden Patentanmeldungen, u. a. der Firma Fried. Krupp, Patenten von Henri Harmet und technischen Verfahrensfragen (deutsch, englisch und französisch); Konstruktionszeichnung eines Brennofens zur Herstellung basischer Ziegel.

65 Erwerb und Nutzung der Patente des Thomas-Verfahrens für Deutschland und Luxemburg durch Hoerder Verein und Rheinische Stahlwerke.
1970–1990
Detaillierte Inhaltsbeschreibung der Akten DHHU/63, DHHU/64, DHHU/1149 und DHHU/2627, z. T. mit Transkription von Texten; handschriftliche Aufstellung über die im Bestand enthaltenen Akten zum Thema (Autor unbekannt, Aufstellung unvollständig).
Die exakte Datierung der Akte ist nicht möglich. Sie wurde wahrscheinlich im angegebenen Zeitraum erstellt.

755 Unterstützung des Vermittlers C. E. Muller beim Erwerb der Patente des Thomas-Verfahrens für Österreich-Ungarn durch den Hoerder Verein.
1879–1880
Schriftwechsel zwischen Hoerder Verein, insbesondere Joseph Massenez, und C. E. Muller zum Abkommen zwischen Muller und Hoerder Verein über eine Provision für Mullers Unterstützung beim Erwerb der Patente von Sidney Gilchrist Thomas.

1590 Erwerb eines Patents von Henri Harmet zur Entphosphorung von Roheisen durch Hoerder Verein und Rheinische Stahlwerke.
1879–1881
Vertragsentwürfe zum Erwerb des in Deutschland am 09.09.1879 unter Nr. 35.537 angemeldeten Patents für ein „Verfahren zur Entphosphorung des Eisens beim Bessemerprozess ohne Anwendung des Nachblasens, jedoch unter Zusatz von Flussspat" , o. D. (Abschriften); Schriftwechsel zwischen Joseph Massenez, Gustave Léon Pastor, Henri Harmet und den Patentanwälten F. Edmund Thode & Knoop, Dresden, über Vertragsmodalitäten, Vertragsunterzeichnung am 24.02.1880, Einsprüche gegen die Anmeldung von Phoenix AG und Königs- und Laurahütte sowie die Patenterteilung am 24.04.1880 (deutsch und französisch).

1779 Erwerb der Patente von Henri Harmet durch Hoerder Verein und Rheinische Stahlwerke.
1880
Kaufvertrag zwischen Henri Harmet, Hoerder Verein und Rheinischen Stahlwerken vom 27.02.1880 über das Patent Nr. 8.549 „Verfahren zur Entphosphorisierung des Roheisens im Bes-

semerkonverter in zwei Operationen" und die Patentanmeldung Nr. 28.885 „Verfahren zur Entphosphorisierung des Eisens beim Bessemerprozess in einem Konverter mit basischem Futter" (deutsch und französisch).

750 Schriftwechsel des Hoerder Vereins zum Erwerb des Thomas-Verfahrens.
1879
Schriftwechsel zwischen Joseph Massenez und Daniel Hilgenstock sowie Sydney Gilchrist Thomas, Percy Carlyle Gilchrist und Lilian Thomas zur Lizenznahme, Vergabe von Unterlizenzen, Berechnung von Lizenzgebühren sowie technischen Fragen.

752 Erwerb, Sicherung und Lizenzierung der Thomas-Patente durch Hoerder Verein und Rheinische Stahlwerke.
1879
Schriftwechsel zwischen Hoerder Verein, insbesondere Joseph Massenez, und Rheinischen Stahlwerken, insbesondere Feodor Goecke, über das gemeinsame Vorgehen, die Anmeldung der Patente in Deutschland, Einsprüche gegen Patente anderer Erfinder und Interessenten für die Vergabe von Unterlizenzen; Niederschrift einer Besprechung der beiden Unternehmen zum gemeinsamen Vorgehen am 30.04.1879.

1152 Schriftwechsel zwischen Hoerder Verein und Rheinischen Stahlwerken.
1880
Aufstellung der einzelnen Schreiben; Schriftwechsel, insbesondere zwischen Joseph Massenez und Feodor Goecke, über die gemeinsame Zahlung der Patentgebühren in Deutschland, die Anmeldung der Thomas-Patente in Luxemburg und Deutschland, Beschwerden der Patentinhaber gegen die Anmeldung konkurrierender Patente in Deutschland, Einsprüche anderer Unternehmen gegen die Anmeldung der Thomas-Patente in Deutschland, Beantwortung von Anfragen von Sydney Gilchrist Thomas, u. a. zur Lizenzvergabe an Actiengesellschaft Dillinger Hüttenwerke, Gebr. Gienanth, Gebr. Stumm und de Wendel, Vertragsmodalitäten und Vertragsverhandlungen mit verschiedener Interessenten wie Bochumer Verein und Königs- und Laurahütte, Verhandlungen mit verschiedenen Lizenznehmern wie Gebr. Stumm und de Wendel über die Ablösung der an die Produktionshöhe gebundenen Lizenzgebühren durch eine Einmalzahlung, Januar bis März 1880.

1173 Schriftwechsel zwischen Hoerder Verein und Rheinischen Stahlwerken.
1881
Schriftwechsel, insbesondere zwischen Joseph Massenez und Feodor Goecke, über Beschwerden der Patentinhaber gegen die Anmeldung konkurrierender Patente in Deutschland, Einsprüche anderer Unternehmen gegen die Anmeldung der Thomas-Patente in Deutschland, Lizenzierung des Verfahrens an Actiengesellschaft Ilseder Hütte, Actien-Gesellschaft Peiner Walzwerk und Union AG, sowie Angebote an verschiedene Lizenznehmer, vor allem Aachener Hütten-Actien-Verein und Gebr. Stumm, zur Ablösung der an die Produktionshöhe gebundenen Lizenzgebühren durch eine Einmalzahlung, Januar bis Juni 1881.

832 Schriftwechsel zwischen Hoerder Verein und Rheinischen Stahlwerken.
1881–1884
Schriftwechsel, insbesondere zwischen Joseph Massenez und Feodor Goecke, über die gemeinsame Zahlung der Patentgebühren in Deutschland, mit Abrechnungen, die Anmeldung der Thomas-

Patente in Luxemburg, Nichtigkeitsklagen gegen die Anmeldung der Thomas-Patente in Deutschland, Anfragen verschiedener Interessenten, u. a. Oberschlesische Eisenbahn-Bedarfs-AG und Gebr. Röchling, zu den Konditionen einer Lizenzierung, die Lizenzierung an Königs- und Laurahütte, Actien-Gesellschaft Peiner Walzwerk und Actiengesellschaft Ilseder Hütte, den Antrag der Firma Gebr. Stumm auf Ablösung der an die Produktionshöhe gebundenen Lizenzgebühren durch eine Einmalzahlung, konkurrierende Patentanmeldungen, u. a. von Caspar Stöckmann zu einem „Verfahren zur Vermeidung von Oxydbildung beim Entphosphorungsprozess in der basischen Birne", und Einsprüche gegen diese; Aufstellung über die in Luxemburg angemeldeten Thomas-Patente, Stand 1881 (französisch).

831 Schriftwechsel zwischen Hoerder Verein und Rheinischen Stahlwerken.
1884–1889
Schriftwechsel, insbesondere zwischen Joseph Massenez und Feodor Goecke, über die gemeinsame Zahlung der Patentgebühren in Deutschland, mit Abrechnungen, den Antrag der Firma Gebr. Stumm auf Ablösung der an die Produktionshöhe gebundenen Lizenzgebühren durch eine Einmalzahlung, die Weiterentwicklung des Thomas-Verfahrens durch Sidney Gilchrist Thomas, konkurrierende Patentanmeldungen, u. a. von Caspar Stöckmann zu einem „Verfahren zur Vermeidung von Oxydbildung beim Entphosphorungsprozess in der basischen Birne", und Einsprüche gegen diese, Anfragen verschiedener Interessenten, u. a. der Gebr. Röchling, zu den Konditionen einer Lizenzierung, Maßnahmen gegen den Export von Thomasstahl nach Deutschland durch den Eisenhütten-Aktien-Verein Düdelingen (Société Anonyme des Hauts-Fourneaux et Forges de Dudelange) ohne vorherigen Erwerb der Lizenzen für Deutschland sowie den Zahlungsverzug des Hasper Eisen- und Stahlwerks bei der Begleichung der Lizenzgebühren; Lizenzvertrag zwischen Hoerder Verein und Rheinischen Stahlwerken sowie „A. Pescatore und A. Fehlen in Rümelingen" (Société Anonyme des Hauts-Fourneaux et Forges de Rumelange et Ottange A. Pescatore, Louis Zoude & Cie.), Charles & Jules Collart in Steinfort und Hollericher Hohöfen-Actien-Gesellschaft in Hollerich (Société Anonyme des Hauts-Fourneaux de Hollerich), o. D. (nicht parafierter Entwurf).

756 Schriftwechsel zwischen Hoerder Verein und Rheinischen Stahlwerken.
1889–1894, 1899
Schriftwechsel über die gemeinsame Zahlung der Patentgebühren in Deutschland, Anfragen und Abrechnungsprobleme verschiedener Lizenznehmer sowie das Auslaufen des Patentschutzes; Gebührenrechnungen.

1149 Schriftwechsel zwischen Hoerder Verein, Lilian Thomas bzw. Lilian Thompson und Percy Carlyle Gilchrist.
1889–1894
Schriftwechsel über Lizenzgebühren, Ablösezahlungen und Produktionsmengen der Lizenznehmer, Anfragen von Gilchrist zu seiner Korrespondenz mit den lizenznehmenden Unternehmen in Deutschland, Österreich-Ungarn und Luxemburg, Verlängerung des Patentschutzes in Großbritannien und technische Entwicklungen; Eingabe der englischen Patentinhaber an den Privy Council zur Verlängerung des Patentschutzes in Großbritannien, o. D. (gedruckt, gestempelt 13.01.1892), mit Angaben zur weltweiten Patentsituation; Verhandlungen des Privy Council zur Eingabe am 24.02.1892 (gedrucktes Wortprotokoll, englisch); Aufstellungen zu den in Deutschland, Österreich-Ungarn und Luxemburg mit dem Thomas-Verfahren arbeitenden Unternehmen vom 05.01.1889, den Auslaufterminen des Schutzes der einzelnen Patente in diesen Staaten

vom 16.02.1891 und zur weltweiten Thomasstahlproduktion 1889/90; Einnahmenüberschussrechnung aus der weltweiten Lizenzvergabe sowie der Beteiligung von Sidney Gilchrist Thomas und Percy Carlyle Gilchrist an nach dem Thomas-Verfahren arbeitenden Unternehmen für den Zeitraum 1877-1892 (englisch, gedruckt); James Davis: „On the Manufacture of Basic Open Hearth Steel. Paper to be Read at the Meeting of Cleveland Institution of Engineers, 15.12.1890, and to be Discussed at the Meeting on 19.01.1891.

5.5.1.2 Patentabsicherung und Patentamtsverfahren

5.5.1.2.1 Anmeldeverfahren

Erworbene Patente

1576 Anmeldung von Thomas-Patenten beim Kaiserlichen Patentamt durch Sidney Gilchrist Thomas.
1878-1879
Patentanmeldung von Sidney Gilchrist Thomas Nr. 4.711 über „Neuerungen bei der Erzeugung von Stahl und Flusseisen" vom 25.03.1878 (Abschrift); Einsprüche gegen die Patentanmeldung von Bochumer Verein vom 06.06.1878 und Firma Fried. Krupp vom 11.06.1878 (Abschriften); Erwiderung von Thomas, o. D. (Abschrift).
Das Patent wurde unter Nr. 6.080 am 15.03.1879 erteilt.

1572 Umschreibung von Thomas-Patenten auf Hoerder Verein und Rheinische Stahlwerke beim Kaiserlichen Patentamt.
1879-1880
Notariell beglaubigte Erklärungen von Sidney Gilchrist Thomas an das Patentamt zum Verkauf seiner in Deutschland bestehenden Patente Nr. 5.869: „Verfahren zur Herstellung von feuerfesten basischen Ziegeln" und Nr. 6.080: „Benutzung von Wasserglas bei der Herstellung von Ofenfuttern" sowie aller zukünftigen Patente an Hoerder Verein und Rheinische Stahlwerke vom 12.05.1879 und 21.06.1879; Vertretungsvollmacht von Thomas für den Hoerder Verein vom 12.05.1879; Bestätigung des Patentamts zur Umschreibung vom 14.07.1879; Schriftwechsel zwischen Joseph Massenez und Patentamt über Umschreibung und Modalitäten späterer Eintragungen.

1731 Anmeldung von Harmet-Patenten beim Kaiserlichen Patentamt durch Hoerder Verein und Rheinische Stahlwerke.
1879-1881
Mitteilung des Patentamts vom 24.04.1880 über die Eintragung der Patentanmeldung 28.885 von Henri Harmet über „Entphosphorung des Eisens in der mit basischem Futter versehenen Bessemerbirne mit basischen Zuschlägen, ohne Anwendung des Nachblasens, jedoch unter Zusatz von Flussspat" als Patent Nr. 10.472 [am 27.02.1880 von Hoerder Verein und Rheinischen Stahlwerken erworben] (Abschrift); Patentanmeldungen Harmets vom 09.09.1979 (Abschriften und Auszüge, deutsch und französisch); Patentanmeldung von Hoerder Verein und Rheinischen Stahlwerken Nr. 15.508, über die „Verwendung verschiedener anderer Flussmittel" vom 25.04.1880 als Zusatzpatent zum Patent 10.472; Einspruch gegen die Patentanmeldung Nr. 28.885 durch die Königs- und Laurahütte vom 13.12.1879; Erwiderung der Patentanwälte F. Edmund Thode & Knoop im Auftrag Harmets vom 10.01.1880; Nichtigkeitsantrag von Carl Friedrich Claus, London, vom 03.03.1881 gegen das Patent Nr. 10.472 und Erwiderung von Hoerder Verein und Rheinischen Stahlwerken vom 19.04.1881 (Abschriften); Patentanmeldung von Claus vom 30.06.1879 über ein „Verfahren, bei der

Umwandlung von phosphorhaltigem Roheisen zu schmiedbarem Eisen oder Stahl den Phosphor zu entfernen und ferner auch für die Bereitung der Materialien zur Herstellung der dazu verwendeten Öfen und sonstigen Apparate"; Ablehnungsbescheide des Patentamts, auch zu anderen Patentanmeldungen von Claus (Abschriften); Verfügung des Patentamts zur Abweisung des Nichtigkeitsantrags vom 13.10.1881 (Abschrift).

1725 Anmeldung von Harmet-Patenten beim Kaiserlichen Patentamt durch Hoerder Verein und Rheinische Stahlwerke.
1880–1881
Patentanmeldung Nr. 15.508 über die „Verwendung verschiedener anderer Flussmittel" vom 25.04.1880 als Zusatzpatent zum Patent Nr. 8.659 bzw. 10.472 von Henri Harmet über „Entphosphorung des Eisens in der mit basischem Futter versehenen Bessemerbirne mit basischen Zuschlägen, ohne Anwendung des Nachblasens, jedoch unter Zusatz von Flussspat vom 24.04.1880 [am 27.02.1880 von Hoerder Verein und Rheinischen Stahlwerken erworben] (Abschrift); Einsprüche gegen die Patentanmeldung durch Phoenix AG vom 18.08.1880, Union AG vom 28.07.1880 und Königs- und Laurahütte vom 13.08.1880; Erwiderungen von Hoerder Verein und Rheinischen Stahlwerken vom 06.10.1880 (Abschriften); Mitteilungen des Patentamts über die Eintragung des Patents vom 28.10.1880 und 22.04.1881; Beschwerde der Antragsteller wegen falscher Auslegung des Patentanspruchs durch das Patentamt vom 22.11.1880.

767 Anmeldung bzw. Aufrechterhaltung der Thomas-Patente in Deutschland und Österreich-Ungarn.
1878–1891
Schriftwechsel zwischen Hoerder Verein, insbesondere Joseph Massenez, und den Patentanwälten Brüder Paget bzw. Paget & Moeller, Wien, über die Anmeldung des Patents von Sidney Gilchrist Thomas über ein „Verfahren zur Entphosphorung des Eisens beim Bessemerprozess" in Deutschland am 25.03.1878, die Einsprüche von Bochumer Verein und Firma Fried. Krupp gegen die Erteilung sowie die Anmeldung und Aufrechterhaltung der vom Hoerder Verein erworbenen Patente für Österreich-Ungarn; Gebührenabrechnungen; Erwiderung von Thomas auf die Einsprüche der beiden Unternehmen, o. D. (Abschrift).

1174 Patente des Hoerder Vereins zum Thomas-Verfahren in Österreich-Ungarn.
1879–1881
Patentgesuch des Hoerder Vereins über „Darstellung und Anwendung von Ferro-Phosphor" vom 01.11.1879 und geänderte Version vom 17.11.1880 (Abschriften); Anmeldebestätigungen der Kaiserlich-Königlichen niederösterreichischen Statthalterei mit Gewährung eines vorläufigen Schutzes von einem Jahr für „Verbesserungen beim Bessemerprozess" vom 30.10.1879 und „Darstellung und Anwendung von Ferro-Phosphor" vom 03.11.1879 und 23.03.1881 zur Anmeldung am 20.11.1881 (Originale und Abschrift) sowie Schreiben vom 28.02.1881 zur Patenterteilung am 07.01.1881; Schriftwechsel zwischen Joseph Massenez und den Patenanwälten Brüder Paget, Wien, über das Anmeldeverfahren; Patentschriften von Sidney Gilchrist Thomas in Österreich-Ungarn: 1) „Verbesserungen in der Erzeugung von Stahl und Flusseisen", eingereicht am 22.03.1878, erteilt am 20.04.1878, 2) „Verbesserungen in der Erzeugung von feuerfesten basischen Ziegeln", eingereicht am 04.10.1878, erteilt am 17.07.1879, 3) „Verbesserungen in der Herstellung von feuerfesten Ziegeln und von Auskleidungen metallurgischer Öfen", eingereicht am 11.04.1879, erteilt am 30.07.1879, 4) „Verbesserungen in der Fabrikation von Stahl", eingereicht am 21.04.1879, erteilt am 31.01.1880, 5) „Verbesserungen an Verfahren zur Herstel-

lung von feuerfesten basischen Ziegeln oder Blöcken", eingereicht am 01.05.1879, erteilt am 07.11.1879, 6) (fehlt), 7) „Neuerungen in der Fabrikation von Stahl und Flusseisen", eingereicht am 16.06.1879 (Erteilungsdatum fehlt), 8) „Verbesserungen in der Fabrikation von Stahl und Flusseisen", eingereicht am 08.07.1879 (Erteilungsdatum fehlt), sowie (ohne laufende Nummer) „Verfahren zur Herstellung stark gefütterter basischer Massen", eingereicht am 03.01.1881 (Erteilungsdatum fehlt) (alle Abschriften); Patentschrift von Edward Riley: „Verbesserung in der Fabrikation von in der Metallurgie angewandten Ziegeln und feuerfester Auskleidungen" (Abschrift).

751 Verlängerung und Absicherung der Thomas-Patente durch den Hoerder Verein.
1842, 1868–1872, 1877–1878, 1883–1891
Quittungen des Kaiserlichen Patentamts sowie von Patentämtern in Österreich, Frankreich und Belgien zur Zahlung der jährlichen Gebühren zur Aufrechterhaltung der Patente für den Hoerder Verein und Sidney Gilchrist Thomas sowie von Patenten von Gustav Hilgenstock; Patentanträge anderer Erfinder zur Entphosphorung von Roheisen und Einsprüche des Hoerder Vereins; Schriftwechsel zwischen Joseph Massenez, Patentanwälten Paget Moeller, Wien, und Rheinischen Stahlwerken über die Einsprüche sowie verschiedene Belange der Thomas-Patente.
Darin auch: namentliche Aufstellungen der Beamtengehälter des Hoerder Vereins für das Geschäftsjahr 1877/78; Aufstellungen über den Wertpapierbesitz des Hoerder Vereins, 1884; Verzeichnis der Verlosungen der Preußischen Staatsanleihen von 1850, 1852 und 1853; Restantenliste der Preußischen Staatsanleihe von 1842.

768 Aufrechterhaltung der Thomas-Patente des Hoerder Vereins in Österreich-Ungarn.
1891–1895
Schriftwechsel zwischen Hoerder Verein und den Patentanwälten Paget, Moeller & Hardy, Wien, über die Aufrechterhaltung der vom Hoerder Verein erworbenen Patente für Österreich-Ungarn; Gebührenabrechnungen.

Absicherungspatente

1728 Anmeldung von Thomas-Patenten beim Kaiserlichen Patentamt durch Hoerder Verein und Rheinische Stahlwerke.
1879–1880
Patentanmeldung des Hoerder Vereins für Sidney Gilchrist Thomas Nr. 18.299 vom 10.06.1879 über „Neuerungen in der Fabrikation von Stahl und Flusseisen" (Abschrift); Einsprüche gegen die Patentanmeldung durch Bochumer Verein vom 18.08.1879, Firma Fried. Krupp vom 28.08.1879, Gutehoffnungshütte vom 25.08.1879, Königs- und Laurahütte vom 02.08.1879 und Franz Würtenberger vom 21.08.1879 (Abschriften); Patentanmeldung Nr. 16.569 von Würtenberger vom 26.05.1879 über „Neuerung in der Herstellung großer Quantitäten Flussstahl oder Flusseisen aus phosphorhaltigem Roheisen im Gas-Regenerativofen, unter Anwendung eines Entphosphorungs-Verfahrens, welches durch Einblasen feingepulverter Reagentien in das Innere des Metallbades bewirkt wird" (Abschrift); Erwiderung des Hoerder Vereins vom 21.10.1879; Mitteilungen des Patentamts zur Erteilung des Patents vom 02.02.1880 und zur Vergabe der Patentnummer 11.389 vom 28.08.1880; Beschwerde von Würtenberger gegen die Patenterteilung vom 28.02.1880 und Erwiderung durch Hoerder Verein und Rheinische Stahlwerke vom 15.07.1880; Übersicht über die Patentklassen des Patentamts vom 24.07.1879.

1727 Anmeldung von Thomas-Patenten beim Kaiserlichen Patentamt durch Hoerder Verein und Rheinische Stahlwerke.
1879–1880, 1892
Patentanmeldung des Hoerder Vereins, mit Vollmacht von Rheinischen Stahlwerken und Sidney Gilchrist Thomas, Nr. 21.727 vom 08.07.1879 über „Neuerungen in der Fabrikation von Stahl und Flusseisen" als Zusatz zur Patentanmeldung von Sidney Gilchrist Thomas Nr. 18.299 über „Neuerungen bei der Erzeugung von Stahl und Flusseisen" vom Juni 1879 (Abschrift); Einsprüche gegen die Patentanmeldung durch Bochumer Verein vom 13.09.1879, Firma Fried. Krupp vom 11.09.1879, Phoenix AG vom 13.09.1879, Union AG vom 11.09.1879 und Franz Würtenberger vom 13.09.1879 (Abschriften); Erwiderung des Hoerder Vereins vom 03.11.1879; Mitteilungen des Patentamts zur Erteilung des Patents vom 02.02.1880 und über Vergabe der Patentnummer 11.390 vom 28.08.1880; Übersicht über die Patentklassen des Patentamts vom 24.07.1879; Mahnung zur Zahlung der Patentgebühren vom 06.08.1892.

1573 Anmeldung von Thomas-Patenten beim Kaiserlichen Patentamt durch Hoerder Verein und Rheinische Stahlwerke.
1879–1881
Patentanmeldung für Sidney Gilchrist Thomas Nr. 40.137, Abteilung V, über „Neuerungen zum unter den Patentanmeldungen Nr. 11.468, 17.185, 30.788 und 40.452 angemeldeten Verfahren zur Entphosphorung des Eisens beim Bessemerprozess" als Zusatzpatent zur Patentanmeldung Nr. 11.468 vom 11.12.1879; vorläufiger Ablehnungsbescheid des Patentamts vom 08.01.1880 und Änderungsantrag von Hoerder Verein und Rheinischen Stahlwerken vom 30.01.1880 (Abschrift); Einsprüche gegen die Patentanmeldung Nr. 40.137 durch Königin Marienhütte Actiengesellschaft und Siegfried Stein vom 14.04.1880; Erwiderungen von Hoerder Verein und Rheinischen Stahlwerken vom 24.05.1880 und 01.06.1880 (Abschriften); Stellungnahme von Friedrich Osann zum Einspruch Steins vom 01.06.1880; Mitteilung des Patentamts über die Eintragung des Patents Nr. 40.137 vom 13.01.1881 und Beschwerde der Antragsteller gegen die Einschränkung des Patentanspruchs vom 10.02.1881; Schriftwechsel zwischen Joseph Massenez und Patentamt über Umschreibung und Modalitäten späterer Eintragungen.

1730 Anmeldung von Thomas-Patenten beim Kaiserlichen Patentamt durch Hoerder Verein und Rheinische Stahlwerke.
1879–1881
Patentanmeldung für Sidney Gilchrist Thomas Nr. 40.452 vom 12.12.1879 über ein „Verfahren zur Entphosphorung des Eisens in einer mit basischem Futter versehenen Bessemerbirne durch Einbringung von sauerstoffabgebenden Körpern in das Metallbad nach vorheriger Einführung von basischen Zuschlägen und nach nahezu vollendeter Entkohlung des Metallbades" als Zusatz zur Patentanmeldung Nr. 11.468 (Abschrift); Einspruch gegen die Patentanmeldung durch Firma Fried. Krupp vom 15.03.1880, Gutehoffnungshütte vom 09.03.1880, Königin Marienhütte Actiengesellschaft vom 16.03.1880 und Phoenix AG vom 09.03.1880; Erwiderungen von Hoerder Verein und Rheinischen Stahlwerken vom 15.04.1880, 10.05.1880 und 13.05.1880 (Abschriften); Mitteilung des Patentamts zur Erteilung des Patents unter Nr. 13.660 vom 20.01.1881 (Abschrift).

1574 Anmeldung von Thomas-Patenten beim Kaiserlichen Patentamt durch Hoerder Verein und Rheinische Stahlwerke.
1880–1881

Patentanmeldung für Sidney Gilchrist Thomas Nr. 453/1880, Abteilung V, über „Verwendung von Phosphorit, Knochenasche und Knochenmehl zur Herstellung von Ausfütterungen metallurgischer Apparate bei der Erzeugung von Flusseisen" vom 05.01.1880; Einsprüche gegen die Patentanmeldung durch Phoenix AG und Königs- und Laurahütte vom 09.03.1880 sowie Königin Marienhütte Actiengesellschaft vom 16.03.1880; Erwiderungen von Hoerder Verein und Rheinischen Stahlwerken vom 09.04.1880 und 14.06.1880 (Abschriften); Mitteilung des Patentamts über die Eintragung des Patents unter Nr. 13.614 am 17.01.1881.

1575 Anmeldung von Thomas-Patenten beim Kaiserlichen Patentamt durch Hoerder Verein und Rheinische Stahlwerke.
1880
Patentanmeldung Nr. 758, Abteilung V, über ein „Verfahren zur Herstellung feuerfester basischer Ziegel aus Kalkstein mit geringen Beimengungen von anderen geeigneten Substanzen (insbesondere Kieselsäure, Tonerde, Eisenoxyd, Manganoxyd), Formen der Masse zu Ziegeln und Brennen derselben bei intensiver Weißglühhitze" vom 06.01.1880 als Zusatzpatent zum Patent Nr. 5.869 von Sidney Gilchrist Thomas „Verfahren zur Herstellung von feuerfesten basischen Ziegeln durch Mischen von magnesiahaltigem Kalkstein mit geringen Mengen von Kieselsäure, Tonerde und Eisenoxyd, Formen der Masse zu Ziegeln und Brennen derselben in Weißglühhitze" vom 05.10.1878; Einsprüche gegen die Patentanmeldung durch Königs- und Laurahütte vom 23.02.1880 sowie Königin Marienhütte Actiengesellschaft vom 30.03.1880; Erwiderungen von Hoerder Verein und Rheinischen Stahlwerken vom 13.04.1880 und 04.05.1880 (Abschriften); Mitteilung des Patentamts über die Eintragung des Patents unter Nr. 10.631 vom 13.05.1880.

1729 Anmeldung von Thomas-Patenten beim Kaiserlichen Patentamt durch Hoerder Verein und Rheinische Stahlwerke.
1880–1881
Patentanmeldung Nr. 42.690 vom 09.11.1880 über ein „Verfahren zur Ausfütterung basischer Bessemerbirnen" (Abschrift), mit stilisierter Konstruktionszeichnung; Einspruch gegen die Patentanmeldung durch die Königs- und Laurahütte vom 31.12.1880; Erwiderung von Hoerder Verein und Rheinischen Stahlwerken vom 01.02.1881 (Abschriften); Mitteilung des Patentamts zur Erteilung des Patents unter Nr. 14.005 vom 05.03.1881.

992 Abgelehnte Patentanmeldungen von Hoerder Verein und Rheinischen Stahlwerken zum Thomas-Verfahren in Deutschland.
1879–1881
Patentbeschreibungen, Ablehnungsbescheide des Kaiserlichen Patentamts, Einsprüche gegen die Ablehnung und Schriftwechsel zwischen Hoerder Verein, Rheinischen Stahlwerken, Patentanwälten und Patentamt zu den Patentanmeldungen: Nr. 13.951 „Neuerungen bei der Herstellung von feuerfesten basischen Ziegeln" vom 02.05.1879, Ablehnung am 23.05.1879; Nr. 17.185 „Neuerungen in der Fabrikation von Bessemerstahl und Flusseisen" vom 27.05.1879, Ablehnung am 17.01.1880; Nr. 28.426 „Verbesserungen bei der Herstellung von feuerfesten basischen Ofenausfütterungen und basischen Ziegeln" vom 04.09.1879, Ablehnung am 17.10.1879; Nr. 30.788 „Neuerungen in der Fabrikation von Bessemerstahl und Flusseisen" vom 23.09.1879, Ablehnung am 06.03.1880; Nr. 34.124 „Neuerungen beim Bessemerprozess" vom 24.10.1879, Ablehnung am 25.03.1880; Nr. 34.929 „Verwendung von phosphorreichem Roheisen beim Bessemerprozess" vom 31.10.1879, Ablehnung am 15.04.1880; Nr. 37.775 „Neuerungen in der Herstellung

feuerfester basischer Ziegel" vom 23.11.1879, Ablehnung am 16.04.1880; Nr. 42.533 „Verfahren zur Herstellung von hochphosphorhaltigem Roheisen durch Verwendung von hochphosphorhaltigen Zuschlägen" vom 29.12.1879, Ablehnung am 15.04.1880; Nr. 14/1880 „Neuerungen in der Produktion von Stahl und Flusseisen" vom 02.01.1880, Ablehnung am 13.01.1881; Nr. 454/1880 „Verfahren zur Herstellung von feuerfesten basischen Ziegeln" vom 03.01.1880, Ablehnung am 22.01.1880; Nr. 923/1880 „Verwendung von basischen Ziegeln und Ofenfuttern bei der Bleifabrikation" vom 07.01.1880, Ablehnung am 07.08.1880.

766 Ergänzungspatente im Bereich des Thomas-Verfahrens und fremde Patentanmeldungen zur Eisen- und Stahlerzeugung.
1879–1893
Schriftwechsel zwischen Joseph Massenez und Friedrich Carl Glaser über die vom Kaiserlichen Patentamt abgelehnte Anmeldung des Patents von Edward Riley zur „Herstellung von Steinen aus gepulvertem Kalk mit Hülfe von Petroleum" in Deutschland sowie zur Anmeldung und Aufrechterhaltung des Patents des Hoerder Vereins über ein „Verfahren zur Darstellung und Verwendung von Ferro-Phosphor" in Belgien und Frankreich; zahlreiche Postkarten von Friedrich Carl Glaser an den Hoerder Verein zur Information des Unternehmens über Patentanmeldungen im Bereich der Eisen- und Stahlverarbeitung, mit Angebot zur Zusendung des Patenttexts sowie Bestellungsschreiben des Hoerder Vereins.

Ferro-Phosphor

1743 Anmeldung eines Patents auf „Ferro-Phosphor" beim Kaiserlichen Patentamt durch den Hoerder Verein.
1879
Patentanmeldung vom 31.10.1879 über die „Darstellung und Verwendung von Ferro-Phosphor", mit Nachtrag vom 25.11.1879; Ablehnungsbescheid des Kaiserlichen Patentamts vom 13.12.1879.

1670 Anmeldung eines Patents auf „Ferro-Phosphor" in Großbritannien durch den Hoerder Verein.
1879–1880
Patentanmeldung vom 04.11.1879 über „Improvements in the Production and Application of Ferro-Phosphorus" durch Patentanwalt Friedrich Carl Glaser; Patentbeschreibung von Sidney Gilchrist Thomas (Abschrift vom 20.04.1880); einzelne Schreiben zwischen Joseph Massenez und Glaser zur Anmeldung.

5.5.1.2.2 Nichtigkeitsverfahren

1605 Nichtigkeitsverfahren verschiedener Unternehmen gegen Thomas-Patente.
1879–1882
Einsprüche beim Kaiserlichen Patentamt gegen die Patentanmeldung Nr. 11.468 von Sidney Gilchrist Thomas vom 28.04.1879 über ein „Verfahren zur Entphosphorung des Eisens beim Bessemerprozess" durch Aktien-Gesellschaft Eisen- und Stahlwerk Osnabrück vom 08.07.1879, Bochumer Verein vom 05.07.1879, Firma Fried. Krupp, o. D., Phoenix AG vom 08.07.1879, Union

AG vom 02.07.1879, Königs- und Laurahütte vom 03.07.1879, Portland Cement-Fabrik Gössnitz vom 09.07.1879, F. Barnstorf vom 19.07.1879 (Abschriften); Antrag auf Nichtigkeitserklärung des Patents Nr. 5.869 von Thomas über „Neuerungen in der Fertigung von feuerfesten basischen Ziegeln" durch Aktien-Gesellschaft Eisen- und Stahlwerk Osnabrück vom 29.07.1879, Firma Fried. Krupp vom 29.07.1879, Gutehoffnungshütte vom 19.07.1879, Phoenix AG vom 30.07.1879, Union AG vom 08.07.1879 (Abschriften) sowie Schriftsatz von Hoerder Verein und Rheinischen Stahlwerken vom 26.02.1880 zur Berufung beider Unternehmen beim Kaiserlichen Reichsgericht gegen die Nichtigkeitsklage (gedruckt); Gutachten von Rudolf Klostermann (Oberbergamt Bonn) vom 13.11.1879 zu Einsprüchen gegen die Patentanmeldung Nr. 11.468 (gedruckt und Abschrift); Beschwerde von Hoerder Verein und Rheinischen Stahlwerken gegen die Einschränkung des Patentanspruchs der Anmeldung 11.468 sowie Antrag auf „Abänderung einiger Worte" in der Patentbeschreibung vom 03.01.1880 (gedruckt); Entscheidung des Kaiserlichen Patentamts vom 06.02.1882 zur Nichtigkeitsklage der Aktien-Gesellschaft Eisen- und Stahlwerk zu Osnabrück gegen das aufgrund der Patentanmeldung 11.468 erteilte Patent Nr. 12.700 „Neuerungen in der Fabrikation von Bessemer-Stahl" bzw. „Verfahren zur Entphosphorung des Eisens beim Bessemerprozess" (Abschrift); Patentanmeldung von Thomas Nr. 11.468 vom 09.04.1879 (Abschrift); Schriftsätze zur Beantwortung der Beschwerden durch Hoerder Verein und Rheinische Stahlwerke vom 25.09./28.10.1879, mit Entwürfen; Schreiben des Patentamts vom 11.12.1879 zur Erteilung des Patents Nr. 12.700; Zusammenfassung eines Aufsatzes von Erdmenger in der Deutschen Töpfer- und Ziegler-Zeitung (10) 1879, Nr. 23, vom 09.06.1879 über die „Entphosphorung des Eisens" (Abschrift); Zeitungsausschnitt zum Treffen des Iron and Steel Institute in Paris, 1879.

1577 Nichtigkeitsverfahren verschiedener Unternehmen gegen ein Thomas-Patent.
1879–1881
Patentschrift Nr. 5.869, Klasse 80, des Kaiserlichen Patentamts für Sidney Gilchrist Thomas über ein „Verfahren zur Herstellung von feuerfesten basischen Ziegeln durch Mischen von magnesiahaltigem Kalkstein mit geringen Mengen von Kieselsäure, Tonerde und Eisenoxyd, Formen der Masse zu Ziegeln und Brennen derselben in Weißglühhitze", ausgegeben am 28.05.1879, Patentschutz zum 05.10.1878 (gedruckt); Nichtigkeitsanträge gegen die Patenterteilung durch Aktien-Gesellschaft Eisen- und Stahlwerk Osnabrück vom 29.07.1879, Firma Fried. Krupp vom 29.07.1879, Gutehoffnungshütte vom 19.07.1879, Phoenix AG vom 30.07.1879 und Union AG vom 08.07.1879 (Abschriften); Erwiderung von Hoerder Verein und Rheinischen Stahlwerken vom 25.09.1879 (Abschrift); Zusammenfassung eines Aufsatzes von Erdmenger in der Deutschen Töpfer- und Ziegler- Zeitung (10) 1879, Nr. 23, vom 09.06.1879 über die „Entphosphorung des Eisens" (Abschrift); Verfügung des Patentamts zur Abweisung der Nichtigkeitsanträge vom 16.01.1880; Schriftsatz zur Berufungsklage von Hoerder Verein und Rheinischen Stahlwerken beim Kaiserlichen Reichsgericht gegen die genannten Unternehmen vom 25.02.1880 wegen falscher Auslegung des Patentanspruchs in der Entscheidungsbegründung des Patentamts (gedruckt); Erwiderungen auf die Berufung der Firma Fried. Krupp vom 22.06.1880 sowie der anderen Unternehmen gemeinsam vom 23.06.1880, allerdings ohne Firma Fried. Krupp und mit Hoesch AG und Königs- und Laurahütte (Abschriften); Entwurf einer Erwiderung von Hoerder Verein und Rheinischen Stahlwerken (Abschrift, o. D.), mit Aktenvermerk; Urteil des Reichsgerichts vom 27.01.1881 (Abschrift); einzelne Schreiben von Hoerder Verein, Rheinischen Stahlwerken und Patentamt.

61 Einsprüche und Nichtigkeitsklagen verschiedener Unternehmen gegen ein Thomas-Patent.
1879–1881
Schriftsatz zur Nichtigkeitsklage der Aktien-Gesellschaft Eisen- und Stahlwerk Osnabrück gegen das aufgrund der Patentanmeldung 11.468 erteilte Patent Nr. 12.700 „Neuerungen in der Fabrikation von Bessemer-Stahl" bzw. „Verfahren zur Entphosphorung des Eisens beim Bessemerprozess" vom 21.06.1881; Antwortschriftsatz von Hoerder Verein und Rheinischen Stahlwerken vom 26.07.1881 (gedruckt); Einsprüche gegen Patentanmeldung und -erteilung von Aktien-Gesellschaft Eisen- und Stahlwerk Osnabrück vom 08.07.1879 und 02.01.1880, Bochumer Verein vom 05.07.1879 und 03.01.1880, Hoesch AG vom 08.07.1879 sowie o. D. [1880], Firma Fried. Krupp, o. D. [1879], Gutehoffnungshütte vom 02.07.1879 und 02.01.1880, Phoenix AG vom 08.07.1879 und 03.01.1880, Union AG vom 02.07.1879 und 30.12.1879, Königs- und Laurahütte vom 03.07.1879 und 02.01.1880, F. Barnstorf vom 19.07.1879, Portland Cement-Fabrik Gössnitz vom 09.07.1879 (Abschriften und Originale); gemeinsame Denkschrift der Beschwerdeführer (Hüttenkonzerne) vom 03.01.1880; Rechtsgutachten von Carl Gareis vom Februar 1880 zur Beschwerde; Schriftsätze zur Beantwortung der Beschwerden durch Hoerder Verein und Rheinische Stahlwerke vom 25./28.10.1879 und 27.05.1880 (gedruckt), mit Entwürfen; Antrag von Hoerder Verein und Rheinischen Stahlwerken an das Kaiserliche Patentamt zur „Änderung einiger Worte" in der Patentbeschreibung vom 03.01.1880 (gedruckt); Schreiben des Patentamts vom 08./11.12.1879 zur Erteilung des Patents; einzelne Schreiben zwischen Hoerder Verein, Rheinischen Stahlwerken und Patentamt zu den Einsprüchen.

5.5.1.2.3 Konkurrierende Anmeldungen und Rechte

788 Einigung zwischen Hoerder Verein und Prager Eisen-Industrie-Gesellschaft über die Verwertung der Thomas-Patente in Österreich-Ungarn.
1879–1889
Schriftliche Bestätigungen eines Abkommens zwischen Hoerder Verein und Prager Eisen-Industrie-Gesellschaft vom 06./27.07.1879 über die Nutzungsrechte der Prager Eisen-Industrie-Gesellschaft aus ihrem von Sidney Gilchrist Thomas erworbenen Patent über die „Ausfütterung des Bessemerofens mit feuerfesten Materialien" sowie des Hoerder Vereins aus seinen Patentansprüchen für Österreich-Ungarn, und die Beteiligung der Prager Eisen-Industrie-Gesellschaft an Gebühreneinnahmen des Hoerder Vereins aus der Vergabe von Unterlizenzen; Schriftwechsel zwischen Thomas und Prager Eisen-Industrie-Gesellschaft zu deren Patenterwerb (Abschriften); Schriftwechsel zwischen Hoerder Verein, insbesondere Joseph Massenez, und Prager Eisen-Industrie-Gesellschaft, insbesondere Ernst Baeumler, über Meinungsverschiedenheiten bei der Auslegung der Lizenzverträge, die Modalitäten der Einigung, technische Fragen, Vergabe von Unterlizenzen und Abrechnung der Gebühren; Aufstellung zur Thomasstahlproduktion der Adalberthütte in Kladno der Prager Eisen-Industrie-Gesellschaft für September und Oktober 1881, mit Ergebnissen der chemischen Analyse von Stahlproben.

1343 Einsprüche von Hoerder Verein und Rheinischen Stahlwerken gegen Patentanmeldungen anderer Unternehmen und Erfinder zur Entphosphorung von Roheisen und Herstellung basischer Konverterauskleidungen.
1877–1880
Inhaltsverzeichnis; Patent Nr. 4.391 der Firma Fried. Krupp vom 02.07.1877: „Verfahren zum

Entphosphoren des Roheisens"; Einsprüche und Schriftsätze gegen die Patentanmeldungen: 1) Alfred Krupp vom 17.05.1879: „Verfahren zum Reinigen von Flusseisen und Stahl", 2) Alfred Krupp vom 24.09.1879: Zusatz zum Patent 4.391 vom 02.07.1877: „Verfahren zum Entphosphoren des Roheisens", 3) Otto Junghann vom 18.07.1879: „Verwendung von Flussspath oder Kryolith zur Herstellung basischer Ofenfutter", 4) Friedrich Osann vom 12.04.1879: „Verfahren zur Herstellung von Flusseisen und Flussstahl aus phosphorhaltigem Roheisen vermittelst der gewöhnlichen Bessemerbirne", 5) Friedrich Osann vom 01.12.1879: „Herstellung basischer Ziegel aus Kalk oder Kalk-Magnesia-Aluminat", 6) Franz Würtenberger vom 26.05.1879: „Verfahren der Entphosphorung von Roheisen und Neuerungen in der Erzeugung von Flussstahl und Flusseisen", 7) Franz Würtenberger vom 14.05.1880: „Neuerungen an der Vorrichtung zum Einblasen pulverförmiger und gasförmiger Substanzen in das in einem Flammofen enthaltene Eisen", 8) R. Glebsattel vom 24.11.1879: „Neuerungen in der Herstellung basischer Ziegel", 9) A. Borsig Berg- und Hüttenverwaltung vom 10.05.1880: „Neuerungen an dem unter P.R. 6.080 patentierten Verfahren zur Herstellung von Ofenfuttern", 10) A. Borsig Berg- und Hüttenverwaltung vom 12.09.1879: „Verfahren zur Entphosphorung bei der Herstellung von Flusseisen im Regenerativ-Gas-Flammofen", 11) A. Borsig Berg- und Hüttenverwaltung vom 14.10.1879: „Herstellung eines basischen Ofenfutters", 12) Anton Ritter von Kerpely vom 09.02.1880: „Verfahren zur Herstellung plastischer Kalk- und Dolomitmassen", 13) Gebr. Ramdohr vom 18.08.1879: „Verwendung des Chlormagnesiums zur Herstellung basischer Ziegel", 14) Gebr. Ramdohr vom 08.10.1879: „Verfahren zur Bereitung kaustischer Magnesia durch Glühen von Chlormagnesium unter Überleiten überhitzter Wasserdämpfe", 15) Gebr. Ramdohr vom 06.03.1880: „Neuerungen zum Verfahren zur Entchlorung des Chlormagnesiums behufs Herstellung feuerfesten basischen Ofenmaterials", 16) Gutehoffnungshütte vom 24.02.1879: „Verfahren zur Reinigung des Roheisens vom Phosphor und anderen schädlichen Bestandteilen", 17) Gutehoffnungshütte vom 26.03.1879: „Verfahren zur Herstellung von Ferrosilizium und Ferromangan im Hochofen", 18) Gutehoffnungshütte vom 26.03.1879: „Bauxit-Futter für Bessemerbirnen", 19) L. Haarmann vom 13.08.1879: „Verfahren zur Herstellung basischer Ziegel aus Dolomit und Kalkmilch"; einzelne Schreiben zwischen Kaiserlichem Patentamt sowie Hoerder Verein und Rheinischen Stahlwerken zu den Verfahren.

1357 Einsprüche von Hoerder Verein und Rheinischen Stahlwerken gegen Patentanmeldungen anderer Unternehmen und Erfinder zur Entphosphorung von Roheisen und Herstellung basischer Konverterauskleidungen.

1879–1882

Einsprüche und Schriftsätze gegen die Patentanmeldungen: 1) Emil Andree vom 08.12.1879: „Verwendung von schwefelsaurem Kalk als Bindemittel für feuerfeste basische Ziegel", 2) Emil Andree vom 13.03.1879: „Entphosphorungsverfahren beim Hochofenbetrieb", 3) Bochumer Verein vom 20.09.1879: „Verfahren zur Entphosphorung des Eisens beim Bessemern", 4) G. d'Adelsward vom 06.01.1880: „Verfahren zur Herstellung von Magnesiaziegeln", 5) George Edward Dering vom 21.08.1879: „Verfahren zur Ausfütterung von Bessemerbirnen", 6) George Edward Dering vom 11.05.1880: „Verfahren zur Herstellung von Kalkziegeln unter hohem Druck", 7) Max Ladewig vom 29.02.1880: „Kippflammofen mit Düsen", 8) Max Ladewig vom 08.05.1880: „Neuerungen an Bessemerbirnen", 9) Franz Melaun vom 03.03.1880: „Verfahren zur Herstellung von basischen Düsen, Birnenböden und Formsteinen", 10) Franz Melaun vom 20.07.1880: „Einrichtung an Bessemerbirnen zur Erleichterung des Einsetzens von Böden", 11) Thonwaarenfabrik Schwandorf von 1880: „Neuerungen an Öfen zum Brennen von Thonwaaren aller Art, Cement und basischen Ziegeln", 12) Alfred Braconnier vom 31.03.1880: „Verfahren zur Darstellung von Magnesia", 13) Antoine Rollet vom 12.05.1880: „Verfahren zur Entschwefelung des Eisens", 14) Carl Friedrich Claus vom 15.09.1880: „Verfahren zur Herstellung von Ofenausfütterungsmassen und Ziegeln aus Mischungen von Kalk, Magnesia oder Kalkmagnesia im kohlensauren oder gebrannten Zustand mit Fluorcalcium", 15) Max Sprenger von 1880: „Verfahren zur Darstellung von Magnesia mittels überhitzten Wasserdampfes", 16) Ramdohr, Blumenthal & Co. vom 28.02.1881: „Verfahren zur Herstellung von feuerfesten Ofenfuttermaterialien", 17) Hans von Hauenschild vom 06.05.1881: „Darstellung von Magnesia", 18) J. Garnier vom 17.11.1881: „Verfahren zur Reinigung von phosphorhaltigem Eisen"; einzelne Schreiben zwischen Kaiserlichem Patentamt sowie Rheinischen Stahlwerken und Hoerder Verein; Beschwerde und Einsprüche der beiden Unternehmen gegen die Erteilung ihres Patents Nr. 11.468 zum Thomas-Verfahren sowie die Nichtigkeitsklagen gegen dieses Patent (gedruckt).

1726 Anmeldung eines Patents zur Herstellung feuerfesten Materials beim Kaiserlichen Patentamt durch den Bochumer Verein.
1880
Einspruch der Königin Marienhütte, Actiengesellschaft vom 16.03.1880 gegen die Patentanmeldung des Bochumer Vereins Nr. 42.326 über die „Herstellung von basischen Steinen oder Futtermaterial unter Anwendung von Bleiglätte, Mennige, Braunstein oder überhaupt Manganerzen und Manganrückständen als Bindemittel" als Zusatzpatent zum Patent Nr. 5.869; Erwiderung des Bochumer Vereins vom 30.04.1880 (Abschriften).
Das Patent wurde am 28.10.1879 angemeldet und unter Nr. 10.683 im Mai 1880 erteilt.

1165 Einsprüche von Hoerder Verein und Rheinischen Stahlwerken gegen Patentanmeldungen von Caspar Stöckmann auf dem Gebiet des Thomas-Verfahrens.
1882–1884
Auszüge aus den Patentanmeldungen Stöckmanns „Darstellung von Flusseisen in der Bessemerbirne oder im Flammofen unter Verwendung von Strontianit oder Strontian zur Ausfütterung und ohne Nachblasen" vom 20.09.1882, „Darstellung von basischen Ziegeln aus Strontianit" vom 30.12 1882, „Verfahren zur Vermeidung der Oxydbildung beim Entphosphorungsprozess in der basischen Birne" vom 04.03.1884 und „Verfahren zur Darstellung von Stahl oder Flusseisen aus phosphorhaltigem Roheisen ohne Nachblasen" vom 29.04.1884; Einsprüche und Beschwerden von Hoerder Verein und Rheinischen Stahlwerken beim Kaiserlichen Patentamt (Abschriften); Entscheidungen des Patentamts; Erwiderungen und Beschwerden von Stöckmann; Einspruch der Gutehoffnungshütte gegen eine Anmeldung; Schriftwechsel zwischen Feodor Goecke, Joseph Massenez und Patentamt über die Einspruchverfahren; einzelne Schreiben von Daniel Hilgenstock (Hoerder Verein) an verschiedene Lizenznehmer mit Bitte um ihrerseitige Einlegung von Einsprüchen und Bereitstellung von Zeugen bzw. Sachverständigen gegen die in den Anmeldungen genannten technischen Aspekte; Antwortschreiben u. a. von Bochumer Verein, Gebr. Stumm und Actien-Gesellschaft Peiner Walzwerk; Aufstellungen des Hoerder Eisenwerks zur chemischen Analyse von Thomasstahlproben.

5.5.1.3 Lizenzen

5.5.1.3.1 Lizenzierung

Deutsches Reich

749 Aachener Hütten-Actien-Verein.
1879–1882
Verträge zwischen Hoerder Verein, Rheinischen Stahlwerken und Aachener Hütten-Actien-Verein über die Lizenzierung vom 30.01./02.02.1880, mit Entwurf, und die Ablösung der an die Produktionshöhe gebundenen Lizenzgebühren durch eine Einmalzahlung vom 28./31.05.1881; Schriftwechsel zwischen Hoerder Verein, insbesondere Joseph Massenez, und Aachener Hütten-Actien- Verein, insbesondere Adolph Kirdorf, sowie einzelne Schreiben der Rheinischen Stahlwerke, insbesondere Feodor Goecke, über Vertragsmodalitäten, Auslegung der Vertragsinhalte und Zahlungen.

779 Actiengesellschaft der Dillinger Hüttenwerke.
1879–1884
Einzelne Schreiben zwischen Hoerder Verein, insbesondere Joseph Massenez, und Actiengesellschaft der Dillinger Hüttenwerke über Verlängerung der Angebotsfrist zur Vertragsunterzeichnung, Vertragsabschluss und Ablösung der an die Produktionshöhe gebundenen Lizenzgebühren durch eine Einmalzahlung.
Vertrag vom 15.06.1879 in DHHU/63.

830 Actien-Gesellschaft Peiner Walzwerk und Actiengesellschaft Ilseder Hütte.
1880–1887
Verträge zwischen Hoerder Verein, Rheinischen Stahlwerken, Actien-Gesellschaft Peiner Walzwerk und Actiengesellschaft Ilseder Hütte vom 24.01.1881 zur Lizenzierung, mit Entwurf, sowie vom 02./05./07.04.1884 über die Ablösung der an die Produktionshöhe gebundenen Lizenzgebühren durch eine Einmalzahlung; Schriftwechsel zwischen Hoerder Verein, insbesondere Joseph Massenez und Daniel Hilgenstock, und Actien-Gesellschaft Peiner Walzwerk bzw. Actiengesellschaft Ilseder Hütte, insbesondere Gerhard Lucas Meyer, über Vertragsmodalitäten, Abrechnungen und die Ablösungszahlung.

829 Bochumer Verein.
1880–1885
Vertrag zwischen Hoerder Verein, Rheinischen Stahlwerken und Bochumer Verein vom 11.03.1881, mit Klausel, Hoesch AG, Firma Fried. Krupp, Georgsmarienhütte, Gutehoffnungshütte, Phoenix AG, Union AG und Königs- und Laurahütte dieselben Vertragskonditionen bis zum 05.04.1881 zu gewähren; dazu Anlagen: Auszug aus dem Vertrag der deutschen Patentnehmer mit Sidney Gilchrist Thomas vom 26.04.1879; Abkommen zwischen Bochumer Verein, Hoesch AG, Firma Fried. Krupp, Gutehoffnungshütte, Phoenix AG und Union AG über die verpflichtende Aufnahme dieser Gleichberechtigungsklausel in abzuschließende Verträge aller unterzeichneten Unternehmen vom 12.08.1879 (Abschriften); Vertragsentwürfe; Schriftwechsel zwischen Hoerder Verein, insbesondere Joseph Massenez, und Bochumer Verein, insbesondere Bernhard Baare, über Vertragsverhandlungen, das Scheitern der Verhandlungen 1880, Einsprüche des Bochumer Vereins gegen die Patentanmeldungen in Deutschland, Vertragsmodalitäten, Abrechnungen, Ablösung der an die Produktionshöhe gebundenen Lizenzgebühren durch eine Einmalzahlung sowie kon-

kurrierende Patentanmeldungen; Einsprüche von Hoerder Verein und Gutehoffnungshütte beim Kaiserlichen Patentamt gegen die Patentanmeldung von Caspar Stöckmann zu einem „Verfahren zur Vermeidung der Oxydbildung beim Entphosphorungsprozess in der basischen Birne" vom 29.04.1884.

778 De Dietrich & Cie.
1879–1881
Entwurf eines Lizenzvertrags zwischen Hoerder Verein, Rheinischen Stahlwerken und De Dietrich & Cie., o. D. [1879]; Schriftwechsel zwischen Hoerder Verein, insbesondere Joseph Massenez, Feodor Goecke und De Dietrich & Cie. zu technischen Fragen.
Vertrag vom 30.07.1879 in DHHU/63.

1143 Les Petits-Fils de François de Wendel & Cie.
1879–1884
Vertrag zwischen Hoerder Verein und Rheinischen Stahlwerken sowie Les Petits-Fils de François de Wendel & Cie. vom 06.06.1879 (nur von Hoerder Verein und Rheinischen Stahlwerken parafiertes Exemplar) sowie Bestätigungsschreiben von de Wendel vom 18.11.1879 zum Vertragsbeginn am 30.11.1879; Schriftwechsel zwischen Hoerder Verein, insbesondere Joseph Massenez, und de Wendel über die Analyse von Roheisenproben, Probleme bei der Herstellung der Konverterauskleidung, Beginn der Thomasstahlproduktion beim Hoerder Verein, Betriebserfahrungen, Einsatz von Thomasstahl bei der Schienenproduktion und Ablösung der an die Produktionshöhe gebundenen Lizenzgebühr durch eine Einmalzahlung (deutsch und französisch); Angebotsschreiben von Feodor Goecke zur Ablösung vom 10.06.1881 und Annahmeerklärung vom 13.06.1881 (Abschriften); Konstruktionszeichnung eines „Coulée double" (Kokille?).

1150 Dr. C. Otto & Comp. (nur Patent zur Herstellung feuerfester basischer Ziegel).
1879–1881
Schriftwechsel zwischen Hoerder Verein, insbesondere Joseph Massenez, und Dr. C. Otto & Comp. über technische Fragen bei der Steinproduktion, Verkauf von patentgeschütztem feuerfesten Material an andere Unternehmen und Abrechnung von Gebühren nach dem Lizenzvertrag vom 04.06.1879; Quittungen.
Vertrag vom 04.06.1879 in DHHU/63.

1161 Eisenwerk-Gesellschaft Maximilianshütte sowie Zivilprozess der Lizenzgeber wegen ausstehender Lizenzgebühren.
1879–1895
Vertrag zwischen Hoerder Verein, Rheinischen Stahlwerken und Eisenwerk-Gesellschaft Maximilianshütte vom 06.04.1880 (Abschrift); Schriftwechsel zwischen Hoerder Verein, insbesondere Joseph Massenez, und Eisenwerk-Gesellschaft Maximilianshütte über die Ablösung der vereinbarten Minimallizenzgebühr von jährlich M 25.000 durch eine Einmalzahlung sowie Abrechnung der Lizenzgebühren; Quittungen; Urteil des Königlichen Landgerichts Duisburg vom 19.04.1895; Rechtsgutachten von Carl Gareis vom Dezember 1893 (Abschrift); Schriftsätze von Hoerder Verein und Rheinischen Stahlwerken; Schriftwechsel zwischen den Prozessgegnern und mit Rechtsanwälten zum Prozessverlauf.
Darin auch: Verträge zwischen Carl Stumm, Hoerder Verein und Rheinischen Stahlwerken über die Lizenzierung an Actiengesellschaft der Dillinger Hüttenwerke, Gebr. Gienanth und Gebr. Stumm

vom 15.06.1879 (Abschrift) sowie zwischen Gebr. Stumm, Hoerder Verein und Rheinischen Stahlwerken über die Ablösung der an die Produktionshöhe gebundenen Patentgebühr durch eine Einmalzahlung vom 18.12.1884.

1159 Gebr. Gienanth.
1879–1886
Schriftwechsel zwischen Hoerder Verein, insbesondere Joseph Massenez, und Gebr. Gienanth, insbesondere Ludwig Baron von Gienanth, zum Vertragsabschluss mit Hoerder Verein und Rheinischen Stahlwerken durch Carl Stumm am 15.06.1879, zu technischen Fragen der Konverterauskleidung und Lieferung von feuerfesten Steinen, Betriebsproblemen bei der Erzeugung von Thomasstahl und Abrechnung der Patentgebühren; Aufstellungen zur Produktion.
Vertrag vom 15.06.1879 in DHHU/63, DHHU/743 und in DHHU/1161 (Abschrift).

1160 Gebr. Röchling.
1888–1889
Vertrag zwischen Hoerder Verein, Rheinischen Stahlwerken und Gebr. Röchling vom 25.01./02.02.1889; einzelne Schreiben zwischen Joseph Massenez und Gebr. Röchling zu Vertragsabschluss und Begleichung des Kaufpreises.

743 Gebr. Stumm, Actiengesellschaft der Dillinger Hüttenwerke und Gebr. Gienanth.
1879–1885
Vorvertrag zwischen Carl Stumm sowie Hoerder Verein und Rheinischen Stahlwerken vom 06.05.1879 über die Lizenzierung an Gebr. Stumm, Actiengesellschaft der Dillinger Hüttenwerke und Gebr. Gienanth; Schriftwechsel zwischen Gebr. Stumm, insbesondere Carl Stumm, Hoerder Verein, insbesondere Joseph Massenez, und Rheinischen Stahlwerken über Gebührenabrechnungen und die Ablösung der an die Produktionshöhe gebundenen Lizenzgebühren durch eine Einmalzahlung.
Vertrag vom 15.06.1879 in DHHU/63; Abschrift des Vertrags in DHHU/1161.

1668 Gutehoffnungshütte.
1880–1887
Vertrag zwischen Rheinischen Stahlwerken und Gutehoffnungshütte unter Vorbehalt der Zustimmung des Hoerder Vereins vom 05.04.1881 (Abschrift); Schriftwechsel zwischen Joseph Massenez und Carl Lueg zu Vertragsabschluss und Abrechnung der Lizenzgebühren; Quittungen.

1684 H. J. Vygen & Co. (nur Patent zur Herstellung feuerfester basischer Ziegel).
1879–1885
Vertrag zwischen Hoerder Verein und Rheinischen Stahlwerken sowie Dr. C. Otto & Comp., H. J. Vygen & Co. und Stolberger Actien-Gesellschaft für feuerfeste Produkte vom 04.06.1879, mit Entwurf; Schriftwechsel zwischen Joseph Massenez und H. J. Vygen & Co., insbesondere H. J. Vygen, über technische Fragen der Produktion von Steinen für die Konverterauskleidung, Brennversuche mit verschiedenen Materialien, Lieferschwierigkeiten, Ausweitung der Produktion im Hinblick auf die zu erwartenden Lizenzvergaben, Preisgestaltung für Lieferungen an die Lizenznehmer, Reduzierung der an die Produktionshöhe gebundenen Lizenzgebühren gegen eine Erweiterung der Produktionskapazitäten sowie zur Abrechnung der Lizenzgebühren; Quittungen; Aufstellungen über die Lieferungen von Steinen zwischen April 1881 und September 1885, mit

Angabe der Empfänger.
Vertrag vom 04.06.1879 in DHHU/63.

765 Hasper Eisen- und Stahlwerk und dessen Konkurs 1894.
1885–1895
Lizenzvertrag zwischen Hoerder Verein, Rheinischen Stahlwerken und Hasper Eisen- und Stahlwerk vom 14.12.1885, mit Entwürfen; Schriftwechsel zwischen den Vertragspartnern, insbesondere Joseph Massenez und Feodor Goecke, über Änderung der Vertragsinhalte, Abrechnung der Lizenzgebühren, Zahlungsrückstände und den Konkurs des Hasper Eisen- und Stahlwerk; Einladung zur Gläubigerversammlung am 30.04.1894; Verzichtserklärungen der Gläubiger; Bilanzen des Hasper Eisen- und Stahlwerk zum 06.04.1894 und 01.07.1894; Bericht über die Betriebsverhältnisse; Mitteilungen der Liquidatoren; Satzung des Hasper Eisen- und Stahlwerks, 1894.

781 Hoesch AG.
1880–1884
Schriftwechsel zwischen Hoerder Verein, insbesondere Joseph Massenez, und Hoesch AG, insbesondere Albert Hoesch, über Vertragsmodalitäten, Kaufpreis und Ratenzahlung; Quittungen.
Vertrag vom 20.11.1883 in DHHU/63.

744 Königs- und Laurahütte.
1879–1886
Lizenzvertrag zwischen Hoerder Verein, Rheinischen Stahlwerken und Königs- und Laurahütte vom 15./19./20.07.1883, mit Entwürfen; Schriftwechsel zwischen Hoerder Verein, insbesondere Joseph Massenez, und Königs- und Laurahütte, insbesondere Carl Richter, über deren Forderung nach einer Generallizenz für Schlesien, den Tausch von Patenten und die Höhe des Kaufpreises.

1158 Lothringer Eisenwerke.
1879–1881
Vertrag zwischen Hoerder Verein, Rheinischen Stahlwerken und Lothringer Eisenwerken vom 03.11.1879 (Abschrift); Schriftwechsel zwischen Hoerder Verein, insbesondere Joseph Massenez, und Lothringer Eisenwerken, insbesondere Anton Birnenbach, August Marx, Julius Buch und Carl Hamburger, zu technischen Fragen, Vorbereitung und Inbetriebnahme der Produktion beim Hoerder Verein, Verlängerung der Optionsfrist zur Unterzeichnung des am 14.06.1879 ausgehandelten Vertrags, Vertragsunterzeichnung, Nutzung der Kündigungsoption durch die Lothringer Eisenwerke am 16.02.1880 und der Wiedereintrittsoption am 27.09.1880, Begleichung des Kaufpreises sowie Ablösung bzw. Reduzierung der an die Produktionshöhe gebundenen Lizenzgebühr durch eine Einmalzahlung; notariell beglaubigter Auszug aus der Niederschrift der Aufsichtsratssitzung der Lothringer Eisenwerke vom 25.10.1879 mit Genehmigung zum Lizenzerwerb.

745 Luxemburger Bergwerks- und Saarbrücker Eisenhütten-Actien-Gesellschaft.
1879–1881, 1890–1892
Vertrag zwischen Hoerder Verein, Rheinischen Stahlwerken und Luxemburger Bergwerks- und Saarbrücker Eisenhütten-Actien-Gesellschaft vom 30.01.1880, mit Entwurf; Schriftwechsel zwischen Hoerder Verein, insbesondere Joseph Massenez, und Hans-Rudolf Seebohm über Vertragsmodalitäten, Ablösung der an die Produktionshöhe gebundenen Lizenzabgaben durch eine Einmalzahlung und Abrechnungen.

1607 Oberschlesische Eisenbahn-Bedarfs-AG.
1882–1890
Vertragsentwürfe zwischen Hoerder Verein, Rheinischen Stahlwerken sowie Oberschlesischer Eisenbahn-Bedarfs-AG (Abschriften); Schriftwechsel zwischen Joseph Massenez und Eduard Meier über die Lizenzierung an die Oberschlesische Eisenbahn-Bedarfs-AG und eine Generallizenz für Oberschlesien, Lizenzverhandlungen mit der Königs- und Laurahütte, Vertragsabschluss und Zahlung des Kaufpreises; Quittungen.

784 Phoenix AG.
1881–1889
Schriftwechsel zwischen Hoerder Verein, insbesondere Joseph Massenez, und Phoenix AG, insbesondere August Servaes, über Vertragsmodalitäten, Kaufpreis und Ratenzahlung; Quittungen.
Vertrag vom 08.04.1881 in DHHU/63.

1163 Phoenix AG und ihr konsortial verbundene Unternehmen.
1879–1881
Entwurf eines Lizenzvertrags zwischen Hoerder Verein und Rheinischen Stahlwerken sowie Aktien-Gesellschaft Eisen- und Stahlwerk Osnabrück, Hoesch AG, Gutehoffnungshütte, Phoenix AG und Union AG, o. D.; Entwurf eines Lizenzvertrags zwischen Hoerder Verein und Rheinischen Stahlwerken sowie Eisen- und Stahlwerk Osnabrück, Bochumer Verein, Hoesch AG, Firma Fried. Krupp, Gutehoffnungshütte, Phoenix AG, Union AG und Königs- und Laurahütte AG, o. D.; Schreiben von Hoesch AG, Gutehoffnungshütte, Phoenix AG und Union AG an den Hoerder Verein mit Angebot zur Lizenznahme unter Androhung einer Nichtigkeitsklage vom 05./08.04.1881; Schriftwechsel zwischen Joseph Massenez, Feodor Goecke und August Servais über Besprechungstermine; Schreiben von Servais an Goecke über die Gründe für das Scheitern der Verhandlungen und die Haltung der Firma Fried. Krupp vom 27.12.1879.
Vertrag vom 08.04.1881 mit der Phoenix AG in DHHU/63.

780 Stolberger Actien-Gesellschaft für feuerfeste Producte (nur Patent zur Herstellung feuerfester basischer Ziegel).
1879–1881
Schriftwechsel zwischen Hoerder Verein, insbesondere Joseph Massenez, und Stolberger Actien-Gesellschaft für feuerfeste Producte über Vertragsabschluss, Zahlung der Lizenzgebühren, technische Probleme bei der Ziegelherstellung und Beendigung des Lizenzvertrags.
Vertrag vom 04.06.1879 in DHHU/63.

760 Union AG.
1880–1882
Lizenzvertrag zwischen Hoerder Verein, Rheinischen Stahlwerken und Union AG vom 26.03.1881, mit Entwürfen; Schriftwechsel zwischen Hoerder Verein, insbesondere Joseph Massenez, und Union AG, insbesondere Hermann Brauns, zu Vertragsmodalitäten sowie zur Begleichung des Kaufpreises.

Österreich-Ungarn

747 Actiengesellschaft Teplitzer Walzwerk und Bessemerhütte.
1879–1882
Verträge zwischen Hoerder Verein und Actiengesellschaft Teplitzer Walzwerk und Bessemerhütte über die Lizenzvergabe vom 02.08.1879 und die Ablösung der an die Produktionshöhe gebundenen Lizenzgebühren durch eine Einmalzahlung, die Berechtigung zur Verwertung der Lizenz in Böhmen und insbesondere zur Vergabe einer Unterlizenz an die Böhmische Montangesellschaft in Böhmen vom 14.01.1881 und 20.01.1881; Schriftwechsel zwischen den Vertragspartnern, insbesondere Daniel Hilgenstock, Joseph Massenez und Karl Wittgenstein, über die Vertragsmodalitäten, Auslegung der Vertragsinhalte und Zahlungen; Zeitungsausschnitt.

1148 Johann Dusánek und Zivilprozess Dusáneks gegen den Hoerder Verein zur Auslegung des Vertrags.
1881–1883
Vertrag zwischen Hoerder Verein und Dusánek [1883 Generaldirektor der Böhmischen Montangesellschaft] vom 13.02.1881 (Original und Abschriften) über den Lizenzerwerb für Österreich-Ungarn, einschließlich Österreichisch-Schlesien, Ungarn und Mähren ohne Witkowitz sowie ohne die bereits von der Witkowitzer Bergbau- & Eisenhüttengewerkschaft für Böhmen erworbenen Lizenz, jedoch mit dem Recht zur Vergabe von Unterlizenzen und einer Klausel zur Ermäßigung des Kaufpreises bei Vermittlung einer Lizenz an die Erzherzogliche Cameral-Direction in Teschen für die Erzherzoglich Albert'sche Hütte; Schriftwechsel zwischen Hoerder Verein, insbesondere Joseph Massenez, und Dusánek über Zahlung des Kaufpreises, Rückgabe der Lizenz für Ungarn, Verkauf einer Lizenz an die Böhmische Montangesellschaft und Umschreibung des Vertrags auf diese sowie Dusáneks Verhandlungen mit der Erzherzoglichen Cameral-Direction in Teschen; Schriftwechsel zwischen Hoerder Verein, insbesondere Massenez und Daniel Hilgenstock, und Rechtsanwälten zur Klage von Dusánek gegen den Hoerder Verein auf Reduzierung des Kaufpreises laut Vertragsklausel; Klageschrift vom 24.12.1882; Schriftsätze der Prozessgegner, auch zur Vorbereitung des Berufungsverfahrens; Urteile des Königlichen Landgerichts Duisburg vom 19.06.1883 und des Königlichen Oberlandesgerichts Hamm vom 14.12.1883; Zwangsvollstreckungsbescheid gegen den Hoerder Verein sowie Erklärung über Hinterlegung von Wertpapieren vom 06.10.1883; Gutachten von Emil Holz, Direktor der Witkowitzer Bergbau- & Eisenhüttengewerkschaft für Böhmen, zum Rechtsstreit vom 25.10.1883.

1144 Erzherzogliche Cameral-Direction in Teschen.
1879–1889
Bestätigungsschreiben der Erzherzoglichen Cameral-Direction in Teschen an den Hoerder Verein vom 27.11.1884 zum Vertragsabschluss über die Nutzung der Thomas-Patente auf deren Werken in Österreichisch-Schlesien, insbesondere Kaiser Franz Josef-Hütte bzw. Erzherzoglich Albert'sche Hütte in Trzynietz, zum 17.10.1884; Schriftwechsel zwischen Hoerder Verein, insbesondere Joseph Massenez, und Erzherzoglicher Cameral-Direction in Teschen bzw. Erzherzoglicher Industrial-Verwaltung in Teschen über Vertragsmodalitäten und Vertragsabschluss, Analyse von Stahlproben, Ablösung der an die Produktionshöhe gebundenen Lizenzgebühren durch eine Einmalzahlung, Ausbildung von Hüttentechnikern sowie Abrechnung der Lizenzgebühren; Quittungen.

650 Rimamurány-Salgó-Tarjáner Eisenwerks-Actien-Gesellschaft.
1884–1895

Schreiben der Rimamurány-Salgó-Tarjáner Eisenwerks-Actien-Gesellschaft an den Hoerder Verein zur Bestätigung des Vertragsabschlusses (Abschrift des Hoerder Vereins vom 26.11.1885); Schriftwechsel zwischen den Vertragspartnern über Modalitäten des Vertragsabschlusses, Produktionszahlen und Abrechnung der Lizenzgebühren, Ausbildung von ungarischen Arbeitern in Dortmund und Abstellung von Arbeitern nach Ungarn, Betriebsprobleme, Verzicht des Hoerder Vereins auf den ihm vertraglich zustehenden Anteil an der Schlackenverwertung, Verarbeitung von Thomasstahl und Ablösung der Lizenzgebühren durch eine Einmalzahlung; Aufstellung zu mit dem Thomas-Verfahren arbeitenden Unternehmen in Deutschland, Luxemburg, Österreich und Ungarn, Oktober 1891.

762 Teplitzer Chamottewaarenfabrik.
1879–1880
Lizenzvertrag zwischen Hoerder Verein und Teplitzer Chamottewaarenfabrik vom 15.07.1879, mit Entwürfen; Schriftwechsel zwischen Hoerder Verein, insbesondere Joseph Massenez, und Teplitzer Chamottewaarenfabrik über Vertragsmodalitäten und Vergabe von Unterlizenzen.

754 Witkowitzer Bergbau- & Eisenhüttengewerkschaft.
1879–1889
Lizenzvertrag zwischen Hoerder Verein und Witkowitzer Bergbau- & Eisenhüttengewerkschaft über die Lizenzierung vom 23.06.1879; Schriftwechsel zwischen Hoerder Verein, insbesondere Joseph Massenez, und Freiherrlich v. Rothschild'sche Eisenwerks-Direction Witkowitz bzw. Witkowitzer Bergbau- & Eisenhüttengewerkschaft, insbesondere Paul Kupelwieser, über Produktionszahlen und Lizenzzahlungen, technische Fragen, besonders im Bereich der Konverterauskleidung, und die vorzeitige Ablösung der an die Produktionshöhe gebundenen Lizenzgebühren durch eine Einmalzahlung; Konstruktionszeichnung eines Brennofens.

5.5.1.3.2 Lizenzverhandlungen ohne Vertragsabschluss
Deutsches Reich

1691 Actiengesellschaft Grafenberger Gussstahlfabrik.
1880
Vertragsentwurf zwischen Hoerder Verein, Rheinischen Stahlwerken und Actiengesellschaft Grafenberger Gussstahlfabrik vom 02.12.1880 (nur vom Hoerder Verein parafiert).

775 Staat Bayern.
1879–1881
Entwurf eines Lizenzvertrags zwischen Hoerder Verein, Rheinischen Stahlwerken und Königlich Bayerischer Staatsregierung zur Nutzung der Thomas-Patente in den staatlichen Werken vom 07.08.1879 (Abschrift); Schriftwechsel zwischen Hoerder Verein, insbesondere Joseph Massenez, Königlich Bayerischer Staatsregierung und Ingenieuren über Vertragsmodalitäten und technische Fragen; Die Verwertung der Eisenerzgruben zu Amberg in der Oberpfalz, Amberg, Februar 1881 (Broschüre).

1151 Aktien-Gesellschaft Eisen- und Stahlwerk Osnabrück.
1882

Einzelne Schreiben zwischen Hoerder Verein, hier Joseph Massenez, und August Haarmann, Akti-en-Gesellschaft Eisen- und Stahlwerk Osnabrück, zu den Modalitäten einer Lizenzierung, Februar und März 1882.

770 Firma Fried. Krupp.
1879–1880
Entwürfe eines Lizenzvertrags zwischen Hoerder Verein, Rheinischen Stahlwerken und Firma Fried. Krupp, o. D.; einzelne Schreiben zwischen Hoerder Verein, insbesondere Joseph Massenez, und Sophus Goose (Fried. Krupp) zu den Lizenzmodalitäten.

1554 Hüttenwerk Öttingen bzw. Lothringen.
1879
Einzelne Schreiben zwischen Joseph Massenez und Graf Vogt von Hunolstein, Öttingen, zu dessen Anfrage nach den Bedingungen einer Lizenz für ganz Lothringen bzw. das Hüttenwerk Öttingen.

771 Königin Marienhütte, Actiengesellschaft.
1879–1880, 1885
Einzelne Schreiben zwischen Hoerder Verein, hier Joseph Massenez, und Königin Marienhütte Actiengesellschaft zu Vertragsmodalitäten.

746 Oberbilker Stahlwerk vorm. Poensgen, Giesbers & Co.
1880, 1885–1886
Entwurf eines Lizenzvertrags zwischen Hoerder Verein, Rheinischen Stahlwerken und Oberbilker Stahlwerk vorm. Poensgen, Giesbers & Co.; o. D.; einzelne Schreiben zwischen Hoerder Verein und Oberbilker Stahlwerk.

758 Tiele-Winckler'sche General-Direction, Kattowitz.
1879
Angebotsschreiben des Hoerder Vereins an die Tiele-Winckler'sche General-Direction, Kattowitz, zur Lizenzierung des Thomas-Verfahrens vom 18.07.1879.

Österreich-Ungarn

776 Böhmische Montangesellschaft.
1880–1881
Entwurf eines Lizenzvertrags zwischen Hoerder Verein und Böhmischer Montangesellschaft; o. D.; Schriftwechsel zwischen Hoerder Verein, insbesondere Joseph Massenez, und Böhmischer Montangesellschaft zu technischen Fragen.

787 Böhmische Montangesellschaft.
1879–1881
Schriftwechsel zwischen Hoerder Verein, insbesondere Joseph Massenez, und Julius Prochaska, Direktor der Südbahn-Gesellschaft, Graz, über die Lizenzierung des Thomas-Verfahrens an die Böhmische Montangesellschaft und zu allgemeinen technischen Fragen.

753 Königlich Ungarische Staatshüttenwerke.
07.08.1879
Angebotsschreiben des Hoerder Vereins an die „Königlich ungarischen Eisenwerke", Diós-Györ, zur Lizenzierung des Thomas-Verfahrens vom 07.08.1879.

1164 Königlich Ungarische Staatshüttenwerke.
1880
Einzelne Schreiben zwischen Josef Massenez und G. L. Brückmann über die Lizenzbedingungen für die „Königlich Ungarischen Staatshüttenwerke", Diós-Györ; Patentanmeldung Brückmanns für ein „Verfahrens zur Entfernung der Oxyde und des Wasserstoffgases aus geschmolzenem Stahl und Flusseisen", o. D. (Abschrift).

5.5.1.4 Allgemeine Korrespondenz

763 Allgemeiner Schriftwechsel des Hoerder Vereins zum Thomas-Verfahren.
1885–1888
Einzelne Schreiben zwischen Joseph Massenez und Richard Åkerman, Stockholm.

1146 Allgemeiner Schriftwechsel des Hoerder Vereins zum Thomas-Verfahren.
1879–1884
Schriftwechsel zwischen Joseph Massenez und verschiedenen Adressaten, jedoch nicht mit Lizenznehmern, Anfangsbuchstabe B, u. a. mit Berliner Börsen-Zeitung und Berliner Börsen-Courier wegen Veröffentlichung von Beiträgen über die Anwendung des Verfahrens beim Hoerder Verein; Aufstellung der Patentanwälte Brydges & Co., Berlin, über alle Patentanmeldungen in Großbritannien zwischen 28.12.1880 und 03.01.1881.
Darin auch: Schreiben von Massenez an Theodor Zillecken, Westfälische Stahlwerke, mit Angebot zur Lizenzvergabe vom 04.03.1884.

1157 Allgemeiner Schriftwechsel des Hoerder Vereins zum Thomas-Verfahren.
1879
Einzelne Schreiben zwischen Joseph Massenez und verschiedenen Adressaten, jedoch nicht Lizenznehmern, Anfangsbuchstabe C, u. a. Schreiben von Carl Friedrich Claus, London, über eines seiner Patente.

774 Allgemeiner Schriftwechsel des Hoerder Vereins zum Thomas-Verfahren.
1879–1881
Schriftwechsel zwischen Joseph Massenez und verschiedenen Adressaten, jedoch nicht Lizenznehmern, Anfangsbuchstabe D, u. a. mit August Drevermann über ein Verfahren zur Gewinnung von Phosphorsäure aus Thomasschlacken und Reiner M. Daelen über technische Fragen beim Bau eines Schmelzofens nach einem Patent von M. Lencauchez; Werbung des Patentbüros G. Dittmar, Berlin.
Darin auch: Bewerbungsschreiben des Ingenieurs Reiner V. Daelen beim Hoerder Verein, mit Zeugnissen (Abschriften).

782 Allgemeiner Schriftwechsel des Hoerder Vereins zum Thomas-Verfahren.
1879-1884
Schriftwechsel, insbesondere von Joseph Massenez, mit verschiedenen Adressaten, jedoch nicht Lizenznehmern, Anfangsbuchstabe E, u. a. mit Josef Gängl von Ehrenwerth über technische Fragen und der „Essener Zeitung" (Zeitschrift „Glückauf") über eine beabsichtigte Gegendarstellung zu einem Beitrag über das Thomas-Verfahren vom 27.12.1879.

1162 Allgemeiner Schriftwechsel des Hoerder Vereins zum Thomas-Verfahren.
1879-1880
Einzelne Schreiben zwischen Joseph Massenez und verschiedenen Adressaten, jedoch nicht Lizenznehmern, Anfangsbuchstabe F, u. a. mit Ferdinand Fischer, Redaktion von Dingler's polytechnisches Journal, über die Veröffentlichung von Betriebserfahrungen.

1153 Allgemeiner Schriftwechsel des Hoerder Vereins zum Thomas-Verfahren.
1879-1884
Schriftwechsel zwischen Joseph Massenez und verschiedenen Adressaten, jedoch nicht Lizenznehmern, Anfangsbuchstabe G, u. a. mit der Firma Gildemeister & Kamp, Dortmund, und Karl Gerstner, Leiter des chemischen Laboratoriums der Firma Fried. Krupp, über Verfahrensfragen.

1156 Allgemeiner Schriftwechsel des Hoerder Vereins zum Thomas-Verfahren.
1879
Einzelne Schreiben zwischen Josef Massenez und L. Grünhut, Wien, Mitinhaber der ehemaligen Eisenwerke von Bethel Henry Strousberg in Böhmen zu dessen Anfrage nach den Konditionen einer Lizenzierung.

748 Allgemeiner Schriftwechsel des Hoerder Vereins zum Thomas-Verfahren.
1879-1882
Schriftwechsel, insbesondere von Joseph Massenez, mit verschiedenen Adressaten, jedoch nicht Lizenznehmern, Buchstabe H.

772 Allgemeiner Schriftwechsel des Hoerder Vereins zum Thomas-Verfahren.
1879-1881
Schriftwechsel zwischen Joseph Massenez und verschiedenen Adressaten, jedoch nicht Lizenznehmern, Anfangsbuchstaben I und J, u. a. zum Angebot der Firma Louis Jäger zur Lieferung einer Ziegelpresse, mit Abbildung (gedruckt).
Darin auch: Bestätigungsschreiben der Actiengesellschaft Ilseder Hütte zur Anweisung der Patentgebühren nach abgeschlossenem Vertrag.

769 Allgemeiner Schriftwechsel des Hoerder Vereins zum Thomas-Verfahren.
1879-1881, 1894
Schriftwechsel mit verschiedenen Adressaten, jedoch nicht Lizenznehmern, Anfangsbuchstabe K.

783 Allgemeiner Schriftwechsel des Hoerder Vereins zum Thomas-Verfahren.
1879-1882
Schriftwechsel, insbesondere von Joseph Massenez, mit verschiedenen Adressaten, jedoch nicht Lizenznehmern, Anfangsbuchstabe L.

1145 Allgemeiner Schriftwechsel des Hoerder Vereins zum Thomas-Verfahren.
1879
Zwei Schreiben des Ingenieurs Franz Meiser, Nürnberg, an Joseph Massenez mit Hinweis auf ein Ofenpatent der Thonwaarenfabrik Schwandorf und Bitte um Zusendung von Stahlproben.

1147 Allgemeiner Schriftwechsel des Hoerder Vereins zum Thomas-Verfahren.
1879–1882
Schriftwechsel zwischen Joseph Massenez und verschiedenen Adressaten, auch mit späteren Lizenznehmern, Anfangsbuchstabe M, u. a. mit der Möncheberger Gewerkschaft, Kassel, und M. Mühlig über die Herstellung von Konverterauskleidungen, mit Gerhard Lucas Meyer über die Fusion von Actien-Gesellschaft Peiner Walzwerk und Actiengesellschaft Ilseder Hütte mit Aufforderung an die Aktionäre zum Umtausch der Aktien (gedruckt) und den Ankauf von Roheisen durch den Hoerder Verein, mit Friedrich Carl Georg Müller, Osnabrück, über die Analyse von Stahl- und Schlackenproben und mit Theodor Movius vom A. Schaaffhausen'schen Bankverein über Bürgschaften für den Ankauf der Thomas-Patente; Friedrich Carl Georg Müller: „Die Entphosphorung des Eisens im basischen Konverter" (Sonderdruck aus Glaser's Annalen für Gewerbe und Bauwesen, Nr. 79, 1880); Franz Melaun: Österreichisch-Ungarisches Patent Nr. 2.432 vom 12.06.1880: „Verbessertes Verfahren in der Herstellung von feuerfestem Material für basische Konverter- und Ofenausfütterungen" (Abschrift).

1154 Allgemeiner Schriftwechsel des Hoerder Vereins zum Thomas-Verfahren.
1879–1882
Schriftwechsel zwischen Joseph Massenez und verschiedenen Adressaten, jedoch nicht Lizenznehmern, Anfangsbuchstabe N, u. a. mit Rudolf Netcke, Generalrepräsentant der Firma A. Borsig in Österreich-Ungarn, über den Verkauf von Lizenzen in diese Länder; Artikel aus der Nationalzeitung über die Einführung des Verfahrens in Deutschland, o. D. (Abschrift eines Entwurfs von Massenez oder eines gedruckten Artikels [?]).

1155 Allgemeiner Schriftwechsel des Hoerder Vereins zum Thomas-Verfahren.
1879–1880
Schriftwechsel zwischen Joseph Massenez und verschiedenen Adressaten, jedoch nicht Lizenznehmern, Anfangsbuchstabe O, u. a. mit Friedrich Osann vom Technischen Verein für Eisenhüttenwesen über einen Vortrag von Massenez beim Verein und Publikation von Informationen.

995 Allgemeiner Schriftwechsel des Hoerder Vereins zum Thomas-Verfahren.
1879–1880
Einzelne Schreiben, insbesondere von Joseph Massenez, mit verschiedenen Adressaten, jedoch nicht Lizenznehmern, Anfangsbuchstabe P; Werbeblatt des Carl Heymann's Verlag, Berlin, zur Publikation von Patentschriften.

785 Allgemeiner Schriftwechsel des Hoerder Vereins zum Thomas-Verfahren.
1879–1882
Schriftwechsel zwischen Joseph Massenez und verschiedenen Adressaten, jedoch nicht Lizenznehmern, Anfangsbuchstabe R, u. a. mit W. Reuling, Rechtsanwalt beim Reichsgericht, über Nichtigkeitsklagen gegen die Thomas-Patente in Deutschland sowie mit der Reichsdruckerei über die Zusendung von Patentschriften; Patentschrift des Kaiserlichen Patentamts Nr. 9.473 vom 15.04.1880

für die Firma Gebr. Ramdohr über ein „Verfahren zur Entchlorung des Chlormagnesiums behufs Herstellung feuerfesten basischen Obermaterials"; Mitteilung des Kaiserlichen Patentamts über die Erteilung des Patents zur „Entphosphorung des Eisens beim Bessemerprozess" und Rückweisung des Antrags auf Patentierung des Gesamtverfahrens vom 11.12.1880 (Abschrift).

777 Allgemeiner Schriftwechsel des Hoerder Vereins zum Thomas-Verfahren.
1879–1881
Schriftwechsel zwischen Joseph Massenez und verschiedenen Adressaten, jedoch nicht Lizenznehmern, Anfangsbuchstabe S.

786 Allgemeiner Schriftwechsel des Hoerder Vereins zum Thomas-Verfahren.
1879–1885
Schriftwechsel, insbesondere von Joseph Massenez, mit verschiedenen Adressaten, jedoch nicht Lizenznehmern, Anfangsbuchstabe T, u. a. mit Alfred Trappen von der Märkischen Maschinenbau-Anstalt vorm. Kamp & Comp. über technische Fragen, z. B. des Ofenbaus, und persönliche Angelegenheiten; Kostenaufstellung der Märkischen Maschinenbau-Anstalt zur Errichtung eines „Bessemerwerks", 1879.

757 Allgemeiner Schriftwechsel des Hoerder Vereins zum Thomas-Verfahren.
1879–1880
Schriftwechsel mit verschiedenen Adressaten, jedoch nicht Lizenznehmern, Anfangsbuchstabe U.

773 Allgemeiner Schriftwechsel des Hoerder Vereins zum Thomas-Verfahren.
1878–1880
Schriftwechsel zwischen Joseph Massenez und verschiedenen Adressaten, jedoch nicht Lizenznehmern, Anfangsbuchstabe W, u. a. mit Hermann Wedding vom Handelsministerium zur Begutachtung des Verfahrens.
Darin auch: Bericht über das Kalkwerk der Gebrüder Vonhausen in Albshausen, Kreis Kirchhain (Hessen-Nassau) vom 25.09.1878 (Abschrift).

5.5.1.5 Technische Fragen

761 Analyse von nach dem Thomas-Verfahren hergestellten Rohstahlproben des Hoerder Vereins.
1879
Schriftwechsel zwischen Hoerder Verein, Königlich Württembergischem Hüttenamt Wasseralfingen und Ingenieur H. Gmelin, Stuttgart, über die Analyse von Proben.

833 Wissenschaftliche Untersuchung des Thomas-Verfahrens.
1879
Antrag des Hoerder Vereins an das Handelsministerium auf wissenschaftliche Prüfung des Verfahrens und Entsendung von Hermann Wedding als Gutachter; Zusage des Ministeriums.

764 Verfahren zur Gewinnung von Phosphorsäure aus Thomasschlacken.
1880
Schriftwechsel zwischen Hoerder Verein, insbesondere Joseph Massenez, und August Drever-

mann über ein von diesem vorgeschlagenen Produktionsverfahren; Schreiben von Drevermann an Sidney Gilchrist Thomas, mit eingehender Darstellung des Verfahrens, sowie Antwortschreiben; Auszug aus einer Patentanmeldung Thomas' zur Verwertung phosphorhaltiger Schlacken.

2627 Zeitschriftenausschnitte zum Thomas-Verfahren.
1879–1880, 1893, 1909
Kopien und Abschriften aus den Zeitschriften „Glückauf", „Stahl und Eisen", „Der Berggeist" und „Zeitschrift des Berg- und Hüttenmännischen Vereins für Steiermark und Kärnten".

5.5.2 Roheisenmischer und Entschwefelungsverfahren
5.5.2.1 Anmeldung und Erwerb

1166 Patentierung eines Verfahrens zur Entschwefelung von Roheisen.
1889–1894, 1898–1899
Schreiben von Gustav Hilgenstock an die Direktion, mit Bericht über erfolgreiche Entschwefelungsversuche und Anregung zur Patentierung des Verfahrens vom 13.11.1889; Patentgesuch beim Kaiserlichen Patentamt zu einem „Verfahren zur Abscheidung des Schwefels aus schwefelhaltigem Eisen" vom 16.05.1890 (Durchschlag); Patentbeschreibungen (deutsch, englisch, französisch); Schriftwechsel zwischen Hoerder Verein, Patentamt und Patentanwalt Carl Pieper über die Anmeldung und Aufrechterhaltung des Patents in Deutschland, Belgien, Frankreich, England, Italien, Luxemburg und Österreich; Anmeldebestätigungen verschiedener Patentämter; Patenturkunde des Patentamts für den Hoerder Verein D.R.P. 54.976 vom 22.11.1890, mit Patentschrift (Patentschutz ab 20.05.1890); englische Patentschrift; Quittungen zur Zahlung der Patentgebühren.

1167 Erwerb der Lizenz für den Roheisenmischer.
1889–1903
Patentschrift des Kaiserlichen Patentamts Nr. 50.250 vom 02.01.1890 für William Richard Jones über ein „Verfahren und Apparat zum Ausgleichen der chemischen Zusammensetzung von Roheisen" (Patentschutz ab 04.06.1879); Einspruch des Hoerder Vereins gegen die Anmeldung und einzelne Schreiben mit dem Patentanwalt Friedrich Carl Glaser; Mitteilung des Patentamts zur Ablehnung des Einspruchs vom 25.11.1879; Vertrag zwischen Carnegie Brothers & Comp. Ltd. als Inhaber der Patente für Deutschland, Frankreich, Großbritannien und Österreich und Evan D. Evans über dessen Berufung zum Generalvertreter für den Vertrieb in Europa vom November 1890 (englisch, Abschrift); einzelne Schreiben zwischen Hoerder Verein, den Patentanwälten Paget & Moeller, H. Borner und Evans über den Erwerb einer Generallizenz für die genannten Länder und die Vergabe von Unterlizenzen, u. a. an Firma Fried. Krupp, Gutehoffnungshütte, Königs- und Laurahütte und Witkowitzer Bergbau- & Eisenhüttengewerkschaft; Abrechnung der Lizenzgebühren für verschiedene englische Unternehmen durch The Metal Mixer Syndicate Ltd.

5.5.2.2 Lizenzen
5.5.2.2.1 Lizenzvergabe

1648 Bolckow, Vaughan & Co. Ltd.
1892

Vertrag zwischen Hoerder Verein, The Metal Mixer Syndicate Ltd. und Bolckow, Vaughan & Co. Ltd. vom 26.10.1892 (Abschrift).

1655 Les Petits-Fils de François de Wendel & Cie.
1891-1894
Vertrag zwischen Hoerder Verein, The Metal Mixer Syndicate Ltd. und de Wendel vom 25./29.08.1894; Vertragsentwürfe; einzelne Schreiben zwischen den Vertragspartnern zu Vertragsmodalitäten und technischen Fragen (deutsch und französisch).

1170 Eisenhütten-Aktien-Verein Düdelingen.
1891, 1895-1896
Einzelne Schreiben zwischen Hoerder Verein und Eisenhütten-Aktien-Verein Düdelingen zu Mitteilung des Lizenzerwerbs, Beschreibung der Verfahren, Einladung zur Besichtigung sowie Zahlung der Ankaufssumme nach Vermittlung durch Joseph Massenez; Quittungen.

1645 Ferry, Curicque & Cie. Hauts-Fourneaux Fonderies & Aciéries de Micheville.
1895-1896
Lizenzvertrag zwischen Hoerder Verein, The Metal Mixer Syndicate Ltd. und Ferry, Curicque & Cie. vom 31.01.1895 (französisch); einzelne Schreiben zwischen den Vertragspartnern zur Zahlung der Lizenzgebühren.

1171 Fried. Krupp.
1891
Einzelne Schreiben zwischen Hoerder Verein und Firma Fried. Krupp über Modalitäten des Lizenzerwerbs, Besichtigungstermine, Analyseergebnisse und Vertragsabschluss am 16./23.05.1891.

1608 Gebr. Stumm.
1891-1892, 1902
Einzelne Schreiben zwischen Hoerder Verein und Gebr. Stumm zu Vorstellung von Mischer und Verfahren, Vertragsmodalitäten und Ablösung der Lizenzgebühren durch eine Einmalzahlung; Vertragsentwurf.

1172 Gewerkschaft Deutscher Kaiser.
1897-1900
Lizenzvertrag zwischen Hoerder Verein, The Metal Mixer Syndicate Ltd., vertreten durch Joseph Massenez, und August Thyssen vom 05./11./25.06.1897; einzelne Schreiben zwischen Hoerder Verein und Thyssen & Cie. zu Vertragsunterzeichnung und Ablösung der von der Produktion abhängigen Lizenzgebühren für das Entschwefelungsverfahren durch eine Pauschalzahlung; Quittungen.

1650 Gutehoffnungshütte.
1891-1893
Vertrag zwischen Hoerder Verein, The Metal Mixer Syndicate Ltd. und Gutehoffnungshütte vom 23./27.03.1893; Vertragsentwurf; einzelne Schreiben zwischen den Vertragspartnern zu technischen Fragen, Vertragsmodalitäten und Abrechnung der Lizenzgebühren.

1647 Hoesch AG.
1897–1898
Lizenzvertrag zwischen Hoerder Verein, The Metal Mixer Syndicate Ltd. und Hoesch AG vom 20./21./22.05.1897; einzelne Schreiben zwischen den Vertragspartnern zur Zahlung der Lizenzgebühren.

1675 Königs- und Laurahütte.
1891
Lizenzvertrag zwischen Hoerder Verein und Königs- und Laurahütte vom 20.04.1891; Vertragsentwurf; einzelne Schreiben zwischen den Vertragspartnern zu den Vertragsmodalitäten.

1653 Lothringer Hütten-Verein Aumetz-Friede.
1899–1902
Vertrag zwischen Hoerder Verein, The Metal Mixer Syndicate Ltd. und Lothringer Hütten-Verein Aumetz-Friede vom 10./12.02.1899; einzelne Schreiben zwischen den Vertragspartnern zur Abrechnung der Lizenzgebühren.

1784 Luxemburger Bergwerks- und Saarbrücker Eisenhütten-Actien-Gesellschaft.
1891, 1897
Vertrag zwischen Hoerder Verein, The Metal Mixer Syndicate Ltd. und Luxemburger Bergwerks- und Saarbrücker Eisenhütten-Actien-Gesellschaft vom 20./22./25.02.1897; einzelne Schreiben zwischen Hoerder Verein und Lizenznehmer zur Information über das Verfahren, Betriebsbesichtigung und chemischen Analyse von Stahlproben.

1555 Oberschlesische Eisenbahn-Bedarfs-AG.
1891–1896
Vertrag zwischen Hoerder Verein und Oberschlesischer Eisenbahn-Bedarfs-AG vom 21./29.07.1891; Vertragsentwurf; Vertrag zwischen Oberschlesischer Eisenbahn-Bedarfs-AG und Joseph Massenez über Errichtung und Inbetriebnahme eines Roheisenmischers sowie Vertretung der Patente im Gebiet des ehemaligen Königreichs Hannover und im oberschlesischen Industriegebiet vom 31.12.1894; einzelne Schreiben zwischen Hoerder Verein und Lizenznehmer zu Vertragsmodalitäten und -abschluss.

1610 Phoenix AG.
1891, 1898–1899
Lizenzvertrag zwischen Hoerder Verein und Phoenix AG vom 22./28.07.1898; einzelne Schreiben zwischen Hoerder Verein und Phoenix AG zu Vorstellung von Mischer und Verfahren, Vertragsabschluss und Ablösung der Lizenzgebühren durch eine Einmalzahlung.

1659 Rombacher Hüttenwerke.
1899–1900
Vertrag zwischen Hoerder Verein, The Metal Mixer Syndicate Ltd. und Rombacher Hüttenwerken vom 27./28.03./01.04.1899; einzelne Schreiben zwischen den Vertragspartnern zur Abrechnung der Lizenzgebühren.

1646 Société Anonyme des Aciéries d'Angleur.
1891
Lizenzvertrag zwischen Hoerder Verein und Société Anonyme des Aciéries d'Angleur vom 10.09.1891 (französisch); Vertragsentwürfe; einzelne Schreiben zwischen den Vertragspartnern zu Vertragsmodalitäten (französisch).

1679 Société Anonyme John Cockerill.
1891–1893
Lizenzvertrag zwischen Hoerder Verein, The Metal Mixer Syndicate Ltd. und Société Anonyme John Cockerill vom 11./21.09.1893; Vertragsentwurf; Informationsschreiben von Joseph Massenez.

1662 Union AG.
1891, 1903
Vertragsentwurf; einzelne Schreiben zwischen Union AG und Hoerder Verein zu Vertragsmodalitäten; Mitteilung der Union AG zur Überweisung des Kaufpreises für das Entschwefelungsverfahren vom 24.07.1903.

994 Witkowitzer Bergbau- & Eisenhüttengewerkschaft.
1891–1895
Vertrag zwischen Witkowitzer Bergbau- & Eisenhüttengewerkschaft und Hoerder Verein vom 23.04.1891, auch namens der Carnegie Brothers & Comp. Ltd., London, als Inhaber des österreich-ungarischen Patents für den Roheisenmischer, beide vertreten durch Joseph Massenez; Schriftwechsel zwischen Massenez und den Vertragspartnern über Lizenzbedingungen, Vertragsmodalitäten, Inbetriebnahme des Roheisenmischers und die Patentsituation in Österreich-Ungarn.

5.5.2.2.2 Lizenzverhandlungen ohne Vertragsabschluss

1609 Bochumer Verein.
1891
Einzelne Schreiben des Hoerder Vereins an den Bochumer Verein zur Vorstellung von Mischern und Verfahren sowie zwischen Joseph Massenez und Gustav Hilgenstock zur Haltung des Bochumer Vereins.

1168 Eisenwerk-Gesellschaft Maximilianshütte.
1891
Einzelne Schreiben zwischen Hoerder Verein und Maximilianshütte zur Mitteilung des Lizenzerwerbs, Beschreibung der Verfahren und Einladung zur Besichtigung.

1651 Gebr. Röchling.
1891
Einzelne Schreiben zwischen Hoerder Verein und Gebr. Röchling zu Lizenzierungsangebot, technischen Fragen und chemischen Untersuchungen von Roheisen.

1589 Magdeburg-Buckauer Maschinenfabrik und Eisengießerei Hermann Gruson.
1891

Einzelne Schreiben zwischen Hoerder Verein und Magdeburg-Buckauer Maschinenfabrik und Eisengießerei Hermann Gruson zu technischen Fragen.

1169 North Eastern Steel Co. Ltd.
1891, 1895
Einzelne Schreiben zwischen Hoerder Verein und North Eastern Steel Co. Ltd., Middlesbrough, zur Vereinbarung eines Besichtigungstermins; Analyseergebnisse des entschwefelten Roheisens.

1649 Prager Eisen-Industrie-Gesellschaft.
1891
Einzelne Schreiben zwischen Hoerder Verein und Prager Eisen-Industrie-Gesellschaft zum Vertragsangebot.

1783 Rheinische Stahlwerke.
09.02.1891
Informationsschreiben des Hoerder Vereins an die Rheinischen Stahlwerke.

1778 Rima-Murány Salgó Tarjáner Eisenwerks-Actien-Gesellschaft.
1891
Einzelne Schreiben zwischen Hoerder Verein und Rima-Murány Salgó Tarjáner Eisenwerks-Actien-Gesellschaft zu Angebot und Kosten des Lizenzerwerbs.

5.5.2.3 Vertrieb

997 Vertrieb von Roheisenmischer und Entschwefelungsverfahren in Frankreich.
1891
Vertrag vom 15.05.1891 zwischen Ingenieur Henri Rémaury und Hoerder Verein, in Vertretung von Joseph Massenez und Evan D. Evans als Vertretungsbevollmächtigte von William Richard Jones, Inhaber des französischen Patents des Roheisenmischers, zur Übernahme des Vertriebs von Roheisenmischer und Entschwefelungsverfahren in Frankreich; Schriftwechsel zwischen Hoerder Verein, Rémaury sowie den Beratenden Ingenieuren J. Monin und Brandon & Fils über den Vertrieb in Frankreich (französisch).

1660 Vertrieb von Roheisenmischer und Entschwefelungsverfahren durch Joseph Massenez und den Hoerder Verein.
1891–1893
Verträge zwischen Hoerder Verein und Massenez zur Übertragung der Generalvertretung des Entschwefelungsverfahrens an Massenez und dessen gemeinsamen Vertrieb mit dem Roheisenmischer vom 27./29.10.1891 und 03.12.1891, mit mehreren Entwürfen (ein Exemplar von Massenez unterzeichnet); Vertrag zwischen Carnegie Brothers & Comp. Ltd. als Inhaberin der Mischerpatente und Evan D. Evans zur Übertragung der Generalvertretung der Patente an Evans vom 27.02.1891 (Abschrift); Mitteilung von Evans an Massenez zur Übertragung der Generalvertretung auf Massenez vom 27.02.1891 (Abschrift); Schriftwechsel zwischen Hoerder Verein und Massenez zur Patentanmeldung des Roheisenmischers in Großbritannien, Italien und den Vereinigten Staaten von Amerika, zur Aufrechterhaltung bestehender Patente in Österreich-Ungarn und Belgien sowie

zu konkurrierenden Patentanmeldungen und Massenez' Verhandlungen mit Interessenten, u. a. Société Anonyme des Aciéries d'Angleur, Union AG, Eisenwerk-Gesellschaft Maximilianshütte, North Eastern Steel Co. Ltd., Oberschlesischer Eisenbahn-Bedarfs-AG und de Wendel.

1632 Lizenzeinnahmen und Lizenzvergabe des Hoerder Vereins für Roheisenmischer und Entschwefelungsverfahren.
1893–1898
Schriftwechsel zwischen Hoerder Verein und Joseph Massenez zu Lizenzeinnahmen und Lizenzverhandlungen mit Unternehmen aus Belgien, Deutschland, Frankreich und Großbritannien, u. a. mit de Wendel, Société Anonyme John Cockerill, North Eastern Steel Co. Ltd., Bolckow, Vaughan & Co. Ltd., Gebr. Röchling, Ferry, Curicque & Cie. Hauts-Fourneaux Fonderies Aciéries de Micheville, Gebr. Stumm, Eisenhütten-Aktien-Verein Düdelingen, Gewerkschaft Deutscher Kaiser, Luxemburger Bergwerks- und Saarbrücker Eisenhütten-Actien-Gesellschaft, Hoesch AG und Phoenix AG; Vertrag zwischen Oberschlesischer Eisenbahn-Bedarfs-AG und Massenez über Errichtung und Inbetriebnahme eines Roheisenmischers sowie Vertretung der Patente im Gebiet des ehemaligen Königreichs Hannover und im oberschlesischen Industriegebiet vom 31.12.1894 (Abschrift); Quartalsabrechnungen von Massenez und The Metal Mixer Syndicate Ltd. zu Produktionsgebühren und deren Aufteilung unter Evan D. Evans, Société Anonyme des Aciéries d'Angleur, The Metal Mixer Syndicate Ltd. und Hoerder Verein; Mitteilungen des Hoerder Vereins an Massenez zur Überweisung von dessen Anteilen; Konstruktionszeichnung eines Mischers.

1544 Lizenzeinnahmen und Lizenzvergabe des Hoerder Vereins für Roheisenmischer und Entschwefelungsverfahren.
1898–1903
Schriftwechsel zwischen Hoerder Verein und Joseph Massenez zu Lizenzeinnahmen und Lizenzverhandlungen mit Unternehmen aus Belgien, Deutschland, Frankreich und Großbritannien, u. a. Société Anonyme des Aciéries de Longwy, Bolckow, Vaughan Co. Ltd., Société Anonyme des Usines de Thy-le-Chateau et Marcinelle, Gebr. Stumm, Phoenix AG, Rombacher Hüttenwerke und Union AG; Quartalsabrechnungen von Massenez zu den Produktionsgebühren und deren Aufteilung unter Evan D. Evans, Société Anonyme des Aciéries d'Angleur, The Metal Mixer Syndicate Ltd. und Hoerder Verein; Mitteilungen des Hoerder Vereins an Massenez zur Überweisung von dessen Anteilen.

1782 Lizenzeinnahmen des Hoerder Vereins für Roheisenmischer und Entschwefelungsverfahren.
1904
Einzelne Schreiben der The Metal Mixer Syndicate Ltd. an den Hoerder Verein zur Abrechnung von Lizenzgebühren.

5.5.3 Eisenbahnoberbau und Rillenschienen

5.5.3.1 Patentanmeldung, Patentabsicherung und Lizenzerwerb

1748 Erwerb des Patents und Vertrieb des Langschwellen-Oberbaus für Straßenbahnen von Hermann Rimbach.
1877–1883
Einzelne Schreiben zwischen Hoerder Verein und Rimbach zu Patentanmeldung, technischen Fragen, Produktionskosten und Vertriebsmodalitäten; Patentschrift des Kaiserlichen Patentamts

Nr. 555 vom 05.09.1877 für Victor Demerbe & Co., Jemmapes (Belgien), zu einem „Schienensystem für Eisenbahnen" (Abschrift), mit Konstruktionszeichnungen.

1528 Erwerb einer Generallizenz zum Langschwellen-Oberbau für Straßenbahnen von Hermann Rimbach und Verteidigung der Patentanmeldung.
1880–1881
Patentbeschreibungen; Schriftsatz zum Einspruch von Carl Stroehler, Direktor des Central-Bureaus für den Bau von Secundärbahnen, gegen die Anmeldung beim Kaiserlichen Patentamt vom 14.03.1880, mit Schriftwechsel zwischen Rimbach und Stroehler als Anlage (Abschriften); Schriftsatz zur Erwiderung Rimbachs bzw. des Hoerder Vereins, o. D., mit Anlagen: Bericht Rimbachs zum Projekt eines eisernen Oberbaus für eine Berliner Straßenbahn mit Güterverkehr und direkter Überführung von Eisenbahnwagen der Normalbahnen, Dezember 1880; Gutachten Rimbachs über die Zulässigkeit eines Straßenbahnoberbauprofils für die Überführung von Normaleisenbahnwagen, Oktober 1880; Festigkeitsberechnungen und Konstruktionszeichnungen; Werbeschrift des Hoerder Vereins, mit Konstruktionszeichnung, 1881; Schriftwechsel zwischen Hoerder Verein, Rimbach und Patentanwälten, insbesondere C. Kesseler, zu Einspruch, Anmeldung des Patents in Belgien, Frankreich, Luxemburg und Österreich-Ungarn, technischen Fragen und Vermarktung.

1533 Vermarktung des Langschwellen-Oberbaus für Straßenbahnen von Hermann Rimbach und Verteidigung der Patentanmeldung.
1881–1882
Schriftwechsel zwischen Hoerder Verein, Rimbach, Patentanwalt C. Kesseler und Hermann Krüger als Handelsvertreter des Hoerder Vereins über Anmeldung des Patents in Großbritannien, technische Fragen, den Einspruch Carl Stroehlers sowie die Vermarktung des Verfahrens; Konstruktionszeichnungen; Zeitungsausschnitt.

1664 Vertrieb des Langschwellen-Oberbaus für Straßenbahnen von Hermann Rimbach.
1882–1883
Schriftwechsel zwischen Hoerder Verein und Rimbach zu technischen Fragen, Produktionskosten und Vertriebsmodalitäten; Konstruktionszeichnungen; Quittungen des Kaiserlichen Patentamts über die Gebührenzahlungen zur Aufrechterhaltung des Patents.

1671 Verwertung eines Schienenbefestigungssystems durch den Hoerder Verein.
1881–1891
Beschwerde des Patentanwalts C. Kesseler gegen die ablehnende Entscheidung des Kaiserlichen Patentamts zur Patentanmeldung von Carl Görgel über „Klemmplatten zur direkten Befestigung von Schienen auf eisernem Oberbau" vom 29.01.1885; Konstruktionszeichnungen konkurrierender Befestigungssysteme; Patentschrift des Patentamts Nr. 14.250, Klasse 19, vom 30.06.1881 für Wenzel Hohenegger über „Klemmplatten beim eisernen Langschwellen-Oberbau" sowie Nr. 27.957, Klasse 19, vom 15.07.1884 über „Klemmplatten für eisernen Oberbau" (Zusatz zu Nr. 14.250); Schriftwechsel zwischen Hoerder Verein und Görgel bzw. dessen Witwe über technische Fragen, Patentanmeldung in Deutschland und Frankreich und Vertrieb des Befestigungssystems in Frankreich.

1591 Patentierung eines Rillenschienenwalzwerks.
1875, 1879–1880, 1885–1891
Patentbeschreibung zu einer „Einrichtung zum Walzen von Rillenschienen und ähnlichen Profilen"; Schriftwechsel zwischen Hoerder Verein und Patentanwalt Carl Pieper zur Anmeldung des Hauptpatents am 17.09.1886 und eines Zusatzpatents am 10.12.1886, auch in Belgien, Frankreich, Großbritannien, Luxemburg und Österreich; Anmeldebestätigungen verschiedener Patentämter sowie des Kaiserlichen Patentamts vom 18.11.1886 und 07.01.1887; Konstruktionszeichnungen; Einsprüche von Gutehoffnungshütte vom 14.01.1887 und 30.03.1887, Phoenix AG vom 25.01.1887 und 06.04.1887 sowie Gesellschaft für Stahlindustrie zu Bochum vom 01.02.1887 und 05.04.1887 (Abschriften); Erwiderungsschriftsätze des Hoerder Vereins; Patenturkunde für Frankreich vom 04.03.1887, mit Patentbeschreibung; Ablehnungsbescheid des Patentamts vom 29.06.1887 für die Anmeldung vom 17.09.1886 sowie Erteilungsbescheid vom 07.07.1888 für die Anmeldung vom 10.12.1886; Beschwerde des Hoerder Vereins vom 30.07.1887 gegen den Bescheid vom 29.06.1887 unter Anmeldung eines neuen Eventualanspruchs (gedruckt), mit Entwürfen; Erteilungsbescheid für Großbritannien vom 05.08.1887, mit Patentbeschreibung; Erwiderung der Phoenix AG vom 15.09.1887 (gedruckt); englische Patentschriften für James Morgan While über „Rolling Mills" vom 05.04.1879 sowie für William Brownhill und Thomas Henry Smith über „Rolling Iron, Steel" vom 27.09.1875; Patentschrift des Patentamts Nr. 10.221, Klasse 49, vom 30.07.1880 für die Phoenix AG über eine „Einrichtung zum Walzen von Rillenschienen"; Gutachten von Pieper zur Verletzung von Patenrechten vom 14.11.1887; Patenturkunde für Großbritannien; Patentschrift des Patentamts Nr. 38.070, Klasse 18, vom 06.01.1887 für L. Glaser über ein „Doppel-Zwillings-Walzwerk für Façon- und Feineisen"; Patentschrift des Patentamts Nr. 29.977, Klasse 18, vom 02.01.1885 für die Gesellschaft für Stahlindustrie zu Bochum über ein „Rillenschienen-Fertigwalzwerk"; Patenterteilungsbescheid des Patentamts vom 10.04.1888; Schriftwechsel zwischen Hoerder Verein und Pieper über Einspruchsverfahren und Aufrechterhaltung der Patente in verschiedenen Ländern sowie mit der Prager Eisen-Industrie-Gesellschaft über die Aufrechterhaltung in Österreich.

1665 Geplanter Erwerb einer Produktionslizenz für Schienenbefestigungsmaterial.
1885–1886
Produktbeschreibung, mit Konstruktionszeichnungen für das Befestigungssystem nach Georg Schwartzkopff (gedruckt); einzelne Schreiben zwischen Hoerder Verein und Schwartzkopff zu technischen Fragen und Modalitäten eines Lizenzerwerbs.

1673 Geplante Verwertung des Straßenbahnoberbausystems von Louis Edmond Humbert.
1877–1880, 1884–1889
Schriftwechsel zwischen Hoerder Verein und Erfinder Louis Edmond Humbert, Paris, über technische Fragen, Bedingungen einer Produktion beim Hoerder Verein, Anmeldung des Systems in Deutschland über den Patentanwalt Carl Pieper und Einsprüche gegen die Anmeldung (französisch); Einspruch der Gutehoffnungshütte gegen die Patentanmeldung Humberts vom 02.11.1885 (französisch); Patentschrift des Kaiserlichen Patentamts Nr. 9.443, Klasse 19, vom 13.04.1880 für Richard Bishop über „Neuerungen an Pferdeeisenbahnen"; Patentschrift des Patentamts Nr. 27.153, Klasse 19, vom 14.05.1884 für Albert Evan Adlard über „Gleiskonstruktionen für Pferdeeisenbahnen"; Patentschrift des Patentamts Nr. 10.424, Klasse 19, vom 23.08.1880 für die Aktien-Gesellschaft Eisen- und Stahlwerk Osnabrück über „Neuerungen am Oberbau für Straßen-

bahnen"; Patentschrift des Patentamts Nr. 47, Klasse 19, vom 18.07.1877 für Rump und W. Piette über „Eisernen Oberbau für Pferdebahnen".

1781 Geplante Patentierung des Rillenschienen-Walzwerks von Louis Edmond Humbert.
1879–1880, 1885–1886
Patentschrift des Kaiserlichen Patentamts Nr. 9.863, Klasse 49, vom 23.09.1879 für die Société Anonyme des Mines et Usines du Nord et de L'Est de la France für ein „Walzwerk für Rillenschienen und andere Profileisen"; Patentbeschreibungen zum „Spezialwalzwerk zum Walzen von Rillenschienen und ähnlichen Profilen" von Humbert; Instruction pour L'Emploi de la Voie Métallique Humbert (gedruckt); Anmeldebestätigung des Patentamts vom 19.08.1885; Einsprüche von Gutehoffnungshütte vom 02.11.1885 und Phoenix AG vom 12.11.1885 (Abschriften); Entgegnungsschriftsatz des Hoerder Vereins vom 02.01.1886; Ablehnungsbescheid des Patentamts vom 02.02.1886; Schriftwechsel zwischen Hoerder Verein und Patentanwalt Carl Pieper zum Anmeldeverfahren.

1522 Patentanmeldungen des Hoerder Vereins für Lokomotivrahmen, Scheiben- und Speichenräder sowie Weichenteile.
1886–1888, 1891–1895
Patentbeschreibungen: 1) „Verfahren zur Herstellung von Weichen- und Kreuzungsteilen durch einmaliges Pressen oder Stanzen aus Walzeisen" (Anmelder Emil Klinkmann), 2) „Lokomotivrahmen aus zusammengesetzten Profilen" (Anmelder Emil Klinkmann), 3) „Verfahren zur Herstellung von Scheiben- und Speichenrädern aus schmiedeeisernen Rohblöcken" (Anmelder Carl Pieper), mit Anmeldebescheinigungen des Kaiserlichen Patentamts vom 19.12.1893; Konstruktionszeichnungen; Ablehnungsbescheid des Patentamts zur Anmeldung über Lokomotivrahmen vom 17.01.1894; Patentschrift des Patentamts Nr. 37.371, Klasse 49, für Samson Fox über „Gesenke mit Doppelplatten zur Herstellung von Lokomotivrahmen-Platten mit Rändern" vom 07.01.1886; Patentschrift des Patentamts Nr. 44.419, Klasse 49, für Samson Fox über „Gesenke zur Herstellung von Lokomotivrahmen-Platten mit verstärkten Rändern und Achsgabeln" vom 01.01.1888; Ablehnungsbescheide des Patentamts zur Anmeldung über Räder vom 25.01.1894 und 27.06.1895; Patentschrift des Patentamts Nr. 67.225, Klasse 19, für Jonathan Edwin Billups über „Kreuzungen für einteiligen Langschwellenoberbau" vom 03.09.1891; Ablehnungsbescheid des Patentamts zur Anmeldung über Weichen vom 13.10.1894; Gebrauchsmusteranmeldung des Hoerder Vereins zur Weichenherstellung vom 12.11.1894; Schriftwechsel zwischen Hoerder Verein und Patentanwalt Carl Pieper zu den Anmeldeverfahren.

1181 Patentierung einer Schienenstoßverbindung.
1892–1893
Patentanmeldung des Hoerder Vereins vom 27.10.1892 über „Neuerungen am Oberbau für Eisenbahn, Pferdebahnen usw." beim Kaiserlichen Patentamt; Vorbescheid und Benachrichtigung des Patentamts zur Ablehnung des Patents vom 14.12.1892 sowie Bescheid zur Ablehnung der Beschwerde vom 23.02.1893; Erwiderung des Hoerder Vereins zum Vorbescheid sowie Beschwerde gegen die Ablehnung (Schriftsatz fehlt); Schriftwechsel zwischen Hoerder Verein und Patentanwalt Carl Friedrich Glaser zum Verfahren.

1611 Beteiligung von Adolf Märklin an den Lizenzeinnahmen aus dem Rillenschienenpatent des Hoerder Vereins.

1892–1895
Einzelne Schreiben zwischen Hoerder Verein und Märklin zur Zahlung seines Anteils.

1634 Patentierung einer Schienenstoßverbindung im Deutschen Reich und in der Schweiz.
1894–1900
Patentbeschreibungen; Patentanmeldung des Hoerder Vereins vom 16.01.1895; Vorbescheid des Kaiserlichen Patentamts vom 29.03.1895, mit Aufforderung zur Ergänzung der Unterlagen; Bescheid des Eidgenössischen Amts für geistiges Eigentum zur Erteilung eines provisorischen Patents vom 31.12.1895; Einspruch der Phoenix AG gegen die Anmeldung vom 27.12.1895, mit Konstruktionszeichnung der Rillenschiene, System Phoenix, sowie Beschwerde gegen die Patenterteilung vom 15.06.1896; Einspruch der Königin-Marien-Hütte vom 13.01.1896; Schriftsätze und Erwiderungen des Hoerder Vereins zu den Einsprüchen; Erteilungsbescheid des Patentamts vom 26.03.1896; Bescheid des Patentamts zur Abweisung der Beschwerde vom 02.10.1896; Gebührenquittungen; Schriftwechsel zwischen Hoerder Verein, Patentamt und Patentanwalt Carl Pieper zu den Chancen einer Anmeldung und zum Genehmigungsverfahren.

1776 Patentierung eines Rillenschienenwalzwerks.
1894–1904
Patentanmeldung des Hoerder Vereins vom 11.10.1894 über „Neuerungen an dem durch Patent Nr. 44.637 geschützten Walzwerk für Rillenschienen und andere Profileisen" als Zusatz zu D.R.P. 44.637 beim Kaiserlichen Patentamt; Einsprüche der Phoenix AG gegen die Anmeldung vom 13.02.1895 und die Erteilung vom 13.06.1895; Benachrichtigung des Patentamts zur Erteilung des Patents vom 15.05.1895; Patentschriften zu Patenten der Gesellschaft für Stahlindustrie zu Bochum D.R.P. 29.977 vom 20.04.1884 über ein „Rillenschienen-Fertigwalzwerk" sowie die gleichlautenden Zusatzpatente D.R.P. 47.254 vom 10.06.1888 und D.R.P. 47.257 vom 05.08.1888 (gedruckt); Schriftwechsel zwischen Hoerder Verein und Patentanwalt Carl Pieper über Anmeldung und Aufrechterhaltung des Patents in Belgien, Deutschland und Österreich-Ungarn sowie Einsprüche gegen das Patent; Quittungen der Patentämter in Belgien, Deutschland und Österreich-Ungarn zur Gebührenzahlung.

1178 Einspruch gegen eine Patentanmeldung auf Rillenschienenwalzwerke durch die Société Anonyme d'Ougrée in Deutschland.
1887, 1894–1895
Einspruch des Hoerder Vereins beim Kaiserlichen Patentamt vom 21.02.1895 gegen die Patentanmeldung Klasse 49, Nr. 8.337 der Société Anonyme d'Ougrée, mit Entwürfen; Stattgabebescheid des Patentamts vom 23.05.1895; Erwiderungsschriften und Stellungnahmen der Société Anonyme d'Ougrée sowie des Hoerder Vereins; Patentschrift des Patentamts D.R.P. 44.637 für den Hoerder Verein über das „Rillenschienen-Walzwerk" vom 11.12.1887; einzelne Schreiben zwischen Hoerder Verein und Patentanwalt Carl Pieper zum Verfahren.
Darin auch: Nichtigkeitsantrag von H. Gautzsch beim Patentamt vom 24.09.1894 gegen verschiedene Leuchtmittel-Patente von Carl Auer von Welsbach und Erwiderung Auer von Welsbachs vom 15.01.1895 (Abschriften).

1179 Einspruch gegen eine Patentanmeldung auf Rillenschienenwalzwerke durch die Société Anonyme d'Ougrée in Deutschland.
1895

Einspruch des Hoerder Vereins beim Kaiserlichen Patentamt vom 22.02.1895 gegen die Patentanmeldung Klasse 49, Nr. 8.336 der Société Anonyme d'Ougrée, mit Entwürfen; Einspruch der Société Anonyme d'Ougrée; Ablehnungsbescheid des Patentamts vom 11.05.1895; Beschwerde des Hoerder Vereins vom 12.06.1895, mit Entwürfen.

1180 Einspruch gegen die Anmeldung eines Patents auf Rillenschienenwalzwerke durch die Georgsmarienhütte.
1880, 1893-1895
Patentbeschreibung vom 24.02.1893 (Abschrift); Einspruch des Hoerder Vereins beim Kaiserliches Patentamt vom 22.02.1895 gegen die Patentanmeldung Klasse 49, Nr. 8.016 der Georgsmarienhütte vom Januar 1895 (Entwurf); Einspruch der Georgsmarienhütte, o. D.; Beschwerde des Hoerder Vereins vom 19.07.1895; Ablehnungsbescheide des Patentamts vom 15.06.1895 und 27.11.1895; einzelne Schreiben zwischen Hoerder Verein und Patentanwalt Carl Pieper zum Verfahren; Patentschrift des britischen Patentamts Nr. 3.608 vom 08.09.1879 für Charles Denton Abel über „Rolling Mills" (gedruckt).

1656 Geplanter Erwerb einer Lizenz zur Produktion einer „Stoßfangschiene".
1894-1895
Produktbeschreibungen, mit Konstruktionszeichnungen (gedruckt); Vertrag zwischen Firma Friedländer & Josephson, Dresdner Bank und Siegmund Eppenstein vom 06.06.1894 zur Übernahme sämtlicher Patente des Unternehmens durch die Bank und Übernahme der Rechte der Bank durch Eppenstein innerhalb von acht Tagen; Nachträge vom 25./26.10.1894 (Abschriften); Vertrag zwischen Eppenstein und Max Friedländer als Inhaber der Firma Friedländer & Josephson vom 26.10.1894 über die Abänderung von Vertragsklauseln (Abschrift); Erklärung des Hoerder Vereins vom 12.11.1894 gegenüber Eppenstein zum Beitritt zu einem „Konsortium" zur gemeinsamen Verwertung des Schienenstoßpatents; Konstruktionszeichnungen; Referenzschreiben (Abschriften); einzelne Schreiben zwischen Hoerder Verein, dem Berliner Unternehmensvertreter Richard Quitmann und Eppenstein über den Erwerb einer Generallizenz für Deutschland.

1618 Lizenzerwerb für eine gebrauchsmustergeschützte Schienenstoßverbindung von der Firma Th. Schmidt, Berlin.
1894-1899
Kaufvertrag zwischen Hoerder Verein und Firma Th. Schmidt vom 16./18.06.1894; Abrechnungen des Hoerder Vereins zu den Lizenzgebühren; Schriftwechsel zwischen Hoerder Verein und Firma Th. Schmidt zu Vertragsabschluss und Gebührenzahlungen.

1594 Aufrechterhaltung von Patenten zu einem Stromversorgungssystem für Straßenbahnen und Eisenbahnoberbaumaterial.
1896-1899
Schriftwechsel zwischen Hoerder Verein und Patentanwalt Carl Pieper über die Aufrechterhaltung der Patente „Stromzuführung und Entwässerungskanal für elektrische Straßenbahnen mit unterirdischer Stromzuführung" und „Zusammengesetzte Weichen und Kreuzungsteile aus Schienen und gegossenen Zwischenstücken" in Deutschland, Frankreich, Großbritannien, Italien, Österreich, Schweiz und Ungarn sowie mit der Witkowitzer Bergbau- & Eisenhüttengewerkschaft für Österreich; Quittungen verschiedener Patentbehörden über die Zahlung der Patentgebühren;

eidesstattliche Erklärungen von Mitarbeitern des Hoerder Vereins über einen Brand im Ingenieurbüro des Presswerks und Vernichtung aller Unterlagen am 25.08.1896 (Abschriften).

1176 Aufhebung des Patents zum Rillenschienenwalzwerk in Österreich.
1892, 1897-1898
Löschungsklage von M. Berger, Wien, vom 17.02.1898 wegen Verletzung des Patentrechts; Urteil des Kaiserlich-Königlichen Handelsministeriums vom 06.11.1898 zur Aufhebung (Abschrift); einzelne Schreiben zwischen Hoerder Verein und Patentanwalt Carl Pieper über das Vorgehen zur Abwendung der Klage, Phoenix AG und Österreichisch-Alpine Montangesellschaft zur Bitte um Ausstellung des nach österreichischen Patentrecht notwendigen Nachweises eines dauerhaften Betriebs der dortigen Anlagen sowie mit der Prager Eisen- und Industrie-Gesellschaft zur Erteilung einer Lizenz; einzelne Schreiben zwischen Phoenix AG und Österreichisch-Alpine Montangesellschaft zur Zahlung von Lizenzgebühren.

1780 Patent- und Vertriebsangelegenheiten zu einer Fußklammerstoßverbindung für Straßenbahn-Rillenschienen.
1902-1908
Quittungen über die Zahlungen der jährlichen Patentabgabe in Belgien, Frankreich, Italien, Luxemburg, Niederlande, Norwegen, Schweden und Schweiz; Schriftwechsel zwischen Hoerder Verein bzw. Phoenix AG, Hoerder Verein und Patentanwalt Carl Pieper über Zahlung der Gebühren, Aufrechterhaltung und Aufgabe der Patente in verschiedenen Staaten und Patentrechtsfragen sowie mit Straßenbahngesellschaften zu Erprobung und Verkauf des Verbindungssystems; Aufstellung der 1902 bis 1906 gelieferten Fußklammerstöße.

5.5.3.2 Lizenzierung und Gebührenabrechnung

1184 Vermarktung des Schwellenwalzverfahrens „Hörde-Post-Ruetter".
1884-1895
Vertrag zwischen Hoerder Verein, Johan Willem Post und Paul Ruetter vom 06.05.1884 über die Nennung der beiden Miterfinder bei der Patentanmeldung, gemeinsame Vermarktung des Verfahrens und Zahlung von Lizenzgebühren aus der laufenden Produktion an diese; Patentbeschreibung; Auszug aus einem Fragebogen des Vereins Deutscher Eisenbahnverwaltungen zu Querschwellen, beantwortet von der „Gesellschaft für den Betrieb von Niederländischen Staats-Eisenbahnen", mit Konstruktionszeichnungen; Schriftwechsel zwischen Hoerder Verein und Post über dessen Vermarktungsbemühungen, vor allem in Belgien und den Niederlanden, die Publikation von Aufsätzen zum Thema, Bestellungen und Lieferungen, technische Fragen und Abrechnung der Patentgebühren; einzelne Schreiben zwischen Hoerder Verein und Ruetter sowie deutschen und ausländischen Eisenbahngesellschaften; Konstruktionsvorschriften für Querschwellen, o. D. (gedruckt, niederländisch und französisch); Sonderdrucke und Hefte verschiedener europäischer Fachzeitschriften, mit Beiträgen von Post zu Querschwellen; Aufstellungen der vom Hoerder Verein gelieferten Querschwellen, August 1884 bis September 1891.

1182 Geplanter Verkauf des Patents über ein Querschwellenwalzwerk in die Vereinigten Staaten von Amerika.
1891-1892

Schriftwechsel zwischen Hoerder Verein, Joseph Massenez als Vermittler und Leeds Forge Co. zu den Verkaufsverhandlungen.

1175 Lizenzgebühren der Société Anonyme des Aciéries d'Angleur für die Patente des Rillenschienenwalzwerks des Hoerder Vereins.
1896–1904
Schriftwechsel zwischen Hoerder Verein, Société Anonyme des Aciéries d'Angleur und C. Vitry als Vertreter des Hoerder Vereins in Belgien über die Abrechnung der Lizenzgebühren sowie die ersuchte Änderung der Vertragskonditionen und Vertragskonditionen anderer Lizenznehmer; Konstruktionszeichnungen zum Walzverfahren der Société Anonyme des Aciéries d'Angleur.

5.5.3.3 Sonstiges

1643 Eisenbahnoberbausystem nach A. Baum.
1885–1890
Beschreibung des kombinierten Lang- und Querschwellenoberbaus von Baum; Konstruktionszeichnungen; A. Baum: „Über die Misserfolge des Langschwellen-Oberbaues und Vorschläge zur Verbesserung desselben", Berlin 1889 (Broschüre); einzelne Schreiben zwischen Hoerder Verein und Baum über die Chancen einer Patentierung und Baums Angebot einer Lizenznahme.

945 Recherchen zu Patenten von August Haarmann im Bereich von Eisenbahnoberbaumaterial.
1894–1895
Einzelne Schreiben zwischen Hoerder Verein und Patentanwalt Carl Pieper, Berlin.

1177 Patente der Société Anonyme d'Ougrée auf Rillenschienenwalzwerke in Belgien.
1894–1895
Mitteilungen der belgischen Patentbehörde über die Erteilung der Patente „Nouveau procédé de laminage de rails à gorge et autres fers profilés du même genre" sowie „Disposition pour maintenir dans la position voulue, le cylindre vertical des laminoirs pour rails à gorge et autres" am 30.11.1894, mit Patentschriften (Abschriften) und Konstruktionszeichnungen; einzelne Schreiben zwischen Hoerder Verein, Société Anonyme d'Ougrée, Phoenix AG und Société Anonyme des Aciéries d'Angleur zu Patentansprüchen und Dauer des Patentschutzes.

1603 Geplante Patentanmeldung zu einer Schienenstoßverbindung in Deutschland durch Wrotnovsky, St. Petersburg.
1899
Einzelne Schreiben zwischen Hoerder Verein und Wrotnovsky zu den Chancen einer Anmeldung und Unterstützung des Unternehmens; Konstruktionszeichnungen.

5.5.4 Rollendes Eisenbahnmaterial

1597 Patente und Patentanmeldungen.
1849–1850, 1856–1857
Patenturkunden des Ministeriums des Innern des Landes Baden vom 20.07.1849, des Staats-

ministeriums des Handels und der öffentlichen Arbeiten des Staates Bayern vom 12.11.1849 sowie des Ministeriums des Innern des Kurfürstentums Hessen vom 25.03.1850 für ein Verfahren zur Herstellung von Eisenbahnwagenachsen der Firma Piepenstock & Comp.; einzelne Schreiben der Stadt München zur Zusendung der Urkunden; Patentanmeldung des Hoerder Vereins beim Handelsministerium (Preußen) zu einer Konstruktion von Scheibenrädern für Eisenbahnen vom 19.03.1856; Erteilungsbescheid des Ministeriums für „eine mechanische Vorrichtung zum Umbiegen der Ränder der Scheibenräder" vom 13.05.1856 und Patenturkunde vom 27.05.1856; Patentanmeldung des Hoerder Vereins beim Handelsministerium (Preußen) für ein Verfahren zum Rösten und Entschwefeln von Eisenerzen vom 13.09.1856, Ablehnungsbescheide des Ministeriums vom 26.10.1856 und 20.12.1856 sowie Erwiderungsschriftsatz; Konstruktionszeichnung des Röstofens; Bestätigung des Amts [Dortmund-]Hörde zur Einführung des Scheibenradherstellungsverfahrens beim Hoerder Verein vom 03.11.1856; Patentanmeldung des Hoerder Vereins beim Handelsministerium (Preußen) zu einer Walzanlage für Scheibenräder vom 06.03.1857; Ablehnungsbescheid des Ministeriums vom 19.04.1857; Konstruktionszeichnung der Walzanlage.

1620 Vertrieb der von Hugo Lau erworbenen Generallizenz für Straßenbahnachsen.
1889–1890
Selbstkostenberechnung des Hoerder Vereins für die Produktion der Achsen; einzelne Schreiben zwischen Hoerder Verein und August Bensch zur Erteilung einer Lizenz für die Vereinigten Staaten von Amerika; Betriebsvorschriften (gedruckt, deutsch, englisch, französisch, niederländisch, dänisch, spanisch), mit Textentwürfen; Werbeblatt des Hoerder Vereins; Konstruktionszeichnungen; einzelne Schreiben zwischen Hoerder Verein und Interessenten sowie Franz Reuleaux zu Informationen über die Achsen.

1749 Lizenzerwerb für einen Eisenbahnradsatz mit Kugelverbindung und Selbstschmierung.
1892–1894
Schriftwechsel zwischen Hoerder Verein, Erfinder L. Kudlicz, Prag, und Rudolf Klostermann über Modalitäten des Lizenzerwerbs, Patent- bzw. Gebrauchsmusterschutzanmeldung in Deutschland und Frankreich sowie Weitergabe der Lizenz an Klostermann.

920 Lizenz- bzw. Patenterwerb im Bereich der Produktion von Wagenachsen.
1892–1897
Schriftwechsel zwischen Hoerder Verein, Patentinhaber Hugo Lau und Anwalt Joh. Julius Strauss über Lizenzbedingungen, Vertragsabschluss im April 1892, Patentschutz der Achsen in verschiedenen Ländern, konkurrierende Patentanmeldungen, Rechte anderer Lizenznehmer, Achsenproduktion beim Hoerder Verein, die Klage Laus gegen den Hoerder Verein auf Vertragserfüllung und Auflösung des Vertrags; Konstruktionszeichnungen.

1663 Patentierung eines kugelgelagerten Radsatzes mit automatischer Schmierung.
1892–1895
Patentbeschreibung; Anmeldebescheinigungen verschiedener Patentämter; Schriftwechsel zwischen Hoerder Verein und Patentanwalt Friedrich Carl Glaser zur Patentanmeldung und -erteilung in Belgien, Deutschland, Frankreich, Großbritannien, Italien, Schweiz und Vereinigten Staaten von Amerika.

1612 Informationsmaterial zum Radreifenbefestigungssystem Hönigswald.
1898–1899
Patentschrift des Kaiserlichen Patentamts Nr. 99.519, Klasse 20, vom 15.10.1898 für Josef Hönigswald, Wien, über ein „Verfahren zur Verbindung eines mit zwei Ansätzen versehenen Reifens mit dem Radkörper für Eisenbahnfahrzeuge"; Zeitungsbericht zum Radreifensystem; Werbebroschüre; Konstruktionszeichnungen; einzelne Schreiben zwischen Hoerder Verein und Hönigswald zu technischen Fragen und zur Vereinbarung eines Besichtigungstermins für die Räderproduktion bei der Bergbau- & Eisenhütten-Gewerkschaft Witkowitz.

5.5.5 Stahlerzeugung und -verarbeitung

1881 Erwerb einer Lizenz des Bessemer-Verfahrens.
1862–1864
Angebot von Friedrich Giesbers als Vertreter von Bessemer & Longsden an den Hoerder Verein zum Erwerb einer Lizenz vom 13.11.1862; Vertragsangebot von Bessemer & Longsden vom 23.12.1862 (deutsch und englisch, Abschrift) und Erklärung des Hoerder Vereins vom 27.12.1862 an Giesbers zur beabsichtigten Unterzeichnung des Vertrags am 03.01.1863; einzelne Schreiben zwischen Hoerder Verein, Giesbers, Henry Bessemer und Bessemer & Longsden zu Vertragsmodalitäten, technischen Fragen, probeweiser Verarbeitung von Hörder Roheisen in Sheffield sowie den Kosten und Vorbereitungen zur Errichtung eines Bessemer-Stahlwerks.

1742 Geplante Patentierung eines Verfahrens zur Herstellung von Panzerplatten.
1888–1891, 1895
Aufstellung des Patentanwalts Carl Pieper zu englischen Panzerplattenpatenten; Patentbeschreibung, mit Entwurf; Patentanmeldungen des Hoerder Vereins zu „Neuerungen an Panzerplatten und Verfahren zu deren Herstellung" vom 04.06.1889, mit Konstruktionszeichnungen, bzw. „Neuerungen in der Herstellung von Stahlpanzerplatten" vom 21.10.1889; Ablehnungsbescheide des Kaiserlichen Patentamts vom 05.07.1889, 28.09.1889, 18.12.1889, 06.10.1890 und 24.01.1891; Beschwerden des Hoerder Vereins vom 06.08.1889, 15.01.1890 und 05.11.1890; Schreiben der Firma Fried. Krupp, mit Konstruktionszeichnung, zur Mitteilung eines Erfindungsanspruchs; Einspruch der Actiengesellschaft der Dillinger Hüttenwerke vom 07.06.1890; Erwiderungsschriftsätze des Hoerder Vereins vom 11.07.1890 und 11.08.1890; Schriftwechsel zwischen Hoerder Verein und Pieper zu Verfahren und Anmeldung des Patents in Großbritannien.

2343 Patentanmeldung zur Herstellung von Mangan-Kupfer-Stählen.
1889–1892
Analyseergebnisse des Laboratoriums des Hoerder Eisenwerks zu Nickel-Stählen und Mangan-Kupfer-Stählen; Patentanmeldung des Hoerder Vereins zur Herstellung von Mangan-Kupfer-Stählen vom 21.11.1891 sowie erweiterte Patentbeschreibung vom 04.01.1892; Mitteilung des Kaiserlichen Patentamts zur Zurückgabe der Patentanmeldung infolge versäumter Fristen vom 09.03.1892; einzelne Schreiben zwischen Hoerder Verein und Patentanwalt C. Kessler, Berlin, zum Anmeldeverfahren; Schreiben von Joseph Massenez an den Hoerder Vereins zur Patentierung der Legierung in den Vereinigten Staaten von Amerika und ihrer Bedeutung für die Herstellung von Panzerplatten.

1606 Geplanter Lizenzerwerb zu einem Rückkohlungsverfahren der Phoenix AG.
1889-1893
Patentschriften des Kaiserlichen Patentamts für die Phoenix AG Nr. 47.215, Klasse 18, vom 24.05.1889 über ein Verfahren zur „Kohlung von Eisen durch Filtrieren des flüssigen Metalls durch eine Schicht von Kohlenstoff", Nr 51.353, Klasse 18, vom 03.03.1890 über eine „Vorrichtung zum Kohlen von geschmolzenem Eisen", Nr. 51.963, Klasse 18, vom 16.04.1890 über eine „Neuerung bei der durch Patent Nr. 47.215 geschützten Kohlung von Eisen", Nr. 53.784, Klasse 18, vom 04.10.1890 über ein Verfahren zur „Kohlung von Eisen" (zweiter Zusatz zum Patent Nr. 47.215) sowie Nr. 53.791, Klasse 18, vom 13.09.1890 über ein Verfahren zur „Kohlung von Eisen" (dritter Zusatz zum Patent Nr. 47.215); einzelne Schreiben zwischen Hoerder Verein, Phoenix AG und Joseph Massenez als Vertreter der Phoenix AG zur Verwertung der Patente und die Vertragsmodalitäten.

1640 Patentierung eines Verfahrens zur Entfernung von Mangan aus Roheisen und Stahl.
1892-1899
Patentschrift des Kaiserlichen Patentamts Nr. 67.987, Klasse 18, vom 14.03.1893 für den Hoerder Verein über ein „Verfahren zur Entfernung von Mangan aus flüssigem Roheisen, Flusseisen oder Stahl durch Einstreuen oder Beimengen von Schwefelkies"; Erteilungsbescheid des Patentamts vom 24.01.1893; Patentbeschreibungen (deutsch, englisch, französisch, italienisch); Schriftwechsel zwischen Hoerder Verein, Erfinder Gustav Hilgenstock, Patentanwälten Carl Pieper und Paget, Moeller & Hardy, Wien, und Patentamt zu Genehmigungsverfahren und Anmeldung der Patente in Belgien, Frankreich, Italien, Luxemburg, Österreich-Ungarn, Großbritannien und Vereinigte Staaten von Amerika; Mitteilungen und Quittungen der verschiedenen Patentämter zu Erteilung bzw. Ablehnung sowie Gebührenzahlung; englische Patentschrift Nr. 4.129 vom 30.10.1876 für Jacob Geoghegan Willans über „Manufacture of Castings"; englische Patentschrift Nr. 4.539 vom 23.09.1882 für William Clarke über „Manufacture of Iron"; Nachweise von Société Anonyme des Aciéries d'Angleur, E. Legénisel Acier Coulé & Fonte Malléable, Paris, und Witkowitzer Bergbau- Eisenhüttengewerkschaft zur Ausübung der Patente in Belgien, Frankreich und Österreich-Ungarn.

1631 Lizenzerwerb für ein Verfahren zum Ausgleich der Wärme in Flusseisenblöcken von John Gjers (Gjers Mills & Co.), Middlesbrough.
1882-1885, 1890, 1895-1897
John Gjers: „On successful rolling of steel ingots with their own initial heat by means of the soaking pit process", o. D. (Broschüre); Patentschriften des Kaiserlichen Patentamts für John Gjers Nr. 21.716, Klasse 31, vom 21.05.1883 über ein „Verfahren zur Ausgleichung der Wärme in Flusseisenblöcken", Nr. 25.647, Klasse 31, vom 02.02.1884 über „Gemauerte Ausgleichskammern" (Zusatz zu Nr. 21.716), Nr. 26.833, Klasse 31, vom 05.05.1884 über „Gemauerte Ausgleichskammern" (zweiter Zusatz zu Nr. 21.716) und Nr. 33.594, Klasse 31, vom 04.12.1885 über ein „Verfahren zur Ausgleichung der Wärme in Flusseisenblöcken" (dritter Zusatz zu Nr. 21.716); Konstruktionszeichnungen; Standardlizenzvertrag von Gjers, o. D. (gedruckt, nicht parafiert); Schriftwechsel zwischen Hoerder Verein, Gjers, Reiner M. Daelen als Vertreter Gjers und Rheinischen Stahlwerken als kontoführender Stelle zu Besichtigungsterminen, technischen Fragen, Lizenzerwerb und Abrechnung der Lizenzgebühren.

1127 Konkurrenzverfahren zum Bertrand-Thiel-Verfahren.
1894, 1899, 1903-1904

Patentschrift des Kaiserlichen Patentamts D.R.P. 80.275 für Ernst Bertrand und Otto Thiel über ein „Verfahren zur Herstellung von Flusseisen nach dem basischen Flammofenprozess" vom 03.06.1894 (gedruckt und Abschrift); Patentschrift D.R.P. 109.177 für Otto Thiel über ein „Verfahren zur Herstellung von Eisen unmittelbar aus Erzen im Herdofen mittelst eines hocherhitzten reduzierenden Gasstromes" vom 12.02.1899 (Abschrift); einzelne Schreiben zwischen Hoerder Verein und Patentanwälten zur Patentfähigkeit eines vom Hoerder Verein angewendeten und dem Bertrand-Thiel-Verfahren ähnlichen Verfahrens zur Herstellung von Stahl im basischen Siemens-Martin-Ofen; Kurzbeschreibung des Verfahrens.

1777 Erwerb von Lizenzen für ein Gießverfahren und ein Verfahren zur elektrischen Metallbearbeitung.
1899–1905
Vertrag zwischen Firma Julius Pintsch, Berlin, und Hoerder Verein über den Erwerb von Lizenzen für ein Patent von Nicolai Gawrilowitsch Slavianoff über ein „Verfahren des elektrischen Gusses" sowie ein Patent von Nicolai von Benardos und Stanislaus Olszewsky über ein „Verfahren der Metallbearbeitung mittels direkt angewendetem elektrischem Strom" vom 17./20.03.1899; einzelne Schreiben zwischen den Vertragspartnern zu Vertragsabschluss und Zahlung der Lizenzgebühren.

1123 Aufrechterhaltung des Patents über ein Verfahren zur Entfernung von Mangan aus Roheisen oder Stahl in verschiedenen europäischen Staaten.
1900
Schriftwechsel zwischen Hoerder Verein und Patentanwalt Friedrich Carl Glaser über die Patente in Belgien, Deutschland, Frankreich, Großbritannien, Italien, Luxemburg, Österreich und Ungarn; Ausübungsnachweise; Einzahlungsbelege.

519 Lizenzerwerb zu einem Verfahren zur Verdichtung von Stahlblöcken in flüssigem Zustand.
1903–1913
Beschreibung des Verfahrens; Schriftwechsel zwischen Hoerder Verein bzw. Phoenix AG Hoerder Verein, Reiner M. Daelen und Patentinhaber Julius Riemer über Ankauf, Zahlung des Kaufpreises, technische Fragen und Zahlung der an der Produktion orientierten Abgabe an Daelen bzw. Riemer; monatliche Nachweise zur Produktion von Stahlblöcken nach dem Verfahren; Abrechnungen.

5.5.6 Andere Patente

1523 Schriftwechsel über Patente, insbesondere zu Stahlerzeugungsverfahren, Kesselbau und Industrieöfen.
1867–1879
Angebot von Jean Louis Piedboeuf als Bevollmächtigter von H. Boetius vom 30.06.1868 zum Erwerb eines von Boetius entwickelten Ofensystems, mit Vertragsentwurf, Stellungnahme von Reiner Daelen und Referenz von Carl Poensgen; Angebot von J. Heisig, Essen, zu Dampfkesseln, mit Werbeblatt der Schulz, Knaudt & Co., Essen, zu Dampfkesselböden vom Februar 1867; Schreiben von C. William Siemens zu den Anwendungsmöglichkeiten seines Regenerativ-Ofensystems vom 07.08.1868 sowie einzelne Schreiben zwischen Hoerder Verein und Georg Gregor als Vertreter von C. William Siemens in Deutschland über die Einführung des Ofensystems, mit Vertragsentwurf von Gregor zum Erwerb von Konstruktionszeichnungen und Anleitungen zum

Bau von zwei Öfen vom 08.01.1869; Schreiben der Anwälte Moeller & Schreiber, Berlin, vom 01.10.1869 zur Werbung für eine Schienenschneidemaschine der North & Co. Phoenix Foundry Engineering Ltd., Bilston, mit Abschrift eines Zeitschriftenartikels; Gerätebeschreibung zu einem Verdampfungsmesser der Firma Fischer & Stiehl, Essen, mit Konstruktionszeichnung (gedruckt); Konstruktionszeichnung eines Röhrendampfkessels von Désiré Dupuis, Aachen; Werbeprospekt des Ingenieurs Albert Schoffer, Augsburg, zu einem Planrost für Ofenfeuerungen vom März 1871 (gedruckt); Angebotsschreiben des Ingenieurs C. P. Sandberg, Westminster, vom 17.10.1871 zu einem von ihm entwickelten leichten Schienenprofil, mit Konstruktionszeichnung und technischer Beschreibung (gedruckt); Abhandlung über die Verbesserung von Stahl und Eisen durch Legierung mit Wolframerz, o. D. (gedruckt); Querschnittzeichnung, Referenzliste und technische Beschreibung des „Howard Safety Boiler" von J. & F. Howard, Bedford (gedruckt); Werbeschreiben der Maschinenbau-Actien-Gesellschaft Humboldt vormals Sievers & Comp. vom November 1873 zu einem Aschenwäscher, mit Referenzliste; Prospekt von G. Peltzer-Teacher, Manchester und Rheydt, zum Root's Patentröhrenkessel der Patent Steam Boiler Company, Birmingham, mit Konstruktionszeichnung. 1873; Anfrage des Ingenieurs Heinrich Puttrich vom 17.10.1874, ein von ihm entwickeltes Verfahren zur Verminderung des Phosphorgehalts des Roheisens in Hochöfen des Hoerder Vereins im Betriebsversuch zu testen, mit Vertragsentwurf und Zeugnissen bisheriger Beschäftigungsverhältnisse (Abschriften); Angebot von Friedrich Osann zur Beratung des Unternehmens bei der Einführung des Siemens-Martin-Verfahrens vom 11.11.1874; einzelne Schreiben zwischen Hoerder Verein und Franz-Fritz Freiherr von Dücker zum Puddelofensystem „Pernot", mit Werbeblatt der Maschinenbau-Actien-Gesellschaft Humboldt vormals Sievers & Comp., 1875; Schreiben von Werner Siemens vom 14.06.1877, mit Bitte um Zeichnung eines Sonderfonds durch deutsche Unternehmen, u. a. zugunsten von Rudolf Klostermann für Arbeiten zum deutschen Patentgesetz (Abschrift); Ablehnungsbescheid des Handelsministeriums vom 16.07.1877 auf eine Patentanmeldung des Hoerder Vereins zum Eisenbahnoberbau; Patentschrift des Kaiserlichen Patentamts Nr. 49, Klasse 7, vom 19.07.1877 für Wilhelm Bansen über ein „Draht-Walzwerk"; Patentschrift des Patentamts Nr. 15, Klasse 13, vom 24.07.1877 für L. E. F. Vaerst über einen „Signal-Apparat zur Kontrolle des jeweiligen Wasserstandes im Dampfkessel mit gleichzeitiger Benutzung als Luftventil"; Einsprüche des Hoerder Vereins beim Patentamt vom 17.09.1871 gegen Patentanmeldungen von Phoenix AG und Gutehoffnungshütte zu einem „Verfahren zur Herstellung von Ferromangan" sowie vom 24.09.1877 zur Patentanmeldung von Alfred Krupp zu einem „Verfahren zur Entphosphorung des Roheisens"; Patentanmeldung von C. William Siemens zu einem „Verfahren zur Herstellung von Eisen und Stahl aus Eisenerzen und Eisenoxyden im Regenerativflammofen" (Abschrift); einzelne Schreiben zwischen Hoerder Verein und Patentanwalt Friedrich Carl Glaser zu den Einsprüchen; Rundschreiben von Joseph Massenez vom 30.04.1878 an zahlreiche Unternehmen der deutschen Eisen- und Stahlindustrie zum Vorschlag, eine gemeinsame Patentauswertungsstelle zu gründen, mit zwölf Antwortschreiben und Aufstellung der Zu- und Absagen; Bericht von Fritz Lürmann über die Dampfkesselheizung System Gröbe-Lürmann, mit einzelnen Schreiben zwischen Lürmann und Massenez; weitere Angebote von Ingenieuren und Erfindern zu Kesselsteinvermeidung, Verbesserungen beim Eisenbahnbau, Puddelöfen, Mittel- und Feinblechherstellung, Ofensystemen und Dampfkesselanlagen.

1578 Anmeldung des von Gustav Hilgenstock erworbenen Patents zu einer Hochofenform mit Wasserkühlung im Ausland.
1880–1886
Beschreibung des R.P. 8.867 zur „Hochofenform mit länglichem äußeren Querschnitt für offene

Kühlung mittelst vollkommen zugänglicher Wasserkühlung"; Konstruktionszeichnungen; Vertrag zwischen Hoerder Verein und Firma Dango und Dienenthal, Sieghütte, über das ausschließliche Recht zur Herstellung der Hochofenform, o. D. (nicht parafiert); Referenzschreiben der Union AG zur Hochofenform vom März 1880 (gedruckt); Mitteilungen verschiedener ausländischer Patentämter zur Anmeldung und Erteilung der Patente; Mitteilung des Kaiserlichen Patentamts über die Erteilung des Patents „Neuerungen an der unter P.R. 8.867 patentierten Hochofenform" unter Nr. 13.039 vom 24.12.1880; Werbeblätter der Firma F. H. Lloyd, Wednesbury, zu „Lloyd's Sicherheits-Tuyeres für Hohöfen" (gedruckt, deutsch und englisch); Schriftwechsel zwischen Hoerder Verein, Hilgenstock sowie Patentanwälten Friedrich Carl Glaser und Paget & Moeller, Wien, über die Anmeldung und Verlängerung der Patente in Belgien, Frankreich, Luxemburg, Österreich-Ungarn, Russland und Schweden, mit Firma Dango und Dienenthal über Vertragsmodalitäten, mit Witkowitzer Bergbau- & Eisenhüttengewerkschaft über den Vertrieb des Patents in Österreich-Ungarn und mit Ingenieur Hans Reisert, Köln, über die Vertriebsvertretung im Deutschen Reich.
Akte enthält Briefe von Joseph Massenez mit persönlichem Inhalt.

1667 Lizenzerwerb zur Nutzung einer Kesselfeuerung.
1883
Einzelne Schreiben zwischen Hoerder Verein und Patentinhaber Wilhelm Wilmsmann zum Lizenzerwerb sowie mit anderen Unternehmen zur Ausstellung von Referenzen; Patentschrift des Kaiserlichen Patentamts, Nr. 19.749, Klasse 24, vom 21.11.1882 für Wilmsmann über „Neuerungen an Flammöfen und Kesselfeuerungen".

2005 Panzerturmkonstruktion des Hoerder Vereins.
[1887]
Beschreibungen eines „Panzerthurms mit schwingender Calotte für eine 25 Caliber lange 15 cm Kanone" sowie einer „Panzerlafette für Geschütze schweren Calibers" (unvollständig).

1661 Erwerb einer Produktionslizenz für Kesselfeuerungsanlagen.
1892–1895
Werbebroschüre des Hoerder Vereins über die „Neue Patent-Rost-Construction Berl-Kudlicz" (gedruckt); Lizenzvertrag zwischen Josef Kudlicz und D. Berl sowie dem Hoerder Verein vom 11.06.1892 für Rheinland und Westfalen; Schriftwechsel zwischen Hoerder Verein und Kaufinteressenten aus anderen Regionen über Betriebserfahrungen und Referenzen sowie mit Kudlicz, Berl und Rudolf Klostermann über den Eintritt von Klostermann in den Vertrag anstelle des Hoerder Vereins und den Verkauf der Feuerungen; Werbebroschüre von Kudlicz, mit Referenzen, 1895 (gedruckt).

1674 Geplanter Lizenzerwerb für ein Schweißverfahren.
1893–1895
Einzelne Schreiben zwischen Hoerder Verein, Lloyd & Lloyd, Birmingham, und dem Beratenden Ingenieur Eduard Blass als Vertreter von Lloyd & Lloyd über technische Fragen und Vertragskonditionen; Vertragsentwurf.

1654 Erwerb einer Lizenz zur Produktion von Geschützrädern.
1893–1901

Vertrag zwischen Hoerder Verein und August Ludwig Schmidt über den Erwerb einer Produktionslizenz für Geschütz- und Lafettenräder vom 14.06.1894; Patentschrift des Kaiserlichen Patentamts Nr. 67.367, Klasse 47, vom 20.02.1893 für Schmidt über „Wagenräder mit gepressten, tellerförmigen Speichenscheiben"; einzelne Schreiben zwischen den Vertragspartnern zur Lieferung von zwei Proberädern und Auflösung des Vertrags.

1604 Patentierung eines Kontaktwagens für elektrische Straßenbahnen mit unterirdischer Stromzuführung.
1895-1897
Berichte von Ludwig Hanisch an den Hoerder Verein über Gespräche mit Patentanwalt Carl Pieper zur Formulierung des Patentanspruchs für den Wagen und die Gebrauchsmusterschutzanmeldung für einen Drahthalter; Schriftwechsel zwischen Hoerder Verein, Kaiserlichem Patentamt und Pieper zum Anmeldeverfahren; Patentbeschreibung; Gebrauchsmusterbeschreibung; Konstruktionszeichnungen; Erteilungsbescheid des Patentamts zum Patent vom 11.02.1896; Gebührenquittungen.

1672 Lizenzerwerb für ein Schweißverfahren.
1895-1897
Vertrag zwischen Hoerder Verein und Deutscher Eisenfass-Gesellschaft Drösse & Co. über die Nutzung eines Lichtbogenschweißverfahrens vom 09.07.1895; einzelne Schreiben zwischen den Vertragspartnern zu Vertragsabschluss, Kauf eines Schweißgeräts und Zahlung von Lizenzgebühren.

1669 Erwerb einer Produktionslizenz für einen Kanalverschluss für Straßenbahnen mit unterirdischer Stromzuführung.
1895-1898
Vertrag zwischen Hoerder Verein und Constantin Englert vom 11./13.01.1896, mit Entwürfen; Schriftwechsel zwischen Hoerder Verein und Englert über Vertragsmodalitäten, die Chancen einer Patentanmeldung im Ausland, Erwägungen zum Erwerb des Patents und die Auflösung des Vertrags.

1592 Erwerb einer Lizenz zur Herstellung des „Britanic" Stockless Anchor.
1901-1902, 1905
Schriftwechsel zwischen Hoerder Verein, dem Berliner Unternehmensvertreter Richard Quitmann, Rudolph Quitmann als Vertreter des Patentinhabers Richard Sykes & Son Ltd., Cradley Heath, und Richard Sykes & Son Ltd. über den Erwerb einer Lizenz zur Herstellung von zunächst zwei Ankern, D.R.P. Nr. 100.600, für die Industrie- und Gewerbe-Ausstellung, Düsseldorf 1902, einer Lizenz für Deutschland und zur Abrechnung von Lizenzgebühren; Vertragsentwürfe (deutsch und englisch); Vertrag zwischen Hoerder Verein und Richard Sykes & Son Ltd. über den Erwerb einer Lizenz für Deutschland vom 26.02.1902 (deutsch und englisch).

1622 Patentierung einer Vorrichtung zur Handhabung schwerer Schmiedeblöcke.
1900-1903
Patentbeschreibung; Patentanmeldung des Hoerder Vereins vom 31.12.1900; Erteilungsbescheid des Kaiserlichen Patentamts vom 27.08.1901; Verzeichnis der Patentklassen des Patentamts, 1900 (gedruckt); Gebührenquittungen; einzelne Schreiben zwischen Hoerder Verein, Patentamt und Patentanwalt Carl Pieper zum Genehmigungsverfahren.

1624 Geplante Patentierung einer Absperrvorrichtung für Gasleitungen.
1901
Patentbeschreibung; Patentanmeldung des Hoerder Vereins vom 06.04.1901; einzelne Schreiben zwischen Hoerder Verein und Patentanwalt Carl Pieper zum Prüfungsverfahren.

5.5.7 Gebrauchsmuster

1657 Gebrauchsmuster zu einem Verfahren zur Herstellung von Pufferkreuzen für Eisenbahnfahrzeuge.
1895–1898
Konstruktionszeichnung; Patentbeschreibungen; Vorbescheid des Kaiserlichen Patentamts vom 19.03.1895, mit Aufforderung zur Nachbesserung der Anmeldung; ablehnender Bescheid des Patentamts vom 02.06.1896; Schriftwechsel zwischen Hoerder Verein, Patentanwalt Carl Pieper und Patentamt zu Genehmigungsverfahren und Erteilung eines Gebrauchsmusterschutzes.

1183 Beantragung eines Gebrauchsmusterschutzes für ein Pressverfahren zur Herstellung von Lokomotivkesselwänden.
1896–1899
Gebrauchsmusteranmeldung des Hoerder Vereins für eine „Vorrichtung zum Pressen von Lokomotiv- bzw. Lokomobilkesselstirnwänden mittels entsprechender einheitlich wirkender Ober- und Unterstempel" beim Kaiserlichen Patentamt vom 30.04.1896, mit Entwurf; Schriftwechsel zwischen Hoerder Verein und Patentanwalt Carl Pieper über die Chancen einer Patentanmeldung; Quittungen zur Zahlung der Gebühren.

5.5.8 Patentinformationswesen

1818 Auszüge aus Patentanmeldungen fremder Unternehmen.
1879–1880
Mitteilungen des Patentanwalts Friedrich Carl Glaser an den Hoerder Verein, insbesondere zu verschiedenen Industrieofenanlagen und Ziegeleianlagen, Walzverfahren, Verfahren zur Reinigung von Roheisen und Verwendung von Legierungsmetallen.

3137 Patentanmeldungen fremder Unternehmen im Bereich der Eisenhüttentechnik.
1882–1883
Mitteilungen des Patentanwalts Friedrich Carl Glaser an den Hoerder Verein über die Patentansprüche (Akte unvollständig).

1211 Patentanmeldungen fremder Unternehmen im Bereich der Eisenhüttentechnik.
1883–1889
Mitteilungen von Friedrich Carl Glaser an den Hoerder Verein über die Patentansprüche, mit Auszügen aus den Anmeldungen und Konstruktionszeichnungen.

993 Patentanmeldungen fremder Unternehmen im Bereich der Eisenhüttentechnik.
1890–1895

Mitteilungen von Friedrich Carl Glaser und anderer Patentbüros an den Hoerder Verein über die Patentansprüche, mit Auszügen aus den Anmeldungen und Konstruktionszeichnungen.

3153 Patente und Patentanmeldungen fremder Unternehmen und Erfinder.
1891-1893
Werbung und Mitteilungen von Patentanwälten und -büros an den Hoerder Verein zu Patenten und Patentanmeldungen im Bereich der Eisenhüttentechnik; The British Metal Expansion Co. Ltd.: „Expanded Metal", o. D. (Werbebroschüre zu Gittern und Zäunen); Urteile des Königlichen Kammergerichts zu Berlin vom 21.01.1891 im Rechtsstreit zwischen Gebrüder Siemens & Co. und F. Hardtmuth & Co. wegen Verletzung eines Patents zu Kohlenstäben sowie des Reichsgerichts vom 08.05.1891 zum Berufungsverfahren (gedruckt); Friedrich Uppenhorn: „Gutachten vom 27.07.1892 zum Rechtsstreit der Rheinischen Fabrik für elektrische Bogenlichtkohle W. Grüdelbach gegen die Gebrüder Siemens & Co. wegen einer Patentanmeldung zur Bogenlichtkohle" (gedruckt); J. W. Post: „De Tandspoorweg op Sumatra" (Sonderdruck aus der Zeitschrift „De Natuur", 1892); Schriftwechsel zwischen Hoerder Verein, Patentanwälten und Erfindern zur Übersendung von Patentschriften und -auszügen.

3124 Gebrauchsmusteranmeldungen fremder Unternehmen im Bereich der Eisenhüttentechnik.
1893-1900
Mitteilungen von Patentanwälten und -büros, insbesondere E. Hoffmann, Berlin, an den Hoerder Verein zu Gebrauchsmusteranmeldungen.

3126 Patente und Patentanmeldungen fremder Unternehmen im Bereich der Eisenhüttentechnik.
1894-1896
Werbung und Mitteilungen von Patentanwälten und -büros an den Hoerder Verein zu Patenten und Patentanmeldungen; Patentschrift D.R.P. 77.665, Klasse 18, des Kaiserlichen Patentamts vom 10.10.1894 für E. Dietz über ein „Verfahren zur Darstellung phosphatreicher Schlacken beim Thomasprozess durch Zuschlag kalkreicher natürlicher oder künstlicher Phosphate"; Patentschrift D.R.P. 77.931, Klasse 49, des Patentamts vom 16.11.1894 für Paul Hesse über ein „Walzwerk zur Anfertigung von Blechen und Band-Façoneisen"; M. Schmetz: Vorschriften und Kosten zur Nachsuchung und Aufrechterhaltung von Patenten, Aachen 1894; Samples received by the North Eastern Steel Co. Ltd. from Mr. Percy Gilchrist taken by him at Kladno [Prager Eisen-Industrie-Gesellschaft], 06./07.11.1896, from charges made by the Bertrand-Thiel Process, and analyses made by Pattinson & Stead and the North Eastern Steel Co. Ltd. (gedruckt); Percy Carlyle Gilchrist: Paper on the Bertrand-Thiel Process, to be read at Middlesbrough, 14.12.1896, before the Cleveland Institution of Engineers (gedruckt); einzelne Schreiben zwischen Hoerder Verein, Patentanwälten und Erfindern zur Übersendung von Patentschriften und -auszügen.

3123 Patente und Patentanmeldungen fremder Unternehmen im Bereich der Eisenhüttentechnik.
1895-1899
Werbung und Mitteilungen von Patentanwälten und -büros, insbesondere Hermann Neuendorf, Berlin, an den Hoerder Verein zu Patenten und Patentanmeldungen; J. Bueb: „Reinigung des Leuchtgases und Gewinnung der Nebenprodukte" (Sonderdruck aus der Zeitschrift Schilling's Journal für Gasbeleuchtung und Wasserversorgung, 1899); Hugo Dicke: „Dellwick-Fleischer's Verfahren und Generatoren zur Erzeugung von Wassergas nebst den Anwendungen für industrielle und städtische Zwecke", Frankfurt am Main 1899; Eisenbahnoberbau mit eiserner Unterschwel-

lung (D.R.P. 104.233), Hannover 1899 (Broschüre); Patentschrift D.R.P. 80.971, Klasse 19, des Kaiserlichen Patentamts vom 08.05.1895 für M. Becherer und F. Knüttel über eine „Schienenstoßverbindung"; J. Fink: Darstellung des Eisenbahn-Oberbaus mit zweitheiligen, stoßfreien Doppelschienen, 2. Auflage, Paderborn 1898; einzelne Schreiben zwischen Hoerder Verein, Patentanwälten und Erfindern zur Übersendung von Patentschriften und -auszügen.

3125 Patentanmeldungen fremder Unternehmen im Bereich der Eisenhüttentechnik.
1895-1898
Mitteilungen von Patentanwälten und -büros, insbesondere E. Hoffmann und Hermann Neuendorf, Berlin, an den Hoerder Verein zu Patentanmeldungen.

3122 Patente und Patentanmeldungen fremder Unternehmen im Bereich der Eisenhüttentechnik.
1896-1898
Werbung und Mitteilungen von Patentanwälten und -büros, insbesondere Hermann Neuendorf, Berlin, an den Hoerder Verein zu Patenten und Patentanmeldungen; Patentschrift D.R.P. 96.229, Klasse 18, des Kaiserlichen Patentamts vom 03.03.1898 für Heinrich Poetter zu einem „Ofen zum gleichmäßigen Wärmen von frischgegossenen Blöcken"; J. Fink: „Darstellung des Eisenbahn-Oberbaus mit zweitheiligen, stoßfreien Doppelschienen", Paderborn 1898; Zeitschrift „Das Zeichen-Wesen" 1 (1897), Heft 1; Aufstellung der vom Patentamt geschützten reinen Wortzeichen der Klasse 9 a, o. D.; Carl Theobald Jung: „Neuerungen im Hochofenbetriebe" (Sonderdruck aus der Zeitschrift „Stahl und Eisen" 17 (1897), Heft 5); einzelne Schreiben zwischen Hoerder Verein, Patentanwälten und Erfindern zur Übersendung von Patentschriften und -auszügen.

1710 Patentanmeldungen fremder Unternehmen im Bereich der Eisenhüttentechnik.
1897-1902
Mitteilungen des Patentanwalts C. Kesseler, Berlin, an den Hoerder Verein über Patentanmeldungen und Änderungen im Patentrecht.

3127 Abschriften von Patentschriften und Patentanmeldungen fremder Unternehmen im Bereich der Eisenhüttentechnik.
1898-1903

5.5.9 Sonstiges

1619 Beitritt des Deutschen Reiches zur Internationalen Kommission zum Schutz des gewerblichen Eigentums.
1889-1890
Eingabe, u. a. von Carl Pieper und Friedrich von Hefner-Alteneck, an Reichskanzler Otto von Bismarck mit Bitte um Beitritt vom 24.02.1890 sowie Ausarbeitung von Pieper zur Erläuterung der Vorteile eines Beitritts vom 06.03.1890 (Abschriften); Vortrag von Pieper auf dem 3. Internationalen Kongress über die Fragen des gewerblichen Eigentums, Paris 1889, über das Vorprüfungsverfahren in Deutschland (gedruckt); Einladung von Pieper an Joseph Massenez zur Teilnahme an einer Besprechung zum Thema.

3 Werbeprospekt zum D.R.P. 70.671 „Schwarz'scher Hohlträger", Erfinder Otto Schwarz.
1893

5.6 Grundstücke und Pachten
5.6.1 Haus- und Grunderwerb
Asseln

126 Grunderwerb für das Hoerder Kohlenwerk in [Dortmund-]Asseln.
1856-1857
Notariell beglaubigtes Verkaufsangebot von Diederich Göbel und Caspar Wilhelm Göckmann an den Hoerder Verein vom 29.10.1856; Hypothekenschein.

1254 Grunderwerb für Zechenkolonie und Halde des Hoerder Kohlenwerks in [Dortmund-]Asseln und Brackel.
[1860]-[1870]
Aufstellung der erworbenen Flächen, mit Angaben zu Verkäufern und Größe; Lageplan.

125 Grunderwerb in [Dortmund-]Asseln für das Hoerder Kohlenwerk.
14.11.1871
Kaufvertrag zwischen Hoerder Verein und Wilhelm Trappmann.

135 Grunderwerb in [Dortmund-]Asseln.
14.11.1871
Kaufvertrag zwischen Hoerder Verein und Caspar Wilhelm Goeckmann.

136 Grunderwerb in [Dortmund-]Asseln.
14.11.1871
Kaufvertrag zwischen Hoerder Verein und Witwe Friedrich Wibbeling.

137 Grunderwerb in [Dortmund-]Asseln.
1871
Kaufvertrag zwischen Hoerder Verein und Pastor Wilhelm Becker als Vertreter des Presbyteriums der evangelischen Kirchengemeinde Asseln vom 22.06.1871; Vollmacht der Gemeinde.

132 Grunderwerb in [Dortmund-]Asseln.
1873
Kaufvertrag zwischen Hoerder Verein und Gottfried Heinrich Büddemann vom 21.05.1873 (Abschrift); Genehmigung des Verwaltungsrats des Hoerder Vereins vom 13.05.1873.

1122 Grundstücksangelegenheiten in [Dortmund-]Asseln.
1885-1889, 1895-1907
Auszüge aus der Grundsteuerrolle; Grundbuchauszüge; Angebote zum Grunderwerb; Lageplan der Grundstücke des Hoerder Kohlenwerks, Schacht Holstein; Hypothekenbriefe; Schriftwechsel zwischen Hoerder Verein und Hoerder Kohlenwerk, Grundstücksanbietern, Banken und verschiedenen Behörden über Ankäufe, Grenzfragen und Grundbuchänderungen.

Brackel

1292 Grunderwerb in [Dortmund-]Brackel für die geplante Zeche Schleswig (später Hoerder Kohlenwerk).
1855–1856
Kaufverträge zwischen Hoerder Verein sowie Johann Diedrich Frenking genannt Röttgersmann, Diedrich Friedrich Hoelmer genannt Meyerling, Heinrich Wilhelm Kellermann genannt Heuner, Bernhard Diedrich Mertmann genannt Hidding und Diedrich Friedrich Rudolph Goessing vom 14.04.1855; Auszug aus dem Berggegenbuch des Königlich-Preußischen Märkischen Bergamts Bochum.

1288 Grunderwerb in [Dortmund-]Brackel „Auf dem Krümmer".
1855
Kaufvertrag zwischen Hoerder Verein und Heinrich Spemann vom 21.04.1855, mit Vorvertrag; Quittung.

1274 Grunderwerb in [Dortmund-]Brackel.
1856
Kaufvertrag zwischen Hoerder Verein und Franz Heinrich Nies genannt Balster vom 29.11.1856; Grundbuchauszug.

127 Grunderwerb in [Dortmund-]Brackel.
30.12.1863
Kaufvertrag zwischen Hoerder Verein und Heinrich Wilhelm Kellermann genannt Heuner.

1262 Grunderwerb in [Dortmund-]Brackel für das Hoerder Kohlenwerk.
1866
Kaufvertrag zwischen Hoerder Verein und Heinrich Wilhelm Kellermann genannt Heuner vom 17.12.1866; notariell beglaubigte Vollmacht des Verwaltungsrats des Hoerder Vereins für Johann Friedrich Wiesehahn zum Grunderwerb vom 06.12.1866.

1272 Grunderwerb in [Dortmund-]Brackel für das Hoerder Kohlenwerk.
1868–1871
Kaufvertrag zwischen Hoerder Verein und Diedrich Beckmann vom 27.01.1869; notariell beglaubigte Vollmacht des Verwaltungsrats des Hoerder Vereins für Johann Friedrich Wiesehahn zum Grunderwerb vom 14.11.1868; Quittung über die Zahlung des Kaufpreises vom 31.10.1871; Grundbuchauszug.

1253 Grunderwerb in [Dortmund-]Brackel „Auf dem Krümmer".
1869
Kaufvertrag zwischen Hoerder Verein und Carl Hidding genannt Segering vom 27.01.1869; notariell beglaubigte Genehmigung des Verwaltungsrats des Hoerder Vereins vom 04.03.1869; Grundbuchauszug.

128 Grunderwerb in [Dortmund-]Brackel.
07.01.1871
Kaufvertrag zwischen Hoerder Verein und Friedrich Westermann.

129 Grunderwerb in [Dortmund-]Brackel.
25.05.1872
Kaufvertrag zwischen Hoerder Verein und Wilhelm Hidding.

1280 Grunderwerb in [Dortmund-]Brackel für das Hoerder Kohlenwerk.
1872–1873
Kaufvertrag zwischen Hoerder Verein und Clemens Oberstadt vom 09.10.1872; Grundbuchauszug; Erklärung Oberstadts zur Grundbuchänderung; Abrechnung zur Zahlung des Kaufpreises.

67 Grunderwerb in [Dortmund-]Brackel.
1873
Kaufvertrag zwischen Hoerder Verein und Wilhelm Hidding vom 18.03.1873; Auszug aus der Grundsteuerrolle Hörde; Auszug aus einer Flurkarte.

Dortmund

798 Haus- und Grunderwerb in Dortmund.
1858
Vertrag zwischen Verkäufer Wilhelm Freiherr von Hoevel und Johann Friedrich Wiesehahn über den Erwerb des von Wiesehahn angemieteten Hauses für den Hoerder Verein und die weitere Nutzung durch Wiesehahn vom 29.01.1858; Genehmigung des Verwaltungsrats des Hoerder Vereins vom 04.03.1858; Grundbuchauszug; notariell beglaubigte Empfangsquittung von von Hoevel zum Kaufpreis vom 15.03.1858 sowie Hypothekenbefreiungsurkunde des Bankhauses Gebrüder Metz vom 28 03.1858.

81 Grunderwerb in Dortmund.
1859–1861, 1866–1867, 1880
Kaufverträge zwischen Hoerder Verein und Presbyterium der Reinoldi-Gemeinde vom 14.06.1859 und 31.08.1867; Grundbuchauszüge; Hypothekenschein; Auszüge aus der Grundsteuerrolle; Lagepläne.

19 Grundbuchangelegenheiten in Dortmund.
1861, 1889–1892, 1895–1898
Flurkarten; Grundbuchauszüge; Schriftwechsel zwischen Presbyterium der Reinoldi-Gemeinde und Hoerder Verein sowie Katasteramt Dortmund zur Umschreibung eines vom Unternehmen erworbenen Grundstücks.

1328 Grunderwerb in Dortmund.
1882–1883
Kaufvertrag zwischen Hoerder Verein und Königlicher Eisenbahndirektion Köln für die Rheinische Eisenbahn-Gesellschaft vom 27.10./03.11.1882; Grundbuchauszüge.

Hörde

1295 Grunderwerb in [Dortmund-]Hörde.
1796–1809, 1833–1834, 1846, 1851–1854
Aufstellung des Grundbesitzes der Hermannshütte vom 05.12.1851; Grund- bzw. Hypothekenbuchauszüge zu allen Immobilien vom 06.01.1854; Auszug aus der Grundsteuerrolle vom 03.12.1851; Erbpachtvertrag zwischen Königlicher Regierung zu Arnsberg als Verpächterin im Namen der Zeche Clarenberg und Heinrich Wilhelm Spemann über Grundstücke in Hörde vom 31.12.1833/08.03.1834; Allgemeine Bedingungen zum Verkauf von mit einem Grundzins belegten Königlichen Dominal-Besitzungen, o. D. (gedruckt); Quittung der Königlichen Haupt-Verwaltung der Staats-Schulden über den Kaufpreis; Kaufvertrag vom 15.07.1846 zwischen Elisabeth Spemann, Adolph Hueck, Friedrich Wilhelm Franz von Rappard und Gottfried Asselmann als Gewerken der Zeche Clarenberg und Verkäufer sowie Sophie Piepenstock über die Erbpachtrechte; Vertrag vom 24.09.1853 zwischen Hoerder Verein und den Gewerken bzw. deren Erben über die Änderung des Vertrags vom 15.07.1846 nach Stilllegung der Zeche; Vollmachten; Kaufvertrag zwischen Firma Piepenstock & Comp. und Friedrich Büchte vom 28.07.1851; Kaufvertrag vom 22.08.1808 zwischen Bernhard Heinrich Schwarze als Verkäufer und Giesbert Wilhelm Hartweck über ein Grundstück am Remberg, mit Genehmigung des Königlichen Landgerichts zu Unna vom 08.12.1808 und Hypothekenschein; Quittung des Landgerichts Unna vom 25.08.1804 für Schwarze über die Zahlung des Kaufpreises für das 1796 im Rahmen einer Zwangsversteigerung von ihm erworbene Grundstück; Ausschreibungstext der Zwangsversteigerung, o. D.; Kaufverträge zwischen Hoerder Verein und Friedrich Liesenhoff vom 20.07.1852 und 24.11.1852 sowie Heinrich Schübbe und Hartweck vom 09.12.1852; Kaufvertrag zwischen Elisabeth Köster als Verkäuferin und Schübbe über ein Grundstück am Remberg vom 11.09.1852; Auszüge aus den Niederschriften der Verwaltungsratssitzungen des Hoerder Vereins zur Genehmigung der Ankäufe.

1233 Grunderwerb in [Dortmund-]Hörde.
1852
Kaufverträge zwischen Hoerder Verein und Johann Wilhelm Schulte-Kohleppel vom 01.07.1852 und 17.09.1852; Auszug aus der Grundsteuerrolle.

85 Grunderwerb in [Dortmund-]Hörde.
1852–1853
Darlehnsvertrag zwischen Hoerder Verein und Johann Wilhelm Schulte-Kohleppel sen. vom 17.09.1852 über 6.000 Taler; Hypothekenschein vom 02.08.1853.

1235 Grunderwerb in [Dortmund-]Hörde.
1843, 1853–1854
Kaufverträge zwischen Hoerder Verein und Johann Wilhelm Schulte-Kohleppel vom 06.04.1853 und 28.10.1854 sowie Vertrag über die Rückpachtung eines Grundstücks durch Schulte-Kohleppel vom 06.04.1853; Vergleichsvertrag zwischen Schulte-Kohleppel und Friedrich Hueck genannt Hympendahl über Wegerechte vom 31.07.1843 (Abschrift); Auszüge aus der Grundsteuerrolle und den Niederschriften der Verwaltungsratssitzungen des Hoerder Vereins.

1310 Grunderwerb in [Dortmund-]Hörde „Am Remberg".
1854

Kaufvertrag zwischen Hoerder Verein und Heinrich Wilhelm Huster vom 18.03.1854; Hypothekenbuchauszug; Auszug aus den Niederschriften der Verwaltungsratssitzungen des Hoerder Vereins.

82 Grunderwerb in [Dortmund-]Hörde.
1851-1854, 1859-1862
Kaufverträge zwischen Hoerder Verein, Johann Wilhelm Schulte-Kohleppel sen. vom 8.11.1854 sowie den Erben Schulte-Kohleppel vom 24.11.1859, 09.11.1861 und 12.12.1861; Grundbuchauszüge; Hypothekenschein vom 28.02.1862; Auszüge aus der Grundsteuerrolle.
Darin auch: Kaufvertrag zwischen Heinrich Kost und August Kromayer über ein Grundstück in Hörde vom 11.07.1851.

147 Grunderwerb in [Dortmund-]Hörde.
1855
Kaufvertrag zwischen Hoerder Verein und Johanne Elisabeth Caroline Spemann, geborene Crone, über ein Gelände am Remberg vom 16.10.1855; Auszug aus der Niederschrift der Verwaltungsratssitzung des Hoerder Vereins am 04.08.1855; Hypothekenschein vom 27.10.1855.

1276 Grunderwerb in [Dortmund-]Hörde für den Bau der Verbindungsbahn zwischen Hermannshütte und Schacht Schleswig des Hoerder Kohlenwerks.
1860, 1872
Enteignungsbeschluss des Königlichen Regierungspräsidiums Arnsberg gegen Albert Rademacher vom 08.08.1860; Vertrag zwischen Hoerder Verein und Johann Stephan Bernhard Josef Rademacher vom 09.10.1872 zu dessen Einwilligung auf Korrektur des auf einen falschen Eigentümer ausgestellten Beschlusses und Änderung der Besitztitel; Grundbuchauszug.

1337 Grunderwerb in [Dortmund-]Hörde „Auf dem Remberg".
1861, 1866
Kaufvertrag zwischen Hoerder Verein und Christian Guth vom 12.12.1861, mit Nachtrag zur Vermessung des Grundstücks vom 19.01.1866; Vermessungsbescheinigung.

1249 Grunderwerb in [Dortmund-]Hörde.
1862
Kaufvertrag zwischen Hoerder Verein und Joseph Rademacher vom 03.12.1862; Hypothekenbrief.

1300 Haus- und Grunderwerb in [Dortmund-]Hörde.
1848-1851, 1855-1859, 1863-1864
Kaufvertrag zwischen Hoerder Verein und Emil Alsing vom 18.07.1863 über die Hörder Wassermühle an Emscher und Hörder Bach samt Wassernutzungsrechten, die Hörder Dampfmühle, ein Wohnhaus an der Tiefen Straße sowie verschiedene Grundstücke; Quittung Alsings über die Zahlung des Kaufpreises vom 10.02.1864; Vollmacht des Verwaltungsrats des Hoerder Vereins für Johann Friedrich Wiesehahn zum Abschluss des Vertrags vom 09.07.1863; Hypothekenbuchauszug; einzelne Schreiben eines Rechtsanwalts an den Hoerder Verein zum Verkauf; Kaufvertrag zwischen Elisabeth Spemann als Verkäuferin und Heinrich Friedrich Wilhelm Lenninghaus über ein Mühlengrundstück vom 15.09.1855, mit Quittung und Hypothekenbuchauszug; Kaufvertrag zwischen Königlicher Regierung zu Arnsberg und Lenninghaus vom 12.12.1848 über eine Hörder Wassermühle samt Wassernutzungsrechten, mit Anlage: Allgemeine Bedingungen zum Verkaufe

von Königlichen Dominal-Besitzungen (gedruckt, mit handschriftlichen Ergänzungen); Genehmigung des Königlich-Preußischen Finanzministeriums vom 06.12.1848 (Abschriften); Bestätigungserklärung von Lenninghaus zum Vertrag vom 25.04.1849, mit Quittungen der Königlichen Regierungs-Haupt-Kasse und der Königlichen Haupt-Verwaltung der Staatsschulden; Hypothekenbuchauszüge.

1306 Grunderwerb in [Dortmund-]Hörde.
1863–1864
Kaufvertrag zwischen Hoerder Verein und Ludwig Mutzenbach vom 30.12.1863; Notariell beglaubigte Genehmigung des Vertrags durch den Verwaltungsrat des Hoerder Vereins vom 03.12.1863; Hypothekenbuchauszug; Besitztitelerklärung (Adjudication) des Königlichen Kreisgerichts zu Dortmund für Mutzenbach vom 13.06.1863.

1338 Grunderwerb in [Dortmund-]Hörde „Im Bickefeld".
1865–1868, 1873
Kaufvertrag zwischen Reiner Daelen als Käufer und Meyer Feldheim vom 16.10.1865; Kaufvertrag zwischen Hoerder Verein und Daelen vom 19.01.1866; Vertretungsvollmacht des Verwaltungsrats des Hoerder Vereins für Johann Friedrich Wiesehahn vom 09.12.1865; notariell beglaubigte Quittung von Feldheim zur Zahlung des Kaufpreises durch den Hoerder Verein; Auszug aus dem Hypothekenbuch; Grundbuchauszug; Zahlungsanweisung der Hauptkasse des Hoerder Vereins.

1339 Grunderwerb in [Dortmund-]Hörde „Im Bickefeld".
1865–1868
Kaufvertrag zwischen Hoerder Verein und Christian Guth vom 19.01.1866; Vollmacht des Verwaltungsrats des Hoerder Vereins für Johann Friedrich Wiesehahn vom 09.12.1865; Grundbuchauszug.

150 Grunderwerb in [Dortmund-]Hörde.
1865–1866
Kaufvertrag zwischen Hoerder Verein und Peter Moll vom 19.01.1866; Vollmacht des Verwaltungsrats des Hoerder Vereins für Johann Friedrich Wiesehahn vom 09.12.1865; Lageplan; Quittung.

1293 Grunderwerb in [Dortmund-]Aplerbeck, Hörde und Schüren für die Verbindungsbahn zwischen Hermannshütte und Hoerder Kohlenwerk.
1868–1869
Aufstellung der zum Bau der Verbindungsbahn enteigneten Grundstücke vom 15.01.1868; Begleitschreiben der Bergwerks-Verwaltung des Hoerder Vereins an Friedrich Wilhelm Wiesehahn.

1326 Grunderwerb in [Dortmund-]Hörde.
1868
Kaufvertrag zwischen Hoerder Verein sowie Friedrich von Kuczkowsky und Gerhard August Fischer als Vertreter der Erben von Peter Moll vom 02.03.1868; notariell beglaubigte Genehmigung des Verwaltungsrats des Hoerder Vereins zum Ankauf vom 09.04.1868; Grundbuchauszug.

802 Grunderwerb in [Dortmund-]Hörde.
1868

Kaufvertrag zwischen Hoerder Verein sowie Henrine Kost und Heinrich Kost vom 12.12.1868; Vollmacht des Hoerder Vereins für Johann Friedrich Wiesehahn vom 14.11.1868.

121 Grunderwerb in [Dortmund-]Hörde.
1860-1861, 1869-1873, 1882
Kaufverträge zwischen Hoerder Verein sowie Christian Kern vom 11.11.1869 (mit notarieller Erklärung von Kern über familiäre Besitzverhältnisse vom 21.09.1860), Christian Guth vom 11.11.1869, Witwe Diedrich Heinrich Rüping genannt Schoof, vom 12.11.1869, Carl Friedrich Wilhelm Jacobi vom 11.11.1869, Giesbert Freiherr von Romberg vom 07.04.1870 und Julius Soeding vom 11.11.1869; Vertrag zwischen Hoerder Verein und von Romberg über den Tausch von Grundstücken vom 02.02.1870; Genehmigungen des Verwaltungsrats des Hoerder Vereins zu den Verträgen vom 18.12.1869, 02.03.1870 und 14.05.1870; notariell beglaubigte Erklärung von Reiner Daelen über seine Vermittlungstätigkeit bei den Kauf- und Tauschgeschäften sowie seine Provisionsansprüche vom 02.02.1870; Schriftwechsel zwischen Daelen und Johann Friedrich Wiesehahn zu den Verträgen; Auszug aus der Niederschrift der Verwaltungsratssitzung des Hoerder Vereins am 26.08.1869 zu den Geschäften mit von Romberg; Grundbuchauszüge; Auszüge aus der Gebäudesteuerrolle bzw. der Grundsteuerrolle; Lagepläne; Quittungen.

1298 Grunderwerb in [Dortmund-]Hörde.
1870
Kaufvertrag zwischen Hoerder Verein und Eugenie Hueck sowie den Erben von Engelbert von Velsen, vertreten durch Wilhelm von Velsen, vom 03.02.1870; notariell beglaubigte Genehmigung des Vertrags durch den Verwaltungsrat des Hoerder Vereins vom 02.03.1870; Hypothekenbuchauszug.

76 Haus- und Grunderwerb in [Dortmund-]Hörde.
1870-1873
Kaufverträge zwischen Hoerder Verein und Witwe Carl Adolph Kunze, geb. Mester, über ein Grundstück vom 15.08.1870 und ein Haus vom 14.02.1873; Genehmigung des Verwaltungsrats des Hoerder Vereins vom 17.09.1870.

1296 Grunderwerb in [Dortmund-]Hörde zum Bau der Verbindungsbahn zwischen Hermannshütte und Hoerder Eisenwerk (später Eliasbahn).
1868-1872
Kaufvertrag zwischen Hoerder Verein und Christian Guth vom 10.05.1870; Kaufvertrag zwischen Guth und den Erben von Carl Webeling vom 09.05.1868; Quittung der Königlichen Haupt-Verwaltung der Staats-Schulden über die Begleichung der auf dem Grundstück liegenden Abgabenpflicht an den Preußischen Staat vom 02.03.1872; notariell beglaubigte Genehmigung des Vertrags durch den Verwaltungsrat des Hoerder Vereins vom 17.09.1870; Grundbuchauszüge.

1305 Grunderwerb in [Dortmund-]Hörde zum Bau der Verbindungsbahn zwischen Hermannshütte und Hoerder Eisenwerk (später Eliasbahn).
1826-1827, 1854-1856, 1870-1873
Kaufvertrag zwischen Hoerder Verein und Christian Hellmann vom 01.08.1870; notariell beglaubigte Genehmigung des Verwaltungsrats des Hoerder Vereins zum Ankauf vom 17.09.1870; Grund- und Hypothekenbuchauszüge; Quittung von Hellmann zur Zahlung des Kaufpreises vom

19.10.1870; Vertrag zwischen Hellmann und Carl Kunze über die gegenseitige Nutzung von Grundstücken und Wasserrechten vom 14.07.1856; Vertrag zwischen Hellmann und seinen Eltern, Heinrich Wilhelm und Anna Henrine, zur Volljährigkeitserklärung und Übertragung des gesamten Familienvermögens auf den Sohn vom 03.04.1855; Schuldurkunde von Heinrich Wilhelm Hellmann zu einem Kredit der Sparkasse zu Hörde vom 20.05.1854; Darlehnsvertrag zwischen Heinrich Wilhelm Hellmann und der „reformierten Gemeinde zu Hoerde" vom 23.03.1827, mit Hypothekenscheinen.

1312 Grunderwerb in [Dortmund-]Hörde.
1870-1871
Kaufvertrag zwischen Hoerder Verein und Christine Schulte, geb. Spemann, vom 08.10.1870; Lageplan.

1327 Grunderwerb in [Dortmund-]Hörde.
1870-1873, 1880-1883
Kaufvertrag zwischen Hoerder Verein und Henriette Crone vom 23.11.1870; notariell beglaubigte Genehmigung des Verwaltungsrats des Hoerder Vereins zum Ankauf vom 13.11.1880; Lageplan; Grundbuchauszug; Auszug aus der Grundsteuerrolle.

1938 Grunderwerb für die Anschlussbahn zwischen Hermannshütte und Bahnhof Hörde.
1833-1837, 1870-1875
Vertrag zwischen Hoerder Verein und Königlicher Eisenbahndirektion Elberfeld über den Verkauf von Grundstücken an das Unternehmen, 1871 (nicht parafiert); Lageplan der Anschlussbahn; Grundstückslagepläne; Kaufverträge zwischen Hoerder Verein und Anliegern; Hypothekenschein; Allgemeine Bedingungen zum Verkauf von mit einem Grundzins belegten Königlichen Dominal-Besitzungen, 1834 (gedruckt); Schriftwechsel zwischen Hoerder Verein, Verkäufern, Rechtsanwälten und Landvermessern zu den Kaufverträgen.

146 Grunderwerb in [Dortmund-]Hörde.
1871, 1880, 1884
Kaufvertrag zwischen Hoerder Verein und Christian Guth vom 07.01.1871; Grundbuchauszüge; Genehmigung des Verwaltungsrats des Hoerder Vereins vom 13.11.1880; Vermerk zum Grundbucheintrag vom 20.08.1884.

145 Grunderwerb in [Dortmund-]Hörde.
1871, 1880, 1884
Kaufvertrag zwischen Hoerder Verein und Witwe Joseph Böhmer vom 21.01.1871; Grundbuchauszüge; Genehmigung des Verwaltungsrats des Hoerder Vereins vom 13.11.1880; Vermerk zum Grundbucheintrag vom 19.08.1884.

72 Grunderwerb in [Dortmund-]Hörde.
1871-1873, 1880-1884
Kaufverträge zwischen Hoerder Verein und August Wenker vom 21.01.1871 und 19.07.1873 sowie Witwe August Wenker vom 30.09.1884; Grundbuchauszüge; Lageplan; Auszüge aus der Grundsteuerrolle; Aktennotizen; Genehmigung des Verwaltungsrats des Hoerder Vereins vom 13.11.1880.

134 Grunderwerb in [Dortmund-]Hörde.
1871, 1880, 1884
Kaufvertrag zwischen Hoerder Verein und Gustav Bölling vom 21.01.1871; Lageplan; Genehmigung des Verwaltungsrats des Hoerder Vereins vom 13.11.1880; Vertrag zwischen Hoerder Verein und Witwe Abraham Quambusch vom 19.11.1884 und begleitender Schriftwechsel.

118 Grunderwerb in [Dortmund-]Hörde.
1859, 1870, 1871, 1880
Kaufvertrag zwischen Hoerder Verein und Heinrich Christian Friedrich Möllmann vom 21.01.1871; Genehmigung des Verwaltungsrats des Hoerder Vereins vom 13.11.1880; Vertretungsvollmachten von Familienmitgliedern.

1318 Grunderwerb in [Dortmund-]Hörde.
1871-1873, 1880-1884
Kaufverträge zwischen Hoerder Verein und August Kropp vom 21.01.1871 und 29.07.1873; notariell beglaubigte Genehmigung des Verwaltungsrats des Hoerder Vereins zum Ankauf vom 13.11.1880; Lageplan; Auszüge aus der Grundsteuerrolle.

143 Grunderwerb in [Dortmund-]Hörde.
1871, 1880, 1884
Kaufvertrag zwischen Hoerder Verein und Simon Möllrich vom 24.01.1871; Genehmigung des Verwaltungsrats des Hoerder Vereins vom 13.11.1880; Vermerk über den Eintrag ins Grundbuch vom 19.08.1884.

140 Grunderwerb in [Dortmund-]Hörde.
1871, 1878-1880
Kaufvertrag zwischen Hoerder Verein und Friedrich Köddermann vom 25.01.1871; Genehmigung des Verwaltungsrats des Hoerder Vereins vom 13.11.1880; Grundbuchauszug; gerichtlicher Bescheid zum Wechselprozess J. Spiegel gegen Friedrich Köddermann vom 15.06.1878, mit zwei Wechseln (Originale), Hypothekenbriefen und Grundbuchauszügen.

1315 Grunderwerb in [Dortmund-]Hörde.
1871-1873, 1880
Kaufverträge zwischen Hoerder Verein und Johann Friedrich Heiling vom 01.02.1871 und 29.07.1873; notariell beglaubigte Genehmigung des Verwaltungsrats des Hoerder Vereins zum Ankauf vom 13.11.1880; Lageplan; Bescheinigung der Königlichen Regierung zu Arnsberg zur Ablösung des Grundzinses vom 18.02.1871; Auszüge aus der Grundsteuerrolle.

1311 Grunderwerb in [Dortmund-]Hörde.
1871-1872, 1880, 1884
Kaufvertrag zwischen Hoerder Verein und Henrine Schmieding vom 10.03.1871; Erklärung des Verwaltungsrats des Hoerder Vereins zur Genehmigung des Erwerbs vom 13.11.1880; Hypothekenbuchauszug; Bescheinigung der Königlichen Regierung zu Arnsberg zur Ablösung des Grundzinses vom 30.03.1871.

1186 Grunderwerb in [Dortmund-]Hörde.
1843, 1854–1863, 1877, 1877–1884
Kaufvertrag zwischen Hoerder Verein und Johann Wilhelm Schulte-Kohleppel vom 06.04.1871; Vergleichsvertrag zwischen Schulte-Kohleppel und Friedrich Hueck genannt Hympendahl vom 08.07.1843 über Wegerechte; Verträge zwischen Schulte-Kohleppel und August Wenker vom 01.12.1855 bzw. Friedrich Wilhelm Schulte vom 11.10.1854 und 26.04.1856 über Grundstückstausch; Vermessungsrisse; Lagepläne; Grundbuchauszüge.

1319 Grunderwerb in [Dortmund-]Hörde an der Emscher.
1871, 1880–1881
Kaufvertrag zwischen Hoerder Verein und Heinrich Eckardt vom 16.05.1871; notariell beglaubigte Genehmigung des Verwaltungsrats des Hoerder Vereins zum Ankauf vom 13.11.1880; Vermessungsplan; Grundbuchauszüge.

141 Grunderwerb in [Dortmund-]Hörde.
1871, 1880, 1884
Kaufvertrag zwischen Hoerder Verein und Carl Sedler vom 22.06.1871; Genehmigung des Verwaltungsrats des Hoerder Vereins vom 13.11.1880; Vermerk über die Eintragung ins Grundbuch vom 19.08.1884.

74 Grunderwerb in [Dortmund-]Hörde.
1871, 1880
Kaufvertrag zwischen Hoerder Verein sowie Gustav Heiling, Eduard Heiling und Witwe Johann Gottfried Heiling vom 05.09.1871; Grundbuchauszüge; Genehmigung des Verwaltungsrats der Hoerder Verein vom 13.11.1880.

1322 Grunderwerb in [Dortmund-]Hörde.
1871–1872, 1880
Kaufvertrag zwischen Hoerder Verein und Wilhelmine Rühl vom 14.09.1871 und Nachtrag vom 04.02.1872; notariell beglaubigte Genehmigung des Verwaltungsrats des Hoerder Vereins zum Ankauf vom 13.11.1880; Vermessungsplan; Auszug aus der Grundsteuerrolle.

71 Grunderwerb in [Dortmund-]Hörde.
1871, 1880–1881
Kaufvertrag zwischen Hoerder Verein und Witwe Wilhelm Wallrabe vom 14.11.1871; Lageplan; Aktennotizen; Genehmigung des Verwaltungsrats des Hoerder Vereins vom 13.11.1880.

149 Grunderwerb in [Dortmund-]Hörde.
1871–1873, 1880, 1884
Kaufvertrag zwischen Hoerder Verein sowie Wilhelm Spemann und Wilhelm Klappert vom 12.12.1871 (notariell beglaubigter Entwurf des Verwaltungsrats des Hoerder Vereins); Beitrittserklärungen der Verkäufer vom 26.01.1872 und 01.02.1872; Nachtrag zum Vertrag vom 21.07.1873; Beitrittserklärungen der Verkäufer vom 01.10.1873 und 06.10.1873; Grundbuchauszüge; Lagepläne; Genehmigung des Verwaltungsrats des Hoerder Vereins vom 13.11.1880; Vermerk zum Grundbucheintrag vom 26.08.1884.

77 Grunderwerb in [Dortmund-]Hörde.
1871, 1880
Kaufvertrag zwischen Hoerder Verein und Friedrich Wilhelm Ruhl über ein Grundstück vom 19.12.1871; Grundbuchauszüge; Genehmigung des Verwaltungsrats des Hoerder Vereins vom 13.11.1880.

110 Grunderwerb in [Dortmund-]Hörde.
1871, 1880, 1884
Kaufvertrag zwischen Hoerder Verein und Friedrich Wilhelm Ruhl über ein Grundstück vom 19.12.1871; Grundbuchauszüge; Genehmigung des Verwaltungsrats des Hoerder Vereins vom 13.11.1880.

858 Grunderwerb in [Dortmund-]Hörde.
1871-1872, 1882-1884
Beschluss der Königlichen Regierung zu Arnsberg, Abteilung des Innern, zur Enteignung von Grundstücken für den Bau einer Bahnlinie zwischen Hermannshütte und Hoerder Eisenwerk durch den Hoerder Verein vom 19.12.1871; Nachweis der von Heinrich Friedrich Hueck genannt Hympendahl benötigten Grundstücke vom 24.06.1871, mit Festlegung der Entschädigung vom 25.03.1872; Grundbuchauszug; Aktenvermerk.

1323 Grunderwerb in [Dortmund-]Hörde für den Bahnanschluss der Hermannshütte an die Dortmund-Soester Eisenbahn.
1871-1875
Einzelne Schreiben von Friedrich Kleff und Franz Kleff an den Hoerder Verein zur Entschädigung für enteignete Grundstücke.

1325 Grunderwerb in [Dortmund-]Hörde.
1872-1875, 1880, 1884
Kaufvertrag zwischen Hoerder Verein und Wilhelmine Albert vom 08.05.1872; notariell beglaubigte Genehmigung des Verwaltungsrats des Hoerder Vereins zum Ankauf vom 13.11.1880; Schreiben des Hoerder Vereins zur Hinterlegung des Kaufpreises und Quittung.

1231 Grunderwerb, insbesondere in [Dortmund-]Hörde.
1872
Notariell beglaubigte Genehmigung des Verwaltungsrats des Hoerder Vereins vom 19.09.1872 für 30 durch Johann Friedrich Wiesehahn abgeschlossene Kaufverträge.

1308 Grunderwerb in [Dortmund-]Hörde.
1870-1873
Kaufvertrag zwischen Hoerder Verein und Nathan Nussbaum vom 04.03.1873; Erklärung von Hoerder Verein und Nussbaum zur Grundbuchänderung vom 03.04.1873; Grundbuchauszüge; Kaufvertrag zwischen Friedrich Heitmann als Verkäufer und Nussbaum vom 02.03.1870.

1309 Grunderwerb in [Dortmund-]Hörde.
1869, 1873, 1881
Erklärung von Hoerder Verein, Simon Elias, Otto Wallrabe und Carl Wallrabe zur Grundbuch-

änderung vom 25.03.1873; Kaufvertrag zwischen Heinrich Georg Röder und Friedrich Wilhelm Frantzen in Vertretung von Eduard Kappel als Verkäufer sowie Simon Elias, Otto Wallrabe und Carl Wallrabe vom 11.11.1869; Vollmacht von Kappel für Frantzen vom 24.08.1869; Grundbuchauszüge.

131 Grunderwerb in [Dortmund-]Hörde.
1873
Kaufvertrag zwischen Hoerder Verein, Simon Elias und Witwe Carl Wallrabe vom 12.04.1873; Schriftwechsel zwischen Johann Friedrich Wiesehahn, Elias und Familie Wallrabe; Auszug aus der Niederschrift der Verwaltungsratssitzung des Hoerder Vereins am 31.03.1873; Quittung.

1314 Grund- und Hauserwerb in [Dortmund-]Hörde.
1873
Erklärung von Hoerder Verein und Verkäuferin Maria Kunze zur Änderung des Grundbuchs vom 10.06.1873; Urteil des Königlichen Kreisgerichts zu Dortmund vom 09.09.1873 zur Klage des Hoerder Vereins gegen Kunze zur Löschung von Hypothekenforderungen; Grundbuchauszüge.

78 Grunderwerb in [Dortmund-]Hörde.
1874
Aktennotiz über den Ankauf eines Grundstücks von der Zeche Am Schwaben, o. D.

139 Grunderwerb in [Dortmund-]Hörde.
1875
Notarielle Erklärung von Friedrich Wilhelm Köddermann als Bevollmächtigter der Familie Köddermann über die Auflassung von an den Hoerder Verein verkauften Grundstücken vom 27.10.1875 (Abschrift); Grundbuchauszug.

1324 Grunderwerb in [Dortmund-]Hörde.
1873, 1877
Auflassungsverhandlung zwischen Hoerder Verein und Christian Guth für ein Grundstück vom 19.07.1877; Vermessungsplan; Grundbuchauszug.

75 Grunderwerb in [Dortmund-]Hörde.
1877
Vertrag zwischen Hoerder Verein und Johann Heinrich Herlinghaus über die Auflassung bzw. Grundbucheintragung eines Grundstücks vom 22.08.1877.

111 Grunderwerb in [Dortmund-]Hörde.
1880, 1884
Kaufvertrag zwischen Hoerder Verein und Heinrich Kost über ein Grundstück vom 07.08.1880; Grundbuchauszüge.

73 Grunderwerb in [Dortmund-]Hörde.
1880
Kaufvertrag zwischen Hoerder Verein und Witwe Heinrich Schübbe vom 20.08.1880; Grundbuchauszüge.

1313 Grunderwerb in [Dortmund-]Hörde „Am Remberg".
1880–1882
Grundbuchauszug und Auszug aus der Grundsteuerrolle Hörde zu einem von Gustav Wilhelm und Emilie Wortmann erworbenen Grundstück.

1759 Grunderwerb in [Dortmund-]Hörde bei der Schlackenhalde des Hoerder Eisenwerks.
1881
Kaufvertrag zwischen Hoerder Verein und Witwe Heinrich Hummelbeck vom 16.02.1881; Grundbuchauszug; Auszug aus der Grundsteuerrolle.

69 Grunderwerb in [Dortmund-]Hörde.
1881
Kaufvertrag zwischen Hoerder Verein sowie Salomon Klein und Victor Sieger vom 28.06./01.07.1881; Grundbuchauszüge; Flurkarte.

1317 Grunderwerb in [Dortmund-]Hörde.
1881–1884
Kaufvertrag zwischen Hoerder Verein sowie Witwe Wilhelm Franke vom 30.08./08.09.1881; Grundbuchauszug; Auszug aus der Grundsteuerrolle.

70 Grunderwerb in [Dortmund-]Hörde.
1881
Kaufvertrag zwischen Hoerder Verein und Philipp Günnemann vom 03.09./08.09.1881; Grundbuchauszüge; Lageplan.

1321 Grunderwerb in [Dortmund-]Hörde.
1881–1882
Grundbuchauszüge zu einem von Friedrich Gellhaus erworbenen Grundstück; Lageplan.

80 Grunderwerb in [Dortmund-]Hörde.
1881–1884
Grundbuchauszug sowie Auszug aus der Grundsteuerrolle für ein von C. Wallrabe gekauftes Grundstück.

79 Grunderwerb in [Dortmund-]Hörde.
1882
Grundbuchauszug sowie Auszug aus der Grundsteuerrolle für ein von Diedrich Münstermann gekauftes Grundstück.

142 Grunderwerb in [Dortmund-]Hörde.
1884
Verhandlungsniederschrift zum Grunderwerb des Hoerder Vereins von Christian Kranefeld im Rahmen einer Zwangsversteigerung vom 08.05.1884 (Abschrift); einzelne Schreiben zwischen Hoerder Verein und Amtsgericht Hörde zum Erwerb.

1316 Grunderwerb in [Dortmund-]Hörde.
1884
Aktennotiz des Hoerder Vereins vom 27.08.1884 über den Erwerb eines Grundstücks von Friedrich Steinmann.

144 Grunderwerb in [Dortmund-]Hörde.
1884
Einzelne Schreiben zwischen Hoerder Verein und Hoerder Dampfkesselfabrik W. Willich über ein Kaufangebot; Grundbuchauszüge.

2153 Erwerb des Guts Hympendahl.
1886-1901
Pachtvertrag zwischen Heinrich Friedrich Hueck genannt Hympendahl als Verpächter und Heinrich Büsch über Grundstücke und Gebäude des Guts vom 23.12.1886 (Abschrift); notariell beglaubigter Vergleich zwischen Clemens Freiherr von Romberg und Hueck zu Bau eines Stauwehres in der Emscher und Nutzung von Emscherwasser zur Bewässerung von Wiesengrundstücken vom 07.11.1887; Bericht von Daniel Hilgenstock zum Geländebedarf der Erweiterung der Schlackenhalde des Hoerder Eisenwerks vom 13.01.1889; Auszüge aus den Grundsteuerrollen von Stadt [Dortmund-]Hörde und Stadt Dortmund; Schriftwechsel zwischen Hoerder Verein, Hoerder Eisenwerk, Rechtsanwälten, Büscher und Hueck zu Ankauf, Vertragsmodalitäten, Wegerechten, Entschädigungsleistungen für Ernteausfälle, Löschung von Hypotheken und Pachtangelegenheiten.

2503 Erwerb und Verpachtung des Guts Hympendahl.
1886-1913
Vertrag zwischen Heinrich Friedrich Hueck genannt Hympendahl als Verpächter und H. Büscher vom 23.12.1886 zur Verpachtung des Guts Hympendahl; Vertrag zwischen Hueck als Verkäufer und Hoerder Verein über den Erwerb des Guts Hympendahl vom 29.01.1889; Hypothekenbriefe; Schriftwechsel zwischen Hoerder Verein bzw. Phoenix AG Hoerder Verein, Büscher und Pächtern einzelner Parzellen zu verschiedenen Pachtangelegenheiten und Reduzierung der Pacht als Schadensersatzleistung für beeinträchtigte Ernten infolge von Umweltbelastungen.

133 Erwerb des Guts Hympendahl.
29.01.1889
Kaufvertrag zwischen Hoerder Verein und Heinrich Friedrich Hueck genannt Hympendahl über die Besitzung Hympendahl.

41 Erwerb eines Grundstücks der Zeche Freie Vogel und Unverhofft zur Vergrößerung des Werksgeländes.
1905-1906
Schriftwechsel zwischen Hoerder Verein und Zeche Freie Vogel und Unverhofft zu den Vertragsmodalitäten; Auszüge aus der Grundsteuerrolle; Grundbuchauszüge; Flurkarten.

1718 Grunderwerb in [Dortmund-]Hörde.
1906
Grundbuchauszug: Lageplan; einzelne Schreiben zwischen Hoerder Verein und Verkäufer S. Möllrich zu Wegerechtsfragen, Kaufangebot und Kaufpreis.

Kirchhörde

1255 Grunderwerb in [Dortmund-]Kirchhörde.
1857
Kaufvertrag zwischen Hoerder Verein und Diedrich Noelle genannt Brüggemann vom 10.01.1857; Grundbuchauszug.

1257 Grunderwerb in [Dortmund-]Kirchhörde.
1857
Kaufvertrag zwischen Hoerder Verein und Johann Heinrich Schmidt vom 10.01.1857; Grundbuchauszug.

1256 Grunderwerb in [Dortmund-]Kirchhörde.
1862
Kaufvertrag zwischen Hoerder Verein und Hermann Malz vom 28.10.1862; Grundbuchauszug; Hypothekenschein.

Schüren

1252 Grunderwerb für die Eisenerzgrube Adele in [Dortmund-]Schüren.
1855, 1864
Kaufvertrag zwischen Hoerder Verein und Gerhard Niermann genannt Wilmsmann vom 16.10.1855; Kaufvertrag zwischen Niermann und Diedrich Heinrich Linnigmann über Grundstücke in Schüren vom 28.06.1855; Grundbuchauszug.

1290 Grunderwerb in [Dortmund-]Schüren für die Eisenerzgrube Adele II.
1857–1860
Kaufvertrag zwischen Hoerder Verein und Adolph Meinberg vom 10.01.1857; Bestätigung des Königlichen Kreisgerichts Dortmund zur Hypothekenfreiheit des Grundstücks vom 06.03.1860; Auszug aus dem Berggegenbuch des Königlich-Preußischen Märkischen Bergamts Bochum vom 15.06.1860.

1261 Grunderwerb in [Dortmund-]Schüren.
1857, 1866
Kaufvertrag zwischen Hoerder Verein und Friedrich Kellermann vom 25.04.1857; Grundbuchauszug.

1259 Grunderwerb in [Dortmund-]Schüren.
1863
Kaufvertrag zwischen Hoerder Verein und Friedrich Kellermann vom 30.12.1863.

Sonstiges

1187 Grunderwerb „Auf dem Kley“ in [Dortmund-]Wambel bzw. Körne.
1855–1860

Kaufverträge zwischen Hoerder Verein und Heinrich Lauten vom 26.07.1856 sowie Lauten und anderen vom 26.07.1856; Grundbuchauszüge; Hypothekenschein; Entscheidung des Königlichen Kreisgerichts Dortmund zur Aufteilung von Grundstücken unter verschiedenen, bisher gemeinsamen Eigentümern vom 19.03.1855; Kaufverträge zwischen den Eigentümern, darunter Johann Wilhelm Schulte-Kohleppel, vom 19.03.1856 und 14.05.1856.
Darin auch: Schreiben des Hörder Bürgermeisters Friedrich Doedter zum Empfang einer Bürgschaftsurkunde des A. Schaaffhausen'schen Bankvereins zugunsten der Kranken- und Unterstützungskasse des Hoerder Vereins vom 19.05.1860.

130 Grunderwerb in [Dortmund-]Aplerbeck.
1869, 1873
Kaufvertrag zwischen Hoerder Verein und Christoph Schindler vom 18.03.1873; Auszug aus der Grundsteuerrolle; Genehmigung des Verwaltungsrats, auch zum Ankauf anderer Grundstücke, vom 17.04.1873.

1304 Enteignung von Grundstücken in [Dortmund-]Hacheney zum Bau der Verbindungsbahn zwischen Hermannshütte und Hoerder Eisenwerk (später Eliasbahn).
1871–1872
Enteignungsbescheid der Königlichen Regierung zu Arnsberg vom 19.12.1871, mit Aufstellung der betroffenen Grundstücke von Friedrich Hympendahl und zu zahlenden Entschädigungen (Abschrift); einzelne Schreiben zwischen Hoerder Verein, Hympendahl und Königlichem Kreisgericht zu Dortmund zum Enteignungsverfahren.

5.6.2 Haus- und Grundverkauf

1829 Verkauf des Hauses in [Dortmund-]Hörde, Langestraße 21.
1846–1849, 1856
Vertrag zwischen Sophie Piepenstock sowie Levi Abraham und Amalie Aronheim über den Tausch eines Hauses an der „langen Straße" gegen die „Jacob Heitmannsche Besitzung" vom 22.08.1846; Hypothekenschein; Angebot von Christian Schrotzberger im Auftrag von Georg August Asbeck vom 16.05.1856 zum Kauf des Hauses und Annahmeerklärung des Hoerder Vereins vom 17.05.1856; Auszüge aus den Niederschriften der Verwaltungsratssitzungen des Hoerder Vereins.

1185 Verkauf eines Grundstücks in [Dortmund]-Hörde.
1856, 1860
Notariell beglaubigter Kaufvertrag vom 22.12.1860 zwischen Henriette Weegmann und Carl Weegmann als Verkäufer und dem Hörder Bürgermeister Friedrich Doedter als Vertreter der beiden evangelischen Kirchengemeinden in Hörde über ein Grundstück zur Anlage eines Weges, mit Lageplan.

138 Grundstücksverkauf in [Dortmund-]Aplerbeck.
1869, 1873
Verkaufsvertrag zwischen Hoerder Verein und Heinrich Spengler vom 18.03.1873; Auszug aus der Grundsteuerrolle; Genehmigung des Verwaltungsrats des Hoerder Vereins vom 17.03.1873.

1192 Abtretung von Grundstücken in [Dortmund-]Hörde für den Neubau der Mühlengrabenbrücke.
1878
Notariell beglaubigter Vertrag zwischen Hoerder Verein und Ständischem Verwaltungsausschuss der Provinz Westfalen Kommission für Wegebau vom 04./09.09.1878 über die Bereitstellung von Grundstücken an der Dortmund-Hörder Provinzialstraße, mit Lageplan.

40 Abtretung von Grundstücken an die Stadt [Dortmund-]Hörde zum Ausbau der Hospitalstraße.
1903–1906
Schriftwechsel zwischen Hoerder Verein und Stadt Hörde zu Wertausgleich und steuerlichen Verrechnungsmöglichkeiten; Flurkarten.

5.6.3 Grundstückstausch

1236 Grundstückstausch in [Dortmund-]Hörde.
1870
Vertrag zwischen Hoerder Verein und Katholischer Kirchengemeinde Hörde über den Tausch von Weidegrundstücken vom 24.01.1870; Vollmacht; notariell beglaubigte Genehmigung des Verwaltungsrats des Hoerder Vereins vom 02.03.1870; Grundbuchauszug.

189 Grundstückstausch in [Dortmund-]Hörde.
1887, 1906
Schriftwechsel zwischen Hoerder Verein und Anton Gerke zum Tausch; Grundbuchauszüge; Vertrag über einen Grundstückstausch zwischen Hoerder Verein sowie Heinrich Balster und Franz Knaup vom 21.04.1887 (Abschrift).

1462 Grundstückstausch in [Dortmund-]Hörde, Weingartenstraße.
1904–1906
Grundbuchauszüge; Vermessungsgutachten; einzelne Schreiben zwischen Hoerder Verein und Stadt Hörde zum Tauschgeschäft;.

5.6.4 Grenzregulierung und Wegerechte

1234 An- und Verpachtung von Wegerechten in [Dortmund-]Hörde.
1864
Pachtvertrag zwischen Hoerder Verein und Friedrich Hueck genannt Hympendahl vom 11.03.1864; Erklärung von Giesbert Freiherr von Romberg zur Einräumung von Wegerechten durch den Hoerder Verein vom 13.05.1864; Lageplan des Hoerder Eisenwerks.

1239 Gewährung von Wegerechten.
1872
Erklärung von H. Potthoff vom 29.05.1872 zum ihm von Seiten des Hoerder Vereins gewährten Recht zur Benutzung von Wegen der Hermannshütte und Verzicht auf Schadensersatzleistungen bei Unfällen auf dem Werksgelände, insbesondere durch Eisenbahnverkehr.

1979 Grenzregulierung zwischen Dortmund und Hörde.
1881–1883
Einzelne Informationsschreiben der Stadt [Dortmund-]Hörde an den Hoerder Verein; Vertretungsvollmachten.

608 Grenzregulierung zwischen Siedlung Neuer Klarenberg und St. Josephs-Hospital in [Dortmund-]Hörde.
1897–1899, 1906
Schriftwechsel zwischen Hoerder Verein und Kuratorium des St. Josephs-Hospital sowie einem Bauunternehmen und einem Rechtsanwalt über Festlegung der Grundstücksgrenze, Bau einer Begrenzungsmauer und Auflassung von Grundstücken; Vermessungsgutachten; Grundbuchauszüge; Auszug aus einer Flurkarte; Aufrisszeichnung der Mauer.

5.6.5 Pachten
Hörde und Schüren

1237 Verpachtung von Grundstücken.
1861
Pachtverträge zwischen Hoerder Verein und Zeche Am Schwaben über Grundstücke an der Strecke der Dortmund-Soester Eisenbahn zur Anlage einer Pferdebahn vom 30.04.1861 und 02.07.1861; Schreiben von Wilhelm von Born als Repräsentant der Zeche zur Bestätigung eines Abkommens zur Mitbenutzung der Gleisanlagen des Hoerder Vereins vom 31.07.1861; Genehmigungsschreiben der Königlichen Eisenbahndirektion Elberfeld vom 12.08.1861.

1246 Anpachtung von Grundstücken in [Dortmund-]Schüren für die Eisenerzgrube Adele.
1865
Pachtvertrag zwischen Hoerder Verein und Adolph Mertmann vom 31.05.1865; Vermessungsriss.

92 Pachtangelegenheiten in [Dortmund-]Hörde.
1865–1867
Vertrag zwischen Hoerder Verein und Emil Alsing vom 07.04.1865 über die Rückzahlungsmodalitäten für 123 Taler ausstehende Zahlungen für Mühlenpacht und Kohlenlieferungen; Auszug aus dem Hypothekenbuch Hörde.

1303 Verpachtung der Hörder Wassermühle.
1865, 1871–1874
Pachtvertrag zwischen Hoerder Verein und Friedrich Piepenstock vom 01.05.1865 über die Hörder Wassermühle an der Emscher und die Hörder Dampfmühle; Verlängerungsverträge vom 30.03.1871 und 26.06.1874.

90 Pachtangelegenheiten in [Dortmund-]Hörde.
26.02.1870
Erklärung von Johann Wilhelm Schulte-Kohleppel, bei Bedarf jederzeit das Pachtverhältnis für eine vom Hoerder Verein gepachtete Wiese zu beenden.

1329 Anpachtung von Grundstücken in [Dortmund-]Hörde „auf dem Rüggen" zur Anlage einer Ziegelei.
18.03.1871
Pachtvertrag zwischen Hoerder Verein und Clemens Freiherr von Romberg.

Harz

1275 Anpachtung von Grundstücken für die Eisensteingrube Oberer Schwarzberg im Gebiet der Oberförsterei Lautenthal (Harz).
1874
Pachtvertrag zwischen Hoerder Verein und Königlicher Finanz-Direction Hannover vom 17.03./08.04.1874 als Nachtrag zum bestehenden Vertrag von 1872; Lageplan der Grube.

2126 Anpachtung von Grundstücken in der Oberförsterei Lautenthal (Harz) und geplanter Bau einer Anschlussbahn für die Erzgruben an die Strecke Langelsheim-Clausthal der Magdeburg-Halberstädter Eisenbahn-Gesellschaft.
1866, 1873–1889
Allgemeine Bedingungen für die Anlage von Privatgleisen zum Anschluss an die Bahnen der Magdeburg-Halberstädter Eisenbahn-Gesellschaft vom 01.01.1866 (Abschrift); einzelne Schreiben zwischen Hoerder Verein, Magdeburg-Halberstädter Eisenbahn-Gesellschaft, Königlicher Finanz-Direction Abtheilung für Forsten bzw. Königlicher Regierung Abtheilung für direkte Steuern, Domänen und Forsten, Hannover, und Königlicher Bezirks-Haupt-Casse, Hannover, zu Bau der Bahn, Anpachtung von Grundstücken, Vertragsmodalitäten und -verlängerungen sowie Kautionszahlungen.

5.6.6 Sonstiges

1422 Grundstücksangelegenheiten in [Dortmund-]Aplerbeck, Asseln, Brackel, Hörde und Schüren.
1890–1895
Aufstellungen zu den Grundstücken der Werkssiedlung Felicitas und des ehemaligen Guts Hympendahl des Hoerder Vereins; Grund- und Aufrisszeichnungen der Häuser in Hörde, Weingartenstraße 10 und 39; Lagepläne, darunter für Wohnhäuser des Schachts Holstein des Hoerder Kohlenwerks; Wertgutachten; Grundbuchauszüge; Auszüge aus der Grundsteuerrolle Dortmund; Rechnungen und Quittungen; Kaufverträge zwischen Hoerder Verein und Gustav Prietzsch über ein Grundstück in Hörde vom 11.09.1890 und Ludwig Kellermann über ein Grundstück in Schüren vom 31.01.1894; Schriftwechsel zwischen Hoerder Verein, Hoerder Verein Bergwerks-Verwaltung, Rechtsanwälten, Königlichem Amtsgericht Hörde, Verkäufern und Landvermessern zu Kaufangeboten, Erwerb und Vermessung von Grundstücken sowie Grundbuchänderungen und Steuern.

1335 Grunderwerb der Stadt [Dortmund-]Hörde in Hörde für den Verbindungsweg zwischen Hermannshütte und Siedlung Klarenberg.
1868–1870
Kaufvertrag zwischen Stadt Hörde und Kleiner Evangelischer Kirchengemeinde Hörde vom

02.09.1868 laut deren Abkommen mit dem Hoerder Verein; Genehmigung der Königlichen Regierung zu Arnsberg vom 01.02.1869; Auszug aus der Grundsteuerrolle.

1336 Grunderwerb der Stadt [Dortmund-]Hörde in Hörde für den Verbindungsweg zwischen Hermannshütte und Siedlung Klarenberg.
1868
Einzelne Schreiben zwischen Kleiner Evangelischer Kirchengemeinde Hörde und Hoerder Verein zur Vereinbarung des Verkaufs an die Stadt Hörde und Zahlung des Kaufpreises durch den Hoerder Verein.

2140 Besitztitelberichtigung für ein Grundstück in [Iserlohn-]Oestrich.
1897
Einzelne Schreiben zwischen Hoerder Verein, Königlichem Amtsgericht Iserlohn und Firma Carl Schlieper zur Berichtigung; Grundbuchauszüge.

6. Technik, Produktion und Neubau
6.1 Produktions- und Betriebsstatistik (alle Werke)

3106/7 Produktions- und Betriebskostenstatistik.
1897-1898
Monatliche Aufstellungen zu Produktion, Kohlen-, Koks- und Erzverbrauch, Löhnen sowie sonstigen Produktions- und Betriebskosten von Hoerder Eisenwerk, Hoerder Kohlenwerk und Hermannshütte mit Thomas-Stahlwerk, Siemens-Martin-Stahlwerk, Puddelwerk, Walzwerken, Presswerk und Gießerei, gegliedert nach einzelnen Betrieben, Kostenarten und Produkten, Juli 1897 bis Juni 1898.

3106/8 Produktions- und Betriebskostenstatistik.
1898-1899
Monatliche Aufstellungen zu Produktion, Kohlen-, Koks- und Erzverbrauch, Löhnen sowie sonstigen Produktions- und Betriebskosten von Hoerder Kohlenwerk, Hochofenwerk Hörde und Hermannshütte des Hoerder Vereins mit Thomas-Stahlwerk, Siemens-Martin-Stahlwerk, Puddelwerk, Walzwerken, Presswerk und Gießerei, gegliedert nach einzelnen Betrieben, Kostenarten und Produkten, Juli 1898 bis Juni 1899.

3106/9 Produktions- und Betriebskostenstatistik.
1899-1900
Monatliche Aufstellungen zu Produktion, Kohlen-, Koks- und Erzverbrauch, Löhnen sowie sonstigen Produktions- und Betriebskosten von Hoerder Kohlenwerk, Hochofenwerk Dortmund, Hochofenwerk Hörde und Hermannshütte des Hoerder Vereins mit Thomas-Stahlwerk, Siemens-Martin-Stahlwerk, Puddelwerk, Walzwerken, Presswerk und Gießerei, gegliedert nach einzelnen Betrieben, Kostenarten und Produkten, Juli 1899 bis Juni 1900.

3106/10 Dsgl., 1900-1901.

3106/11 Dsgl., 1901-1902.

3106/12 Dsgl., 1902-1903.

3106/13 Dsgl., 1903-1904.
3106/14 Dsgl., 1904-1905.

6.2 Hermannshütte
6.2.1 Anlagen und Betrieb

52 Betrieb von Dampfkesseln und Dampfmaschinen in der Hermannshütte.
1840, 1843, 1847-1848, 1852-1856
Betriebsgenehmigungen; Schriftwechsel zwischen Hermannshütte bzw. Piepenstock & Comp. bzw. Hoerder Verein und konzessionierenden Behörden, u. a. Königlich Preußisches Märkisches Bergamt und Königliche Regierung zu Arnsberg, sowie Maschinentechnikern; Auszüge aus dem Königlichen Westphälisch-Märkischen Intelligenzblatt vom 05.11.1847 und dem Öffentlichen Anzeiger als Beilage zum Amtsblatt Arnsberg zur Aufstellung von Dampfmaschinen vom 06.11.1847. Seiten 1-4 der paginierten Akte fehlen.

1889 Ausbau und Betrieb der Hermannshütte.
1852-1868
Schreiben von Spezialdirektor Johann Friedrich Wiesehahn an Reiner Daelen über Beschlüsse des Verwaltungsrats des Hoerder Vereins zu Anträgen und Vorschlägen Daelens, Anweisungen zu Ausbau und Betrieb der Puddel-, Gießerei- und Walzwerksanlagen sowie der Energiewirtschaft, Personalfragen, Gehalt und Tantiemen, Materiallieferungen, Beschaffung von Maschinen und -ersatzteilen, insbesondere von Dampfmaschinen, Reparaturen, technischen Aspekten, Produktionsergebnissen und -kosten, August 1852 bis Februar 1868; Dienstinstruktion für Ingenieur August Wulff vom September 1855.

1888 Ausbau und Betrieb der Hermannshütte.
1853-1868
Betriebsberichte, Bauanträge und Vorschläge zur Betriebskonzeption von Reiner Daelen; Schriftwechsel zwischen Spezialdirektor Johann Friedrich Wiesehahn und Daelen über Ausbau und Betrieb der Puddel-, Gießerei- und Walzwerksanlagen sowie der Energiewirtschaft, Beschlüsse des Verwaltungsrats zu Anträgen und Vorschlägen Daelens, Personalfragen, Gehalt und Tantiemen, Erz- und Roheisenqualitäten, Materiallieferungen, Beschaffung von Maschinen und -ersatzteilen, insbesondere von Dampfmaschinen, Reparaturen, technischen Aspekten, Produktionsergebnissen und -kosten, Juni 1853 bis Januar 1868.

109 Betriebs- und Produktionsplanung der Hermannshütte.
1878
Bericht von Oberingenieur Eduard Meier für die Verwaltungsratssitzung des Hoerder Vereins am 10.10.1878 über Betriebsverbesserungen und Konkurrenzfähigkeit, mit konkreten Vorschlägen zur Veränderung von Produktionsprogramm, maschineller Ausstattung und Produktionsverfahren (Manuskript Meier); Bericht „über die Anlage von vier neuen Bohrmaschinen für die Stahlschienenadjustage" (Manuskript Meier, Datum unleserlich).

1999 Kostenkalkulationen und Voranschläge zur Produktion des Hoerder Vereins.
1879-1886

Aufstellungen zu erwarteten Produktionskosten von Rohstahl und Walzerzeugnissen, Auftragslage und Inventurergebnissen (jeweils nur einzelne Monate, teils ohne Datierung); Kostenberechnungen zur Ausmauerung von Thomas-Konvertern vom Mai 1884.

1977 Betrieb der Hermannshütte.
1882–1883
Aufstellungen zum Bearbeitungsstand von Bandagenlieferaufträgen, zur Fabrikation von Kesselblechen und zu Beständen; Eisenbahnversandaufkleber der Hermannshütte; Anfragen und Anweisungen der Direktion des Hoerder Vereins an die Leiter und Meister der verschiedenen Produktionsbetriebe sowie Schriftwechsel zu Produktionsergebnissen, Unregelmäßigkeiten im Betrieb, Personalfragen, Arbeiterangelegenheiten, darunter Alkoholmissbrauch, Löhnen, Unfällen, Transportwesen sowie Umbauten und Reparaturen an Anlagen, Februar 1882 bis März 1883.

2053 Auftragslage der Hermannshütte.
1890–1891
Aufstellungen zur Auftragslage, mit Angabe der Lieferdaten und z. T. der Kunden, aufgeschlüsselt nach Produkten und Betrieben.

2198 Werksfeuerwehr des Hoerder Vereins.
1896–1903
Mitteilungen der Werksfeuerwehr an den Vorstand zu Bränden; Anschreiben und Werbematerialien von Herstellern und Vertreibern von Feuerwehrrausrüstungsgegenständen und -kleidung, u. a. der Firma C. D. Magirus, Ulm, zu Leitern; Stoffprobe für Feuerwehruniformen; Schriftwechsel zwischen Hoerder Verein und verschiedenen Lieferanten, insbesondere Firma Gustav Rannenberg, Hannover, und Firma C. D. Magirus zu Bestellungen von Ausrüstungsgegenständen und Kleidung.

6.2.2 Produktions- und Betriebsstatistik

1983 Produktion der Walzwerke der Hermannshütte.
1880–1884
Monatliche Aufstellungen der Produktionskosten und Produktionsmengen der verschiedenen Walzwerke sowie der Gussstahlfabrik, aufgegliedert nach Produkten, März und Mai 1880 sowie August 1880 bis März 1884, ab Februar 1882 auch Angaben zum Puddelbetrieb.

1996 Walzwerks- und Rohstahlproduktion der Hermannshütte.
1883–1886
Monatliche Aufstellungen der Produktionskosten und Produktionsmengen der verschiedenen Walzwerke sowie der Gussstahlfabrik, aufgegliedert nach Produkten, April 1884 bis Juni 1886, mit Angaben zum Puddelbetrieb; monatliche Aufstellungen der Produktionskosten und Produktionsmengen an Siemens-Martin-Stahl, Bessemerstahl und Thomasstahl, Januar 1883 bis Juni 1885, mit Angaben zu den Einsatzstoffen.

3106/1 Produktions- und Betriebskostenstatistik der Hermannshütte.
1885

Monatliche Aufstellungen zu Produktion, Kohlenverbrauch, Löhnen sowie sonstigen Produktions- und Betriebskosten der Walzwerke und Presswerke, gegliedert nach einzelnen Betrieben und Produkten, Januar bis Dezember 1885.

3106/2 Dsgl., 1887.

3106/3 Dsgl., 1888.

3106/4 Dsgl., 1894–1895.

3106/5 Dsgl., 1895–1896.

3106/6 Dsgl., 1896–1897.

5352 Produktionsstatistik des Blockwalzwerks.
1904–1906
Produktionsbuch, Juli 1904 bis Juni 1906, aufgeschlüsselt nach Blöcken, Knüppeln, Platinen, Schienen und Profileisen.

6.2.3 Maschinen- und Materialbestellungen

1962 Werkswohnungsbau, Maschinen- und Materialbestellungen des Hoerder Vereins.
1869–1872, 1879–1880
Kostenvoranschläge für ein Arbeiterwohnhaus für vier Familien vom 27.08.1969, einen Kohlenlagerschuppen, die Erd- und Maurerarbeiten von vier Häusern vom 26.04.1871, eine Schiebebühne sowie Anstreicherarbeiten an zwei Häusern; Grund- und Aufrisszeichnungen eines Wohnhauses für das Hoerder Kohlenwerk; Lageplan der Kolonie Jacobskamp; Auszüge aus den Niederschriften der Verwaltungsratssitzungen des Hoerder Vereins; Zeichnungen von Fördermaschinen, Wasserhaltungsmaschinen, Kollergängen, Dampfmaschinen und Pressen der Kalker Maschinenbau-Actien-Gesellschaft vormals Wippermann & Cie.; Konstruktionszeichnung einer Dampfkesselanlage der Firma Walter & Co., Kalk; Anlagenbeschreibungen, Informationsbroschüren und Werbeblätter, z. T. mit Konstruktionszeichnungen, für „nicht explodirende Röhren-Dampfkessel" der Carl Beissel & Cie., Röhrendampfkessel der Firma L. & C. Steinmüller, Gummersbach, und Röhrendampfkessel von Jacques Piedboeuf, Aachen und Düsseldorf; Aufträge, Angebote, Bestellungen und Rechnungen für Reparaturen, Ziegel, feuerfeste Steine, Dampfkessel, Werkzeuge, Hüttenanlagen und Maschinen verschiedener Hersteller und Lieferanten sowie Schriftwechsel des Hoerder Vereins mit diesen, November 1879 bis Dezember 1880.

2060 Angebote und Werbematerialien verschiedener Maschinenhersteller und Ingenieure.
1874–1879, 1886–1892
Werbebroschüren, z. T. mit Grund-, Aufriss- und Konstruktionszeichnungen und Referenzlisten, sowie Werbeblätter und Anschreiben an den Hoerder Verein, u. a. von Rheinische Röhrendampfkessel-Fabrik A. Büttner & Co., Uerdingen, zu Dampfkesseln, Ant. Fetu & Deliège, Lüttich, zum Produktionsprogramm, Wilhelmshütte AG für Maschinenbau und Eisengießerei, Waldenburg, zu einer „Unterirdischen Zwillings-Wasserhaltungsmaschine", Adolf Bleichert & Co., Leipzig, zu Drahtseilbahnen, Firma Gustav Fischer, Buckau, zu Lochmaschinen und Metallscheren, Walther & Co. Actien-Commandit-Gesellschaft, Kalk, zu Dampfkesseln, G. Brinkmann & Co., Witten, zu Dampfmaschinenkondensatoren, A. Dreyer, Bochum, zu Markenkontrollgeräten, Firma Ferdinand Wolff, Mannheim, zu „Hanfseil-Transmissions-Anlagen", Mannheimer Maschinen-Fabrik Mohr & Federhaff zu Waagen, Friedrich Pelzer, Dortmund, zu Ventilatoren, L. & C. Steinmüller, Gummers-

bach, zu Röhrendampfkesseln, Firma Carl Schenck, Darmstadt, zu Waagen, Firma Herm. Löhnert, Bromberg, zu Jenisch-Kugelfallmühlen, Dampfkessel- und Gasometer-Fabrik vormals A. Wilke & Co., Braunschweig, zu Blechrichtemaschinen, Meissner Eisengießerei und Maschinenbau-Anstalt vorm. F. L. & E. Jacobi, Meißen, zu Maschinen der Keramikindustrie, Werkzeug-Maschinen-Fabrik Carl Josef Hermann, Bielefeld, zu Werkzeugmaschinen.

1644 Dolomitaufbereitungsanlage.
1881
Schriftwechsel zwischen Hoerder Verein und Firma Mathée & Scheibler, Burscheid, über Lieferung einer Filterpresse für die Dolomitaufbereitung, Reparatur eines defekten Teils und technische Fragen.

1966 Maschinen- und Materialbestellungen des Hoerder Vereins.
1881
Beschreibung und Aufrisszeichnung der Firma Carl Klingelhöffer, Rheydt, für eine Schmirgelmaschine; Aufstellung von Firma Kühne & Comp. bzw. Actiengesellschaft Wittener Walzwerk zum Angebot an Maschinen aus den Beständen der von dem Unternehmen erworbenen Steinhauser Hütte; Konstruktionszeichnung einer Drahtspitzmaschine der Firma W. Breitenbach, Unna; Aufträge, Angebote, Bestellungen und Rechnungen für Reparaturen, Ziegel, Dampfkessel, Werkzeuge, Hüttenanlagen und Maschinen verschiedener Hersteller und Lieferanten, u. a. Duisburger Maschinenbau-Actien-Gesellschaft vorm. Bechem & Keetmann und Gustav Brinkmann & Co., sowie Schriftwechsel des Hoerder Vereins mit diesen, Januar bis Mai 1881.

1964 Maschinen- und Materialbestellungen des Hoerder Vereins.
1881
Beschreibung und Aufrisszeichnung der Firma C. Mehler, Aachen, für eine Wasserhaltungsdampfmaschine und eine Schleudermühle; Aufstellung zu den geplanten Fertigstellungsterminen einzelner Anlagen des neuen Thomas-Stahlwerks vom 24.06.1881; Aufträge, Angebote, Bestellungen und Rechnungen für Reparaturen, Ziegel, Dampfkessel, Werkzeuge, Hüttenanlagen und Maschinen verschiedener Hersteller und Lieferanten sowie Schriftwechsel des Hoerder Vereins mit diesen, Juni bis September 1881.

1971 Maschinen- und Materialbestellungen des Hoerder Vereins.
1881–1882
Grund- bzw. Querschnittzeichnung des Schachts Holstein des Hoerder Kohlenwerks; Aufträge, Angebote, Bestellungen und Rechnungen für Reparaturen, Ziegel, Dampfkessel, Werkzeuge, Hüttenanlagen und Maschinen verschiedener Hersteller und Lieferanten sowie Schriftwechsel des Hoerder Vereins mit diesen, Oktober 1881 bis Februar 1882.

1978 Maschinen- und Materialbestellungen des Hoerder Vereins.
1882–1883
Konstruktionszeichnung einer Winkeleisenrichtmaschine der Firma Heinr. Ehrhardt, Düsseldorf; Werbeblätter und Referenzliste der Firma Walther & Cie., Kalk, zu „nicht explodirenden Dampfkesseln" und der Dampfkessel-Gasometer-Fabrik vormals A. Wilke & Co. zu einer Blechrichtmaschine; Kostenvoranschlag und Konstruktionszeichnung der Firma A. Steffen, Haardt an der Sieg, zu einem Feinblechwalzgerüst; Aufträge, Angebote, Bestellungen und Rechnungen für Repara-

turen, Ziegel, Dampfkessel, Werkzeuge, Hüttenanlagen und Maschinen verschiedener Hersteller und Lieferanten sowie Schriftwechsel des Hoerder Vereins mit diesen, März 1882 bis März 1883.

1984 Maschinen- und Materialbestellungen des Hoerder Vereins.
1883–1885
Aufstellung zu den Bestellungen von Anlagen für das Feinwalzwerk sowie Kostenvoranschlag der Firma Gebrüder Klein, Dahlbruch; Produktverzeichnis und Angebot für Bohr- und Hobelmaschinen der Deutsche Werkzeugmaschinen-Fabrik vormals Sondermann & Stier, Chemnitz; Werbeblätter und Aufrisszeichnungen der Firma H. Redecker & Nauss, Bielefeld, zu Waagen, der Gesellschaft des ächten Naxos-Schmiergels Naxos-Union, Frankfurt am Main, mit zahlreichen Abbildungen von Schleifmaschinen und Fotografien, sowie der Mannheimer Maschinen-Fabrik Mohr & Federhaff zu Waagen; Konstruktionszeichnung und Beschreibung einer Schleifmaschine und einer Sägenschärfmaschine der Firma Heinr. Ehrhardt, Düsseldorf; Referenzliste und Konstruktionszeichnung zu Dampfhämmern der Firma Gustav Brinkmann & Co., Witten; Konstruktionszeichnung einer Pendelsäge der Maschinenbau-Actien-Gesellschaft „Union", Essen; Aufträge, Angebote, Bestellungen und Rechnungen für Reparaturen, Ziegel, Dampfkessel, Werkzeuge, Hüttenanlagen und Maschinen verschiedener Hersteller und Lieferanten sowie Schriftwechsel des Hoerder Vereins mit diesen, April 1883 bis Dezember 1885.

2045 Bau eines Block- und Feinwalzwerks.
1885–1892
Beschreibung des Bauprojekts eines Blockwalzwerks von Adolf Märklin vom 14.01.1886 sowie Stellungnahme von Gustav Hilgenstock vom 01.12.1886; Konstruktionszeichnung einer Reversiermaschine der Maschinenbau-Actiengesellschaft vorm. Gebrüder Klein; Aufstellung der Angebote für eine Reversiermaschine; Prospekt der Bochumer Eisenhütte Heintzmann & Dreyer zu einer Dampfschiebebühnen-Rangiervorrichtung; Referenzliste, Beschreibung und Konstruktionszeichnung zu Hebezeugen der Firma Gebr. Bolzani, Berlin (gedruckt); innerbetrieblicher Schriftwechsel des Hoerder Vereins mit leitenden Ingenieuren, insbesondere Bauleiter Ph. Reden, über Bauplanung und Baufortschritte sowie Schriftwechsel mit Lieferanten zur Bestellung von Maschinen und Baumaterial.

1997 Aufstellung einer Tiegelpresse.
1886
Schriftwechsel zwischen Hoerder Verein sowie den Firmen Gustav Brinkmann & Co. und F. Asthöwer & Co., Witten, zu Bestellung und Aufbau einer Tiegelpresse; Konstruktionszeichnung einer Tiegelpresse.

2011 Maschinen- und Materialbestellungen des Hoerder Vereins.
1886–1888
Beschreibung der „Patentschachtcokeöfen System J. Collin", Dortmund, mit Konstruktionszeichnungen; Konstruktionszeichnungen der Firma Gebrüder Klein, Dahlbruch, zu einem Blockwalzwerk, einer Dampfmaschine und einer Gebläsemaschine der Phoenix AG; Konstruktionszeichnung der Firma Robert Wulff, Dortmund, zu einem Dampfkesselspeisewasserreiniger; Aufträge, Angebote, Bestellungen und Rechnungen für Reparaturen, Ziegel, Dampfkessel, Werkzeuge, Hüttenanlagen und Maschinen verschiedener Hersteller und Lieferanten sowie Schriftwechsel des Hoerder Vereins mit diesen, Januar 1886 bis Juni 1888.

1666 Bau eines Kupolofens, System Greiner & Erpf, in der Gießerei.
1886–1890
Schriftwechsel zwischen Hoerder Verein, dem beratenden Ingenieur Fritz W. Lürmann und Wilhelm Sudhaus als Vertreter der Hersteller über technische Fragen, zu Betriebskosten, Vertragsmodalitäten und Betriebserfahrungen; Referenzschreiben (gedruckt).

2018 Maschinen- und Materialbestellungen für die Hermannshütte.
1888
Referenzliste der Firma Brinck & Hübner, Mannheim; Aufträge, Angebote, Bestellungen und Rechnungen für Reparaturen, Ziegel, Dampfkessel, Werkzeuge, Hüttenanlagen und Maschinen verschiedener Hersteller und Lieferanten sowie Schriftwechsel des Hoerder Vereins mit diesen.

2019 Maschinen- und Materialbestellungen für die Hermannshütte.
1888–1889
Preisliste für flache Bleche und verzinkte Wellbleche sowie Referenzliste zu Dacharbeiten der Actien-Gesellschaft für Verzinkerei und Eisenconstruction vormals Jacob Hilgers, Rheinbrohl; Werbeblatt der Firma Körner & Schulte, Leipzig und Breslau, zu Pulverisiermühlen; Konstruktionszeichnung einer Dampfmaschine der Maschinen-Armaturenfabrik vorm. Klein, Schanzlin & Becker, Frankenthal; Fotografie einer Dampfmaschine der Firma Weise & Monski, Halle/Saale; Konstruktionszeichnung einer Stoßmaschine für kreisförmige Panzerplatten der Elsässischen Maschinenbau-Gesellschaft Grafenstaden; Aufträge, Angebote, Bestellungen und Rechnungen für Reparaturen, Ziegel, Dampfkessel, Werkzeuge, Hüttenanlagen und Maschinen verschiedener Hersteller und Lieferanten sowie Schriftwechsel des Hoerder Vereins mit diesen, Dezember 1888 bis Dezember 1889.

2027 Geplante Munitionsproduktion des Hoerder Vereins.
1889
Bestätigung der Firma Basse & Selve, Altena, zu einem Abkommen mit dem Hoerder Verein über die Lieferung von „Geschossnäpfchen" aus Nickel-Kupfer-Legierung für den Fall einer Bestellung von Mantelgeschossen durch die „Königlich-Preußische Militärverwaltung" vom 18.03.1889; Kostenvoranschlag der Greenwood & Batley Ltd., Leeds, für eine Maschine zur Herstellung von Mantelgeschossen vom 12.03.1889, mit Konstruktionszeichnung; Bestätigung des Hoerder Vereins für die Neue Berliner Messingwerke Wilh. Borchert jr. zur Bestellung von „Geschossnäpfchen" vom 02.04.1889; Vertrag zwischen Hoerder Verein und Rheinischer Metallwaaren- und Maschinenfabrik, Düsseldorf, zur Abtretung des Liefervertrags zwischen Hoerder Verein und „Königlichem Kriegsministerium" über die Lieferung von 60.000.000 Geschossen an diese vom 13./20.06.1889; Preisliste des Westfälischen Nickelwalzwerk vormals Fleitmann & Witte, Schwerte (gedruckt); Berichte der Rheinischen Metallwaaren- und Maschinenfabrik an die Königliche Direktion der Munitionsfabrik Spandau über Aufstellung der Maschinen und Produktionsbeginn; Schriftwechsel zwischen Hoerder Verein sowie Basse & Selve, Greenwood & Batley Ltd., Neue Berliner Messingwerke Wilh. Borchert jr., Rheinische Metallwaaren- und Maschinenfabrik bzw. Heinrich Ehrhardt sowie Nickellieferanten und Speditionsgesellschaften zu Abschluss der Verträge, Bestellung einer Maschine, Lieferterminen, Lieferschwierigkeiten und Transportfragen.

2038 Maschinen- und Materialbestellungen für die Hermannshütte.
1890

Referenzliste der Firma Rud. Leistner, Dortmund, zu Asphaltierungsarbeiten; Aufträge, Angebote, Bestellungen und Rechnungen für Reparaturen, Ziegel, Dampfkessel, Werkzeuge, Hüttenanlagen und Maschinen verschiedener Hersteller und Lieferanten sowie Schriftwechsel des Hoerder Vereins mit diesen, Januar bis Juni 1890.

5363 Kauf, Aufstellung und Reparatur von Kraftmaschinen, Generatoren und Motoren.
1898–1899
Schriftwechsel zwischen Hoerder Verein sowie Berlin-Anhaltischer Maschinenbau-AG, Elektrizitäts-AG vorm. Schuckert & Co. und Gasmotoren-Fabrik Deutz zu Bestellungen, Montage, Reparaturen, Ersatzteilversorgung, Reklamationen und Rechnungen.

6.2.4 Energie- und Wasserwirtschaft

1238 Wasserversorgung des Hoerder Vereins.
1859
Vertrag zwischen Hoerder Verein und Anne Wilhelmine Sophie Lenninghaus als Eigentümerin einer Wassermühle in [Dortmund-]Hörde über die Gewährung des Rechts zur Entnahme von Wasser aus Emscher und Hörder Bach vom 08.09.1859; Auszüge aus den Niederschriften der Verwaltungsratssitzungen des Hoerder Vereins; Grundbuchauszug.

2006 Wasserversorgung des Hoerder Vereins durch das Städtische Wasserwerk Dortmund.
1873, 1879–1887
Rechnungen und Kostenaufstellungen zur Verlegung von Wasserleitungen für Hoerder Eisenwerk und Hermannshütte; Lieferverträge zwischen Hoerder Verein und Städtischem Wasserwerk Dortmund vom 29.08./08.09.1881 und 12./30.03.1886, mit Entwürfen; Gutachten über die Schäden an den Betriebsanlagen des Hoerder Kohlenwerks durch die Nutzung des stark salzhaltigen Grubenwassers anstatt Ruhrwassers infolge fehlender Zuleitung vom 09.09.1886; Aufstellungen zu den in den Jahren 1883 bis 1886 gelieferten Mengen; Schriftwechsel zwischen Hoerder Verein, Städtischem Wasserwerk Dortmund, Stadt Dortmund und Amt [Dortmund-]Aplerbeck über Bau einer Wasserleitung zum Hoerder Kohlenwerk sowie dessen Verzögerung, Schadensersatzforderungen des Unternehmens aufgrund der erzwungenen Nutzung von Grubenwasser im Zechenbetrieb, Vergabe von Darlehen an das Wasserwerk zum Bau weiterer Leitungen und eines Hochbassins bei [Dortmund-]Berghofen, Ermäßigung der Wasserpreise, Abnahme einer Mindestmenge durch den Hoerder Verein, Vertragsmodalitäten, Vertragsabschluss und Verlängerungsverhandlungen sowie den Bau einer Wasserleitung durch Aplerbeck vom Hochbassin zur Werksbahn.

2192 Wasserversorgung des Hoerder Vereins.
1887–1902, 1906
Vertrag zwischen Hoerder Verein, Stadt Dortmund und Stadt Hörde zur Festlegung von Wasserpreisen als Nachtrag zum Vertrag vom 05.08.1873 und dessen Nachträgen (Entwurf); Wasserliefervertrag zwischen Hoerder Verein und Städtischem Wasserwerk zu Dortmund für Hermannshütte, Hoerder Eisenwerk und Hoerder Kohlenwerk vom 21./26.01.1888; Genehmigung der Landes-Baudirektion Soest-Lippstadt zum Bau einer Privatwasserleitung an der Provinzialstraße Dortmund-Paderborn vom 14.10.1889, mit Lageplan; Liefervertrag zwischen Bergbau-Actiengesellschaft Massen und Unna-Königsborner Wasserwerk vom 15.03.1888 für die Zeche Massener

Tiefbau (Abschrift); Bestimmungen für die Benutzung der öffentlichen Wasserleitung der Stadt Dortmund vom 07.12.1894 (gedruckt); Anschluss- bzw. Versorgungsaufträge von Städtischem Wasserwerk zu Dortmund, Städtischen Gas- & Wasserwerken Unna und Wasserwerk für das nördliche westfälische Kohlenrevier (gedruckt, z. T. ausgefüllt, nicht parafiert); Schriftwechsel zwischen Hoerder Verein und Städtischem Wasserwerk zu Dortmund über Leitungsbau, Reparaturen an Leitungen und Anlagen, Preise und Liefermengen.

2356 Geplante Elektrizitätsversorgung des Hoerder Vereins durch die Rheinisch-Westfälisches Elektrizitätswerk AG.
1905–1906, 1911
Angebot der RWE AG an den Hoerder Verein zum Abschluss eines Liefervertrags vom 16.01.1906 sowie Vertragsentwurf vom 27.01.1906; Kostenvoranschlag der Siemens-Schuckertwerke GmbH über einen 1.250-KVA-Transformator vom 24.01.1906; Grund- und Aufrisszeichnung des Transformatorengebäudes; Kostenvoranschlag der RWE AG zu einer 10.000-Volt-Schaltanlage vom 30.01.1906; einzelne Schreiben zwischen Hoerder Verein, RWE AG und Siemens-Schuckertwerke GmbH zu den Angeboten; einzelne Schreiben zwischen Hugo Stinnes und Wilhelm Beukenberg zur Bitte Stinnes' auf Verzicht von Stromlieferungen der Phoenix AG Hoerder Verein an die Allgemeine Lokal- und Straßenbahn-Gesellschaft, Hörde, zugunsten der Westfälisches Verbands-Elektrizitätswerk AG, 1911.

6.3 Hoerder Eisenwerk, ab 1898 Hochofenwerk Hörde

6.3.1 Anlagen und Betrieb

1341 Konzessionierung des Hoerder Eisenwerks.
05.05.1853
Konzessionsurkunde des Handelsministeriums vom 05.05.1853, unterzeichnet von August von der Heydt.

1872 Bau des Hoerder Eisenwerks.
1853–1855, 1865
Auszüge aus den Niederschriften der Verwaltungsratssitzungen des Hoerder Vereins zur Bauplanung; Berichte eines Chemikers über die Analyse von Kalksteinproben; Auszug aus „Paperson Iron and Steel by David Mushet" über Blackband (deutsche Übersetzung); Genehmigung der Zeche Am Schwaben für den Hoerder Verein zur Nutzung von Grubenwasser vom 04.01.1855; einzelne Schreiben zwischen Heinrich von Hoff und Johann Friedrich Wiesehahn zu Transportfragen, Personal- und Materialbedarf, Kalklieferungen und ein Beschäftigungsangebot an einen in Belgien arbeitenden englischen Schmelzer; Schreiben von Société des mines et fonderies du Rhin Charles Détillieux & Cie., Compagnie Anonyme des Hauts-Fourneaux de Hourpes-sur Sambre und A. Dubuisson zur Bauberatung (französisch).

1826 Bau und Betrieb des Hoerder Eisenwerks.
1853–1855
Schriftwechsel zwischen Hoerder Verein, insbesondere Spezialdirektor Johann Friedrich Wiesehahn, und Hoerder Eisenwerk, insbesondere Heinrich von Hoff und Hermann Hueck, über Bau und Betrieb von Hochöfen und Kokerei, Materiallieferungen, Beschaffung von Maschinen, feuerfesten

Steinen und Kokillen, Kalk- und Kohlenversorgung, Verkokungsproben mit Kohlen verschiedener Zechen, Personalfragen, technische Aspekte, Beschäftigung belgischer Arbeiter und Unternehmer, Produktionsergebnisse und -kosten, Bau von Arbeiterwohnungen und Werkstätten, allgemeine Betriebsorganisation und Transport von Roheisen zur Hermannshütte, 11.08.1853-06.02.1855; Reisebericht von Hermann Hueck über die Steinkohlenaufbereitung in der Saarregion vom 18.10.1854.
Darin auch: Krankenschein des Hoerder Vereins (gedruckt, blanko).

59 Betrieb von Hochöfen und Dampfkesseln.
1852-1855
Betriebsgenehmigungen; Widersprüche des Hoerder Vereins gegen behördliche Entscheidungen; Schriftwechsel zwischen Hoerder Verein und konzessionierenden Behörden, u. a. Königlich Preußischem Märkischem Bergamt und Königlicher Regierung zu Arnsberg.

1827 Bau und Betrieb des Hoerder Eisenwerks.
1854-1855
Schriftwechsel zwischen Hoerder Verein, insbesondere Spezialdirektor Johann Friedrich Wiesehahn, und Hoerder Eisenwerk, insbesondere Heinrich von Hoff und Hermann Hueck, über Bau und Betrieb von Hochöfen und Kokerei, Materiallieferungen, Beschaffung von Maschinen, Kalk-, Erz- und Kohlenversorgung, Erzqualitäten, Verkokungsproben mit Kohlen verschiedener Zechen, Personalfragen, technische Aspekte, Produktionsergebnisse und -kosten, Bau von Arbeiterwohnungen, allgemeine Betriebsorganisation, Transport von Roheisen zur Hermannshütte sowie von Erz zum Hoerder Eisenwerk, Inbetriebnahme von Hochofen IV, Bau eines Pumpenhauses zur Wassergewinnung an der Emscher sowie einer Wasserleitung, Abrechnungen der Actiengesellschaft Bergwerksverein Friedrich Wilhelms-Hütte für die Lieferung von Gebläsemaschinen, 11.02.1855-19.12.1855; Rechnung der Actiengesellschaft Bergwerksverein Friedrich Wilhelms-Hütte vom 30.06.1854 über die Lieferung von Teilen für die Gebläsemaschinen, mit Gewichtsaufstellung; Bericht von von Hoff und Hueck über die Verkokungsversuche mit Kohlen der Zechen Crone, Venus und Ver. Schürbank & Charlottenburg vom 10.04.1855; Aufstellungen zu den zwischen 01.07.1855 und 30.09.1855 sowie im Oktober und November 1855 verarbeiteten Erzmengen, mit Angaben zu Herkunft und verhütteter Menge pro Hochofen; Aufstellungen der zwischen März 1854 und Oktober 1855 von Zeche Ver. Bickefeld Tiefbau sowie zwischen Februar und Oktober 1855 von Zeche Louise vertraglich zu liefernden und tatsächlich gelieferten Steinkohlen.

1837 Betrieb des Hoerder Eisenwerks.
1856-1857
Schriftwechsel zwischen Hoerder Verein, insbesondere Spezialdirektor Johann Friedrich Wiesehahn, und Hoerder Eisenwerk, Heinrich von Hoff und F. Chelius, über den Betrieb von Hochöfen und Kokerei, Materiallieferungen, Beschaffung von Maschinen, Erz- und Schlackenanalysen, Kalk-, Erz- und Kohlenversorgung, Erzqualitäten, den Bau von Wegen, Verkokungsproben mit Kohlen verschiedener Zechen, Prämien, Personalfragen, technische Aspekte, Produktionsergebnisse und -kosten, Januar 1856 bis Juni 1857; monatliche Aufstellungen zu den zwischen Dezember 1855 und April 1856 verarbeiteten Erzmengen, mit Angaben zu Herkunft und verhütteter Menge pro Hochofen; Aufstellungen zu Produktionskosten und Materialverbrauch des Hochofenbetriebs im Zeitraum Juli bis Dezember 1856.

1847 Betrieb des Hoerder Eisenwerks.
1857–1859
Schriftwechsel zwischen Hoerder Verein, insbesondere Spezialdirektor Johann Friedrich Wiesehahn, und Hoerder Eisenwerk, Heinrich von Hoff und F. Chelius, über den Betrieb von Hochöfen und Kokerei, Materiallieferungen, die Beschaffung von Maschinen und -ersatzteilen, Erz- und Schlackenanalysen, Arbeitsunfälle, Kalk-, Erz- und Kohlenversorgung, Transportkosten, Erzqualitäten, Verkokungsproben mit Kohlen verschiedener Zechen, Prämien, Personalfragen, technische Aspekte, Produktionsergebnisse und -kosten sowie den Ankauf von Grundstücken, auch wegen Ernteschäden durch Rauchemission, Juli 1857 bis Juni 1859; Angebot der Zeche Louise & Erbstollen zur Lieferung von Steinkohle vom März 1859 (Abschrift).

1849 Betrieb des Hoerder Eisenwerks.
1859–1860
Schriftwechsel zwischen Hoerder Verein, insbesondere Spezialdirektor Johann Friedrich Wiesehahn, und Hoerder Eisenwerk, Heinrich von Hoff, über den Betrieb von Hochöfen und Kokerei, Verkauf von Roheisen, Materiallieferungen, Beschaffung von Maschinen und -ersatzteilen, Erz- und Schlackenanalysen, Kalk-, Erz- und Kohlenversorgung, Transportkosten, Erzqualitäten, Verkokungsproben mit Kohlen verschiedener Zechen, Prämien, Personalfragen, technische Aspekte, Produktionsergebnisse und -kosten sowie den Ankauf von Grundstücken, Juli 1859 bis Juni 1860; Aufstellungen über die tatsächlichen Baukosten in den Geschäftsjahren 1857/58 und 1858/59 im Vergleich zu den veranschlagten Summen vom 27.08.1859.

1854 Betrieb des Hoerder Eisenwerks.
1860–1861
Schriftwechsel zwischen Hoerder Verein, insbesondere Spezialdirektor Johann Friedrich Wiesehahn, und Hoerder Eisenwerk, Heinrich von Hoff, über den Betrieb von Hochöfen und Kokerei, Verkauf von Roheisen, Materiallieferungen, Beschaffung von Maschinen und -ersatzteilen, Erz- und Schlackenanalysen, Kalk-, Erz- und Kohlenversorgung, Transportkosten, Erzqualitäten, technische Aspekte, Produktionsergebnisse und -kosten, Juli 1860 bis November 1861; Aufstellungen zu den Betriebseinnahmen und -ausgaben im Geschäftsjahr 1860/61.

1859 Betrieb des Hoerder Eisenwerks.
1861–1862
Schriftwechsel zwischen Hoerder Verein, insbesondere Spezialdirektor Johann Friedrich Wiesehahn, und Hoerder Eisenwerk, Heinrich von Hoff, über den Betrieb von Hochöfen und Kokerei, Verkauf von Roheisen, Materiallieferungen, Beschaffung von Maschinen und -ersatzteilen, Reparaturen, Erz- und Schlackenanalysen, Kalk-, Erz- und Kohlenversorgung, Transportkosten, Erzqualitäten, technische Aspekte, Produktionsergebnisse und -kosten, Oktober 1861 bis Dezember 1862; „Bedingungen unter denen seitens der Stadt Hoerder Gas-Anstalt die Lieferung von Leucht-Gas nebst den dazu gehörigen Einrichtungen übernommen wird" vom 01.07.1861, mit Liefertarif und Anmeldeschein (gedruckt); Aufstellungen zum Gasverbrauch.

1866 Betrieb des Hoerder Eisenwerks.
1863
Schriftwechsel zwischen Hoerder Verein, insbesondere Spezialdirektor Johann Friedrich Wiesehahn, und Hoerder Eisenwerk, Heinrich von Hoff, über den Betrieb der Hochöfen, Verkauf von

Roheisen, Materiallieferungen, Beschaffung von Maschinen und -ersatzteilen, Kalk-, Erz- und Kohlenversorgung, Transportkosten, Erzqualitäten, technische Aspekte, Produktionsergebnisse und -kosten, Januar bis November 1863.

1865 Betrieb des Hoerder Eisenwerks.
1863-1864
Schriftwechsel zwischen Hoerder Verein, insbesondere Spezialdirektor Johann Friedrich Wiesehahn, und Hoerder Eisenwerk, Heinrich von Hoff, über den Betrieb der Hochöfen, Verkauf von Roheisen, Materiallieferungen, Beschaffung von Maschinen und -ersatzteilen, Kalk-, Erz- und Kohlenversorgung, Transportkosten, Erzqualitäten, technische Aspekte, Produktionsergebnisse und -kosten, November 1863 bis Mai 1864.

2563 Betrieb des Hoerder Eisenwerks.
1864
Schriftwechsel zwischen Hoerder Verein, insbesondere Spezialdirektor Johann Friedrich Wiesehahn, und Hoerder Eisenwerk, Heinrich von Hoff, über Betrieb der Hochöfen und Koksöfen, Verkauf von Roheisen, Materiallieferungen, Beschaffung von Maschinen und -ersatzteilen, Kalk-, Erz- und Kohlenversorgung, Transportkosten, Erzqualitäten, Reparaturen, technische Aspekte, Produktionsergebnisse und -kosten, April bis Dezember 1864; Aufstellung zu den im Juni 1864 auf den Zechen und Gruben des Hoerder Vereins beschäftigten Arbeitern, mit Angaben zu Familienstand und Anzahl der Kinder; Aufstellung zu verpachteten Gartengrundstücken, mit Angaben zu den Pächtern, vom 18.08.1864.

1877 Betrieb des Hoerder Eisenwerks.
1864-1866
Schriftwechsel zwischen Hoerder Verein, insbesondere Spezialdirektor Johann Friedrich Wiesehahn, und Hoerder Eisenwerk, Heinrich von Hoff, über den Betrieb der Hochöfen, Verkauf von Roheisen, Materiallieferungen, Beschaffung von Maschinen und -ersatzteilen, Kalk-, Erz- und Kohlenversorgung, Transportkosten, Erzqualitäten, technische Aspekte, Produktionsergebnisse und -kosten, Januar 1865 bis März 1866; Aufstellung zur Verpachtung von Gartengrundstücken für das Geschäftsjahr 1865/66; Aufstellungen zu Betriebseinnahmen- und -ausgaben für das Geschäftsjahr 1864/65.

1878 Betrieb des Hoerder Eisenwerks.
1866-1867
Schriftwechsel zwischen Hoerder Verein, insbesondere Spezialdirektor Johann Friedrich Wiesehahn, und Hoerder Eisenwerk, ab Juni 1866 insbesondere Hermann Beitter, über den Betrieb der Hochöfen und Koksöfen, Verkauf von Roheisen, Materiallieferungen, Beschaffung von Maschinen und -ersatzteilen, Kalk-, Erz- und Kohlenversorgung, Transportkosten, Erzqualitäten, technische Aspekte, Produktionsergebnisse und -kosten, Februar 1866 bis Januar 1867; Aufstellung zur Verpachtung von Gartengrundstücken für das Geschäftsjahr 1866/67; Aufstellung der am 01.06.1866 beim Hoerder Eisenwerk beschäftigten Arbeiter, mit Angaben zu Familienstand und Anzahl der Kinder.

1884 Betrieb des Hoerder Eisenwerks.
1866-1868

Schriftwechsel zwischen Hoerder Verein, insbesondere Spezialdirektor Johann Friedrich Wiesehahn, und Hoerder Eisenwerk, insbesondere Hermann Beitter, über den Betrieb von Hochöfen und Koksöfen, Verkauf von Roheisen, Materiallieferungen, Beschaffung von Maschinen und -ersatzteilen, Kalk-, Erz- und Kohlenversorgung, Transportkosten, Erzqualitäten, technische Aspekte, Produktionsergebnisse und -kosten, November 1866 bis August 1868; Aufstellung zur Verpachtung von Gartengrundstücken für das Geschäftsjahr 1867/68; Aufstellung der am 01.07.1867 beim Hoerder Eisenwerk beschäftigten Arbeiter, mit Angaben zu Familienstand und Anzahl der Kinder.

1886 Betrieb des Hoerder Eisenwerks.
1866–1872
Einzelne Schreiben zwischen Spezialdirektor Johann Friedrich Wiesehahn und Hermann Beitter über Roheisen- und Koksqualitäten, Steinkohlen und Erzanalysen, Produktion verschiedener Roheisensorten in einzelnen Hochöfen, Lieferschwierigkeiten, Produktionskosten, technische Probleme beim Hochofenbetrieb sowie den Arbeitermangel im Puddelwerk der Hermannshütte und die Einführung eines Prämienlohnsystems für Puddler, Juli 1866 bis Mai 1872.
Darin auch: Niederschrift der Verwaltungsratssitzung des Hoerder Vereins am 20.01.1873 unter Teilnahme von Albert Hoesch zur Bestellung Hoeschs zum Direktionsmitglied für den Fall einer Satzungsänderung des Unternehmens.

1905 Betrieb des Hoerder Eisenwerks.
1868–1871
Schriftwechsel zwischen Hoerder Verein, insbesondere Spezialdirektor Johann Friedrich Wiesehahn, und Hoerder Eisenwerk, insbesondere Hermann Beitter, über den Betrieb der Hochöfen und Koksöfen, Verkauf von Roheisen, Materiallieferungen, Beschaffung von Maschinen und -ersatzteilen, Kalk-, Erz- und Kohlenversorgung, Transportkosten, Erzqualitäten, technische Aspekte, Produktionsergebnisse und -kosten, November 1869 bis Juli 1871; Aufstellung zur Verpachtung von Gartengrundstücken für das Geschäftsjahr 1868/69.

1932 Betrieb des Hoerder Eisenwerks.
1871–1874
Schriftwechsel zwischen Hoerder Verein, insbesondere Spezialdirektor Johann Friedrich Wiesehahn, und Hoerder Eisenwerk über den Betrieb der Hochöfen und Koksöfen, Verkauf von Roheisen, Materiallieferungen, Beschaffung von Maschinen und -ersatzteilen, Kalk-, Erz- und Kohlenversorgung, Transportkosten, Erzqualitäten, technische Aspekte, Produktionsergebnisse und -kosten, August 1871 bis Januar 1873 sowie Februar 1874; Aufstellung der zum Bau und Betrieb des Hörder Gaswerks geleisteten Zahlungen und Ausgaben für Leuchtgas, September 1862 bis Juli 1871; Aufstellung zur Verpachtung von Gartengrundstücken für das Geschäftsjahr 1872/73.

1931 Betrieb des Hoerder Eisenwerks.
1873–1874
Schriftwechsel zwischen Hoerder Verein und Hoerder Eisenwerk, insbesondere Hermann Beitter und Gustav Hilgenstock, über den Betrieb der Hochöfen und Koksöfen, Verkauf von Roheisen, Materiallieferungen, Beschaffung von Maschinen und -ersatzteilen, Kalk-, Erz- und Kohlenversorgung, Transportkosten, Erzqualitäten, technische Aspekte, Produktionsergebnisse und -kosten, Februar 1873 bis September 1874.

1942 Betrieb des Hoerder Eisenwerks.
1874-1876
Schriftwechsel zwischen Hoerder Verein und Hoerder Eisenwerk, insbesondere Gustav Hilgenstock, über den Betrieb der Hochöfen, Verkauf von Roheisen, Materiallieferungen, Beschaffung von Maschinen und -ersatzteilen, Kalk-, Erz- und Kohlenversorgung, Transportkosten, Erzqualitäten, technische Aspekte, Produktionsergebnisse und -kosten, Oktober 1874 bis März 1876 sowie August 1876; Aufstellung zur Verpachtung von Gartengrundstücken für das Geschäftsjahr 1874/75; Aufstellungen zu den von der Hermannshütte gelieferten „Gussstahlabfällen".

1947 Betrieb des Hoerder Eisenwerks.
1876-1877
Schriftwechsel zwischen Hoerder Verein und Hoerder Eisenwerk, insbesondere Gustav Hilgenstock, über den Betrieb der Hochöfen, Materiallieferungen, Beschaffung von Maschinen und -ersatzteilen, Kalk-, Erz- und Kohlenversorgung, Transportkosten, Erzqualitäten, Produktionsergebnisse und -kosten, Januar 1876 bis Dezember 1877; Aufstellung zur Verpachtung von Gartengrundstücken für die Geschäftsjahre 1876/77 und 1877/78, mit Pachtbedingungen; Aufstellungen zu den von der Hermannshütte gelieferten „Gusstahlabfällen".
Darin auch: Die deutsche Industrie und ihre berechtigten Forderungen. Zusammenstellung der in der Leipziger Versammlung des CDI am 05.05.1876 und 06.05.1876 durch die Vertreter der Einzel-Industrien vorgetragenen Special-Referate, Berlin 1876.

1953 Betrieb des Hoerder Eisenwerks.
1878
Schriftwechsel zwischen Hoerder Verein und Hoerder Eisenwerk, insbesondere Gustav Hilgenstock, über den Betrieb der Hochöfen, Materiallieferungen, Beschaffung von Maschinen und -ersatzteilen, Kalk-, Erz- und Kohlenversorgung, Transportkosten, Erzqualitäten, Produktionsergebnisse und -kosten, Januar bis Juni 1878.

2092 Maschinen- und Materialbestellungen für das Hoerder Eisenwerk.
1885-1895
Aufträge, Angebote, Bestellungen und Rechnungen für Reparaturen, Ziegel, Dampfkessel, Werkzeuge und Maschinen verschiedener Hersteller und Lieferanten sowie Schriftwechsel des Hoerder Vereins mit diesen und dem Hoerder Eisenwerk, insbesondere zum Roheisenmischer; Kostenvoranschlag zu Roheisenmischer und Winderhitzern; Aufsichtzeichnung der Winderhitzer von Hochofen IV.

2484 Vorkehrungen zum Schutz des Hochofenwerks Hörde gegen Bergschäden durch den Abbau der Gewerkschaft Ver. Felicitas.
1903-1906
Entwurf eines Vertrags zwischen Hoerder Verein und Gewerkschaft Ver. Felicitas über die Lieferung von Grubenwasser an das Hochofenwerk Hörde und den Bau einer Leitung vom 13.03.1903; Plan zur Lage der Abbaubetriebe der Gewerkschaft Ver. Felicitas zum Hochofenwerk sowie detaillierter Lageplan des Hochofenwerks; Beschluss des Königlichen Oberbergamts Dortmund zur Festlegung eines Sicherheitspfeilers vom 28.08.1905 (Abschrift), mit Lageplan; Niederschriften von Besprechungen und Schriftwechsel zwischen Hoerder Verein, Gewerkschaft Ver. Felicitas,

Wilhelm Ludwig, Königlicher Bergrevierbeamter des Bergreviers Dortmund I, und Königlichem Oberbergamt Dortmund zu den Sicherungsmaßnahmen.

6.3.2 Produktions- und Betriebsstatistik

1070 Betriebsstatistik des Hoerder Eisenwerks.
1855-1859
Trimesterberichte zu Bauinvestitionen, Betriebsausgaben und -einnahmen sowie zu den Produktionskosten des Roheisens, November 1854 bis Oktober 1858, mit Aufstellungen der Produktionsmengen und verbrauchten Einsatzstoffe.

1825 Roheisenproduktion des Hoerder Vereins.
1854-1855
Monatliche Aufstellungen der Produktionskosten und Produktionsmengen der Hochöfen I bis III, März 1854 bis Juni 1855.
Darin auch: Bericht von Hermann Hueck an Johann Friedrich Wiesehahn über den Hochofenbetrieb im Mai 1854.

1830 Roheisenproduktion des Hoerder Vereins.
1855-1856
Monatliche Aufstellungen der Produktionskosten und Produktionsmengen der Hochöfen I bis IV, Juli 1855 bis Dezember 1856.
1842 Dsgl., Januar 1857 bis Juni 1858.
1844 Dsgl., Juli 1858 bis Juni 1859.
1850 Dsgl., Juli 1859 bis Juni 1860.
1855 Dsgl., Juli 1860 bis Juni 1861.

1857 Roheisenproduktion des Hoerder Vereins.
1861-1862
Monatliche Aufstellungen der Produktionskosten und Produktionsmengen der Hochöfen I bis V, Juli 1861 bis Dezember 1862.
1863 Dsgl., Januar bis Dezember 1863.

1868 Roheisenproduktion des Hoerder Vereins.
1864
Monatliche Aufstellungen der Produktionskosten und Produktionsmengen der Hochöfen I bis VI, Januar bis Dezember 1864.
1874 Dsgl., Januar bis Dezember 1865.
1876 Dsgl., Januar bis Dezember 1866.
1887 Dsgl., Januar bis Dezember 1867.
1893 Dsgl., Januar 1868 bis März 1869.
1894 Dsgl., März bis Dezember 1869.
1898 Dsgl., Januar bis Dezember 1870.
1909 Dsgl., Januar bis Dezember 1871.

1923 Dsgl., Januar bis Dezember 1872.
1928 Dsgl., Januar bis Dezember 1873.

1933 Roheisenproduktion des Hoerder Vereins.
1874-1875
Monatliche Aufstellungen der Produktionskosten und Produktionsmengen der Hochöfen I bis VII, Januar bis Dezember 1874.
1939 Dsgl., Januar bis Dezember 1875.
1945 Dsgl., Januar bis Dezember 1876.
1948 Dsgl., Januar bis Dezember 1877.

1952 Roheisenproduktion des Hoerder Vereins.
1878
Monatliche Aufstellungen der Produktionskosten und Produktionsmengen der Hochöfen I bis VIII, Januar bis November 1878.
1957 Dsgl., Januar bis Dezember 1879.
1959 Dsgl., Januar bis Dezember 1880.
1969 Dsgl., Januar bis Dezember 1881.
1973 Dsgl., Januar bis Dezember 1882.
1980 Dsgl., Januar bis Dezember 1883.
1981 Dsgl., Januar bis Dezember 1884.
1988 Dsgl., Januar bis Dezember 1885.

1994 Roheisenproduktion des Hoerder Vereins.
1886-1887
Monatliche Aufstellungen der Produktionskosten und Produktionsmengen der Hochöfen I bis IV [neue Zählung der Hochöfen nach Stilllegung von Altanlagen], Januar bis Dezember 1886.
2002 Dsgl., Januar bis Dezember 1887.
2010 Dsgl., Januar bis Dezember 1888.
2025 Dsgl., Januar bis Dezember 1889.
2033 Dsgl., Januar bis Dezember 1890.

6.4 Hoerder Kohlenwerk und Erzgruben

6.4.1 Anlagen und Betrieb

1828 Erzbergbau des Hoerder Vereins.
1853-1855
Schriftwechsel zwischen Hoerder Verein, insbesondere Spezialdirektor Johann Friedrich Wiesehahn, und Bergingenieur Emil Ebbinghaus über Schurfarbeiten an Eisenerzfeldern, Bau von Dampfgöpeln auf Grube Argus und Grube Adele, Ankauf weiterer Erzfelder, eine beratende Tätigkeit von Ebbinghaus für die Massener Gesellschaft für Kohlenbergbau, Bau einer Pferdebahn zwischen Hermannshütte und den neu erworbenen Steinkohlenfeldern (später Hoerder Kohlenwerk) sowie Anstellung von Daniel Hilgenstock als Assistent von Ebbinghaus; Berichte von Ebbinghaus über die Eisensteinmutung Leonore bei Menden vom 26.09.1853 sowie über die Organisation des Eisenerzbergbaus des Hoerder Vereins vom 17.05.1854; Voranschlag zu den Investitionskosten

für den Erzbergbau, aufgeschlüsselt nach einzelnen Gruben; Auszüge aus den Niederschriften der Verwaltungsratssitzungen des Hoerder Vereins, u. a. vom 02.02.1854 mit Anweisung an Hermann Hueck zur Projektierung einer Hochofenanlage auf Basis von Holzkohle [!] sowie zum Ankauf der Steinkohlenfelder des späteren Hoerder Kohlenwerks vom 06.05.1854.

1879 Planung, Bau und Betrieb des Hoerder Kohlenwerks.
1854–1867
Monatliche Betriebsberichte von Franz Alberts über das Hoerder Kohlenwerk und die Gruben Argus, Union, Kirchhörde, Joest's Erbstollen, Adele, Josephine und Apollo sowie über Gruben bei [Bochum-]Dahlhausen und im Siegerland, April 1863, Juni bis Oktober 1963, Dezember 1863 bis April 1864, Februar 1866, Mai 1866 bis August 1866, Oktober bis November 1866, Februar bis März 1867 und Juni bis Juli 1867; Auszüge aus den Niederschriften der Verwaltungsratssitzungen des Hoerder Vereins; Betriebsbeschreibung Alberts' über das Hoerder Kohlenwerk und die Planungen zum Bau einer Pferdebahn zwischen Zeche und Hermannshütte vom 30.12.1859; Berichte von Daniel Hilgenstock über Abteufung der Schächte sowie Aus- und Vorrichtungsarbeiten beim Hoerder Kohlenwerk vom 06.04.1859 und 01.11.1859; Aufstellung der Betriebskosten im Geschäftsjahr 1858/59; Berichte und Gutachten Alberts' über Aufschlussarbeiten der Massener Gesellschaft für Kohlenbergbau vom März 1866, die geplante Ausbeutung des südlichen Feldesteils des Hoerder Kohlenwerks durch die Bergbau-Actien-Gesellschaft Mark nach Vorschlag von Theodor Schulze-Dellwig vom 03.03.1866, den Ankauf von weiteren Steinkohlenfeldern vom 10.09.1863, Angebote zum Bau einer Kohlenwäsche vom 07.04.1863, einen Unfall auf der Werksbahn und den Bahnbetrieb vom 04.03.1862, den Stand der Steinkohlen- und Eisenerztiefbauanlagen vom 17.05.1858 sowie die Planung einer Werksbahn vom 03.02.1858; Situationsriss des südlichen Grubenfeldes des Hoerder Kohlenwerks, 1865; Verträge zwischen Hoerder Verein und verschiedenen Anbietern über die Lieferung von Steinkalk und Ziegelsteinen sowie zur Vergabe der Maurerarbeiten; Berichte von Emil Ebbinghaus und Hilgenstock zu den Vorbereitungen für eine Tiefbauanlage, Wahl des Schachtansatzpunkts und die zu erwartenden Baukosten vom November und Dezember 1855; Kostenvoranschlag, mit Zeitplan; Projektentwurf von Hilgenstock zum Bau einer Tiefbauanlage vom Februar 1854, mit Zeichnungen zu Abteufgerüst, Schachtausbau, Bewetterung sowie Förderanlagen; Schriftwechsel zwischen Hoerder Verein, insbesondere Spezialdirektor Johann Friedrich Wiesehahn, und Hoerder Verein Bergwerks-Verwaltung, insbesondere Alberts und Hilgenstock, Massener Gesellschaft für Kohlenbergbau sowie Ebbinghaus über Bauarbeiten, Abgrenzung und Ankauf von Kohlenfeldern von Massener Gesellschaft für Kohlenbergbau und Brackeler Bohrgesellschaft, Bau einer Verbindungsbahn zwischen Hoerder Kohlenwerk und Hermannshütte sowie Grunderwerb in [Dortmund-]Brackel.

1853 Betrieb der Steinkohlenzechen und Erzgruben des Hoerder Vereins.
1859–1861
Schriftwechsel zwischen Hoerder Verein, insbesondere Spezialdirektor Johann Friedrich Wiesehahn, und Hoerder Verein Bergwerks-Verwaltung, insbesondere Franz Alberts und Daniel Hilgenstock, über den Betrieb der Erzgruben, insbesondere der Gruben Argus, Union, Kirchhörde, Joest's Erbstollen, Adele, Josephine und Apollo, und des Hoerder Kohlenwerks, Verkauf und Lieferungen von Erz und Steinkohle, Materiallieferungen, Beschaffung von Maschinen und -ersatzteilen, Transportkosten, Erzqualitäten, Personalfragen, technische Aspekte, Bau von Betriebsanlagen, Produktionsergebnisse und -kosten sowie den Ankauf von Grundstücken, März 1859 bis Juni 1861; Bericht von Alberts zu Kostensenkungsmöglichkeiten im Bergbaubetrieb vom 18.05.1859;

Aufstellungen zu den an die Massener Gesellschaft für Kohlenbergbau verliehenen Teilen von Wasserhaltungspumpen.

1133 Betrieb der Steinkohlenzechen und Erzgruben des Hoerder Vereins.
1860–1862
Schriftwechsel zwischen Spezialdirektor Johann Friedrich Wiesehahn und Franz Alberts, Leiter der Bergwerks-Verwaltung des Hoerder Vereins, über den Betrieb des Hoerder Kohlenwerks und verschiedener Eisenerzgruben, u. a. zu Bau- und Anlageninvestitionen, Materialversorgung und -verbrauch sowie Qualitätsfragen, Juli 1861 bis Dezember 1862 (ein Schreiben von 1860).

1862 Betrieb der Steinkohlenzechen und Erzgruben des Hoerder Vereins.
1862–1863
Schriftwechsel zwischen Hoerder Verein, insbesondere Spezialdirektor Johann Friedrich Wiesehahn, und Hoerder Verein Bergwerks-Verwaltung, insbesondere Franz Alberts und Daniel Hilgenstock, über den Betrieb der Erzgruben, insbesondere der Gruben Argus, Union, Kirchhörde, Joest's Erbstollen, Adele, Josephine und Apollo, und des Hoerder Kohlenwerks, Transportfragen, Verkauf und Lieferungen von Erz und Steinkohle, Materiallieferungen, Beschaffung von Maschinen und -ersatzteilen, Werksbahnbetrieb, Erzqualitäten, Personalfragen, technische Aspekte, Bau von Betriebsanlagen, Produktionsergebnisse und -kosten sowie den Ankauf von Grundstücken und Grubenfeldern, Januar bis Dezember 1863; Berichte von Alberts zu Aus- und Vorrichtungsarbeiten auf Grube Josephine vom 29.08.1862 und 23.12.1862, zu einer Besprechung mit Vertretern von [Dortmund-]Kirchhörder Steinkohlenbergbau-Gewerkschaften über die Organisation des Grubenbetriebs benachbarter Abbaubetriebe vom 30.11.1863 und zum Abbau von Erzflözen bei der Zeche Freie Vogel und Unverhofft vom 07.03.1863; Kostenvoranschlag für eine auf Grube Argus untertage aufzustellende Wasserhaltungspumpe.

1869 Betrieb der Steinkohlenzechen des Hoerder Vereins.
1864
Schriftwechsel zwischen Hoerder Verein, insbesondere Spezialdirektor Johann Friedrich Wiesehahn, und Hoerder Verein Bergwerks-Verwaltung, insbesondere Franz Alberts und Daniel Hilgenstock, über den Betrieb der Kohleneisensteingrube Argus und des Hoerder Kohlenwerks, Transportfragen, Verkauf und Lieferungen von Steinkohle, Materiallieferungen, Beschaffung von Maschinen und -ersatzteilen, Werksbahnbetrieb, Personalfragen, technische Aspekte, Bau von Betriebsanlagen, Produktionsergebnisse und -kosten sowie den Ankauf von Grundstücken und Grubenfeldern, Januar bis Dezember 1864; Berichte von Alberts zu einem Eisenbahnunfall im Januar 1864, zur Beauftragung eines italienischen Unternehmers mit dem Vortrieb von Strecken vom 06.02.1864 und über Verzögerungen beim Vortrieb von drei Querschlägen durch diesen vom 08.12.1864.

1896 Betrieb der Erzgruben und Steinkohlenzechen des Hoerder Vereins.
1864–1869
Monatliche Betriebsberichte von Franz Alberts über das Hoerder Kohlenwerk und die Gruben Argus, Union, Kirchhörde, Joest's Erbstollen, Adele, Josephine und Apollo sowie über Gruben bei [Bochum-]Dahlhausen und im Siegerland, Mai 1864 bis September 1865, Dezember 1865 bis Januar 1866, April, September und Dezember 1866, Januar und Mai 1867 sowie August 1867 bis Oktober 1869; vergleichende Zusammenstellung der veranschlagten und tatsächlich aufgewen-

deten Baukosten für die Werksbahn vom Dezember 1864; Betriebsausbaupläne von Alberts für die Gruben Argus, Adele und Josephine vom November 1866.

1873 Betrieb der Steinkohlenzechen und Erzgruben des Hoerder Vereins.
1865–1866
Schriftwechsel zwischen Hoerder Verein, insbesondere Spezialdirektor Johann Friedrich Wiesehahn, und Hoerder Verein Bergwerks-Verwaltung, insbesondere Franz Alberts und Daniel Hilgenstock, über den Betrieb der Erzgruben, insbesondere der Gruben Argus, Union, Kirchhörde, Joest's Erbstollen, Adele, Josephine und Apollo, und des Hoerder Kohlenwerks, Transportfragen, Verkauf und Lieferungen von Erz und Steinkohle, Materiallieferungen, Beschaffung von Maschinen und -ersatzteilen, Werksbahnbetrieb, Erzqualitäten, Personalfragen, technische Aspekte, Bau von Betriebsanlagen, Produktionsergebnisse und -kosten sowie den Ankauf von Grundstücken und Grubenfeldern, Januar 1865 bis März 1866; Berichte von Alberts zu Eisenerzgruben im Herzogtum Nassau vom 31.01.1865, Bau von Erzröstöfen bei Niederschelden vom 04.03.1865 sowie Organisation von Steinkohlenlieferungen für die Hermannshütte an Wochenenden vom 29.05.1865; Aufstellung der Hinterbliebenen von auf den Zechen und Gruben des Hoerder Vereins tödlich verunglückten Bergleuten, 1865.

1897 Betrieb der Erzgruben und Steinkohlenzechen des Hoerder Vereins.
1867–1869
Schriftwechsel zwischen Hoerder Verein, insbesondere Spezialdirektor Johann Friedrich Wiesehahn, und Hoerder Verein Bergwerks-Verwaltung, insbesondere Franz Alberts und Daniel Hilgenstock, über den Betrieb der Erzgruben, insbesondere der Gruben Argus, Union, Adele und Josephine, und des Hoerder Kohlenwerks, Transportfragen, Verkauf und Lieferungen von Erz und Steinkohle, Materiallieferungen, die Beschaffung von Maschinen und -ersatzteilen, Reparaturen, Werksbahnbetrieb, Erzqualitäten, Personalfragen, technische Aspekte, Bau von Betriebsanlagen, Produktionsergebnisse und -kosten sowie den Ankauf von Grundstücken und Grubenfeldern, September 1867 bis März 1869; Bericht von Alberts zum Abteufen des Schachts Reinbach der Grube Argus vom 16.01.1869; Bericht von Hilgenstock zur Erweiterung der Werksbahn vom 14.01.1869, mit Kostenvoranschlag; Vertrag zwischen Hoerder Verein und Berg- und Hütten-Actien-Verein Deutsch-Holland über die Übernahme des Abbaus der in den Dahlhauser Gruben noch vorhandenen Eisenerzmengen durch diesen, o. D. (Abschrift).

1901 Betrieb der Steinkohlenzechen und Erzgruben des Hoerder Vereins.
1869–1870
Schriftwechsel zwischen Hoerder Verein, insbesondere Spezialdirektor Johann Friedrich Wiesehahn, und Hoerder Verein Bergwerks-Verwaltung, insbesondere Franz Alberts und Daniel Hilgenstock, über den Betrieb der Erzgruben, insbesondere der Gruben Argus, Union, Adele und Josephine, und des Hoerder Kohlenwerks, Transportfragen, Verkauf und Lieferungen von Erz und Steinkohle, Materiallieferungen, Beschaffung von Maschinen und -ersatzteilen, Reparaturen, Werksbahnbetrieb, Erzqualitäten, Personalfragen, technische Aspekte, Bau von Betriebsanlagen, Produktionsergebnisse und -kosten sowie den Ankauf von Grundstücken und Grubenfeldern, Mai 1869 bis Oktober 1870; Ausschreibung zur Lieferung einer Zwillingsdampffördermaschine für das Hoerder Kohlenwerk vom 13.04.1869 (Abschrift); Berichte von Hilgenstock über Lieferangebote verschiedener Hersteller vom 29.05.1869, Kompensation eines Ernteschadens aufgrund einer brennenden Halde vom 25.07.1869, Beschwerden von Bergarbeitern gegen Steiger und

Betriebsführer der Grube Union vom 12.12.1869 und zu einer Vereinbarung des Hoerder Vereins mit der Gemeinde [Dortmund-]Asseln zur Kompensation von Schäden an Straßen, Wegen und Wassergräben durch die Ableitung von Grubenwässern und die Straßennutzung durch Transportfahrzeuge sowie den Betrieb der Kohlenwäsche vom 08.06.1870; Aufstellungen der im Rahmen der Aufstellung einer Zwillingsfördermaschine auf dem Hoerder Kohlenwerk errichteten Gebäude und Anlagen, mit Angabe der Kosten.

904 Grubenbetrieb und Arbeiterwohnungsbau von Schacht Schleswig des Hoerder Kohlenwerks.
1869-1873
Kostenvoranschläge für den Bau eines Arbeiterwohnhauses mit vier Wohnungen und Stallungen sowie von 20 Arbeiterhäusern; Berichte von Julius Nonne über den Betrieb des Hoerder Kohlenwerks sowie der Gruben Argus, Adele und Union I, Juli bis November 1872 und November 1872 bis März 1873, sowie Schäden an der Dampfkesselanlage des Hoerder Kohlenwerks durch salzhaltiges Grubenwasser vom 02.12.1873; Kostenvoranschlag für die weitere Abteufung des Förder- und Wasserhaltungsschachts vom 19.12.1872; Berichte von Daniel Hilgenstock über Betrieb und Erweiterung der Kokerei vom 06.09.1872, den Betrieb des Hoerder Kohlenwerks, der Gruben Argus, Adele und Union I sowie der Erzgruben des Hoerder Vereins im Siegerland für November 1869, Dezember 1869, Januar 1870, Februar bis Juni 1870 sowie im zweiten Halbjahr 1870, Zustand der Kesselanlagen und die unzureichende Entwässerung des Zechengeländes bei Regenwetter; Aufstellung der vorgesehenen Investitionen für das Geschäftsjahr 1869/70; Auszüge aus Niederschriften der Verwaltungsratssitzungen des Hoerder Vereins.

1910 Betrieb der Steinkohlenzechen und Erzgruben des Hoerder Vereins.
1870-1871
Schriftwechsel zwischen Hoerder Verein, insbesondere Spezialdirektor Johann Friedrich Wiesehahn, und Hoerder Verein Bergwerks-Verwaltung, insbesondere Franz Alberts und Daniel Hilgenstock, über den Betrieb der Erzgruben, insbesondere der Gruben Argus, Union, Adele und Josephine, und des Hoerder Kohlenwerks, Transportfragen, Verkauf und Lieferungen von Erz und Steinkohle, Materiallieferungen, Beschaffung von Maschinen und -ersatzteilen, Reparaturen, Werksbahnbetrieb, Erzqualitäten, Personalfragen, technische Aspekte, Bau von Betriebsanlagen und Werkswohnungen, Produktionsergebnisse und -kosten sowie den Ankauf von Grundstücken und Grubenfeldern, September 1870 bis Oktober 1871; Berichte Hilgenstocks über Unterstützungsgesuche von Frauen von zum Kriegsdienst einberufenen Bergarbeitern vom 19.12.1870 sowie zum Bau von Arbeiterwohnungen für das Hoerder Kohlenwerk vom 30.03.1871, 13.04.1871 und 14.08.1871.

1920 Betrieb der Steinkohlenzechen und Erzgruben des Hoerder Vereins.
1871-1872
Schriftwechsel zwischen Hoerder Verein, insbesondere Spezialdirektor Johann Friedrich Wiesehahn, und Hoerder Verein Bergwerks-Verwaltung, insbesondere Franz Alberts, Daniel Hilgenstock und Julius Nonne, über den Betrieb der Erzgruben, insbesondere der Gruben Argus, Union, Adele und Josephine, und des Hoerder Kohlenwerks, Transportfragen, Verkauf und Lieferungen von Erz und Steinkohle, Materiallieferungen, Beschaffung von Maschinen und -ersatzteilen, Reparaturen, Werksbahnbetrieb, Erzqualitäten, Personalfragen, technische Aspekte, Bau von Betriebsanlagen, Produktionsergebnisse und -kosten sowie den Ankauf von Grundstücken und Grubenfeldern, November 1871 bis Oktober 1872; Bericht von Nonne über die Dampfkesselanlage des Hoerder

Kohlenwerks vom 17.10.1872; Bericht von Hilgenstock über die unzureichenden Büro- und Lagerräume der Zeche vom 16.03.1872.

1929 Betrieb der Steinkohlenzechen und Erzgruben des Hoerder Vereins.
1872–1873
Schriftwechsel zwischen Hoerder Verein, insbesondere Spezialdirektor Johann Friedrich Wiesehahn, und Hoerder Verein Bergwerks-Verwaltung, insbesondere Franz Alberts und Julius Nonne, über den Betrieb der Erzgruben, insbesondere der Gruben Argus, Union und Adele, und des Hoerder Kohlenwerks, Transportfragen, Verkauf und Lieferungen von Erz und Steinkohle, Materiallieferungen, Beschaffung von Maschinen und -ersatzteilen, Reparaturen, Werksbahnbetrieb, Erzqualitäten, Personalfragen, technische Aspekte, Bau von Betriebsanlagen, Produktionsergebnisse und -kosten sowie den Ankauf von Grundstücken und Grubenfeldern, November 1872 bis Juli 1873; Berichte von Nonne über die Entwicklung der Grubenholzpreise vom 10.12.1872 und zur Beschaffung einer Wasserhaltungsdampfmaschine für das Hoerder Kohlenwerk vom 10.05.1873; Bericht von Alberts und Kostenvoranschlag zum Bau einer Tiefbauanlage in Kooperation mit der Gutehoffnungshütte zum Aufschluss von Grubenfeldern bei der Erzgrube Haus Güthing im Siegerland vom 12.07.1873.

1930 Betrieb der Steinkohlenzechen und Erzgruben des Hoerder Vereins.
1873–1874
Schriftwechsel zwischen Hoerder Verein und Hoerder Verein Bergwerks-Verwaltung, insbesondere Franz Alberts und Julius Nonne, über den Betrieb der Erzgruben, insbesondere der Gruben Argus, Union und Adele, und des Hoerder Kohlenwerks, Transportfragen, Verkauf und Lieferungen von Erz und Steinkohle, Materiallieferungen, Beschaffung von Maschinen und -ersatzteilen, Reparaturen, Werksbahnbetrieb, Erzqualitäten, Personalfragen, technische Aspekte, Bau von Betriebsanlagen, Produktionsergebnisse und -kosten sowie den Ankauf von Grundstücken und Grubenfeldern, August 1873 bis Juli 1874.

1976 Betrieb der Steinkohlenzechen und Eisenerzgruben des Hoerder Vereins.
1878–1883
Monatliche Aufstellungen der Produktionskosten, Produktionsmengen und Lieferungen des Hoerder Kohlenwerks an Betriebe des Hoerder Vereins, Juni 1880 bis Dezember 1883; Aufstellungen zu Produktionskosten, Produktionsmengen und Selbstverbrauch des Hoerder Kohlenwerks sowie außerplanmäßigen Ausgaben für das Geschäftsjahr 1879/80; Betriebsberichte der Eisensteingruben und Röstöfen des Hoerder Vereins, 2. Quartal 1880 bis 3. Quartal 1883; Geschäftsbericht der Hoerder Verein Bergwerks-Verwaltung für das Geschäftsjahr 1882/83; Berichte von Franz Alberts über die Eisensteingrube Victoria im Wesergebirge und Eisenerzvorkommen des Wesergebirges bei Kleinenbremen; Auszug aus dem Grubenbild der Erzgrube Haus Güthing, Siegerland; Kostenvoranschläge für Ausbau und Reparatur der Schächte Schleswig und Holstein des Hoerder Kohlenwerks; statistische Daten zur Streckenförderung durch Grubenpferde auf dem Hoerder Kohlenwerk, 1878 bis 1879.

2004 Betrieb des Hoerder Kohlenwerks.
1883–1887
Monatliche Aufstellungen zu Produktionskosten, Produktionsmengen, Landabsatz, Selbstverbrauch, Lohnzahlungen und Lieferungen des Hoerder Kohlenwerks an Betriebe des Hoerder Vereins sowie zur Eisenerzförderung auf Schacht Schleswig, mit detaillierter Aufschlüsselung einzel-

ner Kostenarten, Januar bis September 1887 (Aufstellungen für das Hoerder Kohlenwerk sowie Einzelaufstellungen für die Schächte Schleswig und Holstein).

2529 Betriebskosten des Hoerder Kohlenwerks.
1891–1892
Aufstellungen zu den Betriebskosten der Schächte Schleswig und Holstein, Juli 1891 und Dezember 1891, sowie der Eisenerzförderung, Januar 1892.

2347 Gruben- und Zechenbetrieb des Hoerder Vereins.
1891–1908
Generalvollmacht des Hoerder Vereins für Wilhelm Ludwig zur Vertretung des gesamten unternehmenseigenen Steinkohlen- und Erzbergbaus vom 28.08.1894 (Abschrift); Schriftwechsel zu Betriebs- und Organisationsfragen, Material- und Anlagenbestellungen, insbesondere der Schächte Schleswig und Holstein des Hoerder Kohlenwerks, 1891 bis 1899 sowie einzelne Schreiben 1900 bis 1908.

6.4.2 Produktions- und Betriebsstatistik

1846 Betriebsstatistik des Steinkohlen- und Eisenerzbergbaus des Hoerder Vereins.
1855–1859
Monatliche Aufstellungen der verfahrenen Schichten, Produktionskosten und Produktionsmengen, u. a. der Gruben Argus, Union, Kirchhörde, Joest's Erbstollen, Adele, Josephine und Apollo sowie der Zechen Freie Vogel und Unverhofft und Hoerder Kohlenwerk, Juli 1855 bis Oktober 1859.

1870 Betriebsstatistik des Steinkohlen- und Eisenerzbergbaus des Hoerder Vereins.
1861–1865
Monatliche Aufstellungen der Produktionskosten, Produktionsmengen und Anzahl der Arbeiter des Hoerder Kohlenwerks sowie u. a. der Gruben Argus, Union, Kirchhörde, Joest's Erbstollen, Adele, Josephine und Apollo, Juli 1861 sowie Dezember 1862 bis Januar 1865, und mehrerer Gruben bei [Bochum-]Dahlhausen, März 1864 bis Januar 1865; Aufstellungen zu den Gewinnungskosten des Hoerder Kohlenwerks für die Geschäftsjahre 1862/63 und 1863/64.
Darin auch: Mitteilung der „Königlichen Central-Commission für die Pariser Ausstellung von 1867" vom 26.08.1865 zu den Teilnahmebedingungen der Weltausstellung (gedruckt).

1871 Betriebsstatistik des Steinkohlen- und Eisenerzbergbaus des Hoerder Vereins.
1859–1862, 1865–1867
Monatliche Aufstellungen der Produktionskosten, Produktionsmengen und Anzahl der Arbeiter des Hoerder Kohlenwerks sowie u. a. der Gruben Argus, Union, Kirchhörde, Joest's Erbstollen, Adele, Josephine und Apollo, November 1859 bis November 1862 sowie Februar 1865 bis Dezember 1866, und mehrerer Gruben bei [Bochum-]Dahlhausen, Februar 1865 bis Dezember 1866; Aufstellungen zu den Gewinnungskosten des Hoerder Kohlenwerks für die Geschäftsjahre 1862/63 und 1864/65; Aufstellungen zum Anteil von Verkauf und Selbstverbrauch an der Eisenerzförderung, Juli 1865 und Februar 1866.

1900 Betriebsstatistik des Steinkohlen- und Eisenerzbergbaus des Hoerder Vereins.
1867-1870
Monatliche Aufstellungen der Produktionskosten, Produktionsmengen und Anzahl der Arbeiter des Hoerder Kohlenwerks sowie u. a. der Gruben Argus, Union, Adele und Josephine, Januar 1867 bis Dezember 1870, von Gruben im Siegerland, Januar 1867 bis Dezember 1870, und mehreren Gruben bei [Bochum-]Dahlhausen, Januar 1867 bis März 1869; Aufstellungen zu den Gewinnungskosten des Hoerder Kohlenwerks für die Geschäftsjahre 1867/68 bis 1869/70.

1890 Steinkohlen- und Eisenerzproduktion der Grube Argus des Hoerder Vereins.
1868-1869
Monatliche Aufstellungen der Produktionskosten und Produktionsmengen, mit Angaben zum Materialverbrauch, Januar bis Dezember 1868.

1936 Betriebsstatistik des Steinkohlen- und Eisenerzbergbaus des Hoerder Vereins.
1871-1875
Monatliche Aufstellungen der Produktionskosten, Produktionsmengen und Anzahl der Arbeiter des Hoerder Kohlenwerks sowie der Gruben Argus, Union und Adele und mehrerer Gruben im Siegerland, Januar 1871 bis Juni 1873, April bis Juli 1874 und März bis April 1875; Aufstellungen zu den Gewinnungskosten des Hoerder Kohlenwerks für das Geschäftsjahr 1872/73.

1992 Betriebsstatistik des Steinkohlen- und Eisenerzbergbaus des Hoerder Vereins.
1883-1887
Monatliche Aufstellungen von Produktionskosten, Produktionsmengen, Landabsatz, Selbstverbrauch und Lieferungen des Hoerder Kohlenwerks an Betriebe des Hoerder Vereins, Januar 1884 bis Dezember 1886, ab April 1886 mit Einzelaufstellungen für die Schächte Schleswig und Holstein sowie die Eisenerzförderung auf Schacht Schleswig, ab Juni 1886 mit detaillierter Aufschlüsselung einzelner Kostenarten; Betriebsberichte der Eisensteingruben und Röstöfen des Hoerder Vereins, 4. Quartal 1883 bis 4. Quartal 1885; Gutachten über die Anlage eines Tiefbauschachts auf den Eisenerzgruben des Hoerder Vereins bei Lautenthal/Harz; Berechnungen zu den auf dem Hoerder Kohlenwerk anstehenden Eisenerzen.

6.4.3 Maschinen- und Materialbestellungen

1941 Betrieb der Steinkohlenzechen und Erzgruben des Hoerder Vereins.
1874-1875
Anschreiben und Bestellungen der Hoerder Verein Bergwerks-Verwaltung, insbesondere von Franz Alberts und Julius Nonne, an den Hoerder Verein zum Materialbedarf von Hoerder Kohlenwerk, Werksbahn sowie der Erzgruben Argus, Union und Adele, zur Beschaffung von Maschinen und -ersatzteilen sowie zu Reparaturen, Juli 1874 bis Juni 1875.

1943 Betrieb der Steinkohlenzechen und Erzgruben des Hoerder Vereins.
1875-1876
Anschreiben und Bestellungen der Hoerder Verein Bergwerks-Verwaltung, insbesondere von Franz Alberts und Julius Nonne, an den Hoerder Verein zum Materialbedarf von Hoerder Kohlen-

werk, Werksbahn sowie der Erzgruben Argus, Union und Adele, zur Beschaffung von Maschinen und -ersatzteilen sowie zu Reparaturen, Juli 1875 bis Februar 1876.

1944 Betrieb der Steinkohlenzechen und Erzgruben des Hoerder Vereins.
1876
Anschreiben und Bestellungen der Hoerder Verein Bergwerks-Verwaltung, insbesondere von Julius Nonne, an den Hoerder Verein zum Materialbedarf von Hoerder Kohlenwerk, Werksbahn sowie der Erzgruben Argus, Union und Adele, zur Beschaffung von Maschinen und -ersatzteilen sowie zu Reparaturen, März bis Dezember 1876.

2003 Betrieb des Hoerder Kohlenwerks.
1877
Anschreiben und Bestellungen der Hoerder Verein Bergwerks-Verwaltung, insbesondere von Julius Nonne und Franz Alberts, an den Hoerder Verein zu Materialbedarf von Hoerder Kohlenwerk und Werksbahn, Beschaffung von Maschinen und -ersatzteilen sowie Reparaturen, Januar bis Dezember 1877.

1951 Betrieb des Hoerder Kohlenwerks.
1878
Anschreiben und Bestellungen der Hoerder Verein Bergwerks-Verwaltung an den Hoerder Verein zum Materialbedarf von Hoerder Kohlenwerk und Werksbahn, zur Beschaffung von Maschinen und -ersatzteilen sowie zu Reparaturen, Januar bis Juni 1878.

2016 Maschinen- und Materialbestellungen für den Ausbau der Betriebsanlagen von Schacht Holstein des Hoerder Kohlenwerks.
1884–1888
Lageskizze der Zeche; Prospekt der Bochumer Eisenhütte Heintzmann & Dreyer zu einer Dampfschiebebühnen-Rangiervorrichtung; Kostenvoranschläge für verschiedene Bauten; Aufstellung zu den noch zu zahlenden Baukosten vom 27.09.1886; Aufstellungen über Betriebsergebnisse der Kohlenwäschen auf den Schächten Schleswig und Holstein; Aufträge, Angebote, Bestellungen und Rechnungen für Ziegel, Dampfkessel, Werkzeuge, Kohlenwäsche, Verlade- und Transporteinrichtungen, Werksbahn und Maschinen verschiedener Hersteller und Lieferanten sowie Schriftwechsel des Hoerder Vereins mit diesen, mit Hoerder Verein Bergwerks-Verwaltung und Hoerder Kohlenwerk, August 1884 bis Dezember 1888.

2183 Bau und Reparatur von Übertageanlagen auf den Schächten des Hoerder Kohlenwerks, insbesondere Schacht Holstein.
1889–1899
Flurkarte der Gemeinde [Dortmund-]Asseln, mit Einzeichnung der Grundbesitzer, 1890; Aufstellungen zum Ziegelsteinverbrauch im Jahr 1889 sowie zum Bruch der Gestänge der Wasserhaltung zwischen 1885 und 1890; Genehmigung des Königlichen Eisenbahn-Betriebs-Amts Dortmund zum Bau einer Wasserleitung zur Ableitung der Grubenwässer von Schacht Holstein über die Bahnstrecke Welver-Dortmund vom 14.04.1890; Referenzliste der Firma W. Hasenclever Söhne, Düsseldorf, zu „Wassersäulenmaschinen"; Grund- und Aufrisszeichnung der Wagen der unterirdischen Kettenförderanlage der Zeche Nordstern (Beilage aus der Zeitschrift „Der Bergbau" vom 07.01.1890); Kostenvoranschläge zu Bauarbeiten, Maschinenbedarf, Schmiede, Schreinerei,

Lokomotivschuppen und Fördergerüst von Schacht Holstein; Gewichtsberechnung von Fördergerüst und Eisenkonstruktion des Schachtgebäudes; Grund- und Aufrisszeichnungen von Schreinerei, Schmiede. Lokomotivschuppen und Reparaturwerkstatt; Lageplan von Schacht Holstein; Baugenehmigung des Amts [Dortmund-]Brackel für Schmiede und Schreinerei vom 25.07.1894; Angebote, Rechnungen und Versandlisten verschiedener Lieferanten sowie einzelne Schreiben zwischen Hoerder Verein, Hoerder Verein Bergwerks-Verwaltung und diesen zu Bestellungen von Baumaterialien und Anlagen.

6.4.4 Anpachtung von Grubenfeldern

1191 Anpachtung von Grubenfeldern der Steinkohlenzechen Magdeburg und Leipzig.
28.03.1868
Notariell beglaubigter Vertrag zwischen Hoerder Verein und Theodor Kamper vom 28.03.1868 über die Ausbeutung der Grubenfelder durch das benachbarte Hoerder Kohlenwerk.

2128 Ausbeutung der Grubenfelder Magdeburg und Leipzig sowie des Spezialfeldes Norm.
1893
Einzelne Schreiben zwischen Hoerder Verein und Wilhelm Ludwig zu Verhandlungen mit Bergbau-Actien-Gesellschaft Mark und Bergbau-Actiengesellschaft Massen; Übersichtskarte und Profil zur Lösung des Spezialfeldes Norm.

6.5 Rohstoffe
6.5.1 Erzversorgung
6.5.1.1 Erwerb von Erzgruben, Kuxen, Konzessionen und Mutungen
Westfalen

1832 Erwerb von Erz- und Steinkohlenmutungen und -berechtsamen.
1850–1856
Aufstellung der Grubenfelder und Mutungen von Julius Möller vom 02.08.1852; Aufstellung der vom Hoerder Verein erworbenen Erzgruben und Steinkohlenzechen sowie der Berechtsame und Mutungen, o. D.; Schreiben des Hoerder Vereins an Mitarbeiter, u. a. Reiner Daelen und Carl Ruëtz, zur Gutschrift des Kaufpreises für durch das Unternehmen von diesen erworbenen Anteilen an Erzgruben (Originale und Abschriften); Vertrag zwischen Piepenstock & Comp. und Zeche Freie Vogel und Unverhofft über die Lieferung von Eisenerz vom 14.05.1851; Vertrag zwischen Hoerder Verein und Zeche Dachs & Grevelsloch, [Gevelsberg-]Silschede, zur Verpachtung eines Grubenfeldes, o. D. (Entwurf); Erklärung der aufgrund der Einbringung von Eisenerzgruben in den Hoerder Verein am Gewinn des Unternehmens direkt Beteiligten, u. a. Carl Overweg, Johann Friedrich Wiesehahn und Gustav Mevissen, zur Wahl von Julius Joest zum gemeinsamen Repräsentanten vom 03.09.1853; Erklärung von Carl Dietzsch über die Bereitstellung seiner Anteile an mehreren Erzgruben für eine „zu bildende Gesellschaft", mit Kaufoption vom 10.02.1850 (Abschrift); Annahmeerklärung von Mevissen, Overweg, Dietzsch und Wiesehahn „mit Bezug auf den heute geschlossenen Gesellschaftsvertrag" vom 10.02.1850 sowie Erklärung zur Übertragung der Anteile auf den Hoerder Verein vom 02. 02. 1854 (Abschriften); Erklärungen von Christian Hobrecker zum Verkauf mehrerer Steinkohlenmutungen in [Dortmund-]Brackel an Overweg bzw. von

diesem zur Übertragung auf den Hoerder Verein vom 14.01.1854 und 02.02.1854; Bericht von Emil Ebbinghaus zur Zeche Alte Geschwister in [Dortmund-]Kirchhörde vom 25.04.1855; Vertrag zwischen Hoerder Verein und Zeche Ver. Stock & Scherenberg, [Sprockhövel-]Haßlinghausen, über die Gewinnung von Eisenerz in den Grubenfeldern der Zeche vom 24.10.1855; Schriftwechsel des Hoerder Vereins mit verschiedenen Anbietern von Zechen und Gruben bzw. Feldern und Mutungen, u. a. Mathias Schmitz, Hermann Adam von Kamp und Heinrich Berckenkamp, Mülheim an der Ruhr, vom „Comité der Muthung Rhein-Elbe", Julius Möller, Elberfeld, zu Erzfeldern, u. a. den Feldern Müsen I bis XI bei Hattingen, Friedrich Harkort zu Steinkohlenfeldern bei [Dortmund-] Barop, Adolph Klewitz, für die Familie Klewitz, zur Zeche Elisabeth in [Dortmund-]Benninghofen sowie mit Gustav Müllensiefen zur Erzgrube Hoffnungshütte; Auszüge aus den Niederschriften der Verwaltungsratssitzungen des Hoerder Vereins.

1286 Einbringung von Eisenerzgruben durch Carl Overweg und Johann Friedrich Wiesehahn.
1853
Notariell beglaubigte Bestätigung des Verwaltungsrats des Hoerder Vereins vom 29.12.1853 zu den Einbringungserklärungen Overwegs und Wiesehahns vom 22.10.1853 zu den Gruben Cordula und Joest II bei [Witten-]Annen und Rüdinghausen sowie Pauline Jung III in [Dortmund-]Berghofen.

1265 Besitztitelbestätigung für die Eisenerzgruben Berge III und Joest's Erbstollen in [Dortmund-]Kirchhörde.
07.01.1854
Notariell beglaubigte Erklärung von Johann Friedrich Wiesehahn zur Übertragung der Besitztitel der von ihm bei Gründung des Hoerder Vereins in diesen eingebrachten Gruben.

1263 Erwerb von Eisenerzfeldern in [Dortmund-]Sölde und [Unna-]Holzwickede.
1854
Kaufvertrag zwischen Hoerder Verein und Hermann Hueck über den Erwerb von Kuxen der Eisenerzfelder August und Otto in Sölde sowie Lichtendorf in Holzwickede vom 07.01.1854; Auszug aus dem Berggegenbuch Bochum.

1264 Erwerb von Kuxen von 31 Eisenerzfeldern im Raum Bochum, Witten und Sprockhövel.
1854
Kaufvertrag zwischen Hoerder Verein und Hermann Hueck vom 11.02.1854, mit Aufstellung zu Lage, Mutungs- und Verleihungsdatum sowie Anzahl der Kuxe.

1266 Erwerb von Eisenerzfeldern in [Dortmund-]Sölde und Wetter (Ennepe-Ruhr-Kreis).
10.06.1854
Kaufvertrag zwischen Hoerder Verein und Wilhelm Mohr über den Erwerb von Kuxen der Eisenerzfelder Adelgunde und Otto in Sölde und Pauline in Wetter.

84 Einbringung von Eisensteingruben und Mutungen im Wert von 600.000 Talern in den Hoerder Verein gegen die Ausgabe von Obligationen.
16.02.1856
Vertrag zwischen Hoerder Verein und den Eigentümern Carl Dietzsch, Carl Overweg, Theodor Movius für den A. Schaaffhausen'schen Bankverein, Victor Wendelstadt sowie Wilhelm Joest als Vertreter der Familie Joest und des Handlungshauses Carl Joest & Söhne vom 16.02.1856

zu Rückzahlungsmodalitäten, Verpfändung von Grundstücken, Gebäuden und Werksanlagen als hypothekarische Sicherheit, Abführung von Gewinnen an die Gläubiger sowie Eintragung des Vertragsinhalts in das Berggegenbuch des Königlich Preußischen Bergamts zu Bochum für die Gruben Friedrich, Argus, Hermine, Hubertus, Emilie, Theodor, Holstein, Amandus und Julius; Grundbuchauszüge.

91 Löschung von Eisensteinkonzessionen im Berggegenbuch des Königlich Preußischen Bergamts zu Bochum im Rahmen der Ausgabe von Obligationen im Wert von 600.000 Talern.
05.06.1852, 23.05.1856
Löschungsbewilligung von Carl Dietzsch, Carl Overweg und Johann Friedrich Wiesehahn für die Eisensteinzeche Union I (konsolidiert aus Hubertus, Dagobert, Amandus, Adolph II, Holstein II und Liebig I) vom 23.05.1856; Verzeichnis der Eisensteinkonzessionen, Mutungen und Schurfscheine; Hypothekenscheine.
Darin auch: Vertrag zwischen Hoerder Verein sowie Carl Dietzsch, Carl Overweg und Johann Friedrich Wiesehahn über die Einbringung der Eisensteingruben Argus, Friedrich, Hermine, Emilie, Hubertus, Dagobert, Theodor, Holstein, Wiesehahn, Amandus, Julius sowie verschiedener Mutungen und Schurfscheine in den Hoerder Verein vom 05.06.1852 (Abschrift); Vollmachten.

1940 Angebote zum Erwerb von Eisenerzvorkommen an den Hoerder Verein.
1856–1875
Auszüge aus den Niederschriften der Verwaltungsratssitzungen des Hoerder Vereins; Anschreiben mit Kaufangeboten für und Hinweisen auf Mutungen, verliehene Grubenfeldern und Erzgruben, insbesondere im Ruhrgebiet und im Siegerland, sowie für Eisenerz; Schriftwechsel zwischen Hoerder Verein, Hoerder Verein Bergwerks-Verwaltung, Sachverständigen und Anbietern zu Qualität der Lagerstätten, Vertragsmodalitäten, Vertragsabschlüssen und Preisen.

96 Geplanter Erwerb von Erzgruben, Mutungen und Konzessionen.
1858
Vollmacht des Verwaltungsrats des Hoerder Vereins für Johann Friedrich Wiesehahn vom 18.05.1858 zur Vertretung des Unternehmens vor Gericht und zum Abschluss von Verträgen mit Hermann Hueck als Verkäufer von Beteiligungen an den Eisensteinzechen Alwine, Mina, Vergißmeinnicht, Verlaßmichnicht, Magnus, Cöln, Belle Alliance, Christina, Louise, Maria, St. Georg, Abendstern, Christoph und Marie Louise sowie verschiedener Mutungen.

1267 Erwerb von Kuxen von 17 Eisenerzfeldern in [Bochum-]Dahlhausen und [Essen-]Altendorf.
1858
Nachträglicher Kaufvertrag zwischen Hoerder Verein und Hermann Hueck vom 07.06.1858 über Erwerb der Kuxe durch den Hoerder Verein im Jahr 1852 und Eintragung in das Berggegenbuch.

1268 Erwerb von Kuxen des Eisenerzfeldes Fortuna II in [Bochum-]Weitmar.
1858
Besitztitelbestätigung von Hermann Hueck für den Hoerder Verein vom 20.12.1858; Bestätigung des Verwaltungsrats des Hoerder Vereins vom 02.12.1858.

1260 Erwerb von Kuxen der Steinkohlen- bzw. Eisenerzzeche Kirchhörde.
1861
Kaufvertrag zwischen Hoerder Verein und Wilhelm Schmuck vom 06.06.1861.

1258 Erwerb der Eisenerzgrube Adolphine in [Witten-]Hammertal (?).
1863
Kaufvertrag zwischen Hoerder Verein und den Gewerken, darunter Wilhelm Massmann und Friedrich Kracht, über den Erwerb fast aller Kuxe vom 30.12.1863; Grundbuchauszug.

1998 Angebote zum Erwerb von Eisenerzvorkommen an den Hoerder Verein.
1871–1886
Schreiben mit Kaufangeboten für und Hinweisen auf Mutungen, verliehene Grubenfeldern und Erzgruben, insbesondere im Ruhrgebiet, im Siegerland und in Algerien, aber auch in Norwegen, Österreich und Schweden, sowie für Eisenerz; Schriftwechsel zwischen Hoerder Verein, Hoerder Verein Bergwerks-Verwaltung, Sachverständigen und Anbietern zu Qualität der Lagerstätten, Vertragsmodalitäten, Vertragsabschlüssen und Preisen (deutsch, niederländisch, französisch); Landkarte von Nordalgerien, 1871; Beschreibung der Grubenfelder der Gewerkschaft Eisenberg, Waldeck (gedruckt); Aufstellung der Erzgruben und Erzgrubenanteile von Georg Dahm, Köln, in den Bergrevieren Wetzlar und Dillenburg, mit Lageplan, o. D. (gedruckt); Gutachten über die Selbecker Erzbergwerke bei Mülheim an der Ruhr, o. D. (gedruckt).

Siegerland

1250 Erwerb der Eisenerz- und Kupfergrube Haus Güthing und eines Anteils am Gilberg-Hengsberger Erbstollen bei Eiserfeld.
1864
Kaufvertrag zwischen Hoerder Verein sowie Tillmann und Anna Margaretha Güthing vom 15.03.1864; notariell beglaubigte Vollmacht des Verwaltungsrats des Hoerder Vereins für Johann Friedrich Wiesehahn zum Ankauf verschiedener Grubenfelder vom 03.03.1864; Auszug aus dem Berggegenbuch Siegen.

1251 Erwerb von Eisenerz- und Kupfergruben bei Neunkirchen.
1864
Kaufvertrag zwischen Hoerder Verein und Wilhelm Meurer vom 03.03.1864 über die Gruben bzw. Anteile an den Gruben Reifenberg, Angelica, Buntes Haenchen, Caroline, Rex, Höchste, Alte Hoffnung, Heidenberg, Mittelstes Rennseifen, Abel, Sebald, Johanna und Sicherheit (Verleihung teilweise auch auf Schwefelkies und Kobalt); Auszug aus dem Berggegenbuch Siegen; Hypothekenschein; Vertrag zwischen Hoerder Verein und Meurer zur Verleihung der Grube Caroline vom 21.05.1864.

1245 Erwerb der Eisenerzfelder Odilo und Espe, Bergrevier Wetzlar.
1864–1866
Kaufvertrag zwischen Hoerder Verein und Gottlob Eduard Beschnidt vom 19.07.1866; notariell beglaubigte Vollmacht des Verwaltungsrats des Hoerder Vereins für Johann Friedrich Wiesehahn zum Ankauf verschiedener Grubenfelder vom 21.06.1866; Vertretungsvollmacht von Beschnidt

für seinen Grubenverwalter Carl Kinzenbach vom 22.11.1864; einzelne Schreiben zwischen Wiesehahn, Franz Alberts, Leiter der Hoerder Verein Bergwerks-Verwaltung, und Kinzenbach zum Verkauf.

Harz

1279 Verleihung von Eisenerzfeldern bei Lautenthal an den Hoerder Verein.
1870–1872
Verleihungsurkunden des Königlichen Oberbergamts Clausthal für Hoerder Verein und Otto Wülbern zu den Feldern Siegen, Siegen II, Siegen III und Siegen IV vom 29.09.1871, Goslar II vom 29.12.1870 sowie Oberes Gegenthal und Lindenthal vom 04.08.1870 (Abschriften).

1283 Erwerb der Eisenerzgruben Gegenthal und Iberge bei Lautenthal.
1871
Gutachten von Daniel Hilgenstock über Geologie und Erzvorräte der Gruben vom 17.06.1871; Kaufvertrag zwischen Hoerder Verein und Otto Wülbern vom 05.07.1871 (Original und Abschrift), mit Aufstellung der einzelnen Grubenfelder; Vollmachten des Hoerder Vereins für Johann Friedrich Wiesehahn, Franz Alberts, Hermann Beitter und Daniel Hilgenstock; Kaufvertrag zwischen Otto Wülbern als Käufer und Gustav Oppermann über ein Grundstück in der Gemeinde Grund vom 05.03.1871.

1282 Verleihung von Eisenerzfeldern an den Hoerder Verein bei Saalfeld.
1872
Verleihungsurkunden des Herzoglichen Bergamts Saalfeld für den Hoerder Verein zu den Feldern Carl und Otto vom 03.12.1872 (Abschriften).

Lothringen

2090 Erwerb von Eisenerzberechtsamen in Lothringen und Mitgründung der Gewerkschaft Reichsland durch den Hoerder Verein.
1895–1899
Schreiben von Willem van Vloten an Matthias Tull zur Begründung seiner Forderung nach Erwerb einer „Minetteconcession" vom 25.08.1895; Mitteilung von Carl Spaeter zur Bestätigung seines Angebots an Hoerder Verein und Hoesch AG zum Erwerb der Konzession Vereinigte Empel vom 29.05.1896; Gutachten von Wilhelm Ludwig zu den Lagerungsverhältnissen der Grubenfelder Aumetz I und II sowie Empel vom 03.06.1896 und 14.06.1896; Vertrag zwischen Spaeter als Verkäufer sowie Hoerder Verein und Hoesch AG als Käufer zum Verkauf von jeweils einem Drittel der Kuxe des „Eisensteinbergwerks Bollingen" (nördlicher Teil der Berechtsame Vereinigte Empel, Kreis Diedenhofen) vom 17.06.1896 (Abschrift); Quer- und Längsschnitt des geplanten Schachts; Satzung der Gewerkschaft Reichsland, o. D. (Abschrift); notariell beglaubigte Niederschriften der Gewerkenversammlung am 04.11.1896 zur Feststellung der Satzung und der ersten Sitzung des Grubenvorstands; Lagepläne der Grubenanlagen und Gleisanlagen sowie Grunderwerbsplan zum Bau eines Gleisanschlusses an den Bahnhof Bollingen; Niederschriften von Gewerkenversammlungen und Grubenvorstandssitzungen (Abschriften); monatliche Betriebsberichte der Grube

Reichsland, März 1897 bis Dezember 1898; Denkschrift zur Unfallversicherung der Beamten der Gewerkschaft vom 02.05.1898; Schriftwechsel der Vertragspartner und Ludwig zu Erschließung des Grubenfeldes, Bohrungen, Planung und Bau einer Schachtanlage sowie Gründung der Gewerkschaft Reichsland.

2135 Kassenrevision bei der Gewerkschaft Reichsland durch den Hoerder Verein.
1897-1900
Empfangsbestätigungen der Gewerkschaft Reichsland für Überweisungen des Hoerder Vereins; Mittelbedarfsnachweise; Auszüge aus den Kassenbüchern (Abschriften).
2171 Dsgl., September 1900 bis September 1902.
2274 Dsgl., September 1902 bis Januar 1907.
Darin auch: einzelne Schreiben zwischen Gewerkschaft Reichsland und Phoenix AG Hoerder Verein zur Verrechnung der Ausbeute mit dem Mittelbedarf.

2169 Betrieb der Grube Reichsland.
1899-1902
Niederschriften von Sitzungen des Grubenvorstands; Betriebsberichte, März 1899 bis Mai 1902; Abbauplan; Konstruktionszeichnung der unterirdischen Wasserhaltungsdampfmaschine; Kostenvoranschläge und technische Berichte zur Erschließung des Grubenfelds; Schriftwechsel zwischen Hoerder Verein, Wilhelm Ludwig, Willy Oswald als Mitinhaber der Firma Carl Späte r und Betriebsbeamten zu Erschließung des Grubenfeldes, Investitionen, Betriebsplanung, Personalfragen und Betriebsergebnissen.

2238 Betrieb der Grube Reichsland.
1902-1906
Niederschriften von Sitzungen des Grubenvorstands; Betriebsberichte, Juni 1902 bis November 1906; Satzung des Elsaß-Lothringischen Knappschaftsvereins, o. D. (Entwurf, gedruckt).

6.5.1.2 Verkauf, An- und Verpachtung von Erzgruben

1269 Anpachtung eines Grubenfeldes der Eisenerzgrube Neu Altstädde III bei Ibbenbüren.
1861
Pachtvertrag zwischen Hoerder Verein und Grube Neu Altstädde III vom 29.05.1861; Auszüge aus den Niederschriften der Verwaltungsratssitzungen des Hoerder Vereins.

1244 Anpachtung von Grubenfeldern der Eisenerzgrube Neu Altstädde III bei Ibbenbüren.
1864
Vertrag zwischen Hoerder Verein und Grube Perm vom 28.11.1864 über die Auflösung des Vertrags zwischen Hoerder Verein und Grube Neu Altstädde III vom 29.05.1861 über die Anpachtung eines Feldesteils und den Verkauf von Liegenschaften und Inventar.

1247 Verpachtung eines Feldteils der Eisenerzgrube Emilie an die Zeche Freie Vogel und Unverhofft.
1868

Pachtvertrag zwischen Hoerder Verein und Zeche Freie Vogel und Unverhofft zur Ausbeutung des Feldes gegen eine Produktionsgebühr vom 01.04.1868.

1243 Anpachtung der Eisenerzgrube Glücksstern bei Waldgirmes, Bergrevier Wetzlar.
1869
Pachtvertrag zwischen Hoerder Verein sowie Friedrich und Carl Kinzen vom 15./21.05.1869.

1289 Anpachtung der Eisenerzgrube Georg Friedrich bei Groß-Döhren (Othfresen).
1857–1859, 1868
Vertrag zwischen Hoerder Verein und Hermann Heinrich Meier, Bremen, vom 21.12.1868 über den Eintritt des Hoerder Vereins in dessen Pachtvertrag mit dem Königlichen Hüttenamt Altenau zur gemeinsamen Ausbeutung der staatlichen Grube; Pachtvertrag zwischen Meier und Hüttenamt Altenau vom 17.10.1868, mit Kautionserklärung Meiers (Abschrift); amtsgerichtlich beglaubigte Erklärung der Vertragspartner vom 17.10.1868 zur Wirksamkeit des Vertrags, mit Genehmigungsbescheid des Preußischen Handelsministeriums vom 18.11.1868 (Abschriften); Verleihungsurkunde des Königlich Preußischen Oberbergamts Clausthal vom 12.07.1868, mit Gewährscheinen aus den Jahren 1857 bis 1859 (Abschriften) und Lageplan mit eingezeichneten Grubenfeldern; einige Notizzettel mit Angaben zu Erzanalysen.

1273 Verpachtung von Eisenerzgruben in [Bochum-]Dahlhausen.
1869
Pachtvertrag zwischen Hoerder Verein und Deutsch-Holländischem Actien-Verein für Hüttenbetrieb und Bergbau vom 15.03.1869 über die Ausbeutung der Erzgruben Dahlhausen und Linden über der Stollensohle der Zeche Hasenwinkel (Hasenwinkel-Himmelscroner-Erbstollen); Auszüge aus den Niederschriften der Verwaltungsratssitzungen des Hoerder Vereins.

89 Bleierzgewinnung in der Eisensteingrube Iberge im Harz.
1873
Vertrag zwischen Hoerder Verein und Königlichem Hüttenamt zu Clausthal über die Genehmigung, die dem preußischen Staat reservierten Bleierzvorkommen abzubauen, vom 20./28.01.1873, mit Nachtrag und Abschrift.

1278 Pachtverhältnis für die Eisenerzgrube Georg Friedrich bei Groß-Döhren (Othfresen).
1873
Vertrag zwischen Hoerder Verein und Harzer Union Actien-Gesellschaft für Bergbau und Hüttenbetrieb vom 21./23.04.1873 über deren Eintritt in einen gemeinsamen Pachtvertrag von Hoerder Verein und Hermann Heinrich Meier, Bremen, als Rechtsnachfolger Meiers zur Ausbeutung der staatlichen Zeche.

1277 Verkauf von Kuxen der Eisenerzgrube Gotthardt bei Bonbaden, Kreis Wetzlar.
1874–1875
Kaufvertrag zwischen Hoerder Verein und Bochumer Verein vom 24.03.1874 und Bestätigung des Vertrags durch Joseph Massenez vom 30.03.1875.

6.5.1.3 Erzaufbereitung

1287 Erwerb von Grundstücken und Erzröstöfen am Bahnhof Herdorf (Siegerland).
1870
Auszug aus den Niederschriften der Verwaltungsratssitzung des Hoerder Vereins am 05.11.1870 zur Genehmigung des Ankaufs von der Aplerbecker Hütte Brügmann, Weyland & Co.
Der ursprünglich in der Akte enthaltene Kaufvertrag vom 03.05.1870 wurde laut Angabe auf dem Aktendeckel im Zuge des Verkaufs der Röstöfen an die Firma Fried. Krupp am 16.04.1880 an diese übergeben.

112 Verkauf der Erzaufbereitungsanlage am Bahnhof Herdorf der Köln-Gießener Eisenbahn.
13.04.1880
Verkaufsvertrag zwischen Hoerder Verein und Firma Fried. Krupp vom 13.04.1880; Vollmacht des Hoerder Bergwerks- und Hütten-Verein für Franz Alberti zur Vertretung des Unternehmens bei diesem Geschäft vom 13.04.1880.
Im Vertrag ist irrtümlich von der Köln-Mindener Eisenbahn die Rede.

6.5.1.4 Lieferverträge

1839 Erwerb von Alteisen und Schrott in Großbritannien.
1857-1858
Schriftwechsel zwischen Firma E. Zwilchenbart & Co., Liverpool, und Hoerder Verein über Angebote, Preise, Frachtraten und Liefertermine, u. a. für gebrauchte Schienen und Puddelroheisen; Lieferscheine der Firma E. Zwilchenbart & Co.

1248 Eisenerzversorgung des Hoerder Vereins.
1868
Angebot der Verwaltung der Zeche Schwelm bei Schwelm an den Hoerder Verein zur Lieferung von Eisenerzen vom 16.03.1868 und Annahmeerklärung vom 07.04.1868.

1271 Option zur Eisenerzversorgung des Hoerder Vereins.
1868
Optionsvertrag zwischen Hoerder Verein und Actien-Gesellschaft Eisenwerk zu Salzgitter vom 19./30.11.1868 auf Lieferung von einem Viertel der Gesamtförderung der von dieser vom preußischen Staat angepachteten Eisenerzgruben Seegen Gottes und Morgenröthe bei Salzgitter nach Fertigstellung der Betriebsanlagen und Bau einer Anschlussbahn zum Bahnhof Salzgitter; Vollmacht des Verwaltungsrats des Hoerder Vereins für Johann Friedrich Wiesehahn vom 14.12.1868 zum Abschluss des endgültigen Vertrags.

1284 Eisenerzversorgung des Hoerder Vereins.
1870
Vertrag zwischen Hoerder Verein und Carl Tuch über die Gewährung eines Kredits zur Inbetriebnahme der Eisenerzgruben Friedenszeche, Hoffnung und Segen Gottes in den Grafschaften Stollberg-Stollberg und Stollberg-Rossla sowie die ausschließliche Belieferung des Hoerder Vereins vom 08.10.1870.

1935 Bezug von Eisenerz aus Spanien und von Elba durch den Hoerder Verein.
1872–1875
Schriftwechsel zwischen Hoerder Verein und Handelsgesellschaften, insbesondere John Batt & Co., London, sowie Transportunternehmen, insbesondere Niederländischer Rhein-Eisenbahn-Gesellschaft, über Angebote, Preise, Qualitäten und Analysen, Liefertermine und den Abschluss von Lieferverträgen (deutsch und englisch).

2133 Eisenerzversorgung des Hoerder Vereins.
1894–1895
Bericht von Willem van Vloten über die Eisenerzfelder der Rasenerz-Gesellschaft Muurlink & Co., Oldemarkt, Niederlande, vom 31.07.1894; Aufstellungen zu Erzvorräten; Vertrag zwischen Hoerder Verein und Rasenerz-Gesellschaft Muurlink & Co. über die regelmäßige Lieferung von Raseneisenerz (Entwürfe); Bestätigung des Hoerder Vereins zu einem Liefervertrag über 1.008 Doppelwaggons Erz vom 03.11.1894; Schriftwechsel zwischen Hoerder Verein, Rasenerz-Gesellschaft Muurlink & Co. und Rechtsanwälten über eine Beteiligung an der Gesellschaft und den Abschluss des Liefervertrags.

6.5.2 Steinkohlenversorgung

1281 Erwerb der stillgelegten Steinkohlenzeche Elisabeth in [Dortmund-]Berghofen und Benninghofen.
1850–1853
Kaufvertrag zwischen Hoerder Verein sowie Adolph, Christian, Friedrich und Helene Klewitz vom 25.06.1853; Verleihungsurkunde des Königlichen Oberbergamts Dortmund vom 25.04.1850 über das Geviertfeld Elisabeth, mit Angaben zur Verleihungspraxis seit 1731; Quittung der Verkäufer.

1285 Tausch von Steinkohlenfeldern für das Hoerder Kohlenwerk in [Dortmund-]Asseln und Brackel.
1858
Vertrag zwischen Hoerder Verein und Emil Ebbinghaus als Vertreter von Massener Gesellschaft für Kohlenbergbau und Brackeler Bohrgesellschaft (Brackeler Bergbau-Gesellschaft) vom 01.03.1858 über den Tausch im Bereich der Felder Asseln und Schleswig.

1270 Option zum Erwerb von Steinkohlenfeldern in [Dortmund-]Asseln und Brackel für das Hoerder Kohlenwerk.
1862
Vertrag zwischen Hoerder Verein und Emil Ebbinghaus als Vertreter von Massener Gesellschaft für Kohlenbergbau und Brackeler Bohrgesellschaft (Brackeler Bergbau-Gesellschaft) vom 11.07.1862 über die Gültigkeit des Verkaufsangebots bis zur Generalversammlung 1862; Lageplan der Grubenfelder (gedruckt); Aufstellung über die zur Wasserhaltung eines Schachts benötigten Pumpen- und Gestängeteile; Gutachten von Carl Daniel Küper (Königliches Oberbergamt Dortmund) und Gustav Brassert (Königlich-Preußisches Märkisches Bergamt Bochum) vom 08.09.1862 zur Geologie der Felder.

1291 Verpachtung eines Feldesteils des Hoerder Kohlenwerks an die Bergbau-Actien-Gesellschaft Mark.
1867, 1895
Pachtvertrag zwischen Hoerder Verein und Bergbau-Actien-Gesellschaft Mark über den Abbau

eines Feldesteils durch die Zeche Freiberg & Augustenshoffnung vom 18.12.1867; Lageplan, mit Einzeichnung der Feldesgrenzen und fündigen Bohrungen; Haftungserklärung von Theodor Schulze-Dellwig als Verwaltungsratsmitglied der Pächterin zur Zahlung der an eine Mindestproduktion gebundenen Pacht vom 18.12.1867; Nachtragsvertrag vom 26./29.08.1895 zur Änderung verschiedener Vertragsklauseln.

1915 Steinkohlen- und Baumaterialversorgung des Hoerder Vereins.
1871–1872
Schriftwechsel des Hoerder Vereins und Lieferverträge zu Kohlen und Kokslieferungen, u. a. mit Massener Gesellschaft für Kohlenbergbau, Zeche Courl, Zeche ver. Dorstfeld, Hannoversche Bergwerks-Actien-Gesellschaft, Firma Stutz & Isert und Zeche Pluto, Januar 1871 bis Juni 1872; Schriftwechsel des Hoerder Vereins und Lieferverträge zu Ziegelstein- und Baustofflieferungen sowie Baudienstleistungen; Verträge zwischen Hoerder Verein sowie J. Liesenhoff und F. J. Lüthgen über den Bau von jeweils vier Arbeiterhäusern am Jacobskamp in [Dortmund-]Hörde vom 12.05.1871 und 22.05.1871; Zeichnungen der Fenster und Türen der Häuser.

6.5.3 Kalk- und Dolomitversorgung

1130 Erwerb eines Kalksteinvorkommens und Anschluss an den Bahnhof Letmathe der Ruhr-Sieg-Bahn.
1856–1859
Kaufvertrag zwischen Hoerder Verein und Caspar Heinrich Röttger über ein Grundstück mit Kalksteinfelsen in Genna bei [Iserlohn-]Letmathe vom 21.05.1856; Auszüge aus Niederschriften der Verwaltungsratssitzungen des Hoerder Vereins; Lageplan von Steinvorkommen und Bahnhof; einzelne Schreiben zwischen Hoerder Verein, Verwaltungsratsmitglied Carl Overweg und Königlicher Eisenbahndirektion Elberfeld zu Ankauf und Bahnanschluss an die Strecke der Bergisch-Märkischen Eisenbahn; Kostenvoranschlag zur Kalksteinproduktion.

2013 Dolomitversorgung des Hoerder Vereins.
1881–1882, 1888
Einzelne Schreiben zwischen Hoerder Verein und W. Rittershaus, Grund (Harz), zur Bestellung und Lieferung von Dolomit.

2360 Betrieb der Kalksteinbrüche bei [Iserlohn-]Letmathe.
1892–1899, 1904–1905
Grundbuchauszüge; Schriftwechsel zwischen Hoerder Verein, Rheinisch-Westfälischen Kalkwerken und Kalksteinbruchbesitzer H. Happe zu Organisation des Steinbruchbetriebs, Grundstücksangelegenheiten, Transportfragen, Reparaturen und Steuern.

2270 Geplanter Erwerb von Kalksteinbrüchen bei Binolen, Kreis Arnsberg.
1903
Niederschriften von Besprechungen zwischen Hoesch AG, Westdeutscher Eisenbahn-Gesellschaft und Vertretern von Grundstückseigentümern zu den Modalitäten des Erwerbs von Grundstücken und Steinbrüchen sowie zum Bau einer Anschlussbahn bzw. dem Angebot der Verkäufer (Abschriften); Zeitungsausschnitte; Absage der Hoesch AG vom 29.07.1903; Angebot der Verkäufer an die Union AG vom Oktober 1903 (Abschrift); Schriftwechsel zwischen Hoerder Verein und

Union AG über Besichtigung der Steinbrüche, Kosten von Verarbeitungsanlagen und den gemeinsamen Erwerb und Betrieb der Steinbrüche.

6.6 Neubau

5989 Verzeichnis der Baukonzessionen der Hermannshütte.
[1841-1953]
Karteikarten chronologisch nach dem Datum des Baugesuchs beziehungsweise der Baugenehmigung geordnet.

5990 Verzeichnis der Baukonzessionen des Hochofenwerks Dortmund.
[1864-1952]
Verschiedene Konzessionen; Gleiskonzessionen für verschiedene Betriebsstätten u. a. Schacht Schleswig; Hörder Kohlenwerk; Dortmunder Hochofenwerk; Konzessionen für verschiedene Behörden, Firmen und Personen; Karteikarten chronologisch beziehungsweise alphabetisch nach Konzessionsnehmer geordnet.

5991 Verzeichnis der Baukonzessionen für Arbeiter- und Beamtenwohnhäuser (Kolonien).
[1890-1943]
Karteikarten alphabetisch nach Kolonien beziehungsweise nach Straßen geordnet; Aufstellung zur Umbenennung von Straßen und über Aktennummern der Bauprojekte.

6.6.1 Werksanlagen
6.6.1.1 Hochöfen
Hoerder Eisenwerk, ab 1898 Hochofenwerk Hörde

3450 Bau der Hochöfen VII und VIII.
1872
Bauantrag des Hoerder Vereins vom 16.05.1872; Baugenehmigung des Königlichen Regierungspräsidiums Arnsberg vom 31.07.1872; Lageplan des Hochofenwerks; Aufrisszeichnung.

3460 Neubau der Hochöfen I und II.
1896-1897
Bauantrag des Hoerder Vereins vom 13.08.1896; Baugenehmigung des Königlichen Regierungspräsidiums Arnsberg Bezirksausschuss vom 08.01.1897; Lageplan des Hochofenwerks; Grund- und Aufrisszeichnungen; Konstruktionszeichnungen der Firma Aug. Klönne.

3488 Neubau des Hochofens IV mit fünf Winderhitzern.
1900-1902
Bauantrag des Hoerder Vereins vom 15.05.1900; Baugenehmigung des Königlichen Regierungspräsidiums Arnsberg Bezirksausschuss vom 07.11.1900; Lageplan des Hochofenwerks; statische Berechnungen; Konstruktions-, Grund- und Aufrisszeichnungen der Firma Aug. Klönne; Schriftwechsel zwischen Hoerder Verein und Bezirksausschuss zum Genehmigungsverfahren.

3466 Neubau der Gießhalle der Hochöfen V und VI als Ersatz für die Gießhalle von 1872.
1903
Bauantrag des Hoerder Vereins vom 26.03.1903; Baugenehmigung des Amts [Dortmund-]Wellinghofen vom 11.04.1903; Lageplan; Grund- und Aufrisszeichnung; Konstruktionszeichnung, auch für das Maschinenhaus zur Gichtgasreinigungsanlage; statische Berechnungen; einzelne Schreiben zwischen Hoerder Verein und Amt Wellinghofen zum Genehmigungsverfahren.

3468 Bau eines Winderhitzers, System Cowper, für Hochofen VI.
1903
Bauantrag des Hoerder Vereins vom 23.07.1903; einzelne Schreiben zwischen Hoerder Verein und Amt [Dortmund-]Wellinghofen zum Genehmigungsverfahren.

Hochofenwerk Dortmund

3411 Neubau von vier Winderhitzern.
1899
Baugenehmigung der Stadt Dortmund vom 22.02.1899, mit Auszug aus Baupolizeiverordnung und Ortsstatuten der Stadt Dortmund; Lageplan des Hochofenwerks; Konstruktionszeichnung.

3418 Nachträgliche Bau- und Betriebsgenehmigung für Hochofen II.
1900–1901
Baugenehmigung des Regierungspräsidiums Arnsberg Bezirksausschuss vom 21.12.1900; Antrag des Hoerder Vereins an die Stadt Dortmund auf Betriebsgenehmigung vom 22.06.1900; Lageplan des Hochofenwerks; Grund- und Aufrisszeichnungen.

6.6.1.2 Kokerei

Kokerei Hörde

2212 Planung und Bau von Kokereianlagen beim Hoerder Eisenwerk.
1880–1882, 1894
Bestätigungsschreiben des Hoerder Vereins an Dr. C. Otto & Comp. über den Auftrag zum Bau einer Koksofenbatterie von 50 Öfen vom 11.02.1880 und Einverständniserklärung der Dr. C. Otto & Comp. vom 15.02.1880; Lageplan zu den Ausdrückmaschinengleisanlagen der Ofenanlage; Schriftwechsel zwischen den Vertragspartnern zu Planung, Bau und Abrechnung der Anlage; Kostenvoranschlag und Vertragsentwurf von Franz Brunck zum Bau einer Koksofenanlage von 50 Öfen vom 25.05.1894, mit Lageplan; Gutachten von Fritz W. Lürmann, Osnabrück, zur Rentabilität verschiedener Koksofensysteme für den Hoerder Verein vom 28.03.1894.

2215 Bau einer Koksofenbatterie mit 60 Öfen und Ammoniakgewinnungsanlage sowie einer Seilbahn beim Hoerder Eisenwerk.
1895–1897
Einspruch der Freiherrlich von Romberg'schen Rentei-Verwaltung gegen den Bau vom 15.03.1895; Niederschrift des Ortsbesichtigungstermins am 13.05.1895; Genehmigungsbescheid des Königlichen Regierungspräsidiums Arnsberg Bezirksausschuss vom 24.06.1895 (Abschrift) sowie meh-

rere Änderungsbescheide; Lageplan; Anlagenbeschreibung der Dr. C. Otto & Comp.; Einspruch des Hoerder Vereins gegen die Auflagen der Baugenehmigung vom 21.09.1895; Bauantrag des Hoerder Vereins zum Bau einer Drahtseilbahn zwischen neuer Kokerei und Hochöfen III und IV vom 02.11.1895; Kostenvoranschlag zum Bau einer Waschkaue; Schriftwechsel zwischen Hoerder Verein, Bezirksausschuss, Amt [Dortmund-]Wellinghofen, Königlicher Eisenbahndirektion Elberfeld, Rechtsanwälten und Bauunternehmern zu den Genehmigungsverfahren für Kokerei und Seilbahn sowie zur Kreuzung von Straßen und Bahnstrecken durch Seilbahn und Rohrleitungen.

2206 Beteiligung des Hoerder Vereins an den Einnahmen aus dem Verkauf von Nebenprodukten der Kokerei der Dr. C. Otto & Comp. beim Hochofenwerk Hörde.
1895, 1898–1903
Bestätigungsschreiben der Dr. C. Otto & Comp. vom 16.03.1895 zu einer Vereinbarung mit dem Hoerder Verein über den Bau einer Koksofenbatterie mit 60 Öfen auf Kosten der Dr. C. Otto & Comp. gegen Überlassung der Einnahmen aus dem Verkauf von Nebenprodukten; monatliche Aufstellungen der Betriebsergebnisse und Betriebskosten der Kokerei, Januar 1899 bis November 1903; Schriftwechsel zwischen den Vertragspartnern zur Beteiligung des Hoerder Vereins an den Einnahmen durch Kauf von 50 % der Anlage Ende 1898 und Verrechnung der Gewinnbeteiligung.

2350 Beteiligung des Hoerder Vereins an den Einnahmen aus dem Verkauf von Nebenprodukten der Kokerei der Dr. C. Otto & Comp. bei Hoerder Eisenwerk bzw. Hochofenwerk Hörde.
1895–1899, 1904–1905
Bestätigungsschreiben der Dr. C. Otto & Comp. vom 16.03.1895 zu einer Vereinbarung mit dem Hoerder Verein über den Bau einer Koksofenbatterie mit 60 Öfen auf Kosten der Dr. C. Otto & Comp. gegen Überlassung der Einnahmen aus dem Verkauf von Nebenprodukten mit Option zum Erwerb gegen eine feste Summe (Abschrift); monatliche Aufstellungen der Betriebsergebnisse und Betriebskosten der Kokerei, Januar bis Dezember 1904; Schriftwechsel zwischen den Vertragspartnern zur Beteiligung des Hoerder Vereins an den Einnahmen durch Kauf von 50 % der Anlage Ende 1898 (Abschriften) sowie weiterer 50 % zum 01.01.1905 und Verrechnung der Gewinnbeteiligung; einzelne Schreiben zwischen Hoerder Verein und Amt [Dortmund-]Wellinghofen zur Besteuerung des Verkaufs.

2088 Bau einer Koksofenbatterie mit 52 Öfen im Hochofenwerk Hörde.
1899
Aufträge, Angebote, Bestellungen und Rechnungen für Anlagen, Dampfkessel und Maschinen verschiedener Hersteller und Lieferanten sowie Schriftwechsel des Hoerder Vereins mit diesen, insbesondere mit Firma F. J. Collin, Dortmund, zum Bau der Anlage, Juni bis August 1899.

2125 Bau einer Koksofenbatterie mit 52 Öfen im Hochofenwerk Hörde.
1899–1900
Lieferbedingungen der Elektrizitäts-AG vorm. W. Lahmeyer & Co. (gedruckt); Angebote, Rechnungen und Versandlisten verschiedener Lieferanten, insbesondere von Gewerkschaft Schalker Eisenhütte, J. Pohlig AG, Köln, Firma F. J. Collin, Dortmund, sowie einzelne Schreiben zwischen Hoerder Verein und diesen zu Bestellungen von Baumaterialien und Anlagen.

2213 Aufbau von Kohlenstampf- und -ausdrückmaschinen für die neue Koksofenbatterie von 52 Öfen und Bau einer Koksseilbahn zur Hochofenanlage.

1900–1902
Rechnung der Firma F. J. Collin, Dortmund, für die Lieferung der Kokerei vom 01.08.1900; Lieferantenrechnungen; Schriftwechsel zwischen Hoerder Verein, J. Pohlig AG, Kuhn & Co. Brucher Maschinenfabrik und Gewerkschaft Schalker Eisenhütte zu Planung, Bestellung, Lieferung und Montage von Kohlenstampfmaschine, Kohlenausdrückmaschine und Koksseilbahn zwischen Kokerei und Hochöfen I, II und V des Hochofenwerks Hörde.

3474 Bau einer Kokerei mit 60 Öfen und Nebenproduktengewinnung beim Hochofenwerk Hörde.
1904–1905
Bauantrag des Hoerder Vereins vom 18.03.1904; Baugenehmigung des Kreises [Dortmund-]Hörde vom 26.05.1904; Lageplan, Grund- und Aufrisszeichnungen sowie Konstruktionszeichnungen der Dr. C. Otto & Comp.; Schriftwechsel zwischen Hoerder Verein und Kreis Hörde zum Genehmigungsverfahren.

Kokerei Hochofenwerk Dortmund

3417 Neubau einer Kohlenmischanlage für die Kokerei im Hochofenwerk Dortmund.
1900–1901
Baugenehmigung der Stadt Dortmund vom 19.09.1900 mit Auszug aus Baupolizeiverordnung und Ortsstatuten der Stadt Dortmund; Lageplan des Hochofenwerks; Grund- und Aufrisszeichnungen; Bauabnahmeschein vom 14.03.1901.

3423 Umbau der Kokerei des Hochofenwerks Dortmund.
1903–1904
Bauantrag des Hoerder Vereins vom 15.07.1903 (Abschrift) mit Nachtrag vom 23.09.1903; Schriftwechsel zwischen Hoerder Verein und Stadt Dortmund zur Änderung des Antrags; Baugenehmigung der Stadt Dortmund vom 14.01.1904; Lageplan; Grund- und Aufrisszeichnungen.

6.6.1.3 Stahlwerke

3707 Erweiterung des Gebäudes des Siemens-Martin-Stahlwerks.
1899, 1902
Bauantrag des Hoerder Vereins vom 24.03.1899; Baugenehmigung der Stadt [Dortmund-]Hörde vom 15.06.1899, mit Auszug aus der Baupolizeiverordnung; Lageplan; Grund- und Aufrisszeichnungen sowie Konstruktionszeichnungen und statische Berechnungen der Firma Aug. Klönne.

3740 Bau größerer Öfen im Siemens-Martin-Stahlwerk.
1901–1902
Bauantrag des Hoerder Vereins vom 08.05.1901; Baugenehmigung der Stadt [Dortmund-]Hörde vom 28.06.1901 und Nachtrag vom 06.10.1902; Grund-, Aufriss- und Konstruktionszeichnungen; Lageplan; einzelne Schreiben zwischen Hoerder Verein und Stadt Hörde zum Genehmigungsverfahren.

3760 Bau einer neuen Überdachung für den nordwestlichen Teil des Thomas-Stahlwerks.
1905
Bauantrag des Hoerder Vereins vom 09.05.1905; Baugenehmigung der Stadt [Dortmund-]Hörde vom 16.06.1905, mit Auszug aus der Baupolizeiverordnung; Grund- und Aufrisszeichnungen; statische Berechnungen; Lageplan.

6.6.1.4 Walzwerke

3686 Erweiterung des Blechwalzwerks.
1890
Bauanträge des Hoerder Vereins vom 24.05.1890 und 18.06.1890; Baugenehmigung der Stadt [Dortmund-]Hörde vom 24.06.1890; einzelne Schreiben zwischen Hoerder Verein und Provinz Westfalen Landesbaudirektion Soest-Lippstadt zum Bauantrag.

3691 Bau eines Schnellwalzwerks sowie Erweiterung des Blechwalzwerks und der Kümpelwerkstatt.
1895–1897
Bauantrag des Hoerder Vereins vom 23.11.1895; Grund-, Aufriss- und Konstruktionszeichnungen, auch zu Schweißöfen, sowie statische Berechnungen der Hein, Lehmann & Co. AG; einzelne Schreiben zwischen Hoerder Verein und Stadt [Dortmund-]Hörde zum Genehmigungsverfahren.

3697 Neubau einer Beizanlage für das Blechwalzwerk.
1897–1898
Bauantrag des Hoerder Vereins vom 29.12.1897; Baugenehmigung der Stadt [Dortmund-]Hörde vom 14.02.1898, mit Auszug aus der Baupolizeiverordnung; Lageplan; Grundrisszeichnung.

3703 Neubau der Gebäude des Universalwalzwerks und des Hammerwerks.
1898–1899
Bauantrag des Hoerder Vereins vom 02.08.1898; Baugenehmigung der Stadt [Dortmund-]Hörde vom 10.09.1898, mit Auszug aus der Baupolizeiverordnung; Lageplan; Grund- und Aufrisszeichnungen sowie Konstruktionszeichnungen und statische Berechnungen der Hein, Lehmann & Co. AG.

3735 Umbau und Verlegung der Öfen des Blechwalzwerks und des Presswerks.
1901–1902
Bauantrag des Hoerder Vereins vom 27.07.1901, mit Angaben zur Entwicklung der Anlagen seit 1852; Baugenehmigung der Stadt [Dortmund-]Hörde vom 29.01.1902; Grund-, Aufriss- und Konstruktionszeichnungen; Lageplan; einzelne Schreiben zwischen Hoerder Verein und Stadt Hörde zum Genehmigungsverfahren.

3746 Überdachung der Feinblechwalzenzugmaschine des Blechwalzwerks.
1903–1904
Baugenehmigung der Stadt [Dortmund-]Hörde vom 21.04.1903, mit Auszug aus der Baupolizeiverordnung; Grund- und Aufrisszeichnung; Lageplan.

3751 Bau von zwei Blockglühöfen und Abriss von Roll- und Schweißöfen im Feinwalzwerk.
1903–1904

Bauantrag des Hoerder Vereins vom 17.11.1903; Baugenehmigung der Stadt [Dortmund-]Hörde vom 05.02.1904, mit Auszug aus der Baupolizeiverordnung; Grund- und Aufrisszeichnungen; Konstruktionszeichnungen; Lageplan; einzelne Schreiben zwischen Hoerder Verein und Stadt Hörde zum Genehmigungsverfahren.

3756 Bau einer Überdachung für die hydraulische Blockdruck-Vorrichtung im Blechwalzwerk.
1904–1905
Bauantrag des Hoerder Vereins vom 11.05.1904; Baugenehmigung der Stadt [Dortmund-]Hörde vom 02.06.1904, mit Auszug aus der Baupolizeiverordnung; Grund- und Aufrisszeichnungen; statische Berechnungen; Lageplan; einzelne Schreiben zwischen Hoerder Verein und Stadt Hörde zum Genehmigungsverfahren.

3758 Bau eines Wärmeofens mit Kamin im Feinblechwalzwerk.
1904
Bauantrag des Hoerder Vereins vom 10.05.1904; Baugenehmigung der Stadt [Dortmund-]Hörde vom 23.06.1904, mit Auszug aus der Baupolizeiverordnung; Grund- und Aufrisszeichnungen; statische Berechnungen; Lageplan; einzelne Schreiben zwischen Hoerder Verein und Stadt Hörde zum Genehmigungsverfahren.

3764 Abriss von drei Kaminen und Bau eines neuen Kamins für das Grobblechwalzwerk.
1906
Bauantrag des Hoerder Vereins vom 27.02.1906; Baugenehmigung der Stadt [Dortmund-]Hörde vom 04.04.1906, mit Auszug aus der Baupolizeiverordnung; Aufrisszeichnungen; statische Berechnungen; Lageplan; Bauabnahmeschein vom 12.09.1906; einzelne Schreiben zwischen Hoerder Verein und Stadt Hörde zum Genehmigungsverfahren.

6.6.1.5 Werkstätten und Adjustage

3709 Einbau von Fenstern in das Gebäude der Presswerkstatt.
1899–1900
Bauantrag des Hoerder Vereins vom 13.07.1899; Baugenehmigung der Stadt [Dortmund-]Hörde vom 17.07.1899, mit Auszug aus der Baupolizeiverordnung.

3718 Bau einer Werkstatt beim Trägerlager der Hermannshütte.
1900
Bauantrag des Hoerder Vereins vom 12.01.1900; Baugenehmigung des Amts [Dortmund-]Aplerbeck vom 02.02.1900, mit Auszug aus der Baupolizeiverordnung; Grund- und Aufrisszeichnung; Lageplan; einzelne Schreiben zwischen Hoerder Verein und Amt Aplerbeck zum Genehmigungsverfahren.

3720 Bau einer Bauschreinerei mit Lagerschuppen in der Hermannshütte an der Seekante.
1900–1901
Bauantrag des Hoerder Vereins vom 23.04.1900; Baugenehmigung der Stadt [Dortmund-]Hörde vom 11.05.1900, mit Auszug aus der Baupolizeiverordnung; Grund- und Aufrisszeichnungen; Lageplan; einzelne Schreiben zwischen Hoerder Verein und Stadt Hörde zum Genehmigungsverfahren.

3721 Bau einer Werkstatt für die Werksbahn der Hermannshütte.
1900–1901
Bauantrag des Hoerder Vereins vom 14.07.1900; Baugenehmigung der Stadt [Dortmund-]Hörde vom 18.08.1900, mit Auszug aus der Baupolizeiverordnung; Grund- und Aufrisszeichnungen; Lageplan; einzelne Schreiben zwischen Hoerder Verein und Stadt Hörde zum Genehmigungsverfahren.

3739 Erweiterung der Schwellenadjustage des Stahlwalzwerks.
1902
Bauantrag des Hoerder Vereins vom 20.06.1902; Baugenehmigung der Stadt [Dortmund-]Hörde vom 24.06.1902, mit Auszug aus der Baupolizeiverordnung; Lageplan.

3757 Bau einer Reparaturwerkstatt und eines Luftdruckhammers für das Siemens-Martin-Stahlwerk.
1904
Bauantrag des Hoerder Vereins vom 14.05.1904; Baugenehmigungen der Stadt [Dortmund-]Hörde vom 24.06.1904 und 06.10.1904, mit Auszug aus der Baupolizeiverordnung; Grund- und Aufrisszeichnungen; Konstruktionszeichnungen; statische Berechnungen; Lageplan; einzelne Schreiben zwischen Hoerder Verein und Stadt Hörde zum Genehmigungsverfahren.

3762 Bau einer Wagenreparaturwerkstatt für die Werksbahn der Hermannshütte.
1905–1906
Bauantrag des Hoerder Vereins vom 18.11.1905; Baugenehmigung der Stadt [Dortmund-]Hörde vom 18.01.1906, mit Auszug aus der Baupolizeiverordnung; Grund- und Aufrisszeichnungen; statische Berechnungen; Lageplan; Bauabnahmeschein vom 12.09.1906; einzelne Schreiben zwischen Hoerder Verein und Stadt Hörde zum Genehmigungsverfahren.

3767 Anbau eines Gebäudes für eine Elektroschweißanlage an die Räderfabrik.
1906
Bauantrag des Hoerder Vereins vom 26.07.1906; Baugenehmigung der Stadt [Dortmund-]Hörde vom 06.09.1906, mit Auszug aus der Baupolizeiverordnung; Grund- und Aufrisszeichnung; Lageplan; Bauabnahmeschein vom 12.09.1906; einzelne Schreiben zwischen Hoerder Verein und Stadt Hörde zum Genehmigungsverfahren.

6.6.1.6 Gießereien, Schmiede-, Hammer- und Presswerke

3692 Bau einer Kesselschmiede.
1895–1896
Bauantrag des Hoerder Vereins vom 23.11.1895; Baugenehmigung der Stadt [Dortmund-]Hörde vom 05.05.1896; Lageplan der Hermannshütte; Grund- und Aufrisszeichnungen sowie statische Berechnungen der Firma Aug. Klönne; einzelne Schreiben zwischen Hoerder Verein und Stadt Hörde zum Genehmigungsverfahren.

3705 Bau eines neuen Dachs für das Hammerwerk.
1898–1899
Bauantrag des Hoerder Vereins vom 23.08.1898; Baugenehmigung der Stadt [Dortmund-]Hörde vom 10.09.1898, mit Auszug aus der Baupolizeiverordnung.

3711 Bau einer neuen Eisengießerei.
1899
Lageplan; Grund-, Aufriss- und Konstruktionszeichnungen sowie statische Berechnungen der Firma Aug. Klönne.

3716 Erweiterung des Hammerwerks.
1899–1900
Bauantrag des Hoerder Vereins vom 09.11.1899; Baugenehmigung der Stadt [Dortmund-]Hörde vom 06.01.1900, mit Auszug aus der Baupolizeiverordnung; Lageplan; Grund-, Aufriss- und Konstruktionszeichnungen sowie statische Berechnungen der Hein, Lehmann & Co. AG.

3723 Erweiterung des Hammerwerks.
1900–1902
Bauantrag des Hoerder Vereins vom 12.09.1900; Baugenehmigung der Stadt [Dortmund-]Hörde vom 30.10.1900, mit Auszug aus der Baupolizeiverordnung; Lageplan.

3736 Umbau und Verlegung der Öfen des Hammerwerks.
1901–1902
Bauantrag des Hoerder Vereins vom 07.08.1901, mit Angaben zur Entwicklung der Anlagen seit 1852; Baugenehmigung der Stadt [Dortmund-]Hörde vom 29.01.1902; Grund-, Aufriss- und Konstruktionszeichnungen; Lageplan; einzelne Schreiben zwischen Hoerder Verein und Stadt Hörde zum Genehmigungsverfahren.

3750 Anbau an die Räderfabrik.
1903–1904
Bauantrag des Hoerder Vereins vom 18.12.1903; Baugenehmigung der Stadt [Dortmund-]Hörde vom 03.02.1904, mit Auszug aus der Baupolizeiverordnung; Grund- und Aufrisszeichnungen; Lageplan; einzelne Schreiben zwischen Hoerder Verein und Stadt Hörde zum Genehmigungsverfahren.

3755 Anbau an die Räderfabrik.
1903–1904
Bauantrag des Hoerder Vereins vom 31.03.1904; Baugenehmigung der Stadt [Dortmund-]Hörde vom 20.05.1904, mit Auszug aus der Baupolizeiverordnung; Grund- und Aufrisszeichnungen; Lageplan.

6.6.1.7 Dampfhämmer und Fallwerke

3734 Verlegung eines Dampfhammers zur Reparaturwerkstatt des Blechwalzwerks.
1901
Bauantrag des Hoerder Vereins vom 24.04.1901; Baugenehmigung der Stadt [Dortmund-]Hörde vom 20.08.1901, mit Auszug aus der Baupolizeiverordnung; Grundrisszeichnung; Lageplan; einzelne Schreiben zwischen Hoerder Verein und Stadt Hörde zum Genehmigungsverfahren.

3738 Verlegung und Vergrößerung des Fallwerks der Probierstation der Hermannshütte.
1901–1902

Bauantrag des Hoerder Vereins vom 27.12.1901; Baugenehmigung der Stadt [Dortmund-]Hörde vom 13.02.1902, mit Auszug aus der Baupolizeiverordnung; Grund- und Aufrisszeichnung; Lageplan; einzelne Schreiben zwischen Hoerder Verein und Stadt Hörde zum Genehmigungsverfahren.

6.6.1.8 Steinfabrik

2014 Bau eines Brennofens zur Herstellung basischer Ziegel auf der Hermannshütte.
1880–1888, 1909
Kostenvoranschlag des Ingenieurs Georg Mendheim, München, zum Bau einer Ofenanlage vom 31.01.1881; Grund- und Aufrisszeichnungen der Ofenanlage und der Ofeneingänge; Aufstellungen zum Materialbedarf; Schriftwechsel zwischen Hoerder Verein und Mendheim zu technischen Fragen, Konstruktion, Bau und Betrieb der Ofenanlage sowie mit Haupt & Lange, Brieg bei Breslau, zur Lieferung von gebranntem Magnesit und fertiger Magnesitziegel.

3702 Bau eines Sandschuppens für die Steinfabrik der Hermannshütte.
1898–1899
Bauantrag des Hoerder Vereins vom 29.07.1898; Baugenehmigung der Stadt [Dortmund-]Hörde vom 19.08.1898, mit Auszug aus der Baupolizeiverordnung; Lageplan; Grund- und Aufrisszeichnungen.

6.6.1.9 Lager

3752 Bau eines Modelllagers bei der Eisengießerei.
1903–1904
Bauantrag des Hoerder Vereins vom 28.12.1903; Baugenehmigung der Stadt [Dortmund-]Hörde vom 05.02.1904, mit Auszug aus der Baupolizeiverordnung; Grund- und Aufrisszeichnungen; Lageplan; einzelne Schreiben zwischen Hoerder Verein und Stadt Hörde zum Genehmigungsverfahren.

3763 Bau eines Lagerschuppens für feuerfeste Steine bei der Eisengießerei.
1905–1906
Bauantrag des Hoerder Vereins vom 04.11.1905; Baugenehmigung der Stadt [Dortmund-]Hörde vom 25.01.1906, mit Auszug aus der Baupolizeiverordnung; Grund- und Aufrisszeichnungen; Lageplan.

6.6.1.10 Verwaltungsgebäude

3687 Erweiterung der Hörder Burg.
1894
Bauantrag des Hoerder Vereins vom 31.08.1894; Baugenehmigung der Stadt [Dortmund-]Hörde vom 22.09.1894; Grund- und Aufrisszeichnungen.

3459 Bau eines Bürogebäudes für die Spedition des Hochofenwerks Hörde.
1898
Baugenehmigung der Stadt [Dortmund-]Hörde vom 05.02.1898; Grund- und Aufrisszeichnung.

3700 Erweiterung des Gebäudes der Bahninspektion der Hermannshütte.
1898–1899
Bauantrag des Hoerder Vereins vom 16.07.1898; Baugenehmigung der Stadt [Dortmund-]Hörde vom 26.07.1898, mit Auszug aus der Baupolizeiverordnung; Grund- und Aufrisszeichnungen.

3701 Bau eines Verwaltungsgebäudes für das Trägerlager der Hermannshütte.
1898–1899
Bauantrag des Hoerder Vereins vom 18.07.1898; Baugenehmigung des Amts [Dortmund-]Aplerbeck vom 01.08.1898, mit Auszug aus der Baupolizeiverordnung; Lageplan; Grund- und Aufrisszeichnungen; einzelne Schreiben zwischen Hoerder Verein und Amt Aplerbeck zum Genehmigungsverfahren.

3724 Umbau der ehemaligen Schreinerei der Hermannshütte in ein Bürogebäude.
1900–1901
Bauantrag des Hoerder Vereins vom 26.09.1900; Baugenehmigung der Stadt [Dortmund-]Hörde vom 01.11.1900, mit Auszug aus der Baupolizeiverordnung; Grund- und Aufrisszeichnungen; Lageplan; einzelne Schreiben zwischen Hoerder Verein und Stadt Hörde zum Genehmigungsverfahren.

3737 Erweiterung des Bürogebäudes der Probierstation der Hermannshütte.
1902–1903
Bauantrag des Hoerder Vereins vom 27.12.1902; Baugenehmigung der Stadt [Dortmund-]Hörde vom 08.03.1902, mit Auszug aus der Baupolizeiverordnung; Grund- und Aufrisszeichnungen; Lageplan; einzelne Schreiben zwischen Hoerder Verein und Stadt Hörde zum Genehmigungsverfahren.

6.6.1.11 Qualitätswesen und Forschung

3713 Neubau des Laboratoriums der Hermannshütte beim Portierhaus an der Bickefeldstraße.
1899–1902
Bauantrag des Hoerder Vereins vom 30.08.1899; Baugenehmigung der Stadt [Dortmund-]Hörde vom 18.09.1899, mit Auszug aus der Baupolizeiverordnung; Grund- und Aufrisszeichnungen; Lageplan; einzelne Schreiben zwischen Hoerder Verein und Stadt Hörde zum Genehmigungsverfahren.

3422 Bau eines Gebäudes für die Erzprobennahme des Hochofenwerks Dortmund.
1903
Bauantrag des Hoerder Vereins vom 30.06.1903 (Abschrift); Bauabnahmeschein der Stadt Dortmund vom 30.09.1903; Lageplan; Grund- und Aufrisszeichnungen.

6.6.1.12 Werkseingänge

3710 Anschluss des Portierhauses der Hermannshütte an der Bickefeldstraße an das städtische Kanalsystem.
1899–1902
Bauantrag des Hoerder Vereins vom 31.07.1899; Baugenehmigung der Stadt [Dortmund-]Hörde vom 02.08.1899; einzelne Schreiben zwischen Hoerder Verein und Stadt Hörde zur Einleitung von Schmutzwasser.

3712 Umbau des Eingangstores der Hermannshütte an der Chausseestraße.
1899–1900
Bauantrag des Hoerder Vereins vom 07.09.1899; Baugenehmigung der Stadt [Dortmund-]Hörde vom 09.09.1899, mit Auszug aus der Baupolizeiverordnung.

3714 Überdachung des Hofraumes am ehemaligen Haupttor der Hermannshütte an der Bickefeldstraße.
1899–1900
Bauantrag des Hoerder Vereins vom 23.10.1899; Baugenehmigung der Stadt [Dortmund-]Hörde vom 07.11.1899, mit Auszug aus der Baupolizeiverordnung; statische Berechnungen und Konstruktionszeichnung der Firma H. Werth Brückenbauanstalt, Dortmund; Lageplan; einzelne Schreiben zwischen Hoerder Verein und Stadt Hörde zum Genehmigungsverfahren.

3420 Bau eines Portierhäuschens für das Hochofenwerk Dortmund.
1903
Bauantrag des Hoerder Vereins vom 10.06.1903 (Abschrift); Bauabnahmeschein der Stadt Dortmund vom 09.10.1903; Lageplan; Grund- und Aufrisszeichnungen.

6.6.1.13 Waschkauen, Toiletten und Aufenthaltsräume

3689 Bau eines Wiegehauses und eines Arbeiteraufenthaltsgebäudes für das Trägerlager der Hermannshütte.
1895
Bauantrag des Hoerder Vereins vom 02.10.1895; Baugenehmigung des Amts [Dortmund-]Aplerbeck vom 11.10.1895; Lageplan; Grund- und Aufrisszeichnungen.

3453 Bau eines Badehauses im Hoerder Eisenwerk.
1896
Baugenehmigung der Stadt [Dortmund-]Hörde vom 17.03.1896; Lageplan; Grund- und Aufrisszeichnung.

3310 Einbau von Fenstern in die Obermeisterstube in [Dortmund-]Hörde, Bickefeldstraße.
1899
Bauantrag des Hoerder Vereins vom 20.02.1899; Baugenehmigung der Stadt [Dortmund-]Hörde vom 21.02.1899.

3463 Bau einer Waschkaue mit Aufenthaltsraum für das Hochofenwerk Hörde.
1902–1903
Bauantrag des Hoerder Vereins vom 17.03.1902; Baugenehmigung der Stadt [Dortmund-]Hörde vom 19.04.1902; Lageplan; Grund- und Aufrisszeichnung.

3747 Bau von drei Waschkauen für Blechwalzwerk, Blockwalzwerk und Zentralreparaturwerkstatt der Hermannshütte.
1903–1904
Bauantrag des Hoerder Vereins vom 16.05.1903; Baugenehmigung der Stadt [Dortmund-]Hörde vom 09.06.1903, mit Auszug aus der Baupolizeiverordnung; Grund- und Aufrisszeichnungen; Lageplan; einzelne Schreiben zwischen Hoerder Verein und Stadt Hörde zum Genehmigungsverfahren.

3670 Bau eines Warteraums für Arbeiter auf Schacht Schleswig des Hoerder Kohlenwerks.
1904
Bauantrag des Hoerder Vereins vom 14.06.1904; Baugenehmigung des Amts [Dortmund-]Brackel vom 23.06.1904, mit Auszug aus der Baupolizeiverordnung; Lageplan; Grund- und Aufrisszeichnung.

3754 Bau einer Toilettenanlage für das Blechwalzwerk der Hermannshütte.
1904–1905
Bauantrag des Hoerder Vereins vom 26.03.1904; Baugenehmigung der Stadt [Dortmund-]Hörde vom 05.04.1904, mit Auszug aus der Baupolizeiverordnung; Grund- und Aufrisszeichnungen; Lageplan; einzelne Schreiben zwischen Hoerder Verein und Stadt Hörde zum Genehmigungsverfahren.

3759 Erweiterung des Aufenthaltsgebäudes für Arbeiter des Trägerlagers der Hermannshütte.
1905
Bauantrag des Hoerder Vereins vom 23.03.1905; Baugenehmigung des Amts [Dortmund-]Aplerbeck vom 28.03.1905, mit Auszug aus der Baupolizeiverordnung; Grund- und Aufrisszeichnungen; Lageplan; Bauabnahmeschein vom 17.06.1905.

6.6.1.14 Ziegeleien

3725 Bau einer Feldbrandziegelei mit drei Öfen in [Dortmund-]Hörde, Benninghofer Straße.
1890
Bauantrag des Hoerder Vereins vom 18.03.1890; Baugenehmigung der Stadt [Dortmund-]Hörde vom 24.03.1890; Lagepläne.

3452 Bau einer Ziegelbrennofenanlage auf Gut Hympendahl in [Dortmund-]Hacheney.
1896
Bauantrag des Hoerder Vereins vom 01.09.1896; Baugenehmigung der Stadt [Dortmund-]Hörde vom 24.10.1896; Lageplan; Grund- und Aufrisszeichnung.

3669 Bau einer Ringofenziegelei mit Menage, Pferdestall und Lagerschuppen auf Schacht Schleswig des Hoerder Kohlenwerks.
1898
Bauantrag des Hoerder Vereins vom 02.02.1898; Baugenehmigung des Kreises Dortmund-Land vom 14.06.1898; Lageplan; Grund- und Aufrisszeichnungen.

6.6.1.15 Casinos und Verkaufseinrichtungen

3421 Betriebsgenehmigungen und Bau einer Toilettenanlage für die Werkskantine des Hochofenwerks Dortmund.
1875, 1892, 1902–1903
Ausschankgenehmigung für Branntwein der Stadt Dortmund für die Firma Carl von Born vom 23.11.1875; einzelne Schreiben der Firma Carl von Born an die Stadt Dortmund wegen einer Ausschankgenehmigung für Bier auf dem Werksgelände, 1892; Schriftwechsel zwischen Hoerder Verein und Stadt Dortmund wegen Erneuerung der Schankerlaubnis und Einbau der Toilettenanlage; Baugenehmigung der Stadt Dortmund vom 28.04.1903, mit Auszug aus Baupolizeiverordnung und Ortsstatuten der Stadt Dortmund; Lageplan; Grund- und Aufrisszeichnungen; Bauabnahmeschein vom 31.10.1903.

3698 Bau eines Ladenlokals am Burgtor der Hermannshütte.
1898–1899
Bauantrag des Hoerder Vereins vom 23.03.1898; Baugenehmigung der Stadt [Dortmund-]Hörde vom 28.03.1898, mit Auszug aus der Baupolizeiverordnung; Lageplan; Grund- und Aufrisszeichnungen.

2143 Erweiterung des Hütten-Casinos des Hoerder Vereins.
1898–1900
Angebote, Rechnungen und Lieferscheine verschiedener Lieferanten sowie einzelne Schreiben zwischen Hoerder Verein und diesen zu Bestellungen von Baumaterialien, Handwerkerleistungen und Anlagen; Werbematerialien der Firma Fritz Kaeferle, Hannover, für eine Dampfheizung und eine Lüftungsanlage sowie Kostenvoranschlag und Einbauplan.

3311 Anbau eines Warenlagers an das Ladenlokal in [Dortmund-]Hörde, Benninghofer Straße 31.
1899–1900
Bauantrag des Hoerder Vereins vom 23.05.1899; Baugenehmigung der Stadt [Dortmund-]Hörde vom 13.06.1899, mit Auszug aus der Baupolizeiverordnung; Lageplan; Grund- und Aufrisszeichnungen; einzelne Schreiben zwischen Hoerder Verein und Stadt Hörde zum Genehmigungsverfahren.

3719 Bau eines Eismaschinengebäudes für einen Speisesaal der Hermannshütte.
1900
Bauantrag des Hoerder Vereins vom 01.02.1900; Baugenehmigung der Stadt [Dortmund-]Hörde vom 17.02.1900, mit Auszug aus der Baupolizeiverordnung; Grund- und Aufrisszeichnung sowie Konstruktionszeichnung der Schüchtermann & Kremer Maschinenfabrik; Lageplan; einzelne Schreiben zwischen Hoerder Verein und Stadt Hörde zum Genehmigungsverfahren.

3731 Erweiterung des Ladenlokals am Portiergebäude der Hermannshütte, Bickefeldstraße 70.
1901–1902
Bauantrag des Hoerder Vereins vom 02.07.1901; Baugenehmigung der Stadt [Dortmund-]Hörde vom 08.08.1901, mit Auszug aus der Baupolizeiverordnung; Grund- und Aufrisszeichnung; Lageplan; einzelne Schreiben zwischen Hoerder Verein und Stadt Hörde zum Genehmigungsverfahren.

6.6.1.16 Einfriedungen

3306 Bau einer Einfriedungsmauer in [Dortmund-]Hörde, Am Remberg.
1890
Bauantrag des Hoerder Vereins vom 07.07.1890; Lageplan; Baugenehmigung der Stadt [Dortmund-]Hörde vom 11.07.1890.

3308 Bau einer Einfriedungsmauer in [Dortmund-]Hörde, Dortmunder Straße 12.
1890
Baugenehmigung der Stadt [Dortmund-]Hörde vom 20.08.1890.

3688 Bau einer Einfriedungsmauer am Parallelweg der Eliasbahn.
1891
Bauantrag des Hoerder Vereins vom 30.04.1891; Baugenehmigung der Stadt [Dortmund-]Hörde vom 05.05.1891; Lageplan.

3317 Bau einer Einfriedungsmauer in Dortmund, Wißstraße 62.
1895
Baugenehmigung der Stadt Dortmund vom 14.05.1895, mit Auszug aus der Baupolizeiverordnung.

3415 Bau einer Einfriedungsmauer für das Hochofenwerk Dortmund.
1899–1900
Baugenehmigung der Stadt Dortmund vom 04.12.1899, mit Auszug aus Baupolizeiverordnung und Ortsstatuten der Stadt Dortmund; Lageplan; Aufrisszeichnungen; Bauabnahmeschein vom 04.12.1900.

3313 Bau eines Zauns in [Dortmund-]Hörde, Löwenstraße.
1904–1905
Bauantrag des Hoerder Vereins vom 26.05.1904; Baugenehmigung der Stadt [Dortmund-]Hörde vom 23.06.1904, mit Auszug aus der Baupolizeiverordnung; Aufrisszeichnung; einzelne Schreiben zwischen Hoerder Verein und Stadt Hörde zum Genehmigungsverfahren.

6.6.1.17 Sonstiges

2120 Aufbau eines Werkstelefonnetzes durch den Hoerder Verein.
1884–1899
Gemeinsames Rundschreiben der Handelskammern des rheinisch-westfälischen Industriebezirks und des Bergbau-Vereins zur Sammlung von Baukostenzuschüssen für eine „allgemeine

Fernsprechanlage" vom Oktober 1884 sowie Aufstellung der Beteiligungszusagen von Unternehmen bzw. Teilnehmerverzeichnis bis zum 10.02.1885 (gedruckt); Vertrag zwischen Kaiserlicher Ober-Postdirection Düsseldorf und Hoerder Verein über den Anschluss von Hermannshütte und Hoerder Eisenwerk an das Telefonnetz vom 01.10.1886, mit Anlage: Bedingungen für die Theilnahme an einer allgemeinen Fernsprechverbindung im niederrheinisch-westfälischen Industriebezirk 1886, 1889, 1897 gedruckt); Nachträge zum Teilnehmerverzeichnis (gedruckt); Kostenvoranschläge zum Bau eines Werkstelefonnetzes zwischen beiden Werken sowie zwischen Hermannshütte und Hoerder Kohlenwerk; Werbematerialien von Actien-Gesellschaft Mix & Genest, Berlin, Allgemeine Elektricitäts-Gesellschaft, Berlin, und Louis Welter, Köln, zu Telefonanlagen (gedruckt); Vertrag zwischen Kaiserlicher Ober-Postdirection Arnsberg und Hoerder Verein zum Bau einer Telegrafenverbindung zwischen Hermannshütte und Kaiserlichem Telegraphenamt Dortmund vom 02./16.11.1891, mit Anlage: Bedingungen für die Herstellung und den Betrieb von Nebentelegraphen zum Anschluss an Reichs-Telegraphenanstalten; Schriftwechsel zwischen Hoerder Verein, zuständigen Postbehörden und Actien-Gesellschaft Mix & Genest zu technischen und organisatorischen Fragen sowie Ausbau des Werkstelefonnetzes.

1995 Bau einer Fußgängerbrücke über die Bergisch-Märkische Eisenbahn am Bahnhof Hörde.
1885–1886
Antrag einer Vereinigung von Anwohnern an den Hoerder Verein auf Zahlung eines Baukostenzuschusses vom 10.09.1885 und Einverständniserklärung des Unternehmens vom 02.10.1885; einzelne Schreiben zwischen Vereinigung und Hoerder Verein zu den Planungen.

2211 Baukonzessionen des Hoerder Vereins.
1894–1895, 1899–1902
Einzelne Schreiben zwischen Hoerder Verein, Stadt [Dortmund-]Hörde und Königlicher Gewerbe-Inspektion zu Dortmund zu verschiedenen Genehmigungsverfahren.

3315 Bau einer Scheune für das Gut in [Dortmund-]Benninghofen.
1902
Bauantrag des Hoerder Vereins vom 05.09.1902; Baugenehmigung des Amts [Dortmund-]Wellinghofen vom 16.09.1902, mit Auszug aus der Baupolizeiverordnung; Bauabnahmeschein vom 20.12.1902; Lageplan; Grund- und Aufrisszeichnungen; einzelne Schreiben zwischen Hoerder Verein und Amt Wellinghofen zum Genehmigungsverfahren.

6.6.2 Energie- und Wasserwirtschaft

6.6.2.1 Energieversorgung

Hermannshütte

1332 Verlegung einer Gasleitung über die Dortmund-Hörder Chaussee entlang der Verbindungsbahn zwischen Hermannshütte und Hoerder Eisenwerk (später Eliasbahn).
1873
Vertrag zwischen Hoerder Verein und Königlicher Regierung zu Arnsberg zur Baugenehmigung vom 24.01.1873; notariell beglaubigte Genehmigung des Verwaltungsrats des Hoerder Vereins vom 30.05.1873 (Abschrift); Genehmigung der Regierung zu Arnsberg vom 03.05.1873; einzelne Schrei-

ben zwischen Hoerder Verein, Regierung zu Arnsberg und R. Genzmer, Königlicher Kreisbaumeister zu Dortmund, zu Vertragsabschluss und Grundbuchänderungen; Grundbuchauszüge.

2130 Bau und Erweiterung einer Wassergaserzeugungsanlage.
1884–1893
Vertrag zwischen Hoerder Verein und Bank für Handel und Industrie über den Erwerb einer Lizenz zum Bau einer Wassergasanlage nach System Strong-Dwight vom 21.08.1884 (Abschrift); Grundrisszeichnung der Anlage; Aufstellung zu Fertigstellungsterminen für einzelne Anlagenteile vom 03.11.1886; Schriftwechsel zwischen Hoerder Verein, Centralbureau für Wassergas, Essen, Firma Rudolf Schmitz, Dortmund, und Ingenieuren zu Bau, Betrieb und Reparatur der Anlage sowie Vergasungsversuchen mit verschiedenen Kohlen.

3708 Erweiterung der Generatorenanlage des Siemens-Martin-Stahlwerks.
1899–1901
Bauantrag des Hoerder Vereins vom 08.07.1899; Baugenehmigung der Stadt [Dortmund-]Hörde vom 15.07.1899, mit Auszug aus der Baupolizeiverordnung; Lageplan; Grund- und Aufrisszeichnungen sowie Konstruktionszeichnungen und statischen Berechnungen der Firma v. d. Becke & Co., Dortmund.

2124 Bau einer Elektrozentrale.
1899–1900
Angebote, Rechnungen und Versandlisten verschiedener Lieferanten, insbesondere von Berlin-Anhaltische Maschinenbau-AG und Elektrizitäts-AG vorm. Schuckert & Co., sowie einzelne Schreiben zwischen Hoerder Verein und diesen zu Bestellungen von Baumaterialien und Anlagen.

2144 Bau einer Elektrozentrale.
1900–1901
Angebote, Rechnungen und Versandlisten verschiedener Lieferanten, insbesondere von Berlin-Anhaltischer Maschinenbau-AG, Elektrizitäts-AG vorm. Schuckert & Co. und Gasmotoren-Fabrik Deutz, sowie einzelne Schreiben zwischen Hoerder Verein und diesen zu Bestellungen von Baumaterialien und Anlagen.

3727 Erweiterung der Generatoranlage des Siemens-Martin-Stahlwerks.
1901–1902
Bauantrag des Hoerder Vereins vom 01.05.1901; Baugenehmigung der Stadt [Dortmund-]Hörde vom 10.06.1901, mit Auszug aus der Baupolizeiverordnung; Grund- und Aufrisszeichnungen; Lageplan; einzelne Schreiben zwischen Hoerder Verein und Stadt Hörde zum Genehmigungsverfahren.

3728 Bau von drei Dampfüberhitzern beim Blockwalzwerk.
1901–1902
Bauantrag des Hoerder Vereins vom 03.05.1901; Baugenehmigung der Stadt [Dortmund-]Hörde vom 11.06.1901, mit Auszug aus der Baupolizeiverordnung; Aufriss- und Konstruktionszeichnungen der Dingler'schen Maschinenfabrik AG; Lageplan; einzelne Schreiben zwischen Hoerder Verein und Stadt Hörde zum Genehmigungsverfahren.

3729 Bau von zwei Dampfüberhitzern beim Blechwalzwerk.
1901–1902
Bauantrag des Hoerder Vereins vom 07.05.1901; Baugenehmigung der Stadt [Dortmund-]Hörde vom 11.06.1901, mit Auszug aus der Baupolizeiverordnung; Aufriss- und Konstruktionszeichnungen der Dingler'sche Maschinenfabrik AG; Lageplan; einzelne Schreiben zwischen Hoerder Verein und Stadt Hörde zum Genehmigungsverfahren.

2197 Bau einer Elektrozentrale.
1902–1903
Angebote, Rechnungen und Versandlisten verschiedener Lieferanten, insbesondere von Berlin-Anhaltischer Maschinenbau-AG, Elektrizitäts-AG vorm. Schuckert & Co., Gasmotoren-Fabrik Deutz und Zschocke's Maschinenfabrik, sowie einzelne Schreiben zwischen Hoerder Verein und diesen zu Bestellungen von Baumaterialien und Anlagen.
Akte ist nicht gebunden; Inhalt ist durcheinandergeraten.

Hoerder Eisenwerk, ab 1898 Hochofenwerk Hörde

3449 Bau eines Gasometers.
1881
Bauantrag des Hoerder Vereins vom 22.08.1881; Baugenehmigung des Regierungspräsidiums Arnsberg Bezirksausschuss vom 23.11.1881.

1972 Bau eines Gasometers.
1881–1882
Angebote von August Klönne und K. & Th. Möller, Kupferhammer bei Brackwede, zum Bau eines Gasometers von 600 m3 Inhalt; Bauauftrag des Hoerder Vereins an Klönne vom 11.06.1881; Bauantrag des Hoerder Vereins vom 22.08.1881; einzelne Schreiben zwischen Hoerder Verein, Genehmigungsbehörden, Klönne und Königlicher Eisenbahndirektion Elberfeld zu Baufortschritt, Begleichung von Rechnungen, Genehmigungsverfahren und Verzicht des Hoerder Vereins auf Gewährleistungen der Eisenbahndirektion für Erschütterungsschäden.

3471 Bau einer Elektrozentrale mit Gasmaschinen und Gasbehälter.
1897
Bauantrag des Hoerder Vereins vom 31.05.1897; Baugenehmigung der Stadt [Dortmund-]Hörde vom 13.07.1897, mit Auszügen aus der Baupolizeiverordnung; Grund- und Aufrisszeichnungen; Konstruktionszeichnungen der Firma Balcke & Co.

3476 Bau eines Gebäudes für den Gaswascher der Elektrozentrale.
1904
Bauantrag des Hoerder Vereins vom 08.09.1904; Baugenehmigung der Stadt [Dortmund-]Hörde vom 22.09.1904, mit Auszügen aus der Baupolizeiverordnung; Lageplan; Grund- und Aufrisszeichnungen.

3477 Bau eines weiteren Gebäudes für den Gaswascher der Elektrozentrale.
1904–1905

Bauantrag des Hoerder Vereins vom 17.12.1904; Baugenehmigung der Stadt [Dortmund-]Hörde vom 07.01.1905, mit Auszügen aus der Baupolizeiverordnung; Lageplan; Grund- und Aufrisszeichnungen.

Hochofenwerk Dortmund

3419 Abbruch und Neubau eines Kamins bei den Kesselanlagen.
1903
Bauantrag des Hoerder Vereins vom 07.03.1903; statische Berechnungen; Baugenehmigung der Stadt Dortmund vom 09.06.1900, mit Auszug aus Baupolizeiverordnung und Ortsstatuten der Stadt Dortmund; Lageplan des Hochofenwerks; Aufrisszeichnungen; Bauabnahmeschein vom 04.08.1903; einzelne Schreiben zwischen Hoerder Verein und Stadt Dortmund zum Genehmigungsverfahren.

6.6.2.2 Gaswerk

1848 Errichtung einer Gasanstalt durch den Hoerder Verein.
1856–1859
Kostenvoranschlag des Ingenieurs Adolph Schullenberg, Deutz, vom 27.06.1856; Einspruch von Giesbert Freiherr von Romberg gegen den Bau des Gaswerks wegen zu erwartender Beeinträchtigung der Landwirtschaft vom 15.07.1857; Genehmigungsbescheid der Königlichen Regierung zu Arnsberg vom 01.08.1857 und Genehmigungsurkunde vom 05.09.1857; Grund-, Aufriss- und Querschnittzeichnung des Gaswerks; Lageplan der Hermannshütte; Aufstellungen Schullenbergs zu allen Lieferungen und Leistungen; Schriftwechsel zwischen Hoerder Verein und Schullenberg zu Bau und Abrechnung der Baukosten; einzelne Schreiben zwischen Hoerder Verein und Stadt [Dortmund-]Hörde zu Konditionen der Gaslieferung für die Straßenbeleuchtung und Genehmigungsverfahren.

1921 Bau einer Gasanstalt auf dem Gelände der Hermannshütte.
1869–1872
Baubeschreibung und Kostenvoranschlag von W. Clauss vom 10.09.1869; Vertrag zwischen Hoerder Verein und Clauss über den Bau des Gaswerks vom 03.01.1870; Schriftwechsel zwischen Hoerder Verein und Clauss zum Baufortschritt.

3685 Verlegung der Gasanstalt und Bau eines zweiten Gasometers in der Hermannshütte.
1870–1871
Baubeschreibung des Hoerder Vereins vom 22.08.1870; Baugenehmigung des Königlichen Regierungspräsidiums Arnsberg vom 18.11.1870; Grund-, Aufriss und Konstruktionszeichnung; Lageplan; Betriebserlaubnis der Stadt [Dortmund-]Hörde vom 30.12.1871.

2226 Gasbeleuchtung von Gebäuden und Anlagen.
1887–1888, 1896–1904
Gas- und Baukostenrechnungen sowie Schriftwechsel zwischen Hoerder Verein, Stadt [Dortmund-] Hörde und Städtisches Gas- und Wasserwerk in Hoerde zu Verlegung von Gasleitungen,

Aufstellung von Laternen zur Straßenbeleuchtung, Anschluss von Gebäuden an die Gasleitungen, Kostenvoranschlägen und Vertragsmodalitäten für Verwaltungsgebäude, Laboratorium, Direktorenwohnhäuser, Casino, Hochofenwerk Hörde sowie die Kolonien Alter Klarenberg, Neuer Klarenberg und Felicitas.

6.6.2.3 Wasserver- und -entsorgung

Hermannshütte

2115 Reinigung und Regulierung von Tirole, Hörder Bach und Emscher.
1884-1903
Lagepläne und Beschreibungen zu Gewässerverlegungen und -überbauungen mit Anlagen und Brücken; polizeiliche Anordnungen zur Gewässerreinigung; Baugenehmigungen zur Gewässerverlegung; Schriftwechsel zwischen Hoerder Verein sowie Stadt [Dortmund-]Hörde, Kreis Hörde und Königlichem Regierungspräsidium Arnsberg Bezirksausschuss zu Gewässerbegehungen, Organisation und Durchführung der Gewässerreinigung, Wasserentnahme, Abwasserableitung, Hochwasserschutz, Bauplänen, Verbesserung der Vorflut, Umbauten und Begradigungen an den Gewässerbetten.

2245 Ableitung von Grubenwasser der ehemaligen Zeche Ver. Bickefeld Tiefbau in die Emscher.
1900-1902
Einzelne Schreiben zwischen Hoerder Verein und Gewerkschaft Ver. Bickefeld Tiefbau zur Verlegung eines Ableitungskanals über das Werksgelände und Zuschüttung des alten Bickefeld-Stollens; Lageskizze des Stollens.

3733 Bau einer Rückkühlanlage (Gradierwerk) für die Antriebsmaschine des Blechwalzwerks.
1901-1903
Bauantrag des Hoerder Vereins vom 15.07.1901; Baugenehmigung der Stadt [Dortmund-]Hörde vom 05.11.1901, mit Auszug aus der Baupolizeiverordnung; Grund- und Aufrisszeichnungen; Lageplan; einzelne Schreiben zwischen Hoerder Verein und Stadt Hörde zum Genehmigungsverfahren.

Hochofenwerk Hörde

3462 Bau von Pumpenhaus, zwei Wasserhochbehältern, Kaminkühler und Lokomotivschuppen.
1900
Bauantrag des Hoerder Vereins vom 13.09.1900; Baugenehmigung der Stadt [Dortmund-]Hörde vom 01.11.1900; Lageplan; Grund- und Aufrisszeichnungen der Hein, Lehmann & Co. AG; einzelne Schreiben zum Genehmigungsverfahren.

3461 Bau einer Abwasserleitung zur Emscher an der Schlackenhalde.
1901
Bauantrag des Hoerder Vereins vom 22.05.1901; Baugenehmigung der Stadt [Dortmund-]Hörde vom 17.06.1901; Lageplan.

6.6.2.4 Maschinen- und Pumpenhäuser Hermannshütte

3695 Neubau eines Gebläsemaschinenhauses.
1897
Baugenehmigung der Stadt [Dortmund-]Hörde vom 25.08.1897; Lageplan; Grund- und Aufrisszeichnungen.

3696 Neubau eines Gebläsemaschinenhauses.
1897
Bauantrag des Hoerder Vereins vom 01.12.1897; Baugenehmigung der Stadt [Dortmund-]Hörde vom 18.12.1897; Lageplan; Grund- und Aufrisszeichnungen.

3704 Bau eines Maschinenhauses beim Kupolofenhaus eines Walzwerks.
1898–1899
Bauantrag des Hoerder Vereins vom 25.07.1898; Baugenehmigung der Stadt [Dortmund-]Hörde vom 10.09.1898, mit Auszug aus der Baupolizeiverordnung; Lageplan; Grund- und Aufrisszeichnung.

3722 Bau eines Pumpenhauses für die Kesselanlage des Blechwalzwerks.
1900–1901
Bauantrag des Hoerder Vereins vom 16.07.1900; Baugenehmigung der Stadt [Dortmund-]Hörde vom 18.08.1900, mit Auszug aus der Baupolizeiverordnung; Grund- und Aufrisszeichnungen; statische Berechnungen; Lageplan; einzelne Schreiben zwischen Hoerder Verein und Stadt Hörde zum Genehmigungsverfahren.

3732 Bau eines Pumpenhauses im Presswerk des Blechwalzwerks.
1901–1903
Bauantrag des Hoerder Vereins vom 15.07.1901; Baugenehmigung der Stadt [Dortmund-]Hörde vom 04.11.1901, mit Auszug aus der Baupolizeiverordnung; Grund- und Aufrisszeichnung; Lageplan; einzelne Schreiben zwischen Hoerder Verein und Stadt Hörde zum Genehmigungsverfahren.

3745 Bau eines Pumpenhauses mit Kaminkühler für die Antriebsmaschinen des Blechwalzwerks.
1903–1904
Bauantrag des Hoerder Vereins vom 26.01.1903; Baugenehmigung der Stadt [Dortmund-]Hörde vom 16.04.1903, mit Auszug aus der Baupolizeiverordnung; Grund- und Aufrisszeichnung; Lageplan.

3748 Bau eines Maschinenhauses für die Akkumulatoranlage des Blechwalzwerks.
1903
Bauantrag des Hoerder Vereins vom 15.06.1903; Baugenehmigung der Stadt [Dortmund-]Hörde vom 16.04.1903, mit Auszug aus der Baupolizeiverordnung; Grund- und Aufrisszeichnung; Lageplan.

3766 Bau eines Gebäudes für den Antrieb des Becherwerks des Feinwalzwerks.
1906

Bauantrag des Hoerder Vereins vom 13.06.1906; Baugenehmigung der Stadt [Dortmund-]Hörde vom 17.08.1906, mit Auszug aus der Baupolizeiverordnung; Grund- und Aufrisszeichnungen; Konstruktionszeichnung; Lageplan; Bauabnahmeschein vom 12.09.1906; einzelne Schreiben zwischen Hoerder Verein und Stadt Hörde zum Genehmigungsverfahren.

Hoerder Eisenwerk, ab 1898 Hochofenwerk Hörde

3451 Neubau des Pumpenhauses.
1895
Baugenehmigung der Stadt [Dortmund-]Hörde vom 05.04.1895; Grund- und Aufrisszeichnung.

3454 Bau eines Pumpenhauses für die Kühlanlage der Hochöfen III und IV.
1899
Bauantrag des Hoerder Vereins vom 16.01.1899; Baugenehmigung des Amts [Dortmund-]Wellinghofen vom 01.03.1899; Lageplan; Grund- und Aufrisszeichnung.

3472 Erweiterung des Maschinenhauses der Elektrozentrale.
1899–1900
Baugenehmigung der Stadt [Dortmund-]Hörde vom 06.01.1900, mit Auszügen aus der Baupolizeiverordnung; Grund- und Aufrisszeichnungen; Konstruktionszeichnungen.

3464 Bau eines Maschinen- und Ventilatorenhauses für die Elektrozentrale.
1902–1903
Baugenehmigung der Stadt [Dortmund-]Hörde vom 09.07.1902; Lageplan; Grund- und Aufrisszeichnung.

3467 Bau eines Maschinenhauses für die Elektrozentrale.
1903
Bauantrag des Hoerder Vereins vom 06.06.1903; Baugenehmigung der Stadt [Dortmund-]Hörde vom 30.06.1903; Lageplan.

3475 Bau eines Gebläsemaschinenhauses.
1904–1905
Bauantrag des Hoerder Vereins vom 18.10.1904; Baugenehmigung des Königlichen Regierungspräsidiums Arnsberg Bezirksausschuss vom 28.01.1905; Lageplan; statische Berechnungen; Schriftwechsel zwischen Hoerder Verein und Bezirksausschuss zum Genehmigungsverfahren.

Hochofenwerk Dortmund

3413 Bau von Maschinenhaus, Pumpenhaus, Arbeiterspeisesaal und Toilettenanlage.
1899
Baugenehmigung der Stadt Dortmund vom 01.06.1899, mit Auszug aus Baupolizeiverordnung und Ortsstatuten der Stadt Dortmund; Lageplan des Hochofenwerks; Grund- und Aufrisszeichnungen.

3414 Bau eines Maschinenhauses für die Beleuchtungsanlage.
1899
Baugenehmigung der Stadt Dortmund vom 19.09.1899, mit Auszug aus Baupolizeiverordnung und Ortsstatuten der Stadt Dortmund; Lageplan des Hochofenwerks; Grund- und Aufrisszeichnungen.

6.6.3 Transport- und Verkehrsanlagen

6.6.3.1 Werksbahn

Eliasbahn

4154/1 Bau der Verbindungsbahn zwischen Hermannshütte und Hoerder Eisenwerk und Anschluss der Hermannshütte an die Dortmund-Soester-Eisenbahn.
1869–1870
Kostenvoranschläge; Projektbeschreibung vom 10.12.1869; Einverständniserklärung der Bergisch-Märkischen Eisenbahn-Gesellschaft zum Bau der Verbindungsbahn vom 04.12.1869; Bauantrag des Hoerder Vereins an das Königliche Eisenbahnkommissariat Koblenz zum Bau der Anschlussbahn vom 17.12.1869; vergleichende Aufstellung von Angeboten zu Erd- und Oberbauarbeiten; Vertrag zwischen J. Rasch als Vertreter des Hoerder Vereins und Bauunternehmer O. Wolf, Elberfeld, zur Vergabe der Erdarbeiten vom 27.05.1870, mit Allgemeinen Vertragsbedingungen und Preisverzeichnis; Rechnungen der Firma van der Zypen & Charlier, Deutz, über die Lieferung von sechs Drehscheiben; Vertrag zwischen Hoerder Verein und Eisenbahnwagen-Fabrik Gustav Talbot & Co., Aachen, über die Lieferung von 20 Waggons vom 03./05.09.1870, mit Konstruktionszeichnung und Vertragsbedingungen; Auszüge aus den Niederschriften der Verwaltungsratssitzungen des Hoerder Vereins; Aufstellung anzukaufender Grundstücke; Pachtverzichtsbestätigungen bzw. Entschädigungsquittungen von Grundstückspächtern; Schriftwechsel zwischen Hoerder Verein, Bergisch-Märkischer Eisenbahn-Gesellschaft, Eisenbahnbauinspektor Rasch und Gustav Talbot & Co. über Planungen, Baufortschritt, Materialbedarf und -lieferungen, Grunderwerb und Enteignungen.

4154/2 Bau der Verbindungsbahn zwischen Hermannshütte und Hoerder Eisenwerk und Anschluss der Hermannshütte an die Dortmund-Soester-Eisenbahn.
1869–1871
Pachtverzichtsbestätigungen bzw. Entschädigungsquittungen von Grundstückspächtern; Bericht über den Zustand der 20 von Gustav Talbot Co., Aachen, gelieferten Waggons; Projektbeschreibung vom 10.12.1869; statische Berechnungen zum eisernen Oberbau der Emscherbrücke; Mitteilungen des Königlichen Eisenbahnkommissariats Koblenz zur Revision der Bahnanlagen vom 16.02.1871 und 21.11.1871; Vertrag zwischen Königlicher Eisenbahndirektion Elberfeld und Hoerder Verein über die Unterführung der Werksbahn unter der Dortmund-Soester Eisenbahn und Übernahme aller Baukosten durch das Unternehmen (nicht parafiert); Allgemeine Bedingungen für die Bewilligung und Herstellung von Anschlussgleisen, Ladebühnen usw. (Eisenbahndirektion Elberfeld); Lageplan der Verbindungsbahn und des Hochofenwerks; Kostenaufstellungen; Schriftwechsel zwischen Hoerder Verein, Bergisch-Märkische Eisenbahn-Gesellschaft, Eisenbahnbauinspektor J. Rasch, Eisenbahndirektion Elberfeld und Eisenbahnkommissariat Koblenz über Planungen, Baufortschritt, Materialbedarf, Grunderwerb und das Genehmigungsverfahren sowie mit Gustav Talbot & Co. über Reklamationen und der Firma Pellenz & Reuleaux, Köln, über Materiallieferungen.

4156 Bau und Betrieb der Verbindungsbahn zwischen Hermannshütte und Hochofenwerk Hörde und Anschluss der Hermannshütte an die Dortmund-Soester Eisenbahn.
1871-1877
Schreiben von Eisenbahnbauinspektor J. Rasch an den Hoerder Verein vom 19.09.1871 zur Verdoppelung der Baukosten; Kaufvertrag zwischen Rasch als Vertreter des Hoerder Vereins und Friedrich Wilhelm Buhl über Grundstücke in [Dortmund-]Hörde, o. D. (Abschrift); Niederschrift der bahnpolizeilichen Abnahme der Anschlussbahn der Hermannshütte an die Dortmund-Soester Eisenbahn am 19.03.1872 (Abschrift); Kostenvoranschlag für die Dienstkleidung des Bahnpersonals; Bahnpolizeireglement, o. D. (Abschrift); Auszüge aus Niederschriften der Verwaltungsratssitzungen des Hoerder Vereins; Vertrag zwischen Hoerder Verein und Königlicher Regierung zu Arnsberg zur Anlage eines Bahnübergangs an der Straße zwischen Hörde und Dortmund (Entwurf); Rechnungen der Bergisch-Märkischen Eisenbahn-Gesellschaft zu Bauarbeiten; Aufstellung der bis August 1872 entstandenen Baukosten; Aufstellung der angewiesenen Rechnungen vom 03.11.1872; Schriftwechsel zwischen Hoerder Verein, Rasch und Rechtsanwälten über Grunderwerb, Enteignungen und Ablösung von Grundabgaben, mit Königlichem Eisenbahnkommissariat Koblenz bzw. Regierungspräsidium Arnsberg zum Befahren der Gleise und zur Publikation einer Bahnpolizeiverordnung sowie verschiedenen Unternehmen, u. a. Kölnischer Maschinenbau AG, van der Zypen & Charlier, Pellenz & Co., Köln, L. Ruhenstroth, Gütersloh, und A. Borsig, Berlin, über Materiallieferungen; Zeitungsausschnitt.

1331 Bau eines Bahnübergangs über die Dortmund-Hörder Chaussee für die Verbindungsbahn zwischen Hermannshütte und Hoerder Eisenwerk.
1873
Vertrag zwischen Hoerder Verein und Königlicher Regierung zu Arnsberg zur Baugenehmigung und Aufstellung einer Schrankenanlage vom 24.01.1873; notariell beglaubigte Genehmigung des Verwaltungsrats des Hoerder Vereins vom 30.05.1873 (Abschrift); Genehmigung der Regierung zu Arnsberg vom 03.05.1873; Lagepläne.

4157/1 Bau und Betrieb der Verbindungsbahn zwischen Hermannshütte und Hoerder Eisenwerk.
1872, 1878-1887
Niederschrift einer Sitzung von Vertretern des Hoerder Vereins und der Bergisch-Märkischen Eisenbahn-Gesellschaft zur Bereitstellung und Abholung von Wagen am 27.06.1872 (Abschrift); Vertrag zwischen Hoerder Verein und Wilhelm Schulte-Kohleppel zur Nutzung von dessen Grundstücken als Lagerplatz vom 11.04.1878; Konstruktionszeichnung einer Schienenbefestigung; Schriftwechsel zwischen Hoerder Verein, Bergisch-Märkischer Eisenbahn-Gesellschaft, Königlicher Eisenbahndirektion Köln, Königlicher Eisenbahndirektion Elberfeld, Landkreis Dortmund und verschiedenen Bauunternehmen über die Veränderung der Schienenbefestigung, insbesondere an der Unterführung der Dortmund-Soester Eisenbahn, die Erweiterung bzw. Veränderung des Gleisnetzes auf dem Gelände der Hermannshütte zum Anschluss weiterer Werksteile, das Höhenverhältnis der Bahntrasse zur Seekante und die Entwässerung der Straße; Schriftwechsel mit verschiedenen Unternehmen, u. a. L. Ruhenstroth, Gütersloh, Pellenz & Co., Köln, und Telegraphen-Bau-Anstalt Wiesenthal & Cie., Aachen, über Materiallieferungen und Reparaturen.

4157/2 Bau eines zweiten Gleises für die Verbindungsbahn zwischen Hermannshütte und Hoerder Eisenwerk durch den Hoerder Verein.
1887-1889

Aufstellung der Auf- und Abtragsmassen zum Bau des Bahnkörpers; Nachweis der durch den Bahnbau beeinträchtigten Vorflutverhältnisse an der Emscher; Projektbeschreibung; Vermessungsregister der Stadt [Dortmund-]Hörde, mit Aufstellung der benötigten Flächen; Bauantrag und Antrag auf Grundstücksenteignung des Hoerder Vereins beim Königlichen Regierungspräsidium Arnsberg Bezirksausschuss vom 17.05.1889; Zwischenbescheide des Ministeriums der öffentlichen Arbeiten vom 08.06.1889 (Abschrift) und des Bezirksausschusses vom 04.07.1889; Profilzeichnungen des Bodenabtrags; Gewichtsberechnung für drei eiserne Überführungsbauten; Schriftwechsel zwischen Hoerder Verein, Hoerder Eisenwerk, Landkreis Dortmund, Stadt Hörde, Bezirksausschuss, Königlicher Eisenbahndirektion Elberfeld und einem Landvermesser zu den Arbeiten an Brückenbauten und Viadukt, Materialbedarf und Genehmigungsverfahren.

4159/1 Bau und Höherlegung eines zweiten Gleises für die Verbindungsbahn zwischen Hermannshütte und Hoerder Eisenwerk.
1889–1892, 1896–1897
Mitteilung der Stadt Hörde zum Bauprojekt, mit Würdigung der Verdienste des Hoerder Vereins und Erörterung einer Wegeverlegung vom 21.08.1889; Bescheid des Handelsministeriums zur Erteilung der Enteignungsberechtigung vom 15.09.1889 (Abschrift), mit entsprechender Mitteilung des Königlichen Regierungspräsidiums Arnsberg Bezirksausschuss; Beschreibung einer Wegeunterführung; Baugenehmigung des Bezirksausschusses vom 07.11.1889; Amtsblatt der Königlichen Regierung zu Arnsberg vom 16.11.1889; Niederschrift des Bauabnahmetermins am 11.02.1890; Betriebsgenehmigung des Bezirksausschusses vom 25.02.1890; Aufstellung der Bahnanschlüsse des Hoerder Vereins vom 10.03.1891, mit Angabe der Konzessionsdaten; Bauantrag des Hoerder Vereins an den Bezirksausschuss vom 06.03.1897 zur Höherlegung der Verbindungsbahn und Baugenehmigung vom 02.11.1897; Schriftwechsel zwischen Hoerder Verein, Hoerder Eisenwerk, Stadt Dortmund, Stadt Hörde, Bezirksausschuss, Königlicher Eisenbahndirektion Elberfeld, Königlichem Eisenbahn-Betriebsamt Essen und anderen Verwaltungsstellen zu Bauarbeiten, Genehmigungsverfahren, Einhaltung der Auflagen, Betriebskosten, Reparaturen, Verunreinigungen und Brandgefahr an Gebäuden in Streckennähe.

3372 Überbrückung der Tirole für die Verbindungsbahn zwischen Hermannshütte und Hoerder Eisenwerk und Erweiterung des Emscherkanals.
1894
Lagepläne; Konstruktionszeichnungen; Aktennotizen des Hoerder Vereins; einzelne Schreiben von Bauunternehmen zum Bauvorhaben.

4197/1 Umbau der Gleisanlagen im Hoerder Eisenwerk und Höherlegung der Verbindungsbahn zur Hermannshütte.
1896–1899
Bauanträge des Hoerder Vereins vom 16.05.1896 und 06.07.1897; Baugenehmigung des Regierungspräsidiums Arnsberg Bezirksausschuss vom 02.11.1897; Einsprüche von Anwohnern gegen die Baumaßnahmen (Abschriften); Niederschrift einer Besprechung zwischen Hoerder Verein, Königlicher Eisenbahndirektion Essen und Königlicher Eisenbahndirektion Elberfeld zum Austausch von Grundstücken vom 28.01.1898, mit Lageplan der Eliasbahn und des Bahnhofs Hörde-Hacheney; Schreiben des Hoerder Vereins an das Ministerium für öffentliche Arbeiten, mit Bericht über das verzögerte Genehmigungsverfahren und Bitte um beschleunigte Abwicklung vom 13.09.1898; Pachtvertrag zwischen Königlicher Eisenbahnbetriebsinspektion Hagen als Verpächterin und Hoerder

Verein über Grundstücke am Bahnhof Hörde-Hacheney vom 12.12.1898 (Abschrift und Entwurf); Vertrag zwischen Hoerder Verein und Königlicher Eisenbahndirektion Essen über die Genehmigung zur Kreuzung der Staatsbahngleise während der Bauarbeiten vom 10.02.1899; Schriftwechsel zwischen Hoerder Verein, Königlicher Eisenbahndirektion Elberfeld und Eisenbahndirektion Essen zum Genehmigungsverfahren; Zeitungsausschnitt.

4197/2 Umbau der Gleisanlagen im Hochofenwerk Hörde und Höherlegung der Verbindungsbahn zur Hermannshütte.
1899-1900
Aufstellung zu den Betriebskosten der Anschlussgleise des Hoerder Vereins; Baugenehmigungen des Regierungspräsidiums Arnsberg Bezirksausschuss vom 11.10.1899 und 01.03.1900; Lageplan der Gleisanlagen; Kostenvoranschlag; statische Berechnungen zu einem Brückenbauwerk; Schriftwechsel zwischen Hoerder Verein, Bezirksausschuss und Königlicher Eisenbahndirektion Essen zum Genehmigungsverfahren.
Darin auch: dekorativer Briefkopf des Hoerder Vereins.

4198 Umbau der Gleisanlagen im Hochofenwerk Hörde und Höherlegung der Verbindungsbahn zur Hermannshütte.
1900-1903
Vertrag zwischen Hoerder Verein und Königlicher Eisenbahndirektion Essen vom 05.04./01.05.1900 über den Bau eines Verbindungsgleises zwischen Bahnhof Hörde und Bahnhof Hörde-Hacheney sowie eines Ausziehgleises durch die Eisenbahndirektion Essen mit Unterführung der Verbindungsbahn des Hoerder Vereins und Überführung der Schlackenbahn; Aufstellung zu den Betriebskosten der Anschlussgleise des Hoerder Vereins; Bauantrag des Hoerder Vereins vom 18.09.1900 für eine Wegeüberführung; Niederschrift eines Termins zur Besichtigung der Bauarbeiten mit Vertretern von Regierungspräsidium Arnsberg Bezirksausschuss und Eisenbahndirektion Essen am 08.10.1900; Aufstellung der von der Eisenbahndirektion Essen zu tragenden Kosten; Niederschriften zu Bauabnahmeterminen am 10.12.1900, 15.03.1901, 11.05.1901, 07.03.1902, 13.05.1902, 04.09.1902 und 18.05.1903; Baugenehmigungen des Bezirksausschusses vom 30.03.1901, 27.02.1902 und 29.08.1902; Schriftwechsel zwischen Hoerder Verein, Bezirksausschuss, Königlicher Eisenbahnbetriebsinspektion Dortmund, Eisenbahndirektion Essen und Königlicher Kreisbaudirektion Dortmund zu Genehmigungsverfahren und Baufortschritt.

Hermannshütte zum Kohlenwerk

1856 Kosten der Werksbahnbaus des Hoerder Vereins.
1860-1861
Rechnungen von Handwerkern und Lieferanten sowie Zahlungsanweisungen bzw. Quittungen der Hoerder Verein Bergwerks-Verwaltung, Juni 1860 bis Dezember 1861.
Enthält zwei Rechnungsformulare des Hoerder Vereins, mit Darstellung der Werksanlagen, 1861.

4164 Bau und Betrieb der Verbindungsbahn zwischen Hermannshütte und Hoerder Kohlenwerk.
1860-1861, 1872-1880
Bau- und Betriebsgenehmigung des Handelsministeriums für eine Pferdebahn vom 13.02.1860 (Abschrift); Genehmigung des Handelsministeriums zur Umstellung des Pferdebetriebs auf Lo-

komotivbetrieb vom 13.05.1861 (Abschrift); Niederschrift einer Sitzung zwischen Vertretern von Hoerder Verein und Bergisch-Märkischer Eisenbahn-Gesellschaft am 10.05.1872 über Bereitstellung und Abholung von Waggons; Auszüge aus Niederschriften der Verwaltungsratssitzungen des Hoerder Vereins; Antrag des Hoerder Vereins an das Königliche Eisenbahnkommissariat Koblenz vom 13.01.1873 auf Genehmigung des Personentransports und Genehmigung des Handelsministeriums vom 25.07.1873; Aufstellung zu den Betriebskosten zwischen 01.05.1875 und 01.05.1876; Niederschriften der Gemeinderatssitzungen der Gemeinde [Dortmund-]Aplerbeck am 21.01.1878 und 02.12.1878 zum Umbau der Verbindungsbahn auf Normalspur und Erhöhung von zwei Brücken; Vertrag zwischen Hoerder Verein sowie Friedrich Lindemann und Zeche Freie Vogel & Unverhofft über Wegearbeiten im Rahmen des Umbaus der Bahn vom 19.03.1878; weitere Verträge mit Lindemann zu Wegebauarbeiten; Bauantrag des Hoerder Vereins zum Umbau vom 03.06.1878; Lagepläne der Bahn und des Bahnhofs von Schacht Schleswig des Hoerder Kohlenwerks; Konstruktionszeichnungen zu Schienenbefestigungen; Grund- und Aufrisszeichnungen von Brücken; Querschnitt der Ladebühne von Schacht Schleswig; Längenprofil der Bahn; Vertrag zwischen Hoerder Verein sowie Friedrich Jungholt und Conrad Reitz zum Verkauf von Grundstücken vom 14.10.1878; Niederschriften von Bauabnahmeterminen am 19.12.1878 und 21.07.1879; Polizeiverordnung für die Verbindungsbahnen des Hoerder Vereins vom 15.02.1879 (Typoskript, Abschrift aus dem Amtsblatt der Königlichen Regierung zu Arnsberg); Vereinbarung zwischen Hoerder Verein und der evangelischen Gemeinde zu Hörde über Wegebauarbeiten vom 20.09.1879; Niederschrift einer Besprechung zwischen Hoerder Verein und Eisenbahnkommissariat Koblenz zum geplanten Anschluss von Schacht Schleswig an den Bahnhof Wickede-Asseln der Westfälischen Eisenbahn am 29.11.1879; Baugenehmigung des Eisenbahnkommissariats Koblenz zum Anschluss von Kalköfen an die Verbindungsbahn vom 31.01.1880; Schriftwechsel zwischen Hoerder Verein, Eisenbahnkommissariat Koblenz, Stadt [Dortmund-]Hörde und verschiedenen anderen Behörden zu Genehmigungsverfahren und Umbauarbeiten.

4165 Bau und Betrieb der Verbindungsbahn zwischen Hermannshütte und Hoerder Kohlenwerk und Umbau des Bahnhofs des Schachts Schleswig.
1870, 1879–1900
Schriftwechsel zwischen Hoerder Verein, Amt [Dortmund-]Aplerbeck und Gemeinde [Dortmund-]Schüren zu Bahnbetrieb, Reparaturarbeiten und Beschwerden von Anwohnern; Bauantrag des Hoerder Vereins zum Gleisanschluss der neuen Ringofenziegelei bei Schacht Schleswig an die Verbindungsbahn vom 27.01.1898; Baugenehmigung und Enteignungsrecht des Handelsministeriums für die Anschlussbahn zwischen Hermannshütte und Dortmund-Soester Eisenbahn vom 11.07.1870 (Abschrift); Niederschrift des Bauabnahmetermins am 15.11.1898; Bauantrag des Hoerder Vereins zum Umbau des Bahnhofs von Schacht Schleswig nach Neubau der Kohlenwäsche und zum Anschluss der Firma J. Söding & von der Heyde, [Dortmund-]Hörde, an die Bahn vom 23.03.1899; Niederschrift eines Ortsbesichtigungstermins mit Vertretern von Kommunen und Behörden zur Prüfung der Umbaupläne am 28.07.1899; Polizeiverordnung für die Verbindungsbahnen des Hoerder Vereins vom 15.02.1879 (Typoskript, Abschrift aus dem Amtsblatt der Königlichen Regierung zu Arnsberg); Aufstellung aller Behördenerlasse zum Bau und Betrieb der Verbindungsbahn, o. D.; Lagepläne des Anschlussgleises zur Ziegelei sowie der Verbindungsbahn; Schriftwechsel zwischen Hoerder Verein, Regierungspräsidium Arnsberg Bezirksausschuss, Landkreis Dortmund, Stadt Dortmund, Amt [Dortmund-]Brackel, Gemeinde Asseln, Königlichem Bergrevier Ost-Dortmund und Königlicher Eisenbahndirektion Essen zum Genehmigungsverfahren sowie zum mangelhaften Zustand und Umbau des Bahnhofs von Schacht Schleswig.

4204/2 Bau der Verbindungsbahn zwischen den Schächten Schleswig und Holstein des Hoerder Kohlenwerks.
1885–1886
Niederschriften zu Sitzungen der Gemeindevertretung [Dortmund-]Asseln (Abschriften); Niederschrift eines Ortsbesichtigungstermins mit Grundbesitzern und Behördenvertretern am 06.07.1885; Aufstellungen zum Grunderwerb und zu Erdarbeiten; Aufstellung der Frachtsätze ab Hörde; Königliche Eisenbahndirektion Köln: „Allgemeine Bedingungen für die Anlage, Bedienung und Unterhaltung von Anschlussgleisen, Ladebühnen usw.", 1884 (gedruckt); Schriftwechsel zwischen Hoerder Verein, Hoerder Kohlenwerk, Sparkasse Aplerbeck, Stadt Dortmund, Königlichem Eisenbahnbetriebsamt Dortmund und anderen Genehmigungsbehörden zu Grunderwerb, Umsetzung von Bauauflagen, Baufortschritt und Materialbedarf.

3373 Bau einer Brücke über den Weg zwischen [Dortmund-]Brackel und [Dortmund-]Sölde bei Schacht Schleswig des Hoerder Kohlenwerks zur Überführung der Werksbahn zwischen Hermannshütte und Schacht Holstein.
1900–1901
Lagepläne; Konstruktionszeichnungen; statische Berechnungen; Baugenehmigung des Bergrevier Ost-Dortmund vom 26.01.1901.

Anschlüsse an Bahnhöfe und Hafenbahn

4192 Gleisanschluss des Hoerder Eisenwerks an den Bahnhof Hörde.
1856–1871, 1906
Vertrag zwischen Hoerder Verein und Königlicher Eisenbahndirektion Elberfeld vom 26.07./26.08.1856 zum Bau des Gleisanschlusses des Hoerder Eisenwerks an den Bahnhof Hörde (nicht parafierte Abschrift); Bedingungen der Eisenbahndirektion Elberfeld zum Bau des Bahnanschlusses vom 11.04.1856; Erklärung von Hoerder Verein und Eisenbahndirektion Elberfeld zur Übergabe der fertiggestellten Bahn an das Unternehmen vom 07.08.1857 (Abschrift); Abrechnung zum Kostenaufwand der Bergisch-Märkische Eisenbahn-Gesellschaft beim Bau des Bahnanschlusses, mit Angaben zu beteiligten Baufirmen und geleisteten Abschlagszahlungen vom 04.01.1858; Abrechnungen zu Betriebsgebühren; Auszüge aus den Niederschriften der Verwaltungsratssitzungen des Hoerder Vereins; Angebot des Hoerder Vereins an die Zeche Am Schwaben zum Bau eines Anschlussgleises und einer Steinkohlenverladestelle vom 05.01.1861 und Annahmeerklärung der Zeche vom 15.01.1861; Schriftwechsel zwischen Hoerder Verein, Hoerder Eisenwerk, Zeche Am Schwaben und Eisenbahndirektion Elberfeld zu Anschlussbedingungen, Vertragsmodalitäten, Baukosten, Betriebsgebühren, Wagengestellung, Bau des Anschlussgleises durch die Zeche Am Schwaben und Verlegung von Gleisen im Rahmen des zweigleisigen Ausbaus der Dortmund-Soester Eisenbahn.
Darin auch: Pachtvertrag zwischen Thyssen & Cie. als Verpächterin und Josef Waldmann über den Prosz'schen Hof in Bottrop vom 31.05.1906 (Abschrift).

4193 Gleisanschluss von Hermannshütte und Hoerder Eisenwerk an den Bahnhof Hörde.
1871–1900
Aufstellung zu den Grunderwerbskosten der Bergisch-Märkischen Eisenbahn-Gesellschaft beim Bau des Bahnanschlusses vom 23.05.1877; Vertrag zwischen Hoerder Verein und Königlicher Ei-

senbahndirektion Elberfeld vom 07./26.06.1872 über die Erweiterung des Gleisanschlusses (Abschrift); Vereinbarung zwischen Hoerder Verein und Bergisch-Märkischer Eisenbahn-Gesellschaft über den Betrieb der Verbindungsbahn zwischen Hermannshütte und Hochofenwerk Hörde (später Eliasbahn) vom 10.05.1872 (Abschrift); Baugenehmigung des Regierungspräsidiums Arnsberg Bezirksausschuss zur Erweiterung der Gleisanlagen der Anschlussbahn vom 04.08.1888, mit Lageplan; Allgemeine Bedingungen für die Anlage, Bedienung und Unterhaltung von Anschlussgleisen, Ladebühnen usw. (Königliche Eisenbahndirektion Köln); Lageplan der Übergabegleise; Niederschrift zum Bauabnahmetermin am 12.02.1891; Abrechnungen zu Bau- und Betriebskosten; Vertrag zwischen Hoerder Verein und Königlichem Eisenbahnbetriebsamt Essen vom 31.08./07.09.1893 über den Bau einer Telegrafenverbindung zwischen Bahnhof Hörde und Hoerder Verein (Abschrift); Schriftwechsel zwischen Hoerder Verein, Eisenbahndirektion Elberfeld und Bergisch-Märkischer Eisenbahn-Gesellschaft, Königlicher Eisenbahnbetriebsinspektion Dortmund und weiteren Bahnbehörden über Reparaturen und Instandhaltung, Gebühren, Bau- und Betriebskosten, Unfälle, die Erweiterung der Gleisanlagen und den Transport von Kohlen von der Zeche Freie Vogel & Unverhofft zur „Provinzial-Irrenanstalt" in [Dortmund-]Aplerbeck.

4217/1 Bau und Betrieb des Bahnanschlusses des Hoerder Vereins an den Bahnhof Hörde-Hacheney.
1870–1887
Vertrag zwischen Hoerder Verein und Rheinischer Eisenbahn-Gesellschaft vom 18.09./03.10.1874 über den Anschluss der Hermannshütte an den Bahnhof Hörde der Wattenscheid-Hörder Eisenbahn (Abschrift) sowie vom 22.05.1875 über den Gleisanschluss der Schlackenhalden des Hoerder Eisenwerks an den Bahnhof, mit Lageplan; Aufstellungen zu Materialkosten; Bestimmungen der Rheinischen Eisenbahn-Gesellschaft über die Beaufsichtigung und Unterhaltung der Anschlussbahnen von Zechen und Etablissements vom 01.01.1870; Bauantrag des Hoerder Vereins vom 30.09.1882 zum Bau einer Brücke über die Gleisanlagen zwischen Hoerder Eisenwerk und Bahnhof, mit Lageplan; Schriftwechsel zwischen den Vertragspartnern sowie mit Regierungspräsidium Arnsberg Bezirksausschuss und Königlichem Eisenbahnbetriebsamt Hagen zu Baugenehmigungen, Kostenübernahme, Vertragsmodalitäten, Materiallieferungen, Bauarbeiten, Reparaturen und Zahlung von Anschlussgebühren.

4204/1 Planung des Bahnanschlusses der Schächte Schleswig und Holstein des Hoerder Kohlenwerks an den Bahnhof Wickede-Asseln.
1876–1885
Westfälische Eisenbahn: „Allgemeine Bedingungen für die Bewilligung und Herstellung von Anschlussgleisen, Ladebühnen usw.", 1876 (gedruckt); Niederschrift einer Besprechung zwischen Hoerder Verein und Westfälischer Eisenbahn zur Finanzierung des Projekts am 27.01.1877, mit Vertragsentwürfen; Mitteilungen des Handelsministeriums vom 27.02.1877, 31.03.1877 und 13.11.1878 zur Absage öffentlicher Mittel; Entwürfe zu Anträgen des Hoerder Vereins auf Finanzierungshilfen vom 19.10.1878 und 30.11.1878; Vertrag zwischen Hoerder Verein und Westfälischer Eisenbahn vom 04./23.07.1877 und Niederschrift zu einer Verhandlung am 11.08.1879 über Modalitäten des Baus des Bahnanschlusses des Schachts Holstein, Pachten und die Regelung des Bahnhofsbetriebs (Abschriften); Kostenvoranschläge und Planungsbericht zum Bau einer Verbindungsbahn zwischen den Schächten Schleswig und Holstein; Schriftwechsel zwischen Hoerder Verein und Westfälischer Eisenbahn zu Vertragsmodalitäten und Finanzierungsfragen.

4174/1 Erweiterung und Betrieb des gemeinsamen Bahnanschlusses von Hochofenwerk Dortmund, Gewerkschaft der Zeche Tremonia und Eisenwerk Rothe Erde AG an den Bahnhof Dortmunderfeld.
1880–1882, 1892–1895, 1899–1900
Polizeiverordnung für die Anschlussbahn der Gewerkschaft der Zeche Tremonia an den Bahnhof Dortmunderfeld vom 23.07.1892 (Abschrift); Lagepläne der Anschlussgleise von Firma Carl von Born, Gewerkschaft der Zeche Tremonia und Eisenwerk Rothe Erde AG, 1882, 1894 und 1895; Lageplan des Hochofenwerks Dortmund, mit Anschlussgleisen; Beschreibung des neuen erweiterten Gleisanschlusses, mit Lageplan; Baugenehmigung des Regierungspräsidium Arnsberg Bezirksausschuss zur Erweiterung vom 16.02.1899; Kostenvoranschlag; Dienstanweisung für den Bahnanschluss vom 13.02.1900; Verträge zwischen den drei Unternehmen zur Ausführung und Kostenübernahme vom 31.01.1900 und zur Regelung des Rangierbetriebs vom 06.02.1882 (Abschrift); Vertrag zwischen Carl von Born und Bergisch-Märkischer Eisenbahn-Gesellschaft über den gemeinsamen Eisenbahnbetrieb vom 10.12.1880/11.12.1881 sowie mit der Königlichen Eisenbahndirektion Elberfeld über den Eisenbahnbetrieb vom 20.02./01.03.1889 (Abschriften); Niederschrift des Bauabnahmetermins am 22.02.1900; Schriftwechsel zwischen Hoerder Verein und Firma Carl von Born bzw. Hochofenwerk Dortmund, Gewerkschaft der Zeche Tremonia, Eisenwerk Rothe Erde AG, Stadt Dortmund sowie Königlicher Eisenbahndirektion Essen und Königlicher Eisenbahnbauabteilung Dortmund zum Bau und Betrieb der Anlagen.

4174/2 Erweiterung und Betrieb des gemeinsamen Bahnanschlusses von Hochofenwerk Dortmund des Hoerder Vereins, Gewerkschaft der Zeche Tremonia und Eisenwerk Rothe Erde AG an den Bahnhof Dortmunderfeld.
1900–1902
Lageplan der neuen Anschlussgleise; Kostenaufstellungen; Kostenabrechnungen; Vertrag zwischen Hoerder Verein und Königlicher Eisenbahndirektion Essen vom 09./29.06.1900 über den Eintritt des Unternehmens in den Vertrag zwischen Carl von Born und Bergisch-Märkischer Eisenbahn-Gesellschaft über den gemeinsamen Eisenbahnbetrieb vom 20.02./01.03.1889 (Abschrift); Schriftwechsel zwischen Hoerder Verein, Hochofenwerk Dortmund, Gewerkschaft der Zeche Tremonia, Eisenwerk Rothe Erde AG, Stadt Dortmund sowie Königlicher Eisenbahndirektion Essen und Königlicher Eisenbahnbauabteilung Dortmund zum Bau und Betrieb des Anlagen.

4209/1 Planung der Kleinbahn zwischen Werksbahn des Hoerder Vereins und Dortmunder Hafenbahn.
1900–1905
Lageplan der projektierten Bahn, 1900; Niederschrift einer Besprechung zwischen Hoerder Verein, Hoesch AG und Aplerbecker Hütte Brügmann, Weyland & Co. über Bau und Finanzierung einer Anschlussbahn am 03.09.1900; Höhenprofil der Verbindungsbahn zwischen Hermannshütte und Hoerder Kohlenwerk; Mitteilung des Ministerium für öffentliche Arbeiten vom 19.01.1900 zum Status der projektierten Bahn als Privatbahn (Abschrift); Entwürfe bzw. nicht parafierte Exemplare zu einem Vertrag zwischen Hoerder Verein und Stadt Dortmund über den Bau der Bahn, Verteilung der Betriebskosten und die Organisation des Eisenbahnbetriebs (Abschriften); einzelne Schreiben zwischen Hoerder Verein, Firma Wilh. Hemsoth, Dortmund, Westfälischer Transport-Aktien-Gesellschaft, Dortmund, und Lehnkering & Cie., Niederlassung Dortmund, über Angebote zu Erztransporten; Entwurf eines Transportvertrags zwischen Hoerder Verein und Lehnkering & Cie.; Niederschriften zu Besprechungen sowie Schriftwechsel zwischen Hoerder Verein und Stadt Dortmund zu Vertragsmodalitäten; Längsschnitt zur Verlängerung der Hafenbahn; Kostenvoranschlag und Materiallisten für den Übergabebahnhof Schüren der Kleinbahn.

Anschlussgleise fremder Unternehmen

2312 Bahnanschluss der Zeche Freie Vogel und Unverhofft an die Werksbahn.
1877–1881, 1891–1892, 1897–1914
Vertrag zwischen Hoerder Verein und Zeche Freie Vogel und Unverhofft über den Bau eines Anschlussgleises an die Werksbahn, den Ausbau der Werksbahn zwischen Hermannshütte und Schacht Schleswig des Hoerder Kohlenwerks auf Normalspur, ihren Anschluss an die Bahnhöfe von Bergisch-Märkischer Eisenbahn und Rheinischer Eisenbahn-Gesellschaft sowie den Bahnbetrieb vom 11.12.1877; Kostenvoranschlag und Baubedingungen für die Anschlussbahn; Aufstellungen zur Lieferung von Baumaterial; monatliche Aufstellungen über den Wagenverkehr der Zeche, 1878 und 1879; Erklärung des Hoerder Vereins gegenüber der Königlichen Eisenbahndirektion Elberfeld zur Übernahme aller Gebühren- und sonstigen Zahlungen der Zeche vom 05.08.1879; Lageplan der Werksbahn zwischen Zeche, Hermannshütte und Hoerder Eisenwerk, 1891; Vertrag zwischen Hoerder Verein, Königlicher Eisenbahndirektion Essen und Zeche Freie Vogel und Unverhofft zur Bestätigung der Haftungsübernahme und Regelung des Bahnbetriebs vom 05.03./07.06.1892, mit Anlage: Allgemeine Bedingungen für die Anlage, Bedienung und Unterhaltung von Anschlussgleisen, Ladebühnen usw. im Eisenbahndirektionsbezirk Köln vom 01.04.1888 (gedruckt); Vertrag zwischen Hoerder Verein und Zeche Freie Vogel und Unverhofft vom 15.12.1898/30.01.1899 zur Verlängerung des Vertrags vom 11.12.1878; Lagepläne der Zeche, 1906, und des Zechenbahnhofs, 1907; Vertrag zwischen Phoenix AG Hoerder Verein, Königlicher Eisenbahndirektion Essen und Zeche Freie Vogel und Unverhofft zur Änderung verschiedener Bestimmungen des Vertrags vom 05.03./07.06.1892; Schriftwechsel zwischen Hoerder Verein bzw. Phoenix AG Hoerder Verein und Zeche Freie Vogel und Unverhofft zu Materiallieferungen, Abrechnung von Bau- und Betriebskosten, Organisation des Bahnbetriebs, Reparaturen sowie Vertragsverlängerungen.

2127 Anschluss der Zeche Vereinigte Schürbank & Charlottenburg an die Werksbahn und den Bahnhof Wickede-Asseln.
1879–1880
Angebot des Hoerder Vereins an die Zeche Vereinigte Schürbank & Charlottenburg zu den Modalitäten des Anschlusses vom 15.09.1879 und Antwortschreiben der Zeche vom 08.01.1880.

2208 Anschluss der Zeche Crone an die Werksbahn.
1886, 1889–1894, 1899–1904
Verträge zwischen Hoerder Verein und Gewerkschaft der Zeche Crone über den Bau eines Gleisanschlusses an die Werksbahn des Hoerder Eisenwerks und Übernahme des Kohlentransports zum Bahnhof Hörde durch den Hoerder Verein vom 17.07.1889, ein Gleisnutzungsrecht für den Hoerder Verein vom 11./12.10.1899, mit Lageplan der Gleise, sowie zur Genehmigung zum Bau einer Gleiskreuzung für den Hoerder Verein, mit Lageplan, vom 12./13.02.1904; Vertragsentwürfe; Dienstanweisung über die Bedienung des Anschlusses der Zeche Crone durch die Station Hörde-Hacheney und das Befahren des Croner Anschlussgleises durch Zechen-Fahrzeuge vom 16.01.1901; Schriftwechsel zwischen den Vertragspartnern zu Vertragsmodalitäten sowie Bau und Betrieb der Gleisanlagen.

2363 Gleisanschluss der Thomasschlackenmühle in [Dortmund-]Hörde der Westdeutschen Thomasphosphat-Werke GmbH.

1893-1895, 1899
Grund- und Aufrisszeichnungen der Mühle; Lageplan der Gleisanlagen; Aufstellungen zu den über die Werksbahn angelieferten Baustoffen und Schienen sowie den Materiallieferungen des Hoerder Vereins; Konstruktionszeichnungen eines Schlackenkastens und eines Schlackenwagens; Satzung der Rheinisch-Westfälischen Thomasphosphatfabriken AG, Dortmund, für die Jahre 1893 bis 1896 (gedruckt); Schriftwechsel zwischen Hoerder Verein, Maschinen-Fabrik Rheydt und Westdeutscher Thomasphosphat-Werke GmbH zu Bau eines Anschlussgleises, Zustellung von Wagen und Lieferung von Baumaterialien.

Sonstiges

2290 Gleisanschluss der unternehmenseigenen Kalksteinbrüche bei [Iserlohn-]Letmathe an den Bahnhof Letmathe.
1874, 1878-1903, 1907
Kostenvoranschlag zum Bau einer Anschlussbahn; Vertrag zwischen Hoerder Verein, Königlicher Eisenbahndirektion Elberfeld, Westfälischer Kalk-Industrie A. Wicking & Cie. und den Brennofenunternehmern D. Bohe und H. Schlenkhoff über den gemeinsamen Bau einer Anschlussbahn vom 24.08./27.09.1879 (Abschrift und Entwurf) sowie Nachtragsvertrag vom 26.05./28.06.1880; Lagepläne von Bahnhof, Werksanlagen der beteiligten Unternehmen und Schwefelsäurefabrik des Märkisch-Westfälischen Bergwerks-Vereins, 1880, 1897 und 1901; Niveauplan des Geländes, 1880; Allgemeine Bedingungen für die Bewilligung und Herstellung von Anschlussgleisen, Ladebühnen usw. der Königlichen Eisenbahndirektion Elberfeld vom 01.09.1874 und 01.06.1892 (gedruckt); Aufstellung zu den Baukosten vom 30.09.1880; Vertrag zwischen Hoerder Verein, Königlicher Eisenbahndirektion Elberfeld und Rheinisch-Westfälischen Kalkwerken zur Neufassung des Anschlussvertrags nach Übergang der Westfälischen Kalk-Industrie A. Wicking & Cie. an die Rheinisch-Westfälischen Kalkwerke vom 09./21./22.01.1897, mit Nachträgen vom 14./22./29.03.1899 und 06./12./30.06.1901; Allgemeine Bedingungen für die Zulassung von Privatanschlüssen, 1901 (gedruckt); Vertrag zwischen Hoerder Verein und Rheinisch-Westfälischen Kalkwerken zur Eigentumsregelung der Anschlussgleise vom 11./17.09.1902; Schriftwechsel zwischen Hoerder Verein, Königlicher Eisenbahndirektion Elberfeld, Bernhard Drerup von Westfälischer Kalk-Industrie, A. Wicking & Cie. bzw. Rheinisch-Westfälischen Kalkwerken, Königlichem Eisenbahn-Betriebsamt Altena und Kalksteinbruchbesitzer H. Happe zu Modalitäten des Vertrags, Grunderwerb vom Märkisch-Westfälischen Bergwerks-Verein, Bauplanung und Baufortschritt, Wagengestellung, Abrechnung und Verteilung der Betriebskosten sowie Fragen der Betriebsorganisation.

6.6.3.2 Straßen- und Wegebau

1333 Anschluss eines Grundstücks an die Hagen-Paderborner Amtsstraße.
1873
Vertrag zwischen Hoerder Verein und R. Genzmer, Königlicher Kreisbaumeister zu Dortmund, zur Baugenehmigung vom 20.07.1873; Genehmigung der Königlichen Regierung zu Arnsberg vom 28.08.1873; Grundbuchauszug.

2009 Verlegung eines Weges an der Schlackenhalde der Hermannshütte.
1887
Lage- und Höhenplan der Halde; einzelne Schreiben zwischen Hoerder Verein und Stadt [Dortmund-]Hörde zu den Bauarbeiten.
Darin auch: Aufstellungen zu Produktionskosten, Produktionsmengen, Landabsatz, Selbstverbrauch, Lohnzahlungen und Lieferungen des Hoerder Kohlenwerks an Betriebe des Hoerder Vereins sowie zur Eisenerzförderung auf Schacht Schleswig, mit detaillierter Aufschlüsselung einzelner Kostenarten, September 1887.

6.6.3.3 Seilbahnen und Förderanlagen

3412 Bau einer Hochbahn über dem Erzlager des Hochofenwerks Dortmund.
1899
Baugenehmigung der Stadt Dortmund vom 05.04.1899, mit Auszug aus Baupolizeiverordnung und Ortsstatuten der Stadt Dortmund; Lageplan des Hochofenwerks; Konstruktionszeichnungen der Firmen Balcke & Co., Bochum, und Johannes Dörnen Brückenbauanstalt, Dortmund; statische Berechnungen.

3473 Bau einer Drahtseilbahn zum Kokstransport zwischen Kokerei und Hochofen V des Hochofenwerks Hörde.
1899–1900
Bauantrag des Hoerder Vereins vom 24.10.1899; Baugenehmigung des Amts [Dortmund-]Wellinghofen vom 30.11.1899; Lageplan; Grund- und Aufrisszeichnungen sowie Konstruktionszeichnungen der J. Pohlig AG; Schriftwechsel zwischen Hoerder Verein, Bergrevier Süd-Dortmund und Königlicher Eisenbahndirektion Essen zum Bauvorhaben.

3730 Bau eines Becherwerks zur Verladung der Asche der Kesselanlage eines Stahlwerks.
1901–1902
Bauantrag des Hoerder Vereins vom 06.05.1901; Baugenehmigung der Stadt [Dortmund-]Hörde vom 11.06.1901, mit Auszug aus der Baupolizeiverordnung; Aufriss- und Konstruktionszeichnung; Lageplan; einzelne Schreiben zwischen Hoerder Verein und Stadt Hörde zum Genehmigungsverfahren.

3749 Bau einer Seilbahn zur Kohlenversorgung des Siemens-Martin-Stahlwerks.
1903–1904
Bauantrag des Hoerder Vereins vom 12.12.1903; Baugenehmigung der Stadt [Dortmund-]Hörde vom 03.02.1904, mit Auszug aus der Baupolizeiverordnung; Grund- und Aufrisszeichnungen; Konstruktionszeichnungen; Lageplan; einzelne Schreiben zwischen Hoerder Verein und Stadt [Dortmund-]Hörde zum Genehmigungsverfahren.

6.6.3.4 Ställe und Remisen

3693 Bau einer Wagenremise mit Pferdestall in der Hermannshütte an der Burgstraße.
1897
Bauantrag des Hoerder Vereins vom 21.01.1897; Grund- und Aufrisszeichnung.

3416 Bau eines Pferdestalles mit Schreinerei im Hochofenwerk Dortmund.
1900
Baugenehmigung der Stadt Dortmund vom 05.04.1900, mit Auszug aus Baupolizeiverordnung und Ortsstatuten der Stadt Dortmund; Lageplan des Hochofenwerks; Grund- und Aufrisszeichnungen.

6.6.4 Wohnungsbau

6.6.4.1 Arbeiterwohnungen

2044 Arbeiterwohnungsbau des Hoerder Vereins.
1871-1873, 1887-1891
Bericht von Daniel Hilgenstock zum Bau von Wohnungen für das Hoerder Kohlenwerk vom 30.03.1871; Baugenehmigung des Amts [Dortmund-]Aplerbeck zum Bau von 20 Wohnungen vom 18.04.1871; Kostenvoranschlag der Hermannshütte zum Bau eines Arbeiterhauses für vier Familien vom 17.07.1873; Lagepläne der Wege und Gärten der Kolonie Klarenberg; Lageplan der Kolonie des Hoerder Kohlenwerks; Aufstellung zu den Mietern der Kolonie des Hoerder Kohlenwerks, mit Angaben zu Familienstand, Kinderzahl, Beschäftigungsdauer und Mietdauer, vom 01.04.1887; Mietvertrag des Hoerder Kohlenwerks (blanko); Baugenehmigungen des Amts [Dortmund-]Brackel zum Bau von Wohnhäusern für das Hoerder Kohlenwerk, u. a. vom 18.08.1887; Grund- und Aufrisszeichnungen der Gebäude; Aufstellungen zur Verpachtung von Gartengrundstücken des Hoerder Eisenwerks für das Geschäftsjahr 1887/88 sowie zu Mieterhöhungen der Kolonien Felicitas und Hoerder Kohlenwerk ab dem 01.09.1888; Kostenvoranschlag für ein Arbeiterwohnhaus für vier Familien des Hoerder Eisenwerks vom 18.02.1889: Bauantrag des Hoerder Vereins vom 04.06.1889 und Baugenehmigung der Stadt [Dortmund-]Hörde vom 12.06.1889; Lageplan der Kolonie Felicitas; Schriftwechsel zwischen Hoerder Verein, Hoerder Eisenwerk, Hoerder Kohlenwerk, Amt Aplerbeck, Stadt Hörde, verschiedenen Baubehörden und Bauunternehmen zu Erweiterung der Werkskolonien, Genehmigungsverfahren, Bauplanung und Baufortschritten.

5357 Arbeiterwohnungsbau des Hoerder Vereins.
1891-1898
Verwaltungsbericht des Vereins zur Beschaffung eigener Wohnungen mit Grundbesitz für die deutschen Fabrikarbeiter (Arbeiterheim), Bielefeld, 1892/93, sowie Satzung, o. D. (gedruckt); Antrag des Hoerder Vereins an das Königliche Regierungspräsidium Arnsberg Bezirksausschuss vom 17.03.1896 auf Entnahme von Mitteln aus der Pensionskasse zu Wohnungsbauzwecken und Antwortschreiben vom 05.05.1896; Schreiben von Bewohnern der Kolonie Neuer Klarenberg an den Hoerder Verein vom 14.09.1898, mit Bitte um Ungeziefervernichtung sowie zur Verlegung von Wasseranschlüssen in die Häuser, o. D.; Vertrag zwischen Bergbau-Actien-Gesellschaft Massen und Friedrich Hellmann über den Erwerb von Grundstücken in [Dortmund-]Wickede vom 25.01.1894 (Abschrift); Bedingungen des Hoerder Vereins für den Bau von drei Arbeiterhäusern mit jeweils vier Wohnungen in der Kolonie des Schachts Schleswig des Hoerder Kohlenwerks vom 09.02.1897 sowie von sieben Wohnhäusern an der Benninghofer Straße in [Dortmund-]Hörde und eines Hauses auf dem Gelände des Hoerder Eisenwerks vom 21.06.1897; Lageplan der Kolonie Schleswig sowie Grund- und Aufrisszeichnungen der Häuser; Kostenvoranschläge für ein Wohnhaus in der Siedlung Neuer Klarenberg, für zwei Wohnhäuser an Benninghofer Straße sowie für 14 Wohnhäuser an Bruchstraße in [Dortmund-]Hörde; Gebäudesteuerbescheid; Angebote von Bauunternehmen; einzelne Schreiben zwischen Hoerder Verein, St. Josephs-Hospital, Hörde, und

Katholischem Kirchenvorstand Hörde zum Bau von Zäunen und Mauern zwischen Krankenhaus und Siedlung Neuer Klarenberg sowie mit der Stadt Hörde zu Baugenehmigungen.

5358 Arbeiterwohnungsbau des Hoerder Vereins.
1891–1898
Bauanträge des Hoerder Vereins an das Amt [Dortmund-]Brackel zur Errichtung von sechs Wohnhäusern zwischen den Schächten Schleswig und Holstein des Hoerder Kohlenwerks vom 18.04.1891, zum Bau eines Lokomotivschuppens für Schacht Holstein vom 11.02.1897 sowie zum Bau von sechs Wohnhäusern und eines Beamtenhauses in der Kolonie des Schachts Schleswig vom 30.04.1898; Beschwerde des Hoerder Vereins beim Königlichen Landrat Dortmund vom 20.03.1897 gegen Amtmann Enser aus Brackel wegen Nichtausstellung einer Genehmigungsurkunde zum Bau von drei Wohnhäusern; Bauangebote und Kostenvoranschläge von Bauunternehmern für Häuser in der Kolonie des Schachts Schleswig; Schriftwechsel zwischen Hoerder Verein, Amt Brackel, Hoerder Verein Bergwerksverwaltung, Hoerder Kohlenwerk, St. Josephs-Hospital, [Dortmund-]Hörde, Katholischer Kirchenvorstand Hörde, Stadt Hörde, Landrat Dortmund, Bauunternehmern, Landvermessern, Banken und Versicherungen zu Baugenehmigungen für verschiedene Siedlungen, Baufinanzierung, Kostenvoranschlägen, Straßen- und Wegebau, Grundstücksvermessung, Veranlagung zu Straßenbaukosten und Pflege von Grünanlagen.

3307 Bau von zwei Arbeiterwohnhäusern für jeweils vier Familien in [Dortmund-]Hörde, „projektierte Straße" (später Sedanstraße).
1895
Bauantrag des Hoerder Vereins vom 28.02.1895; Baugenehmigung der Stadt [Dortmund-]Hörde vom 06.04.1895, mit Auszug aus der Baupolizeiverordnung; Lageplan; Grund- und Aufrisszeichnungen.

3690 Bau eines Zieglerwohnhauses bei der Hermannshütte an der Bickefeldstraße.
1895
Baugenehmigung der Stadt [Dortmund-]Hörde vom 30.10.1895; Lageplan der Hermannshütte; Grund- und Aufrisszeichnung.

3076 Bau von acht Arbeiterwohnhäusern für jeweils vier Familien in der Kolonie Neuer Klarenberg.
1895
Baugenehmigung der Stadt [Dortmund-]Hörde vom 04.03.1895, mit Auszug aus der Baupolizeiverordnung; Lageplan der Siedlung.

3309 Bau von 14 Arbeiterwohnhäusern für jeweils vier Familien in [Dortmund-]Hörde, Bruchstraße und Sedanstraße.
1897–1898
Bauantrag des Hoerder Vereins vom 28.02.1897; Baugenehmigung der Stadt [Dortmund-]Hörde vom 13.04.1897, mit Auszug aus der Baupolizeiverordnung; Lageplan; Grund- und Aufrisszeichnungen.

3088 Bau von zwei Arbeiterwohnhäusern am Mühlenberg in [Dortmund-]Hörde.
1897
Bauantrag des Hoerder Vereins vom 23.06.1897; Baugenehmigung der Stadt [Dortmund-]Hörde

vom 13.07.1897, mit Auszug aus der Baupolizeiverordnung; einzelne Schreiben zwischen Hoerder Verein und Stadt Hörde zum Genehmigungsverfahren.

3077 Bau von vier Arbeiterwohnhäusern für jeweils vier Familien in der Kolonie Felicitas.
1897–1898
Bauantrag des Hoerder Vereins vom 27.04.1897; Baugenehmigung der Stadt [Dortmund-]Hörde vom 01.05.1897, mit Auszug aus der Baupolizeiverordnung; Lageplan der Siedlung; Grund- und Aufrisszeichnungen der Häuser.

3078 Bau von zwölf Arbeiterwohnhäusern für jeweils vier Familien in der Kolonie Felicitas.
1899–1901
Bauantrag des Hoerder Vereins vom 01.04.1899; Beschwerde des Hoerder Vereins beim Königlichen Regierungspräsidium Arnsberg Bezirksausschuss vom 09.09.1899 wegen Nichterteilung der Baugenehmigung; Baugenehmigung der Stadt [Dortmund-]Hörde vom 16.10.1899, mit Auszug aus der Baupolizeiverordnung; Lageplan der Siedlung; Grund- und Aufrisszeichnungen der Häuser; einzelne Schreiben zwischen Hoerder Verein und Stadt Hörde zum Genehmigungsverfahren.

3455 Bau eines Wohnhauses für Ziegeleiarbeiter des Hochofenwerks Hörde in [Dortmund-]Hacheney.
1899
Bauantrag des Hoerder Vereins vom 06.06.1899; Baugenehmigung des Amts [Dortmund-]Wellinghofen vom 20.06.1899; Lageplan; Grund- und Aufrisszeichnung.

3458 Bau von zwei Holzbaracken als Arbeiterwohnraum in [Dortmund-]Hacheney.
1900
Bauantrag des Hoerder Vereins vom 07.05.1900; Baugenehmigung des Amts [Dortmund-]Wellinghofen vom 19.05.1900; Lageplan; Grundrisszeichnung.

3314 Bau einer Toilettenanlage im Wohnhaus in [Dortmund-]Hörde, Remberg 7.
1904–1905
Bauantrag des Hoerder Vereins vom 16.07.1904; Baugenehmigung der Stadt [Dortmund-]Hörde vom 09.08.1904, mit Auszug aus den Bestimmungen der Baupolizeiverordnung; Grundrisszeichnung des Hauses; einzelne Schreiben zwischen Hoerder Verein und Stadt Hörde zum Genehmigungsverfahren.

3079 Bau von acht Arbeiterwohnhäusern in der Kolonie Neuer Klarenberg.
1904–1906
Bauantrag des Hoerder Vereins vom 22.12.1904; Baugenehmigung der Stadt [Dortmund-]Hörde vom 18.03.1905, mit Auszug aus der Baupolizeiverordnung; Bauabnahmeschein vom 30.04.1906; Lageplan der Siedlung; Grund- und Aufrisszeichnungen der Häuser; einzelne Schreiben zwischen Hoerder Verein und Stadt Hörde zum Genehmigungsverfahren.

3081 Bau von zwei Arbeiterwohnhäusern in der Kolonie Felicitas.
1905–1906
Bauantrag des Hoerder Vereins vom 31.05.1905; Baugenehmigung der Stadt [Dortmund-]Hörde vom 20.06.1905, mit Auszug aus der Baupolizeiverordnung; Bauabnahmeschein vom 30.08.1906; Lageplan der Siedlung; Grund- und Aufrisszeichnungen der Häuser.

6.6.4.2 Wohnungen für Vorstand und Beamte

3154 Erweiterung des Wohnhauses in [Dortmund-]Hörde, Weingartenstraße 38.
1891
Baugenehmigung der Stadt [Dortmund-]Hörde vom 28.08.1891; Grund- und Aufrisszeichnung des Hauses.

2073 Bau von Beamten- und Direktorenwohnhäusern am Mühlenberg in [Dortmund-]Hörde.
1893–1898
Satzung der Deutsche Volksbaugesellschaft eGmbH vom 08.05.1893, Geschäftsbericht, 1893, und Verzeichnis der Genossen (gedruckt); Kostenvoranschläge; Normblatt zur Honorarberechnung für Architekten und Ingenieure des Verbands Deutscher Architekten- und Ingenieur-Vereine (gedruckt); Verträge mit Maurern, Dachdeckern und Klempnern; Bestellungen für Baumaterial; Rechnungen von Lieferanten und Zahlungsanweisungen des Architekten Ernst Marx an den Hoerder Verein; Grund- und Aufrisszeichnungen; Schriftwechsel zwischen Hoerder Verein und Marx zu Bauplanung und Baufortschritt sowie einzelne Schreiben zur Erweiterung des Hörder Verwaltungsgebäudes (Anbau an die Hörder Burg).

3318 Umbau des Wohnhauses in Dortmund, Wißstraße 62.
1896
Baugenehmigung der Stadt Dortmund vom 01.09.1896, mit Auszug aus der Baupolizeiverordnung; Grundrisszeichnung.

3320 Umbau des Wohnhauses in Dortmund, Wißstraße 62.
1896
Baugenehmigung der Stadt Dortmund vom 03.11.1896, mit Auszug aus der Baupolizeiverordnung.

2110 Bau von Beamten- und Direktorenwohnhäusern am Mühlenberg in [Dortmund-]Hörde.
1898–1899
Kostenvoranschläge; Bestellungen für Baumaterial; Rechnungen von Lieferanten und Zahlungsanweisungen des Architekten Ernst Marx an den Hoerder Verein; Schriftwechsel zwischen Hoerder Verein und Marx zu Bauplanung und Baufortschritt.

2147 Bau von Beamtenwohnhäusern in [Dortmund-]Hörde, Tullstraße, und Erweiterung des Verwaltungsgebäudes.
1900–1901
Kostenvoranschläge; Bestellungen für Baumaterial; Rechnungen von Lieferanten und Zahlungsanweisungen des Architekten Ernst Marx an den Hoerder Verein; Schriftwechsel zwischen Hoerder Verein und Marx zu Bauplanung und Baufortschritt.

2180 Bau von Beamtenwohnhäusern in [Dortmund-]Hörde, Tullstraße, und Erweiterung des Verwaltungsgebäudes.
1901–1902
Bestellungen für Baumaterial; Rechnungen von Handwerkern und Lieferanten und Zahlungsanweisungen des Architekten Ernst Marx an den Hoerder Verein; Schriftwechsel zwischen Hoerder Verein, Handwerkern und Marx zu Reklamationen und Nacharbeiten.

6.6.5 Sonstiges

5989 Verzeichnis der Baukonzessionen der Hermannshütte.
[1841-1953]
Karteikarten chronologisch nach dem Datum des Baugesuchs beziehungsweise der Baugenehmigung geordnet.

3694 Bau eines Gebäudes für Arbeiterspeisesaal und Archiv sowie eines neuen Werkseingangsgebäudes für die Hermannshütte an der Burgstraße 13 und Umbau der „Burgkaserne".
1897
Bauantrag des Hoerder Vereins vom 15.06.1897; Baugenehmigung der Stadt [Dortmund-]Hörde vom 24.06.1897; Lageplan; Grund- und Aufrisszeichnungen.

3706 Ausfugung der Gebäudemauern der Hermannshütte an der Straßenseite.
1899
Bauantrag des Hoerder Vereins vom 21.04.1899; Baugenehmigung der Stadt [Dortmund-]Hörde vom 24.04.1899, mit Auszug aus der Baupolizeiverordnung.

3479 Aufstellung von zwei Apparaten zur Entwässerung von Teer im Hochofenwerk Hörde.
1905-1906
Genehmigungsantrag des Hoerder Vereins vom 09.02.1905; Betriebsgenehmigungen des Kreises [Dortmund-]Hörde vom 07.04.1905 und 20.12.1905; Lageplan; Konstruktionszeichnung; Schriftwechsel zwischen Hoerder Verein und Kreis Hörde zum Genehmigungsverfahren.

3726 Erneuerung des Bürgersteigs vor Casino und Archivgebäude der Hermannshütte sowie vor der Hörder Burg.
1900-1901
Bauantrag des Hoerder Vereins vom 01.05.1900; Baugenehmigung der Stadt [Dortmund-]Hörde vom 11.05.1900, mit Auszug aus der Baupolizeiverordnung; einzelne Schreiben zwischen Hoerder Verein und Stadt Hörde zum Genehmigungsverfahren.

3744 Überdachung des Raums zwischen Mechanischer Werkstatt, Stahlgießerei und Gelbgießerei der Hermannshütte.
1903
Bauantrag des Hoerder Vereins vom 27.03.1903; Baugenehmigung der Stadt [Dortmund-]Hörde vom 16.04.1903, mit Auszug aus der Baupolizeiverordnung; Grund- und Aufrisszeichnung; Lageplan; einzelne Schreiben zwischen Hoerder Verein und Stadt Hörde zum Genehmigungsverfahren.

6.7 Dampfkessel- und Maschinenbetrieb und Technische Überwachung

6.7.1 Betriebsgenehmigungen

3684 Dampfkesselkonzessionen für die Hermannshütte.
1843, 1852-1866
Betriebsgenehmigungen und Berichte zur technischen Überprüfung der Königlichen Regierung

Arnsberg und des Königlich Preußischen Märkischen Bergamts, Bochum; einzelne Schreiben zwischen Hoerder Verein und Genehmigungsbehörden zur Kesselabnahme.

5362 Dampfkessel- und Dampfmaschinenbetrieb der Hermannshütte.
1853, 1857-1866
Aufstellung zu Dampfkesselkonzessionen der Hermannshütte für den Zeitraum 1852 bis 1857 (Kopie); Konstruktionszeichnung eines Dampfkesselsicherheitsventils der Maschinen-Fabrik zu Buckau vom 07.12.1853; Querschnittzeichnung eines Dampfkessels für die Räderfabrik der Hermannshütte zur Genehmigungsurkunde vom 23.02.1860; Kesselabnahmebescheinigungen von Landrat Dortmund, Königlichem Regierungspräsidium Arnsberg und anderen Prüfstellen (einzelne Originale und zahlreiche Kopien).
Verbleib der Originale unbekannt.

6.7.2 Technische Überwachung Dampfkessel

2101 Dampfkesselrevision.
1890-1894
Gebührenrechnungen der Königlichen Gewerbe-Inspektion zu Dortmund zur Kesselrevision in Hermannshütte und Hoerder Eisenwerk; Schriftwechsel zwischen Hoerder Verein, Gewerbe-Inspektion und Stadt [Dortmund-]Hörde zur Revision, Januar 1890 bis Dezember 1894.

2063 Dampfkesselrevision.
1895-1897
Gebührenrechnungen der Königlichen Gewerbe-Inspektion zu Dortmund zur Kesselrevision in Hermannshütte und Hoerder Eisenwerk; Schriftwechsel zwischen Hoerder Verein und Gewerbe-Inspektion zur Revision, Januar 1895 bis März 1897.

2078 Dampfkesselrevision.
1897-1899
Gebührenrechnungen der Königlichen Gewerbe-Inspektion zu Dortmund zur Kesselrevision in Hermannshütte und Hoerder Eisenwerk; Schriftwechsel zwischen Hoerder Verein und Gewerbe-Inspektion zur Revision, April 1897 bis Dezember 1898.

2160 Dampfkesselrevision.
1899-1902
Gebührenrechnungen der Königlichen Gewerbe-Inspektion zu Dortmund zur Kesselrevision in Hermannshütte und Hoerder Eisenwerk; Schriftwechsel zwischen Hoerder Verein und Gewerbe-Inspektion, Königlichem Regierungspräsidium Arnsberg Bezirksausschuss und Stadt [Dortmund-]Hörde zur Revision, Januar 1899 bis Juni 1902.

2254 Dampfkesselrevision.
1902-1908
Gebührenrechnungen der Königlichen Gewerbe-Inspektion zu Dortmund zur Kesselrevision in Hermannshütte und Hochofenwerk Hörde; Schriftwechsel zwischen Hoerder Verein bzw. Phoenix

AG Hoerder Verein und Königlicher Gewerbe-Inspektion zu Dortmund, Stadt Dortmund und Stadt [Dortmund-]Hörde zur Revision, August 1902 bis Juli 1908; Niederschrift der 30. Hauptversammlung des Dampfkessel-Überwachungs-Vereins zu Siegen, 1902, mit Aufstellungen zu Mitgliedern und statischen Angaben zu Dampfkesseln (gedruckt).

Lokomotiven

4242 Lokomotive, A. Borsig, Baujahr 1870, Fabriknummer 2.637, Nr. 17 (4) des Hoerder Vereins.
1870–1907
Genehmigungs- bzw. Betriebsurkunden der Königlichen Eisenbahndirektion Essen; technische Beschreibungen und Querschnittszeichnungen des Kessels; Abnahmeattest des Handelsministeriums für den Kessel vom 17.08.1870; Kesselrevisionsbücher.

4245 Lokomotive, Henschel & Sohn, Baujahr 1869, Fabriknummer 209, Nr. 16 des Hoerder Vereins.
1869–1902
Genehmigungs- bzw. Betriebsurkunden der Königlichen Eisenbahndirektion Essen; technische Beschreibungen und Konstruktionszeichnungen des Kessels; Bescheinigungen verschiedener Bahnstellen zur Kesselprüfung.

4246 Revisionsbuch zur Lokomotive, Henschel & Sohn, Baujahr 1869, Fabriknummer 209, Nr. 16 von Hoerder Verein bzw. Phoenix AG Hoerder Verein.
1899, 1908

4247 Lokomotive, Henschel & Sohn, Baujahr 1887, Fabriknummer 2.497, Nr. 7 des Hoerder Vereins.
1887–1888
Betriebsgenehmigung der Stadt [Dortmund-]Hörde vom 11.04.1888; Antrag des Hoerder Vereins auf Betriebsgenehmigung vom 17.03.1888, mit Beschreibung und Konstruktionszeichnung des Dampfkessels; Bescheinigung zur technischen Abnahme vom 29.03.1888.

4248 Revisionsbuch des Dampfkessels der Lokomotive, Henschel & Sohn, Baujahr 1887, Fabriknummer 2.497, Nr. 7 des Hoerder Vereins.
1888–1897

4250 Lokomotiven, A. Borsig, Baujahr 1870, Fabriknummern 2.637 und 2.638, Nr. 4 und Nr. 5 des Hoerder Vereins.
1870
Beschreibung und Konstruktionszeichnung des Dampfkessels; Bescheinigung zur technischen Abnahme vom 17.08.1870.

4251 Revisionsbuch des Dampfkessels der Lokomotive, A. Borsig, Baujahr 1870, Fabriknummer 2.638, Nr. 5 des Hoerder Vereins.
1880–1897

4252 Dsgl., 1899.

4253 Revisionsbuch des Dampfkessels der Lokomotive, Actiengesellschaft Hohenzollern für Lokomotivbau, Baujahr 1882, Fabriknummer 143, Nr. 14 der Zeche Tremonia.
1892–1900

4255 Revisionsbuch des Dampfkessels der Lokomotive, Henschel & Sohn, Baujahr 1888, Fabriknummer 2.684, Nr. 11 des Hoerder Vereins.
1888–1897

590 Tenderlokomotive.
1903, 1926
Genehmigungsurkunden von Königlicher Eisenbahndirektion Essen vom 21.12.1903 und Stadt [Dortmund-]Hörde vom 08.12.1903, mit Abnahmebescheinigungen, Maschinenbeschreibung und Konstruktionszeichnung; Verschrottungsvermerk.

6.8 Materialprüfung und Qualitätswesen

2041 Qualitätswesen.
1877, 1883–1891
Resultate der im Auftrage des Vereins deutscher Eisenbahn-Verwaltungen mit Stäben im mechanisch-technischen Laboratorium der Königlichen Polytechnischen Schule in München bis Ende Mai 1877 angestellten Festigkeits- und Elasticitäts-Versuche (gedruckt); Entwurf zu einem Programm für die Untersuchung von Festigkeitseigenschaften von Eisenbahnmaterial von Adolf Martens, stellvertretender Leiter der Königlich Mechanisch-Technischen Versuchs-Anstalt, Berlin-Charlottenburg, vom August 1884; Beschlüsse der Konferenzen zu München am 22.09.1884 bis 24.09.1884 und Dresden am 20.09.1886 und 21.09.1886 über einheitliche Untersuchungs-Methoden bei der Prüfung von Bau- und Constructions-Materialien auf ihre mechanischen Eigenschaften, München 1887; Untersuchungsgutachten der Mechanisch-Technischen Versuchs-Anstalt von Materialproben, Blechen und insbesondere Rundstäben auf Zugfestigkeit und Dehnung; einzelne Schreiben zwischen Hoerder Verein und Versuchs-Anstalt zu Arbeitsaufträgen.

2122 Materialprüfung von Dampfkesselblechen durch Dampfkesselüberwachungsvereine.
1881–1883, 1889–1900
Grundsätze für die Prüfung der Materialien zum Bau von Dampfkesseln von Verband der Dampfkessel-Überwachungs-Vereine und VDEh, 1881 und 1889 (gedruckt); Rundschreiben des Magdeburger Vereins für Dampfkesselbetrieb; Schriftwechsel zwischen Hoerder Verein und verschiedenen Dampfkesselüberwachungsvereinen, insbesondere Rheinischem Dampfkessel-Überwachungs-Verein, Bergischem Dampfkessel-Revisions-Verein und Association pour la Surveillance des Chaudières à Vapeur, Brüssel, zur Prüfung von Blechlieferungen an Unternehmen im Zuständigkeitsbereich der Vereine.

2281 Normierung von Schiffbauprofilstahl.
1889–1902, 1906, 1909
Niederschriften von Sitzungen der Versammlung zur Feststellung von Normalprofilen für Schiffbaustahle und einer Vorgängerkommission am 14.03.1889 und 06.06.1889 (Manuskripte) sowie 14./15.01.1898, 09.02.1898, mit Aufstellung der in die Neuauflage des Profilbuchs aufzuneh-

menden Normalprofile für Schiffbaustahle, und 20.03.1902 (gedruckt); Profilzeichnungen; Normalprofile des Vereins Deutscher Schiffswerften (Entwürfe); Berichte des Hamburger Unternehmensvertreters Arnold von Bippen und des Berliner Unternehmensvertreters Richard Quitmann; vergleichende Aufstellungen zu Profilmaßen von Hoerder Verein, Germanischem Lloyd und Bureau Veritas Internationale Gesellschaft für Schiffsclassification; Aufstellung zu Handels- und Kriegsschiffsprofilen der Stettiner Maschinenbau Actien-Gesellschaft „Vulcan", 1896; Aufstellung der Walzeisen mit Normalprofilen des Hoerder Vereins, 1897; Aufstellungen zu Normalprofilmaßen des Lloyds Register of British and Foreign Shipping, 1895 (gedruckt); Einladung der Firma Fried. Krupp zur Gründung einer Normungskommission vom 15.12.1897; Niederschrift einer Sitzung der „Normal-Profilbuch-Commission" des VDEh am 12.04.1898; Schreiben von Ingenieur Carl Kielhorn an die Phoenix AG Hoerder Verein, mit Vorschlägen zur Verbesserung von Wulstwinkelprofilen und Zeichnungen vom 16.05.1909; Schriftwechsel zwischen Hoerder Verein, Blohm & Voss, Firma Fried. Krupp, Germanischem Lloyd und VDEh zu den Normungsbestrebungen.

2279 Qualitätswesen.
1864, 1891–1899, 1904–1908
Versuchsbericht zur Festigkeitsprüfung von Gussstahl des Hoerder Vereins am 13.05.1864; Gutachten von Königlicher Mechanisch-Technischer Versuchs-Anstalt bzw. Königlichem Materialprüfungsamt der Technischen Hochschule Berlin zur Untersuchung von Materialproben, Schienen und insbesondere Rundstäben auf Zugfestigkeit und Dehnung, 1891 bis 1895 und 1904 bis 1907; Tätigkeitsberichte der Königlichen Technischen Versuchsanstalten im Etatjahr 1903 sowie des Königliches Materialprüfungsamt der Technischen Hochschule Berlin in den Betriebsjahren 1904 bis 1907 (gedruckt); Ewald Rasch: „Bestimmungen der kritischen Spannungen in festen Körpern" (Sonderdruck aus „Sitzungsberichte der Königlich Preußischen Akademie der Wissenschaften", 20.02.1908); Rundschreiben des Materialprüfungsamts an die Auftragsgeber; einzelne Schreiben zwischen Hoerder Verein und den Versuchsanstalten zu Arbeitsaufträgen.

2358 Versuche des Hoerder Vereins zur Beimengung von Phonolith zur Thomasschlacke.
1904–1905
Schlackenanalysen des Laboratoriums des Thomas-Stahlwerks; Schriftwechsel zwischen Hoerder Verein und C. Plock, Berlin, zu Lieferung von Phonolith und Analyseergebnissen.

6.9 Werksbahnbetrieb

2203 Einstellung und Vereidigung von Mitarbeitern der Werksbahn.
1871–1894, 1899–1900
Signalbuch, 1872; Formblatt zur Anstellung von Werksbahnarbeitern (blanko); Arbeitsverträge; Beamtenverzeichnisse; Niederschrift zur Vereidigung von Bahnbeamten; Auszüge aus den Niederschriften der Verwaltungsratssitzungen des Hoerder Vereins; Bewerbungsschreiben; Schriftwechsel zwischen Hoerder Verein, Eisenbahnabteilung, verschiedenen Eisenbahnbehörden und Bewerbern zur Einstellung und Vereidigung.

88 Eisenbahnverkehr zwischen Bahnhof Hörde und Hermannshütte.
1872
Auszug aus der Niederschrift einer Besprechung zwischen Hoerder Verein und Bergisch-Märki-

scher Eisenbahn-Gesellschaft über Wagenstellung, Transportzeiten, Kosten u. a. am 10.05 1872; Begleitschreiben.

2024 Maschinen- und Materialbestellungen für die Werksbahn.
1885–1889
Konstruktionszeichnung einer Drehscheibe der Firma van der Zypen & Charlier, Deutz; Konstruktionszeichnung einer Brückenwaage, Referenzlisten zu Waagen und Werbeblatt zu einem „Wägebilletdruckapparat", mit zwei Billets der Firma H. Redecker & Nauss, Bielefeld (gedruckt); Werbebroschüre der Firma Robert Latowski, Breslau, zu Dampf-Läutwerken (gedruckt); Aufträge, Angebote, Bestellungen und Rechnungen für Reparaturen, Weichen, Eisenbahnwaggons, Hebezeuge, Werkzeuge, Maschinen verschiedener Hersteller und Lieferanten sowie Schriftwechsel des Hoerder Vereins mit diesen und der Eisenbahnabteilung, Januar 1885 bis Juli 1889; Auszüge aus den Betriebsbüchern der Eisenbahnabteilung zu Unfällen und besonderen Vorkommnissen.

4222 Bahnanschluss an den Bahnhof Hörde-Hacheney.
1870–1874, 1879, 1892, 1899
Anschlussvertrag zwischen Hoerder Verein und Rheinischer Eisenbahn-Gesellschaft vom 18.09./03.10.1874; Lageplan der Gleisanlagen; Bestimmungen der Rheinischen Eisenbahn-Gesellschaft über die Beaufsichtigung und Unterhaltung der Anschlusszweigbahnen von Zechen und Etablissements vom 01.01.1870; Allgemeine Bedingungen der Rheinischen Eisenbahn-Gesellschaft für den Betrieb von Anschlussgleisen usw. vom 01.01.1879; Allgemeine Bedingungen für die Anlage, Bedienung und Unterhaltung von Anschlussgleisen, Ladebühnen usw. im Eisenbahndirektionsbezirk Elberfeld vom 01.06.1892 (gedruckt); Dienstvorschrift für die Bedienung des Anschlusses des Hoerder Vereins an den Bahnhof Hörde-Hacheney vom 24.03.1899.

2141 Betriebskosten.
1882–1888, 1892–1898
Einzelne Schreiben zwischen Eisenbahnabteilung und Hoerder Verein zu Personalangelegenheiten und Festlegung von Akkordlöhnen, 1882 bis 1888; Anweisungen des Vorstands des Hoerder Vereins an die Buchhaltung zur Belastung des Transportkostenkontos der Hermannshütte, 1892 bis 1898.

4217/2 Betrieb des Bahnanschlusses an den Bahnhof Hörde-Hacheney.
1887–1899
Aufstellung zu versendeten und empfangenen Gütern des Hoerder Vereins im Geschäftsjahr 1887/88, aufgeschlüsselt nach Wert und Gewicht; Lageplan des Anschlusses der Zeche Crone an die Verbindungsgleise; Betriebskostenabrechnungen; Schriftwechsel zwischen Hoerder Verein, Rheinischer Eisenbahn-Gesellschaft und Königlichem Eisenbahnbetriebsamt Hagen über Erweiterung der Gleisanlagen und Bau einer Entgleisungsweiche, Aufhebung des Vertrags zum Anschluss der Schlackenhalde des Hoerder Eisenwerks vom 22.05.1875, Reparaturen, Zahlung von Anschlussgebühren und den Anschluss der Zeche Crone an die Verbindungsgleise.

2119 Werksbahnbetrieb.
1889–1899
Mitteilungen von Bahnbeamten zu Unfällen und Beschädigungen; Niederschriften von Zeugenvernehmungen; Kostenvoranschläge für Eisenbahnwagen und Ersatzteile; Rechnungen der Kö-

niglichen Eisenbahndirektion Essen zu Wagenreparaturkosten; Aufstellungen zur Zahlung von Akkordlöhnen; Schriftwechsel zwischen Hoerder Verein, Eisenbahnabteilung, Eisenbahndirektion Essen und Lieferanten zu Bestellungen von Betriebsmaterialien, Maschinen und Reparaturen, insbesondere mit H. Redecker & Nauss, Bielefeld, zu einer Brückenwaage.

2163 Werksbahnbetrieb.
1899-1902
Mitteilungen von Bahnbeamten zu Unfällen und Beschädigungen; Niederschriften von Zeugenvernehmungen; Rechnungen der Königlichen Eisenbahndirektion Essen zu Wagenreparaturkosten; Aufstellungen zur Zahlung von Akkordlöhnen; Polizeiverordnung und Betriebsvorschrift für Privatanschlussbahnen des Hoerder Vereins (Broschüre und Amtsblatt der Königlichen Regierung zu Arnsberg vom 28.04.1900); Schriftwechsel zwischen Hoerder Verein, Eisenbahnabteilung, Eisenbahndirektion Essen und Lieferanten zu Bahnbetrieb und Bestellungen von Betriebsmaterialien, Maschinen und Reparaturen.

4175/1 Betrieb des gemeinsamen Bahnanschlusses von Hochofenwerk Dortmund, Gewerkschaft der Zeche Tremonia und Eisenwerk Rothe Erde AG an den Bahnhof Dortmunderfeld.
1902-1906
Aufstellungen zu Wagenstandgeldern, transportierten Mengen und Betriebskosten; Schriftwechsel zwischen Hoerder Verein, Hochofenwerk Dortmund, Gewerkschaft der Zeche Tremonia, Eisenwerk Rothe Erde AG und Königlicher Eisenbahndirektion Essen zu Betriebsorganisation, Reparaturen und Instandhaltungsarbeiten, Abrechnung von Wagenstandgeldern, Bau- und Betriebskosten.

7. Belegschaft
7.1 Lohnwesen

1087 Lohnpfändung beim Hoerder Verein.
1852-1855, 1869-1870
Sammlung von Bescheiden und Schreiben von verschiedenen Gerichten, Rechtsanwälten und Privatpersonen an den Hoerder Verein zur Einbehaltung von Arbeiterlöhnen und Auszahlung an Gläubiger.
Darin auch: Einzelne Schreiben zwischen Hoerder Verein sowie Charbonnages et Hauts Fourneaux d'Ougrée und Société Anonyme pour l'Exploitation des Établissements de John Cockerill zur Bezahlung von kurzzeitig in Hörde tätigen belgischen Arbeitern dieser Unternehmen (französisch); Einnahmen- und Ausgabenrechnung von Erzgruben und Hoerder Kohlenwerk für das Geschäftsjahr 1869/70.

733 Lohnstatistik des Hoerder Vereins.
1871-1875
Aufstellung über Durchschnittsschichtlöhne der einzelnen Berufsgruppen, Juli 1871 bis Juli 1875.

2089 Unterstützungsgesuche an den Hoerder Verein.
1886-1894
Schriftwechsel zwischen Hoerder Verein bzw. Krankenkasse des Hoerder Vereins sowie Arbeitern,

deren Familienangehörigen und Hinterbliebenen zur Gewährung von Unterstützungsleistungen nach Unfall, Krankheit oder Invalidität.

7.2 Konsumverein

1194 Schuldner des Konsumvereins.
30.04.1868
Notariell beglaubigte Vollmacht des Hoerder Vereins vom 30.04.1868 für den Geschäftsführer des Konsumvereins, August Heidtmann, zur Vertretung des Unternehmens bei Verfahren gegenüber Schuldnern des Konsumvereins.

1195 Anmietung eines Gebäudes für den Konsumverein.
1864-1865
Mietvertrag zwischen Hoerder Verein und August Heidtmann vom 17.04.1864 über ein als Gastwirtschaft genutztes Gebäude in [Dortmund-]Hörde, Chausseestraße 24; Mietvertrag zwischen Konsumverein und Heidtmann über die Nutzung einer Wohnung durch Heidtmann vom 15.02.1864 sowie Schreiben Heidtmanns zur Mieterhöhung.

1196 Lohnverrechnung bei Einkäufen im Konsumverein.
01.08.1869
Schreiben des Konsumvereins an den Hoerder Verein zur Verrechnung von durch Arbeiter angeschriebene Waren mit Löhnen.

1197 Berufung von W. May als „Controlleur" in die Geschäftsführung des Konsumvereins.
1873
Schreiben des Konsumvereins des Hoerder Vereins an May vom 30.04.1873 zur Übersendung der Geschäftsführungsordnung und Antwortschreiben.

1198 1. Generalversammlung des Konsumvereins am 12.04.1864.
1864
Notariell beglaubigte Niederschrift der Generalversammlung, mit Aufstellung der anwesenden Mitglieder und Bericht über die Gründung des Konsumvereins; Schreiben des Konsumvereins an Christian Guth und Johann Wilhelm Schulte-Kohleppel zu deren Berufung als „Schiedsrichter" und Antwortschreiben zur Annahme der Wahl.

1200 2. Generalversammlung des Konsumvereins am 27.04.1865.
1865
Notariell beglaubigte Niederschrift der Generalversammlung, mit Aufstellung der anwesenden stimmberechtigten Mitglieder [fast ausschließlich leitende Angestellte des Hoerder Vereins], Geschäftsbericht des Vorstands und Bilanz; Schreiben des Konsumvereins an Christian Guth und Johann Wilhelm Schulte-Kohleppel zu deren Berufung als „Schiedsrichter" und Antwortschreiben zur Annahme der Wahl.

1201 3. Generalversammlung des Konsumvereins am 27.04.1866.
1866

Notariell beglaubigte Niederschrift der Generalversammlung, mit Aufstellung der anwesenden stimmberechtigten Mitglieder [fast ausschließlich leitende Angestellte des Hoerder Vereins], Geschäftsbericht des Vorstands und Bilanz; Schreiben des Konsumvereins an Christian Guth und Johann Wilhelm Schulte-Kohleppel zu deren Berufung als „Schiedsrichter" und Antwortschreiben zur Annahme der Wahl.

1199 4. Generalversammlung des Konsumvereins am 27.04.1867.
1867
Notariell beglaubigte Niederschrift der Generalversammlung, mit Aufstellung der anwesenden Mitglieder mit voll eingezahltem Geschäftsanteil [ausschließlich leitende Angestellte des Hoerder Vereins], Geschäftsbericht des Vorstands und Bilanz; einzelne Schreiben zwischen Konsumverein, Johann Friedrich Wiesehahn, Johann Wilhelm Schulte-Kohleppel, J. Schroeder und anderen über deren Berufung als „Schiedsrichter" und Vorstandsmitglieder.

1202 5. Generalversammlung des Konsumvereins am 30.04.1868.
1868
Notariell beglaubigte Niederschrift der Generalversammlung, mit Aufstellung der anwesenden stimmberechtigten Mitglieder [fast ausschließlich leitende Angestellte des Hoerder Vereins], Geschäftsbericht des Vorstands und Bilanz; Schreiben des Konsumvereins an Christian Guth und Johann Wilhelm Schulte-Kohleppel zu deren Berufung als „Schiedsrichter" und Antwortschreiben zur Annahme der Wahl.

1203 6. Generalversammlung des Konsumvereins am 29.04.1869.
1869
Notariell beglaubigte Niederschrift der Generalversammlung, mit Aufstellung der anwesenden stimmberechtigten Mitglieder [fast ausschließlich leitende Angestellte des Hoerder Vereins], Geschäftsbericht des Vorstands und Bilanz; Schreiben des Konsumvereins an Christian Guth und Johann Wilhelm Schulte-Kohleppel zu deren Berufung als „Schiedsrichter" und Antwortschreiben zur Annahme der Wahl.

1204 7. Generalversammlung des Konsumvereins am 29.04.1870.
1870
Notariell beglaubigte Niederschrift der Generalversammlung, mit Aufstellung der anwesenden stimmberechtigten Mitglieder [fast ausschließlich leitende Angestellte des Hoerder Vereins], Geschäftsbericht des Vorstands und Bilanz; Schreiben von Johann Wilhelm Schulte-Kohleppel an den Konsumverein zur Annahme seiner Wahl zum „Schiedsrichter".

1205 8. Generalversammlung des Konsumvereins am 29.04.1871.
1871
Notariell beglaubigte Niederschrift der Generalversammlung, mit Aufstellung der anwesenden stimmberechtigten Mitglieder [fast ausschließlich leitende Angestellte des Hoerder Vereins], Geschäftsbericht des Vorstands und Bilanz; Schreiben des Konsumvereins an Christian Guth und Johann Wilhelm Schulte-Kohleppel zu deren Berufung als „Schiedsrichter" und Antwortschreiben zur Annahme der Wahl.

1207 9. Generalversammlung des Konsumvereins am 30.04.1872.
1872
Notariell beglaubigte Niederschrift der Generalversammlung, mit Aufstellung der anwesenden stimmberechtigten Mitglieder [fast ausschließlich leitende Angestellte des Hoerder Vereins], Geschäftsbericht des Vorstands und Bilanz.

1206 Außerordentliche Generalversammlung des Konsumvereins am 30.04.1872 zur Neufassung der Satzung.
1872
Notariell beglaubigte Niederschrift der Generalversammlung, mit Satzungsentwurf.

1208 10. Generalversammlung des Konsumvereins am 30.04.1873.
1873
Notariell beglaubigte Niederschrift der Generalversammlung, mit Geschäftsbericht des Vorstands und Bilanz.

7.3 Werkswohnungen

1232 Wasserversorgung der Kolonie Felicitas.
1877
Vertrag zwischen Hoerder Verein und Wasserwerk der Stadt Hörde vom 23.06.1877 über den Bau einer Anschlussleitung.

981 Mietstatistik des Hoerder Vereins.
1887
Aufstellung der Mieter von Arbeiterwohnungen, mit Berufsbezeichnung und Angaben zur Anzahl der Familienmitglieder, Religion und Höhe der Miete sowie mit allgemeinen Bemerkungen.

732 Mietvertrag des Hoerder Vereins für Arbeiterwohnungen auf dem Dahlacker in [Dortmund-]Hörde (blanko).
o. D.

7.4 Arbeitssicherheit

2118 Arbeitsunfälle beim Hoerder Verein.
1882–1899
Mitteilungen von Hermannshütte, Hoerder Eisenwerk, Hoerder Kohlenwerk und insbesondere der Abteilung Werksbahn an den Vorstand zu Arbeitsunfällen; Niederschriften von Zeugenvernehmungen.

2189 Berufsgenossenschaftliche Angelegenheiten des Hoerder Vereins.
1886–1902
Niederschriften des Ersten, Zweiten und Dritten Berufsgenossenschaftstags am 27.06.1887, 07.05.1888 und 27.06.1889 (gedruckt); Mitgliedskarten der Ziegelei-Berufsgenossenschaft; Schriftwechsel zwischen Hoerder Verein und verschiedenen Berufsgenossenschaften, insbeson-

dere Ziegelei-Berufsgenossenschaft, zu Mitgliedschaft, Betriebsrevision, Betriebsunfällen und Beseitigung von Unfallgefahren, Beitrags- und Prämienveranlagung sowie Einstufung der unternehmenseigenen Ziegeleien.

2138 Einsturz des Dachs des Thomas-Stahlwerks.
1895
Einzelne Schreiben zwischen Hoerder Verein, Stadt [Dortmund-]Hörde und Georg Barkhausen, Technische Hochschule Hannover, zur Erstellung eines Gutachtens.

7.5 Streiks

2021 Bergarbeiterstreik 1889 beim Hoerder Kohlenwerk.
1889
Mitteilungen von Unternehmen, u. a. Hoerder Verein, an Kunden zu Betriebseinschränkungen oder -einstellungen aufgrund des Streiks (gedruckt); Zeitungsausschnitte; Plakat der Zeche Maria Anna & Steinbank vom 14.05.1889, mit Mitteilung an die Belegschaft; namentliche Aufstellungen zu streikenden Arbeitern, Streikführern, vor Streikende wieder angefahrenen Bergleuten und zu Arbeitern in den aus Kohlenmangel stillliegenden Betrieben der Hermannshütte; Rundschreiben des Bergbau-Vereins; Mietvertrag der Werkskolonie des Hoerder Kohlenwerks; Plakat des „Central-Streik-Comitees" zu den Beschlüssen der Bergarbeiterversammlung am 24.05.1889 in Bochum; Bericht der Direktion der Zeche ver. Westphalia an die Gewerken über den Streik (gedruckt); Berichte des Hoerder Vereins an den Königlichen Landrat des Landkreises Dortmund über den Streikverlauf; Schriftwechsel zwischen Hoerder Verein, Zeitungen, Hoerder Kohlenwerk, Hoerder Verein Bergwerks-Verwaltung, Stadt-Polizei-Verwaltung Hörde und Zeitungen zu Streik und Berichterstattung.

2293 Bergarbeiterstreik 1905 beim Hoerder Kohlenwerk und Streik von Arbeitern des Hochofenwerks Hörde.
1898, 1905
Aushänge bzw. Plakate der Unternehmensleitung des Hoerder Vereins zum Bergarbeiterstreik vom 10.01.1905 sowie o. D.; Rundschreiben des Bergbau-Vereins zu Streikverlauf, Verhandlungen mit den Bergarbeitern und Weiterführung des Ausstand-Versicherungs-Verbands; Kündigungsschreiben (blanko); interne Aufstellungen zur Anzahl der streikenden Arbeiter, mit Hinweisen zum Betrieb von Hermannshütte und Hochofenwerk Hörde; Zeitungsausschnitte; Aufstellungen des Bergbau-Vereins zum Verlauf des Streiks in allen Bergrevieren, mit Angaben zur Anzahl der angefahrenen Bergarbeiter im Vergleich zur Gesamtbelegschaft (gedruckt); „Die Antworten des Bergbaus-Vereins auf die Anträge des Gewerkvereins christlicher Bergarbeiter bzw. des Allgemeinen Berg- und Hüttenarbeiter-Verbands aus den Jahren 1897, 1899, 1900 und 1903", o. D. (gedruckt); Arbeitsordnung des Hoerder Kohlenwerks, 1898 (gedruckt); zwei Mietverträge von Bergarbeitern; Räumungsklage (blanko); Konrad Engel: „Zum Ausstande der Bergarbeiter im Ruhrbezirk", o. D. (gedruckt); Aufstellung zu entlassenen Arbeitern der Zechen Ewald, Dahlbusch, Friedrich der Große und Hugo vom 22.04.1905; Schriftwechsel zwischen Hoerder Verein, Königlichem Bergrevierbeamten des Bergreviers Dortmund II, Königlichem Landratsamt Dortmund, Stadt [Dortmund-]Hörde und Amt [Dortmund-]Brackel zu Streikverlauf und Betriebseinschrän-

kungen sowie zur Abstellung von Polizeikräften beim Streik der Möller- und Koksfahrer auf dem Hochofenwerk Hörde im März 1905.

1766 Räumungsklage gegen einen Bergmann.
1905
Schriftsatz zur Räumungsklage vom 02.02.1905; Urteil des Amtsgerichts Dortmund vom 03.03.1905; einzelne Schreiben zwischen Hoerder Verein, Rechtsanwälten und Amtsgericht zum Verfahren.

1765 Räumungsklage gegen einen Bergmann.
1905
Kündigungsschreiben (Abschrift); Schriftsatz zur Räumungsklage vom 06.02.1905; einzelne Schreiben zwischen Hoerder Verein, dem Bergmann und Rechtsanwälten zu Verfahren und Rücknahme der Kündigung.

1745 Räumungsklage gegen einen Bergmann.
1905
Kündigungsschreiben (Abschrift); Schriftsatz zur Räumungsklage vom 06.02.1905; Urteil des Amtsgerichts Dortmund vom 10.02.1905; einzelne Schreiben zwischen Hoerder Verein und Amtsgericht zum Verfahren.

1746 Räumungsklage gegen einen Bergmann.
1905
Kündigungsschreiben (Abschrift); Schriftsatz zur Räumungsklage vom 06.02.1905; Urteil des Amtsgerichts Dortmund vom 19.02.1905; einzelne Schreiben zwischen Hoerder Verein und Amtsgericht zum Verfahren.

918 Strafantrag gegen den Bergmann Carl Forwick wegen Verleumdung im Rahmen einer Kundgebung anlässlich des Bergarbeiterstreiks.
1905
Strafantrag vom 03.02.1905; Widerruf seiner Aussage durch Forwick im Dortmunder General-Anzeiger vom 23.02.1905; Schreiben des Hoerder Vereins zum Rückzug des Strafantrags vom 24.02.1905.

7.6 Personalakten (hier gelten besondere Sperrfristen)

4381 Personalakte Georg von Rapard.
1894–1899
Arbeitsvertrag zwischen Hoerder Verein und von Rappard zur Anstellung als Buchhalter vom 12.02.1894; Arbeitszeugnis; einzelne Schreiben zwischen Hoerder Verein und von Rappard zur Einstellung und Beendigung des Arbeitsverhältnisses.

4382 Personalakte Friedrich Siewert.
1893–1895, 1901
Bewerbungsschreiben; Arbeitszeugnisse (Abschriften); Schreiben des Hoerder Vereins zur Anstel-

lung Siewerts als Konstrukteur vom 14.12.1893; einzelne Schreiben zwischen Hoerder Verein und Siewert zur Einstellung und Beendigung des Arbeitsverhältnisses.

4383 Personalakte Hugo Rohkämper.
1893-1903
Arbeitsvertrag zwischen Hoerder Verein und Rohkämper zur Anstellung als Buchhaltergehilfe vom 14.08.1893, mit mehreren Verlängerungen; Arbeitszeugnis; einzelne Schreiben zwischen Hoerder Verein und Rohkämper zu Einstellung, Vertragsverlängerungen, Lohnerhöhung und Beendigung des Arbeitsverhältnisses.

7.7 Anlegebücher

5559 Arbeiter-Anlegebuch für Hermannshütte und Hochofenwerk Hörde, Buchstabe A bis G.
1906-1921
5560 Dsgl., Buchstabe H bis L.
5561 Dsgl., Buchstabe M bis S.
5562 Dsgl., Buchstabe Sch bis Z.

7.8 Stammrollen
7.8.1 Hermannshütte

5563 Arbeiter-Stammrolle der Hermannshütte, Buchstabe A bis B.
1843-1906
5531 Dsgl., Buchstabe A, 1880-1923.
5564 Dsgl., Buchstabe A, 1899-1909.
5532 Dsgl., Buchstabe B bis Bl., 1872-1923.
5533 Dsgl., Buchstabe Bo bis Bu, 1878-1923.
5565 Dsgl., Buchstabe B, 1889-1910.
5566 Dsgl., Buchstabe C bis E, 1846-1903.
5534 Dsgl., Buchstabe C bis D, 1878-1923.
5567 Dsgl., Buchstabe C bis E, 1899-1909.
5535 Dsgl., Buchstabe E bis F, 1878-1923.
5568 Dsgl., Buchstabe F, 1841-1895.
5569 Dsgl., Buchstabe F, 1891-1910.
5570 Dsgl., Buchstabe G, 1847-1897.
5536 Dsgl., Buchstabe G, 1868-1923.
5571 Dsgl., Buchstabe G, 1891-1910.
5572 Dsgl., Buchstabe H, 1845-1902.
5537 Dsgl., Buchstabe Ha bis He, 1862-1923.
5538 Dsgl., Buchstabe Hi bis Hu, 1872-1923.
5573 Dsgl., Buchstabe H bis J, 1895-1910.
5574 Dsgl., Buchstabe I bis K (K bis 1871), 1846-1902.
5539 Dsgl., Buchstabe I bis J, 1872-1923.
5575 Dsgl., Buchstabe K, 1871-1894.

5540 Dsgl., Buchstabe Ka bis Kn (inkl. Kw), 1871-1923.
5541 Dsgl., Buchstabe Ko bis Ku, 1872-1923.
5576 Dsgl., Buchstabe K, 1895-1910.
5577 Dsgl., Buchstabe L, 1845-1896.
5542 Dsgl., Buchstabe L, 1869-1923.
5578 Dsgl., Buchstabe L, 1896-1910.
5579 Dsgl., Buchstabe M, 1846-1896.
5543 Dsgl., Buchstabe M, 1867-1923.
5580 Dsgl., Buchstabe M, 1893-1911.
5581 Dsgl., Buchstabe N bis Q, 1844-1895.
5544 Dsgl., Buchstabe N bis O, 1863-1923.
5582 Dsgl., Buchstabe N bis O, 1889-1909.
5545 Dsgl., Buchstabe P bis Q, 1872-1923.
5583 Dsgl., Buchstabe P bis Q, 1889-1910.
5585 Dsgl., Buchstabe R bis S (S bis 1868, inkl. Sch und St), 1842-1889.
5546 Dsgl., Buchstabe R, 1871-1923.
5584 Dsgl., Buchstabe R, 1889-1909.
5586 Dsgl., Buchstabe S (inkl. Sch und St), 1868-1892.
5547 Dsgl., Buchstabe S (ohne Sch und St), 1873-1923.
5587 Dsgl., Buchstabe S (inkl. Sch und St), 1889-1906.
5548 Dsgl., Buchstabe Sch bis Schm, 1869-1923.
5549 Dsgl., Buchstabe Schn bis Schw, 1868-1923.
5550 Dsgl., Buchstabe St, 1865-1923.
5588 Dsgl., Buchstabe S (ohne Sch und St), 1906-1911.
5589 Dsgl., Buchstabe Sch, 1906-1911.
5590 Dsgl., Buchstabe St, 1906-1911.
5591 Dsgl., Buchstabe T bis V, 1846-1892.
5551 Dsgl., Buchstabe T bis V, 1868-1923.
5592 Dsgl., Buchstabe T bis V, 1889-1911.
5593 Dsgl., Buchstabe W bis Z, 1846-1889.
5552 Dsgl., Buchstabe Wa bis Wes, 1873-1923.
5553 Dsgl., Buchstabe Wi bis Z, 1869-1923.
5594 Dsgl., Buchstabe W, 1890-1911.
5595 Dsgl., Buchstabe Z, 1890-1910.

5554 Arbeiterinnen-Stammrolle der Hermannshütte.
1902-1923.

7.8.2 Hoerder Eisenwerk, ab 1898 Hochofenwerk Hörde

1796 Arbeiter-Stammrolle des Hoerder Eisenwerks, Buchstabe A bis Z.
1853-1874
1797 Dsgl., 1868-1875.
1798 Dsgl., 1872-1889.

1799 Arbeiter-Stammrolle von Hoerder Eisenwerk bzw. Hochofenwerk Hörde und Kokerei, Buchstabe A bis H.
1890–1904

1800 Dsgl., Buchstabe I bis Q.

1801 Dsgl., Buchstabe R bis Z.

7.9 Sonstiges

2190 Technisches Schulwesen, insbesondere Rheinisch-Westfälische Hüttenschule zu Bochum und Königliche (Vereinigte) Maschinenbauschulen zu Dortmund.
1881–1902
Rundschreiben des VDEh zur Gründung einer Hüttenschule; Grundzüge der Organisation einer Eisenhüttenschule in Bochum für die Oberbergamts-Bezirke Dortmund und Bonn, o. D. (gedruckt); Aushänge der Hüttenschule Bochum zum Unterrichtsbeginn im Juli 1882 sowie zu weiteren Schuljahren; Rundschreiben der Hüttenschule; Aufstellung der Einzahler zum Stipendienfonds der Hüttenschule zum 01.07.1887; Jahresberichte der Hüttenschule für das Schuljahr 1886/87 sowie die Zeiträume 01.07.1887 bis 01.05.1889 und 01.05.1889 bis 01.05.1891, mit Lehrplänen und Aufstellungen der Schüler; Schreiben von Joseph Massenez an Percy Carlyle Gilchrist, mit Beschreibung des deutschen technischen Ausbildungswesens vom 13.04.1891; Jahresbericht des Stipendienfonds für das Schuljahr 1889/90; einzelne Schreiben zwischen Hoerder Verein, Betriebsabteilungen und Hüttenschule zur Anmeldung von Arbeitern und Zahlungen in den Stipendienfonds; Programm der Fachschule mit Lehrwerkstätten für die Kleineisen- und Stahlwaren-Industrie des Bergischen Landes, Remscheid 1887 (gedruckt); Königliche Werkmeisterschule und Fachschule für Maschinentechniker zu Dortmund, o. D. (Broschüre, 8 S.); Programm der Fachschule für Maschinentechniker zu Dortmund, o. D. (Broschüre, 18 S.); Göbel: „Denkschrift zum Beschluss der Stadtverordneten betreffend Neubau eines definitiven Schulgebäudes für die technische Lehranstalt in Dortmund", Dortmund 1892; Aufstellung der Einzahler zum Stipendienfonds der Maschinenbauschulen Dortmund, o. D.; Werbeplakat der Maschinenbauschulen zum Bezug des neuen Schulgebäudes, 1897; Programme der Vereinigten Maschinenbauschulen Dortmund, 1900 (Broschüre, 34 S.); Schriftwechsel zwischen Hoerder Verein, Betriebsabteilungen, Stadt Dortmund, Vereinigte Maschinenbauschulen bzw. Vorgängerschulen und Antragstellern zu Anmeldung von Arbeitern, Prüfungswesen, Bewilligung von Stipendien und Zahlungen in den Stipendienfonds.

2175 Werkssicherheit beim Hoerder Verein.
1881–1902
Vertrag zwischen Hoerder Verein und Stadt [Dortmund-]Hörde zur Abstellung von zwei Polizeibeamten für die Hermannshütte vom 27.05.1882, mit Entwurf; Entwürfe zu Abstellungsverträgen bzw. nicht parafierte Abstellungsverträge, 1890 und 1894; Mitteilungen und Berichte der für das Werk abgestellten Polizeibeamten an den Hoerder Verein, u. a. über Diebstahl, Alkoholkonsum, Schlafen am und Entfernung vom Arbeitsplatz sowie andere Delikte von Werksangehörigen und Lieferanten; Schriftwechsel zwischen Hoerder Verein und Stadt Hörde zu Organisations- und Abrechnungsfragen.

321 Arbeitsbuch von Franz Waschkewitz mit Einträgen des Hoerder Vereins.
1889–1891

2104 Belegschaftsstatistik des Hoerder Eisenwerks.
1889–1894
Vierzehntägliche Aufstellungen zur Anzahl der Arbeiter, aufgeschlüsselt nach Berufsgruppen, Januar 1889 bis August 1894 (ab 1892 größere Lücken).

2219 Petition der Arbeiter des Hoerder Vereins zur Einrichtung einer Werksmetzgerei.
1902
Petition der Arbeiter an den Vorstand zur Einrichtung einer Werksmetzgerei aufgrund der Preiserhöhung der ortsansässigen Metzger vom 28.08.1902, mit Unterschriftenlisten; Ablehnungsbescheid des Hoerder Vereins vom 02.09.1902; einzelne Schreiben zwischen Hoerder Verein, Fleisch- und Viehhändlern sowie Lieferanten von Metzgereieinrichtungen zu Lieferangeboten.

2229 Jubilarfeier des Hoerder Vereins am 17.12.1905.
1905–1906
Aufstellungen zu Arbeitern von Hermannshütte, Hochofenwerk Hörde, Hochofenwerk Dortmund und Hoerder Kohlenwerk mit über 25-jähriger Betriebszugehörigkeit, mit Angaben zu Betrieb, Arbeitsjahren, Alter und Beruf bzw. Tätigkeit; Programmheft (gedruckt); Zeitungsausschnitte; einzelne Schreiben zwischen Hoerder Verein und Firma Louis Halbach, [Dortmund-]Hörde, zur Gestaltung von Programm und Programmheft; Rechnungen zu Menü, Getränken, Dekoration und Fotografien; Quittungslisten zur Verteilung von Erinnerungsfotografien an die Jubilare.

2366 Abwerbung von Arbeitern des Hoerder Vereins durch andere Unternehmen.
1905–1907
Aachener Hütten-Actien-Verein (Hg.): „Arbeiter-Ausstand beim Aachener Hütten-Actien-Verein in Rothe Erde bei Aachen vom 16.08.1906 bis 25.10.1906", Aachen 1906; einzelne Schreiben zwischen Hoerder Verein, Hoesch AG, Harpener Bergbau AG und Union AG zum Vorwurf des Hoerder Vereins der Abwerbung von Arbeitern.

8. Kartelle, Verbände und Vereinigungen

8.1 Centralverband Deutscher Industrieller (CDI),Verein Deutscher Eisen- und Stahlindustrieller (VDES) und dessen Nordwestliche Gruppe

1991 CDI und Verbände der Eisen- und Stahlindustrie.
1875, 1882–1887
Rundschreiben von CDI, VDES und dessen Nordwestlicher Gruppe an die Mitglieder; Einladungen zu Generalversammlungen und Vorstandssitzungen; Niederschriften von Vorstandssitzungen; Geschäftsberichte des VDES, 1882/83 bis 1884/85 (gedruckt); Entwurf eines Statuts einer Betriebs-(Fabrik-)Krankenkasse nach dem Reichsgesetz vom 15.06.1883, Düsseldorf 1884 (Broschüre, 39 S.); Satzungen des VDES vom 22.10.1875 und dessen Nordwestlicher Gruppe vom 11.06.1884 (gedruckt); Entwurf eines „Kaiserlich-Chinesischen Reichs-Eisenbahngesetzes"; VDES (Hg.): „Musterbuch für Eisen-Constructionen, Erster Theil, 1. Lieferung", Leipzig und Berlin 1887 (40 S.).

2020 CDI und Verbände der Eisen- und Stahlindustrie.
1879, 1887–1889

Rundschreiben von CDI, VDES und dessen Nordwestlicher Gruppe an die Mitglieder, insbesondere zu Zöllen, Ex- und Importfragen, Produktion im In- und Ausland und zum Verkehrswesen; Einladungen zu Generalversammlungen und Vorstandssitzungen; Niederschriften von Vorstandssitzungen; Geschäftsberichte des VDES zum Geschäftsjahr 1886/87, 1887/88 und 1888/89 (gedruckt); Geschäftsbericht der Nordwestlichen Gruppe für die Generalversammlung 1887; Denkschrift des CDI über „die auf Erweiterung der Arbeiter-Schutzgesetzgebung gerichteten Bestrebungen" vom 30.04.1887 (gedruckt); Aufstellungen zu den Betriebsergebnissen, Pro-Kopf-Aufwendungen und Leistungen von Betriebskrankenkassen in Rheinland und Westfalen für 1885, gegliedert nach Regierungsbezirken und Kreisen; Anträge der vom Verein zur Wahrung der gemeinsamen wirtschaftlichen Interessen in Rheinland und Westfalen und Nordwestlicher Gruppe eingesetzten Krankenkassenkommission vom 17.10.1887 (gedruckt); Fragebogen des CDI zum Entwurf eines Bürgerlichen Gesetzbuchs; Satzung des Centralverbands Deutscher Industrieller vom 16.02.1879 (gedruckt).

2082 CDI und Verbände der Eisen- und Stahlindustrie.
1879, 1890–1893
Satzung des CDI vom 16.02.1879 und 1893 (gedruckt); Mitgliederverzeichnis des CDI, 1890 (gedruckt); Rundschreiben von CDI, VDES und dessen Nordwestlicher Gruppe an die Mitglieder, insbesondere zu Produktion im In- und Ausland, Zöllen, Ex- und Importfragen und Eisenbahnwesen; Einladungen zu Generalversammlungen und Vorstandssitzungen; Niederschriften von Vorstandssitzungen des VDES; Geschäftsberichte des VDES, 1889/90, 1890/91 und 1892/93 (gedruckt); Denkschriften des CDI über „die Gesetzentwürfe mit Bezug auf die Änderung der Gewerbeordnung und die Gewerbegerichte" vom 27.05.1890 und 25.11.1890 (gedruckt); tägliche Aufstellung des Hoerder Vereins über die Anzahl der zugestellten Bahnwaggons, mit Angaben zur Termineinhaltung für das Jahr 1890; Petition des VDES an den Bundesrat über die Arbeit an Sonn- und Feiertagen vom 08.04.1892 (gedruckt).

2108 CDI und Verbände der Eisen- und Stahlindustrie.
1889, 1894–1897
Satzung des CDI vom 30.03.1889 (gedruckt); Mitgliederverzeichnisse des CDI, März 1894, September 1894 und August 1897 (gedruckt); Rundschreiben von CDI, VDES und dessen Nordwestlicher Gruppe an die Mitglieder, insbesondere zu Produktion im In- und Ausland, Zöllen, Ex- und Importfragen und Eisenbahnwesen; Ex- und Importstatistiken für Eisen und Stahl sowie Maschinen und Kupfer für die Jahre 1892 bis 1896 (gedruckt); Einladungen zu Generalversammlungen und Vorstandssitzungen; Niederschriften von Vorstandssitzungen des VDES; Mitgliederverzeichnis des VDES, 1895 (gedruckt); Geschäftsberichte und Niederschriften der Generalversammlungen des VDES zum Geschäftsjahr 1894/95 und 1895/96 (gedruckt); Geschäftsbericht der Nordwestlichen Gruppe, 1895/96 (gedruckt); Petition des CDI an den Reichstag zum „Antrag auf Kündigung des Meistbegünstigungsvertrags mit Argentinien" vom 24.01.1895 (gedruckt); Denkschriften der Nordwestlichen Gruppe zur „Ermäßigung der Erzfrachten" vom 02.10.1895 und zur „Frachtermäßigung für Minette" vom 09.11.1897; Übersichtsplan der Berliner Gewerbe-Ausstellung, 1896.

2146 CDI und Verbände der Eisen- und Stahlindustrie.
1897–1901
Mitgliederverzeichnis des CDI, August 1899 (gedruckt); Rundschreiben von CDI, VDES und dessen Nordwestlicher Gruppe an die Mitglieder, insbesondere zu Produktion im In- und Ausland, Zöllen,

Preisen, Ex- und Importfragen und zum Eisenbahnwesen; Ex- und Importstatistiken für Eisen und Stahl sowie Maschinen und Kupfer für die Jahre 1896 bis 1898 (gedruckt); Einladungen zu Generalversammlungen und Vorstandssitzungen; Niederschriften von Vorstandssitzungen des VDES; Geschäftsberichte und Niederschriften der Generalversammlungen des VDES zum Geschäftsjahr 1897 bis 1901 (gedruckt); Niederschrift der Generalversammlung der Nordwestlichen Gruppe, 1898 und 1901 (gedruckt); „Entwurf einer neuen Anordnung des deutschen Zolltarifs, Abschnitt XVI Metalle und Metallwaaren" des CDI (gedruckt).

2179 CDI und Verbände der Eisen- und Stahlindustrie.
1899-1902
Rundschreiben vom CDI, VDES und dessen Nordwestlicher Gruppe an die Mitglieder, insbesondere zu Produktion im In- und Ausland, Zöllen, Preisen, Ex- und Importfragen sowie Eisenbahnwesen; Antworten des CDI auf eine Umfrage des Reichsamts des Innern zu Produktionsmengen und Preisen der Eisen- und Stahlindustrie, hier zu den Bereichen Walzwerkserzeugnisse und Hochöfen (gedruckt), sowie des Auslands (gedruckt, blanko); Die Eisenindustrie der Vereinigten Staaten von Amerika im ersten Vierteljahr 1901 (gedruckt, 9 S.); Ex- und Importstatistiken für Eisen und Stahl sowie Maschinen und Kupfer für die Jahre 1899 bis 1900 (gedruckt); Einladungen zu Generalversammlungen und Vorstandssitzungen; Niederschriften von Vorstandssitzungen des VDES; Geschäftsbericht und Niederschrift der Generalversammlung des VDES zum Geschäftsjahr 1901 (gedruckt).

2235 CDI und Verbände der Eisen- und Stahlindustrie.
1869, 1902-1904
Rundschreiben vom CDI, VDES und dessen Nordwestlicher Gruppe an die Mitglieder, insbesondere zu Produktion im In- und Ausland, Zöllen, Preisen, Ex- und Importfragen sowie zum Eisenbahnwesen; vertrauliche Rundschreiben des CDI; Reichsjustizamt (Hg.): „Entwurf eines Gesetzes über den Versicherungsvertrag nebst den Entwürfen eines zugehörigen Einführungsgesetzes und eines Gesetzes, betreffend die Abänderung der Vorschriften des Handelsgesetzbuchs über die Seeversicherung", Berlin 1903; Einladungen zu Generalversammlungen und Vorstandssitzungen; Vereinszollgesetz vom 01.07.1869 (gedruckt); Niederschriften von Vorstandssitzungen des VDES; Geschäftsberichte und Niederschriften der Generalversammlung des VDES, 1902 bis 1904 (gedruckt); Henry Axel Bueck (Hg.): „Vertrauliche Berichte über Südafrika". Heft 1: „Die Lage des südafrikanischen Geschäfts, insbesondere in Kapstadt", Berlin 1903; CDI (Hg.): „Tuberkulose-Merkblatt" (Broschüre und Aushang, gedruckt).

8.2 Eisenbahndirektion Köln Bezirkseisenbahnrat

1344 Bezirkseisenbahnrat der Königlichen Eisenbahndirektion Köln.
1885-1886
Niederschriften der Sitzungen des Bezirkseisenbahnrats: 7. Sitzung am 04.03.1885, 1.-3. Sitzung der 2. Wahlperiode am 10.03.1886, 20.05.1886 und 06.11.1886 (gedruckt); Niederschriften der Sitzungen des ständigen Ausschusses des Bezirkseisenbahnrats: 7., 8. und 11. Sitzung am 04.02.1885, 04.03.1885 und 11.11.1885 sowie 1.-3. Sitzung der 2. Wahlperiode am 30.04.1886, 02.10.1886 und 06.11.1886, jeweils mit vorbereitenden Unterlagen (gedruckt); vorbereitende Unterlagen zur 10. Sitzung des Ausschusses am 02.10.1885 (gedruckt): Aufstellung der Mitglie-

der des Bezirkseisenbahnrats für die Wahlperiode 1886/88 (gedruckt); Einladungen des Bezirkseisenbahnrats an den Hoerder Verein und Tagesordnungen zu den Sitzungen; handschriftliche Auszüge aus den Niederschriften.

1345 Bezirkseisenbahnrat der Königlichen Eisenbahndirektion Köln.
1887-1889
Niederschriften der Sitzungen des Bezirkseisenbahnrats: 4.-9. Sitzung der 2. Wahlperiode am 09.03.1887, 01.06.1887, 02.10.1887, 07.03.1888, 06.06.1888 und 14.11.1888 sowie 1.-3. Sitzung der 3. Wahlperiode am 27.03.1889, 05.06.1889 und 06.11.1889, jeweils mit Tagesordnungen (gedruckt); Niederschriften der Sitzungen des ständigen Ausschusses des Bezirkseisenbahnrats: 4.-9. Sitzung der 2. Wahlperiode am 03.02.1887, 29.04.1887, 04.10.1887, 04.02.1888, 12.05.1888 und 06.10.1888 sowie 1. und 3. Sitzung der 3. Wahlperiode am 10.05.1889 und 03.10.1889, jeweils mit vorbereitenden Unterlagen (gedruckt); vorbereitende Unterlagen zur 2. Sitzung des Ausschusses am 25.09.1889.

2028 Bezirkseisenbahnrat der Königlichen Eisenbahndirektion Köln.
1890
Niederschriften der 4.-7. Sitzung des ständigen Ausschusses des Bezirkseisenbahnrats am 05.02.1890, 07.05.1890, 24.09.1890 und 05.11.1890; Niederschrift der 4. und 5. Gesamtsitzung des Bezirkseisenbahnrats am 05.03.1890 und 04.06.1890; Tagesordnungen.

8.3 Eisen-, Schienen- und Kohlenkartelle

1907 Beteiligung des Hoerder Vereins an Preiskonventionen.
1855-1871
Abkommen mehrerer Produzenten, u. a. Hoerder Verein, Eberhard Hoesch & Söhne, Jacobi, Haniel & Huyssen, Reinhard Poensgen, Eduard Schmidt, Lehrkind & Falkenroth, Liebrecht & Comp., Kissing & Schmöle und Gebr. Kamp zur gemeinsamen Erhöhung bzw. Festlegung der Eisenpreise vom 21.11.1855; Ergänzungsvertrag zwischen Hoerder Verein, Eberhard Hoesch & Söhne und Jacobi, Haniel & Huyssen vom 21.11.1855; Aufstellung der Produktion der Hermannshütte an Schienen, Blech, Stabeisen und Bandagen im Geschäftsjahr 1855/56; Werbeblatt des Hoerder Vereins vom Juni 1856 zu Patent-Scheibenrädern (gedruckt); Preislisten mit Winkeleisenskizzen (gedruckt, z. T. mit handschriftlichen Preiseinträgen, Januar 1857 sowie mehrere ohne Datum); Rundschreiben der Actien-Gesellschaft Paulinenhütte, mit Aufruf zum Beitritt zu einer Preiskonvention vom 27.05.1858; Aufstellungen der Minimalverkaufspreise des Hoerder Vereins für die Jahre 1858, 1861 und 1863-1870; Niederschrift einer Sitzung von Blechwalzwerken der Kreise Siegen, Olpe, Altenkirchen, des mittleren Rheintals und Nordhessens zur Gründung eines Verkaufsvereins vom 13.12.1859 (Abschrift) sowie weitere Versammlungsniederschriften (z. T. gedruckt); Auszüge aus den Niederschriften der Verwaltungsratssitzungen des Hoerder Vereins; Mitteilung zur Gründung einer Konvention von 34 Unternehmen zur Erhöhung der Eisenpreise unter Beteiligung obiger Produzenten (außer Gebr. Kamp und Jacobi, Haniel & Huyssen) sowie u. a. von Gebr. Stumm, Adolph Kraemer, Gebr. Kraemer, Schulz, Knaudt & Cie., Phoenix AG, Administration der Henrichshütte, Neu-Schottland und Georgsmarienhütte vom 27.02.1860 (gedruckt) sowie weitere Sitzungsniederschriften; Preisliste von Adolph Kraemer für Walzeisen, o. D. (gedruckt); Niederschrift einer Sitzung zur Gründung einer Vereinigung der Stabeisenproduzenten vom 03.11.1860, u. a. unter Beteiligung von Hoerder Verein,

Gebr. Stumm, Adolph Kraemer, Eduard Schmidt, Reinhard Poensgen, Gebr. Kraemer, Administration der Henrichshütte, Neu-Schottland und Georgsmarienhütte mit weiteren Sitzungsniederschriften; Vertrag u. a. zwischen Dillinger Hütte, Steinhauser Hütte, Hoerder Verein, Phoenix AG für Bergbau und Hüttenbetrieb, Administration der Henrichshütte und Jacobi, Haniel & Huyssen über Minimalverkaufspreise für Eisenblech vom 05.03.1861 (Abschrift) sowie weitere Sitzungsniederschriften; Aufstellung von Reiner Daelen zu den Löhnen von Arbeitern in verschiedenen Betrieben der Hermannshütte (u. a. Walzer und Puddler) vom 27.03.1862; Rundschreiben verschiedener Unternehmen an Kunden zu Preiserhöhungen, u. a. von Hoerder Verein, Neu-Schottland, Gebr. Stumm und Reinhard Poensgen (gedruckt); Aufstellungen von Agenten des Hoerder Vereins zu Angeboten der Konkurrenz im Rahmen von Ausschreibungen, insbesondere im Bereich von Eisenbahnoberbaumaterial und Grubenbedarf; Schriftwechsel zwischen Hoerder Verein und verschiedenen Unternehmen zu Preisen und Konventionen.
Enthält Briefkopf der Actien-Gesellschaft Paulinenhütte von 1858.

1851 Beteiligung des Hoerder Vereins an einer Schienenverkaufsgemeinschaft.
1856–1860
Vertrag zwischen Gebr. Kraemer, Adolph Kraemer und Gebr. Stumm (Saar-Mosel-Werke) sowie Eberhard Hoesch & Söhne, Jacobi, Haniel & Huyssen, Phoenix AG, C. Ruëtz & Comp. und Hoerder Verein (Rheinisch-Westfälische Schienen-Walzwerke) über die Bildung einer Schienenverkaufsgemeinschaft und gemeinsame Lieferung von Schienen an Eisenbahngesellschaften in Ländern oder Landesteilen südlich von Koblenz vom 05.06.1856 (Abschrift); Ergänzungsverträge vom 15.07.1856 und 26.04.1857; Niederschriften der Sitzungen der beteiligten Werke am 26.04.1857, 26.05.1857, 06.09.1857, 17.01.1858, 14.11.1858, 20.02.1859 und 02.01.1860; Abrechnung über Ausgleichszahlungen zwischen den beiden Unternehmensgruppen für den Zeitraum 05.06.1856–31.12.1856, 01.01.1858–08.05.1858 und 09.05.1858–01.01.1859; Vertrag zwischen den Unternehmen der Schienenverkaufsgemeinschaft und der Saarbrücker Eisenhütten-Gesellschaft über den Verzicht auf Konkurrenz bei verschiedenen Ausschreibungen vom 18.01.1858 (Abschrift); Vertrag zwischen allen beteiligten Unternehmen über die Auflösung der Schienengemeinschaft vom 08.05.1858; Vertrag zur Neugründung unter Beteiligung der Saarbrücker Eisenhütten-Gesellschaft vom 09.05.1858; Vertrag zwischen Rheinisch-Westfälischen Schienen-Walzwerken und Dortmunder Bergbau- und Hütten-AG über die Bildung einer Schienenverkaufsgemeinschaft und gemeinsame Lieferung von Schienen an Eisenbahngesellschaften innerhalb des Zollvereins vom 31.03.1859 (Abschrift); einzelne Schreiben von Leopold Hoesch an die Mitglieder der Schienenverkaufsgemeinschaft sowie Schriftwechsel mit Johann Friedrich Wiesehahn zu Abrechnungs-, Beteiligungs- und Organisationsfragen.

2029 Kohlenverkaufsvereinigungen und Syndikate.
1887, 1890
Satzung der Vereinigung der Fettkohlenzechen des Oberbergamtsbezirks Dortmund (Entwurf), Einladung zu einer Versammlung am 30.09.1887 sowie Niederschrift der Versammlung (alle gedruckt); Mitteilung des Hoerder Vereins an Emil Kirdorf zur Ablehnung eines Beitritts vom 14.10.1887; Einladung des Vereins Kohlen-Club zu einer Sitzung am 06.01.1890 (gedruckt); Rundschreiben des Bergbau-Vereins über die Bildung einer Handelsgesellschaft für den gemeinsamen Vertrieb der Kohlenproduktion vom November 1887 (gedruckt); Gesellschaftsvertrag der Ziegel- und Kalkkohlen-Vereinigung vom 10.12.1887 (gedruckt).

8.4 Handelskammer zu Dortmund

2056 Handelskammer zu Dortmund.
1886–1892
Rundschreiben der Handelskammer an die Mitglieder; Niederschriften der Plenarsitzungen am 23.01.1886, 09.03.1886 und 28.01.1887 (gedruckt); Jahresberichte der Handelskammer, 1885 bis 1889 (gedruckt); Mitteilungen des Hoerder Vereins an die Handelskammer zu den Betriebsanlagen, insbesondere zur Anzahl von Maschinen und Dampfkesseln; Petition der Handelskammer an das Herrenhaus zum Einkommensteuergesetz vom 19.03.1891 (gedruckt); Schriftwechsel zwischen Hoerder Verein, Hoerder Eisenwerk und Hoerder Kohlenwerk zur Bereitstellung von Informationen für die Mitteilungen an die Handelskammer sowie mit dieser über verschiedene Themen, u. a. Versand von Rohkupfer, Transport- und Steuerfragen.

2064 Handelskammer zu Dortmund.
1893–1897
Wahlstatut der Handelskammer, 1897 (Abschrift); Aufstellungen zu den wahlberechtigten Mitgliedern in den drei Wahlklassen, 1897; Rundschreiben an die Mitglieder; Niederschriften der Plenarsitzungen am 10.01.1895, 01.03.1895, 21.11.1895, 10.01.1896, 04.03.1896, 21.01.1897, 25.03.1897, 22.05.1897, 20.10.1897 und 04.11.1897 (gedruckt); Jahresberichte der Handelskammer, 1893 bis 1896, 1896 (gedruckt, ohne S. 1–19); Mitteilungen des Hoerder Vereins an die Handelskammer zu Betriebsanlagen, insbesondere zur Anzahl von Maschinen und Dampfkesseln; Petitionen der Handelskammer an das Haus der Abgeordneten gegen die Erhöhung der Schifffahrtsabgaben auf dem Dortmund-Ems-Kanal, April 1897, und gegen einzelne Bestimmungen des Entwurfs eines neuen Stempelsteuergesetzes vom 04.03.1895 (gedruckt); Kommentar der Handelskammer zum neuen Handelsgesetzbuch an das Kaiserliche Reichsjustizamt vom 12.10.1896 (gedruckt); Stellungnahmen des Hoerder Vereins zum Verlauf des Rhein-Herne-Kanals vom August 1895 und zum Mittelland-Kanal an den Oberpräsident der Provinz Westfalen vom 18.06.1895; Schriftwechsel zwischen Hoerder Verein, Hoerder Eisenwerk und Hoerder Kohlenwerk zur Bereitstellung von Informationen für die Mitteilungen an die Handelskammer sowie mit dieser über verschiedene Themen, u. a. Transport- und Steuerfragen.

2131 Handelskammer zu Dortmund.
1897–1900
Niederschriften der Plenarsitzungen der Handelskammer am 17.01.1898, 04.05.1898, 19.01.1898, 23.11.1898, 08.04.1899, 09.01.1900, 07.03.1900 und 30.06.1900 (gedruckt); Rundschreiben an die Mitglieder; Aufstellungen zur Anzahl von Maschinen und Anlagen von Hermannshütte, Hochofenwerk Hörde und Hoerder Kohlenwerk für die Jahresberichte 1898 und 1899; Jahresberichte der Handelskammer, 1897 bis 1899 (gedruckt); Entwürfe zu den Jahresberichten 1898 und 1899 (gedruckt, ohne S. 1–22 bzw. 1–16); Gesetzentwurf zur Änderung des Bankgesetzes vom 19.01.1899 (Reichstags-Drucksache); einzelne Schreiben zwischen Hoerder Verein, Hermannshütte, Hochofenwerk Hörde, Hoerder Kohlenwerk und Handelskammer zur Bereitstellung von Informationen für die Jahresberichte.

2174 Handelskammer zu Dortmund.
1900–1902
Niederschriften der Plenarsitzungen der Handelskammer am 19.10.1900, 05.01.1901, 03.04.1901,

17.04.1901, 02.08.1901, 31.01.1902, 28.02.1902, 03.04.1902, 04.07.1902 und 01.08.1902 (gedruckt); Rundschreiben an die Mitglieder; Aufstellungen zur Anzahl von Maschinen und Anlagen sowie zur Produktion von Hermannshütte, Hochofenwerk Hörde und Hoerder Kohlenwerk für die Jahresberichte der Handelskammer 1900 und 1901; Jahresberichte der Handelskammer, 1900 und 1901 (gedruckt); Entwurf eines Zolltarifgesetzes mit Zolltarif für das Deutsche Reich (Sonderdruck der Deutschen Industrie-Zeitung vom 01.08.1901); Einladung, Teilnehmerliste und Rundschreiben zur Vollversammlung des Deutschen Handelstags am 30.09.1901; einzelne Schreiben zwischen Hoerder Verein, Hermannshütte, Hochofenwerk Hörde, Hoerder Kohlenwerk und Handelskammer zur Bereitstellung von Informationen für die Jahresberichte.

2258 Handelskammer zu Dortmund.
1885, 1902–1908
Niederschriften der monatlichen Plenarsitzungen der Handelskammer am 07.10.1902, 07.11.1902, 09.12.1902, 09.01.1903, 06.02.1903, 03.07.1903 und 24.04.1908; Preisangaben zur Ermittlung von Durchschnittswerten der Waren des auswärtigen Handels, mit Regeln für die Bewertung der Ein- und Ausfuhr des deutschen Zollgebiets, 1903–1907 (gedruckte Fragebögen des Kaiserlichen Statistischen Amts, vom Unternehmen ausgefüllt); Rundschreiben an die Mitglieder; Erlass des Ministeriums der öffentlichen Arbeiten betreffend das Verdingungswesen vom 17.07.1885 (gedruckt); Aufstellungen zur Anzahl von Maschinen und Anlagen sowie zur Produktion von Hermannshütte, Hochofenwerk Hörde und Hoerder Kohlenwerk für die Jahresberichte 1902–1907; Jahresbericht der Handelskammer, 1902 (gedruckt); einzelne Schreiben zwischen Hoerder Verein bzw. Phoenix AG Hoerder Verein, Hermannshütte, Hochofenwerk Hörde, Hoerder Kohlenwerk und Handelskammer zur Bereitstellung von Informationen für die Jahresberichte.

8.5 Internationaler Permanenter Straßenbahn-Verein

2055 Internationaler Permanenter Straßenbahn-Verein bzw. Union Internationale Permanente de Tramways.
1886–1892
Entwurf einer Satzung sowie Satzung des Internationalen Permanenten Straßenbahn-Vereins vom 24.09.1886 (gedruckt); Niederschriften der Generalversammlungen 1887 und 1891 (gedruckt); Auswertung eines Fragebogens an die Vereinsmitglieder zu den Generalversammlungen 1887 und 1890, mit Skizzenheft zu den von den Mitgliedsgesellschaften betriebenen Pferde- und Straßenbahnwagen, 1891 und 1892, und mit Planalbum zu Weichen-, Gleiskreuzen und Oberbaubefestigungssystemen sowie Werkstätten verschiedener Unternehmen (gedruckt); Berichte von Mitgliedsunternehmen anlässlich der Generalversammlungen 1890 und 1891 zu verschiedenen Themen (gedruckt); Mitgliederlisten, 1886/87 und 1888 (gedruckt); Rundschreiben an die Mitglieder; Konstruktionszeichnung einer Patentstraßenbahnachse des Hoerder Vereins; einzelne Schreiben zwischen Hoerder Verein und Verein zur Beteiligung des Unternehmens an Vereinsaktivitäten und Ausstellungen.

2193 Internationaler Permanenter Straßenbahn-Verein bzw. Union Internationale Permanente de Tramways.
1893–1902
Betriebsstatistik verschiedener Straßenbahngesellschaften im Vergleich für das Jahr 1890, u. a.

der Betriebsdirektion Dortmund der Allgemeinen Straßenbahn-Gesellschaft in Berlin; Niederschrift der Generalversammlung des Internationalen Permanenten Straßenbahn-Vereins, 1893 (gedruckt); Teilnehmerliste der Generalversammlung 1894 in Köln (gedruckt); Rundschreiben an die Mitglieder; Berichte von Mitgliedsunternehmen anlässlich der Generalversammlungen 1898 und 1902 zu verschiedenen Themen (gedruckt); Broschüre zur Beantwortung eines Fragebogens zu verschiedenen technischen Fragen für die Generalversammlung 1898, mit Werbung des Hoerder Vereins für Rillenschienen; Programm, Berichte und Teilnehmerverzeichnis des Internationalen Straßenbahn-Kongresses anlässlich der Pariser Weltausstellung 1900 (gedruckt); einzelne Schreiben zwischen Hoerder Verein und Verein zur Beteiligung des Unternehmens an Vereinsaktivitäten und Ausstellungen.

8.6 Rheinisch-Westfälische Hütten- und Walzwerks-Berufsgenossenschaft

2023 Rheinisch-Westfälische Hütten- und Walzwerks- Berufsgenossenschaft.
1884–1889
Satzungsentwurf, 1884 (gedruckt und Manuskript); Anmeldung von Hermannshütte und Hoerder Eisenwerk zur Berufsgenossenschaft vom 21.08.1884, mit Angaben zur Anzahl der Arbeiter in einzelnen Betrieben und zu Berufsbezeichnungen; Mitteilungen und Rundschreiben der Berufsgenossenschaft Section VI Dortmund an die Mitglieder; Niederschriften von Vorstandssitzungen der Berufsgenossenschaft Section VI Dortmund; Geschäftsanweisung für die Vertrauensmänner der Berufsgenossenschaft (gedruckt); Regulativ betreffend Wahlen der Vertreter der Arbeiter und der von diesen zu wählenden Beisitzer der Schiedsgerichte vom 14.10.1885 (gedruckt); Unfallverhütungsvorschriften für Walzwerke, Gießereien und Hochofenwerke, o. D. (gedruckt); Geschäftsbericht des Vorstands der Berufsgenossenschaft für den Zeitraum 01.10.1885–31.12.1886 (gedruckt und Manuskript); Mitgliederverzeichnisse der Berufsgenossenschaft zum Jahresende 1886 und 1888 (gedruckt); Entwurf der Unfallverhütungsvorschriften der Berufsgenossenschaft (gedruckt, mit handschriftlichen Anmerkungen); Geschäftsbericht der Berufsgenossenschaft Section VI Dortmund für den Zeitraum 01.10.1885–31.12.1886; Unfallverhütungsvorschriften zum 17.07.1888 (Broschüre); Aufstellung zu den Zahlungen der und Leistungen an Genossenschaftsmitglieder in den Jahren 1886 und 1887; einzelne Schreiben zwischen Hoerder Verein, Kranken- und Unterstützungskasse des Hoerder Vereins sowie Berufsgenossenschaft zu organisatorischen Fragen.

2042 Rheinisch-Westfälische Hütten- und Walzwerks-Berufsgenossenschaft.
1888–1891
Mitteilungen und Rundschreiben der Berufsgenossenschaft Section VI Dortmund an die Mitglieder; Niederschriften von Vorstandssitzungen der Berufsgenossenschaft Section VI Dortmund; Geschäftsberichte des Vorstands der Berufsgenossenschaft, 1888–1890 (gedruckt); Mitgliederverzeichnisse der Berufsgenossenschaft zum Jahresende 1889 (gedruckt); Geschäftsbericht der Berufsgenossenschaft Section VI Dortmund, 1889; innerbetriebliche Rundschreiben des Hoerder Vereins zur Behandlung von Arbeitsunfällen; Aufstellung zu den Zahlungen und Leistungen der Genossenschaftsmitglieder in den Jahren 1885–1888; Berichte der Berufsgenossenschaft Section VI Dortmund zu Betriebsbesichtigungen beim Hoerder Verein; Aushänge der Berufsgenossenschaft zur Mitteilung von Arbeitsunfällen und Betrugsversuchen von Mitgliedern; Schriftwechsel zwischen Hoerder Ver-

ein, Krankenkasse des Hoerder Vereins und Berufsgenossenschaft zu organisatorischen und rechtlichen Fragen sowie zur Novellierung von Unfallverhütungsbestimmungen.

2085 Rheinisch-Westfälische Hütten- und Walzwerks-Berufsgenossenschaft.
1892–1893
Mitteilungen und Rundschreiben der Berufsgenossenschaft Section VI Dortmund an die Mitglieder; Niederschriften von Vorstandssitzungen der Berufsgenossenschaft Section VI Dortmund; Geschäftsberichte des Vorstands der Berufsgenossenschaft, 1891 und 1892 (gedruckt); Mitgliederverzeichnisse der Berufsgenossenschaft zum Jahresende 1891 und 1892 (gedruckt); Geschäftsbericht der Berufsgenossenschaft Section VI Dortmund, 1892 (gedruckt); Berichte der Berufsgenossenschaft Section VI Dortmund zu Betriebsbesichtigungen beim Hoerder Verein; Aushänge der Berufsgenossenschaft zur Mitteilung von Arbeitsunfällen und Betrugsversuchen von Mitgliedern; Unfallverzeichnis der Berufsgenossenschaft nach Gefahrenklassen und Gewerbezweigen für den Zeitraum 01.10.1885–31.12.1891, mit Nachweis der Unfälle bei einzelnen Unternehmen; „Ausbildung von Facharbeitern in der Krupp'schen Gussstahlfabrik", o. D. (Broschüre); Schriftwechsel zwischen Hoerder Verein, Krankenkasse des Hoerder Vereins und Berufsgenossenschaft zu organisatorischen und rechtlichen Fragen.

8.7 Technischer Verein für Eisenhüttenwesen, seit 1881 Verein deutscher Eisenhüttenleute

1958 Technischer Verein für Eisenhüttenwesen.
1877–1879
Rundschreiben des Technischen Vereins an die Mitglieder, u. a. zu Anträgen von Mitgliedern an die Generalversammlung zur Reorganisation des Vereins; Niederschrift der Vorstandssitzung am 17.01.1879; Schreiben von Eduard Elbers zur Finanzierung eines Lehrbuchs durch die Mitglieder vom 25.02.1878.

2000 Technischer Verein für Eisenhüttenwesen bzw. Verein deutscher Eisenhüttenleute.
1880–1886
Einladungen und Niederschriften zu Vorstandssitzungen; Satzungsentwurf des VDEh vom November 1880 und Satzung vom 01.01.1881 (gedruckt); Mitgliederverzeichnisse 1881 und zum 01.01.1884 (gedruckt); Gutachten der zur Revision der Classifications-Bedingungen von Eisen- und Stahl eingesetzten Commission, o. D. (gedruckt und Manuskript); Eduard Blass/Reiner M. Daelen/F. Kollmann: „Über die Bestimmung der Kraftleistung der Walzenzug-Dampfmaschinen und des Kraftverbrauches beim Walzen von Stahl und Eisen", o. D. (gedruckt, Auszug eines Gutachtens); Mitteilungen des VDEh aus der Kölnischen Zeitung im Jahre 1880, Köln 1881 (Broschüre, 102 und 27 S.), darin: „Gründung und Entwicklung des Technischen Vereins für Eisenhüttenwesen" (S. 1-10), „Entwicklung des Eisenverbrauchs" (S. 10–16), „Versuch einer gemeinfasslichen Darstellung des Eisenhüttenbetriebes" (S. 17–102), „Die Lohnverhältnisse und Lebensweise der in der deutschen Eisen-Industrie beschäftigten Arbeiter" (S. 1–7), „Hülfscassen für Arbeiter der Eisen-Industrie in Deutschland und England" (S. 8-12), „Eisen-Industrie und Verstaatlichung der Bahnen" (S. 13–17), „Englands Ausfuhr an Stahl und Eisen" (S. 18–21) und „Zukunft unserer Arbeiter-Bevölkerung bezüglich ihrer körperlichen Entwicklung" (S. 22–27); „Grundsätze für die Prüfung der Materialien zum Baue von Dampfkesseln" von Verband der Dampfkessel-Überwachungs-Vereine und VDEh, 1881 (gedruckt); Grundzüge der Organisation einer Eisenhüttenschule

in Bochum für die Oberbergamtsbezirke Dortmund und Bonn; Gutachten des Vereins zur Sonntagsarbeit in Fabriken, 1883; Normalbedingungen für die Lieferung von Eisenkonstruktionen für Brücken und Hochbau des Verband deutscher Architekten- und Ingenieur-Vereine, 1886.

5364 Verein deutscher Eisenhüttenleute.
1881, 1887–1892
Rundschreiben des VDEh an die Mitgliedsunternehmen; VDEh: Gutachten der zur Revision der Klassifikationsbedingungen für Eisen und Stahl eingesetzten Kommission nach den Beschlüssen der Generalversammlung vom 28.05.1881, o. D. (gedruckt), mit Niederschrift der Sitzung der zur Ergänzung des Gutachtens eingesetzten Kommission am 21.05.1887 und Antrag der Friedrich Wilhelms-Hütte zur Neufassung vom 27.04.1887; Entwurf des VDEh zur Beantwortung der Fragen der Kaiserlichen Werft Wilhelmshaven zu Abnahmebedingungen vom 12.08.1887; Niederschriften der Sitzungen der Gesamtkommission des VDEh zur Aufstellung von Vorschriften für die Lieferung von Eisen und Stahl am 17.01.1889 und 02.02.1889, mit Gutachten der Unterkommissionen für Stabstahl und Eisenbahnmaterial; VDEh: „Vorschriften für die Lieferung von Eisen und Stahl, mit Angaben zu Eisenbahnoberbaumaterial und Achsen, Schiffbaustahl, Handelseisen, Draht und Gusseisen", 1889 (gedruckt und drei Entwürfe,); Germanischer Lloyd: „Vorschläge zur Abänderung der Vorschriften für den Bau von Schiffskesseln", o. D., und Reglement für die Prüfung von Schmiedeeisen und Stahl für Schiffbauzwecke vom 13.11.1889; Gutachten des VDEh zum Reglement, o. D.; Entwurf zu Normalbedingungen für die Lieferung von Eisenkonstruktionen für Brücken- und Hochbau, o. D.; Niederschriften der Sitzungen der erweiterten Flusseisenkommission des VDEh am 04.05.1892 und 17.06.1892; einzelne Schreiben zwischen Hoerder Verein, insbesondere Joseph Massenez, und Emil Schrödter zu den Rundschreiben und Kommissionen.
Darin auch: Bericht über die Kosten für Förderseile des Hoerder Kohlenwerks vom 09.03.1889.

5365 Verein deutscher Eisenhüttenleute.
1887–1890
Schriftwechsel zwischen Hoerder Verein, insbesondere Joseph Massenez, und Emil Schrödter zu Rundschreiben des VDEh an die Mitgliedsunternehmen, Kommissionssitzungen zur Klassifikation für Eisen und Stahl sowie Vorschriften des VDEh für die Lieferung von Eisen, Stahl und Schiffbaustahl.

2152 Verein deutscher Eisenhüttenleute.
1887–1901
Einladungen und Niederschriften zu Vorstandssitzungen des VDEh; Einladungen zur Hauptversammlung; Bericht über einen Langzeitversuch zur Haltbarkeit von Schienen aus Thomasstahl im Bahnhof Eving vom 19.01.1889; „Offene Antwort an Herrn Fritz W. Lürmann auf seinen Artikel in der Zeitschrift ‚Stahl und Eisen' vom 1. April 1895", Luxemburg 1895 (Broschüre, 23 S.) [Thema ist die Roheisenerzeugung im Großherzogtum Luxemburg]; Aufstellung zu den deutschen Hochofenwerken, mit Angaben zur Produktionskapazität (gedruckt [Auszug aus der Gemeinfasslichen Darstellung des Eisenhüttenwesens?]); VDEh: „Vorschriften für Lieferung von Eisen und Stahl", Düsseldorf 1900 und 1901 (Broschüren, jeweils 45 S.); Schriftwechsel zwischen Joseph Massenez bzw. Hoerder Verein und Emil Schrödter zu Publikation von Beiträgen und Informationen im redaktionellen Teil der Zeitschrift „Stahl und Eisen" und verschiedenen Verbandsangelegenheiten, u. a. zu Verkehrswesen, Ex- und Importfragen, Normung und Statistik; Sonderdrucke aus „Stahl und Eisen" zu verschiedenen Themen.

2172 Verein deutscher Eisenhüttenleute.
1901-1902
Einladungen und Niederschriften zu Vorstandssitzungen des VDEh; Unternehmensbeschreibung des Hoerder Vereins zur Publikation in einer Broschüre zum Besichtigungsprogramm der Düsseldorfer Sitzung des Iron and Steel Institute, 1902; einzelne Schreiben zwischen Hoerder Verein und Emil Schrödter zur Teilnahme an Veranstaltungen.

2349 Normierung von Schiffbauprofilstahl durch den Verein deutscher Eisenhüttenleute.
1903-1907
Niederschriften von Sitzungen der „Normal-Profilbuch-Commission" des VDEh am 23.10.1903, 17.09.1904 und 28.06.1905; Profilzeichnungen; Schiffbaustahl-Vereinigung (Hg.): „Verzeichnis der Normalprofile für Schiffbaustahle", Ausgaben September 1901 und Dezember 1907; vertrauliches Rundschreiben des VDEh an die Trägerwalzwerke zur 5. Auflage des Normalprofilbuchs (gedruckt), mit zahlreichen Plänen und Profilskizzen; Rundschreiben der Schiffbaustahl-Kontor GmbH zur Neuauflage des Normalprofilbuchs; Carl Kielhorn: „Ist eine Verminderung der Zahl der [-Profile im Handelsschiffbau durchführbar" (Sonderdruck aus der Zeitschrift „Stahl und Eisen" 28 (1907), Nr. 22); einzelne Schreiben zwischen Hoerder Verein bzw. Phoenix AG Hoerder Verein, VDEh und Schiffbaustahl-Kontor GmbH zu Normungsbestrebungen und Herausgabe des Profilbuchs.

8.8 Verein zur Wahrung der gemeinsamen wirtschaftlichen Interessen in Rheinland und Westfalen

2040 Verein zur Wahrung der gemeinsamen wirtschaftlichen Interessen in Rheinland und Westfalen.
1871-1891
Rundschreiben des Vereins an die Mitglieder; Denkschrift über den „Nothstand in dem Transportwesen der Rheinisch-Westfälischen Eisenbahnen und Mittel zu dessen Linderung" vom 01.12.1871 (gedruckt); Einladungen zur Generalversammlung; gemeinsame Petition der schlesischen und rheinisch-westfälischen Eisenindustrie an das Handelsministerium zur wirtschaftlichen Lage und Ermäßigung der Transportkosten vom 13.12.1873 (Abschrift); Beitragsrechnungen; Petition an das Haus der Abgeordneten zur Änderung des Gesetzentwurfs zur Einsetzung von Bezirkseisenbahnräten vom 03.12.1880 (gedruckt); Bericht der Vereinskommission „zur Vorberatung des Gesetzentwurfes der liberalen Parteien, betreffend die Entschädigung bei Unfällen und die Unfall-Versicherung der Arbeiter" vom 16.02.1882 (gedruckt); Fragebogen des Vereins an die Mitglieder zur Aufstellung des Geschäftsberichts 1881/82, mit Angaben des Hoerder Vereins zu Unternehmensdaten; Gesetzentwurf betreffend die Krankenversicherung der Arbeiter, mit den „Beschlüssen der Commission des Reichstags in zweiter Lesung" (gedruckt, zur 12. Generalversammlung des Vereins am 13.03.1883); Mitgliederverzeichnisse, o. D., ca. 1885, und Juli 1890 (gedruckt); Petition an Reichskanzler Otto von Bismarck zur Stempelsteuer vom 12.05.1886 (gedruckt); Äußerung des Vereins an den CDI zur Einführung eines Zolls auf Rohkupfer vom 20.11.1886; einzelne Schreiben zwischen Hoerder Verein und Verein zu verschiedenen Themen.

2165 Verein zur Wahrung der gemeinsamen wirtschaftlichen Interessen in Rheinland und Westfalen.
1892-1902
Rundschreiben des Vereins an die Mitglieder sowie gemeinsame Rundschreiben mit der Nordwestlichen Gruppe des VDES; Referate zum Entwurf eines Handelsgesetzbuchs, zusammengestellt anlässlich der gemeinsamen Beratungen des Entwurfs durch u. a. Verein, Nordwestliche

Gruppe des VDES und Bergbau-Verein am 10., 11. und 12.09.1896 (Broschüre, 127 S.); Mitgliederverzeichnis, Juli 1897 (gedruckt); Ergebnis einer Umfrage des Ausschusses für das Studium der Errichtung einer Technischen Reichsbehörde bei Vertretern von Wissenschaft und Wirtschaft im November/Dezember 1901 (Broschüre, 57 S.); einzelne Schreiben zwischen Hoerder Verein und Verein zu verschiedenen Themen, insbesondere zur Bereitstellung von Unternehmensdaten und Angaben zu Produktionsergebnissen.

8.9 Eisenbahn- und Kanalprojekte

1363 Bau einer Eisenbahn von Altenhundem nach Hersfeld.
1880–1881
F. Plessner: „Denkschrift zur Begründung einer Eisenbahn von Altenhundem an der Ruhr-Siegbahn nach Hersfeld (mit eventueller Verlängerung nach Gerstungen), mit Übersichtsplan und Referenzen", November 1880 (gedruckt); Anschreiben zur Versendung an den Hoerder Verein vom 21.02.1881 (gedruckt).

2132 Bau der Eisenbahnstrecke vom Bahnhof Schee über [Sprockhövel-]Haßlinghausen und Hiddinghausen zur Zeche Ver. Trappe.
1881–1887
Bericht von Franz Alberts an den Hoerder Verein zum Stand der Baupläne vom 22.04.1884; einzelne Schreiben zwischen Hoerder Verein, Königlicher Eisenbahndirektion Elberfeld und Amt Haßlinghausen zur Zahlung eines Zuschusses zu den Grunderwerbskosten.

2129 Geplanter Bau der Eisenbahnstrecke Witten-Bommern.
1883, 1888
Eingabe der Stadt Witten an das Königliche Regierungspräsidium Arnsberg zum Bau der Strecke vom 24.09.1883, mit Aufstellung zur Transportkosteneinsparung benachbarter Zechen und Werke nach Fertigstellung der Bahn; Eingabe des Vereins Wittener Haus- und Grundbesitzer an das Haus der Abgeordneten zum Bau der Bahn, 1888 (Abschrift); Anschreiben an den Hoerder Verein zur Übersendung der Eingaben.

2342 Projekt einer Eisenbahnstrecke Dortmund-Schwerte-Letmathe.
1893–1898, 1903–1909, 1913
Petition der Handelskammer zu Dortmund an das Ministerium für öffentliche Arbeiten vom 15.07.1894 zum Bau einer Eisenbahnstrecke Dortmund-Schwerte-Arnsberg (gedruckt); Gutachten von R. Staberow, Direktor der Dortmund-Enscheder Eisenbahn, zur Linienführung einer Eisenbahn zwischen Dortmund und Schwerte vom 15.05.1894; Petition der Gemeinde [Iserlohn-]Letmathe an das Ministerium für öffentliche Arbeiten vom 02.01.1904 zum Eisenbahnprojekt Schwerte-Iserlohn bzw. Schwerte-Letmathe (gedruckt); Erläuterungsbericht des Märkisch-Westfälischen Bergwerks-Vereins als Vertreter des Organisationskomitees zum Ausbau einer direkten Eisenbahnlinie Dortmund-Schwerte-Letmathe und eine Linienabkürzung zur Erlangung einer direkten Eilzugverbindung von Münster über Dortmund nach Frankfurt/Main vom Oktober 1894, mit Anlagen: Aufstellungen der Anschlusswerke an der Ruhr-Sieg-Eisenbahn zwischen Halden und Betzdorf, der tarifmäßigen Entfernungen der vorhandenen Eisenbahnstrecke im Vergleich zur projektierten, der Versandmengen verschiedener Produkte der Industrie im Einzugsbereich der Bahn

im Jahre 1892 und der zu erwartenden Frachtkostenermäßigung; Karten und Pläne zur projektierten Strecke; Zustimmungserklärungen verschiedener Städte, Handelskammern und Unternehmen zum Bau (gedruckt); Aufstellungen des Hoerder Vereins zum Transportbedarf, insbesondere für Kalk, Dolomit und Eisenerz; Petition der Gemeinde Letmathe an das Ministerium für öffentliche Arbeiten vom 15.08.1903 zum Iserlohner Projekt einer Verbindungsbahn Iserlohn-Schwerte (gedruckt); Aufstellung zu den Städten, Gemeinden, Landratsämtern, Landtagsabgeordneten und Unternehmen mit potenziellem Interesse am Bau der Strecke, 1904; Petition der Handelskammer zu Dortmund an das Ministerium für öffentliche Arbeiten vom 27.07.1904 zum Eisenbahnprojekt Dortmund-Schwerte-Letmathe als Teilstrecke einer Eisenbahnlinie zwischen Münster und Frankfurt/Main; Petition der Gemeinde Letmathe an das Ministerium für öffentliche Arbeiten vom 07.08.1904 zu dem im allgemeinen wirtschaftlichen Interesse liegenden Eisenbahnbau Schwerte-Letmathe bzw. der im einseitigen Interesse der Stadt Iserlohn liegenden Höhen- und Gebirgsbahn Schwerte-Iserlohn; Zeitungsausschnitte; Schriftwechsel zwischen Hoerder Verein, Stadt [Dortmund-]Hörde, Rheinisch-Westfälischen Kalkwerken und Handelskammer zu Dortmund zum Bauprojekt.

2250 Planung der Hönnethal-Bahn von Menden über Balve nach Neuenrade durch die Westdeutsche Eisenbahn-Gesellschaft.
1896–1897, 1902–1904
Einzelne Schreiben zwischen Hoerder Verein, Hoesch AG, Union AG und Westdeutscher Eisenbahn-Gesellschaft zu Bauplänen, Abtretung von Grundstücken und Anbindung der Hönnethaler Kalkwerke an die Strecke.

8.10 Weitere Verbände (Sortierung nach Verbänden, A–Z)

2154 Gründung eines Ausstand-Versicherungs-Verbands nach dem Bergarbeiterstreik 1889.
1888–1901
Aufstellungen zu den Durchschnittslöhnen der Zechen des Hoerder Kohlenwerks für die Steinkohlen- und Eisenerzgewinnung, Januar 1888 und Januar 1889; monatliche Aufstellungen zu den Durchschnittslöhnen in den Bergrevieren Witten, Östlich Dortmund, Südlich Dortmund und Nördlich Dortmund, September 1890 bis November 1901 (z. T. größere Lücken); Zeitungsausschnitte; Rundschreiben und Niederschriften von Vorstandssitzungen des Bergbau-Vereins; Vertragsentwurf zu einem Ausstand-Versicherungs-Verband sowie Vertrag, mit Beitrittserklärung des Hoerder Vereins vom 03.03.1890 (gedruckt); Berichte des Hoerder Vereins an das Königliche Landratsamt Dortmund zu Bergarbeiterversammlungen; Lohnbuch des Hoerder Kohlenwerks, mit Arbeitsordnung, 1888.

2283 Ausstand-Versicherungs-Verband Bezirk Dortmund.
1891, 1902–1907
Satzung vom 22.01.1891 (gedruckt); Niederschrift der Sitzung am 01.03.1902; monatliche Aufstellungen zu Lohnzahlungen der Mitgliedszechen, Januar bis März und Mai 1902 (gedruckt) [Bei den Aufstellungen handelt es sich um verschlüsselte Zahlenreihen. Der Lösungsschlüssel ist nicht in der Akte enthalten]; Aufstellungen der Durchschnittsnettolöhne für verschiedene Berufe der Schächte Schleswig und Holstein des Hoerder Kohlenwerks, September 1902 bis Mai 1905; Aufstellungen der gekündigten Arbeiter von Kokerei Berneck der Gewerkschaft ver.

Constantin der Große vom 01.05.1905, Zeche Amalia der Harpener Bergbau AG vom 16.05.1905 und Zeche Alstaden vom 14.05.1905; monatliche Anlege- und Abkehrlisten der Schächte Schleswig und Holstein, August 1905 und November 1905 bis Juli 1906; Entwurf einer Satzung für einen Zechen-Schutzverband [später Zechen-Verband], 1907 (gedruckt); Schriftwechsel zwischen Hoerder Verein bzw. Phoenix AG Hoerder Verein, Königlichem Oberbergamt Dortmund und Paul Randebrock als Vorsitzendem des Verbands über Erhebung von Lohn- und Arbeiterstatistiken und Verlängerung des Verbands.

2216 Deutscher Straßen- und Kleinbahn-Verein.
1894-1896
Aufruf des Gründungskomitees des „Deutschen Vereins zur Förderung der Interessen des Straßen- und Kleinbahnwesens", mit Programm- und Satzungsentwurf (gedruckt); Rundschreiben des Deutschen Straßen- und Kleinbahn-Vereins an die Mitglieder; Satzung vom 20.05.1895 (gedruckt); Mitgliedskarten des Hoerder Vereins; einzelne Schreiben zwischen Hoerder Verein, Gründungskomitee und Verein zu Gründung und organisatorischen Fragen.

2388 Deutscher Verein für den Schutz des gewerblichen Eigentums.
1893-1897, 1907
Satzung, 1893 (gedruckt); Schreiben des Patentanwalts Carl Pieper, Berlin, an den Hoerder Verein zur Empfehlung einer Mitgliedschaft; Programm einer Tagung des Vereins im September 1907; einzelne Schreiben zwischen Phoenix AG Hoerder Verein und Verein zu einer Spende für die Tagung.

2228 Internationaler Straßenbahn- und Kleinbahn-Verein bzw. Union Internationale de Tramways et de Chemins de Fer d'Intérêt Local.
1902-1905
Rundschreiben an die Mitglieder; Aufruf zur Stiftung eines Denkmals für Zénobe Gramme, mit Biografie Grammes und Mitgliederliste des Stiftungskomitees (französisch, beide gedruckt); Berichte von Mitgliedsunternehmen anlässlich der Generalversammlung 1904 zu verschiedenen Themen (gedruckt); einzelne Schreiben zwischen Hoerder Verein und Verein zur Beteiligung des Unternehmens an Vereinsaktivitäten und Kündigung der Mitgliedschaft.

442 Mitteleuropäischer Wirtschaftsverein in Deutschland.
1904-1907
Gründungsaufruf zum Mitteleuropäischen Wirtschaftsverein in Deutschland (Verein zur Förderung der gemeinsamen wirtschaftlichen Interessen der mitteleuropäischen Staaten), mit Listen der Gründungskomitees in Deutschland, Österreich und Ungarn; Schreiben von Präsidiumsmitglied Max Rötger (Fried. Krupp AG) und Geschäftsführer Julius Wolf zur Mitgliederwerbung; Eintrittskarte zur konstituierenden Versammlung; Formulare zur Beitrittserklärung; Satzung, 1904; Auszug aus dem Bericht über die konstituierende Versammlung des Vereins am 21.01.1904; Schriftwechsel zwischen Hoerder Verein und verschiedenen Unternehmen zur Beschaffung von Informationen über den Verein und Feststellung der üblichen Beitragshöhe sowie mit dem Verein über eine Mitgliedschaft; Mitgliederverzeichnisse, Stand 26.04.1904, mit Nachtrag vom 20.06.1904, 1905, mit Anhang über die Mitglieder in Ungarn, und Oktober 1906; Julius Wolf (Hg.): „Materialien betreffend den Mitteleuropäischen Wirtschaftsverein" (Veröffentlichungen des Mitteleuropäischen Wirtschaftsvereins, H. 1), Berlin 1904; L. Glier: „Die Meistbegünstigungsklausel. Eine entwicklungsgeschichtliche Studie unter besonderer Berücksichtigung der deutschen Verträge

mit den Vereinigten Staaten von Amerika und mit Argentinien" (Veröffentlichungen des Mitteleuropäischen Wirtschaftsvereins, H. 2), Berlin 1905; Mitgliedskarten des Hoerder Vereins, 1905 und 1906; Auszug aus dem Bericht über die konstituierende Versammlung des Vereins in Ungarn; Geschäftsberichte des Vereins, 1904/05 und 1905/06; Vorläufiger Bericht über die 1. Mitteleuropäische Wirtschaftskonferenz, Wien, 19./20.11.1906; einzelne Schreiben zur Abmeldung des ehemaligen Hoerder Vereins durch die Phoenix AG Hoerder Verein.

2353 Schiffbautechnische Gesellschaft.
1899–1903
Gründungsaufruf vom April 1899 (gedruckt); Satzung und Geschäftsordnung für Versammlungen, 1899 (gedruckt); Mitgliederverzeichnis, mit Angabe der Zeichnungssumme, 1899 (gedruckt); Beitrittserklärung des Hoerder Vereins vom 19.06.1899; einzelne Schreiben zwischen Hoerder Verein und Gesellschaft zu Beitragszahlungen und Ausstellung von Schiffbaumaterialien auf der Industrie- und Gewerbe-Ausstellung, Düsseldorf 1902; Programm der Sommerversammlung der Gesellschaft am 02.06.1902–05.06.1902 auf der Ausstellung in Düsseldorf sowie Programm des Ausflugs nach Dortmund am 04.06.1902 (gedruckt); vorläufiges Programm der Sommerversammlung vom 12.07.1903 bis 15.07.1903 in Stockholm.

2205 Verband für Kanalisirung der Mosel und der Saar sowie Kosten von Eisenbahntransporten zum Dortmund-Ems-Kanal.
1900–1903
Tagesordnung und Niederschrift zu einer Konferenz verschiedener Unternehmen, Eisenbahndirektionen und Handelskammern bei der Königlichen Eisenbahndirektion Essen zur Senkung der Tarife für Transporte zu Häfen des Dortmund-Ems-Kanals am 18.05.1900; Satzung und Rundschreiben des Verbands sowie Mitgliedskarten des Hoerder Vereins; Geschäftsbericht des Verbands, 1901/02; Niederschrift der Hauptversammlung am 22.06.1902 (gedruckt); Denkschrift des Verbands zur Kanalisierung der Mosel, o. D. (gedruckt); Niederschriften der Sitzungen des Hauses der Abgeordneten am 04.02.1901–07.02.1901 zur Lesung des „Gesetzentwurfs betreffend die Herstellung und den Ausbau von Kanälen und Flussläufen im Interesse des Schiffsverkehrs und der Landeskultur, und der Staatsverträge zwischen Preußen und Bremen, zwischen Preußen, Braunschweig und Bremen, sowie zwischen Preußen und Lippe über die Kanalisierung der Weser von Hameln bis Bremen"; Niederschrift einer Sitzung verschiedener Behörden- und Unternehmensvertreter, darunter der Westfälischen Transport-Actien-Gesellschaft, zum Bau einer Kleinbahn zwischen Stadt und Außenhafen Emden am 03.04.1901; Die Kanalrede des Abgeordneten [Theodor] Schmieding in der Sitzung der Kanalkommission vom 30.04.1901 (Broschüre, 11 S.); einzelne Schreiben zwischen Hoerder Verein, Eisenbahndirektion Essen und Chef der Dortmund-Emskanal-Verwaltung zu Transporttarifen.

2223 Verein für die Förderung des Local- und Straßenbahnwesens, Wien.
1893–1901
Mitteilungen des Vereins 1 (1893), H. 8, sowie 7 (1899), H. 5; Satzung, 1893; Mitgliederverzeichnisse, Mai 1894 und 01.01.1895 (gedruckt); Manuskript eines Beitrags über elektrische Straßenbahnen (Autor Ludwig Hanisch [?]); Schriftwechsel zwischen Hoerder Verein und Verein zur Publikation eines Beitrags über Rillenschienen des Hoerder Vereins sowie von Werbung in der Vereinszeitung.

2234 Verein für Schiffbarmachung der Lippe.
1898-1903
Mitgliedskarten des Hoerder Vereins; Rundschreiben an die Mitglieder; Satzung o. D. (gedruckt); Niederschriften der Generalversammlungen, 1898-1901; Niederschriften von gemeinsamen Sitzungen von Verein und Sonderausschuss für Bearbeitung des Lippeprojekts (gedruckt); Eingabe des Vereins zum Gesetzentwurf über den Bau eines Schifffahrtskanals vom Rhein bis zur Elbe an Haus der Abgeordneten und Herrenhaus vom 10.05.1899 (gedruckt); Petitionen des Vereins zur Kanalisierung der Lippe an Landeshauptmann der Provinz Westfalen vom 23.06.1899 und 06.07.1899, Königliches Staatsministerium vom 14.12.1899 und November 1900 sowie Provinziallandtag der Provinz Westfalen vom 26.01.1901 (gedruckt); Denkschrift über die technischen und bergbaulichen Verhältnisse, welche bei dem Emscherthal-Canal-Projecte einerseits und der Lippecanalisierung andererseits vorliegen, mit Übersichtsplan der Grubenfelder des rheinisch-westfälischen Industriegebiets, o. D. (gedruckt); Sympher: „Emscherthallinie und Kanalisierung der Lippe", Berlin 1901.

2233 Verein rheinisch-westfälischer Eisen- und Stahlwerke zur Verhütung von Arbeitseinstellungen sowie Streiks in der Eisen- und Stahlindustrie.
1872-1876, 1881-1903
Mitgliederverzeichnis des Vereins, mit Angaben zur Anzahl der Arbeiter in den Mitgliedswerken, 1873 (gedruckt); Rundschreiben an die Mitglieder; Niederschriften der Sitzungen des Vereinsausschusses; Niederschriften von Generalversammlungen; Satzung vom 28.02.1874 (gedruckt); Mitteilungen von Abteilungen an den Vorstand des Hoerder Vereins zu Arbeitsniederlegungen; Schriftwechsel zwischen Vereinsmitgliedern, u. a. Bochumer Verein, Eisenwerk Rothe Erde, Firma Fried. Krupp, Gutehoffnungshütte, Hochfelder Walzwerk Actien-Verein, Hoerder Verein, Phoenix AG, Union AG und Westfälische Union zur gegenseitigen Mitteilung von Streiks, Arbeitsniederlegungen einzelner Arbeiter und Kündigungen; Der Ausgang der Arbeiterbewegung auf den Werken der Georgsmarienhütte (Sonderdruck aus der Zeitschrift „Stahl und Eisen", 1898); Firma Heinrich Lanz (Hg.): „Der Streik in den Maschinenfabriken von Heinrich Lanz", 1903 (zwei Broschüren, 19 S. und 4 S.).

2207 Verein zur Beförderung des Gewerbefleißes.
1821, 1897-1903
Rundschreiben des Vereins; Mitgliedsurkunde des Hoerder Vereins vom 05.04.1897; Satzung des Vereins, o. D., mit Nachdruck der Rede von Christian Peter Wilhelm Beuth anlässlich der Vereinsgründung am 15.01.1821; Mitgliederverzeichnisse zum 01.01.1900 und 01.01.1901; Verhandlungen des Vereins, Heft 6/1902; einzelne Schreiben zwischen Hoerder Verein und Hermann Wedding zur Finanzierung des Internationalen Verbands für Materialprüfung der Technik.

2294 Verein zur Wahrung der wirthschaftlichen Interessen von Handel und Gewerbe.
1884-1896
Gründungsaufruf, mit Satzung des Vereins vom Juli 1884; Rundschreiben des Vereins; Mitgliedskarte des Hoerder Vereins, 1884; Mitgliederverzeichnisse zum 21.10.1884, 01.12.1884 (Nachtrag) und 01.11.1885 (gedruckt); Hefte der Schriftenreihe des Vereins, Nr. 6, 13, 15, 16, 18, 23 und 27 zu den Themen Stempelsteuerrecht, Ex- und Import von Getreide, Genossenschaftsrecht, Gewerbeordnung und Gesetzentwurf zur Bildung von Gesellschaften mit beschränkter Haftung; Petitionen des Vereins an Haus der Abgeordneten und Herrenhaus zum Entwurf eines Einkom-

mensteuergesetzes vom 08.01.1891 und 07.04.1891 (gedruckt); Beitragsrechnungen.

1911 Zollvereinsländischer Eisenhütten- und Bergwerks-Verein.
1852–1871
Rundschreiben des Vereins an die Mitglieder (gedruckt); Mitgliederverzeichnisse zum 11.10.1852, 01.06.1853 und für das Jahr 1869 (gedruckt); Einladungen zu Generalversammlungen (gedruckt); Auszüge aus Denkschriften des Vereins (gedruckt); Eingabe des Vereins an das Handelsministerium zur beabsichtigten Ermäßigung der Eisenzölle vom 06.06.1853 (gedruckt); Satzung des Volkswirtschaftlichen Vereins für den Deutschen Zollverband vom 27.05.1852 (gedruckt); Denkschrift des Vereins über „die gegenwärtige Lage der zollvereinsländischen Eisen-Industrie", 1858 (gedruckt); Handels- und Gewerbe-Verein für Rheinland und Westphalen (Hg.): „Die Eisenzölle, ihre Bedeutung für die preußische Eisen-Industrie und ihr Einfluß auf Volkswirthschaft und National-Reichthum", Düsseldorf 1859; Gemeinsame Petition von Verein und Technischem Verein für Berg und Mark an das Haus der Abgeordneten „in Betreff des französischen Handelsvertrages" vom 19.06.1862 (gedruckt); Satzung des Vereins in der Fassung vom 19.05.1852 (Neudruck vom 28.08.1859) sowie vom 14.12.1868; Eingaben des Vereins an das Handelsministeriums zur „Lage der preußischen Eisenindustrie" vom 23.07.1867 (gedruckt); Eingabe des Vereins an Otto Graf von Bismarck in seiner Funktion als Kanzler des Norddeutschen Bundes und Preußischer Ministerpräsident zur „Lage der Eisen-Industrie in Rheinland und Westfalen" vom 27.01.1868 (gedruckt); Eingabe des Vereins an das „Hohe Zoll-Parlament" zur „Herabsetzung der Eisenzölle" vom 17.04.1868 (gedruckt); Eingabe des Vereins an den Reichstag (Norddeutscher Bund) zur Organisation der Arbeiterentlohnung vom März 1869 (gedruckt); Entwurf zu einer „metrischen Dimensions- und Preis-Scala für Stabeisen und Bandeisen"; einzelne Schreiben zwischen Hoerder Verein und Vereinsvorstand zu organisatorischen Fragen.

8.11 Sonstiges

1946 Sammlung von Verbandsunterlagen, u. a. zur Zollfrage.
1874–1877
Aufstellung zu Werksanlagen und Produktion des Hoerder Vereins im Jahr 1874 vom 18.03.1875; Rundschreiben von VDES, dessen Nordwestlicher Gruppe und CDI an die Mitglieder; Petition des VDES an den Reichstag über „die Eingangszölle auf Eisen- und Stahlwaaren sowie auf Maschinen" vom 25.10.1876 (gedruckt); Petitionen des VDES an den Bundesrat „die Eisenzölle betreffend" vom 20.10.1876 und 06.03.1877, mit statistischem Anhang zu Preisen, Zöllen, Im- und Exporten (gedruckt); Einladungen zu Generalversammlungen; Zeitungsausschnitte zu Zollfragen; Mitteilungen des Vereins zur Wahrung der gemeinsamen wirtschaftlichen Interessen in Rheinland und Westphalen, Nr. 12, Dezember 1876 (gedruckt); Mitgliederverzeichnis des VDES, Stand 12.09.1877 (gedruckt).

2134 Düsseldorf-Meeting des Iron and Steel Institute.
1879–1888
Niederschriften der Sitzungen des Veranstaltungskomitees; Schriftwechsel zwischen Mitgliedern des Komitees, u. a. Henry Axel Bueck, Bernhard Baare und Joseph Massenez, und Iron and Steel Institute zu Organisations- und Abrechnungsfragen sowie Publikation der Vorträge; Zeitschrift „Engineering" vom 20.08.1880, mit Werksbeschreibungen und Lageplänen von Hermannshütte

und Hoerder Eisenwerk; Wahlliste und Programm zur Generalversammlung 1881 (gedruckt); einzelne Schreiben des Iron and Steel Institute an Massenez zu späteren Versammlungen; Quittungen des Iron and Steel Institute zur Zahlung des Mitgliedsbeitrags für Massenez.

2194 Westfälische Transport-Actien-Gesellschaft.
1896–1902
Prospekt zur Bildung einer Transport-Gesellschaft für den Dortmund-Ems-Kanal vom Juni 1897 (gedruckt); Rundschreiben der Gründungskommission und der Westfälischen Transport-Actien-Gesellschaft an die Aktionäre; Satzungsentwurf, 1897 (gedruckt); Satzung vom 28.06.1900 (gedruckt); Aufstellung der Zeichner von Aktien; Denkschriften der Gründungskommission an das Ministerium der Öffentlichen Arbeiten zur „Ausgestaltung des Emder Hafens und den Lösch- und Ladeeinrichtungen" vom 19.11.1896 sowie der Westfälischen Transport-Actien-Gesellschaft zur „bevorstehenden Inbetriebsetzung des Dortmund-Ems-Kanals" vom 25.11.1897 (gedruckt); Niederschriften von Aufsichtsratssitzungen; Geschäftsberichte, 1898–1901; Berichte zum Verkehrsaufkommen für die Aufsichtsratssitzungen; Verträge der Westfälischen Transport-Actien-Gesellschaft mit verschiedenen Unternehmen zur Anpachtung von Lagerflächen in Emden (nicht parafiert); Vertrag zwischen Stadt Emden und Firma Gebr. Körting, Hannover, über Bau und Betrieb einer elektrischen Kleinbahn in Emden, o. D. (gedruckt); Aufstellung zu den Inhalten aller Verträge zu den Anlagen in Emden; einzelne Schreiben zwischen Hoerder Verein, Gründungskommission und Westfälischer Transport-Actien-Gesellschaft zu Aktienzeichnung, Aufsichtsratsangelegenheiten, Vertragsabschlüssen und Aufbau von Betriebsanlagen in Emden.

2043 Sammlung von Unterlagen verschiedener Wirtschaftsverbände und der Börse zu Düsseldorf.
1880–1891
Rundschreiben und Niederschriften zur Generalversammlung von Börsen-Verein zu Düsseldorf bzw. Börse zu Düsseldorf; Rundschreiben u. a. von Verband deutscher Cementfabrikanten bzw. Verein deutscher Zement-Fabrikanten, Verein Kohlen-Club, Rheinisch-Westfälisches Comité zur Förderung der Antwerpener Weltausstellung 1894, Verein deutscher Eisengießereien, Bergbau-Verein, Verein analytischer Chemiker sowie Verein Deutscher Schiffswerften: Mitgliedskarten des Niederrheinischen Vereins für öffentliche Gesundheitspflege; Mitgliederverzeichnisse von Börsen-Verein zu Düsseldorf bzw. Börse zu Düsseldorf, 1882, 1888–1890 (gedruckt); Hermann Sommer: „Fluss-See-Dampfschiffe und die Dampferlinie Ostseehäfen-Ruhrort-Cöln", Berlin 1883 (Broschüre); „Der westfälische Kohlenbergbau und die Staats-Eisenbahn-Verwaltung", Essen 1887 (Broschüre); Satzung des Vereins zur Hebung der Fluß- und Kanalschifffahrt für Süd- und Westdeutschland vom 30.03.1888 (gedruckt); Entwurf einer Satzung für den Verein Deutscher Ingenieure vom 16.08.1890 (gedruckt); Sammlung von Eingaben und Bitten des Oberschlesischen Berg- und Hüttenmännischen Vereins an das Haus der Abgeordneten zu Eisenbahn- und Transportfragen vom 21.02.1891 (gedruckt); einzelne Schreiben zwischen Hoerder Verein und verschiedenen Vereinen zu Mitgliedschaften sowie mit Franz Gieße, Rheinische Bergbau- und Hüttenwesen-AG, zur Erneuerung der Kohlenkonvention, 1881.

2117 Sammlung von Unterlagen verschiedener Wirtschaftsverbände und Vereine.
1891–1902
Rundschreiben, u. a. von Verein zur Beförderung des Gewerbefleißes, Verein Deutscher Ingenieure, Verband oberschlesischer Walzwerke, Schutzverband gegen agrarische Übergriffe, Verein Deutscher Maschinenbau-Anstalten, Verband evangelischer Arbeiter-Vereine, Verband reisender

Kaufleute Deutschlands, Deutscher Verein für Volks-Hygiene, Deutsch-Russischer Verein zur Pflege und Förderung der gegenseitigen Handelsbeziehungen, Verein für Handlungs-Commis von 1858 und Preußischer Beamten-Verein; Satzungen von Schutzgemeinschaft für fremdländische Wertpapiere, Deutscher Verein für den Schutz des gewerblichen Eigentums, 1893, Rheinisch-Westfälisches Ziegelsyndikat, Internationaler See-Verein und Gesellschaft für Verbreitung von Volksbildung (gedruckt); Mitgliedskarten von Niederrheinischer Verein für öffentliche Gesundheitspflege und Vaterländischer Frauen-Verein für den Kreis Hörde für den Hoerder Verein; Mitgliederverzeichnisse von Verein zur Beförderung des Gewerbefleißes vom 01.01.1892 und 01.01.1894, Deutscher Verein für den Schutz des gewerblichen Eigentums, Deutscher Privat-Beamten-Verein (nur stiftende Mitglieder), Central-Verein für das Wohl der arbeitenden Klassen, 1897, 1898 und 1900, Deutsch-Russischer Verein zur Pflege und Förderung der gegenseitigen Handelsbeziehungen (gedruckt); Von Wurstemberger: „Die Anwendung der Elektricität auf Braunkohlen-Bergwerken. Vortrag auf der Hauptversammlung des Deutscher Braunkohlen-Industrie-Verein am 26.07.1894" (gedruckt); Kamp: „Die Wohnungsnot und ihre Abhülfe durch ein Reichs-Wohnungsgesetz. Broschüre des Vereins Reichs-Wohnungsgesetz, mit Satzung und Verzeichnis der Vorstandsmitglieder", Frankfurt am Main 1898 und 1900; „Wirkt für nationale Auswanderungspolitik", Broschüre des Vereins für die Auswandererwohlfahrt; Hammerschmidt: Denkschrift zur Errichtung eines Instituts zur Bekämpfung der Volkskrankheiten im Ruhrkohlengebiet, mit Satzungsentwurf; einzelne Schreiben zwischen Hoerder Verein und verschiedenen Vereinen zu Mitgliedschaften.

III. Firma Carl von Born, ab 1896 Hütten-Actiengesellschaft vorm. Carl von Born (1864–1897)

1. Unternehmensleitung

1215 Generalversammlung der Hütten-Actiengesellschaft vorm. Carl von Born am 15.12.1896.
1895–1896
Notariell beglaubigte Niederschrift, mit Aufstellung der anwesenden Aktionäre; Geschäftsbericht von Hütten-Actiengesellschaft vorm. Carl von Born bzw. Firma Carl von Born, 1895/96 (gedruckt).

1214 Generalversammlung der Hütten-Actiengesellschaft vorm. Carl von Born am 22.10.1898.
1898
Notariell beglaubigte Niederschrift; Geschäftsbericht, 1897/98 (gedruckt).

2. Neubau

2.1 Hochöfen

3387 Bau von zwei Hochöfen und vier Dampfkesseln in Dortmund (später Leierweg).
1864–1865
Baubeschreibung der Firma Carl von Born vom 15./21.08.1864; Baugenehmigung des Königlichen Regierungspräsidiums Arnsberg vom 28.09.1864; Lageplan der Eisenhütte von Carl von Born.

3395 Bau eines dritten Hochofens mit Fördergerüst und Verbindungsbrücke in Dortmund, Leierweg 2.
1882
Baubeschreibung der Firma Carl von Born vom 23.05.1882; Baugenehmigung des Königlichen Regierungspräsidiums Arnsberg Bezirksausschuss vom 21.10.1882; statische Berechnung der Eisenkonstruktion durch die Union AG; Lagepläne des Hochofenwerks; Konstruktionszeichnung.

3402 Bau von drei Winderhitzern, Bauart Cowper, und eines Kamins in Dortmund, Leierweg 2.
1893
Baugenehmigung der Stadt Dortmund vom 08.06.1893, mit Auszug aus Baupolizeiverordnung und Ortsstatuten; Aufrisszeichnung; Bauabnahmeschein vom 19.09.1893.

3407 Neubau eines Hochofens mit Fördergerüst und Verbindungsbrücke sowie eines vierten Winderhitzers in Dortmund, Leierweg 2.
1895–1896
Baubeschreibung der Firma Carl von Born vom 10.07.1895; Baugenehmigungen von Stadt Dortmund vom 25.02.1896, mit Auszug aus Baupolizeiverordnung und Ortsstatuten, und Königlichem Regierungspräsidium Arnsberg Bezirksausschuss vom 15.01.1896; Lageplan des Hochofenwerks; Konstruktionszeichnung; Niederschrift der Sitzung des Bezirksausschusses zum Bauantrag am 06.11.1895; einzelne Schreiben des Bezirksausschusses zum Genehmigungsverfahren.

3409 Bau einer Verbindungsbrücke zwischen den Hochöfen I und II in Dortmund, Leierweg 2.
1897
Baubeschreibung der Hütten-Actiengesellschaft vorm. Carl von Born vom 20.01.1897; Baugenehmigung der Stadt Dortmund vom 26.01.1897, mit Auszug aus Baupolizeiverordnung und Ortsstatuten; Lageplan des Hochofenwerks; Konstruktionszeichnung.

2.2 Kokerei

3388 Bau einer Kokerei mit 64 Öfen in Dortmund (später Leierweg).
1864–1865
Baubeschreibung der Firma Carl von Born vom 05.08.1865; Baugenehmigung des Königlichen Regierungspräsidiums Arnsberg vom 11.10.1865; Lageplan der Eisenhütte der Firma Carl von Born.

3397 Bau eines Kohlenvorratsturms und eines Kamins in Dortmund, Leierweg 2.
1884–1885
Baubeschreibung der Firma Carl von Born vom 08.10.1884; Baugenehmigung des Königlichen Regierungspräsidiums Arnsberg Bezirksausschuss vom 12.12.1884; Lagepläne des Hochofenwerks; Konstruktionszeichnung; Aufrisszeichnung; Betriebsgenehmigungen.

3403 Bau eines Kamins für die Kokerei in Dortmund, Leierweg 2.
1893
Baugenehmigung der Stadt Dortmund vom 08.06.1893, mit Auszug aus Baupolizeiverordnung und Ortsstatuten; Bauabnahmeschein vom 08.09.1893.

3404 Modernisierung der Kokerei in Dortmund, Leierweg 2.
1893
Baugenehmigung der Stadt Dortmund vom 08.06.1893, mit Auszug aus Baupolizeiverordnung und Ortsstatuten; Lageplan des Hochofenwerks; Aufrisszeichnung des Kamins; Bauabnahmeschein vom 08.09.1893.

3405 Erweiterung des Kohlenvorratsturms in Dortmund, Leierweg 2.
1893
Baugenehmigung der Stadt Dortmund vom 31.08.1893; Lageplan des Hochofenwerks; Grund- und Aufrisszeichnung; Bauabnahmeschein vom 19.09.1893.

2.3 Verschiedene Anlagen

3389 Bau eines „Arbeitergebäudes" in Dortmund.
1870
Baugenehmigung der Stadt Dortmund vom 23.06.1870; Lageplan; Schadensersatzverzichtserklärung der Firma Carl von Born für die Königliche Eisenbahndirektion Elberfeld wegen der unmittelbaren Nähe des Hauses zu Gleisen der Bergisch-Märkischen Eisenbahn.

3390 Bau eines Kessel- und Maschinenhauses in Dortmund, Leierweg.
1872
Baugenehmigung der Stadt Dortmund vom 23.11.1872; Grund- und Aufrisszeichnung.

3391 Bau eines Dampfentwicklers zum Betrieb einer Wasserhaltungsmaschine für das Hochofenwerk in Dortmund, Leierweg 2.
1872, 1879
Baubeschreibung der Firma Carl von Born vom 07.08.1872; Baugenehmigung des Königlichen Regierungspräsidiums Arnsberg vom 10.09.1872; Lageplan einer Wasserleitung zwischen Hochofenwerk und Pumpanlage an der Emscher; Grund- und Aufrisszeichnung des Kesselhauses.

3392 Bau eines Gießhauses, einer Reparaturwerkstatt und einer Ziegelei in Dortmund, Leierweg 2.
1882
Baugenehmigung der Stadt Dortmund vom 16.05.1882, mit Auszug aus Baupolizeiverordnung und Ortsstatuten.

3394 Bau eines Maschinenhauses in Dortmund, Leierweg 2.
1882
Baugenehmigung der Stadt Dortmund vom 03.08.1882, mit Auszug aus Baupolizeiverordnung und Ortsstatuten.

3396 Bau einer Einfriedungsmauer um das Hochofenwerk in Dortmund, Leierweg 2.
1882
Baugenehmigung der Stadt Dortmund vom 18.12.1882, mit Auszug aus Baupolizeiverordnung und Ortsstatuten; Lageplan.

3398 Bau eines Bahnwärterhäuschens in Dortmund, Leierweg 2.
1889
Baugenehmigung der Stadt Dortmund vom 17.10.1889, mit Auszug aus Baupolizeiverordnung und Ortsstatuten der Stadt Dortmund; Lageplan.

3399 Bau eines Fördermaschinenhauses in Dortmund, Leierweg 2.
1890
Baubeschreibung der Firma Carl von Born vom 12.09.1890; Baugenehmigung der Stadt Dortmund vom 23.11.1890, mit Auszug aus Baupolizeiverordnung und Ortsstatuten; Lageplan des Hochofenwerks; Grund- und Aufrisszeichnung.

3400 Anbau an das Magazingebäude in Dortmund, Leierweg 2.
1892
Baugenehmigung der Stadt Dortmund vom 08.06.1892, mit Auszug aus Baupolizeiverordnung und Ortsstatuten der Stadt Dortmund; Lageplan; Grund- und Aufrisszeichnung; Bauabnahmeschein vom 23.06.1892.

3401 Bau eines Lokomotivschuppens in Dortmund, Leierweg 2.
1892

Baugenehmigung der Stadt Dortmund vom 24.10.1892, mit Auszug aus Baupolizeiverordnung und Ortsstatuten; Lageplan; Grund- und Aufrisszeichnung.

3408 Bau von zwei Umkleide- und Speiseräumen in Dortmund, Leierweg 2.
1896
Baugenehmigung der Stadt Dortmund vom 02.04.1896, mit Auszug aus Baupolizeiverordnung und Ortsstatuten; Lageplan des Hochofenwerks; Grund- und Aufrisszeichnung.

3410 Neubau eines Gebläsemaschinenhauses in Dortmund, Leierweg 2.
1897
Baugenehmigung der Stadt Dortmund vom 05.05.1897, mit Auszug aus Baupolizeiverordnung und Ortsstatuten; Lageplan; Grund- und Aufrisszeichnung.

3. Sonstiges

3393 Betriebsgenehmigung für die Ziegelei in Dortmund, Leierweg 2.
1882
Betriebsgenehmigung der Stadt Dortmund vom 16.05.1882.

1210 Wasserversorgung der Firma Carl von Born.
1887
Notariell beglaubigter Vertrag zwischen Firma Carl von Born, Gewerkschaft der Zeche Tremonia und Mühlenbesitzer H. Wortmann vom 30.10.1887 über die Entnahme von Wasser aus der Emscher oberhalb der Hahnenmühle durch die Firma Carl von Born und die Rückführung der Abwasser und Grubenwasser der Zeche Tremonia durch einen neuen Ableitungsgraben oberhalb der Hahnenmühle und nicht wie bisher unterhalb der Hahnenmühle; Lageplan, mit Einzeichnung des künftigen Verlaufs der Emscher.

1213 Tausch von Grundstücken und Gleisanlagen zwischen Firma Carl von Born und Gewerkschaft der Zeche Tremonia.
1884, 1888–1889
Notariell beglaubigter Vergleichsvertrag zwischen Firma Carl von Born und Gewerkschaft der Zeche Tremonia vom 25.04.1889 zu einem am 06.03.1865 abgeschlossenen Vertrag über die Bereitstellung bzw. Verpachtung von Grundstücken, den gemeinsamen Bau von Gleisanlagen und die Gewährung eines Kredits der Firma Carl von Born an die Gewerkschaft der Zeche Tremonia; notariell beglaubigte Erklärung vom 30.04.1888 von Hermann Schulz, Emil Tilmann, Ferdinand Friedrich von Dorstfeld, Carl Schwengers und Wilhelm Sonnenschein zur Annahme ihrer Wahl zu Mitgliedern des Grubenvorstands der Gewerkschaft der Zeche Tremonia auf der Gewerkenversammlung am 30.04.1888; notariell beglaubigte Erklärung von Carl von Born vom 13.03.1884 zum Erlöschen der Prokura von Hüttendirektor Carl Schott und Erteilung von Prokuren an Eugen Bertram und August Zeidler für die Firma Carl von Born, mit Auszug aus dem Handelsregister (Abschrift).

1209 Wasserversorgung der Firma Carl von Born.
1884, 1888–1889

Notariell beglaubigter Vertrag zwischen Firma Carl von Born und Gewerkschaft der Zeche Tremonia vom 21.08.1889 über die Änderung eines 1875 nach Versiegen der Brunnen der Firma Carl von Born durch den Grubenbetrieb der Zeche Tremonia abgeschlossenen Wasserliefervertrags; notariell beglaubigte Erklärung vom 30.04.1888 von Hermann Schulz, Emil Tilmann, Ferdinand Friedrich von Dorstfeld, Carl Schwengers und Wilhelm Sonnenschein zur Annahme ihrer Wahl zu Mitgliedern des Grubenvorstands der Gewerkschaft der Zeche Tremonia auf der Gewerkenversammlung am 30.04.1888; notariell beglaubigte Erklärung von Carl von Born vom 13.03.1884 zum Erlöschen der Prokura von Hüttendirektor Carl Schott und Erteilung von Prokuren an Eugen Bertram und August Zeidler für die Firma Carl von Born, mit Auszug aus dem Handelsregister (Abschrift).

IV. Phoenix AG für Bergbau und Hüttenbetrieb Abteilung Hoerder Verein (1906–1926)

1. Phoenix AG für Bergbau und Hüttenbetrieb

1.1 Unternehmensleitung
1.1.1 Hauptversammlung und Satzung

2671 Satzung der Phoenix AG.
1906
Satzung vom 10.10.1906 (gedruckt).

2244 Hauptversammlung der Phoenix AG am 30.10.1907.
1907
Schriftwechsel zwischen Phoenix AG Hoerder Verein [!], Aktionären und Banken zur Anmeldung von Aktien; Aufstellungen und Nummernverzeichnisse der angemeldeten Aktien; Anwesenheitsliste; Zeitungsausschnitte.

1.1.2 Vorstand

880 Vorstand und Aufsichtsrat der Phoenix AG.
[1900]
Mitgliederverzeichnis zu Vorstand, Aufsichtsrat sowie Betriebskommission und Finanzkommission des Aufsichtsrats.

443 Vorstand der Phoenix AG.
1906–1913
Niederschriften der Vorstandssitzungen, Oktober 1906 bis November 1913.
450 Dsgl., Dezember 1913 bis November 1918.

2392 Vorstand der Phoenix AG.
1917–1922
Auszüge aus Niederschriften von Vorstandssitzungen, Juli 1917 bis Januar 1922; Rundschreiben der Phoenix AG an die Abteilungen zur Organisation und Terminierung der Sitzungen; Anträge der Phoenix AG Hoerder Verein an den Vorstand, insbesondere zur Mittelbewilligung.

485 Vorstand der Phoenix AG.
1919–1921
Niederschriften der Vorstandssitzungen, Januar 1919 bis Dezember 1921.

1824 Aktionärsbrief der Phoenix AG, mit Unterschriftenverzeichnis (gedruckt).
03.06.1922

484 Vorstand der Phoenix AG.
1922–1924
Niederschriften der Vorstandssitzungen, Januar 1922 bis September 1924.

1.2 Ausschüsse der Phoenix AG

2447 Wärmestelle der Phoenix AG.
1923–1926
Vergleichender Bericht zur Wärmewirtschaft der Hochofenwerke von Phoenix AG Hoerder Verein sowie Phoenix AG Ruhrort vom 25.11.1924; Aufstellung zum Brennstoffverbrauch der Phoenix AG Hoerder Verein im März 1924; Zeitschrift „Archiv für Wärmewirtschaft" 5 (1924), H. 10; Rundschreiben der Wärmestelle der Phoenix AG an die Abteilungen, u. a. Phoenix AG Bergwerke, Phoenix AG Hoerder Verein, Phoenix AG Ruhrort und Phoenix AG Westfälische Union, sowie Schriftwechsel mit der Phoenix AG Hoerder Verein zu Erhebung von Daten zum Energieverbrauch und technischen Fragen der Verbrauchssenkung.

2457 Stahlwerks- und Walzwerksausschuss der Phoenix AG.
1924–1925
Niederschriften der Sitzungen von Stahlwerksausschuss am 20.05.1924 und 30.04.1925, Walzwerksausschuss am 21.10.1924 sowie der gemeinsamen Sitzung von Wärmestelle, Maschinen- und Walzwerksausschuss am 27.03.1925; Berichte zu Anwendung der Kohlenstaubfeuerung sowie Feinblecherzeugung in den Vereinigten Staaten von Amerika vom März 1925; Aufstellungen zur Walzdauer verschiedener Walzgerüste; Bericht über einen Versuch zu den Ursachen der Verkürzung von Grubenschienen beim Richten, o. D.

2462 Walzwerksausschuss der Phoenix AG.
1924–1926
Mitgliederverzeichnisse von Walzwerksausschuss, Hochofen- und Kokereiausschuss, Maschinenausschuss, Stahlwerksausschuss, Wärmestelle sowie verschiedenen Unterausschüssen der Phoenix AG; Niederschrift der Sitzung der Vorsitzenden der Fachausschüsse am 17.04.1924: Niederschriften der Sitzungen des Walzwerksausschusses am 21.10.1924 und 20.01.1925, mit Berichten, u. a. aus der Versuchsanstalt Hörde zu Walzversuchen, Walztechnik und Wärmewirtschaft (Typoskripte), z. T. mit Konstruktionszeichnungen und Fotografien von Werkstücken; Niederschrift der gemeinsamen Sitzung von Wärmestelle, Maschinen- und Walzwerksausschuss am 27.03.1925; Übersicht zu US-amerikanischen Walzwerksofentypen; Berichte zu Anwendung der Kohlenstaubfeuerung sowie Feinblecherzeugung in den Vereinigten Staaten von Amerika vom März 1925; Aufstellungen zur Walzdauer verschiedener Walzgerüste.

1.3 Sonstiges

2260 Umsatzsteuerveranlagung der Phoenix AG durch verschiedene Gemeinden im Rahmen der Fusion mit dem Hoerder Verein.
1896–1898, 1904–1908
Grunderwerbsteuerordnungen Gemeinde [Dortmund-]Brackel vom 16.05.1905, [Dortmund-]Ap-

lerbeck vom 19.11.1896 (Abschriften) und [Dortmund-]Hacheney vom 24.06.1904 (gedruckt); Steuerbescheid des Amts Brackel zur Gemeindeumsatzsteuer für Grund- und Bergwerkserwerb vom 11.04.1907; Klageschrift der Phoenix AG gegen die Veranlagung vom 25.06.1907; Schriftsätze der Prozessgegner; Aufstellung der vom Hoerder Verein zwischen 1896 und 1906 in der Gemeinde Brackel erworbenen Grundstücke, mit Lageplan; Gutachten von Felix Pöppinghaus zum Wert des Grundbesitzes vom 28.03.1908; Beschluss des Regierungspräsidium Arnsberg Bezirksausschuss zum Verwaltungsrechtsstreit von Deutsch-Lux gegen die Gemeinde [Hattingen-] Baak wegen Veranlagung zur Umsatzsteuer nach Grunderwerb vom 25.09.1906 (Abschrift); Urteil des Königlichen Oberverwaltungsgerichts Berlin zum Verwaltungsrechtsstreit zwischen Stadt Dortmund und Germania Brauerei AG wegen Veranlagung zur Umsatzsteuer vom 06.07.1898 (Abschrift); Schriftwechsel zwischen Phoenix AG Hoerder Verein, Phoenix AG, Rechtsanwälten, Amt Aplerbeck, Kreis Iserlohn, Stadt Dortmund, Gemeinde [Dortmund-]Schüren, Stadt [Dortmund-] Hörde und Amt [Dortmund-]Wellinghofen wegen Veranlagung zur Umsatzsteuer und mit Amt Brackel zum Verfahren.

882 Produktionsstatistik der Phoenix AG.
1907
Aufstellung zu Förderung und Produktion der Zechen und Hüttenwerke zum Absatz von Produkten innerhalb des Konzerns und auf dem freien Markt, mit Angabe der Einnahmen, zu Auftragsbestand und Investitionen; Überschussrechnung für die Monate Juli und August 1907.

886 Bewirtschaftung des Ritterguts Klusenstein der Phoenix AG.
1909–1910
Schriftwechsel zwischen Phoenix AG, dem Miteigentümer Hoesch AG, verschiedenen Sägewerken und dem Pächter Friedrich Diepes, u. a. über Holzwirtschaft, Errichtung von Betriebsgebäuden, Instandhaltungsmaßnahmen, Versicherungen, Steuern, Verpachtung von Wiesen, Bau eines Eisenbahnanschlusses, Kreistagswahl der größeren Grundbesitzer im Kreis Iserlohn, Ausbeutung eines Kalksteinvorkommens und Errichtung von Brennöfen; Rechnungen; Werbematerial der Gebr. Pfeiffer Maschinenfabrik und Eisengießerei zu Kalkmühlen und Sackanlagen.

2408 Verrechnungspreise für Lieferungen zwischen einzelnen Abteilungen der Phoenix AG.
1919–1924
Aufstellungen zu den Verrechnungspreisen für Produkte und Brennstoffe; Auszüge aus Niederschriften der Vorstandssitzungen der Phoenix AG; einzelne Niederschriften von Sitzungen der kaufmännischen Direktoren und Vorstandsmitglieder; einzelne Schreiben zwischen Phoenix AG und Abteilungen, u. a. Phoenix AG Hoerder Verein, Phoenix AG Ruhrort und Phoenix AG Westfälische Union, zu Preisfragen.

2094 Werksverrechnungspreise der Phoenix AG.
1924–1926
Rundschreiben der Phoenix AG an die Abteilungen zu den Verrechnungspreisen, insbesondere zu Brennstoffen und Halbzeugen.

2435 Wechselobligo der Phoenix AG.
1925–1926
Aufstellungen zum Wechselobligo der Phoenix AG zum 15.07.1925, 05.08.1925, 20.08.1925,

05.09.1925, 20.09.1925, 05.10.1925, 20.10.1925, 05.11.1925, 20.11.1925, 05.12.1925, 19.12.1925, 05.01.1926, 20.01.1926, 05.02.1926 und 20.02.1926, mit Angabe der Wechseleinreicher.

2214 Innerbetriebliche Berichte der Volkswirtschaftlichen Abteilung der Phoenix AG zur Lage der Weltwirtschaft.
1925–1926
Nr. 1/1925–15/1925, 17/1925–26/1925 und 3/1926–5/1926.

2454 Wechselobligo der Phoenix AG.
1926
Aufstellungen zum Wechselobligo der Phoenix AG zum 05.03.1926, 20.03.1926, 06.04.1926, 20.04.1926 und 05.05.1926, mit Angabe der Einreicher.

2. Phoenix AG Abteilung Hoerder Verein

2.1 Abteilungsleitung

2.1.1 Korrespondenz zwischen Phoenix AG Hoerder Verein, Phoenix AG und anderen Abteilungen der Phoenix AG

2436 Allgemeine Korrespondenz zwischen Phoenix AG Hoerder Verein und Phoenix AG Westfälische Union, Hamm.
1906–1926
Schriftwechsel, u. a. zu Verwaltungs- und Betriebsorganisation, Qualitätswesen, Bau von Arbeiterwohnungen, Verbandsmitgliedschaften, Lohn- und Arbeiterangelegenheiten, Grundstücksangelegenheiten, innerbetrieblichen Lieferungen, Lebensmittelpreisen und Transportwesen; Tarifvertrag für die Betriebe der Phoenix AG Westfälische Union und der Phoenix AG Westfälische Drahtindustrie in Hamm vom 23.06.1919 (gedruckt).

2292 Regelung der Wirtschaftsauskunft bei der Phoenix AG.
1906–1925
Rundschreiben der Phoenix AG und einzelne Schreiben zwischen den Abteilungen Bergwerke, Hoerder Verein, Ruhrort und Westfälische Union zur Beauftragung von Auskunfteien sowie Bewertung, Handhabung und Weitergabe der erhaltenen Informationen.

2437 Allgemeine Korrespondenz zwischen Phoenix AG Hoerder Verein und Phoenix AG Westfälische Union, Nachrodt.
1907–1925
Einzelne Schreiben, u. a. zu Verwaltungs- und Betriebsorganisation, Lohn- und Arbeiterangelegenheiten, Ausfuhr von Walzdraht und Stabeisen sowie Transportwesen.

2393 Phoenix AG Räderfabrik, Eisen- und Stahlwerk zu Eschweiler-Aue.
1907–1909, 1913–1914
Satzung der Knappschafts-Krankenkasse des Werks der Aktien-Gesellschaft Phoenix in Eschweiler-Aue vom 18.03.1908 (gedruckt); Aufstellungen zu den an die Phoenix AG Hoerder Verein versendeten Akten von Krankenkasse und Unternehmen; einzelne Schreiben zwischen Phoenix AG

Hoerder Verein und Phoenix AG Räderfabrik zu verschiedenen betriebsorganisatorischen Fragen, u. a. im Rahmen der Stilllegung des Werks, sowie mit Phoenix AG Abteilung Westfälische Union zur Verteilung des Vermögens der liquidierten Krankenkasse auf andere Betriebskrankenkassen.

2422 Auftragslage der Phoenix AG Hoerder Verein zu Beginn des Ersten Weltkriegs.
1914–1915
Aufstellungen zur Auftragslage für Halbzeug, Pressteile, Gussprodukte, Stabeisen, Walzprodukte und Radsätze bzw. zu ausgeführten Aufträgen, August bis Oktober 1914, aufgegliedert nach in- und ausländischen Kunden; Aufstellungen zu nicht ausgelieferten Aufträgen ausländischer Kunden.

2396 Gegenseitige Bezugsverpflichtungen zwischen Abteilungen der Phoenix AG und Lieferanten.
1914–1922
Schriftwechsel zwischen Phoenix AG Bergwerke, Phoenix AG Hoerder Verein, Phoenix AG Ruhrort und Phoenix AG Westfälische Union zu den Bezugsverpflichtungen; Aufstellungen zu Bezugsverpflichtungen und an andere Unternehmen vergebene Aufträge; Rundschreiben der Phoenix AG an die Abteilungen.

2419 Phoenix AG Hochofenwerk Bergeborbeck bzw. Phoenix AG Eisenhütte Bergeborbeck.
1917–1922
Einzelne Schreiben zwischen Phoenix AG Hoerder Verein und Phoenix AG Hochofenwerk Bergeborbeck bzw. Phoenix AG Eisenhütte Bergeborbeck zu Investitionen, Mittelbedarf, Materialwirtschaft, Rohstoffbevorratung, Energiewirtschaft und Transportwesen; Gleisplan des Werksbahnanschlusses an den Bahnhof Essen-Bergeborbeck; Konstruktionszeichnung eines Dampfkessels.

2394 Korrespondenz zwischen Phoenix AG Hoerder Verein und Hauptverwaltung der Phoenix AG.
1919–1922
Schriftwechsel zu Betriebs- und Verwaltungsorganisation, Einführung der Friedenswirtschaft, Mittelbedarf, Investitionen, Preisen, Reparaturen, Belegschaft, allgemeinen Rechts- und Wirtschaftsfragen sowie Verordnungen, Rohstoffversorgung, Belegschaftsfragen und Steuern; Reichsgesetzblätter zu verschiedenen Gesetzen; Widenmann: „Zusammenfassung des gesamten ausländischen Nachrichtendienstes?", Vortrag, gehalten am 09.06.1920 auf der Vorstandssitzung des Reichsverbands der Deutschen Industrie (gedruckt); Fotografie einer Kreuzungsweiche auf dem Werksgelände; Berichte zu Aufbau und Tätigkeit der Wärmestelle (Typoskripte); Die Resolutionen des Kongresses der Vertreter des russischen Handels, der Industrie und der Finanzen in Paris am 17.05.1921 (gedruckt); Aufstellungen zur Anzahl der Arbeiter einzelner Betriebe im Bereich Werkstatt und Instandhaltung zum 01.02.1922; Aufstellung der Guthaben bei bzw. Forderungen von Beamten und Vorstandsmitgliedern beim bzw. gegenüber dem Unternehmen am 31.12.1921.

2105 Lieferung von Halbzeug und Oberbaumaterial an die Stahlwerks-Verband AG durch Abteilungen der Phoenix AG.
1919–1926
Schriftwechsel zwischen Phoenix AG, Phoenix AG Hoerder Verein und Phoenix AG Ruhrort zum Versand von Erzeugnissen und zu Organisationsfragen von Versand und Abrechnung.

2391 Geschäfts- und Auftragsentwicklung der Phoenix AG Hoerder Verein.
1920–1921
Wochenberichte der Phoenix AG Hoerder Verein an die Phoenix AG, mit Angaben zum Auftragsbestand sowie Erläuterungen zu Geschäftsklima und besonderen Ereignissen, November 1920 bis Dezember 1921.
2402 Dsgl., Januar 1922 bis Juni 1923.

2407 Geschäfts- und Auftragsentwicklung der Phoenix AG Hoerder Verein und anderer Abteilungen der Phoenix AG.
1922–1923
Wochenberichte von Phoenix AG Hoerder Verein, Phoenix AG Ruhrort und Phoenix AG Westfälische Union an die Phoenix AG, mit Angaben zum Auftragsbestand sowie Erläuterungen zu Geschäftsklima und besonderen Ereignissen, Oktober 1922 bis Dezember 1923.

2410 Korrespondenz zwischen Phoenix AG Hoerder Verein und Hauptverwaltung der Phoenix AG.
1922–1924
Schriftwechsel zu Betriebs- und Verwaltungsorganisation, Einführung der Friedenswirtschaft, Mittelbedarf, Investitionen, Preisen, Reparaturen, Belegschaft, Energieversorgung, allgemeinen Rechts- und Wirtschaftsfragen sowie Verordnungen, Rohstoffversorgung, Belegschaftsfragen, Spenden an gemeinnützige Organisationen und Kirchen sowie Steuern; Aufstellungen zur maximalen Leistungsfähigkeit der technischen Anlagen einzelner Betriebe der Phoenix AG Hoerder Verein wie Walzwerke, Stahlwerke, Hochöfen und Kokereien vom 19.04.1924.

2411 Geschäfts- und Auftragsentwicklung der Phoenix AG Hoerder Verein.
1923–1924
Wochenberichte der Phoenix AG Hoerder Verein an die Phoenix AG, mit Angaben zum Auftragsbestand sowie Erläuterungen zu Geschäftsklima und besonderen Ereignissen, Juli 1923 bis September 1924.

2438 Korrespondenz zwischen Phoenix AG Hoerder Verein und Phoenix AG Ruhrort.
1923–1926
Einzelne Schreiben, u. a. zu Reparaturen an einer Gebläsemaschine, Qualitätsuntersuchungen von Produkten, Lohnstatistik, sowie insbesondere zum Umbau geheizter Tiefgruben (Tieföfen) des Blockwalzwerks in ungeheizte; Lageplan sowie Querschnittzeichnung der Gruben.

2412 Geschäfts- und Auftragsentwicklung der Phoenix AG Hoerder Verein und anderer Abteilungen der Phoenix AG.
1924
Wochenberichte von Phoenix AG Hoerder Verein, Phoenix AG Düsseldorfer Röhren- und Eisenwalzwerke, Phoenix AG Ruhrort und Phoenix AG Westfälische Union an die Phoenix AG, mit Angaben zum Auftragsbestand sowie Erläuterungen zu Geschäftsklima und besonderen Ereignissen, Januar bis Oktober 1924.
2417 Dsgl., November 1924 bis Juni 1925.

2426 Korrespondenz zwischen Phoenix AG Hoerder Verein und Hauptverwaltung der Phoenix AG.
1924–1926

Zeitschrift „Der deutsche Arbeiter" 4 (1926), Nr. 4; Aufstellungen zur Anzahl der Betriebsunfälle bei der Phoenix AG Hoerder Verein; Fotografien von Dünnschliffen von Stahlproben; Aufstellungen zur Anzahl der Arbeiter in den Bereichen Hochofen, Thomas-Stahlwerk, Siemens-Martin-Stahlwerk und Walzwerke für Juni 1925, gegliedert nach Berufen bzw. Tätigkeiten, sowie in den Maschinen- und Baubetrieben; Rundschreiben der Phoenix AG zur Betriebs- und Verwaltungsorganisation; einzelne Schreiben zwischen Phoenix AG Forschungsabteilung und Phoenix AG Hoerder Verein zu Forschung und Entwicklung, Verfahrenstechnik sowie Qualitätsfragen.

2424 Geschäfts- und Auftragsentwicklung der Phoenix AG Hoerder Verein und anderer Abteilungen der Phoenix AG.
1925–1926
Wochenberichte von Phoenix AG Hoerder Verein, Phoenix AG Düsseldorfer Röhren- und Eisenwalzwerke, Phoenix AG Ruhrort, Phoenix AG Westfälische Union, Boecker & Haver GmbH und Vereinigte Stahlwerke van der Zypen an die Phoenix AG, mit Angaben zum Auftragsbestand sowie Erläuterungen zu Geschäftsklima und besonderen Ereignissen, Juli 1925 bis Januar 1926.

2455 Geschäfts- und Auftragsentwicklung der Phoenix AG Hoerder Verein.
1925–1926
Wochenberichte der Phoenix AG Hoerder Verein an die Phoenix AG, mit Angaben zum Auftragsbestand sowie Erläuterungen zu Geschäftsklima und besonderen Ereignissen, Oktober 1925 bis Januar 1926.

2456 Geschäfts- und Auftragsentwicklung der Phoenix AG Hoerder Verein und anderer Abteilungen der Phoenix AG.
1926
Wochenberichte von Phoenix AG Hoerder Verein, Phoenix AG Düsseldorfer Röhren- und Eisenwalzwerke, Phoenix AG Ruhrort, Phoenix AG Westfälische Union, Boecker & Haver GmbH und Vereinigte Stahlwerke van der Zypen an die Phoenix AG, mit Angaben zum Auftragsbestand sowie Erläuterungen zu Geschäftsklima und besonderen Ereignissen, Februar bis April 1926.

2.1.2 Unterlagen der Phoenix AG Hoerder Verein zu den Geschäftsberichten der Phoenix AG

2243 Unterlagen zum Geschäftsbericht der Phoenix AG, 1906/07.
1905–1907
Geschäftsberichte von Phoenix AG, 1906/07, und Hoerder Verein, 1905/06; Bilanzunterlagen; Aufstellungen zu Produktionsentwicklung, Belegschaften und Preisentwicklung; Betriebsbericht des Hoerder Kohlenwerks, 1906/07; Textentwürfe zum Geschäftsbericht; einzelne Schreiben zwischen Phoenix AG, Phoenix AG Bergwerke, Phoenix AG Hoerder Verein und Phoenix AG Westfälische Union zur Bereitstellung von Informationen.

2261 Unterlagen zum Geschäftsbericht der Phoenix AG, 1907/08.
1907–1908
Aufstellungen zu Anzahl der Häuser und Wohnungen, Kommunalsteuerzahlungen, Produktion, Rohstoffverbrauch sowie Ergebnissen der Kranken- und Pensionskassen der Phoenix AG Hoerder

Verein; einzelne Schreiben zwischen Phoenix AG Hoerder Verein und Phoenix AG Ruhrort zur Bereitstellung von Informationen.

2288 Unterlagen zu den Geschäftsberichten der Phoenix AG, 1908/09 und 1909/10.
1908–1910
Aufstellungen zu Anzahl der Arbeiter, Häuser und Wohnungen, Löhnen, Verwaltungskosten, Anlagevermögen, Produktion und Rohstoffverbrauch sowie Ergebnissen der Kranken- und Pensionskassen der Phoenix AG Hoerder Verein bzw. von Hermannshütte, Hochofenwerk Hörde, Hochofenwerk Dortmund, Hoerder Kohlenwerk und Grube Reichsland; Betriebsberichte des Hoerder Kohlenwerks, 1908/09 und 1909/10; Entwurf eines Geschäftsberichts für die Phoenix AG Hoerder Verein, 1908/09; Druckfahnen des erläuternden Teils der Geschäftsberichte der Phoenix AG, 1908/09 und 1909/10; einzelne Schreiben zwischen Phoenix AG Hoerder Verein und Phoenix AG zur Bereitstellung von Informationen.

2289 Unterlagen zum Geschäftsbericht der Phoenix AG, 1910/11.
1910–1912
Aufstellungen zu Anzahl der Arbeiter, Häuser und Wohnungen, Löhnen, Verwaltungskosten, Anlagevermögen, Produktion und Rohstoffverbrauch sowie Ergebnissen der Kranken- und Pensionskassen der Phoenix AG Hoerder Verein und von Hermannshütte, Hochofenwerk Hörde, Hochofenwerk Dortmund und Hoerder Kohlenwerk; Druckfahne des erläuternden Teils des Geschäftsberichts der Phoenix AG; einzelne Schreiben zwischen Phoenix AG Hoerder Verein und Phoenix AG zur Bereitstellung von Informationen.

2297 Dsgl., 1911/12.

2302 Dsgl., 1912/13.

2315 Dsgl., 1914/15.

2324 Unterlagen zum Geschäftsbericht der Phoenix AG, 1915/16.
1916
Aufstellungen zu Anzahl der Arbeiter, Häuser und Wohnungen, Löhnen, Steuerzahlungen, Anlagevermögen, Produktion und Rohstoffverbrauch, Versand sowie Ergebnissen der Kranken- und Pensionskassen der Phoenix AG Hoerder Verein und von Hermannshütte, Hochofenwerk Hörde, Hochofenwerk Dortmund und Hoerder Kohlenwerk; Aufstellungen zur Verleihung des Eisernen Kreuzes an Belegschaftsmitglieder; Geschäftsbericht, 1915/16, sowie Druckfahne; Betriebsbericht des Hoerder Kohlenwerks, 1915/16; einzelne Schreiben zwischen Phoenix AG Hoerder Verein, Betrieben und Phoenix AG zur Bereitstellung von Informationen.

2331 Unterlagen zu den Geschäftsberichten der Phoenix AG, 1916/17 und 1917/18.
1916–1919
Aufstellungen zu Anzahl der Arbeiter, Häuser und Wohnungen, Löhnen, Steuerzahlungen, Anlagevermögen, Produktion und Rohstoffverbrauch, Versand sowie Ergebnissen der Kranken- und Pensionskassen der Phoenix AG Hoerder Verein und von Hermannshütte, Hochofenwerk Hörde, Hochofenwerk Dortmund und Hoerder Kohlenwerk; Aufstellungen zur Verleihung des Eisernen Kreuzes an Belegschaftsmitglieder sowie zu Gefallenen und zur Anzahl von Kriegsgefangenen in einzelnen Betrieben; Geschäftsberichte, 1916/17 und 1917/18; Betriebsbericht des Hoerder Kohlenwerks, 1917/18; einzelne Schreiben zwischen Phoenix AG Hoerder Verein, Betrieben und Phoenix AG zur Bereitstellung von Informationen.

2373 Dsgl., 1918/19 und 1919/20.

2381 Unterlagen zum Geschäftsbericht der Phoenix AG, 1919/20.
1919-1920
Aufstellungen zu Anzahl der Arbeiter, Häuser und Wohnungen, Löhnen, Steuerzahlungen, Anlagevermögen, Produktion und Rohstoffverbrauch, Versand sowie Ergebnissen der Kranken- und Pensionskassen der Phoenix AG Hoerder Verein und von Hermannshütte, Hochofenwerk Hörde, Hochofenwerk Dortmund und Hoerder Kohlenwerk; Geschäftsbericht, 1919/20; Aufstellung zu den Exporten nach Europa, mit Angabe der Zielländer; einzelne Schreiben zwischen Phoenix AG Hoerder Verein, Betrieben und Phoenix AG zur Bereitstellung von Informationen.

2390 Unterlagen zu den Geschäftsberichten der Phoenix AG, 1920/21-1924/25.
1920-1925
Aufstellungen zu Anzahl der Arbeiter, Häuser und Wohnungen, Löhnen, Steuerzahlungen, Anlagevermögen, Produktion und Rohstoffverbrauch, Versand sowie Ergebnissen der Kranken- und Pensionskassen der Phoenix AG Hoerder Verein und von Hermannshütte, Hochofenwerk Hörde, Hochofenwerk Dortmund und Hoerder Kohlenwerk; Geschäftsberichte, 1920/21 und 1923/24; Geschäftsberichte „für internen Gebrauch“, 1923/24 und 1924/25 (Typoskripte); einzelne Schreiben zwischen Phoenix AG Hoerder Verein, Betrieben und Phoenix AG zur Bereitstellung von Informationen.

2.1.3 Korrespondenz mit Betrieben und Rundschreiben

2070 Rundschreiben der Verwaltung an Betriebsabteilungen von Hoerder Verein bzw. Phoenix AG Hoerder Verein.
1895-1926
Rundschreiben zu Verwaltungs- und Arbeitsorganisation, Bestellung von Vorstandsmitgliedern, Versicherungsfragen, Transport und Verkehr, Materialwirtschaft, Rechnungswesen und Bestellwesen (z. T. gedruckt).

2344 Rundschreiben der Verwaltung an die Betriebsabteilungen der Phoenix AG Hoerder Verein.
1908-1918
Rundschreiben zu Verwaltungs- und Arbeitsorganisation, Versicherungsfragen, Transport und Verkehr, Materialwirtschaft, Rechnungswesen, Personalia und Bestellwesen; Aushänge zur Zeichnung von Kriegsanleihen und Aufklärung von Diebstählen.

2491 Rundschreiben der Verwaltung an die Beamten der Phoenix AG Hoerder Verein zur Bestechlichkeit.
1909, 1922-1924
Rundschreiben vom 11.09.1909 an alle Betriebe, mit Hinweis auf das Gesetz gegen unlauteren Wettbewerb und Androhung disziplinarischer und strafrechtlicher Konsequenzen bei Missachtung; Unterschriftenlisten zur Kenntnisnahme; zwei Bestätigungspostkarten des Vereins gegen das Bestechungswesen e. V. zur Zahlung des Mitgliedsbeitrags.

2466 Rundschreiben der Verwaltung an die Betriebsabteilungen der Phoenix AG Hoerder Verein.
1919-1926

Rundschreiben zu Verwaltungs-, Betriebs- und Arbeitsorganisation, Versicherungsfragen, Transport und Verkehr, Materialwirtschaft, Rechnungswesen, Personalia und Bestellwesen.

2.1.4 Korrespondenz mit Behörden

2547 Berichte zur Geschäftslage der Eisen- und Stahlindustrie.
1902–1914, 1922–1928
Halbjahresberichte bzw. Jahresberichte von Hoerder Verein bzw. Phoenix AG Hoerder Verein an die Reichsbank Nebenstelle Hörde, mit Begleitschreiben.

2325 Schriftwechsel mit Behörden, insbesondere zu Arbeiterangelegenheiten.
1914–1916
Plakat zur Ausstellung des Tuberkulose-Museums Hannover im Dortmunder Rathaus, März 1914; Schriftwechsel zwischen Phoenix AG Hoerder Verein und Stadt [Dortmund-]Hörde zu Ausgabe von Waffenscheinen, Besitz- und Verwendungsgenehmigungen für Sprengstoffe, Fragen der Arbeitssicherheit, Krankheiten, wirtschaftlichen Verhältnissen, Verhalten von Arbeitern, Wohnungsnachweisen, Erhebung zu Sprengstoffvorräten, Einberufungen zum Militär, Entsendung von Jugendlichen zur „Huldigungsfahrt aus Anlass der Anwesenheit Kaiser Wilhelms II. in Münster" am 04.09.1915, Gewährung von Darlehen an die Stadt Hörde sowie verschiedenen bau- und ordnungspolizeilichen Fragen; Schriftwechsel mit verschiedenen ausländischen Konsulaten über die Ausstellung von Ursprungszeugnissen und deutschen Botschaften im Ausland zur Empfehlung von Auslandsvertretern.

2376 Behördenschriftwechsel zu Kriegswirtschaft, Kriegsgesellschaft und Demobilisierung.
1916–1919
Rundschreiben und Bekanntmachungen des VII. Armeekorps Münster Stellvertretendes Generalkommando zu verschiedenen Themen, insbesondere zu Transportfragen; Werbung des Westfälischen Heimatfronttheaters des VII. Armeekorps, mit Pressestimmen und Bestellbogen für Aufführungen (gedruckt); Zeitungsausschnitte; Plakate und Aushänge mit Kriegspropaganda, u. a. „Der Weg zum Frieden", September 1918; Richtlinien für die Bekämpfung der Kriegsseuchen in der rheinisch-westfälischen Industrie vom 27.09.1918 (Typoskript); Schriftwechsel zwischen Phoenix AG Hoerder Verein sowie verschiedenen Behörden und Militärstellen, insbesondere VII. Armeekorps Münster Stellvertretendes Generalkommando und Stadt [Dortmund-]Hörde.

2.1.5 Spendengesuche und Kreditvergabe

2265 Spendengesuche an die Phoenix AG Hoerder Verein.
1905–1909
Spendenanträge und Mitgliedsaufrufe von Vereinen, Verbänden, Kirchen, gemeinnützigen und karitativen Organisationen; Rundschreiben und Aufrufe, u. a. von Deutschem Institut für ärztliche Mission, St. Josephs-Hospital Hörde, Evangelischem Diakonissenhaus für die Grafschaft Mark und das Siegerland, Gesangsverein Deutsche Eiche zu Neu-Asseln, Historischem Verein für Dortmund und die Grafschaft Mark, Officieller Ausgabestelle für die Zeppelin-Sammelmarke der Motorluftschiff-Studiengesellschaft (mit Aushang), Auskunfts- und Rechtsschutzstelle für Frauen,

Dortmund, Thüringer Hand-Weber-Verein in Gotha, Vaterländischem Frauen-Verein für den Kreis Hörde und Guttempler-Loge „So fast as Dürpem"; Jahresberichte von Evangelischem Diakonissenhaus für die Grafschaft Mark und das Siegerland, 1907/08, Seemannshaus für Unteroffiziere und Mannschaften der Kaiserlichen Marine eGmbH, 1907, Deutscher Krieger-Fechtanstalt, 1906, und von verschiedenen kirchlichen Einrichtungen in Volmarstein; Satzungen der Gesellschaftlichen Vereinigung „Cercle Français" Hörde vom 20.06.1908, Deutscher Krieger-Fechtanstalt vom 12.08.1905 und Verein „Kinderheim in Lippspringe" vom 23.04.1907, mit Niederschrift der Gründungsversammlung (gedruckt); Mitgliedskarte der Deutschen Krieger-Fechtanstalt für Friedrich Leopold; einzelne Hefte der Zeitschrift „Bote von Bethel"; Aufstellungen zu Kohlengeschenken von Ruhrgebietszechen an die Anstalten Bethel, Sarepta, Nazareth und Wilhelmsdorf; Aufstellung der im Jahr 1907 zu Weihnachten gespendeten Beträge; Kamp: „Die Milch. Auch ein Volksnahrungsmittel", Bonn 1908; Schriftwechsel der Phoenix AG Hoerder Verein mit den Antragstellern; einzelne Schreiben zwischen Phoenix AG Hoerder Verein, Union AG und Hoesch AG zur Unterstützung verschiedener Antragsteller.

2262 Arbeiterdarlehen von Hoerder Verein bzw. Phoenix AG Hoerder Verein.
1906–1908
Anträge von Arbeitern auf Gewährung von Darlehen und Lohnvorschüssen, mit Bearbeitungsvermerken; einzelne Schreiben der Unternehmen an die Antragsteller.

2277 Arbeiterdarlehen der Phoenix AG Hoerder Verein.
1908–1910
Anträge von Arbeitern auf Gewährung von Darlehen und Lohnvorschüssen, mit Bearbeitungsvermerken; einzelne Schreiben des Unternehmens an die Antragsteller.

2440 Arbeiterdarlehen der Phoenix AG Hoerder Verein.
1910–1925
Namentliche Aufstellungen zur Darlehensvergabe.

2332 Spendengesuche an die Phoenix AG Hoerder Verein.
1914–1917
Spendenanträge und Mitgliedsaufrufe von Vereinen, Verbänden, Kirchen, Krankenhäusern, gemeinnützigen und karitativen Organisationen sowie zahlreichen militärischen Verbänden und Truppenteilen und der Stadt [Dortmund-]Hörde; Rundschreiben und Aufrufe, u. a. von Gesangsverein Deutsche Eiche zu Neu-Asseln, Vaterländischem Frauen-Verein für den Kreis Hörde, Ziegenzucht-Verein Dortmund-Hörde, Liebesgaben-Abnahmestelle der Inspektion der Eisenbahntruppen, Spende für deutsche Soldaten- und Marineheime, St. Josephs-Hospital Hörde und Evangelischem Diakonissenhaus für die Grafschaft Mark und das Siegerland; Satzungen von Kriegshilfsverein des Regierungsbezirks Arnsberg für den Kreis Sensburg (Ostpreußen) und Sterbegeldkasse der Beamten der Aktiengesellschaft „Phoenix", Abteilung Hoerder Verein vom 06.06.1909 (gedruckt); Mitgliedskarten von Evangelischem Gefängnis-Hilfs-Verein Dortmund und Umgegend sowie Ziegenzucht-Verein Dortmund-Hörde; Heft der Zeitschrift „Der Samariter" des Evangelischen Diakonissenhauses; Aufstellung zu den Weihnachtsspenden der Phoenix AG Hoerder Verein, 1915; Plakat zum Spendenaufruf und Zeichnungsliste der Spende für deutsche Soldaten- und Marineheime; Tätigkeitsbericht des „Deutschwehr" e. V., 1914–1915; Schriftwechsel der Phoenix AG Hoerder Verein mit den Antragstellern.

2369 Spendengesuche an die Phoenix AG Hoerder Verein.
1916–1918
Spendenanträge und Mitgliedsaufrufe von Vereinen, Verbänden, Kirchen, Krankenhäusern, gemeinnützigen und karitativen Organisationen sowie der Stadt [Dortmund-]Hörde; Aufstellungen zu den Weihnachtsspenden der Phoenix AG Hoerder Verein, 1916 und 1917; Satzungen von Dortmunder gemeinnützige Gesellschaft für Krieger-Hausrat mbH (Entwurf), Beratungsstelle für heimkehrende Kriegsteilnehmer, Dortmund, und Verband für Jugendpflege in Hörde vom 26.02.1917 (Typoskripte); Geschäftsberichte des Erholungs-, Alters- und Invalidenheims für Jäger und Schützen des deutschen Heeres in Marburg an der Lahn, Juli 1917 und Dezember 1917 (gedruckt); Niederschrift einer Besprechung von Vertretern der Dortmunder Eisen- und Stahlindustrie über die beabsichtigte Gründung einer Kriegshilfskasse in Dortmund am 08.11.1917; Schriftwechsel der Phoenix AG Hoerder Verein mit den Antragstellern, insbesondere der Stadt Hörde, sowie der Beratungsstelle für heimkehrende Kriegsteilnehmer zur Hausratbeschaffung für Kriegsgetraute.

2403 Spendengesuche an die Phoenix AG Hoerder Verein.
1922–1923
Spendenanträge und Mitgliedsaufrufe von Vereinen, Verbänden, Kirchen, Krankenhäusern, gemeinnützigen und karitativen Organisationen, insbesondere von Krieger- und Offiziersvereinen; Niederschrift der Gründungsversammlung der Deutsche Notgemeinschaft, Ortsgruppe Hörde am 15.12.1922 (Typoskript); Schriftwechsel der Phoenix AG Hoerder Verein mit den Antragstellern, insbesondere der Stadt [Dortmund-]Hörde, sowie zur Gründung der Deutsche Notgemeinschaft, Ortsgruppe Hörde.

2201 Darlehensgesuche an die Phoenix AG Hoerder Verein.
1923
Zwei Darlehensgesuche des Deutschen Eigenheim- und Heimstättenverbands gGmbH Ortsgruppe Aplerbeck.

2464 Spendengesuche an die Phoenix AG Hoerder Verein.
1923–1926
Aufstellung der bewilligten Gesuche; Spendenanträge und Mitgliedsaufrufe von Vereinen, Verbänden, Kirchen, Krankenhäusern, gemeinnützigen und karitativen Organisationen; Aufruf zur Gründung der Luftverkehrs Aktiengesellschaft Westfalen, mit Satzungsentwurf, 20.03.1925; Grund- und Aufrisszeichnung des Gemeindehauses der evangelischen Gemeinde [Dortmund-]Berghofen; Kostenvoranschlag, Grund- und Aufrisszeichnung zur Vergrößerung des Saales des evangelischen Vereinshauses in [Dortmund-]Hörde, Wellinghofer Straße 21; Schriftwechsel der Phoenix AG Hoerder Verein mit den Antragstellern.

2463 Abgelehnte Spendengesuche an die Phoenix AG Hoerder Verein.
o. D.
Alphabetische Aufstellung zu abgelehnten Spendengesuchen von Vereinen, Verbänden, Kirchen, Krankenhäusern, gemeinnützigen und karitativen Organisationen sowie Privatpersonen.

2.1.6 Politisches Engagement

2321 Politisches Engagement und Wahlangelegenheiten.
1902–1914
Vollmachten Hoerder Verein zu Gemeinderats- und Stadtverordnetenwahlen in [Dortmund-]Brackel und [Dortmund-]Hörde; Wahlwerbeblätter bzw. Wahlaufrufe zur Gewerbegerichtswahl 1904 von Gewerkschaften; Zeitungsausschnitte; Schriftwechsel zwischen Hoerder Verein bzw. Phoenix AG Hoerder Verein, Stadt Dortmund, Kreis Hörde und Stadt Hörde sowie verschiedene Unternehmen zur Durchsetzung von Kandidaten bei der Wahl der Beisitzer der Gewerbegerichte, u. a. 1902 und 1904, sowie im Rahmen von Vorbereitungen und Anfechtungen von Wahlen zu Gemeinderäten, Kreistagen und Stadtverordnetenversammlungen; Aufstellung der stimmberechtigten Mitglieder und als Beisitzer wählbaren Arbeitgebervertreter für die Kreisgewerbegerichtswahlen 1904; Aufstellung der Mitglieder des Wahlverbands der Grundbesitzer, Gewerbetreibenden und Bergwerkseigentümer im Kreis Hörde, 1908 und 1911.

2346 Abonnement der Zeitschrift „Der Werkverein. Organ für die Nationale Arbeiterbewegung".
1911–1918
„Der Werkverein" 1 (1911), H. 9; Abonnements-Rechnungen des Verlags nationaler Schriften eGmbH, Essen; Verlag nationaler Schriften eGmbH (Hg): „Die Gründung von Werkvereinen", Essen August 1912; Satzung des Bezirksverbands der Werkvereine von Dortmund, Hamm und Umgegend, o. D. (gedruckt); Mitgliedsbuch, mit Satzung des Werkvereins „Phoenix" Schacht Holstein und Schleswig vom 28.07.1912 (gedruckt, blanko); Bericht des Bezirksverbands der Werkvereine zu den Geschäftsjahren 1914/15 und 1915/16 sowie zum Zeitraum 01.07.1916–31.12.1916; namentliche Aufstellungen zu Abonnenten innerhalb der Belegschaft; Zeitungsausschnitte zu den Werkvereinen der Phoenix AG Hoerder Verein; Schriftwechsel zwischen Phoenix AG Hoerder Verein und Verlag nationaler Schriften eGmbH zur Bestellung von Abonnements der Zeitung für Belegschaftsmitglieder sowie Bezirksverband der Werkvereine zu Spendengesuchen.

2.1.7 Sonstiges

2305 Bereitstellung statistischer Unternehmensinformationen durch Hoerder Verein bzw. Phoenix AG Hoerder Verein.
1902–1914
Schriftwechsel zwischen Hoerder Verein bzw. Phoenix AG Hoerder Verein und verschiedenen Behörden, Verbänden, Institutionen und Verlagen zur Bereitstellung von statistischen Informationen, u. a. mit RWKS über Kohlenverbrauch, Königlicher Eisenbahndirektion Essen über die Produktion von Hochofenwerk Dortmund und Hochofenwerk Hörde, Kaiserlichem Statistischem Amt über Geschäftsverlauf und Arbeitsmarkt, VDEh zur Blechproduktion und mit Dortmund-Ems-Kanal-Verwaltung über Erzliefermengen.

2368 Angaben der Phoenix AG Hoerder Verein zur Reichsmontanstatistik.
1908–1918
Rundschreiben des Bergbau-Vereins zur Montanstatistik; Rundschreiben und Erläuterungen zu Fragebögen von Reichsamt des Innern bzw. Kaiserlichem Statistischem Amt; Fragebögen, mit Angaben der Phoenix AG Hoerder Verein für Hochofenanlagen, Kokereien, Stahlwerke, Walzwerke

und Gießereien, 1908-1917; Niederschrift einer Sitzung von Vertretern des Reichsamts des Innern sowie Sachverständigen aus Verbänden und Industrie über die Ergebnisse der probeweisen Erhebung der Produktionsergebnisse für die Jahre 1909 und 1910 am 29.01.1912.

2416 Westdeutsche Wirtschaftskorrespondenz für die deutsche Montanindustrie, Nachrichtendienst für Eisenindustrie und Eisengroßhandel.
1924-1925
Ausgaben Nr. 477 vom 19.11.1924 bis Nr. 508 vom 26.03.1925 sowie einzelne Exemplare des Informationsschnelldiensts.

2.2 Kaufmännische Verwaltung und Finanzen

2.2.1 Steuern

Abteilung Hoerder Verein

448 Wertzuwachssteuerveranlagung des Guts Benninghofen.
1911-1912
Aufstellungen über Pachterträge, Umbauten, Kosten und Steuern des Guts; Vergleichsvertrag zwischen Zuwachssteueramt für den Landkreis Hörde und Phoenix AG Hoerder Verein vom 11./29.03.1912 über die steuerliche Veranlagung, mit Entwurf; Steuererklärungen; Schriftwechsel zwischen Phoenix AG Hoerder Verein, Phoenix AG und Steuerbehörden des Kreises Hörde zur Veranlagung.

119 Wertzuwachssteuerveranlagung in [Dortmund-]Benninghofen.
1912
Vertrag zwischen Phoenix AG Hoerder Verein und Zuwachssteueramt für den Landkreis Hörde über die Veranlagung von Grundstücken in der Steuergemeinde Benninghofen vom 11./29.03.1912.

2450 Steuerangelegenheiten der Phoenix AG Hoerder Verein.
1923-1926
Abrechnungen der Buchhaltung der Phoenix AG über gezahlte Gewerbe-, Körperschafts- und Hauszinssteuern der Phoenix AG Hoerder Verein; Vermögenserklärung der Phoenix AG Hoerder Verein für die Finanzämter Düsseldorf-Süd und -Nord, mit Angaben aller Grundstücke und Gebäude sowie der Mieteinnahmen; Aufstellungen zu den Lohnzahlungen der Phoenix AG Hoerder Verein, gegliedert nach den Betriebsgemeinden [Dortmund-]Hörde, [Dortmund-]Berghofen, [Dortmund-]Schüren, [Dortmund-]Hacheney und Dortmund; Rundschreiben der Phoenix AG an die Abteilungen, u. a. Phoenix AG Bergwerke, Phoenix AG Düsseldorfer Röhren- und Eisenwalzwerke, Phoenix AG Hoerder Verein, Phoenix AG Ruhrort und Phoenix AG Westfälische Union, zur Erhebung und Bereitstellung von Daten für Steuererklärungen.

300 Auswirkungen des „Industriebelastungsgesetzes" auf die Phoenix AG Hoerder Verein.
1924-1926
Aufstellung der hypothekarischen Belastung von Betriebsgrundstücken infolge des Gesetzes; Schriftwechsel zwischen Phoenix AG Hoerder Verein und Phoenix AG zur Umsetzung der gesetzlichen Vorgaben.

Abteilung Westfälische Union

30 Grundsteuer und Hauszinssteuer der Phoenix AG Westfälische Union in Hamm.
1925–1926
Aufstellungen über die Steuerzahlungen 1925; Schriftwechsel zwischen Phoenix AG Westfälische Union und den Steuerbehörden der Stadt Hamm.

1507 Kommunale Steuern und Abgaben der Phoenix AG Westfälische Union in Hamm.
1924–1925
Bescheide zur Grundvermögens- und Hauszinssteuer sowie zu den Gebühren für Müllabfuhr, Straßenreinigung und Entwässerung; Aufstellungen zum Grundstücks- und Hausbesitz; einzelne Schreiben zwischen Phoenix AG Westfälische Union, Phoenix AG und Stadt Hamm zu Steuerfragen.

2.2.2 Messen und Ausstellungen

2255 Teilnahme der Phoenix AG Hoerder Verein an der Deutschen Schiffbau-Ausstellung, Berlin 1908.
1908
Grund- und Aufrisszeichnungen der Ausstellungspavillons; Anmeldeunterlagen, mit Speditionsvertrag, Programm und Allgemeinen Ausstellungsbestimmungen (gedruckt); Aufstellung der Ausstellungsstücke, mit Anordnungsplan; Aufrisszeichnung einer Vitrine; Schriftwechsel zwischen Phoenix AG Hoerder Verein, dem Berliner Unternehmensvertreter Richard Quitmann und Deutscher Schiffbau-Ausstellung zu Anmeldung und Ausstellungsplanung.

2355 Beteiligung der Phoenix AG Hoerder Verein an der Internationalen Eisenbahn- und Verkehrsausstellung, Buenos Aires 1910.
1909–1912
Beschreibung der Trägersteindecke und der Gemälde im Ausstellungsstand der Stahlwerks-Verband AG (gedruckt); Aufstellungen zu den ausgestellten Blechen, Press- und Stanzteilen sowie Radsätzen der Phoenix AG Hoerder Verein; Schriftwechsel zwischen Phoenix AG Hoerder Verein, Phoenix AG, Stahlwerks-Verband AG und Rimpler, Vilmat & Co., Hamburg, als Vertreter der Phoenix AG in Argentinien zur Beschickung der Ausstellung.

2351 Beteiligung der Phoenix AG Hoerder Verein an der Baltischen Ausstellung, Malmö 1914.
1914–1915
Zeichnungen des Ausstellungsstandes und der Profileisenpräsentation der Stahlwerks-Verband AG; Schriftwechsel zwischen Phoenix AG Hoerder Verein, Phoenix AG, Phoenix AG Ruhrort und Stahlwerks-Verband AG zur Beschickung der Ausstellung mit Profileisen und Versicherung der Sendung durch den Haftpflichtverband der deutschen Industrie Versicherungsverein auf Gegenseitigkeit.

2.2.3 Produktvertrieb
Produkte

2458 Verkauf von Haldenmaterial an die Harpener Bergbau AG zu Versatzzwecken.
1903–1912

Vertrag zwischen Harpener Bergbau AG und Hoerder Verein über Bau und Betrieb einer Seilbahn durch die Harpener Bergbau AG zum Abtransport der Schlacken und Berge der Halde des Schachts Schleswig des Hoerder Kohlenwerks zur Zeche Courl vom 20.02./05.03.1904, mit Entwürfen; Lagepläne der Halde und der Stromanschlusskabel des Schachts Schleswig; Grund- und Aufrisszeichnung der Seilbahn; Schriftwechsel zwischen Hoerder Verein bzw. Phoenix AG Hoerder Verein und Harpener Bergbau AG zu Vertragsabschluss, Eisenbahntransport, Bau und Betrieb von Seilbahn und Verladeeinrichtungen.

2544 Elektrizitätslieferungen an die Harpener Bergbau AG.
1906–1910, 1920–1923, 1928
Vertrag zwischen Hoerder Verein und Harpener Bergbau AG über die Lieferung von Drehstrom zum Betrieb der Seilbahn an der Halde des Schachts Schleswig des Hoerder Kohlenwerks vom 09./10.07.1906, mit Entwürfen; Nachtragsvertrag zwischen Phoenix AG Hoerder Verein und Harpener Bergbau AG vom 27./30.11.1920 (Abschrift); einzelne Schreiben zwischen den Vertragspartnern bzw. der Vereinigte Stahlwerke AG Hoerder Verein zu Vertragsmodalitäten, technischen Fragen und Preisen.

1230 Vertrieb von Schlackensand.
1903–1912
Verträge zwischen Hoerder Verein und Ernst Hachenberg vom 14.04.1903 sowie zwischen Phoenix AG Hoerder Verein und Firma Klöckner & Weber, Dortmund, vom 10.11.1906 und 01./06.08.1908 sowie Firma Wilhelm Weber, Dortmund, vom 18./20.11.1911 und 01./02.10.1912 über den Vertrieb von Schlackensand.

2377 Vertrieb von Hochofenschlacke durch die Carl Risch GmbH, Essen.
1903–1920
Vertrag zwischen Hoerder Verein und Carl Risch über den Alleinvertrieb von Hochofenschlacke des Hochofenwerks Hörde bis zum 01.01.1909 vom 13./17.10.1903 (Abschrift); Verträge zwischen Phoenix AG Hoerder Verein und Carl Risch GmbH über den Alleinvertrieb von Hochofenschlacke des Hochofenwerks Hörde vom 25.05.1907 und 30.12.1909/31.01.1910 sowie Entwürfe zu Änderungsverträgen, 1909 und 1918, und Nachträge vom 20./21.09.1917, 25./28.11.1919 und 15./22.04.1920 (Abschriften); Lagepläne zu geplanten Anschlussgleisen der Firma Carl Risch GmbH an die Werksbahn des Hoerder Vereins sowie zur Brecheranlage an der Halde des Schachts Schleswig des Hoerder Kohlenwerks; Zeitungsausschnitt zu tödlichen Arbeitsunfällen auf der Schlackenhalde; einzelne Schreiben zwischen Phoenix AG Hoerder Verein und Carl Risch GmbH zu Vertragsabschlüssen, Transportfragen und Schlackenlieferungen.

2504 Vertrieb von Hochofenschlacke durch die Carl Risch GmbH, Essen.
1919–1929
Grund- und Aufrisszeichnung sowie Lageplan eines Sprengstofflagergebäudes im Hochofenwerk Dortmund, o. D.; Vertrag zwischen Phoenix AG Hoerder Verein und Carl Risch GmbH über den Alleinvertrieb von Hochofenschlacke des Hochofenwerks Hörde und Betrieb einer Schlackenbrecheranlage auf der Schlackenhalde bei Schacht Schleswig des Hoerder Kohlenwerks vom 29.10./12.11.1924 (Abschrift); Verträge zwischen Reichsbahndirektion Essen, VSt Hoerder Verein und Carl Risch GmbH zur Nutzung von Anschlussgleisen vom 15./22.08./05.10.1927 und 06./12.01.1928, mit Anlage: Allgemeine Bedingungen der Deutschen Reichsbahn-Gesellschaft

für Privatanschlüsse vom 01.07.1922; Schriftwechsel zwischen Phoenix AG Hoerder Verein bzw. Vereinigte Stahlwerke AG Hoerder Verein und Carl Risch GmbH zu Schlackenpreisen und -lieferungen, Vertragsabschluss, Transportfragen sowie Elektrizitätsversorgung der Schlackenbrecher.

2375 Vertrieb von Gichtgasschlämmen durch die Deutsche Patent-Wärmeschutz AG, Dortmund, und Vorläufergesellschaften.
1906–1913
Vertrag zwischen Phoenix AG Hoerder Verein und Firma A. Trapmann (Inhaber Friedrich Wenner) über die Lieferung von ausgewaschenen Gichtgasschlämmen zur Herstellung von Isoliermaterial vom 22./28.01.1907 (Original, Abschrift und mehrere Entwürfe); Verträge zwischen Phoenix AG Hoerder Verein, Königlicher Eisenbahndirektion Essen und Deutscher Patentguhr-Gesellschaft mbH, Dortmund, zur Mitbenutzung der Gleisanschlüsse der Phoenix AG Hoerder Verein an die Bahnhöfe Wickede-Asseln, Hörde und Hörde-Hacheney durch die Patentguhr-Gesellschaft vom 12./19.12.1908 (Originale und Abschriften); Lagepläne, Grund- und Aufrisszeichnungen der Werksanlagen bei Schacht Schleswig des Hoerder Kohlenwerks; Zeitungsausschnitte; Schriftwechsel zwischen Phoenix AG Hoerder Verein, Firma A. Trapmann bzw. Patentguhr-Gesellschaft bzw. Deutscher Patent-Wärmeschutz AG zu Vertragsabschluss, -auslegung und -verlängerung, Stellung von Sicherheiten, Pachtzahlungen, Schlammlieferungen, Erweiterung der Werksanlagen und Transportfragen.

2507 Kokereigaslieferungen an die Stadt [Dortmund-]Hörde.
1915–1929
Vertrag zwischen Phoenix AG Hoerder Verein und Stadt Hörde über die Lieferung von Kokereigas vom 09./14.03.1916 sowie Verlängerungsvertrag mit der VSt Hoerder Verein vom 27./30.11.1926 (Abschrift); Schiedsgerichtsurteil vom 07.11.1919 zur Feststellung des Gaspreises (Abschrift); Aufstellungen zum Kokereigasverbrauch der Stadt Hörde sowie zu Lieferungen des städtischen Gaswerks an Betriebe von Phoenix AG Hoerder Verein bzw. VSt Hoerder Verein, 1926; Allgemeine Gaslieferungsbedingungen der Städtischen Werke Hörde für Gas-, Wasser- und Strom-Versorgung vom April 1924 (gedruckt); Allgemeine Bedingungen für „Gasabgabe von dem städtischen Gaswerk zu Hörde" vom 01.09.1917 (gedruckt); Schriftwechsel zwischen Phoenix AG Hoerder Verein bzw. VSt Hoerder Verein, Stadt Hörde, Städtischem Gas- und Wasserwerk in Hoerde bzw. Städtischen Werken Hörde für Gas-, Wasser- und Strom-Versorgung über Vertragsmodalitäten, Preise, Lieferschwierigkeiten, Schiedsgerichtsverfahren und Vertragsverlängerung 1926.

2202 Lieferung von Radsätzen für die Deutsche Einheitslokomotive.
1918–1923
Einzelne Schreiben zwischen Phoenix AG Hoerder Verein, den Berliner Unternehmensvertretern Quitmann & Lintz und dem Königlichen Eisenbahnzentralamt Berlin zur Berücksichtigung bei Achsenlieferungen; Bericht über die technischen Bedingungen für Achsenlieferungen an die „französischen Eisenbahnen" vom 11.04.1918; Analyseprotokolle zu Qualitäts- und Vergütungsversuchen mit Eisenbahnkurbelachsen.

2493 Auftragsbestand der Phoenix AG Hoerder Verein.
1919–1921
Monatliche Aufstellungen der Phoenix AG Hoerder Verein zum Auftragsbestand, April 1919 bis Juni 1921 (Lücken, Durchschläge).

Vertriebsorganisation

2467 Reiseberichte von Mitarbeitern.
1903–1926
Sammlung von Berichten über Reisen zu Kunden und Lieferanten, zur Besichtigung von Anlagen und reklamierter Produkte sowie Besprechungen von technischen Fragen und Vorbereitung von Aufträgen; Bericht einer Studienreise nach Lothringen und ins Saargebiet vom 06.06.1909–12.06.1909 (Manuskript, o. Autor); Bericht über den Besuch US-amerikanischer Hüttenwerke im Oktober und November 1909 (Typoskript, o. Autor); Werbung der Silamitwerke Dr. Strassmann & Co. GmbH zu Siemens-Martin-Öfen; Teilnehmerliste der Hauptversammlung des Deutschen Beton-Vereins e. V. am 04.03.1926 (gedruckt).

5321 Verkaufsorganisation der Phoenix AG Hoerder Verein.
1905–1913
Kladde mit handschriftlichen Vermerken zu Versendung von Profilbüchern, Behandlung von Exportanfragen, Verkaufsbedingungen, Verkaufsorganisation, Transport, Preisen und Vertrieb, mit entsprechenden Auszügen aus Niederschriften der Vorstandssitzungen der Phoenix AG sowie Rundschreiben der Stahlwerks- Verband AG und Hinweisen auf konkrete Lieferverträge.

2509 Liefer- und Verkaufsbedingungen der Phoenix AG.
1906–1925
Lieferscheine, einzelne Preislisten und Angebotsformulare, mit Verkaufsbedingungen von Abteilungen der Phoenix AG; Entwürfe zu Lieferbedingungen und Schriftwechsel zu den Entwürfen zwischen Phoenix AG, Phoenix AG Düsseldorfer Röhren- und Eisenwalzwerke, Phoenix AG Hoerder Verein, Phoenix AG Ruhrort und Phoenix AG Westfälische Union (z. T. englisch und französisch); Preisliste für Achsen des Verbands deutscher Lastwagen-Achsenwerke GmbH vom 14.04.1906 (gedruckt); Lieferbedingungen der Schwarzblech-Vereinigung GmbH, o. D. (Abschrift); Preisliste für Stabeisen der Fried. Krupp AG Friedrich-Alfred-Hütte, Juli 1910 (gedruckt).

2468 Frachtverträge und Jahresabschlüsse mit Spediteuren der Phoenix AG Hoerder Verein.
1912–1922
Rundschreiben der Phoenix AG an die Abteilungen, u. a. Phoenix AG Bergwerke, Phoenix AG Düsseldorfer Röhren- und Eisenwalzwerke, Phoenix AG Hoerder Verein und Phoenix AG Ruhrort; Niederschriften von Besprechungen sowie Schriftwechsel zwischen den Abteilungen und der Phoenix AG zu Angeboten, Vertragsabschlüssen sowie allgemeinen Fragen des Transportwesens.

2319 Handelsvertretung der Phoenix AG.
1912, 1921–1926
Vertreterverzeichnis der Phoenix AG Hoerder Verein, August 1912 (gedruckt, mit handschriftlichen Ergänzungen); Rundschreiben der Phoenix AG an die Abteilungen zur Organisation des Vertretungswesens im In- und Ausland und Bestellung von Handelsvertretern; Schriftwechsel zwischen Phoenix AG und Phoenix AG Hoerder Verein zu Rundschreiben, Provisionen, Einstellungsempfehlungen und Organisationsfragen.

444 Handelsvertretung der Phoenix AG und ihrer Abteilungen im In- und Ausland.
1914–1921

Schriftwechsel zwischen Phoenix AG und Phoenix AG Hoerder Verein über Handelsvertreter und Handelsfirmen sowie deren Provisionssätze, Aufgabenbereiche und Zuständigkeiten; Rundschreiben der Phoenix AG an die Konzernabteilungen; Niederschriften zu Sitzungen der „Vertreter-Kommission“ der Phoenix AG.

2406 Eisenbahntransporttarife.
1919–1923
Rundschreiben von Nordwestlicher Gruppe des VDES und Stahlwerks-Verband AG zu Transport- und Eisenbahntariffragen; Niederschriften von Sitzungen der Tarifkommission der Nordwestlichen Gruppe (Typoskripte); Rundschreiben der Fried. Krupp AG an alle Werke der Eisen- und Stahlindustrie vom 23.06.1920, mit Aufruf zu „Abwehrmaßnahmen gegen die beabsichtigte Höhertarifierung von Eisen und Stahl“ (gedruckt); Rundschreiben der Phoenix AG an die Abteilungen, u. a. Phoenix AG Bergwerke, Phoenix AG Düsseldorfer Röhren- und Eisenwalzwerke, Phoenix AG Hoerder Verein und Phoenix AG Westfälische Union, zur Tarifierung verschiedener Produkte und Organisation des Eisenbahnversands von Produkten.

2554 Rechtliche Rahmenbedingungen des deutschen Außenhandels.
1920–1932
Rundschreiben und Aufstellungen der Stahlwerks-Verband AG zu den Zollsätzen für Eisen und Stahl, u. a. zu Lieferungen zwischen besetztem und unbesetztem Gebiet Deutschlands vom April 1921 und November 1923, in die Schweiz vom Oktober 1920, nach Schweden vom April 1921, nach Frankreich vom Juni 1921, nach Italien vom Juli und Dezember 1921 sowie Dezember 1923, nach Spanien vom Juli 1921 und März 1922, in die Tschechoslowakei vom August 1921, nach Belgien vom Dezember 1921, nach Rumänien vom Januar 1922, nach Brasilien vom Juli 1922 sowie in weitere europäische Staaten; Denkschrift der Fachgruppe der Eisen schaffenden Industrie beim RDI an Reichswirtschaftsrat und Reichstag zur Frage der Feinblechzölle in der Zolltarifnovelle vom Juni 1925 (gedruckt); „Mitteleuropa als Binnenmarkt“ (Broschüre der Volk und Reich Verlag GmbH, 1930); Rundschreiben von Nordwestlicher Gruppe des VDES, Langnamverein und VDES zu Handelsverträgen Deutschlands mit dem Ausland.

2443 Werbung der Phoenix AG Hoerder Verein.
1921–1924
Zeitungsausschnitte, Abdrucke und Entwürfe zu Werbung für Radsätze, Schmiedestücke, Schiffbaumaterialien, Kessel- und Waggonbau sowie zur Vorstellung der gesamten Produktpalette (auch anderer Abteilungen der Phoenix AG); Aufstellungen zu den am 29.08.1924 bestehenden Daueranzeigenaufträgen, den vorhandenen Klischees sowie den in den Jahren 1921–1924 geschalteten Annoncen; einzelne Schreiben zwischen Phoenix AG und Phoenix AG Hoerder Verein zum Werbeengagement.

2397 Exportgenehmigungen der Phoenix AG Hoerder Verein.
1922
Rechnungen des Reichskommissars für die Eisenwirtschaft zu Ausfuhrabgaben; Schriftwechsel zwischen Phoenix AG Hoerder Verein, Reichskommissar und Außenhandelsstelle für die Eisenwirtschaft, Düsseldorf, zur Beantragung und Erteilung von Exportgenehmigungen, Februar 1922 bis September 1922.

2449 Marktberichte für die Abteilungen der Phoenix AG.
1923–1924
Berichte der deutschen Botschaften in Charkow und St. Petersburg sowie des Zweckverbands nordwestdeutscher Wirtschaftsvertretungen zur wirtschaftlichen, gesellschaftlichen und politischen Entwicklung der Sowjetunion (Abschriften); Aufstellung der in der Sowjetunion bestehenden staatlichen und halbstaatlichen Wirtschaftsorganisationen (Abschrift); Gewinn- und Verlustrechnung der Aktiebolaget Otto Wolff, Stockholm, für den Zeitraum 01.04.1923–31.03.1924 (Abschrift); Rundschreiben von Phoenix AG und Phoenix AG Westfälische Union an die Abteilungen, u. a. Phoenix AG Bergwerke, Phoenix AG Düsseldorfer Röhren- und Eisenwalzwerke, Phoenix AG Hoerder Verein und Phoenix AG Ruhrort, zur Mitteilung von Marktentwicklungen und insbesondere Preisen, auch für Südafrika, die Schweiz und Belgien.

2415 Eisenbahntransporttarife.
1923–1925
Rundschreiben der Stahlwerks-Verband AG zu Transport- und Tariffragen; Rundschreiben der Phoenix AG an die Abteilungen, u. a. Phoenix AG Bergwerke, Phoenix AG Düsseldorfer Röhren- und Eisenwalzwerke, Phoenix AG Hoerder Verein und Phoenix AG Westfälische Union, zur Tarifierung verschiedener Produkte und Organisation des Eisenbahnversands von Produkten.

2537 Bestellung von Radsatzmodellen durch die Phoenix AG Hoerder Verein.
1924–1925
Einzelne Schreiben zwischen Phoenix AG Hoerder Verein und Modellbauern zur Bestellung von Modellen; Fotografie eines Modells; Werbung von Martin Brunner, Köln, zu Miniaturmodellen, Reklamegegenständen und Kunstgewerbeartikeln aus der Arbeitswelt.

2098 Werbung der Phoenix AG Hoerder Verein.
1924–1926
Entwürfe zu Zeitungsannoncen; Zeitungsausschnitte; Fotografien von Kammwalzen und Radsätzen; Werbung von Werbeagenturen; einzelne Schreiben zwischen Phoenix AG Hoerder Verein, Druckereien, Verlagen und Grafikern zur Gestaltung von Werbung.

2432 Eisenbahntransporttarife.
1925–1926
Rundschreiben der Stahlwerks-Verband AG zu Transport- und Eisenbahntariffragen; Rundschreiben der Phoenix AG an die Abteilungen, u. a. Phoenix AG Bergwerke, Phoenix AG Düsseldorfer Röhren- und Eisenwalzwerke, Phoenix AG Hoerder Verein und Phoenix AG Westfälische Union, zur Tarifierung verschiedener Produkte und Organisation des Eisenbahnversands von Produkten.

2.2.4 Transportleistungen für fremde Unternehmen

2474 Nutzung der Werksbahn durch Dortmunder Vulkan AG und Vorläufergesellschaften.
1896–1921
Vertrag zwischen Hoerder Verein, Königlicher Eisenbahndirektion Essen und Firma Jul. Soeding & v. d. Heyde, [Dortmund-]Hörde, zum Anschluss der Kesselschmiede der Maschinenfabrik in Aplerbeck an den Bahnhof Hörde über die Werksbahn des Hoerder Vereins vom 23.09./03.10.1898,

mit Lageplan und Anlage: Allgemeine Bedingungen für die Anlage, Bedienung und Unterhaltung von Anschlussgleisen, Ladebühnen usw., 1896/97 (gedruckt); Nachtragsverträge mit der Stahl und Eisen Actien-Gesellschaft vorm. Jul. Soeding & v. d. Heyde vom 29.11./05./08.12.1900, zwischen Phoenix AG Hoerder Verein und Louis Schwarz & Co. AG vom 15./16./25.01.1906 und 18./26.05.1914 sowie der Dortmunder Vulkan AG vom 01./23.09./14.10.1919 und 05./11./18.07.1921, jeweils mit Anlage: Allgemeine Bedingungen für die Zulassung von Privatanschlüssen (gedruckt); Vertrag zwischen Hoerder Verein und Firma Jul. Soeding & v. d. Heyde vom 20.09.1898 zum Betrieb des Anschlussgleises sowie Nachtragsvertrag mit der Louis Schwarz & Co. AG vom 27./30.09.1905; Lagepläne von Stromkabeln an den Gleisanlagen; Schriftwechsel zwischen Hoerder Verein bzw. Phoenix AG Hoerder Verein sowie den Vertragspartnern zu Vertragsmodalitäten, Bau und Betrieb der Anschlussgleise, Wagengestellung, Reparaturen und Verlegung von Stromkabeln.

2497 Gleisanschluss der Zeche Freie Vogel und Unverhofft an Bahnhof Schüren und Hafen Dortmund sowie Bau eines Verladebahnhofs.
1911–1926
Entwurf des Landvermessers A. Overhoff zum Bau der Gleisanlagen und des Verladebahnhofs der Zeche Freie Vogel und Unverhofft, mit Lageplänen der Gleisanlagen und Bauwerksverzeichnis, vom 13.11.1913; Vertrag zwischen Phoenix AG Hoerder Verein und Zeche Freie Vogel und Unverhofft zu Aufhebung des Vertrags vom 15.12.1898/30.01.1899 über die Regelung des Bahnverkehrs zwischen beiden Unternehmen sowie zum Betrieb des neuen Bahnhofs der Zeche durch die Phoenix AG Hoerder Verein, o. D. (Entwurf); Nachtragsvertrag zum Vertrag zwischen Phoenix AG Hoerder Verein und Städtischer Hafenverwaltung Dortmund vom 29.11./04.12.1911 zur Unterhaltung der Gleisanlagen und Kostenverteilung für Transporte zwischen Bahnhof Schüren und Hafen Dortmund auf der Kleinbahn, o. D. (Entwurf); Vertrag zwischen Gewerkschaft Lothringen für die Zeche Freie Vogel und Unverhofft und Städtischer Hafenverwaltung Dortmund zum Anschluss der Zeche an den Hafen Dortmund, o. D. (Entwurf); Vertrag zwischen Phoenix AG Hoerder Verein, Zeche Freie Vogel und Unverhofft und Eisenbahndirektion Essen über den Gleisanschluss der Zeche vom 28.02./23.03./03.05.1922, mit Anlage: Allgemeine Bedingungen für die Zulassung von Privatanschlüssen, o. D. (Entwurf); Schriftwechsel zwischen Phoenix AG Hoerder Verein, Zeche Freie Vogel und Unverhofft, Overhoff, Städtischer Hafenverwaltung Dortmund und Bergbau AG Lothringen zur Entschädigung der Phoenix AG Hoerder Verein für die Aufhebung des bestehenden Vertrags zum Anschluss der Zeche an die Werksbahn, Modalitäten der neuen Verträge, Bau und Betrieb des Bahnhofs und der Anschlussgleise, Kostenabrechnungen und Reparaturen.

2299 Bahnanschluss der Provinzialheilanstalt Aplerbeck an die Werksbahn.
1920–1924
Vertrag zwischen Eisenbahndirektion Essen, Phoenix AG Hoerder Verein und Landeshauptmann der Provinz Westfalen zum Gleisanschluss vom 01./21.4./19.05.1922; Schriftwechsel zwischen Phoenix AG Hoerder Verein, Provinzialheilanstalt, Landeshauptmann und Haftpflichtverband der deutschen Eisen- und Stahlindustrie Versicherungsverein auf Gegenseitigkeit zu Kostenabrechnung des Bahnanschlusses, Festlegung von Frachtsätzen, Wagengestellung, Transportmodalitäten und Neufassung des Anschlussvertrags sowie Schadensersatzleistungen der Phoenix AG Hoerder Verein für durch Grubenwasser des Hoerder Kohlenwerks an den Gärten der Heilanstalt verursachte Schäden.

2.2.5 Sonstiges

2275 Betrieb der Grube Reichsland.
1896, 1906–1909
Vertrag zwischen Carl Spaeter als Verkäufer sowie Hoerder Verein und Hoesch AG als Käufer zum Verkauf von jeweils einem Drittel der Kuxe des „Eisensteinbergwerks Bollingen" (nördlicher Teil der Berechtsame Vereinigte Empel, Kreis Diedenhofen) vom 17.06.1896 (Abschrift); Lageplan der Grubenfelder; Betriebsberichte, Dezember 1906 bis November 1909; Niederschriften von Grubenvorstandssitzungen; Produktions-, Absatz- und Lohnstatistik der Lothringer Eisenerzgruben für das erste Quartal 1906, zweite und vierte Quartal 1908 sowie erste Quartal 1909 (gedruckt); einzelne Schreiben zwischen Phoenix AG Hoerder Verein, Hoesch AG und Grube Reichsland zur Betriebsorganisation.

5025 Handelsregisterangelegenheiten und Unterschriftenverzeichnisse von Hoerder Verein bzw. Phoenix AG Hoerder Verein.
1899–1910, 1915–1926
Satzung des Hoerder Vereins vom 14.10.1899 (gedruckt); Handelsregisterauszüge; Rundschreiben an Kunden, Abteilungen und Betriebe zu Veränderungen im Vorstand und zur Erteilung von Prokuren; notariell beglaubigte Erklärungen des Aufsichtsrats zur Erteilung von Prokuren; Unterschriftenverzeichnisse; Geschäftsanweisung für den Vorstand der Phoenix AG, o. D. (Typoskript); Adressenlisten zur Versendung von Rundschreiben; einzelne Schreiben zwischen Hoerder Verein bzw. Phoenix AG Hoerder Verein und verschiedene Behörden zu Handelsregisterangelegenheiten und Bestellungen von Auszügen.

2448 Bau- und Betriebsplanung der Phoenix AG Hoerder Verein.
1922–1925
Niederschriften von Besprechungen zwischen Vertretern von Phoenix AG und Phoenix AG Hoerder Verein, insbesondere der technischen Direktoren, zur Bauplanung am 04.09.1922, 02.10.1922 und 16.11.1922; Kostenvoranschlag zum Bau einer Warmwasserheizung für Bürogebäude und Werkstätten, o. D.; Aufstellung zum Wagenbestand der Phoenix AG Hoerder Verein im Juni 1922; Mitteilungen der Phoenix AG Hoerder Verein zum Betrieb der Walzwerksöfen und der Siemens-Martin-Stahlwerke zwischen Juli und Oktober 1924 vom 20.01.1925; vergleichende Blockdiagramme zur Anzahl der Arbeiter in Betrieben von Phoenix AG Bergwerke, Phoenix AG Düsseldorfer Röhren- und Eisenwalzwerke, Phoenix AG Hoerder Verein, Phoenix AG Ruhrort und Phoenix AG Westfälische Union; einzelne Schreiben zwischen Phoenix AG und Phoenix AG Hoerder Verein zu Besprechungen, Bauplanung und technischen Fragen.

2.3 Recht und Versicherungen

2.3.1 Gewerbeordnung

2278 Gewerbeordnungsangelegenheiten der Phoenix AG Hoerder Verein.
1909–1910
Entwurf eines Gesetzes zur Änderung verschiedener Paragrafen der Gewerbeordnung, 1910 (Abschrift); Aufstellung zur Anzahl jugendlicher Arbeiter in Hermannshütte, Hochofenwerk Hörde, Hochofenwerk Dortmund und Hoerder Kohlenwerk der Phoenix AG Hoerder Verein am

01.01.1910; Aushang, mit Auszügen aus der Gewerbeordnung zur Beschäftigung jugendlicher Arbeiter (Muster, gedruckt); Bericht und Unfallanzeige zu einem Unfall im Thomas-Stahlwerk am 09.04.1909; Aufstellung zu Wasch- und Badeeinrichtungen von Hermannshütte und Hochofenwerk Hörde sowie Anlagen zur Trinkwasserversorgung vom 07.01.1910; Schriftwechsel zwischen Phoenix AG Hoerder Verein, Betriebsabteilungen, Königlicher Gewerbe-Inspektion zu Dortmund und Stadt [Dortmund-]Hörde, insbesondere zu Genehmigung und Nachweis von Sonntagsarbeit, Änderung der Gewerbeordnung, Betriebsprüfungen zur Einhaltung und Umsetzung von Maßnahmen zur Arbeitssicherheit sowie Betriebsunfällen.

2304 Gewerbeordnungsangelegenheiten der Phoenix AG Hoerder Verein.
1910–1913
Zeitungsauszüge und Zeitungsabschriften zur Änderung der Gewerbeordnung durch das Handelsministerium am 17.05.1910; Aufstellung zur Anzahl der Arbeiter der Hermannshütte mit regelmäßigen Nachtschichten und mit Pausenverkürzungen vom 17.01.1911, 02.01.1913 und 29.12.1913; Altersstatistik der Arbeiter von Hermannshütte, Hochofenwerk Hörde und Hochofenwerk Dortmund vom 27.11.1912; Schriftwechsel zwischen Phoenix AG Hoerder Verein, Betriebsabteilungen und Königlicher Gewerbe-Inspektion zu Dortmund zu Genehmigung und Nachweis von Sonntagsarbeit, sowie Bereitstellung von Informationen für die Jahresberichte der Gewerbeinspektion, insbesondere zur Arbeitszeit.

2488 Gewerbeordnungsangelegenheiten, insbesondere zur Aufhebung von Beschäftigungsbeschränkungen.
1910–1919, 1923
Petition des VDEh an den Bundesrat zur Sonntagsruhe in Siemens-Martin-Stahlwerken vom 15.04.1910 (gedruckt); R. Schmidt-Ernsthausen: „Gutachten zur Sonntagsruhe in Siemens-Martin-Stahlwerken", o. D. (gedruckt); Aufstellung zu den Baukonzessionen für Hoerder Eisenwerk bzw. Hochofenwerk Hörde seit 1864; Aushang einer Speiseraumordnung und einer Schlafraumordnung für das Wohnhaus der Ziegelei des Schachts Schleswig des Hoerder Kohlenwerks, 1913; Überstundennachweis einzelner Betriebe der Phoenix AG Hoerder Verein, Dezember 1914; einzelne Schreiben zwischen Phoenix AG Hoerder Verein und Königlicher Gewerbe-Inspektion Dortmund zu Genehmigung und Nachweis von Arbeit an Sonntagen sowie von Frauen, Jugendlichen und Kriegsgefangenen.

2495 Gewerbeordnungsangelegenheiten, insbesondere zu Arbeitsunfällen.
1914–1929
Schriftwechsel zwischen Phoenix AG Hoerder Verein bzw. VSt Hoerder Verein und Königlicher Gewerbe-Inspektion Hörde in Dortmund bzw. Gewerbeaufsichtsamt Hörde in Dortmund zu Arbeitsunfällen, Durchführung amtlicher Anordnungen zur Arbeitssicherheit, Genehmigung und Nachweis von Arbeit an Sonntagen sowie von Frauen und Jugendlichen, Zurückstellung von Arbeitern vom Kriegsdienst sowie Verhängung von Geldstrafen durch das Unternehmen.

2372 Gewerbeordnungsangelegenheiten, insbesondere zur Aufhebung von Beschäftigungsbeschränkungen.
1915–1917
Genehmigungen, Erlasse und Verfügungen des Königlichen Regierungspräsidiums Arnsberg zu Ausnahmen von Beschäftigungsbeschränkungen; Schriftwechsel zwischen Phoenix AG Hoerder Verein,

Regierungspräsidium Arnsberg Bezirksausschuss und Königlicher Gewerbe-Inspektion Hörde in Dortmund zu Genehmigung und Nachweis von Arbeit an Sonntagen sowie von Frauen und Jugendlichen.

2502 Gewerbeordnungsangelegenheiten, insbesondere zur Aufhebung von Beschäftigungsbeschränkungen.
1921–1929
Genehmigungen und Verfügungen von Gewerbeaufsichtsamt Hörde in Dortmund bzw. Gewerbeaufsichtsamt Dortmund zu Ausnahmen von Beschäftigungsbeschränkungen; Schriftwechsel zwischen Phoenix AG Hoerder Verein bzw. VSt Hoerder Verein sowie Gewerbeaufsichtsamt zu Genehmigung und Nachweis von Arbeit an Sonn- und Feiertagen sowie Verstößen gegen Richtlinien zur Arbeitssicherheit und Arbeitszeit.

2.3.2 Prozesse
2.3.2.1 Steuern und Kommunalabgaben

1747 Verwaltungsrechtsstreit gegen die Stadt [Dortmund-]Hörde wegen Heranziehung zu Straßenbaukosten.
1901–1903, 1910–1912
Klage der Phoenix AG Hoerder Verein wegen Festsetzung der Beiträge für Seekante, Victoriastraße und Sedanstraße vom 28.01.1910; Urteile des Königlichen Regierungspräsidiums Arnsberg Bezirksausschuss vom 03.05.1910 und 14.06.1911; Aufstellung der für den Ausbau der Sedanstraße zu enteignenden Grundstücke; Schriftsätze der Prozessgegner, auch zu Berufungsverfahren; Lageplan; Urteile des Königlichen Oberverwaltungsgerichts Berlin vom 02.12.1912 sowie zur Klage eines Bergmanns gegen die Stadt Hörde wegen Veranlagung zu den Baukosten für die Bruchstraße vom 03.01.1910 (Abschriften); Niederschriften zu Beweisaufnahme- und Ortsbesichtigungsterminen; Schriftwechsel zwischen Hoerder Verein und Stadt Hörde zur Erschließung der Sedanstraße sowie zwischen Phoenix AG Hoerder Verein und Stadt Hörde zum Verfahren.

2365 Zivilprozess gegen das Königliche Hauptsteueramt Dortmund wegen Veranlagung zur Stempelsteuer („Tantiemesteuer") für Aufsichtsratsbezüge.
1906–1908
Zeitungsausschnitte; Aufstellung zur Gesamtsumme der im Geschäftsjahr 1905/06 vom Hoerder Verein für Aufsichtsratstätigkeit gezahlten Vergütungen; anonymisiertes Urteil des Königlichen Landgerichts Berlin I zu einem Präzedenzfall vom 01.02.1907 (Abschrift); Schriftwechsel zwischen Hoerder Verein bzw. Phoenix AG Hoerder Verein, Provinzialsteuerdirektor für Westfalen, Königlichem Hauptsteueramt Dortmund und Rechtsanwälten zu Verfahren und Erstattung der Steuer durch die Finanzbehörden.

2383 Umsatzsteuerrecht.
1916–1920
Zeitungsausschnitte zur Umsatzsteuer; Gesetz über den Warenumsatzstempel vom 16.06.1916 (Reichsgesetzblatt, Jg. 1916, Nr. 148); Rundschreiben der Phoenix AG an die Abteilungen sowie verschiedener Verbände der Eisen- und Stahlindustrie, u. a. Roheisen-Verband GmbH, Deutscher Stahlbund, Zweckverband Deutscher Stahlgießereien und Stahlwerks-Verband AG, zu Umsatzsteuerrecht, -erhebung und -veranlagung; Ausführungsbestimmungen zum am 01.08.1918 in

Kraft tretenden Umsatzsteuergesetz vom 26.07.1918 (Zentralblatt für das Deutsche Reich 46 (1918), Nr. 24), mit Musterformularen; Umsatzsteuergesetz vom 26.07.1918 (Reichsgesetzblatt, Jg. 1918, Nr. 95); Petition von Nordwestlicher Gruppe des VDES, Bergbau-Verein und Langnamverein an den Ausschuss der Deutschen Nationalversammlung zur Vorberatung des Reichseinkommen-, Landessteuer- und Körperschaftssteuergesetzentwurfs vom 17.02.1920 (gedruckt); Schriftwechsel zwischen Phoenix AG Hoerder Verein und verschiedenen Verbänden zu Inhalten der Rundschreiben und Organisation der Steuerverwaltung.

2.3.2.2 Berg- und Umweltschäden

1763 Zivilprozess der Witwe Wilhelm von Hove gegen die Phoenix AG Hoerder Verein wegen Beeinträchtigung ihrer Häuser an der Bickefeldstraße in [Dortmund-]Hörde durch Flugaschenemission.
1899, 1906–1910, 1914
Aufstellung der Gerichts- und Anwaltskosten; Schriftsätze der Prozessgegner; Niederschriften zu Beweisaufnahme- und Zeugenanhörungsterminen; Aufstellung des Kesselkohlenverbrauchs des Hoerder Vereins, 1899 und 1906, aufgeschlüsselt nach einzelnen Betriebsanlagen; Lageplan der Häuser, mit Einzeichnung von Windrichtungen und Kaminstandorten; Urteil des Königlichen Oberlandesgerichts Köln zu einem ähnlichen Verfahren vom 02.10.1906 (Abschrift); Gutachten zur Belastungssituation; Angebot der Phoenix AG Hoerder Verein an vom Hove zu einem Vergleich durch Ankauf der Häuser vom 14.02.1910; Annahmeerklärung von von Hove vom 10.03.1910; Schriftwechsel zwischen Phoenix AG Hoerder Verein und Rechtsanwälten zum Verfahren.

2271 Entschädigungsleistungen für Berg- und Umweltschäden.
1902–1909
Schriftwechsel zwischen Hoerder Verein bzw. Phoenix AG Hoerder Verein, Behörden und Anwohnern von Hermannshütte, Hoerder Kohlenwerk, Hochofenwerk Hörde und Werksbahn zu Entschädigungszahlungen für beschädigte Wege, Gräben, Grundstücke und Zäune sowie Tagesbrüche, Vegetationsschäden und Ernteausfälle durch Rauchemission und Grubenwasser.

2116 Zivilprozess gegen die Gewerkschaft Ver. Felicitas wegen Bergschäden an Häusern der Kolonie Felicitas.
1905–1910
Lageplan der Kolonie; Grund- und Aufrisszeichnungen von Häusern mit Einzeichnung der Schäden; Zeitungsausschnitte; Klageschrift des Hoerder Vereins vom 02.08.1905; Erklärung der Gewerkschaft Ver. Felicitas zu Schuldanerkennung und Schadensersatzpflichtigkeit vom 19.10.1905; Reparaturabrechnungen; Schriftwechsel zwischen Hoerder Verein bzw. Phoenix AG Hoerder Verein, Gewerkschaft Ver. Felicitas bzw. Bergwerksgesellschaft Glückaufsegen mbH und Rechtsanwälten zu Verfahren und Schadensregulierung sowie mit der Gewerkschaft der Zeche Crone zur Zahlung einer Entschädigung für besondere Bergschadenschutzmaßnahmen im Rahmen des Baus einer Koksofenbatterie.

2318 Bergschadenregulierung der Bergwerksgesellschaft Glückaufsegen mbH und Bergschadenvorbeugung an Anlagen der Phoenix AG Hoerder Verein.
1904, 1910–1915
Vertrag zwischen Hoerder Verein und Gewerkschaft der Zeche Crone zur Genehmigung einer

Gleiskreuzung vom 12./13.02.1904 (Abschrift); Lagepläne des Hochofenwerks Hörde und verschiedener Anschlussgleise sowie Geländeniveau- und Senkungspläne; Schriftwechsel zwischen Phoenix AG Hoerder Verein und Bergwerksgesellschaft Glückaufsegen mbH zu Regulierung von Bergschäden an den Bahngleisen des Übergabebahnhofs beim Hochofenwerk Hörde sowie anderen Werksanlagen, Reparaturarbeiten und Übernahme von Kosten.

2477 Kompensation von Bergschäden an Kokerei und Hochofenwerk Hörde durch die Bergwerksgesellschaft Glückaufsegen mbH.
1913–1921
Kostenvoranschläge und Kostenaufstellungen zu durchgeführten Reparaturarbeiten; Aufstellung der von der Bergwerksgesellschaft Glückaufsegen mbH anerkannten Bergschäden; Schriftwechsel zwischen Phoenix AG Hoerder Verein und Bergwerksgesellschaft Glückaufsegen mbH zu Feststellung und Nachweis von Schäden, Senkungsmessungen und Schadensregulierung.

2460 Überschwemmung des Kellers des Hauses in [Dortmund-]Hörde, Goldstraße 44, nach Wasserrohrbruch.
1923–1925
Aufstellung der im Keller gelagerten Verbandsstoffe und Heilmittel der Krankenkasse des „Phoenix", Abteilung Hoerder Verein vom 11.01.1923; Plan zu Nivellements-Messungen des Vermessungs-Büros Buch, Dortmund; Plan der Stadt [Dortmund-]Hörde, mit Einzeichnung der Abbaugrenzen verschiedener Flöze; Heinrich Schlattmann: „Bergtechnisches Gutachten zum Zivilprozess der Stadt Hörde gegen die Zeche Freie Vogel und Unverhofft wegen Schäden am Amtsgerichtsgebäude", 21.09.1923 (Abschrift); Schriftwechsel zwischen Phoenix AG Hoerder Verein, Dortmunder Wasserwerks-Gesellschaft mbH, Stadt Hörde, Zeche Freie Vogel und Unverhofft und Bergbau AG Lothringen zu Ursache des Rohrbruchs, Schadensersatzforderungen und Vergleich zwischen Phoenix AG Hoerder Verein und Bergbau AG Lothringen.

4229 Kompensation von Bergschäden am Hochofenwerk Hörde durch die Bergwerksgesellschaft Glückaufsegen mbH.
1922–1924
Aufstellung der durch die Zeche Glückaufsegen am Hochofenwerk Hörde verursachten Bergschäden und Kostenvoranschlag für die Reparaturen; Aufstellung zum Erzeugungsausfall an Hochofen V im Jahr 1921; Lageplan des Hochofenwerks, mit Einzeichnung der projektierten Neuanlagen; Längenprofil der Zeche Glückaufsegen, mit Einzeichnung der Senkungsmulde; Hauptgrundriss der 3. Sohle der Zeche, mit Angabe des Schachtsicherheitspfeilers; Entwürfe zu einem Vertrag zwischen Phoenix AG Hoerder Verein und Bergwerksgesellschaft Glückaufsegen mbH zur Verlegung des Zechenbahnanschlusses an die Werksbahn und zum Austausch von Grundstücken; Schriftwechsel und Niederschriften von Besprechungen zwischen Phoenix AG Hoerder Verein, Phoenix AG und Bergwerksgesellschaft Glückaufsegen mbH zu Kompensation der Schäden, Verlegung des Zechenbahnanschlusses an die Werksbahn, Austausch von Grundstücken und Vertragsmodalitäten.

2.3.2.3 Forderungen

1595 Zivilprozess gegen die Firma F. Hasenkamp & Cie., [Velbert-]Neviges, wegen unbezahlter Lieferungen.

1909–1911
Lieferrechnungen der Phoenix AG Hoerder Verein an die F. Hasenkamp & Cie. (Abschriften); Schriftsätze der Prozessgegner; Niederschriften zu Beweisaufnahme und Zeugenvernehmungen; Urteil des Königlichen Landgerichts Elberfeld vom 25.11.1910 (Abschrift); Schriftwechsel zwischen Phoenix AG Hoerder Verein, Rechtsanwälten, Firma F. & M. Springorum, Schwelm, und F. Hasenkamp & Cie. zu Verfahren und ratenweiser Rückzahlung der offenen Beträge.

1764 Zivilprozess gegen die J. Devos & Baugniet Frères, Antwerpen, wegen ausstehender Forderungen.
1912–1914, 1918
Urteil des Königlichen Landgerichts Dortmund vom 14.07.1914; Bestellungsschreiben der J. Devos & Baugniet Frères; Schriftwechsel zwischen Phoenix AG Hoerder Verein, J. Devos & Baugniet Frères und Rechtsanwälten zu Forderungen und Liquidation der J. Devos & Baugniet Frères.

2.3.2.4 Mitarbeiter

1741 Räumungsklage gegen einen Bergmann.
1906–1907
Schriftsatz zur Räumungsklage vom 17.11.1906; Urteil des Amtsgerichts Dortmund vom 01.12.1906; einzelne Schreiben zwischen Phoenix AG Hoerder Verein, Phoenix AG Hoerder Kohlenwerk und Amtsgericht Dortmund zum Verfahren.

1744 Prozesse von Arbeitern auf Rückzahlung von Rentenkassenbeiträgen nach ihrem Ausscheiden aus dem Unternehmen.
1907–1908
Zeitungsausschnitte und Gerichtsurteile zu Prozessen von Arbeitern gegen Fried. Krupp AG, Phoenix AG Hoerder Verein und Union AG; Satzung der Pensionskasse für die Friedrich Alfred-Hütte der Firma Fried. Krupp AG vom 19.04/09.05.1906 (gedruckt); einzelne Schreiben zwischen den drei Unternehmen zum Austausch von Urteilstexten.

1598 Zivilprozess eines Bergarbeiters gegen die Phoenix AG Hoerder Verein wegen Zahlung einer Rente für seine verunfallte Tochter.
1907–1914, 1918
Zeugenaussagen über den Unfall des Mädchens auf dem Zechenplatz von Schacht Schleswig des Hoerder Kohlenwerks; Schriftsätze der Prozessgegner; Niederschriften zu Ortsbesichtigungs- und Beweisaufnahmeterminen; Urteile des Königlichen Landgerichts Dortmund vom 24.09.1908 und 15.10.1913 sowie des Reichsgerichts vom 10.12.1910 (Abschriften); medizinisches Gutachten zur Arbeitsunfähigkeit vom 28.12.1912 (Abschrift); Schriftwechsel zwischen Phoenix AG Hoerder Verein, Nordstern Unfall- und Alters-Versicherungs-Actien-Gesellschaft, Königlichem Bergrevier Dortmund II und Rechtsanwälten zu Verfahren und Zahlung einer Rente durch die Versicherung.

2.3.2.5 Sonstiges

4203 Klage der Reichsbahndirektion Essen gegen die Phoenix AG Hoerder Verein wegen Kündigung des Vertrags über den Bahnanschluss der Hermannshütte an den Bahnhof Hörde.

1921-1925
Klageschriften der Reichsbahndirektion Essen vom 04.05.1921 zur Frage der Gebührenhöhe und vom 11.01.1924 zur Rechtmäßigkeit der Kündbarkeit des Anschlussvertrags zwischen Hoerder Verein und Königlicher Eisenbahndirektion Elberfeld vom 16.07/26.08.1856; Schriftsätze der Prozessgegner; Urteil des Landgerichts Dortmund vom 22.12.1924 (Abschrift); Schriftwechsel zwischen Phoenix AG Hoerder Verein, Phoenix AG und Rechtsanwälten zum Verfahren.

2.3.3 Forderungen

2384/1 Aufhebung von Lieferverträgen mit ausländischen Unternehmen im Ersten Weltkrieg.
1913-1919
Lieferbestätigungen der Phoenix AG Hoerder Verein für von Agenten und Vertretern im Ausland eingeholte Aufträge und Bestellungen (Abschriften); Auflösungsbeschlüsse des Reichsschiedsgerichts für Kriegswirtschaft für Verträge mit Unternehmen aus Belgien, Frankreich, Großbritannien und Italien; Aufstellungen zu den aufgelösten Verträgen; einzelne Schreiben zwischen Phoenix AG Hoerder Verein, Deutschem Gläubigerschutzverein für das feindliche Ausland bzw. Schutzverband für deutsche Auslandsforderungen zu Forderungen aus bereits gelieferten Produkten.

2384/2 Forderungen an ausländische Unternehmen im Ersten Weltkrieg.
1915-1920
Satzung des Verbands zur Sicherung deutscher Forderungen an das feindliche Ausland, o. D. (gedruckt); Schriftwechsel zwischen Phoenix AG Hoerder Verein, Deutschem Gläubigerschutzverein für das feindliche Ausland bzw. Schutzverband für deutsche Auslandsforderungen, Reichsentschädigungskommission, Ernst Poensgen, in seiner Funktion als Leiter der Bankabteilung des Generalgouvernements Belgien, Abteilung III Industrielle Kontrolle, Hauptstelle Schwerindustrie, sowie weiteren staatlichen Stellen in Belgien zu Forderungen aus bereits gelieferten Produkten, Bonitätsfragen, Auskünften zu Kunden und Lieferanten aus Belgien sowie vereinzelt aus anderen Staaten.

2452 Forderungen gegenüber ausländischen Kunden und Aufhebung von Lieferverträgen nach Ende des Ersten Weltkriegs.
1914-1924
Anmeldebogen für deutsche Forderungen gemäß Artikel 296 und 72 des Friedenvertrags (blanko); Aufstellungen zu den bei Ausbruch des Ersten Weltkriegs noch unerledigten Aufträgen ausländischer Kunden sowie den noch offenen Forderungen aus Lieferungen der Phoenix AG Hoerder Verein; Rundschreiben und geschäftliche Miteilungen des RDI zum Entschädigungsrecht; Schriftwechsel zwischen Phoenix AG Hoerder Verein, Reichsausgleichsamt Zweigstelle Düsseldorf, Reichsentschädigungskommission sowie verschiedenen Unternehmen, insbesondere aus Deutschland, Belgien, Frankreich und Großbritannien, zur Begleichung der Forderungen und Auflösung von Verträgen.

2.3.4 Versicherungen

2476 Glasversicherung.
1880, 1900-1928

Aufstellung der Allgemeinen Spiegelglas-Versicherungs-Gesellschaft zum versicherten Glas des Hoerder Vereins vom 13.06.1900; Antragsformulare der Phoenix AG Hoerder Verein zum Abschluss von Glasversicherungen bei der Spiegelglas-Versicherungs-Gesellschaft, mit Anlage: Grundrisszeichnungen zum Projekt des Neubaus eines Casinos, eines Kassengebäudes und eines Portierhauses, 1907; Minimaltarif der Spiegelglas-Versicherungs-Gesellschaft, o. D. (gedruckt); Geschäftsbericht der Feuerversicherungs-Aktien-Gesellschaft Rhein-Mosel, 1908 und 1909; Versicherungspolicen von Brandenburger Spiegelglas-Versicherungs-Aktien-Gesellschaft, Allgemeiner Spiegelglas-Versicherungs-Gesellschaft, Frankfurter Transport-, Unfall- und Glas-Versicherungs-Aktien-Gesellschaft und Oberrheinischer Versicherungs-Gesellschaft, jeweils mit allgemeinen Versicherungsbedingungen, z. T. mit Prämien- und Prolongationsscheinen.

2327 Verschiedene Versicherungsangelegenheiten.
1901–1913, 1919–1924
Aktenvermerke zu bestehenden Lebens-, Unfall- und Haftpflichtversicherungen der Beamten des Hoerder Vereins; Prospekte der „Nordstern" Lebens-Versicherungs-Actien-Gesellschaft zu Lebensversicherungen, November 1903, sowie Altersvorsorge- und Aussteuerversicherungen, März 1901; Aufstellung zu den Feuerversicherungen der einzelnen Abteilungen der Phoenix AG, Dezember 1906; einzelne Schreiben zwischen Phoenix AG und Phoenix AG Hoerder Verein sowie weiteren Abteilungen zum Abschluss von Versicherungen, insbesondere Transportversicherungen, und Haftungsfragen.

2266 Haftpflichtversicherung.
1902–1909
Schadensmeldungen der Nordstern Unfall- und Alters-Versicherungs-Actien-Gesellschaft (blanko); Unfallanzeigen Geschädigter; Versicherungspolicen von Nordstern Unfall- und Alters-Versicherungs-Actien-Gesellschaft und Allianz Versicherungs-AG; Satzung des Haftpflichtverbands der deutschen Eisen- und Stahlindustrie Versicherungsverein auf Gegenseitigkeit vom 08.12.1903 (gedruckt); Mitgliederverzeichnisse des Haftpflichtverbands zum Januar 1905 und Januar 1906 (gedruckt); Rundschreiben des Haftpflichtverbands, u. a. zur Anzahl der gemeldeten Schadensfälle; Geschäftsbericht des Haftpflichtverbands, 1906; Niederschrift der Sektionsversammlung des Haftpflichtverbands Sektion Essen am 14.04.1908; Geschäftsbericht der Sektion Essen 1908 (gedruckt); Bericht des technischen Aufsichtsbeamten Freudenberg der RWHWB zu einer Reise von Meistern und Arbeitern aus den Mitgliedsunternehmen, mit Besuch einer Ausstellung für Arbeiterwohlfahrt in [Berlin-]Charlottenburg am 06.09.1905–09.09.1905; tierärztliche Atteste zu Unfällen von Grubenpferden auf dem Hoerder Kohlenwerk; Besucherausweis der Phoenix AG Hoerder Verein für das Werksgelände, mit Hinweis auf den Ausschluss jeglicher Haftpflicht; Schriftwechsel zwischen Hoerder Verein bzw. Phoenix AG Hoerder Verein, Nordstern Unfall- und Alters-Versicherungs-Actien-Gesellschaft und Firma Franz Wiechers, Dortmund, zu Abschluss und Auflösung von Versicherungen und Schadensmeldungen, insbesondere zu Grubenpferden, November 1902 bis März 1909.

2309 Transportversicherung.
1906–1912
Einzelne Schreiben zwischen Phoenix AG Hoerder Verein, Versicherungsagentur Adalbert Polscher, Dortmund, und Deutscher Lloyd Transport-Versicherungs-Actien-Gesellschaft zu den Konditionen einer Transportversicherung für Lieferungen, insbesondere auf dem Dortmund-Ems-Kanal,

sowie verschiedenen Vertragsmodalitäten; vergleichende Aufstellung zu den Prämiensätzen von bestehenden Versicherungen von ehemaligem Hoerder Verein und Phoenix AG sowie vorliegenden Angeboten zum Neuabschluss für Transporte ins Ausland über Nord- und Ostseehäfen und Flüsse; Generalpolice der Düsseldorfer Allgemeinen Versicherungs-Gesellschaft für See-, Fluss- & Land-Transport vom 27./30.11.1907, mit Anlagen: Verzeichnis der Havarie-Kommissare, Oktober 1906; Allgemeine Bedingungen für den Gütertransport zur See; Allgemeine Versicherungs-Bedingungen; Prämientarif für Warentransport auf dem Rhein und Nebenflüssen; Monatliche Prämienrechnungen der Düsseldorfer Allgemeinen Versicherungs-Gesellschaft für See-, Fluss- & Land-Transport, Mai 1910 bis Dezember 1912.

2096 Einbruchdiebstahlversicherung.
1912–1922
Versicherungsbedingungen von Aachener und Münchner Feuer-Versicherungs-Gesellschaft und Vaterländischer Feuerversicherungs-Actien-Gesellschaft (gedruckt); Aufstellungen zur Prämienverteilung auf die einzelnen Betriebe der Phoenix AG Hoerder Verein; Versicherungspolicen von Gothaer Feuerversicherungsbank auf Gegenseitigkeit, Aachener und Münchner Feuer-Versicherungs-Gesellschaft und Albingia Hamburg-Düsseldorfer Versicherungs-Aktiengesellschaft (Abschriften).

2401 Regulierung von Schadensersatzansprüchen gegenüber der Phoenix AG Hoerder Verein.
1922–1923
Einzelne Schreiben zwischen Phoenix AG Hoerder Verein, Haftpflichtverband der deutschen Eisen- und Stahlindustrie Versicherungsverein auf Gegenseitigkeit und Geschädigten zu einzelnen Schadensfällen, September 1922 bis April 1923.

2494 Regulierung von Schadensersatzansprüchen gegenüber Phoenix AG Hoerder Verein bzw. VSt Hoerder Verein.
1923–1929
Schriftwechsel zwischen Phoenix AG Hoerder Verein, Haftpflichtverband der deutschen Eisen- und Stahlindustrie Versicherungsverein auf Gegenseitigkeit, Stahlunion-Schutz GmbH und Geschädigten zur Regulierung von Schadensfällen.

2.3.5 Ruhrbesetzung und MICUM

2486 Alliierte Rüstungskontrolle bei der Phoenix AG Hoerder Verein.
1920–1924
Rundschreiben des Heeresabwicklungsamts Preußen und Fragebogen über Anlagen zur Rüstungsproduktion und deren Anteil an der Gesamtproduktion während des Ersten Weltkriegs, mit Angaben der Phoenix AG Hoerder Verein; Aufstellung der in den Monaten Januar bis November 1918 produzierten Granaten der Phoenix AG Hoerder Verein; Rundschreiben des Langnamvereins sowie Schriftwechsel zwischen Phoenix AG, Phoenix AG Hoerder Verein, MICUM und Deutscher Verbindungsstelle der Heeres-Friedens-Kommission bzw. deren Vorläuferinstitutionen zu Besichtigungen der für Rüstungszwecke verwendeten Werksanlagen durch Inter-Allied Military Mission of Control Westphalian District und MICUM, Bereitstellung von Informationen über Rüstungsproduktion, Umsetzung von Anordnungen zur Konversion und Einstufung von Produkten, insbeson-

dere des Eisenbahnsektors, als Kriegsmaterial; Bescheinigung der Inter-Allied Military Mission zur Prüfung der Werksanlagen vom 11.08.1920; Zeitungsausschnitte.

2272 Notgeld der Phoenix AG Hoerder Verein.
1922–1927
Genehmigung des Reichsministeriums der Finanzen für die Phoenix AG Hoerder Verein zur Emission von M 50.000.000 Notgeld vom 28.09.1922; Schriftwechsel zwischen Phoenix AG, Phoenix AG Hoerder Verein bzw. VSt Hoerder Verein, Reichsbankdirektorium Berlin, Reichsministerium der Finanzen, Handelskammer Dortmund, Stadt Dortmund und Stadt Hörde, Druckereien sowie Sammlern zu Mangel an und Bereitstellung von Zahlungsmitteln, Organisation der Notgeldemission, Herstellung der Scheine und Überlassung von Notgeld zu Sammlerzwecken.

2489 Einlösung von Notgeld durch die Phoenix AG Hoerder Verein.
1922–1923
Schreiben von Banken, Firmen und Unternehmen an die Phoenix AG Hoerder Verein zur Einsendung von Notgeld und Wertgutscheinen zwecks Umtauschs.

2629 Sperrung der Wechselkredite für von der Ruhrbesetzung betroffene Unternehmen durch die Reichsbank.
1922–1924
Schreiben der Phoenix AG Hoerder Verein an Reichskanzler Gustav Stresemann, mit Bitte um Aufhebung der Sperre (Durchschlag); handschriftlicher Aktenvermerk zur Ausgabe von Notgeld durch die Phoenix AG Hoerder Verein in den Jahren 1922 bis 1924.

2485 Besatzungsschäden der Phoenix AG Hoerder Verein.
1923
Rundschreiben und Ausgaben des Pressedienst von Nordwestlicher Gruppe des VDES und Langnamverein; Aufstellung zur Produktion der Phoenix AG Hoerder Verein im Februar 1923 (Abschrift); Rundschreiben der Phoenix AG an die Abteilungen, u. a. Phoenix AG Bergwerke, Phoenix AG Düsseldorfer Röhren- und Eisenwalzwerke, Phoenix AG Hoerder Verein und Phoenix AG Ruhrort; Eisen- und Stahlwaren-Industriebund (Hg.):" Rechtsgutachten über wirtschaftliche Fragen aus Anlass der Ruhrbesetzung", April 1923 (Abschrift); Aufstellungen zu beschlagnahmten Materialien, Anlagen und Produkten der Phoenix AG Hoerder Verein; Schriftwechsel zwischen Phoenix AG, Phoenix AG Hoerder Verein, weiteren Abteilungen, MICUM und anderen Militärstellen sowie verschiedenen deutschen Behörden zu Organisationsfragen und Verhalten während der Besetzung, Transport und Verkehr, Nachrichtenübermittlung, Enteignungen und Entschädigungsforderungen.

2445 Besatzungsschäden der Phoenix AG Hoerder Verein.
1923
Aufstellungen der Phoenix AG Hoerder Verein sowie Mitteilungen einzelner Betriebe an die Verwaltung zu den Besatzungsschäden.

2496 Besatzungsschäden der Phoenix AG Hoerder Verein.
1923

Aufstellungen und Wiegescheine zu nach Belgien abtransportiertem Thomasroheisen, Oktober bis Dezember 1923.

1428 Schäden infolge der Ruhrbesetzung bei der Phoenix AG Hoerder Verein.
1923
Aufstellungen über beschlagnahmte Gegenstände und Materialien, Schadenshöhe, erhöhte Transportkosten aufgrund gesperrter Bahnlinien, Besatzungsschäden und angemeldete Besatzungsschäden; Rundschreiben der Phoenix AG an die Abteilungen und der Handelskammer für den Regierungsbezirk Münster zur Behandlung und Kompensation von Besatzungsschäden; Schriftwechsel zwischen Phoenix AG und Phoenix AG Hoerder Verein über Anmeldung von Schäden, Betriebseinschränkungen und Lohnsicherung; Mitteilung der Handelskammer zu Dortmund zu Entschädigungen vom 20.02.1923 (gedruckt).

2428 MICUM.
1923–1924
Das MICUM-Abkommen des Ruhrbergbaus vom 23.11.1923 (gedruckt, deutsch und französisch); Rundschreiben der Phoenix AG an die Abteilungen, u. a. Phoenix AG Bergwerke, Phoenix AG Düsseldorfer Röhren- und Eisenwalzwerke, Phoenix AG Hoerder Verein und Phoenix AG Ruhrort, bzw. Schriftwechsel zwischen Phoenix AG, MICUM sowie den Abteilungen zu Verwaltungsorganisation, Abführung von Abgaben, Transport und Verkehr, insbesondere dem Verkehr zwischen den Abteilungen des Unternehmens im besetzten und unbesetzten Gebiet sowie Liefer- und Exportgenehmigungen.

2429 MICUM.
1923–1924
Aufstellungen zu von der MICUM beschlagnahmten und abtransportierten Produkten der Phoenix AG Hoerder Verein; Rundschreiben der MICUM zur Mitteilung von Verordnungen und Erlassen; Schriftwechsel und Niederschriften von Besprechungen zwischen Phoenix AG, Phoenix AG Hoerder Verein und MICUM zu Beschlagnahmungen, Verwaltungsorganisation, Abführung von Abgaben, Transport und Verkehr, insbesondere dem Verkehr zwischen den Abteilungen des Unternehmens im besetzten und unbesetzten Gebiet sowie Liefer- und Exportgenehmigungen.

2441 MICUM.
1923–1924
Zweiwöchentliche Versandaufstellungen der Phoenix AG Hoerder Verein zur Ermittlung der Abgaben (Relever des Laissez-Passer d'Éxportation bzw. Relever des Laissez-Passer de Sortie), Februar bis September 1924; Das MICUM-Abkommen des Ruhrbergbaus vom 23.11.1923 (gedruckt, deutsch und französisch); Niederschriften von Besprechungen zwischen Unterkommission, Sechserkommission und MICUM; Rundschreiben der MICUM zur Mitteilung von Verordnungen und Erlassen (z. T. gedruckt); Arrangement provisoire entre les Konzerns Phoenix et Rheinische Stahlwerke et la MICUM en attendant le règlement de la question des réparations par les états intéressés vom 10.10.1923 (Abschrift); Rundschreiben der Phoenix AG an die Abteilungen, u. a. Phoenix AG Düsseldorfer Röhren- und Eisenwalzwerke, Phoenix AG Hoerder Verein, Phoenix AG Ruhrort und Phoenix AG Westfälische Union, sowie Aktenvermerke und Schriftwechsel mit der Phoenix AG Hoerder Verein zu Beschlagnahmungen, Verwaltungsorganisation, Abführung von Abgaben, Transport und Verkehr sowie Liefer- und Exportgenehmigungen.

2442 MICUM.
1923-1924
Auszug aus dem Tarif des taxes à l'éxportation der MICUM vom 01.05.1923; Rundschreiben der Phoenix AG an die Abteilungen, u. a. Phoenix AG Düsseldorfer Röhren- und Eisenwalzwerke, Phoenix AG Hoerder Verein, Phoenix AG Ruhrort und Phoenix AG Westfälische Union, sowie Aktenvermerke und Schriftwechsel mit der Phoenix AG Hoerder Verein zu Beschlagnahmungen, Verwaltungsorganisation, Abführung von Abgaben, Transport und Verkehr sowie Liefer- und Exportgenehmigungen.

2434/1 Besatzungsschäden der Phoenix AG Hoerder Verein.
1923-1925
Aufstellungen zu Besatzungsschäden der Phoenix AG Hoerder Verein, mit Angaben zur Vergütung durch Stahl-Finanzierungs-Gesellschaft mbH und Reichsministerium für die besetzten Gebiete sowie Beschwerden gegen deren Entscheidungen; Aufstellungen zu von Kunden bezahlten, jedoch von der MICUM beschlagnahmten Produkten; Anträge der Phoenix AG Hoerder Verein auf Entschädigung, mit Entscheidungen des Regierungspräsidiums Düsseldorf Feststellungsbehörde Ruhrgebiet in Essen; einzelne Schreiben zwischen Phoenix AG Hoerder Verein, Phoenix AG, Feststellungsbehörde Ruhrgebiet und Stadt [Dortmund-]Hörde zu Beschlagnahmungen und Entschädigungsansprüchen.

2434/2 Besatzungsschäden der Phoenix AG Hoerder Verein.
1923-1924
Aufstellungen zu den in der Räderfabrik der Phoenix AG Hoerder Verein beschlagnahmten Gegenständen vom 19.05.1924; Schriftwechsel zwischen Phoenix AG Hoerder Verein, Phoenix AG, einzelnen Betrieben sowie Regierungspräsidium Düsseldorf Feststellungsbehörde Ruhrgebiet in Essen zu Beschlagnahmungen und Anmeldung von Entschädigungsansprüchen.

2434/3 Besatzungsschäden der Phoenix AG Hoerder Verein.
1923-1926
Rundschreiben von Regierungspräsidium Düsseldorf Feststellungsbehörde Ruhrgebiet in Essen, Langnamverein, Arbeitgeberverband für Dortmund und Umgegend, Nordwestlicher Gruppe des VDES sowie anderen Verbänden und Handelskammern zu rechtlichen und organisatorischen Fragen der Schadensersatzansprüche; Formular einer Verpflichtungserklärung zur Übertragung des Eigentums an enteigneten Gegenständen auf das Deutsche Reich und eidesstattliche Erklärung zum Verzicht auf anderweitige Entschädigungen (gedruckt, Muster); Aufstellungen zu Schadensersatzanträgen der Phoenix AG Hoerder Verein an diverse Besatzungsämter; Aufstellungen zu den Anträgen an das Regierungspräsidium Düsseldorf Feststellungsbehörde Barmen vom 21.01.1924; Gesamtaufstellung aller Besatzungsschäden der Phoenix AG Hoerder Verein vom 14.02.1924; Fragebogen der IHK Dortmund zu Besatzungsschäden und Reparationen vom 01.09.1924 (blanko); Zeitungsausschnitte; Wirtschaftsausschuss für die besetzten Gebiete (Hg.): „Merkblatt zur Abgeltung von Rhein-Ruhr-Schäden" (gedruckt); Urteil des Reichswirtschaftsgerichts zu einer Beschwerde der Phoenix AG Hoerder Verein gegen einen Beschluss der Feststellungsbehörde Ruhrgebiet vom 24.02.1925 (Abschrift); Aufstellungen zu den in der Räderfabrik der Phoenix AG Hoerder Verein beschlagnahmten Gegenständen vom 19.05.1924; Schriftwechsel zwischen Phoenix AG Hoerder Verein, Phoenix AG, einzelnen Betrieben sowie Feststellungsbehörde Ruhrgebiet zu Beschlagnahmungen und Anmeldung von Entschädigungsansprüchen; einzelne Schreiben zwischen Phoenix

AG Hoerder Verein und Kunden, insbesondere N. V. „Nedeximpo" Nederlandsche Export en Import Maatschappij, über nicht angekommene Lieferungen.

2434/4 Besatzungsschäden der Phoenix AG Hoerder Verein.
1923-1924
Aufstellungen zu den nicht am Bestimmungsort angekommenen Güterwaggons der Phoenix AG Hoerder Verein; Schriftwechsel zwischen Phoenix AG Hoerder Verein, Phoenix AG, Stadt [Dortmund-]Hörde und Regierungspräsidium Düsseldorf Feststellungsbehörde Ruhrgebiet in Essen zu Waggonverlusten.

2434/5 Besatzungsschäden der Phoenix AG Hoerder Verein.
1923-1924
Aufstellungen zu den Lohnkosten von Belegschaftsmitgliedern einzelner Betriebe der Phoenix AG Hoerder Verein für die Verladung beschlagnahmter Güter.

2434/6 Besatzungsschäden der Phoenix AG Hoerder Verein.
1924-1925
Einzelne Schreiben zwischen Phoenix AG Hoerder Verein und Regierungspräsidium Düsseldorf Feststellungsbehörde Ruhrgebiet in Essen zur Anmeldung von Schadensersatzansprüchen in vier Fällen.

2434/7 Besatzungsschäden der Phoenix AG Hoerder Verein
1924
Aufstellungen zu abgelehnten Schadensersatzanträgen; Schriftwechsel zwischen Phoenix AG Hoerder Verein, Phoenix AG und Regierungspräsidium Düsseldorf Feststellungsbehörde Barmen zu am 26.08.1924 noch nicht bearbeiteten Anträgen auf Schadensersatz.

2.3.6 Patente
2.3.6.1 Eisenbahnoberbaumaterial

1124 Patent für ein Verfahren zur Herstellung von Schienennägeln.
1879, 1913-1915
Einzelne Schreiben zwischen Phoenix AG Hoerder Verein und Patentanwälten über eine Patentanmeldung der Firma Hein. Rumpf Nagelfabrik, Haltern, zu einem Verfahren zur Herstellung von Schienennägeln, Ähnlichkeiten zu einem von der Phoenix AG Hoerder Verein verwendeten Verfahren und dessen Chancen auf eine Patentierung; Patentschrift 7.460 des Kaiserlichen Patentamts für George Walter Dyson über ein „Verfahren zur Herstellung von Nägeln und Bolzen" vom 13.05.1879 (Abschrift); Konstruktionszeichnungen; Patentanmeldung der Hein. Rumpf Nagelfabrik vom 28.06.1913 (Abschrift).

1126 Patent über ein Verfahren zur Herstellung eines festen Schienenstoßes.
1902-1907
Einzelne Schreiben zwischen Hoerder Verein bzw. Phoenix AG Hoerder Verein und Ingenieur Richard Quitmann über den Ankauf eines Patents zur Herstellung eines festen Schienenstoßes sowie technische Fragen; Konstruktionszeichnung; M. Becherer; F. Knuettel: „Zur Schienenstoßfrage" (Sonderdruck aus dem Centralblatt der Bauverwaltung 22 (1902) vom 02.04.1902).

2.3.6.2 Stahlerzeugung und -verarbeitung

1588 Unentgeltliche Nutzung des Hoesch-Verfahrens durch die Phoenix AG.
1907, 1910
Auszug aus der Patentanmeldung der Hoesch AG zu einem „Verfahren zur Herstellung von Flusseisen und Flussstahl im Herdofen unter Entfernung der Schlacke von dem Metallbade außerhalb des Ofens vor dem Fertigfrischen", o. D. (Abschrift); einzelne Schreiben zwischen Phoenix AG, Phoenix AG Hoerder Verein, Phoenix AG Westfälische Union und anderen Unternehmen zur Feststellung der Priorität der Erfindung und Erwägung eines Einspruchs beim Kaiserlichen Patentamt; Entwurf eines Einspruchs; Angebot der Hoesch AG zur kostenlosen Nutzung des Verfahrens in allen Werken der Phoenix AG im Falle der Patentierung vom 10.04.1907; einzelne Schreiben zwischen Phoenix AG Hoerder Verein und Hoesch AG sowie zwischen Willem van Vloten und Friedrich Springorum zu Angebot und Prioritätsfrage.

1125 Patentanmeldung der Phoenix AG Hoerder Verein zu einem Verfahren zum Verdichten von gegossenen Stahl- oder Flusseisenblöcken.
1909, 1913–1915
Patentbeschreibung; einzelne Schreiben zwischen Phoenix AG Hoerder Verein, Kaiserlichem Patentamt und Patentanwälten zum erfolglosen Patentverfahren; Patentschrift zum französischen Patent Nr. 401.300 der Société Anonyme Électrométallurgique „Procédé et dispositif éviter les retassures dans les ingots" vom 24.08.1909.

1600 Patentanmeldung der Phoenix AG Hoerder Verein zu einem Rußverwertungsverfahren für die Stahlerzeugung.
1915–1916
Patentanmeldung der Phoenix AG Hoerder Verein zu einem „Verfahren zur Verwertung des beim Generatorbetrieb und anderen Betrieben anfallenden Rußes sowie anderer kohlenstoffhaltiger Substanzen als Roheisenersatz beim Stahlerzeugungsprozess" vom 05.07.1915; Bescheide des Kaiserlichen Patentamts, mit Aufforderung zur Nachbesserung der Anmeldung vom 28.08.1915 und 04.10.1915; Patentschrift des Patentamts, D.R.P. Nr. 161.610, Klasse 18b, vom 03.07.1905 für die Société Électro-Métallurgique Française über ein „Verfahren zum Desoxydieren und Kohlen von flüssigem Eisen"; einzelne Schreiben zwischen Phoenix AG Hoerder Verein, Patentamt und Patentanwälten zum Verfahren.

2451 Verfahren der Phoenix AG Hoerder Verein zur Einsparung von Ferromangan bei der Erzeugung von Thomasstahl.
1916
Niederschrift einer Sitzung der Unterkommission Manganersatzverfahren des VDEh am 11.05.1916 (Typoskript und Manuskript); Bericht über den Besuch von Karl Harr bei der Deutsch-Lux Dortmunder Union zur Besichtigung des „Calciumkarbidverfahrens" am 13.05.1916 (Manuskript, o. Autor); Mustervertrag der Deutsch-Lux Dortmunder Union zur Vergabe von Lizenzen zu ihrem „Verfahren zur Herstellung von Flusseisen und Stahl unter Verwendung von Calziumkarbid als Desoxydationsmittel", o. D. (Entwurf); einzelne Schreiben zwischen Phoenix AG Hoerder Verein, Deutsch-Lux Dortmunder Union und VDEh zu den Vor- und Nachteilen des eigenen und verschiedener anderer Verfahren sowie Klauseln eines Lizenzvertrags.

2.3.6.3 Maschinen- und Hochofentechnik

1621 Patentanmeldung der Phoenix AG Hoerder Verein über eine Drehvorrichtung für Schmiedegesenke.
1884, 1896, 1907–1908
Patentbeschreibung zu einer „selbsttätigen Drehvorrichtung für Schmiedegesenke zur Herstellung von Scheibenrädern und sonstigen Gesenkschmiedearbeiten unter Hämmern und Pressen"; Anmeldebescheinigung des Kaiserlichen Patentamts vom 06.04.1907; Konstruktionszeichnungen; Patentschrift des Patentamts D.R.P. Nr. 85.647, Klasse 49, vom 06.03.1896 für Louis Schuler über eine „Prägepresse für Münzen"; Patentschrift des Patentamts D.R.P. Nr. 25.302, Klasse 87, vom 28.12.1884 für Guillaume Gontier über einen „Schraubenschlüssel mit Schaltwerk für Rechts- und Linksdrehung"; Bescheide des Patentamts an die Phoenix AG Hoerder Verein vom 18.06.1907, 06.09.1907, 19.12.1907 und 25.03.1908, mit Aufforderung zur Ergänzung der Antragsunterlagen; Patentschrift des Patentamts D.R.P. Nr. 187.953, Klasse 49f, vom 09.08.1907 für Haniel & Lueg über eine „Vorrichtung zum Schmieden, Pressen und Stanzen mit verschiedenen, für die Einzelarbeiten erforderlichen Ober- und Untergesenken"; Schriftwechsel zwischen Phoenix AG Hoerder Verein, Patentanwalt Carl Pieper und Patentamt zu Verfahren und Übertragung der Patentanmeldung auf Betriebsleiter Hermann Eckardt.

1599 Erwerb einer Lizenz von der Hoesch AG für einen Auspuffschalldämpfer für Antriebsmaschinen.
1907–1909
Angebotsschreiben der Hoesch AG vom 26.04.1907; Annahmeerklärung der Phoenix AG Hoerder Verein vom 06.05.1907; einzelne Schreiben zwischen den Vertragspartnern zu Anwendung und Wirkung des Schalldämpfers.

919 Geplanter Lizenzerwerb für ein Feuerungsverfahren für Rollenöfen.
1907–1909
Schriftwechsel zwischen Phoenix AG Hoerder Verein und Patentinhaber Hermann Gasch über die Bedingungen einer Lizenznahme und Einrichtung eines Versuchsbetriebs; Betriebsberichte; Referenzen verschiedener Unternehmen (gedruckt).

998 Lizenzerwerb für eine Walzenkupplung für Walzstraßen.
1913–1914
Angebotsschreiben von Hermann Ortmann vom 26.12.1913 und Annahmeerklärung der Phoenix AG Hoerder Verein vom 17.01.1914.

1602 Geplante Lizenzierung der gebrauchsmustergeschützten Hochofenwindform der Phoenix AG Hoerder Verein an die Firma Gebrüder Schuss, Siegen.
1915–1916
Schriftwechsel zwischen Phoenix AG Hoerder Verein und Gebrüder Schuss über technische Fragen, Verletzung eines älteren Herstellungsverfahrens der Gebrüder Schuss durch die Anmeldung des Gebrauchsmusterschutzes der Phoenix AG Hoerder Verein und Einigungsverhandlungen; Fotografie und Konstruktionszeichnung einer Windform; Referenzschreiben von Kunden der Gebrüder Schuss.

1593 Lizenzierung der gebrauchsmustergeschützten Hochofenwindformen der Phoenix AG Hoerder Verein an die Dingler'sche Maschinenfabrik AG.

1915–1918
Einverständniserklärungen von Phoenix AG Hoerder Verein und Dingler'scher Maschinenfabrik über ein Abkommen zur Erteilung einer Generallizenz für Produktion und Vertrieb der Windformen in der Saarregion, u. a. für Gebr. Stumm GmbH, Röchling'sche Eisen- und Stahlwerke GmbH, Rud. Böcking & Cie. und Vereinigte Hüttenwerke Burbach-Eich-Düdelingen, sowie in Luxemburg vom 08.10.1915 und 13.10.1915; Schriftwechsel zwischen den Vertragspartnern über Vertragsmodalitäten, Angebote konkurrierender Produzenten, Belieferung weiterer Unternehmen, Preise und Auflösung des Abkommens; Aufstellung der potenziellen Kunden von Windformen, o. D.

2.3.6.4 Andere Patente

1817 Auszüge von Gebrauchsmusteranmeldungen fremder Unternehmen, insbesondere zu Eisenbahnoberbaumaterial.
1902–1905, 1909, 1915–1917, 1924–1925
Auszüge zu Schienen, Weichen, Schienenstoßverbindungen und Befestigungsmaterial, z. T. mit Konstruktionszeichnungen, u. a. von Bochumer Verein und Oberschlesischer Eisenindustrie AG für Bergbau und Hüttenbetrieb, sowie u. a. zu Hochofen-Windformen, u. a. der Gutehoffnungshütte, Fräsmaschinen, Rohrdichtungen der Mannesmannröhren-Werke AG, Ofentürkonstruktionen der Gutehoffnungshütte sowie Walzenstellvorrichtungen der Deutsche Maschinenfabrik AG.

996 Lizenzerwerb für einen Bremsbergverschluss.
1912–1913
Patentschrift D.R.P. Nr. 250.984 vom 24.09.1912 des Kaiserlichen Patentamts für Friedrich Sauerwald über eine „Vorrichtung zum selbsttätigen Verschließen von Bremsbergen"; Angebotsschreiben von Sauerwald vom 01.05.1913 und Annahmeerklärung der Phoenix AG Hoerder Verein vom 10.05.1913; einzelne Schreiben zwischen den Vertragspartnern; Werbeblatt von Sauerwald.

1601 Lizenzerwerb zu einem Gichtstaubbrikettierungsverfahren der Allgemeinen Brikettierungsgesellschaft mbH, Berlin.
1914–1917
Patentschrift des Kaiserlichen Patentamts, D.R.P. Nr. 276.250, Klasse 18a, vom 04.07.1914 für Wilhelm Schumacher über ein „Verfahren zur Erhöhung der Bindefähigkeit von Gichtstaub zu Brikettierungszwecken"; Angebot der Allgemeinen Brikettierungsgesellschaft zum Lizenzerwerb vom 31.07.1916 und Annahmeerklärung der Phoenix AG Hoerder Verein vom 10.08.1916; Schriftwechsel zwischen Phoenix AG Hoerder Verein und Allgemeiner Brikettierungsgesellschaft über technische Fragen, Verletzung des Patentschutzes durch die Phoenix AG Hoerder Verein und Lizenzerwerb.

2.3.7 Grundstücke und Pachten
2.3.7.1 Haus- und Grunderwerb
Barop

397 Grunderwerb in [Dortmund-]Barop.
1910–1915, 1919–1921

Schriftwechsel zwischen Phoenix AG Hoerder Verein, Emschergenossenschaft und Stadt Dortmund über den Bau einer Kühlwasserversorgungsgleitung von der Pumpstation an der neuen Emscher zum Hochofenwerk und den dabei beabsichtigten Grundstückstausch bzw. -verkauf; Lageplan; Karte mit den Höhenordinaten der Leitung; Auszüge aus der Grundsteuerrolle Barop.

Benninghofen

275 Rechtsstreit zwischen Phoenix AG Hoerder Verein und Gewerkschaft Admiral wegen Enteignung eines Grundstücks in [Dortmund-]Benninghofen.
1912–1915
Schriftwechsel zwischen Phoenix AG Hoerder Verein und Gewerkschaft Admiral zur Höhe der durch die Gewerkschaft Admiral zu zahlenden Entschädigungsleistung und Übertragung des Grundstücks; Grundbuchauszüge; Auszüge aus der Grundsteuerrolle; Lagepläne; Gutachten über den Grundstückswert.

844 Grunderwerb in [Dortmund-]Benninghofen.
1914
Einzelne Schreiben zwischen Phoenix AG Hoerder Verein, Amt [Dortmund-]Wellinghofen und Gemeinde [Dortmund-]Hacheney zum Erwerb; Auszüge aus der Grundsteuerrolle; Grundbuchauszüge; Auszug aus dem Protokollbuch der Gemeinde [Dortmund-]Hacheney vom 27.04.1914.

Berghofen

856 Grunderwerb in [Dortmund-]Berghofen.
1920
Quittung der Verkäuferin Witwe Heinrich Wilmsmann über den Erhalt des Verkaufspreises vom 08.12.1920; einzelne Schreiben zwischen Phoenix AG Hoerder Verein und Allgemeiner Lokal- und Straßenbahn-Gesellschaft Betriebsverwaltung Hörder Kreisbahnen über die Aufteilung des Grundstücks untereinander; Grunderwerbssteuerbescheid; Grundbuchauszüge.

841 Grunderwerb in [Dortmund-]Berghofen.
1921–1925
Kaufangebot von Adolf und Erich Nussbaum in Vertretung weiterer Mitglieder der Familie Nussbaum an die Phoenix AG Hoerder Verein vom 18.02.1922 (Abschrift); Kaufvertrag vom 24.02.1922; Schriftwechsel zwischen Phoenix AG Hoerder Verein, Rechtsanwälten und Mitgliedern der Familie Nussbaum über ihren Beitritt zum Kaufvertrag, Forderungen nach Erhöhung des Kaufpreises, das vom Unternehmen angedrohte Enteignungsverfahren und die Einigung der Vertragspartner; Grunderwerbssteuerbescheide; Grundbuchauszug.

853 Haus- und Grunderwerb in [Dortmund-]Berghofen.
1921–1925
Kaufvertrag zwischen Phoenix AG Hoerder Verein und Adolf Graf von Wedel, Sandfort bei Olfen, über das Gut Berghofen vom 26.09.1924; Schriftwechsel zwischen Phoenix AG Hoerder Verein, Graf von Wedel und Gräflicher von Wedel'scher Rentei-Verwaltung über Kaufpreis, angedrohtes

Enteignungsverfahren und Grundbuchänderungen; Grunderwerbssteuerbescheid; Grundbuchauszüge; Besprechungsniederschriften; Lageplan.

5981 Enteignung von Grundeigentum in den Gemeinden [Dortmund-]Hörde, Schüren und Berghofen.
1922–1925
Schriftwechsel über Enteignung und Austausch von Grundstücken zur Grenzkorrektur; Rechtsstreit zwischen Phönix AG für Bergbau- und Hüttenbetrieb und den Gemeinden Berghofen und Schüren über Grundeigentum wegen geplanter Entwässerung und Emscheranbindung der Gemeinde Berghofen; amtliche Bekanntmachungen und Gesetzestexte zum Thema Enteignung; Handzeichnungen nach Katasterkarten und Grundsteuerfortschreibungsverhandlungen für Parzellen in den Gemarkungen Berghofen, Hörde und Schüren im Kreis Hörde; allgemeiner Schriftwechsel über Grundstücksangelegenheiten; Teilungs- und Fortschreibungsvermessungen in folgenden Fällen: Gemeinde Hörde: Flur II Nr. 2583/210, Gemeinde Schüren: Flur II Nr. 2483/50, Gemeinde Berghofen: Flur I Nr. 945/8; Gebührenquittungen; Antrag auf Ausfertigung von Ergänzungskarten; Auszüge aus den Flurbüchern der beteiligten Gemeinden; Schriftwechsel und Karte von Flur I Blatt 3 der Gemeinde Berghofen im Streitfall Entwässerungskanal in die Emscher; Verhandlungsprotokolle; Zeitungsausschnitte, mit öffentlichen Bekanntmachungen.

1410 Grunderwerb in [Dortmund-]Berghofen.
1924
Grundstücksstammblatt; Grundbuchauszüge; Grunderwerbsteuerbescheid; Gemeinsame Auflassungserklärung von Phoenix AG Hoerder Verein, Ida Köller und Paul Heiling zum im Rahmen einer Zwangsversteigerung erworbenen Grundstück.

1449 Grunderwerb in [Dortmund-]Berghofen.
1924–1926
Grundstücksstammblatt; Grunderwerbsteuerbescheid; Grundbuchauszüge; Auszug aus der Grundsteuerrolle; Kaufvertrag zwischen Phoenix AG Hoerder Verein und Friederike Massmann vom 03.05.1924; einzelne Schreiben zwischen Phoenix AG Hoerder Verein und Massmann zu Grundbuchauflassung und Ratenzahlung des Kaufpreises.

582 Grunderwerb in [Dortmund-]Berghofen.
1924
Verkaufsangebot und Empfangsquittung für den Kaufpreis von Carl Strottkamp vom 27.08.1924 und 29.08.1924; Grundbuchauszug; Grunderwerbsteuerbescheid.

849 Grunderwerb in [Dortmund-]Berghofen.
1924–1925
Kaufvertrag zwischen Phoenix AG Hoerder Verein und Heinrich Wilmsmann vom 22.09.1924; Schriftwechsel zwischen Phoenix AG Hoerder Verein und Wilmsmann über Kaufpreis und Grundbuchänderungen; Grunderwerbssteuerbescheide; Grundbuchauszüge.

601 Grunderwerb in [Dortmund-]Berghofen.
1924–1925
Kaufpreisempfangsquittung des Verkäufers Wilhelm Düdder; Grundbuchauszüge; Grunderwerbssteuerbescheid.

852 Grunderwerb in [Dortmund-]Berghofen.
1924-1925
Grundbuchauszüge zur Übertragung der Grundstücke der Erben Dietrich Meinberg auf die Phoenix AG Hoerder Verein; Grunderwerbssteuerbescheid; Aktenvermerke.

Dortmund

1521 Haus- und Grunderwerb in Dortmund, Leierweg 5.
1906-1909, 1912-1913, 1916
Einzelne Schreiben zwischen Phoenix AG Hoerder Verein und Fritz Birkemeier zu dessen Beschwerden über Kohlenstaubverschmutzung seines Grundstücks durch die Phoenix AG Hoerder Verein Hochofenwerk Dortmund; Wertgutachten; Lagepläne; Grund- und Aufrisszeichnungen; Auszug aus der Grundsteuerrolle; Gemeindeumsatzsteuerbescheid; Aktenvermerke; Auflassungserklärung von Lisette Birkemeier und anderen Erben Birkemeiers vom 09.08.1916.

735 Grunderwerb in Dortmund.
1913-1915
Einverständniserklärung von Heinrich Langenkämper zur Übertragung von Grundstücken auf die Phoenix AG Hoerder Verein vom 12.09.1913; Steuerbescheid; Aktenvermerk.

1424 Grunderwerb in Dortmund zur Änderung der Anschlussgleise an den Bahnhof Dortmunderfeld.
1913-1917
Grundstücksstammblatt; Auszüge aus der Grundsteuerrolle; Gemeindesteuerbescheid; einzelne Schreiben zwischen Phoenix AG Hoerder Verein und Stadt Dortmund zu Ankauf und Grundbuchauflassung.

159 Grunderwerb in Dortmund.
1915
Vertragsentwurf vom 18.03.1915; einzelne Schreiben zwischen Phoenix AG Hoerder Verein, Verkäufer Paul Grevel und Stadt Dortmund über die Auflassung des Grundstücks; Steuerbescheide.

843 Grund- und Hauserwerb in Dortmund, Landgrafenstraße 30.
1923-1925
Vertrag zwischen Phoenix AG Hoerder Verein und Arthur Friede vom 04.01.1924; Schriftwechsel zwischen Phoenix AG Hoerder Verein, Phoenix AG, Rechtsanwälten und Friede über den von ihm angestrengten Prozess gegen die Phoenix AG Hoerder Verein als Mieterin des Gebäudes wegen ausstehender Mietzahlungen, die nicht eingehaltene Verpflichtung des Unternehmens, den 1919 vereinbarten, aber nicht gezahlten Kaufpreis zu verzinsen, die Gültigkeit des Mietvertrags und die Einigung zum Verkauf; Grunderwerbssteuerbescheide; Grundbuchauszug.

594 Haus- und Grunderwerb in Dortmund, Kaiser-Wilhelm-Allee 52.
1924-1927
Kaufvertrag zwischen Phoenix AG Hoerder Verein und Anna Köster, auch für die minderjährigen Kinder Emil, Grete und Hans Heinrich, vom 01.10.1924 und Änderungsvertrag vom 18.12.1924 (Abschriften); Genehmigung des Vormundschaftsgerichts; Auszug aus der Grundsteuerrolle;

Grundbuchauszüge; Hypothekenbrief; Schriftwechsel zwischen Phoenix AG Hoerder Verein, Rechtsanwälten und Köster über die Aufwertung und Tilgung von Hypotheken, Differenzen über die Zahlung des Kaufpreises und Freizug des Hauses.

Hörde

170 Haus- und Grunderwerb in [Dortmund-]Hörde, Löwenstraße 10–20.
1884, 1894–1899, 1904–1909, 1915–1916
Notariell beglaubigtes Verkaufsangebot von Johanna Weinberg an die Phoenix AG Hoerder Verein vom 25.04.1916; Grundbuchauszüge; Lagepläne; Schriftwechsel zwischen Phoenix AG Hoerder Verein, Weinberg und verschiedenen Versicherungen zum Erwerb; Policen, Versicherungsscheine und Prolongationsscheine von Gebäudeversicherungen der Preußischen Feuer-Versicherungs-Actien-Gesellschaft (u. a. 1883, 1894, 1899, 1904, 1909); Policen von Unfallversicherungen der Allianz Versicherungs-AG für Herz Weinberg (u. a. 1897, 1905, 1909); Standardmietverträge des Haus- und Grundbesitzer-Vereins zu Hoerde für genannte Häuser, 1915.

296 Grunderwerb in [Dortmund-]Hörde, Sedanstraße.
1904–1906, 1917
Schriftwechsel zwischen Phoenix AG Hoerder Verein und Verkäufer Louis Vaerst; Grundbuchauszüge; Lagepläne; Auszüge aus der Grundsteuerrolle; Kaufvertrag zwischen Hermann Brünger als Verkäufer und Vaerst vom 15.12.1904.

208 Grunderwerb in [Dortmund-]Hörde, Steinkühler Weg.
1905–1908, 1912–1913
Kaufvertrag zwischen Phoenix AG Hoerder Verein und Ludwig Froning vom 07.03.1912; Pachtvertrag, 1908; Lageplan; Grundbuchauszüge; Hypothekenbrief; Schriftwechsel zwischen Phoenix AG Hoerder Verein und den Verkäufern Max Petersmann, Dietrich Adolf Meinberg, Dietrich Heimsoth und Ludwig Froning zur Überlassung der auf den Grundstücken befindlichen Feldfrüchte sowie mit der Stadt [Dortmund-]Hörde zu Steuerfragen und Grundbuchangelegenheiten.

1713 Grunderwerb in [Dortmund-]Hörde, Victoriastraße.
1906–1907
Einzelne Schreiben zwischen Hoerder Verein und Auktionator Eduard Rode zum Kaufpreis; Lageskizze; Zeitungsausschnitte zur Zwangsversteigerung der Grundstücke der Erben des Kaufmanns Gustav Thieme; Grundbuchauszüge; Erklärung von Rode zur Abtretung des von ihm erworbenen Grundstücks an die Phoenix AG Hoerder Verein vom 19.12.1906 (Abschrift).

846 Grunderwerb in [Dortmund-]Hörde.
1906–1908
Schriftwechsel zwischen Phoenix AG Hoerder Verein und Presbyterium der Evangelischen Kirchengemeinde Hörde über den Kaufpreis für ein südlich der Kolonie Felicitas gelegenes Grundstück und den Vertragsabschluss; Grundbuchauszüge.

1415 Haus- und Grunderwerb in [Dortmund-]Hörde, Mühlenberg 17.
1907

Grundstücksstammblatt; Gemeindesteuerbescheid; Lageplan; Allgemeine Versicherungsbedingungen der Albingia Versicherungs-AG für Feuerversicherungen und Versicherungen gegen Wasserleitungsschäden, mit Änderungsanträgen der Phoenix AG Hoerder Verein; Grundbuchauszug; Grund- und Aufrisszeichnungen; einzelne Schreiben zwischen Phoenix AG Hoerder Verein, Verkäufer Paul Röllinghoff und Stadt Hörde zu Vertragsmodalitäten, Grundbuchauflassung, Besteuerung und Zahlung des Kaufpreises.

866 Grunderwerb in [Dortmund-]Hörde.
1907, 1911, 1915–1916
Kaufvertrag zwischen Phoenix AG Hoerder Verein und Adolf Lueg vom 13.09.1915 (Durchschlag); Aktenvermerke; Kreissteuerbescheid; Gemeindesteuerbescheid; Grunderwerbssteuerbescheid; Grundbuchauszüge; Lageplan.

728 Verschiedene Grundstücksangelegenheiten in [Dortmund-]Hörde.
1908
Grundbuchauszüge; Schriftwechsel zwischen Phoenix AG Hoerder Verein und Stadt [Dortmund-]Hörde über die Auflassung von Grundstücken; Lagepläne.

1762 Grunderwerb in [Dortmund-]Hörde.
1908–1909
Angebot der Zeche Freie Vogel und Unverhofft an die Phoenix AG Hoerder Verein zum Erwerb des Grundstücks vom 13.05.1908 und Annahmeerklärung vom 29.05.1908; Gemeindeumsatzsteuerbescheid; Grundbuchauszug; einzelne Schreiben zwischen den Vertragspartnern zu Vertragsabschluss und Auflassung des Grundstücks.

1450 Haus- und Grunderwerb in [Dortmund-]Hörde, Südstraße 14.
1909, 1919–1921
Grundstücksstammblatt; Grundbuchauszüge; Gas-, Wasser- und Stromrechnungen; Versicherungsschein der Albingia Hamburg-Düsseldorfer Versicherungs-Aktiengesellschaft zu einer Versicherung gegen Wasserleitungsschäden vom 01.05.1919; Kaufvertrag zwischen Phoenix AG Hoerder Verein und Erwin Remy vom 16.12.1920 (Abschrift); Grund- und Aufrisszeichnungen; Lageplan; Aktenvermerke; einzelne Schreiben zwischen Phoenix AG Hoerder Verein und Remy zur Grundbuchauflassung und Zahlung des Kaufpreises.

1014 Grunderwerb in [Dortmund-]Hörde.
1912–1915
Kaufangebot der Phoenix AG Hoerder Verein vom 24.12.1912 und Annahmeerklärung von Agnes Kohlhaas vom 14.01.1913; Lageplan; Grundbuchauszug; einzelne Schreiben zwischen Phoenix AG Hoerder Verein und Stadt Hörde zur Grenzziehung am Hörder Bach.

1414 Grunderwerb in [Dortmund-]Hörde.
1913–1914
Grundstücksstammblatt; Grundbuchauszüge; Auszug aus der Grundsteuerrolle; Vermessungsprotokoll; Lageplan; einzelne Schreiben zwischen Phoenix AG Hoerder Verein und Verkäufer Werner Götte zur Vermessung, Grundbuchauflassung und Zahlung des Kaufpreises.

1400 Haus- und Grunderwerb in [Dortmund-]Hörde, Hermannstraße 85.
1913, 1924–1926
Beschwerdeschreiben von Agnes Kohlhaas an die Phoenix AG Hoerder Verein wegen Erschütterungen ihres Hauses, Chausseestraße 6; Wertgutachten der Bauabteilung der Phoenix AG Hoerder Verein vom 04.03.1913; Verkaufsangebot von Kohlhaas vom 11.11.1924; Kaufvertrag vom 29.12.1924 (Abschrift); Grundbuchauszüge; Grunderwerbssteuerbescheid; Schriftwechsel zwischen Phoenix AG Hoerder Verein, Phoenix AG, Kohlhaas und Amtsgericht Hörde über Kaufpreis, Grundbuchauflassung und Tilgung von Hypotheken.

1423 Grunderwerb in [Dortmund-]Hörde.
1914
Grundstücksstammblatt; Grundbuchauszüge; Auszug aus der Grundsteuerrolle; Gemeindesteuerbescheid; Lageplan; einzelne Schreiben zwischen Phoenix AG Hoerder Verein und Katholischem Pfarramt Hörde zu Ankauf, Vermessung, Grundbuchauflassung und Verpachtung.

1526 Grunderwerb in [Dortmund-]Hörde.
1914
Grundstücksstammblatt; Grundbuchauszug; Gemeindeumsatzsteuerbescheid; Kaufvertrag zwischen Phoenix AG Hoerder Verein und Johann Friedrich Storck vom 11.04.1914; Quittungen; einzelne Schreiben zwischen Phoenix AG Hoerder Verein und Storck zur Tilgung von Hypotheken.

850 Grunderwerb in [Dortmund-]Hörde, Löwenstraße.
1916–1917
Kaufvertrag zwischen Phoenix AG Hoerder Verein und Königlicher Eisenbahndirektion Essen vom 17./22.03.1917 (Abschrift); Schriftwechsel zwischen den Vertragspartnern über Kaufpreis und Grundbuchänderungen; Lagepläne; Auszug aus der Grundsteuerrolle; Grunderwerbssteuerbescheid; Grundbuchauszüge.

1520 Grunderwerb in [Dortmund-]Hörde.
1916–1918
Lageplan; Grundstücksstammblatt; Gemeindeumsatzsteuerbescheid; Verkaufsangebot von G. Stuckmann vom 14.06.1916; Vermessungsprotokoll; Empfangsquittung für den Kaufpreis von Stuckmann vom 28.06.1916; einzelne Schreiben zwischen Phoenix AG Hoerder Verein und Stadt Hörde zu Steuern und Gebühren.

297 Grunderwerb in [Dortmund-]Hörde, Sedanstraße.
1917
Schriftwechsel zwischen Phoenix AG Hoerder Verein und Verkäufer Louis Vaerst; Grundbuchauszüge; Lageplan; Auszüge aus der Grundsteuerrolle.

457 Haus- und Grunderwerb in [Dortmund-]Hörde.
1917
Lagepläne; Auszüge aus der Grundsteuerrolle, Aktenvermerke.

586 Haus- und Grunderwerb in [Dortmund-]Hörde, Goldstraße 44a.
1917–1918

Wertgutachten; Steuerbescheid; Feuerversicherungsschein der Aachen-Leipziger Versicherungs-Aktien-Gesellschaft, 1917; Grundbuchauszüge, Lagepläne; Schriftwechsel zwischen Phoenix AG Hoerder Verein, Stifts-Brauerei Aktiengesellschaft vormals Eduard Frantzen und Bürgerliches Brauhaus sowie anderen Gläubigern des Verkäufers Ernst Roos über die Tilgung von Hypothekendarlehn zur Verrechnung des Kaufpreises.

1006 Grund- und Hauserwerb in [Dortmund-]Hörde, Mühlenberg 19.
1917–1919
Schriftwechsel zwischen Phoenix AG Hoerder Verein, Witwe Carl Schmidt und Versicherungen über den Verkauf am 12.06.1918, Umbaumaßnahmen und die Gebäudeversicherung; Verzeichnis der Pacht- und Mietverträge, 1915–1917; Wertgutachten; Grundbuchauszüge.

194 Grunderwerb in Dortmund, [Dortmund-]Hörde und [Dortmund-]Hacheney.
1918, 1922–1924
Kaufvertrag zwischen Phoenix AG Hoerder Verein und Freiherr Clemens von Romberg vom 31.01.1918 (Kopie); Schriftwechsel zwischen Phoenix AG Hoerder Verein und Freiherrlich von Romberg'scher Rentei-Verwaltung zum Verkauf weiterer Grundstücke und des Schlosses Brünninghausen mit Liegenschaften sowie zum Ankauf weiterer Grundstücke von Lend & Co. GmbH und Louis Sindern; Lagepläne; Aufstellungen zu Kursentwicklung der Aktien der Phoenix AG, 1922/1923, und Getreidepreisen; Pläne zum Bau von Einfamilienhäusern nordöstlich des Schlossparks Brünninghausen.

270 Haus- und Grunderwerb in [Dortmund-]Hörde, Dortmunder Straße 12.
1918–1920
Grundbuchauszüge; Grunderwerbssteuerbescheide; Rechnungen der Stadt Hörde über Gas-, Strom- und Wasserverbrauch; einzelne Schreiben zwischen Phoenix AG Hoerder Verein und Verkäufer Wilhelm Backhaus.

837 Grunderwerb in [Dortmund-]Hörde.
1919–1920
Verkaufsangebot von W. Seebacher, Hörde, vom 10.02.1919; Bestätigungsschreiben der Phoenix AG Hoerder Verein zum Erwerb vom 07.07.1920; Auszug aus der Niederschrift der Vorstandssitzung der Phoenix AG vom 16.02.1920; Lagepläne; Aktenvermerke.

303 Ermittlung der Eigentumsverhältnisse von Grundstücken in [Dortmund-]Hörde.
1919–1922
Schriftwechsel zwischen Phoenix AG Hoerder Verein und Landgericht Dortmund über Grundbuchberichtigungen; Grundbuchauszüge; Lagepläne; Grundsteuerbescheide; Auszüge aus der Grundsteuerrolle.

896 Abtretung von Grundstücken in [Dortmund-]Hörde an die Stadt Hörde zum Ausbau der Hohensyburgstraße.
1921–1922
Schriftwechsel zwischen Phoenix AG Hoerder Verein, Phoenix AG und Stadt [Dortmund-]Hörde zur Abtretung gegen Verrechnung der Straßenbaukosten und Grundbuchänderung; Lageplan; Auszug aus der Grundsteuerrolle; Grundbuchauszug.

1754 Grunderwerb in [Dortmund-]Hörde, Gartenstraße.
1921–1922
Grundbuchauszüge; Grundstücksstammblatt; Zuwachssteuerbescheid; Grunderwerbssteuerbescheid; Lageplan; Auszug aus der Grundsteuerrolle; Auflassungserklärung des Verkäufers Heinrich Buhl vom 03.02.1922; einzelne Schreiben zwischen Phoenix AG Hoerder Verein und Stadt [Dortmund-]Hörde zu Steuerfragen.

842 Grunderwerb in [Dortmund-]Hörde und [Dortmund-]Berghofen.
1922–1924
Vertrag zwischen Phoenix AG Hoerder Verein sowie Reinhold Becker, Walter Becker und Hedwig Kossack über die kostenlose Überlassung von Grundstücken (ehemalige Zeche Vereinigte Bickefeld Tiefbau) im Rahmen eines Enteignungsverfahrens zum Bahnbau gegen die Gestattung zur Nutzung der Bahngleise durch die Firma Lend & Co. GmbH vom 27.03.1923; Erklärung der Phoenix AG Hoerder Verein zur Zahlung eines Kaufpreises an Lend & Co. vom 02.02.1924 für benachbarte Grundstücke; Schriftwechsel zwischen Phoenix AG Hoerder Verein, Verkäufern, Amtsgericht Hörde und Rechtsanwälten über Verkäufe und Auflassung der Grundstücke; Grunderwerbssteuerbescheide; Grundbuchauszüge.

4227 Grunderwerb zum Werksbahnanschluss an den Bahnhof Hörde-Hacheney.
1925–1926
Vertrag zwischen Deutscher Reichsbahn-Gesellschaft und Phoenix AG Hoerder Verein vom 17.03.1926 über die Abtretung von Bahngrundstücken an das Unternehmen und zum Verzicht der Phoenix AG Hoerder Verein auf die Unkündbarkeit des Anschlussvertrags zwischen Hoerder Verein und Bergisch-Märkischer Eisenbahn-Gesellschaft vom 26.07./26.08.1856 (Abschrift); Vertragsentwürfe; Lageplan des Hochofenwerks Hörde, mit Einzeichnung der Grundstücke; Besprechungsniederschriften und Schriftwechsel zwischen Phoenix AG Hoerder Verein und Reichsbahndirektion Essen zu den Vertragsmodalitäten.

Schüren

854 Haus- und Grunderwerb in [Dortmund-]Schüren.
1912–1919
Quittung des Verkäufers Heinrich Wilhelm Morck über den Erhalt des Kaufpreises für ein Grundstück vom 18.12.1912; Angebot von Morck vom 31.01.1916 über den Verkauf der Häuser in [Dortmund-]Schüren, Ringstraße 73 und 75; Schriftwechsel zwischen Phoenix AG Hoerder Verein und Morck über den Ankauf, die Vermietung an Morck und Grundbuchänderungen; Aktenvermerke; Lagepläne; Kreissteuerbescheid; Grundbuchauszüge; Wertgutachten; Mietvertrag, 1919 (nicht parafiert).

855 Grunderwerb in [Dortmund-]Schüren.
1912–1919
Quittung des Verkäufers Friedrich Maas über den Erhalt des Kaufpreises für ein Grundstück vom 04.08.1916; einzelne Schreiben zwischen Phoenix AG Hoerder Verein und Maas zum Verkauf; Kreissteuerbescheid; Zuwachssteuerbescheid; Auszug aus der Grundsteuerrolle; Lageplan; Grundbuchauszüge.

820 Grunderwerb in [Dortmund-]Schüren.
1916–1921
Antrag der Phoenix AG Hoerder Verein auf Erwerb eines Weges zwischen Ringstraße und Emscherwiesen; Genehmigungsbescheid der Gemeinde Schüren vom 01.05.1917 sowie Untersagung der Genehmigung durch das Königliche Oberlandeskulturgericht, Berlin, auf Antrag der Stadt [Dortmund-]Hörde vom 06.10.1917; Schriftwechsel zwischen Phoenix AG Hoerder Verein, Gemeinde Schüren, Gemeinde [Dortmund-]Berghofen und Stadt Hörde über Genehmigungsverfahren, Kaufpreis und Grundbuchänderungen; Grundbuchauszug; Lagepläne.

593 Haus- und Grunderwerb in [Dortmund-]Schüren, Ringstraße 93.
1922
Kaufvertrag zwischen Phoenix AG Hoerder Verein und Ida Kreft vom 21.08.1922; Vertrag zwischen Ida Kreft und Rechtsanwalt Heinrich Goers als Vertreter der nicht genannten Eigentümer über den Verkauf des Hauses Wellinghofer Straße 104 in [Dortmund-]Hörde an Kreft vom 16.08.1922 auf Initiative der Phoenix AG; Lagepläne; Antrag auf Grundbuchänderung.

455 Haus- und Grunderwerb in [Dortmund-]Schüren, Ringstraße 97.
1922–1923
Kaufvertrag zwischen Phoenix AG Hoerder Verein sowie Julius und Minna Kahlert vom 16.08.1922; Kaufvertrag zwischen Julius und Minna Kahlert sowie Rechtsanwalt Heinrich Goers als Vertreter der nicht genannten Eigentümer vom 16.08.1922 über das Haus Wellinghofer Straße 106 in [Dortmund-]Hörde auf Vermittlung der Phoenix AG Hoerder Verein; Lageplan; Grunderwerb- und Zuwachssteuerbescheide; Rechnungen der Westfälischen Provinzial-Feuersozietät.

456 Haus- und Grunderwerb in [Dortmund-]Schüren, Ringstraße 106.
1922–1923
Kaufvertrag zwischen Phoenix AG Hoerder Verein und Lisette Loeseke vom 16.08.1922; Kaufvertrag zwischen Loeseke und Rechtsanwalt Heinrich Goers als Vertreter der nicht genannten Eigentümer vom 16.08.1922 über das Haus Wellinghofer Straße 108 in [Dortmund-]Hörde auf Vermittlung der Phoenix AG Hoerder Verein; Lageplan; Grunderwerb- und Zuwachssteuerbescheide; Feuerversicherungspolice der Allgemeine Versicherungs-Actien-Gesellschaft vom 05.01.1910, mit Allgemeinen Versicherungsbedingungen.

865 Grunderwerb in [Dortmund-]Schüren und Berghofen.
1922–1925
Verkaufsangebot der Emschergenossenschaft vom 30.08.1922 und Annahmeerklärung der Phoenix AG Hoerder Verein vom 05.09.1922; einzelne Schreiben zwischen den Vertragspartnern über Vermessung der Grundstücke, Begleichung des Kaufpreises und Grundbuchangelegenheiten; Grunderwerbssteuerbescheid; Grundbuchauszüge.

863 Grunderwerb in [Dortmund-]Schüren.
1922–1925
Kaufangebot der Phoenix AG Hoerder Verein an den Verkäufer Heinrich Kellermann vom 08.01.1924 und Annahmeerklärung Kellermanns vom 09.01.1924; einzelne Schreiben zwischen Phoenix AG und Phoenix AG Hoerder Verein zum Ankauf; Grunderwerbssteuerbescheid; Grundbuchauszüge.

840 Haus- und Grunderwerb in [Dortmund-]Schüren, Ringstraße 99.
1922–1925
Kaufvertrag zwischen Phoenix AG Hoerder Verein und Ludwig Herkelmann vom 25.08.1924; Schriftwechsel zwischen Phoenix AG Hoerder Verein und Herkelmann zu Enteignungsverfahren, Höhe des Kaufpreises und Mietangelegenheiten sowie mit der Westfälischen Provinzial-Feuersozietät über die Kündigung der Feuerversicherung; Versicherungsschein vom 25.08.1924; Grunderwerbssteuerbescheid; Grundbuchauszug.

864 Grunderwerb in [Dortmund-]Schüren, Ringstraße.
1922–1926
Kaufvertrag mit August Schwanke vom 16.08.1922, mit Verpflichtung der Phoenix AG Hoerder Verein, dem Verkäufer den Ankauf eines Hauses zu vermitteln; Vertrag zwischen Verkäufer Heinrich Goers, auch als Vertreter von Miteigentümern, und Schwanke über das Haus Wellinghofer Straße 110 in [Dortmund-]Hörde vom 16.08.1922; Grunderwerbssteuerbescheide; Grundbuchauszüge; Prolongationsschein der Westdeutschen Versicherungs-Aktien-Bank für eine Gebäudeversicherung vom 12.09.1879 sowie Hypothekenbescheinigungen der Versicherung, 1884; Feuerversicherungsschein der Nordstern Feuer-Versicherungs-Actien-Gesellschaft vom 15.09.1919, mit Allgemeinen Versicherungsbedingungen; einzelne Schreiben zwischen Phoenix AG Hoerder Verein, Schwanke und Westdeutscher Versicherungsbank Zweigstelle der Nordstern Feuer-Versicherungs-Actien-Gesellschaft über Grundbuchangelegenheiten und die Kündigung der Versicherung.

2.3.7.2 Haus- und Grundverkauf

Benninghofen

193 Abtretung eines Grundstücks in [Dortmund-]Benninghofen an die Stadt [Dortmund-]Hörde.
1916–1917
Schriftwechsel zwischen Phoenix AG Hoerder Verein, Gewerkschaft Admiral und Stadt Hörde zur Abtretung; Grundbuchauszüge; Lageplan.

1401 Geplanter Verkauf von Grundstücken in [Dortmund-]Benninghofen an Stadt [Dortmund-]Hörde und Gemeinnützige Heimstätten AG Hörde.
1920–1922
Vorlage zur Vorstandssitzung der Phoenix AG am 05.12.1922; Grundbuchauszüge, Auszüge aus der Grundsteuerrolle; Zuwachssteuerbescheide und -erklärungen; einzelne Schreiben zwischen Phoenix AG Hoerder Verein und Zuwachssteueramt der Stadt Hörde zur Veranlagung.

Dortmund

1752 Abtretung von Grundstücken in Dortmund, Leierweg, an die Stadt Dortmund.
1912–1913
Vermessungsgutachten; Lagepläne; Auszug aus der Grundsteuerrolle, Grundbuchauszug; einzelne Schreiben zwischen Phoenix AG Hoerder Verein und Stadt Dortmund zu den Abtretungsmodalitäten.

633 Abtretung eines Grundstücks in Dortmund, Leierweg, an die Stadt Dortmund.
1915-1917
Abtretungsvertrag zwischen Phoenix AG Abteilung Hoerder Verein und Stadt Dortmund vom 10.06.1915; Schriftwechsel zwischen den Vertragspartnern zur Abtretung; Grundbuchauszug; Lageplan.

187 Grundstücksverkauf in Dortmund zwischen Emscher und Hahnenmühlenweg.
1920-1921
Schriftwechsel zwischen Phoenix AG Hoerder Verein und Deutsch-Lux Dortmunder Union zum Verkauf an die Deutsch-Lux; Grundbuchauszüge; Lageplan.

Hörde

1409 Haus- und Grundstücksverkauf in [Dortmund-]Hörde, Dortmunder Straße 12.
1897, 1904, 1911-1914
Grundstücksstammblatt; Grundbuchauszüge; einzelne Schreiben zwischen Phoenix AG Hoerder Verein, Prokurist Wilhelm Backhaus als Käufer und A. Schaaffhausen'schem Bankverein zur Höhe des Kaupreises und Pfandentlassung; Drei Mietverträge.

175 Abtretung von Grundstücken an die Stadt [Dortmund-]Hörde zum Ausbau der Bruchstraße.
1897, 1905-1910
Schriftwechsel zwischen Hoerder Verein bzw. Phoenix AG Hoerder Verein und Stadt Hörde zur Veranlagung zu Straßenbaukosten und Errichtung und Ausgestaltung von Einfassungsmauern der Siedlung Bruchstraße; Lageplan; Fluchtlinienplan; Grundbuchauszüge; Zeitungsausschnitte aus dem Hörder Volksblatt über die Veranlagung der Anlieger zu Straßenbaukosten, 1910.

317 Grundstücksverkauf in [Dortmund-]Hörde.
1907-1909
Einzelne Schreiben zwischen Phoenix AG Hoerder Verein und Käuferin Witwe Johann Kohlhaas über Vertragsmodalitäten; Grundbuchauszüge.

1753 Ausbau der Emscherstraße in [Dortmund-]Hörde.
1905-1908
Grundbuchauszüge; Niederschrift eines Ortsbesichtigungstermins zum Zustand der Straße am 26.09.1908; einzelne Schreiben zwischen Hoerder Verein bzw. Phoenix AG Hoerder Verein und Stadt Hörde zum Verkauf eines Grundstücks.

480 Enteignung von Grundstücken in [Dortmund-]Hörde durch die Emschergenossenschaft.
1913-1914, 1921
Entschädigungsfeststellungsbeschluss des Königlichen Regierungspräsidiums Arnsberg Bezirksausschuss vom 09.06.1914 zu den für den Ausbau der Emscher in Hörde zwischen Hörder Mühlenstau und Friedrichstraße enteigneten Grundstücken; Verzeichnisse über die von der Emschergenossenschaft beanspruchten und dauerhaft in ihrer Nutzung eingeschränkten Flächen; Schriftwechsel zwischen Phoenix AG Hoerder Verein, Emschergenossenschaft und dem Enteig-

nungskommissar beim Regierungspräsidium Arnsberg zum Verfahren; Lagepläne; Grundbuchauszug; Zeitungsausschnitte, u. a. mit Aufstellung der insgesamt zu enteignenden Flächen.

1402 Verkauf eines Grundstücks in [Dortmund-]Hörde zur Grenzberichtigung.
1920–1922
Grundbuchauszüge; Auszüge aus der Grundsteuerrolle; Lagepläne; Vermessungsgutachten; einzelne Schreiben zwischen Phoenix AG Hoerder Verein, A Schaaffhausen'schem Bankverein, Firma Julius Sander als Käufer und Stadt Hörde zur Vermessung, Pfandentlassung und Auflassung des Grundstücks.

1717 Abtretung von Grundstücken zwischen Kampweg, Marksbach und Hüttenhospital Hörde an die Stadt [Dortmund-]Hörde.
1922–1924
Auszüge aus der Grundsteuerrolle; Grundbuchauszug; einzelne Schreiben zwischen Phoenix AG Hoerder Verein und Stadt Hörde zur Grundbuchauflassung.

Schüren

609 Abtretung eines Grundstücks in [Dortmund-]Schüren zum Ausbau der Schillerstraße, zuvor Steinkühlerweg.
1912–1914
Schriftwechsel zwischen Phoenix AG Hoerder Verein und Amt [Dortmund-]Aplerbeck zur Abtretung an die Gemeinde; Auszüge aus Flurkarten und der Grundsteuerrolle; Lageplan zum Entwurf eines Schulgebäudes in Schüren; Grundbuchauszüge.

191 Abtretung von Straßenflächen an der Ringstraße in [Dortmund-]Schüren an die Gemeinde Schüren.
1913–1914
Schriftwechsel zwischen Phoenix AG Hoerder Verein und Gemeinde Schüren, Landvermessern und Zeche Freie Vogel und Unverhofft zur Abtretung; Grundbuchauszüge; Lagepläne.

2.3.7.3 Grundstückstausch

200 Grundstückstausch in Dortmund, [Dortmund-]Hörde und [Dortmund-]Hacheney.
1894–1896, 1910–1916
Schriftwechsel zwischen Hoerder Verein bzw. Phoenix AG Hoerder Verein, Freiherrlich von Romberg'scher Rentei-Verwaltung bzw. Clemens Freiherr von Romberg, Landvermessern, Rechtsanwälten und Katasteramt Hörde über Tauschmodalitäten und Vertragsinhalte; Lagepläne; Grundbuchauszüge.

1477 Grundstückstausch in [Dortmund-]Hörde, Bickefeldstraße.
1904–1906, 1909–1910
Einzelne Schreiben zwischen Hoerder Verein bzw. Phoenix AG Hoerder Verein und Stadt Hörde zu einem geplanten Grundstückstausch und Grundbuchfragen.

629 Grundstückstausch in [Dortmund-]Schüren.
1915–1917
Vermessungsprotokoll; Auszüge aus Flurkarten und Grundsteuerrolle; Grundbuchauszüge; Schriftwechsel zwischen Phoenix AG Hoerder Verein, Zeche Freie Vogel und Unverhofft und Katasterbehörden über Tausch, Bau einer Grenzmauer und Grundbuchänderungen.

395 Grundstückstausch in [Dortmund-]Hörde.
1915–1918
Schriftwechsel zwischen Phoenix AG Hoerder Verein sowie den Tauschpartnern Johann Wösthoff, Carl Lindemann und Stadt Hörde; Auszüge aus der Grundsteuerrolle; Zuwachssteuerbescheide; Grundbuchauszüge; Lageplan.

838 Grundstückstausch in [Dortmund-]Hörde.
1922
Vertrag zwischen Phoenix AG Hoerder Verein und Stadt [Dortmund-]Hörde zum Tausch im Rahmen einer Fluchtlinienbereinigung an der Schlachthofstraße nach Bauarbeiten an der Eliasbahn vom 06.05.1922; einzelne Schreiben der Vertragspartner zu den Tauschmodalitäten; Lagepläne.

388 Grundstückstausch in [Dortmund-]Schüren und [Dortmund-]Benninghofen.
1922–1923
Enteignungsverfahren der Phoenix AG Hoerder Verein gegen den Landwirt Eduard Lenninghaus genannt Schulte zur Erweiterung des Werksgeländes der Hermannshütte; Vergleichsgutachten des Sachverständigen H. Schulze-Böing, mit Hinweisen auf massive Umweltschäden durch die brennende Halde der Zeche Freie Vogel und Unverhofft; Schriftwechsel zwischen Phoenix AG Hoerder Verein, Schulte-Böing, Phoenix AG, Emschergenossenschaft und Stadt [Dortmund-]Hörde über den mittels Grundstückstausch abgeschlossenen Vergleich; Lageplan; Zuwachssteuerbescheide.

851 Grundstückstausch in [Dortmund-]Berghofen.
1923–1925
Einzelne Schreiben zwischen Phoenix AG Hoerder Verein und Tauschpartner Eduard Henkel über Tauschmodalitäten und Grundbuchänderungen; Lageplan; Grunderwerbssteuerbescheid; Auszug aus der Grundsteuerrolle; Grundbuchauszüge.

2.3.7.4 Pachten

2545 Kantinenbetrieb von Hoerder Verein bzw. Phoenix AG Hoerder Verein.
1891–1924
Lebensmittelchemisches Gutachten zur Qualität des Bieres der Adler-Brauerei, Unna, vom 30.06.1892 (gedruckt), mit Werbeschreiben des Besitzers August Klönne; Betriebssteuerbescheide; Zeitungsausschnitte; Schriftwechsel zwischen Hoerder Verein bzw. Phoenix AG Hoerder Verein, Kantinenpächtern, Brauereien, insbesondere Stifts-Brauerei Aktiengesellschaft vormals Eduard Frantzen und Bürgerliches Brauhaus, Klönne und Stadt [Dortmund-]Hörde über Pachtbedingungen und Pachtzahlungen, Konzessionen, Bierausschank, Preise, Hygienefragen, Bauarbeiten und Reparaturen, Steuerveranlagung und Lieferbeschränkungen während des Kriegs.

171 Mietangelegenheiten in [Dortmund-]Hörde, Löwenstraße 10–20.
1915–1916, 1915
Schriftwechsel zwischen Phoenix AG Hoerder Verein, Zeche Freie Vogel und Unverhofft, Mietern und Mietinteressenten; Mietübernahmebestätigungen der Kommission zur Gewährung von Familien-Unterstützung aus Anlass der Mobilmachung 1914.

2185 Anbau- und Ernteflächenerhebung bei der Phoenix AG Hoerder Verein.
1918–1920
Aufstellungen der von der Phoenix AG Hoerder Verein verpachteten Flächen, mit Angaben zu den von den Pächtern angebauten Getreide- und Gemüsesorten; Zeitungsausschnitte; einzelne Schreiben zwischen Phoenix AG Hoerder Verein sowie den Städten und Gemeinden Dortmund, [Dortmund-]Hörde, [Dortmund-]Aplerbeck und [Dortmund-]Brackel.

2.3.7.5 Sonstiges

2259 Umschreibung des Grundstücks- und Bergwerkseigentums des Hoerder Vereins auf die Phoenix AG Hoerder Verein im Rahmen der Fusion.
1906–1907
Schriftwechsel zwischen Phoenix AG Hoerder Verein, Phoenix AG, A. Schaaffhausen'schem Bankverein sowie Amtsgericht Dortmund, Amtsgericht Hörde, Amtsgericht Iserlohn, Amtsgericht Schwerte und Amtsgericht Unna zu Grundstücken und Bergwerken in [Dortmund-]Brackel, [Dortmund-]Asseln, [Unna-]Massen, Dortmund, Hemer, [Dortmund-]Hörde und Schwerte.

816 Geplanter Erwerb von Grundstücken und Werksanlagen der Dortmunder Vulkan AG in [Dortmund-]Aplerbeck.
1919–1922
Vorläufiger Vertrag zwischen Phoenix AG Hoerder Verein und Dortmunder Vulkan AG über den Ankauf von Grundstücken, Werksgebäuden, Maschinen, Transportanlagen und Wohnhäusern, zur Abgeltung von durch Schacht Schleswig des Hoerder Kohlenwerks verursachten Bergschäden sowie Lieferung von 2.000 Tonnen Halbzeug vom 30.01.1922 (nicht parafierte Abschrift); internes Wertgutachten; Aufstellungen über Grundstücke und Inventar; Lageplan; Schriftwechsel zwischen Phoenix AG Hoerder Verein und Dortmunder Vulkan AG über Vertragsmodalitäten, Meinungsverschiedenheiten zum Umfang der Maschinenverkäufe und Kündigung des vorläufigen Vertrags durch die Dortmunder Vulkan AG; Satzung der Dortmunder Vulkan AG vom 16.11.1920 sowie Geschäftsbericht 1919/20.

2.4 Technik, Produktion und Neubau
2.4.1 Produktions- und Betriebsstatistik
2.4.1.1 Alle Werke

5291 Produktionskostenstatistik von Hoerder Verein bzw. Phoenix AG Hoerder Verein.
1906–1907
Kladde mit vorgedruckten Statistikbögen und handschriftlichen Einträgen zu Hoerder Kohlenwerk mit den Schächten Schleswig und Holstein, Hermannshütte mit Walzwerken, Hammerwerk, Gie-

ßereien, Fabrik feuerfester Steine und Presswerk, sowie Hochofenwerk Hörde, Juli 1906 bis April 1907, mit Angaben zu Produktion, verbrauchten Einsatzstoffen, Energiewirtschaft, Abfällen und Ausschuss, Transportkosten und Löhnen zur Ermittlung der Gesamtproduktionskosten.

3106/15 Produktions- und Betriebskostenstatistik von Hoerder Verein bzw. Phoenix AG Hoerder Verein.
1906–1907
Monatliche Aufstellungen zu Produktion, Kohlen-, Koks- und Erzverbrauch, Löhnen sowie sonstigen Produktions- und Betriebskosten von Hoerder Kohlenwerk, Hochofenwerk Dortmund, Hochofenwerk Hörde und Hermannshütte mit Thomas-Stahlwerk, Siemens-Martin-Stahlwerk, Walzwerken, Presswerk und Gießerei, gegliedert nach einzelnen Betrieben, Kostenarten und Produkten, Juli 1906 bis Juni 1907.
3107/1 Dsgl. für Phoenix AG Hoerder Verein, Juli 1907 bis Juni 1908.
3107/2 Dsgl. für Phoenix AG Hoerder Verein, Juli 1908 bis Juni 1909.
3107/3 Dsgl. für Phoenix AG Hoerder Verein, Juli 1909 bis Juni 1910.
3107/4 Dsgl., Juli 1910 bis Juni 1911.
3107/5 Dsgl., Juli 1911 bis Juni 1912.
3107/6 Dsgl., Juli 1912 bis Juni 1913.
3108/1 Dsgl., Juli 1914 bis Juni 1915.
3108/2 Dsgl., Juli 1915 bis Juni 1916.
3108/3 Dsgl., Juli 1916 bis Juni 1917.
3108/4 Dsgl., Juli 1917 bis Juni 1918.
3109/1 Dsgl., Juli 1918 bis Juni 1919.
3109/2 Dsgl., Juli 1919 bis Juni 1920.
3109/3 Dsgl., Juli 1920 bis Juni 1921.
3109/4 Dsgl., Juli 1921 bis Juni 1922.
3110/1 Dsgl., Juli 1924 bis Juni 1925, z. T. mit Vergleichswerten der Phoenix AG Ruhrort.
3110/2 Dsgl., Juli 1925 bis Juni 1926.

2.4.1.2 Hermannshütte

5353 Produktionsbuch des Blockwalzwerks.
1906–1909
Produktionsbuch, Juli 1906 bis Mai 1909, aufgeschlüsselt nach Blöcken, Knüppeln, Platinen, Schienen und Profileisen.
5354 Dsgl., Januar 1912 bis Januar 1914.
5355 Dsgl., Februar 1914 bis Mai 1916.
5356 Dsgl., November 1922 bis September 1925.

1822 Betriebskontenbuch der Hermannshütte.
1925
Aufstellungen zu Betriebsausgaben, Januar bis Dezember 1925.

2.4.2 Energie- und Wasserversorgung

1212 Wasserversorgung von Firma Carl von Born und Hochofenwerk Hörde.
1873, 1884, 1911
Vertrag zwischen Gilbert Freiherr von Romberg und Carl von Born vom 14.05.1873 über die Verpachtung eines Grundstücks zum Bau von Brunnen und einer Pumpstation zur Wasserversorgung des Hochofenwerks der Firma Carl von Born aus der Emscher; Erklärung der Firma Carl von Born zur Verlängerung des Vertrags um zwölf Jahre vom 19.08.1884; notariell beglaubigtes Angebot der Phoenix AG Hoerder Verein vom 07.11.1911 an Clemens Freiherr von Romberg zur Genehmigung des Baus einer Wasserpumpstation und -leitung für das Hochofenwerk Hörde auf dessen Grundstücken; notariell beglaubigte Erklärung von Romberg zur Annahme des Angebots vom 14.11.1911; Lagepläne.

2446 Wasserversorgung durch das Städtische Wasserwerk Dortmund.
1894–1896, 1903–1918
Bestimmungen für die Benutzung der öffentlichen Wasserleitung der Stadt Dortmund vom 04.02.1896 sowie Polizeiverordnung für die Benutzung der öffentlichen Wasserleitung und des daselbst entnommenen Wassers vom 07.12.1894 (gedruckt); Schriftwechsel zwischen Hoerder Verein bzw. Phoenix AG Hoerder Verein und Städtischem Wasserwerk Dortmund zu Bau einer Wasserleitung und Anschluss des Hochofenwerks Hörde, Reparaturen, insbesondere an Wasserleitungen unterhalb des Werksbahnnetzes, technischen und Betriebsfragen, Gefahren einer Vermischung von Leitungswasser und Emscherwasser und Versorgungsproblemen während des Ersten Weltkriegs.

2378 Wasserversorgung durch das Kreiswasserwerk Hörde.
1899, 1906–1918
Vertrag zwischen Phoenix AG Hoerder Verein und Kreisausschuss des Landkreises Hörde vom 30.11.1907 über die vollständige Übernahme der Wasserversorgung des Unternehmens ab dem 01.04.1913 (Abschrift und Entwurf); Lagepläne zur Verlegung von Rohrleitungen sowie von Teilen des Hochofenwerks Hörde; Auszüge aus Flurkarten; Abrechnung zu Rohrverlegungskosten vom 17.02.1913; Zeitungsausschnitte; Polizeiverordnung zur Benutzung des Kreiswasserwerks des Landkreises Hörde vom 19.04.1913 (Typoskript); Kreisstatut des Landkreises Hörde zur Nutzung des Kreiswasserwerks vom 18.04.1913 (Typoskript); Gebührenordnung über die Erhebung von Gebühren für die Benutzung der Leitungen des Kreiswasserwerks vom 27.02.1913 (gedruckt); vergleichende Aufstellungen zum monatlichen Wasserverbrauch einzelner Betriebe in den Geschäftsjahren 1913/14, 1915/16 und im Jahr 1917; Schriftwechsel zwischen Phoenix AG Hoerder Verein, Kreisausschuss des Landkreises Hörde, Kreiswasserwerk Hörde und Kreisbauamt des Landkreises zu Vertragsabschluss, Verlegung von Leitungen, technischen und Betriebsfragen sowie Problemen bei der Wasserversorgung der Schächte Schleswig und Holstein des Hoerder Kohlenwerks.

2459 Regulierung und Reinigung von Emscher, Tirole und Hörder Bach.
1906–1919, 1923
Polizeiliche Anordnungen im Zwangsverfahren gegen den Hoerder Verein zur Reinigung des Hörder Bachs in Höhe der Siedlung Klarenberg vom 07.06.1906 sowie an die Phoenix AG Hoerder Verein zur Reinigung von Tirole und Emscher im Bereich der Hermannshütte vom 27.11.1907; polizeiliche Aufforderung an die Stiftsbrauerei AG zur Reinigung des Hörder Bachs vom 01.08.1908

(Abschrift); Lageplan von Emscher und Alter Emscher im Bereich Hörde, mit Einzeichnung von Grundstücken; Bekanntmachung der Städte Dortmund und [Dortmund-]Hörde zur Räumungs- und Reinhaltepflicht vom 04.06.1907 (Zeitungsausschnitt); Emscherwasseranalyse des Laboratoriums der Hermannshütte vom 31.08.1912; Erlass des Ministeriums der öffentlichen Arbeiten vom 12.04.1915 zur Erhebung von Entgelt für die Benutzung von Wasserläufen erster Ordnung durch Ableitung und Einleitung von Wasser (gedruckt); Kostenvoranschlag zur Kanalisierung eines Teils der Aplerbecker Straße in [Dortmund-]Neu-Asseln vom 26.04.1918; Zeitungsausschnitte; Schriftwechsel zwischen Phoenix AG Hoerder Verein, Stadt Hörde, Amt [Dortmund-]Aplerbeck, Amt [Dortmund-]Brackel, Emschergenossenschaft und Westfälischer Eisen- und Drahtwerke AG, Aplerbeck, zu Reinigungs- und Bauarbeiten, Grundstücksangelegenheiten, Verunreinigung der Emscher durch Gichtstaub, Geruchsbelästigung der Umgebung, Verlegung von Rohren und Ausbau von Gräben sowie Ableitung von Abwässern der Schlackenhalde bei Schacht Schleswig des Hoerder Kohlenwerks.

2481 Wasserversorgung von Phoenix AG Hoerder Verein bzw. VSt Hoerder Verein.
1913–1928
Gebührenordnung über die Erhebung von Gebühren für die Benutzung der Leitungen des Kreiswasserwerks des Landkreises Hörde vom 08.12.1919 (gedruckt); Aufstellung der Betriebskosten der Dortmunder Wasserwerks-Gesellschaft mbH, 1919/20 und 1920/21; Aufstellung des Wasserverbrauchs von Hermannshütte, Hochofenwerk Hörde und Hoerder Kohlenwerk, 1913/14–1921/22; Erläuterungsbericht der Dortmunder Wasserwerks-Gesellschaft mbH vom 30.03.1922 zur Kalkulation der Wasserpreise, mit vergleichender Aufstellung zur Entwicklung von Kohlenpreisen und Wasserabsatz sowie Betriebskosten zwischen 1914 und 1922, aufgeschlüsselt nach Steuern, Löhnen, Anlagenkosten und Energiekosten; Kostenabrechnung des Kreiswasserwerks Hörde über Rohrverlegungsarbeiten in der Hochofenstraße vom 20.10.1913; Lageplan der Wasserleitungen in der Hochofenstraße vom 14.07.1922; Niederschriften von Besprechungen und Schriftwechsel zwischen Phoenix AG Hoerder Verein bzw. VSt Hoerder Verein, Phoenix AG Bergwerke, Kreiswasserwerk Hörde bzw. Dortmunder Wasserwerks-Gesellschaft sowie verschiedenen Unternehmen, u. a. Aplerbecker Aktien-Verein für Bergbau, Bergwerksgesellschaft Glückaufsegen mbH, Deutsch-Lux Dortmunder Union, Deutsche Patent-Wärmeschutz AG, Hoesch AG und Gewerkschaft Dorstfeld, zur Entwicklung der Wasserpreise.

2.4.3 Rohstoffversorgung

2284 Erz- und Ersatzteilversorgung im Ersten Weltkrieg.
1905, 1915–1917, 1923
Einzelne Schreiben zwischen Phoenix AG Hoerder Verein, Königlich Preußischem Kriegsministerium, Reichsamt des Innern und Auswärtigem Amt zur Organisation von Erzversorgung, Freigabe bzw. Aufhebung von Liefersperren für verschiedene Produkte sowie Organisation von Importen aus dem besetzten Ausland und der Schweiz, insbesondere der Gebr. Sulzer AG.
Darin auch: Antrag des Hoerder Vereins an das Ministerium der öffentlichen Arbeiten zur Ermäßigung der Eisenbahnfrachttarife für den Bezug von schlesischer Steinkohle während des Bergarbeiterstreiks vom 17.01.1905 und Antwortschreiben des Ministeriums; Schreiben des Arbeitgeberverbands für Dortmund und Umgegend an die Phoenix AG Hoerder Verein zu einem Reichsbankkredit vom 27.10.1923.

2540 Verrechnungspreise der Phoenix AG für innerbetriebliche Lieferungen.
1914–1922
Rundschreiben der Phoenix AG, mit Preislisten an die Abteilungen, u. a. Phoenix AG Düsseldorfer Röhren- und Eisenwalzwerke, Phoenix AG Hoerder Verein, Phoenix AG Ruhrort und Phoenix AG Westfälische Union, zu Verrechnungspreisen; Auszüge aus den Niederschriften der Vorstandssitzungen der Phoenix AG.

2601 Geplante Gründung einer Einkaufsgemeinschaft für phosphorarme Erze durch Unternehmen der Eisen- und Stahlindustrie.
1916
Niederschrift einer Besprechung von Unternehmensvertretern am 05.02.1916, mit Anwesenheitsliste; Aktenvermerk der Phoenix AG Hoerder Verein.

2431 Rohstoffversorgung der Phoenix AG Hoerder Verein.
1920–1924
Aufstellungen zur Produktion einzelner Betriebe der Phoenix AG Hoerder Verein, mit Angaben zur Anzahl der Arbeiter und Schichten, 1920–1923; tägliche Liefer- und Bestandsnachweise von Hochofenwerk Hörde und Hermannshütte für Erze, Kohlen, Kalk und sonstige Rohstoffe sowie Ferromangan und Spiegeleisen, 12.02.1923–14.11.1923 (einzelne Lücken).
Bei den Statistiken der Jahre 1920–1922 handelt es sich um Durchschläge, größtenteils ohne Bezugsrahmen.

2.4.4 Neubau (Sortierung nach Datum des Bauantrags)
2.4.4.1 Werksanlagen
2.4.4.1.1 Hochöfen und Sinteranlagen

Hochofenwerk Hörde

3465 Umbau von Hochofen VI.
1902–1905, 1920–1921
Bauanträge des Hoerder Vereins vom 19.07.1902 und 23.07.1903; Baugenehmigungen von Königlichem Regierungspräsidium Arnsberg Bezirksausschuss und Amt [Dortmund-]Wellinghofen vom 14.02.1903 und 10.08.1903; Lageplan; Grund- und Aufrisszeichnungen; Konstruktionszeichnungen der Firma Aug. Klönne; Schriftwechsel zwischen Hoerder Verein bzw. Phoenix AG Hoerder Verein und Genehmigungsbehörden zu den Genehmigungsverfahren.

3497 Neubau von Hochofen V mit Gießhalle für die Hochöfen V und VI.
1909–1911
Bauanträge der Phoenix AG Hoerder Verein vom 11.03.1909 und 25.10.1910; Baugenehmigungen des Königlichen Regierungspräsidiums Arnsberg Bezirksausschuss vom 16.11.1909 und 10.02.1911; Lageplan des Hochofenwerks; statische Berechnungen; Konstruktions-, Grund- und Aufrisszeichnungen, u. a. der Firma Aug. Klönne; Schriftwechsel zwischen Phoenix AG Hoerder Verein und Bezirksausschuss zum Genehmigungsverfahren.

5379 Abbruch und Neubau von Hochofen II.
1911–1912
Bauantrag der Phoenix AG Hoerder Verein vom 22.02.1911; statische Berechnungen der Firma Aug. Klönne; Grund-, Aufriss- und Konstruktionszeichnungen; einzelne Schreiben zwischen Phoenix AG Hoerder Verein und Königlichem Regierungspräsidium Arnsberg Bezirksausschuss zum Genehmigungsverfahren.

3526 Überdachung des Zwischenraums zwischen Apparatebau und Salzlager im Hochofenwerk Hörde.
1912
Bauantrag der Phoenix AG Hoerder Verein vom 08.01.1912; Baugenehmigung des Amts [Dortmund-]Wellinghofen vom 22.01.1912; Lageplan; Grund- und Aufrisszeichnungen; einzelne Schreiben zwischen Phoenix AG Hoerder Verein und Amt Wellinghofen zum Genehmigungsverfahren.

3529 Bau einer Gichtstaubbrikettierungsanlage im Hochofenwerk Hörde.
1912–1913
Bauantrag der Phoenix AG Hoerder Verein vom 11.06.1912; Baugenehmigung der Stadt [Dortmund-]Hörde vom 25.06.1912; Lageplan; statische Berechnungen; Konstruktions-, Grund- und Aufrisszeichnungen; Bauabnahmeschein vom 13.03.1913; einzelne Schreiben zwischen Phoenix AG Hoerder Verein und Stadt Hörde zum Genehmigungsverfahren.

3542 Erweiterung des Bürogebäudes.
1913–1914
Bauantrag der Phoenix AG Hoerder Verein vom 28.08.1913; Baugenehmigung des Amts [Dortmund-]Wellinghofen vom 11.09.1913, mit Auszug aus der Baupolizeiverordnung (Abschrift); Lageplan; Grund- und Aufrisszeichnungen; Bauabnahmeschein vom 10.03.1914; einzelne Schreiben zwischen Phoenix AG Hoerder Verein und Amt Wellinghofen zum Genehmigungsverfahren.

3553 Bau einer Sinteranlage im Hochofenwerk Hörde.
1916–1919
Bauantrag der Phoenix AG Hoerder Verein vom 09.02.1916; Baugenehmigung des Königlichen Regierungspräsidiums Arnsberg Bezirksausschuss vom 28.03.1916; Schriftwechsel zwischen Phoenix AG Hoerder Verein, Bezirksausschuss, Kreis [Dortmund-]Hörde und Amt [Dortmund-]Wellinghofen zum Genehmigungsverfahren und dessen kriegsrechtlichen Aspekten sowie zur Gültigkeit der Baugenehmigung nach Kriegsende; Lageplan; Grund- und Aufrisszeichnungen; Konstruktionszeichnungen; statische Berechnungen.

597 Lageplan des Hochofenwerks Hörde (Blaupause).
10.09.1920

3583 Bau von Hochofen VII mit Erzbunker, Schrägaufzug, Winderhitzern und Gießhalle.
1921–1922, 1942
Bauantrag der Phoenix AG Hoerder Verein vom 09.08.1921; Baugenehmigung des Regierungspräsidiums Arnsberg Bezirksausschuss vom 09.10.1922; Lageplan; Grund- und Aufrisszeichnungen, Konstruktionszeichnungen und statische Berechnungen von Dortmunder Brückenbau C. H. Jucho, J. Pohlig AG und Kölsch-Fölzer-Werke AG.
Unterlagen größtenteils in Kopie von 1942, da Originalakte bei Luftangriff verbrannt.

3616 Erhöhung des Schornsteins der Cowper von Hochofen I.
1925
Bauantrag der Phoenix AG Hoerder Verein vom 09.03.1925; Baugenehmigung der Stadt [Dortmund-]Hörde vom 17.04.1925, mit Auszug aus der Baupolizeiverordnung; Lageplan; Grund- und Aufrisszeichnungen; statische Berechnungen der Firma Carl Brand, Dortmund; einzelne Schreiben zwischen Phoenix AG Hoerder Verein und Stadt Hörde zum Genehmigungsverfahren.

3617 Bau eines Maschinenhauses für den Aufzugsantrieb und Erhöhung der Cowper an Hochofen I.
1925
Bauanträge der Phoenix AG Hoerder Verein vom 23.03.1925 und 07.05.1925; Baugenehmigung des Regierungspräsidiums Arnsberg Bezirksausschuss vom 08.09.1925; Lageplan; Grund- und Aufrisszeichnungen; statische Berechnungen; Bauabnahmeschein vom 14.12.1925; einzelne Schreiben zwischen Phoenix AG Hoerder Verein und verschiedenen Behörden zum Genehmigungsverfahren.

Hochofenwerk Dortmund

3428 Neubau der Gießhalle für Hochofen I und einer Kranbahn.
1910–1913
Bauanträge der Phoenix AG Hoerder Verein vom 30.07.1910 und 11.07.1913; Baugenehmigung des Königlichen Regierungspräsidiums Arnsberg Bezirksausschuss vom 18.10.1913; Lageplan; Konstruktionszeichnungen und statische Berechnungen der Firma Aug. Klönne; Bauabnahmeschein vom 07.10.1911; einzelne Schreiben zwischen Phoenix AG Hoerder Verein und Stadt Dortmund zum Genehmigungsverfahren.

3429 Neubau der Gießhalle für Hochofen II.
1911
Bauantrag der Phoenix AG Hoerder Verein vom 04.01.1911; Baugenehmigung des Königlichen Regierungspräsidiums Arnsberg Bezirksausschuss vom 18.03.1911; Lageplan; Konstruktionszeichnungen und statische Berechnungen der Firma Aug. Klönne; Bauabnahmeschein vom 07.10.1911; einzelne Schreiben zwischen Phoenix AG Hoerder Verein und Stadt Dortmund zum Genehmigungsverfahren.

3447 Neubau von Hochofen II.
1917–1919
Bauantrag der Phoenix AG Hoerder Verein vom 06.02.1918; Baugenehmigung des Königlichen Regierungspräsidiums Arnsberg Bezirksausschuss vom 14.06.1918; Lageplan; Grund-, Konstruktions- und Aufrisszeichnungen; Bauabnahmeschein vom 14.11.1918; einzelne Schreiben zwischen Phoenix AG Hoerder Verein und Bezirksausschuss zum Genehmigungsverfahren.

2.4.4.1.2 Kokerei Hörde

3456 Bau und Umbau der Koksofenbatterie IV mit 52 Öfen.
1899, 1909–1910

Bauantrag des Hoerder Vereins vom 08.06.1899; Baugenehmigung des Kreises [Dortmund-]Hörde vom 15.06.1899; Lageplan; Konstruktionszeichnung; Grund- und Aufrisszeichnung; Schriftwechsel zwischen Phoenix AG Hoerder Verein, Kreis Hörde und Dr. C. Otto & Comp. über den Umbau der Öfen.

3457 Bau und Umbau einer Kohlenmischanlage und eines Kamins für die Kokerei.
1899, 1909–1910
Bauanträge von Hoerder Verein bzw. Phoenix AG Hoerder Verein vom 30.09.1899 und 24.06.1909; Baugenehmigungen von Amt [Dortmund-]Wellinghofen bzw. Kreis Hörde vom 16.11.1899 und 15.09.1909; Lageplan; Konstruktionszeichnungen sowie Grund- und Aufrisszeichnungen von Firma F. J. Collin und Dortmunder Brückenbau C. H. Jucho; statische Berechnungen von Schüchtermann & Kremer Maschinenfabrik und Firma F. J. Collin; Bauabnahmeschein vom 27.12.1909; Schriftwechsel zwischen Phoenix AG Hoerder Verein und Kreis Hörde über den Umbau der Anlage und Ersatz der Holzkonstruktion durch eine Eisenkonstruktion.

3470 Bau eines Kohlenmischturms mit Mischhaus.
1903–1904, 1913–1914
Bauanträge des Hoerder Vereins vom 28.10.1903 bzw. der Phoenix AG Hoerder Verein vom 13.09.1913; Baugenehmigungen von Amt [Dortmund-]Wellinghofen vom 11.11.1903 und Kreis Hörde vom 12.11.1913; Lageplan, Konstruktions-, Grund- und Aufrisszeichnungen der Schüchtermann & Kremer Maschinenfabrik; Bauabnahmescheine vom 09.02.1904 und 13.02.1914; Schriftwechsel zwischen Antragstellern und Amt Wellinghofen zum Genehmigungsverfahren.

3484 Bau von 60 Koksöfen.
1907–1908
Bauantrag der Phoenix AG Hoerder Verein vom 17.06.1907; Baugenehmigung des Kreises [Dortmund-]Hörde vom 03.09.1907; Lageplan; Grund-, Aufriss- und Konstruktionszeichnungen der Dr. C. Otto & Comp.; einzelne Schreiben zwischen Phoenix AG Hoerder Verein, Kreis Dortmund, Königlichem Regierungspräsidium Arnsberg Bezirksausschuss und Dr. C. Otto zu Bauantrag und Genehmigungsverfahren.

3491 Neubau einer Koksseparation.
1908
Bauantrag der Phoenix AG Hoerder Verein vom 06.06.1908; Baugenehmigung des Amts [Dortmund-]Wellinghofen vom 27.06.1908; statische Berechnungen; Lageplan; Konstruktions-, Grund- und Aufrisszeichnungen der Firma Schüchtermann & Kremer Maschinenfabrik; Bauabnahmeschein vom 03.10.1908; einzelne Schreiben zwischen Phoenix AG Hoerder Verein und Amt Wellinghofen zum Genehmigungsverfahren.

3492 Bau eines zweiten Kamins für die 1904 errichtete Kokereianlage.
1908–1909
Bauantrag der Phoenix AG Hoerder Verein vom 08.07.1908; Baugenehmigung des Kreises [Dortmund-]Hörde vom 31.07.1908; Schriftwechsel zwischen Phoenix AG Hoerder Verein und Kreis Hörde zum Genehmigungsverfahren.

3498 Bau eines Kamins für die Kokereianlage.
1909
Bauantrag der Phoenix AG Hoerder Verein vom 17.03.1909; Baugenehmigung des Kreises [Dortmund-]Hörde vom 26.04.1909; einzelne Schreiben zwischen Phoenix AG Hoerder Verein und Kreis Hörde zum Genehmigungsverfahren.

3520 Abbruch der Dr. C. Otto & Comp.-Kokereianlage von 1895 und Neubau einer F. J. Collin-Kokereianlage mit 80 Öfen.
1911–1912
Bauantrag der Phoenix AG Hoerder Verein vom 03.10.1911; Baugenehmigung von Kreis [Dortmund-]Hörde vom 20.10.1911 und Königlichem Regierungspräsidium Arnsberg Bezirksausschuss vom 11.12.1911; Lageplan; Konstruktions-, Grund- und Aufrisszeichnungen sowie statische Berechnungen der Firma F. J Collin; Schriftwechsel zwischen Phoenix AG Hoerder Verein, Bezirksausschuss und Stadt Hörde zum Genehmigungsverfahren.

5377/1 Bau einer Kokerei mit 60 Öfen und Nebenproduktengewinnung.
1913–1914
Bauantrag der Phoenix AG Hoerder Verein vom 28.04.1913; Baugenehmigung des Kreises [Dortmund-]Hörde vom 26.11.1913; Lageplan, Grund- und Aufrisszeichnungen sowie Konstruktionszeichnungen der Firma F. J. Collin; Schriftwechsel zwischen Phoenix AG Hoerder Verein, Königlichem Regierungspräsidium Arnsberg Bezirksausschuss und Kreis Hörde zu Genehmigungsverfahren und Einspruch von Clemens Freiherr von Romberg.

5377/2 Bau einer Kokerei mit 60 Öfen und Nebenproduktengewinnung.
1913
Baugenehmigung des Königlichen Regierungspräsidiums Arnsberg Bezirksausschuss vom 24.07.1913; Lagepläne; Grund- und Aufrisszeichnungen des Salzlagers der Ammoniakfabrik; statische Berechnungen und Konstruktionszeichnungen der Otto Estner Kühlwerksbau GmbH, Dortmund, zu einem Kaminkühler.

3547 Bau einer Benzolvorproduktenanlage mit Gasausgleichsbehälter.
1915–1919
Bauantrag der Phoenix AG Hoerder Verein vom 06.08.1915; Baugenehmigung des Königlichen Regierungspräsidiums Arnsberg Bezirksausschuss vom 27.09.1915; Schriftwechsel zwischen Phoenix AG Hoerder Verein, Bezirksausschuss, Kreis [Dortmund-]Hörde, Amt [Dortmund-]Wellinghofen und Deutscher Benzol-Vereinigung GmbH zum Genehmigungsverfahren und dessen kriegsrechtlichen Aspekten, zum Einspruch der Freiherrlich von Romberg'schen Rentei-Verwaltung gegen die Anlage sowie zur Gültigkeit der Genehmigung nach Kriegsende; Lageplan; Grund- und Aufrisszeichnungen, Konstruktionszeichnungen und statische Berechnungen von Firma Aug. Klönne, Hein, Lehmann & Co. AG und Firma Gebr. Hinselmann.

3563 Umbau der 1904 errichteten Kokerei und Nebenproduktenanlage und Erweiterung der Ammoniakfabrik.
1917–1919
Bauantrag der Phoenix AG Hoerder Verein vom 23.02.1917; Baugenehmigungen des Königlichen Regierungspräsidiums Arnsberg Bezirksausschuss vom 18.05.1917 und 17.09.1919; Schriftwech-

sel zwischen Phoenix AG Hoerder Verein, Bezirksausschuss, Kreis [Dortmund-]Hörde und Amt [Dortmund-]Wellinghofen zum Genehmigungsverfahren und dessen kriegsrechtlichen Aspekten sowie zur Gültigkeit der Genehmigung nach Kriegsende; Lageplan; Grund- und Aufrisszeichnungen; Konstruktionszeichnungen und statische Berechnungen von Firma Heinrich Koppers und Schüchtermann & Kremer Maschinenfabrik.

3608 Bau einer Koksofengruppe mit 65 Öfen.
1923–1927
Bauantrag der Phoenix AG Hoerder Verein vom 02.08.1923; Baugenehmigung des Königlichen Regierungspräsidiums Arnsberg Bezirksausschuss vom 11.03.1924; Lageplan; Grund- und Aufrisszeichnungen sowie Konstruktionszeichnungen der Firma Heinrich Koppers; statische Berechnungen zur Brücke der Maschinenbahn der Wiemer & Trachte Ingenieure GmbH; einzelne Schreiben zwischen Phoenix AG Hoerder Verein bzw. VSt Hoerder Verein und Stadt [Dortmund-]Hörde zum Genehmigungsverfahren.

2.4.4.1.3 Stahlwerke

3782 Erweiterung der Gießhalle des Siemens-Martin-Stahlwerks.
1907–1910
Bauanträge der Phoenix AG Hoerder Verein vom 27.12.1907 und 28.11.1910; Baugenehmigungen der Stadt [Dortmund-]Hörde vom 11.05.1908 und 07.12.1910; Grund- und Aufrisszeichnungen sowie statische Berechnungen der Brückenbau Flender AG, Benrath; Lagepläne; Bauabnahmescheine vom 24.06.1909 und 22.12.1910; einzelne Schreiben zwischen Phoenix AG Hoerder Verein und Stadt Hörde zu den Genehmigungsverfahren.

3799 Bau von zwei Konverterkaminen für das Thomas-Stahlwerk.
1908
Grundrisszeichnung; Lageplan; einzelne Schreiben zwischen Phoenix AG Hoerder Verein und Eisenbahndirektion Essen zum Genehmigungsverfahren.

3817 Vergrößerung der Konverter im Thomas-Stahlwerk von 18 auf 25 Tonnen Chargengewicht.
1909–1910
Bauantrag der Phoenix AG Hoerder Verein vom 19.10.1909; Baugenehmigung der Stadt [Dortmund-]Hörde vom 30.06.1910, mit Auszug aus der Baupolizeiverordnung; Grund- und Aufrisszeichnungen; Konstruktionszeichnungen; statische Berechnungen; Lageplan; einzelne Schreiben zwischen Phoenix AG Hoerder Verein, Königlicher Gewerbeinspektion Dortmund, Benrather Maschinenfabrik AG und Stadt Hörde zum Genehmigungsverfahren.

3828 Erweiterung des Gebläsehauses des Thomas-Stahlwerks.
1910
Bauantrag der Phoenix AG Hoerder Verein vom 13.09.1910; Baugenehmigung der Stadt [Dortmund-]Hörde vom 22.09.1910, mit Auszug aus der Baupolizeiverordnung; Grund- und Aufrisszeichnungen; Lageplan; Bauabnahmeschein vom 01.10.1910; einzelne Schreiben zwischen Phoenix AG Hoerder Verein und Stadt Hörde zum Genehmigungsverfahren.

3843/1 Bau eines neuen Siemens-Martin-Stahlwerks mit Roheisenmischern.
1911
Bauantrag der Phoenix AG Hoerder Verein vom 12.04.1911; Einsprüche von Anwohnern wegen Lärm- und Schmutzbelästigung; Bescheid der Stadt [Dortmund-]Hörde zur Abweisung der Einsprüche und Verfügung von Bauauflagen vom 15.08.1911; Schriftwechsel zwischen Phoenix AG Hoerder Verein und Stadt Hörde zum Genehmigungsverfahren; statische Berechnungen der Firmen Aug. Klönne und Dortmunder Brückenbau C. H. Jucho sowie des beratenden Ingenieurs Walter Ebert.

3843/2 Bau eines neuen Siemens-Martin-Stahlwerks mit Roheisenmischern.
1911
Baugenehmigung des Kreises [Dortmund-]Hörde vom 22.09.1911; Grund-, Aufriss- und Konstruktionszeichnungen der Firmen Aug. Klönne und Dortmunder Brückenbau C. H. Jucho.

3858 Erweiterung der Kupolofenanlage im Siemens-Martin-Stahlwerk um einen Ofen.
1911
Bauantrag der Phoenix AG Hoerder Verein vom 10.11.1911; Baugenehmigung der Stadt [Dortmund-]Hörde vom 29.12.1911, mit Auszug aus der Baupolizeiverordnung; Grund- und Aufrisszeichnungen; Lageplan; Bauabnahmeschein vom 29.12.1911; einzelne Schreiben zwischen Phoenix AG Hoerder Verein und Stadt Hörde zum Genehmigungsverfahren.

3861 Veränderungen am Dach und Verlängerung der Kranbahn des Thomas-Stahlwerks.
1911–1913
Bauantrag der Phoenix AG Hoerder Verein vom 28.12.1911; Baugenehmigung der Stadt [Dortmund-]Hörde vom 19.01.1912, mit Auszug aus der Baupolizeiverordnung; Grund-, Aufriss- und Konstruktionszeichnungen sowie statische Berechnungen der Firma Aug. Klönne; Lageplan; Bauabnahmeschein vom 10.04.1913; einzelne Schreiben zwischen Phoenix AG Hoerder Verein und Stadt Hörde zum Genehmigungsverfahren.

3904 Bau eines elektrisch angetriebenen Stripperkrans im Thomas-Stahlwerk als Ersatz für die hydraulischen Blockziehkräne.
1913–1914
Bauantrag der Phoenix AG Hoerder Verein vom 16.12.1913; Baugenehmigung der Stadt [Dortmund-]Hörde vom 03.02.1914, mit Auszug aus der Baupolizeiverordnung; Grund- und Aufrisszeichnungen sowie Konstruktionszeichnungen und statische Berechnungen der Firma Aug. Klönne; Lageplan; Bauabnahmeschein vom 30.09.1914; einzelne Schreiben zwischen Phoenix AG Hoerder Verein und Stadt Hörde zum Genehmigungsverfahren.

4018/1 Verbreiterung der Gießhalle und Verlängerung der Schrottkranbahn des Siemens-Martin-Stahlwerks I.
1923–1924
Bauantrag der Phoenix AG Hoerder Verein vom 13.01.1923; Bauabnahmeschein vom 20.10.1924; einzelne Schreiben zwischen Phoenix AG Hoerder Verein und Stadt [Dortmund-]Hörde zum Genehmigungsverfahren.

4018/2 Verbreiterung der Gießhalle und Verlängerung der Schrottkranbahn des Siemens-Martin-Stahlwerks I.

1923
Baugenehmigung der Stadt [Dortmund-]Hörde vom 24.04.1923; Grund- und Aufrisszeichnungen der Firma Aug. Klönne; Lageplan; statische Berechnungen.

2.4.4.1.4 Walzwerke

3768 Bau einer Überdachung der Glühöfen des Feinblechwalzwerks und eines Laufkrans durch den Hoerder Verein.
1906–1908
Bauantrag des Hoerder Vereins vom 22.08.1906; Baugenehmigung der Stadt [Dortmund-]Hörde vom 11.09.1906, mit Auszug aus der Baupolizeiverordnung; Grund- und Aufrisszeichnung; statische Berechnung; Lageplan; Bauabnahmeschein vom 29.01.1908; einzelne Schreiben zwischen Hoerder Verein bzw. Phoenix AG Hoerder Verein und Stadt Hörde zum Genehmigungsverfahren.

3821 Bau einer weiteren Blockwalzstraße.
1910
Bauantrag der Phoenix AG Hoerder Verein vom 28.01.1910; Baugenehmigung der Stadt [Dortmund-]Hörde vom 23.03.1910, mit Auszug aus der Baupolizeiverordnung; Grund- und Aufrisszeichnungen, Konstruktionszeichnungen und statische Berechnungen der Firma Aug. Klönne; Lageplan; einzelne Schreiben zwischen Phoenix AG Hoerder Verein und Stadt Hörde zum Genehmigungsverfahren.

3823 Bau einer Kondensationsanlage für die Tandem-Drillings-Reversiermaschine im Blockwalzwerk.
1910–1911
Bauantrag der Phoenix AG Hoerder Verein vom 10.08.1910; Baugenehmigung der Stadt [Dortmund-]Hörde vom 23.03.1910, mit Auszug aus der Baupolizeiverordnung; Grund- und Aufrisszeichnungen, Konstruktionszeichnungen und statische Berechnungen der Maschinenbau-AG Balcke; Lageplan; Bauabnahmeschein vom 20.02.1911; einzelne Schreiben zwischen Phoenix AG Hoerder Verein und Stadt Hörde zum Genehmigungsverfahren.

3832/1 Erweiterung des Presswerks und Bau eines Rohrwalzwerks.
1910–1913
Bauantrag der Phoenix AG Hoerder Verein vom 28.09.1910; Baugenehmigung der Stadt [Dortmund-]Hörde vom 13.10.1910; Einsprüche von Anwohnern wegen Lärm- und Schmutzbelästigung; Bescheid der Stadt Hörde zur Abweisung der Einsprüche und Verfügung von Bauauflagen vom 21.01.1911; Beschwerden von Anwohnern beim Handelsministerium gegen den Bescheid sowie Schriftsätze des Unternehmens; Beschluss des Ministeriums vom 08.06.1911; Schriftwechsel zwischen Phoenix AG Hoerder Verein und Stadt Hörde zum Genehmigungsverfahren; Kostenvoranschlag.

3832/2 Erweiterung des Presswerks und Bau eines Rohrwalzwerks.
1910–1911
Baugenehmigung der Stadt [Dortmund-]Hörde vom 29.07.1911; Lageplan; Grund-, Aufriss- und Konstruktionszeichnungen, auch für Wassergaserzeuger, Gasbehälter, Schornsteine, Hammeranlagen und Walzgerüste, sowie statische Berechnungen der Firmen Aug. Klönne, Gustav Brink-

mann & Co., Witten, Berg- und Hütten-Maschinen GmbH, Düsseldorf, und Kalker Werkzeugmaschinenfabrik Breuer, Schumacher & Co. AG; Anlagenbeschreibungen zum Bauantrag.

3840 Neubau eines Kamins für die Blocköfen des Stahlwalzwerks.
1911
Bauantrag der Phoenix AG Hoerder Verein vom 08.03.1911; Baugenehmigung der Stadt [Dortmund-]Hörde vom 28.03.1911, mit Auszug aus der Baupolizeiverordnung; Grund- und Aufrisszeichnungen; Lageplan; statische Berechnungen; Bauabnahmeschein vom 28.04.1911; einzelne Schreiben zwischen Phoenix AG Hoerder Verein und Stadt Hörde zum Genehmigungsverfahren.

3881 Umbau der Wasserrückkühlung des Blockwalzwerks zur Aufnahme eines elektrischen Antriebs.
1913
Bauantrag der Phoenix AG Hoerder Verein vom 23.01.1913; Baugenehmigung der Stadt [Dortmund-]Hörde vom 15.02.1913, mit Auszug aus der Baupolizeiverordnung; Lageplan; Grund-, Aufriss- und Konstruktionszeichnungen; Rohbauabnahmeschein vom 13.04.1913; einzelne Schreiben zwischen Phoenix AG Hoerder Verein und Stadt Hörde zum Genehmigungsverfahren.

3907 Bau eines Universalwalzwerks beim Feineisenwalzwerk.
1914–1916
Bauantrag der Phoenix AG Hoerder Verein vom 10.01.1914; Baugenehmigung der Stadt [Dortmund-]Hörde vom 26.01.1914, mit Auszug aus der Baupolizeiverordnung; Grund- und Aufrisszeichnungen sowie Konstruktionszeichnungen und statische Berechnungen der Hein, Lehmann & Co. AG; Lageplan; Bauabnahmeschein vom 04.02.1916; einzelne Schreiben zwischen Phoenix AG Hoerder Verein und Stadt Hörde zum Genehmigungsverfahren.

3957 Überdachung der Kranbahn zum Transport von Granatenstahlblöcken.
1917
Bauantrag der Phoenix AG Hoerder Verein vom 24.05.1917; Grund- und Aufrisszeichnungen sowie statische Berechnungen der Firma Aug. Klönne; Lageplan; einzelne Schreiben zwischen Phoenix AG Hoerder Verein, Stadt [Dortmund-]Hörde und Militärstellen zum Genehmigungsverfahren.

3967 Erweiterung des Blockwalzwerksgebäudes zur Aufstellung eines Kompressors.
1919–1920
Bauantrag der Phoenix AG Hoerder Verein vom 18.01.1919; Baugenehmigung der Stadt [Dortmund-]Hörde vom 17.02.1919; Grund- und Aufrisszeichnungen; Lageplan; statische Berechnungen; Bauabnahmeschein vom 18.08.1920; einzelne Schreiben zwischen Phoenix AG Hoerder Verein und Stadt Hörde zum Genehmigungsverfahren.

4015 Bau eines Raumes zur Unterbringung eines Reserveankers im Blockwalzwerk.
1923
Bauantrag der Phoenix AG Hoerder Verein vom 08.01.1923; Baugenehmigung der Stadt [Dortmund-]Hörde vom 19.01.1923; Grund- und Aufrisszeichnungen; Lageplan; Bauabnahmeschein vom 22.02.1923; einzelne Schreiben zwischen Phoenix AG Hoerder Verein und Stadt Hörde zum Genehmigungsverfahren.

4029 Versetzung des Kamins des Blechwalzwerks.
1923
Bauantrag der Phoenix AG Hoerder Verein vom 14.09.1923; Baugenehmigung der Stadt [Dortmund-]Hörde vom 04.10.1923, mit Auszug aus der Baupolizeiverordnung; Grund- und Aufrisszeichnungen; Aufrisszeichnung der Werksgebäude an der Bickefeldstraße; Lageplan; Bauabnahmeschein vom 23.12.1923; einzelne Schreiben zwischen Phoenix AG Hoerder Verein und Stadt Hörde zum Genehmigungsverfahren.

4042/1 Bau einer neuen Walzwerkshalle für das Blechwalzwerk.
1925
Bauantrag der Phoenix AG Hoerder Verein vom 19.02.1925; Baugenehmigung der Stadt [Dortmund-]Hörde vom 28.05.1925, mit Auszug aus der Baupolizeiverordnung; Grund- und Aufrisszeichnungen der Brückenbau Flender AG; Lageplan; Bauabnahmeschein vom 25.08.1925; einzelne Schreiben zwischen Phoenix AG Hoerder Verein und Stadt Hörde zum Genehmigungsverfahren.

4042/2 Bau einer neuen Walzwerkshalle für das Blechwalzwerk.
1925
Statische Berechnungen der Brückenbau Flender AG.

2.4.4.1.5 Werkstätten und Adjustage

Hermannshütte

3777 Bau einer Radsatzwerkstatt mit Waschkaue.
1907
Grund- und Aufrisszeichnungen sowie statische Berechnungen der Dortmunder Brückenbau C. H. Jucho; Lageplan.

3790 Bau eines Werkstattgebäudes für die Bauabteilung.
1908–1909
Bauantrag der Phoenix AG Hoerder Verein vom 25.05.1908; Baugenehmigung der Stadt [Dortmund-]Hörde vom 13.06.1908; Grund- und Aufrisszeichnungen; Lageplan; Bauabnahmeschein vom 19.02.1909; einzelne Schreiben zwischen Phoenix AG Hoerder Verein und Stadt Hörde zum Genehmigungsverfahren.

3791 Erweiterung der Adjustage des Blechwalzwerks.
1908–1909
Bauantrag der Phoenix AG Hoerder Verein vom 13.06.1908; Baugenehmigung der Stadt [Dortmund-]Hörde vom 09.07.1908; Grund- und Aufrisszeichnungen; Lageplan; Bauabnahmeschein vom 19.02.1909; einzelne Schreiben zwischen Phoenix AG Hoerder Verein und Stadt Hörde zum Genehmigungsverfahren.

3800 Erweiterung der Radsatzwerkstatt.
1908–1909
Bauantrag der Phoenix AG Hoerder Verein vom 31.12.1908; Baugenehmigung der Stadt [Dort-

mund-]Hörde vom 12.01.1909, mit Auszug aus der Baupolizeiverordnung; Grund- und Aufrisszeichnungen; Lageplan; Bauabnahmeschein vom 25.06.1909; einzelne Schreiben zwischen Phoenix AG Hoerder Verein und Stadt Hörde zum Genehmigungsverfahren.

3802 Neubau der Modellschreinerei mit Holz- und Modelllager.
1909
Bauantrag der Phoenix AG Hoerder Verein vom 15.04.1909; Baugenehmigung der Stadt [Dortmund-]Hörde vom 23.06.1909, mit Auszug aus der Baupolizeiverordnung; Grund- und Aufrisszeichnungen sowie statische Berechnungen der Lolat-Eisenbeton AG, Düsseldorf; Lageplan; Bauabnahmeschein vom 01.02.1910; einzelne Schreiben zwischen Phoenix AG Hoerder Verein und Stadt Hörde zum Genehmigungsverfahren.

3806 Neubau der Überdachung der Schmiede am Stahlwalzwerk.
1909–1910
Bauantrag der Phoenix AG Hoerder Verein vom 05.06.1909; Baugenehmigung der Stadt [Dortmund-]Hörde vom 17.07.1909, mit Auszug aus der Baupolizeiverordnung; Grund- und Aufrisszeichnungen sowie statische Berechnungen der Union AG Abteilung E; Lageplan; Bauabnahmeschein vom 19.04.1910; einzelne Schreiben zwischen Phoenix AG Hoerder Verein und Stadt Hörde zum Genehmigungsverfahren.

3808 Bau einer Kalteisenschlittensäge mit Elektrizitätsverteilerstation beim Trägerlager.
1909
Bauantrag der Phoenix AG Hoerder Verein vom 25.06.1909; Baugenehmigung der Stadt [Dortmund-]Hörde vom 02.08.1909; Grund- und Aufrisszeichnungen; statische Berechnungen; Lageplan; Rohbauabnahmeschein vom 23.11.1909; einzelne Schreiben zwischen Phoenix AG Hoerder Verein und Stadt Hörde zum Genehmigungsverfahren.

3822 Bau einer provisorischen Werkstatt bei der Stahlgießerei.
1910
Bauantrag der Phoenix AG Hoerder Verein vom 21.03.1910; Baugenehmigung der Stadt [Dortmund-]Hörde vom 18.04.1910, mit Auszug aus der Baupolizeiverordnung; Grund- und Aufrisszeichnungen; Lageplan; einzelne Schreiben zwischen Phoenix AG Hoerder Verein und Stadt Hörde zum Genehmigungsverfahren.

3845 Erweiterung der Zentralreparaturwerkstatt.
1911–1912
Bauantrag der Phoenix AG Hoerder Verein vom 04.05.1911; Baugenehmigung der Stadt [Dortmund-]Hörde vom 20.05.1911, mit Auszug aus der Baupolizeiverordnung; Grund- und Aufrisszeichnungen; Lageplan; statische Berechnungen; Bauabnahmeschein vom 19.03.1912; einzelne Schreiben zwischen Phoenix AG Hoerder Verein und Stadt Hörde zum Genehmigungsverfahren.

3905 Überdachung der Putzerei zwischen Eisengießerei und Wellrohrwalzwerk.
1913–1914
Bauantrag der Phoenix AG Hoerder Verein vom 08.01.1914; Baugenehmigung der Stadt [Dortmund-]Hörde vom 11.04.1914; Grund- und Aufrisszeichnungen sowie Konstruktionszeichnungen

und statische Berechnungen; Lageplan; einzelne Schreiben zwischen Phoenix AG Hoerder Verein und Stadt Hörde zum Genehmigungsverfahren.

3911 Neubau der Mechanischen Werkstatt.
1914–1917
Bauantrag der Phoenix AG Hoerder Verein vom 03.04.1914; Baugenehmigung der Stadt [Dortmund-]Hörde vom 24.04.1914, mit Auszug aus der Baupolizeiverordnung; Grund- und Aufrisszeichnungen, Konstruktionszeichnungen und statische Berechnungen der Eisenbeton-Baugesellschaft mbH Otto Flügel; Lageplan; Bauabnahmeschein vom 03.03.1917; einzelne Schreiben zwischen Phoenix AG Hoerder Verein und Stadt Hörde zum Genehmigungsverfahren.

3913 Bau eines Schornsteins für die Nagelglühe der Adjustage.
1914
Bauantrag der Phoenix AG Hoerder Verein vom 13.05.1914; Baugenehmigung der Stadt [Dortmund-]Hörde vom 22.05.1914, mit Auszug aus der Baupolizeiverordnung; statische Berechnungen; Lageplan; Rohbauabnahmeschein vom 11.06.1914; einzelne Schreiben zwischen Phoenix AG Hoerder Verein und Stadt Hörde zum Genehmigungsverfahren.

3915 Bau einer Zementier- und Härtungsanlage bei der Räderfabrik.
1914
Bauantrag der Phoenix AG Hoerder Verein vom 29.06.1914; Baugenehmigung der Stadt [Dortmund-]Hörde vom 01.10.1914; Grund- und Aufrisszeichnungen; Lageplan; Konstruktionszeichnungen eines Selas-Apparats der Göhmann & Einhorn GmbH, mit Betriebsanweisung und Baubeschreibung; Plakat zur sicheren Lagerung feuergefährlicher Flüssigkeiten der „Securitas" Syndikat für Lagerung feuergefährlicher Flüssigkeiten GmbH; einzelne Schreiben zwischen Phoenix AG Hoerder Verein und Stadt Hörde zum Genehmigungsverfahren.

3926 Bau einer Schmiedewerkstatt für die Eisenbahnabteilung unter der Eliasbahn.
1915–1916
Bauantrag der Phoenix AG Hoerder Verein vom 24.09.1915; Baugenehmigung der Stadt [Dortmund-]Hörde vom 08.10.1915, mit Auszug aus der Baupolizeiverordnung; Grund- und Aufrisszeichnungen; Lageplan; Bauabnahmeschein vom 12.02.1916; einzelne Schreiben zwischen Phoenix AG Hoerder Verein und Stadt Hörde zum Genehmigungsverfahren.

3928 Bau einer Acetylenerzeugungsanlage für die Werkstatt II.
1915
Bauanträge der Phoenix AG Hoerder Verein vom 30.10.1915 und 01.11.1915; Baugenehmigung der Stadt [Dortmund-]Hörde vom 19.11.1915, mit Auszug aus der Baupolizeiverordnung; Prüfbescheinigung des Dampfkessel-Überwachungs-Vereins Dortmund e. V.; Grund- und Aufrisszeichnungen; Lageplan; Bauabnahmeschein vom 16.12.1915; einzelne Schreiben zwischen Phoenix AG Hoerder Verein und Stadt Hörde zum Genehmigungsverfahren..

3971 Bau eines Schuppens zur Reparatur von Pfannenwagen.
1919–1920
Bauantrag der Phoenix AG Hoerder Verein vom 20.03.1919; Baugenehmigung der Stadt [Dortmund-]Hörde vom 28.03.1919; Grund- und Aufrisszeichnungen; Lageplan; Bauabnahmeschein

vom 20.01.1920; einzelne Schreiben zwischen Phoenix AG Hoerder Verein und Stadt Hörde zum Genehmigungsverfahren.

3981 Erweiterung der Wagenwerkstatt.
1919–1920
Bauantrag der Phoenix AG Hoerder Verein vom 10.11.1919; Baugenehmigung der Stadt [Dortmund-]Hörde vom 12.11.1919, mit Auszug aus der Baupolizeiverordnung; Grund- und Aufrisszeichnungen; Lageplan; Bauabnahmeschein vom 12.03.1920; einzelne Schreiben zwischen Phoenix AG Hoerder Verein und Stadt Hörde zum Genehmigungsverfahren.

4004/1 Bau von zwei Adjustagehallen für das Blechwalzwerk nach Abriss der alten Halle.
1922–1924
Bauantrag der Phoenix AG Hoerder Verein vom 17.06.1922; Baugenehmigung der Stadt [Dortmund-]Hörde vom 12.07.1922, mit Auszug aus der Baupolizeiverordnung; Grund- und Aufrisszeichnungen der Brückenbau Flender AG; Lageplan; Bauabnahmeschein vom 15.08.1924; einzelne Schreiben zwischen Phoenix AG Hoerder Verein und Stadt Hörde zum Genehmigungsverfahren.

4004/2 Bau von zwei Adjustagehallen für das Blechwalzwerk nach Abriss der alten Halle.
1922
Statische Berechnungen der Brückenbau Flender AG, Heft 1.
4004/3 Dsgl., Heft 2.
4004/4 Dsgl., Heft 3.
4004/5 Dsgl., Heft 4.

4005 Inbetriebnahme von drei Beagid-Schweißgeräten in der Zentralreparaturwerkstatt.
1922
Betriebsanzeige der Phoenix AG Hoerder Verein vom 25.07.1922; Prüfbescheinigungen des Dampfkessel-Überwachungs-Vereins Dortmund e. V.; Gerätebeschreibungen und Gebrauchsanleitungen; einzelne Schreiben zwischen Phoenix AG Hoerder Verein und Stadt [Dortmund-]Hörde zum Genehmigungsverfahren.

4039 Aufstellung eines Bandagenrichtwerks in der ehemaligen Mechanischen Werkstatt.
1924–1925
Antrag auf Betriebsgenehmigung der Phoenix AG Hoerder Verein vom 28.11.1924; Betriebsgenehmigung der Stadt [Dortmund-]Hörde vom 15.05.1925; Konstruktionszeichnungen; Lagepläne von Hermannshütte und Hochofenwerk; einzelne Schreiben zwischen Phoenix AG Hoerder Verein und Stadt Hörde zum Genehmigungsverfahren.

4044 Umsetzung einer Halle des Blechwalzwerks zur Modellschreinerei.
1925
Bauantrag der Phoenix AG Hoerder Verein vom 04.03.1925; Baugenehmigung der Stadt [Dortmund-]Hörde vom 10.03.1925; Grund- und Aufrisszeichnungen; Lageplan; einzelne Schreiben zwischen Phoenix AG Hoerder Verein und Stadt Hörde zum Genehmigungsverfahren.

Hochofenwerke

3424 Bau einer Schreinerei mit Baderaum im Hochofenwerk Dortmund.
1907–1908
Bauantrag der Phoenix AG Hoerder Verein vom 26.10.07 (Kopie); Baugenehmigung der Stadt Dortmund vom 16.12.1907; Lageplan; Grund- und Aufrisszeichnungen; Bauabnahmeschein vom 15.09.08; einzelne Schreiben zwischen Phoenix AG Hoerder Verein und Stadt Dortmund zum Genehmigungsverfahren.

3585 Betrieb eines Beagidschweißgeräts im Hochofenwerk Hörde.
1921
Betriebsanzeige der Phoenix AG Hoerder Verein bei der Stadt [Dortmund-]Hörde vom 22.09.1921; Prüfbescheinigung des Dampfkessel-Überwachungs-Vereins Dortmund e. V.; Betriebsbeschreibung (ohne Herstellerangabe).

2.4.4.1.6 Gießereien, Schmiede-, Hammer- und Presswerke

3785 Bau eines Kamins für die Flammöfen der Eisengießerei.
1908
Bauantrag der Phoenix AG Hoerder Verein vom 01.02.1908; Baugenehmigung der Stadt [Dortmund-]Hörde vom 09.04.1908; Grund- und Aufrisszeichnungen sowie statische Berechnungen der Firma Ernst Eckardt; Lageplan; einzelne Schreiben zwischen Phoenix AG Hoerder Verein und Stadt Hörde zum Genehmigungsverfahren.

3814 Erweiterung der Formerei der Stahlgießerei.
1909–1910
Bauantrag der Phoenix AG Hoerder Verein vom 06.10.1909; Baugenehmigung der Stadt [Dortmund-]Hörde vom 14.01.1910; Grund- und Aufrisszeichnungen; statische Berechnungen; Lageplan; Bauabnahmeschein vom 29.08.1910; einzelne Schreiben zwischen Phoenix AG Hoerder Verein und Stadt Hörde zum Genehmigungsverfahren.

3880 Erweiterung des Presswerks.
1913
Bauantrag der Phoenix AG Hoerder Verein vom 23.01.1913; Baugenehmigung der Stadt [Dortmund-]Hörde vom 15.02.1913, mit Auszug aus der Baupolizeiverordnung; Lageplan; Grund- und Aufrisszeichnungen sowie statische Berechnungen der Hein, Lehmann & Co. AG; Bauabnahmeschein vom 09.12.1913; einzelne Schreiben zwischen Phoenix AG Hoerder Verein und Stadt Hörde zum Genehmigungsverfahren.

3893 Bau eines Wiegehäuschens bei der Kesselschmiede.
1913
Bauantrag der Phoenix AG Hoerder Verein vom 21.04.1913; Baugenehmigung der Stadt [Dortmund-]Hörde vom 24.04.1913, mit Auszug aus der Baupolizeiverordnung; Grund- und Aufrisszeichnungen; Lageplan; Bauabnahmeschein vom 13.05.1913; einzelne Schreiben zwischen Phoenix AG Hoerder Verein und Stadt Hörde zum Genehmigungsverfahren.

3894 Erweiterung der Kesselschmiede.
1913–1914
Bauantrag der Phoenix AG Hoerder Verein vom 25.04.1913; Einsprüche von Anwohnern gegen die Baugenehmigung wegen Lärm- und Schmutzbelästigung; Beschwerde von Anwohnern beim Handelsministerium gegen die Baugenehmigung der Stadt [Dortmund-]Hörde; Schriftsätze der Verfahrensgegner; Baugenehmigung der Stadt Hörde vom 24.04.1913; Grund- und Aufrisszeichnungen; Lageplan; Bauabnahmeschein vom 13.05.1913; Schriftwechsel zwischen Phoenix AG Hoerder Verein und Stadt Hörde zu Genehmigungsverfahren und Einsprüchen.

3939 Verlängerung und Überdachung der Kranbahn des Hammerwerks.
1916
Bauantrag der Phoenix AG Hoerder Verein vom 06.06.1916; Baugenehmigung der Stadt [Dortmund-]Hörde vom 21.09.1916, mit Auszug aus der Baupolizeiverordnung; Grund- und Aufrisszeichnungen; Konstruktionszeichnungen; Lageplan; einzelne Schreiben zwischen Phoenix AG Hoerder Verein und Stadt Hörde zum Genehmigungsverfahren.

3970 Erweiterung der Räderfabrik.
1919–1920
Bauantrag der Phoenix AG Hoerder Verein vom 11.03.1919; Baugenehmigung der Stadt [Dortmund-]Hörde vom 31.03.1919; Grund- und Aufrisszeichnungen; Lageplan; statische Berechnungen; Bauabnahmeschein vom 03.08.1920; einzelne Schreiben zwischen Phoenix AG Hoerder Verein und Stadt Hörde zum Genehmigungsverfahren.

3976 Erweiterung der Gießhalle der Stahlgießerei der Hermannshütte.
1919–1922
Bauantrag der Phoenix AG Hoerder Verein vom 10.06.1919; Baugenehmigung der Stadt [Dortmund-]Hörde vom 31.10.1919; Grund- und Aufrisszeichnungen sowie statische Berechnungen der Firma Aug. Klönne; Lageplan; Bauabnahmeschein vom 16.10.1920; einzelne Schreiben zwischen Phoenix AG Hoerder Verein und Stadt Hörde zum Genehmigungsverfahren.

4022 Überdachung des Hofraums der Gelbgießerei.
1923
Bauantrag der Phoenix AG Hoerder Verein vom 15.03.1923; Baugenehmigung der Stadt [Dortmund-]Hörde vom 03.04.1923, mit Auszug aus der Baupolizeiverordnung; Grund- und Aufrisszeichnungen; Lageplan; Rohbauabnahmeschein vom 03.07.1923; einzelne Schreiben zwischen Phoenix AG Hoerder Verein und Stadt Hörde zum Genehmigungsverfahren.

2.4.4.1.7 Dampfhämmer und Zerkleinerungsanlagen

Hermannshütte

3780 Neubau bzw. Verlegung des Fallwerks des Siemens-Martin-Stahlwerks.
1907–1908
Bauantrag der Phoenix AG Hoerder Verein vom 28.10.1907; Baugenehmigung der Stadt [Dortmund-]Hörde vom 21.01.1908, mit Auszug aus der Baupolizeiverordnung; Grund- und Aufriss-

zeichnungen; Lageplan; Bauabnahmeschein vom 13.05.1908; einzelne Schreiben zwischen Phoenix AG Hoerder Verein und Stadt Hörde zum Genehmigungsverfahren.

3804 Bau eines Gebäudes für einen Lufthammer.
1909
Bauantrag der Phoenix AG Hoerder Verein vom 24.04.1909; Baugenehmigung der Stadt [Dortmund-]Hörde vom 12.08.1909, mit Auszug aus der Baupolizeiverordnung; Grund- und Aufrisszeichnungen der Billeter & Klunz AG; Lageplan; Bauabnahmeschein vom 06.09.1909; einzelne Schreiben zwischen Phoenix AG Hoerder Verein und Stadt Hörde zum Genehmigungsverfahren.

3855 Aufstellung eines Dampfhammers in der Zentralreparaturwerkstatt.
1911
Bauantrag der Phoenix AG Hoerder Verein vom 18.09.1911; Baugenehmigung der Stadt [Dortmund-]Hörde vom 27.11.1911, mit Auszug aus der Baupolizeiverordnung; Beschreibung und Konstruktionszeichnung des Hammers der J. Banning AG; Lageplan; einzelne Schreiben zwischen Phoenix AG Hoerder Verein und Stadt Hörde zum Genehmigungsverfahren.

3865 Aufstellung eines Dampfhammers in der Reparaturwerkstatt des Blechwalzwerks.
1912
Bauantrag der Phoenix AG Hoerder Verein vom 04.05.1912; Baugenehmigung der Stadt [Dortmund-]Hörde vom 13.06.1912; Beschreibung und Konstruktionszeichnung des Hammers der J. Banning AG; Lageplan; einzelne Schreiben zwischen Phoenix AG Hoerder Verein und Stadt Hörde zum Genehmigungsverfahren.

3892 Bau eines Fallwerks zum Zerschlagen von Kokillen und Pfannenschlacken.
1913
Bauanträge der Phoenix AG Hoerder Verein vom 09.04.1913 und 27.05.1913; Baugenehmigung des Kreises [Dortmund-]Hörde vom 23.09.1913; Grund- und Aufrisszeichnungen; Lageplan; Schriftwechsel zwischen Phoenix AG Hoerder Verein, Kreis Hörde, Stadt Dortmund und Stadt Hörde zum Genehmigungsverfahren und zu Einsprüchen von Anwohnern gegen den Bau.

3980 Aufstellung eines Luftdruckhammers zum Ausschmieden von Schnelldrehstählen bei der Radsatzwerkstatt.
1919
Bauantrag der Phoenix AG Hoerder Verein vom 03.09.1919; Baugenehmigung der Stadt [Dortmund-]Hörde vom 22.11.1919; Grund- und Aufrisszeichnungen; Konstruktionszeichnung der Billeter & Klunz AG; Lageplan; einzelne Schreiben zwischen Phoenix AG Hoerder Verein und Stadt Hörde zum Genehmigungsverfahren.

4041 Bau einer Halle für den bisher im Hammerwerk betriebenen 40-t-Dampfhammer.
1925
Bauantrag der Phoenix AG Hoerder Verein vom 30.01.1925; Baugenehmigung des Kreises [Dortmund-]Hörde vom 15.05.1925; Grund- und Aufrisszeichnungen; Lageplan; Bauabnahmeschein vom 05.08.1925; einzelne Schreiben zwischen Phoenix AG Hoerder Verein und Kreis Hörde zum Genehmigungsverfahren.

Hochofenwerke

3503 Anbau eines Gebäudes für einen Masselbrecher an die Gießhalle der Hochöfen I–IV im Hochofenwerk Hörde.
1909
Bauantrag der Phoenix AG Hoerder Verein vom 11.09.1909; Baugenehmigung der Stadt [Dortmund-]Hörde vom 15.10.1909; Lageplan; statische Berechnungen; Grund- und Aufrisszeichnungen der Dortmunder Brückenbau C. H. Jucho; Bauabnahmeschein vom 01.02.1910; einzelne Schreiben zwischen Phoenix AG Hoerder Verein und Stadt Hörde zum Genehmigungsverfahren.

3504 Bau eines Gebäudes für Erzbrecher und Kollergang zur Probenverarbeitung im Hochofenwerk Hörde.
1909–1910
Bauantrag der Phoenix AG Hoerder Verein vom 27.09.1909; Baugenehmigung der Stadt [Dortmund-]Hörde vom 16.10.1909; Lageplan; Grund- und Aufrisszeichnungen; Bauabnahmeschein vom 10.04.1910; einzelne Schreiben zwischen Phoenix AG Hoerder Verein und Stadt Hörde zum Genehmigungsverfahren.

3506 Bau eines Lufthammers im Werkstattgebäude des Hochofenwerks Hörde.
1910
Bauantrag der Phoenix AG Hoerder Verein vom 06.01.1910; Baugenehmigung des Königlichen Regierungspräsidiums Arnsberg Bezirksausschuss vom 23.03.1910; Lageplan; Konstruktionszeichnung der Billeter & Klunz AG; einzelne Schreiben zwischen Phoenix AG Hoerder Verein und Bezirksausschuss zum Genehmigungsverfahren.

3528 Bau eines Gebäudes für eine Tonschneidemaschine im Hochofenwerk Hörde.
1912
Bauantrag der Phoenix AG Hoerder Verein vom 25.03.1912; Baugenehmigung des Amts [Dortmund-]Wellinghofen vom 18.04.1912; Lageplan; Grund- und Aufrisszeichnungen; Bauabnahmeschein vom 23.06.1912; einzelne Schreiben zwischen Phoenix AG Hoerder Verein und Amt Wellinghofen zum Genehmigungsverfahren.

3433 Bau eines Fallwerks zur Zerkleinerung von Gussstücken im Hochofenwerk Dortmund.
1913
Bauantrag der Phoenix AG Hoerder Verein vom 09.04.1913; Baugenehmigung der Stadt Dortmund vom 15.07.1913; Lageplan; Konstruktionszeichnungen der Dortmunder Brückenbau C. H. Jucho; einzelne Schreiben zwischen Phoenix AG Hoerder Verein und Stadt Dortmund zum Genehmigungsverfahren.

3539 Bau eines Gebäudes für einen Masselbrecher im Hochofenwerk Hörde.
1913
Bauantrag der Phoenix AG Hoerder Verein vom 26.06.1913; Baugenehmigung der Stadt [Dortmund-]Hörde vom 22.07.1913, mit Auszug aus der Baupolizeiverordnung; Lageplan; Grund- und Aufrisszeichnungen; Bauabnahmeschein vom 21.10.1913; einzelne Schreiben zwischen Phoenix AG Hoerder Verein und Stadt Hörde zum Genehmigungsverfahren.

2.4.4.1.8 Steinfabrik und Dolomitaufbereitung

3781 Neubau der Teerentwässerungsanlage mit Abdampfkondensation bei der Dolomitaufbereitung.
1907–1908
Bauantrag der Phoenix AG Hoerder Verein vom 07.11.1907; Baugenehmigung der Stadt [Dortmund-]Hörde vom 07.04.1908, mit Auszug aus der Baupolizeiverordnung; Grund- und Aufrisszeichnungen; Lageplan; einzelne Schreiben zwischen Phoenix AG Hoerder Verein und Stadt Hörde zum Genehmigungsverfahren.

3801 Neubau des Dachs der Dolomitanlage des Thomas-Stahlwerks nach Brand.
1909
Bauantrag der Phoenix AG Hoerder Verein vom 26.01.1909; Baugenehmigung der Stadt [Dortmund-]Hörde vom 12.02.1909, mit Auszug aus der Baupolizeiverordnung; Grund- und Aufrisszeichnungen sowie statische Berechnungen der Firma Louis Eilers; Lageplan; Bauabnahmeschein vom 25.06.1909; einzelne Schreiben zwischen Phoenix AG Hoerder Verein und Stadt Hörde zum Genehmigungsverfahren..

3841/1 Erweiterung und Überdachung der Dolomitaufbereitung des Thomas-Stahlwerks.
1911
Bauanträge der Phoenix AG Hoerder Verein vom 08.03.1911 und 28.04.1911; Baugenehmigung der Stadt [Dortmund-]Hörde vom 28.03.1911, mit Auszug aus der Baupolizeiverordnung; Lageplan; statische Berechnungen und Konstruktionszeichnung des Dachs der Firma Aug. Klönne; Schriftwechsel zwischen Phoenix AG Hoerder Verein und Stadt Hörde zum Genehmigungsverfahren..

3841/2 Erweiterung und Überdachung der Dolomitaufbereitung des Thomas-Stahlwerks.
1911
Baugenehmigung der Stadt [Dortmund-]Hörde vom 04.08.1911; Lageplan; statische Berechnungen, Grund-, Aufriss- und Konstruktionszeichnungen der Firma Aug. Klönne.

3753 Bau und Erweiterung von Anlagen der Fabrik für feuerfeste Erzeugnisse.
1904, 1913–1914
Bauanträge Hoerder Verein bzw. Phoenix AG Hoerder Verein vom 19.03.1904 zum Bau von zwei Brennöfen, vom 17.03.1913 zum Wiederaufbau eines abgebrannten Dachs und zum Bau eines Rundofens für Silika-Steine vom 11.11.1913; Baugenehmigungen der Stadt [Dortmund-]Hörde vom 19.09.1904, 26.05.1913 und 14.02.1914; Bauabnahmeschein vom 19.06.1913; Grund-, Aufriss- und Konstruktionszeichnungen sowie statische Berechnungen von Dortmunder Brückenbau C. H. Jucho und Firma Ernst Eckardt; Lageplan; einzelne Schreiben zwischen Hoerder Verein bzw. Phoenix AG Hoerder Verein und Stadt Hörde zum Genehmigungsverfahren.

2.4.4.1.9 Lager

Hermannshütte

3769 Bau eines Lagerschuppens für Zement und Kalk.
1906–1907

Bauantrag des Hoerder Vereins vom 15.09.1906; Baugenehmigung der Stadt [Dortmund-]Hörde vom 18.10.1906, mit Auszug aus der Baupolizeiverordnung; Grund- und Aufrisszeichnung; Lageplan; Bauabnahmeschein vom 30.01.1907; einzelne Schreiben zwischen Hoerder Verein bzw. Phoenix AG Hoerder Verein und Stadt Hörde zum Genehmigungsverfahren.

3771 Verlegung eines Dynamitlagers.
1906–1907
Bauantrag der Phoenix AG Hoerder Verein vom 31.12.1906; einzelne Schreiben zwischen Phoenix AG Hoerder Verein und Amt [Dortmund-]Aplerbeck zum Genehmigungsverfahren.

3776 Bau eines Lagerschuppens für das Trägerlager.
1907–1908
Bauantrag der Phoenix AG Hoerder Verein vom 02.03.1907; Baugenehmigung der Stadt [Dortmund-]Hörde vom 30.04.1907, mit Auszug aus der Baupolizeiverordnung; Grund- und Aufrisszeichnung; Lageplan; Bauabnahmeschein vom 08.02.1908; einzelne Schreiben zwischen Phoenix AG Hoerder Verein und Stadt Hörde zum Genehmigungsverfahren.

3778 Überdachung des Formenlagers des Presswerks.
1907–1908
Bauantrag der Phoenix AG Hoerder Verein vom 16.08.1907; Baugenehmigung der Stadt [Dortmund-]Hörde vom 20.09.1907, mit Auszug aus der Baupolizeiverordnung; Grund- und Aufrisszeichnung sowie statische Berechnungen der Brückenbau Flender AG; Lageplan; Bauabnahmeschein vom 29.01.1908; einzelne Schreiben zwischen Phoenix AG Hoerder Verein und Stadt Hörde zum Genehmigungsverfahren.

3786 Bau eines Lagerschuppens für Ton für die Fabrik feuerfester Steine.
1908
Bauantrag der Phoenix AG Hoerder Verein vom 25.02.1908; Baugenehmigung der Stadt [Dortmund-]Hörde vom 24.03.1908; Grund- und Aufrisszeichnungen; Lageplan; Bauabnahmeschein vom 30.07.1908; einzelne Schreiben zwischen Phoenix AG Hoerder Verein und Stadt Hörde zum Genehmigungsverfahren.

3793 Anbau eines Reserveteilmagazins an ein Werkstattgebäude.
1908–1909
Bauantrag der Phoenix AG Hoerder Verein vom 22.08.1908; Baugenehmigung der Stadt [Dortmund-]Hörde vom 12.09.1908; Grund- und Aufrisszeichnungen; Lageplan; Bauabnahmeschein vom 19.02.1909; einzelne Schreiben zwischen Phoenix AG Hoerder Verein und Stadt Hörde zum Genehmigungsverfahren.

3795 Bau eines Steinlagerschuppens.
1908
Bauantrag der Phoenix AG Hoerder Verein vom 01.09.1908; Baugenehmigung der Stadt [Dortmund-]Hörde vom 12.09.1908; Grund- und Aufrisszeichnungen; Lageplan; Bauabnahmeschein vom 26.09.1908; einzelne Schreiben zwischen Phoenix AG Hoerder Verein und Stadt Hörde zum Genehmigungsverfahren.

3798 Bau eines Lagerschuppens für feuerfeste Steine mit Arbeiteraufenthaltsraum.
1908–1909
Bauantrag der Phoenix AG Hoerder Verein vom 08.12.1908; Baugenehmigung der Stadt [Dortmund-]Hörde vom 09.01.1909; Grund- und Aufrisszeichnungen; Lageplan; Bauabnahmeschein vom 30.03.1909; einzelne Schreiben zwischen Phoenix AG Hoerder Verein und Stadt Hörde zum Genehmigungsverfahren.

3803 Bau eines Lagergebäudes für Elektromotoren bei der Walzendreherei.
1909
Bauantrag der Phoenix AG Hoerder Verein vom 19.04.1909; Baugenehmigung der Stadt [Dortmund-]Hörde vom 04.05.1909, mit Auszug aus der Baupolizeiverordnung; Grund- und Aufrisszeichnungen; Lageplan; Bauabnahmeschein vom 25.06.1909; einzelne Schreiben zwischen Phoenix AG Hoerder Verein und Stadt Hörde zum Genehmigungsverfahren.

3805 Bau eines Lagerschuppens für feuerfeste Steine.
1909
Bauantrag der Phoenix AG Hoerder Verein vom 19.05.1909; Baugenehmigung der Stadt [Dortmund-]Hörde vom 02.06.1909, mit Auszug aus der Baupolizeiverordnung; Grund- und Aufrisszeichnungen; Lageplan; Bauabnahmeschein vom 24.06.1909; einzelne Schreiben zwischen Phoenix AG Hoerder Verein und Stadt Hörde zum Genehmigungsverfahren.

3807 Neubau eines Lagerschuppens für Sand bei der Bauabteilung.
1909
Bauantrag der Phoenix AG Hoerder Verein vom 25.06.1909; Baugenehmigung der Stadt [Dortmund-]Hörde vom 15.07.1909, mit Auszug aus der Baupolizeiverordnung; Grund- und Aufrisszeichnungen; Lageplan; Bauabnahmeschein vom 06.09.1909; einzelne Schreiben zwischen Phoenix AG Hoerder Verein und Stadt Hörde zum Genehmigungsverfahren.

3810 Bau eines Lagerschuppens für Kalk beim Thomas-Stahlwerk.
1909
Bauantrag der Phoenix AG Hoerder Verein vom 17.07.1909; Baugenehmigung der Stadt [Dortmund-]Hörde vom 31.07.1909, mit Auszug aus der Baupolizeiverordnung; Grund- und Aufrisszeichnungen; Lageplan; Bauabnahmeschein vom 03.11.1909; einzelne Schreiben zwischen Phoenix AG Hoerder Verein und Stadt Hörde zum Genehmigungsverfahren.

3812 Neubau eines Pfannenschuppens mit Laufkran.
1909–1910
Bauantrag der Phoenix AG Hoerder Verein vom 20.09.1909; Baugenehmigung der Stadt [Dortmund-]Hörde vom 15.10.1909, mit Auszug aus der Baupolizeiverordnung; Grund- und Aufrisszeichnungen; Lageplan; Bauabnahmeschein vom 02.02.1910; einzelne Schreiben zwischen Phoenix AG Hoerder Verein und Stadt Hörde zum Genehmigungsverfahren.

3825 Bau eines Lagerschuppens für das Blockwalzwerk.
1910
Bauantrag der Phoenix AG Hoerder Verein vom 02.09.1910; Baugenehmigung der Stadt [Dortmund-]Hörde vom 20.09.1910, mit Auszug aus der Baupolizeiverordnung; Grund- und Aufriss-

zeichnungen; Lageplan; Bauabnahmeschein vom 28.09.1910; einzelne Schreiben zwischen Phoenix AG Hoerder Verein und Stadt Hörde zum Genehmigungsverfahren.

3826 Bau eines Magazingebäudes mit Waschkaue für das Siemens-Martin-Stahlwerk.
1910
Bauantrag der Phoenix AG Hoerder Verein vom 08.09.1910; Baugenehmigung der Stadt [Dortmund-]Hörde vom 16.09.1910, mit Auszug aus der Baupolizeiverordnung; Grund- und Aufrisszeichnung; Lageplan; Bauabnahmeschein vom 23.11.1910; einzelne Schreiben zwischen Phoenix AG Hoerder Verein und Stadt Hörde zum Genehmigungsverfahren.

3837 Neubau des Sandschuppens der Stahlgießerei.
1910–1911
Bauantrag der Phoenix AG Hoerder Verein vom 09.12.1910; Baugenehmigung der Stadt [Dortmund-]Hörde vom 16.12.1910, mit Auszug aus der Baupolizeiverordnung; Grund- und Aufrisszeichnungen; Lageplan; Bauabnahmeschein vom 25.01.1911; einzelne Schreiben zwischen Phoenix AG Hoerder Verein und Stadt Hörde zum Genehmigungsverfahren.

3838 Bau eines Materiallagers am Blechwalzwerk.
1911
Bauantrag der Phoenix AG Hoerder Verein vom 27.01.1911; Baugenehmigung der Stadt [Dortmund-]Hörde vom 14.02.1911, mit Auszug aus der Baupolizeiverordnung; Grund- und Aufrisszeichnungen; Lageplan; Bauabnahmeschein vom 24.04.1911; einzelne Schreiben zwischen Phoenix AG Hoerder Verein und Stadt Hörde zum Genehmigungsverfahren.

3844 Bau eines Magazingebäudes für das Blockwalzwerk.
1911
Bauantrag der Phoenix AG Hoerder Verein vom 27.04.1911; Baugenehmigung der Stadt [Dortmund-]Hörde vom 13.05.1911, mit Auszug aus der Baupolizeiverordnung; Grund- und Aufrisszeichnungen; Lageplan; Bauabnahmeschein vom 01.06.1911; einzelne Schreiben zwischen Phoenix AG Hoerder Verein und Stadt Hörde zum Genehmigungsverfahren.

3848 Bau und Erweiterung eines Rohrlagers.
1911–1916
Bauanträge der Phoenix AG Hoerder Verein vom 16.06.1911, 05.09.1913, 25.11.1915 und 14.07.1916; Baugenehmigungen des Amts [Dortmund-]Aplerbeck vom 11.07.1911, 20.10.1913, 02.12.1915 und 19.07.1916; Grund- und Aufrisszeichnungen sowie statische Berechnungen der Hein, Lehmann & Co. AG; Lagepläne; Bauabnahmescheine vom 17.01.1912, 10.02.1914, 13.12.1916 und 23.12.1916; einzelne Schreiben zwischen Phoenix AG Hoerder Verein und Amt Aplerbeck zu den Genehmigungsverfahren.

3859 Bau eines Sandlagerschuppens.
1911–1912
Bauantrag der Phoenix AG Hoerder Verein vom 25.11.1911; Baugenehmigung der Stadt [Dortmund-]Hörde vom 27.11.1911, mit Auszug aus der Baupolizeiverordnung; Grund- und Aufrisszeichnungen; Lageplan; Rohbauabnahmeschein vom 07.12.1911; einzelne Schreiben zwischen Phoenix AG Hoerder Verein und Stadt Hörde zum Genehmigungsverfahren.

3860 Überdachung der Kaltsäge im Trägerlager.
1911-1912
Bauantrag der Phoenix AG Hoerder Verein vom 05.12.1911; Baugenehmigung der Stadt [Dortmund-]Hörde vom 07.12.1911, mit Auszug aus der Baupolizeiverordnung; Grund- und Aufrisszeichnungen; Lageplan; Rohbauabnahmeschein vom 18.12.1911; einzelne Schreiben zwischen Phoenix AG Hoerder Verein und Stadt Hörde zum Genehmigungsverfahren.

3864 Bau eines Magazingebäudes bei der Asphaltieranlage.
1912
Bauantrag der Phoenix AG Hoerder Verein vom 11.04.1912; Baugenehmigung der Stadt [Dortmund-]Hörde vom 30.04.1912, mit Auszug aus der Baupolizeiverordnung; Grund- und Aufrisszeichnungen; Lageplan; Bauabnahmeschein vom 22.06.1912; einzelne Schreiben zwischen Phoenix AG Hoerder Verein und Stadt Hörde zum Genehmigungsverfahren.

3874/1 Bau eines neuen Hauptmagazingebäudes.
1912-1916
Bauanträge der Phoenix AG Hoerder Verein vom 28.10.1912 für das Hauptmagazin, 24.06.1913 für die Aufzuganlage, 01.09.1913 für die Entwässerung zur Emscher und 20.03.1916 zur Einrichtung eines Karbidlagers im Dachgeschoss; Baugenehmigungen von Stadt [Dortmund-]Hörde bzw. Emschergenossenschaft vom 27.03.1913, 19.09.1913 und 27.04.1916, mit Auszügen aus der Baupolizeiverordnung; Grund-, Aufriss und Konstruktionszeichnungen sowie statische Berechnungen der Eisenbeton-Baugesellschaft mbH Otto Flügel; Lageplan; Rohbauabnahmescheine vom 06.10.1913 und 18.05.1916; einzelne Schreiben zwischen Phoenix AG Hoerder Verein und Stadt Hörde zum Genehmigungsverfahren.

3874/2 Bau eines neuen Hauptmagazingebäudes.
1913
Statische Berechnungen der Eisenbeton-Baugesellschaft mbH Otto Flügel.

3874/3 Dsgl.

3884 Versetzung und Vergrößerung des Sandlagerschuppens der Eisengießerei.
1913
Bauantrag der Phoenix AG Hoerder Verein vom 13.03.1913; Baugenehmigung der Stadt [Dortmund-]Hörde vom 15.03.1913, mit Auszug aus der Baupolizeiverordnung; Grund- und Aufrisszeichnungen; Lageplan; Bauabnahmeschein vom 31.03.1913; einzelne Schreiben zwischen Phoenix AG Hoerder Verein und Stadt Hörde zum Genehmigungsverfahren.

3885 Bau eines Lagerschuppens für Eisenbahnoberbaumaterialien.
1913
Bauantrag der Phoenix AG Hoerder Verein vom 13.03.1913; Baugenehmigung der Stadt [Dortmund-]Hörde vom 15.03.1913, mit Auszug aus der Baupolizeiverordnung; Grund- und Aufrisszeichnungen; Lageplan; Rohbauabnahmeschein vom 31.03.1913; einzelne Schreiben zwischen Phoenix AG Hoerder Verein und Stadt Hörde zum Genehmigungsverfahren.

3886 Bau eines Lagerschuppens für die Elektrowerkstatt.
1913

Bauantrag der Phoenix AG Hoerder Verein vom 13.03.1913; Baugenehmigung der Stadt [Dortmund-]Hörde vom 15.03.1913, mit Auszug aus der Baupolizeiverordnung; Grund- und Aufrisszeichnungen; Lageplan; Rohbauabnahmeschein vom 31.03.1913; einzelne Schreiben zwischen Phoenix AG Hoerder Verein und Stadt Hörde zum Genehmigungsverfahren.

3889 Bau und Verlegung eines Gebäudes zur Lagerung von Sprengstoffen.
1903, 1909, 1913–1914, 1920–1923
Genehmigungen der Stadt [Dortmund-]Hörde zur Lagerung von Sprengstoffen vom 03.11.1903 und 13.03.1909 (Abschriften); Bauanträge der Phoenix AG Hoerder Verein vom 20.03.1913 und 15.05.1922; Baugenehmigung des Amts [Dortmund-]Aplerbeck vom 15.03.1913, mit Auszug aus der Baupolizeiverordnung; Grund- und Aufrisszeichnungen; Lagepläne; Bauabnahmeschein vom 10.02.1914; Schriftwechsel zwischen Phoenix AG Hoerder Verein und Amt Aplerbeck zu den Genehmigungsverfahren.

3897 Bau eines Karbidlagerhäuschens für den Acetylenerzeuger des Rohrwerks.
1913
Bauantrag der Phoenix AG Hoerder Verein vom 27.08.1913; Baugenehmigung der Stadt [Dortmund-]Hörde vom 15.09.1913, mit Auszug aus der Baupolizeiverordnung; Grund- und Aufrisszeichnungen; Lageplan; Bauabnahmeschein vom 15.10.1913; einzelne Schreiben zwischen Phoenix AG Hoerder Verein und Stadt Hörde zum Genehmigungsverfahren.

3900 Bau eines Kalklagerschuppens für das Siemens-Martin-Stahlwerk II.
1913–1914
Bauantrag der Phoenix AG Hoerder Verein vom 09.10.1913; Baugenehmigung der Stadt [Dortmund-]Hörde vom 13.10.1913, mit Auszug aus der Baupolizeiverordnung; Grund- und Aufrisszeichnungen; Lageplan; Bauabnahmeschein vom 23.02.1914; einzelne Schreiben zwischen Phoenix AG Hoerder Verein und Stadt Hörde zum Genehmigungsverfahren.

3908 Bau eines Lagerschuppens für die Elektrowerkstatt II.
1914
Bauantrag der Phoenix AG Hoerder Verein vom 14.01.1914; Baugenehmigung der Stadt [Dortmund-]Hörde vom 06.02.1914, mit Auszug aus der Baupolizeiverordnung; Grund- und Aufrisszeichnungen; Lageplan; Bauabnahmeschein vom 24.04.1914; einzelne Schreiben zwischen Phoenix AG Hoerder Verein und Stadt Hörde zum Genehmigungsverfahren.

3921 Bau eines Werkstattlagers für den Allgemeinen Betrieb.
1915
Bauantrag der Phoenix AG Hoerder Verein vom 09.03.1915; Baugenehmigung der Stadt [Dortmund-]Hörde vom 22.04.1915, mit Auszug aus der Baupolizeiverordnung; Grund- und Aufrisszeichnungen; Lageplan; Rohbauabnahmeschein vom 04.08.1915; einzelne Schreiben zwischen Phoenix AG Hoerder Verein und Stadt Hörde zum Genehmigungsverfahren.

3923 Bau eines Steinlagers bei der Generatoranlage des Hammerwerks.
1915
Bauantrag der Phoenix AG Hoerder Verein vom 30.04.1915; Baugenehmigung der Stadt [Dortmund-]Hörde vom 06.05.1915, mit Auszug aus der Baupolizeiverordnung; Grund- und Aufriss-

zeichnungen; Lageplan; Rohbauabnahmeschein vom 30.07.1915; einzelne Schreiben zwischen Phoenix AG Hoerder Verein und Stadt Hörde zum Genehmigungsverfahren.

3930 Bau eines Lagerhauses für das Siemens-Martin-Stahlwerk I.
1915–1916
Bauantrag der Phoenix AG Hoerder Verein vom 16.11.1915; Baugenehmigung der Stadt [Dortmund-]Hörde vom 08.12.1915, mit Auszug aus der Baupolizeiverordnung; Grund- und Aufrisszeichnungen; statische Berechnungen; Lageplan; Bauabnahmeschein vom 12.01.1916; einzelne Schreiben zwischen Phoenix AG Hoerder Verein und Stadt Hörde zum Genehmigungsverfahren.

3934 Bau eines Lagerraums für die Eisenbahnabteilung unter der Eliasbahn.
1916
Bauantrag der Phoenix AG Hoerder Verein vom 17.02.1916; Baugenehmigung der Stadt [Dortmund-]Hörde vom 19.02.1916, mit Auszug aus der Baupolizeiverordnung; Grund- und Aufrisszeichnungen; Lageplan; Bauabnahmeschein vom 04.05.1916; einzelne Schreiben zwischen Phoenix AG Hoerder Verein und Stadt Hörde zum Genehmigungsverfahren.

3937 Bau eines Lagerraums beim Eishaus am Bickefeldtor.
1916
Bauantrag der Phoenix AG Hoerder Verein vom 08.05.1916; Baugenehmigung der Stadt [Dortmund-]Hörde vom 15.05.1916, mit Auszug aus der Baupolizeiverordnung; Grund- und Aufrisszeichnungen; Lageplan; Bauabnahmeschein vom 18.07.1916; einzelne Schreiben zwischen Phoenix AG Hoerder Verein und Stadt Hörde zum Genehmigungsverfahren.

3938 Bau eines Lagergebäudes bei der Elektroabteilung an der Eliasbahn.
1916
Bauantrag der Phoenix AG Hoerder Verein vom 08.05.1916; Baugenehmigung der Stadt [Dortmund-]Hörde vom 10.06.1916, mit Auszug aus der Baupolizeiverordnung; Grund- und Aufrisszeichnungen; Konstruktionszeichnung; Lageplan; Bauabnahmeschein vom 29.08.1916; einzelne Schreiben zwischen Phoenix AG Hoerder Verein und Stadt Hörde zum Genehmigungsverfahren.

3942 Bau eines Holzlagerschuppens für die Bauabteilung.
1916
Bauantrag der Phoenix AG Hoerder Verein vom 21.07.1916; Baugenehmigung der Stadt [Dortmund-]Hörde vom 28.07.1916; Grund- und Aufrisszeichnungen; Lageplan; Bauabnahmeschein vom 16.10.1916; einzelne Schreiben zwischen Phoenix AG Hoerder Verein und Stadt Hörde zum Genehmigungsverfahren.

3946 Überdachung des Eisenlagers des Blockwalzwerks.
1916
Bauantrag der Phoenix AG Hoerder Verein vom 12.09.1916; Baugenehmigung der Stadt [Dortmund-]Hörde vom 15.09.1916; Grund- und Aufrisszeichnungen; Lageplan; Bauabnahmeschein vom 16.11.1916; einzelne Schreiben zwischen Phoenix AG Hoerder Verein und Stadt Hörde zum Genehmigungsverfahren.

3950 Bau eines Formsandlagers für die Stahlgießerei.
1916–1917
Bauantrag der Phoenix AG Hoerder Verein vom 02.11.1916; Baugenehmigung der Stadt [Dortmund-]Hörde vom 14.11.1916; Grund- und Aufrisszeichnungen; Lageplan; Bauabnahmeschein vom 24.04.1917; einzelne Schreiben zwischen Phoenix AG Hoerder Verein und Stadt Hörde zum Genehmigungsverfahren.

3955 Bau eines Karbidlagers für die Asphaltieranlage.
1917
Bauantrag der Phoenix AG Hoerder Verein vom 16.04.1917; Baugenehmigung des Amts [Dortmund-]Aplerbeck vom 12.05.1917; Grund- und Aufrisszeichnungen; Lageplan; Bauabnahmeschein vom 20.07.1917; einzelne Schreiben zwischen Phoenix AG Hoerder Verein und Amt Aplerbeck zum Genehmigungsverfahren.

3960 Bau eines Motorenlagers für die Elektrowerkstatt.
1918
Bauantrag der Phoenix AG Hoerder Verein vom 27.04.1918; Baugenehmigung der Stadt [Dortmund-]Hörde vom 06.06.1918; Grund- und Aufrisszeichnungen; Lageplan; Bauabnahmeschein vom 06.09.1918; einzelne Schreiben zwischen Phoenix AG Hoerder Verein und Stadt Hörde zum Genehmigungsverfahren.

3972 Bau eines Lagerschuppens für das Siemens-Martin-Stahlwerk I.
1919
Bauantrag der Phoenix AG Hoerder Verein vom 20.03.1919; Baugenehmigung der Stadt [Dortmund-]Hörde vom 29.03.1919; Grund- und Aufrisszeichnungen; Lageplan; Bauabnahmeschein vom 25.09.1919; einzelne Schreiben zwischen Phoenix AG Hoerder Verein und Stadt Hörde zum Genehmigungsverfahren.

3987 Überdachung und Einzäunung eines Lagerplatzes für Kabeltrommeln der Elektrowerkstatt.
1920–1921
Bauantrag der Phoenix AG Hoerder Verein vom 10.05.1920; Baugenehmigung der Stadt [Dortmund-]Hörde vom 17.05.1920, mit Auszug aus der Baupolizeiverordnung; Grund- und Aufrisszeichnungen; Lageplan; Bauabnahmeschein vom 18.01.1921; einzelne Schreiben zwischen Phoenix AG Hoerder Verein und Stadt Hörde zum Genehmigungsverfahren.

3994 Bau eines Stückgutschuppens bei Lademeisterei I.
1921
Bauantrag der Phoenix AG Hoerder Verein vom 21.07.1921; Baugenehmigung der Stadt [Dortmund-]Hörde vom 22.07.1921, mit Auszug aus der Baupolizeiverordnung; Grund- und Aufrisszeichnungen; Lageplan; Rohbauabnahmeschein vom 30.09.1921; einzelne Schreiben zwischen Phoenix AG Hoerder Verein und Stadt Hörde zum Genehmigungsverfahren.

3997 Bau eines Lagerplatzes für Montagemasten.
1921–1922
Bauantrag der Phoenix AG Hoerder Verein vom 03.10.1921; Baugenehmigung des Amts [Dortmund-]Aplerbeck vom 14.10.1921; Grund- und Aufrisszeichnungen; Lageplan; Bauabnahme-

schein vom 28.04.1922; einzelne Schreiben zwischen Phoenix AG Hoerder Verein und Amt Aplerbeck zum Genehmigungsverfahren.

3999 Bau eines Kalklagerschuppens bei Elektrowerkstatt II.
1921–1922
Bauantrag der Phoenix AG Hoerder Verein vom 26.11.1921; Baugenehmigung der Stadt [Dortmund-]Hörde vom 03.12.1921, mit Auszug aus der Baupolizeiverordnung; Grund- und Aufrisszeichnungen; Lageplan; Bauabnahmeschein vom 10.03.1922; einzelne Schreiben zwischen Phoenix AG Hoerder Verein und Stadt Hörde zum Genehmigungsverfahren.

4013 Bau eines Kohlenschuppens für die Eisengießerei.
1922–1923
Bauantrag der Phoenix AG Hoerder Verein vom 30.11.1922; Baugenehmigung der Stadt [Dortmund-]Hörde vom 04.12.1922; Grund- und Aufrisszeichnungen; Lageplan; Bauabnahmeschein vom 17.04.1923; einzelne Schreiben zwischen Phoenix AG Hoerder Verein und Stadt Hörde zum Genehmigungsverfahren.

4028 Bau eines Lagerschuppens beim Siemens-Martin-Stahlwerk II.
1923
Bauantrag der Phoenix AG Hoerder Verein vom 03.08.1923; Baugenehmigung der Stadt [Dortmund-]Hörde vom 06.08.1923, mit Auszug aus der Baupolizeiverordnung; Grund- und Aufrisszeichnungen; Lageplan; Bauabnahmeschein vom 30.08.1923; einzelne Schreiben zwischen Phoenix AG Hoerder Verein und Stadt Hörde zum Genehmigungsverfahren.

4035 Bau eines Lagergebäudes bei der Adjustage des Feinwalzwerks.
1924
Bauantrag der Phoenix AG Hoerder Verein vom 19.05.1924; Baugenehmigung der Stadt [Dortmund-]Hörde vom 22.05.1924, mit Auszug aus der Baupolizeiverordnung; Grund- und Aufrisszeichnungen; Lageplan; Bauabnahmeschein vom 09.09.1924; einzelne Schreiben zwischen Phoenix AG Hoerder Verein und Stadt Hörde zum Genehmigungsverfahren.

Hochofenwerke

3485 Anbau eines Magazin- und Bürogebäudes an die Elektrozentrale des Hochofenwerks Hörde.
1907–1908
Bauantrag der Phoenix AG Hoerder Verein vom 26.08.1907; Baugenehmigung der Stadt [Dortmund-]Hörde vom 27.09.1907; Lageplan; Grund- und Aufrisszeichnungen; Bauabnahmeschein vom 29.01.1908; einzelne Schreiben zwischen Phoenix AG Hoerder Verein und Stadt Hörde zum Genehmigungsverfahren.

3494 Bau eines Lagerschuppens für feuerfeste Steine im Hochofenwerk Hörde.
1908–1909
Bauantrag der Phoenix AG Hoerder Verein vom 27.08.1908; Baugenehmigung des Amts [Dortmund-]Wellinghofen vom 14.09.1908; Lageplan; Grund- und Aufrisszeichnungen; Bauabnahme-

schein vom 06.01.1909; einzelne Schreiben zwischen Phoenix AG Hoerder Verein und Amt Wellinghofen zum Genehmigungsverfahren.

3496 Bau eines Lagerschuppens für Kalk im Hochofenwerk Hörde.
1908
Bauantrag der Phoenix AG Hoerder Verein vom 17.09.1908; Baugenehmigung des Amts [Dortmund-]Wellinghofen vom 23.09.1908; Lageplan; Grund- und Aufrisszeichnungen; Bauabnahmeschein vom 03.10.1908; einzelne Schreiben zwischen Phoenix AG Hoerder Verein und Amt Wellinghofen zum Genehmigungsverfahren.

3514 Anbau eines Büros für Meister an die Ammoniakfabrik.
1910–1911
Bauantrag der Phoenix AG Hoerder Verein vom 09.12.1910; Baugenehmigung des Amts [Dortmund-]Wellinghofen vom 20.12.1910; Lageplan; Grund- und Aufrisszeichnungen; Bauabnahmeschein vom 09.02.1911; einzelne Schreiben zwischen Phoenix AG Hoerder Verein und Amt Wellinghofen zum Genehmigungsverfahren.

3519 Bau eines Kohlenbunkers zur Lagerung von Kokskohlen unter Wasser im Hochofenwerk Hörde.
1911–1912
Bauantrag der Phoenix AG Hoerder Verein vom 01.11.1911; Baugenehmigung der Stadt [Dortmund-]Hörde vom 26.07.1911; Lageplan; Grund- und Aufrisszeichnung sowie statische Berechnungen der Aktien-Gesellschaft für Betonbau Diss & Co., Dortmund; Bauabnahmeschein vom 25.04.1912; Schriftwechsel zwischen Phoenix AG Hoerder Verein und Ingenieur Theodor Himmelreich, Gelsenkirchen, über die Konstruktion sowie Stadt Hörde zum Genehmigungsverfahren.

3531 Bau eines Kalkmischgebäudes beim Kalklager der Kokerei im Hochofenwerk Hörde.
1912
Bauantrag der Phoenix AG Hoerder Verein vom 04.07.1912; Baugenehmigung des Amts [Dortmund-]Wellinghofen vom 18.07.1912, mit Auszug aus der Baupolizeiverordnung; Lageplan; Grund- und Aufrisszeichnungen; Bauabnahmeschein vom 12.11.1912; einzelne Schreiben zwischen Phoenix AG Hoerder Verein und Amt Wellinghofen zum Genehmigungsverfahren.

3436 Erweiterung des Magazingebäudes im Hochofenwerk Dortmund.
1913
Bauantrag der Phoenix AG Hoerder Verein vom 03.09.1913; Baugenehmigung der Stadt Dortmund vom 20.09.1913; Lageplan; Grund- und Aufrisszeichnungen; Bauabnahmeschein vom 03.11.1913; einzelne Schreiben zwischen Phoenix AG Hoerder Verein und Stadt Dortmund zum Genehmigungsverfahren.

3543 Umbau des Apparateraums der Ammoniakfabrik im Hochofenwerk Hörde in einen Lagerraum.
1913–1914
Bauantrag der Phoenix AG Hoerder Verein vom 09.10.1913; Baugenehmigung des Amts [Dortmund-]Wellinghofen vom 12.11.1913, mit Auszug aus der Baupolizeiverordnung; Lageplan; Grund- und Aufrisszeichnung; Bauabnahmeschein vom 02 03.1914; einzelne Schreiben zwischen Phoenix AG Hoerder Verein und Amt Wellinghofen zum Genehmigungsverfahren.

3544 Bau eines Lagerschuppens für feuerfeste Steine im Hochofenwerk Hörde.
1914
Bauantrag der Phoenix AG Hoerder Verein vom 07.01.1914; Baugenehmigung des Amts [Dortmund-]Wellinghofen vom 17.01.1914, mit Auszug aus der Baupolizeiverordnung; Lageplan; Grund- und Aufrisszeichnungen; Bauabnahmeschein vom 09.04.1914; einzelne Schreiben zwischen Phoenix AG Hoerder Verein und Amt Wellinghofen zum Genehmigungsverfahren.

3570 Bau von zwei Lagerschuppen im Hochofenwerk Hörde.
1919–1920
Bauantrag der Phoenix AG Hoerder Verein vom 19.08.1919; Baugenehmigung des Amts [Dortmund-]Wellinghofen vom 27.08.1919, mit Auszug aus der Baupolizeiverordnung; Lageplan; Grund- und Aufrisszeichnungen; Bauabnahmeschein vom 16.02.1920; einzelne Schreiben zwischen Phoenix AG Hoerder Verein und Amt Wellinghofen zum Genehmigungsverfahren.

3611 Bau eines Lagerraums unter dem Wasserhochbehälter der Gaszentrale des Hochofenwerks Hörde.
1924
Bauantrag der Phoenix AG Hoerder Verein vom 07.04.1924; Baugenehmigung der Stadt [Dortmund-]Hörde vom 15.04.1924, mit Auszug aus der Baupolizeiverordnung; Lageplan; Grund- und Aufrisszeichnungen; Bauabnahmeschein vom 29.07.1924; einzelne Schreiben zwischen Phoenix AG Hoerder Verein und Stadt Hörde zum Genehmigungsverfahren.

2.4.4.1.10 Verwaltungsgebäude

Hauptverwaltung

3784 Umbau der Hauptkasse in der Hörder Burg.
1908
Bauantrag der Phoenix AG Hoerder Verein vom 18.01.1908; Baugenehmigung der Stadt [Dortmund-]Hörde vom 30.01.1908; Grundrisszeichnung; statische Berechnungen; Bauabnahmeschein vom 31.03.1908; einzelne Schreiben zwischen Phoenix AG Hoerder Verein und Stadt Hörde zum Genehmigungsverfahren.

3852 Anbau eines Bürogebäudes an die Hörder Burg.
1911
Bauantrag der Phoenix AG Hoerder Verein vom 15.07.1911; Baugenehmigung der Stadt [Dortmund-]Hörde vom 22.07.1911, mit Auszug aus der Baupolizeiverordnung; statische Berechnungen; Grund- und Aufrisszeichnungen; Lageplan; einzelne Schreiben zwischen Phoenix AG Hoerder Verein und Stadt Hörde zum Genehmigungsverfahren.

3990 Ausbau von zwei Wohnungen in der vierten Etage der Hörder Burg.
1921
Bauantrag der Phoenix AG Hoerder Verein vom 14.02.1921; Baugenehmigung der Stadt [Dortmund-]Hörde vom 21.03.1921, mit Auszug aus der Baupolizeiverordnung; Grund- und Aufriss-

zeichnungen; Lageplan; Bauabnahmeschein vom 17.06.1921; einzelne Schreiben zwischen Phoenix AG Hoerder Verein und Stadt Hörde zum Genehmigungsverfahren.

3992 Ausbau des Dachgeschosses des Verwaltungsgebäudes II bei der Hörder Burg zu Wohnungen.
1921
Bauantrag der Phoenix AG Hoerder Verein vom 31.03.1921; Baugenehmigung der Stadt [Dortmund-]Hörde vom 07.04.1921, mit Auszug aus der Baupolizeiverordnung; Grund- und Aufrisszeichnungen; Lageplan; Bauabnahmeschein vom 15.08.1921; einzelne Schreiben zwischen Phoenix AG Hoerder Verein und Stadt Hörde zum Genehmigungsverfahren.

3993 Verlegung eines Stall- und Toilettengebäudes im Rahmen des Neubaus eines Verwaltungsgebäudes der Hermannshütte bei der Hörder Burg.
1921
Bauantrag der Phoenix AG Hoerder Verein vom 04.05.1921; Baugenehmigung der Stadt [Dortmund-]Hörde vom 10.05.1921, mit Auszug aus der Baupolizeiverordnung; Grund- und Aufrisszeichnungen; Lageplan; Bauabnahmeschein vom 09.08.1921; einzelne Schreiben zwischen Phoenix AG Hoerder Verein und Stadt Hörde zum Genehmigungsverfahren.

Hermannshütte

3765 Erweiterung des Bürogebäudes des Trägerlagers und Anbau eines Toilettengebäudes.
1906–1907, 1913
Bauanträge von Hoerder Verein bzw. Phoenix AG Hoerder Verein vom 09.06.1906 und 23.07.1913; Baugenehmigung der Stadt [Dortmund-]Hörde vom 26.07.1913, mit Auszug aus der Baupolizeiverordnung; Grund- und Aufrisszeichnungen; Lageplan; Bauabnahmeschein vom 23.09.1913; einzelne Schreiben zwischen Hoerder Verein bzw. Phoenix AG Hoerder Verein und Stadt Hörde zu den Genehmigungsverfahren.

3783 Bau eines Bürogebäudes mit Baderaum für die Radsatzwerkstatt.
1908
Bauantrag der Phoenix AG Hoerder Verein vom 11.01.1908; Baugenehmigung der Stadt [Dortmund-]Hörde vom 17.02.1908; Grund- und Aufrisszeichnung; Lageplan; Bauabnahmeschein vom 04.09.1908; einzelne Schreiben zwischen Phoenix AG Hoerder Verein und Stadt Hörde zum Genehmigungsverfahren.

3820 Neubau des Lademeistergebäudes bei der Metallgießerei.
1910
Bauantrag der Phoenix AG Hoerder Verein vom 17.01.1910; Baugenehmigung der Stadt [Dortmund-]Hörde vom 28.02.1910, mit Auszug aus der Baupolizeiverordnung; Grund- und Aufrisszeichnungen; Lageplan; Bauabnahmeschein vom 19.04.1910; einzelne Schreiben zwischen Phoenix AG Hoerder Verein und Stadt Hörde zum Genehmigungsverfahren.

3829 Erweiterung des Verwaltungsgebäudes des Werksbahnbetriebs.
1910–1912
Bauantrag der Phoenix AG Hoerder Verein vom 13.09.1910; Baugenehmigung der Stadt [Dort-

mund-]Hörde vom 22.09.1910, mit Auszug aus der Baupolizeiverordnung; Grund- und Aufrisszeichnungen; Lageplan; Bauabnahmeschein vom 28.10.1910; einzelne Schreiben zwischen Phoenix AG Hoerder Verein und Stadt Hörde zum Genehmigungsverfahren.

3835 Umbau des Paketierungsgebäudes des Stabeisenwalzwerks in ein Bürogebäude.
1910
Bauantrag der Phoenix AG Hoerder Verein vom 23.11.1910; Baugenehmigung der Stadt [Dortmund-]Hörde vom 04.12.1910, mit Auszug aus der Baupolizeiverordnung; Grund- und Aufrisszeichnungen; Lageplan; Bauabnahmeschein vom 13.12.1910; einzelne Schreiben zwischen Phoenix AG Hoerder Verein und Stadt Hörde zum Genehmigungsverfahren.

3847 Bau eines Verwaltungsgebäudes für die Werksbahnabteilung.
1911–1912
Bauantrag der Phoenix AG Hoerder Verein vom 12.06.1911; Baugenehmigung der Stadt [Dortmund-]Hörde vom 14.06.1911, mit Auszug aus der Baupolizeiverordnung; Grund- und Aufrisszeichnungen; Lageplan; Bauabnahmeschein vom 17.04.1912; einzelne Schreiben zwischen Phoenix AG Hoerder Verein und Stadt Hörde zum Genehmigungsverfahren.

3853 Erweiterung des Verwaltungsgebäudes der Bauabteilung.
1911
Bauantrag der Phoenix AG Hoerder Verein vom 08.08.1911; Baugenehmigung der Stadt [Dortmund-]Hörde vom 10.08.1911, mit Auszug aus der Baupolizeiverordnung; Grund- und Aufrisszeichnungen; Lageplan; Bauabnahmeschein vom 20.11.1911; einzelne Schreiben zwischen Phoenix AG Hoerder Verein und Stadt Hörde zum Genehmigungsverfahren.

3856 Bau eines Verwaltungsgebäudes für das Siemens-Martin-Stahlwerk II.
1911–1912
Bauantrag der Phoenix AG Hoerder Verein vom 17.10.1911; Baugenehmigung der Stadt [Dortmund-]Hörde vom 21.10.1911, mit Auszug aus der Baupolizeiverordnung; Grund- und Aufrisszeichnungen; Lageplan; Bauabnahmeschein vom 08.06.1912; einzelne Schreiben zwischen Phoenix AG Hoerder Verein und Stadt Hörde zum Genehmigungsverfahren.

3891 Bau eines Verwaltungsgebäudes für die Lademeisterei der Werksbahn.
1913
Bauantrag der Phoenix AG Hoerder Verein vom 04.04.1913; Baugenehmigung der Stadt [Dortmund-]Hörde vom 08.04.1913, mit Auszug aus der Baupolizeiverordnung; Grund- und Aufrisszeichnungen; Lageplan; Bauabnahmeschein vom 08.09.1913; einzelne Schreiben zwischen Phoenix AG Hoerder Verein und Stadt Hörde zum Genehmigungsverfahren.

3912 Verlegung des Feineisenlagers und Bau eines Verwaltungsgebäudes für das neue Feineisenwalzwerk.
1914
Bauanträge der Phoenix AG Hoerder Verein vom 20.04.1914 und 29.07.1914; Baugenehmigungen der Stadt [Dortmund-]Hörde vom 22.05.1914 und 15.08.1914, mit Auszug aus der Baupolizeiverordnung; Grund- und Aufrisszeichnungen, Konstruktionszeichnungen und statische Berechnungen der Firma Brand & Sohn; Lageplan; Bauabnahmescheine vom 20.05.1914 und 14.12.1914;

einzelne Schreiben zwischen Phoenix AG Hoerder Verein und Stadt Hörde zu den Genehmigungsverfahren.

3922 Erweiterung der Probierstation bei der Steinfabrik um ein Verwaltungsgebäude.
1915
Bauantrag der Phoenix AG Hoerder Verein vom 09.03.1915; Baugenehmigung der Stadt [Dortmund-]Hörde vom 22.04.1915, mit Auszug aus der Baupolizeiverordnung; Grund- und Aufrisszeichnungen; Lageplan; Bauabnahmeschein vom 26.06.1915; einzelne Schreiben zwischen Phoenix AG Hoerder Verein und Stadt Hörde zum Genehmigungsverfahren.

3953 Bau eines Verwaltungsgebäudes an der Stahlstraße.
1917, 1921–1923
Bauanträge der Phoenix AG Hoerder Verein vom 05.01.1917 und 24.03.1921; Baugenehmigung der Stadt [Dortmund-]Hörde vom 06.05.1921; Grund- und Aufrisszeichnungen sowie statische Berechnungen der Allgemeinen Hochbau-Gesellschaft mbH; Lageplan; Bauabnahmeschein vom 21.04.1923; einzelne Schreiben zwischen Phoenix AG Hoerder Verein und Stadt Hörde zu Genehmigungsverfahren und Rückstellung des Bauantrags bis nach Kriegsende.

3984 Umbau des Verwaltungsgebäudes des Feinwalzwerks.
1920
Bauantrag der Phoenix AG Hoerder Verein vom 07.02.1920; Baugenehmigung der Stadt [Dortmund-]Hörde vom 12.02.1920, mit Auszug aus der Baupolizeiverordnung; Grund- und Aufrisszeichnungen; Lageplan; Bauabnahmeschein vom 09.08.1920; einzelne Schreiben zwischen Phoenix AG Hoerder Verein und Stadt Hörde zum Genehmigungsverfahren.

3989 Bau einer Holzbaracke als provisorische Lohnhalle.
1920
Bauantrag der Phoenix AG Hoerder Verein vom 06.10.1920; Baugenehmigung der Stadt [Dortmund-]Hörde vom 12.10.1920, mit Auszug aus der Baupolizeiverordnung; Grund- und Aufrisszeichnungen; Lageplan; Bauabnahmeschein vom 09.11.1920; einzelne Schreiben zwischen Phoenix AG Hoerder Verein und Stadt Hörde zum Genehmigungsverfahren.

4001 Erweiterung des Verwaltungsgebäudes der Bauabteilung.
1922
Bauantrag der Phoenix AG Hoerder Verein vom 14.01.1922; Baugenehmigung der Stadt [Dortmund-]Hörde vom 21.01.1922, mit Auszug aus der Baupolizeiverordnung; Grund- und Aufrisszeichnungen; Lageplan; einzelne Schreiben zwischen Phoenix AG Hoerder Verein und Stadt Hörde zum Genehmigungsverfahren.

4024 Umbau des Verwaltungsgebäudes der Mechanischen Werkstatt.
1923–1924
Bauantrag der Phoenix AG Hoerder Verein vom 16.04.1923; Baugenehmigung der Stadt [Dortmund-]Hörde vom 30.04.1923, mit Auszug aus der Baupolizeiverordnung; Grund- und Aufrisszeichnungen; Lageplan; Bauabnahmeschein vom 14.04.1924; einzelne Schreiben zwischen Phoenix AG Hoerder Verein und Stadt Hörde zum Genehmigungsverfahren.

2.4.4.1.11 Qualitätswesen und Forschung

3794 Bau eines Gebäudes für den Pendelhammer der Qualitätsprüfung des Presswerks.
1908–1909
Bauantrag der Phoenix AG Hoerder Verein vom 21.08.1908; Baugenehmigung der Stadt [Dortmund-]Hörde vom 15.09.1908; Grund- und Aufrisszeichnungen; Lageplan; Bauabnahmeschein vom 03.08.1909; einzelne Schreiben zwischen Phoenix AG Hoerder Verein und Stadt Hörde zum Genehmigungsverfahren.

3866 Bau eines Verbindungsgebäudes zwischen Laboratorium und Portiergebäude an der Bickefeldstraße zur Erweiterung des Laboratoriums.
1912
Bauantrag der Phoenix AG Hoerder Verein vom 18.05.1912; Baugenehmigung der Stadt [Dortmund-]Hörde vom 21.05.1912, mit Auszug aus der Baupolizeiverordnung; Grund- und Aufrisszeichnungen; Lageplan; Bauabnahmeschein vom 16.07.1912; einzelne Schreiben zwischen Phoenix AG Hoerder Verein und Stadt Hörde zum Genehmigungsverfahren.

3879 Verlegung der Erz- und Kokszerkleinerung des Laboratoriums zum Rohrwerk und Bau einer Kompressoranlage.
1913
Bauanträge der Phoenix AG Hoerder Verein vom 23.01.1913 und 18.10.1913; Baugenehmigungen der Stadt [Dortmund-]Hörde vom 24.02.1913 und 29.11.1913, mit Auszug aus der Baupolizeiverordnung; Grund- und Aufrisszeichnungen; Lagepläne; Bauabnahmeschein vom 01.12.1913; einzelne Schreiben zwischen Phoenix AG Hoerder Verein und Stadt Hörde zu den Genehmigungsverfahren.

3959 Bau eines Schuppens zum Schneiden und Bearbeiten von Radreifenproben.
1917–1918
Bauantrag der Phoenix AG Hoerder Verein vom 20.12.1917; Baugenehmigung der Stadt [Dortmund-]Hörde vom 22.01.1918; Grund- und Aufrisszeichnungen; Lageplan; Bauabnahmeschein vom 26.07.1918; einzelne Schreiben zwischen Phoenix AG Hoerder Verein, Stadt Hörde und Militärstellen zum Genehmigungsverfahren.

3586 Erweiterung des Laborgebäudes im Hochofenwerk Hörde zur Aufstellung eines Pendelhammers.
1921–1922
Bauantrag der Phoenix AG Hoerder Verein vom 28.09.1921; Betriebsgenehmigung des Kreises [Dortmund-]Hörde vom 13.04.1922; Lageplan; Grund- und Aufrisszeichnungen; statische Berechnungen; Bauabnahmeschein vom 29.07.1922; einzelne Schreiben zwischen Phoenix AG Hoerder Verein und verschiedenen Behörden zum Genehmigungsverfahren.

4023 Erweiterung der Versuchsanstalt am Bickefeldtor und Aufstellung eines Erzzerkleinerungshammers.
1923–1924
Bauanträge der Phoenix AG Hoerder Verein vom 29.03.1923 und 29.05.1923; Baugenehmigung bzw. Betriebsgenehmigung der Stadt [Dortmund-]Hörde vom 23.04.1923, mit Auszug aus der Baupolizeiverordnung und vom 24.11.1923; Grund- und Aufrisszeichnungen; statische Berech-

nungen; Lageplan; Bauabnahmeschein vom 24.06.1924; einzelne Schreiben zwischen Phoenix AG Hoerder Verein und Stadt Hörde zum Genehmigungsverfahren.

4043 Bau eines Gebäudes für den Gasreiniger der Versuchsanstalt der Hermannshütte.
1925
Bauantrag der Phoenix AG Hoerder Verein vom 19.02.1925; Baugenehmigung der Stadt [Dortmund-]Hörde vom 19.05.1925; Grund- und Aufrisszeichnungen; Lageplan; Bauabnahmeschein vom 12.08.1925; einzelne Schreiben zwischen Phoenix AG Hoerder Verein und Stadt Hörde zum Genehmigungsverfahren.

2.4.4.1.12 Werkseingänge und Markenkontrolle

Hermannshütte

3699 Bau und Umbau eines Portiergebäudes mit Ladenlokal an der Bickefeldstraße.
1898–1899, 1918–1919
Bauanträge von Hoerder Verein vom 23.03.1898 und Phoenix AG Hoerder Verein vom 24.07.1918; Baugenehmigungen der Stadt [Dortmund-]Hörde vom 10.05.1898, mit Auszug aus der Baupolizeiverordnung und 09.08.1918; Lagepläne; Grund- und Aufrisszeichnungen; Bauabnahmeschein vom 19.02.1919; einzelne Schreiben zwischen Phoenix AG Hoerder Verein und Stadt Hörde zum Genehmigungsverfahren.

3715 Bau und Umbau eines Speisesaals beim Portierhaus an der Bickefeldstraße.
1899–1901, 1917
Bauanträge von Hoerder Verein vom 13.10.1899 und Phoenix AG Hoerder Verein vom 03.03.1917 zum Umbau des Obergeschosses zu Wohnungen für die Mitarbeiter des Laboratoriums; Baugenehmigungen der Stadt [Dortmund-]Hörde vom 07.11.1899 und 11.04.1917, mit Auszug aus der Baupolizeiverordnung; Grund- und Aufrisszeichnungen; Lagepläne; Bauabnahmeschein vom 25.10.1917; einzelne Schreiben zwischen Hoerder Verein bzw. Phoenix AG Hoerder Verein und Stadt Hörde zu den Genehmigungsverfahren.

3717 Bau und Umbau von Portierhaus und Speisesaal am Rembergtor.
1899–1901, 1918–1919
Bauanträge von Hoerder Verein vom 13.12.1899 und Phoenix AG Hoerder Verein vom 20.06.1918 zum Umbau des Portiergebäudes; Baugenehmigungen der Stadt [Dortmund-]Hörde vom 09.01.1900 und 11.07.1918, mit Auszug aus der Baupolizeiverordnung; Grund- und Aufrisszeichnungen; Lagepläne; Bauabnahmeschein vom 09.01.1919; einzelne Schreiben zwischen Hoerder Verein bzw. Phoenix AG Hoerder Verein und Stadt Hörde zu den Genehmigungsverfahren.

3773 Bau eines Portierhauses und eines provisorischen Bürogebäudes an der Hörder Burg.
1907
Bauantrag der Phoenix AG Hoerder Verein vom 24.01.1907; Baugenehmigung der Stadt [Dortmund-]Hörde vom 30.01.1907, mit Auszug aus der Baupolizeiverordnung; Grund- und Aufrisszeichnung; Lageplan; Bauabnahmeschein vom 18.03.1907; einzelne Schreiben zwischen Phoenix AG Hoerder Verein und Stadt Hörde zum Genehmigungsverfahren.

4032 Anbau eines Treppenhauses mit Markenkontrolle an die Zentralreparaturwerkstatt.
1924
Bauantrag der Phoenix AG Hoerder Verein vom 28.01.1924; Baugenehmigung der Stadt [Dortmund-]Hörde vom 31.01.1924, mit Auszug aus der Baupolizeiverordnung; Grund- und Aufrisszeichnungen; Lageplan; Bauabnahmeschein vom 25.09.1924; einzelne Schreiben zwischen Phoenix AG Hoerder Verein und Stadt Hörde zum Genehmigungsverfahren.

4036 Bau von zwei Markenkontrollen bei den Waschkauen des Roheisenmischers.
1924
Bauantrag der Phoenix AG Hoerder Verein vom 06.11.1924; Baugenehmigung der Stadt [Dortmund-]Hörde vom 07.11.1924, mit Auszug aus der Baupolizeiverordnung; Grund- und Aufrisszeichnungen; Lageplan; Bauabnahmeschein vom 08.12.1924; einzelne Schreiben zwischen Phoenix AG Hoerder Verein und Stadt Hörde zum Genehmigungsverfahren.

4037 Bau einer Markenkontrolle bei der Waschkaue am Manganlager.
1924–1925
Bauantrag der Phoenix AG Hoerder Verein vom 06.11.1924; Baugenehmigung der Stadt [Dortmund-]Hörde vom 07.11.1924, mit Auszug aus der Baupolizeiverordnung; Grund- und Aufrisszeichnungen; Lageplan; Bauabnahmeschein vom 15.04.1925; einzelne Schreiben zwischen Phoenix AG Hoerder Verein und Stadt Hörde zum Genehmigungsverfahren.

4038 Bau einer Markenkontrolle bei der Waschkaue im Verwaltungsgebäude des Siemens-Martin-Stahlwerks II.
1924–1925
Bauantrag der Phoenix AG Hoerder Verein vom 06.11.1924; Baugenehmigung der Stadt [Dortmund-]Hörde vom 07.11.1924, mit Auszug aus der Baupolizeiverordnung; Grund- und Aufrisszeichnungen; Lageplan; Bauabnahmeschein vom 15.04.1925; einzelne Schreiben zwischen Phoenix AG Hoerder Verein und Stadt Hörde zum Genehmigungsverfahren.

Hochofenwerk Hörde

3572 Umbau des Portiergebäudes am Eingang Hochofenstraße.
1920
Bauantrag der Phoenix AG Hoerder Verein vom 07.02.1920; Baugenehmigung der Stadt [Dortmund-]Hörde vom 14.02.1920, mit Auszug aus der Baupolizeiverordnung; Lageplan; Grund- und Aufrisszeichnungen; Bauabnahmeschein vom 18.10.1920; einzelne Schreiben zwischen Phoenix AG Hoerder Verein und Stadt Hörde zum Genehmigungsverfahren.

3579 Bau einer Markenkontrolle in Nähe der Ammoniakfabrik.
1920–1921
Bauantrag der Phoenix AG Hoerder Verein vom 10.09.1920; Baugenehmigung des Amts [Dortmund-]Wellinghofen vom 17.09.1920, mit Auszug aus der Baupolizeiverordnung; Lageplan; Grund- und Aufrisszeichnungen; Bauabnahmeschein vom 19.04.1921; einzelne Schreiben zwischen Phoenix AG Hoerder Verein und Amt Wellinghofen zum Genehmigungsverfahren.

3594 Umbau der Markenkontrolle an der Stahlwerkstraße.
1922–1923
Bauantrag der Phoenix AG Hoerder Verein vom 21.09.1922; Baugenehmigung der Stadt [Dortmund-]Hörde vom 23.09.1922, mit Auszug aus der Baupolizeiverordnung; Lageplan; Grund- und Aufrisszeichnung; Bauabnahmeschein vom 28.02.1923; einzelne Schreiben zwischen Phoenix AG Hoerder Verein und Stadt Hörde zum Genehmigungsverfahren.

3598 Anbau an das Markenkontrollgebäude der Kokerei.
1923
Bauantrag der Phoenix AG Hoerder Verein vom 06.02.1923; Baugenehmigung des Amts [Dortmund-]Wellinghofen vom 22.02.1923, mit Auszug aus der Baupolizeiverordnung; Lageplan; Grund- und Aufrisszeichnungen; Bauabnahmeschein vom 19.06.1923; einzelne Schreiben zwischen Phoenix AG Hoerder Verein und Amt Wellinghofen zum Genehmigungsverfahren.

2.4.4.1.13 Waschkauen, Toiletten und Aufenthaltsräume

Hermannshütte

3796 Verlegung des Arbeiteraufenthaltsgebäudes des Fallwerks.
1908–1909
Bauantrag der Phoenix AG Hoerder Verein vom 11.09.1908; Baugenehmigung der Stadt [Dortmund-]Hörde vom 05.10.1908; Grund- und Aufrisszeichnung; Lageplan; Bauabnahmeschein vom 19.02.1909; einzelne Schreiben zwischen Phoenix AG Hoerder Verein und Stadt Hörde zum Genehmigungsverfahren.

3813 Bau einer Toilettenanlage für das Blockwalzwerk.
1909–1910
Bauantrag der Phoenix AG Hoerder Verein vom 04.10.1909; Baugenehmigung der Stadt [Dortmund-]Hörde vom 16.10.1909, mit Auszug aus der Baupolizeiverordnung; Grund- und Aufrisszeichnungen; Lageplan; Bauabnahmeschein vom 01.02.1910; einzelne Schreiben zwischen Phoenix AG Hoerder Verein und Stadt Hörde zum Genehmigungsverfahren.

3815 Bau einer Waschkaue für das Blockwalzwerk.
1909–1910
Bauantrag der Phoenix AG Hoerder Verein vom 12.10.1909; Baugenehmigung der Stadt [Dortmund-]Hörde vom 03.11.1909, mit Auszug aus der Baupolizeiverordnung; Grund- und Aufrisszeichnungen; Lageplan; Bauabnahmeschein vom 01.02.1910; einzelne Schreiben zwischen Phoenix AG Hoerder Verein und Stadt Hörde zum Genehmigungsverfahren.

3824 Bau einer Toilettenanlage für das Blockwalzwerk.
1910
Bauantrag der Phoenix AG Hoerder Verein vom 01.09.1910; Baugenehmigung der Stadt [Dortmund-]Hörde vom 20.09.1910, mit Auszug aus der Baupolizeiverordnung; Grund- und Aufrisszeichnungen; Lageplan; Bauabnahmeschein vom 28.09.1910; einzelne Schreiben zwischen Phoenix AG Hoerder Verein und Stadt Hörde zum Genehmigungsverfahren.

3836 Erweiterung der Meisterstube des Blechwalzwerks.
1910
Bauantrag der Phoenix AG Hoerder Verein vom 28.11.1910; Baugenehmigung der Stadt [Dortmund-]Hörde vom 07.12.1910, mit Auszug aus der Baupolizeiverordnung; Grund- und Aufrisszeichnungen; Lageplan; Bauabnahmeschein vom 22.12.1910; einzelne Schreiben zwischen Phoenix AG Hoerder Verein und Stadt Hörde zum Genehmigungsverfahren.

3842 Überbauung der Kohlenbunkeranlage am Blechwalzwerk mit Aufenthaltsräumen.
1911
Bauantrag der Phoenix AG Hoerder Verein vom 11.03.1911; Baugenehmigung der Stadt [Dortmund-]Hörde vom 27.03.1911, mit Auszug aus der Baupolizeiverordnung; Grund- und Aufrisszeichnungen; Lageplan; Bauabnahmeschein vom 21.09.1911; einzelne Schreiben zwischen Phoenix AG Hoerder Verein und Stadt Hörde zum Genehmigungsverfahren.

3846 Bau einer Waschkaue für die Walzendreherei.
1911
Bauantrag der Phoenix AG Hoerder Verein vom 03.06.1911; Baugenehmigung der Stadt [Dortmund-]Hörde vom 06.06.1911, mit Auszug aus der Baupolizeiverordnung; Grund- und Aufrisszeichnungen; Lageplan; Bauabnahmeschein vom 02.09.1911; einzelne Schreiben zwischen Phoenix AG Hoerder Verein und Stadt Hörde zum Genehmigungsverfahren.

3850 Bau einer Toilettenanlage bei der Asphaltieranlage.
1911
Bauantrag der Phoenix AG Hoerder Verein vom 10.07.1911; Baugenehmigung der Stadt [Dortmund-]Hörde vom 12.07.1911, mit Auszug aus der Baupolizeiverordnung; Grund- und Aufrisszeichnungen; Lageplan; Bauabnahmeschein vom 26.08.1911; einzelne Schreiben zwischen Phoenix AG Hoerder Verein und Stadt Hörde zum Genehmigungsverfahren.

3851 Bau eines Aufenthalts- und Umkleidegebäudes für die Arbeiter des Allgemeinen Betriebs.
1911
Bauantrag der Phoenix AG Hoerder Verein vom 11.07.1911; Baugenehmigung der Stadt [Dortmund-]Hörde vom 12.07.1911, mit Auszug aus der Baupolizeiverordnung; Grund- und Aufrisszeichnungen; Lageplan; Bauabnahmeschein vom 26.08.1911; einzelne Schreiben zwischen Phoenix AG Hoerder Verein und Stadt Hörde zum Genehmigungsverfahren.

3867 Bau eines Aufenthaltsgebäudes mit Waschkaue für das Siemens-Martin-Stahlwerk II.
1912–1913
Bauantrag der Phoenix AG Hoerder Verein vom 21.08.1912; Baugenehmigung der Stadt [Dortmund-]Hörde vom 30.08.1912, mit Auszug aus der Baupolizeiverordnung; Grund- und Aufrisszeichnungen; Lageplan; Bauabnahmeschein vom 13.04.1913; einzelne Schreiben zwischen Phoenix AG Hoerder Verein und Stadt Hörde zum Genehmigungsverfahren.

3872 Bau eines Magazingebäudes mit Arbeiteraufenthaltsräumen für das Siemens-Martin-Stahlwerk II.
1912
Bauantrag der Phoenix AG Hoerder Verein vom 04.10.1912; Baugenehmigung der Stadt [Dortmund-]Hörde vom 10.10.1912, mit Auszug aus der Baupolizeiverordnung; Grund- und Aufriss-

zeichnungen; Lageplan; Bauabnahmeschein vom 23.11.1912; einzelne Schreiben zwischen Phoenix AG Hoerder Verein und Stadt Hörde zum Genehmigungsverfahren.

3873 Bau eines Aufenthaltsgebäudes mit Kantine an der Grenze zur Stiftsbrauerei AG.
1912–1913
Bauantrag der Phoenix AG Hoerder Verein vom 23.10.1912; Baugenehmigung der Stadt [Dortmund-]Hörde vom 12.11.1912, mit Auszug aus der Baupolizeiverordnung; Grund- und Aufrisszeichnungen; Lageplan; Bauabnahmeschein vom 12.08.1913; einzelne Schreiben zwischen Phoenix AG Hoerder Verein und Stadt Hörde zum Genehmigungsverfahren.

3876 Bau eines Toilettengebäudes für das Siemens-Martin-Stahlwerk II.
1912–1913
Bauantrag der Phoenix AG Hoerder Verein vom 09.12.1912; Baugenehmigung der Stadt [Dortmund-]Hörde vom 12.12.1912, mit Auszug aus der Baupolizeiverordnung; Grund- und Aufrisszeichnungen; Lageplan; Bauabnahmeschein vom 04.05.1913; einzelne Schreiben zwischen Phoenix AG Hoerder Verein und Stadt Hörde zum Genehmigungsverfahren.

3882 Neubau einer Meisterstube für das Blechwalzwerk der Hermannshütte.
1913
Bauantrag der Phoenix AG Hoerder Verein vom 25.01.1913; Baugenehmigung der Stadt [Dortmund-]Hörde vom 31.01.1913, mit Auszug aus der Baupolizeiverordnung; Lageplan; Grund- und Aufrisszeichnungen; Bauabnahmeschein vom 19.06.1913; einzelne Schreiben zwischen Phoenix AG Hoerder Verein und Stadt Hörde zum Genehmigungsverfahren.

3888 Erweiterung des Arbeiteraufenthaltsraums des Siemens-Martin-Stahlwerks I.
1913
Bauantrag der Phoenix AG Hoerder Verein vom 19.03.1913; Baugenehmigung der Stadt [Dortmund-]Hörde vom 22.03.1913, mit Auszug aus der Baupolizeiverordnung; Grund- und Aufrisszeichnungen; Lageplan; Rohbauabnahmeschein vom 31.03.1913; einzelne Schreiben zwischen Phoenix AG Hoerder Verein und Stadt Hörde zum Genehmigungsverfahren.

3890 Erweiterung des Umkleidegebäudes für Arbeiter des Allgemeinen Betriebs.
1913
Bauantrag der Phoenix AG Hoerder Verein vom 22.03.1913; Baugenehmigung der Stadt [Dortmund-]Hörde vom 31.03.1913, mit Auszug aus der Baupolizeiverordnung; Grund- und Aufrisszeichnungen; Lageplan; Bauabnahmeschein vom 07.10.1913; einzelne Schreiben zwischen Phoenix AG Hoerder Verein und Stadt Hörde zum Genehmigungsverfahren.

3902 Erweiterung des Arbeiteraufenthaltsraums der Lademeisterei III.
1913
Bauantrag der Phoenix AG Hoerder Verein vom 03.11.1913; Baugenehmigung der Stadt [Dortmund-]Hörde vom 10.11.1913, mit Auszug aus der Baupolizeiverordnung; Grund- und Aufrisszeichnungen; Lageplan; Rohbauabnahmeschein vom 19.12.1913; einzelne Schreiben zwischen Phoenix AG Hoerder Verein und Stadt Hörde zum Genehmigungsverfahren.

3906 Bau eines Arbeiteraufenthaltsraums für die Lademeisterei II.
1914
Bauantrag der Phoenix AG Hoerder Verein vom 08.01.1914; Baugenehmigung der Stadt [Dortmund-]Hörde vom 12.01.1914, mit Auszug aus der Baupolizeiverordnung; Grund- und Aufrisszeichnungen; Lageplan; Rohbauabnahmeschein vom 23.02.1914; einzelne Schreiben zwischen Phoenix AG Hoerder Verein und Stadt Hörde zum Genehmigungsverfahren.

3916 Bau eines Gebäudes mit Aufenthalts- und Lagerräumen zwischen Pumpenhaus und Presswerk.
1914
Bauantrag der Phoenix AG Hoerder Verein vom 15.07.1914; Baugenehmigung der Stadt [Dortmund-]Hörde vom 17.07.1914, mit Auszug aus der Baupolizeiverordnung; Grund- und Aufrisszeichnungen; Lageplan; Bauabnahmeschein vom 30.10.1914; einzelne Schreiben zwischen Phoenix AG Hoerder Verein und Stadt Hörde zum Genehmigungsverfahren.

3924 Bau eines Aufenthaltsgebäudes für Arbeiterinnen bei der Mechanischen Werkstatt.
1915
Bauantrag der Phoenix AG Hoerder Verein vom 27.02.1915; Baugenehmigung der Stadt [Dortmund-]Hörde vom 03.06.1915, mit Auszug aus der Baupolizeiverordnung; Grund- und Aufrisszeichnungen; Lageplan; Bauabnahmeschein vom 26.06.1915; einzelne Schreiben zwischen Phoenix AG Hoerder Verein und Stadt Hörde zum Genehmigungsverfahren.

3931 Bau eines Aufenthaltsgebäudes für Arbeiterinnen bei der Zentralen Reparaturwerkstatt.
1915–1916
Bauantrag der Phoenix AG Hoerder Verein vom 15.12.1915; Baugenehmigung der Stadt [Dortmund-]Hörde vom 30.12.1915, mit Auszug aus der Baupolizeiverordnung; Grund- und Aufrisszeichnungen; Lageplan; Bauabnahmeschein vom 19.02.1916; einzelne Schreiben zwischen Phoenix AG Hoerder Verein und Stadt Hörde zum Genehmigungsverfahren.

3932 Bau eines Aufenthaltsgebäudes für Arbeiter des Thomas-Stahlwerks.
1915–1916
Bauantrag der Phoenix AG Hoerder Verein vom 20.12.1915; Baugenehmigung der Stadt [Dortmund-]Hörde vom 01.01.1915, mit Auszug aus der Baupolizeiverordnung; Grund- und Aufrisszeichnungen; statische Berechnungen; Lageplan; Bauabnahmeschein vom 07.08.1916; einzelne Schreiben zwischen Phoenix AG Hoerder Verein und Stadt Hörde zum Genehmigungsverfahren.

3943 Erweiterung des Badehauses des Blechwalzwerks um einen Wasch- und Aufenthaltsraum für Arbeiterinnen.
1916–1917
Bauantrag der Phoenix AG Hoerder Verein vom 01.09.1916; Baugenehmigung der Stadt [Dortmund-]Hörde vom 28.07.1916; Grund- und Aufrisszeichnungen; Lageplan; Bauabnahmeschein vom 12.01.1917; einzelne Schreiben zwischen Phoenix AG Hoerder Verein und Stadt Hörde zum Genehmigungsverfahren.

3945 Bau eines Toilettengebäudes für das Laboratorium und den Aufenthaltsraum für Arbeiterinnen.
1916–1917
Bauantrag der Phoenix AG Hoerder Verein vom 06.09.1916; Baugenehmigung der Stadt [Dort-

mund-]Hörde vom 12.09.1916; Grund- und Aufrisszeichnungen; Lageplan; Bauabnahmeschein vom 24.04.1917; einzelne Schreiben zwischen Phoenix AG Hoerder Verein und Stadt Hörde zum Genehmigungsverfahren.

3947 Kanalanschluss des Toilettengebäudes für das Laboratorium.
1916–1917
Bauantrag der Phoenix AG Hoerder Verein vom 15.09.1916; Baugenehmigung der Stadt [Dortmund-]Hörde vom 27.10.1916; Grund- und Aufrisszeichnungen; Lageplan; Bauabnahmeschein vom 24.03.1917; einzelne Schreiben zwischen Phoenix AG Hoerder Verein und Stadt Hörde zum Genehmigungsverfahren.

3948 Bau eines Aufenthaltsgebäudes für Arbeiterinnen des Siemens-Martin-Stahlwerks.
1916–1917
Bauantrag der Phoenix AG Hoerder Verein vom 20.10.1916; Baugenehmigung der Stadt [Dortmund-]Hörde vom 24.10.1916, mit Auszug aus der Baupolizeiverordnung; Grund- und Aufrisszeichnungen; Lageplan; Bauabnahmeschein vom 12.01.1917; einzelne Schreiben zwischen Phoenix AG Hoerder Verein und Stadt Hörde zum Genehmigungsverfahren.

3951 Bau eines Aufenthaltsgebäudes für die Arbeiterinnen des Stahlwalzwerks.
1916–1917
Bauantrag der Phoenix AG Hoerder Verein vom 23.11.1916; Baugenehmigung der Stadt [Dortmund-]Hörde vom 25.11.1916; Grund- und Aufrisszeichnungen; Lageplan; Bauabnahmeschein vom 02.03.1917; einzelne Schreiben zwischen Phoenix AG Hoerder Verein und Stadt Hörde zum Genehmigungsverfahren.

3956 Bau eines Aufenthaltsraums für die Arbeiterinnen des Thomas-Stahlwerks.
1917
Bauantrag der Phoenix AG Hoerder Verein vom 17.04.1917; Baugenehmigung der Stadt [Dortmund-]Hörde vom 19.07.1917; Grund- und Aufrisszeichnungen; Lageplan; Bauabnahmeschein vom 21.08.1917; einzelne Schreiben zwischen Phoenix AG Hoerder Verein, Stadt Hörde und Militärstellen zum Genehmigungsverfahren.

3958 Bau eines Wiegemeisterhauses mit Aufenthaltsräumen für Kriegsgefangene bei der Mechanischen Werkstatt.
1917–1918
Bauantrag der Phoenix AG Hoerder Verein vom 17.10.1917; Baugenehmigung der Stadt [Dortmund-]Hörde vom 16.11.1917; Grund- und Aufrisszeichnungen; Lageplan; Bauabnahmeschein vom 01.03.1918; einzelne Schreiben zwischen Phoenix AG Hoerder Verein, Stadt Hörde und Militärstellen zum Genehmigungsverfahren.

3961 Bau eines Kanalanschlusses für die Toilettenanlage am Remberg.
1918
Bauantrag der Phoenix AG Hoerder Verein vom 01.05.1918; Baugenehmigung der Stadt [Dortmund-]Hörde vom 08.05.1918; Grund- und Aufrisszeichnungen; Bauabnahmeschein vom 26.08.1918; einzelne Schreiben zwischen Phoenix AG Hoerder Verein und Stadt Hörde zum Genehmigungsverfahren.

3962 Bau eines Aufenthaltsraums für die Arbeiterinnen der Stahlgießerei.
1918
Bauantrag der Phoenix AG Hoerder Verein vom 18.07.1918; Baugenehmigung der Stadt [Dortmund-]Hörde vom 05.08.1918; Grund- und Aufrisszeichnungen; Lageplan; Bauabnahmeschein vom 03.09.1918; einzelne Schreiben zwischen Phoenix AG Hoerder Verein und Stadt Hörde zum Genehmigungsverfahren.

3963 Erweiterung eines Aufenthaltsraums für die Arbeiter des Blockwalzwerks.
1918-1919
Bauantrag der Phoenix AG Hoerder Verein vom 14.10.1918; Baugenehmigung der Stadt [Dortmund-]Hörde vom 30.10.1918; Grund- und Aufrisszeichnungen; Lageplan; Bauabnahmeschein vom 24.06.1919; einzelne Schreiben zwischen Phoenix AG Hoerder Verein und Stadt Hörde zum Genehmigungsverfahren.

3964 Erweiterung eines Aufenthaltsraums für die Werkstättenarbeiter des Blockwalzwerks.
1918-1919
Bauantrag der Phoenix AG Hoerder Verein vom 18.10.1918; Baugenehmigung der Stadt [Dortmund-]Hörde vom 01.11.1918; Grund- und Aufrisszeichnungen; Lageplan; Bauabnahmeschein vom 10.06.1919; einzelne Schreiben zwischen Phoenix AG Hoerder Verein und Stadt Hörde zum Genehmigungsverfahren.

3965 Bau eines Aufenthaltsraums für das Werksbahnpersonal.
1918-1919
Bauantrag der Phoenix AG Hoerder Verein vom 22.11.1918; Baugenehmigung der Stadt [Dortmund-]Hörde vom 18.12.1918; Grund- und Aufrisszeichnungen; Lageplan; Bauabnahmeschein vom 19.02.1919; einzelne Schreiben zwischen Phoenix AG Hoerder Verein und Stadt Hörde zum Genehmigungsverfahren.

3973 Umbau des Verwaltungs- und Arbeiteraufenthaltsgebäudes der Bauabteilung.
1919-1920
Bauantrag der Phoenix AG Hoerder Verein vom 26.03.1919; Baugenehmigung der Stadt [Dortmund-]Hörde vom 31.03.1919; Grund- und Aufrisszeichnungen; Lageplan; statische Berechnungen; Rohbauabnahmeschein vom 03.01.1920; einzelne Schreiben zwischen Phoenix AG Hoerder Verein und Stadt Hörde zum Genehmigungsverfahren.

3974 Bau eines Wasch- und Aufenthaltsgebäudes für Arbeiter des Hammerwerks.
1919, 1922
Bauantrag der Phoenix AG Hoerder Verein vom 12.04.1919; Baugenehmigung der Stadt [Dortmund-]Hörde vom 17.04.1919; Grund- und Aufrisszeichnungen; Lageplan; statische Berechnungen; Rohbauabnahmeschein vom 24.01.1922; einzelne Schreiben zwischen Phoenix AG Hoerder Verein und Stadt Hörde zum Genehmigungsverfahren.

3985 Bau einer Waschkaue für die Stahlgießerei.
1920
Bauantrag der Phoenix AG Hoerder Verein vom 17.02.1920; Baugenehmigung der Stadt [Dortmund-]Hörde vom 27.02.1920, mit Auszug aus der Baupolizeiverordnung; Grund- und Aufriss-

zeichnungen; Lageplan; Bauabnahmeschein vom 16.10.1920; einzelne Schreiben zwischen Phoenix AG Hoerder Verein und Stadt Hörde zum Genehmigungsverfahren.

3986 Bau eines Aufenthaltsgebäudes für die Arbeiter des Blockwalzwerks.
1920
Bauantrag der Phoenix AG Hoerder Verein vom 22.03.1920; Baugenehmigung der Stadt [Dortmund-]Hörde vom 31.03.1920, mit Auszug aus der Baupolizeiverordnung; Grund- und Aufrisszeichnungen; Lageplan; Bauabnahmeschein vom 16.10.1920; einzelne Schreiben zwischen Phoenix AG Hoerder Verein und Stadt Hörde zum Genehmigungsverfahren.

4002 Bau eines Aufenthaltsgebäudes für die Arbeiter der Verladeabteilung beim Klärteich.
1922
Bauantrag der Phoenix AG Hoerder Verein vom 02.03.1922; Baugenehmigung des Amts [Dortmund-]Aplerbeck vom 15.05.1922; Grund- und Aufrisszeichnungen; Lageplan; einzelne Schreiben zwischen Phoenix AG Hoerder Verein und Amt Aplerbeck zum Genehmigungsverfahren.

4003 Erweiterung der Waschkaue des Hammerwerks.
1922–1923
Bauanträge der Phoenix AG Hoerder Verein vom 22.04.1922 und 16.12.1922; Baugenehmigungen der Stadt [Dortmund-]Hörde vom 25.04.1922 und 06.01.1923, mit Auszug aus der Baupolizeiverordnung; Grund- und Aufrisszeichnungen; Lageplan; Bauabnahmeschein vom 03.05.1923; einzelne Schreiben zwischen Phoenix AG Hoerder Verein und Stadt Hörde zum Genehmigungsverfahren.

4012 Erweiterung des Aufenthaltsgebäudes für das Eisenbahnpersonal der Waage „Im Bickefeld".
1922–1923
Bauantrag der Phoenix AG Hoerder Verein vom 25.11.1922; Baugenehmigung der Stadt [Dortmund-]Hörde vom 28.11.1922; Grund- und Aufrisszeichnungen; Lageplan; Bauabnahmeschein vom 29.03.1923; einzelne Schreiben zwischen Phoenix AG Hoerder Verein und Stadt Hörde zum Genehmigungsverfahren.

4014 Bau eines Arbeiteraufenthaltsgebäudes beim Verwaltungsgebäude der Eisenbahnabteilung.
1922–1923
Bauantrag der Phoenix AG Hoerder Verein vom 30.11.1922; Baugenehmigung der Stadt [Dortmund-]Hörde vom 04.12.1922; Grund- und Aufrisszeichnungen; Lageplan; Bauabnahmeschein vom 31.03.1923; einzelne Schreiben zwischen Phoenix AG Hoerder Verein und Stadt Hörde zum Genehmigungsverfahren.

4019 Erweiterung der Waschkaue der Lademeisterei.
1923
Bauantrag der Phoenix AG Hoerder Verein vom 20.02.1923; Baugenehmigung der Stadt [Dortmund-]Hörde vom 22.02.1923; Grund- und Aufrisszeichnungen; statische Berechnungen; Lageplan; Bauabnahmeschein vom 13.07.1923; einzelne Schreiben zwischen Phoenix AG Hoerder Verein und Stadt Hörde zum Genehmigungsverfahren.

4034 Bau einer Toilettenanlage für das Feinwalzwerk.
1924

Bauantrag der Phoenix AG Hoerder Verein vom 11.04.1924; Baugenehmigung der Stadt [Dortmund-]Hörde vom 12.04.1924, mit Auszug aus der Baupolizeiverordnung; Grund- und Aufrisszeichnungen; Lageplan; statische Berechnungen; Bauabnahmeschein vom 20.09.1924; einzelne Schreiben zwischen Phoenix AG Hoerder Verein und Stadt Hörde zum Genehmigungsverfahren.

Hochofenwerk Hörde

3482 Bau einer Toilettenanlage.
1907
Bauantrag der Phoenix AG Hoerder Verein vom 07.02.1907; Baugenehmigung der Stadt [Dortmund-]Hörde vom 13.02.1907, mit Auszug aus der Baupolizeiverordnung; Lageplan; Grund- und Aufrisszeichnungen; einzelne Schreiben zwischen Phoenix AG Hoerder Verein und Stadt Hörde zum Genehmigungsverfahren.

3486 Erweiterung des Waschkauengebäudes.
1907–1908
Bauantrag der Phoenix AG Hoerder Verein vom 31.12.1907; Baugenehmigung der Stadt [Dortmund-]Hörde vom 13.03.1908; Lageplan; Grund- und Aufrisszeichnungen; Bauabnahmeschein vom 26.05.1908; einzelne Schreiben zwischen Phoenix AG Hoerder Verein und Stadt Hörde zum Genehmigungsverfahren.

3493 Bau eines Aufenthaltsgebäudes für Eisenbahnarbeiter.
1908–1909
Bauantrag der Phoenix AG Hoerder Verein vom 17.07.1908; Baugenehmigung des Amts [Dortmund-]Wellinghofen vom 05.08.1908; Lageplan; Grund- und Aufrisszeichnungen; Bauabnahmeschein vom 12.05.1909; einzelne Schreiben zwischen Phoenix AG Hoerder Verein und Amt Wellinghofen zum Genehmigungsverfahren.

3495 Bau einer Toilettenanlage.
1908–1909
Bauantrag der Phoenix AG Hoerder Verein vom 27.08.1908; Baugenehmigung der Stadt [Dortmund-]Hörde vom 12.09.1908, mit Auszug aus der Baupolizeiverordnung; Lageplan; Grund- und Aufrisszeichnungen; Bauabnahmeschein vom 19.02.1909; einzelne Schreiben zwischen Phoenix AG Hoerder Verein und Stadt Hörde zum Genehmigungsverfahren.

3502 Erweiterung eines Aufenthaltsgebäudes für Arbeiter.
1909
Bauantrag der Phoenix AG Hoerder Verein vom 30.06.1909; Baugenehmigung des Amts [Dortmund-]Wellinghofen vom 12.08.1909; Lageplan; Grund- und Aufrisszeichnungen; Bauabnahmeschein vom 06.11.1909; einzelne Schreiben zwischen Phoenix AG Hoerder Verein und Amt Wellinghofen zum Genehmigungsverfahren.

3508 Erweiterung eines Gebäudes zum Aufenthaltsraum für Meister und zur Aufstellung eines Kollergangs.
1910

Bauantrag der Phoenix AG Hoerder Verein vom 12.05.1910; Baugenehmigung des Amts [Dortmund-]Wellinghofen vom 10.06.1910; Lageplan; Grund- und Aufrisszeichnungen; Bauabnahmeschein vom 25.07.1910; einzelne Schreiben zwischen Phoenix AG Hoerder Verein und Amt Wellinghofen zum Genehmigungsverfahren.

3517 Verlegung eines Toilettengebäudes.
1911
Bauantrag der Phoenix AG Hoerder Verein vom 03.06.1911; Baugenehmigung des Amts [Dortmund-]Wellinghofen vom 13.06.1911; Lageplan; Bauabnahmeschein vom 02.08.1911; einzelne Schreiben zwischen Phoenix AG Hoerder Verein und Amt Wellinghofen zum Genehmigungsverfahren.

3521 Anbau eines Aufenthaltsraums für Arbeiter an das Bürogebäude.
1911–1912
Bauantrag der Phoenix AG Hoerder Verein vom 02.11.1911; Baugenehmigung des Amts [Dortmund-]Wellinghofen vom 18.11.1911; Lageplan; Grund- und Aufrisszeichnungen; Bauabnahmeschein vom 20.01.1912; einzelne Schreiben zwischen Phoenix AG Hoerder Verein und Amt Wellinghofen zum Genehmigungsverfahren.

3527 Anbau an die Elektrozentrale als Aufenthaltsraum für Arbeiter und Werkstatt.
1912
Bauantrag der Phoenix AG Hoerder Verein vom 06.02.1912; Baugenehmigung der Stadt [Dortmund-]Hörde vom 06.03.1912; Grund- und Aufrisszeichnungen; Bauabnahmeschein vom 28.05.1912; einzelne Schreiben zwischen Phoenix AG Hoerder Verein und Stadt Hörde zum Genehmigungsverfahren.

3530 Bau eines Aufenthaltsgebäudes für Arbeiter.
1912
Bauantrag der Phoenix AG Hoerder Verein vom 02.07.1912; Baugenehmigung der Stadt [Dortmund-]Hörde vom 04.07.1912, mit Auszug aus der Baupolizeiverordnung (Abschrift); Grund- und Aufrisszeichnungen; Bauabnahmeschein vom 15.10.1912; einzelne Schreiben zwischen Phoenix AG Hoerder Verein und Stadt Hörde zum Genehmigungsverfahren.

3536 Verlegung eines Toilettengebäudes der Kokerei.
1913
Bauantrag der Phoenix AG Hoerder Verein vom 05.05.1913; Baugenehmigung des Amts [Dortmund-]Wellinghofen vom 19.05.1913; Lageplan; Grund- und Aufrisszeichnungen; Bauabnahmeschein vom 04.08.1913; einzelne Schreiben zwischen Phoenix AG Hoerder Verein und Amt Wellinghofen zum Genehmigungsverfahren.

3540 Bau eines Aufenthaltsgebäudes für Arbeiter.
1913
Bauantrag der Phoenix AG Hoerder Verein vom 31.07.1913; Baugenehmigung der Stadt [Dortmund-]Hörde vom 07.08.1913, mit Auszug aus der Baupolizeiverordnung (Abschrift); Lageplan; Grund- und Aufrisszeichnungen; Bauabnahmeschein vom 22.09.1913; einzelne Schreiben zwischen Phoenix AG Hoerder Verein und Stadt Hörde zum Genehmigungsverfahren.

3545 Bau von Aufenthaltsräumen unter der Ausdrückbühne der Kokereianlage V.
1914
Bauantrag der Phoenix AG Hoerder Verein vom 24.01.1914; Baugenehmigung des Amts [Dortmund-]Wellinghofen vom 05.02.1914, mit Auszug aus der Baupolizeiverordnung; Lageplan; Grund- und Aufrisszeichnungen; Bauabnahmeschein vom 17.04.1914; einzelne Schreiben zwischen Phoenix AG Hoerder Verein und Amt Wellinghofen zum Genehmigungsverfahren.

3549 Anbau eines Frauenaufenthaltsraums an die Waschkaue der Kokerei.
1915
Bauantrag der Phoenix AG Hoerder Verein vom 20.08.1915; Baugenehmigung des Amts [Dortmund-]Wellinghofen vom 25.08.1915, mit Auszug aus der Baupolizeiverordnung; Lageplan; Grund- und Aufrisszeichnungen; Bauabnahmeschein vom 21.12.1915; einzelne Schreiben zwischen Phoenix AG Hoerder Verein und Amt Wellinghofen zum Genehmigungsverfahren.

3555 Bau eines Frauenaufenthaltsraums.
1916
Bauantrag der Phoenix AG Hoerder Verein vom 30.03.1916; Baugenehmigung des Amts [Dortmund-]Wellinghofen vom 22.04.1916, mit Auszug aus der Baupolizeiverordnung; Lageplan; Grund- und Aufrisszeichnungen; Bauabnahmeschein vom 14.07.1916; einzelne Schreiben zwischen Phoenix AG Hoerder Verein und Amt Wellinghofen zum Genehmigungsverfahren.

3556 Bau eines Frauenaufenthaltsraums für die Kokerei.
1916
Bauantrag der Phoenix AG Hoerder Verein vom 30.03.1916; Baugenehmigung des Amts [Dortmund-]Wellinghofen vom 22.04.1916, mit Auszug aus der Baupolizeiverordnung; Lageplan; Grund- und Aufrisszeichnung; Bauabnahmeschein vom 14.07.1916; einzelne Schreiben zwischen Phoenix AG Hoerder Verein und Amt Wellinghofen zum Genehmigungsverfahren.

3562 Bau eines Aufenthaltsraums für Frauen und jugendliche Arbeiter.
1917
Bauantrag der Phoenix AG Hoerder Verein vom 08.03.1917; Baugenehmigung des Amts [Dortmund-]Wellinghofen vom 14.04.1917, mit Auszug aus der Baupolizeiverordnung; Lageplan; Grund- und Aufrisszeichnungen; Bauabnahmeschein vom 25.06.1917; einzelne Schreiben zwischen Phoenix AG Hoerder Verein und Amt Wellinghofen zum Genehmigungsverfahren.

3569 Bau einer Aufenthaltsbude für die Eisenbahnabteilung.
1919
Bauantrag der Phoenix AG Hoerder Verein vom 08.05.1919; Baugenehmigung des Amts [Dortmund-]Wellinghofen vom 17.05.1919, mit Auszug aus der Baupolizeiverordnung; Lageplan; Grund- und Aufrisszeichnungen; Bauabnahmeschein vom 25.10.1919; einzelne Schreiben zwischen Phoenix AG Hoerder Verein und Amt Wellinghofen zum Genehmigungsverfahren.

3577 Bau eines Aufenthaltsgebäudes für das Personal der Eisenbahnabteilung.
1920–1921
Bauantrag der Phoenix AG Hoerder Verein vom 15.08.1920; Baugenehmigung der Stadt [Dortmund-]Hörde vom 23.08.1920, mit Auszug aus der Baupolizeiverordnung; Lageplan; Grund- und

Aufrisszeichnungen; Bauabnahmeschein vom 07.04.1921; einzelne Schreiben zwischen Phoenix AG Hoerder Verein und Stadt Hörde zum Genehmigungsverfahren.
Kartenmaterial ist zerrissen; Restaurationsbedürftig.

3578 Erweiterung der Meisterstube am Eingang Hochofenstraße.
1920–1921
Bauantrag der Phoenix AG Hoerder Verein vom 23.08.1920; Baugenehmigung der Stadt [Dortmund-]Hörde vom 25.08.1920, mit Auszug aus der Baupolizeiverordnung; Lageplan; Grund- und Aufrisszeichnungen; Bauabnahmeschein vom 18.02.1921; einzelne Schreiben zwischen Phoenix AG Hoerder Verein und Stadt Hörde zum Genehmigungsverfahren.

3581 Bau eines Arbeiteraufenthaltsgebäudes bei der Gießhalle von Hochofen VI.
1921
Bauantrag der Phoenix AG Hoerder Verein vom 14.02.1921; Baugenehmigung des Amts [Dortmund-]Wellinghofen vom 26.02.1921, mit Auszug aus der Baupolizeiverordnung; Lageplan; Grund- und Aufrisszeichnungen; Bauabnahmeschein vom 18.07.1921; einzelne Schreiben zwischen Phoenix AG Hoerder Verein und Amt Wellinghofen zum Genehmigungsverfahren.

3596 Bau eines Wasch- und Umkleidegebäudes.
1922–1923
Bauantrag der Phoenix AG Hoerder Verein vom 12.12.1922; Baugenehmigung des Amts [Dortmund-]Wellinghofen vom 23.01.1923, mit Auszug aus der Baupolizeiverordnung; Lageplan; Grund- und Aufrisszeichnungen; einzelne Schreiben zwischen Phoenix AG Hoerder Verein und Amt Wellinghofen zum Genehmigungsverfahren.

3600 Bau eines Aufenthaltsraums für die Werksfeuerwehr.
1923
Bauantrag der Phoenix AG Hoerder Verein vom 22.03.1923; Baugenehmigung der Stadt [Dortmund-]Hörde vom 27.03.1923, mit Auszug aus der Baupolizeiverordnung; Lageplan; Grund- und Aufrisszeichnungen; Bauabnahmeschein vom 18.05.1923; einzelne Schreiben zwischen Phoenix AG Hoerder Verein und Stadt Hörde zum Genehmigungsverfahren.

Hochofenwerk Dortmund

3430 Erweiterung der Meisterbude beim Kohlenturm des Hochofenwerks Dortmund.
1911
Bauantrag der Phoenix AG Hoerder Verein vom 25.01.1911; Baugenehmigung der Stadt Dortmund vom 09.02.1911; Grund- und Aufrisszeichnungen; Bauabnahmeschein vom 04.05.1911; einzelne Schreiben zwischen Phoenix AG Hoerder Verein und Stadt Dortmund zum Genehmigungsverfahren.

3672 Bau eines Aufenthaltsgebäudes für Arbeiter am Bahnhof des Schachts Schleswig des Hoerder Kohlenwerks.
1917
Bauantrag der Phoenix AG Hoerder Verein vom 19.06.1917: Baugenehmigung des Amts [Dort-

mund-]Brackel vom 14.07.1917, mit Auszug aus der Baupolizeiverordnung; Lageplan; Grund- und Aufrisszeichnung; Bauabnahmeschein vom 22.10.1917.

3676 Umbau des Aufenthaltsgebäudes für Arbeiter am Bahnhof des Schachts Schleswig des Hoerder Kohlenwerks.
1923
Bauantrag der Phoenix AG Hoerder Verein vom 13.01.1923; Baugenehmigung des Amts [Dortmund-]Aplerbeck vom 25.01.1923, mit Auszug aus der Baupolizeiverordnung; Lageplan; Grund- und Aufrisszeichnung; einzelne Schreiben zwischen Phoenix AG Hoerder Verein und Amt Aplerbeck zum Genehmigungsverfahren.

2.4.4.1.14 Telegrafie und Telefonie

2387 Telegrafie und Telefonie von Hoerder Verein bzw. Phoenix AG Hoerder Verein.
1899–1921
Vertrag zwischen Hoerder Verein und Königlicher Eisenbahndirektion Essen zu den Unterhaltungskosten der Fernsprechverbindung zwischen Bahnhof Wickede-Asseln und Schacht Holstein des Hoerder Kohlenwerks vom 29.12.1899/02.01.1900, mit Nachtrag zwischen Eisenbahndirektion Essen und Phoenix AG Hoerder Verein vom 30.08./16.09.1920 (Abschriften); Bestimmungen des Reichs-Postamts für die Benutzung von Nebentelegraphenanlagen und besonderen Telegraphenanlagen vom 09.04.1900 (gedruckt); Erläuterung (Typoskript) und Übersichtsplan des Kaiserlichen Telegraphenamts Dortmund zur unterirdischen Verlegung von Telegrafiekabeln entlang der Werksbahn (Eliasbahn) sowie in [Dortmund-]Hörde, Schüren und Aplerbeck vom Juli 1908; Kabellageplan von Aplerbeck und Schüren, 1908; Anweisung des Reichs-Postamts zum Schutze der unterirdischen Telegraphen- und Fernsprechkabel bei Ausführung von Erd- und Maurerarbeiten in Verkehrswegen vom Mai 1906 (gedruckt); Bestimmungen des Reichs-Postamts für die Betheiligung an dem Bezirks-Fernsprechnetz im niederrheinisch-westfälischen Industriebezirk vom 20.06.1901 (gedruckt); Bestimmungen des Reichs-Postamts für die Benutzung der Fernsprechanschlüsse vom 01.05.1905 (gedruckt); Zeitungsausschnitte; Vertrag zwischen Phoenix AG Hoerder Verein und Königlicher Eisenbahndirektion Essen zum Betrieb verschiedener Telegrafie- und Fernsprechverbindungen vom 21./26.08.1914 (Abschrift); Schriftwechsel zwischen Hoerder Verein bzw. Phoenix AG Hoerder Verein, Kaiserlicher Oberpostdirektion Dortmund, Telegraphenamt Dortmund, Kaiserlichem Postamt Hörde und Eisenbahndirektion Essen zu Bau, Betrieb und Kostenabrechnung von Telefon- und Telegrafenleitungen zwischen Bahnhöfen, Betrieben und Werksanlagen.

2499 Telegrafie und Telefonie von Phoenix AG Hoerder Verein bzw. VSt Hoerder Verein.
1913–1915, 1922–1929
Schematische Darstellung reichseigener und privater Fernsprechanlagen mit Nebenstellen, Privatstellen und Verbindungsleitungen zwischen verschiedenen Anlagen, mit Erläuterungen und Allgemeinen Vorschriften für die Ausführung und den Betrieb neuer elektrischer Starkstromanlagen (ausschließlich der elektrischen Bahnen) bei Kreuzungen und Näherungen von Telegraphen- und Fernsprechleitungen, o. D. (gedruckt); Aufstellung der Kaiserlichen Oberpostdirektion Dortmund zu Mängeln an der Fernsprechanlage der Phoenix AG Hoerder Verein vom 18.08.1913; schematische Übersicht zum Werkstelefonnetz, mit Aufstellung aller Anschlüsse in Betrieben von Hermanns-

hütte, Hochofenwerk Hörde und Hoerder Kohlenwerk sowie Lageplan der Verteileranlagen vom 15.03.1915; Aufstellung zu den Postnebenstellen der Phoenix AG Hoerder Verein vom 20.02.1925; Zusammenstellung der Bedingungen für die Mitbenutzung des Reichspost-Gestänges zur Anbringung von Privatleitungen o. D. (Kopie); Schriftwechsel zwischen Phoenix AG Hoerder Verein bzw. VSt Hoerder Verein, Telegrafenamt Dortmund, Postamt Hörde und Stadt [Dortmund-]Hörde zu Bau, Betrieb und Kostenabrechnung von Telefon- und Telegrafenleitungen zwischen Bahnhöfen, Betrieben und Werksanlagen, insbesondere zur Schaltung neuer Anschlüsse.

2.4.4.1.15 Ziegelei des Hoerder Kohlenwerks

3671 Bau einer Maschinenziegelei auf Schacht Schleswig.
1913–1915
Bauanträge der Phoenix AG Hoerder Verein vom 15.02.1913 zum Bau einer Maschinenziegelei und vom 10.04.1915 zur Kaminerhöhung des Kamins; Baugenehmigungen des Landkreises Dortmund vom 18.07.1913 und 29.04.1915, mit Auszug aus der Baupolizeiverordnung; Lagepläne; Grund- und Aufrisszeichnungen sowie Konstruktionszeichnungen der K. & Th. Möller GmbH; Bauabnahmeschein vom 09.08.1915; Schriftwechsel zwischen Phoenix AG Hoerder Verein, Landkreis Dortmund und Amt [Dortmund-]Brackel zum Genehmigungsverfahren.

3673 Bau eines Trockenschuppens für die Ziegelei auf Schacht Schleswig.
1920
Bauantrag der Phoenix AG Hoerder Verein vom 12.05.1920; Baugenehmigung des Amts [Dortmund-]Brackel vom 13.07.1920, mit Auszug aus der Baupolizeiverordnung; Lageplan; Grund- und Aufrisszeichnung; Bauabnahmeschein vom 15.12.1920; einzelne Schreiben zwischen Phoenix AG Hoerder Verein und Amt Brackel zum Genehmigungsverfahren.

3674 Bau einer Schmiede für die Ziegelei auf Schacht Schleswig.
1922
Bauantrag der Phoenix AG Hoerder Verein vom 19.01.1922; Baugenehmigung des Amts [Dortmund-]Brackel vom 14.02.1922, mit Auszug aus der Baupolizeiverordnung; Lageplan; Grund- und Aufrisszeichnungen; Bauabnahmeschein vom 28.08.1922; einzelne Schreiben zwischen Phoenix AG Hoerder Verein und Amt Brackel zum Genehmigungsverfahren.

3675 Erweiterung des Gebäudes der Betonsteinformerei bei der Ziegelei auf Schacht Schleswig.
1922
Bauantrag der Phoenix AG Hoerder Verein vom 06.05.1922; Baugenehmigung des Amts [Dortmund-]Brackel vom 30.05.1922, mit Auszug aus der Baupolizeiverordnung; Lageplan; Grund- und Aufrisszeichnungen; Bauabnahmeschein vom 15.07.1922; einzelne Schreiben zwischen Phoenix AG Hoerder Verein und Amt Brackel zum Genehmigungsverfahren.

3677 Erweiterung des Zieglerwohnhauses der Ziegelei auf Schacht Schleswig.
1924–1925
Bauantrag der Phoenix AG Hoerder Verein vom 16.12.1924; Baugenehmigung des Amts [Dortmund-]Brackel vom 18.12.1924, mit Auszug aus der Baupolizeiverordnung; Lageplan; Grund- und

Aufrisszeichnung; statische Berechnung; Bauabnahmeschein vom 23.06.1925; einzelne Schreiben zwischen Phoenix AG Hoerder Verein und Amt Brackel zum Genehmigungsverfahren.

2.4.4.1.16 Casinos und Verkaufseinrichtungen

Hermannshütte

3839 Betriebs- und Schankgenehmigung für die Kantine des Blechwalzwerks.
1895, 1914
Genehmigungen der Stadt [Dortmund-]Hörde vom 12.10.1895 und 17.04.1914; Grund- und Aufrisszeichnungen, auch des neuen Bürogebäudes des Blechwalzwerks; Lageplan.

3788 Verlegung und Überbauung des Hörder Bachs mit dem neuen Casino- und Kassengebäude.
1907
Bauantrag der Phoenix AG Hoerder Verein vom 22.04.1907; Baugenehmigungen der Stadt [Dortmund-]Hörde vom 03.05.1907 und 29.07.1907; Grundrisszeichnung des Kellergeschosses, mit eingezeichnetem Bachverlauf; statische Berechnungen; Lageplan; Schriftwechsel zwischen Phoenix AG Hoerder Verein, Emschergenossenschaft und Stadt Hörde zum Genehmigungsverfahren.

3862 Bau eines Teeausschankgebäudes am Blockwalzwerk.
1912
Bauantrag der Phoenix AG Hoerder Verein vom 07.02.1912; Baugenehmigung der Stadt [Dortmund-]Hörde vom 13.02.1912, mit Auszug aus der Baupolizeiverordnung; Grund- und Aufrisszeichnungen; Lageplan; Bauabnahmeschein vom 20.04.1912; einzelne Schreiben zwischen Phoenix AG Hoerder Verein und Stadt Hörde zum Genehmigungsverfahren.

3262 Bau eines Ladenlokals in [Dortmund-]Hörde, Hermannstraße 100.
1920–1921
Bauantrag der Phoenix AG Hoerder Verein vom 15.10.1920; Baugenehmigung der Stadt [Dortmund-]Hörde vom 04.11.1920, mit Auszug aus der Baupolizeiverordnung; Bauabnahmeschein vom 02.03.1921; Lageplan; Aufriss- und Querschnittzeichnungen des Hauses; einzelne Schreiben zwischen Phoenix AG Hoerder Verein und Stadt Hörde zum Genehmigungsverfahren.

Hochofenwerke

3427 Erweiterung der Werksgaststätte des Hochofenwerks Dortmund, Leierweg 3.
1909–1910
Bauantrag der Phoenix AG Hoerder Verein vom 24.08.1909; Baugenehmigung der Stadt Dortmund vom 25.10.1909; Lageplan; Grund- und Aufrisszeichnungen; einzelne Schreiben zwischen Phoenix AG Hoerder Verein und Stadt Dortmund zum Genehmigungsverfahren.

3524 Betrieb einer Schankwirtschaft im Hochofenwerk Hörde.
1911
Betriebsgenehmigung des Kreises [Dortmund-]Hörde vom 29.11.1911.

3580 Bau eines Getränkeausschanks bei der Kokerei des Hochofenwerks Hörde.
1920–1921
Bauantrag der Phoenix AG Hoerder Verein vom 19.10.1920; Baugenehmigung des Amts [Dortmund-]Wellinghofen vom 23.11.1920, mit Auszug aus der Baupolizeiverordnung; Lageplan; Grund- und Aufrisszeichnungen; Bauabnahmeschein vom 19.03.1921; einzelne Schreiben zwischen Phoenix AG Hoerder Verein und Amt Wellinghofen zum Genehmigungsverfahren.

2.4.4.1.17 Einfriedungen

3487 Bau einer Einfriedungsmauer für die Kokerei im Hochofenwerk Hörde.
1908
Bauantrag der Phoenix AG Hoerder Verein vom 16.04.1908; Baugenehmigung der Stadt [Dortmund-]Hörde vom 06.05.1908; Lageplan; Bauabnahmeschein vom 27.05.1908; einzelne Schreiben zwischen Phoenix AG Hoerder Verein und Stadt Hörde zum Genehmigungsverfahren.

3792 Verlegung eines Zauns der Hermannshütte am Remberg nach Grunderwerb von der Gewerkschaft Freie Vogel & Unverhofft.
1908–1909
Bauantrag der Phoenix AG Hoerder Verein vom 28.07.1908; Baugenehmigung der Stadt [Dortmund-]Hörde vom 22.09.1908; Lageplan; Bauabnahmeschein vom 14.02.1909; einzelne Schreiben zwischen Phoenix AG Hoerder Verein und Stadt Hörde zum Genehmigungsverfahren.

3809 Provisorische Erneuerung des Dachs des Blechwalzwerks der Hermannshütte und Erhöhung der Einfriedungsmauer zur Bickefeldstraße.
1909
Bauantrag der Phoenix AG Hoerder Verein vom 25.06.1909; Baugenehmigung der Stadt [Dortmund-]Hörde vom 15.07.1909, mit Auszug aus der Baupolizeiverordnung; Grund- und Aufrisszeichnungen; Lageplan; Bauabnahmeschein vom 06.09.1909; einzelne Schreiben zwischen Phoenix AG Hoerder Verein und Stadt Hörde zum Genehmigungsverfahren.

3327 Bau einer Einfriedungsmauer in [Dortmund-]Hörde, Penningskamp 22.
1910–1911
Baugenehmigung der Stadt [Dortmund-]Hörde vom 17.05.1910; Aufrisszeichnung; einzelne Schreiben zwischen Phoenix AG Hoerder Verein und Stadt Hörde zum Genehmigungsverfahren.

3887 Bau einer Einfriedungsmauer zwischen Hermannshütte und städtischem Gaswerk.
1913
Bauantrag der Phoenix AG Hoerder Verein vom 15.03.1913; Baugenehmigung der Stadt [Dortmund-]Hörde vom 15.04.1913, mit Auszug aus der Baupolizeiverordnung; Grund- und Aufrisszeichnungen; Lageplan; Rohbauabnahmeschein vom 12.07.1913; einzelne Schreiben zwischen Phoenix AG Hoerder Verein und Stadt Hörde zum Genehmigungsverfahren.

3920 Bau einer stacheldrahtbewehrten Einfriedungsmauer aus Eisenbeton für die Hermannshütte an der Rembergstraße.
1915

Bauantrag der Phoenix AG Hoerder Verein vom 23.02.1915; Baugenehmigung der Stadt [Dortmund-]Hörde vom 06.03.1915, mit Auszug aus der Baupolizeiverordnung; Aufrisszeichnung; Lageplan; Bauabnahmeschein vom 19.05.1915; einzelne Schreiben zwischen Phoenix AG Hoerder Verein und Stadt Hörde zum Genehmigungsverfahren.

3550 Bau einer stacheldrahtbewehrten Einfriedungsmauer um den Gasometer des Hochofenwerks Hörde an der Hochofenstraße.
1915–1918
Bauantrag der Phoenix AG Hoerder Verein vom 20.08.1915; Baugenehmigung des Amts [Dortmund-]Wellinghofen vom 11.12.1915, mit Auszug aus der Baupolizeiverordnung; Lageplan; Grund- und Aufrisszeichnungen; einzelne Schreiben zwischen Phoenix AG Hoerder Verein und Amt Wellinghofen zum Genehmigungsverfahren.

3940 Erhöhung der Einfriedungsmauer der Hermannshütte an der Bickefeldstraße.
1916
Bauantrag der Phoenix AG Hoerder Verein vom 16.06.1916; Baugenehmigung der Stadt [Dortmund-]Hörde vom 23.06.1916, mit Auszug aus der Baupolizeiverordnung; Grund- und Aufrisszeichnungen; Lageplan; Bauabnahmeschein vom 27.11.1916; einzelne Schreiben zwischen Phoenix AG Hoerder Verein und Stadt Hörde zum Genehmigungsverfahren.

3446 Bau eines Einfriedungszauns zwischen Bahnhof Dortmunderfeld und Hochofenwerk Dortmund.
1918
Bauantrag der Phoenix AG Hoerder Verein vom 21.01.1918; Baugenehmigung der Stadt Dortmund vom 20.02.1918; Aufrisszeichnungen; Bauabnahmeschein vom 19.08.1918; einzelne Schreiben zwischen Phoenix AG Hoerder Verein und Stadt Dortmund zum Genehmigungsverfahren.

3593 Bau einer Einfriedungsmauer am Hochofenwerk Hörde an der Straße zwischen [Dortmund-]Hörde und [Dortmund-]Brünninghausen.
1922
Bauantrag der Phoenix AG Hoerder Verein vom 19.07.1922; Baugenehmigung des Amts [Dortmund-]Wellinghofen vom 25.08.1922, mit Auszug aus der Baupolizeiverordnung; Lageplan; Aufrisszeichnung; Bauabnahmeschein vom 27.12.1922; einzelne Schreiben zwischen Phoenix AG Hoerder Verein und Amt Wellinghofen zum Genehmigungsverfahren.

3603 Bau einer Einfriedungsmauer für das Hochofenwerk Hörde an der Löwenstraße.
1923
Bauantrag der Phoenix AG Hoerder Verein vom 07.06.1923; Baugenehmigung der Stadt [Dortmund-]Hörde vom 18.06.1923, mit Auszug aus der Baupolizeiverordnung; Lageplan; Aufrisszeichnung; einzelne Schreiben zwischen Phoenix AG Hoerder Verein und Stadt Hörde zum Genehmigungsverfahren.

4033 Erhöhung der Einfriedungsmauer der Hermannshütte an der Hermannstraße „zur Verbesserung des Werksbildes".
1924
Bauantrag der Phoenix AG Hoerder Verein vom 26.02.1924; Baugenehmigung der Stadt [Dortmund-]

Hörde vom 06.03.1924, mit Auszug aus der Baupolizeiverordnung; Aufrisszeichnung; einzelne Schreiben zwischen Phoenix AG Hoerder Verein und Stadt Hörde zum Genehmigungsverfahren.

2.4.4.1.18 Sonstiges

3305 Geplanter Ausbau der Emscher auf dem Gelände der Hermannshütte bzw. Ausbau durch die Emschergenossenschaft.
1906–1912
Bauantrag des Hoerder Vereins zur Vertiefung der Emscher mit Freilegung der beiden Hauptwasserleitungen zwischen [Dortmund-]Hörde und Dortmund vom 07.08.1906; Längen- und Querschnittprofile sowie Lagepläne des betroffenen Flussabschnitts; Schriftwechsel zwischen Phoenix AG Hoerder Verein und Emschergenossenschaft zu Plänen, Bauarbeiten und Auswirkungen der Bauarbeiten auf die Werksbahn.

3789 Verlegung und Überbauung des Hörder Bachs auf dem Gelände der Hermannshütte an der Chausseestraße.
1907–1908
Bauantrag der Phoenix AG Hoerder Verein vom 09.07.1907; Baugenehmigung der Stadt [Dortmund-]Hörde vom 03.03.1908; Lagepläne, mit eingezeichnetem Bachverlauf, auch unter der Chausseestraße; Querschnittzeichnung des Bachs; Bauabnahmeschein vom 15.06.1908; Schriftwechsel zwischen Phoenix AG Hoerder Verein, Emschergenossenschaft und Stadt Hörde zum Genehmigungsverfahren.

3322 Wiederaufbau der abgebrannten Scheune des Guts in [Dortmund-]Benninghofen.
1909
Bauantrag der Phoenix AG Hoerder Verein vom 10.03.1909; Baugenehmigung des Amts [Dortmund-]Wellinghofen vom 27.03.1909, mit Auszug aus den Bestimmungen der Baupolizeiverordnung; Bauabnahmeschein vom 04.08.1909; Lageplan; Grund- und Aufrisszeichnungen; einzelne Schreiben zwischen Phoenix AG Hoerder Verein und Amt Wellinghofen zum Genehmigungsverfahren.

3819 Verlegung bzw. Neubau des Gerätehauses mit Steigerturm für die Werksfeuerwehr der Hermannshütte.
1909–1910
Bauantrag der Phoenix AG Hoerder Verein vom 29.12.1909; Baugenehmigung der Stadt [Dortmund-]Hörde vom 04.02.1910, mit Auszug aus der Baupolizeiverordnung; Grund- und Aufrisszeichnungen, Konstruktionszeichnungen und statische Berechnungen der Firma Crengeldanzer Hammerwerk Klutmann & Co.; Lageplan; Bauabnahmeschein vom 19.04.1910; einzelne Schreiben zwischen Phoenix AG Hoerder Verein und Stadt Hörde zum Genehmigungsverfahren.

3830 Erweiterung des Gewächshauses der Gärtnerei der Hermannshütte.
1910
Bauantrag der Phoenix AG Hoerder Verein vom 13.09.1910; Baugenehmigung der Stadt [Dortmund-]Hörde vom 22.09.1910, mit Auszug aus der Baupolizeiverordnung; Grund- und Aufrisszeichnungen; Lageplan; Bauabnahmeschein vom 01.10.1910; einzelne Schreiben zwischen Phoenix AG Hoerder Verein und Stadt Hörde zum Genehmigungsverfahren.

3164 Bau einer Gärtnerei mit Wohnhaus in [Dortmund-]Benninghofen und Vergrößerung des Heizungsschornsteins.
1913, 1942–1943
Bauantrag der Phoenix AG Hoerder Verein vom 15.04.1913; Baugenehmigung des Amts [Dortmund-]Wellinghofen vom 28.05.1913, mit Auszug aus der Baupolizeiverordnung; Bauabnahmeschein vom 21.10.1913; Lageplan; Bauantrag der DHHV Werk Hörde vom 20.02.1942 zum Schornstein; Grundriss- und Querschnittzeichnung des Wohnhauses; Baugenehmigung der Stadt Dortmund vom 27.07.1942; einzelne Schreiben zwischen Phoenix AG Hoerder Verein bzw. DHHV Werk Hörde, Amt Wellinghofen und Stadt Dortmund zu den Genehmigungsverfahren.

3175 Bau eines Toilettengebäudes für die Gärtnerei in [Dortmund-]Benninghofen.
1913–1914
Bauantrag der Phoenix AG Hoerder Verein vom 10.12.1913; Baugenehmigung des Amts [Dortmund-]Wellinghofen vom 23.12.1913, mit Auszug aus der Baupolizeiverordnung; Lageplan; Grund- und Aufrisszeichnung; einzelne Schreiben zwischen Phoenix AG Hoerder Verein und Amt Wellinghofen zum Genehmigungsverfahren.

4027 Erweiterung des Feuerlöschgerätehauses der Hermannshütte.
1923–1924
Bauantrag der Phoenix AG Hoerder Verein vom 26.07.1923; Baugenehmigung der Stadt [Dortmund-]Hörde vom 31.07.1923, mit Auszug aus der Baupolizeiverordnung; Grund- und Aufrisszeichnungen; Lageplan; Bauabnahmeschein vom 10.01.1924; einzelne Schreiben zwischen Phoenix AG Hoerder Verein und Stadt Hörde zum Genehmigungsverfahren.

2.4.4.2 Energie- und Wasserwirtschaft
2.4.4.2.1 Hermannshütte

3469 Bau und Erweiterung einer Gichtgasleitung zwischen Hochofenwerk Hörde und Hermannshütte.
1903, 1912–1913
Bauantrag des Hoerder Vereins vom 17.03.1903 zur Errichtung einer Leitung zwischen Elektrozentrale des Hochofenwerks und Feinwalzwerk; Bauantrag der Phoenix AG Hoerder Verein vom 24.01.1912 auf Verlegung der Leitung und Querschnittsvergrößerung sowie vom 10.03.1913 zur Anlage einer Entwässerungsleitung; Baugenehmigungen der Stadt [Dortmund-]Hörde vom 15.08.1903, 16.02.1912 und 24.06.1913, mit Auszug aus der Baupolizeiverordnung; Lagepläne; Grund- und Aufrisszeichnungen; Bauabnahmescheine vom 26.04.1913 und 23.09.1913; einzelne Schreiben zwischen Hoerder Verein bzw. Phoenix AG Hoerder Verein und Stadt Hörde zu den Genehmigungsverfahren.

3761 Bau des Hauptelektrizitätsverteilers an der Weingartenstraße und Anschluss an das städtische Kanalsystem.
1905–1906, 1913–1914
Bauanträge von Hoerder Verein bzw. Phoenix AG Hoerder Verein vom 02.05.1905 und 26.01.1914; Baugenehmigungen der Stadt [Dortmund-]Hörde vom 16.07.1905, mit Auszug aus der Baupolizeiverordnung und 03.02.1914; Grund- und Aufrisszeichnungen; statische Berechnungen; La-

geplan; Bauabnahmeschein vom 03.09.1914; einzelne Schreiben zwischen Hoerder Verein bzw. Phoenix AG Hoerder Verein und Stadt Hörde zu den Genehmigungsverfahren.

3770 Bau einer Nebenstation der Elektrozentrale.
1906–1907
Bauantrag des Hoerder Vereins vom 02.10.1906; Baugenehmigung der Stadt [Dortmund-]Hörde vom 26.10.1906, mit Auszug aus der Baupolizeiverordnung; Grund- und Aufrisszeichnung; Lageplan; Bauabnahmeschein vom 18.03.1907; einzelne Schreiben zwischen Hoerder Verein bzw. Phoenix AG Hoerder Verein und Stadt Hörde zum Genehmigungsverfahren.

3772 Bau eines Dampfturbinengebäudes.
1907
Bauantrag der Phoenix AG Hoerder Verein vom 22.01.1907; Baugenehmigung der Stadt [Dortmund-]Hörde vom 18.02.1907, mit Auszug aus der Baupolizeiverordnung; Grund- und Aufrisszeichnung; Lageplan; Bauabnahmeschein vom 18.06.1907; einzelne Schreiben zwischen Phoenix AG Hoerder Verein und Stadt Hörde zum Genehmigungsverfahren.

3775 Bau eines Akkumulatorenraums im Presswerk.
1907, 1912
Bauantrag der Phoenix AG Hoerder Verein vom 20.03.1907; Baugenehmigung der Stadt [Dortmund-]Hörde vom 08.04.1907, mit Auszug aus der Baupolizeiverordnung; Grund- und Aufrisszeichnungen; Lageplan; Bauabnahmeschein vom 19.01.1912; einzelne Schreiben zwischen Phoenix AG Hoerder Verein und Stadt Hörde zum Genehmigungsverfahren.

3779 Erweiterung des Hauptelektrizitätsverteilers an der Weingartenstraße.
1907–1908
Bauantrag der Phoenix AG Hoerder Verein vom 24.08.1907; Baugenehmigung der Stadt [Dortmund-]Hörde vom 10.09.1907, mit Auszug aus der Baupolizeiverordnung; Grund- und Aufrisszeichnung; Lageplan; Bauabnahmeschein vom 29.01.1908; einzelne Schreiben zwischen Phoenix AG Hoerder Verein und Stadt Hörde zum Genehmigungsverfahren.

3818 Bau eines Heizerstands für die Kesselanlage der Modelltischlerei.
1909–1910
Bauantrag der Phoenix AG Hoerder Verein vom 14.12.1909; Baugenehmigung der Stadt [Dortmund-]Hörde vom 08.01.1910, mit Auszug aus der Baupolizeiverordnung; Grund- und Aufrisszeichnungen; Lageplan; Bauabnahmeschein vom 02.02.1910; einzelne Schreiben zwischen Phoenix AG Hoerder Verein und Stadt Hörde zum Genehmigungsverfahren.

3833 Bau eines Kompressorengebäudes für das Hammerwerk.
1910
Bauantrag der Phoenix AG Hoerder Verein vom 04.10.1910; Baugenehmigung der Stadt [Dortmund-]Hörde vom 20.10.1910, mit Auszug aus der Baupolizeiverordnung; Grund- und Aufrisszeichnungen; Lageplan; Bauabnahmeschein vom 23.11.1910; einzelne Schreiben zwischen Phoenix AG Hoerder Verein und Stadt Hörde zum Genehmigungsverfahren.

3834 Bau eines Pumpengebäudes am Wassersammelteich der Emscher.
1910–1911
Bauantrag der Phoenix AG Hoerder Verein vom 11.10.1910; Baugenehmigung des Amts [Dortmund-]Aplerbeck vom 12.01.1911; Grund- und Aufrisszeichnungen; Lageplan; Bauabnahmeschein vom 26.01.1911; einzelne Schreiben zwischen Phoenix AG Hoerder Verein und Amt Aplerbeck zum Genehmigungsverfahren.

3378 Errichtung eines Dampfkessels mit Schornstein im Thomasschlackenmahlwerk der Westdeutschen Thomasphosphatwerke GmbH in [Dortmund-]Hörde.
1910
Lageplan; Konstruktionszeichnungen; statische Berechnungen.

3854 Bau eines Kühlturms mit Wasserhochbehälter für das Siemens-Martin-Stahlwerk II und die Generatorenanlage.
1911–1912
Bauantrag der Phoenix AG Hoerder Verein vom 18.09.1911; Baugenehmigung der Stadt [Dortmund-]Hörde vom 20.09.1911, mit Auszug aus der Baupolizeiverordnung; Grund-, Aufriss- und Konstruktionszeichnungen sowie statische Berechnungen der Firmen Louis Schwarz & Co. AG und Aug. Klönne; Lagepläne; Bauabnahmeschein vom 18.05.1912; einzelne Schreiben zwischen Phoenix AG Hoerder Verein und Stadt Hörde zum Genehmigungsverfahren.

3857 Bau eines provisorischen Schaltgebäudes für das Feinwalzwerk.
1911
Bauantrag der Phoenix AG Hoerder Verein vom 10.11.1911; Baugenehmigung der Stadt [Dortmund-]Hörde vom 13.11.1911, mit Auszug aus der Baupolizeiverordnung; Grund- und Aufrisszeichnungen; Lageplan; Bauabnahmeschein vom 29.12.1911; einzelne Schreiben zwischen Phoenix AG Hoerder Verein und Stadt Hörde zum Genehmigungsverfahren.

3869 Bau einer Elektrizitätsverteilerstation für Roheisenmischer und Siemens-Martin-Stahlwerk II.
1912–1913
Bauantrag der Phoenix AG Hoerder Verein vom 05.09.1912; Baugenehmigung der Stadt [Dortmund-]Hörde vom 13.09.1912, mit Auszug aus der Baupolizeiverordnung; Grund- und Aufrisszeichnungen; statische Berechnungen; Lageplan; Bauabnahmeschein vom 04.01.1913; einzelne Schreiben zwischen Phoenix AG Hoerder Verein und Stadt Hörde zum Genehmigungsverfahren.

3870 Erweiterung der Elektrizitätsverteilerstation des Blockwalzwerks.
1912–1913
Bauantrag der Phoenix AG Hoerder Verein vom 05.09.1912; Baugenehmigung der Stadt [Dortmund-]Hörde vom 23.09.1912, mit Auszug aus der Baupolizeiverordnung; Grund- und Aufrisszeichnungen; statische Berechnungen der Firma Aug. Klönne; Lageplan; Bauabnahmeschein vom 12.08.1913; einzelne Schreiben zwischen Phoenix AG Hoerder Verein und Stadt Hörde zum Genehmigungsverfahren.

3875 Bau eines Maschinenhauses für die Gasmischanlage des Siemens-Martin-Stahlwerks II.
1912–1913
Bauantrag der Phoenix AG Hoerder Verein vom 09.12.1912; Baugenehmigung der Stadt [Dort-

mund-]Hörde vom 10.01.1913, mit Auszug aus der Baupolizeiverordnung; Grund- und Aufrisszeichnungen; Lageplan; Bauabnahmeschein vom 06.02.1913; einzelne Schreiben zwischen Phoenix AG Hoerder Verein und Stadt Hörde zum Genehmigungsverfahren.

3899 Erweiterung der Elektrizitätsverteilerstation der Zentralreparaturwerkstatt.
1913–1914
Bauantrag der Phoenix AG Hoerder Verein vom 09.10.1913; Baugenehmigung der Stadt [Dortmund-]Hörde vom 16.10.1913, mit Auszug aus der Baupolizeiverordnung; Grund- und Aufrisszeichnungen; Lageplan; Bauabnahmeschein vom 06.01.1914; einzelne Schreiben zwischen Phoenix AG Hoerder Verein und Stadt Hörde zum Genehmigungsverfahren.

3901 Bau eines Pumpenhauses für die Klärteichanlage.
1913–1914
Bauantrag der Phoenix AG Hoerder Verein vom 15.10.1913; Baugenehmigung des Amts [Dortmund-]Aplerbeck vom 07.11.1913; Grund- und Aufrisszeichnungen; Lageplan; Bauabnahmeschein vom 10.02.1914; einzelne Schreiben zwischen Phoenix AG Hoerder Verein und Amt Aplerbeck zum Genehmigungsverfahren.

3903 Bau und Erweiterung einer Generatoranlage für Hammer- und Universalwalzwerk.
1913–1916
Bauanträge der Phoenix AG Hoerder Verein vom 16.12.1913 und 23.12.1915; Baugenehmigungen der Stadt [Dortmund-]Hörde vom 05.02.1914 und 08.01.1916, mit Auszug aus der Baupolizeiverordnung; Grund- und Aufrisszeichnungen sowie Konstruktionszeichnungen und statische Berechnungen der Firma Aug. Klönne; Lageplan; Bauabnahmescheine vom 22.07.1914 und 25.09.1916; einzelne Schreiben zwischen Phoenix AG Hoerder Verein und Stadt Hörde zu den Genehmigungsverfahren.

3909 Bau eines Gebäudes mit Arbeiteraufenthaltsräumen und Transformatorenanlage.
1914
Bauantrag der Phoenix AG Hoerder Verein vom 20.02.1914; Baugenehmigung des Amts [Dortmund-]Aplerbeck vom 06.03.1914; Grund- und Aufrisszeichnungen; Bauabnahmeschein vom 26.06.1914; einzelne Schreiben zwischen Phoenix AG Hoerder Verein und Amt Aplerbeck zum Genehmigungsverfahren.

3917 Bau eines Kesselhauses bei der Beizanlage mit Arbeiteraufenthaltsräumen.
1914–1915
Bauantrag der Phoenix AG Hoerder Verein vom 14.08.1914; Baugenehmigung der Stadt [Dortmund-]Hörde vom 29.09.1914, mit Auszug aus der Baupolizeiverordnung; Grund- und Aufrisszeichnungen; Lageplan; Bauabnahmeschein vom 08.05.1915; einzelne Schreiben zwischen Phoenix AG Hoerder Verein und Stadt Hörde zum Genehmigungsverfahren.

3918 Bau eines Gebäudes für die Warmwasserkessel der Asphaltieranlage.
1914–1915
Bauantrag der Phoenix AG Hoerder Verein vom 10.10.1914; Baugenehmigung des Amts [Dortmund-]Aplerbeck vom 14.10.1914; Grund- und Aufrisszeichnungen; Lageplan; Bauabnahme-

schein vom 12.02.1915; einzelne Schreiben zwischen Phoenix AG Hoerder Verein und Amt Aplerbeck zum Genehmigungsverfahren.

3919 Überdachung des Heizerstands der Kesselanlage des Feinwalzwerks.
1914–1915
Bauantrag der Phoenix AG Hoerder Verein vom 10.10.1914; Baugenehmigung der Stadt [Dortmund-]Hörde vom 28.10.1914, mit Auszug aus der Baupolizeiverordnung; Grund- und Aufrisszeichnungen; Lageplan; Bauabnahmeschein vom 08.04.1915; einzelne Schreiben zwischen Phoenix AG Hoerder Verein und Stadt Hörde zum Genehmigungsverfahren.

3925 Bau eines Economizers für die Kesselanlage des Stahlwalzwerks.
1915
Bauantrag der Phoenix AG Hoerder Verein vom 23.07.1915; Baugenehmigung der Stadt [Dortmund-]Hörde vom 06.08.1915, mit Auszug aus der Baupolizeiverordnung; Konstruktionszeichnungen der Firma L. & C. Steinmüller; Lageplan; Bauabnahmeschein vom 12.02.1916; einzelne Schreiben zwischen Phoenix AG Hoerder Verein und Stadt Hörde zum Genehmigungsverfahren.

3941 Bau eines Gebäudes für eine Acetylenerzeugungsanlage bei der Asphaltieranlage.
1916
Bauantrag der Phoenix AG Hoerder Verein vom 14.07.1916; Baugenehmigung des Amts [Dortmund-]Aplerbeck vom 19.07.1916; Grund- und Aufrisszeichnungen; Lageplan; Bauabnahmeschein vom 21.12.1916; einzelne Schreiben zwischen Phoenix AG Hoerder Verein und Amt Aplerbeck zum Genehmigungsverfahren.

3949 Bau eines Gebäudes für einen Gasdruckregler.
1916–1917
Bauantrag der Phoenix AG Hoerder Verein vom 02.11.1916; Baugenehmigung der Stadt [Dortmund-]Hörde vom 14.11.1916; Grund- und Aufrisszeichnungen; Lageplan; Bauabnahmeschein vom 24.04.1917; einzelne Schreiben zwischen Phoenix AG Hoerder Verein und Stadt Hörde zum Genehmigungsverfahren.

3966 Bau einer Umspannstation für das Siemens-Martin-Stahlwerk II.
1919
Bauantrag der Phoenix AG Hoerder Verein vom 02.01.1919; Baugenehmigung der Stadt [Dortmund-]Hörde vom 07.01.1919; Grund- und Aufrisszeichnungen; Lageplan; einzelne Schreiben zwischen Phoenix AG Hoerder Verein und Stadt Hörde zum Genehmigungsverfahren.

3982 Bau eines Gebäudes für die Gasreinigungsanlage der Räderfabrik.
1919–1920
Bauantrag der Phoenix AG Hoerder Verein vom 06.12.1919; Baugenehmigung der Stadt [Dortmund-]Hörde vom 20.02.1920, mit Auszug aus der Baupolizeiverordnung; Grund- und Aufrisszeichnungen; Lageplan; Bauabnahmeschein vom 12.03.1920; einzelne Schreiben zwischen Phoenix AG Hoerder Verein und Stadt Hörde zum Genehmigungsverfahren.

3983 Inbetriebnahme eines Acetylenerzeugers in der Räderfabrik.
1920

Betriebsanzeige der Phoenix AG Hoerder Verein vom 16.02.1920; Prüfungsbescheinigung des Dampfkessel-Überwachungs-Vereins Dortmund e. V.; Gerätebeschreibung und Gebrauchsanleitung der Messer & Co. GmbH; einzelne Schreiben zwischen Phoenix AG Hoerder Verein und Stadt [Dortmund-]Hörde zum Genehmigungsverfahren.

3988 Inbetriebnahme eines Acetylenerzeugers in der Zentralreparaturwerkstatt.
1920
Betriebsanzeige der Phoenix AG Hoerder Verein vom 01.09.1920; Prüfungsbescheinigung des Dampfkessel-Überwachungs-Vereins Dortmund e. V.; Gerätebeschreibung, Prospekt und Gebrauchsanleitung der Autogenwerk Sirius GmbH; einzelne Schreiben zwischen Phoenix AG Hoerder Verein und Stadt [Dortmund-]Hörde zum Genehmigungsverfahren.

3991 Bau eines Druckreglerhäuschens für das Feinwalzwerk.
1921
Bauantrag der Phoenix AG Hoerder Verein vom 16.03.1921; Baugenehmigung der Stadt [Dortmund-]Hörde vom 02.04.1921, mit Auszug aus der Baupolizeiverordnung; Grund- und Aufrisszeichnungen; Lageplan; Bauabnahmeschein vom 27.06.1921; einzelne Schreiben zwischen Phoenix AG Hoerder Verein und Stadt Hörde zum Genehmigungsverfahren.

3995 Bau eines Gasmischgebäudes für das Siemens-Martin-Stahlwerk II der Hermannshütte.
1921
Bauantrag der Phoenix AG Hoerder Verein vom 26.08.1921; Baugenehmigung der Stadt [Dortmund-]Hörde vom 29.08.1921, mit Auszug aus der Baupolizeiverordnung; Grund- und Aufrisszeichnungen; Lageplan; Rohbauabnahmeschein vom 15.11.1921; einzelne Schreiben zwischen Phoenix AG Hoerder Verein und Stadt Hörde zum Genehmigungsverfahren.

3998 Erweiterung der Elektrizitätsverteilerstation bei der Zentralen Reparaturwerkstatt.
1921–1922
Bauantrag der Phoenix AG Hoerder Verein vom 15.11.1921; Baugenehmigung der Stadt [Dortmund-]Hörde vom 02.12.1921, mit Auszug aus der Baupolizeiverordnung; Grund- und Aufrisszeichnungen; Lageplan; Bauabnahmeschein vom 18.03.1922; einzelne Schreiben zwischen Phoenix AG Hoerder Verein und Stadt Hörde zum Genehmigungsverfahren.

4000 Bau eines neuen Gasgebläsegebäudes für das Thomas-Stahlwerk und eines Splitterschutzes.
1921–1923, 1944
Bauantrag der Phoenix AG Hoerder Verein vom 24.12.1921; Baugenehmigung der Stadt [Dortmund-]Hörde vom 13.04.1922; Grund- und Aufrisszeichnungen; statische Berechnungen; Lageplan; einzelne Schreiben zwischen Phoenix AG Hoerder Verein bzw. DHHV Werk Hörde und Stadt Hörde bzw. Stadt Dortmund zu den Genehmigungsverfahren.

4006 Bau einer Fernheizungsanlage zur Nutzung der Abwärme des Hammerwerks.
1922–1923
Bauantrag der Phoenix AG Hoerder Verein vom 14.08.1922; Baugenehmigung der Stadt [Dortmund-]Hörde vom 28.09.1922, mit Auszug aus der Baupolizeiverordnung; Grund- und Aufrisszeichnungen; Lageplan; Bauabnahmeschein vom 17.04.1923; einzelne Schreiben zwischen Phoenix AG Hoerder Verein und Stadt Hörde zum Genehmigungsverfahren.

4007 Bau eines Kühlturms mit Wasserhochbehälter beim Feinwalzwerk.
1922–1923
Bauantrag der Phoenix AG Hoerder Verein vom 16.08.1922; Baugenehmigung der Stadt [Dortmund-]Hörde vom 31.08.1922, mit Auszug aus der Baupolizeiverordnung; Grund- und Aufrisszeichnungen sowie Konstruktionszeichnungen und statische Berechnungen der Firmen Aug. Klönne und Kühlwerksbau-Gesellschaft mbH; Lageplan; einzelne Schreiben zwischen Phoenix AG Hoerder Verein und Stadt Hörde zum Genehmigungsverfahren.

4008 Bau eines Pumpenhauses bei der Zentralreparaturwerkstatt.
1922–1923
Bauantrag der Phoenix AG Hoerder Verein vom 21.08.1922; Baugenehmigung der Stadt [Dortmund-]Hörde vom 23.08.1922, mit Auszug aus der Baupolizeiverordnung; Grund- und Aufrisszeichnungen; Lageplan; einzelne Schreiben zwischen Phoenix AG Hoerder Verein und Stadt Hörde zum Genehmigungsverfahren.

4009 Anbau eines Pumpen- und Kompressorengebäudes an das Gebläsehaus des Thomas-Stahlwerks.
1922–1924
Bauantrag der Phoenix AG Hoerder Verein vom 25.08.1922; Baugenehmigung der Stadt [Dortmund-]Hörde vom 12.04.1923; Grund- und Aufrisszeichnungen sowie statische Berechnungen der Firma August Weber; Lageplan; Bauabnahmeschein vom 20.04.1924; einzelne Schreiben zwischen Phoenix AG Hoerder Verein und Stadt Hörde zum Genehmigungsverfahren.

4020 Bau eines Gebäudes für einen Ilgner-Umformer im Stahlwalzwerk.
1923–1924
Bauantrag der Phoenix AG Hoerder Verein vom 09.03.1923; Baugenehmigung der Stadt [Dortmund-]Hörde vom 03.04.1923; Grund- und Aufrisszeichnungen; statische Berechnungen der Firmen Brückenbau Flender AG und Heinrich Butzer; Lageplan; Bauabnahmeschein vom 04.09.1924; einzelne Schreiben zwischen Phoenix AG Hoerder Verein und Stadt Hörde zum Genehmigungsverfahren.

4021 Bau eines Transformatorengebäudes für das Thomas-Stahlwerk.
1923
Bauantrag der Phoenix AG Hoerder Verein vom 18.03.1923; Baugenehmigung der Stadt [Dortmund-]Hörde vom 23.03.1923, mit Auszug aus der Baupolizeiverordnung; Grund- und Aufrisszeichnungen; Lageplan; einzelne Schreiben zwischen Phoenix AG Hoerder Verein und Stadt Hörde zum Genehmigungsverfahren.

4031 Umbau eines Pumpenhauses beim Blockwalzwerk.
1924
Bauantrag der Phoenix AG Hoerder Verein vom 28.01.1924; Baugenehmigung der Stadt [Dortmund-]Hörde vom 19.02.1924, mit Auszug aus der Baupolizeiverordnung; Grund- und Aufrisszeichnungen; Lageplan; Bauabnahmeschein vom 01.12.1924; einzelne Schreiben zwischen Phoenix AG Hoerder Verein und Stadt Hörde zum Genehmigungsverfahren.

2.4.4.2.2 Hochofenwerk Hörde

3478 Bau bzw. Erweiterung eines Wasserhochreservoirs und eines Kühlturmes für das Gebläsemaschinenhaus.
1905, 1914
Bauanträge von Hoerder Verein vom 03.02.1905 bzw. Phoenix AG Hoerder Verein vom 23.03.1914; Baugenehmigungen der Stadt [Dortmund-]Hörde vom 03.03.1905 und 07.04.1914; Lageplan; Grund- und Aufrisszeichnungen; Konstruktionszeichnungen; statische Berechnungen; Rohbauabnahmeschein vom 18.07.1914; Schriftwechsel zwischen Antragstellern und Stadt Hörde zum Genehmigungsverfahren.

3480 Bau einer Überdachung für Gaswascher IV.
1907
Bauantrag der Phoenix AG Hoerder Verein vom 09.01.1907; Baugenehmigung der Stadt [Dortmund-]Hörde vom 15.02.1907; Lageplan; Bauabnahmeschein vom 18.06.1907; Grund- und Aufrisszeichnungen; einzelne Schreiben zwischen Phoenix AG Hoerder Verein und Stadt Hörde zum Genehmigungsverfahren.

3483 Erweiterung des Gasgebläsemaschinenhauses.
1907–1913
Bauanträge der Phoenix AG Hoerder Verein vom 17.05.1907, 30.06.1911 und 16.06.1913; Baugenehmigungen des Königlichen Regierungspräsidiums Arnsberg Bezirksausschuss vom 16.09.1907, 15.06.1911 und 14.08.1913; statische Berechnungen; Lagepläne; Bauabnahmeschein vom 27.02.1909; Grund- und Aufrisszeichnungen; Schriftwechsel zwischen Phoenix AG Hoerder Verein, Bezirksausschuss und Stadt [Dortmund-]Hörde zu Bauanträgen und Genehmigungsverfahren.

3489 Neubau der Elektrozentrale.
1907–1908
Bauantrag der Phoenix AG Hoerder Verein vom 25.06.1908; Baugenehmigung des Amts [Dortmund-]Wellinghofen vom 25.07.1908; Lageplan des Hochofenwerks; statische Berechnungen; Grund- und Aufrisszeichnungen; Bauabnahmeschein vom 19.12.1908; einzelne Schreiben zwischen Phoenix AG Hoerder Verein und Amt Wellinghofen zum Genehmigungsverfahren.

3490 Abbruch und Neubau eines Kamins.
1908–1909
Bauantrag der Phoenix AG Hoerder Verein vom 03.06.1908; Baugenehmigung des Kreises [Dortmund-]Hörde vom 05.08.1908; Lageplan; Aufrisszeichnungen; einzelne Schreiben zwischen Phoenix AG Hoerder Verein und Amt [Dortmund-]Wellinghofen zum Genehmigungsverfahren.

3499 Abbruch und Neubau eines Gebäudes für die Gaswascher.
1909–1910
Bauantrag der Phoenix AG Hoerder Verein vom 19.03.1909; Baugenehmigung des Kreises [Dortmund-]Hörde vom 20.04.1909; Lageplan, Grund- und Aufrisszeichnungen; Bauabnahmeschein vom 01.02.1910; einzelne Schreiben zwischen Phoenix AG Hoerder Verein und Kreis Hörde zum Genehmigungsverfahren.

3505 Erweiterungen der Dampfturbinenanlagen in der Elektrozentrale.
1909–1910, 1915–1916
Bauanträge der Phoenix AG Hoerder Verein vom 14.12.1909 und 27.08.1915; Baugenehmigungen des Amts [Dortmund-]Wellinghofen vom 29.12.1909 und 10.09.1915; Bauabnahmeschein vom 17.07.1916; Lageplan; statische Berechnungen; Grund-, Aufriss- und Konstruktionszeichnungen von Dortmunder Brückenbau C. H. Jucho, Johann Weber & Co. GmbH und Louis Schwarz & Co. AG; einzelne Schreiben zwischen Phoenix AG Hoerder Verein und Amt Wellinghofen zu den Genehmigungsverfahren.

3507 Bau eines Wasserhochbehälters für die Dampfkesselanlage.
1910
Bauantrag der Phoenix AG Hoerder Verein vom 17.01.1910; Baugenehmigung des Amts [Dortmund-]Wellinghofen vom 01.02.1910; Lageplan; statische Berechnungen und Aufrisszeichnung der Dortmunder Brückenbau C. H. Jucho; Bauabnahmeschein vom 31.05.1910; einzelne Schreiben zwischen Phoenix AG Hoerder Verein und Amt Wellinghofen zum Genehmigungsverfahren.

3509 Erweiterung der Gasreinigungsanlage durch Aufstellung eines neuen Skrubbers.
1910
Bauantrag der Phoenix AG Hoerder Verein vom 19.07.1910; Baugenehmigung der Stadt [Dortmund-]Hörde vom 30.08.1910; Lageplan; Konstruktionszeichnung; Bauabnahmeschein vom 23.11.1910; einzelne Schreiben zwischen Phoenix AG Hoerder Verein und Stadt Hörde zum Genehmigungsverfahren.

3510 Bau einer Wasserrückkühlanlage mit Kaminkühler und Hochbehälter für die Gaszentrale.
1910–1911
Bauantrag der Phoenix AG Hoerder Verein vom 28.07.1910; Baugenehmigung der Stadt [Dortmund-]Hörde vom 30.08.1910; Lageplan; statische Berechnung, Grund-, Aufriss- und Konstruktionszeichnungen der Louis Schwarz & Co. AG; Rohbauabnahmeschein vom 10.03.1911; einzelne Schreiben zwischen Phoenix AG Hoerder Verein und Stadt Hörde zum Genehmigungsverfahren.

3512 Bau von Pumpengebäuden an Kläranlage und Gießhalle.
1910–1911
Bauanträge der Phoenix AG Hoerder Verein vom 06.12.1910 und 01.06.1911; Baugenehmigungen der Stadt [Dortmund-]Hörde vom 20.12.1910 und 13.06.1911; Lagepläne; Grund- und Aufrisszeichnungen; Bauabnahmeschein vom 02.08.1911; einzelne Schreiben zwischen Phoenix AG Hoerder Verein und Stadt Hörde zu den Genehmigungsverfahren.

5378 Bau einer Hochofengasreinigungsanlage.
1911
Bauantrag der Phoenix AG Hoerder Verein vom 31.01.1911; Baugenehmigung des Königlichen Regierungspräsidiums Arnsberg Bezirksausschuss vom 12.05.1911; statische Berechnungen der Firma Aug. Klönne; Grund-, Aufriss- und Konstruktionszeichnungen; einzelne Schreiben zwischen Phoenix AG Hoerder Verein und Bezirksausschuss zum Genehmigungsverfahren.

3515 Bau eines Kaminkühlers für die Kokerei.
1911

Bauantrag der Phoenix AG Hoerder Verein vom 22.04.1911; Baugenehmigung des Amts [Dortmund-]Wellinghofen vom 09.05.1911; Lageplan; Grund-, Aufriss- und Konstruktionszeichnungen der Zschocke-Werke Kaiserslautern AG; Bauabnahmeschein vom 27.06.1911; einzelne Schreiben zwischen Phoenix AG Hoerder Verein und Amt Wellinghofen zum Genehmigungsverfahren.

3516 Bau einer Economizeranlage mit Motorengebäude bei der Dampfkesselanlage.
1911
Bauantrag der Phoenix AG Hoerder Verein vom 31.05.1911; Baugenehmigung des Kreises [Dortmund-]Hörde vom 12.06.1911; Lageplan; Grund-, Aufriss- und Konstruktionszeichnungen der Firma L. & C. Steinmüller; einzelne Schreiben zwischen Phoenix AG Hoerder Verein und Kreis Hörde zum Genehmigungsverfahren.

3518 Bau eines Maschinenhauses für eine Schlammtransportanlage (Mammutbagger).
1911
Bauantrag der Phoenix AG Hoerder Verein vom 08.07.1911; Baugenehmigung des Amts [Dortmund-]Wellinghofen vom 20.07.1911; Lageplan; Grund- und Aufrisszeichnungen; statische Berechnungen; Bauabnahmeschein vom 30.10.1911; einzelne Schreiben zwischen Phoenix AG Hoerder Verein und Amt Wellinghofen zum Genehmigungsverfahren.

3522 Bau eines Überhitzers mit Gasfeuerung zur Erweiterung der Turbinenanlage.
1911–1912
Bauantrag der Phoenix AG Hoerder Verein vom 02.11.1911; Baugenehmigung des Amts [Dortmund-]Wellinghofen vom 08.12.1911; Lageplan; Grund- und Aufrisszeichnungen; Bauabnahmeschein vom 22.02.1912; einzelne Schreiben zwischen Phoenix AG Hoerder Verein und Amt Wellinghofen zum Genehmigungsverfahren.

3523 Anbau einer Unterstation an das Pumpenhaus.
1911–1912
Bauantrag der Phoenix AG Hoerder Verein vom 05.12.1911; Baugenehmigung der Stadt [Dortmund-]Hörde vom 09.12.1911, mit Auszug aus der Baupolizeiverordnung; Grund- und Aufrisszeichnung; Bauabnahmeschein vom 19.06.1912; einzelne Schreiben zwischen Phoenix AG Hoerder Verein und Stadt Hörde zum Genehmigungsverfahren.

3532 Erweiterung der Gaskraftzentrale durch neue Gebäude eine Anlage zur Feinreinigung von Hochofengas.
1912–1915
Bauanträge der Phoenix AG Hoerder Verein vom 19.08.1912 und 29.07.1914; Baugenehmigungen von Stadt [Dortmund-]Hörde vom 31.08.1912, mit Auszug aus der Baupolizeiverordnung, und Königlichem Regierungspräsidium Arnsberg Bezirksausschuss vom 08.06.1915; Lageplan; statische Berechnungen, Konstruktions-, Grund- und Aufrisszeichnungen der Firma Aug. Klönne; einzelne Schreiben zwischen Phoenix AG Hoerder Verein und Bezirksausschuss zum Genehmigungsverfahren.

3534 Bau eines neuen Wasserhochbehälters für die Gießhalle.
1912–1913
Bauantrag der Phoenix AG Hoerder Verein vom 15.10.1912; Baugenehmigung der Stadt [Dort-

mund-]Hörde vom 17.10.1912; Lageplan; statische Berechnungen und Aufrisszeichnungen der Dortmunder Brückenbau C. H. Jucho; Bauabnahmeschein vom 18.03.1913; einzelne Schreiben zwischen Phoenix AG Hoerder Verein und Stadt Hörde zum Genehmigungsverfahren.

3538 Bau eines „Apparategebäudes".
1913
Bauantrag der Phoenix AG Hoerder Verein vom 26.06.1913; Baugenehmigung der Stadt [Dortmund-]Hörde vom 22.07.1913; Lageplan; Grund- und Aufrisszeichnung; Rohbauabnahmeschein vom 29.09.1913; einzelne Schreiben zwischen Phoenix AG Hoerder Verein und Stadt Hörde zum Genehmigungsverfahren.

3546 Bau eines Pumpengebäudes für die Benzolanlage der Kokerei.
1914–1915
Bauanträge der Phoenix AG Hoerder Verein vom 22.12.1914 und 17.02.1915; Baugenehmigung des Kreises [Dortmund-]Hörde vom 27.04.1915; statische Berechnungen; Lageplan; Grund- und Aufrisszeichnungen: einzelne Schreiben zwischen Phoenix AG Hoerder Verein und Amt Wellinghofen zum Genehmigungsverfahren.

3551 Bau einer Kläranlage für das aus der Emscher stammende Kühlwasser der Hochöfen.
1916
Bauantrag der Phoenix AG Hoerder Verein vom 03.02.1916; Baugenehmigung der Stadt [Dortmund-]Hörde vom 12.04.1916, mit Auszug aus der Baupolizeiverordnung; Lageplan; Grundrisszeichnung; statische Berechnungen der Dortmunder Betonbau GmbH; Bauabnahmeschein vom 25.09.1916; einzelne Schreiben zwischen Phoenix AG Hoerder Verein, Emschergenossenschaft und Stadt Hörde zum Genehmigungsverfahren.

3552 Bau eines Pumpengebäudes für die Kokereikessel.
1916
Bauantrag der Phoenix AG Hoerder Verein vom 05.02.1916; Baugenehmigung des Amts [Dortmund-]Wellinghofen vom 21.02.1916; Lageplan; Grund- und Aufrisszeichnungen; Bauabnahmeschein vom 14.07.1916; einzelne Schreiben zwischen Phoenix AG Hoerder Verein und Amt Wellinghofen zum Genehmigungsverfahren.

3554 Aufstellung und Betrieb von drei Dampffässern zum Erhitzen von Öl.
1912–1939
Bauantrag der Phoenix AG Hoerder Verein vom 04.02.1916; Satzung, o. D., Mitgliedschaftserklärung (blanko) und Gebührenordnung für die Mitglieder des Dampfkessel-Überwachungs-Vereins Dortmund e. V. für die Zeit vom 01.02.1912–01.04.1914 (alle gedruckt); Schriftwechsel zwischen Phoenix AG Hoerder Verein bzw. VSt Hoerder Verein bzw. DHHV Werk Hörde und Dampfkessel-Überwachungs-Verein Dortmund e. V. zur technischen Untersuchung der Fässer.

3560 Bau einer Kesselanlage zum Vorwärmen von Ammoniak bei der Ammoniakfabrik.
1916–1917
Bauanträge der Phoenix AG Hoerder Verein vom 24.07.1916 und 10.10.1916; Baugenehmigung des Königlichen Regierungspräsidiums Arnsberg Bezirksausschuss vom 25.06.1917; einzelne Schreiben zwischen Phoenix AG Hoerder Verein, Bezirksausschuss und Amt [Dortmund-]Wel-

linghofen zum Genehmigungsverfahren; Lageplan; Grund- und Aufrisszeichnungen; Konstruktionszeichnungen der Collin Brandt GmbH; statische Berechnungen.

3567 Bau eines Gasdruckreglergebäudes für die Kokerei.
1918
Bauantrag der Phoenix AG Hoerder Verein vom 11.07.1918; Baugenehmigung des Amts [Dortmund-]Wellinghofen vom 27.08.1918; Lageplan; Grund- und Aufrisszeichnungen; einzelne Schreiben zwischen Phoenix AG Hoerder Verein und Amt Wellinghofen zum Genehmigungsverfahren.

3568 Aufstellung und Betrieb eines Acetylen-Erzeugers für ein Schweißgerät.
1918
Genehmigungsgesuch der Phoenix AG Hoerder Verein vom 09.10.1918; Prüfbescheinigung des Dampfkessel-Überwachungs-Vereins Dortmund e. V.; Lageplan; Betriebsbeschreibung der Messer & Co. GmbH.

3573 Bau einer Rohgasleitung.
1919
Statische Berechnungen; Konstruktionszeichnung der Leitungsbrücke.

3574 Bau eines Maschinenhauses für den Gichtaufzug des Hochofens VI.
1920–1921
Bauantrag der Phoenix AG Hoerder Verein vom 07.05.1920; Baugenehmigung des Amts [Dortmund-]Wellinghofen mit Auszug aus der Baupolizeiverordnung, o. D.; Lageplan; Grund- und Aufrisszeichnungen; statische Berechnungen; Bauabnahmeschein vom 04.01.1921; einzelne Schreiben zwischen Phoenix AG Hoerder Verein und Amt Wellinghofen zum Genehmigungsverfahren.

3575 Anbau an die Gaskraftzentrale.
1920–1921
Bauantrag der Phoenix AG Hoerder Verein vom 12.07.1920; Baugenehmigung der Stadt [Dortmund-]Hörde vom 08.09.1920, mit Auszug aus der Baupolizeiverordnung; Lageplan; Grund- und Aufrisszeichnungen; statische Berechnung der Firma August Weber, Dortmund; Bauabnahmeschein vom 31.12.1921; einzelne Schreiben zwischen Phoenix AG Hoerder Verein und Stadt Hörde zum Genehmigungsverfahren.

3582 Aufstellung und Betrieb eines Acetylen-Erzeugers für ein Schweißgerät.
1921
Genehmigungsgesuch der Phoenix AG Hoerder Verein vom 02.04.1921; Prüfbescheinigung des Dampfkessel-Überwachungs-Vereins Dortmund e. V.; Lageplan; Betriebsbeschreibung der Messer & Co. GmbH.

3584 Bau eines Doppelkaminkühlers bei der Gaszentrale.
1921–1922
Bauantrag der Phoenix AG Hoerder Verein vom 17.09.1921; Baugenehmigung der Stadt [Dortmund-]Hörde vom 11.11.1921, mit Auszug aus der Baupolizeiverordnung; Lageplan; Grund- und Aufrisszeichnungen sowie statische Berechnungen von Firma August Weber und Otto Estner

Kühlwerksbau GmbH, Dortmund; Rohbauabnahmeschein vom 17.01.1922; einzelne Schreiben zwischen Phoenix AG Hoerder Verein und Stadt Hörde zum Genehmigungsverfahren.

3587 Bau und Erweiterung eines Hochspannungstransformatorengebäudes für Hochofen VII.
1921–1923
Bauantrag der Phoenix AG Hoerder Verein vom 11.11.1921; Baugenehmigungen des Amts [Dortmund-]Wellinghofen vom 29.12.1921 und 27.09.1922, mit Auszug aus der Baupolizeiverordnung; Lageplan; Grund- und Aufrisszeichnungen sowie statische Berechnungen; Bauabnahmeschein vom 24.07.1923; einzelne Schreiben zwischen Phoenix AG Hoerder Verein und Amt Wellinghofen zum Genehmigungsverfahren.

3588 Bau eines weiteren Doppelkaminkühlers bei der Gaszentrale.
1921–1923
Bauantrag der Phoenix AG Hoerder Verein vom 14.11.1921; Baugenehmigung der Stadt [Dortmund-]Hörde vom 29.09.1922, mit Auszug aus der Baupolizeiverordnung; Lageplan; Grund- und Aufrisszeichnungen sowie statische Berechnungen von Firma August Weber und Otto Estner Kühlwerksbau GmbH, Dortmund; Bauabnahmeschein vom 13.01.1923; einzelne Schreiben zwischen Phoenix AG Hoerder Verein und Stadt Hörde zum Genehmigungsverfahren.

3589 Erweiterung der Gaszentrale.
1921–1922
Bauantrag der Phoenix AG Hoerder Verein vom 25.11.1921; Baugenehmigung der Stadt [Dortmund-]Hörde vom 24.02.1922, mit Auszug aus der Baupolizeiverordnung; Lageplan; Grund- und Aufrisszeichnungen sowie statische Berechnungen der Firma August Weber; Rohbauabnahmeschein vom 20.12.1922; einzelne Schreiben zwischen Phoenix AG Hoerder Verein und Stadt Hörde zum Genehmigungsverfahren.

3590 Bau eines Ventilatorengebäudes bei Hochofen VII.
1922
Bauantrag der Phoenix AG Hoerder Verein vom 14.02.1922; Baugenehmigung des Amts [Dortmund-]Wellinghofen vom 03.03.1922, mit Auszug aus der Baupolizeiverordnung; Lageplan; Grund- und Aufrisszeichnungen; statische Berechnungen.

3591 Bau eines Kaminkühlers.
1922
Bauantrag der Phoenix AG Hoerder Verein vom 29.05.1922; Baugenehmigung des Amts [Dortmund-]Wellinghofen vom 14.06.1922, mit Auszug aus der Baupolizeiverordnung; Lageplan;-Grund- und Aufrisszeichnungen sowie statische Berechnungen der Rheinischen Apparate- und Kühlwerksbau GmbH; einzelne Schreiben zwischen Phoenix AG Hoerder Verein und Amt Wellinghofen zum Genehmigungsverfahren.

3592 Bau eines Pumpenhauses an der Löwenstraße.
1922–1923
Bauantrag der Phoenix AG Hoerder Verein vom 12.07.1922; Baugenehmigung der Stadt [Dortmund-]Hörde vom 26.07.1922, mit Auszug aus der Baupolizeiverordnung; Lageplan; Grund- und

Aufrisszeichnungen; Bauabnahmeschein vom 11.01.1923; einzelne Schreiben zwischen Phoenix AG Hoerder Verein und Stadt Hörde zum Genehmigungsverfahren.

3595 Bau eines Kaminkühlers am Gebläsehaus.
1922–1923
Bauantrag der Phoenix AG Hoerder Verein vom 04.11.1922; Baugenehmigung der Stadt [Dortmund-]Hörde vom 19.04.1923, mit Auszug aus der Baupolizeiverordnung; Lageplan; Grund- und Aufrisszeichnungen; einzelne Schreiben zwischen Phoenix AG Hoerder Verein und Stadt Hörde zum Genehmigungsverfahren.

3605 Bau eines Gasgebläsehauses mit Kühlturm und Wasserhochbehälter beim Gasometer.
1922–1925
Bauantrag der Phoenix AG Hoerder Verein vom 27.12.1922; Baugenehmigung des Regierungspräsidiums Arnsberg Bezirksausschuss vom 05.06.1923; Lageplan; Grund- und Aufrisszeichnungen, Konstruktionszeichnungen und statische Berechnungen der Firmen Aug. Klönne, Dortmunder Union Brückenbau-AG, Otto Estner Kühlwerksbau GmbH und Brand & Sohn; Bauabnahmeschein vom 07.09.1925; einzelne Schreiben zwischen Phoenix AG Hoerder Verein und verschiedenen Genehmigungsbehörden.

3599 Bau eines Transformatorengebäudes bei der Elektrozentrale.
1923
Bauantrag der Phoenix AG Hoerder Verein vom 16.02.1923; Baugenehmigung der Stadt [Dortmund-]Hörde vom 02.03.1923, mit Auszug aus der Baupolizeiverordnung; Lageplan; Grund- und Aufrisszeichnungen sowie statische Berechnungen der Firma August Weber; Bauabnahmeschein vom 06.10.1923; einzelne Schreiben zwischen Phoenix AG Hoerder Verein und Stadt Hörde zum Genehmigungsverfahren.

3601 Bau von zwei Rohrbrücken über die Straße von [Dortmund-]Hörde nach [Dortmund-]Brünninghausen zur Überführung von Leitungen zum Gebläsehaus.
1923
Bauantrag der Phoenix AG Hoerder Verein vom 19.05.1923; Baugenehmigung des Regierungspräsidiums Arnsberg Bezirksausschuss vom 06.11.1923; Lageplan; Konstruktionszeichnungen und statische Berechnungen der Firma Eisenwerk Willich AG; einzelne Schreiben zwischen Phoenix AG Hoerder Verein und verschiedenen Behörden zum Genehmigungsverfahren.

3609 Aufstellung und Betrieb eines Acetylen-Erzeugers für ein Schweißgerät.
1923, 1929
Mitteilung der Phoenix AG Hoerder Verein über die Aufstellung an die Stadt [Dortmund-]Hörde vom 08.06.1923; Prüfbescheinigungen des Dampfkessel-Überwachungs-Vereins Dortmund e. V.; Lagepläne; einzelne Schreiben zwischen VSt Hoerder Verein, Dampfkessel-Überwachungs-Verein und Stadt Hörde über die Verlegung des Apparates.

3607 Bau eines Transformatorengebäudes, Hochofenstraße 37.
1923
Bauantrag der Phoenix AG Hoerder Verein vom 31.07.1923; Baugenehmigung der Stadt [Dort-

mund-]Hörde vom 07.08.1923, mit Auszug aus der Baupolizeiverordnung; Lageplan; Grund- und Aufrisszeichnungen der Firma August Weber; Rohbauabnahmeschein vom 08.09.1923; einzelne Schreiben zwischen Phoenix AG Hoerder Verein und Stadt Hörde zum Genehmigungsverfahren.

3613 Bau eines Pumpenhauses für die Kläranlage der Gasreinigung.
1924–1925
Bauantrag der Phoenix AG Hoerder Verein vom 10.06.1924; Baugenehmigung der Stadt [Dortmund-]Hörde vom 04.07.1924, mit Auszug aus der Baupolizeiverordnung; Lageplan; Grund- und Aufrisszeichnung; statische Berechnungen; Bauabnahmeschein vom 20.02.1925; einzelne Schreiben zwischen Phoenix AG Hoerder Verein und Stadt Hörde zum Genehmigungsverfahren.

3614 Neubau des Kühlturmes von Dampfzentrale und Kokerei.
1924–1925
Bauantrag der Phoenix AG Hoerder Verein vom 15.08.1924; Baugenehmigung des Amts [Dortmund-]Wellinghofen vom 30.08.1924, mit Auszug aus der Baupolizeiverordnung; Lageplan; Grund- und Aufrisszeichnungen der Otto Estner Kühlwerksbau GmbH; statische Berechnungen; Bauabnahmeschein vom 05.01.1925; einzelne Schreiben zwischen Phoenix AG Hoerder Verein und Amt Wellinghofen zum Genehmigungsverfahren.

3615/1 Bau eines Kühlturms für die Gasreinigungsanlage.
1925–1926
Bauantrag der Phoenix AG Hoerder Verein vom 26.02.1925; Bauabnahmeschein vom 21.07.1926; einzelne Schreiben zwischen Phoenix AG Hoerder Verein und Stadt [Dortmund-]Hörde zum Genehmigungsverfahren und zur am 09.02.1926 erteilten Genehmigung.

3615/2 Erweiterung der Gasreinigungsanlage und insbesondere der Kläranlage.
1923–1926
Baugenehmigung des Regierungspräsidiums Arnsberg Bezirksausschuss vom 09.02.1926; Lagepläne, Grund-, Aufriss- und Konstruktionszeichnungen sowie statische Berechnungen von Dortmunder Brückenbau C. H. Jucho, Franz Schlüter AG und Otto Estner Kühlwerksbau GmbH.

2.4.4.2.3 Hochofenwerk Dortmund

3425 Erweiterung des Maschinenhauses für die Beleuchtungsanlage.
1907–1908
Bauantrag der Phoenix AG Hoerder Verein vom 14.03.1907; Baugenehmigung der Stadt Dortmund vom 10.04.1907, mit Auszug aus Baupolizeiverordnung und Ortsstatuten der Stadt Dortmund; Lageplan; Grund- und Aufrisszeichnungen; Bauabnahmeschein vom 15.10.1908; einzelne Schreiben zwischen Phoenix AG Hoerder Verein und Stadt Dortmund zum Genehmigungsverfahren.

3426 Aufstockung des Maschinenhauses für die Beleuchtungsanlage.
1907–1908
Bauantrag der Phoenix AG Hoerder Verein vom 12.06.1907; Baugenehmigung der Stadt Dortmund vom 24.06.1908; Lageplan; Grund- und Aufrisszeichnungen; Bauabnahmeschein vom

15.09.1908; einzelne Schreiben zwischen Phoenix AG Hoerder Verein und Stadt Dortmund zum Genehmigungsverfahren.

3432 Bau einer Turbinenzentrale mit Entwässerungsanlage.
1913–1914
Bauantrag der Phoenix AG Hoerder Verein vom 25.02.1913; Baugenehmigung der Stadt Dortmund vom 28.04.1913; Grund- und Aufrisszeichnungen sowie Konstruktionszeichnungen und statische Berechnungen von Stubbe und Schibli Norddeutsche Betonbaugesellschaft mbH Zweigniederlassung Dortmund und Hein, Lehmann & Co. AG; Bauabnahmeschein vom 17.12.1913; Schriftwechsel zwischen Phoenix AG Hoerder Verein und Stadt Dortmund zum Genehmigungsverfahren.

3434 Bau eines Wasserhochbehälters.
1913–1914
Bauantrag der Phoenix AG Hoerder Verein vom 27.06.1913; Baugenehmigung der Stadt Dortmund vom 23.07.1913; Lageplan; Konstruktions- und Aufrisszeichnungen sowie statische Berechnungen der Firma Aug. Klönne; Bauabnahmeschein vom 17.02.1914; einzelne Schreiben zwischen Phoenix AG Hoerder Verein und Stadt Dortmund zum Genehmigungsverfahren.

3435 Bau eines Kaminkühlers.
1913–1914
Bauantrag der Phoenix AG Hoerder Verein vom 27.06.1913; Baugenehmigung der Stadt Dortmund vom 23.07.1913; Lageplan; Konstruktions- und Aufrisszeichnungen sowie statische Berechnungen der Otto Estner Kühlwerksbau GmbH; Bauabnahmeschein vom 26.02.1914; einzelne Schreiben zwischen Phoenix AG Hoerder Verein und Stadt Dortmund zum Genehmigungsverfahren.

3438 Bau einer Gichtgasreinigungsanlage.
1913–1914
Bauantrag der Phoenix AG Hoerder Verein vom 20.10.1913; Baugenehmigung des Königlichen Regierungspräsidiums Arnsberg Bezirksausschuss vom 10.03.1914; Lageplan; Konstruktions- und Grundrisszeichnungen sowie statische Berechnungen der Dortmunder Brückenbau C. H. Jucho; Bauabnahmeschein vom 10.09.1914; einzelne Schreiben zwischen Phoenix AG Hoerder Verein und Stadt Dortmund zum Genehmigungsverfahren.

3440 Umbau des Gebläsemaschinenhauses.
1914–1915
Bauantrag der Phoenix AG Hoerder Verein vom 01.04.1914; Baugenehmigung der Stadt Dortmund vom 21.04.1914; Lageplan; Grund- und Aufrisszeichnungen; Bauabnahmeschein vom 16.06.1915; einzelne Schreiben zwischen Phoenix AG Hoerder Verein und Stadt Dortmund zum Genehmigungsverfahren.

3441 Umbau der Kohlenmischanlage.
1914–1916
Bauantrag der Phoenix AG Hoerder Verein vom 11.06.1914; Baugenehmigung der Stadt Dortmund vom 16.07.1916; Lageplan; Grund- und Aufrisszeichnung; statische Berechnungen; Bau-

abnahmeschein vom 27.01.1915; einzelne Schreiben zwischen Phoenix AG Hoerder Verein und Stadt Dortmund zum Genehmigungsverfahren.

3448 Bau eines Dampfüberhitzers.
1923-1925
Bauantrag der Phoenix AG Hoerder Verein vom 24.05.1923; Baugenehmigung der Stadt Dortmund vom 29.06.1923; Lageplan; Grundriss- und Konstruktionszeichnungen; einzelne Schreiben zwischen Phoenix AG Hoerder Verein und Stadt Dortmund zum Genehmigungsverfahren.

2.4.4.3 Transport- und Verkehrsanlagen
2.4.4.3.1 Werksbahn

3374 Bau und Höherlegung der Brücke der Eliasbahn über die Victoriastraße in [Dortmund-]Hörde.
1892-1898, 1912-1914
Verfügung des Königlichen Regierungspräsidiums Arnsberg Bezirksausschuss vom 11.01.1892 zur Verlängerung der Victoriastraße bis Märkische Straße bzw. Dortmunder Straße (Abschrift); Schriftwechsel zwischen Hoerder Verein und Stadt Hörde über das Bauprojekt und die Überführung der Eliasbahn über die neue Straße; Kostenvoranschlag und Schreiben von Bauunternehmern; statische Berechnungen; Baugenehmigungen von Bezirksausschuss und Stadt Hörde vom 21.11.1896, 14.12.1912 und 16.01.1914; Enteignungsbescheid des Bezirksausschusses vom 23.09.1896; Lagepläne; Konstruktionszeichnungen; Rohbauabnahmeschein vom 12.02.1914.

4510 Umbau der Gleisanlagen der Hermannshütte und Änderung der Brücken an Seekante und Victoriastraße im Rahmen der Höherlegung der Eliasbahn.
1911-1920
Bauantrag der Phoenix AG Hoerder Verein vom 12.07.1911 und 24.01.1913; Baugenehmigungen von Königlichem Regierungspräsidium Arnsberg Bezirksausschuss vom 10.08.1911 und Stadt [Dortmund-]Hörde vom 06.03.1913; Bauabnahmescheine vom 12.05.1914 und 01.04.1915; Lagepläne; statische Berechnungen; Schriftwechsel zwischen Phoenix AG Hoerder Verein, Bauingenieur Th. Himmelreich und Genehmigungsbehörden zu Bauplanung, Genehmigungsverfahren und Einsprüchen von Anliegern.

4511 Umbau der Gleisanlagen des Hochofenwerks Hörde und Neubau der Eliasbrücke im Rahmen der Höherlegung der Eliasbahn.
1912-1915, 1923
Baugenehmigung des Königlichen Regierungspräsidiums Arnsberg Bezirksausschuss vom 04.11.1913; Bauabnahmeschein vom 29.01.1914; Lagepläne; Grund- und Aufrisszeichnungen der Brückenlager; einzelne Schreiben zwischen Phoenix AG Hoerder Verein und verschiedenen Genehmigungsbehörden zu Genehmigungsverfahren und Einsprüchen von Anliegern.

3878 Höherlegung der Eliasbahn zwischen Hermannshütte und Hochofenwerk Hörde.
1913, 1965
Grund- und Aufrisszeichnungen, Lageplan der projektierten Strecke, Konstruktionszeichnungen und statische Berechnungen der Firma Franz Schlüter und des Ingenieurs A. Kleinlogel.
Einige zeitgenössische Pläne tragen auf der Rückseite den Stempel „Dr.-Ing. Wüst" von 1965.

3896 Bau eines Stellwerks für den Werksbahnverkehr der Hermannshütte an der Victoriastraße.
1913
Bauantrag der Phoenix AG Hoerder Verein vom 11.06.1913; Baugenehmigung der Stadt [Dortmund-]Hörde vom 15.07.1913, mit Auszug aus der Baupolizeiverordnung; Grund- und Aufrisszeichnungen; Lageplan; Bauabnahmeschein vom 20.11.1913; einzelne Schreiben zwischen Phoenix AG Hoerder Verein und Stadt Hörde zum Genehmigungsverfahren.

3375 Entwässerung der Brücke an der Seekante und Bau eines Kanalanschlusses.
1914
Bauantrag der Phoenix AG Hoerder Verein vom 20.01.1914; Baugenehmigungen der Stadt [Dortmund-]Hörde vom 26.01.1914 und 15.08.1914; Lagepläne; Konstruktionszeichnungen; Bauabnahmeschein vom 04.09.1914; einzelne Schreiben zwischen Phoenix AG Hoerder Verein und Stadt Hörde zum Genehmigungsverfahren.

3376 Bau einer Überführung der Emscherstraße in [Dortmund-]Hörde über die Gleise der Hüttenbahn am evangelischen Friedhof.
1914
Bauantrag der Phoenix AG Hoerder Verein vom 25.03.1914; Baugenehmigung der Stadt [Dortmund-]Hörde vom 07.04.1914; Lagepläne; Konstruktionszeichnungen; statische Berechnungen; Rohbauabnahmeschein vom 30.10.1914; einzelne Schreiben zwischen Phoenix AG Hoerder Verein und Stadt Hörde zum Genehmigungsverfahren.

3914 Bau eines Kanalanschlusses für die Verbindungsbahn Eliasbahn an der Seekante.
1914
Bauantrag der Phoenix AG Hoerder Verein vom 22.05.1914; Baugenehmigung der Stadt [Dortmund-]Hörde vom 25.05.1914, mit Auszug aus der Baupolizeiverordnung; Grund- und Aufrisszeichnungen; statische Berechnungen; Bauabnahmeschein vom 10.10.1914; einzelne Schreiben zwischen Phoenix AG Hoerder Verein und Stadt Hörde zum Genehmigungsverfahren.

2498 Beleuchtung der Kreuzung der Werksbahn zwischen Hermannshütte und Schacht Schleswig des Hoerder Kohlenwerks mit der Marsbruchstraße.
1921–1925, 1929
Einzelne Schreiben zwischen Phoenix AG Hoerder Verein bzw. VSt Hoerder Verein, Westfälisches Verbands-Elektrizitätswerk AG, Provinzialheilanstalt Aplerbeck und Landeshauptmann der Provinz Westfalen zur Elektrizitätsversorgung der Beleuchtungsanlagen über die Provinzialheilanstalt.

2.4.4.3.1.1 Werksgleise

Hermannshütte

4499 Umbauten an den Gleisanlagen im südlichen Werksteil.
1905–1907
Bauantrag des Hoerder Vereins vom 15.11.1905; Baugenehmigung des Königlichen Regierungspräsidiums Arnsberg Bezirksausschuss vom 04.12.1905; Bauabnahmeschein vom 11.02.1907;

Lageplan; einzelne Schreiben zwischen Hoerder Verein bzw. Phoenix AG Hoerder Verein und Bezirksausschuss zum Genehmigungsverfahren.

4503 Bau von Anschlussgleisen für den neuen Lokomotivschuppen.
1910–1912
Bauantrag der Phoenix AG Hoerder Verein vom 11.03.1910; Baugenehmigung des Königlichen Regierungspräsidiums Arnsberg Bezirksausschuss vom 12.04.1910; Bauabnahmeschein vom 26.09.1912; Lagepläne; einzelne Schreiben zwischen Phoenix AG Hoerder Verein und Bezirksausschuss zum Genehmigungsverfahren.

4504 Änderung der Gleisanlagen am Blockwalzwerk.
1910–1911
Bauantrag der Phoenix AG Hoerder Verein vom 27.08.1910; Baugenehmigung des Königlichen Regierungspräsidiums Arnsberg Bezirksausschuss vom 18.09.1910; Bauabnahmeschein vom 04.07.1911; Lagepläne; einzelne Schreiben zwischen Phoenix AG Hoerder Verein und Bezirksausschuss zum Genehmigungsverfahren.

4509 Bau von Gleisanschlüssen für die Asphaltieranlage und eine Kranbahn.
1911–1912
Bauantrag der Phoenix AG Hoerder Verein vom 20.09.1911; Baugenehmigung des Königlichen Regierungspräsidiums Arnsberg Bezirksausschuss vom 26.10.1911; Bauabnahmeschein vom 26.09.1912; Lagepläne; statische Berechnungen; einzelne Schreiben zwischen Phoenix AG Hoerder Verein und verschiedenen Genehmigungsbehörden zum Genehmigungsverfahren.

4513 Bau von Gleisanschlüssen für das neue Hauptmagazin.
1912–1914
Bauantrag der Phoenix AG Hoerder Verein vom 27.09.1912; Baugenehmigung des Königlichen Regierungspräsidiums Arnsberg Bezirksausschuss vom 13.02.1913; Bauabnahmeschein vom 25.02.1914; Lagepläne; Pläne von Gleiskreuzungen; Schienenprofile; einzelne Schreiben zwischen Phoenix AG Hoerder Verein und Bezirksausschuss zum Genehmigungsverfahren.

Hochofenwerk Hörde

4199 Schlackentransportbahn im Hoerder Eisenwerk bzw. Hochofenwerk Hörde.
1854–1864, 1871–1882, 1889–1914, 1926–1934
Verträge zwischen Hoerder Verein und Königlicher Eisenbahndirektion Elberfeld vom 23./27.05.1854 über die Abtretung von Grundstücken zum Bau der Dortmund-Soester Eisenbahn und die Verpflichtung zum Bau von Gleisübergängen für die auf der anderen Seite der Bahn liegende projektierte Schlackenhalde des Hoerder Eisenwerks sowie vom 08.03.1864 über den Verkauf von Grundstücken (Abschrift); Erklärung des Hoerder Vereins zur Übernahme der Unterhaltskosten des Gleisübergangs vom 31.10.1872; Kostenaufstellungen zum Brückenbau; Rechnungen und Quittungen der Baufirma Heinrich Rode, [Dortmund-]Hörde, zum Bau der Schlackensturzbrücke; Schriftwechsel zwischen Hoerder Verein bzw. Phoenix AG Hoerder Verein bzw. VSt Hoerder Verein, Hoerder Eisenwerk bzw. Hochofenwerk Hörde, Königlicher Eisenbahnbetriebsinspektion Dortmund, Königlicher Eisenbahndirektion Essen bzw. Reichsbahndirektion Essen und

Königlicher Eisenbahndirektion Elberfeld über Nutzung der Übergänge im Lokomotivverkehr, Bau einer Brücke als Ersatz für die Niveaukreuzung, Aufteilung der Baukosten, Bau-, Umbau und Reparaturarbeiten, Betriebssicherheit, Errichtung der Schlackensturzbrücke, Vermessungsarbeiten wegen Senkung des Mauerwerks und Abbruch der Brücke.

4501 Bau eines fünften Möllergleises.
1905-1907
Bauantrag des Hoerder Vereins vom 16.02.1906; Baugenehmigung des Königlichen Regierungspräsidiums Arnsberg Bezirksausschuss vom 20.03.1906; Bauabnahmeschein vom 14.11.1906; Lagepläne; statische Berechnungen der Firma Aug. Klönne zu einer Eisenkonstruktion; einzelne Schreiben zwischen Hoerder Verein bzw. Phoenix AG Hoerder Verein und Bezirksausschuss zum Genehmigungsverfahren.

4500 Gleisanschluss eines Erzlagerplatzes und der Ringofenziegelei auf dem ehemaligen Gut Hympendahl an den Bahnhof des Hochofenwerks Hörde.
1906-1908
Bauanträge von Hoerder Verein bzw. Phoenix AG Hoerder Verein vom 17.03.1906 und 03.07.1907; Baugenehmigungen des Königlichen Regierungspräsidiums Arnsberg Bezirksausschuss vom 20.04.1906 und 06.08.1907; Bauabnahmeschein vom 13.11.1907; Lagepläne; einzelne Schreiben zwischen Phoenix AG Hoerder Verein und Bezirksausschuss zum Genehmigungsverfahren.

4502 Bau eines Gleises im Bahnhof III des Hochofenwerks Hörde.
1908-1909
Bauantrag der Phoenix AG Hoerder Verein vom 01.10.1908; Baugenehmigung des Königlichen Regierungspräsidiums Arnsberg Bezirksausschuss vom 27.03.1909; Bauabnahmeschein vom 08.06.1909; Lagepläne; statische Berechnungen; einzelne Schreiben zwischen Phoenix AG Hoerder Verein und verschiedenen Genehmigungsbehörden zum Genehmigungsverfahren.

4507 Bau eines Anschlussgleises für einen neuen Kohlenbunker.
1912-1915
Bauantrag der Phoenix AG Hoerder Verein vom 28.02.1912; Baugenehmigung des Königlichen Regierungspräsidiums Arnsberg Bezirksausschuss vom 08.03.1912; Bauabnahmeschein vom 18.05.1912; Lagepläne; statische Berechnungen; einzelne Schreiben zwischen Phoenix AG Hoerder Verein und Bezirksausschuss zum Genehmigungsverfahren.

4508 Bau eines Anschlussgleises für neue Kokstaschen.
1912-1915
Bauantrag der Phoenix AG Hoerder Verein vom 04.04.1912; Baugenehmigung des Königlichen Regierungspräsidiums Arnsberg Bezirksausschuss vom 11.05.1912; Lagepläne; einzelne Schreiben zwischen Phoenix AG Hoerder Verein und Bezirksausschuss zum Genehmigungsverfahren.

4512 Bau von zwei Anschlussgleisen für einen neuen Wagenwärmschuppen.
1913-1915
Bauantrag der Phoenix AG Hoerder Verein vom 16.01.1913; Baugenehmigung des Königlichen Regierungspräsidiums Arnsberg Bezirksausschuss vom 21.02.1913; Bauabnahmeschein vom

15.07.1913; Lagepläne; einzelne Schreiben zwischen Phoenix AG Hoerder Verein und verschiedenen Genehmigungsbehörden zum Genehmigungsverfahren.

4515 Bau eines Hochgleises für eine Koksabladebrücke.
1914–1915
Bauantrag der Phoenix AG Hoerder Verein vom 04.08.1914; Bauabnahmeschein vom 09.11.1914; Lagepläne; statische Berechnungen der Firma Franz Schlüter, Dortmund; Konstruktionszeichnungen der Brückenständer; einzelne Schreiben zwischen Phoenix AG Hoerder Verein und Königlichem Regierungspräsidium Arnsberg Bezirksausschuss zum Genehmigungsverfahren.

4516 Verlegung von Gleisen nach Bau der neuen Agglomerieranlage.
1916–1918
Bauantrag der Phoenix AG Hoerder Verein vom 20.06.1916; Baugenehmigung der Königlichen Eisenbahndirektion Essen vom 06.11.1916; Lagepläne; einzelne Schreiben zwischen Phoenix AG Hoerder Verein und Eisenbahndirektion zum Genehmigungsverfahren.

4517 Bau einer Erzabladebrücke.
1917–1918
Lagepläne; statische Berechnungen und Konstruktionszeichnungen.

4522 Bau von zwei Erzbrücken und eines Kokstransportgleises.
1921–1922
Bauantrag der Phoenix AG Hoerder Verein vom 02.06.1921; Lagepläne; Konstruktionszeichnungen und statische Berechnungen der Brücken; Baugenehmigung des Regierungspräsidiums Arnsberg Bezirksausschuss vom 03.05.1922; einzelne Schreiben zwischen Phoenix AG Hoerder Verein und Bezirksausschuss zum Genehmigungsverfahren.

4521 Bau eines provisorischen Transportgleises für das neue Gasmaschinenhaus.
1922–1923
Bauantrag der Phoenix AG Hoerder Verein vom 19.06.1922; Lagepläne; Baugenehmigung des Regierungspräsidiums Arnsberg Bezirksausschuss vom 08.09.1922; einzelne Schreiben zwischen Phoenix AG Hoerder Verein und Bezirksausschuss zum Genehmigungsverfahren.

4523 Bau eines provisorischen Transportgleises für den Bau der neuen Koksofenbatterie VI.
1923–1924
Bauantrag der Phoenix AG Hoerder Verein vom 24.04.1923; Lagepläne; Bauabnahmeschein vom 07.11.1924; einzelne Schreiben zwischen Phoenix AG Hoerder Verein und Regierungspräsidium Arnsberg Bezirksausschuss zum Genehmigungsverfahren.

4524 Bau eines zweiten Kokstransportgleises über den Weg zum Bahnhof Hörde-Hacheney.
1923–1925
Bauantrag der Phoenix AG Hoerder Verein vom 02.02.1923; Schriftwechsel zwischen Phoenix AG Hoerder Verein und Reichsbahndirektion Essen zum Genehmigungsverfahren sowie zur Frage der Unkündbarkeit von Gleisanschlussverträgen.

Hoerder Kohlenwerk

4506 Änderungen und Neubauten der Gleisanlagen von Schacht Holstein.
1904–1908
Bauanträge des Hoerder Vereins vom 01.10.1904 und 18.04.1906; Bauabnahmescheine vom 22.11.1907 und 31.12.1907; Lagepläne; Lageplan des Schachts Holstein; einzelne Schreiben zwischen Hoerder Verein bzw. Phoenix AG Hoerder Verein und Königlichem Regierungspräsidium Arnsberg Bezirksausschuss zu den Genehmigungsverfahren.

4505 Bau eines Anschlussgleises für einen Schlackenbrecher auf der Schlackenhalde bei Schacht Schleswig.
1910–1912
Bauantrag der Phoenix AG Hoerder Verein vom 14.04.1910; Baugenehmigung des Königlichen Regierungspräsidiums Arnsberg Bezirksausschuss vom 21.04.1910; Bauabnahmeschein vom 11.07.1912; Lagepläne; einzelne Schreiben zwischen Phoenix AG Hoerder Verein und Bezirksausschuss zum Genehmigungsverfahren.

4519 Bau eines Anschlussgleises für den Kohlenbunker des Schachtes Schleswig.
1920–1921
Bauantrag der Phoenix AG Hoerder Verein vom 24.03.1920; Lagepläne; statische Berechnungen; Grund-, Aufriss- und Querschnittzeichnungen des Kohlenbunkers; Bauabnahmeschein vom 19.07.1921; einzelne Schreiben zwischen Phoenix AG Hoerder Verein und Reichsbahndirektion Essen zum Genehmigungsverfahren.

4518 Bau eines Gleises bei Schacht Holstein zum Transport von Baumaterialien für die neue Werkskolonie in [Dortmund-]Asseln.
1921
Bauantrag der Phoenix AG Hoerder Verein vom 04.01.1921; Lagepläne; einzelne Schreiben zwischen Phoenix AG Hoerder Verein und Reichsbahndirektion Essen zum Genehmigungsverfahren.

4520 Bau eines provisorischen Transportgleises bei Schacht Holstein.
1921
Bauantrag der Phoenix AG Hoerder Verein vom 09.07.1921; Lagepläne; Bauabnahmeschein vom 04.10.1921; einzelne Schreiben zwischen Phoenix AG Hoerder Verein und Reichsbahndirektion Essen zum Genehmigungsverfahren.

2.4.4.3.1.2 Lokomotivschuppen

3816 Bau und Erweiterung eines Lokomotivschuppens für 34 Lokomotiven in der Hermannshütte.
1909–1910, 1919–1920
Bauanträge der Phoenix AG Hoerder Verein vom 18.10.1909 und 07.04.1919; Baugenehmigungen des Amts [Dortmund-]Aplerbeck vom 03.11.1909 und 17.04.1919; Grund- und Aufrisszeichnungen sowie Konstruktionszeichnungen und statische Berechnungen der Dortmunder Brückenbau C. H. Jucho; Lagepläne; Bauabnahmescheine vom 29.04.1910 und 11.05.1920; einzelne Schreiben zwischen Phoenix AG Hoerder Verein und Amt Aplerbeck zu den Genehmigungsverfahren.

3831 Verlegung des Schanzenschuppens des neuen Lokomotivschuppens der Hermannshütte.
1910
Bauantrag der Phoenix AG Hoerder Verein vom 24.09.1910; Baugenehmigung des Amts [Dortmund-]Aplerbeck vom 13.10.1910; Grund- und Aufrisszeichnungen; Lageplan; Bauabnahmeschein vom 24.12.1910; einzelne Schreiben zwischen Phoenix AG Hoerder Verein und Amt Aplerbeck zum Genehmigungsverfahren.

3511 Bau eines Lokomotivschuppens für die Schmalspurlokomotiven des Hochofenwerks Hörde.
1910
Bauantrag der Phoenix AG Hoerder Verein vom 24.11.1910; Baugenehmigung der Stadt [Dortmund-]Hörde vom 07.12.1910; Lageplan; Grund- und Aufrisszeichnungen; Bauabnahmeschein vom 20.12.1910; einzelne Schreiben zwischen Phoenix AG Hoerder Verein und Stadt Hörde zum Genehmigungsverfahren.

3442 Erweiterung des Lokomotivschuppens im Hochofenwerk Dortmund.
1914
Bauantrag der Phoenix AG Hoerder Verein vom 11.07.1914; Baugenehmigung der Stadt Dortmund vom 20.08.1914; Lageplan; Grund- und Aufrisszeichnungen; Bauabnahmeschein vom 17.09.1914; einzelne Schreiben zwischen Phoenix AG Hoerder Verein und Stadt Dortmund zum Genehmigungsverfahren.

2.4.4.3.1.3 Anschlüsse an Bahnhöfe und Hafenbahn

Bahnhöfe Hörde und Hörde-Hacheney

4221 Bahnanschluss an den Bahnhof Hörde-Hacheney.
1874, 1896–1897, 1900–1902, 1909, 1912
Ausführungsverträge zwischen Hoerder Verein bzw. Phoenix AG Hoerder Verein und Königlicher Eisenbahnbetriebsinspektion Dortmund bzw. Königlichem Eisenbahnbetriebsamt Dortmund vom 28.07.1896, 12./15.03.1897, 17./18.08.1900, 22.03./09.04.1901, 31.07./02.08.1901, 26.03./05.04.1902, 10./12.05.1909 und 17.07./09.09.1912 zum Anschlussvertrag zwischen Hoerder Verein und Rheinischer Eisenbahn-Gesellschaft vom 18.09./03.10.1874 (z. T. Abschriften), mit Lageplänen der Gleisanschlüsse und der gepachteten Flächen am Bahnhof.

4195 Gleisanschluss von Hermannshütte und Hochofenwerk Hörde an die Bahnhöfe Hörde und Hörde-Hacheney.
1889, 1897–1901, 1909–1922
Einzelne Schreiben zwischen Hoerder Verein und Königlichem Regierungspräsidium Arnsberg Bezirksausschuss zum Bau eines zweiten Gleises für die Verbindungsbahn zwischen Hoerder Eisenwerk bzw. Hochofenwerk Hörde und Hermannshütte und Höherlegung der Verbindungsbahn zwischen Hermannshütte und Hochofenwerk Hörde (Eliasbahn) (Abschriften); Vertrag zwischen Phoenix AG Hoerder Verein und Königlicher Eisenbahndirektion Essen über den Anschluss der Werksbahn an den Bahnhof Hörde-Hacheney, 1911 (Entwurf); Ausführungsvertrag zwischen Phoenix AG Hoerder Verein und Königlicher Eisenbahnbetriebsinspektion Dortmund

vom 07.07./01.08.1916 zum Vertrag zwischen Hoerder Verein und Königlicher Eisenbahndirektion Essen vom 05.10.1899/17.08.1900 über die Bedingungen des Anschlusses der Werksbahn an den Bahnhof Hörde; Schriftwechsel zwischen Phoenix AG Hoerder Verein, Eisenbahndirektion Essen bzw. Reichsbahndirektion Essen, Eisenbahnbetriebsinspektion Dortmund und weiteren Bahnbehörden über Reparaturen und Instandhaltung, Umbauten an Gleisanlagen, Bau eines Stellwerks, Gebührenerhöhungen, Betriebskosten, die Hebung der Übergabegleise im Bahnhof Hörde wegen des Baus einer Unterführung an der Hochofenstraße und die Kündigung aller Privatbahnanschlussverträge durch die Reichsbahndirektion Essen zur Vereinheitlichung und Neugestaltung der Verträge.

4189 Gleisanschluss von Hermannshütte und Hochofenwerk Hörde an den Bahnhof Hörde.
1896, 1899–1908, 1916–1920
Ausführungsvertrag zwischen Hoerder Verein und Königlicher Eisenbahnbetriebsinspektion Dortmund vom 17./19.08.1896 zu den Verträgen zwischen Hoerder Verein und Königlicher Eisenbahndirektion Elberfeld vom 26.07./26.08.1856 und 07./26.06.1872 über den Gleisanschluss des Hoerder Eisenwerks an den Bahnhof Hörde, mit Lageplan der Gleise; Dienstanweisung der Eisenbahnbetriebsinspektion Dortmund zur Bedienung des Anschlusses des Hoerder Vereins durch die Station Hörde vom 22.02.1901; Ausführungsverträge zwischen Hoerder Verein bzw. Phoenix AG Hoerder Verein und Eisenbahnbetriebsinspektion Dortmund vom 31.10./29.11.1901, 31.10./06.11.1902, 19.09.1905/13.03.1906, 28./31.12.1908 und 07.07./01.08.1916 sowie Nachtrag vom 30.01./04.02.1920 zum Vertrag zwischen Hoerder Verein und Königlicher Eisenbahndirektion Essen vom 05.10.1899/17.08.1900 über die Anschlussbedingungen der Werksbahn an den Bahnhof Hörde; detaillierte Lagepläne von Hermannshütte und Hochofenwerk Hörde, mit Einzeichnung aller Gleisanlagen, 1908.

4194 Gleisanschluss von Hermannshütte und Hochofenwerk Hörde an den Bahnhof Hörde.
1899–1909
Vertrag zwischen Hoerder Verein und Königlicher Eisenbahndirektion Essen vom 05.10.1899/17.08.1900 über die Bedingungen des Anschlusses der Werksbahn an den Bahnhof Hörde (Abschrift); Kostennachweise zu Bauarbeiten; Lagepläne der Anschlussgleise; Ausführungsvertrag zwischen Hoerder Verein und Königlicher Eisenbahnbetriebsinspektion Dortmund vom 19.09.1905/13.03.1906 zum Vertrag zwischen Hoerder Verein und Eisenbahndirektion Essen vom 05.10.1899/17.08.1900; Entwürfe zu einem Vertrag zwischen Phoenix AG Hoerder Verein und Eisenbahndirektion Essen zur Änderung des Vertrags vom 05.10.1899/17.08.1900, 1909; Schriftwechsel zwischen Hoerder Verein, Königlicher Eisenbahndirektion Elberfeld, Eisenbahndirektion Essen, Eisenbahnbetriebsinspektion Dortmund und weiteren Bahnbehörden über Reparaturen und Instandhaltung, Gebühren, Betriebskosten.

4525 Bau eines weiteren Zustellgleises an den Bahnhof Hörde für das Hochofenwerk Hörde.
1923–1924
Bauantrag der Phoenix AG Hoerder Verein vom 29.08.1923; Lagepläne; einzelne Schreiben zwischen Phoenix AG Hoerder Verein und Reichsbahndirektion Essen zum Genehmigungsverfahren.

Übergabebahnhof Dortmunderfeld

4158 Planung des gemeinsamen Übergabebahnhofs Dortmunderfeld von Hochofenwerk Dortmund, Gewerkschaft der Zeche Tremonia, Eisenwerk Rothe Erde AG sowie mehreren Brauereien.
1910–1913
Kostenvoranschläge; Lagepläne; Niederschriften von Besprechungen zur Planung des Bahnhofs zwischen Vertretern von Phoenix AG Hoerder Verein, Dortmunder Union-Brauerei AG, Dortmunder Actien-Brauerei und Germania Brauerei AG am 18.09.1912 und 19.05.1913; Schriftwechsel zwischen Hoerder Verein bzw. Phoenix AG Hoerder Verein, Phoenix AG Hoerder Verein Hochofenwerk Dortmund, Gewerkschaft der Zeche Tremonia, Eisenwerk Rothe Erde AG, Brauereien und Eisenbahndirektion Essen zu den Planungen.

4178/1 Lagepläne eines gemeinsamen Übergabebahnhofs Dortmunderfeld von Hochofenwerk Dortmund, Gewerkschaft der Zeche Tremonia und Eisenwerk Rothe Erde AG sowie Dortmunder Union-Brauerei AG, Dortmunder Actien-Brauerei und Germania Brauerei AG.
1913–1914

4176/1 Planung des gemeinsamen Übergabebahnhofs Dortmunderfeld von Hochofenwerk Dortmund, Gewerkschaft der Zeche Tremonia und Eisenwerk Rothe Erde AG sowie mehreren Brauereien.
1914
Kostenvoranschläge; Lagepläne; Niederschriften von Besprechungen zur Planung des Bahnhofs mit Vertretern von Dortmunder Union-Brauerei AG, Dortmunder Actien-Brauerei und Germania Brauerei AG am 13.01.1914, 18.02.1814 und 29.04.1914; Vertragsentwürfe; Allgemeine Bedingungen für die Zulassung von Privatanschlüssen (gedruckt); Schriftwechsel zwischen Phoenix AG Hoerder Verein, Hochofenwerk Dortmund, Gewerkschaft der Zeche Tremonia, Eisenwerk Rothe Erde AG, den Brauereien, Stadt Dortmund und Königlicher Eisenbahndirektion Essen zu Planungen und Vertragsmodalitäten.

4176/2 Planung des gemeinsamen Übergabebahnhofs Dortmunderfeld von Hochofenwerk Dortmund, Gewerkschaft der Zeche Tremonia und Eisenwerk Rothe Erde AG sowie mehreren Brauereien.
1914
Lagepläne; einzelne Schreiben zwischen Phoenix AG Hoerder Verein, Eisenwerk Rothe Erde AG i. L. und Königlicher Eisenbahndirektion Essen zu den Planungen nach dem Konkurs der Eisenwerk Rothe Erde AG.

4177/1 Bau des gemeinsamen Übergabebahnhofs Dortmunderfeld von Hochofenwerk Dortmund, Gewerkschaft der Zeche Tremonia sowie mehreren Brauereien.
1915–1916
Kostenvoranschläge; Lagepläne; Niederschrift einer Besprechung zur Planung des Bahnhofs mit Vertretern von Phoenix AG Hoerder Verein, Dortmunder Union-Brauerei AG, Dortmunder Actien-Brauerei und Germania Brauerei AG am 12.03.1915; Allgemeine Bedingungen für die Zulassung von Privatanschlüssen (gedruckt); Vertrag zwischen Phoenix AG Hoerder Verein, Gewerkschaft der Zeche Tremonia, Eisenwerk Rothe Erde AG, Dortmunder Union-Brauerei AG, Dortmunder Actien-Brauerei, Germania Brauerei AG, Stadt Dortmund und Königlicher Eisenbahndirektion Essen über den Bau des Übergabebahnhofs (nicht parafiert); Schriftwechsel zwischen Phoenix AG Hoerder Verein, Hochofenwerk Dortmund, Gewerkschaft der Zeche Tremonia, Eisen-

werk Rothe Erde AG i. L., den Brauereien, Stadt Dortmund, Königlicher Eisenbahnbauabteilung Dortmund und Eisenbahndirektion Essen zu Planungen, Vertragsmodalitäten, Baufortschritt und Materialbeschaffung.

4177/2 Bau des gemeinsamen Übergabebahnhofs Dortmunderfeld von Hochofenwerk Dortmund, Gewerkschaft der Zeche Tremonia und Werk Rothe Erde der Deutsch-Lux Dortmunder Union sowie mehreren Brauereien.
1916–1917
Kostenvoranschläge; Lagepläne; Schriftwechsel zwischen Phoenix AG Hoerder Verein, Hochofenwerk Dortmund, Gewerkschaft der Zeche Tremonia, Deutsch-Lux Dortmunder Union, Dortmunder Union-Brauerei AG, Dortmunder Actien-Brauerei, Germania Brauerei AG, Stadt Dortmund, Königlicher Eisenbahnbauabteilung Dortmund und Königlicher Eisenbahndirektion Essen zu Baufortschritt und Materialbeschaffung.

3443 Bau eines Stellwerkgebäudes im Bahnhof Dortmunderfeld für den Gleisanschluss des Hochofenwerks Dortmund.
1916–1917
Bauantrag der Phoenix AG Hoerder Verein vom 17.05.1916; Baugenehmigung der Stadt Dortmund vom 10.06.1916; Lageplan; Grund- und Aufrisszeichnungen; Bauabnahmeschein vom 17.03.1917; einzelne Schreiben zwischen Phoenix AG Hoerder Verein und Stadt Dortmund zum Genehmigungsverfahren.

3444 Bau eines Bahnwärterhäuschens im Hochofenwerk Dortmund.
1916–1917
Bauantrag der Phoenix AG Hoerder Verein vom 01.09.1916; Baugenehmigung der Stadt Dortmund vom 21.09.1916; Lageplan; Grund- und Aufrisszeichnungen; Bauabnahmeschein vom 17.03.1917; einzelne Schreiben zwischen Phoenix AG Hoerder Verein und Stadt Dortmund zum Genehmigungsverfahren.

4183 Baukosten des gemeinsamen Übergabebahnhofs Dortmunderfeld.
1918–1920
Aufstellungen zu den Baukosten und zur Umlage auf die beteiligten Unternehmen; Schriftwechsel zwischen Phoenix AG Hoerder Verein, Hochofenwerk Dortmund, Deutsch-Lux Dortmunder Union, Dortmunder Union-Brauerei AG, Dortmunder Actien-Brauerei und Germania Brauerei AG zur Abrechnung der Kosten.

Hafenbahn

4209/2 Planung der Kleinbahn zwischen Werksbahn und Dortmunder Hafenbahn.
1900, 1905–1906
Entwürfe bzw. nicht unterzeichnete Exemplare zu einem Vertrag zwischen Hoerder Verein und Stadt Dortmund über den Bau der Bahn, Verteilung der Betriebskosten und Organisation des Eisenbahnbetriebs (Abschriften); Vertrag vom 21.06./20.07.1905, mit von der Phoenix AG Hoerder Verein unterzeichnetem Nachtrag vom 27.10./12.11.1906; Zeitungsausschnitte; Lagepläne des Übergabebahnhofs Schüren der Kleinbahn sowie der Gleisanlagen; Auszug aus dem Ver-

messungsregister der Gemeinde [Dortmund-]Schüren; Mitteilung des Ministeriums für öffentliche Arbeiten vom 19.01.1900 zum Privatbahnstatus der Kleinbahn (Abschrift); Beschreibung eines Selbstentladewagens der Van der Zypen & Charlier GmbH, mit Konstruktionszeichnungen; einzelne Schreiben zwischen Hoerder Verein, Stadt Dortmund und Van der Zypen & Charlier zum Vertragsabschluss sowie zu den Waggons.

4210 Bau und Betrieb der Kleinbahn zwischen Werksbahn und Dortmunder Hafenbahn.
1905–1911
Nachtragsvertrag der Phoenix AG Hoerder Verein vom 27.10./12.11.1906 zum Vertrag zwischen Hoerder Verein und Stadt Dortmund über den Bau der Bahn, Verteilung der Betriebskosten und Organisation des Eisenbahnbetriebs vom 21.06./20.07.1905 (Abschriften); Lagepläne des Übergabebahnhofs Schüren der Kleinbahn sowie der Gleisanlagen und einer Wegeunterführung; Niederschrift des Bauabnahmetermins der Kleinbahn am 05.09.1907; Kostenabrechnung zum Bau eines Stellwerks im Bahnhof Schüren; Lageplan zu den Signaleinrichtungen des Bahnhofs Schüren der Signalbauanstalt Willmann & Co., Dortmund; Beschreibung eines vierachsigen Selbstentladers mit einem Ladegewicht von 40 Tonnen; Schriftwechsel zwischen Phoenix AG Hoerder Verein, Städtischer Hafenverwaltung Dortmund und Stadt Dortmund über Bauarbeiten, Telefonanschluss der Kleinbahn, Betriebsorganisation des Bahnhofs Schüren und insbesondere des Stellwerks sowie der Kleinbahn.

2.4.4.3.1.4 Waagen

3797 Bau eines Wiegegebäudes für die Werksbahnabteilung der Hermannshütte.
1908–1909
Bauantrag der Phoenix AG Hoerder Verein vom 13.11.1908; Baugenehmigung der Stadt [Dortmund-]Hörde vom 28.11.1908, mit Auszug aus der Baupolizeiverordnung; Grund- und Aufrisszeichnungen; Lageplan; Bauabnahmeschein vom 19.02.1909; einzelne Schreiben zwischen Phoenix AG Hoerder Verein und Stadt Hörde zum Genehmigungsverfahren.

3513 Bau von zwei Gebäuden für Möllerwaagen im Hochofenwerk Hörde.
1910–1911
Bauantrag der Phoenix AG Hoerder Verein vom 06.12.1910; Baugenehmigung des Amts [Dortmund-]Wellinghofen vom 20.12.1910; Lageplan; Grund- und Aufrisszeichnungen; Bauabnahmeschein vom 09.02.1911; einzelne Schreiben zwischen Phoenix AG Hoerder Verein und Amt Wellinghofen zum Genehmigungsverfahren.

3868 Bau eines Wiegehauses beim Roheisenmischer des Siemens-Martin-Stahlwerks II.
1912
Bauantrag der Phoenix AG Hoerder Verein vom 22.08.1912; Baugenehmigung der Stadt [Dortmund-]Hörde vom 29.08.1912, mit Auszug aus der Baupolizeiverordnung; Grund- und Aufrisszeichnungen; Lageplan; Bauabnahmeschein vom 29.10.1912; einzelne Schreiben zwischen Phoenix AG Hoerder Verein und Stadt Hörde zum Genehmigungsverfahren.

3877 Bau eines Wiegehäuschens für das Siemens-Martin-Stahlwerk II.
1913

Bauantrag der Phoenix AG Hoerder Verein vom 03.01.1913; Baugenehmigung der Stadt [Dortmund-]Hörde vom 04.01.1913, mit Auszug aus der Baupolizeiverordnung; Grund- und Aufrisszeichnungen; Lageplan; Bauabnahmeschein vom 31.03.1913; einzelne Schreiben zwischen Phoenix AG Hoerder Verein und Stadt Hörde zum Genehmigungsverfahren.

3883 Bau eines Wiegehäuschens beim Bandagenwalzwerk.
1913
Bauantrag der Phoenix AG Hoerder Verein vom 15.02.1913; Baugenehmigung der Stadt [Dortmund-]Hörde vom 17.02.1913, mit Auszug aus der Baupolizeiverordnung; Grund- und Aufrisszeichnungen; Lageplan; Bauabnahmeschein vom 11.03.1913; einzelne Schreiben zwischen Phoenix AG Hoerder Verein und Stadt Hörde zum Genehmigungsverfahren.

3541 Bau eines Wiegehauses im Hochofenwerk Hörde.
1913
Bauantrag der Phoenix AG Hoerder Verein vom 28.08.1913; Baugenehmigung der Stadt [Dortmund-]Hörde vom 30.08.1913, mit Auszug aus der Baupolizeiverordnung (Abschrift); Lageplan; Grund- und Aufrisszeichnungen; Bauabnahmeschein vom 05.12.1913; einzelne Schreiben zwischen Phoenix AG Hoerder Verein und Stadt Hörde zum Genehmigungsverfahren.

3898 Bau eines Wiegehäuschens in der Hermannshütte.
1913
Bauantrag der Phoenix AG Hoerder Verein vom 22.09.1913; Baugenehmigung der Stadt [Dortmund-]Hörde vom 24.04.1913, mit Auszug aus der Baupolizeiverordnung; Grund- und Aufrisszeichnungen; Lageplan; Bauabnahmeschein vom 08.12.1913; einzelne Schreiben zwischen Phoenix AG Hoerder Verein und Stadt Hörde zum Genehmigungsverfahren.

3439 Bau eines Wiegehäuschens im Hochofenwerk Dortmund.
1914
Bauantrag der Phoenix AG Hoerder Verein vom 24.03.1914; Baugenehmigung der Stadt Dortmund vom 20.04.1914; Lageplan; Grund- und Aufrisszeichnung; Bauabnahmeschein vom 23.06.1914; einzelne Schreiben zwischen Phoenix AG Hoerder Verein und Stadt Dortmund zum Genehmigungsverfahren.

3548 Bau eines Wiegehäuschens im Übergabebahnhof III des Hochofenwerks Hörde.
1915
Bauantrag der Phoenix AG Hoerder Verein vom 12.08.1915; Baugenehmigung des Amts [Dortmund-]Wellinghofen vom 25.08.1915, mit Auszug aus der Baupolizeiverordnung; Lageplan; Grund- und Aufrisszeichnungen; Bauabnahmeschein vom 21.12.1915; einzelne Schreiben zwischen Phoenix AG Hoerder Verein und Amt Wellinghofen zum Genehmigungsverfahren.

3927 Erweiterung des Wiegehauses des Thomas-Stahlwerks.
1915–1916
Bauantrag der Phoenix AG Hoerder Verein vom 26.10.1915; Baugenehmigung der Stadt [Dortmund-]Hörde vom 06.11.1915, mit Auszug aus der Baupolizeiverordnung; Grund- und Aufrisszeichnungen; Lageplan; Bauabnahmeschein vom 12.02.1916; einzelne Schreiben zwischen Phoenix AG Hoerder Verein und Stadt Hörde zum Genehmigungsverfahren.

3975 Anbau an die Doppelwaage der Hermannshütte am Kaiserberg.
1919–1920
Bauantrag der Phoenix AG Hoerder Verein vom 10.05.1919; Baugenehmigung des Amts [Dortmund-]Aplerbeck vom 13.05.1919; Grund- und Aufrisszeichnungen; Lageplan; statische Berechnungen; Rohbauabnahmeschein vom 20.01.1920; einzelne Schreiben zwischen Phoenix AG Hoerder Verein und Amt Aplerbeck zum Genehmigungsverfahren.

4011 Erweiterung des Waagengebäudes der Hermannshütte „Im Bickefeld".
1922–1924
Bauantrag der Phoenix AG Hoerder Verein vom 25.11.1922; Baugenehmigung der Stadt [Dortmund-]Hörde vom 28.11.1922; Grund- und Aufrisszeichnungen; Lageplan; Bauabnahmeschein vom 29.03.1924; einzelne Schreiben zwischen Phoenix AG Hoerder Verein und Stadt Hörde zum Genehmigungsverfahren.

4026 Erweiterung des Wiegehauses bei der Mischeranlage der Hermannshütte.
1923
Bauantrag der Phoenix AG Hoerder Verein vom 26.06.1923; Baugenehmigung der Stadt [Dortmund-]Hörde vom 29.06.1923, mit Auszug aus der Baupolizeiverordnung; Grund- und Aufrisszeichnungen; Lageplan; Bauabnahmeschein vom 12.09.1923; einzelne Schreiben zwischen Phoenix AG Hoerder Verein und Stadt Hörde zum Genehmigungsverfahren.

3612 Bau eines Wiegehauses für eine Waggonwaage im Hochofenwerk Hörde.
1924
Bauantrag der Phoenix AG Hoerder Verein vom 20.05.1924; Baugenehmigung des Amts [Dortmund-]Wellinghofen vom 23.05.1924, mit Auszug aus der Baupolizeiverordnung; Lageplan; Grund- und Aufrisszeichnungen; Bauabnahmeschein vom 26.09.1924; einzelne Schreiben zwischen Phoenix AG Hoerder Verein und Amt Wellinghofen zum Genehmigungsverfahren.

3379 Bau eines Wiegehauses im Hafenbahnhof in [Dortmund-]Schüren.
1925–1926
Bauantrag der Phoenix AG Hoerder Verein vom 11.06.1925; Baugenehmigung des Landkreises Hörde vom 19.06.1925; Lageplan; Konstruktionszeichnung.

2.4.4.3.1.5 Sonstiges

3827 Bau einer Sandtrocknungsanlage für die Werksbahn der Hermannshütte.
1910
Bauantrag der Phoenix AG Hoerder Verein vom 09.09.1910; Baugenehmigung der Stadt [Dortmund-]Hörde vom 22.09.1910, mit Auszug aus der Baupolizeiverordnung; Grund- und Aufrisszeichnungen; Lageplan; Bauabnahmeschein vom 02.11.1910; einzelne Schreiben zwischen Phoenix AG Hoerder Verein und Stadt Hörde zum Genehmigungsverfahren.

3871 Bau eines Stellwerks zwischen Thomasschlackenmahlwerk und Steinfabrik.
1912–1913
Bauantrag der Phoenix AG Hoerder Verein vom 02.10.1912; Baugenehmigung der Stadt [Dort-

mund-]Hörde vom 12.10.1912, mit Auszug aus der Baupolizeiverordnung; Grund- und Aufrisszeichnungen; Lageplan; Bauabnahmeschein vom 04.01.1913; einzelne Schreiben zwischen Phoenix AG Hoerder Verein und Stadt Hörde zum Genehmigungsverfahren.

3533 Bau einer Wärmehalle für Talbotwagen im Hochofenwerk Hörde.
1912–1913
Bauantrag der Phoenix AG Hoerder Verein vom 11.10.1912; Baugenehmigung des Amts [Dortmund-]Wellinghofen vom 31.10.1912, mit Auszug aus der Baupolizeiverordnung; Lageplan; Grund- und Aufrisszeichnungen; statische Berechnung der Hein, Lehmann & Co. AG; Bauabnahmeschein vom 09.01.1913; einzelne Schreiben zwischen Phoenix AG Hoerder Verein, Amt Wellinghofen und Bergwerksgesellschaft Glückaufsegen mbH zu Genehmigungsverfahren und Bergschadensicherung.

3535 Erweiterung des Stellwerksgebäudes der Werksbahn im Hochofenwerk Hörde.
1913
Bauantrag der Phoenix AG Hoerder Verein vom 20.01.1913; Baugenehmigung des Amts [Dortmund-]Wellinghofen vom 08.02.1913, mit Auszug aus der Baupolizeiverordnung; Lageplan; Grund- und Aufrisszeichnungen; Bauabnahmeschein vom 24.04.1913; einzelne Schreiben zwischen Phoenix AG Hoerder Verein und Amt Wellinghofen zum Genehmigungsverfahren.

4213 Erweiterung des Hardenberghafens im Hafen Dortmund und Bau einer Erzlöschanlage.
1914, 1922–1925, 1928–1930, 1936
Lageplan des Dortmunder Hafens mit Kleinbahn; Konzept der WTAG vom 27.11.1922 zum Bau einer gemeinsamen Erzlöschanlage von Phoenix AG Hoerder Verein und Hoesch AG zur Zusammenlegung der Erzlöschaktivitäten; Satzung der Emder Hafenumschlagsgesellschaft mbH, o. D. (Abschrift); Betriebsüberlassungsvertrag zwischen Emder Hafenumschlagsgesellschaft mbH und Staat Preußen über staatliche Hafenanlagen in Emden (Abschrift, o. D.); Besprechungsniederschriften zum Hafenerweiterungsprojekt; Entwurf eines Vertrags zwischen Phoenix AG Hoerder Verein und Städtischer Hafenverwaltung Dortmund über die Finanzierung der Baumaßnahmen, o. D.; Kostenvoranschläge; Ausschnitte aus einem Werbeprospekt der Maschinenbau-Aktiengesellschaft Tigler zu Hafenkrananlagen sowie Referenzliste vom 07.04.1924; Lagepläne der projektierten Hafenerweiterung; Grund- und Aufrisszeichnungen der Kaimauern und der Krananlagen, u. a. der Deutsche Maschinenfabrik AG; Mietvertrag zwischen Phoenix AG Hoerder Verein und Hafenverwaltung Dortmund über einen Erzlagerplatz (nicht parafiert), mit Lageplan und Anlage: Allgemeine Bedingungen für die Vermietung von Plätzen im Hafen Dortmund, 1914 (gedruckt); Schriftwechsel zwischen Phoenix AG Hoerder Verein bzw. VSt Hoerder Verein, Phoenix AG, WTAG, Hafenverwaltung Dortmund und Hoesch AG zur Planung der Baumaßnahmen, der Verladeanlagen und einer Erzbrecheranlage.

4231 Anschluss des Steinbruchs von Heinrich Wilhelm Morck am Kaiserberg in [Dortmund-]Schüren an die Werksbahn.
1916
Vertrag zwischen Phoenix AG Hoerder Verein und Morck über den Betrieb eines Steinbruchs auf dem werkseigenen Gelände und Bedienung des Bahnanschlusses durch die Werksbahn des Unternehmens vom 08./10.12.1916; Lageplan.

3566 Bau einer Schutzhalle für zwei Waggonkipper im Hochofenwerk Hörde.
1917–1918
Bauantrag der Phoenix AG Hoerder Verein vom 04.04.1917; Baugenehmigung des Amts [Dortmund-]Wellinghofen vom 30.01.1918, mit Auszug aus der Baupolizeiverordnung; Lageplan; Grund- und Aufrisszeichnungen sowie Konstruktionszeichnungen und statische Berechnungen der J. Pohlig AG und des Ingenieurbüros Himmelreich & Schröder; Bauabnahmeschein vom 01.10.1918; einzelne Schreiben zwischen Phoenix AG Hoerder Verein, Amt Wellinghofen und Königlicher Eisenbahndirektion Essen zum Genehmigungsverfahren.

4010 Bau einer Bandagenverladehalle beim Hammerwerk.
1922–1924
Bauantrag der Phoenix AG Hoerder Verein vom 07.10.1922; Baugenehmigung der Stadt [Dortmund-]Hörde vom 28.11.1922; Grund- und Aufrisszeichnungen sowie statische Berechnungen der Brückenbau Flender AG; Lageplan; Bauabnahmeschein vom 24.04.1924; einzelne Schreiben zwischen Phoenix AG Hoerder Verein und Stadt Hörde zum Genehmigungsverfahren.

3597 Bau eines Weichenstellerhauses im Hochofenwerk Hörde.
1922–1923
Bauantrag der Phoenix AG Hoerder Verein vom 23.12.1922; Baugenehmigung des Amts [Dortmund-]Wellinghofen vom 23.01.1923, mit Auszug aus der Baupolizeiverordnung; Lageplan; Grund- und Aufrisszeichnungen; Bauabnahmeschein vom 23.05.1923; einzelne Schreiben zwischen Phoenix AG Hoerder Verein und Amt Wellinghofen zum Genehmigungsverfahren.

3606 Abbruch des alten und Bau eines neuen Übergabegebäudes für die Eisenbahnabteilung des Hochofenwerks Hörde.
1923–1925
Bauantrag der Phoenix AG Hoerder Verein vom 29.06.1923; Baugenehmigung der Stadt [Dortmund-]Hörde vom 05.07.1923, mit Auszug aus der Baupolizeiverordnung; Lageplan; Grund- und Aufrisszeichnungen; einzelne Schreiben zwischen Phoenix AG Hoerder Verein und Stadt Hörde zum Genehmigungsverfahren.

2.4.4.3.2 Straßen und Wege

3863 Bau von zwei Unterführungen für den Fußgängerverkehr der Hermannshütte.
1912
Bauantrag der Phoenix AG Hoerder Verein vom 11.04.1912; Baugenehmigung der Stadt [Dortmund-]Hörde vom 16.04.1912, mit Auszug aus der Baupolizeiverordnung; Grund-, Schnitt- und Aufrisszeichnungen; Lagepläne; Bauabnahmeschein vom 07.09.1912; einzelne Schreiben zwischen Phoenix AG Hoerder Verein und Stadt Hörde zum Genehmigungsverfahren.

3537 Bau eines Fußgängertunnels unter der Werksbahn im Hochofenwerk Hörde.
1913
Bauantrag der Phoenix AG Hoerder Verein vom 30.05.1913; Baugenehmigung der Stadt [Dortmund-]Hörde vom 12.06.1913, mit Auszug aus der Baupolizeiverordnung; Lageplan;

Bauabnahmeschein vom 15.08.1913; einzelne Schreiben zwischen Phoenix AG Hoerder Verein und Stadt Hörde zum Genehmigungsverfahren.

4226/1 Geplante Verlegung eines Zugangswegs zum Bahnhof Hörde-Hacheney zur Optimierung des Werksbahnverkehrs.
1923–1925
Kostenvoranschlag zur Verlegung; Niederschriften zu Besprechungen zwischen Reichsbahndirektion Essen und Phoenix AG Hoerder Verein über die Abtretung von Bahngrundstücken an das Unternehmen, Verlegung von Zugangswegen zum Bahnhof und zum Verzicht der Phoenix AG Hoerder Verein auf die Unkündbarkeit des Anschlussvertrags zwischen Hoerder Verein und Bergisch-Märkischer Eisenbahn-Gesellschaft vom 26.07./26.08.1856; Lagepläne der Grundstücke und Bahnanlagen sowie des Hochofenwerks Hörde; Auszüge aus den Niederschriften von Vorstandssitzungen der Phoenix AG für Bergbau und Hüttenbetrieb; Auszug aus dem Stadtplan der Stadt [Dortmund-]Hörde, mit Einzeichnung von bahn- und unternehmenseigenen Grundstücken; Wertgutachten zu Wohnhäusern am Bahnhof; Schriftwechsel zwischen und Phoenix AG Hoerder Verein und Reichsbahndirektion Essen zu Beseitigung eines Zugangswegs durch das Werksgelände, Ankauf von bahneigenen Häusern und Kündigung des Anschlussvertrags; Zeitungsausschnitte.

2.4.4.3.3 Seilbahnen und Förderanlagen

Hermannshütte

3787/1 Bau einer Hängebahn und einer Kupolofenanlage für das Siemens-Martin-Stahlwerk.
1908–1909
Bauantrag der Phoenix AG Hoerder Verein vom 14.04.1908; Bauabnahmeschein vom 03.08.1909; einzelne Schreiben zwischen Phoenix AG Hoerder Verein und Stadt Hörde zum Genehmigungsverfahren.

3787/2 Bau einer Hängebahn und einer Kupolofenanlage für das Siemens-Martin-Stahlwerk.
1908
Baugenehmigung der Stadt [Dortmund-]Hörde vom 25.05.1908; Grund- und Aufrisszeichnungen, Konstruktionszeichnungen und statische Berechnungen der Firmen Adolf Bleichert & Co. und Hein, Lehmann & Co. AG.

3811 Umbau eines Kalktransportaufzugs im Thomas-Stahlwerk auf elektrischen Antrieb.
1909–1910
Antrag der Phoenix AG Hoerder Verein auf Betriebsgenehmigung vom 21.08.1909; Betriebsgenehmigung der Stadt [Dortmund-]Hörde vom 23.04.1910; einzelne Schreiben zwischen Phoenix AG Hoerder Verein und Stadt Hörde zum Genehmigungsverfahren.

3849 Umbau eines Aufzugs im Thomas-Stahlwerk auf elektrischen Antrieb.
1911–1912
Bauantrag der Phoenix AG Hoerder Verein vom 17.06.1911; Betriebsgenehmigungen der Stadt [Dortmund-]Hörde vom 28.03.1912 und 30.04.1912; einzelne Schreiben zwischen Phoenix AG

Hoerder Verein, Stadt Hörde und Königlicher Gewerbeinspektion Hörde zum Genehmigungsverfahren.

4016 Verlängerung der Blockkranbahn im Blockwalzwerk.
1923
Bauantrag der Phoenix AG Hoerder Verein vom 13.01.1923; Baugenehmigung der Stadt [Dortmund-]Hörde vom 14.03.1923; Grund- und Aufrisszeichnungen; statische Berechnungen; Lageplan; einzelne Schreiben zwischen Phoenix AG Hoerder Verein und Stadt Hörde zum Genehmigungsverfahren.

4017 Verlängerung der Kranbahn beim Fallwerk.
1923
Bauantrag der Phoenix AG Hoerder Verein vom 13.01.1923; Baugenehmigung des Amts [Dortmund-]Aplerbeck vom 25.01.1923; Grund- und Aufrisszeichnungen; statische Berechnungen; Lageplan; Bauabnahmeschein vom 28.02.1923; einzelne Schreiben zwischen Phoenix AG Hoerder Verein und Amt Aplerbeck zum Genehmigungsverfahren.

4025 Bau eines Gebäudes für den Antrieb des Becherwerks des Blockwalzwerks.
1923–1924
Bauantrag der Phoenix AG Hoerder Verein vom 07.05.1923; Baugenehmigung der Stadt [Dortmund-]Hörde vom 06.06.1923, mit Auszug aus der Baupolizeiverordnung; Grund- und Aufrisszeichnungen; Lageplan; Bauabnahmeschein vom 09.04.1924; einzelne Schreiben zwischen Phoenix AG Hoerder Verein und Stadt Hörde zum Genehmigungsverfahren.

4040 Bau einer Kohlenverladeeinrichtung bei der Lademeisterei I.
1924–1925
Bauantrag der Phoenix AG Hoerder Verein vom 22.12.1924; Baugenehmigung der Stadt [Dortmund-]Hörde vom 07.01.1925, mit Auszug aus der Baupolizeiverordnung; Grund- und Aufrisszeichnungen sowie statische Berechnungen der Firma Heinzelmann & Sparmberg, Hannover; Lageplan; Rohbauabnahmeschein vom 14.02.1925; einzelne Schreiben zwischen Phoenix AG Hoerder Verein und Stadt Hörde zum Genehmigungsverfahren.

4045 Verlängerung der Kranbahn des Feinwalzwerks.
1925
Statische Berechnungen der Flender AG für Eisen-, Brücken- und Schiffbau.

Hochofenwerk Hörde

3481/1 Bau einer Seilbahn zwischen Kokerei und Hochofenanlage.
1907–1908
Bauantrag der Phoenix AG Hoerder Verein vom 23.03.1907; einzelne Schreiben zwischen Phoenix AG Hoerder Verein, Amt [Dortmund-]Wellinghofen, Kreis [Dortmund-]Hörde und Königlichem Regierungspräsidium Arnsberg Bezirksausschuss zum Genehmigungsverfahren.

3481/2 Bau einer Seilbahn zwischen Kokerei und Hochofenanlage.
1906-1907
Schriftwechsel zwischen Hoerder Verein bzw. Phoenix AG Hoerder Verein, Gewerkschaft der Zeche Crone und Bergrevier Dortmund I über die Genehmigung zur Überquerung der Anschlussgleise der Zeche Crone.

3481/3 Bau einer Seilbahn zwischen Kokerei und Hochofenanlage.
1906-1908, 1924-1927
Schriftwechsel zwischen Hoerder Verein bzw. Phoenix AG Hoerder Verein, Königlicher Eisenbahndirektion Essen und Bergrevier Dortmund I über die Genehmigung zur Überquerung der Anschlussgleise der Zeche Crone sowie der Zufahrtswege zum Bahnhof Hörde; Genehmigungsvertrag zwischen Phoenix AG Hoerder Verein und Eisenbahndirektion Essen vom 14./30.12.1907; Konstruktionszeichnung der J. Pohlig AG zu den Seilbahnfundamenten.

3481/4 Bau einer Seilbahn zwischen Kokerei und Hochofenanlage.
1907
Statische Berechnungen, Konstruktions-, Grund- und Aufrisszeichnungen der J. Pohlig AG.

3481/5 Bau einer Seilbahn zwischen Kokerei und Hochofenanlage.
1907
Baugenehmigung des Bezirksausschusses vom 21.11.1907, mit Anlagen: statische Berechnungen, Konstruktionszeichnungen, Grund- und Aufrisszeichnungen der J. Pohlig AG.

3500 Bau eines Gebäudes für die Rangierwinde der Seilbahn.
1909
Bauantrag der Phoenix AG Hoerder Verein vom 15.06.1909; Baugenehmigung des Amts [Dortmund-]Wellinghofen vom 19.06.1909; Lageplan, Grund- und Aufrisszeichnungen; Bauabnahmeschein vom 04.08.1909; einzelne Schreiben zwischen Phoenix AG Hoerder Verein und Amt Wellinghofen zum Genehmigungsverfahren.

3501 Ersatz der Holzkonstruktion der Transportbänder der Kohlenmischanlage an der Seilbahn durch eine Eisenkonstruktion.
1909-1910
Bauantrag der Phoenix AG Hoerder Verein vom 26.06.1909; Bauabnahmeschein des Bergreviers Dortmund I vom 10.10.1910; Lageplan; statische Berechnungen; Grund- und Aufrisszeichnungen der Dortmunder Brückenbau C. H. Jucho; Schriftwechsel zwischen Phoenix AG Hoerder Verein, Königlicher Eisenbahndirektion Essen und Bergrevier Dortmund I zum Genehmigungsverfahren.

3525/1 Bau einer Verbindungsseilbahn zwischen den beiden Koksofengruppen.
1911-1912
Bauantrag der Phoenix AG Hoerder Verein vom 08.12.1911; Baugenehmigung des Königlichen Regierungspräsidiums Arnsberg Bezirksausschuss vom 09.02.1912; Lageplan; Konstruktions-, Grund- und Aufrisszeichnungen sowie statische Berechnungen von J. Pohlig AG und Ingenieur Theodor Himmelreich; Schriftwechsel zwischen Phoenix AG Hoerder Verein, Königlicher Eisenbahndirektion Essen und Bezirksausschuss zum Genehmigungsverfahren.

3525/2 Bau einer Verbindungsseilbahn zwischen den beiden Koksofengruppen.
1911
Konstruktions-, Grund- und Aufrisszeichnungen sowie statische Berechnungen von J. Pohlig AG und Ingenieur Theodor Himmelreich.

3602 Bau einer Stützmauer für die Koksverladerampe.
1923
Bauantrag der Phoenix AG Hoerder Verein vom 07.06.1923; Baugenehmigung des Amts [Dortmund-]Wellinghofen vom 24.07.1923, mit Auszug aus der Baupolizeiverordnung; Lageplan; Grundrisszeichnung und statische Berechnung der Firma Carl Brandt; Bauabnahmeschein vom 01.09.1923; einzelne Schreiben zwischen Phoenix AG Hoerder Verein und Amt Wellinghofen zum Genehmigungsverfahren.

3620 Verlegung des Gichtaufzugantriebs von Hochofen VI zu Hochofen I.
1925
Bauantrag der Phoenix AG Hoerder Verein vom 11.08.1925; Baugenehmigung des Kreises [Dortmund-]Hörde vom 20.08.1925.

Hochofenwerk Dortmund

3431 Umbau und Elektrifizierung der bestehenden Seilbahn für den Schlackentransport.
1912–1913
Bauanträge der Phoenix AG Hoerder Verein vom 18.09.1912 und 02.05.1913; Baugenehmigungen der Stadt Dortmund vom 25.11.1912 und 26.06.1913; Lageplan; Konstruktionszeichnungen und statische Berechnungen der Firma Adolf Bleichert & Co.; Bauabnahmeschein vom 29.07.1913; einzelne Schreiben zwischen Phoenix AG Hoerder Verein und Stadt Dortmund zu den Genehmigungsverfahren.

3437 Bau einer Mammutbaggeranlage beim Kohlenturm.
1913–1914
Bauantrag der Phoenix AG Hoerder Verein vom 18.09.1913; Baugenehmigung der Stadt Dortmund vom 03.10.1913; Lageplan; Konstruktionszeichnungen und statische Berechnungen der Stubbe und Schibli Norddeutsche Betonbaugesellschaft mbH Zweigniederlassung Dortmund; Bauabnahmeschein vom 09.05.1914; einzelne Schreiben zwischen Phoenix AG Hoerder Verein und Stadt Dortmund zum Genehmigungsverfahren.

3445 Bau einer Erzabladebrücke.
1917–1919
Bauantrag der Phoenix AG Hoerder Verein vom 18.01.1917; Baugenehmigung der Stadt Dortmund vom 20.04.1917; Grund-, Aufriss- und Konstruktionszeichnungen; Bauabnahmeschein vom 20.12.1917; einzelne Schreiben zwischen Phoenix AG Hoerder Verein und Stadt Dortmund zum Genehmigungsverfahren.

Sonstiges

3377 Bau eines Schutzdachs für die Seilbahn der Zeche Courl an der neuen Halde der Zeche Schleswig des Hoerder Kohlenwerks in [Dortmund-]Brackel.
1914–1917
Bauantrag der Phoenix AG Hoerder Verein vom 06.03.1916; Baugenehmigung des Amts Brackel vom 28.04.1916; Lagepläne; Konstruktionszeichnungen; statische Berechnungen; Bauabnahmeschein vom 25.08.1916; Schriftwechsel zwischen Phoenix AG Hoerder Verein, Amt Brackel und Harpener Bergbau AG zu Bau und Genehmigungsverfahren.

2.4.4.3.4 Garagen

3774 Bau und Erweiterung einer Automobilgarage in der Hermannshütte.
1907–1909
Bauanträge der Phoenix AG Hoerder Verein vom 20.02.1907 und 22.07.1909; Baugenehmigungen der Stadt [Dortmund-]Hörde vom 11.03.1907 und 31.07.1909, mit Auszug aus der Baupolizeiverordnung; Grund- und Aufrisszeichnungen; Lagepläne; Bauabnahmeschein vom 06.09.1909; einzelne Schreiben zwischen Phoenix AG Hoerder Verein und Stadt Hörde zu den Genehmigungsverfahren.

3977 Bau und Erweiterung einer Garage für Lastkraftwagen in der Hermannshütte.
1919–1920
Bauanträge der Phoenix AG Hoerder Verein vom 14.08.1919 und 26.01.1920; Baugenehmigungen der Stadt [Dortmund-]Hörde vom 22.08.1919 und 30.01.1920; Grund- und Aufrisszeichnungen; Lageplan; Bauabnahmescheine vom 18.12.1920 und 28.09.1920; einzelne Schreiben zwischen Phoenix AG Hoerder Verein und Stadt Hörde zu den Genehmigungsverfahren.

3996 Erweiterung der Kraftfahrzeuggarage der Hermannshütte.
1921–1922
Bauantrag der Phoenix AG Hoerder Verein vom 03.10.1921; Baugenehmigung der Stadt [Dortmund-]Hörde vom 07.10.1921, mit Auszug aus der Baupolizeiverordnung; Grund- und Aufrisszeichnungen; Lageplan; Bauabnahmeschein vom 17.08.1922; einzelne Schreiben zwischen Phoenix AG Hoerder Verein und Stadt Hörde zum Genehmigungsverfahren.

2.4.4.4 Wohnungsbau
2.4.4.4.1 Arbeiterwohnungen
2.4.4.4.1.1 Hermannshütte und Hochofenwerk Hörde

Kolonie Steinkühlerweg, Hörde

3083 Bau von 20 Arbeiterwohnhäusern für jeweils vier Familien.
1903–1908
Bauanträge von Hoerder Verein vom 19.08.1903 bzw. Phoenix AG Hoerder Verein vom 28.09.1907; Baugenehmigung der Stadt [Dortmund-]Hörde vom 25.11.1907, mit Auszug aus der Baupoli-

zeiverordnung; Bauabnahmescheine vom 17.07.1908 und 06.10.1908; Lagepläne der Siedlung; Grund- und Aufrisszeichnungen der Häuser; Höhenprofile; Schriftwechsel zwischen Hoerder Verein bzw. Phoenix AG Hoerder Verein, Königlichem Regierungspräsidium Arnsberg Bezirksausschuss und Stadt Hörde zum Genehmigungsverfahren.

3328 Bau von acht Wohnhäusern, Steinkühlerweg 41, 45 und 49 sowie 61–69.
1911–1912
Bauantrag der Phoenix AG Hoerder Verein vom 04.02.1911; Baugenehmigungen der Stadt [Dortmund-]Hörde vom 14.02.1911, mit Auszug aus der Baupolizeiverordnung; Bauabnahmeschein vom 01.04.1912; Lageplan; Grund- und Aufrisszeichnungen; Schriftwechsel zwischen Phoenix AG Hoerder Verein und Stadt Hörde zum Genehmigungsverfahren.

3178 Bau von zwei Wohnhäusern.
1914–1915
Bauantrag der Phoenix AG Hoerder Verein vom 20.02.1914; Baugenehmigung der Stadt [Dortmund-]Hörde vom 26.03.1914, mit Auszug aus der Baupolizeiverordnung; Bauabnahmeschein vom 17.12.1914; einzelne Schreiben zwischen Phoenix AG Hoerder Verein und Stadt Hörde zum Genehmigungsverfahren.

3179 Bau von vier Wohnhäusern.
1914–1915
Bauanträge der Phoenix AG Hoerder Verein vom 20.02.1914 und 26.05.1914; Baugenehmigung der Stadt [Dortmund-]Hörde vom 05.03.1914, mit Auszug aus der Baupolizeiverordnung; Bauabnahmescheine vom 17.12.1914 und 31.03.1915; Lageplan; Grund- und Aufrisszeichnungen; einzelne Schreiben zwischen Phoenix AG Hoerder Verein und Stadt Hörde zum Genehmigungsverfahren.

3180 Bau von vier Wohnhäusern.
1914–1915
Bauanträge der Phoenix AG Hoerder Verein vom 20.02.1914 und 26.05.1914; Baugenehmigungen der Stadt [Dortmund-]Hörde vom 10.03.1914 und 16.06.1914, mit Auszug aus der Baupolizeiverordnung; Bauabnahmescheine vom 17.12.1914 und 31.03.1915; Lageplan; Grund- und Aufrisszeichnungen; einzelne Schreiben zwischen Phoenix AG Hoerder Verein und Stadt Hörde zu den Genehmigungsverfahren.

3181 Bau von zwei Wohnhäusern.
1914–1915
Bauanträge der Phoenix AG Hoerder Verein vom 20.02.1914 und 26.05.1914; Baugenehmigungen der Stadt [Dortmund-]Hörde vom 26.03.1914 und 17.06.1914, mit Auszug aus der Baupolizeiverordnung; Bauabnahmescheine vom 17.12.1914 und 31.03.1915; Lageplan; Grund- und Aufrisszeichnungen; einzelne Schreiben zwischen Phoenix AG Hoerder Verein und Stadt Hörde zu den Genehmigungsverfahren.

3182 Bau von vier Wohnhäusern.
1914–1915
Bauanträge der Phoenix AG Hoerder Verein vom 20.02.1914 und 26.05.1914; Baugenehmigun-

gen der Stadt [Dortmund-]Hörde vom 30.04.1914 und 17.06.1914, mit Auszug aus der Baupolizeiverordnung; Bauabnahmescheine vom 17.12.1914 und 31.03.1915; Lageplan; Grund- und Aufrisszeichnungen; einzelne Schreiben zwischen Phoenix AG Hoerder Verein und Stadt Hörde zu den Genehmigungsverfahren.

3183 Bau von vier Wohnhäusern.
1914
Bauantrag der Phoenix AG Hoerder Verein vom 20.02.1914; Baugenehmigung der Stadt [Dortmund-]Hörde vom 30.04.1914, mit Auszug aus der Baupolizeiverordnung; Bauabnahmeschein vom 17.12.1914; Lageplan; Grund- und Aufrisszeichnungen; einzelne Schreiben zwischen Phoenix AG Hoerder Verein und Stadt Hörde zum Genehmigungsverfahren.

3184 Bau von vier Wohnhäusern.
1914–1915
Bauanträge der Phoenix AG Hoerder Verein vom 20.02.1914 und 26.05.1914; Baugenehmigungen der Stadt [Dortmund-]Hörde vom 01.05.1914 und 16.06.1914, mit Auszug aus der Baupolizeiverordnung; Bauabnahmescheine vom 17.12.1914 und 31.03.1915; Lageplan; Grund- und Aufrisszeichnungen; einzelne Schreiben zwischen Phoenix AG Hoerder Verein und Stadt Hörde zu den Genehmigungsverfahren.

3185 Bau von drei Wohnhäusern.
1914–1915
Bauanträge der Phoenix AG Hoerder Verein vom 20.02.1914 und 26.05.1914; Baugenehmigungen der Stadt [Dortmund-]Hörde vom 30.04.1914 und 16.06.1914, mit Auszug aus der Baupolizeiverordnung; Bauabnahmescheine vom 17.12.1914 und 31.03.1915; Lageplan; Grund- und Aufrisszeichnungen; einzelne Schreiben zwischen Phoenix AG Hoerder Verein und Stadt Hörde zu den Genehmigungsverfahren.

3186 Bau von drei Wohnhäusern.
1914–1915
Bauanträge der Phoenix AG Hoerder Verein vom 20.02.1914 und 26.05.1914; Baugenehmigungen der Stadt [Dortmund-]Hörde vom 01.05.1914 und 06.04.1915, mit Auszug aus der Baupolizeiverordnung; Bauabnahmescheine vom 17.12.1914 und 29.07.1915; Lageplan; Grund- und Aufrisszeichnungen; einzelne Schreiben zwischen Phoenix AG Hoerder Verein und Stadt Hörde zu den Genehmigungsverfahren.

3187 Bau von drei Wohnhäusern.
1914–1915
Bauanträge der Phoenix AG Hoerder Verein vom 20.02.1914 und 26.05.1914; Baugenehmigungen der Stadt [Dortmund-]Hörde vom 26.03.1914 und 16.06.1914, mit Auszug aus der Baupolizeiverordnung; Bauabnahmescheine vom 17.12.1914 und 31.03.1915; Lageplan; Grund- und Aufrisszeichnungen; einzelne Schreiben zwischen Phoenix AG Hoerder Verein und Stadt Hörde zu den Genehmigungsverfahren.

3188 Bau von drei Wohnhäusern.
1914–1915

Bauanträge der Phoenix AG Hoerder Verein vom 20.02.1914 und 26.05.1914; Baugenehmigungen der Stadt [Dortmund-]Hörde vom 26.03.1914 und 06.04.1915, mit Auszug aus der Baupolizeiverordnung; Bauabnahmescheine vom 17.12.1914 und 29.07.1915; Lageplan; Grund- und Aufrisszeichnungen; einzelne Schreiben zwischen Phoenix AG Hoerder Verein und Stadt Hörde zu den Genehmigungsverfahren.

3189 Bau von drei Wohnhäusern.
1914
Bauantrag der Phoenix AG Hoerder Verein vom 20.02.1914; Baugenehmigung der Stadt [Dortmund-]Hörde vom 01.05.1914, mit Auszug aus der Baupolizeiverordnung; Bauabnahmeschein vom 17.12.1914; Lageplan; Grund- und Aufrisszeichnungen; einzelne Schreiben zwischen Phoenix AG Hoerder Verein und Stadt Hörde zum Genehmigungsverfahren.

3190 Bau von drei Wohnhäusern.
1914–1915
Bauanträge der Phoenix AG Hoerder Verein vom 20.02.1914 und 26.05.1914; Baugenehmigungen der Stadt [Dortmund-]Hörde vom 01.05.1914 und 16.06.1914, mit Auszug aus der Baupolizeiverordnung; Bauabnahmescheine vom 17.12.1914 und 06.01.1915; Lageplan; Grund- und Aufrisszeichnungen; einzelne Schreiben zwischen Phoenix AG Hoerder Verein und Stadt Hörde zu den Genehmigungsverfahren.

3191 Bau von zwei Wohnhäusern.
1914–1915
Bauanträge der Phoenix AG Hoerder Verein vom 20.02.1914 und 26.05.1914; Baugenehmigungen der Stadt [Dortmund-]Hörde vom 01.05.1914 und 16.06.1914, mit Auszug aus der Baupolizeiverordnung; Bauabnahmescheine vom 17.12.1914 und 06.01.1915; Lageplan; Grund- und Aufrisszeichnungen; einzelne Schreiben zwischen Phoenix AG Hoerder Verein und Stadt Hörde zu den Genehmigungsverfahren.

3192 Bau von zwei Wohnhäusern.
1914–1915
Bauanträge der Phoenix AG Hoerder Verein vom 20.02.1914 und 26.05.1914; Baugenehmigungen der Stadt [Dortmund-]Hörde vom 01.05.1914 und 16.06.1914, mit Auszug aus der Baupolizeiverordnung; Bauabnahmescheine vom 17.12.1914 und 06.01.1915; Lageplan; Grund- und Aufrisszeichnungen; einzelne Schreiben zwischen Phoenix AG Hoerder Verein und Stadt Hörde zu den Genehmigungsverfahren.

3193 Bau von zwei Wohnhäusern.
1914–1915
Bauanträge der Phoenix AG Hoerder Verein vom 20.02.1914 und 26.05.1914; Baugenehmigungen der Stadt [Dortmund-]Hörde vom 01.05.1914 und 17.06.1914, mit Auszug aus der Baupolizeiverordnung; Bauabnahmescheine vom 17.12.1914 und 06.01.1915; Lageplan; Grund- und Aufrisszeichnungen; einzelne Schreiben zwischen Phoenix AG Hoerder Verein und Stadt Hörde zu den Genehmigungsverfahren.

3202 Umbau des Wohnhauses Steinkühlerweg 63.
1915-1916
Bauantrag der Phoenix AG Hoerder Verein vom 20.08.1915; Baugenehmigung der Stadt [Dortmund-]Hörde vom 27.08.1915, mit Auszug aus der Baupolizeiverordnung; Bauabnahmeschein vom 10.03.1916; Lageplan; Grund- und Aufrisszeichnungen; einzelne Schreiben zwischen Phoenix AG Hoerder Verein und Stadt Hörde zum Genehmigungsverfahren.

3249 Bau eines Wohnhauses, Steinkühlerweg 58.
1918-1919
Bauantrag der Phoenix AG Hoerder Verein vom 26.07.1918; Baugenehmigung der Stadt [Dortmund-]Hörde vom 02.10.1918, mit Auszug aus der Baupolizeiverordnung; Bauabnahmeschein vom 25.11.1919; statische Berechnungen; Lageplan; Grund- und Aufrisszeichnungen; einzelne Schreiben zwischen Phoenix AG Hoerder Verein, Kriegsamtsstelle Düsseldorf und Stadt Hörde zu Genehmigungsverfahren und Materialzuteilung.

3250 Bau eines Wohnhauses, B-Straße 3 und 5.
1918-1919
Bauantrag der Phoenix AG Hoerder Verein vom 26.07.1918; Baugenehmigung der Stadt [Dortmund-]Hörde vom 02.10.1918, mit Auszug aus der Baupolizeiverordnung; Bauabnahmeschein vom 25.11.1919; statische Berechnungen; Lageplan; Grund- und Aufrisszeichnungen; einzelne Schreiben zwischen Phoenix AG Hoerder Verein und Stadt Hörde zum Genehmigungsverfahren.

3251 Bau eines Wohnhauses, B-Straße 39 und 41.
1918-1919
Bauantrag der Phoenix AG Hoerder Verein vom 26.07.1918; Baugenehmigung der Stadt [Dortmund-]Hörde vom 02.10.1918, mit Auszug aus der Baupolizeiverordnung; Bauabnahmeschein vom 08.10.1919; statische Berechnungen; Lageplan; Grund- und Aufrisszeichnungen; einzelne Schreiben zwischen Phoenix AG Hoerder Verein und Stadt Hörde zum Genehmigungsverfahren.

3252 Bau eines Wohnhauses, A-Straße 42 und 44.
1918-1919
Bauantrag der Phoenix AG Hoerder Verein vom 26.07.1918; Baugenehmigung der Stadt [Dortmund-]Hörde vom 02.10.1918, mit Auszug aus der Baupolizeiverordnung; Bauabnahmeschein vom 08.10.1919; statische Berechnungen; Lageplan; Grund- und Aufrisszeichnungen; einzelne Schreiben zwischen Phoenix AG Hoerder Verein und Stadt Hörde zum Genehmigungsverfahren.

3253 Bau eines Wohnhauses, B-Straße 53 und 55.
1918-1919
Bauantrag der Phoenix AG Hoerder Verein vom 26.07.1918; Baugenehmigung der Stadt [Dortmund-]Hörde vom 02.10.1918, mit Auszug aus der Baupolizeiverordnung; Bauabnahmeschein vom 08.10.1919; statische Berechnungen; Lageplan; Grund- und Aufrisszeichnungen; einzelne Schreiben zwischen Phoenix AG Hoerder Verein und Stadt Hörde zum Genehmigungsverfahren.

3254 Bau eines Wohnhauses, A-Straße 56 und 58.
1918-1919
Bauantrag der Phoenix AG Hoerder Verein vom 26.07.1918; Baugenehmigung der Stadt [Dort-

mund-]Hörde vom 02.10.1918, mit Auszug aus der Baupolizeiverordnung; Bauabnahmeschein vom 08.10.1919; statische Berechnungen; Lageplan; Grund- und Aufrisszeichnungen; einzelne Schreiben zwischen Phoenix AG Hoerder Verein und Stadt Hörde zum Genehmigungsverfahren.

3255 Bau eines Wohnhauses für fünf Familien, B-Straße 43–51.
1918–1919
Bauantrag der Phoenix AG Hoerder Verein vom 26.07.1918; Baugenehmigung der Stadt [Dortmund-]Hörde vom 02.10.1918, mit Auszug aus der Baupolizeiverordnung; Bauabnahmeschein vom 08.10.1919; statische Berechnungen; Lageplan; Grund- und Aufrisszeichnungen; einzelne Schreiben zwischen Phoenix AG Hoerder Verein und Stadt Hörde zum Genehmigungsverfahren.

3256 Bau eines Wohnhauses für fünf Familien, A-Straße 46–54.
1918–1919
Bauantrag der Phoenix AG Hoerder Verein vom 26.07.1918; Baugenehmigung der Stadt [Dortmund-]Hörde vom 02.10.1918, mit Auszug aus der Baupolizeiverordnung; Bauabnahmeschein vom 08.10.1919; statische Berechnungen; Lageplan; Grund- und Aufrisszeichnungen; einzelne Schreiben zwischen Phoenix AG Hoerder Verein und Stadt Hörde zum Genehmigungsverfahren.

3259 Aufstellung einer „Baubude".
1920
Bauantrag der Phoenix AG Hoerder Verein vom 28.04.1920; Baugenehmigung der Stadt [Dortmund-]Hörde vom 06.05.1920, mit Auszug aus der Baupolizeiverordnung; Bauabnahmeschein vom 31.05.1920; Lageplan; Grund- und Aufrisszeichnung; einzelne Schreiben zwischen Phoenix AG Hoerder Verein und Stadt Hörde zu den Genehmigungsverfahren.

3260/1 Bau von 21 Wohnhäusern, A-Straße und B-Straße.
1920–1921
Bauantrag der Phoenix AG Hoerder Verein vom 15.06.1920; Baugenehmigung der Stadt [Dortmund-]Hörde vom 02.07.1920, mit Auszug aus der Baupolizeiverordnung; Bauabnahmeschein vom 03.05.1921; statische Berechnungen; Zeichnungen zu Betondecken; einzelne Schreiben zwischen Phoenix AG Hoerder Verein und Stadt Hörde zu Genehmigungsverfahren.

3260/2 Bau von 21 Wohnhäusern, A-Straße und B-Straße.
1920–1921
Lageplan; Grund- und Aufrisszeichnungen.

3264/1 Bau von 12 Wohnhäusern, B-Straße 79–101.
1920–1922
Bauantrag der Phoenix AG Hoerder Verein vom 15.11.1920; Baugenehmigung der Stadt [Dortmund-]Hörde vom 02.12.1920, mit Auszug aus der Baupolizeiverordnung; Bauabnahmeschein vom 27.07.1922; statische Berechnungen; Grund- und Aufrisszeichnungen; einzelne Schreiben zwischen Phoenix AG Hoerder Verein und Stadt Hörde zum Genehmigungsverfahren.

3264/2 Bau von 12 Wohnhäusern, B-Straße 79–101.
1920–1921
Lageplan; Grund- und Aufrisszeichnungen.

3272 Bau von 12 Wohnhäusern, Steinkühlerweg 80–104, 108, 112 und 116.
1921–1922
Bauantrag der Phoenix AG Hoerder Verein vom 20.09.1921; Baugenehmigung der Stadt [Dortmund-]Hörde vom 01.10.1921; Bauabnahmeschein vom 04.05.1922; Lageplan; Grund- und Aufrisszeichnungen; Pläne der Betondecken; statische Berechnungen; einzelne Schreiben zwischen Phoenix AG Hoerder Verein und Stadt Hörde zum Genehmigungsverfahren.

3277 Bau von 24 Wohnhäusern, Steinkühlerweg 103–131, 106, 110, 114 und 118–134.
1921–1923
Bauantrag der Phoenix AG Hoerder Verein vom 15.12.1921; Baugenehmigung der Stadt [Dortmund-]Hörde vom 08.04.1922; Bauabnahmeschein vom 10.03.1923; Lageplan; Grund- und Aufrisszeichnungen; Pläne der Betondecken; statische Berechnungen; einzelne Schreiben zwischen Phoenix AG Hoerder Verein und Stadt Hörde zum Genehmigungsverfahren.

Kolonie Felicitas, Hörde

3082 Abbruch und Neubau von vier Wohnhäusern für jeweils vier Familien.
1906–1907
Bauantrag des Hoerder Vereins vom 30.06.1906; Baugenehmigung der Stadt [Dortmund-]Hörde vom 28.08.1906, mit Auszug aus der Baupolizeiverordnung; Bauabnahmeschein vom 08.08.1907; Lageplan der Siedlung; einzelne Schreiben zwischen Hoerder Verein bzw. Phoenix AG Hoerder Verein und Stadt Hörde zum Genehmigungsverfahren.

3084 Bau von drei Wohnhäusern.
1906–1908
Bauantrag der Phoenix AG Hoerder Verein vom 30.09.1907; Baugenehmigung der Stadt [Dortmund-]Hörde vom 25.11.1907, mit Auszug aus der Baupolizeiverordnung; Bauabnahmeschein vom 04.09.1908; Lageplan der Siedlung; einzelne Schreiben zwischen Phoenix AG Hoerder Verein und Stadt Hörde zum Genehmigungsverfahren.

3085 Abbruch und Neubau von vier Wohnhäusern.
1908–1909
Bauantrag der Phoenix AG Hoerder Verein vom 23.06.1908; Baugenehmigung der Stadt [Dortmund-]Hörde vom 01.08.1908, mit Auszug aus der Baupolizeiverordnung; Bauabnahmeschein vom 03.08.1909; Lageplan der Siedlung; Grund- und Aufrisszeichnungen; einzelne Schreiben zwischen Phoenix AG Hoerder Verein und Stadt Hörde zum Genehmigungsverfahren.

Sonstige Wohnungen

3257 Umbau von Wirtschaftsflächen des Hauses in [Dortmund-]Schüren, Ringstraße 75, zu Wohnungen.
1919–1920
Bauantrag der Phoenix AG Hoerder Verein vom 06.12.1919; Baugenehmigung des Amts [Dort-

mund-]Aplerbeck vom 10.01.1920; Bauabnahmeschein vom 10.05.1920; einzelne Schreiben zwischen Phoenix AG Hoerder Verein und Amt Aplerbeck zum Genehmigungsverfahren.

3258 Bau von zwei Wohnhäusern mit jeweils drei Wohnungen „für Lungenkranke" in [Dortmund-]Hörde, Kampstraße.
1919–1921
Bauanträge der Phoenix AG Hoerder Verein vom 22.12.1919 und 11.05.1921 (zum Kanalanschluss); Baugenehmigungen der Stadt Hörde vom 10.01.1920 und 11.01.1921, mit Auszug aus der Baupolizeiverordnung; Bauabnahmeschein vom 07.07.1921; statische Berechnungen; Lageplan; Grund- und Aufrisszeichnungen; einzelne Schreiben zwischen Phoenix AG Hoerder Verein und Stadt Hörde zu den Genehmigungsverfahren.

3267 Bau von zwei Häusern mit jeweils sechs Wohnungen in [Dortmund-]Hörde, Sedanstraße 2, 4, 8 und 10.
1921–1922
Bauantrag der Phoenix AG Hoerder Verein vom 17.06.1921; Baugenehmigung der Stadt Hörde vom 12.07.1921, mit Auszug aus der Baupolizeiverordnung; Bauabnahmeschein vom 19.07.1922; statische Berechnungen; Lageplan; Grund- und Aufrisszeichnungen des Hauses; einzelne Schreiben zwischen Phoenix AG Hoerder Verein und Stadt Hörde zum Genehmigungsverfahren.

3268 Bau von vier Wohnhäusern mit jeweils zwei Wohnungen in [Dortmund-]Hörde, Phoenixstraße 2–8, und weitere Baumaßnahmen.
1921–1922, 1929–1930, 1939
Bauanträge von Phoenix AG Hoerder Verein vom 17.06.1921 zu den Häusern und 21.10.1921 für den Einfriedungszaun, VSt Hoerder Verein vom 30.09.1929 zur Verlängerung des Zaunes und DHHV Werk Hörde vom 15.06.1939 zur Einrichtung von Toilette und Speisekammer im Dachgeschoss von Haus Nr. 2; Baugenehmigungen von Stadt Hörde und Stadt Dortmund vom 08.08.1921, 04.11.1921, 02.11.1929 und 21.11.1939, mit Auszug aus der Baupolizeiverordnung; Bauabnahmescheine vom 21.09.1922, 28.12.1922, 04.02.1930 und 15.12.1939; statische Berechnungen; Lagepläne; Grund- und Aufrisszeichnungen sowie Querschnittzeichnungen von Haus, Zaun und Dachgeschoss; Schriftwechsel zwischen Antragstellern, Stadt Hörde, Stadt Dortmund und Gewerkschaft Admiral zu Genehmigungsverfahren, Veranlagung zu Straßenbaukosten und Bergschadensicherung.

3276 Bau eines Wohnhauses mit drei Wohnungen „für Lungenkranke" in [Dortmund-]Hörde, Kampstraße 27.
1921–1922
Bauantrag der Phoenix AG Hoerder Verein vom 18.12.1921; Baugenehmigung der Stadt Hörde vom 08.04.1922, mit Auszug aus der Baupolizeiverordnung; statische Berechnungen; Lageplan; Grund- und Aufrisszeichnungen; einzelne Schreiben zwischen Phoenix AG Hoerder Verein und Stadt Hörde zum Genehmigungsverfahren.

3284 Bau von 13 Wohnhäusern in [Dortmund-]Hörde, Am Marksbach, durch die Gemeinnützige Heimstätten AG Hörde für die Phoenix AG Hoerder Verein.
1922–1924
Baugenehmigung der Stadt Hörde vom 01.08.1922, mit Auszug aus der Baupolizeiverordnung;

Bauabnahmeschein vom 10.05.1924; statische Berechnungen; Lageplan; Grund- und Aufrisszeichnungen.

3282 Bau eines Wohnhauses in [Dortmund-]Hörde, Wilhelmstraße 27.
1924–1925
Bauantrag der Phoenix AG Hoerder Verein vom 03.05.1924; Baugenehmigung der Stadt Hörde vom 26.06.1924, mit Auszug aus der Baupolizeiverordnung; statische Berechnungen; Lageplan; Grund- und Aufrisszeichnungen; einzelne Schreiben zwischen Phoenix AG Hoerder Verein und Stadt Hörde zum Genehmigungsverfahren.

3285 Umbau des Wohnhauses Wellinghofer Straße 104 in [Dortmund-]Hörde.
1924
Bauantrag der Phoenix AG Hoerder Verein vom 17.09.1924; Baugenehmigung der Stadt Hörde vom 09.10.1924, mit Auszug aus der Baupolizeiverordnung; Bauabnahmeschein vom 27.10.1924; Lageplan; Grund- und Aufrisszeichnungen; einzelne Schreiben zwischen Phoenix AG Hoerder Verein und Stadt Hörde zum Genehmigungsverfahren.

3286 Umbau des Erdgeschosses des Hauses Goldstraße 44 in [Dortmund-]Hörde in eine Wohnung.
1924–1925
Bauantrag der Phoenix AG Hoerder Verein vom 11.11.1924; Baugenehmigung der Stadt Hörde vom 15.11.1924, mit Auszug aus der Baupolizeiverordnung; Bauabnahmeschein vom 10.02.1925; Lageplan; Grund- und Aufrisszeichnungen; einzelne Schreiben zwischen Phoenix AG Hoerder Verein und Stadt Hörde zum Genehmigungsverfahren.

3287 Umbau des Erdgeschosses des Hauses Feldstraße 10 in [Dortmund-]Hörde.
1925
Bauantrag der Phoenix AG Hoerder Verein vom 15.06.1925; Baugenehmigung der Stadt Hörde vom 20.06.1925, mit Auszug aus der Baupolizeiverordnung; Bauabnahmeschein vom 04.07.1925; Grundrisszeichnung; einzelne Schreiben zwischen Phoenix AG Hoerder Verein und Stadt Hörde zum Genehmigungsverfahren.

2.4.4.4.1.2 Hochofenwerk Dortmund

3156 Bau eines Meisterhauses in Dortmund, Leierweg 9.
1912–1913
Bauantrag der Phoenix AG Hoerder Verein vom 22.08.1912; Vertrag zwischen Phoenix AG Hoerder Verein und Stadt Dortmund vom 15./17.10.1912 über die Straßenerschließung (Abschrift); Baugenehmigung der Stadt Dortmund vom 19.10.1912, mit Auszug aus der Baupolizeiverordnung; Bauabnahmeschein vom 15.04.1913; einzelne Schreiben zwischen Phoenix AG Hoerder Verein und Stadt Dortmund zum Genehmigungsverfahren.

3157 Bau eines Meisterhauses in Dortmund, Leierweg 11.
1912–1913
Bauantrag der Phoenix AG Hoerder Verein vom 22.08.1912; Vertrag zwischen Phoenix AG Hoerder Verein und Stadt Dortmund vom 15./17.10.1912 über die Straßenerschließung (Abschrift); Bau-

genehmigung der Stadt Dortmund vom 19.10.1912, mit Auszug aus der Baupolizeiverordnung; Bauabnahmeschein vom 15.04.1913; statische Berechnungen; Lageplan; Grund- und Aufrisszeichnungen, auch für Haus Leierweg 9; einzelne Schreiben zwischen Phoenix AG Hoerder Verein und Stadt Dortmund zum Genehmigungsverfahren.

3168 Verlegung der Toiletten im Haus Leierweg 6, Dortmund.
1913
Bauantrag der Phoenix AG Hoerder Verein vom 21.07.1913; Baugenehmigung der Stadt Dortmund vom 30.07.1913; Lageplan des Hauses; einzelne Schreiben zwischen Phoenix AG Hoerder Verein und Stadt Dortmund zum Genehmigungsverfahren.

2.4.4.4.2 Wohnungen für Vorstand und Beamte

3089 Bau von vier Beamtenwohnhäusern am Mühlenberg in [Dortmund-]Hörde, Erweiterung des Verwaltungsgebäudes Hörder Burg sowie Umbau des Beamtenwohnhauses in Hörde, Tullstraße 14.
1898, 1927
Bauanträge des Hoerder Vereins vom 29.06.1898 für Wohnhäuser und Hörder Burg; Lageplan und Aufrisszeichnung der Häuser; Bauantrag der VSt Hoerder Verein vom 15.06.1927 zum Beamtenwohnhaus; Baugenehmigung der Stadt Hörde vom 23.06.1927, mit Auszug aus der Baupolizeiverordnung; Bauabnahmeschein vom 15.07.1927; statische Berechnungen, Grund- und Aufrisszeichnungen des Hauses; einzelne Schreiben zwischen VSt Hoerder Verein und Stadt Hörde zum Genehmigungsverfahren.

3312 Bau eines Beamtenwohnhauses in [Dortmund-]Hörde, Hochofenstraße, und Anbau eines Balkons.
1903–1905, 1913
Bauanträge von Hoerder Verein vom 13.10.1903 und Phoenix AG Hoerder Verein vom 25.04.1913; Baugenehmigungen der Stadt Hörde vom 24.10.1903 und 03.05.1913, mit Auszug aus der Baupolizeiverordnung; Bauabnahmeschein vom 10.07.1913; statische Berechnungen; Lagepläne; Grund- und Aufrisszeichnungen; einzelne Schreiben zwischen Hoerder Verein bzw. Phoenix AG Hoerder Verein und Stadt Hörde zu den Genehmigungsverfahren.

3319 Bau, Umbau und Kanalanschluss des Direktorenwohnhauses in [Dortmund-]Hörde, Tullstraße 1.
1907–1908, 1914
Bauanträge der Phoenix AG Hoerder Verein vom 21.09.1907, 11.03.1914 und 04.04.1914; Baugenehmigungen der Stadt Hörde vom 04.10.1907, 14.03.1914 und 06.04.1914, mit Auszug aus der Baupolizeiverordnung; Bauabnahmescheine vom 04.09.1908 und 05.06.1914; statische Berechnungen; Lagepläne; Grund-, Aufriss- und Querschnittzeichnungen; einzelne Schreiben zwischen Phoenix AG Hoerder Verein und Stadt Hörde zu den Genehmigungsverfahren.

3321 Bau eines Wohnhauses in [Dortmund-]Hörde, Emscherstraße 29.
1908
Bauantrag der Phoenix AG Hoerder Verein vom 11.06.1908; Baugenehmigung der Stadt Hörde vom 30.06.1908, mit Auszug aus der Baupolizeiverordnung; Bauabnahmeschein vom 06.10.1908;

Lageplan; Grund-, Aufriss- und Querschnittzeichnungen; einzelne Schreiben zwischen Phoenix AG Hoerder Verein und Stadt Hörde zum Genehmigungsverfahren.

3323 Bau und Einfriedung von zwei Beamtenwohnhäusern in [Dortmund-]Hörde, Sedanstraße 18.
1909–1912, 1928
Bauanträge von Phoenix AG Hoerder Verein bzw. VSt Hoerder Verein vom 18.03.1909 und 24.03.1928; Baugenehmigungen von Stadt Hörde bzw. Stadt Dortmund vom 08.05.1909 und 18.05.1928, mit Auszug aus der Baupolizeiverordnung; Bauabnahmeschein vom 20.01.1910; Lagepläne; Grund- und Aufrisszeichnungen; einzelne Schreiben zwischen Phoenix AG Hoerder Verein bzw. VSt Hoerder Verein und Stadt Hörde bzw. Stadt Dortmund zu den Genehmigungsverfahren.

3324 Bau von zwei Beamtenwohnhäusern in [Dortmund-]Hörde, Sedanstraße 16.
1910–1911
Bauantrag der Phoenix AG Hoerder Verein vom 06.08.1910; Baugenehmigung der Stadt Hörde vom 01.09.1910, mit Auszug aus der Baupolizeiverordnung; Bauabnahmeschein vom 22.06.1911; Lageplan; Grund-, Aufriss- und Querschnittzeichnungen; einzelne Schreiben zwischen Phoenix AG Hoerder Verein und Stadt Hörde zum Genehmigungsverfahren.

3325 Umbau des Wohnhauses in [Dortmund-]Hörde, Bickefeldstraße 75.
1910
Bauantrag der Phoenix AG Hoerder Verein vom 20.08.1910; Baugenehmigung der Stadt Hörde vom 30.08.1910, mit Auszug aus der Baupolizeiverordnung; Bauabnahmeschein vom 08.09.1910; Lageplan; Grund- und Aufrisszeichnungen; einzelne Schreiben zwischen Phoenix AG Hoerder Verein und Stadt Hörde zum Genehmigungsverfahren.

3086 Bau von zwei Beamtenwohnhäusern in [Dortmund-]Hörde, Steinkühlerweg.
1911–1912
Bauantrag der Phoenix AG Hoerder Verein vom 04.02.1911; Baugenehmigung der Stadt Hörde vom 13.02.1911, mit Auszug aus der Baupolizeiverordnung; Bauabnahmeschein vom 01.04.1912; Lageplan; Grund- und Aufrisszeichnungen; einzelne Schreiben zwischen Phoenix AG Hoerder Verein und Stadt Hörde zum Genehmigungsverfahren.

3087 Bau eines Beamtenwohnhauses in [Dortmund-]Hörde, Mühlenbergstraße 16.
1911, 1915
Bauantrag der Phoenix AG Hoerder Verein vom 04.02.1911; Baugenehmigung der Stadt Hörde vom 11.02.1911, mit Auszug aus der Baupolizeiverordnung; Bauabnahmeschein vom 28.09.1911; statische Berechnungen; Lageplan; Grund- und Aufrisszeichnungen; einzelne Schreiben zwischen Phoenix AG Hoerder Verein und Stadt Hörde zu Genehmigungsverfahren und Kanalanschluss.

3090 Bau eines Beamtenwohnhauses in [Dortmund-]Hörde, Sedanstraße 18, und Einbau einer Zentralheizung.
1911–1912, 1927–1928
Bauanträge der Phoenix AG Hoerder Verein vom 08.11.1911 und 16.03.1912 zum Kanalanschluss; Baugenehmigung der Stadt Hörde vom 13.11.1911; Bauabnahmeschein vom 07.09.1912; statische Berechnungen; Lageplan; Grund- und Aufrisszeichnungen; Bauantrag der VSt Hoerder Verein vom 10.12.1927; Baugenehmigung der Stadt Hörde vom 23.01.1928; Bauabnahmeschein vom

28.06.1928; Schriftwechsel zwischen Phoenix AG Hoerder Verein bzw. VSt Hoerder Verein und Stadt Hörde zu den Genehmigungsverfahren.

3159 Bau eines Beamtenwohnhauses in [Dortmund-]Hörde, Mühlenbergstraße 18.
1913–1914
Bauantrag der Phoenix AG Hoerder Verein vom 29.01.1913; Baugenehmigung der Stadt Hörde vom 14.02.1913, mit Auszug aus der Baupolizeiverordnung; Bauabnahmeschein vom 30.12.1913; statische Berechnungen; Lageplan; Grund- und Aufrisszeichnungen; einzelne Schreiben zwischen Phoenix AG Hoerder Verein und Stadt Hörde zum Genehmigungsverfahren.

3160 Bau eines Beamtenwohnhauses in [Dortmund-]Hörde, Mühlenbergstraße 20.
1913–1914
Bauantrag der Phoenix AG Hoerder Verein vom 29.01.1913; Baugenehmigung der Stadt Hörde vom 17.02.1913, mit Auszug aus der Baupolizeiverordnung; Bauabnahmeschein vom 30.12.1913; statische Berechnungen; Lageplan; Grund- und Aufrisszeichnungen; einzelne Schreiben zwischen Phoenix AG Hoerder Verein und Stadt Hörde zum Genehmigungsverfahren.

3161 Bau eines Beamtenwohnhauses in [Dortmund-]Hörde, Alter Markt 4.
1913
Bauantrag der Phoenix AG Hoerder Verein vom 30.01.1913; Baugenehmigung der Stadt Hörde vom 14.02.1913, mit Auszug aus der Baupolizeiverordnung; Bauabnahmeschein vom 30.12.1913; statische Berechnungen der Eisenbeton-Baugesellschaft mbH Otto Flügel; Lagepläne; Grund- und Aufrisszeichnungen; einzelne Schreiben zwischen Phoenix AG Hoerder Verein und Stadt Hörde zum Genehmigungsverfahren.

3162 Bau eines Beamtenwohnhauses in [Dortmund-]Hörde, Seekante 2.
1913
Bauantrag der Phoenix AG Hoerder Verein vom 30.01.1913; Baugenehmigung der Stadt Hörde vom 07.03.1913, mit Auszug aus der Baupolizeiverordnung; Bauabnahmeschein vom 30.12.1913; Lageplan; Grund- und Aufrisszeichnungen; Fundamentplan zur Überbauung der Emscher; einzelne Schreiben zwischen Phoenix AG Hoerder Verein und Stadt Hörde zum Genehmigungsverfahren.

3163 Bau eines Beamtenwohnhauses in [Dortmund-]Hörde, Seekante 4.
1913
Bauantrag der Phoenix AG Hoerder Verein vom 30.01.1913; Baugenehmigung der Stadt Hörde vom 10.03.1913, mit Auszug aus der Baupolizeiverordnung; Bauabnahmeschein vom 30.12.1913; Lageplan; Grund- und Aufrisszeichnungen; einzelne Schreiben zwischen Phoenix AG Hoerder Verein und Stadt Hörde zum Genehmigungsverfahren.

3895 Bau einer „Gartenhalle" für die Direktorenvilla in der Hermannshütte.
1913
Bauantrag der Phoenix AG Hoerder Verein vom 03.05.1913; Baugenehmigung der Stadt [Dortmund-]Hörde vom 06.05.1913, mit Auszug aus der Baupolizeiverordnung; Grund- und Aufrisszeichnungen; Lageplan; Bauabnahmeschein vom 04.07.1913; einzelne Schreiben zwischen Phoenix AG Hoerder Verein und Stadt Hörde zum Genehmigungsverfahren.

3910 Umbau und Erweiterung der Direktorenvilla in der Hermannshütte.
1914
Bauantrag der Phoenix AG Hoerder Verein vom 25.02.1914; Baugenehmigung der Stadt [Dortmund-]Hörde vom 28.02.1914, mit Auszug aus der Baupolizeiverordnung; Grund- und Aufrisszeichnungen; Lageplan; Bauabnahmeschein vom 20.05.1914; einzelne Schreiben zwischen Phoenix AG Hoerder Verein und Stadt Hörde zum Genehmigungsverfahren.

3242 Geplanter Bau von vier Beamtenwohnhäusern in [Dortmund-]Hörde, Sedanstraße.
1916–1917
Bauantrag der Phoenix AG Hoerder Verein vom 14.07.1916; statische Berechnungen; Lageplan; Grund- und Aufrisszeichnungen; einzelne Schreiben zwischen Phoenix AG Hoerder Verein und Stadt Hörde zum kriegsbedingten Baustopp.

3261 Umbau des Wohnhauses in [Dortmund-]Hörde, Friedrichstraße 12, und Einbau einer Zentralheizung.
1920, 1927–1928
Bauanträge von Phoenix AG Hoerder Verein bzw. VSt Hoerder Verein vom 17.08.1920 und 30.12.1927; Baugenehmigungen der Stadt Hörde vom 03.09.1920 und 02.02.1928, mit Auszug aus der Baupolizeiverordnung; Bauabnahmescheine vom 20.12.1920 und 19.03.1928; Lageplan; Grund- und Aufrisszeichnungen; einzelne Schreiben zwischen Phoenix AG Hoerder Verein bzw. VSt Hoerder Verein und Stadt Hörde zu den Genehmigungsverfahren.

3269 Bau eines Tiefkellers im Direktorenwohnhaus in Dortmund, Landgrafenstraße 30.
1921
Bauantrag der Phoenix AG Hoerder Verein vom 30.07.1921; Baugenehmigung der Stadt Dortmund vom 13.08.1921; Bauabnahmeschein vom 04.11.1921; Lageplan; Grundriss- und Querschnittzeichnungen von Haus und Keller; einzelne Schreiben zwischen Phoenix AG Hoerder Verein und Stadt Dortmund zum Genehmigungsverfahren.

3266 Bau eines Beamtenwohnhauses in [Dortmund-]Hörde, Hohensyburger Straße bzw. Niederhofener Straße 4, und weitere Baumaßnahmen.
1921–1922, 1930, 1936–1937
Bauanträge von Phoenix AG Hoerder Verein vom 27.10.1921 zum Kanalanschluss und 23.08.1922 für einen Hühnerstall, VSt Hoerder Verein vom 18.07.1930 für eine Garage und DHHV Werk Hörde vom 14.08.1936 für eine Garage; Baugenehmigungen von Stadt [Dortmund-] Hörde und Stadt Dortmund vom 13.04.1921, 25.08.1922, 21.08.1930 und 24.10.1936, mit Auszug aus der Baupolizeiverordnung; Bauabnahmescheine vom 21.10.1922, 06.09.1930 und 26.01.1937; statische Berechnungen; Lagepläne; Grund- und Aufrisszeichnungen sowie Querschnittzeichnungen von Haus, Stall und Garagen; einzelne Schreiben zwischen Antragstellern, Stadt Hörde, Stadt Dortmund und Gewerkschaft Admiral zu den Genehmigungsverfahren und zur Bergschadensicherung.

3283 Umbau von Heizungskeller und Badezimmer im Direktorenwohnhaus in Dortmund, Prinz-Friedrich-Carl-Straße 63.
1924
Bauantrag der Phoenix AG Hoerder Verein vom 30.05.1924; Baugenehmigung der Stadt Dortmund vom 07.06.1924; Bauabnahmeschein vom 04.11.1924; Bauabnahmeschein vom 03.07.1924; La-

geplan; Grundrisszeichnung von Keller und erster Etage; einzelne Schreiben zwischen Phoenix AG Hoerder Verein und Stadt Dortmund zum Genehmigungsverfahren.

2.4.4.4.3 Sonstige Bauvorhaben

2505 Geplante Bebauung eines Geländes zwischen Emscher und Märkischer Straße in Dortmund.
19.04.1922
Aktenvermerk und Lageskizze eines Mitarbeiters der Phoenix AG Hoerder Verein Hochofenwerk Hörde zur Freigabe des Geländes durch die Stadt Dortmund und Möglichkeit zur Errichtung einer Arbeitersiedlung.

2506 Ausweisung eines Grundstücks als Industriegelände durch den Siedlungsverband Ruhrkohlenbezirk und geplante Errichtung einer Arbeitersiedlung.
1922–1925
Lagepläne sowie Grund- und Aufrisszeichnungen einer Arbeitersiedlung nordöstlich von Schloss Brünninghausen; Lagepläne des Grundstücks; einzelne Schreiben zwischen Phoenix AG Hoerder Verein, Siedlungsverband Ruhrkohlenbezirk und Freiherrlich von Romberg'scher Rentei-Verwaltung zur Freigabe eines vom Siedlungsverband als Grünfläche ausgewiesenen Grundstücks als Industriegelände sowie Verlängerung der Fristen zur Errichtung einer Siedlung laut entsprechender Verpflichtung im Grundstückskaufvertrag zwischen Unternehmen und Rentei-Verwaltung vom 31.01.1918.

2.4.4.4.4 Kanalanschlüsse und Toiletten

Kolonie Steinkühlerweg, Hörde

3195 Bau des Kanalanschlusses der Kolonie Steinkühlerweg.
1914–1915
Bauantrag der Phoenix AG Hoerder Verein vom 26.05.1914; Baugenehmigung der Stadt [Dortmund-]Hörde vom 10.06.1914; Lageplan der Siedlung, mit Einzeichnung der Kanäle; einzelne Schreiben zwischen Phoenix AG Hoerder Verein und Stadt Hörde zum Genehmigungsverfahren.

3219 Bau eines Kanalanschlusses für das Wohnhaus Steinkühlerweg 41.
1915–1917
Bauantrag der Phoenix AG Hoerder Verein vom 15.02.1916; Baugenehmigung der Stadt [Dortmund-]Hörde vom 23.02.1916; Bauabnahmeschein vom 20.08.1917; Lage- und Entwässerungsplan der Siedlung; einzelne Schreiben zwischen Phoenix AG Hoerder Verein und Stadt Hörde zum Genehmigungsverfahren.

3220 Bau eines Kanalanschlusses für das Wohnhaus Steinkühlerweg 43.
1916
Bauantrag der Phoenix AG Hoerder Verein vom 15.02.1916; Baugenehmigung der Stadt [Dortmund-]Hörde vom 23.02.1916; Entwässerungsplan der Siedlung.

3221 Dsgl. für das Wohnhaus Steinkühlerweg 45.

3222 Dsgl. für das Wohnhaus Steinkühlerweg 47.
3223 Dsgl. für das Wohnhaus Steinkühlerweg 49.
3224 Dsgl. für das Wohnhaus Steinkühlerweg 51.
3225 Dsgl. für das Wohnhaus Steinkühlerweg 53.
3226 Dsgl. für das Wohnhaus Steinkühlerweg 55.
3227 Dsgl. für das Wohnhaus Steinkühlerweg 57.
3228 Dsgl. für das Wohnhaus Steinkühlerweg 59.
3229 Dsgl. für das Wohnhaus Steinkühlerweg 61.
3230 Dsgl. für das Wohnhaus Steinkühlerweg 63.
3231 Dsgl. für das Wohnhaus Steinkühlerweg 65.
3232 Dsgl. für das Wohnhaus Steinkühlerweg 67.
3233 Dsgl. für das Wohnhaus Steinkühlerweg 69.
3234 Dsgl. für das Wohnhaus Steinkühlerweg 71.
3235 Dsgl. für das Wohnhaus Steinkühlerweg 73.
3236 Dsgl. für das Wohnhaus Steinkühlerweg 75.
3237 Dsgl. für das Wohnhaus Steinkühlerweg 77.
3238 Dsgl. für das Wohnhaus Steinkühlerweg 79.

3248 Bau eines Kanalanschlusses für das Wohnhaus Steinkühlerweg 58.
1918–1919
Bauantrag der Phoenix AG Hoerder Verein vom 26.07.1918; Baugenehmigung der Stadt [Dortmund-]Hörde vom 20.09.1918, mit Auszug aus der Baupolizeiverordnung; Lageplan; Grundriss- und Querschnittzeichnungen.

3279 Bau eines Kanalanschlusses für 78 Neubauten der Kolonie Steinkühlerweg.
1922–1923
Bauantrag der Phoenix AG Hoerder Verein vom 02.11.1922; Baugenehmigung der Stadt [Dortmund-]Hörde vom 06.11.1922; Grund- und Aufrisszeichnungen der Häuser; einzelne Schreiben zwischen Phoenix AG Hoerder Verein und Stadt Hörde zum Genehmigungsverfahren.

Kolonien Alter und Neuer Klarenberg, Hörde

3205 Bau eines Kanalanschlusses für das Wohnhaus Bruchstraße 13.
1915–1916
Bauantrag der Phoenix AG Hoerder Verein vom 10.11.1915; Baugenehmigung der Stadt [Dortmund-]Hörde vom 13.11.1915; Bauabnahmeschein vom 03.11.1916; Lageplan; Grundriss- und Querschnittzeichnungen des Hauses; einzelne Schreiben zwischen Phoenix AG Hoerder Verein und Stadt Hörde zum Genehmigungsverfahren.
3206 Dsgl. für das Wohnhaus Bruchstraße 15.
3207 Dsgl. für das Wohnhaus Bruchstraße 17.
3208 Dsgl. für das Wohnhaus Bruchstraße 19.
3209 Dsgl. für das Wohnhaus Bruchstraße 21.

3241 Bau eines Kanalanschlusses für die Häuser Nr. 1–15 der Kolonie Alter Klarenberg.
1916

Bauantrag der Phoenix AG Hoerder Verein vom 08.05.1916; Baugenehmigung der Stadt [Dortmund-]Hörde vom 14.07.1916, mit Auszug aus der Baupolizeiverordnung; Entwässerungsplan der Siedlung; einzelne Schreiben zwischen Phoenix AG Hoerder Verein und Stadt Hörde zum Genehmigungsverfahren.

3278 Bau eines Kanalanschlusses für die Häuser Nr. 16–47, 55 und 57 der Kolonie Alter Klarenberg.
1922–1924
Bauantrag der Phoenix AG Hoerder Verein vom 24.04.1922; Baugenehmigung der Stadt [Dortmund-]Hörde vom 17.08.1922; Entwässerungsplan der Siedlung; Grundriss- und Querschnittzeichnungen; einzelne Schreiben zwischen Phoenix AG Hoerder Verein und Stadt Hörde zum Genehmigungsverfahren.

Sonstige Wohnungen

3326 Bau eines Kanalanschlusses für die Beamtenwohnhäuser in [Dortmund-]Hörde, Sedanstraße 10–16.
1910–1913
Bauantrag der Phoenix AG Hoerder Verein vom 02.12.1910; Baugenehmigung der Stadt Hörde vom 13.12.1910; Entwässerungsplan der Sedanstraße; Grund- und Querschnittzeichnungen; einzelne Schreiben zwischen Phoenix AG Hoerder Verein und Stadt Hörde zum Genehmigungsverfahren.

3165 Bau eines Kanalanschlusses für die Beamtenwohnhäuser in [Dortmund-]Hörde, Alter Markt 4, Seekante 2 und Seekante 4.
1913–1914
Bauanträge der Phoenix AG Hoerder Verein vom 29.04.1913 und 17.05.1913; Baugenehmigungen der Stadt Hörde vom 21.05.1913, mit Auszügen aus der Baupolizeiverordnung; Bauabnahmescheine vom 08.09.1914 und 09.10.1914; Lagepläne; Grund- und Aufriss- sowie Querschnittzeichnungen; einzelne Schreiben zwischen Phoenix AG Hoerder Verein und Stadt Hörde zu den Genehmigungsverfahren.

3166 Bau eines Kanalanschlusses für die Beamtenwohnhäuser in [Dortmund-]Hörde, Mühlenbergstraße 18 und 20.
1913–1915
Bauanträge der Phoenix AG Hoerder Verein vom 29.04.1913 und 14.05.1913; Baugenehmigungen der Stadt Hörde vom 10.07.1913; Bauabnahmescheine vom 08.09.1914; Lagepläne; Grund- und Aufrisszeichnungen; einzelne Schreiben zwischen Phoenix AG Hoerder Verein und Stadt Hörde zu den Genehmigungsverfahren.

3167 Bau eines Kanalanschlusses für das Beamtenwohnhaus in [Dortmund-]Hörde, Penningskamp 22.
1913
Bauantrag der Phoenix AG Hoerder Verein vom 04.06.1913; Baugenehmigung der Stadt Hörde vom 20.06.1913; Lageplan; Grundriss- und Querschnittzeichnungen; einzelne Schreiben zwischen Phoenix AG Hoerder Verein und Stadt Hörde zum Genehmigungsverfahren.

3169 Bau eines Kanalanschlusses für das Wohnhaus in [Dortmund-]Hörde, Weingartenstraße 11.
1913

Bauantrag der Phoenix AG Hoerder Verein vom 23.07.1913; Baugenehmigung der Stadt Hörde vom 15.08.1913; Lageplan; Grundriss- und Querschnittzeichnungen; einzelne Schreiben zwischen Phoenix AG Hoerder Verein und Stadt Hörde zum Genehmigungsverfahren.

3170 Dsgl. für das Wohnhaus in [Dortmund-]Hörde, Weingartenstraße 36.

3171 Bau eines Kanalanschlusses und von Toiletten für das Wohnhaus in [Dortmund-]Hörde, Weingartenstraße 38.
1913–1914
Bauanträge der Phoenix AG Hoerder Verein vom 23.07.1913 und 24.01.1914; Baugenehmigungen der Stadt Hörde vom 12.12.1913 und 17.02.1914; Bauabnahmescheine vom 14.03.1914 und 04.09.1914; Lageplan; Grundriss- und Querschnittzeichnungen; einzelne Schreiben zwischen Phoenix AG Hoerder Verein und Stadt Hörde zu den Genehmigungsverfahren.

3172 Dsgl. für das Wohnhaus in [Dortmund-]Hörde, Weingartenstraße 40.

3173 Bau eines Kanalanschlusses für das Beamtenwohnhaus in [Dortmund-]Hörde, Feldstraße 12.
1913–1914
Bauantrag der Phoenix AG Hoerder Verein vom 31.10.1913; Baugenehmigung der Stadt Hörde vom 03.11.1913; Bauabnahmeschein vom 04.09.1914; Lageplan; Grundriss- und Querschnittzeichnungen; einzelne Schreiben zwischen Phoenix AG Hoerder Verein und Stadt Hörde zum Genehmigungsverfahren.

3174 Dsgl., Feldstraße 12.

3176 Bau eines Kanalanschlusses für das Wohnhaus in [Dortmund-]Schüren, Ecke Schiller- und Adelenstraße.
1913–1914, 1924
Bauanträge der Phoenix AG Hoerder Verein vom 26.01.1914 und 20.03.1924; Baugenehmigungen des Amts [Dortmund-]Aplerbeck vom 06.02.1914 und 26.03.1924; Grundrisszeichnungen; einzelne Schreiben zwischen Phoenix AG Hoerder Verein und Amt Aplerbeck zum Genehmigungsverfahren.

3177 Bau eines Kanalanschlusses und von Toiletten für das Wohnhaus in [Dortmund-]Hörde, Dortmunder Straße 12.
1914
Bauanträge der Phoenix AG Hoerder Verein vom 05.02.1914; Baugenehmigungen der Stadt Hörde vom 09.02.1914 und 12.02.1914; Bauabnahmescheine vom 02.04.1914 und 24.10.1914; Lageplan; Grundriss- und Querschnittzeichnungen; einzelne Schreiben zwischen Phoenix AG Hoerder Verein und Stadt Hörde zu den Genehmigungsverfahren.

3329 Bau eines Kanalanschlusses für das Wohnhaus in [Dortmund-]Hörde, Mühlenberg 17.
1914
Bauantrag der Phoenix AG Hoerder Verein vom 06.02.1914; Grund- und Querschnittzeichnungen; einzelne Schreiben zwischen Phoenix AG Hoerder Verein und Stadt Hörde zum Genehmigungsverfahren.

3194 Bau eines Kanalanschlusses für das Wohnhaus in [Dortmund-]Hörde, Remberg 7.
1913–1914
Bauantrag der Phoenix AG Hoerder Verein vom 20.02.1914; Baugenehmigung der Stadt Hörde vom 23.02.1914; Bauabnahmeschein vom 04.09.1914; Lageplan; Grundriss- und Querschnittzeichnungen; einzelne Schreiben zwischen Phoenix AG Hoerder Verein und Stadt Hörde zum Genehmigungsverfahren.

3196 Bau eines Kanalanschlusses für das Wohnhaus in [Dortmund-]Hörde, Remberg 2.
1914
Bauantrag der Phoenix AG Hoerder Verein vom 24.06.1914; Baugenehmigung der Stadt Hörde vom 29.06.1914; Bauabnahmeschein vom 04.09.1914; Lageplan; Grundriss- und Querschnittzeichnungen; einzelne Schreiben zwischen Phoenix AG Hoerder Verein und Stadt Hörde zum Genehmigungsverfahren.

3197 Bau eines Kanalanschlusses und von Toiletten für das Wohnhaus in [Dortmund-]Hörde, Remberg 4.
1914
Bauanträge der Phoenix AG Hoerder Verein vom 24.06.1914; Baugenehmigungen der Stadt Hörde vom 27.06.1914 und 29.06.1914; Bauabnahmeschein vom 06.11.1914; Lageplan; Grundriss- und Querschnittzeichnungen; einzelne Schreiben zwischen Phoenix AG Hoerder Verein und Stadt Hörde zu den Genehmigungsverfahren.

3204 Bau eines Kanalanschlusses für das Arbeiterwohnheim (ehemaliges Hüttenhospital Hörde) in [Dortmund-]Hörde, Remberg 9.
1914–1916
Bauantrag der Phoenix AG Hoerder Verein vom 14.10.1914; Baugenehmigung der Stadt Hörde vom 23.10.1915; Bauabnahmeschein vom 09.08.1916; Lageplan; Grundriss- und Querschnittzeichnungen; einzelne Schreiben zwischen Phoenix AG Hoerder Verein und Stadt Hörde zum Genehmigungsverfahren.

3198 Bau eines Kanalanschlusses für das Wohnhaus in [Dortmund-]Hörde, Bickefeldstraße 75.
1915–1916
Bauantrag der Phoenix AG Hoerder Verein vom 20.05.1915; Baugenehmigung der Stadt Hörde vom 23.07.1915; Bauabnahmeschein vom 28.04.1916; Lageplan; Grundriss- und Querschnittzeichnungen; einzelne Schreiben zwischen Phoenix AG Hoerder Verein und Stadt Hörde zum Genehmigungsverfahren.

3199 Bau eines Kanalanschlusses für das Wohnhaus in [Dortmund-]Hörde, Bickefeldstraße 77.
1915–1916
Bauantrag der Phoenix AG Hoerder Verein vom 19.07.1915; Baugenehmigung der Stadt Hörde vom 23.07.1915; Bauabnahmeschein vom 21.06.1916; Lageplan; Grundriss- und Querschnittzeichnungen; einzelne Schreiben zwischen Phoenix AG Hoerder Verein und Stadt Hörde zum Genehmigungsverfahren.

3200 Bau eines Kanalanschlusses für das Wohnhaus in [Dortmund-]Hörde, Sedanstraße 2.
1915–1916
Bauantrag der Phoenix AG Hoerder Verein vom 27.07.1915; Baugenehmigung der Stadt Hörde

vom 31.07.1915; Bauabnahmeschein vom 12.04.1916; Lageplan; Grundriss- und Querschnittzeichnungen; einzelne Schreiben zwischen Phoenix AG Hoerder Verein und Stadt Hörde zum Genehmigungsverfahren.

3201 Dsgl., Sedanstraße 4.

3203 Bau eines Kanalanschlusses und von Toiletten für das Wohnhaus in [Dortmund-]Hörde, Benninghofer Straße 34.
1915–1916
Bauantrag der Phoenix AG Hoerder Verein vom 05.10.1915; Baugenehmigungen der Stadt Hörde vom 08.10.1915 und 11.10.1915; Bauabnahmescheine vom 26.02.1916 und 15.07.1916; Lageplan; Grundriss- und Querschnittzeichnungen; einzelne Schreiben zwischen Phoenix AG Hoerder Verein und Stadt Hörde zu den Genehmigungsverfahren.

3239 Bau eines Kanalanschlusses für das Arbeiterwohnheim (ehemaliges Hüttenhospital Hörde) in [Dortmund-]Hörde, Remberg 9.
1916, 1927
Bauanträge von Phoenix AG Hoerder Verein bzw. VSt Hoerder Verein vom 20.04.1916 und 11.08.1927 (für Tageswasser); Baugenehmigung der Stadt Hörde vom 09.05.1916; Grundrisszeichnung; einzelne Schreiben zwischen Phoenix AG Hoerder Verein bzw. VSt Hoerder Verein und Stadt Hörde zu den Genehmigungsverfahren.

3247 Bau eines Kanalanschlusses für die Häuser Nr. 1–37 der Kolonie Felicitas in [Dortmund-]Hörde.
1917
Bauantrag der Phoenix AG Hoerder Verein vom 28.04.1917; Baugenehmigung der Stadt Hörde vom 14.07.1917, mit Auszug aus der Baupolizeiverordnung; Entwässerungsplan der Siedlung; Grundriss- und Querschnittzeichnungen; einzelne Schreiben zwischen Phoenix AG Hoerder Verein und Stadt Hörde zum Genehmigungsverfahren.

3263 Bau eines Kanalanschlusses für das Wohnhaus in [Dortmund-]Hörde, Benninghofer Straße 31.
1920–1922
Bauantrag der Phoenix AG Hoerder Verein vom 15.10.1920; Baugenehmigung der Stadt Hörde vom 22.10.1920; Lageplan; Grundriss- und Querschnittzeichnungen; einzelne Schreiben zwischen Phoenix AG Hoerder Verein und Stadt Hörde zum Genehmigungsverfahren.

3265 Bau eines Kanalanschlusses für das Wohnhaus in [Dortmund-]Hörde, Hochofenstraße 35.
1921
Bauantrag der Phoenix AG Hoerder Verein vom 08.01.1921; Baugenehmigung der Stadt Hörde vom 18.01.1921; Lageplan; Grundriss- und Querschnittzeichnungen; einzelne Schreiben zwischen Phoenix AG Hoerder Verein und Stadt Hörde zum Genehmigungsverfahren.

3270 Bau eines Kanalanschlusses für das Wohnhaus in [Dortmund-]Hörde, Goldstraße 36.
1921–1923
Bauantrag der Phoenix AG Hoerder Verein vom 02.09.1921; Baugenehmigung der Stadt Hörde vom 23.09.1921; Grundriss- und Querschnittzeichnungen; einzelne Schreiben zwischen Phoenix AG Hoerder Verein und Stadt Hörde zum Genehmigungsverfahren.

3271 Dsgl., Goldstraße 38.

3273 Bau eines Kanalanschlusses für das Beamtenwohnhaus in [Dortmund-]Hörde, Wallrabenhof 6.
1921–1923
Bauantrag der Phoenix AG Hoerder Verein vom 22.09.1921; Baugenehmigung der Stadt Hörde vom 04.11.1921; Grundriss- und Querschnittzeichnungen; einzelne Schreiben zwischen Phoenix AG Hoerder Verein und Stadt Hörde zum Genehmigungsverfahren.

3275 Bau von Kanalanschlüssen für die Häuser in [Dortmund-]Hörde, projektierte Straße 20 (später Phoenixstraße 2-8).
1921–1922
Bauantrag der Phoenix AG Hoerder Verein vom 01.11.1921; Baugenehmigung der Stadt Hörde vom 09.03.1922; Lagepläne; Grund- und Aufrisszeichnungen; einzelne Schreiben zwischen Phoenix AG Hoerder Verein und Stadt Hörde zu den Genehmigungsverfahren.

3274 Bau von Kanalanschlüssen für die Häuser in [Dortmund-]Hörde, Sedanstraße 2, 4, 8 und 10.
1921–1922
Bauanträge der Phoenix AG Hoerder Verein vom 02.12.1921, 04.01.1922 und 09.02.1922; Baugenehmigung der Stadt Hörde vom 23.01.1922; Lageplan; Grund- und Aufrisszeichnungen; einzelne Schreiben zwischen Phoenix AG Hoerder Verein und Stadt Hörde zu den Genehmigungsverfahren.

3281 Bau von Kanalanschlüssen für die Häuser in [Dortmund-]Hörde, Emscherstraße 5–9 bzw. Im Bickefeld 6–10.
1923–1924, 1931
Bauantrag der Phoenix AG Hoerder Verein vom 31.07.1923; Baugenehmigung der Stadt Hörde vom 19.08.1923; Grundriss- und Querschnittzeichnungen; einzelne Schreiben zwischen Phoenix AG Hoerder Verein bzw. VSt Hoerder Verein und Stadt Hörde bzw. Stadt Dortmund zum Genehmigungsverfahren.

3155 Bau eines Kanalanschlusses für das Haus in [Dortmund-]Hörde, Steinstraße 3.
1923–1927
Bauantrag der Phoenix AG Hoerder Verein vom 04.10.1923; Baugenehmigung der Stadt Hörde vom 22.11.1923; Bauabnahmeschein vom 27.05.1927; Lageplan; Grund- und Querschnittzeichnungen; einzelne Schreiben zwischen Phoenix AG Hoerder Verein bzw. VSt Hoerder Verein und Stadt Hörde zum Genehmigungsverfahren.

3288 Bau eines Kanalanschlusses für das Haus in [Dortmund-]Hörde, Hermannstraße 137.
1925–1926, 1932
Bauantrag der Phoenix AG Hoerder Verein vom 30.11.1925; Baugenehmigung der Stadt Hörde vom 29.01.1926, mit Auszug aus der Polizeiverordnung über die Entwässerung der Grundstücke in Hörde; Grundriss-, Aufriss- und Querschnittzeichnungen; einzelne Schreiben zwischen Phoenix AG Hoerder Verein bzw. VSt Hoerder Verein und Stadt Hörde bzw. Stadt Dortmund zum Genehmigungsverfahren.

2.4.4.4.5 Ställe

3210 Bau von vier Schweinebuchten für das Wohnhaus in [Dortmund-]Hörde, Steinkühlerweg 41.
1916
Bauantrag der Phoenix AG Hoerder Verein vom 01.02.1916; Baugenehmigung der Stadt Hörde vom 07.02.1916, mit Auszug aus der Baupolizeiverordnung; Bauabnahmeschein vom 17.07.1916; Lageplan; Grund- und Aufrisszeichnungen des Hauses; einzelne Schreiben zwischen Phoenix AG Hoerder Verein und Stadt Hörde zum Genehmigungsverfahren.

3216 Bau von vier Schweinebuchten für das Wohnhaus in [Dortmund-]Hörde, Steinkühlerweg 45.
1916
Bauantrag der Phoenix AG Hoerder Verein vom 01.02.1916; Baugenehmigung der Stadt Hörde vom 07.02.1916, mit Auszug aus der Baupolizeiverordnung; Bauabnahmeschein vom 18.07.1916; Lageplan; Grund- und Aufrisszeichnungen des Hauses; einzelne Schreiben zwischen Phoenix AG Hoerder Verein und Stadt Hörde zum Genehmigungsverfahren.

3211 Bau von vier Schweinebuchten für das Wohnhaus in [Dortmund-]Hörde, Steinkühlerweg 49.
1916
Bauantrag der Phoenix AG Hoerder Verein vom 01.02.1916; Baugenehmigung der Stadt Hörde vom 05.02.1916, mit Auszug aus der Baupolizeiverordnung; Bauabnahmeschein vom 17.07.1916; Lageplan; Grund- und Aufrisszeichnungen des Hauses; einzelne Schreiben zwischen Phoenix AG Hoerder Verein und Stadt Hörde zum Genehmigungsverfahren.

3212 Bau von vier Schweinebuchten für das Wohnhaus in [Dortmund-]Hörde, Steinkühlerweg 61.
1916
Bauantrag der Phoenix AG Hoerder Verein vom 01.02.1916; Baugenehmigung der Stadt Hörde vom 17.02.1916, mit Auszug aus der Baupolizeiverordnung; Bauabnahmeschein vom 18.07.1916; Lageplan; Grund- und Aufrisszeichnungen des Hauses; einzelne Schreiben zwischen Phoenix AG Hoerder Verein und Stadt Hörde zum Genehmigungsverfahren.

3213 Bau von vier Schweinebuchten für das Wohnhaus in [Dortmund-]Hörde, Steinkühlerweg 65.
1916
Bauantrag der Phoenix AG Hoerder Verein vom 01.02.1916; Baugenehmigung der Stadt Hörde vom 07.02.1916, mit Auszug aus der Baupolizeiverordnung; Bauabnahmeschein vom 17.07.1916; Lageplan; Grund- und Aufrisszeichnungen des Hauses; einzelne Schreiben zwischen Phoenix AG Hoerder Verein und Stadt Hörde zum Genehmigungsverfahren.
3214 Dsgl. für das Wohnhaus in [Dortmund-]Hörde, Steinkühlerweg 67.
3215 Dsgl. für das Wohnhaus in [Dortmund-]Hörde, Steinkühlerweg 69.

3218 Bau eines Stalls für Haus Nr. 13 der Kolonie Felicitas in [Dortmund-]Hörde.
1916
Bauantrag der Phoenix AG Hoerder Verein vom 11.02.1916; Baugenehmigung der Stadt Hörde vom 18.02.1916, mit Auszug aus der Baupolizeiverordnung; Bauabnahmeschein vom 17.07.1916; Lageplan; Grund- und Aufrisszeichnungen des Stalls; einzelne Schreiben zwischen Phoenix AG Hoerder Verein und Stadt Hörde zum Genehmigungsverfahren.
3217 Dsgl. für Haus Nr. 14 der Kolonie Felicitas in [Dortmund-]Hörde.

3240 Bau eines Stalls für das Wohnhaus in [Dortmund-]Hörde, Steinkühlerweg 47.
1916
Bauantrag der Phoenix AG Hoerder Verein vom 09.05.1916; Baugenehmigung der Stadt Hörde vom 12.05.1916, mit Auszug aus der Baupolizeiverordnung; Bauabnahmeschein vom 23.12.1916; Lageplan; Grund- und Aufrisszeichnungen des Hauses; einzelne Schreiben zwischen Phoenix AG Hoerder Verein und Stadt Hörde zum Genehmigungsverfahren.

3243 Bau eines Stalls für Haus Nr. 33 der Kolonie Felicitas in [Dortmund-]Hörde.
1916
Bauantrag der Phoenix AG Hoerder Verein vom 24.07.1916; Baugenehmigung der Stadt Hörde vom 27.07.1916, mit Auszug aus der Baupolizeiverordnung; Bauabnahmeschein vom 21.08.1916; Lageplan; Grund- und Aufrisszeichnungen des Stalls; einzelne Schreiben zwischen Phoenix AG Hoerder Verein und Stadt Hörde zum Genehmigungsverfahren.

3244 Bau von Ställen für die Wohnhäuser in [Dortmund-]Hörde, Steinkühlerweg 59–79.
1916–1917
Bauantrag der Phoenix AG Hoerder Verein vom 15.09.1916; Baugenehmigung der Stadt Hörde vom 20.09.1916, mit Auszug aus der Baupolizeiverordnung; Bauabnahmeschein vom 25.07.1917; Lageplan; Grundrisszeichnungen der Häuser; einzelne Schreiben zwischen Phoenix AG Hoerder Verein und Stadt Hörde zum Genehmigungsverfahren.

3245 Bau von Ställen für die Wohnhäuser in [Dortmund-]Hörde, Emscherstraße 5–9.
1916–1917
Bauantrag der Phoenix AG Hoerder Verein vom 09.10.1916; Baugenehmigung der Stadt Hörde vom 13.10.1916, mit Auszug aus der Baupolizeiverordnung; Bauabnahmeschein vom 12.05.1917; Lageplan; Grund- und Aufrisszeichnungen der Ställe; einzelne Schreiben zwischen Phoenix AG Hoerder Verein und Stadt Hörde zum Genehmigungsverfahren.

3246 Bau eines Stalls beim Hochofenwerk Dortmund, Leierweg 3.
1916–1917
Bauantrag der Phoenix AG Hoerder Verein vom 16.11.1916; Baugenehmigung der Stadt Dortmund vom 05.01.1917, mit Auszug aus der Baupolizeiverordnung; Bauabnahmeschein vom 17.03.1917; Lageplan; Grund- und Aufrisszeichnungen; einzelne Schreiben zwischen Phoenix AG Hoerder Verein und Stadt Dortmund zum Genehmigungsverfahren.

3576 Bau von Ställen in der Barackenkolonie Hympendahl des Hochofenwerks Hörde.
1920
Bauantrag der Phoenix AG Hoerder Verein vom 20.05.1920; Baugenehmigung der Stadt [Dortmund-]Hörde vom 26.07.1920, mit Auszug aus der Baupolizeiverordnung; Lageplan; Grund- und Aufrisszeichnungen; Bauabnahmeschein vom 18.10.1920; einzelne Schreiben zwischen Phoenix AG Hoerder Verein und Stadt Hörde zum Genehmigungsverfahren.

3280 Bau eines Hühnerstalls in [Dortmund-]Hörde, Gartengrundstück Sedanstraße.
1922–1923
Bauantrag der Phoenix AG Hoerder Verein vom 30.11.1922; Baugenehmigung der Stadt Hörde

vom 04.12.1922; einzelne Schreiben zwischen Phoenix AG Hoerder Verein und Stadt Hörde zum Genehmigungsverfahren.

2.4.4.5 Kriegsgefangenenlager und Notwohnungen

3406 Erweiterung des Lokomotivschuppens in Dortmund, Leierweg 2, durch die Firma Carl von Born und Umbau in ein Kriegsgefangenenlager.
1895, 1915
Baugenehmigungen der Stadt Dortmund vom 07.06.1895, mit Auszug aus Baupolizeiverordnung und Ortsstatuten der Stadt Dortmund, und 24.06.1915; Lagepläne; Grund- und Aufrisszeichnungen; Bauabnahmeschein vom 10.06.1915; einzelne Schreiben zwischen Phoenix AG Hoerder Verein und Stadt Dortmund zum Genehmigungsverfahren.

3929 Bau einer „Entlausungsanlage" im Gefangenenlager Zeche Bickefeld der Hermannshütte an der Emscherstraße.
1915–1916
Bauantrag der Phoenix AG Hoerder Verein vom 06.11.1915; Baugenehmigung der Stadt [Dortmund-]Hörde vom 16.12.1915, mit Auszug aus der Baupolizeiverordnung; Grund- und Aufrisszeichnungen; Lageplan; Bauabnahmeschein vom 24.01.1916; einzelne Schreiben zwischen Phoenix AG Hoerder Verein und Stadt Hörde zum Genehmigungsverfahren.

3933 Bau einer Baracke für belgische Zivilarbeiter bei der neuen Mechanischen Werkstatt der Hermannshütte.
1916
Bauantrag der Phoenix AG Hoerder Verein vom 23.02.1916; Baugenehmigung der Stadt [Dortmund-]Hörde vom 26.02.1916, mit Auszug aus der Baupolizeiverordnung; Grund- und Aufrisszeichnungen; Lageplan; Bauabnahmeschein vom 18.05.1916; einzelne Schreiben zwischen Phoenix AG Hoerder Verein und Stadt Hörde zum Genehmigungsverfahren.

3935 Erweiterung des Gebäudes II des Gefangenenlagers Zeche Bickefeld der Hermannshütte und Umbau zu Notwohnungen nach Kriegsende.
1916, 1919
Bauanträge der Phoenix AG Hoerder Verein vom 20.03.1916 und 29.01.1919; Baugenehmigungen der Stadt [Dortmund-]Hörde vom 23.03.1916 und 10.02.1919, mit Auszug aus der Baupolizeiverordnung; Grund- und Aufrisszeichnungen; Lageplan; Bauabnahmescheine vom 14.06.1916 und 24.10.1919; einzelne Schreiben zwischen Phoenix AG Hoerder Verein und Stadt Hörde zu den Genehmigungsverfahren.

3936 Erweiterung des Gefangenenlagers Zeche Bickefeld der Hermannshütte um zwei Schlafbaracken und Umbau zu Notwohnungen nach Kriegsende.
1916–1919
Bauanträge der Phoenix AG Hoerder Verein vom 30.03.1916, 05.09.1916, 27.01.1919 und 22.03.1919; Baugenehmigungen der Stadt [Dortmund-]Hörde vom 17.04.1916, 09.09.1916, 18.02.1919 und 27.03.1919, mit Auszug aus der Baupolizeiverordnung; Grund- und Aufrisszeichnungen; Lageplan; Bauabnahmescheine vom 16.11.1916, 22.12.1917, 11.08.1919 und

24.10.1919; einzelne Schreiben zwischen Phoenix AG Hoerder Verein und Stadt Hörde zu den Genehmigungsverfahren.

3557 Bau eines Kartoffelschälraums und einer Arrestzelle im Gefangenenlager Hympendahl des Hochofenwerks Hörde.
1916
Bauantrag der Phoenix AG Hoerder Verein vom 05.04.1916; Baugenehmigung der Stadt [Dortmund-]Hörde vom 12.04.1916, mit Auszug aus der Baupolizeiverordnung; Lageplan; Grund- und Aufrisszeichnungen; Bauabnahmeschein vom 08.07.1916; einzelne Schreiben zwischen Phoenix AG Hoerder Verein und Stadt Hörde zum Genehmigungsverfahren.

3558 Bau von Unterkunftsräumen für die Wachmannschaften im Gefangenenlager Hympendahl des Hochofenwerks Hörde.
1916–1918
Bauanträge der Phoenix AG Hoerder Verein vom 17.05.1916 und 11.07.1918; Baugenehmigungen der Stadt [Dortmund-]Hörde vom 25.05.1916 und 05.08.1918 bzw. der Kriegsamtsstelle Düsseldorf vom 31.07.1918; Lagepläne; Grund- und Aufrisszeichnungen; Bauabnahmeschein vom 23.09.1918; einzelne Schreiben zwischen Phoenix AG Hoerder Verein und Stadt Hörde zum Genehmigungsverfahren.

3559 Bau eines Schlafraums im Gefangenenlager Hympendahl des Hochofenwerks Hörde.
1916–1917
Bauantrag der Phoenix AG Hoerder Verein vom 14.07.1916; Baugenehmigung der Stadt [Dortmund-]Hörde vom 18.07.1916, mit Auszug aus der Baupolizeiverordnung; Lageplan; Grund- und Aufrisszeichnungen; Bauabnahmeschein vom 25.08.1917; einzelne Schreiben zwischen Phoenix AG Hoerder Verein und Stadt Hörde zum Genehmigungsverfahren.

3944 Anbau einer Küche an Gebäude I des Gefangenenlagers Zeche Bickefeld der Hermannshütte.
1916
Bauantrag der Phoenix AG Hoerder Verein vom 01.09.1916; Baugenehmigung der Stadt [Dortmund-]Hörde vom 09.09.1916, mit Auszug aus der Baupolizeiverordnung; Grund- und Aufrisszeichnungen; Lageplan; Bauabnahmeschein vom 30.10.1916; einzelne Schreiben zwischen Phoenix AG Hoerder Verein und Stadt Hörde zum Genehmigungsverfahren.

3561 Bau einer Kantine im Gefangenenlager Hympendahl des Hochofenwerks Hörde.
1916–1917
Bauantrag der Phoenix AG Hoerder Verein vom 05.09.1916; Baugenehmigung der Stadt [Dortmund-]Hörde vom 08.09.1916, mit Auszug aus der Baupolizeiverordnung; Lageplan; Grund- und Aufrisszeichnungen; Bauabnahmeschein vom 12.01.1917; einzelne Schreiben zwischen Phoenix AG Hoerder Verein und Stadt Hörde zum Genehmigungsverfahren.

3952 Bau eines Gebäudes für die Wachmannschaften des Gefangenenlagers Zeche Bickefeld der Hermannshütte und eines weiteren Schlafsaals.
1917–1919
Bauanträge der Phoenix AG Hoerder Verein vom 05.01.1917 und 07.10.1917; Baugenehmigungen der Stadt [Dortmund-]Hörde vom 10.03.1917 und 13.10.1917, mit Auszug aus der Baupoli-

zeiverordnung; Grund- und Aufrisszeichnungen; Lageplan; Bauabnahmescheine vom 24.04.1917 und 25.10.1917; einzelne Schreiben zwischen Phoenix AG Hoerder Verein und Stadt Hörde zu den Genehmigungsverfahren und zum geplanten Umbau von Baracken zu Notwohnungen nach Kriegsende.

3564 Bau weiterer Schlaf- und Aufenthaltsbaracken im Gefangenenlager Hympendahl des Hochofenwerks Hörde.
1917–1918
Bauantrag der Phoenix AG Hoerder Verein vom 07.08.1917; Baugenehmigung der Stadt [Dortmund-]Hörde vom 24.12.1917, mit Auszug aus der Baupolizeiverordnung; Lageplan; Grund- und Aufrisszeichnungen; Bauabnahmeschein vom 01.03.1918; einzelne Schreiben zwischen Phoenix AG Hoerder Verein und Stadt Hörde zum Genehmigungsverfahren.

3565 Bau einer Wasch- und Aufenthaltsbaracke für Kriegsgefangene im Hochofenwerk Hörde.
1917–1918
Bauantrag der Phoenix AG Hoerder Verein vom 17.10.1917; Baugenehmigung der Stadt [Dortmund-]Hörde vom 04.01.1918, mit Auszug aus der Baupolizeiverordnung; Lageplan; Grund- und Aufrisszeichnungen; Bauabnahmeschein vom 01.03.1918; einzelne Schreiben zwischen Phoenix AG Hoerder Verein und Stadt Hörde zum Genehmigungsverfahren.

3968 Umbau eines Hauses im ehemaligen Gefangenenlager Zeche Bickefeld der Hermannshütte zu einer Notwohnung.
1919
Bauantrag der Phoenix AG Hoerder Verein vom 27.01.1919; Baugenehmigung der Stadt [Dortmund-]Hörde vom 20.02.1919; Grund- und Aufrisszeichnungen; Lageplan; statische Berechnungen; Bauabnahmeschein vom 10.06.1919; einzelne Schreiben zwischen Phoenix AG Hoerder Verein und Stadt Hörde zum Genehmigungsverfahren.

3969 Umbau eines Hauses im ehemaligen Gefangenenlager Zeche Bickefeld der Hermannshütte zu einer Notwohnung.
1919
Bauantrag der Phoenix AG Hoerder Verein vom 03.03.1919; Baugenehmigung der Stadt [Dortmund-]Hörde vom 06.03.1919; Grund- und Aufrisszeichnungen; Lageplan; statische Berechnungen; Bauabnahmeschein vom 26.03.1919; einzelne Schreiben zwischen Phoenix AG Hoerder Verein und Stadt Hörde zum Genehmigungsverfahren.

3978 Umbau eines Hauses im ehemaligen Gefangenenlager Zeche Bickefeld der Hermannshütte zu einer Notwohnung.
1919
Bauantrag der Phoenix AG Hoerder Verein vom 23.08.1919; Baugenehmigung der Stadt [Dortmund-]Hörde, mit Auszug aus der Baupolizeiverordnung vom 27.08.1919; Grund- und Aufrisszeichnungen; Lageplan; Bauabnahmeschein vom 26.11.1919; einzelne Schreiben zwischen Phoenix AG Hoerder Verein und Stadt Hörde zum Genehmigungsverfahren.

3979 Umbau einer Baracke im ehemaligen Gefangenenlager Zeche Bickefeld der Hermannshütte zu einer Notwohnung.

1919
Bauantrag der Phoenix AG Hoerder Verein vom 23.08.1919; Baugenehmigung der Stadt [Dortmund-]Hörde, mit Auszug aus der Baupolizeiverordnung vom 27.08.1919; Grund- und Aufrisszeichnungen; Lageplan; Bauabnahmeschein vom 29.05.1919; einzelne Schreiben zwischen Phoenix AG Hoerder Verein und Stadt Hörde zum Genehmigungsverfahren.

3571 Umbau der drei Baracken des Gefangenenlagers Hympendahl des Hochofenwerks Hörde zu Notwohnungen.
1919–1920
Bauantrag der Phoenix AG Hoerder Verein vom 03.09.1919; Baugenehmigung der Stadt [Dortmund-]Hörde vom 23.09.1919, mit Auszug aus der Baupolizeiverordnung; Lageplan; Grund- und Aufrisszeichnungen; Bauabnahmeschein vom 18.03.1920; einzelne Schreiben zwischen Phoenix AG Hoerder Verein und Stadt Hörde zum Genehmigungsverfahren.

2.4.5 Technische Überwachung

4243 Lokomotive, Henschel & Sohn, Baujahr 1887, Fabriknummer 2.354, Nr. 21 von Hoerder Verein bzw. Phoenix AG Hoerder Verein.
1887–1917, 1923
Genehmigungsurkunde des Königlichen Regierungspräsidiums Arnsberg Bezirksausschuss; technische Beschreibungen und Querschnittszeichnungen des Kessels; Kesselrevisionsbücher.

4254 Lokomotive, Firma F. Schichau, Baujahr 1880, Fabriknummer 281, Nr. 13 von Hoerder Verein bzw. Phoenix AG Hoerder Verein.
1899–1911
Revisionsbuch des Dampfkessels.

4249 Lokomotive, Henschel & Sohn, Baujahr 1887, Fabriknummer 2.497, Nr. 7 von Hoerder Verein bzw. Phoenix AG Hoerder Verein.
1899–1912
Revisionsbuch des Dampfkessels.

4256 Lokomotive, Henschel & Sohn, Baujahr 1888, Fabriknummer 2.684, Nr. 11 des Hoerder Vereins bzw. Nr. 43 der Phoenix AG Hoerder Verein.
1899–1925
Revisionsbuch des Dampfkessels.

2252 Technische Überwachung von Starkstromleitungen.
1904–1914
Entwurf einer Polizeiverordnung, betreffend Einrichtung, Betrieb und Überwachung elektrischer Starkstromanlagen, o. D. (mehrere Versionen, gedruckt); Niederschriften zu Besprechungen von Vertretern von Unternehmen und Verbänden der Eisen- und Stahlindustrie sowie Verbänden der Elektroindustrie, insbesondere des Verbands deutscher Elektrotechniker, zur Beratung der Entwürfe der Polizeiverordnung; Bericht des Vorsitzenden des Sicherheits-Ausschusses über die Be-

triebsvorschriften des Verbands Deutscher Elektrotechniker (Auszug aus Technische Mitteilungen des Rheinisch-Westfälischen Bezirks-Vereins deutscher Chemiker, des Elektrotechnischen Vereins des Rheinisch-Westfälischen Industrie-Bezirks und des Westfälischen Bezirks-Vereins Deutscher Ingenieure, Heft 6/1908); Eingabe des VDEh an das Handelsministerium zu den „Sicherheitsvorschriften für den Betrieb elektrischer Starkstromanlagen" vom 14.01.1908; Vereinigung der Elektrizitätswerke (Hg.): Kritik des Entwurfs der Polizeiverordnung, betreffend Einrichtung, Betrieb und Überwachung elektrischer Starkstromanlagen, o. D. (Typoskript); Elektrotechnischer Verein des rheinisch-westfälischen Industriebezirks (Hg.): Entwurf der Vorschriften für den Betrieb elektrischer Starkstromanlagen nebst Ausführungsregeln (Betriebsvorschriften), o. D. (Broschüre); Verband deutscher Elektrotechniker (Hg.): Vorschriften für die Errichtung elektrischer Starkstrom-Anlagen nebst Ausführungsregeln; Sicherheitsvorschriften für den Betrieb elektrischer Starkstromanlagen, Januar 1908 (Broschüre); Aufstellungen der auf den Schächten Schleswig und Holstein des Hoerder Kohlenwerks vorhandenen elektrischen Starkstromanlagen vom Mai 1914; Gutachten des Beratenden Ingenieurs Karl Iffland, Dortmund, zu den elektrischen Anlagen der Schächte Schleswig und Holstein vom 22.08.1906; Schriftwechsel zwischen Phoenix AG Hoerder Verein, Verband deutscher Elektrotechniker und VDEh zu den Entwürfen einer Polizeiverordnung sowie mit Betriebsabteilungen und verschiedenen Behörden zur Prüfung von Werksanlagen.

4244 Lokomotive, Henschel & Sohn, Fabriknummer 169, Nr. 41 der Phoenix AG Hoerder Verein.
1907–1917, 1923
Bescheinigungen der Königlichen Eisenbahndirektion Essen zur Kesselprüfung.

4239 Verzeichnis der Lokomotivakten von Hoerder Verein bzw. Phoenix AG Hoerder Verein.
1928–1938
Aufstellung zu Lokomotiven, mit Angaben zu Hersteller, Baujahr und Fabriknummer und Angaben zum Verbleib der Akten (ab 1870); Ausleihquittungen.

2.4.6 Forschung und Qualitätswesen

2527 Diverse Unterlagen zur Dissertation von Georg Liss: Die Nutzarbeit des Walzvorgangs – Grundlagen einer Mechanik biegsamer Körper.
1922
Einzelne Schreiben vom VDEh an Liss zur Drucklegung der Arbeit; handschriftliche Ausführungen zur Theorie des Walzvorgangs sowie Datenreihen zu Walzversuchen.

2444 Korrespondenz zwischen Versuchsanstalt der Phoenix AG Hoerder Verein und Forschungsabteilung der Phoenix AG.
1925–1926
Einzelne Schreiben zu verschiedenen technischen Fragen, Probenanalysen und Patentangelegenheiten.

2.4.7 Werksbahnbetrieb
2.4.7.1 Allgemeines

4234 Telefonie und Telegrafie im Werksbahnbetrieb.
1893, 1898, 1911–1914, 1920–1958
Vertrag zwischen Hoerder Verein und Königlichem Eisenbahnbetriebsamt Essen über Bau und Betrieb einer Telegrafenleitung zwischen Bahnhof Hörde und Hermannshütte vom 31.08./07.09.1893; Vertrag zwischen Hoerder Verein und Königlicher Eisenbahndirektion Essen über Bau und Betrieb von zwei Fernsprechverbindungen zwischen Bahnhof Hörde und Güterabfertigungsstellen der Hermannshütte vom 20./30.09.1898; Vertrag zwischen Phoenix AG Hoerder Verein und Eisenbahndirektion Essen über die Aufhebung der beiden älteren Verträge und Neuabschluss vom 21./26.08.1914, mit Anhang: Bedingungen für die Herstellung, Bedienung und Unterhaltung von Fernschreib- oder Fernsprechverbindungen zwischen Privaten und Eisenbahndienststellen, 1911, 1924 und 1925 (gedruckt); Nachtrags- und Ergänzungsverträge mit der Reichsbahndirektion Essen vom 08./14.09.1920, 26.05./17.07.1922, 23./27.01.1923, 09./11.11.1925, 27.05./04.06.1926 und 31.12.1925/04.01.1926; Gebührenabrechnungen und Kostennachweise; Schriftwechsel zwischen Phoenix AG Hoerder Verein bzw. VSt Hoerder Verein bzw. DHHV bzw. DHHU und Eisenbahndirektion Essen bzw. Reichsbahndirektion Essen bzw. Bundesbahndirektion Essen über Vertragsabschlüsse, Betrieb und Instandhaltung der Anlagen und Gebührenabrechnungen für die Verbindungen verschiedener Betriebsstellen und Abteilungen mit den Bahnhöfen Hörde, Hörde-Hacheney, Wickede-Asseln und Dortmunderfeld.

4166 Betrieb der Verbindungsbahn zwischen Hermannshütte und Hoerder Kohlenwerk und Umbau des Bahnhofs von Schacht Schleswig.
1900–1927
Konstruktionszeichnungen und statische Berechnungen der Eisenbahnbrücke bei [Dortmund-]Schüren; Niederschriften zu den Bauabnahmeterminen der Brücke mit Vertretern von Kommunen und Behörden am 06.03.1901 und des umgebauten Bahnhofs am 08.06.1901; Aufstellung aller Behördenerlasse zum Bau und Betrieb der Verbindungsbahn, o. D.; Lagepläne der Verbindungsbahn und des Anschlusses an den Bahnhof Wickede-Asseln; Schriftwechsel zwischen Hoerder Verein bzw. Phoenix AG Hoerder Verein, Königlichem Regierungspräsidium Arnsberg Bezirksausschuss, Landkreis Dortmund, Stadt Dortmund, Amt Brackel, Gemeinde Asseln, Königlichem Bergrevier Ost-Dortmund, Königlicher Eisenbahndirektion Essen bzw. Reichsbahndirektion Essen, Westfälisches Verbands-Elektrizitätswerk AG und Dortmunder Straßenbahnen GmbH zu Genehmigungsverfahren, Wegebauarbeiten, Belästigung der Umgebung durch Rauch und Funkenflug, Straßenverkehr, Unfallgefahren; Anschluss der Haltestelle Schüren an die Elektrizitätsversorgung, Umbau des Zechenbahnhofs, Reparatur- und Instandhaltungsarbeiten sowie zur Erweiterung des Bahnhofs Wickede-Asseln mit Anschluss weiterer Unternehmen.

4161/1 Betrieb der Verbindungsbahn zwischen Hermannshütte und Hochofenwerk Hörde (Eliasbahn).
1901–1912, 1918–1926
Schriftwechsel zwischen Hoerder Verein bzw. Phoenix AG Hoerder Verein, Königlicher Eisenbahndirektion Essen bzw. Eisenbahndirektion Essen, Königlicher Eisenbahnbetriebsinspektion Dortmund bzw. Eisenbahnbetriebsamt Dortmund und Stadt [Dortmund-]Hörde zu Revisionen, Reparaturen und Instandhaltungsarbeiten an Brücken und Gleisanlagen sowie zum Bau einer Gleisverbindung zwischen Hochöfen und Kokerei.

2273 Werksbahnbetrieb von Hoerder Verein bzw. Phoenix AG Hoerder Verein.
1902–1909, 1921
Monatliche Aufstellungen von Hoerder Verein bzw. Phoenix AG Hoerder Verein zur Auszahlung von Akkordlöhnen, Juli 1902 bis April 1909; Rechnungen der Königlichen Eisenbahn-Maschinen-Inspektion Dortmund zur Reparatur von Wagen; Dienstanweisung für Rangierer, o. D. (Entwurf); Dienstanweisung betreffend die Bedienung des Anschlusses des Hoerder Vereins durch die Station Hörde-Hacheney, mit Gleisplan vom 09.03.1904; Dienstanweisung für die am Eisenbahnbetriebe beteiligten Angestellten des Hoerder Vereins, März 1904 (Typoskript); Dienstanweisung für die im Eisenbahnbetriebe der Phoenix AG Hoerder Verein beschäftigten Personen, 1921 (gedruckt); Schriftwechsel zwischen Hoerder Verein bzw. Phoenix AG Hoerder Verein und Königlicher Eisenbahndirektion Essen zu Organisation des Anschlussbetriebs, Personalfragen, Wagen-gestellung, Reparaturen und Inhalten von Dienstanweisungen.

2314 Werksbahnbetrieb der Phoenix AG Hoerder Verein.
1909–1914
Monatliche Aufstellungen zur Auszahlung von Akkordlöhnen, Juli 1909 bis Mai 1914 (größere Lücken); Rechnungen der Königlichen Eisenbahn-Maschinen-Inspektion Dortmund zur Reparatur von Wagen; Aufstellung zu verspätet entladenen Wagen auf den Schächten Schleswig und Holstein des Hoerder Kohlenwerks; einzelne Schreiben zwischen Phoenix AG Hoerder Verein, Landeshauptmann der Provinz Westfalen und Provinzialheilanstalt Aplerbeck zur Regulierung eines Eisenbahnunfalls.

2386 Werksbahnbetrieb der Phoenix AG Hoerder Verein.
1911–1921
Monatliche Aufstellungen zu Prämienzahlungen an Beamte der Eisenbahnabteilung, Juni 1914 bis September 1918; Aufstellungen über die der Phoenix AG Hoerder Verein durch staatliche Eisenbahnstellen in Rechnung gestellten Kosten von Wagenreparaturen, Frachtkosten, Abfertigungs- und Rangiergebühren, 1911/12 bis 1920/21; Rechnungen der Königlichen Eisenbahndirektion Essen für Wagenreparaturen; einzelne Schreiben zwischen Phoenix AG Hoerder Verein, Buchhaltung und Kasse sowie Eisenbahndirektion Essen zur Begleichung von Zahlungen.

4215 Rechtliche Rahmenbedingungen für Privatbahnanschlüsse an das staatliche Eisenbahnnetz.
1919–1924
Allgemeine Bedingungen für die Zulassung von Privatanschlüssen (gedruckt, verschiedene Versionen, Deutsche Reichsbahn); Aufstellung der Anschlussverträge der Phoenix AG Hoerder Verein, 1919; Rundschreiben der Phoenix AG an ihre Abteilungen sowie von Verbänden, u. a. Nordwestlicher Gruppe des VDES, Langnamverein, Bergbau-Verein, Stahlwerks-Verband AG und Verein Deutscher Stahlformgießereien e. V. zur Änderung der Rechtslage von Privatanschlüssen und Erhöhung der Gebührensätze.

2.4.7.2 Bahnhof Hörde-Hacheney

4218 Betrieb des Bahnanschlusses an den Bahnhof Hörde-Hacheney.
1901–1913
Betriebskostenabrechnungen; Ausführungsvertrag zwischen Hoerder Verein bzw. Phoenix AG

Hoerder Verein und Königlicher Eisenbahnbetriebsinspektion Dortmund vom 26.03./05.04.1902 und 10./12.05.1909 zum Anschlussvertrag zwischen Hoerder Verein und Rheinischer Eisenbahn-Gesellschaft vom 18.09./03.10.1874; Lageplan der gepachteten Flächen am Bahnhof; Aufstellung der zum Bahnhof gehörenden Grundstücke; Allgemeine Bedingungen für die Zulassung von Privatanschlüssen (gedruckt); Schriftwechsel zwischen Hoerder Verein bzw. Phoenix AG Hoerder Verein und Eisenbahnbetriebsinspektion Dortmund zu Ausführungsverträgen, Betriebssicherheit, Reparaturen, Zahlung von Anschlussgebühren, Grenzvermessungen und -festlegungen zwischen staatlichem und privatem Bahnhofsgelände sowie Bau und Betrieb einer Telefonverbindung zwischen Hochofenwerk Hörde und Bahnhof.

4219/1 Betrieb des Bahnanschlusses an den Bahnhof Hörde-Hacheney.
1909–1915
Bauantrag der Phoenix AG Hoerder Verein zum Bau einer direkten Gleisverbindung zwischen Hochöfen und Koksöfen unter Kreuzung des Bahnhofwegs vom 22.12.1913, mit Lageplänen; Ablehnungsbescheid der Königlichen Eisenbahndirektion Essen vom 05.02.1914; Betriebskostenabrechnungen; Schriftwechsel zwischen Phoenix AG Hoerder Verein und Eisenbahndirektion Essen zu Betriebssicherheit, Reparaturen, Umbau von Gleisanlagen, Zahlung von Anschlussgebühren sowie Bau eines Stellwerks.

4219/2 Betrieb des Bahnanschlusses an den Bahnhof Hörde-Hacheney.
1916–1924
Bauantrag der Phoenix AG Hoerder Verein zur Errichtung eines Bockkrans und zur Aufstellung eines Waggonkippers vom 10.06.1916, mit Betriebsbeschreibung, Konstruktionszeichnung und Lageplan der J. Pohlig AG; Werksausweise für Speditionsmitarbeiter; Lageplan von Werkswohnungen zwischen Hochofenwerk Hörde und Bahnhof; Betriebskostenabrechnungen; Schriftwechsel zwischen Phoenix AG Hoerder Verein, Königlichem Eisenbahnbetriebsamt Dortmund bzw. Eisenbahnbetriebsamt Dortmund und Königlicher Eisenbahndirektion Essen zu Betriebssicherheit, Entwässerung der Bahnanlagen, Bau und Betrieb einer Krananlage, Befahren von Werksteilen durch Mitarbeiter von Speditionen, unbefugtes Betreten der Bahnanlagen, Reparaturen, Luftverschmutzung im Bereich der Werkswohnungen zwischen Hochofenwerk und Bahnhof, Bau einer Wasserleitung und neuer Gleisverbindungen sowie Zahlung von Anschlussgebühren.

4220/2 Betrieb des Bahnanschlusses an Bahnhof Hörde-Hacheney bzw. Bahnhof Dortmund-Hörde.
1922–1924, 1928, 1936, 1949–1952
Vertrag zwischen Phoenix AG Hoerder Verein und Eisenbahndirektion Essen vom 19.06./03.07.1924 zur Kündigung des Anschlussvertrags zwischen Hoerder Verein und Rheinischer Eisenbahn-Gesellschaft vom 18.09./03.10.1874 und Neuabschluss; Gleis- und Weichenplan vom 20.03.1928; Allgemeine Bedingungen für die Zulassung von Privatanschlüssen (gedruckt); Allgemeine Bedingungen der Deutschen Reichsbahn für Privatgleisanschlüsse vom 01.07.1922 (gedruckt); Schriftwechsel zwischen Phoenix AG Hoerder Verein, Phoenix AG und Reichsbahndirektion Essen zu Kündigung des Anschlussvertrags und Modalitäten des neuen Vertrags sowie zwischen DHHU und Bundesbahndirektion Essen zur Aufhebung der Tarifstation Hörde-Hacheney.

2.4.7.3 Bahnhof Dortmunderfeld

4181/1 Verträge zum Bau und Betrieb des Anschlussgleises des Hochofenwerks Dortmund sowie des Übergabebahnhofs Dortmunderfeld.
1874, 1880-1889, 1900, 1908-1915
Verträge zwischen Firma Carl von Born, Gewerkschaft der Zeche Tremonia und Eisenwerk Rothe Erde AG zur Regelung des Rangierbetriebs vom 06.02.1882 (Abschrift) sowie zur Erweiterung des Bahnhofs vom 31.01.1900, mit Lageplan; Vertrag zwischen Carl von Born und Bergisch-Märkischer Eisenbahn-Gesellschaft über den gemeinsamen Eisenbahnbetrieb vom 10.12.1880/11.12.1881 sowie mit der Königlichen Eisenbahndirektion Elberfeld über den Eisenbahnbetrieb vom 20.02./01.03.1889; Verträge zwischen Phoenix AG Hoerder Verein, Gewerkschaft der Zeche Tremonia, Eisenwerk Rothe Erde AG, Dortmunder Union-Brauerei AG, Dortmunder Actien-Brauerei und Germania Brauerei AG über den gemeinsamen Bau des Bahnhofs, die Betriebsführung durch die Phoenix AG Hoerder Verein und die Organisation der Wagengestellung vom 17./26.07./09./11./12./16.08.1915, mit umfangreichem Kartenanhang; Dienstanweisungen zum Bahnbetrieb am Bahnhof Dortmunderfeld vom 30.03.1908 und 05.12.1910; Königliche Eisenbahndirektion Essen: Polizeiverordnung und Betriebsvorschrift für Privatanschlussbahnen, 1911; Königliche Eisenbahndirektion Elberfeld: Allgemeine Bedingungen für die Anlage, Bedienung und Unterhaltung von Anschlussgleisen und Ladebühnen usw., 1874 und 1889 (zwei Versionen).

4175/2 Betrieb des gemeinsamen Bahnanschlusses von Hochofenwerk Dortmund, Gewerkschaft der Zeche Tremonia und Eisenwerk Rothe Erde AG an den Bahnhof Dortmunderfeld.
1906-1911
Aufstellungen zu Wagenstandgeldern, transportierten Mengen und Betriebskosten; Schriftwechsel zwischen Hoerder Verein bzw. Phoenix AG Hoerder Verein, Hochofenwerk Dortmund, Gewerkschaft der Zeche Tremonia, Eisenwerk Rothe Erde AG und Königlicher Eisenbahndirektion Essen zu Betriebsorganisation, Reparaturen und Instandhaltungsarbeiten, Abrechnung von Wagenstandgeldern und Betriebskosten.

4155 Betrieb des gemeinsamen Bahnanschlusses von Hochofenwerk Dortmund, Gewerkschaft der Zeche Tremonia und Eisenwerk Rothe Erde AG an den Bahnhof Dortmunderfeld.
1911-1917
Aufstellungen zu transportierten Gütern und Betriebskosten; Schriftwechsel zwischen Phoenix AG Hoerder Verein, Hochofenwerk Dortmund, Gewerkschaft der Zeche Tremonia, Eisenwerk Rothe Erde AG (bis zum Konkurs 1914) zu Betriebsorganisation, Reparaturen und Instandhaltungsarbeiten, Umbaumaßnahmen und Abrechnung von Betriebskosten.

4179/1 Verträge zum Bau und Betrieb des Übergabebahnhofs Dortmunderfeld.
1913-1925
Verträge zwischen Phoenix AG Hoerder Verein, Gewerkschaft der Zeche Tremonia, Eisenwerk Rothe Erde AG, Dortmunder Union-Brauerei AG, Dortmunder Actien-Brauerei und Germania Brauerei AG über den gemeinsamen Bau des Bahnhofs Dortmunderfeld, die Betriebsführung durch die Phoenix AG Hoerder Verein und die Organisation der Wagengestellung vom 17./26.07./09./11./12./16.08.1915 (Abschriften); Vertrag zwischen Phoenix AG Hoerder Verein, Dortmunder Union-Brauerei AG, Dortmunder Actien-Brauerei und Germania Brauerei AG über die Organisation des Bahnbetriebs vom 24.07./03./06./10.08.1915 (Abschrift); Vertrag zwischen Phoenix AG

Hoerder Verein, Gewerkschaft der Zeche Tremonia und Eisenwerk Rothe Erde AG i. L. über die Organisation des Bahnbetriebs vom 24.07./11./15.09.1915 (Abschrift); Vertrag zwischen Phoenix AG Hoerder Verein und Eisenwerk Rothe Erde AG i. L. über die Kostenerstattung des Bahnbetriebs vom 15./25.09.1915 (Abschrift); Änderungsvertrag zum Vertrag vom 17./26.07./09./11./12./16.08.1915 über die Betriebsführung zwischen Phoenix AG Hoerder Verein, Deutsch-Lux Dortmunder Union, Dortmunder Union-Brauerei AG, Dortmunder Actien-Brauerei und Germania Brauerei AG sowie Reichsbahndirektion Essen vom 23.03./17./25./30.04./01./30.05.1923 und Nachtrag vom 12.09./08./16./20.10.1925 (Abschriften); zahlreiche Vertragsentwürfe, mit handschriftlichen Änderungen (Abschriften); Niederschriften von Besprechungen zur Bauplanung am 19.05.1913, 18.02.1914, 29.04.1914 und 12.03.1915; Schriftwechsel zwischen den Vertragspartnern zu den Abschlüssen.

4180 Betriebskosten des Übergabebahnhofs Dortmunderfeld.
1915, 1920–1927, 1942
Änderungsvertrag zum Vertrag vom 17./26.07./09./11./12./16.08.1915 über die Betriebsführung und den Bahnanschluss zwischen Phoenix AG Hoerder Verein, Deutsch-Lux Dortmunder Union, Dortmunder Union-Brauerei AG, Dortmunder Actien-Brauerei und Germania Brauerei AG sowie Reichsbahndirektion Essen vom 23.03./17./25./30.04./01./30.05.1923 und Nachtrag vom 12.09./08./16./20.10.1925 (Abschriften); Schriftwechsel zwischen den Vertragspartnern und insbesondere mit Phoenix AG und Reichsbahndirektion Essen zur Bemessung der Anschlusslänge und Berechnung der Anschlussgebühren, auch der Bahnanschlüsse von Siegerländer Erzgruben.

4160 Bau und Betrieb des gemeinsamen Übergabebahnhofs Dortmunderfeld von Hochofenwerk Dortmund, Gewerkschaft der Zeche Tremonia und Werk Rothe Erde der Deutsch-Lux Dortmunder Union sowie mehreren Brauereien.
1917–1918
Schriftwechsel zwischen Phoenix AG Hoerder Verein, Hochofenwerk Dortmund, Gewerkschaft der Zeche Tremonia, Deutsch-Lux Dortmunder Union, Dortmunder Actien-Brauerei, Stadt Dortmund und Königlicher Eisenbahndirektion Essen zu Baufortschritt und Materialbeschaffung, Reparaturen, Eisenbahnbetrieb und Unfällen.

4187 Dienstanweisungen zum Übergabebahnhof Dortmunderfeld.
1917–1918
Bahnhofsdienstanweisung für den Gemeinschaftsbahnhof Dortmunderfeld vom 20.04.1918 und Dienstanweisung für die Bedienung der drei Privatanschlüsse Dortmunder Actien-Brauerei, Germania Brauerei und Dortmunder Union-Brauerei durch den Privatanschluss Phoenix vom 01.08./12.11.1917.

4184 Betriebskosten des gemeinsamen Übergabebahnhofs Dortmunderfeld.
1917–1926
Abrechnungen zu den Betriebsjahren 1917/18–1923/24, mit Angaben zu Transportmenge, Wagenumlauf, Verzinsung und Tilgung der Baukosten für Phoenix AG Hoerder Verein, Deutsch-Lux Dortmunder Union, Dortmunder Union-Brauerei AG, Dortmunder Actien-Brauerei und Germania Brauerei AG; Aufstellungen zum Verbrauch an Betriebsmaterialien; Schriftwechsel zwischen Phoenix AG Hoerder Verein und Deutsch-Lux Dortmunder Union zur Abrechnung der Kosten.

4162 Betrieb des gemeinsamen Übergabebahnhofs Dortmunderfeld von Hochofenwerk Dortmund, Werk Rothe Erde der Deutsch-Lux Dortmunder Union und Dortmunder Actien-Brauerei.
1918–1920
Schriftwechsel zwischen Phoenix AG Hoerder Verein, Hochofenwerk Dortmund, Deutsch-Lux Dortmunder Union für das Werk Rothe Erde und die Zeche Tremonia, Dortmunder Actien-Brauerei, Stadt Dortmund und Eisenbahndirektion Essen zu Reparaturen und Eisenbahnbetrieb.

824 Gleisanschluss der Phoenix AG Hoerder Verein an den Bahnhof Dortmunderfeld.
1923–1926
Nachtrag zum Gleisanschlussvertrag vom 23.03./17./25./30.04./30.05.1923 zwischen Phoenix AG Hoerder Verein, Deutsch-Lux Dortmunder Union, Dortmunder Union-Brauerei AG und Dortmunder Actien-Brauerei sowie Deutscher Reichsbahn-Gesellschaft zu den Gleisanschlussbedingungen des Bahnhofs Dortmunderfeld vom 12.09./08./16./20.10./25.11.1925; einzelne Schreiben zwischen Phoenix AG Hoerder Verein, Phoenix AG, Stahlwerks-Verband AG und Bergbau-Verein zur Kündigung von Privatgleisanschlüssen durch die Deutsche Reichsbahn-Gesellschaft und deren Geschäftsgebaren.

2.4.7.4 Bahnhof Wickede-Asseln

4208 Verträge zum Bahnanschluss des Hoerder Kohlenwerks an den Bahnhof Wickede-Asseln.
1876–1877, 1888–1889, 1897–1901, 1921–1922
Vertrag zwischen Hoerder Verein und Westfälischer Eisenbahn vom 04./23.07.1877 über den Bau des Bahnanschlusses des Schachts Holstein, Pachten und die Regelung des Bahnhofsbetriebs, mit Lageplan des Bahnhofs und der Gleisanlagen sowie Anlage: Allgemeine Bedingungen für die Bewilligung und Herstellung von Anschlussgleisen, Ladebühnen usw., 1876 (gedruckt, Westfälische Eisenbahn); Änderungsvertrag zwischen Hoerder Verein und Königlicher Eisenbahndirektion Köln vom 25.04./02.05.1889, mit Lageplan des Bahnhofs und der Gleisanlagen sowie Anlage: Allgemeine Bedingungen für die Bewilligung und Herstellung von Anschlussgleisen, Ladebühnen usw., 1888 (gedruckt, Königliche Eisenbahndirektion Köln); Ausführungsverträge zwischen Hoerder Verein und Königlicher Eisenbahnbetriebsinspektion Dortmund zur Festlegung der Gebühren vom 02./05.11.1889 und 25.03./05.04.1901; Nachtrag vom 10./23.09.1897 zum Vertrag vom 25.04./02.05.1889, mit Lageplan; Vertrag zwischen Phoenix AG Hoerder Verein und Eisenbahndirektion Essen vom 12./24.10.1921 über den Weiterbetrieb des Anschlusses, mit Nachtrag vom 23./26.01.1922; Allgemeine Bedingungen für die Zulassung von Privatanschlüssen vom 01.04.1922 (gedruckt).

4205 Betrieb des Bahnanschlusses der Schächte Schleswig und Holstein des Hoerder Kohlenwerks an den Bahnhof Wickede-Asseln.
1907–1922, 1943
Ausführungsvertrag zwischen Phoenix AG Hoerder Verein und Königlicher Eisenbahnbetriebsinspektion Dortmund vom 28.10./07.12.1908; Schriftwechsel zwischen Phoenix AG Hoerder Verein, Königlicher Eisenbahndirektion Essen und Königlicher Eisenbahnbetriebsinspektion Dortmund über Reparaturen, Gebührenzahlungen, Betriebskosten und den Bau einer Telefonverbindung zwischen Schacht Holstein und Bahnhof Wickede-Asseln.

4206/1 Betrieb des Bahnanschlusses des Hoerder Kohlenwerks an den Bahnhof Wickede-Asseln.
1922–1926
Allgemeine Bedingungen für Privatgleisanschlüsse der Deutschen Reichsbahn-Gesellschaft vom 01.07.1922 (gedruckt); Vertrag zwischen Phoenix AG Hoerder Verein und Reichsbahndirektion Essen vom 04.09.1922 über die Beibehaltung des Bahnanschlusses auf Basis der Bedingungen zu Privatgleisanschlüssen (nur von der Phoenix AG Hoerder Verein unterzeichnet); Aufstellung zum durchschnittlichen monatlichen Transportaufkommen, mit Erläuterungsbericht; Schriftwechsel zwischen Phoenix AG Hoerder Verein, Reichsbahndirektion Essen und einem Landvermesser über Reparaturen, Gebührenzahlungen, Betriebskosten, die Kündigung des Gleisanschlusses durch die Reichsbahndirektion Essen und die Vermessung von Grundstücken.

2.4.7.5 Hafenbahn

4211 Betrieb der Kleinbahn zwischen Werksbahn und Dortmunder Hafenbahn.
1911–1913
Plan eines Selbstentladewagens der Firma Gustav Talbot & Co., Aachen; Gebührenabrechnungen zum Telefonanschluss der Kleinbahn; Tarif der Dortmunder Kleinbahn für die Beförderung von lebenden Tieren und Gütern ab 01.01.1913 (gedruckt); Schriftwechsel zwischen Phoenix AG Hoerder Verein, Städtischer Hafenverwaltung Dortmund und Stadt Dortmund über Reparaturen, Telefonanschluss der Kleinbahn, Betriebsorganisation des Bahnhofs Schüren und der Kleinbahn sowie eines Erzbrechers im Hafen Dortmund.

4514 Bau und Betrieb eines Gleisanschlusses an die Kleinbahn zwischen Werksbahn und Dortmunder Hafenbahn.
1914–1923
Vertrag zwischen Hafendeputation der Stadt Dortmund und Phoenix AG Hoerder Verein vom 01./11.07.1914 zur Genehmigung eines Gleisanschlusses zum Transport von Baumaterialien für die Werkskolonie Steinkühlerweg, mit Anlagen: Allgemeine Bedingungen der Dortmunder Kleinbahn für die Zulassung von Privatanschlüssen (gedruckt); Anschlussverträge vom 18./24.07.1922 und 25./26.04.1923; Schriftwechsel zwischen Phoenix AG Hoerder Verein und Stadt Dortmund sowie Firma A. Rübenkamp und Steinfabrik Hans Rübenkamp zu Genehmigungsverfahren und Anpachtung von Grundstücken.

2.5 Belegschaft
2.5.1 Belegschaftsstatistik

2291 Berufs- und Betriebszählung des Königreichs Preußen am 12.06.1907 bei der Phoenix AG Hoerder Verein.
1907
34 Fragebögen zu einzelnen Betrieben von Hermannshütte und Hochofenwerk Hörde, mit Aufstellungen zur maschinellen Ausstattung und Anzahl der Arbeiter, gegliedert nach Berufen bzw. Funktionen; handschriftliche Aufstellungen.

2268 Personenstandsaufnahme bei der Phoenix AG Hoerder Verein.
1909
Aufstellungen zu den Arbeitern von Hermannshütte, Hoerder Kohlenwerk, Hochofenwerk Hörde und Hochofenwerk Dortmund, aufgeschlüsselt nach einzelnen Betrieben, mit Angaben zu Alter, Staatsangehörigkeit, Konfession, Kinderzahl und Anzahl der Haushaltsangehörigen am 01.04.1909.

2269 Dsgl. zu den Beamten.

2490 Arbeiterstatistik der Phoenix AG Hoerder Verein.
1913–1927
Formulare und Musterformulare zur Arbeiterstatistik (blanko); Rundschreiben der Phoenix AG an die Abteilungen und Werke, u. a. Phoenix AG Düsseldorfer Röhren- und Eisenwalzwerke, Phoenix AG Hoerder Verein, Phoenix AG Ruhrort und Phoenix AG Westfälische Union, zur Arbeiterstatistik; einzelne statistische Mitteilungen der Phoenix AG Hoerder Verein an Arbeit Nordwest und Nordwestliche Gruppe des VDES zu durchschnittlicher Anzahl von Arbeitern, Fehlstunden und Kontraktbrüchen von Arbeitern, Lohnsummen, Betriebsstörungen sowie verhängten Strafen und einbehaltenen Löhnen; vergleichende Aufstellungen zu Anzahl der Arbeiter und Lohnsummen im April 1914 und April 1924; vergleichende Aufstellung zu Anzahl der Arbeiter, Schichten und Lohnsummen in einzelnen Betrieben von Phoenix AG Hoerder Verein und Phoenix AG Ruhrort für Mai 1924.

2385 Belegschaftsstatistik der Phoenix AG Hoerder Verein.
1923–1924
Aufstellungen zur Anzahl der Arbeiter in einzelnen Betrieben zu verschiedenen Daten der Jahre 1923 und 1924 und insbesondere zum Zeitraum 04.06.–07.06.1924 nach Werksstilllegung 21.05.–05.06.1924; einzelne Schreiben zwischen Phoenix AG Hoerder Verein und Betrieben zur Erhebung von Daten.

2.5.2 Lohnwesen

3142 Lohnliste der Walzendreherei der Hermannshütte, Juli 1914.
1914.

2370 Kriegsgefangenenlagergeld der Phoenix AG Hoerder Verein.
1916–1920, 1923
Rundschreiben der Phoenix AG und des Bank-Büros des Kriegsgefangenen-Lagers Senne an die Abteilungen der Phoenix AG zur Organisation des Zahlungsverkehrs und Einführung eines Bargeldersatzes in den Kriegsgefangenenlagern; Schriftwechsel zwischen Phoenix AG, Phoenix AG Hoerder Verein, Bank-Büro, Kommandantur (Bank-Abteilung) des Kriegsgefangenenlagers II Münster i. W. sowie Sammlern zur Organisation des Zahlungsverkehrs, Herstellung von Lagergeld und Abgabe von Geldscheinen zu Sammelzwecken.

3143 Lohnliste der Walzendreherei der Hermannshütte, Mai 1918.
1918
Lohnliste, untergliedert nach Arbeitern, Arbeiterinnen und Jugendlichen.

2632 Lohnvereinbarungen in der Eisen- und Stahlindustrie.
1919–1920, 1924
Lohnvereinbarung zwischen Arbeitgeberverband für Dortmund und Umgegend sowie Christlichem Metallarbeiterverband, Deutschem Metallarbeiter-Verband und Gewerkverein Deutscher Metallarbeiter H. D. für Brückenbau, Eisenkonstruktions- und ähnliche Betriebe, getätigt in der Gruppe b der Arbeitsgemeinschaft Dortmund in der Sitzung am 18.03.1919, sowie für Maschinenfabriken, Eisengießereien, Waggon- und Weichenbauanstalten, Feldbahnfabriken und ähnliche Betriebe, getätigt in der Gruppe c der Arbeitsgemeinschaft Dortmund in der Sitzung am 19.03.1919 (gedruckt); Tarifvereinbarung zwischen Arbeitgeberverband für Dortmund und Umgegend sowie Arbeitsgemeinschaft freier Angestellten-Verbände, Gewerkschaftsbund kaufmännischer Angestellten-Verbände, Reichsverband deutscher Angestellter der christlichen Gewerkschaften und Vereinigung deutscher Privatbeamten- und Angestellten-Verbände vom 14.08.1919 (gedruckt); Vereinbarung zwischen Arbeitgeberverband für Dortmund und Umgegend sowie Arbeitsgemeinschaft freier Angestellten-Verbände, Gesamtverband deutscher Angestelltengewerkschaften und Gewerkschaftsbund der Angestellten über die Gehälter der Angestellten in Dortmund vom 23.01.1920; Arbeit Nordwest (Hg.): Einkommensregelung für die Angestellten der rheinisch-westfälischen Eisen- und Stahlindustrie vom 16.02.1924 sowie Erläuterungen vom 18.11.1924 (Typoskripte).

2471 Beschwerden des Christlichen Metallarbeiterverbands beim Arbeitgeberverband für Dortmund und Umgegend über die Phoenix AG Hoerder Verein in Lohnangelegenheiten.
1922–1925
Rundschreiben von Arbeit Nordwest zu Tariffragen; Schriftwechsel zwischen Phoenix AG Hoerder Verein, Arbeitgeberverband für Dortmund und Umgegend, Arbeit Nordwest und Christlichem Metallarbeiterverband zu Fragen von Arbeitszeit und Lohnberechnung, insbesondere zur Anrechnung von Betriebsstörungszeiten auf Akkordlöhne und Prämien.

2.5.3 Werkswohnungen

2465 Betrieb der „Arbeiterkaserne" Am Remberg.
1902–1914, 1919
Aufstellungen zu Ausstattung und Mobiliar der Räume; Bewerbungsschreiben zur freien Verwalterstelle; einzelne Schreiben zwischen Hoerder Verein und Verwalter Adam Kilmer zu dessen Einstellung; monatliche Aufstellungen Kilmers zu gereinigter Wäsche; monatliche Aufstellungen zu verausgabten Essensportionen; Anträge von Bewohnern an den Hoerder Verein sowie Berichte Kilmers; Aufstellung der Mieter, mit Angaben zu Beschäftigung, Betrieb, Geburtsdaten, Familienstand, Wohnort der Familie sowie Beschäftigungsdauer, 1912; einzelne Schreiben zwischen Hoerder Verein und Unternehmen der Eisen- und Stahlindustrie zur Besichtigung von deren Arbeiterwohnheimen.

2427 Arbeitersiedlungen.
1905–1909
Aufstellungen zur Zahlung von Schulgeld für Kinder aus den Arbeitersiedlungen der Schächte Schleswig und Holstein des Hoerder Kohlenwerks sowie zur Konfession der Familien; Kostenvoranschläge mehrerer Bauunternehmen für Wohnhäuser der Kolonie Holstein; Rundschreiben

des Hoerder Vereins an die Mieter der Arbeitersiedlungen wegen Zerstörung von Hecken und Einfriedungsmauern durch spielende Kinder, mit Aufstellungen zu allen [?] Mietern, insbesondere der Klarenbergsiedlungen, als Verteilungsnachweis; Schriftwechsel zwischen Phoenix AG Hoerder Verein, Bewohnern der Siedlungen, Stadt [Dortmund-]Hörde, Amt [Dortmund-]Brackel, Architekten und Handwerkern zu Reparaturen, Umbauten, Elektrizitäts- und Wasserversorgung sowie Grundstücks- und Wegeangelegenheiten.

2320 Arbeitersiedlungen.
1908–1915
Quartalsaufstellungen zu Anzahl und Konfession der Familien in den Werkskolonien Schleswig und Holstein des Hoerder Kohlenwerks zur Berechnung der Schulgeldabgabe; Lageplan neuer Bergarbeiterwohnhäuser für Schacht Schleswig, 1912, und zur Planung einer Kolonie am Steinkühlerweg in [Dortmund-]Hörde, 1914; Schriftwechsel zwischen Phoenix AG, Amt [Dortmund-] Brackel und Mietern zu Schulgeldzahlung, Schäden, Umbauarbeiten, Reparaturen, Wasser- und Stromanschlüssen sowie Mietangelegenheiten.

2413 Arbeitersiedlungen.
1915–1924
Aufstellungen zur Zahlung von Schulgeld für Kinder aus den Arbeitersiedlungen der Schächte Schleswig und Holstein des Hoerder Kohlenwerks durch die Phoenix AG Hoerder Verein sowie zur Konfession der Familien; Grund- und Aufrisszeichnungen von Häusern der Kolonie Neuer Klarenberg, Nr. 16–31, mit Hervorhebung von Dachausbauten; Petition von Bewohnern der Siedlung zum Einbau eines weiteren Dachfensters vom 11.07.1918; Aufstellungen zum Verbrauch von Metallfadenlampen in Dienstwohnungen von Vorstand und Beamten; Lageplan, Grund- und Aufrisszeichnungen von Häusern an der Benninghofer Straße; Schriftwechsel zwischen Phoenix AG Hoerder Verein, Bewohnern der Siedlungen, Stadt [Dortmund-]Hörde, Amt [Dortmund-]Brackel und Handwerkern zu Reparaturen, Umbauten, Elektrizitäts- und Wasserversorgung sowie Grundstücks- und Wegeangelegenheiten.

2.5.4 Sozialversicherung
2.5.4.1 Arbeitslosenversicherung

2513/1 Arbeitslosenversicherung.
1893–1923
Gründungssatzung der Versicherungskasse gegen Arbeitslosigkeit für die Arbeiter des Hoerder Bergwerks- und Hütten-Vereins zu Hörde vom 11.07.1895, mit Entwürfen; Satzung der Versicherungs-Kasse gegen Arbeitslosigkeit für die Arbeiter des „Phoenix" Abteilung Hoerder Verein zu Hörde vom 24.10.1907 (gedruckt); Satzung vom 07.06.1893 und Geschäftsbericht über das erste Geschäftsjahr der Versicherungskasse gegen Arbeitslosigkeit in der Gemeinde Bern 1893/94 (gedruckt); Bilanzen der Versicherungskassen, 1904–1923; Aufstellung der beitrittswilligen Arbeiter, o. D.; Aufstellung der erbrachten Leistungen, Juli 1904 bis Dezember 1910; Zeitungsausschnitte; Geschäftsbericht der Phoenix AG, 1907/08; Schriftwechsel zwischen Hoerder Verein bzw. Phoenix AG Hoerder Verein, Königlicher Gewerbe-Inspektion zu Dortmund, Königlichem Regierungspräsidium Arnsberg und Phoenix AG zu Gründung, Satzungsentwürfen und Bilanzen.

2178 Satzung der Versicherungskasse gegen Arbeitslosigkeit für die Arbeiter des „Phoenix" Abteilung Hoerder Verein.
1895, 1906–1912, 1917–1920
Satzungen von Versicherungs-Kasse gegen Arbeitslosigkeit für die Arbeiter des Hoerder Bergwerks- und Hütten-Vereins zu Hörde vom 11.07.1895 (gedruckt, mit handschriftlichen Änderungen) und 01.10.1906 (Manuskript) sowie Versicherungskasse gegen Arbeitslosigkeit für die Arbeiter des „Phoenix" Abteilung Hoerder Verein vom 24.10.1907 (Typoskript und gedruckt); Mustersatzungen für „reine Krankenkassen", o. D. sowie einer Pensions- (Witwen- und Waisen-)Kasse, 1910 (gedruckt, blanko); Niederschriften der Generalversammlungen der Versicherungskasse am 24.10.1907, 15.05.1912, 05.03.1917, 11.06.1919 und 01.06.1920, jeweils zur Satzungsänderung (Abschriften); Aushang zur Mitarbeiterinformation vom 03.03.1908; Mitgliederverzeichnisse für einzelne Betriebsabteilungen; Niederschrift der Vorstandssitzung am 11.05.1920; Nachträge zur Satzung (gedruckt); Schriftwechsel zwischen Versicherungskasse und Stadt [Dortmund-]Hörde zur Genehmigung von Satzungsänderungen.

2515 Arbeitslosenversicherung.
1895, 1904–1918
Aufstellung zu Vertretern von Phoenix AG Hoerder Verein und Mitgliedern in Vorstand, Hauptversammlung und Revisionsausschuss der Versicherungs-Kasse gegen Arbeitslosigkeit für die Arbeiter des Hoerder Bergwerks- und Hütten-Vereins zu Hörde bzw. Versicherungskasse gegen Arbeitslosigkeit für die Arbeiter des „Phoenix" Abteilung Hoerder Verein; Satzung der Versicherungskasse vom 11.07.1895 (gedruckt); Niederschriften der Hauptversammlungen sowie der am selben Tag stattfindenden Sitzungen von Vorstand, 1905–1917, und Revisionsausschuss, 1910–1917; Bilanzen, 1905–1916; Mitgliederverzeichnisse einzelner Betriebe; einzelne Schreiben zwischen Gremien der Versicherungskasse, Mitgliedern und Phoenix AG Hoerder Verein zu Hauptversammlungen und Bestellung von Mitgliedervertretern und Beisitzern.

2513/1 Arbeitslosenversicherung.
1904–1923
Aufstellungen zu Fehlschichten aus betrieblichen Gründen von Mitgliedern der Versicherungs-Kasse gegen Arbeitslosigkeit für die Arbeiter des Hoerder Bergwerks- und Hütten-Vereins zu Hörde bzw. Versicherungskasse gegen Arbeitslosigkeit fur die Arbeiter des „Phoenix" Abteilung Hoerder Verein zu Hörde.

2516 Arbeitslosenversicherung.
1905–1929
Jahresberichte von Versicherungs-Kasse gegen Arbeitslosigkeit für die Arbeiter des Hörder Bergwerks- und Hütten-Vereins zu Hörde bzw. Versicherungskasse gegen Arbeitslosigkeit für die Arbeiter des Phoenix Abteilung Hoerder Verein zu Hörde, 1906–1922; einzelne Schreiben zwischen Phoenix AG Hoerder Verein und Stadt [Dortmund-]Hörde zur Zusendung der Berichte; Mitteilung der Stadt Dortmund an die VSt Hoerder Verein zur nachträglichen Genehmigung der Auflösung der Kasse vom 10.04.1929.

2514 Generalversammlungen der Versicherungskasse gegen Arbeitslosigkeit für die Arbeiter des „Phoenix" Abteilung Hoerder Verein.
1907, 1912, 1917–1923

Aufstellungen zu Vertretern von Phoenix AG Hoerder Verein und Mitgliedern in Vorstand, Hauptversammlung und Revisionsausschuss der Versicherungskasse; Satzung vom 24.10.1907, mit Nachträgen vom 01.07.1912, 01.04.1917, 01.07.1919 und 01.07.1920 (gedruckt); Niederschriften der Hauptversammlungen sowie der am selben Tag stattfindenden Sitzungen von Vorstand und Revisionsausschuss, 1919–1923; Bilanzen, 1917–1922: Mitgliederverzeichnisse einzelner Betriebe, 1921 und 1922; einzelne Schreiben zwischen Gremien der Versicherungskasse, Mitgliedern und Phoenix AG Hoerder Verein zu Hauptversammlungen und Bestellung von Beisitzern.

2518 Erwerbslosenunterstützung und Arbeitsnachweis der Stadt [Dortmund-]Hörde.
1918–1930
Niederschrift einer Besprechung zwischen Vertretern von Stadt Hörde und Gewerkschaften zur Einführung eines öffentlichen Arbeitsnachweises und Durchführung der Erwerbslosenfürsorge in Hörde vom 27.11.1918; Ordnung für die Erwerbslosenfürsorge der Stadt Hörde vom 01.04.1919 (gedruckt), mit Entwurf vom Dezember 1918 (Typoskript); Grundsätze für den Arbeitsnachweis der Stadt Hörde vom 21.01.1919, mit Entwurf vom Dezember 1918 (Typoskripte); Grundsätze für den Wohnungsnachweis zu Hörde, Dezember 1918 (Entwurf, Typoskript); Geschäftsordnung für den Betrieb der Arbeitsnachweisstelle vom 21.01.1919, mit Entwurf vom Dezember 1918 (Typoskripte); Geschäftsordnung des Wohnungsnachweises, Dezember 1918 (Entwurf, Typoskript); Polizeiverordnung über die Wohnungsanmeldung, Dezember 1918 (Typoskript); Zeitungsausschnitte; Antragsformulare auf Zuweisung von weiblichen und männlichen Arbeitskräften an den Verband westfälischer Arbeitsnachweise (Postkarten, blanko); Verordnung des Reichsarbeitsministeriums zur Abänderung der Reichsverordnung über Erwerbslosenfürsorge vom 15.01.1920 (gedruckt); einzelne Aufstellungen zur Auszahlung von Erwerbslosenfürsorge durch die Phoenix AG Hoerder Verein; Schriftwechsel zwischen Phoenix AG Hoerder Verein bzw. VSt Hoerder Verein, Arbeitsnachweis Hörde und Arbeitsamt Hörde sowie einzelnen anderen Arbeitsämtern zur Einstellung und Entlassung von Arbeitern sowie Erstattung von durch die Phoenix AG Hoerder Verein ausgezahlter Erwerbslosenfürsorge.

2.5.4.2 Rentenversicherung

5599 Sterberegister von Versorgungskasse für die Hüttenwerke des Hoerder Bergwerks- und Hütten-Vereins bzw. Versorgungskasse des „Phoenix" Abteilung Hoerder Verein.
1870–1918.

5717 Zinsforderungen aus Darlehn der Versorgungskasse des „Phoenix" Abteilung Hoerder Verein.
1901, 1938–1952
Aufstellungen der Versorgungskasse zu Zinsforderungen aus Darlehn an Mitglieder, Dezember 1938 bis Juli 1952.
Darin auch: M. Gericke: Versicherungstechnisches Gutachten zur Erhöhung der Kassenleistungen der Kranken- und Pensionskasse für die Hüttenwerke des Hoerder Bergwerks- und Hüttenvereins vom 05.03.1901, mit Aufstellungen zu Einnahmen und Pensionslasten.

5720/1 Vermögen von Versorgungskasse für die Hüttenwerke des Hoerder Bergwerks- und Hüttenvereins bzw. Versorgungskasse des „Phoenix" Abteilung Hoerder Verein.
1902–1918

Aufstellungen zu Anlagevermögen, Immobilienvermögen, Anleihe- und Aktienvermögen, Kassenbeständen und Forderungen; Bilanz- und Kontoauszüge für die Geschäftsjahre 1902-1917; Schriftwechsel zwischen Versorgungskasse für die Hüttenwerke des Hoerder Bergwerks- und Hüttenvereins bzw. Versorgungskasse des „Phoenix Abteilung Hoerder Verein, Phoenix AG Hoerder Verein, Banken, insbesondere A. Schaaffhausen'scher Bankverein, und Reichsschuldenverwaltung, zur Abgleichung der Werte.

5718/1 Satzung der Versorgungskasse des „Phoenix" Abteilung Hoerder Verein.
1903-1918
Satzung der Versorgungskasse für die Hüttenwerke des Hoerder Bergwerks- und Hüttenvereins vom 17./24.09.1903 (gedruckt), mit handschriftlichen Änderungen zur Satzung der Versorgungskasse des „Phoenix" Abteilung Hoerder Verein (zwei Versionen); Mustersatzung einer Pensions-(Witwen- und Waisen-)Kasse (blanko); Aufstellungen zu Mitgliedern, Einnahmen, Aufwendungen und Kassenleistungen der Versorgungskasse für die Hüttenwerke des Hoerder Bergwerks- und Hüttenvereins, 1904-1908; Friese: Nachtragsgutachten über den Stand der Versorgungskasse für die Hüttenwerke des Hoerder Bergwerks- und Hüttenvereins vom 24.05.1911 (Abschrift); Satzung der Versorgungskasse des „Phoenix Abteilung Hoerder Verein vom 12.11.1909/01.11.1911 (gedruckt), mit Nachtrag vom 21.04./16.05.1913 (gedruckt, hierzu Entwürfe); Niederschriften der Generalversammlungen der Versorgungskasse am 18.04.1913, 23.04.1917 und 17.04.1918; Gesetz über die Versorgung von Personen der Unterklassen des Reichsheeres, der Kaiserlichen Marine und der Kaiserlichen Schutztruppen vom 31.05.1906 (Abschrift); Schriftwechsel zwischen Versorgungskasse für die Hüttenwerke des Hoerder Bergwerks- und Hüttenvereins bzw. Versorgungskasse des „Phoenix" Abteilung Hoerder Verein, Königlichem Regierungspräsidium Arnsberg Bezirksausschuss, Friese und Arbeiter-Pensionskasse für die Gußstahlfabrik Fried. Krupp AG zu Satzungsänderungen und Anrechnung von Kriegsrenten auf Kassenleistungen.

5719/1 Anlage von Kassenmitteln und Vergabe von Darlehn durch die Versorgungskasse des „Phoenix" Abteilung Hoerder Verein.
1908-1916
Prospekt zur 4-%-Anleihe der Emschergenossenschaft über M 6.000.000 vom 19.06.1911, mit Zeichnungsschein; Zeichnungsschein für Kriegsanleihen vom September 1914; Schriftwechsel zwischen Versorgungskasse und Antragstellern (Belegschaftsmitglieder und Rentner), Spar- und Bauverein eGmbH zu Hörde, Rechtsanwälten und Gutachtern zu Vergabe von Darlehn, z. T. gegen hypothekarische Sicherheiten, Wertgutachten und Grundbuchangelegenheiten.

5718/2 Satzung der Versorgungskasse des „Phoenix" Abteilung Hoerder Verein.
1909-1911, 1919-1921
Satzung vom 12.11.1909/01.11.1911 (gedruckt und Typoskript, beide mit handschriftlichen Änderungen); Aufstellungen zu Mitgliedern, Einnahmen, Ausgaben und Kassenleistungen, 1919; Satzungsnachträge vom 15.04.1920 und 18.04.1921 (Typoskripte, mit zahlreichen Entwürfen); Niederschrift der Hauptversammlung am 15.04.1920; Schriftwechsel zwischen Versorgungskasse, Regierungspräsidium Arnsberg Bezirksausschuss und Arbeitervertretern zu Satzungsänderungen.

5718/3 Satzung der Versorgungskasse des „Phoenix" Abteilung Hoerder Verein.
1909-1911, 1921-1924
Satzung vom 12.11.1909/01.11.1911 (Typoskript, mit handschriftlichen Änderungen); Aufstellun-

gen zu Mitgliedern, Einnahmen, Ausgaben und Kassenleistungen, 1919; Satzungsnachträge vom 12.04./02.06.1922 und 28.08./04.09.1923 (Typoskripte); Niederschriften der Hauptversammlungen am 19.04.1923 und 28.08.1923; Schriftwechsel zwischen Versorgungskasse, Regierungspräsidium Arnsberg Bezirksausschuss, Phoenix AG, Phoenix AG Hoerder Verein und Betrieben zu Satzungsänderungen, Beitragserhöhungen und Anforderung der Satzung durch Betriebe.

5719/2 Anlage von Kassenmitteln und Vergabe von Darlehn durch die Versorgungskasse des „Phoenix" Abteilung Hoerder Verein.
1917–1927
Zeichnungsscheine, u. a. zu Anleihen von Westfälischem Pfandbriefamt für Hausgrundstücke und Landesbank der Provinz Westfalen; Prospekte, u. a. zu M 255.350.000 Vorzugsaktien der Rhein-Main-Donau AG vom Januar 1922 und zu M 300.000.000 5-%ige Teilschuldverschreibungen der Badische Landeselektrizitätsversorgung AG; Zeitungsausschnitte zur Aufwertung von Hypotheken; Schriftwechsel zwischen Versorgungskasse und Antragstellern (Belegschaftsmitglieder und Rentner), Banken, Rechtsanwälten und Gutachtern zu Vergabe von Darlehn, z. T. gegen hypothekarische Sicherheiten, Kauf von Aktien, Wertgutachten, Grundbuchangelegenheiten und Zinszahlungen.

5720/2 Vermögen der Versorgungskasse des „Phoenix" Abteilung Hoerder Verein.
1918–1926
Aufstellungen zu Anlagevermögen, Immobilienvermögen, Anleihe- und Aktienvermögen, Kassenbeständen und Forderungen; Bilanz- und Kontoauszüge für die Geschäftsjahre 1918–1926; Schriftwechsel zwischen Versorgungskasse, Phoenix AG Hoerder Verein und Banken, insbesondere A. Schaaffhausen'scher Bankverein, zur Abgleichung der Werte.

2668 Satzung der Versorgungskasse des „Phoenix" Abteilung Hoerder Verein.
1921–1922
Satzung, 1921 (gedruckt), mit Nachträgen vom April/Juni 1922.

5688 Übernahme von Hypothekenforderungen der Versorgungskasse des „Phoenix" Abteilung Hoerder Verein durch die VSt.
1932–1938
Abtretungserklärung über Hypothekenforderungen der Versorgungskasse an die VSt vom 29.11.1938; einzelne Schreiben zwischen Versorgungskasse, Amtsgericht Dortmund-Hörde und VSt Pensionsabteilung zur Aufwertung und Abtretung von Hypotheken.

2.5.4.3 Sonstige Versorgungseinrichtungen

1426 Satzung der Pensions-, Witwen- und Waisen-Kasse für die Beamten des Hoerder Vereins (Kopie einer Abschrift).
o. D.

2200 Familienunterstützungsfonds der Phoenix AG.
1885, 1897, 1907–1908
Aufstellung zu den Familienunterstützungseinrichtungen der Werke und Abteilungen der Phoenix AG, mit Angaben zu Satzungen, Beiträgen und Leistungen, o. D.; Gründungssatzung der Fa-

milienkrankenkasse des Hoerder Kohlenwerks vom 23.11.1897 (gedruckt); Satzung der Familien-Krankenkasse für die Eisenhütte „Phoenix" zu Bergeborbeck vom 01.02.1885 (gedruckt); Schriftwechsel zwischen Phoenix AG, Phoenix AG Hoerder Verein und Phoenix AG Abteilung Westfälische Union zur Organisation der Familienunterstützung in Krankheitsfällen.

2367 Pensions-, Witwen- und Waisen-Kasse für die Beamten des Phoenix, Aktien-Gesellschaft für Bergbau und Hüttenbetrieb.
1904–1918
Einzelne Schreiben zwischen Hoerder Verein und Pensions-, Witwen- und Waisen-Kasse für die Beamten des Hoerder Bergwerks- und Hütten-Vereins zur Anlage von Kassenmitteln in Wertpapieren; verschiedene Formulare der Pensions-, Witwen- und Waisen-Kasse für die Beamten des Phoenix (blanko); Ausführungsanweisung der Phoenix AG Hoerder Verein zur Satzung der Pensionskasse vom 20.01.1909; Jahresberichte der Pensionskasse für den Zeitraum 01.01.-30.06.1909 und die Geschäftsjahre 1912/13-1917/18; Satzungsentwurf der Pensionskasse, o. D. (gedruckt); Berichte des Prüfungsausschusses der Pensionskasse; Einladungen zu Versammlungen; einzelne Schreiben zwischen Phoenix AG Hoerder Verein und Pensionskasse zu Geschäftsergebnissen, Beitragseingängen und Fusion der beiden Pensionskassen.

2322 Kriegsbeschädigtenfürsorge.
1915–1916
Rundschreiben von Arbeit Nordwest und Vereinigung der Deutschen Arbeitgeberverbände; Tätigkeitsausschuß für Kriegsbeschädigtenfürsorge in der Rheinprovinz (Hg.): „Ratschläge für die Berufsberatung von Kriegsbeschädigten", Düsseldorf 1915, sowie Anweisung an die Berufsberater der Kriegsbeschädigtenfürsorge in der Provinz Westfalen zu Münster, o. D. (gedruckt); Zeitungsausschnitte; Niederschrift der außerordentlichen Hauptversammlung von Arbeit Nordwest zur Kriegsbeschädigtenfürsorge am 14.05.1915; Fürsorge für Kriegsbeschädigte (Sonderdruck aus der Zeitschrift „Stahl und Eisen" 35 (1915), H. 26); Aushang der Vereinigung der Deutschen Arbeitgeberverbände zur Bekanntmachung eines Beschlusses zur Organisation der Integration von Kriegsversehrten in die Wirtschaft, März 1915; Bewerbungsschreiben, mit Lebensläufen von Kriegsversehrten; Schriftwechsel zwischen Phoenix AG Hoerder Verein, Versorgungsstellen verschiedener Städte, Krankenkassen, Krankenhäusern und verschiedenen Militärstellen zur Beschäftigung und Versicherung von Kriegsversehrten.

2553 Beschäftigung Schwerbeschädigter.
1918–1927
Nachweise über die Beschäftigung Schwerbeschädigter durch die Phoenix AG Hoerder Verein für Arbeit Nordwest, 1918; Rundschreiben des Arbeitgeberverbands; Erhebungsbögen der einzelnen Betriebe der Phoenix AG Hoerder Verein zur Anzahl beschäftigter Schwerbeschädigter, u. a. vom März 1919 und November 1919; Aufstellungen aller Bezieher von Schwerbeschädigtenrenten bei der Phoenix AG Hoerder Verein, u. a. vom März 1919; Aufstellung aller bei der Phoenix AG Hoerder Verein beschäftigten Schwerbeschädigten vom 01.07.1921 und Januar 1925, mit Angaben zu Beruf, aktueller Tätigkeit, Familienstand und Grad der Behinderung; Schriftwechsel zwischen Phoenix AG Hoerder Verein bzw. VSt Hoerder Verein, einzelnen Betrieben und Wohlfahrtsamt der Stadt [Dortmund-]Hörde sowie verschiedenen anderen Behördenstellen zu Einstellung und Entlassung von schwerbeschädigten Arbeitern sowie rechtlichen Rahmenbedingungen der Beschäftigung Schwerbeschädigter.

2.5.5 Stammrollen

1808 Arbeiter-Stammrolle der Kokerei von Hoerder Eisenwerk bzw. Hochofenwerk Hörde, Buchstabe A-J.
1896-1924

1809 Dsgl., Buchstabe K-R.

1810 Arbeiter-Stammrolle der Elektrozentrale der Hermannshütte, Buchstabe A-Z.
1898-1923

1802 Arbeiter-Stammrolle des Hochofenwerks Hörde, Buchstabe A-D.
1904-1931

1803 Dsgl., Buchstabe E-H.

1804 Dsgl., Buchstabe I-M.

1805 Dsgl., Buchstabe N-R.

1806 Dsgl., Buchstabe S-U.

1807 Dsgl., Buchstabe V-Z.

5555 Arbeiter-Anlegebuch für Hermannshütte und Hochofenwerk Hörde, Buchstabe A-G.
1921-1928

5556 Dsgl., Buchstabe H-L.

5557 Dsgl., Buchstabe M-S.

5558 Dsgl., Buchstabe Sch-Z.

2.5.6 Arbeitsordnungen

2500 Arbeitsordnungen von Hoerder Verein bzw. Phoenix AG Hoerder Verein.
1865, 1890-1907, 1912-1920
Allgemeine Bestimmung zur Aufrechterhaltung der Arbeit vom 27.03.1865 (Abschrift); Arbeiterordnung für die auf den Werken des Hoerder Vereins beschäftigten Meister und Arbeiter vom 01.05.1892 (gedruckt und Entwürfe vom November 1890) und 28.12.1899 (gedruckt); Auszug aus den Bestimmungen der Gewerbeordnung über die Beschäftigung jugendlicher Arbeiter vom 01.06.1891 (Aushang, gedruckt); Bestimmungen über die Beschäftigung von Arbeiterinnen und jugendlichen Arbeitern in Walz- und Hammerwerken vom 01.02.1895 (Aushang, gedruckt); Arbeitsordnung für die auf den Werken des „Phoenix" Aktien-Gesellschaft für Bergbau und Hüttenbetrieb Abteilung Hoerder Verein beschäftigten Meister und Arbeiter (Neudruck der Arbeitsordnung des Hoerder Vereins vom 28.12.1899, 1907); Arbeitsordnung für die Arbeiter des Aachener Hütten-Actien-Vereins zu Rothe Erde bei Aachen vom 01.07.1900 (gedruckt); VDEh (Hg.): Entwurf zu einer Normalarbeitsordnung, 1891 (gedruckt); Arbeitsordnung der Union AG Dortmunder Eisen- und Stahlwerke vom 01.02.1892 (gedruckt); Arbeitsordnung für das Bergwerk Martini bei Oberlahr vom 26.08.1904 (gedruckt, mit handschriftlichen Änderungen, 1905); einzelne Schreiben zwischen Hoerder Verein, Königlichem Regierungspräsidium Arnsberg Bezirksausschuss, Stadt [Dortmund-]Hörde, Königlicher Gewerbe-Inspektion zu Dortmund und Betriebsleitern zu Betriebsrevisionen, Arbeitsordnungen und insbesondere zum Arbeitsrecht bei Beschäftigung ju-

gendlicher Arbeiter; einzelne Schreiben zwischen Phoenix AG Hoerder Verein und anderen Unternehmen zur Versendung von Arbeitsordnungen.

2670 Arbeitsordnung für bei der Phoenix AG Hoerder Verein beschäftigte Meister und Arbeiter.
1899, 1907
Neudruck der Arbeitsordnung des Hoerder Vereins vom 28.12.1899, 1907.

2501 Arbeitsordnungen der Eisen- und Stahlindustrie sowie der Phoenix AG Hoerder Verein.
1920–1923
Reichsarbeitsministerium (Hg.): Musterarbeitsordnung für Arbeiter vom 31.07.1920 (gedruckt); Christlicher Metallarbeiterverband, Deutscher Metallarbeiter-Verband, Gesamtverband Deutscher Metallindustrieller und Gewerkverein Deutscher Metallarbeiter H. D. (Hg.): [Muster-]Arbeitsordnung für die Metallindustrie vom 01.07.1920 (gedruckt); Zeitungsausschnitte; Gewerkverein christlicher Bergarbeiter, Gewerkverein der Fabrik- und Handarbeiter, Polnische Berufsvereinigung, Verband der Bergarbeiter Deutschlands und Zechen-Verband (Hg.): [Muster-]Arbeitsordnung für Zechen vom 25.08.1920 (gedruckt); Beschluss des Schlichtungsausschusses des Reichs- und Staatskommissars für gewerbliche Fragen zur Anhörung von Phoenix AG Hoerder Verein und Arbeiterrat des Unternehmens wegen Einführung einer Arbeitsordnung vom 11.04.1921 (Abschrift) sowie über die Auslegung der Arbeitsordnung im Bergbau bzw. Mitwirkung des Betriebsausschusses bei Festsetzung von Strafen (Betriebsausschuss gegen Verwaltung Siebenplaneten) vom 04.01.1922 (gedruckt); Arbeit Nordwest, Nordwestliche Gruppe des VDES, Deutscher Metallarbeiter-Verband, Christlicher Metallarbeiterverband und Gewerkverein Deutscher Metallarbeiter H. D. (Hg.): [Muster-]Arbeitsordnung für die Betriebe der rheinisch-westfälischen Eisen- und Stahlindustrie vom 31.08.1920 (gedruckt, mit handschriftlichen Änderungen, übernommen durch die Phoenix AG Hoerder Verein); [Muster-]Arbeitsordnung für die Märkische Eisen- und Metallindustrie, o. D. (gedruckt); Niederschriften von Sitzungen der Arbeitsgemeinschaft (Tarifgemeinschaft) für die rheinisch-westfälische Eisen- und Stahlindustrie (Typoskripte); Arbeitsordnung für verschiedene Betriebe der Gutehoffnungshütte vom 20.10.1920 (gedruckt); Arbeitsordnung für die Arbeiter der Dortmunder Hütte der Hoesch AG, o. D. (gedruckt); Arbeitsordnung für die Arbeiter der Phoenix AG Hoerder Verein vom 01.06.1921 (gedruckt); einzelne Schreiben zwischen Phoenix AG Hoerder Verein, Reichs- und Staatskommissar für gewerbliche Fragen und Unternehmen zu Inhalten von Arbeitsordnungen.
Darin auch: Werbung der Firma Eduard Schloemann zu Hydraulikanlagen und Pressen.

2.5.7 Jubilare

2276 Sonderzahlungen an Belegschaftsmitglieder für 25-jährige Betriebszugehörigkeit.
1903–1909
Aufstellungen zu Beamten und Arbeitern von Hermannshütte, Hochofenwerk Hörde, Hochofenwerk Dortmund und Hoerder Kohlenwerk mit 25-jähriger Betriebszugehörigkeit, mit Angaben zu Betrieb und Beruf bzw. Tätigkeit; einzelne Schreiben zwischen Unternehmensleitung, Betrieben und Jubilaren zu Jubiläumsterminen und Auszahlungen.

2310 Dsgl., 1910–1913.

2374 Dsgl., 1914–1919.

2362 Jubilarfeier am 16.12.1906
1906
Aufstellungen zu Arbeitern von Hermannshütte, Hochofenwerk Hörde, Hochofenwerk Dortmund und Hoerder Kohlenwerk mit über 25-jähriger Betriebszugehörigkeit, mit Angaben zu Betrieb, Arbeitsjahren, Alter und Beruf bzw. Tätigkeit; Programmheft, mit Aufstellung der Jubilare und Fotografien von Kokerei des Hochofenwerks Hörde und Schacht Schleswig des Hoerder Kohlenwerks (gedruckt); Zeitungsausschnitte; Eintrittskarten; einzelne Schreiben zwischen Hoerder Verein und Firma Louis Halbach, [Dortmund-]Hörde, zur Gestaltung von Programm und Programmheft; Rechnungen zu Menü, Getränken, Dekoration und Fotografien.

2.5.8 Kriegswirtschaft

5917 Beschäftigung belgischer Kriegsgefangener während des Ersten Weltkriegs.
1915–1918
Aufstellungen zu Kriegsgefangenen, mit Angaben zu Beschäftigungsdauer und Betrieb.
5914 Dsgl., 1916–1917, mit Aufnahmeanträgen der Versorgungskasse des „Phoenix", Abteilung Hoerder Verein.

5919 Beschäftigung „russisch-polnischer" und „deutsch-polnischer" Arbeiter während des Ersten Weltkriegs.
1915–1918
Aufstellungen zu Arbeitern, mit Angaben zu Beschäftigungsdauer und Betrieb.

5915 Beschäftigung von Frauen während des Ersten Weltkriegs.
1915–1919
Aufstellungen zur Beschäftigung von Frauen, mit Angaben zu Beschäftigungsdauer und Betrieb.
5916 Dsgl., 1916–1919.
5918 Dsgl., 1918–1919.

2.5.9 Belegschaftsbetreuung

2483 Arbeiterbibliotheken der Phoenix AG Hoerder Verein.
1907–1913
Rundschreiben, Bücher- und Neuerscheinungslisten sowie Lieferrechnungen für die Bibliotheken von Hüttenhospital Hörde und Arbeiterkaserne von Verein zur Verbreitung guter volkstümlicher Schriften, Schriftenvertriebsanstalt GmbH und Deutscher Gesellschaft zur Verbreitung guter Jugendschriften und Bücher; Geschäftsbericht des Vereins zur Verbreitung guter volkstümlicher Schriften, 1909/10, sowie Mitgliederverzeichnis, Satzung und Empfehlungsschreiben, o. D. (gedruckt).

2524 Werkszeitung der Phoenix AG.
1925–1926
Rundschreiben und Schriftwechsel zwischen Phoenix AG, Phoenix AG Hoerder Verein und einzelnen Betrieben zu Konzeption der Werkszeitschrift, Inhalten, Texten, Redaktionsfragen, Bereitstel-

lung von Informationen, Kosten und Aufnahme der Zeitungen durch die Belegschaft; Fotografien von Feuerlöschübungen, Jubilaren und Innenansichten der Elektrozentrale [?].

2.5.10 Sonstiges

2473 Besuch der Ständigen Ausstellung für Arbeiterwohlfahrt, [Berlin-]Charlottenburg, durch Arbeiter, Beamte und Meister.
1902–1916
Beschreibung der vom Hoerder Verein für den Ausstellungsteil der RWHWB zur Verfügung gestellten Modelle einer Flugstaubsammelkammer, einer mechanischen Schuttverladevorrichtung und einer Gichtgasleitung mit Explosionsschutz; Rundschreiben von RWHWB und Centralstelle für Arbeiter-Wohlfahrtseinrichtungen; Berichte über die Reisen von Betriebsingenieuren aus den Mitgliedsbetrieben der RWHWB zum Besuch der Ausstellung vom 15.10.1906–18.10.1906 und 07.10.1907–12.10.1907 (gedruckt); Berichte der RWHWB über die Meister- und Arbeiterreisen zur Besichtigung der Ausstellung vom 08.07.1908–16.07.1908 und vom 15.06.1910–23.06.1910 (gedruckt); Teilnehmerverzeichnisse und Programme der Reisen von Meistern und Arbeitern der Phoenix AG Hoerder Verein vom 12.07.1909–15.07.1909, 12.06.1911–15.06.1911 und 27.07.1914–30.07.1914 (gedruckt); Schriftwechsel zwischen Hoerder Verein bzw. Phoenix AG Hoerder Verein, RWHWB und Centralstelle für Arbeiter-Wohlfahrtseinrichtungen zur Teilnahme von Belegschaftsmitgliedern an Reisen zur Ausstellung.

2475 Abstellung von Polizeibeamten der Stadt [Dortmund-]Hörde für die Werke.
1903–1926
Einzelne Schreiben zwischen Hoerder Verein bzw. Phoenix AG Hoerder Verein und Stadt Hörde zur Abrechnung von Lohnkosten und Kleidergeld.

2295 Verschiedene Arbeiterangelegenheiten der Phoenix AG Hoerder Verein.
1908–1912
Aufstellung zu den aus Russland, Österreich, Ungarn, Böhmen und anderen osteuropäischen Ländern stammenden Arbeitern des Hochofenwerks Hörde und einiger Betriebe der Hermannshütte, 1908, im Rahmen einer Anordnung des Ministeriums des Innern; Plakat zur Frühjahrs-Kontrollversammlung 1911 im Landwehrbezirk II Dortmund; Schriftwechsel zwischen Phoenix AG Hoerder Verein, Stadt [Dortmund-]Hörde, Amt [Dortmund-]Aplerbeck und Militärstellen zu Ausgabe von Waffenscheinen, Besitz- und Verwendungsgenehmigungen für Sprengstoffe, Fragen der Arbeitssicherheit, Abstellung von Mitarbeitern für die Volkszählung 1910 und Reserveübungen, Krankheiten von Arbeitern und Wohnungsnachweisen, sowie mit verschiedenen ausländischen Konsulaten über die Ausstellung von Ursprungszeugnissen und deutschen Botschaften im Ausland zur Empfehlung von Auslandsvertretern.

2296 Bergarbeiterstreik 1912 beim Hoerder Kohlenwerk.
1912
Aushänge der Unternehmensleitung der Phoenix AG Hoerder Verein zum Streik; Rundschreiben des Zechen-Verbands zu Streikverlauf und Verhandlungen mit den Bergarbeitern; Aufstellungen des Bergbau-Vereins zum Verlauf des Streiks in allen Bergrevieren, mit Angaben zur Anzahl der angefahrenen und nicht angefahrenen Bergarbeiter (gedruckt); Antwort des Zechen-Verbands

auf die Forderungen der Arbeiter, o. D. (gedruckt); Forderungen von Verband der Bergarbeiter Deutschlands, Polnischer Berufsvereinigung (Zjenoczenie Zawodowe Polskie) und Gewerkverein christlicher Bergarbeiter vom 19.02.1912 (gedruckt); Rechnungen von Gastwirtschaften und Privatpersonen zur Unterbringung und Verpflegung von Polizeikräften; Schreiben des Gewerkvereins christlicher Bergarbeiter an die Phoenix AG Hoerder Verein, mit Aufforderung zur Erstattung von Kontraktbruchstrafen an nicht kontraktbrüchige Bergarbeiter (ausgefüllte Vordrucke); Begründung einer Klage von Bergleuten gegen den Zechen-Verband wegen unzulässiger Aussperrung bzw. Nichtwiederanlegung (gedruckt), mit jeweiligen Angaben zu Forderungen einzelner Bergarbeiter des Hoerder Kohlenwerks; Fragebogen des Zechen-Verbands zu den klagenden Bergleuten des Hoerder Kohlenwerks; Zeitungsausschnitte; einzelne Schreiben zwischen Phoenix AG Hoerder Verein, Hoerder Kohlenwerk, Zechen-Verband, Stadt [Dortmund-]Hörde und Amt [Dortmund-]Brackel zum Streikverlauf.

2469 Schlichtungsausschuss für den Landwehrbezirk Dortmund bzw. Staatlicher Schlichtungsausschuss Dortmund.
1920–1922
Schriftwechsel zwischen Phoenix AG Hoerder Verein, Betrieben, Betriebsrat und Schlichtungsausschuss zu verschiedenen Arbeiterangelegenheiten, u. a. Einstellungen, Versetzungen und Kündigungen, Arbeitszeit, insbesondere Veränderungen in den Wintermonaten, Arbeitseinstellungen und Lohnfragen, November 1920 bis November 1922.

2470 Dsgl., Staatlicher Schlichtungsausschuss Dortmund, 1922–1925.

2425 Arbeiterangelegenheiten.
1924–1926
Bewerbungs- und Antragsschreiben von Arbeitern; Schriftwechsel zwischen Phoenix AG Hoerder Verein, Bewerbern und Angehörigen von Arbeitern bzw. ehemaligen Arbeitern sowie anderen Unternehmen zu Entlassung, Einstellung, Wiedereinstellung und Ausstellung von Arbeitszeugnissen.

2.6 Kartelle, Verbände und Vereinigungen
2.6.1 Arbeitgeberverbände

2339 Arbeitgeberverband für Dortmund und Umgegend.
1904–1917
Einzelne Schreiben zur Initiative der Dortmunder Werkzeugmaschinen-Fabrik Wagner & Co. zur Gründung des Arbeitgeberverbands; Niederschriften von Besprechungen von Unternehmen der Dortmunder Stahl- und Maschinenbauindustrie zur Verbandsgründung; Aufstellung zu Dortmunder Unternehmen, mit Angaben zur Anzahl der Arbeiter; Niederschrift der Gründungsversammlung, mit Mitgliederliste des Verbands vom 18.01.1905; Satzung und Richtlinien zur Satzung des Arbeitgeberverbands vom 18.01.1905 (gedruckt), mit Entwürfen; Niederschriften von Vorstandssitzungen; Schriftwechsel zwischen Firma E. Willmann und Phoenix AG Hoerder Verein über Unzufriedenheit bei Kesselschmiedearbeitern, deren Forderungen nach Lohnerhöhungen, Bildung einer paritätisch besetzten Tarifkommission sowie Aufstellung von „Schwarzen Listen"; Mitteilungen verschiedener Unternehmen und des Verbands an die Verbandsmitglieder zu entlassenen, ausgeschiedenen und streikenden Arbeitern; stenografischer Bericht der öffentlichen Metallarbeiterversammlung am 23.11.1904 „bei Meier-Ebert zu Dortmund", Dortmund 1904 (ge-

druckt); Niederschriften der Mitgliederversammlungen des Arbeitgeberverbands am 30.10.1905, 27.10.1906, 30.10.1907, 12.11.1908 und 07.12.1909; Rundschreiben; Geschäftsberichte, 1907/08 und 1908/09; Aktien-Gesellschaft für Bergbau, Blei- und Zinkfabrikation zu Stolberg und in Westfalen (Hg.): „Die Lohnbewegung auf der Zinkhütte zu Dortmund im Februar/März 1911" (Broschüre); Plakat des Kriegsministeriums, mit Aufruf zur Vermeidung von Arbeitsplatzwechseln vom 08.02.1915.

2338/2 Arbeit Nordwest.
1906–1909
Rundschreiben von Arbeit Nordwest an die Mitglieder; Rundschreiben des Bergbau-Vereins zur Mitteilung kontraktbrüchiger Bergarbeiter; Geschäftsberichte des Arbeitgeberverbands, 1906/07 und 1907/08; Aufstellungen des Arbeitgeberverbands zu den bestreikten Unternehmen innerhalb und außerhalb des Verbandsgebiets am 26.04.1907 und 22.07.1907 (gedruckt); namentliche Aufstellungen zu streikenden Arbeitern verschiedener Unternehmen, u. a. der Süddeutschen Drahtindustrie AG, Mannheim; Richard Ehrenberg: „Plan zur Errichtung eines Instituts für exakte Wirtschaftsforschung" (Sonderdruck aus der Zeitschrift „Thünen-Archiv" 2 (1907), H. 2); Zeitungsausschnitte; Niederschriften der Hauptversammlungen des Arbeitgeberverbands und der Hauptstelle Deutscher Arbeitgeberverbände, 1907 (gedruckt); Anhang zum Handbuch für das Baugewerbe, mit Angaben zu baugewerblichen Arbeitgeberorganisationen in Rheinland und Westfalen, 1907 (Broschüre); Alexander Tille: „Die Arbeitgeberpartei und die politische Vertretung der deutschen Industrie" (Südwestdeutsche Flugschriften, H. 5), Saarbrücken 1908; Schriftwechsel zwischen Phoenix AG Hoerder Verein und Arbeitgeberverband zu Lohnentwicklung, Streiks und Fluktuation der Belegschaften.

2338/1 Arbeit Nordwest.
1908–1911
Rundschreiben von Arbeit Nordwest an die Mitglieder; Geschäftsberichte, 1908/09 und 1909/10; Zeitungsausschnitte der Arbeiterpresse zur Situation der Arbeiter bei der Phoenix AG Hoerder Verein; Aufstellung des Arbeitgeberverbands zur Anzahl der Arbeiter im Verbandsgebiet, aufgeschlüsselt nach Fach- und Hilfsarbeitern, Deutschen und Ausländern sowie Art der Betriebe, o. D. (gedruckt); H. Bürger: „Soziale Tatsachen und sozialdemokratische Lehren", o. D. (Broschüre); M. Rath: „An die Genossen und an Alle, die denken gelernt haben", o. D. (Broschüre); Niederschrift der Hauptversammlung des Arbeitgeberverbands, 1911 (gedruckt); Schriftwechsel zwischen Phoenix AG Hoerder Verein und Arbeitgeberverband zu Gegendarstellung des Unternehmens gegen einen Bericht der Metallarbeiter-Zeitung über Betriebsversammlungen der Arbeiter des Blechwalzwerks, Lohnentwicklung, Streiks und Fluktuation der Belegschaften.

535 Arbeit Nordwest.
1910–1917
Rundschreiben des Arbeitgeberverbands an die Mitglieder, Januar 1912 bis März 1917; Technisch-Industrielle Rundschau 18 (1912), H. 4; Geschäftsberichte des Verbands, 1910/11–1912/13; Niederschriften der Hauptversammlungen, 1912–1916; Mitgliederverzeichnisse, 1915 und 1916; Satzung, 1911; Richtlinien zu den Satzungen; Mustersatzung für gewerbliche Betriebskrankenkassen nach der Bekanntmachung des Reichskanzlers vom 17.03.1913 (gedruckt); Muster-Lehrvertrag für Lehrlinge in den Werkstätten der Maschinen- und Metallindustrie (gedruckt); Ernst Hoff: „Hat der Arbeitgeber ein Interesse am Wirtschaftsfrieden? Vortrag, gehalten auf der 6. Jah-

restagung des Hauptausschusses nationaler Arbeiter- und Berufsverbände Deutschlands in Breslau am 02.09.1916", Düsseldorf 1916; Zeitungsausschnitte.

2520 Richtlinien von Arbeit Nordwest zur Auslegung und Durchführung des Betriebsrätegesetzes.
1920-1921
Rundschreiben Nr. 1-47 und Nr. 49-50 des Arbeitgeberverbands (z. T. gedruckt und Typoskripte); Sachregister zu den Richtlinien Nr. 1-39 und Nr. 40-50 (gedruckt).

2511 Arbeitgeberverband für Düsseldorf und Umgegend.
1924-1926
Rundschreiben an die Mitglieder, Januar bis Dezember 1925; Inhaltsverzeichnisse der Rundschreiben, 01.07.1924-31.12.1924, 01.01.1925-30.06.1925 und 01.07.1925-31.12.1925; Satzung vom 12.10.1925.

2512 Arbeitgeberverband für Düsseldorf und Umgegend.
1926
Rundschreiben an die Mitglieder, Januar bis Mai 1926.

2.6.2 Centralverband Deutscher Industrieller, ab 1919 Reichsverband Deutscher Industrieller, Verein Deutscher Eisen- und Stahlindustrieller und dessen Nordwestliche Gruppe

2308 Statistiken des VDES.
1904-1913
Rundschreiben des Statistischen Büros des VDES zur Roheisenproduktion der Hochofenwerke, Januar 1904 bis Juni 1908; monatliche Mitteilungen von Hoerder Verein bzw. Phoenix AG Hoerder Verein an das Statistische Büro zu Roheisenproduktion und Lagermengen, Januar 1904 bis Juni 1908; Statistisches Büro (Hg.): Die deutsche Einfuhr und Ausfuhr von Erzen, Eisen, Kupfer, Zink, Zinn und Kohlen im Jahre 1903, im ersten Vierteljahr 1904, im Jahre 1904 (vorläufige Zusammenstellung), im Jahre 1905 (vorläufige Zusammenstellung) (Broschüren, gedruckt); Statistisches Büro (Hg.): Die deutsche Einfuhr und Ausfuhr von Erzen, Eisen, Kupfer, Zink, Zinn und Kohlen, von Steinkohlenteer, Vitriol und Thomasphosphatmehl im Jahre 1907, im Jahre 1908, im Jahre 1911 (Broschüren, gedruckt); Statistisches Büro (Hg.): Erzeugung des deutschen Eisen- und Stahl-Industrie mit Einschluss Luxemburgs in den Jahren 1901-1903, mit vergleichenden Übersichten für die Jahre 1894-1903, in den Jahren 1902-1904, mit vergleichenden Übersichten für die Jahre 1895-1904, sowie in den Jahren 1903-1905, mit vergleichenden Übersichten für die Jahre 1896-1905; Rundschreiben des CDI zu statistischen Erhebungen; Die Gewinnung der Bergwerke und Hütten im Deutschen Reich und in Luxemburg während der Jahre 1904-1907; monatliche Übersichten der Roheisenbestände, November 1906 bis Februar 1908; einzelne Statistiken zur Flussstahlproduktion.

2242 CDI, VDES und dessen Nordwestliche Gruppe.
1905-1907
Rundschreiben von CDI, VDES und dessen Nordwestlicher Gruppe an die Mitglieder, insbesondere zu Produktion im In- und Ausland, Zöllen, Preisen, Ex- und Importfragen und zum Eisenbahnwesen; vertrauliche Rundschreiben des CDI; Gesetzentwurf betreffend die Abänderung einzelner Be-

stimmungen des Allgemeinen Berggesetzes vom 24.06.1865/1892, 1907 (gedruckt); Satzungen des VDES, 1905 und 1906 (gedruckt); Rundschreiben der Centralstelle für Vorbereitung von Handelsverträgen zum „Übergang in die neuen Zollverhältnisse", Februar 1906; Entwurf eines Gesetzes betreffend die Änderung des Gesetzes über den Unterstützungswohnsitz, o. D. (Broschüre des Langnamvereins); Entwurf eines Gesetzes betreffend gewerbliche Berufsvereine (Sonderdruck aus Verhandlungen, Mitteilungen und Berichte des CDI, H. 104, Berlin 1906); Petition des CDI an das Haus der Abgeordneten zum Gesetzentwurf, betreffend die Abänderung einzelner Bestimmungen des Allgemeinen Berggesetzes vom 05.03.1907 (gedruckt); Niederschriften von Vorstandssitzungen des VDES; Geschäftsberichte und Niederschriften der Generalversammlung des VDES, 1905 und 1906 (gedruckt).

2301 CDI, VDES und dessen Nordwestliche Gruppe.
1907–1912
Henry Axel Bueck (Bearb.): „Verhandlungen der Vertreter der Kartelle und Syndikate am 27.02.1907 zu Berlin", Berlin 1907; Rundschreiben von CDI, VDES und dessen Nordwestlicher Gruppe an die Mitglieder, insbesondere zu Produktion im In- und Ausland, Zöllen, Preisen, Ex- und Importfragen, Kolonialismus sowie Transport- und Verkehrswesen; vertrauliche Rundschreiben des CDI; Niederschriften von Vorstandssitzungen des VDES; Geschäftsberichte und Niederschriften der Generalversammlung des VDES, 1907, 1909, 1911 und 1912 (gedruckt); Geschäftsbericht der Nordwestlichen Gruppe an die Generalversammlung, 1908 (Entwurf, gedruckt); Inhaltsverzeichnis der Deutschen Industrie-Zeitung 25 (1906) (gedruckt) sowie H. 5, 27 (1908); Aufstellung der Abonnenten und Inserenten der Zeitung „Die Post" aus Handel, Industrie und Verbänden; Mitgliedskarte des CDI für die Phoenix AG Hoerder Verein, 1909; Verein deutscher Chemiker (Hg.): „Verzeichnis der zu Recht bestehenden deutschen Patente, deren Inhaber in England ihren Wohnsitz haben, von 1894–1904 einschließlich", Elberfeld 1909; Petition des VDES an das Handelsministerium zur „Bekanntmachung des Reichskanzlers vom 19.12.1908", mit Bezug auf den Betrieb der Anlagen der Großeisenindustrie vom 06.01.1910 (gedruckt); Zeitungsausschnitte; Die Verhandlungen der Reichstagskommission für die Reichsversicherungsordnung (Sonderdruck aus der „Deutschen Industrie-Zeitung", 29 (1910), H. 31–33); CDI (Hg.): „Der staatliche Bergbau in Preußen, Düsseldorf 1911; Mitgliederwerbung und Informationsmaterial des Kolonial-Wirtschaftlichen Komitees, mit Mitgliederverzeichnis sowie Aufstellungen zu Vorstands- und Gremienmitgliedern", 1912 (gedruckt); Ferdinand Schweighotter: „Centralverband und Fertigindustrie. Eine zeitgemäße Betrachtung", Berlin 1912; Das preußische Wassergesetz nach den Beschlüssen erster Lesung der Kommission des Preußischen Abgeordnetenhauses (Sonderdruck aus der „Deutschen Industrie-Zeitung", 31 (1910), H. 26 und 28); CDI (Hg.): „Das preußische Wassergesetz nach der zweiten Lesung der 13. Kommission des Abgeordnetenhauses", Berlin 1912; Aufstellung indischer Unternehmen für Regierungslieferungen von Eisen- und Stahlerzeugnissen, 1912; Geschäftsbericht des CDI für die Delegiertenversammlung am 12.12.1912 (gedruckt); Schriftwechsel zwischen Phoenix AG Hoerder Verein und Nordwestlicher Gruppe zu den Inhalten der Rundschreiben.

2323 Statistiken des VDES.
1908–1916
Rundschreiben des Statistischen Büro des VDES zur Roheisenproduktion der Hochofenwerke im Deutschen Reich und in Luxemburg, Januar 1914 bis April 1916; Monats- und Dreimonatsaufstellungen zu Flussstahlerzeugung und Lagermengen, Januar 1914 bis April 1916; Statistisches Büro

(Hg.): Die amtlichen Erhebungen über die Erzeugung der reichsdeutschen Eisenindustrie in den Jahren 1908–1912 (gedruckt); Statistisches Büro (Hg.): Die deutsche Einfuhr und Ausfuhr von Erzen, Eisen, Kupfer, Zink, Zinn und Kohlen, von Steinkohlenteer, Vitriol und Thomasphosphatmehl in den Jahren 1912 und 1913 (Broschüre, gedruckt); Statistisches Büro (Hg.): Die Erzeugung der deutschen Walzwerke im Deutschen Reich und in Luxemburg 1913, 1914 und 1915 (gedruckt); Statistisches Büro (Hg.): Ausfuhr von Fein- und Mittelblechen, Januar bis März 1916 (gedruckt); einzelne Schreiben zwischen Phoenix AG und Phoenix AG Hoerder Verein zur Bereitstellung von Informationen.

482 CDI, VDES und dessen Nordwestliche Gruppe.
1911–1913
Rundschreiben von CDI, VDES und dessen Nordwestlicher Gruppe an die Mitglieder, insbesondere zu Exportfragen, Sozialversicherungswesen und Eisenbahntarifen; Rundschreiben der Phoenix AG an die Betriebsabteilungen; Fragebogen des Wasserwirtschaftlichen Verbands, Berlin, über Wasserentnahme und Abwasserableitung zur Feststellung von Wünschen der Industrie hinsichtlich der Ausführungsbestimmungen des Preußischen Wassergesetzes vom 07.04.1913, mit Angaben der Phoenix AG Hoerder Verein; Niederschrift der Vorstandssitzung des VDES am 05.11.1913; CDI (Hg.): „Zur Arbeitslosenversicherung", Berlin 1913; CDI (Hg.): „Die Berechtigung und Notwendigkeit der Konkurrenzklausel", o. O. o. J.; Reichsamt des Innern (Bearb.): „Niederlande-Zolltarifentwurf vom Jahre 1911", Berlin 1911; Mitgliederverzeichnis des VDES (Stand Februar 1913).

2316 CDI, VDES und dessen Nordwestliche Gruppe.
1913–1915
Rundschreiben von CDI, VDES und dessen Nordwestlicher Gruppe an die Mitglieder, insbesondere zu Produktion im In- und Ausland, Zöllen, Preisen, Ex- und Importfragen, Kolonialismus, Transport- und Verkehrswesen, Auswirkungen des Ersten Weltkriegs und Organisation der Kriegswirtschaft; vertrauliche Rundschreiben des CDI, insbesondere zur wirtschaftlichen Lage des Auslands; Niederschriften von Vorstandssitzungen des VDES; Aufstellung verschiedener Betriebe der Phoenix AG Hoerder Verein zur Lieferung von Friedens- und Kriegsmaterial, August 1914 bis April 1915; einzelne Schreiben zwischen Phoenix AG Hoerder Verein und Nordwestlicher Gruppe zu den Inhalten der Rundschreiben.

2326 CDI, VDES und dessen Nordwestliche Gruppe.
1915–1917
Rundschreiben von CDI, VDES und dessen Nordwestlicher Gruppe an die Mitglieder, insbesondere zu Auswirkungen des Ersten Weltkriegs und Organisation der Kriegswirtschaft, Produktion im In- und Ausland, Preisen, Ex- und Importfragen, Transport- und Verkehrswesen; vertrauliche Rundschreiben des CDI, insbesondere zur wirtschaftlichen Lage des Auslands; Niederschriften von Vorstandssitzungen des VDES; Bericht über die am 09.12.1915 im Gasthof Adlon zu Berlin abgehaltene Kriegstagung der Mitglieder des VDES (gedruckt); Satzung des CDI vom 16.10.1916 (gedruckt); einzelne Schreiben zwischen Phoenix AG Hoerder Verein und Nordwestlicher Gruppe zu den Inhalten der Rundschreiben.

2341 Statistiken des VDES.
1916–1918
Rundschreiben des Statistischen Büros des VDES zur Roheisenproduktion der Hochofenwerke

im Deutschen Reich und in Luxemburg bzw. im deutschen Zollgebiet, Mai 1916 bis Juni 1918; Monatsaufstellungen zu Flussstahlerzeugung und Lagermengen sowie Roheisenbeständen, Mai 1916 bis Juni 1918; Monatsaufstellungen zur Walzwerkserzeugung im deutschen Zollgebiet, Januar 1917 bis Juni 1918; Statistisches Büro (Hg.): Einzelne Statistiken zur Radsatzproduktion; Die Erzeugung der Walzwerke im Deutschen Reich und Luxemburg in den Kriegsjahren 1914, 1915 und 1916, Berlin 1917; einzelne Schreiben zwischen Phoenix AG, Hoerder Verein und Statistischem Büro zur Bereitstellung von Informationen.

2345 CDI, VDES und dessen Nordwestliche Gruppe.
1917–1918
Rundschreiben von VDES und dessen Nordwestlicher Gruppe an die Mitglieder, insbesondere zu Auswirkungen des Ersten Weltkriegs und Organisation der Kriegswirtschaft, Produktion im In- und Ausland, Preisen, Ex- und Importfragen, Transport- und Verkehrswesen; vertrauliche Rundschreiben des CDI, insbesondere zur wirtschaftlichen Lage des Auslands; Niederschriften von Vorstandssitzungen des VDES; Niederschrift der Hauptversammlung des VDES am 23.04.1917 (gedruckt); Jakob Wilhelm Reichert: „Kriegsorganisation der Eisen- und Stahlindustrie", Berlin Mai 1917; Denkschrift des CDI über die Errichtung von Arbeitskammern, Berlin Dezember 1917; Zeitschrift „Wegweiser für das werktätige Volk" 5 (1918), Februar-Heft; VDES und VDEh (Hg.): „Zur Einverleibung der französisch-lothringischen Eisenerzbecken in das deutsche Reichsgebiet. Abschrift einer an die Reichs- und Oberste Heeresleitung gerichteten Denkschrift", Berlin/Düsseldorf Dezember 1917; Zeitschrift „Handelsstatistische Blätter", Nr. 1/1918 und 2/1918; Martin Spahn: „Die Wiedereinleibung der Eisenerzbecken von Briey und Longwy in das deutsche Reichsgebiet. Ein geschichtliches Gutachten", Berlin/Düsseldorf Ostern 1918; Bericht an die Hauptversammlung der Nordwestlichen Gruppe am 12.04.1918 (Original und Entwurf, gedruckt); einzelne Schreiben zwischen Phoenix AG Hoerder Verein, Verbänden und verschiedenen Militärstellen zu den Inhalten der Rundschreiben.

2380 CDI bzw. RDI, VDES und dessen Nordwestliche Gruppe.
1914–1920
Rundschreiben von CDI bzw. RDI, VDES und dessen Nordwestlicher Gruppe an die Mitglieder, Dezember 1918 bis Juni 1920, insbesondere zu Auswirkungen des Ersten Weltkriegs und Organisation der Friedenswirtschaft; Niederschriften von Vorstandssitzungen des VDES; Niederschrift der „Kundgebung zur Notlage des deutschen Wirtschaftslebens" am 13.03.1919, veranstaltet u. a. von Deutschem Industrie- und Handelstag, Reichsauschuß der deutschen Landwirtschaft, RDI und Deutschem Handwerks- und Gewerbekammertag (gedruckt); Satzung des RDI vom 12.04.1919 (gedruckt); Niederschrift der Gründungsversammlung des RDI am 12.04.1919 sowie Bericht über die Jenaer Tagung des CDI und des Bundes der Industriellen am 03.02.1919 (Veröffentlichungen des RDI, H. 1); Petition von RDI, Centralverband des Deutschen Bank- und Bankiergewerbes, Hauptgemeinschaft des deutschen Einzelhandels, Vereinigung der Deutschen Arbeitgeberverbände und Zentralverband des Deutschen Großhandels an die Mitglieder der Deutschen Nationalversammlung zum Entwurf eines Betriebsrätegesetzes vom August 1919 (gedruckt); Beratungen über die Frage der Selbstverwaltungskörper am 12.06.1919 (Veröffentlichungen des RDI, H. 3); Niederschriften von Kalkverteilungssitzungen des Deutschen Kalkbunds GmbH, 1919 und 1920 (gedruckt); Beratung über den Gesetzentwurf über Betriebsräte am 24.09.1919 (Veröffentlichungen des RDI, H. 7); Vortrag des Reichskommissars zur Ausführung von Aufbauarbeiten in den zerstörten Gebieten, Hilbenz, auf der Hauptvorstandssitzung des VDES am 21.10.1919

(gedruckt); Niederschrift der Hauptversammlung des VDES 1919 (gedruckt); einzelne Schreiben zwischen Phoenix AG Hoerder Verein und Verbänden zu den Inhalten der Rundschreiben.
Darin auch: Rundschreiben des Kriegsausschusses der deutschen Industrie an die Mitglieder von CDI und Bund der Industriellen; Kriegsausschuß der deutschen Industrie (Hg.): „Der Kriegsausschuß der deutschen Industrie. Seine Entstehung und seine Aufgaben", Berlin 1914; Niederschrift einer „Versammlung aus Anlass des Krieges" von Deutschem Handelstag, Deutschem Landwirtschaftsrat, Kriegsausschuß der deutschen Industrie und Deutschem Handwerks- und Gewerbekammertag, o. D. (gedruckt); Fragebogen des Deutschen Vereins für den Schutz des gewerblichen Eigentums zum gewerblichen Rechtschutz im Krieg, o. D. (gedruckt); Mitteilungen des Kriegsausschusses der deutschen Industrie, Nr. 117 vom 30.09.1916; Mitteilungen der Steuerauskunftsstelle des Kriegsausschusses der deutschen Industrie, Nr. 1 vom 25.02.1918.

2409 Statistiken des VDES.
1918–1924
Monatliche Mitteilungen der Phoenix AG Hoerder Verein an das Statistische Büro des VDES zu Betrieb und Produktion von Hochofenwerk Hörde und Hochofenwerk Dortmund, Januar 1920 bis Januar 1924; Rundschreiben des Statistischen Büros zur Roheisenproduktion der Hochofenwerke im deutschen Zollgebiet, Juli 1918 bis Oktober 1919, sowie Gesamtjahresübersicht 1918; Monatsaufstellungen zu Flussstahlerzeugung und Lagermengen sowie Roheisenbeständen, Juli 1918 bis Oktober 1919, sowie Gesamtjahresübersicht 1918; Monatsaufstellungen zur Walzwerkserzeugung sowie der angeschlossenen Schmiede- und Presswerke im deutschen Zollgebiet, Juli 1918 bis Oktober 1919, sowie Gesamtjahresübersicht 1918; Statistisches Büro (Hg.): Einzelne Statistiken zur Radsatzproduktion; Nordwestliche Gruppe des VDES (Hg.): Statistische Mitteilungen, H. 2: Roheisen und Flussstahl, Jahrgang 1919 (gedruckt); Produktion der Kohlen-, Eisen- und Hüttenindustrie im Jahre 1916, 1917, 1918 und 1920 (Sonderdrucke aus den Vierteljahrsheften zur Statistik des Deutschen Reichs); Schriftwechsel zwischen Phoenix AG Hoerder Verein und Statistischem Büro zur Bereitstellung von Informationen.

2389 RDI, VDES und dessen Nordwestliche Gruppe.
1920–1921
Rundschreiben und geschäftliche Mitteilungen von RDI, VDES und dessen Nordwestlicher Gruppe an die Mitglieder, Juli 1920 bis November 1921; Niederschriften von Vorstandssitzungen des VDES; Geschäftsberichte der Nordwestlichen Gruppe für die Hauptversammlungen, 1920 und 1921 (gedruckt); Mitgliederverzeichnis des VDES, Stand 15.03.1921 (gedruckt); Niederschriften von Kalkverteilungssitzungen der Deutschen Kalkbund GmbH, 1920 (gedruckt); Niederschriften von Vorstandssitzungen von VDES und Fachgruppe der Eisen schaffenden Industrie beim RDI (gedruckt); Kurt Freiherr von Lersner (Hg.): „Versailles! Volkskommissar des Friedensdiktats", Berlin 1921; Niederschrift einer „Protestversammlung gegen die Vergewaltigung Oberschlesiens" am 22.05.1921 (gedruckt); Niederschrift einer „öffentlichen Protestversammlung für ein ungeteiltes deutsches Oberschlesien" am 15.07.1921 (gedruckt); einzelne Schreiben zwischen Phoenix AG Hoerder Verein und Verbänden zu den Inhalten der Rundschreiben.

2418 RDI, VDES und dessen Nordwestliche Gruppe.
1921–1925
Rundschreiben von RDI und dessen Nordwestlicher Gruppe an die Mitglieder, Dezember 1921 bis Mai 1925; Geschäftsbericht der Nordwestlichen Gruppe für die Hauptversammlung 1922 (ge-

druckt); Niederschriften der Hauptversammlungen des VDES, 1922 und 1925, sowie der Mitgliederversammlung am 19.01.1923; Niederschriften von Kalkverteilungssitzungen der Deutschen Kalkbund GmbH, 1922 (gedruckt); Niederschriften von Vorstandssitzungen von VDES und Fachgruppe der Eisen schaffenden Industrie beim RDI (gedruckt); Reinhold Quaatz: „Die Eisenbahn und die Staatswirtschaft" (Sonderdruck aus der Zeitschrift „Wirtschaftliche Nachrichten aus dem Ruhrbezirk" vom 26.11.1921); Inhaltsverzeichnisse zu den Geschäftlichen Mitteilungen für die Mitglieder des RDI 3 (1921) und 5 (1923) (gedruckt); Werbung der Zeitschrift „Arbeiterschutz", mit Plakat; Die deutsche Eisenbahnfrage. Gutachten, erstattet im Auftrag des RDI, Berlin 1922; VDES (Hg.): „Die Eisenversorgung Süddeutschlands", Berlin 1925; Niederschrift der Mitgliederversammlung der Norddeutschen Gruppe des VDES 1925; Aufruf des RDI zur Bildung eines Industriefonds, o. D. (gedruckt); einzelne Schreiben zwischen Phoenix AG Hoerder Verein und Verbänden zu den Inhalten der Rundschreiben.

2.6.3 Emschergenossenschaft

2237 Emschergenossenschaft.
1904–1907
Einzelne Schreiben zwischen Hoerder Verein und Stadt [Dortmund-]Hörde zur Gründung der Emschergenossenschaft und Besetzung der Genossenschaftsgremien; Satzung vom 19.03.1906, mit Entwürfen (gedruckt); Aufstellungen zu den Abgeordneten der Städte und Kreise zur Genossenschaftsversammlung; Gesetz betreffend die Bildung einer Genossenschaft zur Regelung der Vorflut und zur Abwässerreinigung im Emschergebiete vom 14.07.1904 (gedruckt); Niederschriften der Genossenschaftsversammlung am 17.06.1905; Gutachten der Herren Baurat Michelmann, Dr. Baumann und Stadtbaurat Lamprecht in Sachen Kirchengemeinde Mengede vom 23.10.1904 (gedruckt); Niederschriften von Vorstandssitzungen; Allgemeine Vertragsbedingungen für die Ausführung von Bauten, Leistungen und Lieferungen für die Emschergenossenschaft, o. D. (gedruckt); Rundschreiben an die Vorstandsmitglieder; Geschäftsanweisung für den Baudirektor; Allgemeine Bestimmungen für die Angestellten der Emschergenossenschaft; Arbeitsvertrag (blanko); Erste ordentliche Veranlagung durch den Genossenschaftsvorstand, Februar 1907 (gedruckt), sowie Ergänzung und Berichtigung des Katasters vom Juli 1907 (Typoskripte); Lageplan des Wassersammelgebiets der Emscher (westlicher Teil des Ruhrgebiets bis Gelsenkirchen); Höhenplan der Emscher zwischen [Duisburg-]Walsum und [Essen-]Karnap; Emschergenossenschaft (Hg.): Denkschrift über die Frage, ob und etwa welche Maßnahmen zum Schutze der Vorflut gegen übermäßige Bodensenkungen infolge Bergbaues zu treffen sind (Typoskript); einzelne Schreiben zwischen Phoenix AG Hoerder Verein und Emschergenossenschaft zur Veranlagung.

2256 Emschergenossenschaft.
1904, 1907–1913
Bruno Schulz-Briesen: „Die Genossenschaft zur Regulierung der Vorflut und der Abwässerreinigung im Emschergebiet" (Sammlung Berg- und Hüttenmännischer Abhandlungen, H. 14), Kattowitz 1907; Niederschriften von Vorstandssitzungen; Einspruch der Phoenix AG gegen die Veranlagung der Abteilung Ruhrort zur Emschergenossenschaft für das Geschäftsjahr 1907 vom 24.04.1907 und Entscheidung des vorläufigen Genossenschaftsvorstands zum Einspruch vom 04.09.1907 (Abschriften); Antrag von Gewerkschaft ver. Helene & Amalie und Fried. Krupp AG an den Oberpräsidenten der Provinz Westfalen zur Regulierung des Sälzerbachs in Essen vom

12.12.1907 (Abschrift); Bericht des Baudirektors über den Fortschritt der Arbeiten im vierten Quartal 1907 (gedruckt); Inhaltsangabe eines Entwurfs zu einem preußischen Wassergesetz (Abschrift); Haushaltsplan für das Geschäftsjahr 1908 (gedruckt); Lageplan zur Regulierung der Emscher auf Grundstücken der Rheinischen Stahlwerke in [Duisburg-]Meiderich und der Phoenix AG in [Duisburg-]Ruhrort; Verzeichnis der Abgeordneten der Genossenschaftsversammlung für die Geschäftsjahre 1907/08-1912/13 (gedruckt); Veranlagung zur Emschergenossenschaft 1908 (gedruckt); Berichtigtes Kataster zur ersten ordentlichen Veranlagung vom Oktober 1907 (gedruckt); Gesetz betreffend die Bildung einer Genossenschaft zur Regelung der Vorflut und zur Abwässerreinigung im Emschergebiete vom 14.07.1904 (gedruckt); Satzung vom 14.07.1904 (gedruckt); Niederschrift einer Besichtigung der Abwasserverhältnisse von Hermannshütte, Hochofenwerk Hörde und Hochofenwerk Dortmund durch Mitarbeiter der Emschergenossenschaft am 16.03.1908; Niederschrift der Genossenschaftsversammlung am 24.03.1908 (gedruckt); Einspruch der Phoenix AG gegen die Veranlagung der Abteilungen Hoerder Verein und Ruhrort sowie der Zeche Westende für das Geschäftsjahr 1908 vom 20.05.1908 sowie der Zechen Nordstern, Holland und Graf Moltke vom 21.05.1908; einzelne Schreiben zwischen Phoenix AG Hoerder Verein, Fried. Krupp AG und Emschergenossenschaft zu Veranlagung und Einsprüchen.

2371 Emschergenossenschaft.
1907, 1912-1919
Entwurf zum Bau einer Wassergewinnungsanlage für die Hermannshütte an der neuen Emscher vom Januar 1913, mit Lageplan, Grund- und Aufrisszeichnungen, Höhenplan und Schnittzeichnung von Gewinnungsanlage und Kläranlage; Allgemeine Vertragsbedingungen für die Ausführung von Bauten, Leistungen und Lieferungen für die Emschergenossenschaft, Juli 1912 (gedruckt); Besondere Bedingungen der Emschergenossenschaft für die Ausführung von Erdarbeiten, Oktober 1907 (gedruckt); Zeitungsausschnitte; Niederschriften der Genossenschaftsversammlungen am 30.01.1914, 09.04.1915, 20.04.1916, 02.05.1917 und 24.06.1918 (gedruckt); Haushaltspläne für die Rechnungsjahre 1916-1918 (gedruckt); Verzeichnisse der Abgeordneten der Genossenschaftsversammlung für den Zeitraum 01.04.1913-31.03.1919, Stand vom 31.03.1916, 31.03.1917 und 31.03.1918 (gedruckt); Lageplan einer projektierten Kläranlage der Stadt [Dortmund-]Hörde; einzelne Schreiben zwischen Phoenix AG Hoerder Verein, Stadt Hörde und Emschergenossenschaft zu Veranlagung und verschiedenen Bauarbeiten.

2280 Emschergenossenschaft.
1908-1910
Niederschriften von Vorstandssitzungen; Beschluss des Genossenschaftsvorstands vom 14.07.1908 zum Einspruch der Phoenix AG gegen die Veranlagung der Abteilungen Hoerder Verein und Ruhrort für das Geschäftsjahr 1908 vom 20.05.1908 und der Abteilung Bergwerke mit den Zechen Nordstern, Westende, Holland und Graf Moltke vom 21.05.1908 sowie Berufungsschreiben der Phoenix AG vom 02.10.1908; Aufstellungen zu den Genossenschaftsbeiträgen der Beteiligten der Emschergenossenschaft im Landkreis [Dortmund-]Hörde laut Veranlagungskataster vom Juli 1908 und März 1909 (Abschriften); Berichte des Baudirektors über den Fortschritt der Arbeiten im dritten Quartal 1908 und ersten Quartal 1909 (gedruckt); Geschäftsbericht, 1908, mit Übersichtsplan über das Wassersammelgebiet der Emscher; Verzeichnis der Abgeordneten der Genossenschaftsversammlung für die Jahre 1907/08-1912/13 (gedruckt); Haushaltsplan, 1909 (gedruckt); Gemeinsames Rundschreiben von Emschergenossenschaft und Königlichem Oberbergamt Dortmund zu Behandlung und Einleitung von Grubenwasser und Bau von Klärbecken vom 10.09.1909; Betriebszählkarte der RWHWB

für das Hochofenwerk Dortmund zur Anzahl der Arbeiter, Lohnhöhe und Anzahl der entschädigten Arbeitsunfälle für die Geschäftsjahre 1885/86-1908; Aufstellung zur Roheisenproduktion im Hochofenwerk Dortmund, 1890/91-1898/99, vom 27.11.1909; Beschluss der Berufungskommission der Emschergenossenschaft zur Veranlagung der o. g. Abteilungen der Phoenix AG für das Jahr 1908 vom 14.07.1909; einzelne Schreiben zwischen Phoenix AG, Phoenix AG Hoerder Verein, Landkreis Hörde, Königlichem Bezirksausschuss und Emschergenossenschaft zu Veranlagung und Einsprüchen.

2307 Emschergenossenschaft.
1910–1914
Mitteilung der Emschergenossenschaft vom 26.08.1910 zum Beschluss der Berufungskommission vom 07.06.1910 zum Einspruch der Phoenix AG gegen die Veranlagung der Abteilungen Hoerder Verein, Ruhrort und Bergwerke mit den Zechen Nordstern, Westende, Holland und Graf Moltke für das Geschäftsjahr 1909; Aufstellungen zu den Genossenschaftsbeiträgen der Beteiligten der Emschergenossenschaft im Landkreis [Dortmund-]Hörde für die Genossenschaftsjahre 1910 und 1911 sowie des Stadtkreises Dortmund für 1911 (Abschriften); Zeitungsausschnitte; Fragebögen der Emschergenossenschaft zur Grubenwassermenge der Schächte Schleswig und Holstein des Hoerder Kohlenwerks sowie zur Wasserwirtschaft von Hermannshütte und Hochofenwerk Hörde für die Veranlagung der Rechnungsjahre 1911–1914; Niederschrift zu einer Besichtigung der Abwasseranlagen des Hoerder Kohlenwerks durch die Emschergenossenschaft am 20.04.1911; Niederschrift der Genossenschaftsversammlungen am 29.03.1911 und 27.03.1913; Karl Gerstein: „Die Emschergenossenschaft in Essen", Essen 1912; Beschluss der Berufungskommission der Emschergenossenschaft zur Veranlagung der o. g. Abteilungen der Phoenix AG für das Jahr 1910 vom 13.01.1913; Verzeichnis der Abgeordneten der Genossenschaftsversammlung für die Zeit vom 01.04.1913-31.03.1919, Stand 15.01.1914 (gedruckt); Schriftwechsel zwischen Phoenix AG, Phoenix AG Hoerder Verein, einzelnen Betrieben, Landkreis Hörde, Stadt Hörde und Emschergenossenschaft zu Veranlagung, Einsprüchen und Bereitstellung von Informationen zur Veranlagung.

952 Veranlagung zur Emschergenossenschaft für das Rechnungsjahr 1919 (gedruckt).
1919

2398 Emschergenossenschaft.
1919–1922
Niederschriften der Genossenschaftsversammlungen am 30.04.1920, 06.05.1921, 08.05.1922 und 20.10.1922 (gedruckt); Haushaltspläne für die Rechnungsjahre 1919–1922 (gedruckt); Verzeichnisse der Abgeordneten der Genossenschaftsversammlung für 1919 sowie für die Wahlperiode vom 01.04.1919-31.03.1925 (gedruckt); Veranlagungsbescheide des Landkreises Dortmund für die Rechnungsjahre 1919–1922; Fragebogen der Emschergenossenschaft zur Veranlagung für das Rechnungsjahr 1920, mit Angaben der Phoenix AG Hoerder Verein; Geschäftsberichte für die Rechnungsjahre 1919, 1920, mit Plan des Niederschlagsgebiets der Emscher, und 1921; Beschluss der Berufungskommission zum Einspruch der Gewerkschaft Friedrich der Große gegen die Veranlagung für das Rechnungsjahr 1914 vom 21.11.1919 (Abschrift); Lageplan zum Ausbau der Emscher in [Dortmund-]Hörde; Heinrich Helbing: „Vorflut und Abwasser im Bergbaugebiet der Lippe" (Sonderdruck aus der Zeitschrift „Glückauf" 55 (1919), H. 50); einzelne Schreiben zwischen Phoenix AG Hoerder Verein, Stadt [Dortmund-]Hörde und Emschergenossenschaft zu Veranlagung und verschiedenen Bauarbeiten, insbesondere zu Vertiefung und Ausbau der Emscher.

2.6.4 Haftpflichtverband der deutschen Eisen- und Stahlindustrie Versicherungsverein auf Gegenseitigkeit

2298 Haftpflichtverband der deutschen Eisen- und Stahlindustrie.
1904–1912
Geschäftsberichte des Haftpflichtverbands, 1907, 1909–1911; Geschäftsberichte des Haftpflichtverbands Sektion Essen, 1907–1911; Niederschriften der Versammlungen der Sektion Essen am 14.04.1908, 29.04.1909, 23.04.1910, 11.05.1911 und 18.04.1912; Rundschreiben des Verbands und der Sektion Essen an die Mitglieder; Satzungen des Verbands vom 15.11.1904 und 27.05.1908 (gedruckt); Zeitungsausschnitte; einzelne Rundschreiben der RWHWB; Aufstellung zu den Prämien der Unfallversicherung für Hermannshütte, Hochofenwerk Hörde, Hochofenwerk Dortmund und Hoerder Kohlenwerk, 1904–1908; Anträge der Phoenix AG Hoerder Verein auf Mitgliedschaft im Verband, mit statistischen und allgemeinen Angaben zu den Betrieben; Beitragsrechnungen des Verbands; Schriftwechsel zwischen Phoenix AG Hoerder Verein, Verband und RWHWB zu Haftpflichtversicherung des Unternehmens, Modalitäten der Mitgliedschaft im Verband, Beitragssätzen sowie vier Unfällen von Werksbahn und unternehmenseigenem Automobil.

2313 Haftpflichtverband der deutschen Eisen- und Stahlindustrie.
1912–1914
Geschäftsberichte des Haftpflichtverbands, 1912 und 1913; Geschäftsbericht des Haftpflichtverbands Sektion Essen, 1912; Mitgliederverzeichnis der Sektion Essen zum Jahresende 1912; Niederschriften der Versammlungen der Sektion Essen am 20.03.1913 und 25.03.1914; Rundschreiben des Verbands und der Sektion Essen an die Mitglieder; Schriftwechsel zwischen Phoenix AG Hoerder Verein und Verband zur Schadensregulierung von Unfällen von Werksbahn und unternehmenseigenem Automobil sowie insbesondere der Explosion in einer Gießhalle des Hochofenwerks Hörde am 20.12.1912.

2523 Haftpflichtverband der deutschen Eisen- und Stahlindustrie.
1915–1926
Geschäftsberichte des Haftpflichtverbands, 1914, 1920, 1921, 1924 und 1925; Geschäftsberichte des Haftpflichtverbands Sektion Essen, 1914, 1915, 1919 und 1920; Mitgliederverzeichnisse der Sektion Essen zum Jahresende 1914, 1915, 1919 und 1920; Niederschriften der Versammlung der Sektion Essen am 03.05.1916; Rundschreiben des Verbands und der Sektion Essen an die Mitglieder; Urteil des Reichsgerichts vom 14.12.1917 zur Klage der Firma A. Borsig gegen den Haftpflichtverband auf Begleichung eines Schadens (gedruckt); einzelne Schadensmeldungen; Satzung des Haftpflichtverbands vom 07.06.1910 sowie Allgemeine Versicherungsbedingungen und Tarifordnung (gedruckt); Schriftwechsel zwischen Phoenix AG Hoerder Verein und Haftpflichtverband zu Schadensregulierung von Arbeitsunfällen, Unfällen der Werksbahn sowie Haftpflichtversicherung von Kriegsgefangenen und Anpassung von Leistungen und Prämien während der Inflation.

2.6.5 Handelskammer zu Dortmund

2306 Handelskammer zu Dortmund.
1897, 1908–1914

Winke für den Verkehr deutscher Interessenten des Handels und der Industrie mit den Kaiserlichen Konsulaten im Ausland (Beilage der Nachrichten für Handel und Industrie des Reichsamts des Innern, Nr. 107 vom 12.09.1908) sowie 3. Fortsetzung (Beilage der Nachrichten für Handel und Industrie des Reichsamts des Innern, Nr. 95 vom 28.08.1909); Preisangaben zur Ermittlung von Durchschnittswerten der Waren des auswärtigen Handels, mit Regeln für die Bewertung der Ein- und Ausfuhr des deutschen Zollgebiets (gedruckte Fragebögen des Kaiserlichen Statistischen Amts, vom Unternehmen ausgefüllt bzw. gedruckt, 1908–1913); Rechnungen zum Handelskammerbeitrag; Satzung der Handelskammer vom 10.11.1897 (gedruckt); Niederschriften der Kammersitzungen am 28.04.1910, 04.10.1912 und 05.12.1912 (gedruckt); Zeitungsausschnitte zu Kammerwahlen; Rundschreiben an die Mitglieder; Aufstellungen zur Anzahl von Maschinen und Anlagen sowie zur Produktion von Hermannshütte, Hochofenwerk Hörde, Hochofenwerk Dortmund und Hoerder Kohlenwerk, 1908–1912; Fragebögen der Handelskammer zur Gesellenprüfung von Lehrlingen, ausgefüllt von einzelnen Betrieben; Aufstellung zu den Vertragsdaten der Gleisanschlussverträge der Phoenix AG Hoerder Verein für die Bahnhöfe Hörde, Hörde-Hacheney, Wickede-Asseln und Dortmunderfeld, April 1913; einzelne Schreiben zwischen Phoenix AG Hoerder Verein, Hermannshütte, Hochofenwerk Hörde, Hoerder Kohlenwerk und Handelskammer zur Bereitstellung von Informationen für die Jahresberichte.

2337 Handelskammer zu Dortmund.
1904–1911
Jahresberichte, 1906 (Teil II, Entwurf) und 1907; Niederschriften der Kammersitzungen am 14.04.1904, 13.05.1904, 22.06.1904, 25.08.1904, 07.12.1904, 06.01.1905, 24.02.1905, 16.06.1905, 10.11.1905, 02.05.1906, 27.07.1906, 13.10.1906, 26.11.1906, 14.01.1907, 22.02.1907, 22.07.1907, 07.10.1907, 13.12.1907, 17.01.1908, 21.02.1908, 25.09.1908, 26.11.1908, 16.12.1908, 22.01.1909, 26.04.1909, 16.07.1909, 07.10.1909, 06.12.1909, 13.01.1910, 21.10.1911, 13.01.1911, 31.03.1911, 28.07.1911 und 04.10.1911 (gedruckt); Auszug aus der Vorstandssitzung des Bergbau-Vereins am 22.06.1906 (gedruckt); Rundschreiben der Handelskammer an die Mitglieder; Petition der Vereinigung von Handelskammern des niederrheinisch-westfälischen Industriebezirks an das Reichsamt des Innern zur Einführung von Handlungsgehilfen- und Kaufmannskammern vom 27.01.1908 (gedruckt); Entwürfe zu „Vorschriften über die bedingungsweise zur Beförderung zugelassenen Gegenstände" und zur Novellierung der Eisenbahnverkehrsordnung (gedruckt); Änderungsanträge von Bergbau-Verein und Stahlwerks-Verband AG zur Eisenbahnverkehrsordnung (gedruckt und Typoskript); einzelne Schreiben zwischen Phoenix AG und Handelskammer zu verschiedenen Themen.

2340 Handelskammer zu Dortmund.
1870, 1897–1898, 1913–1917
Jahresbericht, 1913 (Teil II, Entwurf); Niederschrift der Kammersitzung am 13.11.1914 (gedruckt); Niederschrift der Hauptversammlung am 12.05.1916 (gedruckt); Rundschreiben der Handelskammer zu Organisationsfragen der Kriegswirtschaft; Aufstellungen zu den technischen Anlagen und Betriebseinrichtungen sowie zu Produktionsprogramm und -mengen von Hoerder Kohlenwerk, Hochofenwerk Dortmund, Hochofenwerk Hörde und Hermannshütte für die Kammerberichte 1913 und 1914; Aufstellungen zu Lieferverpflichtungen der Phoenix AG Hoerder Verein für verschiedene Produkte, u. a. Stabstahl, Schmiedestücke, Räder und Radsätze, Stahlguss, Stanz- und Pressteile, insbesondere für die Rüstungsproduktion, 1915; Deutscher Handelstag (Hg.): Nachrichten zur Aufklärung über Deutschland und den Krieg (gedruckt, z. T. englisch, ita-

lienisch, französisch und niederländisch); Adresslisten von Unternehmen im Ausland zur Versendung von Berichten der Handelskammer und des Deutschen Handelstags; „Aufforderung an das reisende und verkehrtreibende Publikum zur Unterstützung der Eisenbahnverwaltung bei Erfüllung ihrer Aufgaben", o. D. (Aushang); Satzung vom 13.03.1913 (gedruckt); Geschäftsordnung vom 04.05.1898 (gedruckt); Gesetz über die Handelskammern vom 24.02.1870, ergänzt durch die Bestimmungen des Gesetzes vom 19.08.1897 (gedruckt); Reichsbank, Nachrichtenbüro für die Kriegsanleihen (Hg.): Rede des Reichsbankpräsidenten Exzellenz Dr. [Rudolf] Havenstein in der Versammlung der Handelskammer in Frankfurt a. M. am 20.09.1917 (gedruckt); einzelne Schreiben zwischen Phoenix AG, einzelnen Betrieben und Handelskammer zu Bereitstellung von Informationen für die Kammerberichte und Organisationsfragen der Kriegswirtschaft.

2404 Handelskammer zu Dortmund.
1918-1920
Niederschriften der Vollversammlungen am 15.05.1918, 01.11.1918, 10.01.1919, 14.02.1919, 21.03.1919, 25.04.1919, 30.05.1919, 25.07.1919, 03.10.1919, 07.11.1919, 19.12.1919, 30.01.1920 (gedruckt) und 16.04.1920 (Typoskript); Berichte zu einzelnen Tagesordnungspunkten der Vollversammlungen; Geschäftsberichte für den Zeitraum 01.11.1918-04.01.1919, 05.01.1919-05.02.1919, 06.02.1919-12.03.1919, 13.03.1919-15.04.1919, 16.04.1919-20.05.1919, 21.05.1919-20.06.1919, 21.06.1919-15.07.1919, 16.07.1919-25.09.1919, 26.09.1919-31.10.1919, 01.11.1919-10.12.1919, 11.12.1919-20.01.1920, 21.01.1920-31.03.1920, 01.04.1920-31.05.1920, 01.06.1920-15.07.1920, 16.07.1920-15.10.1920 und 16.10.1920-10.11.1920 (Typoskripte); Vorläufiger Geschäftsbericht für das Geschäftsjahr 1919 (Typoskript); Satzung des Vereins der Westfalen und Rheinländer zum Schutze der Heimat, Hamm, o. D. (Entwurf); Niederschrift der Sitzung der Vereinigung von Handelskammern des niederrheinisch-westfälischen Industriebezirks am 14.04.1919 (gedruckt); Wahlsatzung der Handelskammer, 1920 (Entwurf); Entwurf eines Gesetzes über die Regelung der Arbeitszeit gewerblicher Arbeiter (gedruckt, Rundschreiben der Vereinigung der Deutschen Arbeitgeberverbände vom 04.11.1920); statistische Übersicht über die Tätigkeit der Handelskammer vom 01.01.1920-31.12.1920 (Typoskript); einzelne Schreiben zwischen Phoenix AG und Handelskammer zu den Sitzungen.

2405 Handelskammer zu Dortmund.
1921-1923
Monatliche Berichte der Handelskammer über die wirtschaftliche Lage, März 1921 bis November 1921, März 1922 und August 1922 (Typoskripte); Geschäftsberichte für den Zeitraum 01.01.1921-31.03.1921, 01.04.1921-10.05.1921, 11.05.1921-10.06.1921, 11.05.1921-15.09.1921 und 16.09.1921-20.10.1921 (Typoskripte); Entwurf einer Verordnung betreffend die Beiräte für die Reichseisenbahnen (Drucksache des Reichsministeriums für Verkehr vom 11.04.1921); Entwurf eines preußischen Fahrzeugsteuergesetzes, o. D. (gedruckt); Entwurf eines Gesetzes zur Abänderung des § 101 Abs. 2 des Allgemeinen Berggesetzes für die Preußischen Staaten, o. D. (Abschrift); Schriftwechsel zwischen Wilhelm Beukenberg und Handelskammer zu Teilnahme an Sitzungen, Kenntnisnahme von Informationen und Stellungnahmen Beukenbergs zu verschiedenen Themen, Januar 1921 bis Januar 1923.

2400 Handelskammer zu Dortmund.
1917-1923

Berichte der Handelskammer über die wirtschaftliche Lage, September bis November 1922 (Typoskripte); Rundschreiben; Schriftwechsel zwischen Phoenix AG und Handelskammer zu Organisationsfragen von Kriegswirtschaft und Konversion.

2423 Handelskammer zu Dortmund bzw. IHK Dortmund.
1923–1926
Schriftwechsel zwischen Phoenix AG Hoerder Verein und Handelskammer bzw. IHK über allgemeine Wirtschaftsfragen, Kammerangelegenheiten, insbesondere Zahlung der Beiträge, Marktentwicklung, Transport und Verkehr, Steuer- und Wirtschaftsrecht, Exporte und Importe; diverse Steuerformulare (blanko); Brandt/Leuckfeld: „Die künftige Zoll- und Handelspolitik Deutschlands. Berichte an den Außenhandelsausschuss und den Hauptausschuss des Deutschen Industrie- und Handelstags am 17.01.1923", Berlin 1923; Memorandum über die Gründung der Kraftverkehrs-Aktiengesellschaft Westfalen, Dortmund, o. D. (Typoskript); Zeitungsausschnitte.

2.6.6 Kanal- und Wasserbauprojekte

2251 Verband für Kanalisirung der Mosel und der Saar.
1902–1907
Mitgliedskarten des Hoerder Vereins; Geschäftsbericht, 1906; Niederschrift der Hauptversammlung am 22.06.1902 (gedruckt); Die Mosel- und Saarkanalisierung und die niederrheinisch-westfälische Eisenindustrie. Eine Erwiderung von Handelskammer Saarbrücken, Südwestlicher Gruppe des VDES und Verein zur Wahrung der gemeinsamen wirtschaftlichen Interessen der Saarindustrie auf die Denkschrift der Handelskammer Duisburg über die Kanalisierung der Mosel und Saar vom 09.01.1907 (Typoskript, 63 S.); Niederschriften und Aktenvermerke zu Sitzungen von Vertretern von Industrie, Handelskammern und Behörden zur Moselkanalisierung; Die niederrheinisch-westfälische Eisenindustrie und die Kanalisierung der Mosel und Saar. Denkschriften der Handelskammer Duisburg vom 09.01.1907 und 17.09.1907 (gedruckt); Alexander Tille: „Die Finanzierung der Mosel- und Saar-Kanalisierung. Denkschrift der Handelskammer Saarbrücken" (Südwestdeutsche Wirtschaftsfragen. Veröffentlichungen des Vereins zur Wahrung der gemeinsamen wirtschaftlichen Interessen der Saarindustrie und der Südwestlichen Gruppe des VDES, H. 12), Saarbrücken 1907; Alexander Tille: „Die Mosel- und Saar-Kanalisierung als Ausgleichsforderung der südwestdeutsch-luxemburgischen Eisenindustrie für die nordwestpreußischen Wasserstraßen. Eine Erwiderung der Handelskammer Saarbrücken, der Südwestlichen Gruppe des VDES und des Vereins zur Wahrung der gemeinsamen wirtschaftlichen Interessen der Saarindustrie auf die Denkschrift der Handelskammer Duisburg gegen die Kanalisierung der Mosel und Saar vom 17.09.1907" (Südwestdeutsche Wirtschaftsfragen. Veröffentlichungen des Vereins zur Wahrung der gemeinsamen wirtschaftlichen Interessen der Saarindustrie und der Südwestlichen Gruppe des VDES, H. 13), Saarbrücken 1907; Drucksachen des Vereins: „Betrifft den Ausbau der Häfen und Umschlagstellen am Niederrhein", „Die Gestaltung der Frachten auf der kanalisierten Mosel in Verbindung mit dem Rhein und dem Mittellandkanal", „Die Gestaltung der Frachten auf der kanalisierten Mosel in Verbindung mit dem Rhein und dem Mittellandkanal und die wirtschaftlichen Folgen für die rheinisch-westfälische Industrie und die Staatseisenbahnverwaltung", „Vorteile, welche der rheinisch-westfälischen Eisen-Industrie durch staatliche Maßnahmen auf verkehrspolitischen Gebiet [Dortmund-Ems-Kanal] zugewendet sind", „Allgemeine Gesichtspunkte und Unterlagen für die Beurteilung der Moselkanalisierung"; Zeitungsausschnitte;

einzelne Schreiben zwischen Phoenix AG, Phoenix AG Hoerder Verein, anderen Unternehmen und Handelskammern zu Frachtkosten und Kanalplänen.

2348 Verein für Schiffbarmachung der Lippe.
1904–1909, 1922
Mitgliedskarte für den Hoerder Verein, 1905; Rundschreiben an die Mitglieder; Niederschriften der Generalversammlung, 1904; Petition von Verein für Schiffbarmachung der Lippe und Verein zur Förderung der Erbauung eines Kanals von Herne nach dem Rheine an Haus der Abgeordneten und Herrenhaus zur Kanalisierung der Lippe von Wesel bis Lippstadt vom 18.04.1904 (gedruckt); Mitgliederverzeichnis, o. D. (gedruckt); Niederschriften von Ausschusssitzungen des Vereins am 24.05.1905, 01.07.1907 und 03.11.1909 (gedruckt); G. Strotkötter: „Die Bestrebungen zur Neukanalisierung der Lippe. Zur Erinnerung an die Annahme der Kanalvorlage vom Jahre 1904/05 als Festschrift herausgegeben vom Verein zur Schiffbarmachung der Lippe", Münster 1907; Petition des Vereins für Schiffbarmachung der Lippe zum Gesetzentwurf betreffend den erweiterten Grunderwerb am Rhein-Weser-Kanal vom 01.06.1907 (gedruckt).

2264 Moselkanalisierung und Selbstkosten von Thomasroheisen.
1908
Welche Gefahren entstehen durch den Saar- und Mosel-Kanal?, o. D. (Broschüre, 12 S.); Niederschrift einer Besprechung von Unternehmensvertretern der Eisen- und Stahlindustrie des Ruhrgebiets am 31.01.1908 zur Feststellung der Selbstkosten für Thomasroheisen, insbesondere zu den Unterschieden zwischen Rheinland, Westfalen und Lothringen; einzelne Schreiben zwischen Wilhelm Beukenberg und verschiedenen Unternehmen, insbesondere August Thyssen, Friedrich Springorum (Hoesch AG) und Gisbert Gillhausen (Fried. Krupp AG) zur Organisation von Besprechungen zur Kostenermittlung; Die Produktions- und Verfrachtungsverhältnisse der niederrheinisch-westfälischen und der südwestdeutsch-luxemburgischen Eisenindustrie (Centralblatt der Hütten- und Walzwerke 12 (1908), S. 69–72); Zeitungsausschnitte zur Kanalfrage; Niederschrift der 26. Sitzung des Hauses der Abgeordneten am 06.02.1908 zu Schifffahrts- und Kanalfragen (gedruckt); „Antrag der Stahlwerke im Ruhrgebiet betreffend zwei Feststellungen in Sachen der Moselkanalisierung" an das Ministerium der öffentlichen Arbeiten, Februar 1908 (Abschrift); Niederschriften von Besprechungen zwischen Vertretern von Ministerium der öffentlichen Arbeiten, Saarindustrie und Ruhrindustrie zur Moselkanalisierung am 14.04.1908 und 01.05.1908; vergleichende Aufstellungen zum Versand von Eisen und Stahl in den Verkehrsbezirken Ruhrrevier (Westfalen), Ruhrrevier (Rheinprovinz), Rheinhafenstationen Duisburg, Duisburg-Hochfeld und Ruhrort, Saarrevier von Neunkirchen bis Trier, Lothringen und Luxemburg in den Jahren 1897, 1901 und 1906.

2311 Sesekegenossenschaft.
1912–1914
Zeitungsausschnitte; Satzungsentwürfe zur Sesekegenossenschaft (gedruckt und Typoskripte); Seseke-Ausschuss (Bearb.): Entwurf zu einem Gesetz über den Seseke-Verband vom Februar 1912, mit Begründung (gedruckt); Niederschriften zu den Sitzungen des Seseke-Ausschusses am 02.02.1912, 03.04.1912 und 29.07.1913 (gedruckt); Niederschrift der Gründungsversammlung des „Seseke-Verbands" am 22.02.1912 (gedruckt); E. Jöhrens: „Die Entwässerung des Sesekegebiets. Ein Vorschlag zur Regelung der Vorflut- und Abwasserverhältnisse des Sesekegebietes und zur Bildung eines Entwässerungsverbandes", Dortmund 1912; Niederschrift der 174. Sitzung des

Hauses der Abgeordneten am 24.04.1913 zur zweiten und dritten Beratung des Entwurfes eines Sesekegesetzes (gedruckt); Lageplan des Entwässerungsgebiets der Seseke: Aufstellung zu den vorhandenen Kohlenmengen im Bereich von Schacht Holstein des Hoerder Kohlenwerks vom 06.06.1913; Vorläufige Veranlagung zur Bildung der Sesekegenossenschaft vom Februar 1914 (gedruckt); Aufstellung der bei der ersten Genossenschaftsversammlung stimmberechtigten Vertreter der Mitglieder; Niederschrift einer Besprechung zwischen Vertretern von Harpener Bergbau AG, Hoesch AG, Königsborn Aktiengesellschaft für Bergbau, Salinen- und Soolbad-Betrieb und Zeche Massen zu Satzungsentwurf und Verhalten bei Abstimmungen; Schriftwechsel zwischen Phoenix AG Hoerder Verein, Phoenix AG Abteilung Bergwerke, Sesekegenossenschaft und Bergbau-Verein zu Satzungsentwürfen und Änderung der Markscheiden des Hoerder Kohlenwerks.

2.6.7 Verein deutscher Eisenhüttenleute

2282 VDEh.
1902–1910
Bericht über die Besichtigung der Hermannshütte durch Mitglieder des Iron and Steel Institute, Oktober 1902; Einladungen und Niederschriften zu Vorstandssitzungen; Petition des VDEh an das Ministerium der geistlichen, Unterrichts- und Medizinal-Angelegenheiten zur eisenhüttenmännischen Ausbildung in Preußen vom 25.04.1903 (gedruckt und Entwurf); Korrekturfahne des statistischen Anhangs der 5. Auflage der Gemeinfasslichen Darstellung des Eisenhüttenwesens, 1903; Bestimmungen über die Einstellung von Studierenden des Hüttenfachs behufs praktischer Ausbildung, 1905 (gedruckt); Entwurf zur Errichtung einer Untersuchungsanstalt zur Feststellung der Eigenschaften von Erzbriketts 1905 (gedruckt); Satzungsentwurf für die deutsche Dampfkessel-Normen-Kommission, 1905; Fragebögen des VDEh zu Hochofenexplosionen und Kupolöfen, mit Angaben der Phoenix AG Abteilung Hoerder Verein; Aufstellungen zur Entwicklung der Vereinsbibliothek, 1906, 1907; Niederschrift der Sitzung der Baukommission am 20.02.1908; Zum Neubau eines Geschäftshauses für den VDEh, 1908 (Broschüre); Erklärung der Phoenix AG zur Beteilung an den Baukosten vom 03.07.1908; Aufstellung zur prozentualen Beteiligung von Mitgliedsunternehmen am Bau; Das Konzessionsverfahren in der Eisenindustrie (Sonderdruck aus der Zeitschrift „Stahl und Eisen" (29) 1909, H. 19); Korrekturfahne zum Beitrag „30 Jahre Thomasprozeß in Deutschland" [Abgedruckt als „30 Jahre Thomasverfahren in Deutschland", in „Stahl und Eisen" 29 (1909), S. 1465–1491]; Petition des CDI an das Handelsministerium zur Genehmigungspflicht von Industrieanlagen laut Reichsgewerbeordnung vom 10.06.1910 (gedruckt); Schriftwechsel zwischen Hoerder Verein bzw. Phoenix AG Hoerder Verein und Emil Schrödter zu verschiedenen Vereinsangelegenheiten und insbesondere zum Neubau eines Verwaltungsgebäudes.

2328 Hochofenkommission des VDEh.
1909–1916
Niederschriften der Sitzungen der Hochofenkommission am 13.06.1913 und 24.01.1914 sowie des Arbeitsausschusses der Hochofenkommission am 29.06.1909, 29.05.1911, 04.06.1912, 16.10.1912, 13.06.1913 und 24.01.1914 (gedruckt); einzelne Schreiben zwischen Phoenix AG Hoerder Verein und Königlichem Regierungspräsidium Arnsberg Bezirksausschuss zum Genehmigungsverfahren zum Umbau von Hochofen V des Hochofenwerks Hörde (Abschriften); Rundschreiben des VDEh an die deutschen Hochofenwerke; einzelne Schreiben zwischen Phoenix AG Hoerder Verein und VDEh zur Entnahme und Prüfung von Hochofenschlacken; Niederschrift über

die Besprechung der erweiterten Hochofenkommission zur Manganversorgung aus dem Siegerland und Österreich am 05.04.1916.

2303 VDEh.
1910–1913
Rundschreiben an die Mitglieder; Niederschriften der Sitzungen der Stahlwerkskommission am 29.04.1911, 09.12.1911 (gedruckt), 15.05.1912 (Typoskript) und 28.09.1912 (gedruckt); Niederschriften von Sitzungen über Liefervorschriften für Betonrundeisen am 17.06.1911 und Stabflusseisen am 04.07.1911; Otto Johannsen: „Über Staubbestimmungen im Gichtgas" (Sonderdruck aus der Zeitschrift „Stahl und Eisen" 32 (1912), H. 1); Bericht über die Besichtigungsreise der Kommission betr. Verwertung von Hochofenschlacke zu Beton usw. vom 23.10.1911-25.10.1911 (gedruckt), mit Angaben u. a. zu Aplerbecker Hütte, Deutsch-Lux Dortmunder Union und Rombacher Hüttenwerken; Niederschriften der Sitzungen der Chemikerkommission am 23.03.1912 (gedruckt) und 03.05.1913 (Typoskript); Tagesordnung der Sitzung der Walzwerkskommission am 03.05.1913, mit Vorbericht: Johann Puppe: Bericht über die Walzdruckversuche in Witkowitz; Schriftwechsel zwischen Hoerder Verein bzw. Phoenix AG Hoerder Verein und VDEh zu verschiedenen Vereinsangelegenheiten, insbesondere zu einer Umfrage des VDEh zur Qualität von Stahlwerksteer und zu Beschwerden des Germanischen Lloyd über die Nichteinhaltung von Qualitätsvorschriften durch Lieferanten von Schiffbaumaterialien.

2329 VDEh.
1913–1917
Rundschreiben an die Mitglieder, insbesondere zu Qualitätsvorschriften für Betonrundeisen, Einführung von Kerbschlagproben, Verwendung von Ferromangan und Manganversorgung; Niederschriften der Sitzungen der Stahlwerkskommission am 22.05.1914 (gedruckt); Niederschriften zu einer Sitzung von Produzenten von Ankern und Ketten am 26.11.1914 und einer Sitzung zur Gewinnung von Schmierölen aus Generatorteer am 25.09.1916; Berichte der Stahlwerkskommission zu technischen Themen (gedruckt); Sonderdrucke aus der Zeitschrift „Stahl und Eisen" zu verschiedenen Themen; statistische Aufstellungen zum Vortrag von Robert Kind auf der Hauptversammlung des VDEh 1916 über die „Eisenindustrie in Belgien" (gedruckt); Niederschrift einer Sitzung von Vertretern der Industrie und verschiedener Militärstellen zur Manganeinsparung am 09.10.1916 (gedruckt); Niederschrift einer Sitzung über die Entwicklung eines Versuchsprogramms zur Ermittlung der Beziehungen zwischen Messlänge, Querschnitt und Dehnung von Stahl am 23.10.1916; VDEh (Hg.): Leistungen der englischen Rüstungsindustrie, o. D. (gedruckt); Niederschrift einer Sitzung zum Bezug manganhaltiger Schlacken und Erze aus Ilsede und Peine am 02.04.1917; Fotografien von nach Schweißarbeiten gerissenen Trägern; einzelne Schreiben zwischen Phoenix AG Hoerder Verein und VDEh zu den Themen der Rundschreiben und Sitzungen.

2382 VDEh.
1915–1920
Rundschreiben des VDEh an die Mitglieder; Niederschriften der Sitzungen der Stahlwerkskommission am 18.06.1917, 04.01.1918, 29.04.1918 und 24.09.1918 (Typoskripte); Niederschrift über eine Sitzung zur Errichtung eines Instituts für Eisenforschung am 19.06.1917; einzelne Niederschriften zu Sitzungen von Sonderausschüssen zur Produktion von Rüstungsmaterialien und Rohstoffversorgung nach Kriegsende, insbesondere von Ferrosilizium; VDEh (Hg.): Denkschrift zur Errichtung eines Instituts für Eisenforschung, Düsseldorf Juni 1917; Niederschrift zur dritten

Kriegstagung des VDES am 08.12.1917 (gedruckt); Aufstellung zu den Hüttenwerken und Gießereien im deutschen Zollgebiet (gedruckt, Anhang aus der Gemeinfasslichen Darstellung des Eisenhüttenwesens, 9. Aufl. 1915): Stellenvermittlungslisten des VDEh (gedruckt); Betrachtungen über die Frage der Steigerung der Gewinnung von Phosphatschlacken beim Martinverfahren (Typoskript, Antwort auf ein Schreiben des Reichswirtschaftsamts vom 28.01.1919); Unfallverhütungsvorschriften für Laufkrane, Oktober 1919 (Entwurf); Spendenaufruf des VDEh an die Mitglieder vom 06.05.1920 (gedruckt); Grund- und Aufrisszeichnung des Gebäudes des Kaiser-Wilhelm-Instituts für Eisenforschung in Düsseldorf, Gerhardstraße (gedruckt); einzelne Schreiben zwischen Phoenix AG Hoerder Verein und VDEh zu Themen der Rundschreiben und Sitzungen.

2461 VDEh.
1918–1926
Rundschreiben an die Mitglieder; Rundscheiben des Handelsministeriums vom 06.11.1920 zur Vergiftungsgefahr durch Ferrosilizium; Edmund Roser: Über die Wirtschaftlichkeit von Vergasungsanlagen bei Erzeugung von Tieftemperaturteer und schwefelsaurem Ammoniak. Vortrag auf der Versammlung der Eisenhütte Düsseldorf am 13.04.1918 (gedruckt); einzelne Niederschriften zu Sitzungen von Sonderausschüssen des VDEh zu Produktion von Rüstungsmaterialien, Vereinheitlichung von Walzwerkserzeugnissen, Kesselanlagen und Materialfragen im Eisenbahnwesen; Fragebogen zur 12. Auflage der Gemeinfaßlichen Darstellung des Eisenhüttenwesens, mit Angaben zu Betriebsanlagen der Phoenix AG Hoerder Verein; Aufstellung zu den von Verbrauchern gewünschten I-Eisenprofilen (gedruckt); Unterlagen zu verschiedenen Vorträgen auf der Hauptversammlung des VDEh 1924, u. a. zu Kohlenaufbereitungsverfahren, Hochofen- und Kokereiwesen der Vereinigten Staaten von Amerika und Sauerstoffgehalt des Eisens (gedruckt); Analyseergebnisse zu Festigkeitsprüfungen der Versuchsanstalt der Phoenix AG Hoerder Verein mit Schiffsbaustählen; einzelne Schreiben zwischen Phoenix AG Hoerder Verein und VDEh zu Themen der Rundschreiben und Sitzungen sowie insbesondere zu Normierungsfragen und Schiffbaustählen.

2421 Stellenvermittlung des VDEh.
1919–1922
Stellenangebotslisten des VDEh, Nr. 4 vom Juni 1919 bis Nr. 128 vom 05.06.1922, für „Stellensuchende, die durch die Vorgänge im Südwesten des Deutschen Reiches und durch den Krieg ihre Stellung verloren haben" (gedruckt, unvollständig); Rundschreiben des VDEh zur Stellenvermittlung; einzelne Schreiben zwischen Phoenix AG Hoerder Verein und VDEh zur Inserierung freier Stellen sowie Bitte um Bewerbung Arbeitsuchender.

2.6.8 Verein zur Wahrung der gemeinsamen wirtschaftlichen Interessen in Rheinland und Westfalen

2399 Langnamverein.
1902–1922
Rundschreiben an die Mitglieder sowie gemeinsame Rundschreiben mit der Nordwestlichen Gruppe des VDES; Anträge von Langnamverein und Nordwestlicher Gruppe zum Entwurf einer Neuregelung der Eisenbahnverkehrsordnung, o. D. (gedruckt); Gesetzentwurf zur Änderung des Allgemeinen Preußischen Berggesetzes, o. D. (gedruckt); Mitgliederwerbung und Satzung des Vereins zur Verbreitung guter volkstümlicher Schriften, o. D. (gedruckt); Fragebogen von Lang-

namverein und Nordwestlicher Gruppe zur steuerlichen Belastung der Industrie vom 04.04.1914 (gedruckt); Petition von Langnamverein, Nordwestlicher Gruppe, Bergbau-Verein und Vereinigung von Handelskammern des niederrheinisch-westfälischen Industriebezirks an das Ministerium des Innern und das Ministerium der Finanzen zu Kommunalgewerbesteuern vom 28.05.1920 (gedruckt); Zusammenstellung des amtlichen deutschen, französischen und englischen Wortlauts der Verordnungen 81 und 82 über die rheinische Zollgrenze, o. D. (gedruckt); Niederschriften der Hauptversammlungen des Langnamvereins, 1906, 1910, 1920 und 1922 (gedruckt); einzelne Schreiben zwischen Hoerder Verein bzw. Phoenix AG Hoerder Verein und Langnamverein zu den Inhalten der Rundschreiben.

2414 Langnamverein und Nordwestliche Gruppe des VDES.
1922–1925
Gemeinsame Rundschreiben an die Mitglieder, November 1922 bis Januar 1925; Satzung des Langnamvereins vom 12.06.1924 (gedruckt).

2181 Langnamverein und Nordwestliche Gruppe des VDES.
1922, 1925–1926
Gemeinsame Rundschreiben an die Mitglieder; Mitgliederverzeichnis des Langnamvereins zum 20.12.1925 (gedruckt); Werbeblatt zur Großen Ausstellung für Gesundheitspflege, soziale Fürsorge und Leibesübungen [Ge-So-Lei], Düsseldorf 1926; Rundschreibenverzeichnisse, erstes Quartal 1925 bis zweites Quartal 1926.

2.6.9 Zechen-Verband

2333 Zechen-Verband.
1907–1911
Satzungsentwürfe für einen Zechen-Schutzverband und den Zechen-Verband (gedruckt); Satzung des Zechen-Verbands vom 22.01.1908 (gedruckt); Rundschreiben an die Verbandszechen; Niederschriften von Sitzungen der Mitgliedszechen des Zechen-Verbands Bezirk Dortmund am 08.02.1908, 04.07.1908, 25.05.1909, 08.01.1910, 22.04.1910 und 20.01.1911, mit Anwesenheitslisten; Mitgliederverzeichnis und Verzeichnis der Vorsitzenden und stellvertretenden Vorsitzenden der Bezirke sowie der Vorstandsmitglieder zum 01.03.1908 (gedruckt); Aufstellungen kontraktbrüchiger und nicht anzulegender Bergarbeiter [„Schwarze Listen"], 1908; Niederschriften der Hauptversammlungen, mit Geschäftsberichten, 1908–1910; Jahresberichte, 1908–1910 (gedruckt); Niederschrift der Hauptversammlung des Bergbau-Vereins, 1909; Zeitungsausschnitte; Paul Oertmann: Die Zulässigkeit der Satzungen des Zechen-Verbands (Rechtsgutachten, 1908, gedruckt); Schriftwechsel zwischen Phoenix AG Hoerder Verein, Zechen-Verband und Zechen-Verband Bezirk Dortmund über Verbandsfragen und zur Meldung kontraktbrüchiger Bergarbeiter.

2334 Zechen-Verband.
1908–1913
Rundschreiben an die Verbandszechen; Niederschriften von Sitzungen der Mitgliedszechen des Zechen-Verbands Bezirk Dortmund am 06.07.1911, 30.01.1912, 02.03.1912, 03.05.1912, 05.07.1912, 05.09.1912 und 07.10.1912, mit Anwesenheitslisten; Mitgliederverzeichnis und Verzeichnis der Vorsitzenden und stellvertretenden Vorsitzenden der Bezirke sowie der Vorstandsmitglieder zum

01.03.1908 (gedruckt); Niederschriften der Hauptversammlungen, mit Geschäftsberichten, 1911 und 1912; Jahresberichte, 1911 und 1912 (gedruckt); Satzung vom 12.10.1909 (gedruckt); Zeitungsausschnitte, auch zu Behandlung, Unfällen und Transport von Bergarbeitern auf den Schächten Schleswig und Holstein des Hoerder Kohlenwerks; Fahrplan der Personenzüge zwischen Hörde und den Schächten Schleswig und Holstein vom 01.09.1911; Schriftwechsel zwischen Phoenix AG Hoerder Verein, Zechen-Verband und Zechen-Verband Bezirk Dortmund über Verbandsfragen, Arbeitssicherheit und zur Meldung kontraktbrüchiger Bergarbeiter.

2335 Zechen-Verband.
1908, 1911, 1913–1917
Rundschreiben an die Verbandszechen; Niederschriften von Sitzungen der Mitgliedszechen des Zechen-Verbands Bezirk Dortmund am 13.06.1913, 11.02.1914, 15.06.1914, 08.07.1914, 10.04.1915, 11.05.1915, 20.07.1915, 22.09.1915, 28.10.1915, 10.12.1915, 17.02.1916, 31.10.1916, 19.02.1917, 02.03.1917 und 26.03.1917, mit Anwesenheitslisten; Niederschriften der Hauptversammlungen, mit Geschäftsberichten, 1908, 1911, 1913 und 1914; Niederschrift der Hauptversammlung des Bergbau-Vereins, 1914; Jahresbericht, 1913 (gedruckt); Satzung vom 01.06.1913 (gedruckt); Zeitungsausschnitte, insbesondere zu Behandlung und Unfällen von Bergarbeitern sowie Organisation der Seilfahrt auf den Schächten Schleswig und Holstein des Hoerder Kohlenwerks; Urteil des Königlichen Landgerichts Essen zu einer Klage von Bergleuten gegen den Zechen-Verband wegen Aussperrung anlässlich des Bergarbeiterstreiks 1912 vom 05.11.1913 (gedruckt); Aufstellung zur Entwicklung der Lebensmittelpreise im niederrheinisch-westfälischen Industriegebiet (Essen und Dortmund) zwischen Juli 1914 und Juni 1915; Schriftwechsel zwischen Phoenix AG Hoerder Verein, Zechen-Verband und Zechen-Verband Bezirk Dortmund über Verbandsfragen und zur Fluktuation der Belegschaften.

2336 Zechen-Verband.
1917–1920
Rundschreiben des Zechen-Verbands an die Verbandszechen und des Arbeitsnachweises für den rheinisch-westfälischen Steinkohlenbergbau; Niederschriften von Sitzungen der Mitgliedszechen des Zechen-Verbands Bezirk Dortmund am 26.03.1917, 08.06.1917, 03.08.1917, 17.08.1917, 29.10.1917, 05.03.1918, 06.05.1918 und 28.10.1918, mit Anwesenheitslisten; Satzung der Arbeitsgemeinschaft der industriellen und gewerblichen Arbeitgeber und Arbeitnehmer Deutschlands vom 04.12.1918 (gedruckt); Zeitungsausschnitte, insbesondere zur Behandlung von Bergarbeitern auf den Schächten Schleswig und Holstein des Hoerder Kohlenwerks; Plakat und Flugblatt zu den Ergebnissen der Verhandlungen zwischen Zechen-Verband und Bergarbeiterverbänden am 06.01.1919 (gedruckt); Plakat der Reichsregierung zur „Verordnung betr. den deutschen Bergbau" vom 18.01.1919; Plakat zur Einführung der 7-Stunden-Schicht für Untertagearbeiter vom 09.04.1919; Ausführungsbestimmungen des Handelsministeriums vom 18.03.1919 zur Verordnung über die Errichtung von Arbeitskammern im Bergbau vom 08.02.1919 (gedruckt); einzelne Schreiben zwischen Phoenix AG Hoerder Verein, Zechen-Verband und Zechen-Verband Bezirk Dortmund über Verbandsfragen, Organisation des Bergbaus nach Kriegsende sowie Entwicklung von Löhnen und Arbeitszeiten.

2.6.10 Weitere Verbände

2482 VDI Westfälischer Bezirksverein.
1897–1913, 1917–1928
Einzelne Rundschreiben und Einladungen zu Versammlungen und Vorträgen des VDI und verschiedener Bezirksvereine, 1897–1913; Rundschreiben des Bezirksvereins; „Arbeitsgemeinschaft der Arbeitgeber- und Arbeitnehmerverbände" (Volkswirtschaftliche Fragen. Beilage zu den Hanomag-Nachrichten 6 (1919), H. 2); Vorläufiger Bericht der Sozialisierungskommission über die Frage der Sozialisierung des Kohlenbergbaus (Sonderdruck aus der Zeitschrift „Glückauf" 55 (1919), H. 13 und 14); Besprechung des Vortrags von Dr.-Ing. Gustav ter Meer: „Ein Beitrag zur Frage der Sozialisierung industrieller Betriebe" (Volkswirtschaftliche Fragen. Beilage zu den Hanomag-Nachrichten 6 (1919), H. 4); Plakat zur Betriebstechnischen Ausstellung anlässlich der Hauptversammlung des VDI 1922; Werbung zu Hans Strobel (Hg.): „Dortmund. Bilder und Worte über Sein und Werden der Stadt; Aufstellung der Ingenieurhilfe zur Anzahl arbeitsloser Ingenieure verschiedener Fachrichtungen vom 31.12.1926; Programm und Fragebogen zu angebotenen Kunstwerken für die Ausstellung „Kunst und Technik" des Folkwang-Museums", Juni 1928 (gedruckt); Schriftwechsel zwischen Phoenix AG Hoerder Verein bzw. VSt Hoerder Verein und Bezirksverein zu verschiedenen Verbandsangelegenheiten, insbesondere zu Spenden für verschiedene Zwecke.

2453 Westfälischer Verein zur Förderung des Kleinwohnungswesens.
1901–1905, 1910–1916
Satzung des Rheinischen Vereins zur Förderung des Arbeiterwohnungswesens, Düsseldorf, o. D. (gedruckt); Satzungsentwurf des Westfälischen Vereins, o. D. (gedruckt); Niederschrift über die Vorbesprechung zur Gründung des Westfälischen Vereins am 21.11.1904 (gedruckt); einzelne Rundschreiben des Vereins (Abschriften); Aufstellung zur Anzahl der in Werkswohnungen lebenden Arbeiter und Beamten der Phoenix AG Hoerder Verein, gegliedert nach einzelnen Betrieben und Siedlungen, Mai 1910; Aufstellungen zur Anzahl der Neubauten, der Räume pro Wohnung und Wohnungen pro Gebäude, 1910–1915; einzelne Schreiben zwischen Phoenix AG Hoerder Verein und Westfälischem Verein zur Erhebung von statistischen Daten.

2510 Deutsche Gesellschaft zur Rettung Schiffbrüchiger.
1901–1917
Rundschreiben und Einladungen zu Versammlungen; Aufstellung zu beigetretenen Beamten des Hoerder Vereins vom 09.03.1901; einzelne Schreiben zwischen Direktor Friedrich Wilhelm Leopold, Gesellschaft und verschiedenen Personen, u. a. Adolf Overweg, zur Gründung einer Vertreterschaft in [Dortmund-]Hörde und Mitgliederwerbung; Rundschreiben Leopolds zur Mitgliederwerbung; Beitrittserklärungen; Anträge von Vorstand und Zweigvereinen an die Versammlung des Gesellschafterausschusses (gedruckt); Aufstellungen zu Jahresbeitragszahlungen, Mitgliederverzeichnisse und Abrechnungen der Vertreterschaft Hörde für die Jahre 1902–1915.

2433 Sammlung von Handelskammerunterlagen.
1901–1925
Niederschrift der Sitzung der Handelskammer zu Ruhrort am 29.07.1901 (gedruckt); Jahresbericht der Handelskammer für den Kreis Essen 1901, Teil I (gedruckt); Niederschriften von Sitzungen der Vereinigung von Handelskammern des niederrheinisch-westfälischen Industriebezirks

am 06.03.1903, 07.01.1905, 31.10.1905, 29.11.1906 und 08.01.1908 (gedruckt); Satzung der Deutschen Handelskammer für Rumänien, o. D. (gedruckt); Petition der Vereinigung von Handelskammern an Haus der Abgeordneten und Herrenhaus zur Verstaatlichung des Bergbaus vom 01.11.1901 (gedruckt); Denkschrift der Handelskammer in Duisburg an das Ministerium der öffentlichen Arbeiten vom September 1907 in Erwiderung einer Denkschrift der Handelskammer Saarbrücken zur Kanalisierung von Mosel und Saar; „Südwestdeutsche Wirtschaftstabelle", mit statistischen Daten für die Jahre 1883–1906 zu Steinkohlenförderung, Erzgewinnung, Roheisenproduktion, Erz- und Roheisenversand, Kohlen- und Kokseinfuhr aus Rheinland und Westfalen sowie Kohlen- und Koksausfuhr nach Lothringen und Luxemburg, Erz- und Roheisenimport aus Lothringen und Luxemburg; Einladungskarte der Handelskammer Rotterdam zu einem Besuch des Rotterdamer Hafens; Neuordnung der Handelskammern und des Deutschen Handelstags, Berlin 1917; Geschäftsordnung und Wahlstatut der Handelskammer in Duisburg vom 12.03.1906 bzw. 17.10.1911 sowie Gesetz über die Handelskammern (gedruckt); Entwurf eines Gesetzes zur Abänderung des Gesetzes über die Handelskammern, o. D. (gedruckt); W. Pahl: „Die Vorschriften über den Zahlungsverkehr mit dem Auslande", Berlin 1918; Petition von Handelskammer für die Kreise Essen, Mülheim-Ruhr und Oberhausen, Handelskammer zu Dortmund, Handelskammer zu Bochum und Handelskammer Duisburg-Wesel an das Reichsministerium für Verkehr zur Einführung von Lieferfristen für den Güterverkehr vom 14.09.1920 (Typoskript); Handelskammer Breslau (Hg.): „Die oberschlesische Frage und der Wiederaufbau der europäischen Wirtschaft", Breslau Juni 1921; Das Wirtschaftsjahr 1925. Bericht der Industrie- und Handelskammer Düsseldorf (Sonderdruck aus der Zeitschrift „Wirtschaft und Verkehr"); einzelne Rundschreiben verschiedener Handelskammern sowie einzelne Schreiben der Phoenix AG Hoerder Verein an diese.

2357 Geplanter Bau einer Schwefelsäurefabrik durch die Gesellschafter der Deutschen Ammoniak-Verkaufs-Vereinigung GmbH.
1905–1908
Rundschreiben der Deutschen Ammoniak-Verkaufs-Vereinigung GmbH an die Gesellschafter zur Ermittlung des Schwefelsäurebedarfs; Aufstellung der am Bau interessierten Gesellschafter, mit Angabe der Beteiligungssumme, o. D.; Angebot der Gustav Schulz GmbH, [Bochum-]Riemke, vom 10.04.1906 zur Nutzung der laut Vertrag mit dem RWKS stillgelegten und im Umbau zu einer Fabrik zur Säureproduktion befindlichen unternehmenseigenen Kokerei für Verbandszwecke; Kostenvoranschlag der Phoenix AG Westfälische Union zur Errichtung einer konzerneigenen Schwefelsäurefabrik vom 09.03.1908, mit Grund- und Aufrisszeichnungen; einzelne Schreiben zwischen Hoerder Verein bzw. Phoenix AG Hoerder Verein, Phoenix AG Westfälische Union und Deutscher Ammoniak-Verkaufs-Vereinigung GmbH zu den Bauplänen und zum Beitritt der Zeche Nordstern zur Deutschen Ammoniak-Verkaufs-Vereinigung GmbH.

2364 Reichsverband gegen die Sozialdemokratie.
1905–1915
Mitgliedschaftserklärung des Hoerder Vereins vom 01.12.1905; Mitgliedskarten; Rundschreiben; Reichsverband (Hg.): „Die Kampfesweise des Reichsverbandes im Lichte der Sozialdemokratie und wie sie in Wahrheit ist. Eine Aufklärungsschrift an das deutsche Bürgertum", Berlin 1908; Prospekte zu Verbandspublikationen; Reichsverband (Hg.): „Sozialdemokratischer Terrorismus. Kritische Betrachtung nebst einer Auswahl gerichtlich abgeurteilter Terrorismusfälle", Berlin 1909; Plakate, Flugblätter und Aushänge des Reichsverbands; Otto Burgemeister: „Die Sozialdemokratie eine Kulturpartei. Erinnerungen eines ehemaligen sozialdemokratischen Redakteurs",

Berlin 1911; Karl Görler: „Das Erfurter Programm", Berlin 1909 und 1911 (2 Auflagen); Reichsverband (Hg.): „Freie Sklaven. Notschrei eines Metallarbeiters", Berlin 1911; Reichsverband (Hg.): „Der Arbeitslohn im Zukunftsstaat", Berlin 1912; Karl Paul Dieckmann: „Kampf!", Berlin 1912; Reichsverband (Hg.): „10 Jahre Reichsverband. Festgabe der Hauptstelle des Reichsverbandes gegen die Sozialdemokratie in Berlin zum 09.05.1914", Berlin 1914; einzelne Schreiben zwischen Phoenix AG Hoerder Verein und Reichsverband zur Bestellung von Verbandsschriften.

447 Umfrage des Vereins für die bergbaulichen Interessen Lothringens zur Besteuerung des Ruhrbergbaus.
1906–1910
Einzelne Schreiben zwischen Verein für die bergbaulichen Interessen Lothringens und Phoenix AG zur Umfrage; Produktionsstatistiken des Hoerder Kohlenwerks; Jahresbericht des Vereins für die bergbaulichen Interessen Lothringens, 1906.

2361 Hansa-Bund für Gewerbe, Handel und Industrie.
1909–1912, 1919
Rundschreiben zur Gründung des Hansa-Bunds sowie Aufrufe von CDI und Bergbau-Verein zur Mitgliedschaft; Rundschreiben des CDI; Anmeldeliste von Beamten und Aufstellungen der Mitglieder des Hansa-Bunds in der Verwaltung der Phoenix AG Hoerder Verein, 1909–1911; Satzung des Hansa-Bunds, 1909 (gedruckt); Zeitungsausschnitte; Rundschreiben, „Flugblätter" und „Mitteilungen" des Hansa-Bunds; stenografische Niederschrift über die Versammlung vom 12.06.1909 betreffend Reichsfinanzreform und Gründung des Hansa-Bundes, Berlin 1910; Henry Axel Bueck: „Weshalb die Industrie der Rießer'schen [Jakob Riesser] Parole „Kampf gegen rechts" nicht folgen soll", Berlin 1911.

2420 Hütten- und Walzwerks-Berufsgenossenschaft.
1918–1925
Rundschreiben der Hütten- und Walzwerks-Berufsgenossenschaft an die Mitglieder; Mitteilungen über die Rechnungsergebnisse der Berufsgenossenschaft für das Rechnungsjahr 1918 vom 12.06.1919 (Typoskript); Aufstellung der Werke, die dem Abkommen vom 13.03.1919, betreffend die Sicherstellung der Beamten bei Unruhen, beigetreten sind (gedruckt); Niederschrift der Hauptversammlung, 1919 (gedruckt); Bericht über die technische Aufsicht bzw. technischer Bericht, 1919, 1922 und 1923 (gedruckt); Verwaltungsberichte für die Rechnungsjahre 1919, 1922 und 1923 (gedruckt); Niederschriften von Sitzungen von Genossenschaftsvorstand, 1920–1922, und Genossenschaftsversammlung, 1921, 1923 und 1924 (gedruckt); Geschäftsbericht der Westfälische Heimstätte Wohnungsfürsorgegesellschaft mbH 1920 und 1921 (gedruckt); Niederschriften der Berufsgenossenschaftstage am 10.09.1921 und 19.09.1924 (gedruckt); Satzung des Unfallschadenverbands für Werksbeamte e. V. vom 06.05.1922 (gedruckt); Satzung des Pensionsverbands für obere Werksbeamte der zur Hütten- und Walzwerks-Berufsgenossenschaft in Essen gehörenden Werke vom 08.10.1924 (gedruckt).
Darin auch: Otto Brandt: „Das Eisengießereiwesen auf den deutschen Technischen Hochschulen und Bergakademien. Denkschrift", herausgegeben von VDEh und Verein Deutscher Eisengießereien, Gießereiverband, o. D. (vorläufiges Exemplar, gedruckt).

2430 Stahl-Finanzierungs-Gesellschaft mbH, Hannover.
1923–1924

Niederschrift einer Besprechung von Vertretern der Eisen- und Stahlindustrie zur Gründung einer Finanzierungsgesellschaft am 16.03.1923 (Teilnehmer nicht genannt); Aufstellungen zu den Produktbeständen der Phoenix AG Hoerder Verein am 15.04.1923 sowie zu weiteren Terminen; Vertrag zwischen Stahl-Finanzierungs-Gesellschaft und Reichs-Kredit-Gesellschaft mbH vom 14.04.1923 über die Gewährung eines Diskontkredits über M 300.000.000.000 zur Finanzierung der Ankäufe der nicht abgesetzten Produkte von August Thyssen-Hütte AG, Bochumer Verein, Deutsch-Lux, Hoesch AG, Fried. Krupp AG, GBAG, Gutehoffnungshütte, Klöckner-Werke AG, Mannesmannröhren-Werke AG, Phoenix AG, Rheinische Stahlwerke, Rombacher Hüttenwerke AG, Stumm-Konzern GmbH und VSt van der Zypen (Abschrift); Vertrag zwischen Stahl-Finanzierungs-Gesellschaft und genannten Unternehmen vom 16.04.1923 (Abschrift); Niederschrift der Gesellschafterversammlung am 21.04.1923; Rechnungen der Phoenix AG Hoerder Verein an die Stahl-Finanzierungs-Gesellschaft zu verkauften Produkten; Rundschreiben der Phoenix AG an die Abteilungen sowie Schriftwechsel und Niederschriften von Besprechungen mit Phoenix AG Hoerder Verein und Stahl-Finanzierungs-Gesellschaft sowie Reichsministerium für die besetzten Gebiete und weiteren Behörden über Gründung, organisatorische Fragen, Transport und Verkehr, Finanzierungsfragen und Probleme von Inflation und Ruhrbesetzung, besonders Besatzungsschäden.

2.7 Beteiligungen

5037/1 Gründung der Gemeinnützige Heimstätten-AG Hörde und erste Bauplanung.
1913, 1918–1921
Satzung der Beamten-Wohnungsverein Hörde eGmbH vom 06.05.1913 (Typoskript, mit handschriftlichen Einträgen); Vertragsangebot der Stadt [Dortmund-]Hörde an den Beamten-Wohnungsverein zur Überlassung eines Grundstücks an der Grenze zu [Dortmund-]Wellinghofen, o. D.; Erlass des Staatskommissars zu den Bestimmungen des Bundesrats für die Gewährung von Baukostenzuschüssen aus Reichsmitteln, o. D. (Broschüre); H. J. Thissen: „Die Wohnungsfrage, ihre soziale und politische Bedeutung für die Angestellten" (Rundschreiben 2 der Gemeinnützigen Aktien-Gesellschaft für Angestellten-Heimstätten vom 20.12.1918); Hauptvertrag zwischen Stadt Altona und Gemeinnütziger Heimstätten-AG Altona über den Verkauf von Grundstücken für Siedlungszwecke, mit Musterkaufvertrag, o. D., gedruckt; Anträge des Angestelltenausschusses an den Vorstand der Phoenix AG Hoerder Verein zur Gründung einer Baugesellschaft; Grund- und Aufrisszeichnung der Standard-Haustypen 20, 32 und 40 der Gemeinnützigen Aktien-Gesellschaft für Angestellten-Heimstätten; Kostenvoranschläge; Vertrag zwischen Gartenstadt Hüttenau eGmbH und Westfälische Heimstätte Wohnungsfürsorgegesellschaft mbH über Beratung und finanzielle Unterstützung beim Bau von Siedlungshäusern in [Hattingen-]Welper, o. D. (Abschrift); Zeitungsausschnitte; Aktenvermerke sowie Schriftwechsel und Besprechungsniederschriften zwischen Phoenix AG Hoerder Verein und Gemeinnützige Aktien-Gesellschaft für Angestellten-Heimstätten über Gründung der Gemeinnützige Heimstätten-Aktiengesellschaft Hörde, Bereitstellung von Grundstücken und Baustoffen, finanzielle Beteiligung der Stadt Hörde und Entwicklung der Baukosten.

5037/2 Bauplanung und Bauentwicklung der Gemeinnützige Heimstätten-AG Hörde.
1921–1925
Vertrag zwischen Phoenix AG Hoerder Verein und Gemeinnütziger Aktien-Gesellschaft für Angestellten-Heimstätten über den Bau von Wohnungen durch die Gemeinnützige Heimstätten-

Aktiengesellschaft Hörde (Entwurf); Geschäftsbericht der Gemeinnützigen Heimstätten-Aktiengesellschaft Hörde, 1920/21 (Typoskript); Mustersatzung für Gemeinnützige Heimstätten-Aktiengesellschaften als Tochtergesellschaften der Gemeinnützige Aktien-Gesellschaft für Angestellten-Heimstätten (gedruckt, blanko); Niederschrift der Hauptversammlung, 1921; Plan der Siedlung Am Marksberg in [Dortmund-]Hörde; Rundschreiben der Gemeinnützige Heimstätten-Aktiengesellschaft Hörde an die „Heimstätter des ersten Bauabschnitts" vom 25.06.1924 (gedruckt; Aktenvermerke sowie Schriftwechsel und Besprechungsniederschriften zwischen Phoenix AG Hoerder Verein, Gemeinnütziger Aktien-Gesellschaft für Angestellten-Heimstätten und Gemeinnütziger Heimstätten-Aktiengesellschaft Hörde über Weiterentwicklung des Bauprogramms, Steuerfragen, Bereitstellung von Baustoffen und Baukosten.

5039 Dritter Bauabschnitt der der Gemeinnützige Heimstätten-AG Hörde.
1921–1926
Gebührenordnung der Architekten vom 01.10.1921 (gedruckt); Aktenvermerke und handschriftliche Notizen zu Baukosten; Schriftwechsel zwischen Phoenix AG Hoerder Verein, Gemeinnützige Aktien-Gesellschaft für Angestellten-Heimstätten und Gemeinnützige Heimstätten-Aktiengesellschaft Hörde zu Bauplanungen, Finanzierungsfragen und Entwicklung der Baukosten.

5034 Dortmunder Gemeinnützige Wohnungsgesellschaft mbH.
1918–1927, 1938
Gründungsmemorandum der Stadt Dortmund vom 19.02.1918, mit Satzungsentwurf; Anschreiben von Oberbürgermeister Ernst Eichhoff an die Phoenix AG Hoerder Verein zur Zeichnung von Anteilen vom 11.04.1918 sowie Einladung zur Gründungsversammlung am 11.10.1918; Gesellschaftsvertrag, mit Aufstellung der Gesellschafter und der Zeichnungssumme (gedruckt); Niederschrift der Gründungsversammlung am 11.10.1918; Geschäftsberichte bzw. Bilanzen, 1918–1925 (Typoskript bzw. Abschriften); Niederschriften der Gesellschafterversammlungen, 1919–1921; einzelne Schreiben zwischen Wohnungsgesellschaft und Phoenix AG Hoerder Verein zu Bauprojekten und Geschäftsergebnissen; einzelne Schreiben zwischen DHHV und Wohnungsgesellschaft zum Bauprojekt „Lange Reihe".

V. Vorläufergesellschaften der Union AG für Bergbau, Eisen- und Stahlindustrie (1853–1872)

1. Standort Dortmund

1.1 Dortmunder Bergbau- und Hütten-Gesellschaft

544 Arbeiterwohnungen der Dortmunder Bergbau- und Hütten-Gesellschaft.
1856
Grund- und Aufrisszeichnungen eines Arbeiterwohnhauses für zwei Familien und eines Stalls.

1460 Bau einer Wegeüberführung über die Köln-Mindener Eisenbahn.
1859
Gestattungsvertrag zwischen Dortmunder Bergbau- und Hütten-Gesellschaft und Köln-Mindener Eisenbahn-Gesellschaft vom 31.05.1859; einzelne Schreiben zwischen den Vertragspartnern zu Vertragsmodalitäten und Erwerb eines Grundstücks.

1.2 Commanditgesellschaft Gustav Arndt & Co.

1421 Grunderwerb der Commanditgesellschaft Gustav Arndt & Co. in Dortmund.
1863, 1868
Auszug aus den Sitzungsniederschriften der Stadtverordnetenversammlung Dortmund vom 01.06.1863 zur Genehmigung eines Grundstücksverkaufs an die Commanditgesellschaft Gustav Arndt & Co.; Kaufvertrag zwischen Commanditgesellschaft sowie Oberbürgermeister Carl Zahn und Friedrich Frielinghaus als Vertreter der Armenverwaltungs-Commission der Stadt Dortmund, vom 12.05.1868; Ergänzungsvertrag zur Verpflichtung der Commanditgesellschaft Käufern benachbarter Grundstücke einen Anschluss an die Werksbahn zu genehmigen, vom 17.06.1868; einzelne Schreiben der Commanditgesellschaft zur Genehmigung.

906 Beteiligung von Bethel Henry Strousberg an der Commanditgesellschaft Gustav Arndt & Co.
1869, 1888–1893, 1898, 1903–1904
Sterbeurkunde von Heinrich Gottfried Gustav Arndt vom 17.05.1888 (Abschrift); Vertrag zwischen Bethel Henry Strousberg und Arndt vom 13.05.1869 über die Bestätigung der „schriftlichen Verabredung" beider vom 22./23.04.1868 zur Übernahme von Gesellschaftsanteilen der Commanditgesellschaft Gustav Arndt & Co. durch Strousberg zum 01.07.1868, die Umwandlung des Unternehmens in eine offene Handelsgesellschaft unter dem Namen „Gustav Arndt & Co.", die Rechte und Pflichten beider Teilhaber, die Weiterbeschäftigung Arndts sowie die Verpflichtung Strousbergs zur Zahlung einer Leibrente an Arndt und seine beiden Töchter Caecilie und Emmeline und Eintragung einer Hypothek auf den Grundbesitz des Unternehmens zur Sicherung dieser Renten, o. D. (Abschrift); notariell beglaubigte Erklärung von Strousberg vom 11.10.1869 zur Anerkennung der Rentenzahlung an Arndt und seine Töchter sowie Antrag zur Eintragung einer Hypothek auf Grundstücke der Firma Gustav Arndt & Co. in [Dortmund-]Huckarde, o. D. (Abschrift); einzelne Schreiben zwischen Union AG, Caecilie Leinweber, geb. Arndt, und Emmeline Arndt zur Weiterzah-

lung der Leibrente nach dem Tod Arndts sowie Entpfändung von Grundstücken im Rahmen eines Verkaufs; Entpfändungserklärung der Union AG vom 05.07.1888 für die Geschwister Arndt und die Direction der Disconto-Gesellschaft; Schriftwechsel der Union AG mit Grundbuchämtern; Grundbuchtabelle des Grundbuchs von Dortmund für die Union AG; Grundbuchauszüge; Aufstellungen der unternehmenseigenen Grundstücke in Dortmund; Vermessungsprotokoll, mit Lageplan.

1.3 Dr. Strousberg's Dortmunder Hütte

1568 Telegrafenanschluss der Dr. Strousberg's Dortmunder Hütte.
1870–1873
Vertrag zwischen Köln-Mindener Eisenbahn-Gesellschaft und Dr. Strousberg's Dortmunder Hütte über Bau und Betrieb einer Telegrafenverbindung durch die Köln-Mindener Eisenbahn-Gesellschaft vom 02./09.03.1870, mit Entwurf; Vertrag zwischen Dr. Strousberg's Dortmunder Hütte und Telegraphen-Direction Coeln über den Anschluss des Werks an die Bundes-Telegraphen-Station Dortmund vom 07.03.1871; einzelne Schreiben zwischen Dr. Strousberg's Dortmunder Hütte, Köln-Mindener Eisenbahn-Gesellschaft und General-Direction der Telegraphen des Norddeutschen Bundes bzw. deren Regionalinspektoren zu Anschlussmodalitäten, Vertragsabschlüssen und Gebührenabrechnungen; Quittung der Kaiserlichen Telegraphen-Station Dortmund für die Union AG zur Hinterlegung einer Kaution vom 08.02.1873.

4639 Bau einer „Brückenbau-Anstalt" und eines Verwaltungsgebäudes.
1870–1871
Bauanträge der Dr. Strousberg's Dortmunder Hütte vom 06.10.1870 und 13.06.1871; Baugenehmigung der Stadt Dortmund vom 21.10.1870; einzelne Schreiben zwischen Dortmunder Hütte und Stadt Dortmund zu den Genehmigungsverfahren.

2. Administration der Henrichshütte Actiengesellschaft für Bergbau und Hüttenbetrieb

1683 Planung einer neuen Ruhrbrücke bei der Koster Fähre und Reparatur des Leinpfades zwischen Hütte und Blankensteiner Schleuse.
1857, 1860–1862, 1904
Schriftwechsel zwischen Administration der Henrichshütte, Regierungspräsidium Düsseldorf, Regierungspräsidium Arnsberg, Königlicher Wasserbau-Inspektion Ruhrort und Amt Hattingen zu Bau einer neuen Holzbrücke, Reparatur der durch die Henrichshütte verursachten Schäden des Leinpfades an den Roheisenladestellen wegen der Verletzungsgefahr für Zugpferde sowie Nutzung des Leinpfades zur Anlage einer Werksbahn (z. T. Abschriften); Hochwasserprofil der Ruhr im Bereich der Henrichshütte, Juni 1862; einzelne Schreiben zwischen Union AG und Henschel & Sohn Abteilung Henrichshütte zur Ausleihe der Akte.

3. Gewerkschaft von Born, Lehrkind & Comp.

329 Gewerkenversammlungen der Gewerkschaft von Born, Lehrkind & Comp.
1852–1854

Niederschriften der Gewerkenversammlungen am 30.06.1854 zum Beschluss einer Satzung und am 15.02.1854 zur Bestellung von Bernhard Goswin Weismüller zum „Disponenten"; Vertretungsvollmachten.

258 Gründung der Gewerkschaft von Born, Lehrkind & Comp.
10.02.1854
Gründungsvertrag zwischen den Inhabern der Gewerkschaft Eisenhütte Westphalia bei Lünen, Henriette von Born, Franz Schulz, Theodor von Born, Wilhelm von Born, Carl von Born, Ludwig von Born sowie Gustav Lehrkind, Peter Caspar Schulte, Carl Friedrich Lange, Ludwig Lange und August von der Crone, vom 10.02.1854, mit Aufstellung der eingebrachten Eisensteinzechen.

333 Gründung der Gewerkschaft von Born, Lehrkind & Comp.
10.02.1854
Zusatz zum Gründungsvertrag vom 10.02.1854 zwischen Gustav Lehrkind und seinen Mitgewerken, den Inhabern der Gewerkschaft Eisenhütte Westphalia bei Lünen, Henriette von Born, Franz Schulz, Theodor von Born, Wilhelm von Born, Carl von Born, Ludwig von Born sowie Peter Caspar Schulte, Carl Friedrich Lange, Ludwig Lange und August von der Crone, mit von der Qualität der Eisenerze der von Lehrkind eingebrachten Gruben abhängigen Bestimmungen über Auflösung, Fortbestand und Neugründung des Unternehmens sowie damit verbundenen Vertragsänderungen.

330 Beitritt von Henriette von Born zum Gründungsvertrag der Gewerkschaft von Born, Lehrkind & Comp.
1854
Notariell beglaubigte Urkunde vom 01.03.1854.

4. Neu-Schottland Berg- und Hütten-Actien-Verein

4.1 Unternehmensleitung und -finanzierung

328 Generalversammlung von Neu-Schottland am 21.06.1856.
1856
Notariell beglaubigte Niederschrift.

334 Vergleich zwischen Gewerkschaft von Born, Lehrkind & Comp. und Neu-Schottland.
21.03.1857
Schreiben der Gewerken der Gewerkschaft von Born, Lehrkind Comp. an Neu-Schottland, mit Erklärung der Bereitschaft zu einem Vergleich nach Vorgabe des Verwaltungsrats von Neu-Schottland vom 22.02.1857 (Grund und Inhalt nicht bekannt).

3363 Aktie Nr. 9.002 von Neu-Schottland vom 06.06.1858, 200 Taler (entwertet).
06.06.1858

283 Finanzierung von Neu-Schottland durch die Gewerkschaft von Born, Lehrkind & Comp.
1858
Notariell beglaubigte Erklärung von Franz Schulz, Theodor von Born, Wilhelm von Born, Gustav

Lehrkind und Peter Caspar Schulte als Vertreter der Gewerkschaft von Born, Lehrkind & Comp. und der nicht anwesenden Inhaber über die Aufteilung einer von Neu-Schottland zurückzuzahlenden Summe unter den Teilhabern der Gewerkschaft von Born, Lehrkind & Comp. vom 03.01.1858 [vermutlich handelt es sich bei der von Neu-Schottland zu zahlenden Summe um einen Kredit der Gewerkschaft von Born, Lehrkind & Comp. zum Kauf von Eisensteingruben der Familie Harkort]; Erklärung von August von der Crone, Ludwig von Born und Carl von Born über ihre Zustimmung zur Erklärung vom 04.01.1858 sowie zu einem ebenfalls am 03.01.1858 abgeschlossenem Vertrag zur Auflösung der Gewerkschaft von Born, Lehrkind & Comp.

335 Verbindlichkeiten von Neu-Schottland aus dem Ankauf von Eisenerzgruben.
1862–1863, 1869
Schriftwechsel zwischen Neu-Schottland und Rudolph Hummeltenberg über die ratenweise Tilgung einer Entschädigung für weiter bestehende Rechte der Verkäuferin Louise Elisabeth Hummeltenberg, geb. Harkort, an den Erzgruben bzw. nicht erfüllte Vertragsinhalte.
Darin auch: Geschäftsrundschreiben von Rudolph Hummeltenberg über seine Übernahme aller Anteile an der Firma F. Werotte & Cie. en commandite.

3362 Dividendenschein von Neu-Schottland zur Aktie Nr. 9.002 vom 01.07.1864, auszahlbar zum 02.01.1874, mit Anweisungsschein zum Empfang der dritten Serie der Dividendenscheine.
01.07.1864

223 Satzung von Neu-Schottland vom 19.11.1864.
19.11.1864

3364 Aktie Nr. 12.500 von Neu-Schottland vom 01.11.1870, 200 Taler (entwertet).
01.11.1870

3365 Acht Dividendenscheine zur Aktie Nr. 12.500 von Neu-Schottland vom 01.11.1870 für die Geschäftsjahre 1872/73–1879/80 (entwertet), mit Anweisungsschein zum Empfang der zweiten Serie der Dividendenscheine.
01.11.1870

1392 Außerordentliche Generalversammlung von Neu-Schottland am 16.03.1872 zum Verkauf an die Union AG.
1872
Notariell beglaubigte Niederschrift, mit Aufstellung der anwesenden Aktionäre (Abschrift).

4.2 Erwerb von Erzgruben

331 Erwerb von Eisensteingruben und Betriebsanlagen von der Gewerkschaft von Born, Lehrkind & Comp.
1842, 1852, 1856–1857
Vertrag zwischen Gewerkschaft von Born, Lehrkind & Comp. und Neu-Schottland vom 25.11.1857, mit Auflistung der Gruben und Regelung der Übernahmemodalitäten; Vertretungsvollmachten.

332 Erwerb von Eisensteingruben von der Gewerkschaft von Born, Lehrkind & Comp.
1857–1858
Vertrag zwischen Gewerkschaft von Born, Lehrkind & Comp. und Neu-Schottland vom 07.04.1858 zur Bestätigung verschiedener Vorläuferverträge; Vertrag zwischen Louise Elisabeth Harkort und Neu-Schottland über den Verkauf von Eisenstein-Mutungen vom 08.09.1857 (Abschrift).

259 Erwerb von Eisensteingruben von der Gewerkschaft von Born, Lehrkind & Comp.
22.04.1858
Notariell beglaubigte Urkunde von Theodor von Born als Gewerke der Gewerkschaft von Born, Lehrkind & Comp. vom 22.04.1858 über die Genehmigung eines am 25.11.1857 abgeschlossenen Vertrags zwischen Gewerkschaft von Born, Lehrkind & Comp. und Neu-Schottland (Vertrag liegt nicht vor) sowie mehrerer weiterer Verträge zur Konsolidation von Eisensteingruben bzw. Eisensteinmutungen und deren Einbringung in Neu-Schottland.

282 Erwerb von Eisensteingruben.
1859–1860
Notariell beglaubigte Erklärung von Louise Elisabeth Hummeltenberg (geb. Harkort) vom 28.03.1860 über den Verkauf der Eisensteinzechen Hammerthal II und Iserbecke im Bezirk des Bergamts Bochum an Neu-Schottland am 01.09.1857, wegen Fehlens dieser Zechen im Anhang des Verkaufsvertrags; Vertretungsvollmacht von Rudolph Hummeltenberg für Louise Elisabeth Hummeltenberg vom 07.01.1859.

4.3 Grunderwerb

209 Grunderwerb von Neu-Schottland in [Essen-]Horst.
1855–1858, 1866–1870, 1874–1876, 1882
Kaufvertrag zwischen Neu-Schottland und Johann Theodor Tohse zu Beule vom 27.02.1857 sowie Tauschvertrag vom 31.03.1866; Lageplan; Grundbuchauszüge; Notariell beglaubigte Erklärung von Tohse und Wilhelm Beckmann genannt Schulte-Stoppenberg genannt Schaefer zu Grundbuchangelegenheiten vom 06.08.1858; Vertrag zwischen Tohse und Theodor Ruhmann über den Tausch von Grundstücken in [Essen-]Horst vom 31.07.1855; Testament Tohses vom 25.11.1870 (Abschrift); Schriftwechsel zwischen Union AG Abteilung Horst und Union AG über die Tilgung des noch nicht vollständig gezahlten Kaufpreises, Zinszahlungen und verlorene Akten.

1475 Grunderwerb von Neu-Schottland in [Essen-]Horst.
1857
Kaufvertrag zwischen Neu-Schottland und Wilhelm Tepel vom 27.02.1857, mit Nachtrag vom 06.11.1857.

1635 Zivilprozess von Carl Kalthoff gegen Neu-Schottland wegen ausstehender Zahlungen aus seinem Verkauf von Grundstücken für die Zeche bzw. Grube ver. Neu-Hiddinghausen in [Sprockhövel-]Hiddinghausen.
1861–1862, 1865–1867, 1870–1871
Zahlungsanweisungen von Neu-Schottland an die Hauptkasse für Kalthoff (Abschriften); Urteil des Königlichen Kreisgerichts Hagen vom 01.06.1866; Kaufvertrag zwischen Neu-Schottland

und Kalthoff vom 10.08.1861 (Abschrift); Lageplan und Aufstellung der Grundstücke der Zeche Neu-Hiddinghausen; Auszug aus der Grundsteuerrolle der Gemeinde [Wetter-]Esborn; Auszug aus dem Kassa-Buch von Neu-Schottland; Schriftwechsel zwischen Neu-Schottland, Rechtsanwälten, Zechenbeamten, Königlichem Kreisgericht Hagen und Firma S. Lindenbaum Söhne, Witten, zu Verfahren, Kalthoffs Übertragung seiner Forderungen gegenüber Neu-Schottland auf die Firma S. Lindenbaum Söhne sowie Hypothekenangelegenheiten.

1760 Grunderwerb von Neu-Schottland in [Hattingen-]Oberbredenscheid für die Grube Neu-Stüter.
1861–1863, 1888–1889
Kaufverträge zwischen Neu-Schottland und Johann Heinrich Wilhelm Rahmann vom 13.01.1862, mit Lageplan, sowie vom 28.10.1862 und 05.11.1862; Grundbuchauszug; notariell beglaubigte Erklärung des Verwaltungsrats von Neu-Schottland zur Genehmigung der Kaufverträge vom 27.04.1863; einzelne Schreiben zwischen Union AG und Union AG Abteilung Eisensteinbergbau zum beabsichtigten Verkauf der Grundstücke.

1458 Grunderwerb von Neu-Schottland in [Essen-]Horst.
1867–1869
Kaufvertrag zwischen Neu-Schottland und der Stadt [Essen-]Steele vom 06.06.1867, mit Vertragsbestätigung vom 26.10.1867; Aktenvermerk zu Wegerechten; Lageplan, mit Einzeichnung der Arbeiterwohnhäuser des Unternehmens; Grundbuchauszug.

492 Grunderwerb der Kranken- und Unterstützungskasse der Meister und Arbeiter des Walzwerks zu Horst und der Hochofen-Anlage zu Freisenbruch in [Essen-]Königssteele.
1868–1869, 1874
Kaufvertrag zwischen Clemens Küster als Bevollmächtigtem von Johann Dinnendahl und Wilhelm Heinrich Müller, Direktor von Neu-Schottland, als Vertreter der Krankenkasse vom 02.09.1868; Vertretungsvollmacht Dinnendahls für Küster vom 30.07.1868; Schriftwechsel zwischen Müller und Königlichem Kreisgericht Bochum über die abgelehnte Grundbuchänderung zu Gunsten der Krankenkasse sowie Beschwerde beim Königlichen Appelationsgericht Hamm, mit Verfügung vom 19.08.1869; Grundbuchauszug.

1757 Grunderwerb von Neu-Schottland in [Essen-]Horst.
1869–1872
Auszug aus der Grundsteuerrolle; Kaufvertrag zwischen Neu-Schottland und Heinrich Rademacher vom 01.09.1869; einzelne Schreiben zwischen Neu-Schottland, Kreisgericht Bochum und anderen Behörden über Besitztitelberichtigungen, Stempelgebühren und Zahlung des Kaufpreises nach dem Tod Rademachers.

860 Grunderwerb von Neu-Schottland in [Essen-]Horst.
1869–1877
Kaufvertrag zwischen Neu-Schottland und Heinrich Rademacher vom 02.07.1869 (Abschrift); Schriftwechsel zwischen Union AG, Union AG Horst und Rechtsanwälten über Hypothekenangelegenheiten.

4.4 Sonstiges

1226 Weiterführung der Eisenbahnstrecke Oberhausen-Heissen-Langenbrahm bis [Essen-]Steele und Anschluss von Neu-Schottland.
1869–1871
Niederschrift einer Sitzung zwischen Neu-Schottland, Rheinischer Eisenbahn-Gesellschaft und verschiedenen Zechen am 12.03.1870 sowie einzelne Schreiben zwischen Neu-Schottland, Rheinischer Eisenbahn-Gesellschaft und Königlicher Eisenbahndirektion Elberfeld zu Bau der Bahn und Beteiligung der Unternehmen an den Kosten; Prospekt zum Bau einer „Ruhrtal-Verbindungs-Eisenbahn", o. D. (gedruckt).
Darin auch: Prospekt zum „Bau einer Eisenbahn von Rothemühle über Freudenberg, Kirchen, Betzdorf durch das Daaden-Thal nach Hadamar und weiter über Limburg, Diez, Langenschwalbach und Wiesbaden und Mainz", Siegen 1869.

VI. Union AG für Bergbau, Eisen- und Stahl-Industrie (1872–1910)

1. Unternehmensleitung

1.1 Generalversammlungen

1370 Konstituierende Generalversammlung der Union AG am 02.02.1872.
1872–1873
Notariell beglaubigte Niederschrift der Sitzung, mit Satzung; Geschäftsordnung für die Direktion (gedruckt).
Darin auch: Zeitungsausschnitte zur Generalversammlung 1873, mit Geschäftsbericht 1872/73 und Bilanzen, sowie zur Annoncierung der Versammlung.

921 Außerordentliche Generalversammlung der Union AG am 05.10.1872.
1872
Schriftwechsel zwischen Union AG, Direction der Disconto-Gesellschaft, weiteren Banken und Zeitungen über Deponierung von Aktien, Zulassung von ehemaligen Neu-Schottland-Aktionären zur Versammlung, Ankündigung der Versammlung und Veröffentlichung der Beschlüsse; Nummernverzeichnisse deponierter Aktien; notariell beglaubigte Niederschrift der Versammlung; Zeitungsausschnitt.

1360 Generalversammlung der Union AG am 03.11.1873.
1872–1873
Einzelne Schreiben zwischen Union AG, Direction der Disconto-Gesellschaft und anderen Banken zur Anmeldung von Aktien sowie mit verschiedenen Zeitungen zur Veröffentlichung von Einladung und Bilanz; Zeitungsausschnitte; Nummernverzeichnisse angemeldeter Aktien; notariell beglaubigte Niederschrift der Versammlung, mit Anwesenheitsliste; Geschäftsberichte von Verwaltungsrat und Direktion für den Zeitraum 01.01.1872–30.06.1873, mit Aufstellungen zu Organisation und Verwaltung, Immobilienbesitz, maschineller Ausrüstung der einzelnen Zechen, Erzgruben, Eisen- und Stahlwerke, Produktion, Anzahl von Arbeitern und Beamten, Wohnungswesen, Krankenkassen und Konsumanstalten.

1372 Generalversammlung der Union AG am 29.12.1874.
1872–1875
Satzung der Union AG vom 02.02.1872 (gedruckt); Aufstellungen zu angemeldeten Aktien; Vertretungsvollmachten und Anmeldebescheinigungen; notariell beglaubigte Niederschrift der Sitzung, mit Anwesenheitsliste; Geschäftsbericht und Bericht der Bilanzkommission, 1873/74 (gedruckt); Schriftwechsel zwischen Union AG, verschiedenen Banken und Zeitungen zur Veröffentlichung von Bilanz und Geschäftsbericht, Annoncierung der Generalversammlung und Anmeldung von Aktien; Zeitungsausschnitte.

948 Außerordentliche Generalversammlung der Union AG am 15.02.1875.
1875

Schriftwechsel zwischen Union AG, Direction der Disconto-Gesellschaft, weiteren Banken und Zeitungen über Deponierung von Aktien und Ankündigung der Versammlung; Nummernverzeichnisse deponierter Aktien; namentliche Aufstellung der Aktionäre von bei der Disconto-Gesellschaft deponierten Aktien; notariell beglaubigte Niederschrift der Versammlung; Satzung (gedruckter Entwurf zur Generalversammlung); Zeitungsausschnitte.

1373 Generalversammlung der Union AG am 22.12.1875.
1874–1876
Geschäftsberichte und Bericht der Bilanzkommission, mit Entwurf, 1874/75 (beide gedruckt); Aufstellungen zu angemeldeten Aktien; Vertretungsvollmachten und Anmeldebescheinigungen; revidierte Satzung der Union AG, o. D. (gedruckt); Aufstellungen zu Produktion und Betriebsergebnissen einzelner Abteilungen; notariell beglaubigte Niederschrift der Sitzung, mit Anwesenheitsliste; einzelne Schreiben zwischen Union AG, Direction der Disconto-Gesellschaft und Zeitungen zur Veröffentlichung von Bilanz und Geschäftsbericht sowie Organisation und Annoncierung der Generalversammlung; Zeitungsausschnitte.

207 Außerordentliche Generalversammlung der Union AG am 14.03.1878.
1876–1878
Niederschrift der außerordentlichen Generalversammlung der Union AG zur Kapitalreduzierung von M 39.000.000 auf M 26.400.000 und Kapitalerhöhung auf M 41.400.000 durch gleichzeitige Emission von M 15.000.000 Vorzugsaktien; Aktionärslisten und Aufstellung zu den vertretenen Aktien; Geschäftsbericht der Union AG 1876/77; Zeitungsausschnitte; Einladungen; Schriftwechsel zwischen Union AG und Zeitungen zur Inserierung der Versammlung sowie mit Direcion der Disconto-Gesellschaft, insbesondere Emil Russel.

1374 Generalversammlung der Union AG am 21.11.1878.
1877–1878
Aufstellungen zu angemeldeten Aktien; notariell beglaubigte Niederschrift der Sitzung, mit Anwesenheitsliste; Geschäftsbericht 1877/78 (gedruckt); einzelne Schreiben zwischen Union AG, Direction der Disconto-Gesellschaft und Zeitungen zur Veröffentlichung von Bilanz und Geschäftsbericht sowie Organisation und Annoncierung der Generalversammlung; Zeitungsausschnitte.

917 Generalversammlung der Union AG am 03.12.1879.
1878–1879
Schriftwechsel zwischen Union AG, Direction der Disconto-Gesellschaft und Zeitungen über Deponierung von Aktien, Ankündigung der Versammlung und Veröffentlichung der Bilanz; Aufstellung der bei der Versammlung persönlich anwesenden Aktionäre; Nummernverzeichnisse deponierter Aktien; notariell beglaubigte Niederschrift der Versammlung; Geschäftsbericht 1878/79; Zeitungsausschnitte.

1375 Generalversammlung der Union AG am 03.12.1883.
1882–1883
Aufstellungen zu angemeldeten Aktien; notariell beglaubigte Niederschrift der Sitzung, mit Anwesenheitsliste; Geschäftsbericht 1882/83 (gedruckt); Satzung vom 11.11.1882 (gedruckt); notariell beglaubigte Erklärung der Direktion der Union AG vom 03.12.1883 zur Änderung der Satzung; einzelne Schreiben zwischen Union AG, Direction der Disconto-Gesellschaft und Zeitungen

zur Veröffentlichung von Bilanz und Geschäftsbericht sowie Organisation und Annoncierung der Generalversammlung.

1376 Generalversammlung der Union AG am 26.11.1887.
1886–1887
Aufstellungen zu angemeldeten Aktien; notariell beglaubigte Niederschrift der Sitzung, mit Anwesenheitsliste; Geschäftsbericht 1886/87 (gedruckt); einzelne Schreiben zwischen Union AG und Direction der Disconto-Gesellschaft zur Organisation der Generalversammlung.

939 Generalversammlung der Union AG am 23.11.1889.
1888–1889
Schriftwechsel zwischen Union AG, Direction der Disconto-Gesellschaft und weiteren Banken zur Deponierung von Aktien; Nummernverzeichnisse deponierter Aktien; notariell beglaubigte Niederschrift der Versammlung; Geschäftsbericht 1888/89; Zeitungsausschnitt.

1377 Generalversammlung der Union AG am 15.11.1890.
1889–1890
Aufstellungen zu angemeldeten Aktien; notariell beglaubigte Niederschrift der Sitzung, mit Anwesenheitsliste; Geschäftsbericht 1889/90 (gedruckt); einzelne Schreiben zwischen Union AG und Direction der Disconto-Gesellschaft zur Organisation der Generalversammlung; Zeitungsausschnitt.

912 Generalversammlung der Union AG am 27.11.1891.
1890–1892
Schriftwechsel zwischen Union AG, Direction der Disconto-Gesellschaft, Sal. Oppenheim jr. & Cie., weiteren Banken und Zeitungen über Deponierung von Aktien und Ankündigung der Versammlung; Nummernverzeichnisse deponierter Aktien; notariell beglaubigte Niederschrift der Versammlung; Geschäftsbericht 1890/91; Zeitungsausschnitte.

923 Generalversammlung der Union AG am 17.12.1892.
1891–1893
Schriftwechsel zwischen Union AG, Direction der Disconto-Gesellschaft, weiteren Banken und Zeitungen über Deponierung von Aktien, Ankündigung der Versammlung und Veröffentlichung der Beschlüsse; Aufstellung der bei der Versammlung persönlich anwesenden Aktionäre; Nummernverzeichnisse deponierter Aktien; notariell beglaubigte Niederschrift der Versammlung; Geschäftsbericht 1891/92; Zeitungsausschnitte.

1384 Außerordentliche Generalversammlung der Union AG am 22.04.1893 zur Aufnahme einer Anleihe in Höhe von M 18.000.000.
1893
Aufstellungen und Vollmachten zu angemeldeten Aktien; Beschlussvorlage zur Generalversammlung (gedruckt); notariell beglaubigte Niederschrift der Versammlung, mit Anwesenheitsliste; Schriftwechsel zwischen Union AG, Direction der Disconto-Gesellschaft und anderen Banken zur Organisation der Generalversammlung und Anmeldung von Aktien; Zeitungsausschnitte.

1378 Generalversammlung der Union AG am 20.11.1893.
1892–1893
Aufstellungen zu angemeldeten Aktien; notariell beglaubigte Niederschrift der Versammlung, mit Anwesenheitsliste; Geschäftsbericht 1892/93 (gedruckt); einzelne Schreiben zwischen Union AG und Direction der Disconto-Gesellschaft zur Organisation der Generalversammlung; Zeitungsausschnitte.

1379 Außerordentliche Generalversammlung der Union AG am 09.01.1897 zur Satzungsänderung.
1885–1889, 1896–1897
Satzungen vom 01.03.1886 (gedruckt, mit handschriftlichen Änderungen), 05.12.1885/23.11.1889 (gedruckt) und 11.01.1897 (gedruckt); Satzungsentwurf (gedruckt); notariell beglaubigte Niederschrift der Versammlung, mit Anwesenheitsliste; einzelne Schreiben zwischen Union AG, Direction der Disconto-Gesellschaft, anderen Banken und Zeitungen zur Organisation und Annoncierung der Generalversammlung sowie Anmeldung von Aktien; Zeitungsausschnitte.

1380 Generalversammlung der Union AG am 25.09.1897.
1896–1897
Aufstellungen zu angemeldeten Aktien; notariell beglaubigte Niederschrift der Versammlung, mit Anwesenheitsliste; Geschäftsbericht 1896/97 (gedruckt); einzelne Schreiben zwischen Union AG, Direction der Disconto-Gesellschaft und anderen Banken zur Organisation der Generalversammlung und Anmeldung von Aktien; Zeitungsausschnitte.

1387 Generalversammlung der Union AG am 27.10.1900.
1900
Einzelne Schreiben von Direction der Disconto-Gesellschaft und anderen Banken an die Union AG zur Anmeldung von Aktien; Zeitungsausschnitte; Vollmachten; Aufstellung der auf der Versammlung anwesenden Aktionäre.

1381 Generalversammlung der Union AG am 06.12.1901.
1900–1901
Aufstellungen und Bescheinigungen zu angemeldeten Aktien; notariell beglaubigte Niederschrift der Versammlung, mit Anwesenheitsliste; Geschäftsbericht 1900/01 (gedruckt); Schriftwechsel zwischen Union AG, Direction der Disconto-Gesellschaft und anderen Banken zur Organisation der Generalversammlung und Anmeldung von Aktien; Zeitungsausschnitte.

1382 Außerordentliche Generalversammlung der Union AG am 09.06.1902 zur Kapitalherabsetzung von M 42.000.000 auf M 25.200.000.
1902
Antrag von Aufsichtsrat und Vorstand an die Generalversammlung auf Kapitalherabsetzung (gedruckt); Nachtrag zur revidierten Satzung der Brölthaler Eisenbahn-Aktiengesellschaft, o. D. (gedruckt); notariell beglaubigte Niederschrift der Versammlung, mit Anwesenheitsliste; Schriftwechsel zwischen Union AG, Direction der Disconto-Gesellschaft, anderen Banken und Zeitungen zur Anmeldung von Aktien, Organisation und Annoncierung der Generalversammlung; Zeitungsausschnitte.

928 Generalversammlung der Union AG am 21.11.1902.
1901–1902
Schriftwechsel zwischen Union AG, Direction der Disconto-Gesellschaft und weiteren Banken zur Deponierung von Aktien; Aufstellung der bei der Versammlung persönlich anwesenden Aktionäre; Nummernverzeichnisse deponierter Aktien; notariell beglaubigte Niederschrift der Versammlung; Geschäftsbericht 1901/02; Zeitungsausschnitte.

1383 Generalversammlung der Union AG am 26.10.1903.
1902–1903
Aufstellungen, Vollmachten und Bescheinigungen zu angemeldeten Aktien; notariell beglaubigte Niederschrift der Versammlung, mit Anwesenheitsliste; Geschäftsbericht 1902/03 (gedruckt); Schriftwechsel zwischen Union AG, Direction der Disconto-Gesellschaft und anderen Banken zur Organisation der Generalversammlung und Anmeldung von Aktien; Zeitungsausschnitte.

1385 Außerordentliche Generalversammlung der Union AG am 24.03.1904 zum Verkauf der Abteilung Henrichshütte an die Firma Henschel & Sohn.
1904
Aufstellungen zu angemeldeten Aktien; notariell beglaubigte Niederschrift der Sitzung, mit Anwesenheitsliste; Antrag des Aufsichtsrats und des Vorstands an die Generalversammlung zum Verkauf der Union AG Henrichshütte und der Zeche Carl Friedrich's Erbstolln (gedruckt); einzelne Schreiben zwischen Union AG, Direction der Disconto-Gesellschaft, anderen Banken und Zeitungen zur Anmeldung von Aktien, Organisation und Annoncierung der Generalversammlung.

911 Generalversammlung der Union AG am 28.10.1904.
1903–1904
Schriftwechsel zwischen Union AG, Direction der Disconto-Gesellschaft, Norddeutscher Bank, Sal. Oppenheim jr. & Cie., weiteren Banken und Zeitungen über Deponierung von Aktien, Ankündigung der Versammlung und Veröffentlichung der Bilanz; Bilanz zum 30.06.1904 (gedruckt); notariell beglaubigte Niederschrift der Versammlung; Geschäftsbericht 1903/04; Zeitungsausschnitte.

505 Generalversammlung der Union AG am 28.10.1904.
1904
Bescheinigungen der Direction der Disconto-Gesellschaft über die bei ihr und der Norddeutschen Bank deponierten Aktien sowie auszuübende Depotstimmrechte.

1386 Generalversammlung der Union AG am 02.10.1908.
1907–1908
Aufstellungen, Vollmachten und Bescheinigungen zu angemeldeten Aktien; notariell beglaubigte Niederschrift der Versammlung, mit Anwesenheitsliste; Geschäftsbericht 1907/08 (gedruckt); einzelne Schreiben zwischen Union AG, Direction der Disconto-Gesellschaft und anderen Banken zur Organisation der Generalversammlung und Anmeldung von Aktien; Zeitungsausschnitte.

960 Generalversammlungen der Union AG zur Fusion mit der Deutsch-Lux.
1904–1905, 1910–1911
Niederschrift der außerordentlichen Generalversammlung der Union AG am 08.09.1910 zur Genehmigung des Verschmelzungsvertrags (notariell beglaubigte Abschrift); Verschmelzungsver-

trag vom 09.08.1910 (Abschrift); Aufstellung der angemeldeten Aktien für die Versammlung am 08.09.1910; Antrag von Aufsichtsrat und Vorstand der Union AG an die Generalversammlung auf Verschmelzung vom 22.08.1910 (gedruckt); Aufstellungen und Verzeichnisse über angemeldete Aktien für die ordentliche Generalversammlung am 28.10.1910; Schriftwechsel zwischen Union AG, Direction der Disconto-Gesellschaft, anderen Banken und Zeitungen über die Deponierung von Aktien, Ankündigung der Generalversammlung und Veröffentlichung der Beschlüsse; notariell beglaubigte Niederschrift der Generalversammlung am 28.10.1910; Zeitungsausschnitte; Geschäftsbericht der Union AG 1904/05.

1.2 Aufsichtsrat

1223 Aufsichtsrat der Union AG.
1888–1895
Niederschriften von Aufsichtsratssitzungen sowie von Sitzungen der Kommissionen des Aufsichtsrats für die Abteilungen Dortmunder Hütten- und Walzwerke, Eisensteinbergbau, Henrichshütte, Horst und Kohlenbergbau, April 1888 bis November 1895; Beschreibung und Aufstellung des Anlagevermögens der Grube Wohlverwahrt, 1889.

1361 Aufsichtsrat der Union AG.
1896–1902
Niederschriften der Aufsichtsratssitzungen, Januar 1896 bis Juni 1902; Verträge zwischen Förenado Grufinteressenter Aktiebolag, Stockholm, und Aktiebolag Gellivare Malmfält, Stockholm, sowie Hoesch AG, Hoerder Verein, Phoenix AG, Union AG und Königs- und Laurahütte, vertreten durch die Norddeutsche Bank, über die Lieferung von Eisenerz (Entwürfe, 1900).

1.3 Sonstiges

1548 Handlungsvollmacht der Union AG für Wilhelm Rosendahl.
06.12.1873
Notariell beglaubigte Vollmacht zur Vertretung der Union AG in allen Bergbauangelegenheiten.

924 Geschäftsbericht der Union AG für das erste Halbjahr des Geschäftsjahres 1901/02.
1901–1902
Typoskript vom 15.02.1902.

576 Verwaltungsorganisation der Union AG.
1902–1904
Innerbetriebliche Rundschreiben von Generaldirektor Hermann Mathies zur Verwaltungsorganisation und Regelung von Verwaltungsabläufen, insbesondere zu Verhalten bei Einstellungen und Entlassungen, Urlaubsanträgen, Unfällen und Verlassen der Arbeitsstelle, Anmietung von Leihwagen, Arbeitszeiten, Stromeinsparung und Vorstandssitzungen; Verzeichnis der leitenden Angestellten, Stand 01.06.1903; Aufstellung zu Arbeitern mit Beschäftigungsverbot.

1553 Vertretung der Union AG in Stadtverordnetenversammlungen und Gemeinderäten.
1906–1907
Aufstellungen zu den Vertretern der Union AG, u. a. in [Bochum-]Stiepel und Weitmar, Dortmund, [Dortmund-]Kirchhörde, Mengede und Oestrich, [Essen-]Freisenbruch, Horst und Königssteele sowie im Siegerland.

2. Kaufmännische Verwaltung und Finanzen

2.1 Unternehmenserwerb

2.1.1 Neu-Schottland (Abteilung Horst)

311 Erwerb von Neu-Schottland durch die Union AG.
1872
Kaufvertrag zwischen Wilhelm Rosendahl und Hermann Tappe als Vertreter der Union AG sowie Wilhelm Heinrich Müller und Carl Schott als Vertreter von Neu-Schottland vom 28.05.1872; Auszug aus dem Gesellschaftsregister des Königlichen Kreisgerichts Bochum vom 27.05.1872, mit Verzeichnis der Grundstücke und Erzgruben; notariell beglaubigte Bestätigung beider Vertragspartner über die Übertragung des Besitzes vom 01.07.1872.

579 Erwerb von Neu-Schottland durch die Union AG.
1872
Vertrag zwischen Neu-Schottland und Union AG über den Erwerb des Unternehmens einschließlich aller Rechte und Pflichten, Forderungen und Verbindlichkeiten, des gesamten Grund-, Haus-, Erzgruben- und Zechenbesitzes, der Haßlinghauser Hütte, der Freisenbrucher Hütte und der Walzwerke in [Essen-]Horst zum 01.07.1872 vom 28.05.1872, mit detaillierter Aufstellung der Grundstücke und Erzgruben (Abschriften vom 15.10.1872 und 01.11.1872).

927 Erwerb von Neu-Schottland durch die Union AG.
1872
Vertrag zwischen Union AG und Neu-Schottland vom 01.07.1872 zur Bestätigung des Kaufvertrags vom 28.05.1872 und Spezifizierung der übertragenen Immobilien und Grundstücke (Abschrift); Bekanntmachung des Verkaufs an die Arbeiter von Neu-Schottland vom 01.07.1872 (Abschrift); Ablehnung der Eintragung des Beschlusses zur Auflösung des Unternehmens durch die Generalversammlung von Neu-Schottland in das Handelsregister wegen Beanstandung des Verfahrens zum Umtausch der Aktien durch das Königliche Kreisgericht Bochum vom 28.06.1872, mit Stellungnahme des Unternehmens vom 08.07.1872.

893 Erwerb von Neu-Schottland durch die Union AG.
1872, 1875
Kaufvertrag zwischen Union AG und Neu-Schottland vom 28.05.1872, mit Aufstellung der Erzgruben und Grundstücke (notariell beglaubigte Abschriften vom 15.10./01.11.1875); Nachtragsvertrag über Zahlung des Kaufpreises, zur Spezifikation des verkauften Betriebsvermögens und dessen Übertragung vom 01.07.1872 (notariell beglaubigte Abschrift vom 10.11.1875); Erklärung des Verwaltungsrats der Union AG zur Genehmigung des Ankaufs vom 05.10.1872 (notariell beglaubigte Abschrift vom 10.11.1875).

1511 Erwerb von Neu-Schottland durch die Union AG.
1872, 1875
Kaufvertrag vom 28.05.1872, mit Aufstellung des Gruben- und Grundstückseigentums (beglaubigte Abschrift).

1530 Erwerb von Neu-Schottland durch die Union AG.
1872
Notariell beglaubigte Bestätigung von Neu-Schottland und Union AG zur Übertragung des Besitzes vom 01.07.1872.

1637 Liquidation von Neu-Schottland durch die Union AG.
1864, 1872–1882, 1889
Notariell beglaubigte Genehmigung des Verwaltungsrats der Union AG vom 05.10.1872 zum Kaufvertrag zwischen Union AG und Neu-Schottland vom 25.06.1872; Handelsregisterauszug (Abschrift); Satzung von Neu-Schottland, 1864 (gedruckt); Zeitungsausschnitte, mit Ankündigung der Liquidation und Aufforderung an die Gläubiger zur Anmeldung ihrer Forderungen; Aufstellungen zum Umtausch der Aktien; Schriftwechsel zwischen Union AG, Neu-Schottland, Rechtsanwälten und Aktionären zu Umtausch bzw. Auszahlung von Aktien.

2.1.2 Sonstige Unternehmen

1342 Erwerb des Svabensverks durch die Union AG.
1837–1876, 1880
Karte von Nordeuropa, mit eingezeichneten Handelsrouten; Reisebericht von Hugo Müller an die Union AG über das Svabensverk vom 05.06.1872, mit Handzeichnungen von Mittelschweden, zur Ausdehnung der Erzgruben und Lage der Anlagen, sowie Grubenriss; Aufstellungen zu den Erzmengen in verschiedenen Gruben (schwedisch); Bilanzauszug des Svabensverks zur Roh- und Schmiedeeisenerzeugung, Oktober 1870 (schwedisch); Vollmacht von Henrik Wilhelm Cantzler und weiteren Erben von Carl Henrik Cantzler und Carl Fredrik August Cantzler sowie weiterer Eigentümer für Fredrik Tholander zum Verkauf des Svabensverks vom 21.08.1870 (schwedisch und deutsche Übersetzung); Antrag von Adolph von Hansemann an den schwedischen König Oskar II. zur Genehmigung des Besitzes des Svabensverks durch die Union AG vom 26.08.1873 (Abschrift); Generalvollmacht von von Hansemann für Paul Schwarze zur Betriebsführung des Svabensverks vom 07.03.1874 (Abschrift); Kaufvertrag zwischen Tholander und Union AG vom 30.06.1872 mit Wirkung zum 01.11.1872 (deutsch, Abschrift); Aufenthaltsgenehmigung Oskars II. für von Hansemann vom 13.12.1872 (deutsch, Abschrift); Besitzgenehmigung Oskars II. für von Hansemann über das Svabenswerk, o. D. (deutsch, Abschrift); Betriebsgenehmigung des „Königlichen Commerz-Collegiums" Stockholm für das Svabensverk vom 19.09.1873 (deutsch, Abschrift); Kaufverträge zwischen Henrik Cantzler als Vertreter der Eigentümer und von Hansemann über mehrere Erzgruben, Grundstücke und Immobilien in verschiedenen Gerichtsbezirken vom 01.11.1872, mit Besitztitelnachweisen und Hypothekenscheinen (deutsch, Abschriften); Auszug aus der Niederschrift der Gemeinderatssitzung der Gemeinde Alfta am 15.03.1874 zur Erklärung der Union AG zur Übernahme der Kosten für die „Armenkasse" (deutsch, Abschrift); Kaufvertrag zwischen Svabensverk als Eigentümer und Stora Kopparbergs Bergslag über Waldnutzungsrechte vom 12.12.1871; Kaufverträge zwischen Henrik Cantzler als Vertreter der Erben von Carl Henrik Cantzler bzw. des Svabensverks als Eigentümer

und der „Aktieninteressentenschaft der Sägewerke Koppersberg und Hoforß" (Kopparbergs & Hofors Sågverks Aktiebolag) über Waldnutzungsrechte vom 22.06.1857, 23.11.1867, 14.01.1870 und 09.08.1870 (deutsch, Abschriften); verschiedene weitere Pacht- und Kaufverträge zur Wald-, Grundstücks- und Wassernutzung, 1837–1866 (deutsch, Abschriften); Lohnabkommen zwischen den „Hammerschmieden" des Svabensverks und dem Svabensverk vom 17.05.1875 für das Jahr 1876 (deutsch, Abschrift); Genehmigungsurkunde von König Carl XIV. Johann zur Einstellung eines „Hüttenpredigers" vom 11.03.1843 (deutsch, Abschrift); Bericht von Moritz Ottermann über Betrieb und finanzielle Situation des Svabensverks im Rahmen der Stilllegung für von Hansemann vom 15.08.1876; Protokoll der Betriebsprüfung vom 19.07.1876; Auszug aus der Bilanz zum 31.01.1876; Kaufvertrag zwischen Alexander Elander als Bevollmächtigter von von Hansemann und Kopparbergs & Hofors Sågverks Aktiebolag über das Svabensverk vom 01.06.1880 (deutsch, Abschrift), mit Vollmacht; Aktenvermerke; Schriftwechsel zwischen Carl von Heinemann, deutscher Generalkonsul in Stockholm, Johannes von Miquel und von Hansemann bzw. Direction der Disconto-Gesellschaft sowie Union AG zu Ankauf und Berichterstattung zum Svabensverk.

1224 Erwerb der Theodorshütte in Giershagen, Kreis Brilon, durch die Union AG.
1863, 1872
Vertrag zwischen Union AG sowie Mathilde Lantz, Heinrich Lantz, Elise Freifrau von Wrede, Joseph Freiherr von Wrede, Ottilie von Hagens und Franz von Hagens als Erben von Theodor Ulrich über den Erwerb der Hütte vom 12.09.1872, mit Aufstellung der Erzgruben und Grundstücke; Vollmachten; Testament von Theodor Ulrich und Charlotte Hartmann vom 23.03.1863 (Abschrift); notariell beglaubigte Erklärung von Carl von Hagens als Vertreter der Familie von Hagens zu erbrechtlichen Fragen und zur Entscheidung des Familienrats zum Verkauf vom 21.08.1872; notariell beglaubigte Erklärung von Carl Wilhelm Schultze als Rechtsvertreter der Erben zum Verkauf vom 12.09.1872; Lageplan der Hütte.

1625 Erwerb der Thomasschlackenmühle der Firma Schüchtermann & Kremer, Dortmund, durch die Union AG.
1886, 1891, 1899–1904
Angebotsschreiben der Union AG an Schüchtermann & Kremer über die Verarbeitung von Thomasschlacke in der von Schüchtermann & Kremer zu bauenden Schlackenmühle vom 27.04.1886 und Annahmeerklärung vom 29.04.1886; Vertrag zwischen Union AG und Schüchtermann & Kremer über Erwerb der Schlackenmühle und Übertragung des Warenzeichens „Sonnenmarke" vom 30.05.1899 (notariell beglaubigte Abschrift); einzelne Schreiben zwischen den Vertragspartnern zur Vertragsverlängerung bzw. -veränderung.

655 Geplanter Erwerb der Thomasschlackenmühle der Firma Schüchtermann & Kremer, Dortmund, Huckarder Straße, durch die Union AG.
1899–1901
Vertragsentwürfe; Grundbuchauszug der Firma Schüchtermann & Kremer; Aufstellung des Ersatzteil- und Werkzeugbestands in Magazinen und Lagern der Thomasschlackenmühle zum 31.08.1901.

2.2 Unternehmensfinanzierung

1559 Tilgung einer Anleihe von 200.000 Talern von Neu-Schottland durch die Union AG.
1865–1866, 1874–1876
Vertrag zwischen Neu-Schottland und A. Schaaffhausen'schem Bankverein über die Emission der Anleihe zum Bau eines vierten Hochofens, von Koksöfen und zur Erweiterung des Walzwerks vom 15.07.1865, mit Aufstellungen der hypothekarischen Sicherheiten und Abschriften aus dem Hypothekenbuch; notariell beglaubigte Erklärung des Verwaltungsrats von Neu-Schottland zur Genehmigung der Emission vom 24.07.1865; Darlehensvertrag zwischen Neu-Schottland und Bankhaus von der Heydt-Kersten & Söhne über 100.000 Taler gegen Verpfändung der Hälfte der Anleihescheine vom 04./07.12.1866; Schriftwechsel zwischen Union AG, A. Schaaffhausen'schem Bankverein und verschiedenen Grundbuchämtern zur Tilgung und Löschung von Hypotheken in Grundbüchern.

391 Reduzierung des Grundkapitals der Union AG.
1875–1877
Schriftwechsel zwischen Union AG, verschiedenen Banken und Aktionären über den auf der Generalversammlung am 15.02.1875 gefassten Beschluss zur Reduzierung des Grundkapitals von 13.200.000 Talern auf 8.800.000 Taler bzw. M 26.400.000 und die Modalitäten des Aktienumtauschs; Zeitungsausschnitte.

989 Kapitalerhöhung der Union AG durch Emission von neuen Vorzugsaktien im Wert von M 15.000.000 auf M 41.400.000.
1875–1876
Schriftwechsel zwischen Union AG, Direction der Disconto-Gesellschaft und Aktionären über die Emission, das Zeichnungsvorrecht der bisherigen Aktionäre und die Zeichnung von Aktien; Zeitungsausschnitte.

1348 Vernichtung von eingelösten Obligationsscheinen der Union AG aus den Anleihen von 1880, 1893 und 1900.
1880, 1893, 1900–1907
Urkunden zur notariell beaufsichtigten Verbrennung am 13.05.1901, 30.05.1902, 29.07.1903, 30.05.1904, 31.07.1905, 09.08.1906 und 12.07.1907, mit Nummernverzeichnissen der ausgelosten und ausgezahlten Stücke; Schriftwechsel zwischen Union AG, Direction der Disconto-Gesellschaft und Notar Gustav Gottschalk zur Vernichtung.

255 Vernichtung ungültiger eigener Aktien und von Aktien angegliederter Unternehmen durch die Union AG.
1886–1887, 1896–1905
Schriftwechsel zwischen Hermann Brauns und Adolph von Hansemann, Direction der Disconto-Gesellschaft, über die Genehmigung zur Vernichtung sowie Notar Victor Melchior zum Vernichtungsverfahren; Vertragsentwurf zur Vernichtung; notariell beglaubigte Erklärungen zur Aktienvernichtung vom 17.11.1887 und 15.07.1896.
Darin auch: Schriftwechsel zwischen Union AG und einem Rechtsanwalt über die Pilsener Bau- und Grundstücksgesellschaft.

916 Reduzierung des Grundkapitals der Union AG auf M 30.000.000.
1896–1897
Einzelne Schreiben zwischen Union AG und Direction der Disconto-Gesellschaft über die Veröffentlichung des entsprechenden Beschlusses der Generalversammlung am 26.11.1896; Zeitungsausschnitte.

533 Finanzielle Situation der Union AG 1901/02.
1900–1902
Drei Geschäftsberichte der Union AG zum Geschäftsjahr 1900/01, mit handschriftlichen Änderungen der Wertangaben; Antrag des Aufsichtsrats und des Vorstands an die außerordentliche Generalversammlung am 09.06.1902 auf Kapitalreduzierung um M 16.800.000 auf M 25.200.000 und gleichzeitige Kapitalerhöhung um M 10.800.000 auf M 36.000.000 durch Emission von Vorzugsaktien; Berichte des Aufsichtsrats und des Vorstands für das Geschäftsjahr 1901/02 (Entwürfe); handschriftliche Aufstellungen über die Betriebsergebnisse der einzelnen Abteilungen.

2.3 Aktien

3370 Aktie Nr. 40.240 der Union AG vom 01.05.1872, 200 Taler (entwertet).
01.05.1872

3369 Aktie Nr. 1 der Union AG vom 30.06.1878, Lit. A., I. Emission, M 300 (entwertet).
30.06.1878
Rückseite: Auszug aus der Satzung der Union AG.

3359 Aktie Nr. 144.001 der Union AG vom 01.12.1882, Lit. A., IV. Emission, M 300 (entwertet).
01.12.1882
Rückseite: Auszug aus der Satzung der Union AG.

3371 Sechs Dividendenscheine zur Aktie Nr. 144.001 der Union AG vom 01.12.1882, Lit. A., IV. Emission, auszahlbar jeweils zum 02.01.1884–1889, mit Talon zum Empfang eines neuen Dividendenbogens (entwertet).
01.12.1882

3361 Aktie Nr. 130.309 der Union AG vom 01.07.1888, Lit. A., IV. Emission, M 1.500.
01.07.1888
Rückseite: Auszug aus der Satzung der Union AG; Blankette, nicht unterzeichnet vom Vorstand.

3368 Aktie Nr. 130.052 der Union AG vom 01.07.1888, Lit. A., IV. Emission, M 1.500 (entwertet).
01.07.1888
Rückseite: Auszug aus der Satzung der Union AG.

5986 Dortmunder Bergbau-Gesellschaft.
1879
Partial-Obligation über Sechshundert [600] Mark Reichswährung der Dortmunder Bergbau-Gesellschaft in Weitmar bei Bochum, gesichert durch eine Grundschuld auf dem Steinkohlen- und

Eisenstein-Bergwerk Vereinigte General & Erbstolln. Innenseite: Übersicht zu den Bedingungen der Partial-Obligation; loses Beiblatt: Zehn Zins-Coupons zur Partial-Obligation, einzulösen halbjährlich zwischen 1880 und 1884.

2.4 Bilanzen und Bilanzunterlagen

5526 Bilanzbuch der Union AG zum 30.06.1876.
1876

5527 Dsgl. zum 31.03.1878.

5528 Dsgl. zum 30.06.1878.

5529 Dsgl. zum 30.09.1878.

5530 Dsgl. zum 31.12.1898 (erstes Halbjahr des Geschäftsjahres 1898/99).

1228 Betriebsberichte und Bilanz der Union AG zum 30.06.1904.
1903–1904
Betriebsberichte der Abteilungen Bergbau, Bergbau 2, „E" (Brücken-, Weichen- und Waggonbau), Dortmunder Hütten- und Walzwerke sowie Horst der Union AG, mit Aufstellungen der vorgeschlagenen Abschreibungen; Berichte von Aufsichtsrat und Vorstand zur Generalversammlung 1904; Bilanzen vor und nach Abschreibungen; Inventarverzeichnis des Berliner Büros der Union AG.

925 Berichte von Abteilungen der Union AG zur Bilanz.
1904–1905
Berichte zur Bilanz der Abteilungen Bergbau und Bergbau 2, „D" (Hochofenanlage und Stahlwerk), „E" (Brücken-, Weichen- und Waggonbau) sowie Horst der Union AG für das erste Halbjahr des Geschäftsjahres 1904/05 vom 04./08.02.1905, 23.02.1905 sowie o. D. (Manuskripte und Typoskripte); Erläuterungen zur Bilanz der Union AG für das erste Halbjahr des Geschäftsjahres 1904/05, o. D. (Typoskript).

2.5 Handelsregister

1371 Zwei Handelsregisterauszüge der Union AG.
1875–1876

1408 Handelsregisterangelegenheiten der Union AG.
1886, 1896–1899, 1902
Handelsregisterauszüge (Originale und Abschriften); Anmeldungen zum Handelsregister; Zeichnungsschein der Direction der Disconto-Gesellschaft über M 9.000.000 neuer Aktien der Union AG vom 16.09.1899 (Abschrift); notariell beglaubigte Niederschrift der Aufsichtsratssitzung der Union AG am 11.10.1902 zur Satzungsänderung nach Kapitalherabsetzung und gleichzeitiger Kapitalerhöhung; Schriftwechsel zwischen Union AG, Direction der Disconto-Gesellschaft und Königlichem Amtsgerichts zu Dortmund zu Handelsregistereinträgen und einer Beschwerde der Union AG gegen die Kostenfestsetzung des Amtsgerichts für die Eintragung der Beschlüsse der außerordentlichen Generalversammlung am 25.01.1896, mit Beschlüssen von Amtsgericht und Königlichem Landgericht zu Dortmund vom 20.05.1896 und 23.06.1896; Zeitungsausschnitte.

905 Unternehmensrechtlicher Status der Abteilungen Henrichshütte und Horst der Union AG.
1895–1896, 1903
Einzelne Schreiben zwischen Union AG, Königlichem Amtsgericht Hattingen, Königlichem Amtsgericht Steele und den betroffenen Abteilungen zum Antrag der Handelskammer zu Bochum auf Eintragung der beiden Abteilungen als eigenständige Zweigniederlassungen in das Handelsregister, zu Widerspruch des Unternehmens und Rücknahme des Antrags.

950 Zeichnungsberechtigungen der Union AG.
1902–1910
Amtliche Atteste des Königlichen Amtsgerichts Dortmund 1902, 1906–1910.

2.6 Hypotheken

1623 Hypothekarische Belastung der Grundstücke und Erzgruben der Union AG in der Gemeinde Giershagen (Kreis Brilon) nach dem Kauf der Theodorshütte.
1863, 1872, 1876–1877, 1886–1893
Hypothekenbriefe; Vertrag zwischen Union AG sowie Mathilde Lantz, Heinrich Lantz, Elise Freifrau von Wrede, Joseph Freiherr von Wrede, Ottilie von Hagens und Franz von Hagens über den Erwerb der Theodorshütte vom 12.09.1872 (Abschrift); Vollmachten; Testament von Theodor Ulrich und Charlotte Hartmann vom 23.03.1863 (Abschrift); Aufstellung der Grundstücke des Klosterguts Bredelar vom 26.03.1863; notariell beglaubigte Erklärung von Carl von Hagens als Vertreter der Familie von Hagens zu erbrechtlichen Fragen und Entscheidung des Familienrats zum Verkauf vom 21.08.1872 (Abschrift); Lageplan der zur Theodorshütte gehörenden Grundstücke; Vertrag zwischen Union AG sowie Mathilde Lantz, Heinrich Lantz, Elise Freifrau von Wrede, Joseph Freiherr von Wrede und Franz von Hagens als Erben von Theodor Ulrich über den Erwerb des Klosterguts Bredelar sowie von Grundstücken der Theodorshütte vom 30.08.1876 in Anlehnung an den Kaufvertrag vom 12.09.1872, mit Aufstellung der Grundstücke.

1712 Hypothekarische Sicherheiten der Union AG in Bredelar für einen Kredit der Direction der Disconto-Gesellschaft in Höhe von M 2.610.000.
1872–1880
Verzeichnisse der zum Klostergut Bredelar und zur Theodorshütte gehörenden und verpfändeten Grundstücke, Erzgruben und Grubenfelder; Hypothekenbriefe; notariell beglaubigte Erklärungen der Union AG zum Eintrag der Hypotheken in Grundbücher; Prioritätserklärungen; Vertrag zwischen Union AG sowie Mathilde Lantz, Heinrich Lantz, Elise Freifrau von Wrede, Joseph Freiherr von Wrede, Ottilie von Hagens und Franz von Hagens als Erben von Theodor Ulrich über den Erwerb der Theodorshütte, mit Aufstellung der Erzgruben und Grundstücke vom 12.09.1872 (Abschrift).

636 Hypothekarische Absicherung der Anleihen der Union AG über 6.000.000 Taler von 1874 und über M 18.000.000 von 1880.
1876, 1883–1885, 1892–1894
Auszüge aus Berggrundbüchern zur Eintragung von Hypotheken zugunsten der Direction der Disconto-Gesellschaft auf den Besitz der Union AG an Eisenerzfeldern in den Kreisen Altenkirchen und Olpe; Hypothekenbriefe.

640 Hypothekarische Absicherung der Anleihe der Union AG über M 18.000.000 von 1894.
1893
Aufstellungen über die zugunsten der Direction der Disconto-Gesellschaft belasteten bzw. verpfän-deten Grundstücke.

2.7 Produktvertrieb (Sortierung nach Datum des Vertrags)

2.7.1 Eisenbahnoberbaumaterial

805 Lieferung von Eisenbahnoberbaumaterial durch die Union AG.
1874–1876
Vertrag zwischen Union AG und Kaiserlicher Generaldirektion der Eisenbahnen in Elsaß-Lothringen über die Lieferung von 22 km Schienen für die Strecke Mülhausen-Müllheim vom 15./29.02.1876, mit Konstruktionszeichnungen und Anlage: Bedingungen für die Lieferung von 120 mm hohen Eisenbahnschienen aus Puddelstahl oder Bessemerstahl sowie der zugehörigen Laschen, 1874 (Kaiserliche Generaldirektion der Eisenbahnen in Elsaß-Lothringen).

361 Lieferung von Eisenbahnoberbaumaterial durch die Union AG.
1878
Vertrag zwischen Union AG und Seeländischer Eisenbahngesellschaft (Dänemark) über die Lieferung von Schienen und Zubehör vom 21./23.06.1878.

806 Lieferung von Eisenbahnoberbaumaterial durch die Union AG.
1878
Vertrag zwischen Union AG und Kaiserlicher Generaldirektion der Eisenbahnen in Elsaß-Lothringen über die Lieferung von 300 Weichenzungenschienen vom 26.07./12.08.1878, mit Konstruktionszeichnungen und Anlage: Bedingungen für die Lieferung von Weichenzungenschienen aus Bessemerstahl, 1878 (Kaiserliche Generaldirektion der Eisenbahnen in Elsaß-Lothringen).

658 Lieferung von Eisenbahnoberbaumaterial durch die Union AG.
1878
Vertrag zwischen Union AG und Riga-Dünaburger Eisenbahn-Gesellschaft über die Lieferung von 16.000 Stahlschienen vom 16.11.1878.

690 Lieferung von Eisenbahnoberbaumaterial durch die Union AG.
1878–1879
Vertrag zwischen Union AG und Direktion der Gotthardbahn über die Lieferung von 9.160 Tonnen Stahlschienen vom 10.02.1879, mit Nachtragsvertrag, o. D., Konstruktionszeichnung und Anlagen: Besondere Bedingungen für die Lieferung von Gussstahlschienen; Allgemeine Bestimmungen für die Übernahme von Bauarbeiten, 1878 (Gotthardbahngesellschaft).

807 Lieferung von Eisenbahnoberbaumaterial durch die Union AG.
1878–1879
Vertrag zwischen Union AG und Kaiserlicher Generaldirektion der Eisenbahnen in Elsaß-Lothringen über die Lieferung von 108 km Schienen vom 13./24.02.1879, mit Anlage: Bedingungen für

die Lieferung von Eisenbahnschienen aus Bessemerstahl sowie der zugehörigen Laschen, 1878 (Kaiserliche Generaldirektion der Eisenbahnen in Elsaß-Lothringen).

362 Lieferung von Eisenbahnoberbaumaterial durch die Union AG.
1879
Vertrag zwischen Union AG und Seeländischer Eisenbahngesellschaft (Dänemark) über die Lieferung von Schienen und Zubehör vom 09./18.04.1879 (von der Union AG nicht parafiert).

468 Lieferung von Eisenbahnoberbaumaterial durch die Union AG.
1880
Bestätigungsschreiben des Auftraggebers zu einem Vertrag zwischen Union AG und Finanzdeputation Hamburg über die Lieferung von vier Weichen für die Gleisanlagen des Strandkais Hamburg vom 25.08.1880, mit Konstruktionszeichnungen und Lieferbedingungen.

360 Lieferung von Eisenbahnoberbaumaterial durch die Union AG.
1881-1885
Verträge zwischen Union AG und Seeländischen Staatsbahnen (Dänemark) über die Lieferung von Schienen und Zubehör vom 23./27.10.1881, 29.01./05.02.1883, 17./21.03.1885 und 30.05./03.06.1885, mit Anlagen über die Lieferbedingungen: Directionen for de själlandske Statsbahner: Betingelser for Levering af Skinner med Forbindelsesdele til de själlandske Statsbahner, 05.02.1884, 07.02.1885; Konstruktionszeichnungen.

398 Lieferung von Eisenbahnoberbaumaterial durch die Union AG.
1881-1882
Verträge zwischen Union AG und Königlicher Eisenbahndirektion Hannover zur Lieferung von Laschen und Unterlagsplatten vom 13./28.12.1881 (nicht parafierte Abschrift) und 18.08.1881, mit Konstruktionszeichnungen und Anlagen: Submissionsbedingungen für die Lieferung von Laschen aus Flussstahl, von Unterlagsplatten und von schmiedeeisernen Unterlagsplatten; Allgemeine Bedingungen für die Lieferung von Oberbau-Materialien (alle Königliche Eisenbahndirektion Hannover); Spezielle Bedingungen für die Lieferung von Laschen aus Bessemer-Stahl, 1881 (Hannoversche Staatsbahn); Schriftwechsel über Lieferverzögerungen.

691 Lieferung von Eisenbahnoberbaumaterial durch die Union AG.
1880-1882
Vertrag zwischen Union AG und Gotthardbahngesellschaft über die Lieferung von 1.700 Tonnen Stahlschienen vom 30.11.1882, mit Konstruktionszeichnungen und Anlagen: Allgemeine Bestimmungen für die Übernahme von Lieferungen von Eisenbahnmaterial, 1880; Besondere Bestimmungen für die Lieferung von Gussstahlschienen (beide Gotthardbahngesellschaft).

692 Lieferung von Eisenbahnoberbaumaterial durch die Union AG.
1880-1883
Vertrag zwischen Union AG und Gotthardbahngesellschaft über die Lieferung von 2.000 Tonnen Stahlschienen vom 16./20.11.1883, mit Konstruktionszeichnungen und Anlagen: Allgemeine Bestimmungen für die Übernahme von Lieferungen von Eisenbahnmaterial, 1880; Besondere Bestimmungen für die Lieferung von Gussstahlschienen (beide Gotthardbahngesellschaft).

375 Lieferung von Eisenbahnoberbaumaterial durch die Union AG.
1884
Vertrag zwischen Union AG und Hessischer Ludwigs-Eisenbahn-Gesellschaft über die Lieferung von Schienen vom 15./25.02.1884 (von der Union AG nicht parafiert), mit Anlagen: Konstruktionszeichnungen; Allgemeine Bedingnisse für die Vergebung von Bauarbeiten und Lieferungen (Hessische Ludwigs-Eisenbahn-Gesellschaft).

693 Lieferung von Eisenbahnoberbaumaterial durch die Union AG.
1880–1884
Vertrag zwischen Union AG und Gotthardbahngesellschaft über die Lieferung von 35.000 Schwellen vom 04./17.06.1884, mit Anlagen: Konstruktionszeichnungen ; Allgemeine Bestimmungen für die Übernahme von Lieferungen von Eisenbahnmaterial, 1880; Besondere Bestimmungen für die Lieferung von Querschwellen (beide Gotthardbahngesellschaft).

424 Lieferung von Eisenbahnoberbaumaterial durch die Union AG.
1884
Vertrag zwischen Union AG und Direktion der Gotthardbahn, Luzern, über die Lieferung von 141.000 Klemmplättchen vom 16.09.1884, mit Anlagen: Konstruktionszeichnungen; Besondere Bestimmungen betreffend die Lieferung von Klemmplättchen für Oberbausystem II mit eisernen Querschwellen.

1484 Lieferung von Eisenbahnoberbaumaterial durch die Union AG.
1882–1890
Verträge zwischen Union AG und Königlicher Eisenbahndirektion Köln über die Lieferung von 10.000 Unterlagsplatten vom 29.10.1884, von 240 Tonnen Weichenzungen von 24.03.1887, von 8.000 Unterlagsplatten vom 20.06.1887, von Weichenzungenschienen, Verstärkungsplatten und Klemmplatten vom 17.12.1884, von 3.000 Querschwellen und Klemmplatten vom 23.11.1887, von 4.000 Übergangsplatten vom 22.12.1887 und von 500 Bremsschlitten für Bremswagen vom 19.01.1890, mit Anlagen: Konstruktionszeichnungen; Vorschriften für die Lieferung von Unterlagsplatten, von Zungenschienen aus Flussstahl, 1882, von Zwang- und Flügelschienen aus Flussstahl, 1882, von Weichen- und Verstärkunqsplatten aus Flusseisen, 1882, von Kleineisenzeug zu Oberbau Cal. V, 1882; Allgemeine Vertragsbedingungen für die Ausführungen von Arbeiten und Lieferungen, 1885; Vorschriften für die Lieferung von Kleineisenzeug zu Normalweichen für die preußischen Staatsbahnen, 1885, von Querschwellen aus Flusseisen, 1886, von Kleineisenzeug zum Oberbau, 1886, von Normalzungenschienen aus Flussstahl, 1885 (alle Königliche Eisenbahndirektion Köln).

376 Lieferung von Eisenbahnoberbaumaterial durch die Union AG.
1887
Vertrag zwischen Union AG und Königlicher Eisenbahndirektion Berlin über die Lieferung von 100 Weichen vom 30.07./04.08.1887, mit Anlagen: Konstruktionszeichnungen; Allgemeine Vertragsbedingungen für die Ausführungen von Lieferungen und Leistungen sowie für die Lieferung von Oberbaumaterialien ausschließlich hölzerner Schwellen; Technische Vorschriften für die Lieferung von Zungenvorrichtungen, 1887.

239 Lieferung von Eisenbahnoberbaumaterial durch die Union AG.
1886–1887
Verträge zwischen Union AG und Königlicher Eisenbahn-Direction zu Hannover zur Lieferung von 3.607 Tonnen Stahlschienen vom 22.11./15.12.1887, dreilochigen Unterlegeplatten und Schienenunterlegeplatten vom 17.12./24.12.1886, Passschienen für Kreuzungsweichen vom 07.09./15.09.1886 und Passschienen für Normalweichen vom 20.07./31.07.1886, mit Anlagen: Konstruktionszeichnungen; Allgemeine Vertragsbedingungen für Leistungen und Lieferungen, Juli 1887; Technische Vorschriften für die Lieferung von Schienen aus Flussstahl für Querschwellen-Oberbau auf Hauptbahnen, Juli 1887; Bedingungen für die Angebote auf Lieferung von Oberbau-Materialien; Besondere Bedingungen für die Lieferung von Laschen, Unterlagsplatten, Klemmplatten, Schraubenbolzen, Schienennägeln und verzinkten Schraubennägeln (alle Königliche Eisenbahn-Direction zu Hannover).

489 Lieferung von Eisenbahnoberbaumaterial durch die Union AG.
1886–1888
Vertrag zwischen Union AG und Königlicher Eisenbahndirektion Berlin über die Lieferung von zwei Zungenvorrichtungen für Weichen vom 08./12.09.1888, mit Anlagen: Konstruktionszeichnungen; Allgemeine Vertragsbedingungen für die Ausführung von Leistungen und Lieferungen; Allgemeine Vertragsbedingungen für die Lieferung von Oberbaumaterialien ausschließlich hölzerner Schwellen, 1887; Technische Vorschriften für die Lieferung von Zungenvorrichtungen zu einfachen Wiechen sowie einfachen und doppelten Kreuzungsweichen für Normalschienen, Profil 1885, auf Holzschwellen (alle Königliche Eisenbahndirektion Berlin).

436 Lieferung von Eisenbahnoberbaumaterial durch die Union AG.
1886–1888
Vertrag zwischen Union AG und Königlicher Eisenbahndirektion Berlin über die Lieferung von vier Zungenvorrichtungen für Weichen vom 08./12.09.1888, mit Anlagen: Konstruktionszeichnungen; Allgemeine Vertragsbedingungen für die Ausführungen von Leistungen und Lieferungen sowie für die Lieferung von Oberbaumaterialien ausschließlich hölzerner Schwellen; Technische Vorschriften für die Lieferung von Zungenvorrichtungen zu einfachen Weichen sowie einfachen und doppelten Kreuzungsweichen für Normalschienen, 1888 (alle Königliche Eisenbahndirektion Berlin).

669 Lieferung von Eisenbahnoberbaumaterial durch die Union AG.
1888–1889
Vertrag zwischen Union AG und Nederlandsche Zuid-Afrikaansche Spoorweg-Maatschappij, Amsterdam, über die Lieferung von Stahlschienen, Querschwellen und Kleineisenmaterial vom 22.09.1888, mit Anlagen: Konstruktionszeichnungen und Lieferbedingungen (niederländisch, von Union AG nicht parafiert).
Darin auch: Grund- und Aufrisszeichnung des Post- und Eilguttunnels des Bahnhofs Bremen auf Rückseite einer Konstruktionszeichnung, 1888 (Königliche Eisenbahndirektion Hannover).

674 Lieferung von Eisenbahnoberbaumaterial durch die Union AG.
1888–1889
Vertrag zwischen Union AG und Nederlandsche Zuid-Afrikaansche Spoorweg-Maatschappij, Amsterdam über die Lieferung von zwölf Weichen vom 01.10.1888, mit Anlagen: Konstruktions-

zeichnungen und Lieferbedingungen, auch für Schwellen und Kleineisenmaterial (niederländisch, von Union AG nicht parafiert); Bestek en Voorwarden wegen de Levering van Vijftig Tongbewegingen, Vijftig Excentrieken en Honderd bevestigte Contra-Spoorstaven met Toebehooren, 1889; Ergänzungsvertrag vom 15./17.01.1889.

405 Lieferung von Eisenbahnoberbaumaterial durch die Union AG.
1889
Vertrag zwischen Union AG und Königlicher Eisenbahndirektion Altona über die Lieferung von 332 Radlenkern (für Weichen) vom 16./21.08.1889, mit Anlagen: Konstruktionszeichnungen; Allgemeine Vertragsbedingungen für die Ausführung von Lieferungen und Leistungen; Besondere Bedingungen für Lieferung von Zungenvorrichtungen, Weichenböcken, Herzstücken und Radlenkern zu Normalweichen auf Holzschwellen (beide Eisenbahndirektion Altona).

415 Lieferung von Eisenbahnoberbaumaterial durch die Union AG.
1889–1890
Vertrag zwischen Union AG und Königlicher Eisenbahndirektion Breslau über die Lieferung von 73 Kreuzungsweichen vom 28.12.1889/20.01.1890, mit Anlagen: Konstruktionszeichnungen; Allgemeine Bedingungen für die Lieferung von Oberbaumaterialien; Technische Bedingungen für die Lieferung von Weichen (beide Königliche Eisenbahndirektion Breslau).

406 Lieferung von Eisenbahnoberbaumaterial durch die Union AG.
1892
Vertrag zwischen Union AG und Königlicher Eisenbahndirektion Altona über die Lieferung von Schienen und Weichen vom 03./11.03.1892.

407 Lieferung von Eisenbahnoberbaumaterial durch die Union AG.
1892
Vertrag zwischen Union AG und Königlicher Eisenbahndirektion Altona über die Lieferung von Schienen und Weichen vom 03./11.03.1892.

370 Lieferung von Eisenbahnoberbaumaterial durch die Union AG.
1893
Vertrag zwischen Union AG und Stadt Düsseldorf über die Lieferung von eisernen Schwellen für die Gleisanlagen im Düsseldorfer Rheinhafen vom 04.09.1893, mit Anlagen: Konstruktionszeichnungen; Allgemeine Bedingungen über die Lieferung von Oberbau-Materialien für die Gleisanlagen des neuen Rheinhafens zu Düsseldorf; Besondere Bedingungen über die Lieferung von Querschwellen für die Gleisanlagen des neuen Rheinhafens zu Düsseldorf.

440 Lieferung von Eisenbahnoberbaumaterial durch die Union AG.
1885, 1894–1896
Verträge zwischen Union AG und Königlicher Wasserbau-Inspektion Ruhrort über die Lieferung von vier Weichen vom 24.04./16.05.1896 und einer Kranzdrehscheibe für den Kaiserhafen in [Duisburg-]Ruhrort vom 12./17.04.1894, mit Angeboten und Anlagen: Konstruktionszeichnungen; Besondere Bedingungen über die Herstellung und Lieferung von Weichen auf eisernen Querschwellen für die Hafenverwaltung zu Ruhrort; Besondere Bedingungen für die Lieferung und Aufstellung einer Kranzdrehscheibe für Eisenbahnwaggons auf dem Magazinplatz im Kaiserhafen zu Ruhrort;

Allgemeine Vertragsbedingungen für die Ausführung von Leistungen und Lieferungen; Allgemeine Vertragsbedingungen für die Ausführung von Wasser- und Wegebauten, 1885.

435 Lieferung von Eisenbahnoberbaumaterial durch die Union AG.
1894
Vertrag zwischen Union AG und Direktion der Prignitzer Eisenbahn-Gesellschaft über die Lieferung von 1.175 Tonnen Schienen vom 17.07.1894, mit Anlagen: Konstruktionszeichnung; Allgemeine Vertragsbedingungen für die Ausführung von Leistungen und Lieferungen; Besondere Bedingungen für die Lieferung von Flussstahlschienen.

369 Lieferung von Eisenbahnoberbaumaterial durch die Union AG.
1894
Vertrag zwischen Union AG und Stadt Düsseldorf über die Lieferung von Kleineisenmaterial für die Gleisanlagen im Düsseldorfer Rheinhafen vom 20.08.1894, mit Anlagen: Konstruktionszeichnungen; Allgemeine und besondere Bedingungen über die Lieferung von Oberbau-Materialien für die Gleisanlagen des neuen Rheinhafens zu Düsseldorf.

439 Lieferung von Eisenbahnoberbaumaterial durch die Union AG.
1885, 1896–1898
Verträge zwischen Union AG und Königlicher Wasserbau-Inspektion Ruhrort über die Lieferung von zwei Weichen für den Kaiserhafen in [Duisburg-]Ruhrort vom 31.08./06.09.1898 und von sechs Weichen vom 24.04./16.05.1896, mit Angeboten und Anlagen: Besondere Bedingungen über die Herstellung und Lieferung von Weichen auf eisernen Querschwellen für die Hafenverwaltung zu Ruhrort; Allgemeine Vertragsbedingungen für die Ausführung von Leistungen und Lieferungen; Allgemeine Vertragsbedingungen für die Ausführung von Wasser- und Wegebauten, 1885.

661 Lieferung von Eisenbahnoberbaumaterial durch die Union AG.
1885, 1893–1896
Vertrag zwischen Union AG und Deputation für Häfen und Eisenbahnen der Stadt Bremen über die Lieferung von 18 Weichen und Kleineisenmaterial für die Hafenbahnanlagen in Bremerhaven vom 30.06./10.07.1896, mit Angebot des Unternehmens, Lieferbedingungen und Konstruktionszeichnungen.

677 Lieferung von Eisenbahnoberbaumaterial durch die Union AG.
1898
Vertrag zwischen Union AG und Königlicher Wasserbau-Inspektion Ruhrort über die Lieferung von Weichen für den Kaiserhafen vom 31.08./06.09.1898, mit Angebot des Unternehmens und Anlagen: Allgemeine Vertragsbedingungen für die Ausführung von Leistungen und Lieferungen; Besondere Bedingungen über die Herstellung und Lieferung von Weichen.

353 Lieferung von Eisenbahnoberbaumaterial durch die Union AG.
1899
Vertrag zwischen Union AG und Schantung-Eisenbahn-Gesellschaft über die Lieferung von Laschen, Schrauben, Federringen und Klemmplatten für den Ausbau der Strecke Tsintau-Tsinanfu („Schutzgebiet Kiautschou") vom 03./07.08.1899, mit Anlagen; Konstruktionszeichnungen; Übersichtskarten über den Verlauf der projektierten Eisenbahn; Besondere Bedingungen über die

Lieferung von Laschen, Unterlagsplatten, Unterlagsplättchen, Hakenplatten und Klemmplatten, Januar 1899 (Preußische Staatseisenbahnverwaltung).

352 Lieferung von Eisenbahnoberbaumaterial durch verschiedene Unternehmen (Poolvertrag).
1899–1900
Vertrag zwischen Bochumer Verein, Firma Fried. Krupp, Gutehoffnungshütte, Hoerder Verein, Union AG sowie Schantung-Eisenbahn-Gesellschaft über die Lieferung von Schienen, Schwellen, Laschen und Klemmplatten für den Ausbau der Strecke Tsintau-Tsinanfu („Schutzgebiet Kiautschou") vom 13./28.10.1899 [ebenfalls beteiligt, aber hier nicht Vertragspartner: Königs- und Laurahütte]; Konstruktionszeichnungen; Deutscher Reichsanzeiger und Königlich Preußischer Staats-Anzeiger vom 03.01.1900, mit Auszug aus dem Gesellschaftsvertrag der Schantung-Bergbau-Gesellschaft.

662 Lieferung von Eisenbahnoberbaumaterial durch die Union AG.
1900
Vertrag zwischen Union AG und Deputation für Häfen und Eisenbahnen der Stadt Bremen über die Lieferung von vier Weichen für die Hafenbahnanlagen in Bremerhaven vom 31.10./06.11.1900, mit Lieferbedingungen.

386 Lieferung von Eisenbahnoberbaumaterial durch die Union AG.
1894, 1901–1903
Vertrag zwischen Union AG und Königlicher Eisenbahndirektion Essen, Bauabteilung Dortmund, über die Lieferung von Laschen und Unterlagsplatten für Löschgruben und Schiebebühnen der Lokomotivreparaturwerkstatt des Rangierbahnhofs Dortmund vom 27.08.1901, mit Anlagen: Allgemeine Vertragsbedingungen für die Ausführungen von Lieferungen und Leistungen; Besondere Bedingungen für Lieferung von Kleineisenzeug, 1894 (Preußische Staatseisenbahnverwaltung).
Darin auch: Nachtragsvertrag beider Gesellschaften über die Lieferung und Aufstellung einer Eisenkonstruktion zur Überführung der Umgehungsbahn Nette-Courl über die Gronau-Enscheder Bahn vom 16./17.06.1903.

672 Lieferung von Eisenbahnoberbaumaterial durch die Union AG.
1900–1902
Vertrag zwischen Union AG und Stadt Dortmund über die Lieferung verschiedener Oberbaumaterialien zur Erweiterung der Bahnanlagen des städtischen Schlachthofes vom 17.03.1902, mit Angebot des Unternehmens und Anlagen: Bedingungen, welche bei der Vergebung von Arbeiten und Lieferungen im Bereiche der allgemeinen Bauverwaltung, der Staatseisenbahn- und Bergverwaltung zur Anwendung kommen, 1900; Allgemeine Vertragsbedingungen für die Ausführung von Staatsbauten nach dem Erlass des Ministers für öffentliche Arbeiten vom 17.01.1900.

358 Lieferung von Eisenbahnoberbaumaterial durch die Union AG.
1901–1903
Vertrag zwischen Union AG und Kreis Marburg zur Lieferung von Schienen, Laschen, Nägeln und Klemmplatten für den Ausbau der Kleinbahn Marburg-Dreihausen vom 30.06.1903, mit Anlagen: Konstruktionszeichnungen; Allgemeine Vertragsbedingungen für die Ausführung von Leistungen oder Lieferungen; Besondere Bedingungen der Bauabteilung Marburg-Dreihausen für die Ausführung von Lieferungen; Besondere Bedingungen für die Lieferung von Laschen, Unterlagsplatten,

Unterlagsplättchen, Hakenplatten und Klemmplatten, August 1901, für die Lieferung von Schienen und Zungenschienen, August 1902, sowie für die Lieferung von Hakennägeln, Schwellenschrauben, Schwellenbezeichnungsnägeln, Unterlagsringen, Laschenschrauben, Hakenschrauben, Weichenschrauben und Stützknaggen, Juni 1901 (alle Preußische Staatseisenbahnverwaltung).

359 Lieferung von Eisenbahnoberbaumaterial durch die Union AG.
1899–1904
Vertrag zwischen Union AG und Kreis Marburg zur Lieferung von Weichen und Zubehör für den Ausbau der Kleinbahn Marburg-Dreihausen vom 26./29.02.1904, mit Anlagen: Konstruktionszeichnungen; Kostenvoranschlag der Union AG; Allgemeine Vertragsbedingungen für die Ausführung von Leistungen oder Lieferungen; Besondere Bedingungen der Bauabteilung Marburg-Dreihausen für die Ausführung von Lieferungen; Besondere Bedingungen für die Lieferung von Weichenlaternen mit Lampen, Juni 1901, von einfachen Schienenherzstücken, Juli 1899, von Zungenvorrichtungen zu Weichen, Oktober 1899, von Stellvorrichtungen zu Weichen, Juli 1899, von Futterstücken, Hakenplatten und Mutternstellkappen, August 1902, von Weichenplatten, Herzstückplatten und Unterlagsplatten, August 1901, von Flussstahlherzstücken und Herzstückspitzen, Januar 1899, von Zungenkloben, Gleitstühlen und Zugendrehstühlen, Januar 1899, von Zungenvorrichtungen zu Weichen, Oktober 1899, von Radlenkern, Januar 1899, von Schienen und Zungenschienen, August 1902, von Hakennägeln, Schwellenschrauben, Schwellenbezeichnungsnägeln, Unterlagsringen, Laschenschrauben, Hakenschrauben, Weichenschrauben und Stützknaggen, Juni 1901 (alle Preußische Staatseisenbahnverwaltung).

1482 Lieferung von Eisenbahnoberbaumaterial durch die Union AG.
1900–1904
Vertrag zwischen Union AG und Kreis Marburg über die Lieferung von vier Weichen für die Kleinbahn Marburg-Dreihausen vom 14./19.04.1904, mit Konstruktionszeichnungen und Anlagen zum Vertrag mit dem Kreis Marburg über die Lieferung von Schienen und Kleineisenzeug vom 30.06.1903: Allgemeine Vertragsbedingungen für die Ausführungen von Leistungen und Lieferungen; Besondere Bedingungen für die Lieferung von Laschen, Unterlagsplatten, Unterlagsplättchen, Hakenplatten und Klemmplatten, 1901; Besondere Bedingungen für die Lieferung von Schienen und Zungenschienen, 1902; Besondere Bedingungen für die Lieferung von Hakennägeln, Schwellenschrauben, Schwellenbezeichnungsnägeln, Unterlagsringen, Laschenschrauben, Hakenschrauben, Weichenschrauben und Stützknaggen, 1901 (alle Preußische Staatseisenbahnverwaltung).

1354 Lieferung von Eisenbahnoberbaumaterial durch die Union AG.
1906–1907
Schriftwechsel zwischen Union AG, Stahlwerks-Verband AG, Spedition Wilh. Hemsoth, Dortmund, Firma Bertram & Graf, Handelsvertretung der Union AG, sowie dem Kunden Firma Sylter Dampfspurbahn über Liefer- und Transportschwierigkeiten.

670 Lieferung von Zahnstangen durch die Union AG.
1909
Vertragsbedingungen und technische Spezifikationen zum Vertrag zwischen Union AG und Arica-La Paz-Railway vom 11.10.1909 (deutsch und englisch) (Vertrag fehlt).

2.7.2 Rollendes Eisenbahnmaterial

808 Lieferung von rollendem Eisenbahnmaterial durch die Union AG.
1880
Vertrag zwischen Union AG und Kaiserlicher Generaldirektion der Eisenbahnen in Elsaß-Lothringen über die Lieferung von 420 Radsätzen für Wagen vom 31.03./04.04.1880, mit Anlagen: Konstruktionszeichnungen; Allgemeine und Besondere Lieferbedingungen; Besondere Bedingungen für die Lieferung von Radreifen aus Flusseisen für Wagen mit Bremsen, 1880 (beide Kaiserliche Generaldirektion der Eisenbahnen in Elsaß-Lothringen).

354 Lieferung von rollendem Eisenbahnmaterial durch die Union AG.
1881–1882
Vertrag zwischen Union AG und Königlicher Eisenbahndirektion zu Magdeburg vom 15./20.02.1882 zur Lieferung von Wagenachsen, Radreifen und Sprengringen, mit Anlagen; Konstruktionszeichnungen; Allgemeine Bedingungen für die Ausführung von Lieferungen im Bereiche der Königlichen Eisenbahndirektion Magdeburg sowie spezielle Bedingungen für die Lieferung von Achsen und Federn für Wagen, 1881.

238 Lieferung von rollendem Eisenbahnmaterial durch die Union AG.
1884
Vertrag zwischen Union AG und Königlicher Eisenbahn-Direction zu Hannover zur Anfertigung und Lieferung von 220 Radsätzen vom 15.01./21.01.1884, mit Anlagen: Konstruktionszeichnungen; Allgemeine Bedingungen für die Lieferung von Satz-Achsen für Wagen; Specielle Bedingungen für die Lieferung von Satz-Achsen für Wagen (Königliche Eisenbahn-Direction zu Hannover).

1480 Lieferung von rollendem Eisenbahnmaterial durch die Union AG.
1883–1884, 1888–1893
Verträge zwischen Union AG und Königlicher Eisenbahndirektion Hannover über die Lieferung von 252 Tender-, Lokomotiv- und Wagenradreifen vom 07./26.04.1884, von 330 Radreifen für Wagen vom 08./17.02.1893 und von 18.000 Stahlgussbremsklötzen vom 20./23.02.1893, mit Anlagen: Konstruktionszeichnungen; Submissions-Bedingungen für die Lieferung von Werkstatt-Materialien; Allgemeine Bedingungen für die Lieferung von Werkstatt-Materialien, beide 1883; Allgemeine Vertragsbedingungen für die Ausführungen von Leistungen und Lieferungen; Besondere Bedingungen für die Lieferung von Stahlgussbremsklötzen, 1892; Besondere Bedingungen für die Lieferung von Radreifen für Lokomotiven, Tender und Wagen, 1890 (alle Königliche Eisenbahndirektion Hannover).

423 Lieferung von rollendem Eisenbahnmaterial durch die Union AG.
1885
Vertrag zwischen Union AG und Direktion der Gotthardbahn, Luzern, über die Lieferung von 60 Bandagen vom 05.05.1885, mit Konstruktionszeichnung.

399 Lieferung von rollendem Eisenbahnmaterial durch die Union AG.
1886
Vertrag zwischen Union AG und Königlicher Eisenbahndirektion Hannover zur Lieferung von 200 Satzachsen für Wagen vom 22./27.11.1886, mit Anlagen: Konstruktionszeichnungen; All-

gemeine und besondere Bedingungen für die Lieferung von Satz-Achsen für Wagen (Königliche Eisenbahndirektion Hannover).

1586 Lieferung von rollendem Eisenbahnmaterial durch die Union AG.
1884–1888
Verträge zwischen Union AG und Königlicher Eisenbahn-Direction Magdeburg über die Lieferung von 300 Radsätzen mit Speichenrädern vom 14./17.05.1887, von 900 Radreifen für Wagen vom 06./13.04.1887, von 660 Radreifen für Lokomotiven und Wagen vom 07./16.12.1886, von vier Radsätzen vom 25./29.09.1886, von 20 Radsätzen mit Speichenrädern vom 09./12.09.1887, von 13 Radsätzen vom 05./15.10.1888, von 240 Radreifen für Tender vom 19./24.09.1888 und von 37 Radsätzen vom 15./20.05.1888, mit Anlagen: Konstruktionszeichnungen; Allgemeine Vertragsbedingungen für die Ausführung von Lieferungen im Bereiche der Königlichen Eisenbahn-Direction Magdeburg; Besondere Bedingungen für die Ausführung von Arbeiten und Lieferungen im Bereiche der Königlichen Eisenbahn-Direction Magdeburg; Technische Bedingungen für die Lieferung von Radsätzen; Besondere Bedingungen für die Lieferung von Flussstahl-Radreifen zu Lokomotiven, Tendern und Wagen; Technische Bedingungen für die Lieferung von Achsen, Achsen mit Rädern, Reifen mit Tragfedern für Wagen sowie Spiralfedern für Zugapparate.

422 Lieferung von rollendem Eisenbahnmaterial durch die Union AG.
1887
Vertrag zwischen Union AG und Direktion der Gotthardbahn, Luzern, über die Lieferung von 100 Bandagen für Lokomotiv- und Tenderräder vom 23./30.06.1887, mit Konstruktionszeichnungen.

437 Lieferung von rollendem Eisenbahnmaterial durch die Union AG.
1886–1888
Vertrag zwischen Union AG und Königlicher Eisenbahndirektion Berlin über die Lieferung von 1.000 Tender- und Wagenradreifen vom 05./19.01.1888, mit Anlagen: Konstruktionszeichnungen; Allgemeine Vertragsbedingungen für die Ausführungen von Leistungen und Lieferungen; Besondere Vertragsbedingungen für die Lieferung von Flussstahlradreifen zu Lokomotiven, Tendern und Wagen, 1887 (beide Königliche Eisenbahndirektion Berlin).

233 Lieferung von rollendem Eisenbahnmaterial durch die Union AG.
1883–1888
Vertrag zwischen Union AG und Königlicher Eisenbahn-Direktion zu Berlin über die Anfertigung und Lieferung von 120 Normal-Wagenachsen mit Speichenrädern und Flussstahlreifen für die Königliche Eisenbahn-Direktion Breslau vom 09.06./16.06.1888, mit Anlagen: Konstruktionszeichnungen; Allgemeine Vertragsbestimmungen für die Ausführung von Lieferungen und Leistungen; Besondere Vertragsbedingungen für die Anfertigung und Lieferung von Normal-Wagenachsen aus Flussstahl mit Rädern, 28.08.1887 (alle Eisenbahn-Direktions-Bezirk Berlin).

402 Lieferung von rollendem Eisenbahnmaterial durch die Union AG.
1886–1889
Verträge zwischen Union AG und Königlicher Eisenbahndirektion Hannover über die Lieferung von 250 Satzachsen für Wagen vom 11./16.01.1889, 22 Satzachsen für Wagen vom 11./16.01.1889, eines Treibachsschafts für Lokomotiven vom 29.08./08.09.1888 und von Radgestellen, Achsschäf-

ten und Treibachsen vom 13./22.10.1887, mit Anlagen: Konstruktionszeichnungen; Allgemeine und besondere Bedingungen für die Lieferung von Satz-Achsen für Wagen, 1888; Allgemeine Vertragsbedingungen für Leistungen und Lieferungen, 1887; Technische Vorschriften für die Lieferung von Wagen- und Lokomotivachsschäften, 1888; Besondere Lieferbedingungen für fertig gedrehte Wagen- und Lokomotivachsschäfte, 1886; Allgemeine Bedingungen, 1887; Bedingungen für die Bewerbung um Arbeiten und Lieferungen, 1887 (alle Königliche Eisenbahndirektion Hannover).

421 Lieferung von rollendem Eisenbahnmaterial durch die Union AG.
1888
Vertrag zwischen Union AG und Direktion der Gotthardbahn, Luzern, über die Lieferung von acht Radsternen für Trieb- und Kuppelräder von Lokomotiven vom 19./24.10.1888.

438 Lieferung von rollendem Eisenbahnmaterial durch die Union AG.
1889
Vertrag zwischen Union AG und Königlicher Eisenbahndirektion Berlin über die Lieferung von 44 Satzachsen für Bahnmeisterwagen vom 19./21.02.1889, mit Anlagen: Konstruktionszeichnungen; Allgemeine Vertragsbedingungen für die Ausführungen von Leistungen und Lieferungen (Königliche Eisenbahndirektion Berlin).

404 Lieferung von rollendem Eisenbahnmaterial durch die Union AG.
1892
Vertrag zwischen Union AG und Königlicher Eisenbahndirektion Altona über die Lieferung von Radreifen vom 29.02./09.03.1892.

408 Lieferung von rollendem Eisenbahnmaterial durch die Union AG.
1892
Vertrag zwischen Union AG und Königlicher Eisenbahndirektion Altona über die Lieferung von 55 Tonnen Stahlgussbremsklötzen vom 23./28.03.1892, mit Anlagen: Allgemeine Vertragsbedingungen für die Ausführung von Lieferungen und Leistungen; Besondere Bedingungen für die Lieferung von Stahlgussbremsklötzen (beide Königliche Eisenbahndirektion Altona).

400 Lieferung von rollendem Eisenbahnmaterial durch die Union AG.
1890–1892
Verträge zwischen Union AG und Königlicher Eisenbahndirektion Hannover zur Lieferung von 1.000 Radreifen für Wagen vom 16./19.05.1892 und Königlicher Eisenbahndirektion Köln (rechtsrheinisch) zur Lieferung von vier Radsätzen vom 27.04./04.05.1892, mit Anlagen: Konstruktionszeichnungen; Allgemeine Vertragsbedingungen für die Ausführung von Leistungen und Lieferungen; Besondere Bedingungen für die Lieferung von Radreifen für Lokomotiven, Tender und Wagen aus Flussstahl bzw. Flusseisen, 1890 (beide Königliche Eisenbahndirektion Hannover); Allgemeine Vertragsbedingungen für die Ausführung von Leistungen und Lieferungen, 1891; Besondere Bedingungen für die Lieferung von Wagenachsen mit schweißeisernen Speichenrädern und Scheibenrädern mit aufgezogenen Radreifen, 1891 (beide Königliche Eisenbahndirektion Köln).

2672 Preisliste für Wagenachsen der Union AG (gedruckt).
1893

382 Lieferung von rollendem Eisenbahnmaterial durch die Union AG.
1895–1896
Verträge zwischen Union AG und Königlicher Eisenbahndirektion Berlin zur Lieferung von 1.500 und 341 Radsätzen vom 02./07.04.1896 und 19./24.06.1896, mit Anlagen: Konstruktionszeichnungen; Allgemeine Vertragsbedingungen für die Ausführungen von Lieferungen und Leistungen; Besondere Bedingungen für die Ausführung und Lieferung von Radsätzen und deren einzelnen Teilen für Wagen, 1895; Vorschriften für die Güte, Beschaffenheit und Prüfung der bei dem Bau von Betriebsmitteln und deren Zubehörteilen zu verwendenden Materialien, 1895 (beide Preußische Staatseisenbahnverwaltung).

384 Lieferung von rollendem Eisenbahnmaterial durch die Union AG.
1895–1896
Vertrag zwischen Union AG und Königlicher Eisenbahndirektion Berlin über die Lieferung von 220 Radsätzen vom 13./21.11.1896, mit Anlagen: Konstruktionszeichnungen; Allgemeine Vertragsbedingungen für die Ausführungen von Lieferungen und Leistungen; Besondere Bedingungen für die Ausführung und Lieferung von Radsätzen und deren einzelnen Teilen für Wagen, 1895; Vorschriften für die Güte, Beschaffenheit und Prüfung der bei dem Bau von Betriebsmitteln und deren Zubehörteilen zu verwendenden Materialien, 1895 (beide Preußische Staatseisenbahnverwaltung).

381 Lieferung von rollendem Eisenbahnmaterial durch die Union AG.
1895–1897
Vertrag zwischen Union AG und Königlicher Eisenbahndirektion Berlin zur Lieferung von 850 Radsätzen vom 02./10.04.1897, mit Anlagen: Konstruktionszeichnungen; Allgemeine Vertragsbedingungen für die Ausführungen von Lieferungen und Leistungen; Besondere Bedingungen für die Ausführung und Lieferung von Radsätzen und deren einzelnen Teilen für Wagen, 1895; Vorschriften für die Güte, Beschaffenheit und Prüfung der bei dem Bau von Betriebsmitteln und deren Zubehörteilen zu verwendenden Materialien, 1895 (beide Preußische Staatseisenbahnverwaltung).

383 Lieferung von rollendem Eisenbahnmaterial durch die Union AG.
1895–1897
Vertrag zwischen Union AG und Königlicher Eisenbahndirektion Berlin über die Lieferung von 204 Wagenradsätzen vom 16./22.07.1897, mit Anlagen: Konstruktionszeichnungen; Allgemeine Vertragsbedingungen für die Ausführungen von Lieferungen und Leistungen; Besondere Bedingungen für die Ausführung und Lieferung von Radsätzen und deren einzelnen Teilen für Wagen, 1895; Vorschriften für die Güte, Beschaffenheit und Prüfung der bei dem Bau von Betriebsmitteln und deren Zubehörteilen zu verwendenden Materialien, 1895 (beide Preußische Staatseisenbahnverwaltung).

385 Lieferung von rollendem Eisenbahnmaterial durch die Union AG.
1895–1897
Vertrag zwischen Union AG und Königlicher Eisenbahndirektion Berlin über die Lieferung von 1.100 Radsätzen vom 26.08./16.10.1897, mit Anlagen: Konstruktionszeichnungen; Allgemeine Vertragsbedingungen für die Ausführungen von Lieferungen und Leistungen; Besondere Bedingungen für die Ausführung und Lieferung von Radsätzen und deren einzelnen Teilen für Wagen, 1895; Vorschriften für die Güte, Beschaffenheit und Prüfung der bei dem Bau von Betriebsmitteln

und deren Zubehörteilen zu verwendenden Materialien, 1895 (beide Preußische Staatseisenbahnverwaltung).

705 Lieferung von rollendem Eisenbahnmaterial durch die Union AG.
1895-1897
Vertrag zwischen Union AG und Königlicher Eisenbahndirektion Berlin über die Lieferung von 500 Radsätzen für Wagen vom 11./18.12.1897, mit Anlagen: Konstruktionszeichnungen; Allgemeine Vertragsbedingungen für die Ausführung von Leistungen und Lieferungen; Besondere Bedingungen für die Ausführung und Lieferung von Radsätzen und deren einzelnen Teilen für Wagen, 1895; Vorschriften für die Güte, Beschaffenheit und Prüfung der beim Bau von Betriebsmitteln und deren Zubehörteilen zu verwendenden Materialien, 1895 (beide Preußische Staatseisenbahnverwaltung).

703 Lieferung von rollendem Eisenbahnmaterial durch die Union AG.
1895-1898
Vertrag zwischen Union AG und Königlicher Eisenbahndirektion Berlin über die Lieferung von 200 Radsätzen für Wagen vom 15./17.03.1898, mit Anlagen: Konstruktionszeichnungen; Allgemeine Vertragsbedingungen für die Ausführung von Leistungen und Lieferungen; Besondere Bedingungen für die Ausführung und Lieferung von Radsätzen und deren einzelnen Teilen für Wagen, 1895; Vorschriften für die Güte, Beschaffenheit und Prüfung der beim Bau von Betriebsmitteln und deren Zubehörteilen zu verwendenden Materialien, 1895 (beide Preußische Staatseisenbahnverwaltung).

236 Lieferung von rollendem Eisenbahnmaterial durch die Union AG.
1895-1898
Vertrag zwischen Union AG und Königlicher Eisenbahndirektion Berlin zur Anfertigung und Lieferung von 148 Radsätzen vom 14.09.1898, mit Anlagen: Konstruktionszeichnungen; Allgemeine Vertragsbestimmungen für die Ausführung von Lieferungen und Leistungen; Besondere Vertragsbedingungen für die Ausführung und Lieferung von Radsätzen und deren einzelnen Teilen für Wagen (November 1895); Vorschriften für die Güte, Beschaffenheit und Prüfung der bei dem Bau von Betriebsmitteln und deren Zubehörteilen zu verwendenden Materialien (November 1895) (alle Preußische Staatseisenbahnverwaltung).

242 Lieferung von rollendem Eisenbahnmaterial durch die Union AG.
1895-1898
Vertrag zwischen Union AG und Königlicher Eisenbahndirektion Köln über die Lieferung von 613,6 Tonnen Bremsklötzen vom 24.10./28.10.1898, mit Anlagen: Allgemeine Vertragsbestimmungen für die Ausführung von Lieferungen und Leistungen; Besondere Bedingungen für die Lieferung von Eisenguss, Achslagerkästen für Wagen und Stahlgussbremsklötzen (Juli 1895) (Preußische Staatseisenbahnverwaltung).

707 Lieferung von rollendem Eisenbahnmaterial durch die Union AG.
1895-1898
Vertrag zwischen Union AG und Königlicher Eisenbahndirektion Berlin über die Lieferung von 1.058 Radsätzen für Wagen vom 09./14./21.12.1898, mit Anlagen: Konstruktionszeichnungen; Allgemeine Vertragsbedingungen für die Ausführung von Leistungen und Lieferungen; Beson-

dere Bedingungen für die Ausführung und Lieferung von Radsätzen und deren einzelnen Teilen für Wagen, 1895; Vorschriften für die Güte, Beschaffenheit und Prüfung der beim Bau von Betriebsmitteln und deren Zubehörteilen zu verwendenden Materialien, 1895 (beide Preußische Staatseisenbahnverwaltung).

241 Lieferung von rollendem Eisenbahnmaterial durch die Union AG.
1895–1899
Vertrag zwischen Union AG und Königlicher Eisenbahndirektion Köln zur Lieferung von 254 Rädern für Bahnmeisterwagen vom 27.12.1898/10.01.1899, mit Anlagen: Konstruktionszeichnungen; Allgemeine Vertragsbestimmungen für die Ausführung von Lieferungen und Leistungen; Besondere Bedingungen für die Lieferung von Radsätzen und deren Theilen: Achswellen, Radgestelle (Radgerippen und Radscheiben), Radreifen-Sprengringen für Lokomotiven und Tender (Juli 1895); dsgl. für Wagen (Juli 1895) (Preußische Staatseisenbahnverwaltung).

706 Lieferung von rollendem Eisenbahnmaterial durch die Union AG.
1895–1899
Vertrag zwischen Union AG und Königlicher Eisenbahndirektion Berlin über die Lieferung von 600 Radsätzen für Wagen vom 17./23.02.1899, mit Anlagen: Konstruktionszeichnungen; Allgemeine Vertragsbedingungen für die Ausführung von Leistungen und Lieferungen; Besondere Bedingungen für die Ausführung und Lieferung von Radsätzen und deren einzelnen Teilen für Wagen, 1895; Vorschriften für die Güte, Beschaffenheit und Prüfung der beim Bau von Betriebsmitteln und deren Zubehörteilen zu verwendenden Materialien, 1895 (beide Preußische Staatseisenbahnverwaltung).

717 Lieferung von rollendem Eisenbahnmaterial durch die Union AG.
1895–1899
Vertrag zwischen Union AG und Königlicher Eisenbahndirektion Berlin über die Lieferung von 2.100 Radsätzen vom 10./19.06.1899, mit Anlagen: Konstruktionszeichnungen; Allgemeine Vertragsbedingungen für die Ausführung von Leistungen und Lieferungen; Besondere Bedingungen für die Ausführung und Lieferung von Radsätzen und deren einzelnen Teilen für Wagen, 1895; Vorschriften für die Güte, Beschaffenheit und Prüfung der beim Bau von Betriebsmitteln und deren Zubehörteilen zu verwendenden Materialien, 1895 (beide Preußische Staatseisenbahnverwaltung).

237 Lieferung von rollendem Eisenbahnmaterial durch die Union AG.
1895–1899
Vertrag zwischen Union AG und Königlicher Eisenbahndirektion Berlin zur Anfertigung und Lieferung von 100 Radsätzen vom 03.11./08.11.1899, mit Anlagen: Konstruktionszeichnungen; Allgemeine Vertragsbestimmungen für die Ausführung von Lieferungen und Leistungen; Besondere Vertragsbedingungen für die Ausführung und Lieferung von Radsätzen und deren einzelnen Teilen für Wagen (November 1895); Vorschriften für die Güte, Beschaffenheit und Prüfung der bei dem Bau von Betriebsmitteln und deren Zubehörteilen zu verwendenden Materialien (November 1895) (alle Preußische Staatseisenbahnverwaltung).

377 Lieferung von rollendem Eisenbahnmaterial durch die Union AG.
1895, 1899

Vertrag zwischen Union AG und Königlicher Eisenbahndirektion Berlin über die Lieferung von 200 Radsätzen vom 12./18.12.1899, mit Anlagen: Konstruktionszeichnungen; Allgemeine Vertragsbedingungen für die Ausführungen von Lieferungen und Leistungen; Besondere Bedingungen für die Ausführung und Lieferung von Radsätzen und deren einzelnen Teilen für Wagen, 1895; Vorschriften für die Güte, Beschaffenheit und Prüfung der bei dem Bau von Betriebsmitteln und deren Zubehörteilen zu verwendenden Materialien, 1895 (beide Preußische Staatseisenbahnverwaltung).

379 Lieferung von rollendem Eisenbahnmaterial durch die Union AG.
1899–1900
Vertrag zwischen Union AG und Königlicher Eisenbahndirektion Berlin über die Lieferung von 1.500 Radsätzen vom 19./23.06.1900, mit Anlagen: Konstruktionszeichnungen; Allgemeine Vertragsbedingungen für die Ausführungen von Lieferungen und Leistungen; Besondere Bedingungen für die Ausführung und Lieferung von Radsätzen für Wagen, 1899; Vorschriften für die Güte, Beschaffenheit und Prüfung der bei dem Bau von Betriebsmitteln nebst Zubehör zu verwendenden Materialien, 1899 (beide Preußische Staatseisenbahnverwaltung).

378 Lieferung von rollendem Eisenbahnmaterial durch die Union AG.
1899–1900
Vertrag zwischen Union AG und Königlicher Eisenbahndirektion Berlin über die Lieferung von 300 Radsätzen vom 07./14.07.1900, mit Anlagen: Konstruktionszeichnungen; Allgemeine Vertragsbedingungen für die Ausführungen von Lieferungen und Leistungen; Besondere Bedingungen für die Ausführung und Lieferung von Radsätzen für Wagen, 1899; Vorschriften für die Güte, Beschaffenheit und Prüfung der bei dem Bau von Betriebsmitteln nebst Zubehör zu verwendenden Materialien, 1899 (beide Preußische Staatseisenbahnverwaltung).

716 Lieferung von rollendem Eisenbahnmaterial durch die Union AG.
1897–1900
Vertrag zwischen Union AG und Königlicher Eisenbahndirektion Berlin über die Lieferung von 1.100 Radsätzen vom 05./09.11.1900, mit Anlagen: Konstruktionszeichnungen; Allgemeine Vertragsbedingungen für die Ausführung von Leistungen und Lieferungen; Besondere Bedingungen für die Ausführung und Lieferung von Radsätzen für Wagen, 1899; Vorschriften für die Güte, Beschaffenheit und Prüfung der beim Bau von Betriebsmitteln nebst Zubehör zu verwendenden Materialien, 1899 (beide Preußische Staatseisenbahnverwaltung).

243 Lieferung von rollendem Eisenbahnmaterial durch die Union AG.
1895, 1901
Vertrag zwischen Union AG und Königlicher Eisenbahndirektion Köln zur Lieferung von 416 Tonnen Bremsklötzen vom 12.01./21.01.1901, mit Anlagen: Allgemeine Vertragsbestimmungen für die Ausführung von Lieferungen und Leistungen; Besondere Bedingungen für die Lieferung von Eisenguss, Achslagerkästen für Wagen und Stahlgussbremsklötzen, Juli 1895 (Preußische Staatseisenbahnverwaltung).

718 Lieferung von rollendem Eisenbahnmaterial durch die Union AG und andere Unternehmen.
1901
Aufstellung vom März 1901 zur Verteilung einer Bestellung von Radsätzen für 8.175 Güterwagen

und 1.030 Personenwagen der Königlichen Eisenbahndirektion Berlin auf 18 verschiedene Lieferunternehmen; Konstruktionszeichnung eines Rades für Bahnmeisterwagen.

704 Lieferung von rollendem Eisenbahnmaterial durch die Union AG.
1897–1901
Vertrag zwischen Union AG und Königlicher Eisenbahndirektion Berlin über die Lieferung von 125 Radsätzen für Wagen vom 11./13.04.1901, mit Anlagen: Konstruktionszeichnungen; Allgemeine Vertragsbedingungen für die Ausführung von Leistungen und Lieferungen; Besondere Bedingungen für die Ausführung und Lieferung von Radsätzen für Wagen, 1899; Vorschriften für die Güte, Beschaffenheit und Prüfung der beim Bau von Betriebsmitteln nebst Zubehör zu verwendenden Materialien, 1899, mit Nachtrag (alle Preußische Staatseisenbahnverwaltung).

667 Lieferung von rollendem Eisenbahnmaterial durch die Union AG.
1897–1901
Vertrag zwischen Union AG und Königlicher Eisenbahndirektion Berlin über die Lieferung von 1.727 Radsätzen für Wagen vom 25./30.07.1901, mit Anlagen: Konstruktionszeichnungen; Allgemeine Vertragsbedingungen für die Ausführung von Leistungen und Lieferungen; Besondere Bedingungen für die Ausführung und Lieferung von Radsätzen für Wagen; Vorschriften für die Güte, Beschaffenheit und Prüfung der beim Bau von Betriebsmitteln nebst Zubehör zu verwendenden Materialien (beide Preußische Staatseisenbahnverwaltung, Oktober 1899).

702 Lieferung von rollendem Eisenbahnmaterial durch die Union AG und andere Unternehmen.
1901
Aufstellung vom Dezember 1901 zur Verteilung einer Bestellung von Radsätzen für 3.974 Güterwagen und 419 Personenwagen der Königlichen Eisenbahndirektion Berlin auf 18 verschiedene Lieferunternehmen.

235 Lieferung von rollendem Eisenbahnmaterial durch die Union AG.
1896–1902
Vertrag zwischen Union AG und Königlicher Eisenbahndirektion Berlin zur Anfertigung und Lieferung von 540 Radsätzen vom 25.02./06.03.1902, mit Anlagen: Konstruktionszeichnungen; Allgemeine Vertragsbestimmungen für die Ausführung von Lieferungen und Leistungen; Besondere Vertragsbedingungen für die Ausführung und Lieferung von Radsätzen und Wagen (Oktober 1899); Vorschriften für die Güte, Beschaffenheit und Prüfung der beim Bau von Betriebsmitteln nebst Zubehör zu verwendenden Materialien (Oktober 1899) (alle Preußische Staatseisenbahnverwaltung).

657 Lieferung von rollendem Eisenbahnmaterial durch die Union AG.
1894–1902
Vertrag zwischen Union AG und Kaiserlicher Generaldirektion der Eisenbahnen in Elsaß-Lothringen über die Lieferung von 34 Treibzapfen mit Gegenkurbeln und 85 Radsternen für Lokomotiven und Tender vom 10./24.07.1902, mit Nachtrag und Anlagen: Konstruktionszeichnungen; Allgemeine Vertragsbedingungen für die Ausführung von Leistungen oder Lieferungen (Januar 1900); Besondere Bedingungen für die Lieferung von Radsätzen und deren einzelnen Teilen: Achswellen, Radgestelle, Radreifen und Sprengringe (Mai 1900), Treib- und Kuppelachskurbeln (Mai 1896) (alle Kaiserliche Generaldirektion der Eisenbahnen in Elsaß-Lothringen).

715 Lieferung von rollendem Eisenbahnmaterial durch die Union AG.
1897–1902
Vertrag zwischen Union AG und Königlicher Eisenbahndirektion Berlin über die Lieferung von 1.925 Radsätzen vom 15./26.07.1902, mit Anlagen: Konstruktionszeichnungen; Allgemeine Vertragsbedingungen für die Ausführung von Leistungen und Lieferungen; Besondere Bedingungen für die Ausführung und Lieferung von Radsätzen für Wagen, 1899; Vorschriften für die Güte, Beschaffenheit und Prüfung der beim Bau von Betriebsmitteln nebst Zubehör zu verwendenden Materialien, 1899, mit Nachtrag (alle Preußische Staatseisenbahnverwaltung).

714 Lieferung von rollendem Eisenbahnmaterial durch die Union AG.
1899–1902
Vertrag zwischen Union AG und Königlicher Eisenbahndirektion Berlin über die Lieferung von 120 Tenderradsätzen vom 05./10.09.1902, mit Anlagen: Konstruktionszeichnungen; Allgemeine Vertragsbedingungen für die Ausführung von Leistungen und Lieferungen; Besondere Bedingungen für die Ausführung und Lieferung von Lokomotiven und Tendern nebst Zubehör und Aushilfsteilen, 1899; Vorschriften für die Güte, Beschaffenheit und Prüfung der beim Bau von Betriebsmitteln nebst Zubehör zu verwendenden Materialien, 1899, mit Nachtrag (alle Preußische Staatseisenbahnverwaltung).

380 Lieferung von rollendem Eisenbahnmaterial durch die Union AG.
1899–1902
Vertrag zwischen Union AG und Königlicher Eisenbahndirektion Berlin über die Lieferung von 54 Tenderradsätzen für die Eisenbahndirektionen Altona, Essen, Kassel und Köln vom 21./27.10.1902, mit Anlagen: Konstruktionszeichnungen; Allgemeine Vertragsbedingungen für die Ausführungen von Lieferungen und Leistungen; Besondere Bedingungen für die Ausführung und Lieferung von Lokomotiven und Tendern, 1899/1902; Vorschriften für die Güte, Beschaffenheit und Prüfung der bei dem Bau von Betriebsmitteln nebst Zubehör zu verwendenden Materialien, 1899 (beide Preußische Staatseisenbahnverwaltung).

240 Lieferung von rollendem Eisenbahnmaterial durch die Union AG.
1897, 1901–1902
Vertrag zwischen Union AG und Königlicher Eisenbahndirektion Köln über die Lieferung von losen Radgerippen und Radreifen für Lokomotiven vom 09.12./19.12.1902, mit Anlagen: Konstruktionszeichnungen; Allgemeine Vertragsbestimmungen für die Ausführung von Lieferungen und Leistungen; Besondere Bedingungen für die Lieferung von Achswellen, Radgestellen, Radreifen und Bahnmeisterwagenrädern (Juli 1901) (Preußische Staatseisenbahnverwaltung).

810 Lieferung von rollendem Eisenbahnmaterial durch die Union AG.
1900–1903
Vertrag zwischen Union AG und Kaiserlicher Generaldirektion der Eisenbahnen in Elsaß-Lothringen über die Lieferung von 100 Radreifen für Lokomotiven vom 29.04./02.05.1903, mit Anlagen: Konstruktionszeichnungen; Allgemeine Vertragsbedingungen für die Ausführung von Leistungen oder Lieferungen; Besondere Bedingungen für die Lieferung von Radsätzen und deren einzelnen Teilen: Achswellen, Radgestelle (Radgerippen und Radscheiben), Radreifen, Sprengringe für Lokomotiven und Tender (beide Kaiserliche Generaldirektion der Eisenbahnen in Elsaß-Lothringen, 1900).

656 Lieferung von rollendem Eisenbahnmaterial durch die Union AG.
1887, 1897–1903
Vertrag zwischen Union AG und Kaiserlicher Generaldirektion der Eisenbahnen in Elsaß-Lothringen über die Lieferung von 89 Radsternen für Lokomotiven und Tender sowie 33 Achskurbeln für Lokomotiven vom 27.06./02.07.1903, mit Anlagen: Konstruktionszeichnungen; Allgemeine Vertragsbedingungen für die Ausführung von Leistungen oder Lieferungen (Januar 1900); Besondere Bedingungen für die Lieferung von Radsätzen und deren einzelnen Teilen: Achswellen, Radgestelle, Radreifen und Sprengringe (Mai 1900); Treib- und Kugelachskurbeln (April 1903) (alle Kaiserliche Generaldirektion der Eisenbahnen in Elsaß-Lothringen).

684 Lieferung von rollendem Eisenbahnmaterial durch die Union AG.
1907–1909
Vertrag zwischen Union AG und Preußischer Staatseisenbahn über die Lieferung von Federn vom 07./15.09.1909, mit Anlagen: Konstruktionszeichnungen; Allgemeine Vertragsbedingungen für die Ausführung von Leistungen oder Lieferungen, 1907; Besondere Bedingungen für die Lieferung von Spiralfedern, Federstahl und Stahl zu den Führungsleisten der Achshalter, 1908.

2.7.3 Grubenbahnmaterial

868 Lieferung von Grubenbahnmaterial durch die Union AG.
1878
Vertrag zwischen Union AG und Bergwerksdirektion Saarbrücken Bergfaktorei über die Lieferung von 550 Förderwagenrädern, 1.100 Förderwagenschmierbüchsen und 800 Förderwagenradsätzen vom 10.04./23.05.1878; Nachtragsvertrag vom 16./19.12.1878.

248 Lieferung von Grubenbahnmaterial durch die Union AG.
1879
Vertrag zwischen Union AG und Bergwerksdirektion Saarbrücken Bergfaktorei über die Lieferung von Förderwagenradsätzen und Förderwagenrädern vom 13.05./11.06.1879.

879 Lieferung von Grubenbahnmaterial durch die Union AG.
1880
Vertrag zwischen Union AG und Bergwerksdirektion Saarbrücken Bergfaktorei über die Lieferung von 3.500 Rädern, 2.200 Laschen für Achsen und 1.000 Radsätzen vom 08.03.1880, mit Lieferterminen; Nachtragsvertrag vom 22.12.1880.

249 Lieferung von Grubenbahnmaterial durch die Union AG.
1881
Vertrag zwischen Union AG und Bergwerksdirektion Saarbrücken Bergfaktorei über die Lieferung von Förderwagenrädern und Förderwagenschmierbüchsen vom 20.01./15.02.1881.

869 Lieferung von Grubenbahnmaterial durch die Union AG.
1882
Vertrag zwischen Union AG und Bergwerksdirektion Saarbrücken Bergfaktorei über die Lieferung

von 1.400 Förderwagenradsätzen, 3.200 Förderwagenrädern, 1.270 Förderwagenschmierbüchsen und 270 Achsen vom 18.02./07.03.1882.

246 Lieferung von Grubenbahnmaterial durch die Union AG.
1882-1883
Vertrag zwischen Union AG und Bergwerksdirektion Saarbrücken Bergfaktorei über die Lieferung von Förderwagenrädern und Förderwagenschmierbüchsen vom 28.12.1882/14.02.1883, mit Anlage: Allgemeine Vertragsbedingungen für die Lieferung von Förderwagenrädern und Schmierbüchsen (Königliche Bergwerksdirektion Saarbrücken Bergfaktorei).

245 Lieferung von Grubenbahnmaterial durch die Union AG.
1884
Vertrag zwischen Union AG und Bergwerksdirektion Saarbrücken Bergfaktorei über die Lieferung von Förderwagenrädern, Förderwagenschmierbüchsen, Förderwagenachsen und Förderwagenradsätzen vom 16.01./28.02.1884, mit Anlage: Allgemeine Vertragsbedingungen für die Lieferung von Förderwagenrädern, Schmierbüchsen, Achsen und Radsätzen (Königliche Bergwerksdirektion Saarbrücken Bergfaktorei).

870 Lieferung von Grubenbahnmaterial durch die Union AG.
1884
Vertrag zwischen Union AG und Bergwerksdirektion Saarbrücken Bergfaktorei über die Lieferung von 400 Rädern und 200 Schmierbüchsen vom 11.02.1884, mit Anlage: Vertragsbedingungen.

247 Lieferung von Grubenbahnmaterial durch die Union AG.
1884
Vertrag zwischen Union AG und Bergwerksdirektion Saarbrücken Bergfaktorei über die Lieferung von Förderwagenradsätzen vom 22.11./05.12.1884.

878 Lieferung von Grubenbahnmaterial durch die Union AG.
1887
Vertrag zwischen Union AG und Bergwerksdirektion Saarbrücken Bergfaktorei über die Lieferung von 100 Radsätzen vom 27.04.1887, mit Anlage: Vertragsbedingungen.

871 Lieferung von Grubenbahnmaterial durch die Union AG.
1888-1889
Verträge zwischen Union AG und Bergwerksdirektion Saarbrücken Bergfaktorei über die Lieferung von 1.600 Rädern, 515 Schmierbüchsen, 365 Achsen und 400 Radsätzen vom 25.01.1889 und von 810 Rädern, 60 Bremsfördergestellrädern, 465 Achsen und 900 Radsätzen vom 25.01.1888, mit Anlage: Vertragsbedingungen.

671 Lieferung von Grubenbahnmaterial durch die Union AG.
1891-1896
Verträge zwischen Union AG und Bergwerksdirektion Saarbrücken Bergfaktorei über die Lieferung von Radsätzen, Rädern, Achsen und Schmierbüchsen für Förderwagen vom 20.09.1894, 01.01.1896, 24.02.1896, 10.07.1896 und 15.09.1896, mit Anlagen: Konstruktionszeichnungen; Vertragsbedingungen für die Lieferung von Förderwagen und Förderwagenrädern; Aufstellung

über die Liefertermine; Besondere Bedingungen für die Anlieferung von Temperguss- und Flussstahl-Gegenständen (Fahrmaterial) für die Königliche Bergfaktorei Stangenwaage zu St. Johann, 1891 (alle Königliche Bergwerksdirektion Saarbrücken).

244 Lieferung von Grubenbahnmaterial durch die Union AG.
1897
Vertrag zwischen Union AG und Bergwerksdirektion Saarbrücken Bergfaktorei über die Lieferung von Förderwagenrädern, Förderwagenschmierbüchsen, Förderwagenachsen und Förderwagenradsätzen vom 20.03./22.04.1897, mit Anlagen: Allgemeine Vertragsbedingungen für die Lieferung von Förderwagenrädern, Schmierbüchsen, Achsen und Radsätzen (Königliche Bergwerksdirektion Saarbrücken Bergfaktorei); Besondere Bedingungen für die Anlieferung von Temperguss- und Flussstahlgegenständen (Fahrmaterial) für die Königliche Bergfaktorei Kohlwaage zu St. Johann (Saar), 1897.

872 Lieferung von Grubenbahnmaterial durch die Union AG.
1897
Vertrag zwischen Union AG und Bergwerksdirektion Saarbrücken Bergfaktorei über die Lieferung von 2.750 Förderwagenrädern, 360 Förderwagenachsen, 250 Förderwagenradsätzen und 60 Schmierbüchsen vom 07.09.1897, mit Anlagen: Vertragsbedingungen und Aufstellung der Liefertermine.

2.7.4 Lokomotiv- und Wagendrehscheiben

403 Lieferung einer Lokomotivdrehscheibe durch die Union AG.
1889
Vertrag zwischen Union AG und Königlicher Eisenbahndirektion Altona über die Lieferung einer Lokomotivdrehscheibe vom 18.07./02.08.1889, mit Anlagen: Konstruktionszeichnungen; Allgemeine Vertragsbedingungen für die Ausführung von Leistungen und Lieferungen; Besondere Bedingungen für die Anfertigung von Lokomotivdrehscheiben (beide Königliche Eisenbahndirektion Altona).

1583 Lieferung einer Lokomotivdrehscheibe durch die Union AG.
1892–1893
Vertrag zwischen Union AG und Königlichem Eisenbahn-Betriebsamt Stralsund über die Lieferung einer Lokomotivdrehscheibe für den Bahnhof Neustrelitz vom 03./16.08.1893, mit Anlagen: Konstruktionszeichnungen; Allgemeine Vertragsbedingungen für die Ausführung von Leistungen und Lieferungen (Königliche Eisenbahn-Direction Berlin); Besondere Bedingungen für Anfertigung, Anlieferung und betriebsfähige Aufstellung von Drehscheiben nebst Zubehör (Königliches Eisenbahn-Betriebsamt Stralsund).

355 Lieferung von Eisenbahnwagendrehscheiben durch die Union AG.
1895
Vertrag zwischen Union AG und Königlicher Eisenbahndirektion zu Magdeburg vom 15./20.02.1895 zur Lieferung und Aufstellung von zehn Tellerdrehscheiben für die Wagenwerkstatt Salbke-Westerhüsen, mit Anlagen: Konstruktionszeichnungen; Allgemeine Vertragsbedingungen der Kö-

niglichen Eisenbahndirektion Magdeburg für die Ausführung von Leistungen und Lieferungen; Besondere Bedingungen für die Ausführung von Arbeiten und Lieferungen sowie technische Bedingungen für die Anfertigung, Lieferung und betriebsfähige Aufstellung von Wagen- und Tellerdrehscheiben für die Wagenwerkstatt Salbke.

351 Lieferung einer Lokomotiv-Verschiebebühne durch die Union AG.
1895–1898
Vertrag zwischen Union AG und Königlicher Eisenbahn-Maschinen-Inspection zu Aachen über die Lieferung einer handbetriebenen Verschiebebühne für Lokomotiven ohne Tender vom 04./09.03.1898, mit Anlagen: Spezifikation der Maße und Gewichte; Kostenvoranschlag der Union AG; Allgemeine Vertragsbedingungen der Eisenbahndirektionsbezirke Köln, St. Johann-Saarbrücken und Essen für die Ausführung von Kunstbauten, 1897/98; Besondere Vertragsbedingungen des Eisenbahndirektionsbezirks Köln für die Anfertigung, Lieferung und Aufstellung von größeren zusammengesetzten Eisenkonstruktionen, 1895/96.

467 Lieferung einer Lokomotivdrehscheibe durch die Union AG.
1892, 1903
Vertrag zwischen Union AG und Königlicher Eisenbahn-Maschinen-Inspektion Dortmund der Königlichen Eisenbahndirektion Essen über die Lieferung einer Lokomotivdrehscheibe vom 05./12.06.1903, mit Anlagen: Allgemeine Vertragsbedingungen für die Ausführung von Leistungen und Lieferungen; Besondere Bedingungen für die Lieferung einer Normaldrehscheibe von 16,076 m Nutzlänge; Zusammenstellung der Gewichte einer Lokomotivdrehscheibe von 16,076 m Nutzlänge, 1892.

2.7.5 Sonstiges

348 Lieferung von Schwedlerbrücken durch die Union AG.
1879
Vertrag zwischen Union AG und dem niederländischen Minister van Kolonien über die Lieferung von sechs Schwedlerbrücken für die Staatseisenbahn auf Java vom 04./10.09.1879 (niederländisch), mit Anlagen: Spezifikation der Maße und Gewichte; Konstruktionszeichnungen.

1483 Lieferung von Schiffstransmissionswellen durch die Union AG.
1883
Vertrag zwischen Union AG und Kaiserlicher Werft zu Kiel über die Lieferung von 21 Wellen, Kupplungsscheiben und Bolzen für die Steueranlage der SMS Baden vom 28.02./27.03.1883, mit Anlagen: Konstruktionszeichnungen; Allgemeine Bedingungen für die Beteiligung an den Submissionen der Kaiserlichen Werften und für den Eintritt in Lieferungs- und Leistungsverträge auf Grund solcher Submissionen.

685 Lieferung einer Eisenkonstruktion für Gebäude und von rollendem Eisenbahnmaterial durch die Union AG.
1887–1889
Vertrag zwischen Union AG und Königlicher Eisenbahndirektion Magdeburg über die Lieferung und Aufstellung der Kuppel des Empfangsgebäudes des Bahnhofs Halle/Saale vom 15.07.1889, mit

Anlagen: Allgemeine Vertragsbedingungen für die Ausführung von Leistungen und Lieferungen (Eisenbahndirektion Magdeburg); Besondere Bedingungen für die Lieferung und Aufstellung der Kuppel; Technische Bedingungen für die Lieferung und Aufstellung von Eisenkonstruktionen; Verträge zwischen Union AG und Königlicher Eisenbahndirektion Magdeburg über die Lieferung von Radsternen für Lokomotiven und Radreifen vom 27./31.05.1889 und 07./12.01.1889, mit Anlagen: Konstruktionszeichnungen; Allgemeine Vertragsbedingungen für die Ausführung von Lieferungen im Bereiche der Königlichen Eisenbahndirektion Magdeburg, 1887.

666 Lieferung von Waggons durch die Union AG und andere Unternehmen.
18.04.1900
Aufstellung vom 18.04.1900 zur Verteilung einer Bestellung der Königlichen Eisenbahndirektion Berlin von 9.084 Güterwagen auf 15 verschiedene Lieferunternehmen.

809 Lieferung von Antriebselementen für Lokomotiven durch die Union AG.
1900–1903
Vertrag zwischen Union AG und Kaiserlicher Generaldirektion der Eisenbahnen in Elsaß-Lothringen über die Lieferung von 53 Kolbenkörpern und 52 Kolbenstangen vom 25./30.04.1903, mit Anlagen: Allgemeine Vertragsbedingungen für die Ausführung von Leistungen oder Lieferungen, 1900; Besondere Bedingungen für die Lieferung von Kolbenstangen (beide Kaiserliche Generaldirektion der Eisenbahnen in Elsaß-Lothringen).

1564 Bau der Warthebrücke in Schwerin durch die Union AG.
1905–1906
Einzelne Schreiben zwischen Union AG und Stadt Schwerin zu baulichen Änderungen und Zahlung der Abschlussrate durch die Stadt.

3. Recht und Versicherungen

3.1 Prozesse

3.1.1 Mitarbeiter

1571 Zivil- und strafrechtliche Vergehen von Arbeitern der Union AG.
1873–1880
Mitteilungen der für das Werk abgestellten Polizeibeamten an die Union AG über die Verhaftung von Werksangehörigen und Lieferanten wegen Diebstahls oder anderer Delikte; Schreiben eines Arbeiters an die Union AG, mit Schilderung eines Sachverhalts vom 27.03.1873; einzelne Schreiben zwischen Union AG, Union AG Steinkohlenzeche Glückauf Tiefbau, Union AG Eisensteinbergbau, Betriebsleitern, Rechtsanwälten und Königlichem Amtsgericht Dortmund über Diebstähle, Anzeigen, Kündigungen, Prozesse und die Rückgabe von Diebesgut.

201 Zivilprozess des Arbeiters Bernhard Stamm gegen die Union AG auf Entschädigung eines Arbeitsunfalls als Puddler bei der Abteilung Aplerbeck.
1879–1887, 1905
Schriftsätze der Prozessgegner; Urteil des Landgerichts Dortmund vom 10.01.1884; Urteile des Oberlandesgerichts Hamm vom 27.06.1884 und 28.11.1884; ärztliche Gutachten sowie Gutach-

ten über die Situation am Arbeitsplatz; Aufstellungen über gezahlten Arbeitslohn; Niederschriften von Zeugenvernehmungen; Schriftwechsel zwischen Union AG, Union AG Aplerbeck und Westfälische Union über diesen und ähnliche Unfälle sowie mit Rechtsanwälten, Gutachtern und den urteilenden Gerichten zum Verfahren; einzelne Schreiben zwischen Union AG, Engelbert Isphording Fabrik in Messinggusswaaren, Attendorn, und Althaus & Liebrecht Puddlings- und Walzwerk, Attendorn, über die Beschäftigung Stamms; Unterlagen zur Ermittlung des neuen Wohnorts Stamms.
Darin auch: Urteile verschiedener Gerichte im Prozess des Puddlers Wilhelm Liese gegen die Westfälische Union (1879, 1880, 1881, Abschriften).

1694 Zivilprozess des Arbeiters Wilhelm Schneider gegen die Union AG wegen Rentenzahlung nach Arbeitsunfall.
1884–1901
Schriftsätze der Prozessgegner; Niederschriften von Beweisaufnahmeterminen; Medizinische Gutachten; Urteil des Königlichen Landgerichts Dortmund vom 19.01.1886 (Abschrift); Urteil des Königlichen Oberlandesgerichts Hamm vom 08.03.1887; Schriftwechsel zwischen Union AG, Union AG Horst und Rechtsanwälten zum Verfahren sowie mit verschiedenen Unternehmen im Rahmen von Nachforschungen zur Arbeitsfähigkeit Schneiders.

1628 Zivilprozess eines Arbeiters gegen die Union AG wegen Entschädigung nach einem Arbeitsunfall.
1886–1887
Schriftsätze der Prozessgegner; Niederschriften von Beweisaufnahmeterminen; Urteil des Königlichen Landgerichts Dortmund vom 03.05.1887; Schriftwechsel zwischen Union AG, Union AG Horst und Rechtsanwälten zum Verfahren.

1541 Zivilprozess von Josefa Sobiray gegen die Invaliden-, Witwen- und Waisenkasse der Union AG wegen Zahlung einer Witwenrente.
1891, 1895, 1901–1903
Urteil des Königlichen Landgerichts Dortmund vom 25.05.1903; Beschlüsse der Stadt Dortmund zur Abweisung der Ansprüche vom 22.10.1902 und 05.12.1902; Schriftsätze der Prozessgegner; Satzung der Invaliden-, Witwen- und Waisenkasse für die Eisen- und Stahlwerke der Union, Actiengesellschaft für Bergbau, Eisen- und Stahl-Industrie zu Dortmund, Horst und Henrichshütte und für das Puddel- und Walzwerk zu Aplerbeck vom 01.10.1891, mit Nachträgen vom 09.09.1895 und 07.03.1901 (gedruckt); Schriftwechsel zwischen Union AG und Rechtsanwälten zum Verfahren.

11 Zivilverfahren von August Sommerwerck gegen die Union AG wegen einbehaltener Gehaltszahlungen nach Entlassung als Vorstandsmitglied.
1904–1906
Klageschriftsätze und Erwiderungen der Prozessgegner (Abschriften); Schriftwechsel zwischen Union AG und Rechtsanwälten zum Verfahren; Urteil des Landgerichts Dortmund vom 16.03.1906.

3.1.2 Sonstiges

1711 Klage von Arwed Wilde gegen die Union AG auf Nutzung eines Abwasserkanals.
1896–1900
Antrag Wildes auf Erlass einer einstweiligen Verfügung gegen die Union AG zur Ableitung von Abwässern der auf dem Gelände der ehemaligen Firma Ferdinand Remy gelegenen Rheinisch-Westfälischen Margarine-Gesellschaft A. Wilde durch einen Abwasserkanal auf dem Gelände der Union AG, mit Beschluss des Königlichen Landgerichts Dortmund vom 24.02.1897; Klageschrift vom 15.02.1897; Schriftsätze der Prozessgegner; Niederschriften von Beweiserhebungsterminen und Zeugenbefragungen; Urteil des Landgerichts Dortmund vom 19.06.1897; Gutachten zur Entwässerungssituation; Grundbuchauszüge, Lagepläne; Urteil des Königlichen Oberlandesgerichts Hamm vom 18.11.1899; Schriftwechsel zwischen Union AG und Rechtsanwälten zum Verfahren.
Darin auch: dekorativer Briefkopf der Rheinisch-Westfälischen Margarine-Gesellschaft.

1229 Zivilprozess der Union AG gegen die Gewerkschaften Eintracht Tiefbau und Wasserjungfer wegen Bergschäden in der Werkskolonie Kanarienberg der Union AG Horst.
1896–1904
Bericht über die Schäden an Wasserbehälter und mehreren Häusern der Werkskolonie Kanarienberg in der Gemeinde [Essen-]Freisenbruch vom 05.09.1896; Schriftsätze der Prozessgegner; Niederschriften von Zeugenbefragungen und Besichtigungsterminen des Königlichen Landgerichts Essen; Schadensgutachten, mit Grundrisszeichnungen; Lageplan; Auszüge aus Grubenrissen; Auszug aus der Gebäudesteuerrolle; Schriftwechsel zwischen Union AG, Union AG Horst, Rechtsanwälten, Königlichem Landgericht Essen und Gewerkschaft Eintracht Tiefbau über den Prozessverlauf und den 1904 abgeschlossenen Vergleich.

990 Zivilprozess der Union AG gegen die Westfälische Bank-Commandite Ohm, Hernekamp & Co. wegen unrechtmäßiger Befahrung eines unternehmenseigenen Grundstücks in Dortmund.
1903–1904
Schriftsätze der Prozessgegner; Schriftwechsel zwischen Union AG, Königlichem Landgericht Dortmund und Rechtsanwälten zu Beweisfeststellung und Prozessverlauf; Lageplan des Grundstücks.

1529 Zivilprozess der Union AG gegen die Westfälische Bank-Commandite Ohm, Hernekamp & Co. wegen unrechtmäßiger Befahrung eines unternehmenseigenen Grundstücks in Dortmund.
1904–1905
Urteil des Königlichen Landgerichts Dortmund vom 09.11.1904; Schriftsätze der Prozessgegner; einzelne Schreiben zwischen Union AG und Rechtsanwälten zum Verfahren.

1687 Zivilprozess der Union AG gegen die Westfälische Bank-Commandite Ohm, Hernekamp & Co. wegen unrechtmäßiger Befahrung eines unternehmenseigenen Grundstücks in Dortmund.
1904–1907
Urteil des Königlichen Landgerichts Dortmund vom 09.11.1904; Schriftsätze der Prozessgegner zum Revisionsverfahren; Urteil des Königlichen Oberlandesgerichts Hamm vom 12.07.1905; einzelne Schreiben zwischen Union AG und Rechtsanwälten zum Verfahren.

1000 Zivilprozess der Schwelmer Eisenwerk Müller & Co. AG gegen die Union AG wegen Patentverletzung bei der Produktion von Stahlfässern.

1904–1907
Schriftsätze der Prozessgegner; Urteil des Königlichen Landgerichts Dortmund vom 15.03.1907; Schriftwechsel zwischen Union AG und Rechtsanwälten über Prozessverlauf, Zeugenbefragungen und Gutachten.

1435 Zivilprozess der Union AG gegen die Sylter Dampfspurbahn wegen unbezahlter Rechnungen für Lieferungen von Eisenbahnoberbaumaterial.
1906–1908
Schriftwechsel zwischen Union AG, Stahlwerks-Verband AG, Spedition Wilh. Hemsoth, Dortmund, Firma Bertram & Graf, Handelsvertretung der Union AG, Rechtsanwälten und Firma Sylter Dampfspurbahn über Bestellungen (Abschriften) sowie zu Verfahren und außergerichtlicher Einigung; Schriftsätze der Prozessgegner.

1563 Zivilprozess der Union AG gegen die Gewerkschaft Eintracht-Tiefbau wegen Bergschäden in [Essen-]Freisenbruch.
1907–1911
Klageschrift der Union AG vom 23.01.1907 wegen Schäden an dem Wasserbehälter und mehreren Häusern der Werkskolonie Kanarienberg der Union AG Horst in der Gemeinde Freisenbruch; Schriftsätze der Prozessgegner; Gutachten zu den Schäden und bergtechnisches Gutachten von Julius Deilmann vom 17.01.1908 und 17.03.1910; Gutachten von zwei Architekten vom 27.04.1908 und 16.11.1909 (Abschriften); Niederschriften zu Anhörungsterminen; Schriftwechsel zwischen Union AG bzw. Deutsch-Lux Dortmunder Union, Rechtsanwälten und Gewerkschaft Eintracht Tiefbau zum Verfahren und Abschluss eines Vergleichs.

915 Zivilklage der Union AG gegen die Gewerkschaft der Zeche Tremonia auf Schadensersatz für Bergschäden.
1908
Aktenvermerk zu Gebäudeschäden und Klage der Union AG, Mai 1908 (Entwurf).

3.2 Forderungen

1707 Konkurs der Firma Ferdinand Remy, Dortmund.
1883–1886
Auskünfte von Personen und Unternehmen über die finanzielle Situation der Firma Ferdinand Remy sowie von Hermann Remy und Wilhelm Remy (Abschriften); Bürgschaftserklärungen von Hermann Remy vom 29.12.1883, 29.12.1884 und 26.08.1885 zugunsten von Ferdinand Remy; Erklärung von Ferdinand Remy zur Eintragung einer Kautionshypothek auf die Werksanlagen und Grundstücke zugunsten der Union AG vom 02.07.1886 (Abschrift); Aufstellung der Außenstände der Union AG; Mitteilung der Polizei-Verwaltung Dortmund zur Zahlungsunfähigkeit der Firma Ferdinand Remy vom 18.07.1886; Vertrag zwischen den Gläubigern Union AG, Bankhaus Joh. Dav. Herstadt und Franz Fuhse vom 26.07.1886 über die gemeinsame Vorgehensweise im Konkursverfahren gegen Ferdinand und Hermann Remy (Abschrift); Aufstellungen zu den Zahlungen Hermanns Remys für die Firma Ferdinand Remy; Bilanz zum 15.08.1886; Beschluss des Königlichen Amtsgerichts Zell vom 04.09.1886 zum Antrag der Union AG auf Erlass eines Zahlungsbefehls gegen Hermann Remy; Schriftwechsel zwischen Union AG, Direction der Disconto-Gesellschaft,

Rechtsanwälten, Ferdinand Remy, Wilhelm Remy und Hermann Remy über Lieferungen von Stahlblöcken, Übernahme von Bürgschaften für die Lieferungen durch Hermann Remy, Ausstellung und Verlängerung von Wechseln, Zahlungsunfähigkeit von Ferdinand und Hermann Remy, Konkursverfahren und Abschluss eines Vergleichs.

1708 Konkurs der Firma Ferdinand Remy, Dortmund.
1886–1889, 1901–1910
Wertgutachten des Konkursverwalters zu Immobilien- und Grundbesitz der Firma Ferdinand Remy; Aufstellungen zu den Gläubigern und Forderungen; Hypothekenbrief; notariell beglaubigte Erklärung von Hermann Remy vom 19.11.1886 zur Übertragung seiner Forderungen gegenüber seinem Sohn Ferdinand Remy auf dessen Gläubiger Union AG, Bankhaus Joh. Dav. Herstadt und Franz Fuhse; Mitteilung des Königlichen Amtsgerichts Dortmund vom 21.07.1886 zur Eröffnung des Konkursverfahrens; Berichte einer Auskunftei über die finanzielle Situation von Ferdinand Remy; Schriftwechsel zwischen Union AG, Konkursverwalter, Rechtsanwälten und Hermann Remy zur Anmeldung von Forderungen.

1444 Zahlungsunfähigkeit der Firma Carl Schaefer, Oberhausen.
1892–1899
Beschlüsse der Gläubigerversammlung am 18.07.1892; Einverständniserklärung der Union AG zu einem Zahlungsmoratorium über fünf Jahre und zur Unterstellung der Firma Carl Schaefer unter Gläubigeraufsicht vom 02.08.1892 (Abschrift); Quittungen zur Schuldentilgung; Sitzungsniederschriften der Gläubigerversammlung, mit Geschäftsberichten der Firma Carl Schaefer, 1894/95 und 1895/96; Bilanzauszüge; Prospekt über die Umwandlung des Unternehmen in eine Gewerkschaft oder GmbH vom 12.05.1897 (gedruckt); Schriftwechsel zwischen Union AG und Carl Schaefer zur Bildung des Moratoriums und Tilgung von Schulden.

620 Hypothekarische Sicherung eines Darlehens der Union AG an Emil Hessmann zum Aufbau der Hönnethaler Kalkwerke nach deren Verkauf an die Rheinisch-Westfälischen Kalkwerke.
1896–1907
Notariell beglaubigte Kautionsurkunde von Emil Heckmann zur hypothekarischen Absicherung des Darlehens vom 17.12.1896 (Abschrift); Unterlagen zur Verrechnung der Zinsforderungen der Union AG mit Lieferungen der Rheinisch-Westfälischen Kalkwerke; Schriftwechsel zwischen Union AG, Kalkwerken, Hoesch AG, Rechtsanwälten und Amtsgericht Menden über die Eintragung der Hypothek im Grundbuch, Auslegung des Urkundentexts und eine mögliche Klage der Union AG gegen die Kalkwerke.

3.3 Versicherungen

1513 Unfallversicherung der Beamten.
1898–1911
Versicherungspolice der Nordstern Unfall- und Alters-Versicherungs-Actien-Gesellschaft zu einer Kollektivversicherung vom 12.09./26.10.1898, mit Anlagen: Antragslisten; Anweisung über die Verpflichtungen und das Verhalten unserer [Union AG] beim „Nordstern" gegen die Folgen von Unfällen versicherten Angestellten; Unfallanzeige (alle gedruckt, blanko); Nachträge; Aufstellung

der Beamten mit weniger als M 3.000 Jahresgehalt, o. D.; einzelne Schreiben zwischen Union AG und Versicherung zu Vertragsverlängerungen.

1518 Feuerversicherung der Union AG für die Zechen Carl Friedrich's Erbstolln und Brockhauser Tiefbau.
1899–1909
Versicherungspolicen der Gladbacher Feuerversicherungs-Gesellschaft, mit Anlagen; Allgemeine Versicherungsbedingungen; Besondere Versicherungsbedingungen für Fabriken und gewerbliche Anlagen; Vorsichtsbedingungen für elektrische Licht- und Kraftanlagen.

1736 Neuversicherung der Union AG Dortmunder Hütten- und Walzwerke.
1907–1909
Schriftwechsel zwischen Union AG und verschiedenen Versicherungsgesellschaften, u. a. Preußischer National-Versicherungs-Gesellschaft, Vaterländischer Feuerversicherungs-Actien-Gesellschaft, Aachener und Münchner Feuer-Versicherungs-Gesellschaft und Gladbacher Feuerversicherungs-Gesellschaft, über Versicherungssummen und -konditionen.

3.4 Patente

759 Lizenznahme des Thomas-Verfahrens durch die Union AG.
1879–1881
Lizenzvertrag zwischen Union AG, Hoerder Verein und Rheinischen Stahlwerken vom 26.03.1881 (Abschrift); dsgl. des Bochumer Vereins vom 11.03.1880, mit Auszug aus dem Vertrag zwischen Sidney Gilchrist Thomas und den deutschen Patentnehmern vom 26.04.1879 (Abschriften); Vertrag zwischen Bochumer Verein, Hoesch AG, Firma Fried. Krupp, Gutehoffnungshütte, Phoenix AG und Union AG über die Aufnahme einer Klausel in von einzelnen Unternehmen mit den Lizenzgebern abzuschließenden Verträgen zur Gewährung derselben Konditionen für alle anderen unterzeichneten Unternehmen vom 12.08.1879 (Abschrift); Vertrag zwischen Eisen- und Stahlwerk Osnabrück, Hoesch AG, Gutehoffnungshütte, Phoenix AG und Union AG über die Verlängerung des Abkommens bzw. zum gemeinsamen Vorgehen bei Lizenzverfahren und zur Vorbereitung einer Nichtigkeitsklage gegen die Thomas-Patente vom 16.02.1881; Sitzungsniederschriften der potenziellen Lizenznehmer; Schriftwechsel zwischen Union AG, insbesondere Hermann Brauns, Ernst Russel von Direction der Disconto-Gesellschaft und Hoerder Verein, insbesondere Joseph Massenez, über Vertragsmodalitäten, Lizenznahme und Klageandrohung; patentrechtliches Gutachten vom 11.02.1881 (Abschrift, o. Autor).

416 Kooperation der Union AG im Bereich selbst entladender Eisenbahnwagen.
1903
Vertrag zwischen Union AG und Firma Arthur Koppel, Berlin, über die Bildung einer Arbeitsgemeinschaft zur gemeinsamen Verwertung des Koppel'schen Reichspatents (D.R.P. 113.961) sowie weiterer erwarteter Patente im Bereich selbst entladender Eisenbahnwagen und zu deren Vertrieb vom 09.07./13.08.1903, mit Anlage und handschriftlichem Vermerk über eine Ergänzung.

991 Kooperation der Union AG bei Produktion und Vertrieb selbstentladender Eisenbahnwaggons.
1903
Kooperationsvertrag zwischen Union AG und Firma Arthur Koppel vom 09.07./13.08.1903.

3.5 Grunderwerb und Pachten
3.5.1 Dortmund

861 Grunderwerb der Union AG in Dortmund.
1872–1875
Aktenvermerk der Union AG vom 17.12.1875 zum Kaufvertrag vom 23.07.1872 mit Giesbert Wortmann; Notarrechnung zum Kaufvertrag; Lageplan; Auszug aus der Grundsteuerrolle; Grundsteuerbescheid.

1723 Grunderwerb der Union AG in Dortmund.
1872–1875
Kaufvertrag zwischen Union AG sowie Ludwig und Elisabeth Schürmann vom 23.10.1872; Bestätigung Schürmanns zum Empfang des Kaufpreises vom 30.05.1873; Auszüge aus der Grundsteuerrolle; Grundbuchauszug; einzelne Schreiben zwischen Union AG und einem Rechtsanwalt zur Grundbuchauflassung.

527 Grunderwerb der Union AG in Dortmund.
1874, 1887
Verträge zwischen Jacob Salomon Jacoby als Beauftragtem der Union AG sowie Wilhelmine Flasche und Witwe Wilhelm Bomheuer vom 12.03.1887 über eine Kaufoption; Annahmeerklärung der Union AG vom 20.03.1887; Erklärungen der Verkäuferinnen über die Umschreibung der Grundstücke auf die Union AG vom 14./20.04.1887 (Abschriften); Grundbuchauszüge; Einverständniserklärung und Antrag von Heinrich Hobert und Elisa Hobert als Verkäufer sowie Wilhelm Bomheuer und Wilhelmine Eicken als Käufer über Auflassung der verkauften Grundstücke in Dortmund und Grundbuchänderung vom 18.11.1874.

738 Grunderwerb der Union AG in Dortmund.
1880
Schriftwechsel zwischen Union AG und Stadt Dortmund über Grundbuchänderungen zu von der Verwaltung des Armenwesens Dortmund erworbenen Grundstücken; Grundbuchauszug.

1412 Grunderwerb der Union AG in Dortmund.
1881, 1892, 1895–1898
Vereinbarung zwischen Union AG und Gewerkschaft der Zeche ver. Westphalia über den Erwerb des Grundstücks zwischen Werksgelände, Sunderweg und Westphaliastraße vom 05.02.1896 (Abschrift); Entwürfe eines Kaufvertrags sowie eines Vergleichsvertrags zwischen beiden Unternehmen zur Regelung von Bergschadensforderungen; Vertrag zwischen Zeche ver. Westphalia und Gewerkschaft der Zeche Tremonia vom 10.04.1895 zur Anpachtung von Grubenfeldern durch die Zeche Tremonia nach Stilllegung der Schachtanlagen I und II sowie zur Regelung der Wasserhaltung (Abschrift); Kaufvertrag vom 13.03.1896; Vertrag zwischen Zeche ver. Westphalia und Stadt Dortmund zur kostenlosen Überlassung von Grundstücken zum Ausbau des Sunderwegs durch die Gewerkschaft, und Beteiligung an den Erschließungskosten bzw. Übernahme von Bauarbeiten nach Errichtung des Portierhauses der Union AG am Sunderweg vom 24.09./03.10.1892 (Abschrift); Niederschrift der Sitzung des Grubenvorstands der Zeche ver. Westphalia am 18.11.1881 zur Erteilung von Handlungsvollmachten an Alexander Hilbck und Gottlieb Melcher (Abschrift); Grundbuchauszug; Schriftwechsel zwischen Union AG, Direction der Disconto-Gesellschaft, Ze-

che ver. Westphalia, Rechtsanwälten und Stadt Dortmund über Vertragsmodalitäten, ratenweise Begleichung des Kaufpreises, Grundbuchangelegenheiten, Steuerzahlungen, Verfüllung eines Schachts und Erschließung des Sunderwegs; einzelne Schreiben zwischen Union AG und Kaiserlicher Ober-Postdirection Dortmund zur Verlegung von Telefonleitungen auf dem Gelände.

1403 Grunderwerb der Union AG in Dortmund.
1882–1883
Gemeinsame Erklärung von Union AG und Evangelische Gemeinde St. Petri-Nicolai über die Umschreibung des Grundbuchs vom 08.06.1882 (Abschrift); Grundbuchauszüge; einzelne Schreiben zwischen Union AG und Presbyterium der Gemeinde zu Kaufpreis und Grundbuchänderung.

529 Grunderwerb der Union AG in Dortmund.
1882–1883
Schriftwechsel zwischen Union AG und Verwaltung des Armenwesens Dortmund über die Annahme des Verkaufsangebots und Genehmigung des Stadtrats; Grundbuchauszug.

526 Grunderwerb der Union AG in Dortmund.
1886–1890
Schriftwechsel zwischen Union AG und Deutsche Lokal- und Straßenbahn-Gesellschaft zu Verkaufsverhandlungen und Erwerb; Lageplan; Grundbuchauszug.

1438 Erwerb von Teilen des Guts Westhausen-Wischlingen in Dortmund durch die Union AG.
1886, 1892–1898
Grundbuchauszüge; Pachtverträge zwischen von Sydow'scher Rentei-Verwaltung und J. Weig vom 23.10.1886 sowie Hermann Krefter vom 30.06.1892 über Grundstücke des Guts Westhausen-Wischlingen (Abschrift); schriftliche Bestätigungen zum Abschluss der Verkaufsverhandlungen von Union AG und Jenny von Sydow, Curt von Sydow, Hermann Freiherr von der Heyden-Rynsch und Rudolf Freiherr von der Borch als Eigentümern bzw. Bevollmächtigten des von Sydow'schen Fideikomisses vom 11./12.07.1894 über Grundstücke zwischen Köln-Mindener Eisenbahn und projektierter Mallinckrodtstraße (Abschriften); Schriftwechsel zwischen Union AG, Rentei-Verwaltunq, von der Heyden-Rynsch, Landvermessern und Grundbuchbehörden zu Vertragskonditionen und -modalitäten, Grundbuchauflassung und Vermessung der Grundstücke.

1457 Grunderwerb der Union AG in Dortmund.
1887
Vertrag zwischen Wilhelm Schaeffer und Mathilde Schaeffer sowie Jacob Salomon Jacoby als Beauftragtem der Union AG über eine Verkaufsoption vom 07.03.1887; Annahmeerklärung Jacobys vom 30.03.1887; Schreiben der Union AG an Schaeffer zur Grundbuchauflassung; Grundbuchauszug.

302 Grunderwerb der Union AG in Dortmund.
1887–1892
Kaufvertrag zwischen Union AG und Jacob Salomon Jacoby vom 21.07.1892; Kaufvertrag zwischen Jacoby und Heinrich Schüchtermann als Beauftragtem der Union AG vom 21.03.1887; Schriftwechsel zwischen den Vertragspartnern sowie mit Elfriede Balster, geb. Landmann, wegen Tilgung einer auf dem Grundstück zu ihren Gunsten lastenden Hypothek; Grundbuchauszüge.

540 Grunderwerb der Union AG in Dortmund.
1889–1890
Schriftwechsel zwischen Union AG und den Verkäufern Verwaltung des Armenwesens Dortmund und Evangelische Schulkommission Dortmund sowie Oberbürgermeister Wilhelm Schmieding als deren Vorsitzendem über die Annahme des Angebots der Union AG und Auflassung der Grundstücke; Lageplan; Auszug aus dem Grundbuch der Stadt Dortmund mit allen in der Gemeinde gelegenen Grundstücken des Unternehmens.

1715 Haus- und Grunderwerb der Union AG in Dortmund, Huckarder Straße 52.
1889–1912
Lageplan; Aktenvermerke der Union AG zum Ankauf von Witwe Gustav Huster; Feuerversicherungspolice der Westfälischen Provinzial-Feuersozietät vom 07.01.1899, mit Auszug aus dem Versicherungsstatut; Zinsen-Quittungsbuch der Städtischen Sparkasse zu Dortmund von Huster; notariell beglaubigte Erklärung von Johannes Rubbert vom 30.12.1892 über Rückzahlung einer hypothekarisch abgesicherten Darlehnsschuld durch Huster und Änderung des Grundbuchs; Hypothekenbrief; Schriftwechsel zwischen Union AG bzw. Deutsch-Lux Dortmunder Union und Städtischer Sparkasse zu Dortmund über Zahlung der Hypothekenzinsen und Tilgung der Schuld.

1721 Kauf eines Untersuchungsgebäudes der Betriebskrankenkasse durch die Union AG.
30.01.1895
Kaufvertrag zwischen BFK Dortmund der „Union" und Union AG vom 30.01.1895.

1626 Grunderwerb der Union AG in Dortmund.
1895–1896, 1926–1928
Vertrag zwischen Fritz Spennemann und Rudolf Spennemann über den Verkauf eines Grundstücks an die Union AG vom 27.04.1896 (Abschrift); Vermessungsgutachten; Grundbuchauszüge; Gemeindeumsatzsteuerbescheid; Hypothekenbrief; Schriftwechsel zwischen Union AG, einem Landvermesser, Pächtern sowie Fritz und Rudolf Spennemann über Verkauf, Vermessung, Grundbuchauflassung und Pachtangelegenheiten; Schreiben der VSt Rechtsabteilung Dortmund an das Grundbuchamt Dortmund zur Löschung von Hypotheken.

1445 Grunderwerb der Union AG in Dortmund.
1896
Schriftwechsel zwischen Union AG, Makler Carl Schleicher, Gutachtern und Pächtern über den Ankauf verschiedener Grundstücke bzw. zur Bestätigung von Kaufverhandlungen, Grundbuchauflassungen, Pachtzahlungen und Wertgutachten; Grundbuchauszüge; Lagepläne.

862 Grunderwerb der Union AG in Dortmund.
1896
Kaufvertrag zwischen Union AG sowie Carl Doll und Theodor Fahnenstich vom 27.04.1896 (Abschrift) sowie Angebot der Verkäufer vom 12.03.1896; Gemeindesteuerbescheid; Umsatzsteuerbescheid; einzelne Schreiben zwischen Union AG, Verkäufern und Dortmunder Steuerbehörden zum Verkauf.

1474 Grunderwerb der Union AG in Dortmund, Huckarder Straße.
1896–1897

Schriftwechsel zwischen Union AG und Verwaltung des Armenwesens Dortmund über Erwerb und Grundbuchauflassung; Grundbuchauszüge; Gemeindeumsatzsteuerbescheid.

1225 Grundstücksangelegenheiten der Union AG in Dortmund.
1901
Einzelne Schreiben zwischen Union AG und Amtsgericht Dortmund zur Besitztitelberichtigung eines Grundstücks; Grundbuchauszüge.

1565 Grunderwerb für Generaldirektor Hermann Mathies in Dortmund, Kaiser-Wilhelm-Allee 73.
1901–1918
Grundbuchauszug; Angebotsschreiben von Hugo Steinbach vom 02.09.1903; Annahmeerklärung der Union AG vom 05.09.1903; Police der Kölnischen Feuer-Versicherungs-Gesellschaft „Colonia" vom 01.09.1901, mit Nachträgen; Auszüge aus der Grundsteuerrolle; Hypothekenbriefe; Erklärung von Mathies zu einem von ihm genommenen Darlehn der Städtischen Sparkasse Dortmund und zur Eintragung hypothekarischer Sicherheiten vom 08.06.1903; Rundschreiben der Stadt Dortmund zur Gebäudesteuerrevision vom 27.05.1907 (gedruckt); Bedingungen und Tarife für die Lieferung elektrischer Energie des Städtischen Elektrizitätswerks Dortmund vom 16.05.1904 (gedruckt, 4. Auflage 1910); Gebührenrechnungen der Müllabfuhranstalt der Stadt Dortmund; Aufstellungen zu den Müllabfuhrgebühren für verschiedene Gebäude der Deutsch-Lux in Dortmund; Schriftwechsel zwischen Union AG bzw. Deutsch-Lux Dortmunder Union, Steinbach, Kölnischer Feuer-Versicherungs-Gesellschaft, Stadt Dortmund, Amtsgericht Dortmund und Städtischer Sparkasse über Ankauf, Versicherungsangelegenheiten, Grundbuchauflassung, Veranlagung zu Straßenbaukosten und Tilgung von Hypotheken.

1506 Grunderwerb der Union AG in Dortmund und Bau einer Wagenremise für Hermann Mathies.
1902–1903
Kaufvertrag zwischen Union AG sowie Joseph Christoph Niehörster und Heinrich Zentini vom 10.07.1902 (Abschrift); Auszug aus der Grundsteuerrolle; Grundbuchauszüge; Gestattungsvertrag zwischen Stadt Dortmund und Hermann Mathies zum Bau einer Wagenremise bei seinem Haus, Kaiser-Wilhelm-Allee 73, vom 29.07.1902 (Abschrift); Erklärung von Mathies zur Aufnahme eines Darlehens über M 12.000 von der Städtischen Sparkasse zu Dortmund vom 08.06.1903; einzelne Schreiben zwischen Mathies, einem Rechtsanwalt und Stadt Dortmund zum Genehmigungsverfahren.

3.5.2 Raum Essen

1678 Enteignung von Grundstücken von Neu-Schottland in [Essen-]Horst.
1860–1862, 1867–1873, 1890–1891, 1900–1906
Bescheid des Regierungspräsidiums Arnsberg vom 31.03.1860 zur Enteignung von Grundstücken von Neu-Schottland zugunsten der Bergisch-Märkischen Eisenbahn-Gesellschaft für den Bau der Strecke Witten-Duisburg; Auszüge aus dem Hypothekenbuch; Vertrag zwischen Union AG und Neu-Schottland über den Erwerb des Unternehmens, mit detaillierter Aufstellung der Grundstücke und Erzgruben vom 28.05.1872 (Abschrift); Grundbuchauszüge; Auszüge aus der Grundsteuerrolle.

1636 Grundbuchangelegenheiten der Union AG in [Essen-]Freisenbruch und Horst.
1866–1882, 1888
Vertrag zwischen Union AG und Neu-Schottland über den Erwerb des Unternehmens vom 28.05.1872 (Abschrift); Aufstellungen der Grundstücke in Freisenbruch und Horst; Kaufverträge über Grundstücke in Horst zwischen Bernhard Lindken bzw. Wilhelm Beckmann als Verkäufer und Neu-Schottland vom 20.01.1866 (Abschrift und Original); Grundbuchauszüge; Auszüge aus dem Hypothekenbuch; Auszüge aus der Grundsteuerrolle; Lagepläne von Grundstücken und des Bahnhofs Steele der Bergisch-Märkischen Eisenbahn; Vertrag zwischen Neu-Schottland und Bergisch-Märkischer Eisenbahn-Gesellschaft vom 25.10./08.11.1869 zur Überlassung von Wegerechten und Grundstücken als Gegenleistung für die Lieferung von Puddelstahlschienen; Schriftwechsel zwischen Union AG, Union AG Horst, Königlichem Grundbuchamt Bochum und Bergisch-Märkischer Eisenbahn-Gesellschaft über Grundbuchänderungen.

1454 Grundstücksangelegenheiten der Union AG in [Essen-]Horst.
1867–1870, 1874–1876, 1889, 1902–1905
Kaufvertrag zwischen Elisabeth Lindken als Verkäuferin und Hermann von Dobbe über Grundstücke vom 10.07.1867 (Abschrift); Auszug aus dem Hypothekenbuch; Grundbuchauszüge; Schriftwechsel zwischen Union AG, Union AG Horst und Rechtsanwälten zum Grunderwerb in Horst durch Neu-Schottland, Grundbuchauflassungen und Hypothekenforderungen von Erben der Verkäufer.

493 Grunderwerb der Kranken- und Unterstützungskasse der Meister und Arbeiter des Walzwerks zu Horst und der Hochofen-Anlage zu Freisenbruch in [Essen-]Königssteele.
1868, 1873–1874, 1896
Schriftwechsel zwischen Carl Dinslage (Bürgermeister von Neheim) als Bevollmächtigtem seiner Ehefrau Johanna, geborene Fünkel, Krankenkasse, Union AG Horst und Union AG über die Tilgung der von Johann Dinnendahl an Johanna Dinslage vererbten, noch offenen Kaufsumme aus dem Kaufvertrag vom 02.09.1868; notariell beglaubigter Auszug vom 20.11.1873/19.02.1874 aus dem Testament von Johann Dinnendahl vom 11.08.1870; Kaufvertrag zwischen Clemens Küster als Bevollmächtigtem von Johann Dinnendahl und Wilhelm Heinrich Müller, Direktor von Neu-Schottland, als Vertreter der Krankenkasse vom 02.09.1868; Grundbuchauszüge.

599 Grunderwerb der Union AG in [Essen-]Steele zur Anlage eines Brunnens am Ruhrufer.
1869, 1887, 1896, 1902–1910
Genehmigungsvertrag zwischen Heinrich Strunk und Neu-Schottland vom 18.01.1869 zum Bau einer Wasserleitung über Strunk gehörende Grundstücke zum Walzwerk (Abschrift); Schriftwechsel zwischen Union AG, Union AG Horst und Rechtsanwälten über Neuvermessung des Grundstücks und Grundbucheintragung, 1887; Grundbuchauszüge; Schriftwechsel zwischen Union AG, Wasserwerk für das nördliche westfälische Kohlenrevier als neuem Eigentümer der Strunk'schen Grundstücke und Königlicher Eisenbahnbetriebsinspektion Essen zur Sicherung von Wegerechten nach Baumaßnahmen am Ruhrufer und Einzäunung der Bahnstrecke Heissen-Dahlhausen; Lagepläne.

310 Grunderwerb der Union AG in [Essen-]Horst.
1872–1873
Kaufvertrag zwischen Union AG und Ferdinand Wisthoff vom 02.06.1872; notariell beglaubigte Vertragsbestätigung von Jacob Mallmann vom 10.07.1872; Bestätigungsvermerk des Königlichen Kreisgerichts Bochum.

552 Grunderwerb der Union AG in [Essen-]Horst.
04.10.1873
Auflassungserklärung von Anna Maria Hackmann für ein an die Union AG verkauftes Grundstück vom 04.10.1873 (Abschrift).

294 Grundbuchangelegenheiten der Union AG in [Essen-]Freisenbruch.
04.10.1873
Auflassungserklärung für ein Grundstück durch den Verkäufer Bernhard Haikmann vom 04.10.1873.

393 Grundstücksverkauf der Union AG in [Essen-]Freisenbruch.
1873–1877
Vertrag zwischen Union AG und Bergisch-Märkischer Eisenbahn-Gesellschaft vom 05.06./08.07.1874 über die Nutzung eines Grundstücks der Union AG in Freisenbruch zur Erweiterung des Bahnhofs Steele sowie die Verpflichtung der Eisenbahn-Gesellschaft zum Kauf bzw. Tausch innerhalb eines Jahres, mit Lageplan; Kaufvertrag vom 19./28.02.1876 (nicht unterzeichneter Entwurf); Schriftwechsel zwischen Union AG, Union AG Horst, Königlicher Eisenbahndirektion Elberfeld und Königlicher Eisenbahn-Commission zu Essen zu den Verkaufsverhandlungen.

339 Grunderwerb der Union AG in [Essen-]Horst.
1873–1875
Vertrag zwischen Union AG sowie Johann Köffler, Levi Trachtenach und Adam Schlüter über die Grundbucheintragung vom 26.02.1875; Schriftwechsel zwischen Union AG und Union AG Horst über Probleme mit verschiedenen Grundstücksverkäufern; Lagepläne.

286 Grundstückstausch bzw. Katasterberichtigung der Union AG in [Essen-]Horst.
1877–1883
Schriftwechsel zwischen Union AG, Union AG Horst, Rechtsanwälten und Tauschpartner Johann Wilhelm Schürmann; Grundbuchauszüge; Auszüge aus der Grundsteuerrolle, mit Lageplan.

3.5.3 Raum Hattingen

1681 Grundstücksangelegenheiten der Administration Henrichshütte bzw. Union AG, [Hattingen-]Welper.
1841–1847, 1852–1855, 1860–1864, 1874–1880
Vertrag zwischen Mitgliedern der Familie Brücher zur Übertragung von Brüchers Kotten auf Wilhelm Moritz Brücher sowie zur Regelung von Verpflichtungen aus dem gemeinsamen Betrieb von drei Mühlen im Hattinger Raum vom 26.02.1841; Beschluss des Königlichen Land- und Stadtgerichts Hattingen vom 21.04.1847 zum Erbstreit nach dem Tod von Helene Brücher; Pachtvertrag zwischen Heinrich Theodor Wenner als Verpächter und Heinrich Plessmann über den Kotten vom 11.07.1852; Kaufvertrag zwischen Wenner und Carl Roth als Vertreter von Graf Henrich zu Stolberg-Wernigerode über Brüchers Kotten vom 04.02.1854 (Abschrift); Abschriften aus dem Hypothekenbuch; einzelne Schreiben zwischen Administration der Henrichshütte, Gräflich Stolberg-Wernigerödischer Kammer und einem Rechtsanwalt über die Eintragung von Erbpachtrechten in das Hypothekenbuch; Vertrag zwischen Union AG und Wilhelm Rediger über den Verkauf

des Kottens vom 16.04.1877; Schriftwechsel zwischen Union AG, Union AG Eisensteinbergbau, Direction der Disconto-Gesellschaft und Rediger zu Verkauf sowie Rücktritt Redigers vom Vertrag.

1416 Grunderwerb von Neu-Schottland in [Hattingen-]Oberbredenscheid für die Grube Neu-Stüter sowie Grundbuchangelegenheiten der Union AG.
1857–1864, 1875–1877, 1882–1885, 1902
Kaufverträge zwischen Neu-Schottland und Heinrich Wilhelm Nieland genannt Schulte-Schrepping vom 20.03.1857 und 30.03.1859 (Abschriften); Aufstellung der zu einzelnen Stollen der Grube Neu-Stüter gehörenden Grundstücke als Anlage zu einem Lageplan (Plan fehlt); Vermessungsgutachten; Kaufvertrag zwischen Union AG und Nieland zum Rückkauf eines Grundstücks mit Zechengebäude vom Oktober 1882; Bericht über die Verkaufsgeschäfte mit Nieland; Schriftwechsel zwischen Union AG, Union AG Eisensteinbergbau, Union AG Gruben- und Hüttenverwaltung, Königlichem Kataster-Amt Witten zu Bochum und Nieland über Vermessung und Auflassung von Grundstücken sowie den Rückkauf; Grundbuchauszüge; Beschlüsse des Königlichen Amtsgerichts Hattingen vom 25.09.1902 und des Königlichen Landgerichts Essen vom 04.12.1902 zum Antrag der Union AG auf Änderung von Grundbucheinträgen.

976 Grundstücke des Krankenhauses der Union AG Henrichshütte.
1869, 1885, 1900–1901
Vertrag zwischen Administration der Henrichshütte und Kranken- und Unterstützungs-Kasse für die Meister und Arbeiter der Henrichshütte Eisen- und Stahlwerke der Union AG vom 18.03.1869 über den rechtlichen Status der von der Krankenkasse gepachteten Grundstücke des Unternehmens und des darauf errichteten Krankenhauses bei Kündigung des Pachtvertrags; Vertrag zwischen Union AG und Krankenkasse bzw. Pensionskasse der Henrichshütte vom 13.08.1885 zur Übertragung aller Rechte und Pflichten der Krankenkasse aus dem Vertrag vom 18.03.1869 auf die Pensionskasse als Rechtsnachfolgerin; Vertrag zwischen Betriebs- (Fabrik-)Krankenkasse für die Henrichshütte, Eisen- und Stahlwerke der Union AG und Pensionskasse vom 18.08.1885 über die Anpachtung der Grundstücke und Betriebsgebäude sowie des Krankenhauses durch die Krankenkasse (Abschriften); Schriftwechsel zwischen Union AG Henrichshütte und Union AG über Umbau- und Modernisierungsarbeiten.

1761 Grundstücksangelegenheiten der Union AG im Rahmen des Baus der Mittleren Ruhrtalbahn im Bereich der Henrichshütte.
1870–1878
Verlaufsplan der geplanten Strecke; Erklärungen von Administration der Henrichshütte und Wilhelm Rosendahl als Eigentümer bzw. Repräsentant verschiedener Zechen und Eisenerzgruben zum Einfluss der geplanten Trasse auf den Bergwerksbetrieb; Aufstellung der von der Bergisch-Märkischen Eisenbahn-Gesellschaft in [Hattingen-]Welper anzukaufenden Grundstücke, mit Lageplan; Vertrag zwischen Administration der Henrichshütte, Zeche Hermanns gesegnete Schiffahrt und Eisenbahn-Gesellschaft über den Verkauf von Grundstücken vom 09.04.1872, mit Nachtrag vom 20.06.1872; Abschlussvertrag zwischen Union AG und Königlicher Eisenbahndirektion Elberfeld über die tatsächlich für den Bahnbau verwendeten Grundstücke (Entwurf); Aufstellungen der Entschädigungszahlungen; Schriftwechsel zwischen Union AG, Union AG Henrichshütte, Eisenbahn-Gesellschaft und Eisenbahndirektion Elberfeld über Ortsbesichtigungstermine, Vertragsmodalitäten und Abschlussvertrag.

1756 Grunderwerb der Union AG in [Hattingen-]Welper zum Bau von Arbeiterwohnungen.
1872
Einzelne Schreiben zwischen Union AG und Union AG Henrichshütte zu Angeboten und Kaufpreisen.

1419 Grundstücksangelegenheiten der Union AG in [Wetter-]Esborn.
1872–1874, 1893
Vertrag zwischen Neu-Schottland und Union AG über den Erwerb des Unternehmens vom 09.06.1872 (Abschrift); Aufstellung der Grundstücke von Neu-Schottland in Esborn; Grundbuchauszüge und Hypothekenbuchauszüge; einzelne Schreiben zwischen Union AG, Union AG Horst und Königlichem Kreisgericht Hagen über Grundbuchänderungen.

1542 Haus- und Grundstücksverkauf der Union AG in [Hattingen-]Welper.
1873
Hypothekenbrief; Kaufvertrag zwischen Union AG und Johann Wasilewsky vom 04.04.1873.

1399 Haus- und Grunderwerb der Union AG in [Hattingen-]Welper.
1873, 1880–1881, 1893
Schriftwechsel zwischen Union AG, Union AG Henrichshütte und Königlichem Amtsgericht zu Hattingen über den Rückkauf eines 1873 an Gustav Selbach verkauften Gebäudes der Werkssiedlung im Rahmen einer Zwangsversteigerung; Grundbuchauszüge; Darlehnsvertrag zwischen Selbach und Kranken- und Unterstützungskasse für die Meister und Arbeiter der Henrichshütte Eisen- und Stahlwerke der Union AG vom 04.04.1873, mit Hypothekenbrief.

857 Grunderwerb der Union AG in [Hattingen-]Welper.
1873, 1890–1892
Angebot von Julius Tiggemann zum Verkauf eines Grundstücks zur Anlage eines Wegs zur Zeche Müsen III, Schacht Adolph, vom 01.10.1890 und Annahmebestätigung der Union AG vom 17.12.1890; Grundbuchauszug; Schriftwechsel zwischen Union AG, Union AG Eisensteinbergbau und Tiggemann über die Berechtigung zur Wegenutzung durch Tiggemann, die Vermessung des Grundstücks und Grundbuchänderungen; Vertrag zwischen Heinrich Tiggemann und Betriebsführer Aldenhoven der Zeche Stolberg I über deren Recht zur Wasserentnahme auf Grundstücken Tiggemanns vom 24.05.1873 (Abschrift).

1569 Zwangsversteigerung eines Hauses zugunsten der Union AG in [Hattingen-]Welper.
1881
Einzelne Schreiben zwischen Union AG, Union AG Henrichshütte und Rechtsanwälten zur Zwangsversteigerung des 1873 an Johann Wasilewsky verkauften Hauses zur Tilgung seiner Darlehnsschulden.

3.5.4 Kleinenbremen bei Minden

814 Grunderwerb der Union AG in Kleinenbremen für die Eisensteingrube Wohlverwahrt.
1892–1893
Verkaufsangebot von Daniel Harting vom 06.02.1892; Schriftwechsel zwischen Union AG Eisensteinbergbau, Union AG und Harting über Ankauf und Grundbuchänderung; Grundbuchauszüge.

277 Grunderwerb der Union AG in Kleinenbremen für die Eisensteingrube Wohlverwahrt.
1906–1907, 1912–1913
Verkaufsangebote von Friedrich Kastning genannt Obermüller vom 15.01.1907 und Heinrich Kellermeier vom 17.01.1907; Kaufvertrag zwischen Union AG und Kastning vom 12.06.1907 (Abschrift); Schriftwechsel zwischen Union AG Bergbau, Union AG, Kastning und Rechtsanwälten über Schadensersatzforderungen wegen Bergschäden und den Kaufpreis; internes Gutachten über das Grundstück; Grundbuchauszüge; Lagepläne.

3.5.5 Othfresen und Groß-Döhren (Harz)

1420 Erwerb von Grundstücken für das Hochofenwerk Othfresen in Groß-Döhren durch Bethel Henry Strousberg bzw. Union AG.
1870–1874, 1879–1884
Kaufverträge zwischen Strousberg bzw. seinen Bevollmächtigten und Gemeinde Groß-Döhren über Grundstücke zur Anlage von Bahnanlagen und Erzgruben vom 16.03.1870, 27.04.1870 und 13.10.1871 (Abschriften); Niederschrift der Gemeinderatssitzung vom 17.11.1871 (Abschrift); Konzept von Betriebsdirektor Louis Bolze zur Anlage eines Kalksteinbruchs, mit Lageplan, vom 18.04.1872; Vollmachten; Kaufverträge zwischen Union AG und Gemeinde Groß-Döhren über weitere Grundstücke vom 02.08.1872 und 04.03.1873 (Abschriften); Aufstellungen zu den erworbenen Flächen; Auszug aus der Grundsteuerrolle; Lagepläne; Schriftwechsel zwischen Union AG, Union AG Hochofenanlage Othfresen, Gemeinde und Amtsgericht Liebenburg über Ankäufe, Anlage eines Kalksteinbruchs, Grundbuchauflassungen und den Zivilprozess der Gemeinde gegen die Union AG wegen des nicht vollständig beglichenen Kaufpreises.

859 Grundbuchangelegenheiten der Erzgruben der Union AG in den Gemeinden Othfresen und Groß-Döhren, Kreis Liebenburg, Harz.
1870, 1878–1909
Aufstellung zu den Eisenerzgruben der Union AG im Harz, o. D.; Aufstellung der in beiden Gemeinden gelegenen Grundstücke vom Januar 1879; Grundbuchauszüge; Kaufvertrag zwischen Eduard Wolff als Käufer und Vertreter von Bethel Henry Strousberg und Karl Rühe über ein Grundstück für den Bahnbau zwischen Othfresen und Groß-Döhren vom 16.03.1870 (Abschrift); Verleihungsurkunde der Eisensteingrube Glücksborn für die Actien-Gesellschaft Eisenwerk zu Salzgitter vom 20.05.1870, mit Situationsriss; Aktenvermerke über die Entwicklung des Grundbesitzes in beiden Gemeinden seit 1869; Schriftwechsel zwischen Union AG, Union AG Eisensteinbergbau, Steigern und Betriebsleitern verschiedener Erzgruben, Königlichem Katasteramt Goslar und Amtsgericht Liebenburg über Besitztitelnachweise und -berichtigungen zu Grundstücken und Erzgruben, Grenzfestsetzungen, die Zuordnung von Grundstücken zu einzelnen Erzgruben und Grundbuchänderungen.

1405 Grundstücksangelegenheiten im Rahmen des Erwerbs des Hochofenwerks Othfresen durch die Union AG.
1872–1889
Auszug aus dem Hypothekenbuch des Amtsgerichts Liebenburg; Auszug aus der Grundsteuerrolle sowie Grundbuchauszüge der Gemeinden Othfresen und Groß-Döhren; Kaufvertrag zwischen Union AG und Allgemeiner Eisenbahnbau-Gesellschaft über Grundstücke der Hochofenanlage und

die Erzgruben Rothe Rose, Fortuna und Dorothea bzw. mit Bethel Henry Strousberg über Werksanlagen und Vorräte vom 20.02.1872 (Abschrift); amtsgerichtlich beglaubigte Niederschriften zu Sitzungen des Gemeinderats von Groß-Döhren und Othfresen (Abschriften) zur Werksbahn des Hochofenwerks; Lagepläne; Schriftwechsel zwischen Union AG, Union AG Eisensteinbergbau, Union AG Henrichshütte, Union AG Hochofenanlage Othfresen, Rechtsanwälten und mehreren Amtsgerichten sowie Deutscher Actien-Gesellschaft für Bergbau, Eisen- und Stahl-Industrie, Paul Dielitz von der Dr. Strousberg'sche Concursverwaltung und Rumänischer Eisenbahn-Actien-Gesellschaft über verschiedene Grundstücksangelegenheiten.

1735 Grundstücksangelegenheiten der Union AG in Groß-Döhren, Kreis Liebenburg.
1882–1883
„Plan-Receß" der Königlichen General-Commission für die Provinzen Hannover und Schleswig-Holstein betreffend die General- und Specialteilung der Gemeinheiten, die Abfindung der Feld-, Wiesen- und Forstweide und die Zusammenlegung der privativen Grundstücke in der Feldmark Groß-Döhren (Abschrift).

3.5.6 Sauerland

1418 Pacht- bzw. Grundstücksangelegenheiten der Union AG für das Klostergut Bredelar.
1862–1863, 1873–1879, 1887
Schriftsätze zur Räumungsklage von Theodor Ulrich gegen Johann Dirckes für ein verpachtetes Grundstück; Urteil des Königlichen Kreisgerichts zu Brilon vom 12.03.1863 (Abschriften); Auszug aus dem Flurbuch Giershagen; Grundbuchauszüge; Pachtausschreibung der Union AG Eisensteinbergbau vom 27.01.1879; Lageplan; einzelne Schreiben zwischen Union AG und Union AG Eisensteinbergbau zum Pachtverhältnis mit Dirckes und zur Übertragung der Pachteinnahmen auf Diedrich Modersohn.

1411 Erwerb von Grundstücken für die Theodorshütte, Giershagen, Kreis Brilon, und des Klosterguts Bredelar durch die Union AG.
1863, 1872–1876
Verträge zwischen Union AG sowie Mathilde Lantz, Heinrich Lantz, Elise Freifrau von Wrede, Joseph Freiherr von Wrede und Franz von Hagens als Erben von Theodor Ulrich über den Erwerb des Klosterguts Bredelar sowie von Grundstücken der Theodorshütte vom 30.08.1876 in Anlehnung an den Kaufvertrag vom 12.09.1872, mit Aufstellung der Grundstücke; Kaufverträge zwischen Union AG und Johann Jaeger genannt Spielmanns, Wilhelm Schmidt genannt Sirgen und Franz Freisen vom 28.07.1873 über Grundstücke in Messinghausen; Vertrag zwischen Union AG sowie Mathilde Lantz, Heinrich Lantz, Elise Freifrau von Wrede, Joseph Freiherr von Wrede, Ottilie von Hagens und Franz von Hagens über den Erwerb der Theodorshütte vom 12.09.1872; Vollmachten; Grundbuchauszüge der Gemeinde Giershagen; Anträge auf Grundbuchauflassung der Union AG; Testament von Theodor Ulrich und Charlotte Hartmann vom 23.03.1863 (Abschrift); Aufstellung der Grundstücke des Klosterguts Bredelar und des Guts Willebadessen, Kreis Warburg, vom 26.03.1863; notariell beglaubigte Erklärung von Carl von Hagens als Vertreter der Familie von Hagens zu erbrechtlichen Fragen und zur Entscheidung des Familienrats zum Verkauf vom 21.08.1872; Aufstellung des Grubenbesitzes der Erben Ulrich vom 12.09.1872; Lageplan; Beitrittserklärung von Carl Wilhelm Schultze zum Vertrag vom 12.09.1872.

1433 Grunderwerb der Administration der Henrichshütte Aktiengesellschaft für Bergbau und Hüttenbetrieb in Wenden, Kreis Olpe.
1871-1872
Kaufvertrag zwischen Administration der Henrichshütte sowie Anna Maria Maiworm und Maria Elisabeth Brüser vom 14.12.1871; einzelne Schreiben zwischen Union AG und Union AG Henrichshütte zum Ankauf.

1349 Grundstücksangelegenheiten der Erzgruben der Union AG im Kreis Olpe.
1871-1881, 1896-1897, 1900-1902
Grundbuchauszüge der Gemeinden Wenden, Rahrbach und Römershagen; Verträge zwischen Union AG und Grundstücksverkäufern zu Auflassungsverhandlungen; Schriftwechsel zwischen Union AG, Administration der Henrichshütte, Union AG Bergbau, Union AG Eisensteinbergbau und Union AG Grubenverwaltung, Grundbuchämtern und Rechtsanwälten zur Umschreibung von Grundbüchern und Konsolidation von Grubenfeldern.

1630 Grundbuchangelegenheiten der Union AG in der Gemeinde Wethen bei Arolsen.
1872, 1883-1885, 1894
Grundbuchauszüge; Lageplan der Grubenfelder der Union AG bei Wethen, 1872; Schriftwechsel zwischen Union AG, Union AG Eisensteinbergbau und Fürstlich Waldeck'schem Amtsgericht zu Arolsen zu Grundbuchänderungen.

1417 Erwerb des Klosterguts Bredelar durch die Union AG.
1872-1875, 1881, 1900, 1911
Vertragsentwurf zur Aufnahme von Hypotheken auf Grundstücke der Theodorshütte und des Klosterguts Bredelar, Giershagen bei Brilon, bei der Direction der Disconto-Gesellschaft zur Tilgung des Kaufpreises, o. D.; Vorvertrag zwischen Union AG sowie Mathilde Lantz, Heinrich Lantz, Elise Freifrau von Wrede, Joseph Freiherr von Wrede und Franz von Hagens als Erben von Theodor Ulrich über den Erwerb der Theodorshütte und des Klosterguts Bredelar vom 15.07.1872; Vertragsentwurf zum Verkauf des Klosterguts, o. D.; Aufstellungen der dazugehörigen und aufzulassenden Grundstücke; Wertgutachten des Guts und der Waldbestände; Vollmachten; einzelne Schreiben der Union AG an die Verkäufer zu Ankauf des Guts und Ratenzahlung des Kaufpreises; Pachtvertrag zwischen Union AG und Emil Ermegassen über Grundstücke und Gebäude des Guts vom 22.09.1881, mit Anschreiben eines Rechtsanwalts vom 24.04.1911.
Darin auch: Aufstellung der über das Unternehmen lebensversicherten Beamten der Union AG, mit Einkommensnachweis, ca. 1900.

739 Grunderwerb der Union AG in Wethen bei Arolsen.
1873-1874
Kaufvertrag zwischen Union AG und Christian Ashauer vom 14.07.1873; Schreiben der Union AG Gruben- und Hüttenverwaltung Bredelar zur Grundbucheintragung, auch anderer Grundstücke.

1685 Grunderwerb der Union AG in [Iserlohn-]Oestrich.
1873-1879, 1890
Kaufvertrag zwischen Union AG und Johann Diedrich Stock genannt Schroer vom 24.02.1873; Grundbuchauszüge; Schriftwechsel zwischen Union AG, Union AG Abteilung Horster Eisen- und

Stahlwerke und Königlichem Kreisgericht Iserlohn zu Grundbuchangelegenheiten und Löschung von Hypotheken.

495 Grundstücksangelegenheiten der Union AG in der Gemeinde Giershagen (Kreis Brilon).
1873–1883, 1890–1892
Schriftwechsel zwischen Union AG, Union AG Gruben- und Hüttenverwaltung Bredelar bzw. Union AG Eisensteinbergbau, Königlicher General-Commission für die Provinz Westfalen sowie verschiedenen örtlichen Behörden über die beim Ankauf der Theodorshütte 1872 von den Erben Theodor Ulrich irrtümlich nicht erhaltenen Haldengrundstücke der Eisensteinzeche Reinhard, die „Separation" (Aufteilung) des Erbes und Modalitäten des Grundstückstausches bzw. -erwerbes; mehrere notariell beglaubigte Einverständniserklärungen der Erben Mathilde Lantz, geborene Ulrich, Elise Freifrau von Wrede, geb. Ulrich, Carl von Hagens und Theodor von Hagens sowie der Union AG zu Änderungen bzw. Ergänzungen der Separationspläne; Grundbuchauszüge; Auszüge aus dem Separationsregister der Gemeinde Giershagen; Aufstellung der von der Union AG erworbenen Grundstücke; Vertrag zwischen Anton Mische als Verkäufer und Union AG vom 04.08.1873 über den Verkauf von Grundstücken in der Gemeinde Padberg; Auszüge aus den Hypothekentabellen des Königlichen Amtsgerichts Marsberg für die Eisensteingruben Christiane und Hubertus im Kreis Brilon.

325 Grundstücksangelegenheiten der Union AG in der Gemeinde Wenden, Kreis Olpe.
1873–1878, 1895, 1901–1904
Beschluss von Oberbergamt Bonn und Königlicher Regierung zu Arnsberg zur Enteignung eines Grundstücks der Gemeinde Wenden zur Anlage einer Halde für die Eisenerzgrube Wilsmicker Gemeinschaft durch die Union AG vom 02./12.12.1873; Lagepläne; Schriftwechsel zwischen Union AG, Union AG Grubenverwaltung Hattingen bzw. Union AG Eisensteinbergbau bzw. Union AG Bergbau 2 sowie Gemeinde und Amt Wenden zu Enteignung und Rückgabe des Grundstücks; Niederschrift der Gewerkenversammlung der Eisenerzgrube Wilsmicker Gemeinschaft am 28.05.1874 zur Wahl von Carl Schott anstelle von Leo Gräff als Repräsentanten.

1451 Verpachtung von Grundstücken und Gebäuden des ehemaligen Klosterguts Bredelar durch die Union AG.
1881
Pachtvertrag zwischen Union AG und Emil Ermegassen vom 22.09.1881.

1476 Verkauf des Klosterguts Bredelar durch die Union AG.
1885–1886
Kaufvertrag zwischen Union AG und Diedrich Modersohn vom 28.12.1885, mit Nachtrag vom 30.12.1885.

1437 Grundstücksangelegenheiten der Union AG in Menden im Rahmen der Darlehensvergabe an Emil Hessmann.
1896–1899
Grundbuchauszüge; Aufstellungen zu Grundstücken und Betriebskosten der Hönnethaler Kalkwerke; Kaufvertrag zwischen Emil Hessmann und Witwe Josef Düllmann über Grundstücke vom 09.06.1896; Aufstellung der zur Anlage der Anschlussbahn erforderlichen Grundstücke vom 26.03.1897; Aktenvermerke; Schriftwechsel zwischen Union AG, Hoesch AG, Hoerder Verein,

Hessmann, Rechtsanwälten und Königlichem Amtsgericht zu Menden über Grunderwerb, Kostenübernahmen, hypothekarische Sicherheiten, Pachten und Grundbucheinträge.

3.5.7 Siegerland

619 Grunderwerb der Union AG in [Wissen-]Niederhövels zur Anlage einer Seilbahn und eines Bahnanschlusses für die Grube Friedrich.
1906
Verkaufsangebote von Peter und Matthias Rödder sowie der Fürstlich Hatzfeld-Wildenburg'schen Rentei; Schriftwechsel zwischen Union AG, den Anbietern und Otto Max Franke (Grube Friedrich) über die Annahme der Angebote; Situationsberichte von Franke; Grundbuchauszüge; Lageplan der Seilbahn.

1724 Grunderwerb der Union AG in [Wissen-]Blickhauserhöhe zur Anlage eines Wegs für die Grube Friedrich.
1907
Kaufangebot von Mathias Rödder vom 06.07.1907 und Annahmeerklärung der Union AG vom 27.07.1907; Grundbuchauszug; Lageskizze der Grube Friedrich; einzelne Schreiben zwischen Union AG, Union AG Bergbau und Rödder zu Vertragsabschluss und Grundbuchauflassung.

3.5.8 Raum Sprockhövel

926 Grundstücksangelegenheiten der Union AG in [Sprockhövel-]Haßlinghausen nach dem Erwerb von Neu-Schottland.
1842, 1852–1857, 1869–1878
Schriftwechsel zwischen Union AG und Grundbuchämtern zum Nachweis von Besitztiteln und zur Umschreibung von Grundbüchern; Vertrag zwischen Union AG und Neu-Schottland vom 28.05.1872 über den Erwerb des Unternehmens, mit Aufstellung der Grundstücke (Abschrift); Vertrag zwischen Gewerkschaft von Born, Lehrkind & Comp. und Neu-Schottland vom 25.11.1857 zur Übertragung von Immobilien und Grubenfeldern von erster auf zweite nach deren Gründung sowie zur Bestätigung des Eigentums der Gewerkschaft von Born, Lehrkind & Comp. an den 1853 von Louise Elisabeth Harkort erworbenen Eisensteingruben (Abschrift); elf Verträge über Grunderwerb der Gewerkschaft von Born, Lehrkind & Comp. und Neu-Schottland in Haßlinghausen, 1854–1857 und 1869 (zum Teil Abschriften); Vertretungsvollmachten von Henriette von Born, geb. Barop, vom 04.04.1842 sowie Ludwig von Born und Carl von Born vom 20.12.1852 für Wilhelm Schultz (Abschriften); Aufstellungen über Grundstücke und Immobilien in Haßlinghausen und [Sprockhövel-]Hiddinghausen; Grundbuchauszüge.

1358 Geplanter Grunderwerb der Union AG in [Sprockhövel-]Haßlinghausen.
1852, 1874
Kaufvertrag zwischen Christian Ispingrath als Verkäufer und Friedrich Peters über ein Hausgrundstück vom 19.06.1852 (Abschrift); einzelne Schreiben zwischen Union AG und Union AG Hochofenanlage Haßlinghausen zu Wasserrechten.

1456 Grundstücksangelegenheiten der Grube Herzkamp der Union AG in [Sprockhövel-]Herzkamp.
1854–1855, 1864, 1874, 1888–1894
Angebot von Johann Peter Söhngen an die Gewerkschaft von Born, Lehrkind & Comp. zum Erwerb des Schachts Wilhelmine der Zeche Söhngen vom 31.08.1854; Annahmeerklärung der Gewerkschaft vom 11.09.1854; Erklärung von Söhngen und den Mitgewerken Ludwig Voeste und Carl August Bietz zu Vertragsmodalitäten vom 22.11.1854; Angebot von Söhngen zur Sofortzahlung des Kaufpreises vom 10.07.1855; Kaufverträge zwischen Gewerkschaft von Born, Lehrkind & Comp. und August Spennemann sowie anderen Mitgliedern der Familie Spennemann über Grundstücke zum Bau einer Erzgrube mit Röstplatz vom 06.01.1855 und 17.07.1855 (Abschrift); Grundbuchauszüge; Schriftwechsel zwischen Union AG, Union AG Hochofenanlage Haßlinghausen, Union AG Gruben- und Hüttenverwaltung, Rechtsanwälten und verschiedenen Katasterämtern über die Forderung von Heinrich Spennemann auf die vertraglich festgeschriebene Rückübertragung der Grundstücke nach Einstellung des Grubenbetriebs.

1508 Grunderwerb der Union AG in [Sprockhövel-]Haßlinghausen.
1855–1856, 1865, 1871–1875, 1889–1890
Zinsen-Quittungsbuch der Sparkasse zu Soest für Christoph Schmidt (gedruckt, mit handschriftlichen Einträgen); Kaufvertrag zwischen Friedrich Peters als Verkäufer und Friedrich Schmidt über Grundstücke und Gebäude vom 21.12.1855; Kaufvertrag zwischen Friedrich Schmidt als Verkäufer und Christoph Schmidt über Grundstücke und Gebäude vom 19.05.1865; notariell beglaubigte Erklärung von Friedrich Peters und Johann Heinrich Bosselmann über die Vorrangstellung einer Hypothekenforderung der Sparkasse zu Soest gegenüber den eigenen Forderungen an Friedrich Schmidt vom 06.05.1856; notariell beglaubigte Erklärung von Peters über dem Empfang eines Darlehens von Bosselmann vom 27.06.1855; gemeinsame Erklärung von Union AG und Verkäufer Christoph Schmidt über die Auflassung der Grundstücke; Auszüge aus der Grundsteuerrolle; Auszug aus dem Hypothekenbuch; Grundbuchauszüge; einzelne Schreiben zwischen Union AG und Union AG Hochofenanlage Haßlinghausen bzw. Union AG Eisensteinbergbau über den Ankauf und beabsichtigten Verkauf von Grundstücken.

1425 Grunderwerb von Neu-Schottland in [Sprockhövel-]Haßlinghausen.
1871–1874
Kaufverträge zwischen Neu-Schottland und Wilhelm Lohmann vom 09.02.1871 und 12.06.1871; einzelne Schreiben zwischen Union AG, Union AG Hochofenanlage Haßlinghausen, Lohmann und Amt Haßlinghausen zu Grundbuchangelegenheiten.

528 Grunderwerb der Union AG in [Sprockhövel-]Schee.
1905
Verkaufsangebot von Karolina Wilhelmine Schneppendahl über ein Grundstück am Bahnhof Schee vom 16.05.1905 (Abschrift), mit Lageplan; Annahmeerklärung der Union AG vom 25.05.1905 zur Anlage eines Erzröstplatzes für die Zeche ver. Neuherzkamp auf dem von der Gewerkschaft Deutschland angepachteten Schacht Hövel; Schriftwechsel zwischen Union AG, ihrem Aufsichtsrat, Union AG Bergbau, Rechtsanwälten und Katasteramt Schwelm über Ankauf und Grundbucheintragung; Grundbuchauszug; Auszug aus der Grundsteuerrolle der Gemeinde Gennebreck.

3.5.9 Sonstiges

1775 Grundstücksangelegenheiten der Union AG, insbesondere in Dortmund, [Hattingen-]Welper und [Essen-]Horst.
1837–1838, 1872–1874, 1882–1889, 1896–1901
Teilungsrezesse der Beuler Gemeinheiten bei [Essen-]Steele vom 29.12.1837 und 20.08.1838 (Abschriften); Lagepläne; Auszüge aus der Grundsteuerrolle der Stadt Dortmund; Auszüge aus dem Flurbuch der Gemeinden [Dortmund-]Dorstfeld und Huckarde; Grundbuchauszüge; Schriftwechsel zwischen Union AG, Union AG Henrichshütte und Union AG Horst.

451 Anlagen der Köln-Mindener Eisenbahn-Gesellschaft auf dem Betriebsgelände der Union AG in Dortmund.
1871–1879
Schriftwechsel zwischen Union AG, Köln-Mindener Eisenbahn-Gesellschaft und dem Dortmunder Oberbürgermeister Hermann Becker über Differenzen beim Tausch von Grundstücken, Aufschüttungen für Bahnanlagen, Bau von Durchlässen, Unterführungen und Wasserableitungskanälen, Nutzung der werkseigenen Bahnanlagen durch die Eisenbahn-Gesellschaft, Wegerechte und Sicherstellung der Kohlenversorgung der Union von der Zeche ver. Westphalia; Vertrag zwischen Dr. Strousberg's Dortmunder Hütte und Eisenbahn-Gesellschaft vom 12.05.1871 über den Tausch von Grundstücken, mit Nachtrag vom 27.05.1871 (Abschrift); Vertrag zwischen Union AG und Stadt Dortmund über die Verpflichtung des Unternehmens, sich mit der Eisenbahn-Gesellschaft über die Anlage von Entwässerungsgräben zu einigen, mit entsprechender Erklärung des Unternehmens an die Eisenbahn-Gesellschaft und einzelnen Schreiben, 1879 (nicht parafierte Abschriften); Besprechungsniederschriften; Lageplan.

1561 Grundstücksangelegenheiten der Union AG Eisensteinbergbau.
1876–1881, 1894
Grundbuchauszüge zu den von der Union AG Eisensteinbergbau verwalteten Gruben.

4. Technik, Produktion und Neubau

4.1 Betriebsstatistik und Betriebsberichte

1005 Erzgruben der Union AG in Hessen-Darmstadt und Hessen-Nassau.
1871–1872, 1881–1890, 1896–1898, 1906–1909
Aufstellung der Eisenerzgruben der Union AG in Hessen-Darmstadt und Hessen-Nassau, ca. 1872; Kostenvoranschlag und Betriebsplanung für zwei Röstöfen in der Nähe des Herdorfer Bahnhofs, mit Konstruktionszeichnung, o. D.; Berichte über Höffigkeit und Zustand von Eisenerzgruben und Mutungen in Hessen-Darmstadt und Hessen-Nassau vom 04.11.1871, 03.12.1871 und 09.12.1871 sowie in Bayern vom 09.12.1871; Betriebsbeschreibung der Erzgruben vom 07.07.1882; Betriebsbericht über die Grube Franziska bei Hirschhausen vom August 1884; Vertrag vom Februar 1885 und Schriftwechsel zwischen Union AG und Nassauer Farbengruben-Gewerkschaft Joseph & Co. über den Abbau von Ocker in Grubenfeldern der Union AG; Entwurf eines Pachtvertrags zwischen Union AG und Heinrich Boehm über die Grube Hillerhaus, 1896; Schriftwechsel zwischen Union AG und Union AG Abteilung Eisensteinbergbau über Grubenbetrieb und Verbleib von Akten.

204 Nachweis der Bestände an gefördertem Eisenerz der Erzgruben Erkenberg und Grottenberg in Bredelar bei Brilon.
1872–1877
Aufstellung der den Gewerken Wilhelm Hammacher, Caspar Kropf und der Familie Unkraut, Warstein, gehörenden Erzmengen; Niederschrift der Gewerkenversammlung der Erzgruben Erkenberg und Grottenberg am 15.02.1873; Einladungen zur Gewerkenversammlung; Schriftwechsel zwischen Union AG, Union AG Gruben- und Hüttenverwaltung Bredelar und Preußischer Bergwerks- und Hütten-Aktiengesellschaft zu Produktion und Gewerkenversammlung.

1615 Grubenbetrieb der Union AG in Othfresen.
1873–1874, 1877–1883
Aufstellungen zu Produktions- und Transportkosten des Eisenerzbergbaus, Juli 1873 bis Februar 1874; Schriftwechsel zwischen Union AG, Union AG Eisensteinbergbau und Union AG Hochofenanlage Othfresen über Produktion, Lagerbestände, Materialbedarf und Transportfragen, insbesondere der Grube Fortuna, mit der Geisweider Eisenwerke AG über den Verkauf eines Steinbrechers sowie mit verschiedenen Lederproduzenten über den Bezug von Treibriemen; Preislisten zu Treibriemen.

301 Betriebsberichte der Union AG.
1903–1904
Berichte der Abteilungen Bergbau, Dortmunder Hütten und Walzwerke, „E" (Brückenbau, Stahlbau, Waggonbau) und Horst der Union AG für den Zeitraum Juli bis Dezember 1903.
Darin auch: Bilanz der Union AG zum 31.12.1904.

4.2 Rohstoffe und Energie
4.2.1 Erzversorgung

299 Erwerb der Eisensteingrube Gewerkschaft Neu-Wohlverwahrt in Kleinenbremen, Kreis Minden, durch die Union AG.
1845, 1856, 1874–1875, 1887
Kaufvertrag zwischen Union AG und Friedrich Freiherr von Vincke als Vertreter der Erben von Ludwig Freiherr von Vincke, Essener Credit-Anstalt und Carl Ernst Friedrich Tenge, vom 29.07.1887; Testamentsauszüge und Vollmachten der Familie von Vincke, 1845, 1856, 1874, 1875 (Abschriften); Darlehensvertrag zwischen den Vertragspartnern zur Stundung eines Teils der Kaufsumme vom 23.08.1887; Übertragungsbestätigung, mit Auszug aus dem Gewerkenbuch und handschriftlichen Kuxscheinen vom 29.07.1887.

1241 Eisenerzgruben im Bergrevier Dillenburg.
1867–1868
Verleihungsurkunden des Königlichen Oberbergamts Bonn für Arand Graswinkel, Friedrich Wilhelm Schubeis und Gustav Adolph Wiesebrock zu den Eisensteingruben Jacob vom 20.09.1867, Triangel vom 22.09.1867, Christinenruhe vom 08.07.1867, Coralle vom 30.07.1867, Verlass mich nicht vom 02.08.1867, Arand vom 14.09.1867, Hochfeld vom 31.04.1868, Morsberg I vom 27.09.1867, Morsberg II vom 27.09.1867, Victoria vom 23.09.1867, Sand vom 19.02.1868 und Tremonia vom 30.07.1867.

630 Eisensteinverleihungen im Bezirk des Königlichen Bezirks-Bergamts Bayreuth.
1870
Vom Königlichen Bezirks-Bergamt beglaubigte Flurkarten, mit Einzeichnung der Grubenfelder der Eisensteinverleihungen (?) Johannes bei Wasserlos vom 10.11.1870 sowie Anna und Louise bei Michelbach, Maria bei Hörslein und Bertha bei Mömmlingen vom 25.11.1870, mit kurzer Beschreibung der Fundpunkte.

1720 Eisenerzbergbau der Union AG.
1873–1875, 1881–1886, 1893, 1901–1913
Befahrungsberichte der Union AG Gruben- und Hüttenverwaltung zu den Eisenerzgruben bei Braunlage vom 18.07.1873 sowie von Gruben in den Bergrevieren Hamm, Olpe und Weilburg vom 10.06.1874; Bericht der Union AG Eisensteinbergbau zur Lage der Eisenerzgruben vom 13.01.1882; Analyseergebnisse von Erzproben; Aufstellungen zu Entschädigungszahlungen der Erzgruben für Anschlussbahnen, Halden und Grundwasserentziehung; Grundsätze für die Verwaltung von Gruben-Unterstützungskassen vom 02.01.1893; Aufstellung der Gebäude, Maschinen und Dampfkessel der Eisenerzgruben der Union AG vom 09.01.1906, mit Wertangabe; Schriftwechsel zwischen Union AG und Union AG Eisensteinbergbau zu Grubenbetrieb sowie Flächen- und Gebäudeverwertung nach Stilllegung von Gruben.

907 Umschreibung von Grundstücken und Erzgruben der ehemaligen Administration der Henrichshütte im Kreis Diez, Nassau, auf die Union AG.
1873–1878
Schriftwechsel zwischen Union AG, Union AG Grubenverwaltung Hattingen und Königlichem Amtsgericht Diez über den Nachweis von Besitztiteln und die Umschreibung in Grundbüchern und Berggrundbüchern.

1453 Besitztitelberichtigung für die Grube Max III, Kreis Neuwied, der Union AG.
1875–1876
Grundbuchauszug; einzelne Schreiben zwischen Union AG und dem Grundbuchamt Asbach.

1452 Besitztitelberichtigung für die Erzgrube Dauersberg, Kreis Altenkirchen, der Union AG.
1878
Grundbuchauszug; einzelne Schreiben zwischen Union AG und Grundbuchamt Kirchen.

1738 Besitztitelberichtigung von Eisenerzgruben der Union AG im Bezirk des Amtsgericht Lennep.
1890–1893, 1897
Aufstellungen der Gruben und Erzfelder, mit Mutungs- und Verleihungsdaten; Schriftwechsel zwischen Union AG und Amtsgericht Lennep zu Grundbuchänderungen.

165 Erwerb der Kuxe von Braunstein- und Eisensteingrube Reh bei Birlenbach, Braunsteingrube Hermine und Eisensteingrube Kader bei Freiendiez durch die Union AG von den Mitgewerken.
1906–1907
Verkaufsangebote; Schriftwechsel zwischen Union AG, Union AG Bergbau sowie den Verkäufern und Rechtsanwälten; Vollmachten; Auszüge aus dem Berggegenbuch des Amtsgerichts Diez/Lahn.

951 Erzversorgung der Union AG.
1909–1910
Schriftwechsel und Lieferverträge zwischen Union AG, Agentur Alex M. Petersen & Co., Eisenerz-Gesellschaft mbH, Erzvertriebsgesellschaft mbH, Firma Gustav Leser und H. Müller & Co.

4.2.2 Kalk- und Dolomitversorgung

588 Dolomit- und Kalkversorgung der Union AG.
1896–1900
Schriftwechsel zwischen Union AG, Direction der Disconto-Gesellschaft, Hoesch AG, Hoerder Verein und Emil Hessmann über am 01./02.09.1896 und 30.01./01.02.1897 zwischen den Unternehmen und Hessmann abgeschlossene Verträge zur exklusiven Belieferung der Unternehmen aus neu zu erschließenden Kalksteinvorkommen der Hönnethaler Kalkwerke für einen Zeitraum von fünf Jahren, Gewährung von Betriebsdarlehen, über die gemeinsame Gründung einer Betriebsgesellschaft zum 01.01.1899 und die Absicherung der Lieferungen durch Ergänzungsverträge mit Mecklinghäuser Marmor- und Kalkindustrie GmbH und Westfälische Kalkwerke AG; Entwurf des Vertrags zwischen Hessmann und Hoesch AG, o. D.; Unterlagen zum Verkauf der Kalksteinvorkommen durch Hessmann über ein Bankenkonsortium unter Führung der Breslauer Disconto-Bank an die Rheinisch-Westfälischen Kalkwerke und Übergang der Lieferverträge auf diese; Bericht über die Generalversammlung der Kalkwerke am 14.07.1897; Anträge von Union AG und Hoesch AG auf Verlängerung des Vertrags zu gleichen Konditionen.

964 Kündigung eines Darlehens zugunsten der Rheinisch-Westfälischen Kalkwerke durch die Union AG.
1896, 1902–1904
Schriftwechsel zwischen Union AG, Hoesch AG, Rheinisch-Westfälischen Kalkwerken und Emil Hessmann zur Kündigung der an Hessmann für den Aufbau der Hönnethaler Kalkwerke gezahlten Vorschüsse und über Zahlungen an den Eigentümer Kalkwerke; Kautionserklärung von Hessmann vom 14.12.1896 (Abschrift).

252 Einkauf von Dolomit, gebranntem Kalk und Kalkstein durch die Union AG.
1899–1909
Unterlagen zu Preisverhandlungen zwischen Union AG, Hoesch AG und Rheinisch-Westfälischen Kalkwerken; Besprechungsniederschriften und Schriftwechsel zwischen Union AG und Kalkwerken zu Preisen, Frachtkosten, Transportfragen und vorzeitiger Verlängerung bzw. Neufassung des seit 1896 bestehenden zehnjährigen Liefervertrags der Union AG, besonders auch für die Union AG Horst, 1902/03; Angebote und Preislisten der Kalkwerke; einzelne Schreiben zwischen Union AG und Hoerder Verein zu Erörterung eines Lieferantenwechsels und einem gemeinsamen Eigenbetrieb von Kalksteinbrüchen; schriftliche Bestätigungen zur Vertragsverlängerung bis 1913.

4.2.3 Energie- und Wasserversorgung

254 Wasserversorgung.
1885–1886, 1896–1899, 1904–1907, 1911
Vertrag zwischen Union AG sowie GBAG und Zeche Erin als Eigentümer des Wasserwerks für das

nördliche westfälische Kohlenrevier über den Bau einer Leitung und die Versorgung der Dortmunder Werksanlagen vom 10.07.1886 (Abschrift); begleitender Schriftwechsel zwischen Hermann Brauns, Friedrich Grillo und Emil Kirdorf über Verhandlungen mit der Stadt Dortmund zur Stellung des städtischen Wasserwerks, Gewährung von Wegerechten zum Leitungsbau und Abschluss eines Demarkationsvertrags, 1886; Anmeldeformular und Bedingungen für die Wasserlieferung des Wasserwerks für das nördliche westfälische Kohlenrevier, 1885 (blanko); Vertragsverlängerungen mit dem Wasserwerk vom 15.06.1896 (Abschrift), 11.07.1906 (Abschrift) und 26.06./01.07.1911 (Abschrift); Schriftwechsel zwischen Union AG bzw. Deutsch-Lux Dortmunder Union und Wasserwerk zu Vertragsverlängerungen und Vertragsstreitigkeiten; Aufstellungen über den Wasserverbrauch 1892–1905.

1536 Wasserversorgung des Walzwerksgeländes der in Konkurs befindlichen Firma Ferdinand Remy, Dortmund.
1887–1888
Schriftwechsel zwischen Union AG und Städtischem Wasserwerk Dortmund über die Aufrechterhaltung der Wasserversorgung des stillgelegten Werks; Erklärung von Karl Heckmann zur Wasserversorgung des Hauses Remystraße 20 über die Werkswasserleitung vom 28.02.1887.

4562 Dampfkesselrevision bei der Union AG.
1896–1908
Schriftwechsel zwischen Union AG, Königlichem Regierungspräsidium Arnsberg Gewerbe-Inspektion und verschiedenen Dampfkesselüberwachungsvereinen zur Bestellung von August Hottop zum Dampfkesselrevisor sowie zu rechtlichen und organisatorische Fragen der Revision; Satzung und Bergpolizeiverordnung betreffend die Einrichtung und den Betrieb von Dampffässern des Dampfkessel-Überwachungs-Vereins der Zechen im Oberbergamtsbezirk Dortmund vom 01.04.1900 (gedruckt).

315 Stromversorgung der Union AG.
1905–1906
Versorgungsvertrag zwischen Union AG und Städtischem Elektrizitätswerk Dortmund vom 12.02.1906 (Abschrift); Vertragsentwürfe; Schriftwechsel zwischen den Vertragspartnern zu Vertragsmodalitäten und Abschluss.

934 Stromversorgung der Union AG.
1906
Vertrag zwischen Union AG und Aktiengesellschaft für Einrichtung und Betrieb von Grubenbahnen, Dortmund, über die Errichtung einer Dampfturbinenanlage auf dem Werksgelände und Lieferung von Strom vom 25.05.1906.

6006 Genehmigungsgesuch für die Errichtung einer Niederdruck-Dampf-Turbinenanlage am Walzwerk I der Union AG.
1907
Statische Berechnung der Maschinenbau-AG Balcke zum oberirdischen Kaminkühler, 31.01.1907; Festigkeitsnachweis, mit grafischen Plänen, Beschreibung zum Genehmigungsgesuch zum Bau einer Niederdruck-Dampf-Turbinenanlage und Lageplan der Anlage an der Huckarder Straße in Dortmund, 11.05.1907; baupolizeiliche Genehmigung zur Errichtung der Anlage, 03.06.1907;

Schreiben der Polizeiverwaltung Dortmund, Abteilung Bausachen an die Union AG zur Rücksendung nicht mehr benötigter Unterlagen, 01.10.1907; Baupläne 1907: Abdampf-Turbinen-Anlage für Walzwerk I, Schnitte und Ansichten, Maßstab 1:100, 90 x 83 cm; oberirdischer Kaminkühler Leistung 1330 cbm pro Stunde, Maßstab 1:50, 130 x 96 cm.

6007 Genehmigungsgesuch für die Errichtung einer Niederdruck-Dampf-Turbinenanlage am Walzwerk I der Union AG.
1907
Baupläne: Fundament zum oberirdischen Kaminkühler; Zusammenstellung einer Niederdruck-Dampf-Turbinen-Anlage mit vorgeschaltetem Abdampf-Accumulator Patent Rateau und einer Gegenstrom-Oberflächen-Kondensationsanlage Patent Balcke [Maschinenbau-AG Balcke], mit Aufstellung über Umfang der Lieferung (2 Exemplare).

6008 Genehmigungsgesuch für die Verlängerung der Dampfzentrale und die Errichtung eines Kaminkühlers der Union AG.
1910
Festigkeitsnachweis für die Verlängerung der Dampfzentrale der Union AG, 19.03.1910; statische Berechnung der Louis Schwarz & Co. AG für einen eisernen Kaminkühler mit Holzverschalung für eine Leistung von 2300 cbm pro Stunde, März 1910; Beschreibung zum Genehmigungsgesuch zur Erweiterung eines Maschinenhauses sowie Aufstellung eines achteckigen Kaminkühlers, mit Lageplan, 19.03.1910; baupolizeiliche Genehmigung des Bauvorhabens, 08.04.1910; Anzeige über den Beginn der Bauausführung, Gesuch um Rohbauabnahme und Gesuch um Gebrauchsabnahme (undatierte und unvollständig ausgefüllte Vordrucke); Baupläne 1910: Verlängerung der Dampfzentrale, Riss- und Schnittzeichnungen u. a. zur Trägerlage; achteckiger Kaminkühler; grafische Ermittlungen der Stabspannungen eines achteckigen Kaminkühlers.

4.3 Transport und Verkehr

946 Eisenbahnanschluss Actien-Commandit-Gesellschaft Aplerbecker Hütte Brügmann, Weyland & Co.
1857, 1874–1875
Vertrag zwischen Eisenhütten-Actien-Gesellschaft Blücher und Königlicher Eisenbahndirektion Elberfeld vom 17./26.04.1857 über die Genehmigung zum Bau eines Gleisanschlusses vom Werksgelände zum Bahnhof Aplerbeck (Abschrift); Schreiben der Aplerbecker Hütte an die Union AG zur Übersendung des Vertrags; Aktennotiz.

1543 Umbau, Erweiterung und Betrieb der Verbindungsbahn zwischen Union AG Henrichshütte und Zeche Carl Friedrich's Erbstolln.
1872–1875, 1883–1903
Dienstvorschriften vom 10.01.1879 für das Lokomotiv- und Wagenpersonal, betreffend die Ausführung des Betriebes auf den Zweigbahnen nach den Zechen Kaiserstuhl [Schacht der Zeche Vereinigte Westphalia], Minister Stein, Fürst Hardenberg und nach dem Eisen- und Stahlwerk Hoesch auf Grund der Bahnordnung für deutsche Eisenbahnen untergeordneter Bedeutung vom 12.06.1878 (Dortmund-Gronau-Enscheder Eisenbahnen); Dienstvorschriften für Bahnwärter auf den Anschlussstrecken nach den Zechen Kaiserstuhl, Minister Stein und Fürst Hardenberg vom 06.11.1877 (Dortmund-Gronau-Enscheder Eisenbahnen) (Abschriften); Zeitungsaus-

schnitt; Antrag der Union AG an das Königliche Regierungspräsidium Arnsberg Bezirksausschuss auf Umstellung des Pferdebetriebes der Verbindungsbahn auf Dampflokomotivbetrieb vom 08.11.1872; Niederschrift zur Ortsbesichtigung vom 09.12.1872 und Genehmigungsschreiben vom 02.01.1873 (Abschriften); Bauantrag und Projektbeschreibung der Union AG zum Bau einer Verbindungsbahn zwischen dem alten Schacht der Zeche Kaiserstuhl und dem neuen Tiefbauschacht vom 26.10.1874; Niederschrift zur Ortsbesichtigung anlässlich landespolizeilicher Prüfung vom 08.04.1885; Genehmigung des Bezirksausschusses zur Eröffnung eines Sekundärbahnbetriebs vom 05.06.1885; Interner Bericht über die Nutzung der werkseigenen Eisenbahnbrücke über die Ruhr durch Arbeiter der Union AG Henrichshütte und Beeinträchtigung des Fährbetriebs vom 01.09.1893; Schriftwechsel zwischen Union AG, Union AG Henrichshütte, Bezirksausschuss, Königlicher Eisenbahndirektion Elberfeld, Königlichem Eisenbahnkommissariat zu Koblenz, Landkreis Bochum und Amt Hattingen über Maßnahmen zur Verminderung der Brandgefahr an der Strecke und insbesondere an den Höfen Tiggemann und Brockhaus, Bau der neuen Verbindungsbahn, Unfälle nach illegalem Mitfahren von Arbeitern auf den Wagen, Sicherung der Bahnübergänge, Erweiterung des Wagenparks, Bau einer Reparaturwerkstatt und regelmäßige Betriebsprüfungen.

968 Genehmigung der Union AG Henrichshütte zur Anlage einer Telegrafenleitung.
1887
Antrag der Kaiserlichen Oberpostdirektion Arnsberg an die Union AG zur Benutzung eines Privatwegs der Union AG Henrichshütte zur Anlage einer Telegrafenleitung zur Zeche Blankenburg sowie Genehmigungsschreiben.

1519 Wagenzustellungs- und Abholungsgebühren der Königlichen Eisenbahndirektion Elberfeld für die Union AG Aplerbeck.
1888–1892
Schreiben der Königlichen Eisenbahndirektion Elberfeld an die Union AG zur Mitteilung einer Gebührenermäßigung vom 20.03.1888, mit Anlage: Allgemeine Bedingungen für die Anlage, Bedienung und Unterhaltung von Anschlussgleisen, Bahnhöfen usw. im Eisenbahndirektionsbezirk Elberfeld; Vertrag zwischen Eisenbahndirektion Elberfeld und Union AG zum Beitritt der Union AG zum Gleisanschlussvertrag zwischen Eisenbahndirektion Elberfeld und Actien-Commandit-Gesellschaft Aplerbecker Hütte Brügmann, Weyland & Co., o. D. (Abschrift); Lageplan der Union AG Aplerbeck mit Bahngleisen vom Februar 1889; Instruktion über das Zustellen und Abholen der Wagen der Aplerbecker Hütte an dem von der Aktien-Gesellschaft Union zu Dortmund benutzten Walzwerk vom 15.03.1889; Bestimmungen über die Vergütung für die Bedienung von Anschlüssen vom 01.04.1890 (Abschrift); einzelne Schreiben zwischen Union AG, Union AG Aplerbeck und Eisenbahndirektion Elberfeld zu den Gebührensätzen.

1532 Einspruch der Union AG gegen die Planungen zum Umbau des Dortmunder Bahnhofs.
1904, 1909
Lageplan der Gleisanlagen; Pläne, mit Einzeichnung von Geländehöhenprofilen; Einspruch der Union AG vom 18.04.1904; Auszug aus dem Bauwerksverzeichnis zum Änderungsentwurf; einzelne Schreiben zwischen Union AG, Stadt Dortmund und Königlicher Eisenbahndirektion Essen zur Änderung der Planungen.

819 Nutzung eines Bahnübergangs durch die Union AG Horst.
1904–1905
Schriftwechsel zwischen Union AG, Union AG Horst und Königlicher Eisenbahndirektion Essen über die Sperrung eines Bahnübergangs an der Strecke Steele-Altendorf und die Genehmigung zur weiteren Nutzung des Übergangs als Zugang zu den werkseigenen Brunnenanlagen an der Ruhr; Lageplan; Grundbuchauszüge.

931 Erwerb von Grubenbahnbedarf durch die Union AG Bergbau.
1905–1908
Schriftwechsel zwischen Union AG Abteilung Bergbau und Gelsenkirchener Gussstahl- und Eisenwerke vorm. Munscheid & Co. zur Bestellung von Rädern, Radsätzen, Achsen und Schmierbüchsen; Bestellungen und Auftragsbestätigungen.

4.4 Neubau

4.4.1 Hochöfen

4694/1 Bau von zwei Hochöfen.
1899–1900
Baugenehmigung des Bezirksausschusses vom 18.05.1900; Lageplan; Grund- und Aufrisszeichnungen von Hochöfen und Gichtaufzug; statische Berechnungen.

4694/2 Bau von zwei Hochöfen.
1899
Grund- und Aufrisszeichnungen von Hochöfen, Kondensation, Kaminkühler, Kaminen, Gebläsemaschinengebäude, Gießhalle, Arbeiteraufenthaltsgebäude, Waschkaue und Toilettenanlage.

4712 Bau einer Roheisenmischeranlage mit zwei Mischern à 300 Tonnen.
1903
Baugenehmigung der Stadt Dortmund vom 16.10.1903, mit Auszug aus der Baupolizeiverordnung; Lageplan; Aufrisszeichnungen.

4713 Bau eines Roheisenmischergebäudes.
1903–1904
Baugenehmigung der Stadt Dortmund vom 16.10.1903, mit Auszug aus der Baupolizeiverordnung; Lageplan; Grund- und Aufrisszeichnungen; Bauabnahmeschein vom 01.07.1904.

4711 Umbau der Gießhalle der Hochöfen IV und V.
1903–1904
Bauantrag der Union AG vom 21.03.1903; Baugenehmigung der Stadt Dortmund vom 16.10.1903, mit Auszug aus der Baupolizeiverordnung; Lageplan; Grund- und Aufrisszeichnungen; Bauabnahmeschein vom 01.07.1904.

4708 Erweiterung der Hüttensohle bei Hochofen III.
1904

Baugenehmigung der Stadt Dortmund vom 18.03.1904, mit Auszug aus der Baupolizeiverordnung; Lageplan; Grund- und Aufrisszeichnungen.

1616 Umbau von Hochofen III.
1904–1905
Vorläufige Baugenehmigung des Königlichen Regierungspräsidiums Arnsberg Bezirksausschuss zu Umbau des Hochofens und Erweiterung des Gebläsemaschinenhauses vom 31.08.1904; Kostenaufstellung; einzelne Schreiben zwischen Union AG, Stadt Dortmund und Bezirksausschuss zum Genehmigungsverfahren.

4707 Bau eines Maschinenhauses für den Gichtaufzug von Hochofen III.
1905
Baugenehmigung der Stadt Dortmund vom 15.09.1905; Lageplan; Grund- und Aufrisszeichnungen, auch der Aufzuganlage.

4.4.2 Stahlwerke und Walzwerke

4683 Bau und Erweiterung eines Lagerschuppens sowie Umbau von zwei Öfen der Stahlformgießerei.
1895
Bauantrag der Union AG vom 19.08.1895; Baugenehmigung der Stadt Dortmund vom 07.11.1895, mit Auszug aus der Baupolizeiverordnung; Lageplan; Grund- und Aufrisszeichnungen; Rohbauabnahmeschein vom 15.11.1895.

4684 Bau eines Gebläsehauses, eines Gebäudes für die Rollengänge des Stahlwalzwerks, eines Meisterbüros und eines Portiergebäudes.
1895
Baugenehmigung der Stadt Dortmund vom 23.11.1895, mit Auszug aus der Baupolizeiverordnung; Lageplan; Grund- und Aufrisszeichnungen.

4687 Bau eines Feineisenwalzwerks.
1896
Baugenehmigungen von Stadt und Kreis Dortmund vom 21.01.1896 und 11.02.1896, mit Auszug aus der Baupolizeiverordnung; Lageplan; Grund- und Aufrisszeichnungen.

4688 Bau eines Blockwalzwerks, Umbau von Konvertern und Kupolöfen im Thomas-Stahlwerk und Bau einer Generatoranlage für das Siemens-Martin-Stahlwerk.
1896
Baugenehmigungen von Stadt und Kreis Dortmund vom 31.01.1896 und 22.02.1896, mit Auszug aus der Baupolizeiverordnung; Lagepläne; Grund- und Aufrisszeichnungen.

4693 Neubau von Walzwerk I, einer Kesselanlage und zwei Kaminen.
1900
Baugenehmigung der Stadt Dortmund vom 31.03.1900, mit Auszug aus der Baupolizeiverordnung; Lagepläne; Grund- und Aufrisszeichnungen; statische Berechnungen.

4703 Erweiterung von Walzwerk II und Umbau des ehemaligen Krankenkassengebäudes.
1900–1901
Baugenehmigung der Stadt Dortmund vom 20.11.1900, mit Auszug aus der Baupolizeiverordnung; Lageplan; Grund- und Aufrisszeichnungen.

4695/1 Abbruch des Holzdaches der Fertigstraße des Walzwerks I und Neubau einer Eisenkonstruktion.
1905
Bauantrag der Union AG vom 09.08.1905; Lageplan; Grund-, Aufriss- und Konstruktionszeichnungen.

4695/2 Abbruch des Holzdaches der Fertigstraße des Walzwerks I und Neubau einer Eisenkonstruktion.
1905–1906
Bauantrag der Union AG vom 09.08.1905; Baugenehmigung der Stadt Dortmund vom 29.12.1905; Lageplan; Grund-, Aufriss- und Konstruktionszeichnungen; einzelne Schreiben zwischen Union AG und Stadt Dortmund zum Genehmigungsverfahren.

4706 Bau eines Gebläsemaschinengebäudes für das Thomas-Stahlwerk.
1905
Bauantrag der Union AG vom 12.08.1905; Baugenehmigung der Stadt Dortmund vom 01.09.1905, mit Auszug aus der Baupolizeiverordnung; Lageplan; Grund- und Aufrisszeichnungen; statische Berechnungen.

4722 Bau eines Kamins für das Siemens-Martin-Stahlwerk.
1906
Baugenehmigung der Stadt Dortmund vom 19.10.1906; Lageplan; Grund- und Aufrisszeichnungen.

4723 Bau von zwei Feinwalzwerken in der ehemaligen Werkstatt des Brücken- und Weichenbaus.
1906–1907
Baugenehmigung der Stadt Dortmund vom 08.01.1907, mit Auszug aus der Baupolizeiverordnung; Lageplan; Grund- und Aufrisszeichnungen; Maschinenanordnungsplan.

4728 Umbau der Eisengießerei.
1908–1909
Baugenehmigung des Kreises Dortmund vom 13.01.1908; Lageplan; Grund- und Aufrisszeichnungen; statische Berechnungen.

4731/1 Bau einer weiteren Grobblechstraße in Walzwerk II.
1909
Baugenehmigung der Stadt Dortmund vom 07.07.1909; Lageplan; Grund- und Aufrisszeichnungen; statische Berechnungen; Maschinenanordnungsplan.

4731/2 Bau einer weiteren Grobblechstraße in Walzwerk II.
1909
Lageplan; Grund- und Aufrisszeichnungen; statische Berechnungen.

4732 Erweiterung der Arbeitshalle des Siemens-Martin-Stahlwerks.
1909–1910
Baugenehmigung des Kreises Dortmund vom 04.02.1910; Lageplan; Grund- und Aufrisszeichnungen; statische Berechnungen.

4.4.3 Brücken-, Weichen- und Waggonbau

4725 Aufstellung von fünf Dampfhämmern in der Waggonbauanstalt.
1898
Baugenehmigung der Stadt Dortmund vom 16.11.1898; Lageplan; Grund- und Aufrisszeichnungen sowie Maschinenbeschreibungen der Firma J. Banning.

4696 Umbau des Bürogebäudes des Weichenbaus.
1900
Baugenehmigung der Stadt Dortmund vom 26.05.1900, mit Auszug aus der Baupolizeiverordnung; Lageplan; Grund- und Aufrisszeichnungen.

4699 Bau einer Trinkhalle an der Weichenbauwerkstatt.
1900
Baugenehmigung der Stadt Dortmund vom 01.08.1900, mit Auszug aus der Baupolizeiverordnung; Lageplan; Grund- und Aufrisszeichnungen; Bauabnahmeschein vom 24.11.1900.

4680/1 Erweiterung der Brückenbauanstalt zur Nutzung als Weichenfabrik.
1904–1905
Bauantrag der Union AG vom 31.08.1904; Baugenehmigung der Stadt Dortmund vom 27.03.1905; Lageplan mit Teilen des Hafens Dortmund (Südhafen); statische Berechnungen; Grund- und Aufrisszeichnungen.

4680/2 Erweiterung der Brückenbauanstalt zur Nutzung als Weichenfabrik.
1904
Statische Berechnungen; Grund- und Aufrisszeichnungen.

4719 Erweiterung der Lackiererei der Waggonbauwerkstatt.
1905–1906
Bauantrag der Union AG vom 05.10.1905; Baugenehmigung der Stadt Dortmund vom 21.07.1906, mit Auszug aus der Baupolizeiverordnung; Lageplan; Grund- und Aufrisszeichnungen; statische Berechnungen.

1567 Erweiterung der Weichenfabrik.
1906–1907
Bauantrag der Union AG vom 10.12.1906; Baugenehmigung der Stadt Dortmund vom 01.03.1907; Bauabnahmeschein vom 10.05.1907; einzelne Schreiben zwischen Union AG und Stadt Dortmund zum Genehmigungsverfahren.

4.4.4 Energie- und Wasserwirtschaft

4679 Bau eines Pumpengebäudes in Dortmund, Unionstraße 1.
1893-1894
Baugenehmigung der Stadt Dortmund vom 18.10.1893, mit Auszug aus der Baupolizeiverordnung; Lageplan; Grund- und Aufrisszeichnungen.

4682 Bau eines Maschinengebäudes für die Elektrizitätserzeugung.
1895
Bauantrag der Union AG vom 11.09.1895; Baugenehmigung der Stadt Dortmund vom 04.11.1895, mit Auszug aus der Baupolizeiverordnung; Lageplan; Grund- und Aufrisszeichnungen.

4714 Bau und Erweiterung einer Reinigungsanlage für Hochofengase.
1903-1904
Baugenehmigungen der Stadt Dortmund vom 24.10.1903 und 12.05.1904, mit Auszug aus der Baupolizeiverordnung; Lageplan; Grund- und Aufrisszeichnungen; Bauabnahmeschein vom 01.07.1904.

4715 Bau einer Reinigungsanlage für Hochofengase.
1904
Baugenehmigung der Stadt Dortmund vom 31.05.1904, mit Auszug aus der Baupolizeiverordnung; Lageplan; Grund- und Aufrisszeichnungen.

4716 Bau einer Grundwassergewinnungsanlage.
1904
Baugenehmigung der Stadt Dortmund vom 12.07.1904, mit Auszug aus der Baupolizeiverordnung; Lageplan; Grund- und Aufrisszeichnungen.

4717 Erweiterung einer Reinigungsanlage für Hochofengase.
1904
Bauantraq der Union AG vom 05.10.1904; Baugenehmigung der Stadt Dortmund vom 17.11.1904, mit Auszug aus der Baupolizeiverordnung; Lageplan; Grund- und Aufrisszeichnungen.

4709 Bau eines Maschinengebäudes für eine Gasdynamomaschine.
1904
Bauantrag der Union AG vom 21.11.1904; Baugenehmigung der Stadt Dortmund vom 14.12.1904, mit Auszug aus der Baupolizeiverordnung; Lageplan; Grund- und Aufrisszeichnungen; statische Berechnungen; einzelne Schreiben zwischen Union AG und Stadt Dortmund zum Genehmigungsverfahren.

4724/1 Bau einer Rohrbrücke über die Köln-Mindener-Eisenbahn zwischen Gaskraftzentrale und Hochofenanlage.
1906
Grund- und Aufrisszeichnungen; Konstruktionszeichnungen.

4724/2 Dsgl.

4724/3 Bau einer Rohrbrücke über die Köln-Mindener-Eisenbahn zwischen Gaskraftzentrale und Hochofenanlage.
1906–1907
Baugenehmigung der Stadt Dortmund vom 12.03.1907, mit Auszug aus der Baupolizeiverordnung; Grund- und Aufrisszeichnungen; Konstruktionszeichnungen; statische Berechnungen.

4727/1 Bau einer Reinigungsanlage für Hochofengase und eines Gasometers von 5.000 m3 Inhalt.
1906–1907
Bauanträge der Union AG vom 10.08.1906 und 22.12.1906; Baugenehmigung des Königlichen Regierungspräsidiums Arnsberg Bezirksausschuss vom 21.08.1907; Lageplan; Grund- und Aufrisszeichnungen der Gasreinigung; statische Berechnungen.

4727/2 Bau einer Reinigungsanlage für Hochofengase.
1906
Grund- und Aufrisszeichnungen; statische Berechnungen.

4.4.5 Transport und Verkehr

1510 Anschluss von Dr. Strousberg's Dortmunder Hütte bzw. Union AG an Bergisch-Märkische Eisenbahn und Bahnhof Dortmund.
1870–1875, 1884–1904
Kaufangebot für Grundstücke von Eduard Blass als Bevollmächtigtem von Bethel Henry Strousberg an die Bergisch-Märkische Eisenbahn-Gesellschaft vom 15.09.1870; Kaufvertrag vom 13./24.06.1871 (Abschriften) und Pachtvertrag vom 06.06.1871; Gestattungsvertrag zwischen Eisenbahn-Gesellschaft und Dr. Strousberg's Dortmunder Hütte zur Anlage eines Gleisanschlusses vom 02.08.1871 (Abschrift); Lagepläne der Werks- und Gleisanlagen; Aufstellungen zu den Baukosten; Rechnungen der Eisenbahn-Gesellschaft; Grundbuchauszug; Schriftwechsel zwischen Dr. Strousberg's Dortmunder Hütte bzw. Union AG, Königlicher Eisenbahndirektion Elberfeld und Stadt Dortmund über Grunderwerb, Grenzregulierung, Bau der Anschlussgleise und einer Einfriedungsmauer, Begleichung der Baukosten und Zahlung von regelmäßigen Vertragsgebühren.

982 Überbrückung der Gleise der Köln-Mindener Eisenbahn für eine Schlackenbahn der Union AG.
1871, 1880–1883
Genehmigung der Stadt Dortmund zum Bau einer Brücke über die Westphaliastraße vom 23.12.1880, mit Auszug aus der Baupolizeiverordnung der Stadt Dortmund vom 01.10.1871; Genehmigung der Eisenbahn-Gesellschaft vom 05.09.1880; Lageplan; statische Berechnungen; Materialverzeichnis für den Brückenbau; Schriftwechsel zwischen Union AG, Stadt Dortmund und Eisenbahn-Gesellschaft über die Bedingungen der Genehmigung und den Verkauf von Grundstücken.

1459 Bau eines Anschlussgleises an die Rheinische Eisenbahn.
1875, 1878, 1886, 1903
Einzelne Schreiben zwischen Union AG, Königlicher Eisenbahndirektion Essen und Rheinischer Eisenbahn-Gesellschaft über Grundbuchangelegenheiten, mit Auszügen aus dem Vertrag zwischen Union AG und Eisenbahn-Gesellschaft vom 23./29.12.1875 über Kostenübernahme der Union AG für die Bauarbeiten der Eisenbahn-Gesellschaft und Tilgungsplan (Abschriften); Grundbuchauszug.

977 Bau einer Drahtseilbahn für Schlackentransporte der Union AG Henrichshütte über die Gleise der Bergisch-Märkischen Eisenbahn zwischen Hattingen und Blankenstein.
1880–1881
Auftrag der Union AG an Adolf Bleichert zur Errichtung der Seilbahn vom 20.11.1880; Gestattungsvertrag zwischen Union AG und Eisenbahn-Gesellschaft vom 12.01./28.01.1881 (Abschrift); Schriftwechsel zwischen Union AG, Union AG Henrichshütte, Bleichert und Königlicher Eisenbahndirektion Elberfeld über Baupläne und Baugenehmigung; Genehmigung der Königlichen Wasser-bau-Inspektion Ruhrort zur Lagerung von Hochofenschlacke im Überschwemmungsgebiet der Ruhr vom 05.02.1881 (Abschrift).

1516 Bau eines Gleisanschlusses an den Hafen Dortmund.
1894–1899
Bauantrag der Union AG beim Königlichen Regierungspräsidium Arnsberg Bezirksausschuss vom 07.05.1894; einzelne Schreiben zwischen Union AG, Bezirksausschuss und Städtischem Hafenbauamt Dortmund zum Genehmigungsverfahren.

4697 Erweiterung der Bahnanschlussanlagen an die Bahnhöfe Dortmund und Dorstfeld sowie Bau von zwei Stellwerken.
1897–1901
Baugenehmigung der Stadt Dortmund vom 31.05.1900, mit Auszug aus der Baupolizeiverordnung für die Stellwerke; Baugenehmigungen des Königlichen Regierungspräsidiums Arnsberg Bezirksausschuss vom 24.06.1897 und 06.04.1901; Lagepläne; Grundrisszeichnungen.

4691 Bau eines Aufenthaltsgebäudes für das Werksbahnpersonal.
1900
Baugenehmigung der Stadt Dortmund vom 17.02.1900, mit Auszug aus der Baupolizeiverordnung; Lagepläne; Grund- und Aufrisszeichnungen; Rohbauabnahmeschein vom 18.06.1900.

4.4.6 Werkstätten und Adjustage

4690 Bau einer Schlosserei für Stahlwerk I und Walzwerk I.
1900
Baugenehmigung der Stadt Dortmund vom 16.02.1900, mit Auszug aus der Baupolizeiverordnung; Lagepläne; Grund- und Aufrisszeichnungen sowie Maschinenanordnungsplan; Bauabnahmeschein vom 01.10.1900.

4702 Bau einer Schwellenadjustage.
1900–1901
Baugenehmigung der Stadt Dortmund vom 20.11.1900, mit Auszug aus der Baupolizeiverordnung; Lageplan; Grund- und Aufrisszeichnungen; Bauabnahmeschein vom 16.03.1901.

4700 Erweiterung der Formgussbearbeitungswerkstatt.
1900–1901
Baugenehmigung der Stadt Dortmund vom 06.09.1900, mit Auszug aus der Baupolizeiverordnung; Lageplan; Grund- und Aufrisszeichnungen; Bauabnahmeschein vom 31.01.1901.

4721 Aufstellung eines Fallhammers in der Schmiedewerkstatt.
1904–1905
Bauantrag der Union AG vom 29.12.1904; Baugenehmigung des Kreises Dortmund vom 19.10.1905; Lageplan; Grund- und Aufrisszeichnungen.

4710 Aufstellung eines Dampfhammers in der Walzendreherei des Walzwerks I.
1905
Bauantrag der Union AG vom 21.03.1905; Baugenehmigung des Kreises Dortmund vom 02.08.1905; Lageplan; Grund- und Aufrisszeichnungen.

4729 Erweiterung der Bearbeitungswerkstatt für Stahlformguss.
1907
Baugenehmigung der Stadt Dortmund vom 07.10.1907; Lageplan; Grund- und Aufrisszeichnungen; statische Berechnungen.

4730 Erweiterung der Mechanischen Werkstatt.
1909
Baugenehmigung der Stadt Dortmund vom 07.07.1909; Lageplan; Grund- und Aufrisszeichnungen; statische Berechnungen.

4.4.7 Steinfabrik

4685 Bau eines Dolomitbrennofens.
1895
Baugenehmigung der Stadt Dortmund vom 10.12.1895; Lageplan; Grund- und Aufrisszeichnungen.

4686 Bau einer Dolomitbrennerei.
1895
Baugenehmigung der Stadt Dortmund vom 18.12.1895, mit Auszug aus der Baupolizeiverordnung.

4692 Bau einer Schuppenüberdachung an der Steinfabrik.
1900
Baugenehmigung der Stadt Dortmund vom 29.03.1900, mit Auszug aus der Baupolizeiverordnung; Lageplan; Grund- und Aufrisszeichnungen; Bauabnahmeschein vom 01.10.1900.

1739 Schlackensteinfabrik der Union AG.
1907
Verträge zwischen Union AG und Firma Klöckner & Weber, Dortmund, über Bau, Betrieb und Wartung einer Schlackensteinfabrik vom 17.09.1907 sowie zur Abnahmeverpflichtung für Schlackensand und Asche vom 17./23.09.1907.

4.4.8 Verschiedene Bauvorhaben

4678 Verlegung einer Schröbenwäsche an der Schlackentransportbrücke in Dortmund, Westfaliastraße 31.
o. D.
Baugenehmigung der Stadt Dortmund; Lagepläne.

1534 Verlegung bzw. Umbau des Sprockhöveler Baches auf dem Gelände der Union AG Henrichshütte wegen Hochwassergefahr.
1882-1883
Schriftwechsel zwischen Union AG, Union AG Henrichshütte, Oberbaudirektor Franzius, Bremen, und Bauinspektor Schmidt vom Königlichen Eisenbahnbetriebsamt Hagen zur Begutachtung der Situation und zu den Umbauplänen; Aufstellung der Wasserstände der Ruhr und des Sprockhöveler Baches, 21.11.1882-01.12.1882; Gutachten von Franzius vom 15.01.1883.

1550 Förder- und Wasserhaltungsanlagen des neuen Tiefbauschachts der Grube Grottenberg, Siegerland, der Union AG.
1888-1896
Schriftwechsel zwischen Union AG, Union AG Bergbau, Union AG Eisensteinbergbau sowie den Firmen Weise & Monski, Halle/Saale, Menck & Hambrock, Ottensen, Cölnische Maschinenfabrik in Ehrenfeld Carl Beissel & Cie., A. & H. Oechelhäuser Eisengießerei und Maschinenfabrik, Siegen, Baroper Maschinenbau-Actien-Gesellschaft und Haniel & Lueg, Düsseldorf, zu Angeboten, Bestellungen und Lieferzeiten für Kesselanlagen, Dampfpumpen, Rohrleitungen, Fördermaschinen und Ersatzteile sowie den Baumaßnahmen; Konstruktionszeichnung einer Zwillingsfördermaschine der Baroper Maschinenbau-Actien-Gesellschaft sowie der Oechelhäuser Eisengießerei; Fotografie einer Zwillingsfördermaschine der Cölnischen Maschinenfabrik, 1888 sowie einer Pumpe der Firma Weise & Monski, 1890; Kosten- und Rentabilitätsberechnung der Union AG Eisensteinbergbau für den Tiefbauschacht vom 18.01.1889; Auftragsbestätigung von Weise & Monski über eine Dampfpumpe vom 14.02.1890; Aufstellung zum Holzbedarf des Fördergerüsts vom 27.12.1890.

253 Aufbau und Betrieb eines privaten Telegrafienetzes.
1890, 1896-1897, 1901, 1904-1920
Vertrag zwischen Union AG und Kaiserlicher Ober-Postdirektion Dortmund über die Errichtung einer Telegrafen-Verbindung unter Mitbenutzung des Reichstelegrafengestänges zwischen Hauptverwaltung in Dortmund und Union AG Henrichshütte vom 17.10.1896, mit Anlage: Bedingungen, unter welchen die Herstellung und der Betrieb von Fernsprechanlagen größeren Umfangs für Privatwerke nach vorgängiger Genehmigung des Reichspostamts stattfinden kann, 06.06.1890; Schriftwechsel zwischen Union AG, Ober-Postdirektion und Henschel & Sohn bzw. Henschel & Sohn Abteilung Henrichshütte zur Vertragskündigung, 1904; Aufstellungen und Schriftwechsel zwischen Union AG und Ober-Postdirektion zu Telegrafie-Kosten für die Verbindung zur Zeche Adolf von Hansemann sowie beabsichtigtem Abbruch der Verbindungen zur Zeche Glückauf-Tiefbau und zur Union AG Horst, 1906; Rechnungen über Telegramm- und Fernsprechgebühren; Aktenvermerke der Deutsch-Lux Dortmunder Union zu den Telegrafiekosten.

1633 Abtragung der Halde auf dem Gelände der ehemaligen Zeche Westphalia und Verfüllung von Schächten durch die Gewerkschaft der Zeche Tremonia.
1895-1897, 1902-1911

Lageplan des Werksgeländes der Union AG nördlich der Westphaliastraße, 1906; Vermessungsprofile der Halde; Auszug aus dem Verpachtungs- bzw. Kaufvertrag zwischen Gewerkschaft der Zeche Tremonia und Gewerkschaft der Zeche ver. Westphalia vom 10.04.1895 (Abschrift); Lageplan des Geländes der ehemaligen Zeche Westfalia 1/2, mit Einzeichnung der Schachtverfüllungseinrichtungen; Grund- und Aufrisszeichnung des Verfüllungsgebäudes; Massenberechnungen der Halde; Schriftwechsel und Niederschriften von Besprechungen zwischen Union AG, Gewerkschaft der Zeche Tremonia und Firma Gustav Dürholt, Dortmund, zu Modalitäten und Verlauf der Haldenabtragung, Verfüllung von Schacht 1 und Bau der Schachtverfüllungseinrichtungen.

4681 Bau und Verlegung von Magazin, Kesselschmiede und Wagenreparaturwerkstatt zur Eisenbahnbrücke an der Huckarder Straße.
1898–1899
Bauantrag der Union AG vom 06.10.1898; Baugenehmigungen der Stadt Dortmund vom 07.11.1895 und 20.10.1898, mit Auszug aus der Baupolizeiverordnung; Lagepläne; Grund- und Aufrisszeichnungen; Rohbauabnahmescheine vom 15.11.1895 und 28.02.1899.

4638 Bau eines Verwaltungsgebäudes in Dortmund, Teichstraße 1.
1898–1906, 1911, 1921
Vertrag zwischen Union AG und Stadt Dortmund zur Baugenehmigung sowie kostenlosen Abtretung und Auflassung von Grundstücken vom 05.11.1898 (Abschrift); Urteil des Königlichen Landgerichts Dortmund vom 17.05.1900 zum Verwaltungsrechtsstreit zwischen Union AG und Stadt Dortmund wegen Veranlagung zu Straßenbaukosten für das Grundstück Gutenbergstraße 17 (Abschrift); einzelne Schreiben zwischen Union AG und Stadt Dortmund zu Straßenbaukosten.

4689 Bau eines Kamins.
1899–1900
Baugenehmigung der Stadt Dortmund vom 09.01.1900, mit Auszug aus der Baupolizeiverordnung; Aufrisszeichnung.

4698 Bau eines Magazingebäudes für die Schlosserei.
1900
Baugenehmigung der Stadt Dortmund vom 04.07.1900, mit Auszug aus der Baupolizeiverordnung; Lageplan; Grund- und Aufrisszeichnungen; Bauabnahmeschein vom 29.09.1900.

4701 Bau einer Toilettenanlage.
1900
Baugenehmigung der Stadt Dortmund vom 10.09.1900, mit Auszug aus der Baupolizeiverordnung; Lageplan; Grund- und Aufrisszeichnungen; Bauabnahmeschein vom 05.12.1900.

4704 Bau eines Bürogebäudes an der Schlackenhalde.
1901
Baugenehmigung der Stadt Dortmund vom 23.11.1901, mit Auszug aus der Baupolizeiverordnung; Lageplan; Grund- und Aufrisszeichnungen.

1540 Elektrifizierung der Grube Friedrich der Union AG in Niederhövels, Kreis Altenkirchen.
1905

Kostenvoranschlag der Allgemeinen Elektricitäts-Gesellschaft für den Bau von Kraftwerk, Fördermaschine, Wasserhaltung und Leitungsnetz vom 16.10.1905, mit Lieferbedingungen; Konstruktionszeichnungen einer Dynamomaschine.

4720 Bau eines Profileisenlagers.
1905-1906
Bauantrag der Union AG vom 31.10.1905; Baugenehmigung der Stadt Dortmund vom 25.08.1906; Lageplan.

4726 Erweiterung eines Toilettengebäudes.
1907
Baugenehmigung der Stadt Dortmund vom 17.08.1907, mit Auszug aus der Baupolizeiverordnung; Lageplan; Grund- und Aufrisszeichnungen.

5. Belegschaft

5.1 Werkswohnungen

4637 Bau von Arbeiterwohnungen in der Union-Vorstadt.
1871-1873, 1897-1901, 1912
Bauantrag von Dr. Strousberg's Dortmunder Hütte zum Bau mehrerer Arbeiterwohnhäuser vom 09.09.1871; Baugenehmigungen der Stadt Dortmund zum Bau von acht Häusern vom 15.10.1872 und von zwölf Häusern vom 04.09.1873, mit Auszug aus der Baupolizeiverordnung; einzelne Schreiben zwischen Union AG und dem Dortmunder Bürgermeister Hermann Becker zu den Genehmigungen; Lageplan, 1897; einzelne Schreiben zwischen Union AG bzw. Deutsch-Lux Dortmunder Union, Stadt Dortmund und Städtischem Hafenbauamt Dortmund zu Bau einer Einfriedung der Siedlung und Regelung des Fuhr- und Fahrradverkehrs.

1472 Verkauf von Arbeiterwohnhäusern der Kolonie Lindkens Feld durch die Betriebs- (Fabrik-)Krankenkasse für die Horster Eisen- und Stahlwerke der Union AG in [Essen-]Horst.
1871-1876
Aufstellungen zu Baumaßnahmen, Grunderwerbs- und Baukosten der einzelnen Häuser, mit Angaben zu einzelnen Arbeiten, Grundstücksgröße sowie den Käufern; Aufstellung zum Stand der Abzahlung; Rechnungen der Firmen Winand Leffin und Gebrüder Stipeldey; Lageplan der Siedlung; Kaufvertrag (blanko); einzelne Schreiben zwischen Union AG und Union AG Horst zu finanziellen Schwierigkeiten vieler Käufer infolge Lohnkürzungen und Ermäßigung der monatlichen Abzahlungsraten.

1774 Umbau von Gebäuden der ehemaligen Erzgrube Müsen III zu Arbeiterwohnungen und Vermietung durch die Union AG Henrichshütte.
1873, 1883-1895, 1907
Enteignungsbescheid des Königlichen Regierungspräsidiums Arnsberg für Grundstücke zum Bau eines Anschlusses der Grube Müsen III an die Werksbahn der Zeche Carl Friedrich's Erbstolln; Schriftwechsel zwischen Union AG, Union AG Eisensteinbergbau und Union AG Henrichshütte über Umbau- und Renovierungsarbeiten, Verkauf von Maschinen und Dampfkesseln, Mietange-

legenheiten, auch für Brüchers Kotten, sowie zum Bau von Arbeiterwohnhäusern auf dem Gelände, 1907.

1355 Finanzierung einer Schule in der Union-Vorstadt durch die Union AG.
1874-1878, 1882-1885, 1888
Schriftwechsel zwischen Union AG und Evangelischer Schulkommission Dortmund über Bereitstellung von Räumen, Finanzierung der Einrichtung, Einstellung von Lehrern und Dienstwohnungen von Lehrern.

933 Schule in der Union-Vorstadt.
1875, 1906-1909
Einzelne Schreiben zwischen Union AG und Stadt Dortmund zur Einrichtung einer Schule, 1875 (Abschriften); Bericht des Schularztes der Stadt Dortmund über den hygienischen Zustand der Schule vom 18.11.1906; Schriftwechsel zwischen Union AG und Stadt Dortmund zu Schließung der Schule und Umbau des Gebäudes zu Wohnungen; Lageplan; Aufrisszeichnung.

909 Schule in der Union-Vorstadt.
1878-1891
Schriftwechsel zwischen Union AG, Katholischem Schulvorstand Dortmund, Evangelischer Schulcommission Dortmund, Rektor Dietlein und Lehrern über Gebäudeschäden und Reparaturen, Überfüllung der Klassen und Bereitstellung weiterer Unterrichtsräume, Anstellung von Lehrern, Dienstwohnungen für Lehrer und einen Zuschuss der Union AG für den Bau eines neuen Gebäudes.

5.2 Personalwesen und Löhne

1546 Arbeitsschutz für Arbeiterinnen und Minderjährige in der Industrie.
1874, 1880
Einladungsschreiben der Stadt Dortmund vom 01.12.1874 an die Union AG zu einer Besprechung über eine Enquete des Deutschen Bundesrats, mit Erläuterungen zur Erstellung eines Untersuchungsberichts zur Erweiterung des gesetzlichen Arbeitsschutzes für Frauen und Minderjährige in Industriebetrieben.

730 Schichtenzettel der Union AG.
1894-1895
Schichtenzettel, Mai 1894 bis Januar 1895, mit Angaben zur Lohnzahlung und Strafvermerken.
[Provenienz ist nicht eindeutig zu klären; es kann sich auch um den Hoerder Verein handeln.]

973 Leitende Angestellte der Union AG.
1894-1897
Aufstellungen zu den Beamten der Union AG zum 15.08.1894, 01.07.1895, 20.07.1897 und August 1897, mit Angaben zu Tätigkeit, Jahresgehalt, Tantiemen und sonstigen Zuwendungen, aufgeschlüsselt nach Abteilungen.

4355 Personalakte Heinrich Engels.
1894-1901, 1905-1911, 1920

Zeugnisse; Personalfragebogen; Bewerbungen von Engels bei Schüchtermann & Kremer Thomasphosphatfabrik und Union AG; Schreiben der Dortmunder Thomasschlackenmahlwerk GmbH vom 01.09.1911 zur Einstellung Engels als Büroangestellter; einzelne Schreiben zwischen Union AG, Dortmunder Thomasschlackenmahlwerk GmbH und Engels zu Lohnfragen.

1547 Beamtengehälter der Union AG.
1900
Aufstellungen zu Grundgehältern, regelmäßigen Prämien und Durchschnittsprämien der Beamten der Union AG, April bis Oktober 1900, gegliedert nach Abteilungen und Betrieben.

1545 Lohnnachweise der RWHWB.
1906
Blankoformulare zum Lohnnachweis.

606 Lohnstatistik verschiedener Eisenerzgruben der Union AG.
1906
Aufstellungen zu den Gruben Quäck und Florentine bei Braunfels (Kreis Wetzlar), Friedrich bei [Wissen-]Niederhövels, Wohlverwahrt bei Kleinenbremen (Kreis Minden) und Grubenbahn Porta-Kleinenbremen, Zeche Ver. Neu-Herzkamp, Schacht Hövel, bei Sprockhövel, alle August 1906.

1221 Personalangelegenheiten der Union AG
1906–1910
Schriftwechsel zwischen Union AG, Union AG Bergbau, Union AG Abteilung „E" und Stadt Dortmund sowie einzelne Schreiben verschiedener Unternehmen über Einstellung und Entlassung von Arbeitern und Angestellten, allgemeine Lohnfragen, Gehaltserhöhungen und Pensionen (hier auch Leitender Angestellter), Urlaubswünsche und die Ausstellung von Zeugnissen.

1527 Entlassene oder ausgeschiedene Mitglieder der Invaliden-, Witwen- und Waisenkasse für die Eisen- und Stahlwerke der Union, Actiengesellschaft für Bergbau, Eisen- und Stahl-Industrie zu Dortmund, Horst und Henrichshütte und für das Puddel- und Walzwerk zu Aplerbeck.
1908–1910
Zeitschriftenausschnitt vom 25.05.1908, mit Bericht des sozialdemokratischen Abgeordneten Klemens Hengsbach über die Reichstagsdebatten am 01./02.05.1908 zur Entlassung von Arbeitern kurz vor Erreichen der Pensionsberechtigung, insbesondere durch die Fried. Krupp AG, mit Anschreiben der Fried. Krupp AG und Aktenvermerk zur Sammlung von „Agitationsmaterial"; Aufstellungen der von der Union AG entlassenen oder auf eigenen Wunsch ausgeschiedenen Mitglieder der Kasse, mit Angaben zu Dauer des Arbeitsverhältnisses, Höhe der Beitragszahlungen und Entlassungsgrund, aufgegliedert nach Abteilungen und Betrieben, Januar 1908 bis Dezember 1909.

6. Kartelle, Verbände und Vereinigungen

1347 Satzung des Goslarschen Knappschafts-Vereins.
1882
Satzungsentwurf, o. D. (Abschrift); Mustersatzung für Betriebskrankenkassen, o. D. (Abschrift);

Anschreiben des Königlichen Bergreviers zu Goslar an die Union AG Eisensteinbergbau vom 30.05.1882 zur Zusendung des Entwurfs und Bitte, eine Verständigung mit den Arbeitern herbeizuführen, sowie des Königlichen Oberbergamts zu Clausthal an drei Bergleute in Othfresen zum Erlass der Satzung vom 24.10.1882, mit Hinweis auf Einspruchsmöglichkeiten.

1016 Mitgliedschaft in der Knappschafts-Berufsgenossenschaft.
1886–1905, 1912–1914
Aufstellung der versicherungspflichtigen Erzgruben der Union AG vom 29.10.1886; einzelne Schreiben zwischen Union AG bzw. Deutsch-Lux Dortmunder Union und Knappschafts-Berufsgenossenschaft über Versicherungsmeldungen und ein Abonnement der Zeitschrift „Der Kompaß"; Mitgliedsscheine für verschiedene Erzgruben der Deutsch-Lux Dortmunder Union; Verzeichnis der Vertrauensmänner der Knappschafts-Berufsgenossenschaft zum 01.10.1891 (gedruckt); einzelne Exemplare bzw. Ausschnitte aus der Zeitschrift „Der Kompass"; Verwaltungsbericht der Knappschafts-Berufsgenossenschaft für das Geschäftsjahr 1912.

663 Verlängerung des RWKS.
1903
Vertrag zwischen Aktiengesellschaft RWKS und den zum Syndikat gehörigen Unternehmen sowie zwischen den Unternehmen untereinander, mit Satzung, o. D. (gedruckt).

2633 Roheisen-Syndikat GmbH.
1903–1904
Vertrag zwischen Roheisen-Syndikat und den unterzeichneten Eisenhüttenwerksbesitzern vom 21.11.1903; Satzung der Roheisen-Syndikat GmbH vom 21.11.1903; Vertrag zwischen Roheisen-Syndikat und Verein für den Verkauf von Siegerländer Roheisen GmbH zur Übernahme deren Verkaufs durch die Roheisen-Syndikat GmbH vom 13.02.1904; Vertrag zwischen Roheisen-Syndikat und Lothringisch-Luxemburgisches Comptoir für den Verkauf von Roheisen in Luxemburg vom 31.12.1903 über den gemeinsamen Betrieb der „Thomas-Roheisen-Verkaufsstelle", Düsseldorf, bis 31.12.1906 (alle gedruckt).

887 Arbeitgeberverband für Dortmund und Umgegend.
1904–1908
Einzelne Schreiben zur Initiative der Dortmunder Werkzeugmaschinen-Fabrik Wagner & Co. zur Gründung des Verbands; Niederschriften von Besprechungen von Unternehmen der Dortmunder Stahl- und Maschinenbauindustrie zur Verbandsgründung; Aufstellung zu Dortmunder Unternehmen, mit Angaben zur Anzahl der Arbeiter; Niederschrift der Gründungsversammlung des Verbands, mit Mitgliederliste vom 18.01.1905; Satzung und Richtlinien zur Satzung vom 18.01.1905, mit Entwürfen; Niederschriften von Vorstandssitzungen; Schriftwechsel zwischen Firma E. Willmann und Union AG über Unzufriedenheit bei Kesselschmiedearbeitern, deren Forderungen nach Lohnerhöhungen und Bildung einer paritätisch besetzten Tarifkommission, sowie die Aufstellung von „Schwarzen Listen"; Mitteilungen verschiedener Unternehmen und des Verbands an die Verbandsmitglieder zu ausgeschiedenen und streikenden Arbeitern; Niederschriften der Mitgliederversammlungen am 30.10.1905, 27.10.1906 und 30.10.1907; Rundschreiben; Geschäftsberichte, 1905/06 und 1906/07; Normalpreisverzeichnis des Arbeitgeber-Verbands für das Maler- und Anstreichergewerbe etc. in Dortmund und Umgegend vom 01.01.1907 (Broschüre und Plakat); Satzung und Richtlinien zur Satzung der Arbeit Nordwest vom 20.10.1904 (gedruckt); stenogra-

fischer Bericht der öffentlichen Metallarbeiterversammlung am 23.11.1904 bei „Meier-Ebert zu Dortmund", Dortmund 1904.

902 Gründung der Emschergenossenschaft.
1904–1908
Bestellung von Hermann Mathies zum Abgeordneten der Union AG; H. Breme: Stellungnahme zu Wilhelm Middeldorfs Entwurf der Emscherregulierung aus Sicht des Ruhrbergbaus vom 01.06.1904 (gedruckt); Entwurf eines Statuts für die Genossenschaft zur Regelung der Vorflut und Abwasserreinigung im Emschergebiete und Entwürfe eines Statuts für die Emschergenossenschaft, o. D. (gedruckt); Gesetz betreffend Bildung einer Genossenschaft zur Regelung der Vorflut und Abwasserreinigung im Emschergebiete vom 14.07.1904 (gedruckt); Aufstellung der gewählten Abgeordneten der Kommunen zur Emschergenossenschaft; Gutachten zum Rechtsstreit der Kirchengemeinde Mengede gegen die Stadt Dortmund wegen Anlegung von Rieselfeldern und Kläranlagen sowie Einleitung von Abwasser in den Aalbach; Verzeichnis der Abgeordneten der Genossenschaftsversammlung für die Rechnungsjahre 1907/08–1912/13; Grundsätze für die Dienst- und Anstellungsverhältnisse der Beamten der Emschergenossenschaft vom 06.03.1908; Haushaltsplan für das Rechnungsjahr 1908; Zeitungsausschnitt; Einladungen zu Versammlungen.

1220 Knappschaftsangelegenheiten der Union AG Bergbau.
1905–1908
Rundschreiben des Allgemeinen Knappschafts-Vereins zu Bochum an die Zechenverwaltungen; Aushang des Knappschafts-Vereins über die Zahlungstermine für den Bezirk des Geschäftsausschusses Dortmund im Jahr 1906 sowie den Bezirk des Geschäftsausschusses Bochum im Jahr 1908 (gedruckt); Niederschrift zur Sitzung der Ständigen Kommission des Allgemeinen Deutschen Knappschaftsverbands am 18.01.1906 (gedruckt); Rechnungs- und Vermögensübersicht des Knappschafts-Vereins für die Jahre 1905, 1906 und 1907 (gedruckt); Satzungsentwurf des Knappschafts-Vereins, gültig ab 01.01.1908, mit Änderungsvorschlägen (gedruckt); Aufstellungen zur Zuständigkeit von Knappschaftsärzten; Bericht über die Verhandlungen des Deutschen Knappschaftsverbands mit Vertretern der Regierungen und außerpreußischen Knappschaftsvereine über die Frage der Bildung eines Gegenseitigkeitsverhältnisses zwischen den preußischen und außerpreußischen Knappschaftsvereinen am 14.08.1908 (gedruckt); Schriftwechsel zwischen Union AG Bergbau und Knappschafts-Verein über Anlegung und Abkehr von Bergleuten bzw. Belegschaftszahlen und die Zahlung von Knappschaftsbeiträgen, vor allem für Zeche Neu Herzkamp, Juli 1905 bis November 1908; Aufstellung zu den Beiträgen zur Pensions- und Unterstützungskasse des Knappschafts-Vereins für die Zeche Neu Herzkamp im zweiten Quartal 1906.

673 Radsatz-Gemeinschaft für das Ausland.
1908–1910
Gründungsvertrag, o. D. (gedruckt), mit hand- und maschinenschriftlichen Anmerkungen und Auszügen aus Versammlungsniederschriften, u. a. zur Neuaufnahme von Mitgliedern.

7. Sonstiges

984 Projekt einer Schmalspurbahn durch das Wissertal von Wissen nach Morsbach.
1874

Anfrage des Bürgermeisters der Gemeinde Morsbach an die Union AG zur Ermittlung des Transportbedarfs der unternehmenseigenen Eisenerzgruben, Stellungnahme der Union AG Gruben- und Hüttenverwaltung Bredelar sowie Antwortschreiben.

969 Beteiligung der Union AG an der Industrie- und Gewerbe-Ausstellung, Düsseldorf 1902.
1902
Grund- und Aufrisszeichnungen von Arbeiterwohnhäusern und Badeanstalt der Union AG Abteilung Zeche Adolf von Hansemann; Ausstellungsbestimmungen (gedruckt); Grundrisszeichnung der Ausstellung des Bergbau-Vereins.

1690 Gewerkenversammlung der Gewerkschaft Alter Flußberg bei [Siegen-]Eiserfeld am 10.01.1906.
1906
Notariell beglaubigte Niederschrift der Versammlung; Grundbuchauszüge zu den Gruben.